VICTORIA FORNER

VERBOTENE GESCHICHTE
Die Rolle der jüdischen Agenten
in der Zeitgeschichte

I

BANKER UND REVOLUTIONEN

ᴓMNIAVERITAS.

VICTORIA FORNER

VERBOTENE GESCHICHTE
Die Rolle der jüdischen Agenten
in der Zeitgeschichte
I
BANKIERS UND REVOLUTIONEN

Illustration des Umschlags:
„*Die Familie Rothschild beim Gebet*".
Gemalt von Moritz Daniel Oppenheim (1800-1882).
London, Roy Miles Gallery

HISTORIA PROSCRITA I
La actuación de agentes judíos en la Hª Contemporánea
Los banqueros y las revoluciones
Erstveröffentlichung durch Omnia Veritas im Jahr 2017

Aus dem Spanischen übersetzt und herausgegeben von

OMNIA VERITAS LTD

OMNIA VERITAS®

www.omnia-veritas.com

An Ernst Zündel, Robert Faurisson, Germar Rudolf, Fredrick Töben, Horst Mahler, Sylvia Stolz und alle Revisionisten, die schikaniert und inhaftiert wurden, weil sie die Verfälschung der historischen Realität aufgedeckt haben. Zu ihnen gehört in Spanien der Buchhändler und Verleger Pedro Varela, der Opfer von Hass und Gewalt durch sektiererische Gruppen und einer schändlichen gerichtlichen Verfolgung wurde, die gegen die Verfassung verstößt und die spanische Demokratie pervertiert. Aus Solidarität mit ihm werden wir die Einnahmen aus dieser spanischen Ausgabe zwei Jahre lang an Herrn Varela spenden, um zu seiner Verteidigung beizutragen.

EINFÜHRUNG 13

KAPITEL I 20

ZIONISTEN SIND KEINE SEMITEN...20
   Teil 1 Über semitische Juden..20
      Die Ursache des Problems 23
      Ethnische Säuberung...26
      Erscheinung von Jesus...30
      Der Talmud..32
      Spanien, Zentrum des talmudischen Judentums 35
   Teil 2 Die nicht-semitischen Juden: die Chasaren.......................39
      Die Chroniken...42
      Konversion zum Judentum 47
      Die Khazara-Korrespondenz: Hasdai Ibn Shaprut.............51
      Weitere hebräische und christliche Quellen.......................56
      Die Wikinger erscheinen 57
      Die Magyaren und die Chasaren.......................................61
      Von den Russen zu den Russen 63
      Der Zusammenbruch des Chasarenreiches.........................64
      Migration und die Ghetto-Mentalität.................................69
      Die Sephardim in Westeuropa 71
      Beitrag der Sprachwissenschaft: Jiddische lexikalische Elemente...........77

KAPITEL II 81

BANKIERS UND REVOLUTIONEN (1)..81
   Teil 1 Cromwell, Agent der jüdischen Bankiers von Amsterdam....................81
   Teil 2 Adam Weishaupt, Rothschild-Agent.....................................87
      Frankisten und Illuminaten 89
      Mirabeau..94
      Der Wilhelmsbader Kongress..97
      Die aufgedeckte Verschwörung..101
      Robison, Barruel und Scott...103
      Robison..106
   Teil 3 Französische Revolution..112
      Die Revolution ist serviert 115
      Orléanistische Fraktion strebt nach der Macht..................118
      Für den Terror der Republik...122
      Marat und Danton, Agenten der Londoner Illuminaten.......124
      Die Massaker vom September...127
      Der Terror geht weiter 131
      Jakobinische Fraktionen zerfleischen sich gegenseitig........135
      Joseph Fouché kommt in Paris an......................................138
      Robespierre ist an der Reihe..140

KAPITEL III 146

DIE ROTHSCHILDS...146
      Der Schatz des Kurfürsten von Hessen-Kassel..................148
      Das Erbe von Mayer Amschel Rothschild...........................151
      Nathan, kommandierender General....................................154

Schachmatt bei Waterloo 157
Die Rothschilds und Napoleon 160
Die Rothschilds regieren in Europa 165
Talmudistische Juden 168
Die Rothschilds in der Literatur. Ihre Schriftsteller: Heine und Disraeli 169
Nathans Tod 175

KAPITEL IV **178**

DIE ROTHSCHILDS UND DIE DAMASKUS-AFFÄRE 178
Ursprünge von Purim und Pessach 179
Einige Hintergrundinformationen zum Verbrechen in Damaskus 181
Jüdische Herrschaft im 19. Jahrhundert 188
Das Verbrechen von Damaskus 189
Rabbi Abu-el-Afieh konvertiert zum Islam 192
Der Mord an dem Diener Ibrahim Amara 194
Henker werden zu Opfern 195
Palmerston erhält und instruiert 200
Metternich, unter Salomon Rothschild 202
James Rothschild scheitert an Thiers 204
Christlicher Junge wird auf Rhodos vermisst 206
Thiers widersteht 207
Die Mission im Osten 210
Muhammed Ali und die Konsuln in Alexandria 212
Crémieux, Montefiore und Muhammed Ali 214
Freiheit für die Mörder von Pater Tomaso 218
Nationalismus und Protozionismus 220
James Rothschild und der Fall von Thiers 225

KAPITEL V **228**

„UNSERE GUTEN FREIMAURER, MIT VERBUNDENEN AUGEN". 228
Kabbala, die mystische Ketzerei des Schabbetismus und des Frankismus 229
Von der Aufklärung zum Kommunismus 240
Karl Marx und Moses Hess, fränkisch-shabbetische Juden 243
Marx, Heine und Hess in Paris 245
Der Bund der Gerechten und das *Kommunistische Manifest* 248
Die Revolutionen von 1848 251
James Rothschild und Alexander Herzen 259
Giuseppe Mazzini, Albert Pike und Adriano Lemmi 262
B'nai B'rith und die Universal Israelite Alliance 272
B'nai B'rith und die Freimaurerei, die Instrumente Englands und das jüdische
Bankwesen im amerikanischen Bürgerkrieg 275
Bismarck, der französisch-preußische Krieg und die Rothschilds 293
Die Pariser Kommune, Marx und Bakunin 303

KAPITEL VI **310**

DIE PROTOKOLLE DER WEISEN VON ZION, DER MASTERPLAN DER WELTREGIERUNG 310
Biarritz, der seltsame Roman des Spions Hermann Goedsche 311
Die *Protokolle* kommen nach Russland und werden weltweit veröffentlicht 314
Henry Ford im Wettstreit: *The Dearborn Independent* 317
Über die Urheberschaft der *Protokolle* 320

Auch Lord Northcliffe steht auf: Kontrolle der *Times* 325
Die Berner Prozesse..329
Peter Myers bekräftigt die Echtheit der *Protokolle* 337
Zu den 24 *Protokollen* 340

KAPITEL VII **344**

DER ZIONISMUS UND DER ERSTE WELTKRIEG 344
BANKIERS UND REVOLUTIONEN (2)....................................... 344
Teil 1 Jüdische Banker und ihre Agenten erreichen ihre Ziele *344*
Die Buren, Cecil Rhodes, Nathaniel Rothschild und die Tafelrunde 345
Woodrow Wilson und seine Entourage von zionistischen Verschwörern..........350
Die Gründung des Federal Reserve System 355
Teil 2 Der Zionismus und der Erste Weltkrieg...........................*362*
Die Freimaurer und das Attentat von Sarajevo 363
Verantwortlichkeiten für den Ausbruch des Krieges, ein Werk der Freimaurerei
....366
Die ersten Jahre des Krieges 373
Der Zionismus unterstützt definitiv Großbritannien und verrät Deutschland 380
Die Zionisten tragen ihren Teil bei: Wilson erklärt Deutschland den Krieg 384
Das Landman-Dokument...387
Lord Milner und seine Mission in Russland 390
Teil 3 Bankiers und Revolutionen (2)..................................*393*
Die bolschewistisch-jüdische Revolution...............................*393*
Soziale und politische Organisation des zaristischen Russlands...........394
Landwirtschaft vor und nach der Revolution..............................396
Industrie vor der Revolution..399
Verkehr im zaristischen Russland 401
Finanzen im zaristischen Russland 402
Die Revolution von 1905...404
Stolypin und die Bodenreform 414
Februar/März 1917: der zweite revolutionäre Akt und der Staatsstreich............422
Leo Trotzki (Leiba Bronstein)...432
Lenin...438
Kerenski, Premierminister: Der Countdown beginnt........................444
... und Kerenski übergibt die Macht an die Bolschewiki. 448
Die Verschwörer benutzen das Rote Kreuz.................................453
Trosky und Lenin, die in Brest-Litowsk aneinandergeraten 458
Talmudistische Juden ermorden die kaiserliche Familie...................462
Trotzki und das versuchte Attentat auf Lenin...........................472
Teil 4 Die Revolution breitet sich in Deutschland und Ungarn aus nach
Deutschland und Ungarn..*490*
Aufstand der Seeleute in Kiel 492
Von der Demobilisierung bis zum spartakistischen Aufstand 494
Die Bayerische Sowjetrepublik..500
Bela Kun's Ungarn 502

ANDERE BÜCHER **509**

EINFÜHRUNG

„Dass das Leben ernst war, beginnt man später zu verstehen...". In diesen Versen warnte der Dichter, und er hatte Recht. Sicherlich werden viele Dinge im Leben „später" verstanden. Dass es mir mit dieser Arbeit ernst war, wurde mir schon vor einiger Zeit klar. Jetzt, wo ich diese Zeilen schreibe, kann ich nicht sagen, ob neun oder zehn Jahre vergangen sind, seit ich es begonnen habe, ohne genau zu wissen, wie es enden würde. Mir war klar, dass es mir aus zwei Gründen ernst war: Erstens, weil der Weg, den ich beschritt, keine Abkürzungen bot, sondern immer breiter und länger wurde und mich zu einer überwältigenden Reise zwang, deren Ende am fernen Horizont fast unerreichbar schien; zweitens, weil ich das Risiko einging, den ganzen Weg bis zum Ende zu gehen. Das Wissen, dass die Gedanken und Überlegungen, die mich antrieben, verboten sind, dass sie in vielen europäischen Ländern als Verbrechen gelten, lud mich ein, nicht weiterzugehen, um unnötige Unwägbarkeiten zu vermeiden. Ja, erst später wurde mir klar, dass es mir ernst war, dass ich nicht umkehren wollte und dass ich entschlossen war, den Weg dieser *verbotenen Geschichte* zu gehen.

Die Tatsache, dass diejenigen, die es wagen, Juden zu kritisieren, unerbittlich mit fadenscheinigen Antisemitismusvorwürfen bedrängt werden, deutet darauf hin, dass unser Buch bei denen, die sich unantastbar fühlen und die Rede- und Gedankenfreiheit verfolgen, nicht gut ankommen wird, denn es enthüllt die Rolle, die zahllose Juden im Dienste einer Elite jüdischer Bankiers und anderer Kapitulanten gespielt haben, die die moderne Geschichte geprägt haben. Der Untertitel *„Das verdeckte Wirken jüdischer Agenten in der Zeitgeschichte"* war eine Arbeitshypothese, die, wenn sie gut begründet ist, zu einer These werden sollte, da die geschilderten Ereignisse in den mehr als 250 Jahren Geschichte, die in dem Werk enthalten sind, sie bestätigen. Die kontinuierliche Darstellung der Aktionen jüdischer Agenten über Hunderte von Seiten wäre nicht möglich gewesen, wenn sie nicht stattgefunden hätten.

Wofür diese Männer und Frauen eingesetzt wurden und welche Aufgaben sie hatten, wird in dem Buch ausführlich erläutert. Wir ahnen bereits, dass die französische und die bolschewistische Revolution mit Hilfe dieser Agenten durchgeführt wurden. Im ersten Fall wurde die Freimaurerei von den Illuminaten, die von Adam Weishaupt, einem Agenten der Rothschild-Dynastie, gegründet wurden, benutzt, imprägniert und geleitet. Der internationalistische Kommunismus war von Anfang an ein Betrug zur Ausbeutung und Unterdrückung der arbeitenden Massen, ein gigantischer Schwindel, der dazu diente, einen Raubzug von planetarischem Ausmaß zu begehen, den größten der Geschichte. Um einen solchen ehrgeizigen Coup durchzuführen, wurden in Russland und China die größten Massaker seit Menschengedenken verübt. Wäre der Kommunismus in Asien und Europa wie beabsichtigt durchgesetzt worden, wäre der neoliberale Globalismus überflüssig gewesen, denn die Ressourcen und der Reichtum der ganzen Welt wären in den Händen derjenigen gelandet, die die Revolutionen zu diesem Zweck finanziert hatten.

Da man uns wahrscheinlich Antisemitismus, Rassenhass, Leugnung und dergleichen vorwirft, versteht es sich von selbst, dass wir natürlich weder antisemitisch sind noch jemanden hassen, auch wenn wir in Frage stellen, dass der Holocaust eine historische Realität ist. Unsere Arbeit ist voll von Namen jüdischer Autoren, sie ist voll von ihnen. Mit einigen teilen wir überhaupt nichts und haben uns nur ihren Büchern und Artikeln zugewandt, um ihre Ansichten kennen zu lernen oder um Informationen zu erhalten und von ihnen zu lernen. Stattdessen umarmen wir brüderlich all jene nicht rassistischen Juden, die sich keineswegs als von einem exklusiven Gott auserwählte Wesen sehen, sondern ihr Leben mit dem Rest der Menschheit teilen wollen. Wir werden einen Teil dieser Einleitung nutzen, um diejenigen zu nennen, mit denen wir uns am meisten identifizieren und mit denen wir Ideen und Haltungen teilen. Wir sind ihnen zu großem Dank verpflichtet, denn sie waren unentbehrliche Quellen, aus denen wir in den Jahren unserer Arbeit geschöpft haben. Wir möchten sie für ihren Mut und ihre Ehrlichkeit, für ihren Beitrag zur historischen Wahrheit und für ihre Bereitschaft, sich mit anderen Menschen zu „verunreinigen", bewundern.

Der jüdische Milliardär Benjamin H. Freedman, eine erstaunliche Persönlichkeit, ist eine solche Quelle, die einen eigenen Absatz verdient. Nachdem er mit den Hauptverantwortlichen der beiden Weltkriege zusammengelebt hatte (er arbeitete sogar mit Bernard Mannes Baruch zusammen), konvertierte Freedman zum Christentum und widmete den Rest seines Lebens und einen Teil seines Vermögens der Anprangerung der talmudistischen Juden und des Zionismus. Er warnte die Welt vor einer verborgenen Tyrannei (*The Hidden Tyranny*), die die Geschichte verfälscht hat. Er erklärte, dass es die Zionisten waren, die Amerika in den Ersten Weltkrieg brachten, um Palästina zu erhalten (Balfour-Erklärung). Freedman war einer der ersten, der öffentlich die chasarische Herkunft der aschkenasischen Juden aufdeckte (*Fakten sind Fakten*). 1961 hielt er im Willard Hotel in Washington D.C. eine bahnbrechende Rede, die unter dem Titel „Ein jüdischer Überläufer warnt Amerika" bekannt geworden ist. Darin warnte er als amerikanischer Patriot davor, dass die Vereinigten Staaten als Vollstreckungsarm des Zionismus für künftige Kriege im Nahen Osten benutzt würden, was den Dritten Weltkrieg auslösen könnte.

Ein weiterer Jude, der die Weltverschwörung vor seinem Tod im Jahr 1955 aufdeckte, war Henry H. Klein, der wie Freedman zum Christentum konvertierte. Er diente als Anwalt im Großen Volksverhetzungsprozess von 1944, einem Prozess, über den wir im Kapitel über den Zweiten Weltkrieg zu schreiben versucht waren. Es handelte sich um einen Prozess, der vom American Jewish Committee und der jüdischen Loge B'nai B'rith inszeniert wurde, um etwa hundert antikommunistische amerikanische Patrioten zu inhaftieren, die gegen Roosevelts Politik waren. Klein wurde vom Richter wegen Missachtung des Gerichts zu neunzig Tagen Gefängnis verurteilt und musste die Verhandlung verlassen, nachdem er mehrere Morddrohungen erhalten hatte. 1946 prangerte er in einem 24-seitigen Werk den Weltherrschaftsplan an, der in den *Protokollen der Weisen von Zion* beschrieben wird, deren Echtheit er für unbestreitbar hielt. Klein verwies auf die Existenz eines internationalen politischen und finanziellen Sanhedrins, der von den Geldherren unter der Führung der Rothschilds kontrolliert wird.

Unsere jüdischen Quellen sind über die dreizehn Kapitel verstreut; aber in diesem Abschnitt wollen wir in einigen Zeilen die Namen derjenigen zusammenfassen, die uns am meisten am Herzen liegen und die nicht wenige sind. Hier sind einige von ihnen: Israel Shamir, zum Christentum konvertiert, Autor von *The Masters of Discourse*, einer ins Spanische übersetzten Trilogie, in der er den Zionismus und die internationale jüdische Lobby entlarvt. Israel Shahak, der von Jerusalem aus den Talmudismus, den zionistischen Messianismus und die imperialistische Politik Israels anprangerte. Gilad Atzmon, ehemaliger Soldat, Philosoph, Jazzmusiker, pro-palästinensischer Aktivist, Autor mehrerer Werke. Joseph Ginsburg, Revisionist, bekannt als Joseph Burg, dem das Recht verweigert wurde, auf einem jüdischen Friedhof beerdigt zu werden. Haviv Schieber, Revisionist, ehemaliger Bürgermeister von Beerscheba, vom zionistischen Staat verfolgt, Aktivist und unermüdlicher Kämpfer für Gleichberechtigung und friedliche Koexistenz von Muslimen, Juden und Christen in Palästina. David Cole, ein junger Revisionist, der angesichts der Einschüchterungsversuche gegen seine Familie zum Widerruf gezwungen wurde. Ilan Pappé, Historiker, der nach England ins Exil ging, nachdem er in Israel mit dem Tode bedroht wurde, weil er in einem inzwischen klassischen Buch die ethnische Säuberung in Palästina aufgedeckt hatte. Alfred Lilienthal, Autor bedeutender Werke über Israel und den Nahen Osten, Freund des palästinensischen Volkes und scharfer Kritiker des Zionismus. Paul Eisen, Revisionist, der die säkulare Religion des Holocausts anprangert, Gründer einer Vereinigung zur Erinnerung an das Massaker an Palästinensern in Deir Yassin. Jeffrey Blankfort, Journalist und pro-palästinensischer Aktivist, der Noam Chomsky, den er für einen Krypto-Zionisten hält, scharf kritisiert und den Staat Israel als die größte Bedrohung des Planeten bezeichnet hat. Jonathan Cook, ein preisgekrönter Journalist, der von Nazareth aus für mehrere westliche Medien schreibt und dessen Artikel in *The Electronic Intifada* sein unmissverständliches Engagement für das palästinensische Volk zeigen. Roger Guy Dommergue Polacco de Menasce, der mit Ernst Zündel zusammengearbeitet und sich öffentlich zur Verteidigung von Robert Faurisson geäußert hat.

Wir könnten noch einen langen Absatz mit Namen von Juden schreiben, die den zionistischen und talmudistischen Suprematismus verachten und deren Texte Ideen zu unserer Arbeit beigetragen haben: Bruder Nathanael Kapner, ein zum Christentum Konvertierter, dessen Website *Real Jew News* eine wahre Fundgrube an Informationen ist; Henry Makow, Jonathan Offir, Miko Peled, Sohn von General Matti Peled. Und es gibt noch mehr. Revisionisten wie Ditlieb Felderer oder David Irving geben sich in der Regel als nichtjüdische Autoren aus; ihre Mütter waren jedoch jüdisch, und folglich sind sie es auch. Ihnen allen sind wir zu Dank verpflichtet. Man kann sie nicht als antisemitisch bezeichnen, aber Zionisten beschuldigen sie oft, Juden zu sein, die sich selbst hassen, weil sie Juden sind.

Bevor wir zu anderen Dingen übergehen, ist es auch angebracht festzustellen, dass die Pläne zur Weltherrschaft nicht nur von kritischen Juden aufgedeckt worden sind. Sie sind auch von militanten Positionen aus erkannt worden. So veröffentlichte der zionistische Intellektuelle Maurice Samuels 1924 das berühmte Buch *Ihr Nichtjuden*, in dem er die absolute Überlegenheit seiner Ethnie gegenüber anderen und die Unmöglichkeit einer Versöhnung zwischen Juden und Nichtjuden verkündet, da eine Assimilation als Demütigung empfunden würde. Ein weiterer berühmter Fall ist der von Harold W. Rosenthal, dessen Aussagen in einem Interview enthalten sind, das als „Rosenthal-Dokument" in die Geschichte eingegangen ist. Am 12. August 1976, dreißig Tage nachdem er sich unbedacht, naiv und gegen Geld geäußert hatte, wurde dieser großmäulige junge Mann in Istanbul bei einem angeblichen Versuch, ein El-Al-Flugzeug zu entführen, getötet. Der 29-jährige Rosenthal reiste im Gefolge des zionistischen Senators Jacob Javits, für den er in New York als persönlicher Assistent tätig war. Das Interview, das von Walter White, dem Herausgeber der Monatszeitschrift *Western Front*, geführt wurde, sollte man sich nicht entgehen lassen. Es wurde nach dem Attentat veröffentlicht und zu einer siebzehnseitigen Broschüre zusammengestellt. White und andere Beobachter interpretierten das Attentat als eine Operation unter falscher Flagge. Die jüdischen Lobbys waren wie immer schnell dabei, White zu disqualifizieren und ihn als Hochstapler zu bezeichnen. Rosenthal gab in dem Interview zu, dass die Federal Reserve in ihren Händen war, dass die Medien in ihren Händen waren, dass Präsident Franklin D. Roosevelt einer von ihnen war, dass sie die Superregierung der Welt waren..., und andere ernstere Dinge, die wir jetzt lieber verschweigen.

Was den Inhalt und die Struktur unseres Werkes betrifft, so haben wir gesagt, dass es etwa 250 Jahre Geschichte abdeckt, aber in Wirklichkeit ist der untersuchte Zeitraum länger, da das erste Kapitel, das als ständiger Hintergrund für die gesamte historische Reise dient, grundlegende Fakten über den Ursprung der Juden präsentiert, die für ein tiefes Verständnis der Tatsachen und des Ausmaßes der historischen Lüge, die auferlegt wurde, wesentlich sind. So ist das erste der dreizehn Kapitel der Darstellung der Entstehung eines Schwindels gewidmet. Es wird zeigen, dass semitische Juden heute eine Minderheit darstellen, denn mehr als achtzig Prozent des heutigen Judentums sind aschkenasischer Herkunft. Dieser Prozentsatz ist in Israel noch höher, wo man davon ausgeht, dass etwa neunzig Prozent der jüdischen Bevölkerung aschkenasischen Ursprungs sind. Das bedeutet, dass die Vorfahren der Zionisten nie in Palästina waren, denn aschkenasische Juden sind keine Semiten, sie stammen nicht von den alten Hebräern ab, sondern von einem Volk türkisch-mongolischen Ursprungs, den Chasaren, die einige Jahrhunderte nach Christus aus Asien nach Europa kamen. Die Hauptquelle für dieses erste Kapitel ist wiederum ein jüdischer Autor, Arthur Koestler, dessen Buch *Der dreizehnte Stamm* ein Klassiker ist.

Diesem ersten Kapitel folgen weitere zwölf Kapitel, in denen die Ereignisse von der Gründung des Bayerischen Illuminatenordens im Jahr 1776 bis zu den Anschlägen vom 11. September 2001 und deren Folgen untersucht werden. Der erste Teil des Kapitels mit dem Titel „Cromwell, Agent der jüdischen Bankiers von Amsterdam" widmet sich in aller Kürze den fünfzig Jahren von der Machtergreifung Oliver Cromwells bis zur Gründung der Bank of England. Wir sind uns bewusst, dass wir auf den vier Seiten, die diesen Teil ausmachen, nur einen kurzen Abriss der Geschehnisse bieten; aber wir konnten nicht mehr behandeln, wenn wir eine übermäßige Länge dieser *verbotenen Geschichte* vermeiden wollten. Auf jeden Fall waren wir der Meinung, dass sie als einleitender Teil des Kapitels dienen könnten, und so sind sie hier.

Die Kapitel bestehen, soweit erforderlich, aus mehreren Teilen, die in Abschnitte unterteilt sind, die den Text nach Themen oder anderen Aspekten gliedern. Um in einem ohnehin schon überlangen Werk Seiten zu sparen, haben wir auf die für wissenschaftliche Arbeiten typischen Abkürzungen wie „ib/ibid.", „op.cit.", „cf/cfr." verzichtet, die immer wieder auf umständliche Vergleiche oder Gegenüberstellungen, Zitate oder sonstige Hinweise verweisen und so die Seitenzahl unnötig erhöhen. Die Titel von Nachschlagewerken werden im Text kursiv gedruckt, und wenn ein Werk wiederholt verwendet wird, verweisen wir darauf, damit wir nicht für Dinge, die von anderen geschrieben wurden, belohnt oder benachteiligt werden. Lange oder ausführliche Textzitate werden in einem eigenen Absatz in Anführungszeichen gesetzt und etwas gekürzt. Nur in Kapitel II haben wir die Zitate aus dem Werk von John Robison trotz ihrer Länge im Text belassen, weil der Abschnitt „Robison" dies erforderte.

Die Anmerkungen, die dazu dienen, den Text zu erweitern oder zu ergänzen, sind mit einer Nummer versehen, und wir haben uns dafür entschieden, sie am Ende der Seite, auf der sie erscheinen, anzubringen. Wir bitten den Leser, nicht auf sie zu verzichten, denn im Allgemeinen, aber nicht immer, ist ihr Inhalt notwendig und nützlich für ein besseres Verständnis des Erzählten. Wir sind uns bewusst, dass uns einige von ihnen durch die Lappen gegangen sind und übermäßig lang sind. Wir entschuldigen uns dafür, aber wir haben sie für interessant befunden und beschlossen, sie beizubehalten.

In Bezug auf andere formale Aspekte des Textes ist anzumerken, dass der onomastische Index keine Namen von Orten, Institutionen oder Organisationen enthält. Nur die Nachnamen der Personen erscheinen darin. Aus diesem Grund umfasst ein Nachname manchmal verschiedene Personen. Wir hätten gerne die Eigennamen angegeben, aber das war in dieser Ausgabe nicht möglich. Der Leser muss sich also bei seinen Recherchen ein wenig Zeit nehmen. Wir hatten Zweifel an der Akzentuierung der Namen, da wir überlegt haben, ob es sinnvoll ist, sie ohne Akzentzeichen zu schreiben, wenn sie homographisch mit den spanischen Namen sind und diese in der Originalsprache nicht vorhanden sind. Letztendlich haben wir uns, vielleicht fälschlicherweise, dafür entschieden, sie gemäß unseren orthografischen Regeln zu betonen. Auf jeden Fall wird es Fälle geben, in denen wir nicht wussten, wie wir das Kriterium beibehalten sollten. Wir haben auch beschlossen, die betonte Silbe in vielen russischen Namen und Nachnamen zu markieren, um ihre korrekte Aussprache anzuzeigen. So sind z.

B. bei den Nachnamen „Kamenev" oder „Zinoviev" die betonte Silbe die erste bzw. zweite Silbe. Um dies zu verdeutlichen, wurden „Kamenev" und „Zinoviev" als „Kamenev" und „Zinoviev" geschrieben. Die Tatsache, dass Namen und Nachnamen in den verschiedenen Sprachen, die wir gelesen haben, unterschiedlich geschrieben werden, hat dazu geführt, dass einige von ihnen im Text mit einigen formalen Abweichungen erscheinen, wofür wir uns entschuldigen. Betrachten wir ein Namensbeispiel. Nikita Chruschtschow zum Beispiel erscheint in der englischen Transkription auch als „Chruschtschow"; im Englischen als „Khrushchev"; im Französischen als „Khrouchtchev"; im Deutschen als „Chruschtschow". Wir glauben, dass es uns in diesem Fall gelungen ist, die Schreibweise beizubehalten, aber wir befürchten, dass dies nicht immer der Fall war.

Da wir Werke und Quellen in englischer, französischer und deutscher Sprache gelesen und verwendet haben, sind die Titel der Bücher in der Originalsprache, in der sie konsultiert wurden, im Text und in der Bibliographie am Ende der Arbeit angegeben. Im Falle von David L. Hoggans *Der erzwungene Krieg, einem grundlegenden Werk zum Verständnis des Krieges*. Im Falle von David L. Hoggans Der erzwungene Krieg, einem grundlegenden Werk zum Verständnis des Beginns des Zweiten Weltkriegs, haben wir die deutsche Ausgabe verwendet, aber da unsere Deutschkenntnisse es uns nicht erlaubten, dieses über 800 Seiten umfassende Werk flüssig und vollständig zu lesen, haben wir auch die englische Ausgabe *The Forced War: When Peaceful Revision Failed*, herausgegeben vom Institute for Historical Review (IHR), verwendet. Nur in den Fällen, in denen die Titel der im Text zitierten Werke für Leser mit grundlegenden Sprachkenntnissen nicht leicht zu verstehen sind, haben wir uns dafür entschieden, in Klammern eine Übersetzung dieser Werke anzubieten.

Abschließend möchten wir mit einigen Worten vorwegnehmen, was in der Zukunft geschehen könnte, nachdem wir das Ergebnis so vieler Jahre intellektueller Arbeit frei zugänglich gemacht haben. Es ist sicher, dass jüdische und/oder zionistische Organisationen auf die üblichen Stereotypen zurückgreifen werden, um die Arbeit zu disqualifizieren: Rechtfertigung von Völkermord, Antisemitismus, Rassenhass, Neonazismus, usw. Natürlich können wir keine dieser Unterstellungen akzeptieren, weil sie falsch sind. Unser Christentum ist ein Impfstoff gegen Hass und die Rechtfertigung jedes noch so kleinen Verbrechens. Andererseits entschied das Verfassungsgericht (STC 235/2007) am 7. November 2007, dass die Infragestellung des Holocausts in Spanien keine Straftat darstellt, die Rechtfertigung von Völkermord jedoch schon. Jahre später, am 12. April 2011, erließ der Oberste Gerichtshof das Urteil 259/2011, demzufolge die Veröffentlichung von Werken wie dem unseren keine Rechtfertigung von Völkermord oder Aufstachelung zum Hass darstellt. In jedem Fall haben wir in dem Teil von Kapitel XII, der sich mit der Verfolgung von Revisionisten in Europa wegen Gedankenverbrechen befasst, sehr deutlich gemacht, wie die traurige Realität in vielen Ländern aussieht.

Wir sind uns der Macht derjenigen bewusst, die mit banalen Ausreden keine Kritik zulassen, die Meinungsfreiheit angreifen und diejenigen rücksichtslos verfolgen, die es wagen, objektive historische Tatsachen aufzudecken, die nachweisbar sind, wenn man die vorhandenen Beweise akzeptiert. Wir danken Omnia Veritas für die freundliche Aufnahme unseres Werkes und für die Bereitschaft, es in seiner Gesamtheit zu veröffentlichen, ohne Einwände gegen seinen Inhalt zu erheben.

Andererseits erkennen wir an, dass Geschichte interpretierbar ist und dass die Ansichten der Autoren zu bestimmten Episoden unterschiedlich sind. Wir beanspruchen daher das Recht, unsere Interpretation zum Ausdruck zu bringen. Alle Historiker sind sich zum Beispiel einig, dass Hitler die Briten in Dünkirchen nicht gefangen nehmen wollte und ihnen die Evakuierung erlaubte. Dies ist eine objektive Tatsache, die von niemandem bestritten wird. Strittig oder auslegungsfähig ist jedoch, warum er dies tat. Betrachten wir einen zweiten Fall: Eisenhowers Todeslager sind eine historische Tatsache, wenn auch eine, die weitgehend unbekannt ist, weil sie von der offiziellen Geschichtsschreibung ignoriert oder verschwiegen wurde. Es ist eine objektive Tatsache, dass der spätere Präsident der Vereinigten Staaten 1945 den Tod von fast einer Million deutscher Gefangener ermöglichte. Über die Frage, warum der General die Vernichtungslager zugelassen hat, aber nicht deren Existenz, kann man streiten und unterschiedlicher Meinung sein. Der Leser wird unsere Ansichten zu diesen und vielen anderen Ereignissen kennen und die Möglichkeit haben, ihre Angemessenheit zu beurteilen.

Der Hauptzweck der Darstellung und Anprangerung der Handlungen jüdischer Akteure bei allen geschichtlichen Ereignissen, über die berichtet wird, besteht darin, den Lesern eine revisionistische Version anzubieten, die von orthodoxen Historikern ignoriert wird. Allein dieser Wunsch hat uns im Laufe der Jahre dazu bewogen, diese *geächtete Geschichte* zu schreiben. Ohne weitere Kommentare abgeben zu müssen, bleibt uns die Genugtuung, aufrichtig auf der Suche nach der historischen Wahrheit gearbeitet zu haben. Wie Rémy de Gourmont zu Recht warnte: „Ce qu'il y a de terrible quand on cherche la vérité, c'est qu'on la trouve". (Das Schreckliche, wenn man die Wahrheit sucht, ist, dass man sie findet).

KAPITEL I

ZIONISTEN SIND KEINE SEMITEN

TEIL 1
ÜBER SEMITISCHE JUDEN

Das Weltjudentum besteht aus zwei großen Gruppen: Sephardim oder Sephardim (Sepharad bedeutet auf Hebräisch Spanien) und Aschkenasim oder Aschkenasim (Askenas ist das hebräische Wort für Deutschland). Erstere stammen von den Juden ab, die von den Katholischen Königen aus Spanien vertrieben wurden; sie sind kanaanäischen Ursprungs und somit semitisch. Letztere sind jedoch nicht ethnisch jüdisch, sondern stammen von einem asiatischen Stamm turko-mongoloider Herkunft, den Chasaren, ab, die im 8. nachchristlichen Jahrhundert zum Judentum konvertierten und keine Semiten sind. Dies ist eine der großen Verwechslungen der Geschichte, die den Leser, der zum ersten Mal davon hört, zweifellos verblüfft. Die Zionisten, die Usurpatoren Palästinas, sind größtenteils (zu neunzig Prozent) aschkenasischer Herkunft und keiner ihrer Vorfahren stammt daher aus Kanaan. Wir haben es also mit einem Betrug von historischer Bedeutung zu tun, mit einem makabren Schwindel: Diejenigen, die es wagen, den Zionismus und den jüdischen Staat zu kritisieren, sind keine Semiten.

Bevor wir uns mit der Geschichte der aschkenasischen Juden und damit der Chasaren befassen, ist es sinnvoll, die Geschichte der echten Juden, der Semiten, in aller Kürze, aber mit tiefen und aussagekräftigen Strichen zu skizzieren. Als Erstes ist zu sagen, dass die Bibel nicht von einer Reihe von Chronisten geschrieben wurde, die die Ereignisse kurz nach ihrem Eintreten wiedergaben, sondern von einer Sekte von Priestern des Stammes Juda, den Leviten, die viele Jahrhunderte nach den angeblichen Ereignissen, von denen erzählt wird, ihre Version entsprechend ihren eigenen Zwecken und Interessen anboten. In jedem Fall ist von den Originaltexten keine Spur mehr vorhanden, und die ältesten erhaltenen Abschriften sind Teilversionen, die in den Schriftrollen vom Toten Meer (200 v. Chr. bis 100 n. Chr.) gefunden wurden.

Die Archäologie liefert nun Beweise, die eine Revision der biblischen Geschichten erzwingen. Paradoxerweise wurden die archäologischen Ausgrabungen in Palästina von militanten Christen und Juden initiiert, die den Wahrheitsgehalt der biblischen Berichte beweisen wollten; doch dienen die Entdeckungen dem entgegengesetzten Zweck. Ze'ev Herzog, ein führender israelischer Archäologe an der Universität Tel Aviv, behauptet, dass die

Israeliten nie in Ägypten waren, dass sie das Land nicht in einem militärischen Feldzug erobert haben und dass die „vereinigte Monarchie" (Israel und Juda) von David und Salomo bestenfalls ein kleines Häuptlingstum mit wenig Territorium und Einfluss war. Letzteres muss den israelischen Zionisten sehr schwer fallen, deren Flagge ihren Expansionswahn symbolisiert: Der Davidstern, umgeben von zwei blauen Balken, die die Flüsse Nil und Euphrat darstellen, spielt auf das angebliche Reich der „vereinigten Monarchie" an. Ultraorthodoxe Juden, die von säkularen Zionisten unterstützt werden, behaupten, das Land Israel von Ägypten bis Mesopotamien sei ihnen von Gott (ihrem Jehova) gegeben worden und dürfe nicht in andere Hände fallen. „Jeder Versuch, die Verlässlichkeit der biblischen Beschreibungen in Frage zu stellen", sagt Professor Herzog, „wird vom öffentlichen Bewusstsein Israels als ein Versuch empfunden, unsere historischen Rechte auf das Land zu untergraben.

Aber wenn die Hebräer nicht aus Ägypten kamen, woher stammt dann die Idee des Exodus und wie sind sie in Palästina erschienen? Niels Peter Lemche, Professor für Altes Testament an der Fakultät für Biblische Studien der Universität Kopenhagen, beantwortet den ersten Teil der Frage: „Die Autoren der biblischen Erzählungen müssen die Geschichte aus den Erinnerungen einer kleinen Gruppe von Menschen übernommen haben, die einst in Ägypten waren". Andere Autoren schlagen vor, dass es sich um mehr als eine Gruppe handeln könnte, die aus Ägypten nach Kanaan kam, und schlagen vor, dass Mose der Anführer einer dieser Gruppen sein könnte; er könnte aber auch der Anführer eines Nomadenstammes, der 'Apiru, sein, der aus Mesopotamien nach Kanaan gekommen war. Diese zweite Hypothese hat eine stärkere historische Grundlage.

John C. H. Laughlin klärt in seinem Werk *Archäologie und die Bibel*, wer diese „apiru" oder „habiru" waren. Er schreibt, dass die politische Situation im Nahen Osten während des Zeitraums 1400-1200 v. Chr. (Spätbronzezeit II) durch eine Gruppe von Tontafeln in akkadischer Sprache erhellt wurde, die 1887 in Tell el-Amarna, einer Stätte am Ostufer des Nils, etwa 305 km von Kairo entfernt, entdeckt wurden. Die Bedeutung dieses Fundes führte dazu, dass dieser Zeitraum als „Amarna-Epoche" bezeichnet wird. Von diesen Tafeln sind 350 Briefe zwischen verschiedenen Königen und Vasallen und dem Pharao. Etwa 150 davon stammen aus Palästina selbst. Die Briefe der palästinensischen Vasallen beschreiben „ein Bild ständiger Rivalitäten, wechselnder Koalitionen und Angriffe und Gegenangriffe zwischen den kleinen Stadtstaaten". In einem Brief von Abdu-Heba aus Jerusalem wird Lab'ayu beschuldigt, das Land Sichem an die Apiru gegeben zu haben, die ihrerseits beschuldigt werden, „alle Ländereien des Königs" zu plündern. Die Briefe zeichnen somit ein Bild des politischen Verfalls mit lokalen Führern, die sich untereinander bekämpfen, manchmal angestachelt durch eine Gruppe, die als „Apiru" bezeichnet wird. Diese Hinweise auf die Apiru (ursprünglich Hab/piru), so C. H. Laughlin weiter, erregten sofort die Aufmerksamkeit der Gelehrten, von denen viele annahmen, dass die Apiru mit den Hebräern verwandt waren (F. Bruce, 1967; N. P. Lemche, 1992). Einige (E. F. Campbell, 1960) setzten die Angriffe der Apiru mit dem biblischen Bericht über Josua und den Einmarsch in Kanaan gleich. Die phonetische Beziehung hapiru>habiru>hebräisch oder hebräisch scheint offensichtlich. M. L. Chaney (1983) kam zu dem Schluss, dass „das beste Paradigma, um die Apiru in den Amarna-Briefen und in anderen Texten zu beschreiben, soziales Banditentum ist". Chaney vertrat die Ansicht, dass es eine sozio-politische Kontinuität zwischen den Apiru der Amarna-Zeit und den vormonarchischen „Israeliten" der Eisenzeit I (1200 bis 1000 v. Chr.) gab, die dasselbe Gebiet in Palästina besetzten, das zuvor von den Apiru bewohnt worden war. Chaney fragt: „Kann es also keine Kontinuität zwischen der sozialen Dynamik im Palästina der Amarna-Zeit und der Entstehung Israels geben, wenn die Kraftfelder des vormonarchischen Israels, seine Feinde und seine sozialen Organisationsformen mit denen der Apiru und ihrer Verbündeten aus Amarna übereinstimmen?" John C. H. Laughlin kommt zu dem Schluss, dass die politische und militärische Unordnung, die in den Amarna-Briefen mit den Apiru in Verbindung gebracht wird, sicherlich dazu beiträgt, den sozialen und politischen Umbruch zu bewirken, der die Entstehung Israels etwa 200 Jahre später ermöglichte.

Es ergibt sich also folgendes Bild: Amoriter und Kanaaniter, von denen die Palästinenser ursprünglich abstammen, bildeten die Urbevölkerung des Landes, zu der sich dann in mehreren Wellen benachbarte Völker oder nomadische Gruppen wie die Apiru gesellten. Auch die Philister, ein Seevolk, das im 12. Jahrhundert v. Chr. die Küstenregion Palästinas beherrschte, müssen mit einbezogen werden. *Im Buch der Richter* heißt es: „Und die Israeliten wohnten unter den Kanaanitern, Hetitern, Amoritern, Perisitern, Hiwitern und Jebusitern; sie heirateten ihre Töchter und gaben ihre Töchter ihren Söhnen und beteten ihre Götter an. Hier stimmt die Bibel mit den Gelehrten überein, die wir zitiert haben, d. h. die Hebräer sind weder aus Ägypten geflohen noch mit einer Religion in das Gebiet gekommen, die sie während ihrer Wüstenwanderung erhalten hatten. Sie haben auch nicht Kanaan erobert oder dies auch nur versucht. Aus welchen Gründen auch immer ließen sie sich im zentralen Hochland von Palästina nieder. Israel Finkelstein, eine herausragende Persönlichkeit der aktuellen archäologischen Forschung im Nahen Osten und Leiter der Abteilung für Archäologie an der Universität Tel Aviv, schreibt in *From Nomadism to Monarchy. Archeological and Historical Aspects* (1994): „Israel existierte nicht vor dem 11. Jahrhundert v. Chr., als auf beiden Seiten des Jordans ebenfalls neue Monarchien (Moab, Ammon, Philistia) gegründet wurden". In *The Archaeology of the Israelite Settlement* (1996) spricht er jedoch von Proto-Israeliten, verschiebt die Daten und berichtigt, indem er sagt, dass das „wahre Israel" nicht vor dem 9. bis 8.

Wenn diese Grundsätze feststehen, bleibt die Frage der vereinigten Monarchie von David und Salomo zu klären. Biblische Erzähler behaupten, dass sich das nördliche Königreich Israel mit seiner Hauptstadt Samaria und das südliche Königreich Juda mit seiner Hauptstadt Jerusalem vereinigten, um das große Reich zwischen Nil und Euphrat zu schaffen. Doch Thomas L. Thompson, Professor für Bibelwissenschaften an der Universität Kopenhagen, hat in seinem Werk *The Mythic Past. Biblical Archaeology and the Myth of Israel* fest, dass es „keine Beweise für eine vereinigte Monarchie, keine Hauptstadt Jerusalem und keine kohärente, einheitliche politische Kraft gibt, die Westpalästina beherrschte". Thompson ist überrascht, dass es ein Reich gab, das von Nachbarn und Vasallen umgeben war, und dass es kein einziges Dokument gibt, das davon berichtet. Es gibt keinen Raum oder Kontext", fügt er hinzu, „kein Artefakt oder Archiv, das auf die in der Bibel beschriebenen Geschichten über das Palästina des zehnten Jahrhunderts hinweist.

Auf jeden Fall bleibt uns nichts anderes übrig, als zu versuchen, die biblischen Aussagen so zu interpretieren, dass wir den geschichtlichen Weg der kanaanäischen Juden nachvollziehen können, und das ist der Zweck dieses ersten Teils. Wir beginnen also mit der Vereinigung der Königreiche Israel und Juda, die sicherlich nur von kurzer Dauer war, denn nach dem Tod Salomos kam es zu einer Spaltung, und 937 v. Chr. trennten sich die zehn Stämme Israels von denen Judas und Benjamins, die ein eigenes Königreich im Süden Israels bildeten, das bis 587-86 v. Chr. bestand, als sie nach Babylon deportiert wurden. Es sei daran erinnert, dass Juda, nach dem der Stamm benannt ist, der vierte Sohn Jakobs war, der seinen Bruder Joseph für zwanzig Silberlinge an die Ismaeliten verkaufte (viel später verriet Judas, der einzige Apostel aus dem Stamm Juda, Jesus für dreißig Silberlinge). Der kleine Stamm Juda wurde als die Leviten identifiziert, die priesterliche Sekte, die behauptete, ihre Macht direkt von Jehova am Sinai erhalten zu haben.

Die Ursache des Problems

In seiner *Geschichte und dem Schicksal der Juden* schreibt Dr. Josef Kastein: „Die beiden Staaten hatten auf Gedeih und Verderb nicht mehr gemeinsam als zwei Länder, die durch eine Grenze voneinander getrennt waren. Von Zeit zu Zeit befanden sie sich im Krieg miteinander oder schlossen Verträge, aber sie waren völlig getrennt. Die Israeliten hatten aufgehört, sich als ein anderes Schicksal zu betrachten als andere benachbarte Völker, und König Jerobeam trennte sich sowohl politisch als auch religiös völlig von Juda". Dann sagt Dr. Kastein über die Judäer: „Sie beschlossen, dass sie dazu bestimmt waren, eine eigene Ethnie zu entwickeln... sie forderten eine andere Lebensweise als die benachbarten Völker um sie herum. Es waren Unterschiede, die ihnen jeden Assimilationsprozess mit anderen verbieten. Sie beanspruchten für sich selbst absolute Differenzierung und Abgrenzung".

Dies ist kurz gesagt der Ursprung eines Problems, das seit dreitausend Jahren andauert. Die priesterliche Sekte der Leviten setzte ein Glaubensbekenntnis der Rassendiskriminierung und -trennung durch, das den anderen Stämmen in den Tagen der Vereinigung zwischen Israel und Juda unbekannt war. Die Bibel gibt uns zahlreiche Beispiele für die Verbrüderung der Rassen. Die prominentesten Israeliten gaben immer wieder ein Beispiel: Abraham lebte mit Hagar, einer Ägypterin, zusammen. Josef heiratete Aschkena, die nicht nur Ägypterin war, sondern auch die Tochter eines Priesters,. Mose heiratete eine Midianiterin, Zippora, eine der sieben Töchter des Jethro, der ebenfalls Priester und Initiator von Mose war. König Davids Mutter war eine Moabiterin, und er selbst heiratete eine Prinzessin aus Geshur. Salomo, dessen Mutter eine Hethiterin war, liebte viele ausländische Frauen, darunter die Tochter des Pharao, die er heiratete, heiratete Moabiterinnen, Edomiterinnen, Hethiterinnen, Ammoniterinnen und hatte Hunderte von Frauen. Und so würde die „skandalöse Chronik" weitergehen.

Im Jahr 722 v. Chr. wurde das Nordreich Israel von Assyrien angegriffen und erobert, und die Israeliten wurden in Gefangenschaft genommen. Finkelstein zufolge war das Nordreich ein wohlhabender Staat, im Gegensatz zu Juda, das so arm und isoliert war, dass es nicht einmal eine Verwaltungsorganisation entwickelt hatte. Finkelstein zufolge nahm Juda plötzlich eine so große Zahl von Flüchtlingen auf, dass es innerhalb von fünfzehn Jahren demographisch um das Fünfzehnfache wuchs. Juda blieb also damals verschont und war mehr als ein Jahrhundert lang ein Vasall zunächst von Assyrien und dann von Ägypten. Die levitische Sekte hatte Juda weiterhin als ihre Hochburg. Dr. Kastein interpretiert, dass Israel „völlig zu Recht untergegangen ist, weil es das Glaubensbekenntnis der Leviten ablehnte und die Annäherung an die Nachbarvölker wählte", Worte, die seine zionistische Ideologie verraten.

In den Jahren nach der Eroberung Israels durch die Assyrer begannen die Leviten in Juda unter mit der Zusammenstellung des schriftlichen Gesetzes. Bis 621 v. Chr. schrieben sie das *Deuteronomium* und lasen es dem Volk im Tempel in Jerusalem vor. So entstand das mosaische Gesetz, das Mose nicht kannte. Es wird so genannt, weil es Moses zugeschrieben wird, aber die Autoritäten sind sich einig, dass es ein Produkt der Leviten ist, die Moses (und durch ihn Jehova) von da an immer wieder das sagen ließen, was ihnen passte. In Wirklichkeit sollte man daher vom levitischen Gesetz oder vom jüdischen Gesetz sprechen. Vor der Abfassung des *Deuteronomiums* gab es nur die mündliche Überlieferung dessen, was Gott zu Moses gesagt hatte. Die Leviten beanspruchten für sich, zu den Bewahrern und Hütern dieser Tradition geweiht zu sein. Von da an wurde das *Deuteronomium* zur Grundlage der Tora, des Gesetzes, das im Pentateuch enthalten ist, der auch das unbearbeitete Material des *Talmuds darstellt.* Die neue Orthodoxie bekämpfte die konkurrierenden Jehova-Kulte erbittert und rottete deren Priester aus. Um 587 v. Chr., etwa dreißig Jahre nach der Verlesung des Gesetzes in Jerusalem, wurde Juda vom babylonischen König erobert, und alles deutete darauf hin, dass die Angelegenheit geregelt werden würde.

Die babylonische Episode hatte jedoch nicht nur für den Stamm Juda zu jener Zeit, sondern auch für die westliche Welt von heute entscheidende Konsequenzen. Während der babylonischen Zeit fügten die Leviten dem *Deuteronomium* die vier Bücher hinzu, aus denen der Pentateuch bestehen sollte, und verfassten so ein Gesetz der rassischen und religiösen Intoleranz, das, entsprechend verstärkt, die Judaisten vom Rest der Menschheit trennen sollte. Dort wurden die Ketten geschmiedet, die das jüdische Volk für immer binden sollten. In Babylon fanden die Leviten durch Experimente Mechanismen, um das Gesetz zu verstärken, und es gelang ihnen, ihre Anhänger getrennt zu halten, getrennt von denen, unter denen sie lebten. Es besteht die Tendenz, die babylonische Gefangenschaft als eine schwarze Periode zu betrachten, in der es keine Möglichkeit der Freiheit gab. Nichts könnte weiter von der Wahrheit entfernt sein. Das wohlwollende Verhalten der babylonischen Eroberer gegenüber den judäischen Gefangenen erlaubte ihnen, in den Worten von Dr. Kastein, „völlige Freiheit des Aufenthalts, des Gottesdienstes, der Arbeit und der eigenen Verwaltung".

Douglas Reed, ein meisterhafter Journalist und revisionistischer Historiker, der des Antisemitismus beschuldigt wird, wie alle, die es als Judenfreunde wagen, die Verbrechen des Zionismus und den ausgrenzenden Rassismus Israels anzuprangern, schreibt in seinem Werk *The Controversy of Zion*, dass „die ihnen gewährte Freiheit es den Leviten erlaubte, ihr eigenes Volk in geschlossene Gemeinschaften einzuschließen und Selbstsegregation zu erleben. So entstanden das Ghetto und die Macht der priesterlichen Sekte".

Obwohl *Genesis* und *Exodus* nach dem *Deuteronomium* verfasst wurden, ist das Thema des Stammesfanatismus in ihnen schwächer ausgeprägt. Das Crescendo findet im *Deuteronomium*, in *Levitikus* und *Numeri* statt. In *Exodus* erscheint jedoch etwas von großer Bedeutung: Jehovas Verheißung an „sein Volk" wird mit Blut besiegelt. Von diesem Zeitpunkt an fließt Blut in Strömen durch die Bücher des Gesetzes. Ein gutes Beispiel dafür ist, dass die Leviten schreiben, wie sie von Moses nach der Anbetung des goldenen Kalbs auserwählt wurden. Hier ist die Stelle aus *Exodus*:

> „Alle Söhne Levis versammelten sich um ihn. So spricht der Herr, der Gott Israels", sagte er zu ihnen: „Gürtet jeder von euch sein Schwert um seine Hüfte. Geht durch das Lager, von einem Ende zum anderen, und erschlagt jeder seinen Bruder, seinen Freund und seinen Verwandten. Die Leviten führten den Befehl des Mose aus und an diesem Tag fielen etwa dreitausend Männer. Mose sagte: „Heute habt ihr euch zu Priestern des Herrn geweiht, weil ein jeder von euch seinen Sohn, seinen Bruder, erschlagen hat; darum segnet er euch heute.

Douglas Reed denkt über das Bild der blutbespritzten Priester nach und fragt sich aus der Ferne, warum die Bücher des Gesetzes immer wieder auf Blutopfern bestehen. Die Antwort scheint", schreibt er, „in der geheimnisvollen Genialität der Sekte zu liegen, Angst durch Schrecken zu erzeugen.

Im letzten Buch, *Numeri*, legt Jehova alle Funktionen der Leviten fest und gibt dem Gesetz den letzten Schliff. Dann wird daran erinnert, dass Mose selbst zum Übertreter geworden ist, denn in *Exodus* wird berichtet, dass er bei den Midianitern Zuflucht suchte, die Tochter des Hohepriesters heiratete und vom Hohepriester Anweisungen für seine priesterlichen Riten erhielt. Da die gesamte Struktur des Gesetzes auf Mose zurückgeht, in dessen Namen die Gebote gegen solche Handlungen niedergelegt wurden, muss mit ihm etwas geschehen, bevor die Bücher abgeschlossen sind. In diesen letzten Kapiteln muss Mose, nachdem er bewiesen hat, dass er alle Satzungen und Gebote des Gesetzes befolgt hat, den gesamten Stamm der Midianiter mit Ausnahme der Jungfrauen abschlachten, um seine Missetaten und Übertretungen zu tilgen. Auf diese Weise entehrt er seine Retter, seine Frau, seine beiden Söhne und seinen Schwiegervater, aber er wird von seiner Sünde erlöst und kann das rassische und religiöse Dogma, das die Leviten erfunden haben, bestätigen. Auf diese Weise verwandelt sich der gütige Patriarch der primitiven mündlichen Legenden vor dem schriftlichen Gesetz, der die zehn Gebote erhält, die von der ganzen Menschheit übernommen werden, der vom Islam und vom Christentum anerkannt wird, der des Du sollst nicht töten, an den Jesus im Laufe seines Lebens immer wieder erinnert, in den Gründervater des Gesetzes des Rassenhasses und der Ausgrenzung, da diejenigen, die nicht zum Stamm gehören, aufhören, seine Nächsten zu sein, wie der *Talmud* Hunderte von Jahren später auf skandalöse Weise bestätigen wird.

Ethnische Säuberung

Nach dem Fall Babylons kehrten die Judäer um 538 nach Jerusalem zurück, und die Wirkung des Gesetzes auf andere Völker begann. Dies war möglich, weil Kyrus, König der Perser und Gründer eines Reiches, das sich über ganz Westasien ausbreitete, den von ihm unterworfenen Völkern die Freiheit gab, ihre Religion zu praktizieren und ihre Institutionen zu erhalten. Das historische Buch, in dem der Fall Babylons beschrieben wird und das ebenfalls mehrere Jahrhunderte nach der Tat verfasst wurde, wird Daniel zugeschrieben. Er soll ein Gefangener gewesen sein, der durch seine Fähigkeit, Träume zu deuten, an den höchsten Platz am Hof Nebukadnezars aufstieg.

Als König Kyrus Babylon eroberte und den Juden die Rückkehr nach Judäa erlaubte, waren die fünf Bücher des Gesetzes noch nicht fertiggestellt, und die levitische Sekte arbeitete noch daran. Aus diesem Grund kehrte eine ausgewählte Gruppe nicht zurück und blieb in Babylon, um die Schrift zu vollenden. Die Masse der Judäer wusste noch nichts von dem Gesetz der rassischen Intoleranz, das für sie vorbereitet worden war, obwohl die religiöse Intoleranz ihnen vertraut war. Die ersten, die die Auswirkungen des mosaischen Gesetzes zu spüren bekamen, waren die Samariter, die die Rückkehrer herzlich willkommen hießen und ihnen als Zeichen der Freundschaft Hilfe beim Wiederaufbau des von den Babyloniern zerstörten Tempels anboten; sie wurden jedoch auf Befehl der Leviten abgewiesen, und so verzögerte sich die Wiederherstellung bis 520 v. Chr. Die Samariter waren Israeliten, die ihr Blut wahrscheinlich mit anderen vermischt hatten. Sie verehrten Jehova, erkannten aber die Oberhoheit Jerusalems nicht an, und vielleicht war dies der Grund für das Misstrauen der Leviten, die befürchteten, wieder absorbiert zu werden. Die Samariter waren daher so geächtet, dass ein Jude das Gesetz brach und sich auf abscheuliche Weise verunreinigte, wenn er nur ein Stück Brot aus der Hand eines Samariters nahm. Der Rassenhass gegen sie hielt über die Jahrhunderte hinweg bis zum heutigen Tag an.

Man schätzt, dass etwa vierzigtausend Menschen aus Babylon nach Judäa zurückkehrten, was nicht viel war, vielleicht zehn oder zwanzig Prozent der Gesamtzahl der Menschen, die sich freiwillig in andere Länder verzogen hatten. Reed merkt an, dass die Leviten die gleichen Schwierigkeiten hatten wie die Zionisten im 20. Jahrhundert, ihre Glaubensgenossen davon zu überzeugen, ins Gelobte Land zu gehen. Außerdem waren die Führer selbst nicht die Speerspitze der Rückkehr, sondern wollten in Babylon bleiben, so wie die heutigen zionistischen Führer in New York bleiben wollen. Die Lösung war ähnlich wie

1946: Die Eiferer waren bereit zu gehen, und einige wenige Unglückliche, die zu arm waren, um wählen zu können, wurden rekrutiert, um die Massen zu begleiten. Diejenigen, die um das Privileg baten, mit ihrem Fürsten, dem Exilarchen, in Babylon bleiben zu dürfen, wurden aufgefordert, Geld zu spenden, genau wie die amerikanisch-jüdischen Millionäre, die aufgefordert werden, Mittel für die zionistische Sache beizusteuern.

Eine der Quellen von Douglas Reed ist Professor J. Welhausen, der in seiner 1897 auf Deutsch erschienenen *Geschichte der Israeliten und Judäer* darauf hinweist, dass das jüdische Volk hoffnungslos zerstreut war und offensichtlich nicht in Kanaan wieder zusammengeführt werden konnte. Welhausen besteht darauf, dass „aus dem Exil nicht das Volk, sondern nur eine religiöse Sekte zurückkehrte"; aber diese symbolische „Rückkehr" war für die Priester, die ihre Macht über die verängstigten Massen etablieren konnten, von größter Bedeutung. So war die Sekte, die nach Jerusalem „zurückkehrte", auch das Herz der Nation innerhalb der Nationen, des Staates innerhalb der Staaten. Die priesterliche Sekte hatte sich als fähig erwiesen, ihre Theokratie ohne eigenes Territorium und unter einem fremden König aufrechtzuerhalten. Sie hatte die Seinen mit ihrem eigenen Gesetz regiert. Dr. Kastein sagt: „An die Stelle der Macht des Staates trat schließlich eine andere, sicherere und dauerhaftere Macht: das strenge und unerbittliche Regime, das durch die Verpflichtung zu bedingungslosem Gehorsam gegenüber den Regeln des Rituals gestärkt wurde.

Zu den wichtigsten Priestern gehörte Hesekiel, der den Untergang Judas und den Umzug nach Babylonien miterlebte. Er war zweifellos einer der Architekten des Gesetzes, denn sein Buch ist eines der bedeutendsten im Alten Testament. Es enthält die schärfsten Strafen für diejenigen, die das Gesetz nicht einhalten. Seite für Seite verflucht Jehova die Heiden und verspricht, sie zu bestrafen. Die Verehrung anderer Götter zieht unerbittliche Repressalien nach sich. Dieser Abschnitt ist ein typisches Beispiel dafür:

> „Der Gott Israels rief den Mann, der in Leinen gekleidet war und den Geldbeutel des Schriftgelehrten um die Hüfte trug, und sagte zu ihm: 'Geh durch die Stadt, geh durch Jerusalem, und bringe ein Zeichen an die Stirn der Männer, die seufzen und weinen wegen der Gräuel, die in ihr geschehen.' Und ich hörte, was er zu ihnen sagte: 'Geht ihm durch die Stadt nach und schlagt zu. Habt kein Mitleid mit euren Augen und habt kein Erbarmen. Tötet Alte, Jünglinge, Mägde, Kinder und Frauen, bis zur völligen Vernichtung. Aber rührt nicht die an, die das Zeichen auf der Stirn haben".

Während die von Hesekiel gegründete Schriftgelehrtenschule achtzig Jahre lang in Babylon an der Abfassung des Gesetzes arbeitete, entwickelten die repatriierten Judäer, die das für sie vorbereitete Regime der Bigotterie und Ausgrenzung noch nie gekannt hatten, allmählich normale Beziehungen zu ihren Nachbarn. Dann kam ein Ereignis von großer Tragweite: Die priesterliche Sekte in Babylon sollte einen ausländischen Herrscher, den persischen König, der ihr Oberherr war, dazu bringen, ihnen Soldaten und Geld zur Verfügung zu stellen, damit sie ihr Gesetz durchsetzen konnten. Das war das erste Mal, dass sie so vorgingen. Jahrhundert ist ihnen das mehrmals gelungen, wie wir in anderen Kapiteln sehen werden, und im einundzwanzigsten Jahrhundert ist der Irakkrieg das jüngste Beispiel für den Einsatz ausländischer Soldaten und Gelder.

Im Jahr 458 v. Chr. waren die Leviten im Begriff, ihr bereits vollendetes Gesetz in Kraft zu setzen. Von diesem Zeitpunkt an wurden die Judaisten in Jerusalem endgültig abgesondert und vom Rest der Menschheit ausgeschlossen. Dies war der eigentliche Beginn einer Angelegenheit, die bis heute andauert. Die Geschichte wird in den Büchern von Esra und Nehemia erzählt, den levitischen Abgesandten aus Babylon, die nach Jerusalem geschickt wurden, um das Gesetz durchzusetzen. Esra, ein Hohepriester, kam mit etwa fünfzehnhundert Gefolgsleuten und tat dies im Namen des persischen Königs Artaxerxes I., der in den lateinischen Quellen den Spitznamen Longimanus trägt, mit persischen Soldaten und persischem Gold. Mit welchen Mitteln es der Sekte gelang, Artaxerxes ihrem Willen zu unterwerfen, lässt sich heute nicht mehr feststellen. Esra brachte das neue Rassengesetz mit, das unter seinen Mitreisenden in Kraft trat, die nur dann mit ihm ziehen durften, wenn sie nachweisen konnten, dass sie Nachkommen von Juda oder Leviten waren. Wer sich nicht an das Gesetz deines Gottes und das Gesetz des Königs hält", heißt es im Text des Artaxerxes, „der soll streng bestraft werden: mit dem Tod, mit Verbannung, mit Geldstrafe oder mit Gefängnis". Dr. Kastein schreibt, dass Esra bei seiner Ankunft in Jerusalem „zu seiner Bestürzung und seinem Entsetzen feststellte, dass Mischehen vorherrschten.... Indem sie rassische Mischehen mit benachbarten Stämmen tolerierten, hatten sie friedliche Beziehungen auf der Grundlage familiärer Bindungen aufgebaut". Der biblische Text erzählt es so:

> „... Sie und ihre Söhne haben die Frauen dieser Leute geheiratet, und die Berater waren die ersten, die sich vergangen haben. Als ich das hörte, zerriß ich meine Kleider und meinen Mantel, und ich strich mir durch Haar und Bart und war überwältigt. Über diese Ausflucht der Heimkehrer kamen alle, die die Worte des Gottes Israels fürchteten, zu mir, und ich war überwältigt bis zum Abendopfer."

Dr. Kastein räumt ein, dass sich die Judaisten bei der Heirat „an ihre Tradition hielten, wie sie sie damals verstanden". Als Abgesandter des persischen Königs versammelte Esra die Jerusalemer und verkündete, dass alle gemischten Ehen aufgelöst werden sollten; von nun an sollten „Fremde" und Ausländer streng ausgeschlossen werden. Eine Kommission von Ältesten wurde eingesetzt, um die Ehen aufzulösen und den „friedlichen Beziehungen auf der Grundlage von Familienbanden" ein Ende zu setzen. Kastein räumt ein, dass „Esras Maßnahme zweifellos reaktionär war und damals nicht in die Tora aufgenommen wurde".

Dreizehn Jahre später, im Jahr 445 v. Chr., schickten die Ältesten in Babylon Nehemia, den Mundschenk des Artaxerxes, der zum persischen Statthalter von Judäa ernannt wurde, mit noch mehr Vollmachten, um die von Esra begonnenen Reformen zu Ende zu führen. Er kam mit diktatorischer Macht und genügend Geld nach Jerusalem, um die Stadtmauern wieder aufzubauen. Als diese fertiggestellt waren, ordnete Nehemia an, dass jeder zehnte Judäer durch das Los bestimmt werden sollte, um darin zu wohnen. Im Jahr 444 v. Chr.

führten Nehemia und Esra das Verbot von Mischehen in die Tora ein. Die Oberhäupter der Sippen und Familien wurden versammelt und mussten ein Gelöbnis unterschreiben, dass sie die Satzungen und Gebote der Tora, insbesondere das letztgenannte Verbot, einhalten würden.

In *Levitikus* wurde der notwendige Zusatz eingefügt: „Ich habe euch von den anderen Völkern abgesondert, damit ihr mein seid". Von nun an durfte kein Jude mehr eine Ausländerin heiraten, sonst drohte ihm der Tod. In Nehemia heißt es, dass jeder Mann, der eine ausländische Frau heiratet, eine Sünde gegen Gott begeht (so lautet das Gesetz auch heute noch im zionistischen Staat). Fremden wurde verboten, die Stadt zu betreten, damit die Judaisten von allem Fremden gereinigt würden. So wurde das erste Ghetto geboren. Nehemia blieb zwölf Jahre in Jerusalem und kehrte dann an den babylonischen Hof zurück.

Das künstliche Gebilde, das er errichtet hatte, begann sofort zu zerfallen, und so musste er Jahre später erneut in die Stadt hinabsteigen, wo erneut Mischehen geschlossen worden waren. Er löste sie gewaltsam auf und verhängte harte Strafen gegen künftige Übertretungen. Um das Selektionsprinzip rigoros anzuwenden, untersuchte er erneut das Geburtenregister und schloss all jene aus, bei deren Nachkommen auch nur der geringste Makel oder Fehler festgestellt werden konnte. Schließlich säuberte er die Gemeinschaft unbarmherzig von denjenigen, die gegen das Gesetz über die Mischehen verstoßen hatten, und zwang alle, das Gelöbnis zu erneuern. Als er sein Werk für vollendet hielt, kehrte er in seine Heimat Babylon zurück. Diese Ereignisse stellen den „Neuen Bund" dar. So brachte der unbedeutende Stamm Juda, der zuvor von den Israeliten verleugnet worden war, ein rassisches Glaubensbekenntnis hervor, das in seinen Auswirkungen verheerender war als jede Epidemie; so wurde aus der Theorie der auserwählten Ethnie „das Gesetz".

Douglas Reed prangert in aller Deutlichkeit an, dass oft behauptet wird, Christen, Muslime oder andere religiöse Menschen müssten das Judentum respektieren, weil es angeblich unbestreitbar die erste universelle Religion sei, in dem Sinne, dass alle universellen Religionen von ihm abstammen. In Wirklichkeit", schreibt Reed, „war die Idee des einen Gottes für alle Menschen schon lange vor der Gründung des Stammes Juda bekannt, und das Judentum wurde vor allem die Negation dieser Idee". *Das Buch der Toten* (dessen Manuskripte in den Gräbern ägyptischer Pharaonen gefunden wurden, die 2600 Jahre vor Christus lebten) enthält folgende Passage. Im Buch der Toten (dessen Manuskripte in den Gräbern der ägyptischen Pharaonen gefunden wurden, die 2600 Jahre vor Christus lebten) findet sich folgende Passage: „Du bist der Eine, der Gott des Anfangs der Zeit, der Erbe der Unsterblichkeit, von dir selbst hervorgebracht und geboren, du hast die Erde erschaffen und den Menschen gemacht". Genau", fährt Reed fort, „die Sekte, die die Ketten des Stammes Juda schmiedete, nahm dieses Konzept eines einzigen Gottes für alle Völker und zerstörte es, um ein Glaubensbekenntnis zu schmieden, das auf dessen Leugnung beruht. Der universelle Gott wird subtil, aber verächtlich geleugnet, und da ihr Glaubensbekenntnis auf der Theorie der auserwählten Ethnie beruht, ist seine Leugnung notwendig und unvermeidlich. Eine auserwählte Ethnie, wenn es denn eine gäbe, müsste selbst Gott sein".

Die mündliche Überlieferung der Israeliten enthielt die Vorstellung von einem Gott für die ganze Menschheit, derjenige, dessen Stimme kurz im brennenden Dornbusch zu hören war; aber in den fünf Büchern des Gesetzes wird er in einen anderen rassischen Gott, Jehova, verwandelt, der ihnen Territorium, Schätze, Blut und Macht über andere im Austausch für ein rituelles Opfer verspricht, das an einem bestimmten Ort und in einem bestimmten Land durchgeführt werden soll. Damit begründeten sie die permanente Gegenbewegung zu allen Weltreligionen und identifizierten Juda mit der Doktrin der Selbstausgrenzung und des Rassenhasses der Menschheit.

Erscheinung von Jesus

Das wichtigste Ereignis in den folgenden dreihundert Jahren war die Übersetzung der jüdischen Schriften (des Alten Testaments) in eine Fremdsprache, das Griechische, die es den Heiden ermöglichte, das Gesetz, das ihre Sklaverei und die Vorherrschaft Judas anordnete, teilweise kennenzulernen. Es ist daher etwas überraschend, dass die Übersetzung der Überlieferung nach von zweiundsiebzig jüdischen Gelehrten in Alexandria zwischen 275 und 150 v. Chr. angefertigt wurde. In der Jüdischen Enzyklopädie wird darauf hingewiesen, dass der *Talmud* sogar verbot, die Tora an Nichtjuden weiterzugeben. Jeder, der sie lehrte, hätte demnach „den Tod verdient". Sicherlich sah der *Talmud* die Gefahr, dass Nichtjuden Kenntnis vom Gesetz erlangen könnten.

Die griechische Übersetzung wurde mit ziemlicher Sicherheit deshalb angefertigt, weil die Juden sie selbst benötigten. Die Judäer hatten ihre hebräische Sprache in Babylon verloren und sprachen Chaldäisch. Die größte Konzentration von Juden befand sich jedoch in Alexandria, wo sie Griechisch als ihre Alltagssprache annahmen. Die meisten konnten kein Hebräisch mehr verstehen, so dass eine griechische Fassung des Gesetzes als Grundlage für die rabbinische Auslegung des Gesetzes notwendig wurde. Die alten Rabbiner konnten nicht ahnen, dass einige Jahrhunderte später eine neue Religion entstehen würde, die ihre Schriften als Teil ihrer eigenen Bibel verwenden würde. Hätten sie das gewusst, wäre die griechische Übersetzung vielleicht nie angefertigt worden.

Wenn wir uns dem Auftreten Jesu in Palästina nähern, ist es notwendig, auf ein anderes besonders bedeutsames Ereignis zu achten: den Aufstieg der Pharisäer, die die wichtigste politische Partei in der kleinen römischen Provinz Judäa bilden sollten. Das Wort Pharisäer bedeutet „einer, der sich absondert" oder sich von unreinen Personen oder Dingen fernhält. Sie waren die vorherrschende Sekte und beanspruchten für sich, die Ideologie der Leviten in ihrer fanatischsten Form zu vertreten. „Sie hatten - so die Jüdische Enzyklopädie - auf die strikte Einhaltung der levitischen Reinheit geschworen". Der instinktive Impuls, sich von diesen Fesseln zu befreien, hat sich jedoch immer in einer gemäßigten Partei widergespiegelt, und das waren damals die Sadduzäer, die erklärten Feinde der Pharisäer, obwohl auch die Essener gegen sie waren. Heute sind die Rabbiner der Neturei Karta erklärte Feinde des zionistischen Staates, den sie beschuldigen, die Juden zu unterdrücken. Neturei Karta prangert die

Verbrechen Israels an und fordert seinen Untergang. In der ersten Hälfte des 20. Jahrhunderts standen die jüdischen Gemeinden in Großbritannien, Deutschland und den Vereinigten Staaten den Zionisten in Russland feindlich gegenüber, doch gelang es dem Zionismus, jegliche Opposition zum Schweigen zu bringen. Mit anderen Worten, trotz der Existenz gemäßigter Tendenzen haben sich die Befürworter der Segregation und der Zerstörung immer durchgesetzt, wie wir noch sehen werden.

In diesem Kontext tritt Jesus von Galiläa, der Nazarener, auf. Die Zionisten behaupten aus politischen Gründen, dass Jesus ein Jude war: „Jesus war ein Jude". Unverständlicherweise schließen sich auch christliche Priester und Theologen dieser Behauptung an. Jüdische Gelehrte lehnen diese Idee jedoch ab. Bevor wir unseren historischen Rundgang fortsetzen, ist eine klärende Bemerkung zu diesem Thema angebracht. Die englische Abkürzung „jew" ist neueren Datums und entspricht nicht dem, was die Griechen und Römer unter „Judaite" oder „Judean", einem von Judäa abgeleiteten Begriff, verstanden. In der Tat bieten einige Wörterbücher absurde Definitionen des Wortes „Jude", wie zum Beispiel: „Eine Person hebräischer Ethnie". Die Behauptung „Jesus war ein Jude" konnte damals dreierlei bedeuten: dass Jesus aus dem Stamm Juda stammte (also ein Judäer war), dass er in Judäa wohnte (also ein Einwohner Judäas war) oder dass er die jüdische Religion ausübte (wie die Chasaren, die weder Hebräer waren noch deren zionistische Nachfahren). Die Jüdische Enzyklopädie besteht darauf, dass Jesus aus der Stadt Nazareth stammte, und es ist unbestritten, dass er ein Galiläer war, auch wenn er in Bethlehem in Judäa geboren wurde. Galiläa, wo er die meiste Zeit seines Lebens verbrachte, war politisch von Judäa getrennt, hatte seinen eigenen römischen Tetrarchen, und seine Beziehung zu Judäa war gleichbedeutend mit der eines „fremden Landes" (Heinrich Graetz). Die Ehe zwischen einer Judäerin (angeblich die Jungfrau Maria) und einem Galiläer (Joseph) war verboten. Außerdem waren die in Galiläa lebenden Angehörigen des Stammes Juda vor der Geburt Jesu von Schimon Tharsi, einem der Makkabäer-Fürsten, gezwungen worden, nach Judäa auszuwandern. Somit unterschieden sich die Galiläer rassisch und politisch von den Juden in Judäa.

Der Sohn eines Zimmermanns aus Galiläa war offensichtlich ungebildet und man verstand nicht, wie Jesus wissen konnte, ohne studiert zu haben. Seine Feinde, die Pharisäer, fragten: „Woher kommt die Weisheit dieses Mannes?" Douglas Reed ist der Ansicht, dass das, was den Lehren Jesu ein noch nie dagewesenes, zum ersten Mal enthülltes Licht verleiht, der schwarze Hintergrund des levitischen Gesetzes und der pharisäischen Tradition ist, gegen die er sich stellte, als er nach Judäa ging, und fügt hinzu: „Noch heute erstaunt die plötzliche Lichtfülle in der Bergpredigt den Studenten, der aus der kritischen Lektüre des Alten Testaments auftaucht; es ist, als ob Mitternacht zu Mittag wird." Jesus reduziert das ganze Gesetz auf zwei Gebote: „Liebe Gott von ganzem Herzen und deinen Nächsten wie dich selbst". Damit entlarvt und verurteilt er die grundlegende Irrlehre, die die Leviten und Pharisäer im Laufe der Jahrhunderte in das Gesetz eingewoben hatten. Im *Levitikus* steht das Gebot: „Liebe deinen Nächsten wie dich selbst"; aber der Nächste ist im klassischen und modernen orthodoxen Judentum auf die Angehörigen der eigenen Ethnie beschränkt. Jesus geht sogar noch weiter: „Ihr habt gehört, dass gesagt wurde: 'Hasse deinen Feind. Ich aber sage euch: Liebt eure Feinde". Das war sicherlich eine totale Herausforderung für das Gesetz, das die Pharisäer vertraten. Das Ende ist bekannt.

Nach dem Tod Jesu fanden die Pharisäer laut der Jüdischen Enzyklopädie in Agrippa I., dem letzten König von Judäa, die Unterstützung, die sie brauchten, um die Sadduzäer loszuwerden, die von der Bildfläche verschwanden. Damit fiel die gesamte Macht an sie, so wie sie bei der Abspaltung Judas von Israel an die Leviten gefallen war. Vor der Zerstörung des zweiten Tempels in Jerusalem im Jahr 70 n. Chr. zogen die Pharisäer in Voraussicht dessen, was geschehen würde, in das neue Hauptquartier in Jamnia (immer noch in Palästina), von dem aus die herrschende Sekte ihre Macht ausüben würde. Von Anfang an war ihnen klar, dass die neue Religion zerstört werden musste, wenn ihr Gesetz die Oberhand behalten sollte, und sie ließen sich auch von Stimmen aus den eigenen Reihen nicht abschrecken. Als die Priester und der Rat zum Beispiel überlegten, ob sie Petrus und Johannes auspeitschen sollten, weil sie im Tempel gepredigt hatten, sagte Gamaliel zu ihnen: „Überlegt euch gut, was ihr tun wollt. Wenn es das Werk von Menschen ist, wird es bald vergehen; wenn es aber das Werk Gottes ist, werdet ihr es nicht zerstören können". Die Mehrheit der Pharisäer, die ihr Gesetz hielten, glaubten, dass sie die Kraft hätten, es zu zerstören, auch wenn sie dafür Jahrhunderte lang arbeiten müssten.

Der Talmud

Das Gesetz musste immer wieder neu interpretiert werden, damit es den Erfordernissen entsprechend angewendet werden konnte. Die Pharisäer in Jamnia beriefen sich erneut auf ihren Anspruch, im Besitz der mündlichen Geheimnisse Gottes zu sein, und begannen, die Gesetze und Gebote neu zu interpretieren. So entstand *der Talmud*, die antichristliche Erweiterung der Thora, die im Laufe der Jahrhunderte „der Zaun um das Gesetz" werden sollte. Dr. Kastein erklärt die Bedeutung von Jamnia:

> „Eine Gruppe von Lehrern, Gelehrten und Erziehern machte sich auf den Weg nach Jamnia und trug das Schicksal ihres Volkes auf ihren Schultern, um es durch die Jahrhunderte hindurch zu verantworten.... In Jamnia wurde die zentrale Stelle für die Verwaltung der Juden eingerichtet..... Wenn ein Volk vollständig besiegt wurde, wie es bei den Juden der Fall war, gehen sie in der Regel alle unter. Aber das jüdische Volk ist nicht untergegangen..... Sie hatten während der babylonischen Gefangenschaft gelernt, wie sie ihre Haltung ändern konnten.... Und sie folgten nun einem ähnlichen Weg".

Der alte Sanhedrin, die Quelle aller gesetzgeberischen, administrativen und richterlichen Autorität, wurde in Jamnia eingerichtet. Außerdem wurde eine Akademie für die Weiterentwicklung des Gesetzes eingerichtet. Hier setzten die Schriftgelehrten die Offenbarung der Gedanken Jehovas und die Auslegung des Gesetzes fort, das von hier aus verwaltet und als undurchdringliche Barriere gegen die Außenwelt errichtet wurde. Die Disziplin wurde mit dem Ziel verschärft, das Leben der Juden völlig von dem der Heiden zu unterscheiden. Jedes Gesetz, das mit der Mehrheit des Sanhedrins verabschiedet wurde, wurde für alle verstreuten Gemeinden verbindlich. Gegnern wurde mit einem Edikt gedroht, das den Ausschluss aus der Gemeinschaft bedeutete. Die Herrschaft in Jamnia dauerte etwa ein Jahrhundert und wurde dann nach Usha in Galiläa verlegt, wo der Sanhedrin eingerichtet wurde. Von dort gingen weiterhin Gesetze aus, die, so Dr. Kastein, „das Judentum weiter einschränkten und es noch exklusiver machten".

320 n. Chr. konvertierte Kaiser Konstantin zum Christentum und erließ Gesetze, die es Juden verboten, christliche Sklaven zu besitzen. Konstantin verbot auch die Heirat zwischen Juden und Christen. Damit reagierte er auf das von der Usha-Regierung erlassene Ausschlussgesetz. Mit der Begründung, es handele sich um eine Verfolgung, verlegten sie das Zentrum zurück nach Babylon, wo die Kolonie, die acht Jahrhunderte zuvor lieber geblieben war, als nach Jerusalem zurückzukehren, noch intakt war. Schließlich ließ sich die talmudische Regierung in Sura nieder. Dort und in Pumbedita wurden Akademien gegründet.

Der Talmud trat an die Stelle der Thora, so wie die Thora zuvor die mündlichen Überlieferungen verdrängt hatte. Die geistigen Führer oder Leiter der Akademien von Sura und Pumbedita wurden gaonim genannt (gaon bedeutet Eminenz oder Exzellenz) und begannen, autokratische Autorität auszuüben. Tatsächlich wurden die talmudischen Schulen von Sura und Pumbedita entlang des Euphrat als die Oxford- und Cambridge-Universitäten des mesopotamischen Judentums bezeichnet. Die Schattenexilanten (später Nasim oder Prinzen) waren von der Zustimmung der Gaonim abhängig, und sogar der Sanhedrin gab seine Funktionen auf oder wurde vielleicht sogar entmachtet. Diese Periode ist als gaonitische Periode bekannt.

An dieser Stelle ist es wichtig, so knapp wie möglich zu erklären, was der *Talmud* ist, denn die Erfahrung zeigt, dass sich nur wenige Menschen seines Inhalts und seiner Bedeutung für das Judentum bewusst sind. In *Jüdische Geschichte, Jüdische Religion* warnt uns Israel Shahak: „Das erste, worüber man sich im Klaren sein muss, ist, dass die Quelle der Autorität für alle Praktiken des klassischen Judentums und des orthodoxen Judentums heute, die entscheidende Grundlage seiner rechtlichen Struktur, der *Talmud* ist". Er bezieht sich insbesondere auf den babylonischen *Talmud*, da es auch einen palästinensischen Talmud gibt. Die rechtliche Auslegung der heiligen Texte wird durch den *Talmud* und nicht durch die Bibel festgelegt.

Der Talmud besteht aus zwei Teilen. Der erste, die *Mischna*, die in Hebräisch und Aramäisch verfasst wurde, als das Pharisäertum bereits zum Talmudismus geworden war, wurde um 200 n. Chr. in Palästina auf der Grundlage eines sehr viel umfangreicheren mündlichen Materials verfasst, das in den ersten beiden Jahrhunderten unserer Zeitrechnung gesammelt wurde. Er besteht aus sechs Bänden, von denen jeder in mehrere Abhandlungen unterteilt ist. Der zweite und wichtigste Teil, die *Gemarah*, ist eine umfangreiche Sammlung von Diskussionen über die Mischna. Es gibt zwei *Gemarah-*

Sammlungen: eine, die in Babylonien zwischen 200 und 500 n. Chr. verfasst wurde, und eine weitere, die in Palästina zwischen 200 n. Chr. und einem unbekannten Datum weit vor 500 n. Chr. entstand. Der babylonische *Talmud*, d. h. die mesopotamische *Mischna* und die mesopotamische *Gemarah*, ist wesentlich umfangreicher und besser organisiert als der palästinensische Talmud. Er gilt als maßgebend und seine Autorität ist unbestritten. Die vorherrschende Sprache des babylonischen *Talmuds* ist Aramäisch. Nachdem dies gesagt wurde, ist als Nächstes zu sagen, dass der Rassismus im *Talmud* unglaublich widerwärtig und der Hass auf das Christentum zutiefst verwerflich ist. Wir können das jetzt nicht ausführlich erläutern, denn unser Ziel ist es, den rassistischen Betrug der Zionisten aufzuzeigen. Es folgen jedoch einige Beispiele für die obige Aussage.

Die heimtückischen sexuellen Anschuldigungen gegen Jesus sind zahlreich. Der *Talmud* besagt, dass seine Strafe in der Hölle darin besteht, in brennenden Exkrementen untergetaucht zu werden. Es gibt eine Vorschrift, die den Juden befiehlt, jedes Exemplar des Neuen Testaments, das ihnen in die Hände fällt, zu verbrennen, wenn möglich öffentlich. Wer glaubt, dass es bis dahin noch ein weiter Weg ist, der irrt: Am 23. März 1980 wurden in Jerusalem Hunderte von Exemplaren des Neuen Testaments unter der Schirmherrschaft von Yad Le'akhin, einer vom israelischen Religionsministerium subventionierten jüdischen Organisation, öffentlich und feierlich verbrannt. Vor kurzem, am 22. Mai 2008, prangerte Reverend Ted Pike in den Vereinigten Staaten öffentlich an, dass am 20. Mai 2008 in der israelischen Stadt Or Yehuda gemäß der im *Talmud* (Schabbethai 116) festgelegten Verpflichtung Exemplare des Neuen Testaments verbrannt wurden. Die Aktion erfolgte auf Anweisung des Bürgermeisters Uzi Aharon, der in einem Auto mit Lautsprecher durch die Stadt fuhr und die Jugendlichen aufforderte, alle Bücher einzusammeln, die sie finden konnten, und sie aufforderte, diese öffentlich zu verbrennen. Man kann sich leicht vorstellen, welchen Aufruhr die unterwürfige Presse (fast alle) ausgelöst hätte, wenn irgendein Staat (natürlich ein antisemitischer) den *Talmud* öffentlich verbrannt hätte. Im zionistischen Staat lernen die Kinder heute das talmudische Gebot, dass sie, wenn sie an einem jüdischen Friedhof vorbeigehen, einen Segensspruch sprechen müssen, aber wenn der Friedhof nicht jüdisch ist, müssen sie die Mütter der Toten verfluchen. Es sollte nicht vergessen werden, dass jüdische Kinder in Israel den *Talmud* in der Schule lernen. Professor Daniel Bar-Tal von der Universität Tel Aviv hat vor kurzem eine Studie über einhundertvierundzwanzig Lehrbücher für die Primar-, Sekundar- und Hochschulstufe durchgeführt und ist zu dem Schluss gekommen, dass Rassenhass die Grundlage der Erziehung ist.

Die Beispiele für Rassismus im *Talmud* sind endlos. Wir Nichtjuden werden auch Gojim genannt. Das Wort stammt offenbar von der Onomatopöie goy, die das Grunzen von Schweinen wiedergeben soll. Sehen wir uns ein paar Beispiele an: „Eine jüdische Frau verunreinigt sich, wenn sie mit Christen verkehrt" (Iore Dea 198,48). „Christen und Tiere sind vergleichbar" (Orach Chaiim 225,10) „Der Same von Christen ist gleich viel wert wie der von Tieren" (Kethuboth, 3b). „Juden besitzen eine Würde, die selbst Engel nicht teilen können" (Chullin, 91b). „Ein Jude gilt als gut, trotz der Sünden, die er begehen mag" (Chagigah, 15b). „Das Eigentum eines Christen gehört dem ersten, der es beansprucht" (Babha Bathra, 54b). „Es ist erlaubt, Christen zu betrügen" (Babha Kama, 113b). „Ein Jude darf lügen und einen Meineid leisten, um einen Christen zu verurteilen" (Babha Kama, 113a). „Man soll Christen in Todesgefahr nicht retten" (Hilkkoth Akun, X,1). „Christen müssen von Götzendienern vernichtet werden" (Zohar I, 25a). „Sogar die besten der Nichtjuden sollen getötet werden" (Abhodah Zarah (26b)T.). „Wenn ein Jude einen Christen tötet, sündigt er nicht" (Sepher Or Israel, 177b.). „Die Ausrottung der Christen ist ein notwendiges Opfer" (Zohar II,43a). Diese aus dem Englischen übersetzten Dechados stammen aus der Soncino-Ausgabe (London 1935).

Eine Bewegung wie der Chassidismus, die eindeutig talmudistisch inspiriert ist, hat Hunderttausende von Anhängern in der ganzen Welt, die ihren heiligen Rabbinern fanatisch folgen, von denen einige - wie Israel Shahak in seiner *Jüdischen Geschichte, Jüdische Religion* anmerkt - in Israel beträchtlichen politischen Einfluss bei den Führern aller Parteien und noch mehr bei den Spitzenkräften der Armee (Tsahal) gewonnen haben. Ihr bahnbrechendes Buch, die berühmte *Hatanya*, lehrt, dass „alle Nicht-Juden völlig satanische Kreaturen sind, in denen es absolut nichts Gutes gibt". Selbst ein nicht-jüdischer Embryo unterscheidet sich qualitativ von einem jüdischen. Die bloße Existenz eines Nicht-Juden ist „unwesentlich", während die gesamte Schöpfung ausschließlich um der Juden willen stattfand. In Israel", so Israel Shahak, „sind diese Vorstellungen in der Öffentlichkeit, in den Schulen und in der Armee weit verbreitet".

Die intellektuelle Aufrichtigkeit und moralische Strenge von Israel Shahak, einem der vielen bewundernswerten antizionistischen Juden, die in diesem Werk erscheinen, das die großen Betrügereien der Geschichte aufdecken will, veranlassen ihn, in seinen Betrachtungen über den Chassidismus den Philosophen Martin Buber anzuprangern (Goethe-Preis der Universität Hamburg 1951. Friedenspreis der deutschen Buchkammer 1953. Erasmus-Preis 1963). Schahak schreibt diese Worte über Buber:

> „Ein Hochstapler ersten Ranges und ein gutes Beispiel für die Macht der Täuschung war Martin Buber. Die zahlreichen Werke, in denen er die gesamte chassidische Bewegung lobt, lassen die wahren Lehren des Chassidismus in Bezug auf die Nicht-Juden nicht einmal ansatzweise erkennen. Das Verbrechen des Betrugs ist umso größer, wenn man bedenkt, dass Bubers Lob des Chassidismus erstmals in Deutschland in der Zeit des Aufstiegs des Nationalsozialismus veröffentlicht wurde.... Aber während er sich angeblich mit dem Nationalsozialismus auseinandersetzte, verherrlichte Buber eine Bewegung, die Doktrinen über Nicht-Juden vertrat und lehrte, die sich nicht von den Nazi-Doktrinen über Juden unterschieden".

Spanien, Zentrum des talmudischen Judentums

Nach diesem notwendigen Exkurs über den *Talmud* können wir den Faden der Erzählung dort wieder aufnehmen, wo wir aufgehört haben. Hunderte von Jahren blieb die talmudische Regierung in Jamnia, in Usha, in Sura, in der Nähe ihrer östlichen Heimat, aber mit dem Aufkommen des Islam sollte sie nach Europa, insbesondere nach Spanien, verlegt werden. Die Anweisungen des Kalifen an die arabischen Eroberer im Jahr 637 lauteten wie folgt: „Ihr sollt nicht verräterisch oder unehrlich handeln, ihr sollt keine Ausschreitungen oder Verstümmelungen begehen, ihr sollt weder Kinder noch alte Menschen töten, ihr sollt keine Palmen oder Obstbäume fällen oder verbrennen, ihr sollt keine Schafe, Kühe oder Kamele töten und ihr sollt diejenigen in Ruhe lassen, die ihr in ihren Zellen beim Gebet antrefft". Vergleichen Sie dieses Gebot mit dem Gebot Jehovas im *Deuteronomium*: „Von den Städten dieser Völker, die der Herr, dein Gott, dir zum Erbe gibt, sollst du nichts Lebendiges übriglassen, das atmet". Dank der Menschlichkeit der Araber, der Ureinwohner Palästinas, konvertierten die Palästinenser, die dort zweitausend Jahre vor dem Einzug der Hebräer gelebt hatten, entweder freiwillig zum Islam oder blieben ungehindert Christen.

Die spanischen Juden, die Sephardim, die zu Beginn des 8. Jahrhunderts in Spanien lebten, spielten eine entscheidende Rolle bei der arabischen Eroberung der Halbinsel. In *Orígenes de la Nación Española. Das Königreich Asturien*, schreibt Claudio Sánchez Albornoz:

> „Ohne die Zusammenarbeit mit den Juden und den Viten... wäre die muslimische Eroberung auch nach der Niederlage von Guadalete viel schwieriger und langsamer verlaufen und hätte vielleicht nicht vollendet werden können. Wäre Tariq nicht in der Lage gewesen, die von den Juden und einer Handvoll seiner Männer besetzte Stadt Toledo zu verlassen, hätte er dann die Patrizier verfolgen können, die sich nach Amaya geflüchtet hatten, und dann die Gotischen Felder überqueren können? Es ist zweifelhaft, ob es Abd al-Aziz, dem Sohn von Muza, gelungen wäre, den Südosten ohne die Hilfe der Juden von Granada und den anderen Städten der Region zu erobern. Es wäre Muza nicht möglich gewesen, auf Merida, die Hauptstadt Lusitaniens, vorzustoßen, wenn er nicht die Zitadelle von Sevilla mit einer hebräischen Garnison gesichert hätte.

Die Juden unterstützten die Eroberung Spaniens nicht nur mit Männern, sondern auch mit Geld und wurden daher von den Arabern, die eine Stadt nach der anderen unter ihre Kontrolle brachten, auf ganz besondere Weise behandelt. Aufgrund der sehr günstigen Umstände nach der Invasion wurde die talmudische Regierung schließlich von Babylon nach Spanien verlegt. Dr. Kastein erklärt, dass das über die ganze Welt verstreute Judentum stets bestrebt war, sich in einem fiktiven Staat zu etablieren, um den verlorenen Staat zu ersetzen, und daher ein Zentrum anstrebte, von dem aus es die Juden leiten konnte. Dieses Zentrum befand sich damals in Spanien", so Dr. Kastein, „in das die nationale Hegemonie aus dem Osten verlegt wurde. So wie Babylon an die Stelle Palästinas getreten war, so trat nun Spanien an die Stelle Babylons, das als Zentrum des Judentums nicht mehr funktionieren konnte".

So wurde die Regierung der Nation innerhalb der Nationen in Córdoba fortgesetzt, wohin das Gaonat umzog und die talmudische Akademie gründete. Es ist wahrscheinlich, dass irgendwann ein Schattenexilarch über das Judentum herrschte. All dies mag unter dem Schutz des Islam geschehen sein. Die Araber und Mauren waren, wie schon zuvor in Babylonien und Persien, äußerst wohlwollend gegenüber einer Kraft, die sich unter ihnen einnistete und nach und nach mehr und mehr Macht übernahm. Während des Kalifats von Abd-al-Rahman III. war die höchste Macht in Spanien in den Händen eines Juden, Hasdai Ibn Shaprut. Er war der Begründer der Schule für Talmudstudien in Córdoba, die schließlich die Vorherrschaft der babylonischen Schulen von Sura und Pumbedita brechen sollte. Die Schule zog später nach Lucena und schließlich nach Toledo um. Diese Figur ist eine Schlüsselfigur im zweiten Teil dieser Erzählung, in dem wir das Schicksal der sephardischen Juden nach der von den Katholischen Königen verfügten Vertreibung abschließend kommentieren werden.

Ein Dokument, das auf den Hass hinweist, den die Vertreibung hervorrufen sollte, findet sich in der *Silva curiosa* von Julián de Medrano, die 1583 in Paris von Nicolas Chesneau veröffentlicht wurde. Daraus stammt, mit aktualisierter Schreibweise, dieser Briefwechsel:

„Der folgende Brief wurde vom Eremiten von Salamanca in den Archiven von Toledo gefunden, als er nach den Altertümern der Königreiche Spaniens suchte; und da er herzlich und bemerkenswert ist, möchte ich ihn Ihnen hier schreiben
Brief der Juden Spaniens an die Juden von Konstantinopel.

Ehrwürdige Juden, Gesundheit und Gnade. Ihr wisst, dass der König von Spanien uns durch öffentliche Proklamation zum Christentum zwingt, und dass sie uns unsere Güter und unser Leben wegnehmen und unsere Synagogen zerstören und uns andere Demütigungen antun, die uns verwirren und unsicher machen, was wir tun sollen. Nach dem Gesetz von Moysen beschwören wir euch und bitten euch, so gut zu sein, eine Gemeindeversammlung abzuhalten und uns so schnell wie möglich die Überlegungen zu übermitteln, die ihr darüber angestellt habt.
CHAMORRA, Fürst der Juden von Spanien".

Antwort der Juden von Konstantinopel an die Juden von Spanien.

Geliebte Brüder in Moysen, wir haben Euren Brief erhalten, in dem Ihr uns von den Schwierigkeiten und dem Unglück berichtet, unter denen Ihr leidet und an denen wir ebenso wie Ihr teilhaben. Die Meinung der großen Satrapen und des Rabbiners ist die folgende.
Zu dem, was ihr sagt, dass der König von Spanien euch zwingt, Christen zu werden, tut es, denn ihr könnt nichts anderes tun. Zu dem, was ihr sagt, dass sie euch befehlen, euer Eigentum wegzunehmen, macht eure Söhne zu Kaufleuten, damit sie nach und nach das ihre wegnehmen können. Auf das, was ihr sagt, dass sie euch das Leben nehmen, macht eure Söhne zu Ärzten und Apothekern, damit sie ihnen das ihre nehmen. Zu dem, was ihr sagt, sie zerstören eure Synagogen, macht eure Söhne zu Geistlichen und Theologen, damit sie ihre Tempel zerstören. Und zu dem, was ihr sagt, dass sie euch schaden, sorgt dafür, dass eure Söhne Anwälte, Notare, Berater sind, die die Geschäfte der Republiken verstehen, damit ihr durch ihre Unterwerfung Land gewinnt und euch an ihnen rächen könnt, und verlasst diese Ordnung, die wir euch geben, nicht, denn durch die Erfahrung werdet ihr sehen, dass ihr aus der Niedergeschlagenheit heraus zu etwas kommt.
USSUS FF., Fürst der Juden von Konstantinopel'".

Die Vertreibung der Juden aus Spanien ist für viele Historiker der Anfang des Rätsels, denn die talmudische Regierung wurde nach Polen verlegt. Aber warum wurde sie nach Polen verlegt? Es gibt kein einziges Dokument, das auf eine große Migration von Juden aus Westeuropa nach Polen hinweist. Nach dem Verlassen des Sepharad verbreiteten sich die Sephardim hauptsächlich in Nordafrika, Italien, Griechenland und der Türkei. Auch in Frankreich, England, Holland und Deutschland wurden Kolonien gegründet. Als sich das Regierungszentrum im 16. Jahrhundert in Polen niederließ, lebten dort jedoch bereits mehr als eine halbe Million Juden. Bevölkerungen dieser Größenordnung entstehen nicht von Zauberhand. Woher kamen sie?

Dr. Kastein versteht, dass etwas nicht stimmt und dass eine Erklärung nötig ist; aber er zögert, nach einer solchen zu suchen und schließt jede andere Ursache für diese „mysteriöse" Tatsache als die Einwanderung aus Frankreich, Deutschland und Böhmen aus. Wenn ein zionistischer Historiker eine so wichtige Tatsache mit willkürlichen Mutmaßungen übergeht, könnte man meinen, dass etwas verschwiegen wird. Und was verschwiegen wird, ist, dass die talmudische Regierung, nachdem sie das Rassenbekenntnis zur Grundlage ihrer Doktrin gemacht hatte, auf unglaubliche Weise in die Hände einer großen Gemeinschaft von „Juden" überging, die überhaupt kein semitisches Blut hatten: die Chasaren turko-mongolischer Herkunft, ein Volk, dessen Vorfahren Judäa nie gekannt hatten, das aber im achten Jahrhundert zum Judentum konvertiert war. Diese autonome talmudische Regierung wurde Kahal genannt. In seinem eigenen Gebiet war der Kahal eine Regierung, die befugt war, ihre Macht unter polnischer Oberhoheit auszuüben: Er hatte die unabhängige Fähigkeit, in seinen Ghettos und Gemeinden eigene Steuern zu erheben, von denen er einen Teil an die polnische Regierung abführen musste. Doch all dies wird im zweiten Teil behandelt, in dem die Geschichte der Chasaren erzählt wird.

TEIL 2
DIE NICHT-SEMITISCHEN JUDEN: DIE CHASAREN

Jahrhundertelang wurde alles, oder fast alles, über die Chasaren verschwiegen. Douglas Reed erzählt in *The Controversy of Zion*, dass 1951 ein New Yorker Verleger vom jüdischen Leiter eines politischen Büros unter Druck gesetzt wurde, eines seiner Bücher nicht zu veröffentlichen mit der Begründung, Reed habe die Chasaren erfunden. Es musste ein jüdischer Überläufer sein, der Multimillionär Benjamin Freedman, der, nachdem er 1945 zum Katholizismus konvertiert war, eines der bestgehüteten Geheimnisse der Geschichte öffentlich preisgab. In seinem berühmten und bedeutsamen Brief an Dr. David Goldstein vom 10. Oktober 1954, der später in englischer Sprache unter dem Titel *Facts are facts* veröffentlicht wurde, erklärt Freedman, dass er 1948 im Pentagon in Washington vor einer großen Versammlung hochrangiger Offiziere der US-Armee, von denen viele einer Abteilung des militärischen Geheimdienstes angehörten, über die explosive Lage in Europa und im Nahen Osten sprach. Dort sprach er zu den anwesenden Militärs über das Königreich Kasarien und die Chasaren. Am Ende seiner Rede wurde er von einem Oberst angesprochen, der ihm erzählte, dass er Leiter der Geschichtsabteilung einer der größten Hochschulen Nordamerikas sei, dass er sechzehn Jahre lang Geschichte gelehrt habe und dass er während seiner Lehrtätigkeit nie das Wort Chasaren gehört habe. Diese Anekdote gibt uns, so schreibt Freedman in seinem Brief, „eine Vorstellung von dem Erfolg, den diese mysteriöse geheime Macht mit ihrer Verschwörung zur Vertuschung der Herkunft und Geschichte der Chasaren erzielt hat, um der Welt die wahre Herkunft der Juden Osteuropas zu verheimlichen".

Die Informationen, die Benjamin Freedman in *Facts are facts*, hauptsächlich aus der *Jewish Encyclopaedia*, über die Chasaren anbietet, sind bereits weitgehend überholt; dennoch sind seine Einschätzungen, wie wir sehen werden, immer noch von Interesse. In jedem Fall ist das grundlegende Werk für eine detaillierte Kenntnis der Geschichte dieser Chasaren oder Chasaren Arthur Koestlers *The Thirteenth Tribe*, veröffentlicht 1976. Daraus werden wir die für diese These relevanten Informationen zusammenfassen. Zunächst sei gesagt, dass Koestler in seiner Jugend selbst ein Zionist war. Er wurde 1905 in Budapest in eine jüdische Familie hineingeboren und sein erstes Idol war Wladimir Jabotinsky (der Gründer der Jüdischen Legion und der terroristischen Gruppen Irgun Zvai Leumi und Stern). Am 14. Mai 1948 nahm er sogar an der Ausrufung des Staates Israel in Tel Aviv teil. Glücklicherweise distanzierte er sich schließlich vom Wahnsinn des Zionismus und schrieb in seinem Werk *Der Schatten des Dinosauriers*: „Ich betrachte mich als Mitglied der europäischen Gemeinschaft, als eingebürgerter britischer Staatsbürger, von ungewisser und gemischter rassischer Herkunft. Ich akzeptiere die ethischen Werte, aber ich verzichte auf die Dogmen unserer griechisch-lateinisch-jüdisch-christlichen Tradition. Ich betrachte mich nicht als rassischen Hebräer und glaube nicht an die jüdische Religion „. Seitdem ist er nicht mehr nach Israel zurückgekehrt ( ), obwohl er weiterhin das Existenzrecht des jüdischen Staates verteidigte, was darauf hindeutet, dass er im Herzen immer ein Zionist geblieben ist. Nachdem er an Leukämie und Parkinson erkrankt war und sich für Euthanasie eingesetzt hatte, beging er 1983 zusammen mit seiner Frau Selbstmord.

Wer also diese Chasaren waren, die türkischer Abstammung waren, und wo sie ihr Reich errichteten, ist das erste, was man wissen muss, um ihre Geschichte zu untersuchen. Drei großartige natürliche Grenzen begrenzten das Territorium Kasariens: im Süden die große Gebirgsbarriere des Kaukasus, im Westen das Schwarze Meer und das Asowsche Meer, im Osten das Kaspische Meer oder das Meer der Chasaren. Im Norden öffneten sich die Steppen und die Flüsse Wolga, Don und Dnjepr, in die sie ihr Reich ausdehnten. Auf dem Höhepunkt ihrer Macht kontrollierten sie mehr als dreißig verschiedene Völker und Stämme, die die riesigen Gebiete zwischen dem Kaukasus, dem Aralsee, dem Ural, der Stadt Kiew und der ukrainischen Steppe bewohnten, oder forderten von ihnen Tribut. Vom Norden aus wurden die wichtigsten Städte des Reiches über die schmale Passage zwischen dem Don und der Wolga erreicht, die als Chasarenroute bekannt ist. Von dieser strategischen Position aus dienten sie als Puffer zu Byzanz, da sie sich den barbarischen Stämmen der Steppe in den Weg stellten: Bulgaren, Peschenegen, Magyaren und später den Russen und Wikingern, die von Norden her die Flüsse hinunterkamen. Darüber hinaus schützten sie die Byzantiner auch vor den Arabern.

Zu den Autoren, die Koestler in seiner Auswahlbibliographie anführt, gehört der bekannte Orientalist Douglas Morton Dunlop. Aus seiner *The History of the Jewish Khazars* (Princeton, 1954) gibt er Folgendes wieder:

> „Das Land der Chasaren erstreckte sich entlang der natürlichen Vormarschroute der Araber. Innerhalb weniger Jahre nach dem Tod Mohammeds stießen die Armeen des Kalifats zwischen den Ruinen zweier Reiche nach Norden vor... und erreichten die große Gebirgsbarriere des Kaukasus. Sobald diese Barriere überwunden war, stand der Weg zu den Ländern Osteuropas offen. So kam es, dass die Araber an den Grenzen des Kaukasus auf die gut organisierten Streitkräfte einer Militärmacht trafen, die sie effektiv daran hinderte, ihre Eroberungen in diese Richtung auszuweiten. Die Kriege zwischen Arabern und Chasaren, die mehr als hundert Jahre dauerten, sind zwar wenig bekannt, aber von großer historischer Bedeutung.... Die siegreichen Muslime wurden von den Kräften des Königreichs Chasarien aufgehalten... Ohne die Existenz der Chasaren in der Nordkaukasusregion wäre Byzanz, das Bollwerk der europäischen Zivilisation im Osten, von den Arabern bedrängt worden, und die Geschichte des Christentums und des Islams wäre vielleicht ganz anders verlaufen."

Unter diesen Umständen ist es nicht verwunderlich, dass der künftige Kaiser Konstantin V. im Jahr 732 - nach einem überwältigenden Sieg der Chasaren über die Araber - eine Chasarenprinzessin heiratete. Der aus dieser Ehe hervorgegangene Sohn wurde schließlich Kaiser Leo IV, bekannt als Leo der Chasar. Ironischerweise endete die letzte Schlacht des Krieges im Jahr 737 mit einer Niederlage für die Chasaren, aber zu diesem Zeitpunkt war der Schwung des Heiligen Krieges verflogen und das Kalifat war bereits durch interne Uneinigkeit erschüttert.

Einige Jahre später, wahrscheinlich im Jahr 740, so Koestler, nahmen der König, sein Hof und die herrschende Militärklasse das jüdische Glaubensbekenntnis an, und das Judentum wurde zur Religion der Chasaren. Zweifellos waren die Zeitgenossen des Königs von dieser Entscheidung ebenso verblüfft", schreibt Koestler, „wie moderne Gelehrte, wenn sie die Beweise aus arabischen, byzantinischen, russischen und hebräischen Quellen überprüfen. Alle diese Quellen unterscheiden sich nur in kleinen Details, und die meisten Fakten sind unbestritten.

Umstritten ist das Schicksal der jüdischen Chasaren nach der Zerstörung ihres Reiches im 12. bis 13. Jahrhundert, da es nur wenige Quellen zu diesem Thema gibt. Es gibt bekannte chasarische Kolonien auf der Krim, in der Ukraine, in Ungarn, Polen und Litauen. Ich gebe hier Koestlers Text wieder: „Das allgemeine Bild, das sich aus den bruchstückhaften Informationen ergibt, ist das einer Migration chasarischer Stämme und Gemeinschaften in diese Regionen Osteuropas - hauptsächlich Russland und Polen -, wo in der frühen modernen Geschichte die größten Konzentrationen von Juden zu finden waren. Dies hat mehrere Historiker zu der Vermutung veranlasst, dass ein erheblicher Teil, vielleicht sogar die Mehrheit der Juden Osteuropas - und damit des Weltjudentums - eher chasarischen als semitischen Ursprungs ist.

Die Tragweite dieser Hypothese für die Anhänger des Dogmas von der auserwählten Ethnie erklärt die große Vorsicht, mit der sich die Historiker diesem Thema nähern, auch wenn sie nicht versuchen, es zu vermeiden. Zu den vehementesten Befürwortern dieser Idee von den chasarischen Ursprüngen der Juden gehört der Professor für mittelalterliche jüdische Geschichte A. N. Poliak, ein Professor für mittelalterliche jüdische Geschichte. N. Poliak[1], von der Universität Tel Aviv. Aus seinem Buch *Kazaria* (hebräisch), das 1944 in Tel Aviv veröffentlicht und 1951 neu aufgelegt wurde. Koestler zitiert diesen Auszug aus der Einleitung:

> „Die Tatsachen erfordern eine neue Herangehensweise, sowohl an das Problem
> der Beziehungen zwischen den chasarischen Juden und anderen jüdischen
> Gemeinschaften, als auch an die Frage, inwieweit wir die chasarischen Juden als
> den Kern der riesigen jüdischen Kolonie in Osteuropa betrachten können.... Die
> Nachkommen dieser Kolonie - diejenigen, die dort geblieben sind, wo sie waren,
> diejenigen, die in die Vereinigten Staaten oder andere Länder ausgewandert sind,
> und diejenigen, die nach Israel gegangen sind - bilden heute die große Mehrheit
> des Weltjudentums."

---

[1] Abraham N. Poliak wurde 1910 in Kiew geboren. Er kam 1923 mit seiner Familie nach Palästina. Hatte den Lehrstuhl für mittelalterliche jüdische Geschichte an der Universität Tel Aviv inne. Autor zahlreicher Bücher. Sein Essay *The Khazar Conversion to Judaism*, der 1941 in der hebräischen Zeitung *Zion* erschien, löste eine lebhafte Kontroverse aus. Ebenso wie sein Buch *Kazaria*, das auf Ablehnung stieß und als Versuch angesehen wurde, die heilige Tradition zu untergraben, die die Abstammung des Weltjudentums mit dem biblischen Stamm verbindet. Seine Theorie wird in der Ausgabe 1971-72 der *Encyclopaedia Judaica* nicht erwähnt.

Das würde bedeuten, dass die Vorfahren der Zionisten nicht vom Jordan, sondern von der Wolga stammen, nicht aus Kanaan, sondern aus dem Kaukasus. Genetisch stehen sie den Hunnen und den magyarischen Stämmen näher als den Nachkommen Abrahams, Isaaks und Jakobs. In diesem Fall, so Koestler, wäre der Begriff Antisemitismus sinnentleert. Seiner Meinung nach wäre die Geschichte des Chasarenreiches, so wie sie aus der Vergangenheit auftaucht, der Ursprung der grausamsten Farce, die die Geschichte je hervorgebracht hat.

Die Chroniken

Die frühesten Aufzeichnungen stammen von georgischen oder armenischen Schreibern, deren Länder, die älteren Kulturen angehören, wiederholt von chasarischen Reitern verwüstet wurden. Ein georgischer Chronist bezeichnet sie als „Wilde mit furchterregenden Gesichtern und dem Benehmen ungezähmter Bestien, die Blut trinken". Ein armenischer Schreiber spricht von „schrecklichen Scharen von Chasaren mit frechem und unerschrockenem Gesichtsausdruck und mit langem Haar wie Frauen". Später schreibt der arabische Geograph Istakhri, eine der wichtigsten arabischen Quellen: „Die Chasaren haben keine Ähnlichkeit mit den Türken. Sie haben schwarzes Haar und sind von zweierlei Art: die so genannten Kara-Kazaren (schwarze Chasaren), die so dunkelbraun sind wie die Hindus, und die Ak-Kazaren (weiße Chasaren), die auffallend gut aussehen".

Anthropologie und Linguistik scheinen wesentliche Wissenschaften zu sein, wenn es darum geht, die vielen Fragen über die Ursprünge von Dutzenden von Stämmen wie den Hunnen, Alanen, Awaren, Bulgaren, Magyaren, Uiguren, Kirgisen, Peschenegs usw. zu klären, die auf ihren Wanderungen irgendwann mit dem Chasarenreich in Verbindung gebracht wurden. In *The Thirteenth Tribe (Der dreizehnte Stamm)* stellt Koestler fest, dass selbst die Hunnen, die wir am besten kennen, von ungewisser Herkunft sind. Offenbar leitet sich ihr Name vom chinesischen Hiung-un ab, das allgemein Nomadenkrieger bezeichnet. Ab dem 5. Jahrhundert wurden viele dieser nach Westen wandernden Stämme allgemein als „Türken" bezeichnet. Der Begriff ist vermutlich ebenfalls chinesischen Ursprungs und wurde für alle Stämme verwendet, die Sprachen mit gemeinsamen Merkmalen dieser Sprachgruppe sprachen. Der Begriff „Türke" in dem Sinne, in dem er von mittelalterlichen Schriftstellern verwendet wurde, würde sich also im Wesentlichen auf die Sprache und nicht auf die Ethnie beziehen. In diesem Sinne waren die Hunnen und die Chasaren Turkvölker, nicht aber die Magyaren, deren Sprache zur finno-ugrischen (nicht indoeuropäischen) Gruppe gehört. Die Sprache der Chasaren war daher wahrscheinlich ein Dialekt des Türkischen. Der Name Chasaren ist wahrscheinlich von der türkischen Wurzel gaz abgeleitet, die Nomade bedeutet.

Eine der frühesten Erwähnungen der Chasaren findet sich in einer syrischen Chronik von Zacharia Rhetor aus der Mitte des 6. Jahrhunderts, in der sie als Bewohner der Kaukasusregion erwähnt werden. Andere Quellen deuten jedoch darauf hin, dass sie bereits ein Jahrhundert zuvor in das Gebiet gekommen und eng mit den Hunnen verwandt waren. Im Jahr 448 schickte der byzantinische Kaiser Theodosius II. eine Botschaft an Attila mit einem berühmten Rhetoriker namens Priscus. Ihm verdanken wir Informationen über die Sitten und Gebräuche der Hunnen. Aber Koestler zitiert ihn, weil Priscus auch etwas über ein den Hunnen unterworfenes Volk zu berichten hat, das er Akatzir nennt und das den Ak-Kazaren (Weiße Chasaren) sehr ähnlich ist. Laut Priscus versuchte der Kaiser von Byzanz, dieses Kriegsvolk für sich zu gewinnen, aber ein gieriger Chasarenhäuptling namens Karidach hielt das ihm angebotene Bestechungsgeld für unzureichend und beschloss, bei den Hunnen zu bleiben. Attila besiegte den rivalisierenden Häuptling Karidach und machte ihn zum alleinigen Herrscher über die Akatziren. Kurzum, so Koestler in seinem Werk, die Chronik des Priscus bestätigt, dass die Chasaren in der Mitte des 5. Jahrhunderts als ein der Hunnenherrschaft untergeordneter Stamm auf der europäischen Bühne erscheinen und neben den Magyaren und anderen Stämmen als späte Nachfahren von Attilas Horde betrachtet werden müssen.

Nach dem Tod Attilas hinterließ der Zusammenbruch des Hunnenreichs ein Machtvakuum im Osten Europas. Die Chasaren überfielen und plünderten in dieser Zeit die reichen transkaukasischen Regionen Georgiens und Armeniens, wo sie große Beute machten. In der zweiten Hälfte des 6. Jahrhunderts wurden sie zur dominierenden Kraft unter den Stämmen des Nordkaukasus. Die mächtigen Bulgaren leisteten vielleicht den stärksten Widerstand, doch auch sie wurden schließlich vernichtend geschlagen (um 641). Infolge des Debakels spaltete sich das bulgarische Volk in zwei Teile: Ein Teil wanderte nach Westen zur Donau und ließ sich in der Region des heutigen Bulgariens nieder. Andere zogen nach Nordosten zum Mittellauf der Wolga und wurden von den Chasaren unterworfen.

Bevor sie jedoch die volle Souveränität erlangten, waren die Chasaren unter einer anderen kurzlebigen Macht in die Lehre gegangen, deren Haupttriebkraft sie waren: dem so genannten Westtürkischen Reich, einer Konföderation von Stämmen, die von einem Kagan oder Khagan regiert wurde, einem Titel, den künftige Chasarenmonarchen in Zukunft annehmen sollten. Dieser frühe Turkstaat, der den seldschukischen und osmanischen Türkendynastien vorausging, die ab dem 11. Jahrhundert Kleinasien und den Nahen Osten beherrschten, dauerte etwa ein Jahrhundert (ca. 550-650). Die Chasaren standen also unter der Vormundschaft der Hunnen und der besagten Türken. Nach dem Untergang der letzteren in der Mitte des 7. Jahrhunderts waren sie an der Reihe, das Nordreich zu werden, wie die Perser und Byzantiner es nannten.

Arthur Koestler sieht darin den Beginn des Aufstiegs der Chasaren, der für ihn im Jahr 627 begann. In diesem Jahr schloss der römische Kaiser von Byzanz, Heraklius, ein Militärbündnis mit ihnen - das erste einer Reihe von weiteren -, um seinen entscheidenden Feldzug gegen das mit den Awaren verbündete Persien des Kosros vorzubereiten. Die Chasaren stellten Heraklius eine Streitmacht von 40.000 Reitern zur Verfügung, die von einem Häuptling namens Ziebel befehligt wurden. Koestler gibt eine Passage aus Band V von E. Gibbons *The History of the Decline and Fall of the Roman Empire* wieder, die auf der Grundlage von Theophanes die erste Begegnung zwischen dem byzantinischen Kaiser und diesem Ziebel beschreibt. Es scheint, dass die vierzigtausend Krieger beschafft wurden, nachdem Heraklius versprochen hatte, seine einzige Tochter Eudocia dem Barbarenhäuptling zur Frau zu geben, was auf den hohen Wert hinweist, den der byzantinische Hof dem Bündnis mit den Chasaren beimaß. Die Hochzeit kam jedoch nicht zustande, weil Ziebel starb, während Eudokia und ihr Gefolge auf dem Weg zu ihm waren.

Koestler berichtet auch von einem Mobilisierungsbefehl für einen zweiten Feldzug gegen die Perser, der vom Herrscher der Chasaren erlassen wurde, und gibt einen Auszug aus einem armenischen Chronisten, Moses von Kalankatuk, wieder, der von D. M. Dunlop in dem oben erwähnten Werk zitiert wird. Der Befehl richtet sich „an alle Stämme und Völker (es versteht sich, dass sie der Autorität der Chasaren unterworfen sind), die in den Bergen oder in den großen Ebenen wohnen, die unter Dach oder unter freiem Himmel leben, die rasierte Köpfe haben oder ihr Haar lang tragen". Dieser Text vermittelt eine Vorstellung von dem heterogenen ethnischen Mosaik, aus dem sich das Chasarenreich zusammensetzte. Die wahren Chasaren, die herrschende Klasse, so Koestler, waren wahrscheinlich eine Minderheit, wie es auch bei den Österreichern in der österreichisch-ungarischen Monarchie der Fall war.

Der persische Staat erholte sich nie von seinen Niederlagen gegen Kaiser Heraklius. Es kam zu einer Revolution, und der König wurde von seinem eigenen Sohn ermordet, der seinerseits Monate später starb. Ein Kind wurde auf den Thron gesetzt, und nach zehn Jahren des Chaos traten die ersten arabischen Armeen auf den Plan und versetzten dem Sassanidenreich den Gnadenstoß. Zwanzig Jahre nach der Hegira hatten die Muslime Persien, Syrien, Mesopotamien und Ägypten erobert und Byzanz in einem Halbkreis eingekreist, der sich vom Mittelmeer bis zum Kaukasus und den südlichen Ufern des Kaspischen Meeres erstreckte. So entstand ein Dreieck aus drei Mächten: dem islamischen Kalifat, dem christlichen Byzanz und dem heidnischen Königreich Kasaria im Norden.

Die Araber machten vor dem gewaltigen natürlichen Hindernis des Kaukasus ebenso wenig Halt wie vor den Pyrenäen. Es gab zwei traditionelle Pforten durch das gewaltige Gebirge: den Dariel-Pass in der Mitte und die Darband-Schlucht im Osten. Das Darband-Tor in der Nähe des Ufers des Kaspischen Meeres, von den Arabern Bab al-Abwab, das Tor der Tore, genannt, war der Durchgang, durch den die Muslime zwischen 642 und 652 immer wieder in das Innere Kasariens vordrangen, um die Stadt Balanjar einzunehmen. Ihr Ziel war es, sich im europäischen Teil des Kaukasus niederzulassen. Dies gelang ihnen nicht. Es gibt Aufzeichnungen über eine große Schlacht im Jahr 652, bei der beide Seiten Artillerie einsetzten (Katapulte). Viertausend Araber wurden getötet, darunter auch ihr Befehlshaber, Abd-al-Rahman ibn-Rabiah; der Rest floh ungeordnet über die Berge. Nach dieser Niederlage unternahmen sie dreißig oder vierzig Jahre lang keine weiteren Raubzüge mehr. Ihre Hauptangriffe richteten sich dann gegen Byzanz, und mehrmals belagerten sie Konstantinopel zu Wasser und zu Lande.

Währenddessen vollendeten die Chasaren, nachdem sie die Bulgaren und Magyaren unterworfen hatten, ihre Expansion nach Westen in die Krim und die

Ukraine. Dabei handelte es sich nicht mehr um willkürliche Raubzüge, um Beute zu machen und Gefangene zu machen, sondern um Eroberungskriege, in denen die besiegten Völker in das Reich eingegliedert wurden, das eine stabile Verwaltung aufgebaut hatte und von einem allmächtigen Kagan geführt wurde. Zu Beginn des 8. Jahrhunderts war sein Staat ausreichend gefestigt, um eine Offensive gegen die Araber zu starten.

In der zweiten Phase des Krieges (722-37) wiederholte sich das gleiche Drehbuch immer wieder: Die khasarische Reiterei drang durch das Darband-Tor oder den Dariel-Pass in das Gebiet des Kalifats im Süden ein, und die Araber antworteten mit Gegenangriffen über dieselben Pässe in Richtung Wolga. Und schon ging es wieder von vorne los. Bei einem der wichtigsten Überfälle fielen die Chasaren in Georgien und Armenien ein, fügten den arabischen Armeen in der Schlacht von Ardabil (730) eine vernichtende Niederlage zu und erreichten Mosul in Richtung Damaskus, der Hauptstadt des Kalifats. Die Mobilisierung eines neuen muslimischen Heeres wendete das Blatt, und die Chasaren waren gezwungen, sich über die Berge zurückzuziehen. Im folgenden Jahr überquerte Maslamah ibn-Abd-al-Malik, der angesehenste arabische General seiner Zeit, der Jahre zuvor die Belagerung von Konstantinopel geleitet hatte, den Kaukasus, nahm schließlich die Stadt Balanjar ein und erreichte sogar Samandar, eine weitere wichtige Stadt weiter nördlich; es gelang ihm jedoch nicht, dauerhafte Garnisonen zu errichten, und er musste sich zurückziehen. Es ist möglich, dass die Festung Balanjar in den Ausläufern des nördlichen Kaukasus die erste Hauptstadt der Chasaren war und dass sie als Folge dieser Überfälle nach Samandar am westlichen Ufer des Kaspischen Meeres verlegt wurde. Später wurde Itil an der Wolgamündung zur Hauptstadt, eine Stadt, die auf beiden Seiten des Flusses erbaut und von den Chronisten ausführlich beschrieben wurde.

Der letzte arabische Feldzug wurde von dem späteren Kalifen Marwan II. geführt und endete mit einem Pyrrhussieg. Marwan bot dem chasarischen Kagan ein Bündnis an und unternahm dann einen Überraschungsangriff über die beiden Pässe. Die chasarische Armee, die sich von der anfänglichen Überraschung nicht erholen konnte, musste sich an die Wolga zurückziehen, und der Kagan war gezwungen, um Friedensbedingungen zu bitten. Marwan verlangte nach dem bei früheren Eroberungen üblichen Muster den Übertritt des Kagans zum Islam. Der Kagan willigte ein, aber seine Konversion muss ein Lippenbekenntnis gewesen sein, da in den arabischen oder byzantinischen Quellen nichts weiter über diese Episode berichtet wird, im Gegensatz zu den nachhaltigen Auswirkungen der Annahme des Judentums als Staatsreligion, die einige Jahre später (um 740) erfolgte, wie wir noch sehen werden.

Auf jeden Fall lassen sich die Ereignisse wie folgt zusammenfassen: Marwan, zufrieden mit den erzielten Ergebnissen, nahm Abschied von Kasarien und kehrte mit seiner Armee nach Transkaukasien zurück, ohne Garnisonen, einen Gouverneur oder einen Verwaltungsapparat zurückzulassen. Über die Gründe für seine Großzügigkeit kann man nur spekulieren. Vielleicht erkannten die Araber, dass diese wilden Barbaren aus dem Norden im Gegensatz zu den zivilisierten Persern, Armeniern oder Georgiern nicht von einem muslimischen

Marionettenprinzen und einer kleinen Garnison beherrscht werden konnten. Man bedenke auch, dass Marwan jeden Mann in seiner Armee brauchte, um mit den Aufständen fertig zu werden, die in Syrien und anderen Teilen des Umayyaden-Kalifats im Gange waren. Marwan selbst führte den darauf folgenden Bürgerkrieg an und wurde 744 zum letzten Kalifen der Umayyaden. Sechs Jahre später wurde er ermordet und das Kalifat ging in die Hände der Abbasiden-Dynastie über.

Mit dieser kurzen Einführung können wir nun verstehen, wer die Chasaren waren und in welchem historischen Kontext ihre Konversion zum Judentum stattfand. Bevor wir uns jedoch der Hauptfrage zuwenden, lohnt es sich, einige letzte Punkte zu bedenken, die zu einem besseren Verständnis beitragen können. Koestler stellt zweifelsfrei fest, dass dem Kagan schließlich eine göttliche Rolle zugewiesen wurde, die zu einer Art Verehrung seiner Person führte. So lebte der Kagan in eifersüchtiger Abgeschiedenheit, und sein Kontakt mit dem Volk war bis zu seiner Beerdigung, die in ein außergewöhnliches Zeremoniell gekleidet war, äußerst begrenzt. Die Staatsgeschäfte, einschließlich der Führung der Armee, lagen in den Händen eines Bek (einer Art Premierminister), der manchmal auch Kagan Bek genannt wurde und de facto die Macht innehatte. Moderne Historiker stimmen mit den arabischen Quellen überein. Sie beschreiben das Regierungssystem als „Doppelkönigtum", d. h. eine Doppelwürde oder ein Doppelkönigtum oder eine Monarchie, in der der Kagan die göttliche Macht und der Bek die weltliche oder weltliche Macht repräsentierte. Dieses System, so Koestler, könne mit dem japanischen System vom Mittelalter bis 1867 verglichen werden, als die weltliche Macht in den Händen des Shogun konzentriert war, während der Mikado aus der Ferne als göttliche Figur verehrt wurde.

Paulus Cassel, ein protestantischer Theologe jüdischer Herkunft, schlägt eine Analogie zwischen diesem Regierungssystem und dem Schachspiel vor. Die doppelte Würde wird durch den König (den Kagan) und die Königin (die Bek) repräsentiert. Für die Dauer des Spiels wird der König aus dem Weg geräumt und so weit wie möglich geschützt. Er hat wenig Macht und kann sich nur in sehr begrenztem Umfang bewegen. Die Königin hingegen ist die mächtigste Figur auf dem Brett und dominiert. Die Königin kann verloren gehen und das Spiel geht weiter; wenn aber der König fällt, ist das die ultimative Katastrophe und alles ist vorbei. Dieses System der doppelten Würde weist also auf eine kategorische Unterscheidung zwischen dem Heiligen und dem Profanen in der Mentalität der Chasaren hin. Die göttlichen Attribute des Kagan werden in dem folgenden Text von Ibn Hawkal, einem arabischen Historiker und Geographen aus dem 10:

> „Der Kagan muss immer aus der kaiserlichen Ethnie (Familie der Honoratioren) sein. Niemand darf sich ihm nähern, es sei denn, es handelt sich um eine Angelegenheit von großer Wichtigkeit: Wenn es nötig ist, werden sie sich vor ihm niederwerfen und ihr Gesicht am Boden reiben, bis er ihnen die Erlaubnis gibt, sich ihm zu nähern. Wenn ein Kagan... stirbt, muss derjenige, der sich seinem Grab nähert, zu Fuß gehen und ihm seine Aufwartung machen; und wenn er abreist, darf er nicht reiten, bis er sich in einer Entfernung befindet, von der aus

das Grab nicht sichtbar ist. Die Autorität dieses Herrschers ist so absolut, und seine Befehle werden in einem solchen Maße befolgt, dass, wenn es ihm zweckmäßig erscheint, dass einer seiner Adligen stirbt, und er zu ihm sagt: 'Geh und nimm dir das Leben', der Mann sofort nach Hause geht und sich ohne zu zögern umbringt."

Der Kagan musste also aus den Mitgliedern der „kaiserlichen Ethnie" oder der „Familie der Prominenten" ausgewählt werden. Dies ist auch die Ansicht von M. I. Artamanov, einem Archäologen, der in den 1930er Jahren die chasarische Festung Sarkel in Russland ausgrub. Artamanov vertritt die Auffassung, dass die Chasaren und andere Turkvölker von Nachkommen der bereits erwähnten Turkut-Dynastie, einer Dynastie des untergegangenen Westtürkischen Reiches (550-650), regiert wurden. Andere Gelehrte vermuten, dass sich die „kaiserliche Ethnie" oder „Familie der Notablen", zu der der Kagan gehören muss, auf die in chinesischen Quellen erwähnte alte Asena-Dynastie bezieht, eine Art auf Verdienst basierende Aristokratie, von der türkische und mongolische Herrscher behaupteten, abzustammen. Für Koestler ist all dies jedoch keine befriedigende Erklärung für die in dieser Region einzigartige Aufteilung der (göttlichen und weltlichen) Macht.

Artamanov selbst schlägt eine spekulative Antwort auf diese Behauptung vor. Er schlägt vor, dass die Anerkennung des Judentums als Staatsreligion das Ergebnis eines Staatsstreichs war, der gleichzeitig den Kagan, den Abkömmling einer heidnischen Dynastie, deren Treue zum Gesetz des Moses ungewiss war, auf eine symbolische Rolle reduzierte. Für Koestler ist dies eine sehr gute Hypothese, für die es jedoch kaum Beweise gibt. Er räumt jedoch ein, dass es wahrscheinlich ist, dass die beiden Ereignisse - die Annahme des Judentums und die Doppelwürde - in irgendeiner Weise miteinander verbunden sind. Auf jeden Fall gibt es Informationen über die aktive Rolle, die der Kagan vor seiner Konversion gespielt hat, wie etwa seine Beziehungen zu Justinian.

Konversion zum Judentum

Die Konversion der Chasaren zum Judentum ist ein einzigartiges Ereignis in der Geschichte. Wie es dazu kam und warum, ist das Thema dieses Abschnitts. Wir werden sehen, dass sich die Gründe für diese folgenschwere Entscheidung plausibel mit machtpolitischen Erwägungen erklären lassen. Zu Beginn des 8. Jahrhunderts war die Welt zwischen zwei großen Supermächten polarisiert, die Christentum und Islam vertraten. Diese beiden Religionen waren ideologisch mit politischen Mächten verbunden, die nach den klassischen Methoden der Propaganda, des Umsturzes und der militärischen Eroberung vorgingen. Das Chasarenreich stellte die dritte Kraft dar; es konnte jedoch nur unabhängig bleiben, so Koestler, wenn es sowohl das Christentum als auch den Islam ablehnte, da die Annahme einer der beiden Religionen automatisch die Unterordnung unter die Autorität des Kalifen von Bagdad oder des römischen Kaisers bedeutete. Beide Höfe hatten verschiedene Versuche unternommen, die Chasaren zu bekehren: Militärbündnisse, Eheschließungen und sogar, wie wir gesehen haben, Auferlegungen. Das Königreich Kasarien, das sich auf seine militärische Stärke und die Vasallität der Steppenstämme (sein „Hinterland") stützte und dem es an religiösem Engagement mangelte, war entschlossen, seine Position als dritte Kraft zu behaupten.

Gleichzeitig hatten die engen Kontakte mit Byzanz und dem Kalifat die Chasaren jedoch gelehrt, dass ihr primitiver Schamanismus im Vergleich zu den großen monotheistischen Religionen nicht nur barbarisch und veraltet war, sondern auch nicht in der Lage, ihren Führern die geistliche und rechtliche Autorität zu verleihen, die die Herrscher der beiden theokratischen Mächte innehatten. Da die Bekehrung zu einer der beiden Religionen mit Unterwerfung und Verlust der Unabhängigkeit verbunden war, musste die Annahme eines dritten Glaubens, der von keiner der beiden anderen Religionen kompromittiert wurde, die logischste Lösung sein.

Obwohl die Konversion politisch motiviert war, wäre es absurd, sich vorzustellen, dass die Chasaren blindlings und über Nacht eine Religion annahmen, deren Dogmen ihnen unbekannt waren. Tatsächlich, so Koestler, hatten sie schon mindestens ein Jahrhundert vor der Konversion Beziehungen zu den Juden und kannten deren religiöse Gebote, und zwar dank des kontinuierlichen Stroms von Flüchtlingen, die vor religiöser Verfolgung aus Byzanz flohen. Die Verfolgungen, die unter Justinian (527-565) begonnen und sich unter Heraklius im 7. Jahrhundert verschärft hatten, setzten sich unter Leo III. im 8. und Leo IV. im 9. Leo III., der in den beiden Jahrzehnten vor der Konversion zum Judentum regierte, versuchte, die Anomalie des geduldeten Status der Juden mit einem Schlag zu beenden, indem er anordnete, dass alle seine jüdischen Untertanen getauft werden sollten. Dieser Befehl trug zweifellos zur Zunahme der Auswanderung nach Kasarien bei. Diese Exilanten besaßen eine überlegene Kultur und waren ein wichtiger Faktor bei der Schaffung einer Atmosphäre der Toleranz und Weltoffenheit. Ihr Einfluss und ihr missionarischer Eifer waren vor allem am Hof und unter dem herrschenden Adel zu spüren. In ihren Missionsbemühungen verbanden die Flüchtlinge theologische Argumente und messianische Prophezeiungen mit klugen Einschätzungen der politischen Vorteile der Annahme einer „neutralen" Religion.

Diese Juden hätten Handwerkskunst, byzantinische Kunst, überlegene Handels- und Landwirtschaftsmethoden und darüber hinaus das hebräische Alphabet mitgebracht. Welche Art von Schrift die Chasaren früher verwendeten, ist nicht bekannt , aber sowohl Dunlop als auch Poliak, auf die sich Koestler häufig bezieht, zitieren Ibn Nadims *Kitab al Fihrist*, eine Art bibliografische Enzyklopädie, die um 987 geschrieben wurde, um zu bestätigen, dass die Chasaren im späten zehnten Jahrhundert das hebräische Alphabet verwendeten. Jahrhundert das hebräische Alphabet verwendeten. Es diente einer doppelten Funktion: dem wissenschaftlichen Diskurs (analog zur Verwendung des Lateinischen in Westeuropa) und als Schriftalphabet für die verschiedenen in Kasarien gesprochenen Sprachen (so wie das lateinische Alphabet von den Volkssprachen in Westeuropa verwendet wurde). Von Kasarien aus scheint sich die hebräische Schrift in die Nachbarländer verbreitet zu haben. Auf der Krim wurden in zwei Gräbern Epitaphe gefunden, die in hebräischer Schrift verfasst waren, deren Inhalt jedoch nicht-semitischen Sprachen entsprach und nicht entziffert werden konnte. Wir Hispanisten verstehen diese sprachlichen Probleme gut, denn in Spanien gibt es eine Literatur namens aljamiada (aljamía, vom arabischen ayamiya: Fremdsprache), die sich auf Schriften in Kastilisch oder Mozarabisch mit arabischen Schriftzeichen bezieht. Unsere mozarabischen Jarchas sind das beste Beispiel für das, worüber wir gesprochen haben, denn sie gelten als die ersten lyrischen Äußerungen in der romanischen Sprache. Sie sind in mozarabischer Sprache verfasst, werden in arabische oder hebräische Schriftzeichen transkribiert und wurden in hebräischen Moaxajas (Stern 1948) und in arabischen Moaxajas (E. García Gómez 1951) gefunden.

Die Bekehrung war also von Zweckmäßigkeit beseelt und als kluges politisches Manöver gedacht; gleichzeitig brachte sie aber auch Entwicklungen mit sich, die von den Initiatoren kaum vorhergesehen werden konnten. Das hebräische Alphabet war der Anfang; aber drei Jahrhunderte später, so Koestler, war der Niedergang des chasarischen Staates von Ausbrüchen des messianischen Zionismus gekennzeichnet, wie im Fall von David El-Roi, dem Helden von Benjamins Roman Disraeli, der Kreuzzüge fanatischer Juden anführte, um Jerusalem zurückzuerobern.[2]

---

[2] Benjamin Disraeli (1804-1881), der aus einer sephardischen Familie stammte, war zweimal Premierminister Großbritanniens für die Tory-Partei (1867-68 und 1874-80). Seine Amtszeit war von außenpolitischer Aggressivität geprägt: Kontrolle des Suezkanals, Kolonialkriege in Afghanistan und Südafrika, Eindämmung des russischen Expansionismus durch Unterstützung des Osmanischen Reiches, das dafür 1878 mit der Abtretung Zyperns entschädigte, usw... Man könnte sagen, dass Disraeli, wie der Held seines Romans, ein Zionist „avant la lettre" war. Er gilt als der mächtigste und einflussreichste jüdische Führer, der jemals die Geschicke einer nichtjüdischen Nation gelenkt hat. Es heißt, dass die Königin ihn einmal fragte: „Sind Sie Jude oder Christ?", worauf er antwortete: „Madam, ich bin die fehlende Seite zwischen dem Alten und dem Neuen Testament". In zionistischen Kreisen wird unzweideutig behauptet, dass er die Wiederherstellung der Juden im Gelobten Land anstrebte. Benjamin Disraeli schrieb The Wondrous Tale of Alroy (1833) und Coningsby (1844). Alroy (El-Roi), eine wunderbare Figur für Disraeli, war in Wirklichkeit der Führer einer messianischen Bewegung, die im 12. Jahrhundert in Kasarien geboren wurde und einen jüdischen Kreuzzug anführte, um Palästina mit Waffengewalt zurückzuerobern. Dieser chasarische Jude, Salomon ben Duji (oder Ruhi oder Roy), schrieb Briefe an die Juden in den umliegenden Ländern, in denen er ihnen mitteilte, dass die Zeit gekommen sei, in der Gott sie nach Israel bringen würde. In Kurdistan stellte er eine Armee aus einheimischen Juden zusammen, die wahrscheinlich mit Chasaren verstärkt war, und es gelang ihm, die Festung Amadie bei Mosul einzunehmen. Von dort aus wollte er über Syrien in das Gelobte Land ziehen. Es scheint, dass einer seiner Boten nach Bagdad reiste, wo die rabbinische Hierarchie aus Angst vor Repressalien seitens der Behörden eine feindselige Haltung gegenüber dem falschen Messias einnahm und ihm mit einem Ausweisungsedikt drohte. Es überrascht nicht, dass David El-Roi schließlich ermordet wurde. In Coningsby zeichnet Disraeli ein Bild, in dem die Juden die Welt hinter den Thronen beherrschen. In einer bedeutenden Passage erzählt Sidonia, die Lionel Rothschild vertritt, Coningsby von einer Reise durch mehrere europäische Länder, auf der sie Juden trifft, die in allen Ländern die Macht innehaben. Als er von Russland nach Spanien kommt, muss er mit Mendizábal über ein

Die Umstände der Konversion sind durch eine Legende verschleiert, aber die wichtigsten arabischen und hebräischen Berichte über dieses Ereignis weisen die gleichen Grundzüge auf. Eine der von Koestler zitierten arabischen Quellen ist al-Masudi, die bestätigt, dass der König der Chasaren bereits während des Kalifats von Harum al-Raschid (786-809) zum Judentum übergetreten war und dass Juden aus allen Ländern des Islams und aus dem Land der Griechen (Byzanz) zu ihm gekommen waren. Ein früheres Buch von al-Masudi, in dem genau beschrieben wurde, was geschehen war, scheint verloren gegangen zu sein; es gibt jedoch Erzählungen, die darauf basieren. Koestler gibt die Erzählung von al-Bakri wieder, die in einem Buch mit dem Titel *Book of Kingdoms and Roads* aus dem 11.

Der Grund für den Übertritt des Chasaren-Königs zum Judentum, der zuvor ein Heide war, ist folgender. Er hatte das Christentum angenommen (Koestler weist darauf hin, dass er keine andere Quelle kennt, in der diese Tatsache erwähnt wird, und hält dies für eine für muslimische Leser akzeptablere Version, die die oben erwähnte kurze Zeit der Annahme des Islam durch Marwan II. ersetzen würde). Er erkannte daraufhin die Falschheit dieser Version und besprach diese Angelegenheit, die ihm sehr am Herzen lag, mit einem hohen Beamten, der zu ihm sagte: „O König, diejenigen, die die heiligen Schriften besitzen, bilden drei Gruppen. Versammelt sie und bittet sie, euch jeweils über ihr Glaubensbekenntnis zu informieren. Dann folge demjenigen, der im Besitz der Wahrheit ist". Dann schickte er nach einem Bischof unter den Christen. Beim König befand sich ein streitbarer Jude, der mit ihm in einen Disput eintrat. Er fragte den Bischof: „Was sagst du über Mose, den Sohn des Amran, und die Thora, die ihm offenbart wurde?" Der Bischof antwortete: „Mose ist ein Prophet, und die Tora spricht die Wahrheit." Da sagte der Jude zum König: „Er hat soeben die Wahrheit meines Glaubensbekenntnisses zugegeben; frage ihn nun, was er glaubt." Der König fragte ihn, und er antwortete: „Ich sage, dass Jesus, der Messias, der Sohn Marias ist, dass er das Wort ist und dass er die Geheimnisse im Namen Gottes offenbart hat". Da sagte der Jude zum König der Chasaren: „Er predigt eine Lehre, die ich nicht kenne, während er meine Thesen akzeptiert". Der Bischof konnte also nicht beweisen, was er predigte. Also befahl der König, einen Muslim zu ihm zu bringen. Sie schickten ihm einen Gelehrten, einen intelligenten Mann, der gut argumentieren konnte. Doch der Jude heuerte jemanden an, der ihn auf der Reise vergiftete, und er starb. Auf diese Weise gelang es dem Juden, den König für seinen Glauben zu gewinnen, und er nahm das Judentum an.

Sicherlich hatten die arabischen Historiker, wie Koestler warnt, die Gabe, die Pille zuzuckern. Hätte der muslimische Gelehrte an der Debatte teilnehmen können, wäre er in die gleiche Falle getappt wie der Bischof, da beide das Alte Testament akzeptiert hätten, während sie gegeneinander ausgespielt worden wären, wobei der eine den Koran und der andere das Neue Testament verteidigt

---

Darlehen verhandeln (Regierungspräsident von 1835-36 und zweimal Finanzminister, mit der Freimaurerei verbunden, Verfasser des Gesetzes über die Enteignung kirchlichen Eigentums, das die Kirche ihres Besitzes beraubte). „Ein neuer Christ - sagt Sidonia - der Sohn eines Juden aus Aragon".

hätte. Dass sich der König auf diese Argumentation einlässt, hat für ihn Symbolcharakter: Er ist nur bereit, Lehren zu akzeptieren, die von allen dreien geteilt werden - ihr gemeinsamer Nenner - und weigert sich, sich auf die darüber hinausgehenden Behauptungen der Rivalen einzulassen. Dies ist einmal mehr das Prinzip der kompromisslosen Welt, angewandt auf die Theologie. Koestler beruft sich auf John Barnell Bury, der in seiner *A History of the Roman Eastern Empire* darauf hinweist, dass diese ganze Bekehrungsgeschichte impliziert, dass der jüdische Einfluss am Hof von Kazaria schon vor der formellen Bekehrung sehr stark gewesen sein muss, da der Bischof und der muslimische Gelehrte erst gesucht werden mussten, während der Jude bereits beim König war.

Eine andere moderne Version der Einzelheiten der Konversion stammt von Alfred Lilienthal, einem Historiker und Journalisten jüdischer Herkunft, einem prominenten Antizionisten und Freund des palästinensischen Volkes, der Berater der US-Delegation bei der Gründungsversammlung der UNO in San Francisco war. Lilienthal bestätigt in seinem Buch „*What Price Israel?*", dass der Name des zum Judentum übergetretenen Kagan Bulan war und dass ihm zunächst seine Adligen und dann sein Volk folgten. Die Korrespondenz zwischen Joseph von Kazaria und dem kordovanischen Juden Hasdai Ibn Shaprut, dem Premierminister des Kalifen von Spanien Abd-al-Rahman III, die wir weiter unten ausführlich betrachten werden, dient ihm als Quelle für eine leichte Variante des Verlaufs der Debatte. Lilienthal erklärt, dass Bulan Vertreter der drei monotheistischen Religionen versammelte und sie in seinem Beisein diskutieren ließ; keiner von ihnen konnte jedoch die anderen oder den Herrscher selbst davon überzeugen, dass seine Religion die beste sei. Bulan beschloss daraufhin, mit jedem von ihnen einzeln zu sprechen. Den christlichen Bischof fragte er: „Wenn Sie kein Christ wären oder aufhören müssten, Christ zu sein, was würden Sie wählen, den Islam oder das Judentum? Der Bischof antwortete: „Wenn ich das Christentum verlassen müsste, würde ich das Judentum wählen". Dann stellte er dem Muslim die gleiche Frage, und auch er entschied sich für das Judentum. So beschloss Bulan, zur jüdischen Religion zu konvertieren.

Bulans Nachfolger nahm bereits einen hebräischen Namen an und wurde Obadja genannt. Unter seiner Herrschaft wurde das Judentum in Kazaria sehr stark. Es wurden Synagogen und Schulen gebaut, um die Bibel und den *Talmud* zu lehren. Lilienthal fügt hinzu, dass Professor H. Graez in seiner *Geschichte der Juden* bestätigt, dass Obadja sich ernsthaft um die Förderung der neuen Religion bemühte und zu diesem Zweck jüdische Gelehrte einlud, sich in seinem Herrschaftsgebiet niederzulassen, und sie mit Großzügigkeit belohnte. Er führte auch ein grundlegendes Gesetz ein, wonach es eine unabdingbare Voraussetzung für die Thronbesteigung war, Jude zu sein.

Die Khazara-Korrespondenz: Hasdai Ibn Shaprut

Die wichtigste jüdische Quelle ist daher die so genannte Khazara-Korrespondenz, ein Briefwechsel in hebräischer Sprache zwischen Hasdai Ibn Shaprut, Premierminister des Kalifen von Córdoba, und Joseph, dem König von Kazaria. Dieser Briefwechsel fand zwischen 954-61 statt, so Koestler, der

Hasdai Ibn Shaprut als die vielleicht brillanteste Figur des „Goldenen Zeitalters" (900-1200) der Juden in Spanien beschreibt.

Im Jahr 929 gründete Abd-al-Rahman III. aus der Umayyaden-Dynastie das westliche Kalifat, dessen Hauptstadt Córdoba mit einer Bibliothek von 400.000 katalogisierten Bänden zum Ruhm Spaniens und zu einem Zentrum der europäischen Kultur wurde. Hasdai, der 910 in Córdoba in eine angesehene jüdische Familie hineingeboren wurde, erregte zunächst die Aufmerksamkeit von Abd-al-Rahman wegen seiner praktischen medizinischen Kenntnisse, der ihn zu seinem Hofarzt ernannte. Er vertraute seinen Urteilen und Meinungen so sehr, dass Hasdai gebeten wurde, die Staatsfinanzen in Ordnung zu bringen und später als Außenminister des Kalifats zu fungieren. Koestler hält Ibn Shaprut für einen echten „uomo universale", Jahrhunderte vor der Renaissance, denn neben den komplizierten Staatsgeschäften fand er noch Zeit, medizinische Bücher ins Arabische zu übersetzen, mit den gelehrtesten Rabbinern Bagdads zu korrespondieren und hebräische Dichter und Grammatiker zu fördern.

Dieser aufgeklärte und gläubige Jude (im ersten Teil wurde bereits erwähnt, dass er die Talmud-Akademie in Córdoba gegründet hatte) nutzte seine diplomatischen Kontakte, um sich über die in der ganzen Welt verstreuten jüdischen Gemeinden zu informieren und nach Möglichkeit für sie zu intervenieren. Die Verfolgungen im byzantinischen Reich unter Romanus beschäftigten ihn. Ibn Shaprut nutzte seinen Einfluss, um für seine Glaubensgenossen zu intervenieren, und hatte offenbar Erfolg, denn der byzantinische Hof war an der wohlwollenden Neutralität Córdobas während der Feldzüge von Byzanz gegen die Muslime im Osten interessiert. Nach seinen eigenen Angaben hörte Hasdai Ibn Shaprut zum ersten Mal von persischen Kaufleuten von einem unabhängigen jüdischen Königreich; er bezweifelte jedoch den Wahrheitsgehalt der Geschichte. Daraufhin befragte er Mitglieder einer byzantinischen diplomatischen Mission in Córdoba, und diese bestätigten die Geschichte nicht nur, sondern lieferten ihm auch zahlreiche Details, darunter den Namen des damaligen Königs Joseph. Er beschloss daher, Kuriere mit einem Brief zu schicken.

Der Brief enthält eine Reihe von Fragen über den chasarischen Staat, sein Volk, seine Regierungsform, seine Streitkräfte usw. Er enthält auch eine Frage, zu welchem der zwölf Stämme sie gehörten. Diese Frage deutet darauf hin, dass Ibn Shaprut dachte, die chasarischen Juden kämen aus Palästina, wie es bei den spanischen Juden der Fall war, und dass sie vielleicht einer der verlorenen Stämme sein könnten. Da sie nicht jüdischer Abstammung waren, gehörten sie logischerweise nicht zu einem der Stämme. In seiner Antwort an Hasdai liefert Joseph genealogische Informationen, aber das Hauptthema ist die Konversion, die zweihundert Jahre zuvor stattgefunden hatte, und die Umstände, unter denen sie stattfand.

Josephs Text beginnt damit, dass er seinen Vorfahren, König Bulan, als großen Eroberer und intelligenten Mann preist, der die Zauberer und Götzendiener aus seinem Land vertrieben hat (Benjamin Freedman gibt an, dass sie neben anderen Formen der Anbetung, die in Asien von heidnischen Völkern praktiziert wurden, auch den Phallus verehrten). Daraufhin, so heißt es in der

Geschichte, erschien ihm ein Engel im Traum und ermahnte ihn, den einen wahren Gott anzubeten, und versprach ihm im Gegenzug, dass er seine Nachkommenschaft vermehren, seine Feinde in seine Hände legen und sein Reich bis zum Ende der Zeit bestehen lassen würde. All dies ist natürlich von der Geschichte des Bundes in der Genesis inspiriert und impliziert, dass auch die Chasaren, obwohl sie nicht von Abraham abstammen, den Status einer auserwählten Ethnie beanspruchten, die ihren eigenen Bund mit Gott schloss. An diesem Punkt, so warnt Koestler mit subtiler Einsicht, nimmt die Geschichte eine unerwartete Wendung. Bulan zeigt sich bereit, dem Allmächtigen zu dienen, aber er ahnt eine Schwierigkeit. Koestler gibt diesen Auszug aus dem Brief wieder: „Mein Herr kennt die geheimen Gedanken meines Herzens und die Tiefe meines Vertrauens, aber das Volk, über das ich herrsche, hat ein heidnisches Gemüt, und ich weiß nicht, ob es mir glauben wird. Wenn ich in Euren Augen der Gunst und Barmherzigkeit würdig bin, dann bitte ich Euch, auch bei seinem Großfürsten zu erscheinen, um ihn zu überzeugen, mich zu unterstützen. Der Ewige gewährte Bulans Bitte, erschien diesem Prinzen im Traum, und als er am Morgen aufstand, ging er zum König und teilte es ihm mit....

Koestler merkt an, dass weder in der Genesis noch in den arabischen Bekehrungserzählungen von einem großen Fürsten die Rede ist, dessen Zustimmung eingeholt werden muss. Seiner Meinung nach ist dies ein eindeutiger Hinweis auf das chasarische System der Doppelwürde oder des Doppelkönigtums. Der Großfürst ist offenbar der Bek; es ist aber auch möglich, dass der König der Bek und der Prinz der Kagan war. Andererseits erinnert Koestler daran, dass nach arabischen und armenischen Quellen der Anführer der arabischen Armee, die 731 (einige Jahre vor der Bekehrung) in Transkaukasien einfiel, Bulkan hieß.

Wenn die These, dass die Konversion politisch motiviert war und im Grunde ein schlaues Manöver angesichts des Drucks der beiden anderen Mächte (Byzanz und Kalifat) war, bis zu diesem Punkt aufrechterhalten wurde, ist es unserer bescheidenen Meinung nach am logischsten zu denken, dass die Entscheidung in der politischen Sphäre getroffen wurde, also in der Sphäre der Entscheidungen des Bek, der für die Armee und die Verwaltung der Staatsangelegenheiten zuständig war. Bulan wäre demnach der Kagan Bek, und der Großfürst, der von der Angemessenheit der Maßnahme überzeugt werden musste, wäre der Kagan, ein in den Augen des Volkes unanfechtbares Symbol, das für den Bek für die Glaubwürdigkeit und Akzeptanz der zu treffenden Entscheidung unerlässlich war.

Ibn Shapruts Brief, der von Koestler ausführlich besprochen wird, beginnt mit einem hebräischen Gedicht (piyut), das versteckte Anspielungen oder Rätsel enthält. Das Gedicht preist die militärischen Siege von König Joseph und gleichzeitig bilden die Anfangsbuchstaben der Verse ein Akrostichon, in dem man den vollen Namen von Hasdai bar Isaac bar Esra bar Shaprut liest, gefolgt von dem Namen von Menahen ben-Sharuk. Letzterer war ein berühmter Dichter, Lexikograph und Grammatiker, Sekretär und Schützling von Ibn Schaprut, der mit der Aufgabe betraut wurde, den Brief an den Chasaren-König zu verfassen und mit den besten kalligraphischen Verzierungen zu versehen. Ben

Scharuk ließ sich die Gelegenheit nicht entgehen, sich selbst zu verewigen, indem er seinen eigenen Namen in das Akrostichon nach dem seines Gönners einfügte.

Nach dem Gedicht, den Komplimenten und anderen diplomatischen Schnörkeln gibt der Brief einen glühenden Bericht über den Wohlstand des arabischen Spaniens und die hervorragenden Lebensbedingungen der Juden unter dem Kalifen Abd-al-Rahman. Das Land, in dem sie leben, soll auf Hebräisch Sepharad heißen, aber die dort lebenden Ismailis nennen es al-Andalus.

Hasdai Ibn Shaprut berichtet dann König Joseph von seinen ersten Bemühungen, mit ihm in Kontakt zu treten. Er hatte zunächst einen Boten, einen Isaac bar Nathan, mit der Anweisung geschickt, sich am Hof der Chasaren vorzustellen; Isaac gelangte jedoch nur bis nach Konstantinopel, wo er zwar höflich behandelt, aber an der Weiterreise gehindert wurde (Koestler bemerkt hier, dass dies angesichts der ambivalenten Haltung des byzantinischen Reiches gegenüber dem jüdischen Königreich verständlich ist. Zweifellos war Kaiser Konstantin keineswegs daran interessiert, ein Bündnis zwischen Kazaria und dem Kalifat von Cordoba mit seinem jüdischen Premierminister zu erleichtern). So musste Ibn Shapruts Bote nach Spanien zurückkehren, ohne seinen Auftrag erfüllt zu haben. Doch schon bald bot sich eine neue Gelegenheit, als eine osteuropäische Botschaft in Córdoba eintraf, zu deren Mitgliedern auch zwei Juden, Mar Saul und Maar Joseph, gehörten ( ), die sich anboten, die Botschaft an den König von Chasarien zu überbringen. Es war jedoch eine dritte Person, Isaac ben Eliecer, die den Brief schließlich übergab, wie aus der Antwort von König Joseph hervorgeht.

Der Inhalt des Briefes ist äußerst interessant. Hasdai stellt eine Reihe von Fragen, die sein Interesse an Informationen zu vielen Themen zeigen, einschließlich der Riten der Sabbatbeobachtung. Hier ist einer der Absätze, die Koestler in seinem Werk wiedergibt:

> „Ich habe das dringende Bedürfnis, die Wahrheit darüber zu erfahren, ob es auf dieser Welt wirklich einen Ort gibt, an dem das bedrängte Israel sich selbst regieren kann, an dem es von niemandem unterjocht wird. Sollte ich erfahren, dass dies tatsächlich der Fall ist, würde ich nicht zögern, auf alle Ehren zu verzichten, mein hohes Amt niederzulegen, meine Familie zu verlassen und über Berge und Ebenen, über Meer und Land zu dem Ort zu reisen, an dem mein Herr, der König, herrscht.... Und ich habe noch eine weitere Frage, ob es irgendwelche Informationen über (ein mögliches Datum) für das letzte Wunder (das Kommen des Messias) gibt, auf das wir alle, von Land zu Land wandernd, warten. Entehrt und gedemütigt in unserer Zerstreuung, müssen wir schweigend denen zuhören, die sagen: Jedes Volk hat sein eigenes Land, nur ihr besitzt nicht einmal den Anschein eines Landes auf dieser Erde".

Koestler kommentiert nach dem Zitat: „Der Anfang des Briefes preist das Wohlergehen der Juden in Spanien; das Ende atmet die Bitterkeit des Exils, zionistischen Eifer und messianische Hoffnung. Aber diese gegensätzlichen Haltungen haben in den gespaltenen Herzen der Juden im Laufe ihrer Geschichte immer koexistiert. Die Widersprüchlichkeit in Hasdais Brief verleiht ihm einen zusätzlichen Hauch von Authentizität. Inwieweit das implizite Angebot, in den Dienst des Königs von Kasarien zu treten, ernst zu nehmen ist, ist eine andere Frage, die wir nicht beantworten können. Vielleicht konnte er es selbst nicht.

Derjenige, der darauf mit Stolz reagierte, war König Joseph, der Ibn Schaprut versicherte, dass das Königreich Chasarien all jene widerlegt habe, die sagten, dass das Zepter Judas für immer aus den Händen der Juden gefallen sei und dass es keinen Platz auf der Erde für ihr eigenes Königreich gebe. Wenn er jedoch die Genealogie der Chasaren nachzeichnet, kann und will er nicht behaupten, dass sein Volk semitischer Abstammung ist. Er verweist darauf, dass sie nicht von Sem, sondern von Noahs drittem Sohn Japheth abstammen, genauer gesagt von einem Enkel Japheths, Togarma, dem Vorfahren aller Turkstämme. „Wir haben in den Familienbüchern unserer Väter gefunden", erklärt Joseph kühn, „dass Togarma zehn Söhne hatte, die wie folgt heißen: Uigur, Dursu, Awaren, Hunnen, Hunnen, Basili, Tarniakh, Kasaren, Zagora, Bulgaren, Sabir. Wir sind die Söhne von Kazar, dem siebten".

Die Herrschaft Obadjas, über die, wie wir bereits festgestellt haben, Einzelheiten in König Josephs Brief enthalten sind, scheint einen Wendepunkt im Prozess der Judaisierung der Chasaren zu markieren, die in mehreren Etappen erfolgte. Die Konvertierung von König Bulan und seinen Anhängern dürfte eine Zwischenstufe gewesen sein, eine Phase, in der eine primitive oder rudimentäre Form des Judentums, die ausschließlich auf der Bibel basierte, angenommen wurde. Auf den *Talmud* und die gesamte rabbinische Literatur und die daraus abgeleiteten Lehren wurde dabei verzichtet. In dieser Hinsicht ähneln die frühen jüdischen Chasaren den Karaiten, einer fundamentalistischen Sekte, die im 8. Jahrhundert in Persien aufkam, keine andere Lehre als die Bibel akzeptierte und den *Talmud* und die rabbinische Literatur ignorierte. Diese Karaiten verbreiteten sich unter den Juden in der ganzen Welt und waren auch auf der Krim zahlreich vertreten. Dunlop und andere Autoritäten gehen davon aus, dass zwischen den Regierungszeiten von Bulan und Obadja (ca. 740-800) eine Form des Karaismus im Lande vorherrschte, so dass das orthodoxe, talmudische, rabbinische Judentum erst nach Obadjas religiösen Reformen eingeführt wurde.

Die Judaisierung der Chasaren war also ein allmählicher Prozess, der durch politische Zweckmäßigkeit ausgelöst wurde, dann langsam in die Köpfe der Chasaren eindrang und schließlich in der Zeit des Niedergangs Phänomene des Messianismus hervorbrachte.. Das religiöse Engagement überlebte den Zusammenbruch des chasarischen Staates und blieb, wie wir sehen werden, in den Siedlungen der jüdischen Chasaren in Russland und Polen bestehen.

Zu Ibn Schapruts Frage nach Nachrichten über das mögliche Kommen des Messias heißt es in König Josephs Brief: „Wir haben unsere Augen auf die Weisen von Jerusalem und Babylon gerichtet, und obwohl wir weit weg von Zion leben, haben wir doch gehört, dass die Berechnungen falsch sind wegen der großen Fülle von Sünden, und wir wissen nichts (vom Kommen des Messias). Nur der Ewige weiß, wie man die verbleibende Zeit berechnen kann".

Der Briefwechsel zwischen dem spanischen Staatsmann und dem König von Kasarien, die so genannte Khazara-Korrespondenz, fasziniert die Historiker seit langem, und seine Authentizität ist heute unbestritten. Die ersten

Erwähnungen des Briefwechsels stammen aus dem 11. und 12. Jahrhundert und gehen auf Rabbi Jehuda ben Barzillai von Barcelona zurück, der um 1100 sein *Buch der Feste* in hebräischer Sprache schrieb, in dem ein langer Verweis enthalten ist. Der erste Druck findet sich in einem hebräischen Pamphlet, *Kol Mebaser*, das um 1577 von Isaac Abraham Akrish in Constatinopla veröffentlicht wurde. Zwei Exemplare, die zu zwei verschiedenen Ausgaben gehören, werden in der Bodleian Library aufbewahrt. Die einzige handschriftliche Version, die beide Briefe enthält, Ibn Shapruts und König Josephs Replik, befindet sich in der Bibliothek der Christ Church in Oxford.

Weitere hebräische und christliche Quellen

Werfen wir einen Blick auf andere von Koestler zitierte hebräische Quellen, die auf die jüdischen Chasaren anspielen. Ein Jahrhundert nach der Chasaren-Korrespondenz schrieb ein anderer spanischer Jude, Jehuda Halevi (1085-1141), der als der größte hebräische Dichter Spaniens gilt, auf Arabisch das Buch *Kuzari* (die Chasaren), das später ins Hebräische übersetzt wurde. Halevi war auch ein Zionist avant la lettre, der auf einer Pilgerreise nach Jerusalem starb. *Kuzari*, das ein Jahr vor seinem Tod geschrieben wurde, ist eine philosophische Abhandlung, in der behauptet wird, dass das jüdische Volk der einzige Vermittler zwischen Gott und dem Rest der Menschheit ist. Letztendlich werden alle Völker zum Judentum konvertieren. Die Konversion der Chasaren ist für Halevi ein Symbol, eine Vorahnung. Trotz des Titels wird nur wenig über die Chasaren gesagt, aber sie dienen als Kulisse für eine weitere Version der legendären Bekehrungsgeschichte: der Engel, der König, der jüdische Gelehrte und die philosophischen und religiösen Dialoge zwischen dem Monarchen und den Vertretern der drei Religionen.

Es gibt jedoch Hinweise darauf, dass Halevi die Korrespondenz zwischen Ibn Shaprut und Joseph gelesen hatte oder, falls nicht, dass er andere Informationsquellen über die Chasaren hatte. Halevi berichtet, dass der König nach der Erscheinung des Engels das Geheimnis seines Traums dem ersten General seiner Armee enthüllte, und dieser spielte daraufhin eine entscheidende oder wichtige Rolle. Hier ist Koestler der Meinung, dass dies wiederum ein offensichtlicher Hinweis auf die doppelte Würde zwischen dem Kagan und dem Bek ist.. Halevi erwähnt auch Geschichten und Bücher der Chasaren, was an Josephs Anspielungen auf „unsere Archive" erinnert, in denen staatliche Dokumente aufbewahrt werden. Schließlich gibt Jehuda Halevi zweimal, an verschiedenen Stellen des Buches, das Datum der Bekehrung an, die „400 Jahre früher", im Jahr 4500 nach dem jüdischen Kalender, stattgefunden hätte, was uns zu dem bereits angegebenen Datum von 740 zurückbringt.

Zu der oben skizzierten Idee, dass sich eine karaitische Sekte jüdischer Chasaren auf der Krim niedergelassen haben könnte, gibt es das Zeugnis eines berühmten deutsch-jüdischen Reisenden, Rabbi Petachia von Regensburg, der zwischen 1170 und 1185 Osteuropa und Westasien besuchte. In seinem Werk *Sibub Ha'olam* (*Reise um die Welt*) berichtet er von seinem Erstaunen über die primitiven Bräuche der jüdischen Chasaren auf der nördlichen Krim, die er auf ihr Festhalten an der karaitischen Häresie zurückführt. Ein anderer jüdischer Autor aus dem 11. Jahrhundert, Japheth ibn-Ali, der ebenfalls am Glauben der karaitischen Sekte teilhatte, erklärt, dass die jüdischen Chasaren Mamzer (Bastarde) genannt wurden, da sie Juden geworden waren, ohne zur auserwählten Ethnie zu gehören.

Auch christliche Quellen berichten, dass die Chasaren Juden waren. Eine davon ist sogar noch älter als die eben zitierten. Irgendwann vor 864 schrieb der westfälische Mönch Christian Druthmar von Aquitanien *Expositio in Evangelium Mattei*, eine Abhandlung in lateinischer Sprache, in der er berichtet, dass „es unter dem Himmel in Gegenden, in denen es keine Christen gibt, Menschen gibt, die Gog und Magog heißen und Hunnen sind; unter ihnen sind einige, die Gazari genannt werden, die beschnitten sind und das Judentum in seiner Gesamtheit praktizieren".

Etwa zur gleichen Zeit, als der westfälische Mönch die obigen Zeilen schrieb, versuchte ein bekannter christlicher Missionar, der vom Kaiser von Byzanz ausgesandt worden war, die jüdischen Chasaren zum Christentum zu bekehren. Es war der heilige Kyrill, der Apostel der Slawen, dem die Erfindung des kyrillischen Alphabets zugeschrieben wird. Er und sein älterer Bruder, der heilige Metodius, wurden von Kaiser Michael III. mit Missionen zur Bekehrung der Juden betraut. Bekanntlich war Kyrill bei den slawischen Völkern Osteuropas erfolgreich, nicht aber bei den Chasaren, in deren Land er über Cherson auf der Krim reiste, wo er sechs Monate lang Station machte, um seine Mission vorzubereiten und Hebräisch zu lernen. Anschließend machte er sich auf der chasarischen Straße (dem Übergang zwischen Don und Wolga) auf den Weg in die Hauptstadt Itil. Es ist bekannt, dass er mit dem Kagan zusammentraf und dass die bekannten theologischen Diskussionen stattfanden, die jedoch wenig Einfluss auf die jüdischen Chasaren hatten. Kyrill machte jedoch einen guten Eindruck auf den Chagan: einige Personen ließen sich taufen und etwa 200 christliche Gefangene wurden als Geste des guten Willens freigelassen.

Die Wikinger erscheinen

Die Historiker sind sich einig, dass das Chasarenreich in der zweiten Hälfte des 8. Jahrhunderts, zwischen der Bekehrung von Bulan und den religiösen Reformen von Obadja, den Höhepunkt seines Ruhmes erreichte. Arabischen Quellen zufolge kam es jedoch am Ende dieses Jahrhunderts immer wieder zu Zwischenfällen mit den Arabern. Der schwerwiegendste davon ereignete sich um 798: Der Kalif befahl dem Gouverneur von Armenien, einem Mitglied der mächtigen Familie der Barmeciden, die Tochter des Kagan zu heiraten, um die nördlichen Grenzen sicherer zu machen. Die kasarische Prinzessin wurde mit ihrem Gefolge und ihrer Mitgift in einer luxuriösen Kavalkade zu ihm geschickt, aber sie und das Kind, das sie geboren hatte, starben im Kindbett. Ihre Boten deuteten bei ihrer Rückkehr nach Kasarien an, dass sie vergiftet worden war. Dem Kagan fehlte die Zeit, um in Armenien einzumarschieren, und er nahm arabischen Quellen zufolge etwa 50.000 Gefangene gefangen. Der Einmarsch zwang den Kalifen, Tausende von

Kriminellen aus den Gefängnissen zu entlassen und ihnen Waffen zu geben, um den Vormarsch der Chasaren aufzuhalten.

Da es keine weiteren Nachrichten über Kämpfe zwischen Arabern und Chasaren gab, ging das Jahrhundert zu Ende. Freundschaftliche Beziehungen zu Byzanz und ein stillschweigender Nichtangriffspakt mit den Arabern führten in der ersten Hälfte des 9. Jahrhunderts zu jahrzehntelangem Frieden. In dieser idyllischen Zeit ist ein Ereignis erwähnenswert. Im Jahr 833 schickten die Chasaren eine Botschaft an den byzantinischen Kaiser Theophilus und baten ihn um gute Architekten und Handwerker für den Bau einer Festung am Ufer des Don. Der Kaiser war sehr willig und schickte eine Flotte über das Schwarze Meer und das Asowsche Meer bis zur Mündung des Don, um den Fluss hinauf zu dem strategisch wichtigen Ort zu segeln, an dem die Festung gebaut werden sollte. So entstand Sarkel, die berühmte Festung, die später zu einer archäologischen Stätte von unschätzbarem Wert werden sollte, die Hinweise auf die Geschichte der Chasaren liefert. Konstantin Porphyrogenitus berichtet ausführlich über diese Episode, und von ihm wissen wir, dass Sarkel mit Ziegeln gebaut wurde, die in speziell angefertigten Öfen gehärtet wurden, da es in der Region keine Steine gab. Er erwähnt jedoch nicht die (von sowjetischen Archäologen entdeckte) Tatsache, dass die Erbauer auch Marmorsäulen aus dem 6. Jahrhundert verwendeten, die aus einer byzantinischen Ruine geborgen wurden.

Die potenziellen Feinde, gegen die mit vereinten Kräften von Byzantinern und Chasaren diese beeindruckende Festung errichtet wurde, waren Neulinge auf der internationalen Bühne: die Wikinger für die Westler, die Varangier für die arabischen Chronisten oder die Rus für die osteuropäischen Historiker. Während Sarkel an den Ufern des Don errichtet wurde, um Angriffe der Wikinger aus dem Osten abzuwehren, war der westliche Zweig der Wikinger in die Seewege Europas eingebrochen und hatte halb Irland erobert. In den folgenden Jahrzehnten kolonisierten sie Island, eroberten die Normandie, plünderten wiederholt Paris, überfielen Deutschland, das Rheindelta, den Golf von Genua, umrundeten die iberische Halbinsel und griffen Konstantinopel über das Mittelmeer und die Dardanellen an. Kein Wunder also, dass in die Litaneien Westeuropas ein besonderes Gebet aufgenommen wurde: „A furore Normannorum, libera nos Domine". Es ist auch nicht verwunderlich, dass Konstantinopel seine chasarischen Verbündeten als Schutzschild gegen die auf den Bug der Wikingerschiffe geschnitzten Drachen brauchte, wie es sie Jahrhunderte zuvor gegen die grünen Banner des Propheten gebraucht hatte. Die Chasaren mussten also dem Ansturm des Angriffs standhalten und sahen schließlich, wie wir sehen werden, ihre Hauptstadt in Trümmern.

Der Zweig der Wikinger, den die Byzantiner Rus und die Araber Varangier nannten, stammte aus Ostschweden, während diejenigen, die nach Spanien kamen und in Asturien, Galicien, Lissabon, Algeciras, Murcia Verwüstungen anrichteten und die Balearen verwüsteten, aus Norwegen und Dänemark stammten, so C. Sánchez Albornoz in dem im ersten Teil zitierten Werk. Das Wort rus, so berichtet A. J. Toynbee, dessen Werk *Constantine Porphyrogenitus and His World* eine der Quellen Koestlers für die Schilderung dieser historischen Periode ist, käme von dem schwedischen Wort „rhoder" (Ruderer). Das finnische Wort „Ruotsi", das auf Finnisch „Schweden" bedeutet, könnte vielleicht von dem Lexem rus stammen. Schließlich waren es diese Wikinger, die sich zunächst in der Nähe des Ladogasees niedergelassen hatten, die im 9. Jahrhundert die Slawen der Stadt Nowgorod (852) und dann die von Kiew (858) unterwarfen. Von Kiew aus starteten sie 860 ihren ersten Angriff auf Konstantinopel, nachdem sie über den Dnjepr das Schwarze Meer erreicht hatten. Die früheste russische Chronik, die *Nestor-Chronik*, berichtet, dass die Waräger von den slawischen und finno-ugrischen Stämmen des zentralen und nördlichen heutigen Russlands Tributzahlungen forderten.

Mit dem Einsetzen des guten Wetters und des Tauwetters fuhren die Konvois der Rus auf den Flüssen in Richtung Süden und waren sowohl Handelsflotten als auch militärische Armeen. Wann aus den Kaufleuten Krieger wurden, lässt sich nicht sagen. Die Größe dieser Flotten war beachtlich. Der arabische Chronist Masudi berichtet von einer Armada von etwa fünfhundert Schiffen mit jeweils hundert Mann an Bord, die 912-13 über die Wolga, an deren Mündung Itil, die Hauptstadt Kasariens, lag, ins Kaspische Meer eindrang, doch wollen wir den Ereignissen nicht vorgreifen.

Angesichts der gewaltigen Bedrohung durch die neuen Eindringlinge mussten Byzantiner und Chasaren sehr vorsichtig vorgehen. Nach dem Bau der Festung Sarkel wechselten sich anderthalb Jahrhunderte lang Handelsvereinbarungen und der Austausch von Botschaften mit wilden Kriegen ab. Nach und nach errichteten die Russen dauerhafte Siedlungen und wurden immer slawischer, je mehr sie sich mit ihren unterworfenen Vasallen vermischten. Schließlich nahmen sie dank der Bemühungen des Heiligen Kyrill den Glauben der byzantinischen Kirche an. Gegen Ende des 10. Jahrhunderts waren die Russen zu Russen geworden. Jahrhundert waren die Russen zu Russen geworden. Die ersten russischen Prinzessinnen und Adligen trugen, wie Koestler anmerkt, um diese These zu untermauern, die Gegenstand mehrerer Historikerdiskussionen ist, skandinavische Namen, die slawisiert worden waren: von Hrörekr, Rurik; von Helgi, Oleg; von Ingvar-Igor; von Helga, Olga, und so weiter. Toynbee verweist in dem oben zitierten Werk auf einen Handelsvertrag aus dem Jahr 945 zwischen den Byzantinern und dem Fürsten Ingvar-Igor, der eine Liste mit den Namen der Gefährten des Fürsten enthält: nur drei sind slawischen Ursprungs, dagegen fünfzig skandinavischen Ursprungs. Laut Koestler, der Toynbee folgt, verloren die Waräger allmählich ihre Identität als Volk und ihre nordische Tradition verschwand in der russischen Geschichte.

Sarkel wurde gerade noch rechtzeitig gebaut. Es ermöglichte den Chasaren, die russischen Flottillen am Unterlauf des Don zu bewachen und auch die Passage zwischen dem Don und der Wolga (die Chasarenroute) zu kontrollieren. Im ersten Jahrhundert ihres Auftretens richteten sich die Plünderungszüge der wilden Russen vor allem gegen Byzanz, wo man offensichtlich reichere Beute machen konnte. Ihre Beziehungen zu den Chasaren basierten indessen auf dem Handel. Trotzdem kam es zu Reibereien und einigen Zusammenstößen. Koestler weist jedoch darauf hin, dass es den Chasaren zunächst gelang, die Handelswege der Rus so weit zu kontrollieren, dass sie eine

Durchgangssteuer von zehn Prozent auf Waren verlangten, die durch ihr Land nach Byzanz oder in die arabischen Länder gingen.

Die Chasaren übten auch einen gewissen kulturellen Einfluss auf diese Nordländer aus, die trotz ihrer gewalttätigen und groben Umgangsformen die Bereitschaft zeigten, von den Völkern, mit denen sie in Kontakt kamen, zu lernen. Die Tatsache, dass die frühen Herrscher von Nowgorod den Titel Kagan annahmen, deutet auf das Ausmaß dieses Einflusses hin. Arabische und byzantinische Quellen bestätigen dies. Ibn Rusta berichtet zum Beispiel, dass sie einen König hatten, der Kagan Rus genannt wurde. Ibn Fadlan berichtet außerdem, dass Kagan Rus einen General hatte, der die Armee befehligte und ihn vertrat. Diese Delegation der Heeresführung war bei den nordgermanischen Völkern, bei denen der König der erste Krieger sein musste, unbekannt. Einige Historiker glauben, dass die Rus das chasarische System der Doppelwürde nachahmte. Das ist nicht unwahrscheinlich, wenn man bedenkt, dass die Chasaren das wohlhabendste und kulturell fortschrittlichste Volk waren, mit dem die Russen in den ersten Jahren ihrer Eroberungen in Kontakt kamen. Dieser Kontakt muss recht intensiv gewesen sein, denn in Itil gab es eine Kolonie von varangischen Kaufleuten, und auch in Kiew ließ sich eine Gemeinschaft jüdischer Chasaren nieder.

Intensiver Handel und kultureller Austausch hinderten die Russen nicht daran, das Gebiet der Chasaren nach und nach zu untergraben und ihre slawischen Vasallen zu übernehmen. Laut *der Nestor-Chronik* wurde 859, etwa 25 Jahre nach dem Bau von Sarkel, der Tribut der slawischen Völker zwischen den Chasaren und den Waranen aufgeteilt. Letztere erhoben Tribut von den nordslawischen Stämmen: Krivichi, Chuds usw., während die Chasaren Tribut von den Vyatichi, Severyane und vor allem von den Polyane in der zentralen Kiewer Region verlangten, wenn auch nicht für lange. Drei Jahre später, wenn man die Daten der ersten russischen Chronik annimmt, ging Kiew, die wichtigste Stadt am Dnjepr, die unter der Oberhoheit der Chasaren stand, in russische Hände über.

Laut der *Nestor-Chronik* wurde Nowgorod zu dieser Zeit von dem halblegendären Fürsten Rurik (Hrörekr) regiert, der die Nordslawen, mehrere finnische Volksstämme und alle Wikingersiedlungen unter seiner Herrschaft hatte. Zwei Männer von Rurik, Oskold und Dir, segelten auf dem Dnjepr und sahen einen befestigten Ort auf einem Berg, der ihnen gefiel. Sie fanden heraus, dass es sich um Kiew handelte, ein Nebenfluss der Chasaren. Sie ließen sich mit ihren Familien in der Stadt nieder und scharten viele Männer aus dem Norden um sich. Bald gelang es ihnen, über ihre slawischen Nachbarn zu herrschen, obwohl Rurik noch immer Nowgorod regierte. Etwa zwanzig Jahre später kam Ruriks Sohn Oleg (Helgi) in die Stadt, tötete Oskold und Dir und gliederte Kiew in sein Reich ein. Bald stellte Kiew Nowgorod in den Schatten, übertraf es an Bedeutung und wurde zur Hauptstadt der Waräger und zur Mutter der russischen Städte. Das Fürstentum Kiew wurde zur Wiege des ersten russischen Staates.

In dem oben erwähnten Brief von König Joseph, der fast ein Jahrhundert nach der kampflosen Besetzung Kiews durch die Rus geschrieben wurde, wird die Stadt in der Liste der Besitztümer nicht erwähnt. Der Einfluss der jüdischen chasarischen Gemeinden blieb jedoch sowohl in der Stadt als auch in der Provinz Kiew erhalten. Nach der endgültigen Zerstörung des Königreichs Kasarien wurden diese Gemeinden durch zahlreiche Auswanderer verstärkt, die nach Westen zogen.

Die Magyaren und die Chasaren

Arthur Koestlers „*Der dreizehnte Stamm*", das Werk, das wir verfolgt haben, beleuchtet nicht nur die obskuren Ursprünge der aschkenasischen Juden, sondern wirft auch ein Licht auf die Wechselfälle eines anderen europäischen Volkes: die Magyaren, die das heutige Ungarn bilden. Was mit ihnen geschah, verläuft parallel zum Aufstieg der Rus und beeinflusst die Geschichte der Chasaren. Bevor wir den Untergang des kasarischen Reiches erläutern, ist es daher notwendig, kurz darauf einzugehen, was Koestler, der selbst 1905 in Budapest in eine jüdische Familie hineingeboren wurde, über sie zu sagen hat.

Die Magyaren waren von Anfang an Verbündete und Vasallen der Chasaren. Ihre Herkunft ist ein historisches Rätsel, das die Forscher seit jeher beunruhigt hat. Sicher ist, dass sie mit den Finnen verwandt waren und dass ihre Sprache zur finno-ugrischen Gruppe gehört. Ursprünglich waren sie also weder mit den slawischen Steppenvölkern noch mit denen türkischen Ursprungs verwandt. Sie und die Finnen, ihre zeitlich und räumlich weit entfernten Vettern, sind eine ethnische Kuriosität, die sich bis heute erhalten hat. Zu einem unbekannten Zeitpunkt, vielleicht zu Beginn der christlichen Ära, wanderte dieser Nomadenstamm vom Ural über die Steppe nach Süden und ließ sich in der Region zwischen den Flüssen Don und Kuban, in der Nähe des Asowschen Meeres, nieder. Sie waren also Nachbarn der Chasaren, noch bevor diese zu großer Bekanntheit gelangten. Von der Mitte des 7. bis zum Ende des 9. Jahrhunderts waren sie Teil des Chasarenreichs. Koestler betont, dass es in dieser Zeit keinen einzigen Konflikt zwischen den Magyaren und den Chasaren gab, und zitiert wiederum Toynbee, um zu verdeutlichen, dass die Magyaren die benachbarten slawischen Stämme beherrschten und die Chasaren sie als Agenten zum Eintreiben von Tributen benutzten, wovon sie zweifellos profitierten.

Mit der Ankunft der Russen änderte sich die Lage radikal. Etwa zu der Zeit, als die Festung Sarkel gebaut wurde, kam es zu einer großen Bewegung der Magyaren über den Don nach Westen. Ab 830 siedelte der Großteil der Magyaren in eine Region zwischen Don und Dnjepr um, die später als Lebedia bekannt wurde. Toynbee argumentiert, dass diese Entscheidung im Einvernehmen mit den Chasaren aus taktischen und defensiven Gründen im Zusammenhang mit dem Bau von Sarkel getroffen wurde.

Ein halbes Jahrhundert lang funktionierte diese Neuausrichtung recht gut: Sie verbesserte die Beziehungen zwischen den beiden Völkern und gipfelte in zwei Ereignissen, die einen bleibenden Eindruck auf die ungarische Nation hinterlassen sollten. Das erste war, dass die Chasaren ihnen einen König schenkten, der die erste magyarische Dynastie gründete. Zweitens schlossen sich mehrere Chasarenstämme den Magyaren an und veränderten deren ethnischen Charakter tiefgreifend. Das erste Ereignis wird von Konstantin Porphyrogenitus in *De Administrando Imperio* (um 950) beschrieben und wird durch die Tatsache bestätigt, dass die von ihm erwähnten Namen unabhängig voneinander in der ersten ungarischen Chronik (11. Jahrhundert) auftauchen. Konstantin berichtet, dass die magyarischen Stämme vor der Einmischung der Chasaren in ihre inneren Angelegenheiten keinen obersten König hatten, sondern nur Stammeshäuptlinge, von denen der bedeutendste Lebedia hieß (daher der Name der Region, in der sie sich niederließen). Über das zweite Ereignis berichtet Konstantin, dass es einen Aufstand (Abtrünnigkeit) gegen die Machthaber gab. Bei den Aufständischen handelte es sich um drei Stämme, die Kavars oder Kabars genannt wurden und der Ethnie der Chasaren angehörten. Einige dieser Aufständischen wurden getötet, andere flohen aus dem Land und ließen sich bei den Magyaren nieder.

Der Einfluss, den diese Kabaren auf die Magyaren ausübten, war beträchtlich: Sie lehrten sie nicht nur die kazarische Sprache, die sie mit ihrer eigenen teilten, sondern die Magyaren übernahmen auch, wie die Rus, eine modifizierte Form des Systems der Doppelwürde oder Doppelmonarchie, was darauf hindeutet, dass die Kabaren de facto eine gewisse Führung über die magyarischen Stämme ausübten. Es gibt Hinweise darauf, dass es unter den abtrünnigen Kabarenstämmen Juden oder Anhänger des Judentums gab. Der bereits zitierte russische Historiker und Archäologe Artamanov hat die Vermutung geäußert, dass der Abfall der Kabaren in irgendeiner Weise mit den von König Obadja eingeleiteten religiösen Reformen zusammenhing oder eine Reaktion darauf war. Das rabbinische Gesetz, die strengen täglichen Regeln, der *Talmud* wären für diese Steppenkrieger zu viel gewesen. Koestler spekuliert, indem er vorschlägt, dass, wenn sie sich zur jüdischen Religion bekannten, es ein Judentum gewesen sein muss, das dem Glauben der alten Hebräer nahe stand und weit von der rabbinischen Orthodoxie entfernt war. Er kommt zu dem Schluss, dass sie Karaiten gewesen sein könnten und somit als Häretiker galten.

Die Zusammenarbeit zwischen den Chasaren und den Magyaren endete, als letztere Ende des 9. Jahrhunderts die eurasischen Steppen endgültig verließen, die Karpaten überquerten und das Gebiet eroberten, das sie heute bewohnen. Die Umstände dieser Wanderung waren Gegenstand von Kontroversen. Laut Koestler trat in den letzten Jahrzehnten des 9. Jahrhunderts ein weiterer Akteur auf den Plan: die Peschenjäger. Was über diesen Stamm türkischer Herkunft bekannt ist, fasst Konstantin zusammen, der sie als einen barbarischen Stamm von unersättlicher Gier beschreibt, der für Geld die Rus oder andere Barbaren bekämpfen konnte. Sie lebten zwischen der Wolga und dem Ural unter der Oberhoheit der Chasaren, die sie oft überfielen, um sie zu Tributzahlungen zu zwingen.

Gegen Ende des 9. Jahrhunderts ereignete sich eine Katastrophe für die Peschenen: Sie wurden von ihren östlichen Nachbarn, den Ghuzz, vertrieben, einem weiteren der unzähligen Stämme türkischen Ursprungs, die von Zeit zu Zeit von Zentralasien aus nach Westen zogen. Die vertriebenen Peschenegs versuchten, sich bei den Chasaren niederzulassen, die sie jedoch zurückwiesen und sie zwangen, ihre Wanderung fortzusetzen. Schließlich überquerten sie den Don und drangen in das Gebiet der Magyaren ein, die in Folge des

Zusammenstoßes nach Westen in die Region zwischen Dnjepr und Sereth abgedrängt wurden. Die mit den Donaubulgaren verbündeten Pechenegs setzten sie jedoch weiter unter Druck, und die Magyaren zogen sich schließlich über die Karpaten in die Gebiete des heutigen Ungarn zurück.

Trotz allem, d. h. der Integration der Kabaren und fast sechzig Jahren Ansturm und Migration, konnten die Ungarn ihre Identität bewahren und nach einer Zeit der Zweisprachigkeit auch ihre ursprüngliche finno-ugrische Sprache bewahren, obwohl sie von germanischen und slawischen Völkern umgeben waren. Die Bulgaren zum Beispiel, die ihre ursprüngliche türkische Sprache verloren haben und heute eine slawische Sprache sprechen, hatten nicht den gleichen Erfolg. Dennoch hielt der Einfluss der Kabaren an, und über die Karpaten hinweg wurde die Verbindung zwischen den Chasaren und den Magyaren nicht völlig unterbrochen. Im 10. Jahrhundert lud der ungarische Herzog Taksony eine nicht näher bezeichnete Anzahl von Chasaren ein, sich in seinem Herrschaftsgebiet niederzulassen. Es ist wahrscheinlich, dass sich unter ihnen eine Mehrheit von jüdischen Chasaren befand.

Von den Russen zu den Russen

Wir können nun zur Geschichte des Aufstiegs der Rus zurückkehren, wo wir aufgehört haben: die unblutige Annexion Kiews um 862. Etwa zur gleichen Zeit wurden die Magyaren von den Peschenjgern nach Westen gedrängt, und die Chasaren waren ohne ihren Schutz an der Westflanke. Vielleicht erklärt dies, warum die Russen so leicht die Kontrolle über Kiew erlangten. Andererseits waren die Byzantiner durch die Schwächung der militärischen Macht der Chasaren den Angriffen der Russen ausgesetzt, deren Schiffe von der neu annektierten Stadt aus den Dnjepr hinunterfuhren, ins Schwarze Meer fuhren und Konstantinopel angriffen. An diesem Punkt der historischen Ereignisse führt Arthur Koestler erneut einen Kommentar von Toynbee ein, der schreibt, dass die Russen (man beachte, dass er nicht mehr auf die Russen, sondern auf die Russen anspielt) im Jahr 860 kurz davor waren, Konstantinopel zu erobern. Toynbee vertritt zusammen mit anderen russischen Historikern die These, dass „der Angriff der Flottille der Nordmänner über das Schwarze Meer mit einem gleichzeitigen Angriff der Wikingerarmada aus dem Westen koordiniert wurde, die sich Konstantinopel über das Mittelmeer und die Dardanellen näherte".

Die byzantinische Diplomatie erkannte die Größe der neuen Macht, die sich abzeichnete. Konstantinopel spielte, so wie es die Situation erlaubte, ein doppeltes Spiel: zum einen mit Krieg, zum anderen mit Beschwichtigung, in der Hoffnung, dass die Russen schließlich zum Christentum konvertieren und in den Schoß des Patriarchen des Ostens aufgenommen werden würden. Die jüdischen Chasaren befanden sich in einer heiklen Situation. Fast zweihundert Jahre lang wechselten die Beziehungen zwischen Byzantinern und Russen zwischen freundschaftlichen Verträgen und bewaffneten Konflikten. Nach der Belagerung von Konstantinopel kam es 907, 941, 944, 944, 969-71 zu kriegerischen Auseinandersetzungen, die in Freundschaftsverträgen endeten.

Hundert Jahre lang gab es keine nennenswerten Fortschritte bei der Christianisierung der Russen, doch ihre Besuche in Konstantinopel und ihre Kontakte mit Byzanz sollten schließlich Früchte tragen. Im frühen 10. Jahrhundert wurden skandinavische Seeleute für den Dienst in den byzantinischen Flotten angeworben. Die Herrscher von Kiew lieferten sogar Truppen an den byzantinischen Kaiser. Berühmt war seinerzeit die „Varangianische Garde", ein Elitekorps aus Rus und anderen nordischen Söldnern. In der Mitte des 10. Jahrhunderts war es üblich, die Segel der Flotten des Fürstentums Kiew auf dem Bosporus zu sehen. Der Handel war streng reglementiert, und Verträge regelten sogar den Zugang nach Konstantinopel für Russen durch ein bestimmtes Tor, das nicht mehr als fünfzig Personen gleichzeitig passieren durften. Um sicherzustellen, dass alle Transaktionen sauber und anständig waren, wurden Schwarzmarktgeschäfte mit der Amputation einer Hand bestraft.

Im Jahr 957 kam es schließlich zu einem bedeutenden Ereignis: Prinzessin Olga von Kiew, die Witwe des Fürsten Igor, ließ sich anlässlich ihres Staatsbesuchs in Konstantinopel taufen. Einen weiteren Rückschlag gab es, als Olgas Sohn Swjatoslaw die eindringlichen Bitten seiner Mutter zurückwies und zum Heidentum zurückkehrte. Swjatoslaw organisierte eine kampferprobte Flotte und führte mehrere Feldzüge durch, darunter einen entscheidenden Krieg gegen die Chasaren und einen weiteren gegen die Byzantiner. Erst 988, unter der Herrschaft seines Sohnes Wladimir, nahm die russische Herrscherdynastie endgültig den Glauben der griechisch-orthodoxen Kirche an. Zur gleichen Zeit traten Ungarn, Polen und Skandinavier zum Christentum der römischen Kirche über.

Die wachsende Annäherung zwischen Kiew und Konstantinopel führte dazu, dass die Bedeutung von Itil allmählich abnahm, und die kreuzende Präsenz der Chasaren auf den Handelswegen, die zehn Prozent auf den immer größer werdenden Warenstrom verlangten, verärgerte schließlich sowohl den byzantinischen Fiskus als auch die russischen Kriegsknechte. Die Politik der Bündnisse mit den Chasaren ging ihrem Ende entgegen. Im Jahr 988 besetzte Wladimir die byzantinische Stadt Cherson, den wichtigen Hafen auf der Halbinsel Krim, der seit Jahrhunderten zwischen den Chasaren und den Byzantinern umstritten war.

Der Zusammenbruch des Chasarenreiches

Für die russisch-byzantinischen Beziehungen im 9. und 10. Jahrhundert gibt es mit der *Ersten* Russischen *Chronik* und *De Administrando Imperio* zwei gute Quellen. Für die Konfrontation zwischen Russland und Kasar, die in denselben Zeitraum fällt, gibt es jedoch kein solches Material. Die itilischen Archive, falls es überhaupt welche gab, existieren nicht, und nur durch arabische Quellen sind einige Episoden bekannt. Der fragliche Zeitraum erstreckt sich von 862, dem Datum der russischen Besetzung Kiews, bis 965, als Swjatoslaw, Olgas Sohn, der das Christentum ablehnte, Itil zerstörte. Nach dem Verlust von Kiew und dem Vordringen der Magyaren nach Ungarn verloren die Chasaren allmählich die Kontrolle über die westlichen Gebiete, und der Fürst von Kiew konnte sich ungehindert an die slawischen Stämme wenden und ihnen sagen, sie sollten kein Geld mehr an die Chasaren zahlen.

Der Zugang zum Kaspischen Meer wurde jedoch von den Chasaren kontrolliert, da er zwangsläufig über die kasarische Hauptstadt Itil im Wolgadelta führte. Die Russen mussten daher für die Durchfahrt ihrer Flotten um Erlaubnis bitten und einen Zoll von zehn Prozent entrichten. Eine Zeit lang herrschte ein prekärer modus vivendi. In den Jahren 912-13 ereignete sich ein wichtiger Zwischenfall, der von Masudi sehr detailliert beschrieben wird. Wie bereits erwähnt, näherte sich eine Armada von fünfhundert Schiffen mit jeweils einhundert Personen an Bord, was fünfzigtausend Männern entsprach, dem Gebiet der Chasaren. Sie schickten einen Brief an den König der Chasaren und baten um die Erlaubnis, die Wolga hinunterzufahren und in das Meer der Chasaren (wie sie das Kaspische Meer nannten) einzudringen, unter der Bedingung, dass sie die Hälfte der Beute, die sie auf Kosten der Küstenbewohner gemacht hatten, abliefern würden. Nachdem sie die Erlaubnis erhalten hatten, fuhren die Schiffe der Russen über das Meer und griffen Chilan, Jurjan, Tabaristan und Aserbaidschan an. Die Russen", schreibt Masuki, „vergossen Blut, töteten Frauen und Kinder, machten Beute, verwüsteten und verbrannten in alle Richtungen. Sie plünderten sogar die Stadt Ardabil, die drei Tage landeinwärts lag.

Als sie ihren versprochenen Anteil an der Beute an den König der Chasaren abliefern und nach Norden zurückkehren wollten, lief laut Masudi nicht alles nach Plan: Die Arsija (arabische Söldner in der chasarischen Armee) und andere in Kasarien lebende Muslime baten den König, nachdem sie von den an ihren Brüdern verübten Massakern und Schandtaten erfahren hatten, sie mit der Rus abrechnen zu lassen. Der König konnte sich nicht weigern, sondern sandte den Nordmännern eine Nachricht, in der er ihnen mitteilte, dass die Muslime entschlossen seien, sie zu bekämpfen. Daraufhin versammelten die Muslime von Kasarien, denen sich einige in Itil lebende Christen anschlossen, ein Heer von etwa 15.000 Mann an der Wolgamündung und stellten sich den Russen entgegen. Die Kämpfe dauerten drei Tage. Gott half den Muslimen", sagt Masudi. Die Russen wurden mit dem Schwert erschlagen. Einige wurden getötet und andere ertränkt. Dreißigtausend Tote wurden an den Ufern des Flusses der Chasaren gezählt". Auch hier hält Koestler die Informationen aus der arabischen Quelle für voreingenommen, obwohl er zugibt, dass sie ein klares Bild von dem Dilemma vermitteln, in dem sich die Chasaren befanden.

Im Jahr 943 wiederholte eine noch größere Flotte den Überfall, und bei dieser Gelegenheit erwähnen die arabischen Quellen nicht, dass die Chasaren die Beute teilen sollten. Im Gegensatz dazu heißt es in König Josephs Brief an Ibn Schaprut, der einige Jahre später verfasst wurde: „Ich bewache die Mündung des Flusses und lasse nicht zu, dass die Rus, die mit ihren Schiffen kommen, in das Land der Araber eindringen.... Ich führe erbitterte Kriege mit ihnen". Der Feldzug, der den Beginn des Zusammenbruchs von Kasarien markierte, fand 965 statt und wurde, wie bereits erwähnt, von Fürst Swjatoslaw, dem Sohn von Igor und Olga, angeführt. Die Russische Chronik lautet wie folgt:

„Swjatoslaw ging an die Wolga, nahm Kontakt zu den Wjatitschen (einem slawischen Stamm, der eine Region südlich des heutigen Moskau bewohnt) auf und fragte sie, wem sie Tribut zahlten. Sie antworteten, dass sie den Chasaren Tribut für das Pflügen des Landes zahlten. Als die Chasaren von der Annäherung erfuhren, zogen sie zu ihrem Fürsten, dem Kagan.... Als die Schlacht ausbrach, besiegte Swjatoslaw die Chasaren und nahm ihre Stadt Biela Viezha" ein.

Biela Viezha war der slawische Name für die berühmte Festung von Sarkel am Don. Die Chronik berichtet, dass Swjatoslaw auch Osseten und Tscherkessen eroberte, während er die Bulgaren an der Donau besiegte; aber die Byzantiner besiegten ihn und auf dem Rückweg nach Kiew wurde er von einer Horde Peschenjäger getötet, die „ihm den Kopf abschlugen, aus seinem Schädel einen Becher machten, ihn mit einer Goldschicht bedeckten und daraus tranken". Die Zerstörung von Sarkel im Jahr 965 bedeutete das Ende des Chasarenreichs, aber nicht des Chasarenstaats. Die Kontrolle über die slawischen Stämme endete, aber das territoriale Kernland Kasariens zwischen Kaukasus, Don und Wolga blieb intakt.

Nach dem Tod von Swjatoslaw brach ein Bürgerkrieg zwischen seinen Söhnen aus, aus dem der jüngste, Wladimir, als Sieger hervorging. Er war zunächst wie sein Vater ein Heide, nahm aber schließlich wie seine Großmutter Olga die Taufe an. So wie der Übertritt der Chasaren zum Judentum für die Weltgeschichte bedeutsam war, so war es auch die Taufe Wladimirs im Jahr 989, der eine Reihe von diplomatischen Manövern und theologischen Diskussionen vorausgingen, die denen der Chasaren ähnelten.

Die russische Chronik berichtet, dass nach einem Sieg gegen die Wolgabulgaren (man bedenke, dass sich die bulgarische Nation Jahrhunderte zuvor in zwei Teile gespalten hatte) ein Freundschaftsvertrag unterzeichnet wurde, in dem die Bulgaren erklärten: „Möge zwischen uns Frieden herrschen, bis die Steine schwimmen und die Strohhalme untergehen". Wladimir kehrte daraufhin nach Kiew zurück, und kurz darauf schickten die Bulgaren eine muslimische religiöse Mission mit der Absicht, ihn zum Islam zu bekehren. Sie schilderten ihm die Freuden des Paradieses, in dem jeder Mann siebzig schöne Frauen genießen würde, doch als er vor der Enthaltsamkeit von Schweinefleisch und Wein gewarnt wurde, sagte er: „Trinken ist die Freude der Russen. Wir können ohne dieses Vergnügen nicht existieren. Eine germanische Delegation praktizierender Katholiken des lateinischen Ritus aus Rom tauchte dann auf und hatte kein Glück, als sie das Thema Fasten ansprach. Wladimir antwortete: „Verschwindet, unsere Väter würden ein solches Prinzip nicht akzeptieren. Die dritte Mission war die der jüdischen Chasaren. Wladimir fragte sie, warum sie nicht mehr in Jerusalem herrschten. Sie antworteten, dass Gott auf ihre Vorfahren zornig sei und sie wegen ihrer Sünden unter die Heiden verstreut habe. Der Fürst fragte sie daraufhin: „Wie könnt ihr vorgeben, andere zu lehren, wenn ihr selbst von Gott verstoßen und zerstreut worden seid? Wollt ihr, dass auch wir dieses Schicksal annehmen?" Schließlich kam die vierte und letzte Delegation der Griechen aus Byzanz, deren Gelehrte die Muslime des eschatologischen Schmutzes, die Juden der Kreuzigung Christi und die

Katholiken aus Rom der Abänderung der Riten beschuldigten. Erst nach diesen Vorbemerkungen begannen sie mit der Darlegung ihres Glaubensbekenntnisses. Am Ende war Wladimir jedoch nicht überzeugt und erklärte sich bereit, den Prozess noch ein wenig hinauszuzögern. Daraufhin schickte er eine Delegation weiser und tugendhafter Männer in verschiedene Länder, um deren religiöse Praktiken zu beobachten. Diese Kommission teilte ihm zu gegebener Zeit mit, dass der byzantinische Ritus die Zeremonien anderer Nationen übertraf, „und wir wussten nicht, ob wir im Himmel oder auf der Erde waren".

Wladimir sandte Botschaften an die Kaiser Basilius und Konstantin, die zu dieser Zeit gemeinsam regierten, und bat sie, ihm seine Schwester zur Frau zu geben. Die Kaiser antworteten: „Wenn du dich taufen lässt, werden wir sie dir zur Frau geben, du wirst das Reich Gottes erben und unser Gefährte im Glauben sein". Wladimir ließ sich also taufen und heiratete die byzantinische Prinzessin Anna. Wenige Jahre später wurde das Christentum der Griechisch-Orthodoxen nicht nur zur Religion der Herrscher, sondern auch des russischen Volkes, und ab 1037 wurde die russische Kirche von Patriarch von Konstantinopel regiert. Ungeachtet der naiven Schilderungen in der Russischen Chronik war der von Byzanz in Kauf genommene Verlust des wichtigen Hafens von Cherson zweifellos Teil des Preises, den die byzantinische Diplomatie für das neue Bündnis gegen die Chasaren zu zahlen bereit war.

Bei der obigen Erörterung der Bedeutung von Swjatoslaws Einnahme von Sarkel bleibt offen, was mit der Hauptstadt von Kasarien, Itil, geschah. Über die Zerstörung von Itil herrscht einige Verwirrung, da sich die Quellen über die Erklärung der Ereignisse nicht einig sind. In der Russischen Chronik wird nur die Zerstörung von Sarkel erwähnt, nicht aber die von Itil. Aus verschiedenen arabischen Quellen ist jedoch bekannt, dass die Hauptstadt der Chasaren geplündert und verwüstet wurde, auch wenn es unterschiedliche Meinungen darüber gibt, wie und wann dies geschah. Ibn Hawkal, die Hauptquelle für Koestlers Meinung, sagt, dass es die Rus waren, die Itil und Samandar im Jahr 965 verwüsteten. Ein anderer Historiker, J. Marquart, schlägt jedoch vor, dass Itil nicht von Swjatoslaw verwüstet wurde, der nur bis nach Sarkel vorgedrungen wäre, sondern von einer anderen Welle von Wikingereinfällen. Um die Sache noch komplizierter zu machen, verweisen andere Quellen auf einen Stamm türkischen Ursprungs, die Peschenegs, von denen eine Horde in jenem für die Chasaren kritischen Jahr auf die Hauptstadt herabgestiegen sein soll.

Obwohl die Quellen übereinstimmend berichten, dass Itil im Jahr 965 dem Erdboden gleichgemacht wurde, geht aus späteren Schriften hervor, dass die Stadt mehr oder weniger wieder aufgebaut wurde. Doch die Schwäche Kasariens war bereits offensichtlich, und 1016 wurden die Chasaren in einem gemeinsamen byzantinisch-russischen Feldzug erneut besiegt. Während des 11. Jahrhunderts traten die Chasaren trotz des Niedergangs, der zu ihrem endgültigen Zusammenbruch führen sollte, weiterhin in der einen oder anderen Form in Erscheinung. Die Russische Chronik erwähnt beispielsweise in einem knappen Eintrag, dass sie 1079 den russischen Prinzen Oleg gefangen nahmen und nach Konstantinopel brachten. Koestler spekuliert über die in dieser Aktion verborgenen Intrigen, aber Anekdoten und Abschweifungen sind nicht mehr von Interesse.

Die Quellen, die von den Chasaren im 12. Jahrhundert sprechen, werden immer spärlicher, was darauf hindeutet, dass sie immer weniger Einfluss auf das internationale Geschehen hatten. Auf der anderen Seite traten immer wieder neue Akteure auf. Die Seldschuken, ein Turkvolk, das in der Nähe des Aralsees siedelte und im 10. Jahrhundert den Islam annahm, waren die Hauptakteure östlich und südlich von Kasarien. Im Laufe des 11. Jahrhunderts hatten sie ein Reich mit der Hauptstadt Teheran aufgebaut, Jerusalem besetzt, waren nach Anatolien vorgedrungen und bedrohten sogar Konstantinopel. Sie waren die eigentlichen Begründer der muslimischen Türkei, die Jahrhunderte später von den osmanischen Türken konsolidiert werden sollte. Ihre Beziehung zu den Chasaren hatte einige interessante Episoden, die aber für unsere Geschichte nicht direkt relevant sind und auf die wir nicht näher eingehen können. Im 12. Jahrhundert wurde das Seldschukenreich zersplittert und die Seldschuken wurden zu Vasallen der Mongolen.

Zu den Mongolen ist kurz anzumerken, dass das 1206 von Dschingis Kahn gegründete Reich schließlich von Ungarn bis China reichte und zur Zeit seiner größten Ausdehnung eines der größten der Menschheitsgeschichte war. Einigen Quellen zufolge umfasste es zu dieser Zeit fast die Hälfte der Weltbevölkerung. Auf seinem unaufhaltsamen Vormarsch nach Westen gelangten in den 1250er Jahren alle Gebiete des Königreichs Kasarien unter seine Herrschaft. Es ist daher nicht verwunderlich, dass die ohnehin spärlichen Informationsquellen über die Chasaren im 13. Jahrhundert fast vollständig versiegten.

Der letzte bekannte Hinweis auf sie stammt aus den Jahren 1245-47. Zu diesem Zeitpunkt entsandte Papst Innozenz IV. eine Mission zu Batu Khan, dem Enkel von Dschingis Khan, der den westlichen Teil des Mongolenreichs beherrschte, um die Möglichkeiten einer Verständigung mit der neuen Weltmacht zu erkunden. Der Leiter dieser Mission war, wie Koestler berichtet, ein sechzigjähriger Franziskaner, Johannes von Plano Carpini, ein Zeitgenosse und Schüler des heiligen Franz von Assisi, ein erfahrener Reisender und erfahrener Diplomat, der viele Positionen in der kirchlichen Hierarchie bekleidet hatte. Die Mission brach zu Ostern 1245 von Köln aus auf und erreichte ein Jahr später die Hauptstadt der Horde von Batu Khan an der Wolgamündung. Der Name der Stadt war Sarai Batu, d.h. das alte Itil. So errichteten die Mongolen das Zentrum ihres Reiches auf chasarischem Gebiet. Nach seiner Rückkehr nach Europa schrieb Carpini die *Historia Mongolorum*, die eine Liste der Völker enthält, die die von ihm besuchten Regionen bewohnten. Darin erwähnt er verschiedene Völker des Nordkaukasus und nennt neben den Alanen und Tscherkessen auch die Chasaren, die sich zur jüdischen Religion bekannten. Dies ist das letzte Mal, dass sie erwähnt werden, bevor sich der Vorhang für immer schließt.

Migration und die Ghetto-Mentalität

So wie die semitischen Juden bereits vor der Zerstörung Jerusalems in die Diaspora gegangen waren, so hatten auch die jüdischen Chasaren vor der mongolischen Katastrophe begonnen, in die Länder der nicht unterworfenen slawischen Völker des Westens zu ziehen. Dort gründeten sie die großen jüdischen Zentren Osteuropas, die in der Zukunft den größten und kulturell dominierenden Teil des Weltjudentums bilden sollten. Ihre Religion, die, wie wir gesehen haben, auf Exklusivität beruht, förderte die Tendenz, sich zusammenzuschließen, um ihre Gemeinden mit eigenen Gebetsstätten, eigenen Schulen und eigenen Vierteln zu gründen, d. h. die jüdischen Viertel oder Ghettos, die sie sich in den Ländern oder Städten, in denen sie sich niederließen, aus freien Stücken selbst auferlegten. Sowohl die semitischen Juden als auch die jüdischen Chasaren teilten also die Ghetto-Mentalität, die beide Gruppen mit messianischen Hoffnungen und dem Stolz, sich für die auserwählte Ethnie zu halten, verstärkten, obwohl letztere, wie wir gesehen haben, nicht von Sem, sondern von Japheth abstammt. Die Bedeutung einiger Wörterbücher, die das Ghetto als ein Viertel definieren, in dem die Juden leben mussten, ist daher falsch.

Arthur Koestler begibt sich in seiner ungarischen Heimat auf die Spuren der ersten jüdischen Chasaren, seiner eigenen Vorfahren. Wie er berichtet, spielten die Kabaren, die khasarischen Stämme, die mit den Magyaren einwanderten und die, wie man sich erinnern wird, von Herzog Taksony eingeladen wurden, sich im 10. Johannes Cinnamus, ein byzantinischer Chronist, schreibt zwei Jahrhunderte später von Truppen, die das jüdische Gesetz befolgten und 1154 gegen die ungarische Armee in Dalmatien kämpften. Koestler behauptet, dass nur sehr wenige „echte Juden" aus Palästina in Ungarn lebten, und er hat keinen Zweifel daran, dass es die Chasaren-Kabaren waren, die im Mittelpunkt der Kämpfe standen. Die Tatsache, dass die von Endre II. (Andreas) erlassene ungarische Magna Carta von 1222 Juden verbot, als Münzpräger, Steuereintreiber und Kontrolleure des königlichen Salzmonopols tätig zu sein, deutet darauf hin, dass vor dem Edikt jüdische Chasaren diese und vielleicht noch einflussreichere Positionen innehatten.

Die khasarische Herkunft der jüdischen Bevölkerung Ungarns im Mittelalter ist relativ gut dokumentiert, und es mag den Anschein haben, dass Ungarn im Hinblick auf die magyarisch-kasarische Verbindung einen Sonderfall darstellt; dies ist jedoch nicht der Fall. Im 12. Jahrhundert gab es bereits Siedlungen und Kolonien von Chasaren in verschiedenen Teilen der Ukraine und in Südrussland. Es wurde bereits erwähnt, dass eine Gemeinschaft jüdischer Chasaren in Kiew florierte. In der Ukraine und in Polen gibt es viele Ortsnamen, die sich von „kazar" oder „zhid" (jüdisch) ableiten: Zydovo, Kozarzewek, Kozara, Kozarzov, Zhydowska Vola, Zydaticze usw. Bei diesen Orten handelte es sich nach Koestlers Ansicht wahrscheinlich um vorübergehende Dörfer oder Lager von Gemeinschaften jüdischer Chasaren auf ihrer langen Reise nach Westen. Ähnliche Ortsnamen finden sich auch in den Karpaten und in den östlichen Provinzen Österreichs. Während die Hauptroute des chasarischen

Exodus nach Westen führte, blieben einige Gruppen zurück, vor allem auf der Krim und im Kaukasus, wo sie jüdische Enklaven bildeten, die heute noch bestehen. Der Hauptwanderungsstrom der Chasaren ließ sich jedoch, wie im ersten Teil dieses Kapitels erwähnt, in Polen und Litauen nieder.

Zu dieser Frage der chasarischen Migration nach Polen liefert Koestler wichtige Informationen, die es uns ermöglichen, einige frühere Einschätzungen und Behauptungen über Polen als Zentrum des Judentums nach der Vertreibung der Juden aus Spanien im Jahr 1492 zu festigen. In *The Thirtenth Tribe (Der dreißigste Stamm)* erklärt er, dass sich um 962 mehrere slawische Stämme zu einem Bündnis zusammenschlossen, das von dem stärksten, den Polanen, angeführt wurde und zur Keimzelle des polnischen Staates werden sollte. Die Bedeutung der Polanen begann also zur gleichen Zeit, als die Macht der Chasaren mit der Zerstörung von Sarkel im Jahr 965 zurückging. Es ist bezeichnend, so Koestler, dass die Juden in einer der frühen Legenden, die auf die Gründung des polnischen Königreichs anspielen, eine wichtige Rolle spielen. Es scheint, dass die Koalitionsstämme, als sie einen König wählen wollten, einen Juden namens Abraham Prokownik wählten (Koestlers Quelle ist Professor A. N. Poliak), der ein wohlhabender chasarischer Kaufmann gewesen sein muss. Prokownik verzichtete auf die Krone zugunsten eines einheimischen Bauern namens Piast, der damit zum Begründer der historischen Piast-Dynastie wurde, die Polen von 962 bis etwa 1370 regierte.

Ob die Legende wahr ist oder nicht, ob es Prokownik gab oder nicht, ist relativ unwichtig, denn es ist sicher, dass die jüdischen Einwanderer aus Kasarien aufgrund ihrer Beiträge zur Wirtschaft und Verwaltung des Landes gut aufgenommen wurden. Die im 12. und 13. Jahrhundert geprägten Münzen trugen Inschriften in polnischer Sprache, die in hebräischer Schrift geschrieben waren. Unter der Piasten-Dynastie dehnten die Polen und ihre baltischen Nachbarn, die Litauer, die ab 1386 durch eine Reihe von Verträgen Teil des polnischen Königreichs wurden, ihr Territorium rasch aus und brauchten Einwanderer, um die Gebiete zu besiedeln und die Städte zu entwickeln. Sie förderten zunächst deutsche Bauern, Bürger und Handwerker und dann Auswanderer aus den von den Mongolen besetzten Gebieten, unter denen es viele Chasaren gab (Polen und Ungarn wurden nur kurz von den Mongolen 1241-42 überfallen, aber nicht besetzt).

Polen wandte sich von Anfang an dem Westen zu und nahm den Katholizismus an, was jedoch nicht verhinderte, dass den jüdischen Chasaren alle möglichen Privilegien eingeräumt wurden. In der von Boleslav dem Frommen 1264 erlassenen und von Kasimir dem Großen 1334 bestätigten Charta wurde den Juden das Recht zugestanden, ihre eigenen Synagogen, Schulen und Gerichte zu unterhalten, eigene Ländereien zu besitzen und sich nach Belieben wirtschaftlich zu betätigen. Unter der Herrschaft von Stephan Bathory (1575-86) erhielten sie ein eigenes Parlament, das zweimal im Jahr zusammentrat und die Befugnis hatte, Tribut von den eigenen Glaubensgenossen zu erheben. Nach Koestlers Meinung hatte für das kasarische Judentum zweifellos ein neues Kapitel seiner Geschichte begonnen.

Dass sich die Kirche von Rom der Macht der Juden in Polen bewusst war, zeigt ein päpstliches Dokument, ein Brief aus der zweiten Hälfte des 13. Jahrhunderts, wahrscheinlich von Papst Clemens IV. an einen ungenannten polnischen Fürsten. Darin heißt es, dass die kirchlichen Behörden in Rom von der Existenz zahlreicher Synagogen in mehreren polnischen Städten wissen, und zwar nicht weniger als fünf in einer Stadt. Der Papst beklagt, dass diese Synagogen höher sind als die Kirchen, majestätischer und besser dekoriert, mit Decken, die mit gemalten Tafeln bedeckt sind, was die benachbarten katholischen Kirchen im Vergleich dazu arm aussehen lässt. Die in dem päpstlichen Schreiben enthaltenen Beschwerden werden später durch eine Entscheidung des päpstlichen Legaten Kardinal Guido aus dem Jahr 1267 bestätigt, in der festgelegt wird, dass den Juden nicht mehr als eine Synagoge pro Stadt gestattet werden sollte. Aus diesen Dokumenten aus der Zeit der mongolischen Eroberung Kasariens geht hervor, dass die chasarischen Juden bereits im 13.

Es ist bekannt, dass im 17. Jahrhundert die Zahl der Juden im polnisch-litauischen Königreich mehr als eine halbe Million betrug. Laut dem Artikel „Statistik" in der *Jüdischen Enzyklopädie* belief sich die jüdische Bevölkerung im 16. Jahrhundert weltweit auf eine Million Menschen, was laut Koestler, der Poliak und Kutschera[3] zitiert, darauf hinweist, dass im Mittelalter die meisten nicht-sephardischen Juden, die sich zum Judentum bekannten, Chasaren waren. Ein beträchtlicher Teil dieser Mehrheit ging nach Polen, Litauen, Ungarn und auf den Balkan, wo sie die Gemeinschaft der Ostjuden gründeten, die später die Mehrheit des Weltjudentums bilden sollte. Es gibt allen Grund, die Führung der jüdischen Gemeinde in Polen zuzuschreiben, die chasarischen Ursprungs war, und nicht den Einwanderern, die nach der Vertreibung aus Spanien aus dem Westen kamen, wie wir weiter unten sehen werden.

Die Sephardim in Westeuropa

Die Umwandlung der chasarischen Juden in polnische Juden war kein brutaler Bruch mit ihrer Vergangenheit. Es war ein allmählicher Prozess des Wandels, der es ihnen ermöglichte, Lebensweisen zu bewahren, die ihre

---

[3] Hugo Baron de Kutschera (1847-1910) war einer der ersten, der die Theorie der chasarischen Herkunft der Ostjuden aufstellte. Der Berufsdiplomat studierte an der Orientalischen Akademie in Wien, wo er sich zum Sprachexperten entwickelte und fließend Türkisch, Arabisch, Persisch und andere östliche Sprachen beherrschte. Nach seiner Tätigkeit als Attaché an der österreichisch-ungarischen Botschaft in Konstantinopel wurde er Leiter der Verwaltung in Sarajewo. Nachdem er 1909 in den Ruhestand getreten war, widmete er seine letzten Tage dem, was ihn sein ganzes Leben lang beschäftigt hatte: der Verbindung zwischen den europäischen Juden und den Chasaren. Als junger Mann hatte ihn der Kontrast zwischen sephardischen Juden und aschkenasischen Juden in der Türkei und auf dem Balkan beeindruckt. Sein Studium der alten Quellen zur Geschichte der Chasaren führte ihn zu der Überzeugung, dass sie zumindest eine Teilantwort auf das Problem bieten. Seine Studie über die Geschichte der Chasaren wurde erst posthum veröffentlicht und wird von Historikern nur selten erwähnt.

Herkunft bestätigen; Lebensweisen, die nirgendwo sonst in der weltweiten Diaspora zu finden sind. Wir nennen die jüdischen Kleinstädte: „ayarah" auf Hebräisch, „shtetl" auf Jiddisch, „miastecko" auf Polnisch. Alle drei Namen sind Verkleinerungsformen; in einigen Fällen waren sie jedoch recht große Städte.

Das Schtetl ist nicht zu verwechseln mit dem Ghetto, das, wie bereits erwähnt, ein Viertel innerhalb der Stadt der Nichtjuden war, in dem die Juden leben mussten, um zu verhindern, dass sie von den von ihnen abgelehnten Überzeugungen und Lebensweisen kontaminiert wurden. Das Schtetl, das es nur in Polen-Litauen und nirgendwo sonst auf der Welt gibt, war ein Dorf mit einer ausschließlich jüdischen Bevölkerung. Seine Ursprünge gehen auf das 13. Jahrhundert zurück, und es ist sicherlich die Verbindung zwischen den chasarischen Marktflecken und den jüdischen Kolonien in Polen. Die wirtschaftlichen und sozialen Funktionen dieser halbstädtischen und halbländlichen Agglomerationen waren in Kasarien und in Polen ähnlich, d.h. sie bildeten ein Netz von Handelszentren, die den Bedarf der großen Städte und des Landes deckten..

Poliak zufolge entstanden diese Städte als Folge der allgemeinen Migration nach der mongolischen Eroberung, als slawische Städte und chasarische Schtetl nach Westen wanderten. Die Pioniere dieser Siedlungen waren wahrscheinlich wohlhabende chasarische Kaufleute, die über die Handelsrouten Polens, das so zu einem Transitgebiet zwischen den beiden jüdischen Gemeinschaften wurde, ständig nach Ungarn reisten. Poliak argumentiert, dass das chasarische Schtetl auf diese Weise verpflanzt wurde und zum polnischen Schtetl wurde, das die Landwirtschaft nach und nach aufgab.

Das Verschwinden der kazarischen Nation aus ihrem historischen Lebensraum und das gleichzeitige Auftreten großer Konzentrationen von Juden in den angrenzenden Regionen des Nordwestens sind zwei miteinander verbundene Fakten. Historiker sind sich einig, dass die Einwanderung aus Kasarien zum Anstieg der Zahl der Juden in Polen beitrug. Strittig ist, ob diese kasarischen Juden tatsächlich den Großteil der Ansiedlungen ausmachten. Um diese Frage zu beantworten, untersucht Koestler die Möglichkeiten und den Umfang einer möglichen Einwanderung von „echten Juden" aus Westeuropa nach Polen.

Gegen Ende des ersten Jahrtausends waren die jüdischen Gemeinden Westeuropas in Frankreich und in der Nähe des Rheins ansässig (die Juden Spaniens sollten bei dieser historischen Untersuchung nicht berücksichtigt werden, da sie zu dieser Zeit ihr „Goldenes Zeitalter" in Sepharad erlebten und sich bis 1492 nicht an einer Migrationsbewegung beteiligten). Einige dieser Gemeinden waren wahrscheinlich schon in römischer Zeit gegründet worden, denn zwischen der Zerstörung Jerusalems und dem Fall Roms hatten sich Juden in vielen großen Städten des Reiches niedergelassen. Diese Gemeinden wurden später durch neue Einwanderer aus Italien und Nordafrika verstärkt. Jüdische Gemeinden sind ab dem 9. Jahrhundert in ganz Frankreich, von der Normandie bis zur Provence und dem Mittelmeerraum, nachgewiesen. Eine Gruppe überquerte sogar den Ärmelkanal im Zuge der normannischen Invasion auf

Einladung von Wilhelm dem Eroberer, der ihr Kapital und ihre Initiative benötigte. Ihre Geschichte wurde von A. W. Baron zusammengefasst:

> „Sie wurden später in eine Klasse von königlichen Wucherern umgewandelt, deren Hauptaufgabe darin bestand, Kredite für politische und wirtschaftliche Unternehmen zu gewähren. Nachdem diese Geldverleiher zu hohen Zinssätzen große Reichtümer angehäuft hatten, mussten sie diese auf die eine oder andere Weise zugunsten der königlichen Schatzkammer zurückzahlen. Der anhaltende Wohlstand vieler jüdischer Familien, die Pracht ihrer Residenzen und ihr Einfluss auf die öffentlichen Angelegenheiten verblendeten selbst erfahrene Beobachter, die die Gefahr nicht erkannten, die sich in dem wachsenden Unmut der Schuldner aller Klassen und in der ausschließlichen Abhängigkeit von ihrem Schutz durch das Königshaus verbarg.... Die Unzufriedenheit wuchs und gipfelte in den Jahren 1189-90 in Gewaltausbrüchen, die die endgültige Tragödie vorwegnahmen: die Vertreibung von 1290. Der kometenhafte Aufstieg und der noch schnellere Niedergang des englischen Judentums in der kurzen Zeitspanne von etwas mehr als zwei Jahrhunderten (1066-1290) verdeutlichten die grundlegenden Faktoren, die das Schicksal des westlichen Judentums in der entscheidenden ersten Hälfte des zweiten Jahrtausends prägten".

Die wichtigste Lehre, die Koestler aus den Ereignissen in England zieht, ist, dass der soziale und wirtschaftliche Einfluss der Juden in keinem Verhältnis zu ihrem geringen demografischen Gewicht stand. Zum Zeitpunkt ihrer Vertreibung gab es offenbar nicht mehr als 2500 Juden in England, und diese winzige Gemeinschaft spielte im mittelalterlichen England eine führende Rolle in der Wirtschaft des Landes. Was geschah, war ein Vorgeschmack auf die Ereignisse, die später eintraten, als die Juden in Frankreich und Deutschland mit der gleichen Situation konfrontiert wurden. Cecil Roth schreibt, dass der Handel in Westeuropa weitgehend in den Händen von Juden lag, einschließlich des Sklavenhandels, und in den karolingischen Kartularien waren die Begriffe Jude und Kaufmann austauschbar. Die Blütezeit in Frankreich endete 1306, als Philipp der Schöne die Juden aus seinem Reich verbannte. Einige kehrten zurück, aber es gab weitere Ausweisungen, und gegen Ende des Jahrhunderts war die jüdische Gemeinde in Frankreich ausgestorben. Die moderne jüdische Gemeinde in Frankreich wurde im 16. und 17. Jahrhundert von Exilanten aus Spanien gegründet, die vor der Inquisition flohen.

Es gibt unvollständige Hinweise auf die Geschichte der Juden in Deutschland. Die *Germanica judaica* ist eines der Werke, die historische Hinweise auf bestimmte Gemeinden im Jahr 1238 liefern. Dank ihr kennen wir die territoriale Verteilung dieser Gruppen deutscher Juden in der Zeit, als die Einwanderung der chasarischen Juden nach Polen ihren Höhepunkt erreichte. Es ist bekannt, dass es im 10., 11. und 12. Jahrhundert Juden in Spira, Worms, Trèves, Metz, Straßburg und Köln gab, d. h. in einem schmalen Streifen im Elsass und entlang des Rheins. Benjamin von Tudela besuchte diese Städte im 12. Jahrhundert und schrieb, dass es in ihnen viele gebildete und wohlhabende Israeliten gab. Koestler fragt sich, wie viele es waren, und antwortet schließlich, dass es tatsächlich nur sehr wenige waren.

Koestler behauptet, dass die Juden der Gemeinden in Deutschland Ende des 11. Jahrhunderts als Folge des Ersten Kreuzzugs (1096) massenhaft vom Mob verfolgt und getötet wurden, dessen hysterische Ausbrüche unkontrollierbar waren. Er zitiert eine hebräische Quelle, die er für zuverlässig hält, den Chronisten Salomon Bar Simon, um den Fall der Mainzer Juden hervorzuheben, die sich vor die Alternative gestellt sahen, sich taufen zu lassen oder den Tod durch den Mob zu erleiden, und beschlossen, kollektiven Selbstmord zu begehen, um ein Beispiel für andere Gruppen zu setzen. Hebräische Quellen geben die Zahl von 800 Toten zwischen Massakern und Selbstmorden in Worms und zwischen 900 und 1200 in Mainz an, obwohl zweifellos viele die Taufe vorzogen. Auch hier müssten wir wissen, wie viele viele, aber die Quellen erwähnen nicht die Zahl der Überlebenden, obwohl A. W. Baron schätzt, dass sie in die Hunderte gehen. Auch können wir nicht sicher sein, so räumt Koestler ein, dass die Zahl der Märtyrer nicht übertrieben ist.

Auf jeden Fall scheint es klar zu sein, dass vor dem Ersten Kreuzzug die Zahl der Juden in den oben genannten Gebieten Deutschlands gering war. In Mittel- und Norddeutschland gab es keine jüdischen Gemeinden, und es sollte auch noch lange Zeit keine geben. Koestler weist die traditionelle These vieler jüdischer Historiker, der Kreuzzug von 1096 habe zu einer Massenwanderung deutscher Juden nach Polen geführt, entschieden zurück. Er hält dies lediglich für eine Legende oder eine ad hoc erfundene Hypothese, da über die Geschichte der Chasaren wenig oder gar nichts bekannt sei und es keine andere Möglichkeit gebe, die beeindruckende Konzentration von Juden in Osteuropa zu erklären. Außerdem, so Koestler, „gibt es keine zeitgenössische Quelle für eine große oder kleine Migration vom Rhein nach Ostdeutschland, geschweige denn ins ferne Polen".

In dieser Hinsicht kam kürzlich eine Gruppe jüdischer Genetiker den traditionellen Historikern zu Hilfe. Harry Oster von der Yeshiva University veröffentlichte 2012 das Buch *Legacy: A Genetic History of the Jewish People*, in dem die These vertreten wird, dass die Juden zu einer einzigen ethnischen Gruppe gehören. Diese Wissenschaftler, die der offiziellen Geschichtsschreibung verpflichtet sind, beharrten auf der Theorie, dass die Juden Osteuropas aus dem Rheingebiet stammen. Sie erhielten eine heftige Antwort von einem jungen jüdischen Forscher an der Johns Hopkins University, Eran Elhaik, der auf Molekulargenetik spezialisiert ist und die Behauptungen von Oster und Co. als „Unsinn" bezeichnete. Am 4. Dezember 2012 veröffentlichte Elhaik in der Online-Fachzeitschrift *Genome Biology and Evolution* den rund vierzigseitigen Forschungsbericht *The Missing Link of Jewish European Ancestry: Contrasting The Rhineland and the Khazarian Hypotheses*, in dem er überzeugende Beweise für die chasarische Herkunft der aschkenasischen Juden liefert. Elhaiks Artikel wurde im Dezember 2012 von Shlomo Sand, Professor für Geschichte an der Universität Tel Aviv, kommentiert. Sand, Autor des Buches *Die Erfindung des jüdischen Volkes*, begrüßte Elhaiks wissenschaftlichen Beitrag als Bestätigung seiner These. „Es ist für mich offensichtlich", so Sand, „dass einige Leute, Historiker und sogar Wissenschaftler, die Augen vor der Wahrheit verschließen. Manchmal war es antisemitisch zu sagen, die Juden seien eine Ethnie, jetzt ist es antisemitisch zu sagen, sie seien keine Ethnie. Es ist absurd, wie die Geschichte mit uns spielt". In seinem Artikel argumentiert Elhaik, dass der Übertritt der Chasaren zum Judentum im achten Jahrhundert notwendigerweise weit verbreitet gewesen sein muss, da die acht Millionen Juden in Europa zu Beginn des zwanzigsten Jahrhunderts nicht durch die kleinen Bevölkerungszahlen des Mittelalters erklärt werden können.

Simon Dubnov, einer der Historiker der alten Schule, geht sogar so weit zu behaupten, dass der erste Kreuzzug Massen von Christen nach Ostasien und gleichzeitig Massen von Juden nach Osteuropa brachte. Allerdings räumt er später ein, dass es keine Informationen über diese wichtige Migrationsbewegung in der jüdischen Geschichte gibt, was deutlich macht, dass seine Behauptungen reine Spekulation sind. Im Gegensatz dazu wissen wir, was die bedrängten jüdischen Gemeinden während der aufeinanderfolgenden Kreuzzüge taten, die auf den Kreuzzug von 1096 folgten. Diejenigen, denen es gelang, dem wütenden Mob zu entkommen, suchten in Notzeiten Zuflucht in der befestigten Burg des Bischofs, der theoretisch für ihren Schutz verantwortlich war. Nach dem Abzug der Kreuzfahrerhorden kehrten die Überlebenden in der Regel in ihre geplünderten Häuser zurück und begannen einen Neuanfang. Dieses Verhalten ist in verschiedenen Chroniken immer wieder dokumentiert: in Trèves, in Metz und in vielen anderen Orten. In der Zeit der Kreuzzüge wurde es fast zur Routine. Als die Aufregung um einen neuen Kreuzzug begann, flohen viele Juden aus Mainz, Worms, Spira, Straßburg, Würzburg und anderen Städten in die benachbarten Burgen und überließen ihr Hab und Gut der Obhut befreundeter Nichtjuden. Eine der wichtigsten Quellen, die Koestler zitiert, ist das *Erinnerungsbuch* von Ephraim Bar Jacob, der im Alter von dreizehn Jahren zu den Flüchtlingen aus Köln gehörte, die im Schutz der Wolkenburg Zuflucht suchten. Salomon Bar Simon berichtet, dass die Überlebenden von Mainz während des Zweiten Kreuzzuges in Spira Zuflucht fanden und dann in ihre Stadt zurückkehrten und eine neue Synagoge bauten. Dies wird in den Chroniken immer wieder berichtet, und es findet sich kein einziges Wort über die Abwanderung von Gruppen nach Ostdeutschland, das mehrere Jahrhunderte lang ohne jüdische Bevölkerung blieb.

Das 13. Jahrhundert war eine Periode der teilweisen Erholung, und Juden werden erstmals in den an den Rhein angrenzenden Regionen erwähnt: Pfalz (1225), Freiburg (1230), Ulm (1243), Hildelberg (1255) usw.. Zu Beginn des 14. Jahrhunderts wurde die Lage in Frankreich jedoch komplizierter, wie bereits erwähnt, als Philipp le Bel (Philipp der Schöne) die Vertreibung anordnete. Die Flüchtlinge zogen in andere französische Regionen wie die Provence, Burgund und Aquitanien, die nicht zum Herrschaftsbereich des Königs gehörten; es gibt jedoch keine historischen Aufzeichnungen, aus denen man schließen könnte, dass die Zahl der Juden mit Glaubensgenossen aus Frankreich in Deutschland zunahm. Natürlich hat kein Historiker jemals die Möglichkeit in Betracht gezogen, dass französische Juden bei dieser oder einer anderen Gelegenheit über Deutschland nach Polen ausgewandert sind.

Die schlimmste Katastrophe des 14. Jahrhunderts war der Schwarze Tod, der zwischen 1348 und 1350 ein Drittel, in manchen Regionen sogar zwei Drittel der europäischen Bevölkerung tötete. Juden, die der rituellen Opferung christlicher Kinder beschuldigt worden waren, wurden beschuldigt, Brunnen zu vergiften, um den Schwarzen Tod zu verbreiten. Das Gerücht verbreitete sich, und die Folge war die Verbrennung der Juden in ganz Europa. Die dezimierte Bevölkerung Westeuropas erreichte erst im 16. Jahrhundert wieder das Bevölkerungsniveau von vor der Pest. Von der jüdischen Bevölkerung, die von Ratten und Männern angegriffen wurde, überlebte nur ein Bruchteil. Laut Kutschera, der sich auf zeitgenössische Historiker beruft, gab es in Deutschland praktisch keine Juden mehr, als die Epidemie abklang. Er stellt fest, dass es ihnen dort nie gut ging und sie keine nennenswerten Gemeinden gründen konnten, und fragt sich, wie man unter diesen Umständen die These aufrechterhalten kann, dass sie in der Lage waren, dicht besiedelte Kolonien in Polen zu gründen.

Koestler ist der Ansicht, dass die Zahl der Juden in Westeuropa nach den Kreuzzügen und dem Schwarzen Tod verschwindend gering war. Nur in Spanien und Portugal gab es eine große jüdische Bevölkerung. Es waren also die Sephardim, die nach ihrer Vertreibung von der Halbinsel im 16. und 17. Jahrhundert die modernen Gemeinden in Frankreich, Holland und England gründeten. Die traditionelle Vorstellung eines Exodus nach Polen über Deutschland ist historisch nicht haltbar.

Bevor man verkündet, dass hundert Prozent der Juden des Ostens chasarischen Ursprungs sind, bleibt noch eine letzte Gruppe von Juden in Europa zu untersuchen: jene, die sich im späten Mittelalter in Wien, in Prag, auf dem Balkan, in den Kärntner Alpen und in den steirischen Bergen befanden. Koestler fragt sich, woher sie kamen. „Sicherlich nicht aus dem Westen", lautet seine Antwort. Koestler räumt ein, dass es unter den jüdischen Einwanderern nach Österreich sicherlich einen Anteil echter semitischer Juden aus Italien gab, einem Land, das wie Kasarien seinen Anteil an hebräischen Einwanderern aus Byzanz erhalten hatte. Es gibt jedoch keine urkundlichen Belege für eine solche Migration, und es muss daher davon ausgegangen werden, dass sie unbedeutend war. Im Gegenteil, es gibt zahlreiche Belege und Beweise für eine Migration in die entgegengesetzte Richtung, d. h. für die Einwanderung von Juden nach Italien am Ende des 15. Jahrhunderts infolge ihrer Vertreibung aus den Alpenprovinzen. Die Umrisse des Migrationsprozesses sind für Koestler klar erkennbar, für den die alpinen Siedlungen höchstwahrscheinlich Ausläufer der allgemeinen Migration der Chasaren nach Polen waren, die sich über mehrere Jahrhunderte erstreckte und verschiedenen Routen folgte: über die Ukraine, die slawischen Regionen, Nordungarn und vielleicht auch den Balkan. *Die Jüdische Enzyklopädie* berichtet von einer Invasion bewaffneter Juden in Rumänien.

Es gibt auch eine Legende über die Juden in Österreich, die von christlichen Chronisten im Mittelalter in die Welt gesetzt wurde, die aber von anderen Historikern zu Beginn des 18. Jahrhunderts allen Ernstes wiederholt wurde. Nach dieser Legende wurden die österreichischen Provinzen von einer Reihe jüdischer Fürsten regiert. Die *österreichische Chronik*, die von einem Wiener Schreiber während der Regierungszeit Alberts III. (1350-95) verfasst wurde, enthält eine Liste von nicht weniger als zwanzig Namen, von denen einige phonetisch auf eine ural-altaische Herkunft hinweisen, und nennt sogar den Umfang der Herrschaft und den Ort ihrer Beerdigung. Die Legende wird mit einigen Variationen von Henricus Gundelfingus im Jahr 1474 und von mehreren anderen wiederholt, zuletzt von Anselmus Schram in seinen *Flores Chronicorum Austriae* von 1702.

Der Ursprung der Legende ist für Koestler klar, der daran erinnert, dass mehr als ein halbes Jahrhundert lang, bis 955, ein Teil Österreichs unter der Herrschaft der Magyaren stand, die 896 in ihrem neuen Land in Begleitung der Stämme der Chasaren-Kabaren angekommen waren, die, wie wir gesehen haben, großen Einfluss auf die magyarische Nation hatten. Die Ungarn waren damals noch nicht zum Christentum übergetreten, was erst ein Jahrhundert später geschah, und die einzige monotheistische Religion, die sie kannten, war das chasarische Judentum. Erinnern wir uns, dass der byzantinische Chronist Johannes Cinnamus das Aufeinandertreffen jüdischer Truppen mit der ungarischen Armee erwähnt. Es scheint alles zusammen zu passen.

Beitrag der Sprachwissenschaft: Jiddische lexikalische Elemente

Ein weiterer Beweis gegen die Theorie des westlichen Ursprungs des osteuropäischen Judentums ist die Struktur des Jiddischen, der Volkssprache von Millionen von Juden, die heute noch von einigen traditionalistischen Minderheiten in den Vereinigten Staaten und Russland verwendet wird. Jiddisch ist eine seltsame Mischung aus Hebräisch, mittelalterlichem Deutsch, slawischen und anderen Schriftzeichen, geschrieben in hebräischer Schrift. In den Vereinigten Staaten und in Israel ist die Sprache, die sich auf dem Weg zum Aussterben befindet, Gegenstand zahlreicher Studien, wurde aber bis ins 20. Abgesehen von einigen Zeitungsartikeln fand es erst 1924 Beachtung, als M. Mieses die erste ernsthafte wissenschaftliche Studie, *Die Jiddische Sprache*, eine historische Grammatik, veröffentlichte.

Auf den ersten Blick scheint das Vorherrschen deutscher Entlehnungen im Jiddischen der These Koestlers über die Herkunft der osteuropäischen Juden zu widersprechen. Koestler untersucht zunächst, welche der deutschen Dialekte in das jiddische Lexikon eingegangen sind, und wendet sich dazu an den bereits erwähnten M. Mieses, der sich als erster mit dieser Frage befasst hat. Auf der Grundlage der Untersuchung des Wortschatzes, der Phonetik und der Syntax im Vergleich zu den wichtigsten deutschen Dialekten des Mittelalters kommt Mieses zu dem Schluss, dass es keine sprachlichen Elemente aus den an Frankreich angrenzenden Teilen Deutschlands und auch nicht aus den zentralen Regionen des Frankfurter Raums gibt, und schließt daher einen Einfluss der westdeutschen Regionen auf das Jiddische aus. Weiter schreibt er: „Könnte es sein, dass die allgemein akzeptierte Theorie, nach der die deutschen Juden irgendwann in der Vergangenheit über den Rhein nach Osten gewandert sind, falsch ist? Die Geschichte der deutschen Juden, des aschkenasischen Judentums, muss revidiert werden. Irrtümer in der Geschichte werden oft durch sprachwissenschaftliche Forschung korrigiert. Die herkömmliche Auffassung von der Migration der aschkenasischen Juden aus Frankreich und Deutschland gehört in die Kategorie der revisionsbedürftigen historischen Irrtümer".

Genau diesen Fehler hat Joan Ferrer, Professor an der Universität Girona, begangen, der in einem Werk mit dem Titel *Geschichte der jiddischen Sprache* versucht, ihren Ursprung auf der Grundlage der traditionellen Theorie der Auswanderung von Juden aus Westeuropa zu erklären, von denen viele romanische Sprachen gesprochen haben müssen. Es ist wahrscheinlich, dass dieser Professor nicht einmal die chasarischen Juden kennt, da er sie in seiner Studie nicht einmal erwähnt.

Mieses bestätigt, dass die deutsche Komponente im Jiddischen aus den ostdeutschen Regionen stammt, die an den osteuropäischen slawischen Gürtel angrenzen, was ein weiterer Beweis gegen den westlichen Ursprung des polnischen Judentums und des osteuropäischen Judentums im Allgemeinen ist. Dies erklärt jedoch nicht, wie ein ostdeutscher Dialekt in Kombination mit slawischen Elementen und Hebräisch zur Sprache des chasarischen Judentums wurde.

Die Entwicklung des Jiddischen war ein langer und komplexer Prozess, der vermutlich schon vor dem 15. Jahrhundert begann. Lange Zeit blieb es eine mündliche Sprache, eine Art Lingua franca, die erst im 19. Es gab also keine Grammatik, und es war auch jedem selbst überlassen, Fremdwörter nach Belieben einzuführen. Es gab keine Regeln für die Aussprache oder die Rechtschreibung. Die von der *Jüdischen Volks-Bibliothek* aufgestellten Regeln veranschaulichen das Rechtschreibchaos: (1) Schreibe so, wie du sprichst. (2) Schreibe so, dass dich polnische und litauische Juden verstehen können. (3) Schreibe Wörter, die gleich klingen und unterschiedliche Bedeutungen haben, unterschiedlich.

Auf diese Weise entwickelte sich das Jiddische über die Jahrhunderte hinweg ungehindert weiter und übernahm eifrig Wörter, Redewendungen, Syntagmen und Satzkonstruktionen aus dem sozialen Umfeld, das es umgab. In sozialer und kultureller Hinsicht waren die Deutschen im mittelalterlichen Polen das dominierende Element. Sie allein waren unter den Einwanderern in intellektueller und wirtschaftlicher Hinsicht einflussreicher als die Juden. Kutschera behauptet, dass nicht weniger als vier Millionen Deutsche nach Polen zogen und eine urbane Mittelschicht bildeten, wie sie das Land nie zuvor gehabt hatte. Nicht nur das Bildungsbürgertum, sondern auch der Klerus war überwiegend deutsch, was eine natürliche Folge der Übernahme des Katholizismus und der Westausrichtung Polens war. Die erste polnische Universität wurde 1364 in Krakau, einer damals überwiegend deutschen Stadt, gegründet (Koestler erinnert daran, dass ein Jahrhundert später Nikolaus Kopernikus dort studierte, den Polen und Deutsche als einen der ihren bezeichnen). Obwohl die deutschen Siedler zunächst mit Misstrauen betrachtet wurden, fassten sie bald Fuß und führten das deutsche Bildungssystem in Polen ein. Die Polen lernten die Vorteile der von diesen Einwanderern eingeführten überlegenen Kultur zu schätzen und ahmten sie nach. Die Aristokratie fand Gefallen an deutschen Bräuchen und fand alles, was aus Deutschland kam, schön und angenehm.

Es ist daher verständlich, dass die chasarischen Einwanderer, die sich im Land niederließen, Deutsch lernen mussten, wenn sie Erfolg haben wollten. Diejenigen, die mit der einheimischen Bevölkerung zu tun hatten, mussten natürlich auch ein wenig Polnisch, Ukrainisch, Litauisch oder Slowenisch lernen. In den Städten war Deutsch jedoch die erste Voraussetzung für jeden Kontakt. Hinzu kamen die Synagoge und das Studium der hebräischen Tora. Es ist leicht vorstellbar, schreibt Koestler, dass ein Handwerker in einem Schtetl oder ein Holzhändler versuchte, mit seinen Kunden Deutsch und mit seinen Nachbarn Polnisch zu sprechen und dann zu Hause beide Sprachen mit ein wenig Hebräisch zu mischen. Auf diese Weise wurde eine vertraute Sprache gebildet. Wie es diesem Mischmasch gelang, zu einem standardisierten gemeinsamen Code zu werden, ist eine Frage für Linguisten.

Koestler erinnert daran, dass die Nachkommen der zwölf Stämme ein Beispiel für sprachliche Anpassungsfähigkeit sind. Zunächst sprachen sie Hebräisch. Im babylonischen Exil dann Chaldäisch. Zur Zeit von Jesus Aramäisch. In Alexandria, Griechisch. In Spanien Arabisch, später Ladino, eine Mischung aus Spanisch und Hebräisch mit hebräischer Schreibweise: für sephardische Juden wäre Ladino das Äquivalent zu Jiddisch. Die Chasaren stammten nicht von den zwölf Stämmen ab, aber wie wir gesehen haben, teilten sie mit ihren Glaubensgenossen die Möglichkeit, die Sprache nach eigenem Gutdünken zu wechseln.

Heute zählt der Santillana-Verlag in seinen Schulbüchern für die Oberstufe das Jiddische unklugerweise zu den germanischen Sprachen. Paul Wexler von der Universität Tel Aviv, der mehrere Studien veröffentlicht hat (die wichtigsten 1992 und 2002), die Arthur Koestler nicht kannte, bestreitet kategorisch, dass Jiddisch ein Dialekt des Deutschen ist. Dies ist weder der Ort noch die Zeit, um sich mit linguistischen Fragen zu befassen, aber lassen Sie uns kurz auf einige seiner Schlussfolgerungen eingehen. Wexler zufolge kann das Jiddische nur von den turk-iranisch sprechenden Chasaren abstammen, da das Lexikon und die Grammatik des Jiddischen Verbindungen zu turk-iranischen Sprachen aufweisen, die nicht untersucht wurden. Dieser Linguist behauptet, dass das Jiddische als slawische Sprache mit der ungewöhnlichen Eigenschaft eines überwiegend deutschen Wortschatzes begann. Interessanterweise ist die einzige Hauptkomponente des Jiddischen, die keine bedeutenden Innovationen in ihren formalen oder semantischen Merkmalen entwickelt hat, die slawische Komponente, was darauf hindeutet, dass das Jiddische eine slawische Sprache war, die nur ihre beiden nicht-slawischen Komponenten nutzte: Deutsch und Hebräisch (wir haben bei Koestler gesehen, wie und warum dies der Fall war). Wexler argumentiert, dass mehrere Studien zur jiddischen Morphosyntax und Phonologie die Ähnlichkeiten zwischen jiddischen und slawischen Grammatiken aufgezeigt haben, und behauptet, dass die Betrachtung des Deutschen als ursprüngliche Komponente des Jiddischen und der slawischen Komponente als nicht-ursprünglich falsch ist.

Obwohl er kein Sprachwissenschaftler ist, warnt Benjamin Freedman in *Fakten sind Fakten* davor, dass viele Menschen aus offensichtlichen Gründen gerne glauben, dass Jiddisch ein deutscher Dialekt ist, und fragt: „Wenn Jiddisch ein deutscher Dialekt ist, der von den Deutschen übernommen wurde, welche Sprache haben dann die Chasaren fast tausend Jahre lang gesprochen ? Die Chasaren müssen irgendeine Sprache gesprochen haben, als sie nach Osteuropa vordrangen. Welche Sprache war das? Wann haben sie sie verworfen? Wie konnte die gesamte chasarische Bevölkerung plötzlich eine Sprache verwerfen und eine andere annehmen? Die Idee ist zu absurd, um sie zu diskutieren. Jiddisch ist die moderne Bezeichnung für die alte Muttersprache der Chasaren, zu der sich deutsche, slawische und baltische Sprachen gesellt haben".

Nachdem der Beitrag der Linguistik zu diesem Thema skizziert wurde, bleibt nur noch, in einigen Zeilen auf die letzte Phase der Migration der chasarischen Juden einzugehen, deren Gemeinden, ob in den Ghettos oder in den Schtetls, mit Problemen der Überbevölkerung konfrontiert waren, da sie neue Einwanderer aufnehmen mussten, die vor den Kosaken in die ukrainischen Städte flohen. Die sich verschlechternden Lebensbedingungen führten zu einer neuen Welle der Massenauswanderung nach Ungarn, Böhmen, Deutschland und Rumänien, wo die Juden, die den Schwarzen Tod überlebt hatten, in kleinen Gruppen verstreut wurden. So wurde die große Reise nach Westen, die noch drei Jahrhunderte andauern sollte, wieder aufgenommen und wurde zur Hauptquelle für die verbliebenen semitischen Juden in Europa, Amerika und Palästina.

Die Fakten sind eindeutig, und moderne österreichische, israelische und polnische Historiker sind sich einig, dass der größte Teil des Weltjudentums nicht palästinensischen, sondern kaukasischen Ursprungs ist. Der Hauptstrom der jüdischen Migration fließt nicht vom Mittelmeer durch Frankreich und Deutschland in den Osten des Kontinents und dann wieder zurück. Der Strom bewegt sich ohne Umkehrung in westlicher Richtung, vom Kaukasus durch die Ukraine nach Polen und von dort nach Mitteleuropa und Amerika. Die Ostreise (Palästina) der Zionisten im 20. Jahrhundert ist ein Thema, das gesondert behandelt werden soll. Diese „Juden" türkisch-mongolischer Herkunft haben den Sephardim, die im 19. Jahrhundert mehrheitlich für Emanzipation und schrittweise Assimilation in die Gesellschaften, in denen sie lebten, eintraten, ihre Thesen vollständig aufgezwungen.

KAPITEL II

BANKIERS UND REVOLUTIONEN (1)

TEIL 1
CROMWELL, AGENT DER JÜDISCHEN
BANKIERS VON AMSTERDAM

Nachdem wir die rassischen Ursprünge der Zionisten erläutert haben, werden wir nun sehen, wie eine Elite sephardischer und aschkenasischer Juden, vereint in ihrem Streben nach Unterwerfung und Beherrschung der Welt, eine verborgene Macht bildete, die ein bestimmender Faktor für alle historischen Ereignisse war. Diese Macht agiert nun offen, da sie ihre globale Hegemonie für unumkehrbar hält.

Auf den folgenden Seiten wird untersucht, wie diese verborgene Macht, von der in den Geschichtsbüchern der Gymnasien und Universitäten nichts zu lesen ist, zu einer allmächtigen Macht, einer absoluten Tyrannei geworden ist, die durch ihre wirtschaftliche Macht, die Medien und den manipulierten Unterricht in allen meinungsbildenden akademischen Disziplinen ausgeübt wird, insbesondere in der Geschichte, die völlig falsch dargestellt wurde. Wie George Orwell schrieb: „Wer die Vergangenheit kontrolliert, kontrolliert die Zukunft. Derjenige, der die Gegenwart kontrolliert, kontrolliert die Vergangenheit". Der in diesem Buch unternommene historische Rückblick beginnt eigentlich mit dem Auftauchen der Rothschilds auf der Bühne der europäischen Politik und Finanzwelt; um jedoch zu sehen, wie eine Elite talmudischer Juden seit langem historische Ereignisse nach ihren Interessen konditioniert und programmiert, werden wir kurz sehen, wie im 17. Jahrhundert Cromwell die Macht in England ergriff.

Den meisten Europäern ist Cromwell vor allem dafür bekannt, dass er König Karl I. enthauptete und 1655 das Edikt zur Vertreibung der Juden[4] aufhob,

---

[4] Die Juden waren 1066 nach England gekommen und hatten Wilhelm I. auf den Thron gesetzt, der zur Belohnung für ihre Unterstützung die Praxis des Wuchers erlaubte und schützte, was katastrophale Folgen für das Volk hatte, denn innerhalb von zwei Generationen war ein Viertel des englischen Bodens in den Händen jüdischer Wucherer. König Offa, einer der sieben Könige der angelsächsischen Heptarchie, hatte den Wucher im Jahr 787 verboten. Die Gesetze gegen Wucher wurden anschließend von König Alfred dem Großen (865-99) verschärft, der anordnete, das Eigentum von Wucherern zu konfiszieren. Im Jahr 1050 verfügte Eduard der Bekenner nicht nur die Beschlagnahmung

das Edward I. 1290 verkündet hatte (sie waren zwar auf dem Papier vertrieben worden, hatten aber England nie wirklich verlassen, und ihre „Wiederzulassung" erforderte einen juristischen Formalismus). Aufgeklärte Studenten wissen vielleicht auch, dass Cromwell das Massaker an 40.000 irischen Katholiken anordnete; aber sehen wir uns an, wer dahinter steckte.

Unter Ausnutzung einer gut vorbereiteten Meinungsverschiedenheit zwischen dem König und dem Parlament wurde in Holland der Plan ausgebrütet, der Jahre später der Stuart-Dynastie und der Gründung der niederländischen Oranier ein Ende setzen sollte. Rabbi Manasseh Ben Israel,, einer der damals in Amsterdam ansässigen Geldbarone, nahm über seine Agenten Kontakt zu Oliver Cromwell auf und bot ihm riesige Geldsummen an, wenn er es wagen würde, eine Verschwörung zum Sturz des Königs anzuführen. Sobald Cromwell dem Plan zustimmte, finanzierten Manasseh Ben Israel und andere jüdische Geldverleiher aus Deutschland und Frankreich Cromwell. Laut John Buchan, dem Autor von *Oliver Cromwell*, kontrollierten die Amsterdamer Juden den Handel in Spanien, Portugal und weiten Teilen der Levante und beherrschten auch den Fluss von Goldbarren.

In seinem Buch *Pawns in the Game* erklärt William Guy Carr, dass der portugiesische Jude Antonio Fernández Carvajal, bekannt als „The Great Jew", Cromwells militärischer Auftragnehmer wurde. Er war es, der die gegen den König opponierenden Parlamentarier (meist Puritaner und Presbyterianer) reorganisierte. Dank seines Geldes verwandelte er sie in eine moderne Armee, die über die beste Ausrüstung und die besten Waffen verfügte. Nachdem die Verschwörung in Gang gesetzt worden war, gingen Hunderte von ausgebildeten Revolutionären nach England in den Untergrund und tarnten sich im jüdischen Untergrund, dessen oberster Anführer der portugiesische Botschafter Francisco de Sousa Coutinho war, der in den 1640er Jahren Portugals Vertreter in Den Haag gewesen war und dank des Einflusses von Fernández Carvajal nach London geschickt worden war. In seinem Haus trafen sich, geschützt durch die diplomatische Immunität, die jüdischen Revolutionsführer, um heimlich die Fäden des Komplotts zu spinnen.

Der absolute Beweis, der zweifelsfrei bestätigt, dass Cromwell ein Spielball der jüdischen Revolutionsverschwörung war, findet sich in einer von Lord Alfred Douglas herausgegebenen Wochenzeitschrift, *Plain English*, einer Wochenzeitschrift, die von der North British Publishing Co. herausgegeben wird. In einem Artikel vom 3. September 1921 erklärt Lord Alfred Douglas, wie sein Freund L. D. Van Valckert aus Amsterdam in den Besitz eines verloren gegangenen Archivbandes der Synagoge von Mülheim kam. Dieser Band, der während der napoleonischen Kriege verloren gegangen war, enthielt Dokumente, nämlich Briefe, die an die Direktoren der Synagoge gerichtet waren und von ihnen beantwortet wurden. William Guy Carr gibt in seinem oben

---

des Eigentums, sondern auch, dass der Wucherer zum Banditen erklärt und auf Lebenszeit verbannt werden sollte. Nach der Vertreibung der 16.000 Juden aus England durch Edward I. im Jahr 1290 wurden weitere Maßnahmen gegen den Wucher ergriffen: 1364 erließ Edward III. für die Stadt London eine „Ordinatio contra Usurarios". Im Jahr 1390 wurde ein neues Gesetz erlassen.

erwähnten Werk zwei davon wörtlich wieder. Der erste, datiert vom 16. Juni 1647, ist von O. C. (Oliver Cromwell) an Ebenezer Pratt. Er lautet wie folgt:

„Als Gegenleistung für die finanzielle Unterstützung werden wir uns für die Aufnahme von Juden in England einsetzen; dies ist jedoch unmöglich, solange Karl lebt. Karl kann nicht ohne Gerichtsverfahren hingerichtet werden, wofür es im Moment keine Gründe gibt. Ich rate daher, Karl zu töten, aber wir werden nichts mit den Vorbereitungen für die Suche nach einem Attentäter zu tun haben, obwohl wir bereit sind, ihm zur Flucht zu verhelfen."

Als Antwort auf diese Botschaft schrieb E. Pratt am 12. Juli 1647 einen Brief an Oliver Cromwell:

„Wir garantieren finanzielle Hilfe, sobald Carlos weg ist und die Juden zugelassen werden. Mord, zu gefährlich. Wir sollten Charles eine Chance zur Flucht geben. Seine Wiederergreifung würde dann den Prozess und die Hinrichtung ermöglichen. Die Hilfe wird großzügig sein, aber es ist sinnlos, über die Bedingungen zu diskutieren, bevor der Prozess beginnt."

Am 12. November desselben Jahres, 1647, erhielt Karl I. die Gelegenheit zur Flucht. Natürlich wurde er sofort wieder gefangen genommen. Nach seiner erneuten Verhaftung überstürzten sich die Ereignisse. Cromwell machte sich daran, das Parlament von königstreuen Mitgliedern zu säubern. Trotz dieser drastischen Maßnahmen war die Mehrheit der Abgeordneten bei der nächtlichen Sitzung des Unterhauses am 5. Dezember 1648 der Ansicht, dass „die vom König angebotenen Zugeständnisse für eine Einigung ausreichend waren."

Ein solches Abkommen hätte Cromwell davon abgehalten, das Blutgeld zu erhalten, das ihm von den internationalen Geldbaronen über ihren Agenten Ebenezer Pratt versprochen worden war, also schlug Cromwell erneut zu. Er befahl Colonel Pryde, eine neue Säuberungsaktion, „Pryde's Purge", unter den Mitgliedern des Unterhauses durchzuführen, die für das Abkommen gestimmt hatten. Nach dieser Säuberung blieben nur noch fünfzig Abgeordnete übrig, das „Rumpfparlament", das die absolute Macht an sich riss. Im Januar 1649 wurde ein „High Court of Justice" ausgerufen, der den König von England vor Gericht stellen sollte und dessen Mitglieder zu zwei Dritteln aus Cromwells Armee stammten. Die Verschwörer konnten keinen englischen Anwalt finden, der eine Anklage gegen den König erheben konnte. Fernandez Carvajal beauftragte daraufhin einen ausländischen Juden, Isaac Dorislaus, Agent von Manasseh Ben Israel in England, eine Anklageschrift zu verfassen, mit der Karl I. vor Gericht gestellt werden konnte. Vorhersehbarerweise wurde Karl von den internationalen jüdischen Geldverleihern der gegen ihn erhobenen Anklagen für schuldig befunden, nicht aber von der englischen Bevölkerung. Am 30. Januar 1649 wurde der König von England öffentlich enthauptet. Cromwell bekam wie Judas sein Geld und erhielt auch neue Mittel, um den Krieg auf das katholische Irland auszuweiten.

Vom 7. bis 18. Dezember 1655 organisierte Cromwell eine Konferenz in Whitehall (London), um grünes Licht für eine groß angelegte Einwanderung von Juden zu erhalten. Obwohl die Konferenz mit überzeugten Cromwell-

Anhängern besetzt war, beschlossen die Delegierten, bei denen es sich hauptsächlich um Priester, Anwälte und Kaufleute handelte, mit überwältigendem Konsens, dass Juden nicht nach England einreisen dürfen. Trotz heftiger Proteste des Unterausschusses des Staatsrats, der erklärt hatte, dass diese Juden „eine ernste Bedrohung für den Staat und die christliche Religion darstellen würden", wurden die ersten Juden im Oktober 1656 heimlich einreisen gelassen. A. M. Hyamson bestätigt in seiner *A History of the Jews in England*, dass „die Kaufleute sich ausnahmslos gegen die Aufnahme der Juden aussprachen. Sie erklärten, dass die vorgeschlagenen Einwanderer dem Staat moralisch schaden würden und dass ihre Zulassung die Ausländer auf Kosten der Engländer bereichern würde".

England und Holland waren bald in eine Reihe von Kriegen verwickelt, die mit der Proklamation von Wilhelm von Oranien zum König von England endeten. Als Cromwell, der sich 1653 zum Lordprotektor von England ernannt hatte, 1658 starb, war sein Sohn Richard an der Reihe, der sich ebenfalls Protektor nannte; doch 1659, nach neun Monaten im Amt und angewidert von so vielen Intrigen, trat er zurück. 1660 besetzte General Monk London und Karl II., der Sohn des enthaupteten Monarchen, wurde zum König ausgerufen. Die holländischen Juden leisteten weiterhin vorübergehend finanzielle Unterstützung, trugen jedoch bald die Kosten für die Expedition Wilhelms von Oranien gegen den Bruder und Nachfolger Karls II., den Duke of York, der von 1685-88 als Jakob II. regierte.

Um es kurz zu machen: Die Dinge liefen folgendermaßen ab. Als England und Holland 1674 Frieden schlossen, wurden die Drahtzieher der englischen Bürgerkriege zu Heiratsvermittlern: Sie erhoben William Stradholder in den Rang eines Generalkapitäns der holländischen Streitkräfte, und er wurde Prinz von Oranien. Er sollte Mary, die älteste Tochter des Herzogs von York, des Bruders des Königs, kennenlernen, die ihm auf dem Thron nachfolgen sollte. Im Jahr 1677 heirateten Mary und William Stradholder, Prinz von Oranien. Um letzteren auf den englischen Thron zu bringen, mussten sowohl Karl II. als auch der Herzog von York beseitigt werden. Im Jahr 1683 war das Komplott, beide gleichzeitig zu ermorden, „The Rye House Plot", bereits ausgeheckt worden, aber scheiterte. 1685 starb Karl II. und der zum Katholizismus konvertierte Herzog von York regierte als Jakob II. Sofort begann eine Kampagne der Niedertracht, gefolgt von Aufständen und Rebellionen, die von den „Geheimen Mächten" inszeniert wurden, die wieder einmal die Fäden der neuen Verschwörung mit ihren Lieblingsmitteln von gestern und heute zogen: Bestechung und Erpressung. Der erste, der ihnen unterlag, war der Herzog von Marlborough, John Churchill, der Vorfahre von Winston Churchill, der als Oberbefehlshaber der Armee auf seine Unterstützung angewiesen war. Eustace Mullins behauptet in seinem Buch *Der Fluch von Kanaan*, dass John Churchill von Medina und Machado, zwei sephardischen Bankiers aus Amsterdam, mit 350.000 Pfund bestochen wurde. Die Galle des Herzogs von Marlborough war so groß, dass er am 10. November 1688 einen erneuten Treueeid auf den König leistete und sich zwei Wochen später, am 24. desselben Monats, den Streitkräften Wilhelms von Oranien anschloss. Die *Jüdische Enzyklopädie* berichtet, dass „der Herzog von Marlborough für seine zahlreichen Dienste von dem holländisch-jüdischen Bankier Solomon Medina nicht weniger als 6000 Pfund pro Jahr erhielt". Wilhelm von Oranien landete 1688 in England, und 1689 wurden er und seine Frau Maria zu Königen von England ausgerufen. Jakob II. wollte den Thron nicht kampflos aufgeben und war am 15. Februar in Irland gelandet. Da der König katholisch war, wurde Wilhelm von Oranien zum Verfechter des protestantisch-calvinistischen Glaubens ernannt. Am 12. Juli desselben Jahres fand die berühmte Schlacht am Boyne statt, die die Oranier seither jährlich mit provokativen Gedenkparaden feiern.

Eines der Ziele der Einführung des Calvinismus in England war es, einen Keil zwischen Kirche und Staat zu treiben. Der Calvinismus betonte, dass wucherische Kredite und die Anhäufung von Reichtum neue Wege seien, dem Herrn zu dienen. Die große Neuigkeit für die Geldverleiher und die neu entstehende Kaufmannsschicht war, dass Gott wollte, dass wir reich werden. „Reich werden" war der Schlachtruf der Calvinisten. Der Prophet der Sekte war ein französischer Kryptojude namens Jean Cauin, der den Calvinismus in Genf gründete, wo er zunächst als Cohen (ausgesprochen Cauin) bekannt war. Dann nahm er die englische Form seines Namens an und wurde zu John Calvin. Der Calvinismus stützte sich auf die wörtliche jüdische Auslegung der Gebote und des Alten Testaments. Die frühen Jünger wurden als christliche Hebraisten bezeichnet. Der Calvinismus erleichterte den jüdischen Geldverleihern die Arbeit und ermöglichte ihnen die Expansion in den europäischen Handel. Daher die Redewendung: „Calvin segnete die Juden". Von Anfang an war der Calvinismus brutal despotisch und erwies sich als die tyrannischste und autokratischste Sekte in Europa. Im November 1541 veröffentlichte Calvin seine Kirchenordnung, eine Sammlung von Anweisungen, die den Bürgern unter Androhung der Todesstrafe absolute Disziplin auferlegte. Sein Hauptkritiker, Jacques Gruet, wurde wegen Gotteslästerung enthauptet. Michael Servetus, ein weiterer seiner Gegner, wurde auf einem Scheiterhaufen verbrannt. In der Regel wurden die Kritiker gefoltert und enthauptet.

Alle Kriege und Rebellionen zwischen 1640 und 1689 wurden von den internationalen jüdischen Geldverleihern angezettelt, um die britische Politik und Wirtschaft zu kontrollieren. Ihr Hauptziel war es, die Erlaubnis zur Gründung der Bank of England (1694) zu erhalten, um die Schulden zu sichern, die Großbritannien ihnen für die Kredite schuldete, die sie Großbritannien zur Bekämpfung der von ihnen angezettelten Kriege gewährt hatten. In den Geschichtsbüchern wird die Gründung der Bank William Patterson und Sir John Houblen zugeschrieben, doch in Wirklichkeit fungierten beide als Vertreter der Regierung bei den Verhandlungen mit den Kreditgebern. Sobald der holländische General auf dem englischen Thron saß, überredete er das britische Schatzamt, 1.250.000 Pfund von den jüdischen Bankiers zu leihen, die ihn auf den Thron gesetzt hatten. Die internationalen Kreditgeber erklärten sich bereit, diese Summe in die Kassen des Schatzamtes einzuzahlen, stellten jedoch ihre Bedingungen. Eine Bedingung war die Erteilung einer Charta zur Gründung der

Bank of England[5]. Eine weitere Bedingung war die Geheimhaltung der Namen derjenigen, die das Darlehen gewährten. Die Identität der Personen, die die Bank of England kontrollieren, bleibt geheim. Ein Ausschuss, der Macmillan-Ausschuss, wurde 1929 eingesetzt, um Licht in die Angelegenheit zu bringen, scheiterte aber an der anhaltenden Ausweichmanöver seines damaligen Leiters Norman Montagu. Abschließend bleibt noch hinzuzufügen, dass die internationalen Kreditgeber verlangten, dass die Direktoren der Bank of England das Recht haben sollten, den Goldstandard einzuführen und das besondere Privileg, Banknoten auszugeben. Um die Schulden der Nation zu konsolidieren und die Zahlung der Beträge und ihrer Zinsen sicherzustellen, gelang es ihnen außerdem, dem Volk direkte Steuern aufzuerlegen. Auf diese Weise entstand das heutige System, das auf Schulden und Steuern aller Art für das Volk beruht. Von damals bis heute haben diejenigen, die den Kredit kontrollieren und mit Geld spekulieren, nach und nach die Funktionen souveräner Staaten an sich gerissen. Demokratie ist die Bezeichnung für ein System, das in Wirklichkeit nichts anderes ist als das korrupte Regime, das es ermöglicht, das Paradies der Kreditgeber und internationalen Spekulanten zu verschleiern. Zwischen 1698 und 1815 stiegen die Staatsschulden Großbritanniens auf 885.000.000. Pfund Sterling.

Neben der Bank of England, der ersten privaten Zentralbank der modernen Welt, wurden zwei weitere Aktiengesellschaften gegründet, die mit der Staatsfinanzierung verbunden waren: 1698 die neue East India Company, die den Handel jenseits des Kaps der Guten Hoffnung monopolisieren sollte, und 1711 die Pacific Company, die das Privileg für den Handel in südamerikanischen Gewässern erhalten sollte.

---

[5] Im Jahr 1694 hatte das Unterhaus 512 Mitglieder: 243 Tories, 241 Whigs und 28 unbekannter Zugehörigkeit. Zwei Drittel der Abgeordneten waren Grundbesitzer, und es wird angenommen, dass 20% der Abgeordneten Analphabeten waren. Das Gesetz wurde im Juli debattiert, als die meisten Abgeordneten bei der Ernte auf den Feldern waren. Bei der Abstimmung am 27. Juli, in der über die Genehmigung der Bank abgestimmt wurde, waren nur 42 Abgeordnete anwesend, allesamt Whigs, die dafür stimmten. Die Tories lehnten das Gesetz ab.

TEIL 2
ADAM WEISHAUPT, ROTHSCHILD-AGENT

Freiheit, Demokratie, Unabhängigkeit sind prestigeträchtige Worte, mit denen niemand etwas Negatives verbinden würde. Auch der Begriff Revolution gehört zu den positiv besetzten Wörtern und genießt daher ein allgemein anerkanntes Ansehen. Wer hat nicht schon einmal gedacht, dass eine Revolution notwendig ist, um alles zu verändern? Die Geschichte lehrt die Schüler, dass Revolutionen stattfinden, weil das Volk, das Leid und Willkür satt hat, sich gegen eine Reihe von inakzeptablen Ereignissen oder Dingen auflehnt, die eine Revolution auslösen. Ganz gleich, wie viele Verbrechen die Revolutionäre begehen mussten, um ihre Ziele zu erreichen, der Zweck heiligt die Mittel. Die Geschichte lehrt uns, dass Revolutionen zur Errichtung einer neuen Ordnung führen, die der früheren Ungerechtigkeit ein Ende setzt und einen Fortschritt in Richtung Freiheit, Demokratie oder Unabhängigkeit darstellt.

Isaac Disraeli, der Vater von Benjamin Disraeli (Lord Beaconsfield), von dem wir bereits im ersten Kapitel einige Texte zitiert haben und auf den wir später zurückkommen werden, schreibt in seinem zweibändigen Werk *The Life of Charles I.* ausführlich über die englische Revolution. Der zweite Band beginnt mit dem kryptischen Satz: „Es war vorherbestimmt, dass England die erste einer Reihe von Revolutionen sein würde, die noch nicht beendet ist". Da die Französische Revolution bereits stattgefunden hatte, als er diese Worte schrieb, scheint es klar zu sein, dass er auf eine spätere Revolution anspielte, die als bolschewistische Revolution bekannt werden sollte. In diesem Werk stellt Disraeli fest, dass, als die Calvinisten das Land in ihre Gewalt brachten, „es den Anschein hatte, dass die Religion hauptsächlich in der Strenge des Sabbats bestand und dass der britische Senat in eine Gesellschaft hebräischer Rabbiner verwandelt worden war". Weiter heißt es: „1650, nach der Hinrichtung des Königs, wurde ein Gesetz erlassen, das den Bruch des Sabbats unter Strafe stellte". Isaac Disraeli weist auf die großen Ähnlichkeiten in den Handlungsmustern hin, die der englischen und der französischen Revolution vorausgingen, und deckt damit gewissermaßen die Vorbereitungen der geheimen Leiter der weltrevolutionären Bewegung auf.

Wie wir am Beispiel der englischen Revolution gesehen haben, sind die Dinge manchmal nicht so, wie sie zu sein scheinen. Revolutionäre Prozesse brauchen Akteure, eine Organisation und vor allem eine Finanzierung, Geld. Wie wir zu gegebener Zeit sehen werden, ist das paradigmatische Beispiel die bolschewistische Revolution, die von jüdischen Wall-Street-Bankern finanziert wurde. Die internationale Linke ist jedoch unfähig, die Wahrheit zu erkennen. Marx, Trotzki und Lenin bleiben für „Progressive" in aller Welt unantastbare Heilige, Wohltäter der Menschheit. Doch Trotzki (Bronstein) war ein Agent des zionistischen Bankiers Jacob Schiff, der in der Öffentlichkeit stolz verkündete, dass die Revolution dank seiner finanziellen Hilfe gelungen sei. Max Warburg, ein weiterer zionistischer Bankier, eröffnete am 21. September 1917 per Telegramm aus Hamburg ein Konto bei der Nya Banken in Stockholm

(Rothschilds Bank) in Trotzkis Namen. Olaf Aschberg, ebenfalls ein Jude und der oberste Manager der Nya Banken, sollte 1921 die Russische Handelsbank gründen und damit zum Chef der sowjetischen Finanzwelt werden. All dies wird in dem Kapitel über die Revolution in Russland ausführlich beschrieben werden. Gehen wir nun Schritt für Schritt vor und sehen wir uns an, wie die Revolution in Frankreich vorbereitet wurde.

Die Rothschilds, eine Familie jüdischer Talmudisten aus Frankfurt, traten im letzten Drittel des 18. Jahrhunderts auf den Plan. Sie wurden im Laufe des 19. Jahrhunderts schnell zu den Meistern der internationalen Finanzwelt und Politik. Mayer Amschel Bauer (1744-1812), ein Mann von außergewöhnlicher Intelligenz, gründete die Dynastie und nahm den Namen Rothschild an. Vor seinem Tod zwang er seine fünf Söhne zur Inzucht untereinander und mit ihren Nachkommen. All dies wird im Folgenden ausführlich beschrieben. Laut William Guy Carr (*Pawns in the Game*) soll Mayer Amschel Rothschild im Jahr 1773 ein Treffen in Frankfurt organisiert haben, an dem zwölf weitere sehr reiche und einflussreiche Personen teilnahmen. Ihr Ziel war es, die dort vertretenen Familien davon zu überzeugen, dass sie, wenn sie ihre Ressourcen bündelten, die Weltrevolution finanzieren und leiten und sie als Handlungsanleitung nutzen könnten, um die totale Kontrolle über Reichtum, natürliche Ressourcen und Macht in der ganzen Welt zu erlangen. Die Analyse der Art und Weise, wie die englische Revolution organisiert worden war, zeigte die Fehler und Irrtümer auf, die gemacht worden waren: Die revolutionäre Periode war zu lang und die Beseitigung der Reaktionäre war nicht schnell genug durchgeführt worden. Laut Guy Carr, der seine Quelle nicht angibt, wurde auf diesem Treffen ein Aktionsplan ausgearbeitet, der im Laufe der Jahre verfeinert werden sollte. Viele der wesentlichen Ideen des Projekts sollten in den Dokumenten auftauchen, die Jahre später bei den bayerischen Illuminaten beschlagnahmt wurden und seitdem in den Handbüchern verschiedener Geheimgesellschaften wieder auftauchen. In erweiterter Form und mit wenigen Änderungen wurde das Programm schließlich in den *Protokollen der Weisen von Zion* verankert, die aus vierundzwanzig Abschnitten bestehen und zu Beginn des 20. Jahrhunderts veröffentlicht wurde. Daraus lässt sich ableiten, dass die berühmten *Protokolle* in Wirklichkeit nichts anderes sind als die Umschreibung einer Verschwörung zur Kontrolle der Welt, die seit dem Ende des 18.

Der vorgeschlagene Aktionsplan beruhte auf der Annahme, dass der Zweck die Mittel heiligt. Folglich wurden Ehrlichkeit und Moral als politische Laster betrachtet, und Gewalt und Terror wurden eingesetzt, um Ziele zu erreichen und Liberalismus, um politische Macht zu erlangen. Die Idee der Freiheit sollte dazu dienen, den Klassenkampf zu provozieren. Ein weiterer grundlegender Gedanke betraf die Notwendigkeit, die (eigene) Macht bis zum endgültigen Triumph zu verbergen. Guy Carr zufolge wurde bei dem Treffen in Frankfurt zum ersten Mal darüber nachgedacht, wie wichtig es ist, die Psychologie der Massen zu verstehen, um ihr Verhalten zu ändern und sie despotisch zu kontrollieren. Unter den wichtigsten Ideen, die von den dreizehn Familien geäußert wurden und seither gängige Praxis sind, ragen die folgenden heraus: das Recht, sich mit allen Mitteln des Eigentums zu bemächtigen; die

Finanzierung beider Seiten in Kriegen und die Kontrolle der anschließenden Friedenskonferenzen; die Nutzung der Macht des Geldes, um unterwürfige und gehorsame Politiker in den Regierungen zu platzieren; die Nutzung der Propaganda durch die Kontrolle der Presse und der Bücher; die Nutzung der Freimaurerei, um Subversion zu betreiben und materialistische und atheistische Ideologie zu verbreiten; die Revolution und die anschließende Schreckensherrschaft als wirtschaftlichstes Mittel zur raschen Unterwerfung des Volkes; die Kontrolle von Nationen und internationalen Angelegenheiten durch Geheimagenten-Diplomatie; die Errichtung großer Monopole und kolossaler Reichtumsreserven, um eine Weltregierung zu errichten; das Zuschneiden nationaler und internationaler Gesetze auf die Interessen der „Geheimen Macht".

Drei Jahre nach dem Frankfurter Treffen, am 1. Mai 1776, wurde in Ingolstadt der Orden der Perfectibilisten gegründet, besser bekannt als der Orden der Bayerischen Illuminaten, die Illuminaten, der Geheimbund, der das in Frankfurt konzipierte revolutionäre Programm umsetzen sollte und mit dessen Gründung Rothschild Adam Weishaupt (1748-1830), einen Krypto-Juden, Sohn des Rabbiners Georg Weishaupt, der starb, als er erst fünf Jahre alt war, beauftragt hatte. Adam hatte 1771 einen dänisch-jüdischen Kabbalisten, Kölmer, kennengelernt, der gerade aus Ägypten gekommen war und ihn mit seinem okkulten Wissen tief beeindruckte und in die Geheimnisse der Magie des Osiris und der Kabbala einweihte. Weishaupt wählte später die Pyramide als Symbol der Illuminaten, deren heute weltweit bekanntes Emblem das „Allsehende Auge" ist. Die Gründungszeremonie fand in den bayerischen Wäldern in der berühmten Walpurgisnacht (30. April - 1. Mai) statt. Dieses Datum war kein Zufall, denn bei den jüdischen Kabbalisten symbolisierte der 1. Mai die heilige Zahl Jahwes und war für sie zu einem heimlichen Feiertag geworden. Nach Johann Wolfgang Goethe ist der erste Mai, der Tag nach der Walpurgisnacht, der Tag, an dem die dunklen mystischen Kräfte gefeiert werden. Es ist bekannt, dass sich unter den Fremden, die an der Veranstaltung teilnahmen, mehrere Studenten befanden, die den Ideen ihres Lehrers unterworfen waren: Weishaupt, der in derselben Stadt geboren wurde, war 1772 Professor für Kirchen- und Zivilrecht an der Universität Ingolstadt geworden. Nach der Auflösung der Gesellschaft Jesu durch Papst Clemens XIV. wurde Weishaupt 1773 Dekan der juristischen Fakultät, die neunzig Jahre lang von Jesuiten gehalten worden war. Die Tatsache, dass Weishaupt von den Jesuiten ausgebildet worden war, was ihn in die Lage versetzte, ihr Organisationssystem zu durchdringen und die inneren Abläufe des Ordens im Detail zu kennen, war sicherlich ein Faktor dafür, dass er mit der Gründung des Illuminatenordens Bayern betraut wurde. In der Tat übernahm er für die Illuminaten das Organigramm der Gesellschaft, deren ärgster Feind er wurde.

Frankisten und Illuminaten

Dass Adam Weishaupt ein Agent der Frankfurter Bankiers war, ist eine Tatsache, über die sich zahlreiche Autoren einig sind, auf die wir uns im Laufe unserer Diskussion beziehen werden. Es gibt jedoch eine Quelle, die wenig zitiert wurde und die von großem Interesse ist, weil sie eine sehr bedeutende Autorität darstellt. Es handelt sich um Rabbiner Marvin S. Antelman, der ab 1974 als oberster Richter des Obersten Rabbinatsgerichts von Amerika (SRCA) fungierte. Antelman stellt in seinem Werk *To Eliminate the Opiate* (ein zweibändiges Werk, das im Abstand von achtundzwanzig Jahren 1974 und 2002 veröffentlicht wurde) fest, dass es der Gründer der Rothschild-Dynastie, Mayer Amschel, war, der Adam Weishaupt davon überzeugte, 'die Lehre von Jacob Frank (Frankisten) anzunehmen und der später die bayerischen Illuminaten finanzierte. Die Frankisten, eine vor-illuminatische Sekte, der die einflussreichsten jüdischen Finanziers und Intellektuellen Europas angehörten, waren selbst Anhänger von Shabbetay Zeví[6] und nur untereinander verheiratet. Jacob Frank (1726-1791), dessen ursprünglicher Name Jacob Leibowicz war, wurde in Galizien, Polen, in eine schabbetaische Familie geboren. Im Alter von 25 Jahren verkündete er, er sei eine Reinkarnation von Zeví.

Gershom Scholem bezeichnet Frank in seinem Werk *Le messianisme juif* als „den schrecklichsten Fall in der Geschichte des Judentums". Franks Denken,

---

[6] Die Lehren von Shabbetay Zeví (1626-1676) und Jacob Frank werden von Rabbinern wie Marvin S. Antelman als eine satanische Bewegung betrachtet, die die jüdischen Lehren auf den Kopf stellte. Shabbetay Zeví, der sephardischer Herkunft war, wurde 1626 in Smyrna geboren. Er studierte, um Rabbiner zu werden, interessierte sich aber bald für die Kabbala. Yitshac Luria hatte im 16. Jahrhundert angekündigt, dass der Messias ab 1648 regieren würde. Am selben Tag verkündete Shabbetay Zeví in der Synagoge seiner Heimatstadt, dass er der erwartete Messias sei. Er wurde exkommuniziert und ging nach Thessaloniki, von wo er vertrieben wurde. Er ging nach Ägypten und nahm dort Kontakt zu einer kabbalistischen Gruppe auf, die von dem Juden Raphael Joseph geleitet wurde, der Schatzmeister des Vizekönigs war und die Bankgeschäfte in Ägypten, einer osmanischen Provinz, kontrollierte. 1662 kam er mit einer Menge Geld nach Jerusalem, wo er zwei Jahre lang blieb. Im Jahr 1664 kehrte er nach Ägypten zurück und heiratete eine jüdische Prostituierte namens Sarah, die sieben Jahre zuvor in Amsterdam behauptet hatte, Gott habe ihr befohlen, den neuen Messias zu heiraten. Diese Ehe wurde vollzogen, um die Legende zu erfüllen, dass der Messias eine unreine Frau heiraten würde. Shabbetay brauchte einen Propheten, und das war Nathan von Gaza, der behauptete, Visionen zu haben, in denen Gott bestätigte, dass Shabbetay Zeví der Messias sei. 1665 taten sich die beiden zusammen und begannen, den Jerusalemer Rabbinern und ihren Anhängern beizubringen, dass Shabbetay die göttliche Erlaubnis hatte, die Gebote des Moses zu brechen und dass Inzest und Unzucht keine Sünde seien. Er wurde erneut vertrieben, aber viele Juden begannen, an ihn zu glauben. Er reiste nach Aleppo und kehrte von dort nach Smyrna zurück, wo sich die Anhänger der Rabbiner von denen, die ihn als Messias verkündeten, trennten. Am 30. Dezember 1665 schiffte er sich nach Konstantinopel ein, denn einer Prophezeiung zufolge würde der Sultan kapitulieren und damit seine Herrschaft beginnen. Als er am 8. Februar 1666 ankam, erwartete ihn der Sultan bereits und nahm ihn gefangen. Dann stellte er ihm ein Ultimatum: Entweder er konvertiere zum Islam oder er werde hingerichtet. Shabbetay zog vor dem Sultan und seinem Hofstaat seinen Hut, bespuckte ihn und schwor seinem jüdischen Glauben ab. Auch seine Frau und seine Mitgefangenen konvertierten. Unter denjenigen, die ihn angenommen hatten, gab es einen weltweiten Aufruhr. Es war Nathan von Gaza, der erklärte, dass Schabbetay durch seine Abtrünnigkeit alle Juden rettete, die ihn für den Messias hielten. Schabbetay starb am Versöhnungstag 1676, und sein innerer Kreis verbreitete die Nachricht, dass er am dritten Tag auferstanden sei.

so Scholem, ist in der kabbalistischen Auslegung des Schabbetay Zeví angesiedelt: Die kosmische Erlösung (ticún) wird durch die Sünde verwirklicht: „Durch die Verletzung der Tora wird sie erfüllt". Seine Lehre ist in seinem Buch *Die Worte des Herrn* zusammengefasst, in dem er behauptet, dass der Schöpfergott nicht derselbe sei, der sich den Israeliten offenbart habe. Frank hielt Gott für den Satan und schwor, nicht die Wahrheit zu sagen und jedes moralische Gesetz abzulehnen. Er erklärte, dass der einzige Weg zu einer neuen Gesellschaft in der Zerstörung der gegenwärtigen Zivilisation bestehe. Mord, Vergewaltigung, Inzest und Bluttrinken waren vollkommen akzeptable und notwendige rituelle Handlungen.

Frank gründete seine eigene, offensichtlich satanische Sekte, die auf Übertretungen und orgiastischen Ausschweifungen beruhte. Im Jahr 1752 heiratete er eine schöne Jüdin bulgarischer Herkunft namens Hanna, die er nach den Gepflogenheiten der Sektenmitglieder dazu benutzte, Dutzende von Männern zu fangen und zu verführen, die sich auf ausschweifende Aktivitäten mit ihr einließen. Hanna hatte zwei Söhne, Joseph und Jacob, und eine Tochter, Eva, die laut der *Jüdischen Enzyklopädie* dem Beispiel ihrer Mutter folgte und Jahre später mit den prominentesten Männern der damaligen Zeit schlief, darunter auch mit dem Kaiser von Österreich, Joseph II. In der Türkei konvertierte Frank nach dem Vorbild von Shabbetay Zeví zum Islam und wurde ein „Dönemé"[7]. Anschließend organisierte er in Polen ein schabbetaisches Netzwerk im Untergrund, das sich auf die Ukraine und Ungarn ausbreitete. Um sich vor den orthodoxen Rabbinern zu schützen, suchte Jacob Frank sogar den Schutz der katholischen Kirche. Frank behauptete, dass man, um die messianische Mission zu erfüllen, mit einer doppelten Sprache agieren muss: Man handelt, wie man glaubt, sagt aber nicht, was man glaubt (Weishaupt würde genau dasselbe sagen). Diese Strategie der Lüge ging so weit, dass er sich nach katholischem Ritus taufen ließ. Während also 1683 der Schabbetismus in den Islam eindrang, taten die Frankisten 1759 dasselbe mit dem Katholizismus. Frank wurde in der Warschauer Kathedrale getauft, und sein Taufpate war kein Geringerer als König August III. Jacob Frank schmiedete sogar einen Plan, um in die orthodoxe Kirche einzudringen und das russische Zarenregime zu unterwandern.

---

[7] In Spanien wurden jüdische Konvertiten, von denen viele die Kirche und den Staat unterwandert hatten und die weiterhin das Judentum praktizierten, als Marranos bezeichnet. In der Türkei bezeichnete man nach dem berühmten Übertritt von Shabbetay Zeví zum Islam Krypto-Juden, die sich nach außen hin als Muslime gaben, in Wirklichkeit aber der jüdischen Religion treu blieben, als Dönmé (Abtrünnige). Mustafa Kemal Atatürk und die Jungtürken, die 1923 den säkularen Staat in der Türkei gründeten, waren Shabbetayans, Doenmés. Für Shabbetay Zeví und Jakob Frank sind Apostasie und Marranismus notwendig, wobei der falsche Konvertit zur Verschwiegenheit über den wahren jüdischen Glauben verpflichtet ist. Frank erklärte seinen Jüngern, dass „die Taufe der Anfang vom Ende der Kirche und der Gesellschaft sein würde, und sie, die Frankisten, seien auserwählt worden, die Zerstörung von innen herbeizuführen, wie Soldaten, die eine Stadt durch die Kanalisation stürmen".

Die polnischen Behörden entdeckten bald sein doppeltes Spiel und sperrten ihn in der Zitadelle von Czenstockova ein. 1773, am Vorabend der ersten Teilung Polens, wurde er von den Russen freigelassen. Jakob Frank nahm daraufhin den Namen Dobruschka an und ließ sich in Brünn nieder. Er war ein Meister der politischen Subversion und der Propagandamanipulation und organisierte in Brünn eine Bewegung mit paramilitärischen Ausbildungslagern, in denen 600 seiner Anhänger zu Terroristen ausgebildet wurden. Man kann also davon ausgehen, dass er viel Geld hatte, und alles deutet darauf hin, dass es von seinem Freund Mayer Amschel Rothschild kam. Gershom Scholem bestätigt, dass Frank 1786 in der Nähe von Frankfurt, im Offenbacher Schloss, ein internationales Subversionszentrum eingerichtet hatte, das auf Infiltration, Terrorismus und Bereicherung durch Erpressung spezialisiert war. In einem Artikel mit dem Titel „The Deutsch Devils" vom 31. Dezember 2003 bestätigt Barry Chamish[8], ein weiterer jüdischer und zionistischer Autor, dies: „Frankfurt war zu dieser Zeit der Hauptsitz des Rothschild-Imperiums und von Adam Weishaupt, dem Gründer der Illuminaten. Als Jacob Frank die Stadt betrat, hatte die Allianz zwischen den beiden bereits begonnen. Weishaupt stellte die konspirativen Mittel der Jesuiten zur Verfügung, während die Rothschilds das Geld lieferten. Nun fehlten nur noch die Mittel, um das Programm der Illuminaten auszuweiten. Dann fügten die Frankisten ihr Netzwerk von Agenten hinzu, die in christlichen und islamischen Ländern verstreut waren. Jacob Frank war plötzlich reich, weil er ein nettes Geschenk von den Rothschilds erhalten hatte. Eine andere Erklärung gibt es nicht.

Rabbiner Antelman stellt klar: „Es muss darauf hingewiesen werden, dass die Unterwanderung der Freimaurer durch die Illuminaten und die Frankisten nicht bedeutet, dass sie der Freimaurerei gegenüber besondere Gefühle hegten. Im Gegenteil, sie hassten sie und wollten sie nur als Deckmantel nutzen, um ihre revolutionäre Lehre zu verbreiten und einen Ort zu schaffen, an dem sie sich treffen konnten, ohne Verdacht zu erregen." Es lohnt sich, diese Worte im Hinterkopf zu behalten, denn im Folgenden wird erläutert, wie die Unterwanderung vonstatten ging.

Jahre später, 1818, würde Mary Shelley, die Frau des Dichters Percy Bysshe Shelley, auch Professor Victor Frankenstein, eine Romanfigur, die ein weiteres unkontrolliertes Monster erschaffen hat, an der Universität Ingolstadt unterbringen. Sehen wir uns an, was Rabbi Antelman in *To Eliminate the Opiate* dazu sagt, auch wenn das Zitat etwas langatmig ist:

> „Aus unserer Untersuchung der Frankisten und ihrer Elite geht hervor, dass sie echte Monster waren. In der Tat wurde das Konzept nicht zufällig in dem Roman *Frankenstein* übernommen. Mary Shelley und ihr Mann, der berühmte Dichter Shelley, waren Mitglieder der Illuminaten. Der Name Frankenstein enthält die folgende Symbolik: Der Name Frank stammt von Jacob Frank, dem Gründer der

---

[8] Barry Chamish, der am 23. August 2016 starb, machte Rabbi Antelmans Enthüllungen über schabbetische Juden und die Illuminaten bekannt. In dem Buch *Wer ermordete Yitzhak Rabin?* deckte Chamish die Beteiligung des „Shin Bet" an der Ermordung von Yitzhak Rabin auf.

Frankisten. Das EN ist eine englische Abkürzung des hebräischen Wortes „Ayin"', das aus drei Buchstaben besteht und Auge bedeutet. Stein bedeutet auf Deutsch Stein. Im Symbol des Kultes um das allsehende Auge und im Siegel des US-Dollars befindet sich das Auge auf den Steinen, die die Basis der Pyramide bilden. Frankenstein=Frank+Auge+Stein. Aber was ist die Symbolik des Frankenstein-Monsters? Wie wir bereits erwähnt haben, waren die Frankisten mit dem mystischen Kabbalismus verbunden, und es gibt eine kabbalistische Tradition von Monstern, die Golems genannt werden. Das Konzept des Golem wird in Professor Scholems Buch *Kabbalah and its Symbolism* ausführlich erörtert. [...] Bei der klassischen Konstruktion eines Golems formen die Kabbalisten eine menschliche Figur aus Erde oder Ton, schreiben einen der geheimen Namen Gottes auf eine Schriftrolle und platzieren sie in einem Hohlraum im Kopf des Golems. Nachdem sie den entsprechenden Code geschrieben haben, erwacht der Golem zum Leben. Die kryptische Symbolik des Frankenstein-Monsters besagt, dass weise Mystiker, Vermittler von Weisheit, die die großen Geheimnisse des Universums nutzen, den toten und hinfälligen Ideen der alten Welt neues Leben einhauchen sollen"'.

Der bekannte jüdische Schriftsteller Bernard Lazare schrieb in seinem Werk *L'Antisemitisme* (1894), dass Weishaupt von überwiegend jüdischen Kabalisten umgeben war. Aus beschlagnahmten Dokumenten geht eindeutig hervor, dass die Hälfte der Illuminaten in wichtigen Positionen Juden waren, ein Anteil, der mit steigendem Rang zunimmt. Wie die Zeitschrift *La Vieille France* in ihrer Ausgabe vom 31. März 1921 berichtete, gab es vier besonders wichtige Juden in der Führung der bayerischen Illuminaten: Naphtali Herz, Moses Mendelssohn, Isaac Daniel von Itzig (Bankier) und sein Schwiegersohn David Friedländer. Sowohl Itzig als auch Friedländer waren prominente Frankisten. Es ist von Interesse, dass die Itzigs Preußen mit Silber für die Münzprägung versorgten. Rabbi Antelman zeichnet in seinem oben erwähnten Werk die aufeinanderfolgenden Ehen dieser Familie aufgeklärter Frankisten nach, um die politischen Intrigen dieser Elite aufzuzeigen, deren Strategie der Verbindung untereinander eine Schlüsselrolle bei ihrer Machtübernahme spielte.

Zwischen 1773 und 1775 war Weishaupt nach Frankreich gereist, wo er mit zwei Freimaurern befreundet war, nämlich mit Maximilien Robespierre, der 1794 auf der Guillotine enden sollte, nachdem er es gewagt hatte, die Verschwörung der Illuminaten anzuprangern, und mit dem Marquis de Lafayette, der später in die Amerikanische Revolution eingreifen und in den ersten drei Jahren der Revolution in Frankreich eine wichtige Rolle spielen sollte. Lafayette beschuldigte auch öffentlich die Sekte, wie wir weiter unten sehen werden. 1777, fast zwei Jahre nach der Gründung des Bayerischen Illuminatenordens, wurde Weishaupt Freimaurer und trat durch seine Freundschaft mit dem protestantischen Baron Adolph Franz Friedrich Ludwig von Knigge der Münchner Loge Theodore of Good Counsel bei. Zweifellos dienten all diese Erfahrungen dazu, die Freimaurerei mit dem Programm der bayerischen Aufklärung zu durchdringen, denn bereits 1778 gab Weishaupt seinen Plan bekannt, die beiden Gesellschaften zu verschmelzen.

Dreizehn Mitglieder bilden den Obersten Rat des Illuminatenordens, der das Exekutivorgan des Konzils der Dreiunddreißig ist. Der Oberste Rat beschließt, dass die Ingolstädter Loge die Kampagne zur Durchdringung der kontinentalen Freimaurerei durch ihre Agenten oder Zellen organisieren soll, die sogar neue Logen gründen können, um zu missionieren und Kontakt zu wohlhabenden oder etablierten Nicht-Juden in Kirche und Staat aufzunehmen. Die in Frankreich gegründeten Logen mussten sich dem Grand Orient anschließen, in dem fast alle Logen des Landes zusammengeschlossen waren und dessen Großmeister der Herzog von Orleans, ein Cousin von König Ludwig XVI, war. Das Ereignis, das einen Wendepunkt in der Verwirklichung des Ziels der Kontrolle der Freimaurerei markieren sollte, war der Wilhelmsbader Kongress.

Mirabeau

Zu den bemerkenswerten Kontakten, die er knüpfte, gehörte Honoré-Gabriel Riquetti, Graf de Mirabeau (1749-1791), der nach dem Tod seines Vaters 1789 der vierte Marquis de Mirabeau wurde. Einige kurze biografische Angaben helfen uns, seine Rekrutierung durch die Agenten Weishaupts zu verstehen. Honoré-Gabriels schlechtes Verhältnis zu seinem Vater, dem dritten Marquis, prägte sein Leben. Als er 1767 in die Armee eintrat, weigerte sich sein Vater, ihm einen Auftrag zu erteilen, und er begann, Schulden anzuhäufen. Nach einer Intrige mit der Mätresse seines Obersts wurde er verhaftet und eingesperrt. Dennoch wurde er 1771 am Hof von Versailles empfangen, den er jedoch nach einem schweren Streit mit seinem Vater wieder verließ. Im Jahr 1772 heiratete er Emilie de Marignane, die Tochter des Marquis de Marignane, ohne Mitgift. In der Hoffnung, nach dem Tod von Emilies Stiefmutter zu erben, verschuldete er sich in skandalöser Weise, woraufhin sein Vater ein Verbotsverfahren gegen ihn anstrengte und er erneut im Gefängnis landete. Als er seine Freiheit wiedererlangte, lieferte er sich ein Duell mit einem Adligen aus Grasse und landete, wiederum verfolgt von seinem Vater, in der Festung von Joux in halber Freiheit. Bald wird er vom Charme der Marquise Sophie de Monnier gefangen genommen, einer jungen Frau, die mit einem fünfzigjährigen Mann verheiratet ist und der er nach Dijon folgt, als sie ihren Mann verlässt. Dort wurde er verhaftet. Sein Vater beantragt, dass er in Lyon interniert wird. Nach vielen Wechselfällen schiffte er sich nach Holland ein und wurde von den Mitgliedern der Loge „La Bien Amada" in Amsterdam aufgenommen, wo er einen *Plan zur Reorganisation der Freimaurerei* verfasste, in dem er von der Aufnahme unbedeutender und kaufkräftiger Personen abriet. Nach einem heftigen Streit mit seinem Vater wurde Mirabeau von der Justiz von Pontarlier zum Tode verurteilt und musste wegen „Entführung" eine Geldstrafe von 40.000 Livres an den Marquis de Monnier zahlen. Die arme Sophie wurde zu lebenslanger Haft in einer Strafanstalt verurteilt und ihr Ehevertrag wurde annulliert. Mirabeau entging nur knapp der Hinrichtung dank einer Auslieferung, die zu einer erneuten Inhaftierung führte. Schließlich erwirkt er 1782 durch „Transaktionen" mit Monnier die Aufhebung der Verurteilung Pontarliers. Ein Jahr später verklagt er seine Frau, die schließlich ein großes Vermögen geerbt hat, wegen

Verlassen der ehelichen Wohnung. Zu seinem Pech wurde die Klage abgewiesen.

Es ist verständlich, dass Leute wie Mirabeau eine ideale Beute für die Agenten Weishaupts waren. Wann Mirabeau von den Illuminaten angeworben wurde, ist nicht leicht zu sagen, denn in dem oben geschilderten Strudel von Ereignissen wird seine Flucht und seine Reisen ins Ausland nicht erwähnt: Amsterdam, Genf, Potsdam, Wien und Berlin, wohin ihn Minister Calonne in offizieller Mission geschickt hatte, die für viel Gesprächsstoff sorgte. Auf jeden Fall ist sicher, dass Mirabeau dem Orden angehörte und den Anführer kannte. John Robison, dessen *Proofs of a Conspiracy Against All the Religions and Governments of Europe (Beweise für eine Verschwörung gegen alle Religionen und Regierungen Europas)* weiter unten besprochen wird, macht deutlich, dass Weishaupt selbst ihn beobachtete und dass er schließlich beschloss, über einen Oberstleutnant namens Mauvillon, der in den Diensten des Herzogs von Braunschweig stand, Kontakt zu ihm aufzunehmen. Robison erklärt, dass Mirabeau dreist ein Pamphlet mit zweideutigen Absichten veröffentlichte, *Essai sur la secte des illuminés (Essay über die Sekte der Illuminaten)*, in dem er anscheinend nicht wusste, worauf er sich eingelassen hatte, denn er bezeichnet die Illuminaten rücksichtslos als absurde Fanatiker voller Aberglauben und kommentiert sogar einige der Rituale und Zeremonien des Ordens. In dem Essay zeigt er sogar, dass er von Weishaupts Absicht, die Logen zu infiltrieren, und von seinen Motiven wusste. In einem anderen umstrittenen Werk, das ihm auch in Deutschland Feinde einbrachte, der *Geheimen Geschichte des Berliner Hofes*, nimmt er Bezug auf Weishaupt und die Illuminaten und sagt: „Die Loge Theodore of Good Counsel in München, in der es ein paar Männer mit Kopf und Herz gab, war es leid, den eitlen Versprechungen und Streitereien der Freimaurerei ausgeliefert zu sein. Die Anführer beschlossen, ihr einen weiteren Geheimbund aufzupfropfen, dem sie den Namen „Illuminatenorden" gaben. Als Vorbild diente ihnen die Gesellschaft Jesu, obwohl ihre Ziele diametral entgegengesetzt waren." Diese Worte von Mirabeau lassen vermuten, dass er praktisch von Anfang an wusste, was vorbereitet wurde, denn er wusste, dass die Absicht der Geheimgesellschaft darin bestand, die Kontrolle über die Freimaurerei zu erlangen und sie zu benutzen, um die Revolution durch sie anzuzetteln und zu steuern. Dank der später von der bayerischen Polizei beschlagnahmten Dokumente wurde bekannt, dass Mirabeaus geheimer Name im Orden zunächst Arcesilas und später Leonidas war. Es ist wahrscheinlich, dass Mirabeau aus Verbitterung über die sozialen Probleme, die er erlebt hatte, und vielleicht auch aus Rache den Eid des uneingeschränkten Gehorsams bei Todesstrafe leistete.

Der Oberste Rat des Ordens muss der Ansicht gewesen sein, dass Mirabeau ihnen bei der Verwirklichung ihrer Ziele von großem Nutzen sein konnte: Er gehörte dem Adel an, kannte die höfischen Kreise, war ein außerordentlicher Redner und war mit Louis Philippe Joseph, einem der reichsten Männer Frankreichs, eng befreundet, der bis zu seinem fünften Lebensjahr Herzog von Montpensier und dann bis 1785, als sein Vater starb und er schließlich Herzog von Orléans wurde, Herzog von Chartres gewesen war.

Der Herzog von Chartres hatte am 5. April 1772 ein Dokument unterzeichnet, in dem er die Proklamation „zum Großmeister aller schottischen Räte, Kapitel und Logen des großen Erdballs von Frankreich" annahm, ein Amt, das Seine Durchlaucht aus Liebe zur königlichen Kunst und um alle freimaurerischen Aktivitäten unter einer einzigen Autorität zu bündeln, anzunehmen sich bereit erklärt hatte. Louis-Philippe d'Orléans (1747-1793) war als Anführer der Revolution in Frankreich auserkoren worden, und Mirabeau war der ideale Verbindungsmann. Unter dem Vorwand der Freundschaft und Bewunderung boten Agenten der kreditgebenden Bankiers, die die Aufklärung finanzierten, Mirabeau Hilfe an, um ihn aus finanziellen Schwierigkeiten zu befreien. Als sie ihn in ihrer Gewalt hatten, wurde er Moses Ben Mendel vorgestellt, der seinen Namen eingedeutscht hatte und sich Moses Mendelssohn (1729-1786) nannte, der sein Mentor wurde. So sehr, dass Mirabeau kurz nach seinem Tod im Jahr 1787 eine Denkschrift über *Moses Mendelssohn und die politische Reform der Juden* veröffentlichte. Vielleicht war es Mendelssohn selbst, der ihn mit Henrietta de Lemos bekannt machte, der Frau von Dr. Herz, einer Jüdin sephardischer Herkunft, die für ihre Schönheit und ihren persönlichen Charme berühmt war. Die Tatsache, dass diese attraktive Frau verheiratet war, machte sie für einen Mann wie Mirabeau noch interessanter und begehrenswerter. Madame Herz unterhielt ihre Freunde in offenen Salons in Berlin, Paris und Wien. Schüler von Moses Mendelssohn, die Teil der Verschwörung waren, besuchten sie.

In „*Im Zeichen des Skorpions*" schreibt Jüri Lina Moses Mendelssohn eine grosse Bedeutung innerhalb des Illuminatenordens zu. Ihm zufolge war Mendelssohn „Weishaupts unsichtbarer Führer". Er hatte 1776 die Haskala-Bewegung gegründet (auf die Bedeutung dieser Bewegung wird in einem anderen Kapitel näher eingegangen), deren vorgebliches Ziel es war, das Judentum zu modernisieren, damit die Menschen die Juden akzeptierten, wenn sie den Talmudismus aufgaben und sich der westlichen Kultur anpassten. Das Buch, das Mirabeau über seinen politischen Reformplan schrieb, sollte gleichzeitig die Figur Mendelssohns verankern, der laut Lina und anderen Autoren der Führer der Illuminaten in Berlin war. Während Mendelssohn offiziell die Assimilation predigte, ermutigte er insgeheim seine Glaubensgenossen weiterhin, den talmudischen Rassenglauben ihrer Väter treu zu bewahren.

Alles deutet darauf hin, dass Mirabeaus wichtigste Aufgabe darin bestand, den Herzog von Orleans, den Großmeister der französischen Freimaurerei, der sich später Philippe Egalité (Philippe Gleichheit) nennen sollte, davon zu überzeugen, die Führung der revolutionären Bewegung in Frankreich zu übernehmen. Es wurde davon ausgegangen, dass der König, sobald er zur Abdankung gezwungen war, zum demokratischen Herrscher der Nation werden würde. Hinzu kommt, dass Louis-Philippe d'Orléans 1780 ebenfalls hoch verschuldet war und dass seine Schulden trotz seiner Skrupellosigkeit bei den ihm angebotenen Geschäften immer weiter wuchsen. Bankiers und Geldverleiher hatten ihm ebenfalls Ratschläge und finanzielle Hilfe angeboten. Um ihre Kredite abzusichern, verlangten sie von ihm natürlich seine Besitztümer (Ländereien, Paläste, Häuser und den Palais Royal) als Sicherheit. Der Herzog von Orleans unterzeichnete sogar einen Vertrag mit seinen jüdischen Geldgebern, in dem diese ermächtigt wurden, seine Besitztümer oder Ländereien zu verwalten, um ihm die Mittel zu sichern, die er brauchte, um seinen finanziellen Verpflichtungen nachzukommen und gleichzeitig angemessen zu leben. Eustace Mullins (*The Curse of Canaan*) und William Guy Carr (*Pawns in the game*) berichten übereinstimmend, dass Choderlos de Laclos, Autor von *Les Liaisons Dangereuses*, mit der Verwaltung des Palais Royal und der Ländereien des Herzogs von Orleans beauftragt wurde. Laclos ließ einen Juden aus Palermo, den berühmten Cagliostro (Giuseppe Balsamo), der einen gewissen Altotas zu seinem kabbalistischen Meister gemacht hatte, der einigen Autoren zufolge derselbe war, der Weishaupt, d. h. Kölmer, eingeweiht hatte, nach Paris reisen, um ihm zu helfen. Cagliostro war der Großmeister der Rosenkreuzer-Ritter von Malta. Mullins und Guy zufolge verwandelten sie den Palast gemeinsam in „eines der schönsten Bordelle der Welt" und nutzten ihn als Hauptquartier für revolutionäre Propaganda. Tausende von aufrührerischen Pamphleten wurden dort gedruckt und überschwemmten Paris. Als die Revolution ausbrach, wurde der Palast zum Zentrum des Geschehens. Hippolyte Taine berichtet in seiner *Geschichte der Französischen Revolution*, dass die Aufwiegler dort ständig tagten: „Das Palais Royal ist ein Club unter freiem Himmel, in dem sich die Aufwiegler Tag und Nacht gegenseitig erregen und die Menge zu Gewaltausbrüchen provozieren. Im Schutz der Privilegien des Hauses Orleans traut sich die Polizei nicht in das Gebäude. [...] Der Palast, ein Zentrum der Prostitution, des Glücksspiels, des Vergnügens und der Pamphletierung, zieht die gesamte entwurzelte Bevölkerung an, die sich in der großen Stadt ohne Heimat und Beschäftigung bewegt".

In *Memoires pour servir à l'Histoire du Jacobinisme* behauptet der Abbe Augustin Barruel ebenfalls, dass Mirabeau den Illuminaten angehörte. Barruel behauptet, dass Mirabeau und Charles -Maurice de Talleyrand-Périgord, die die Loge „Amis Reunis" leiteten, 1788 an ihre Brüder in Deutschland schrieben und sie um Hilfe und Anleitung baten. Der unermüdliche Talleyrand, auch bekannt als „le diable boiteaux" (der lahme Teufel), sollte Napoleons Entdecker sein, und er war es auch, der ihm den Kontakt zu Mayer Amschel Rothschild vermittelte. Zwei führende Sektierer des Ordens, Bode, genannt Amelius, und Baron de Busche, alias Bayardo, reisten nach Frankreich, um ihnen bei der Einführung des Illuminismus in den Logen ihres Landes zu helfen. Barruel berichtet, dass die Abgesandten von Weishaupt in der Loge der „Amis Réunis", in der die Mitglieder aller Freimaurerlogen Frankreichs versammelt waren, die Geheimnisse des Illuminismus bekannt machten. Er bestätigt damit, dass, ohne dass die Freimaurer im Allgemeinen auch nur den Namen der Sekte kannten, da nur eine kleine Zahl in die wahren Geheimnisse eingeweiht worden war, bis Anfang 1789 die zweihundertsechsundsechzig Logen, die dem Großorient unterstanden, aufgeklärt worden waren.

Der Wilhelmsbader Kongress

Nesta Webster zufolge ist die Bedeutung des Wilhelmsbader Kongresses für das Verständnis der historischen Entwicklung von den Historikern nie richtig gewürdigt worden. Auf dem Wilhelmsbader Kongress, der in einem Kloster bei Hanau in Hessen stattfand, wurde das Bündnis zwischen Aufklärung und Freimaurerei endgültig besiegelt. Jüri Lina stellt in *„Im Zeichen des Skorpions"* fest, dass sich die Räumlichkeiten des Kongresses tatsächlich in einem Schloss befanden, das Mayer Amschel Rothschild gehörte. An dem Kongress, der am 16. Juli 1782 eröffnet wurde und Anfang September endete, nahmen Vertreter von Geheimgesellschaften aus der ganzen Welt teil, die sich in drei Hauptströmungen gruppierten: Martinisten, Freimaurer und Illuminaten. Ein portugiesischer Jude namens Martinez Pasqualis soll 1754 den Geheimbund der Martinisten gegründet haben, der auf einem vom judaisierenden Christentum und griechisch-östlichen Philosophien inspirierten System beruht. Nach Ansicht von Nesta Webster hatte sich die Sekte in zwei Zweige gespalten: die Anhänger des Heiligen Martin, von dem sich der Name ableitet, und eine revolutionärere Gruppe, die in Paris die Loge Philalethes gegründet hatte. Der Heilige Martin erwähnt in seinem 1775 erschienenen Buch *Des erreurs et de la verité (Über Irrtümer und Wahrheit)* die Formel „Freiheit, Gleichheit, Brüderlichkeit" und betrachtet sie als „die heilige Trias". David Livingstone bekräftigt diese These in seinem Buch *Terrorism and the Illuminati (Der Terrorismus und die Illuminaten)*, indem er sagt, dass Pasqualis ein jüdischer Mystiker war, von dem bekannt ist, dass er eine Bewegung namens *Ordre des Chevaliers Maçons Elus-Coën de L'Univers (Orden der auserwählten Freimaurerpriester des Universums)* organisiert hat. Laut Livingstone wurde das Werk Pasqualis von seinem Schüler Louis-Claude de Saint Martin weitergeführt, der später den Orden der Martinisten gründete.

In Wilhelmsbad tauchten bald Ideen zur Emanzipation der Juden auf. Im August 1781 hatte Christian Wilhelm von Dohm (1751-1820) unter dem Einfluss von Moses Mendelssohn *die Schrift Über die Verbesserung der bürgerlichen Zustände der Juden* veröffentlicht, ein Werk von großem Einfluss auf die revolutionäre Bewegung, das, so der jüdische Historiker Heinrich Graetz, „die Christen als grausame Barbaren und die Juden als glorreiche Märtyrer" bezeichnete. Dohm, ein regelmäßiger Besucher der Salons von Henrietta de Lemos, wo er mit Mirabeau befreundet war, demonstrierte mit diesem Werk die Existenz eines umfassenden Projekts zugunsten des Judentums. Ebenfalls 1781 hatte der preußische Baron Jean Baptiste Cloots (Anacarsis), ein aufgeklärter Mann jüdischer Herkunft, der sich selbst zum „persönlichen Feind Christi" erklärt hatte und den Robespierre hatte enthaupten lassen, eine prosemitische Broschüre mit dem Titel *Briefe über die Juden* veröffentlicht. Die erste Folge dieser Propaganda zugunsten der Juden war ihre sofortige Aufnahme in alle Logen.

Die bayerischen Illuminaten wussten sehr gut, wie sie auf dem Kongress zu manövrieren hatten, denn sie waren die einzigen, die mit einem vorgefassten Plan zum Kongress gekommen waren, um die Kontrolle über die Freimaurerei zu übernehmen. Cushman Cunningham vertritt in *The Secret Empire* die Auffassung, dass die europäische Freimaurerei nach 1782 von den Illuminaten beherrscht wurde. Ein bemerkenswerter Rekrut in Wilhelmsbad war Herzog Ferdinand von Braunschweig, Großmeister der deutschen Freimaurerei, genannt Isch Zadik (gerechter Mann), obwohl er später bereute. Eine weitere Persönlichkeit, die ihre Zugehörigkeit zu den Illuminaten bestätigte, war Prinz Karl von Hessen-Kassel, der zusammen mit Daniel Itzig, dem fränkischen Bankier aus Berlin, der prominenteste Anführer der Asiatischen Brüder oder des Asiatischen Ordens war, dessen voller Name „Die Brüder St. Johannes des Evangelisten aus Asien in Europa" ( ) lautete und der sich hauptsächlich aus Juden, Türken, Persern und Armeniern zusammensetzte. Vier der Illuminaten-Logen in Wien gehörten dem Asiatischen Orden an, der auch als Abraham-Orden bekannt ist. Laut Rabbiner Marvin S. Antelman war ein Schlüsselmann für die Verbindung zwischen den Illuminaten, den Jakobiten und dem Asiatischen Orden der Frankist Moses Dobrushka (1753-1794), Cousin zweiten Grades von Jacob Frank, alias Schönfeld, alias ben Joseph, alias Junius Frey, der 1780-81 zu den Gründern des Asiatischen Ordens in Wien gehörte.

Im ersten Band von *To Eliminate the Opiate* schreibt Rabbi Antelman unter Berufung auf Stanley Loomis' *Paris in the Terror* und Jacob Katz' *Jews and Freemasons in Europe 1723-1939* die Gründung des Asiatischen Ordens dem Frankisten Moses Dobruschka zu. Dobruschka, der mit Jacob Frank verwandt war, folgte dem Beispiel des Sektenführers und konvertierte 1775 zum Katholizismus, um am Hof Josephs II. von Österreich Karriere zu machen, wo er den Namen Franz Thomas von Schönfeld annahm. Als Freimaurer nannte er sich Isaac ben Joseph. Später schloss er sich unter dem Namen Junius Frey der Französischen Revolution an und war ein glühender Jakobiner. Er wurde der Spionage und des Dienstes für die Ostindien-Kompanie beschuldigt und schließlich 1794 zusammen mit den Dantonisten guillotiniert. Ein nahezu maßgebliches Buch über Jacob Frank und seinen Verwandten Moses Dobruschka ist *Le Messie Militant ou la Fuite du Ghetto* (*Der militante Messias oder die Flucht aus dem Ghetto*) von Arthur Mandel. In diesem bahnbrechenden Werk wird der Werdegang von Dobruschka-Schönfeld-Frey, dem Sohn eines Cousins von Jacob Frank namens Schindel Hirschel, ausführlich beschrieben. Jacob Frank kam mit ihnen in Kontakt, als er nach Brünn zog, nachdem er zunächst bei seiner Cousine gewohnt hatte, die der ultraorthodoxe Rabbiner Jacob Endem „diese große Hure aus Brünn" („cette grosse putain de Brünn") nennt. In diesem Werk wird vollständig bestätigt, dass Dobruschka unter dem Namen Franz Thomas von Schönfeld als einer der Gründer des asiatischen Ordens aufgeführt wird. Seine Rolle war von größter Bedeutung, denn er war es, der die in Hebräisch und Chaldäisch verfassten Originaltexte übersetzte, aus denen die östlichen und kabbalistischen Mysterien stammten, die einige der Adligen so verblüfften. Die Leitung des Ordens nach dem Kongress von Wilhelmsbad wurde von einem Sanhedrin ausgeübt, dem der Bankier Daniel Itzig und Karl von Hessen angehörten. Unterhalb dieses allmächtigen Sanhedrins befand sich das Generalkapitel. Karl von Hessen, im Orden Ben Our Ben Mizram genannt, war der Bruder von Wilhelm (1743-1821), der ab 1785 unter dem Namen Wilhelm IX. Landgraf von Hessen-Kassel und von 1803 bis 1821 unter dem Namen Wilhelm I. Kurfürst von Hessen-Kassel war. Die

Rothschilds verdanken ihre absolute Vormachtstellung in der Welt der Finanzen und des Bankwesens ihrer Beziehung zu Wilhelm IX. Dies wird im nächsten Kapitel erläutert.

Nesta Webster erklärt, wie sich die Aufklärung nach dem Wilhelmsbader Kongress in ganz Deutschland ausbreitete: „Die Eichstädter Loge erleuchtete Bayreuth und andere Reichsstädte. Berlin erleuchtete die Provinzen Brandenburg und Pommern. Frankfurt erleuchtete Hannover, usw. Alle diese Sektionen wurden von Weishaupt geleitet, der von der Münchner Loge aus alle Fäden der Verschwörung in der Hand hielt." Die Professoren Cossandey und Renner, die wegen der Beschlagnahme von Dokumenten, die das Komplott aufdeckten, durch die bayerische Polizei zur Aussage gezwungen wurden, sagten im April 1785 in München aus, dass „alle Illuminaten Freimaurer waren, aber keineswegs alle Freimaurer Illuminaten". Professor Renner gestand vor Gericht, dass „die Illuminaten nichts so sehr fürchteten, als unter diesem Namen bekannt zu werden." Das lag daran, dass denjenigen, die das Geheimnis nicht wahrten, schreckliche Strafen angedroht wurden.

Zu den wichtigen Entscheidungen, die in Wilhelmsbad getroffen wurden, gehörte der Beschluss, den Sitz der aufgeklärten Freimaurerei nach Frankfurt zu verlegen, wo die prominentesten Mitglieder der jüdischen Finanzwelt lebten: Rothschild, Oppenheimer, Wertheimer, Speyer, Stern. Eustace Mullins erwähnt als Mitglieder der Frankfurter Loge im Jahr 1811 Sigismund Geisenheimer, den Verwaltungschef des Hauses Rothschild, die Bankiers Adler, Speyer, Hanauer, Goldschmidt und Zevi Hirsch Kalisher (1795-1874), einen der Pioniere des Zionismus, der später Oberrabbiner von Frankfurt werden sollte. Niall Ferguson fügt in seinem Buch *The House of Rothschild* hinzu, dass Salomon Rothschild selbst, der zweite Sohn von Mayer Amschel, an den Sitzungen teilnahm. Es mag überraschen, dass Zevi Hirsch Kalisher 1811, im Alter von sechzehn Jahren, bereits an den Logensitzungen teilnahm, aber es ist glaubwürdig. Auf jeden Fall gelten sein *Drishal Zion* (*Die Suche nach Zion*) und Moses Hess' *Rom und Jerusalem* als die beiden Vorläuferbücher des Zionismus, die im vierten Kapitel dieser Arbeit behandelt werden. In *Die Weltrevolution* stellt Nesta Webster, die wiederum A. Cowans *The X-Rays in Freemasonry* and the *Israelite Archives* zitiert, fest, dass der gigantische Plan der Weltrevolution in der Hauptloge in Frankfurt, dem Hauptsitz der Rothschilds, ausgeführt wurde, und dass dort anlässlich des Freimaurerkongresses von 1786 schließlich der Tod von Ludwig XVI. und Gustav III. sowie die Schaffung der republikanischen Nationalgarde zum Schutz des neuen Regimes beschlossen wurde. Jüri Lina fügt hinzu, dass auch die Ermordung von Kaiser Leopold II. von Österreich, dem Bruder der französischen Königin Marie Antoinette, der am 1. März 1792 von dem Juden Martinowitz vergiftet wurde, beschlossen wurde, so der estnische Autor.

Gustav III. von Schweden, der Freimaurer war, wurde tatsächlich ermordet: Er wurde von einem anderen Freimaurer, Jacob Johan Anckarström, am 16. März 1792 im Königlichen Theater in Stockholm erschossen. Verdis Oper *Un ballo in maschera* basiert auf diesem Verbrechen. Gustav III., ein Verbündeter des französischen Königshauses, plante, die Jakobiner zu bekämpfen, indem er eine Koalition der europäischen Monarchien organisierte. König Ludwig XVI. wurde bekanntlich am 21. Januar 1793 guillotiniert.

Die aufgedeckte Verschwörung

Die ersten Enthüllungen über die Existenz des Bayerischen Illuminatenordens stammen aus dem Jahr 1783. Johann Baptist Strobl, ein Münchner Buchhändler, der als Kandidat abgelehnt worden war, erstattete die erste Anzeige. Weishaupt beschuldigte ihn, ein uninformierter Verleumder zu sein; aber noch im selben Jahr schlugen laut einer schwedischen Publikation (*Anleitung für Freimaurer*), die 1906 in Stockholm veröffentlicht und in *Unter dem Zeichen des Skorpions* zitiert wurde, auch Professor Westenrieder, Herzogin Maria Anna und Professor Utzschneider, die die Sekte verlassen hatten, Alarm.

Auch eine Persönlichkeit innerhalb der Illuminaten, Freiherr von Knigge, alias Philo, der der Organisation 1780 beigetreten war und zu einer der Schlüsselfiguren bei Weishaupts Versuchen, die Freimaurerei zu unterwandern, geworden war, geriet mit dem Führer aneinander und verließ die Organisation vorübergehend, trat ihr aber später wieder bei. Knigge hatte mit Weishaupt einen Pakt geschlossen, wonach die Illuminaten die ersten drei Grade der Freimaurerei erhalten sollten, aber er konnte Weishaupt nicht dazu bringen, eines seiner Geheimnisse preiszugeben. Am 20. Januar 1783 schrieb er an Cato, den Anwalt mit dem geheimen Namen Zwack: „Die Ursache unserer Spaltungen ist der Jesuitismus von Weishaupt und die Tyrannei, die er über Menschen ausübt, die vielleicht nicht so viel Phantasie und Gerissenheit haben wie er. [...] Ich erkläre, dass mich nichts dazu bringen kann, mit Spartacus (Weishaupt) so umzugehen, wie ich es früher getan habe". Später, vielleicht schon 1784, bestätigte ein weiterer Brief Philos an Cato, dass sich die Beziehungen zu Spartacus verschlechtert hatten: „Ich verabscheue Perfidie und Bosheit, und deshalb überlasse ich ihn und seinen Orden der Schlinge."

Im Jahr 1784 zählte der Orden mehr als dreitausend Mitglieder, die über ganz Europa verstreut waren, und es war absehbar, dass einige von ihnen beschlossen, sich zurückzuziehen. Zu ihnen gehörten die Professoren Grünberg, Renner, Cossandey und Utzschneider von der Marienakademie in München, deren Aussagen keinen Zweifel an der teuflischen Natur des Illuminismus ließen. Die Firma des Buchhändlers Strobl begann, polemische Artikel zu veröffentlichen, die sich gegen die Illuminaten richteten. Jüri Lina nennt als Beispiel eine dieser Schriften mit dem Titel *Babo, Gemälde aus dem menschlichen Leben*. Dies fiel zusammen mit dem Regierungsantritt von Herzog Karl Philipp Theodor, einem eher patriotischen und konservativen Regenten, der am 22. Juni 1784 alle Geheimbünde verbot.

Das im Jahr 2000 in Moskau erschienene Buch „*Die Brüder der Nacht*" von Gräfin Sofia Toll ist die Quelle, die Jüri Lina in ihrem Buch für die nachstehenden Informationen anführt. Alle Quellen spielen auf den Blitz an, der den Illuminaten-Postreiter 1785 in Regensburg getroffen hat, aber keine von ihnen nennt Details. Schauen wir uns diese neuen Details an. Am 11. Februar

1785 war Weishaupt seines Amtes enthoben und ihm der Aufenthalt in Ingolstadt verboten worden. Gleichzeitig wurde der Universität mitgeteilt, dass er verhaftet werden solle. Am 16. desselben Monats tauchte er unter und wurde von seinem aufgeklärten Bruder Joseph Martin, der Schlosser war, versteckt. Einige Tage später floh er als Handwerker verkleidet von Ingolstadt nach Nürnberg. Dort blieb er für kurze Zeit und reiste dann in die freie Stadt Regensburg, wo er seine Arbeit fortsetzte. Im Laufe der Ermittlungen kamen immer mehr Beweise gegen die Illuminaten ans Licht, die ihre Aktivitäten trotz des Verbots fortsetzten. Am 2. März wurde daher ein neues Dekret erlassen, das es ermöglichte, das Vermögen des Illuminatenordens zu beschlagnahmen. Das Schicksal wollte es, dass am 20. Juli 1785 ein Ereignis eintrat, das die Polizei endgültig auf die Spur brachte. Der Priester Jakob Lanz, ein Kurier des Ordens, der nach Berlin und Schlesien reisen wollte, wurde in Regensburg von einem Blitz getroffen und starb. Alles deutet darauf hin, dass Weishaupt, der sich in der Stadt versteckt hielt, und Lanz sich gesehen hatten und Lanz Anweisungen von seinem Anführer erhalten hatte. In Lanz' Kleidung wurden kompromittierende Papiere und eine Namensliste eingenäht gefunden. Die örtliche Polizei durchsuchte daraufhin das Haus des Pfarrers und entdeckte weitere wichtige Dokumente, darunter an den Großmeister des Großorient adressierte Anweisungen für die Revolution in Frankreich. Alles wurde den bayerischen Behörden übergeben,, die am 4. August 1785 ein neues Verbot der Geheimgesellschaften erließen. Am 31. desselben Monats ordneten sie Weishaupts Verhaftung an und setzten in Bayern sogar ein Kopfgeld auf ihn aus. Weishaupt floh nach Gotha, wo der aufgeklärte Ernest, Großherzog von Sachsen-Gotha, ihm den Titel eines Geheimen Rates verlieh und ihn in seinem Refugium bis zu seinem Tod am 18. November 1830 schützen konnte. Eine Büste von Weishaupt ist im Germanischen Museum in Nürnberg ausgestellt.

Jüri Lina stellt in seinem Buch fest, dass er im Sommer 1986 im Ingolstädter Archiv arbeitete und einige der mit dem Fall zusammenhängenden Dokumente sorgfältig studieren konnte. Sie fand heraus, dass die Suche nach anderen wichtigen Mitgliedern des Ordens nur langsam vorankam. Die in Lanz' Haus gefundenen Papiere waren kompromittierend für Dr. Franz Xaver Zwack, Cato, dessen Haus in Landshut, in dem die Illuminaten wichtige Dokumente aufbewahrten, am 11. und 12. Oktober 1786 durchsucht wurde. Im Jahr 1787 wurde auch das Schloss des Barons Bassus, Hannibal, polizeilich durchsucht. Dort wurden weitere Papiere beschlagnahmt, die sich auf die Verschwörung der bayerischen Illuminaten bezogen, in denen Pläne für eine von Geheimbünden durchgeführte Weltrevolution dargelegt wurden. Die in Landshut und im Schloss von Baron Bassus gefundene private Korrespondenz wurde ein Jahrzehnt später von dem schottischen Professor John Robison veröffentlicht und kommentiert. Wir werden im Folgenden Gelegenheit haben, sie zu prüfen

Unter den Texten und Dokumenten, die in jenen Jahren über die Illuminaten veröffentlicht wurden, ragen zwei Bücher aus dem Jahr 1786 heraus: *Drei merkwürdige Aussagen*, die die Aussagen der Professoren Grünberg, Cossandey und Rener enthalten, und *Große Absichten des Ordens der Illuminaten*, mit dem Zeugnis von Professor Joseph Utzschneider. Auch der

Kurfürst von Bayern, Karl Theodor, ließ 1787 zwei Werke drucken, die die beschlagnahmten Geheimdokumente enthielten: *Einige Originalschrifften des Illuminaten-Ordens* und *Nachtrag von weiten Originalschrifften (Supplement of New Original Documents)*. Schließlich veröffentlichte auch der Buchhändler Johann Baptist Strobl 1787 eine neue Sammlung von Dokumenten über die Illuminaten. Diese Bücher wurden von den bayerischen Behörden an die Regierungen in Paris, London, St. Petersburg und anderen Orten gesandt, aber erst als es zu spät war, wurden sie ernst genommen.

In Ingolstadt und München sind die Dokumente daher für jeden zugänglich, der sie sehen möchte. Die Existenz einer mächtigen Geheimorganisation, die eine Weltrevolution zur Abschaffung aller Religionen und aller Regierungen plante, ist unbestreitbar. Es liegt auf der Hand, dass Geheimbünde nicht per Dekret unterdrückt werden können. Deshalb tauchten die Verschwörer, nachdem sie entdeckt worden waren, unter und verschwanden scheinbar, obwohl ihr Plan bestehen blieb, wie wir im weiteren Verlauf sehen werden. Die grundlegenden Ziele der bayerischen Illuminaten waren folgende: 1. Abschaffung aller bestehenden Regierungen. Abschaffung des Privateigentums. 3. 3. die Abschaffung der Vererbung. 4. die Abschaffung jeglicher Religion. Abschaffung des Patriotismus. 6. 6. die Abschaffung der Familie. 7. die Schaffung einer neuen Weltordnung oder Weltregierung. Man muss nicht sehr misstrauisch sein, um zu bemerken, dass diese Punkte 1848 im *Kommunistischen Manifest* wieder auftauchen, das von dem Juden Karl Marx, einem Freimaurer 31. Grades, im Namen des Bundes der Gerechten verfasst wurde, einer von den Illuminaten gesponserten Geheimgesellschaft, aus der die Kommunistische Partei hervorging. Dieselben Punkte waren 1917 das Ziel der Internationalisten, die das Programm in der UdSSR umsetzten. Heute ist das Ziel der „Neuen Weltordnung" (Novus Ordo Seclorum) das höchste Ziel der Bankiers, die die wirkliche Macht in der Welt besitzen. Paul Warburg, der zionistische Bankier, der das Projekt der Federal Reserve entworfen hat, drückte es am 17. Februar 1950 in einer Aussage vor dem US-Senat so aus: „Wir werden eine Weltregierung haben, ob es Ihnen gefällt oder nicht. Die einzige Frage ist, ob diese Regierung durch Eroberung oder Zustimmung erreicht wird" („We will have a world government whether you like it or not. Die einzige Frage ist, ob sie durch Zugeständnisse oder durch Zwang zustande kommt").

Kann jemand glauben, dass ein so gigantischer Plan, der Plan der Weltrevolution, im Kopf eines einzigen Mannes entstehen konnte, der zudem praktisch unbekannt geblieben ist? Es besteht kein Zweifel daran, dass Adam Weishaupt ein Superagent war, wie wir auf diesen Seiten erklärt haben, der für mächtige Männer, hauptsächlich jüdische Bankiers, arbeitete, auf die wir uns von nun an eifrig beziehen werden, da sie hinter allen entscheidenden Ereignissen der Zeitgeschichte stehen.

Robison, Barruel und Scott

Die Weltrevolutionäre Bewegung hinterließ, wie wir gerade gesehen haben, Beweise für ihre Existenz, aber nur wenige wagten es, sie anzuprangern und öffentlich zu entlarven. Unter den Zeitgenossen, die der Nachwelt Werke hinterlassen haben, die den wahren Charakter der revolutionären Ereignisse enthüllen, sind drei große Intellektuelle, die den Mut hatten, aufzuschreiben, was sie über die Verschwörung wussten. Sie sind heute unentbehrliche Quellen, an die sich die Gelehrten wenden sollten.

Der erste ist John Robison (1739-1805), Professor für Naturphilosophie an der Universität von Edinburgh und Generalsekretär der Royal Society of Edinburgh. Des Griffin erklärt in *Viertes Reich der Reichen*, dass Adam Weishaupt selbst in diesem Professor die ideale Person sah, um den Illuminismus in Großbritannien zu verbreiten, und Robison einlud, seiner Organisation beizutreten. In den Worten von Griffin: „Weishaupt hat Robisons Charakter völlig missverstanden. Anstatt einen eitlen Mann mit einem unstillbaren Durst nach Macht zu entdecken, fand er eine Person von großer Integrität, die sich zutiefst für das Wohlergehen der Menschen und insbesondere für das seiner eigenen Nation einsetzte. Robison war ein Mann, der nicht gekauft werden konnte. Das heißt, John Robison, der ein hochgradiger Freimaurer war und auf dem Kontinent verschiedene Logen in Belgien, Frankreich, Deutschland und Russland besucht hatte, tappte nicht in die Falle und glaubte nicht, dass die Ziele der Illuminaten sauber und ehrenhaft waren. Er behielt seine Gedanken jedoch für sich und traf sich mit den Verschwörern. Als Ergebnis seiner Erfahrungen schrieb Robison ein überraschendes und unerwartetes Buch: *Proofs of a Conspiracy Against All the Religions and Governments of Europe Carried on in the Secret Meetings of Freemasons, Illuminati and Reading Societies*. Das Buch wurde 1797 in London und 1798 in New York veröffentlicht.

Der zweite ist Abt Augustin Barruel (1741-1820), ein Jesuit, der ebenfalls 1797 auf Französisch *Mémoires pour servir à l'Histoire du Jacobinisme (Memoiren im Dienste der Geschichte des Jakobinismus)* veröffentlichte, ein Werk, das ins Englische übersetzt und 1798 in London veröffentlicht wurde. Robison und Barruel bieten, ohne sich zu kennen, eine ähnliche Sicht auf die Organisation der Sekte oder des Ordens der Bayerischen Illuminaten. Das Buch von Barruel wurde von einem Ordensmann aus Santoña, Simón Antonio de Rentería (1762-1825), der als Erzbischof von Santiago de Compostela starb, ins Spanische übersetzt. Soweit wir wissen, ist diese Übersetzung nicht mehr auffindbar; Raymundo Strauch i Vidal, Bischof von Vich, fertigte jedoch eine zweite Übersetzung ins Spanische an, und das Werk von Abbé Barruel wurde 1870 in Vich in zwei Bänden veröffentlicht.

Der dritte Mann ist Sir Walter Scott (1771-1832), der berühmte schottische Romancier, der übrigens auch Freimaurer war. Scott bietet in *The Life of Napoleon Buonaparte* (1820) eine Vorstudie zur Französischen Revolution, in der er enthüllt, dass die Ereignisse, die zur Revolution führten und die Schreckensherrschaft einleiteten, von Frankfurter Bankiers inszeniert wurden, deren Agenten die Massen steuerten. Walter Scott enthüllt, dass die geheime Macht hinter der Verschwörung jüdischen Ursprungs war, und weist darauf hin, dass die führenden Köpfe der Revolution Ausländer waren. Scott stellt fest, dass typisch jüdische Begriffe wie „Direktoren" oder „Älteste" verwendet wurden, und verwendet die Begriffe „Sanhedrin" für die Pariser

Deputation während der Massaker vom September 1792 und „Synagoge" für die Jakobinerclubs, deren Anführer Danton, Marat und Robespierre waren. *Das Israelitische Archiv* räumt mit kalkulierter Zweideutigkeit oder vielleicht auch mit verdecktem Stolz die jüdische Hand hinter den Ereignissen ein und stellt textlich fest: „Die Französische Revolution hat einen sehr ausdrucksvollen hebräischen Charakter". Seltsamerweise ist dieses Werk von Walter Scott, dessen Ruhm als Romancier universell ist, praktisch unbekannt.

Die Bücher von Robison und Barruel hingegen erlebten zahlreiche Auflagen und verdienten die Aufmerksamkeit ihrer Zeitgenossen, obwohl sie schon bald mit Abqualifizierungen und Beleidigungen angegriffen wurden, um sie zu diskreditieren. Beide Autoren wurden der Hexenjagd, der Panikmache, der Intoleranz, der Verfolgung der Meinungsfreiheit oder der akademischen Freiheit bezichtigt. Damals waren die Zeitungen über ihr Geburts- oder Frühentwicklungsstadium hinausgewachsen und begannen, von denjenigen begehrt zu werden, die die Meinung der Menschen beeinflussen und kontrollieren wollten. Die konzentrierten Angriffe auf diese beiden Autoren wegen der Behauptung, die bayerischen Illuminaten hätten die Revolution in Frankreich ausgelöst, zeigen, dass die Kontrolle der Presse, die heute absolut ist, in Amerika und England zu wirken begann. Sucht man heute z.B. bei Wikipedia nach Informationen über Barruel, tauchen schnell Vorwürfe der Unwahrheit und des Antisemitismus auf. Auch heute noch werden Forscher, die versuchen, die Geschichte zu revidieren, sofort beschuldigt, antisemitisch, reaktionär oder neonazistisch zu sein.

Gerade in dem Kapitel des Werkes von John Robison, in dem er alles über die Lesegesellschaften erklärt, wird deutlich, welche Bedeutung die Illuminaten der Kontrolle des Schreibens, des Veröffentlichens und des Verkaufs von Büchern beimessen. Hier die Worte von Adam Weishaupt: „Bei unseren Schriftstellern müssen wir darauf achten, dass wir sie aufblähen und dass die Kritiker sie nicht herabsetzen; wir müssen uns mit allen Mitteln bemühen, die Kritiker und die Journalisten für uns zu gewinnen; und wir müssen uns auch bemühen, die Buchhändler für uns zu gewinnen, die mit der Zeit feststellen werden, dass es in ihrem Interesse liegt, auf unserer Seite zu stehen. [...] Wenn ein Schriftsteller etwas veröffentlicht, das Aufmerksamkeit erregt, und das, was er sagt, gut ist, aber nicht mit unseren Plänen übereinstimmt, müssen wir uns bemühen, ihn für uns zu gewinnen oder ihn zu diskreditieren". Weishaupts Ideen wurden ein Jahrhundert später in den *Protokollen der Weisen von Zion* weitergeführt, deren Echtheit von Zionisten im 20. Jahrhundert erfolglos angezweifelt wurde. Darin heißt es: „Wir werden die Zügel der Presse in unseren Händen halten. Wir werden uns auch bemühen, alle anderen Veröffentlichungen zu kontrollieren. [...] Aus allen Teilen der Welt werden alle Nachrichten von einigen wenigen Agenturen empfangen, in denen sie konzentriert werden. Wenn wir die Macht erlangt haben, werden diese Agenturen ganz uns gehören und nur solche Nachrichten veröffentlichen, die wir ihnen gestatten zu veröffentlichen. [...] Keiner von denen, die versuchen würden, uns mit ihrer Feder anzugreifen, würde jemanden finden, der sie für sie veröffentlicht. [...] Wenn jemand gegen uns schreiben will, wird er keinen Verleger finden."

Robison

Die Verfügbarkeit eines Faksimile-Nachdrucks von Robisons Buch in englischer Sprache ermöglicht es uns, einige Texte zu übersetzen, die uns helfen werden, das Projekt zu verstehen, das die Illuminaten in Gang gesetzt haben. Schauen wir uns also einige der wesentlichen Ideen an, die die wahre Natur der Verschwörung und ihre tieferen Ziele aufzeigen. In der Einleitung warnt Robison davor, dass der Illuminatenorden trotz seiner offiziellen Auflösung 1797 immer noch aktiv war: „Ich habe gesehen, wie diese Vereinigung systematisch mit Enthusiasmus arbeitete und fast unwiderstehlich wurde. Und ich habe gesehen, dass die aktivsten Führer der Französischen Revolution Mitglieder dieser Vereinigung waren und die ersten Bewegungen in Übereinstimmung mit ihren Grundsätzen, durch ihre Anweisungen und durch zuvor erbetene und erhaltene Unterstützung anführten. Und schließlich habe ich gesehen, dass diese Vereinigung immer noch existiert und im Geheimen arbeitet...". Der schottische Professor bestätigt, dass die Illuminaten aufgestiegen sind, indem sie sich die Logen und ihren Schutz zunutze gemacht haben; er prangert an, dass sie in sie Neuerungen eingeführt haben, die mit Korruption und Gewalt verbunden sind; er stellt fest, dass Ungewissheit und Dunkelheit über der geheimnisvollen Vereinigung liegen, die sich von der Freimaurerei unterscheidet.

Wie wir bereits erwähnt haben, trugen die Mitglieder der Sekte geheime Namen, die ihre wirklichen Namen verbargen. Auch alle bolschewistischen Führer im Jahr 1917 verheimlichten ihre jüdischen Namen und änderten sie in russische Namen. Robison gibt eine Liste der wichtigsten „Decknamen" an, die von den auffälligsten Mitgliedern der Sekte angenommen wurden, und erklärt auch das Organisationsschema in Form einer Pyramidenstruktur, das so oft in zahlreichen Veröffentlichungen wiedergegeben wird. Die Funktionsweise war wie folgt: An der Spitze hatte der „General" des Ordens zwei Vertrauensmänner, die wiederum jeweils zwei andere hatten, von denen jeder wiederum zwei andere unter sich hatte, und so weiter. In den unteren Rängen kannte jeder Einzelne nur eine Person oder einen Mentor, dem er unterstellt war und von dem er Ausbildung und Anweisungen erhielt. Man konnte wissen, dass es Vorgesetzte verschiedener Ränge gab, aber man hat sie in der Regel nie gesehen oder gekannt. Der gesamte Informations- und Ausbildungsprozess wurde gefiltert, während man sich in der Pyramidenstruktur nach oben und unten bewegte. Logischerweise wussten die Mitglieder der unteren Stufen der Pyramide nichts über die Organisation, für die sie arbeiteten, und wurden nur aufgrund ihrer Verdienste und nach sorgfältiger Beobachtung vertrauenswürdiger, je höher sie auf der Leiter aufstiegen.

Zu den Ideen, die den Novizen oder Minervalen eingeimpft wurden, gehörte die des universellen Glücks, das durch die Abschaffung der Nationen und die Vereinigung der menschlichen Ethnie und aller Bewohner der Erde in einer großen Gesellschaft erreicht werden sollte. Begriffe wie Patriotismus oder Loyalität galten als engstirnige Vorurteile, die mit universellem Wohlwollen unvereinbar waren. Der Selbstmord wurde gerechtfertigt: Man musste den Menschen klarmachen, dass der Akt, sich das Leben zu nehmen, ein gewisses sinnliches Vergnügen bereitete (heute gibt es im Internet zahlreiche soziale Netzwerke oder Clubs, die den Selbstmord unter Jugendlichen fördern). Ab einem bestimmten Punkt konnte man denjenigen, die in höhere Ränge aufgenommen worden waren, bereits sagen, dass die Illuminaten die Welt beherrschen würden.

In der Korrespondenz zwischen den Führern waren die Dinge viel klarer. In einem Brief vom 6. Februar 1778 an Cato (Zwack) schreibt Spartacus (Weishaupt): „Nur diejenigen, die sicher geeignet sind, werden aus den niederen Klassen ausgewählt, um die höheren Mysterien zu kennen, die die Grundsätze und Mittel zur Erlangung eines glücklichen Lebens enthalten. Auf keinen Fall dürfen religiöse Grundsätze unter diesen angenommen werden. [...] Jeder Mensch soll ein Spion der anderen und aller Menschen in seiner Umgebung werden. Nichts darf unserem Blick entgehen. [...] Kein Mensch ist für unseren Orden geeignet, es sei denn, er ist ein Brutus oder ein Catilinus" (d.h. fähig zu den schlimmsten Verbrechen). In einem weiteren Brief vom März 1778 schlägt Spartacus Cato eine Reihe von „Erfindungen" vor, die für „Wohltäter der Menschheit" typisch sind, darunter die folgenden: eine Kistenbombe, die auf Druck explodiert, ein Getränk, das Fehlgeburten verursacht, eine Flüssigkeit, die blind macht oder tötet, wenn man sie ins Gesicht wirft, Rezepte für eine Art „aqua toffana" mit tödlicher Wirkung, giftige Parfüms, die Räume mit pestilenten Dämpfen füllen, und ein Rezept „ad excitandum furorem uterinum".

In einem anderen Text von Spartacus an Cato, dessen Datum nicht angegeben ist, der aber bereits nach den Jahren des Ordensverbots liegt, schreibt Weishaupt: „...Durch diesen Plan werden wir die ganze Menschheit führen. Auf diese Weise und mit den einfachsten Mitteln werden wir alles in Betrieb und in Brand setzen. Die Aufgaben (Ämter) sind so zu vergeben und zu konzipieren, dass wir im Geheimen auf alle politischen Vorgänge Einfluss nehmen können." Die historischen Tatsachen zeigen, dass dieses Ziel absolut erfüllt wurde: Die Agenten, die Wilson und Roosevelt umgaben, haben, wie wir zu gegebener Zeit sehen werden, den Befehlen der Geheimen Macht gehorcht und den Eintritt der Vereinigten Staaten in die beiden Weltkriege herbeigeführt. Es waren Männer in Schlüsselpositionen, die für diese Zwecke konzipiert und vorbereitet wurden. In demselben Brief sagt Spartacus: „Ich habe alles bedacht und alles vorbereitet, so dass, wenn der Orden heute untergeht, ich ihn in einem Jahr wiederherstellen werde, und zwar stärker und strahlender als je zuvor." Hier unterbricht Professor Robison den Text und weist in einer Nebenbemerkung darauf hin, dass der Orden in der Tat wie vorhergesagt in der vorhergesagten Zeit unter dem Namen „Deutsche Union" und Form von „Lesegesellschaften" wieder auferstanden ist. Es muss also davon ausgegangen werden, dass dieser neue Geheimbund eine Erweiterung der Illuminaten war. Weiter heißt es in dem Brief: „Ich bin mir des Erfolges so sicher, trotz aller Hindernisse, dass es mir gleichgültig ist, ob es mich das Leben oder die Freiheit kosten sollte. [...] Aber ich besitze die Kunst, selbst aus dem Unglück einen Vorteil zu ziehen; und wenn Sie denken, dass ich auf den Grund gesunken bin, werde ich mich mit neuer Energie erheben. Wer hätte gedacht, dass ein Professor aus Ingolstadt der Ausbilder der Professoren von Göttingen und der größten Männer Deutschlands werden würde?"

In einem anderen Text erkennt Spartacus die Bedeutung von Knigge (Philo) bei der Unterwanderung der Freimaurerei und bei der Gewinnung von Proselyten an, nachdem er auf die Notwendigkeit hingewiesen hat, denjenigen, die moralische Vorwände geltend machen, zu vermitteln, dass der Zweck die Mittel heiligt. Spartacus erklärt Diomedes (dem Markgrafen von Konstanz), dass Philo einer der brauchbarsten und praktischsten Männer des Ordens ist und dass es vor allem seinen Bemühungen unter den Freimaurern der protestantischen Länder zu verdanken ist, dass das „Eklektische System" eingeführt wurde und sie dazu gebracht wurden, die Führung der Illuminaten zu akzeptieren, eine Leistung, deren Verdienst ausschließlich auf Philos weitreichende Verbindungen in der Freimaurerei zurückzuführen ist. Spartacus gibt zu, dass Knigge vor seiner Erleuchtung als Philosoph von Stadt zu Stadt, von Loge zu Loge und sogar von Haus zu Haus reiste.

Weishaupt baute die Idee auf, dass die Lesegesellschaften ein grundlegendes Strukturelement der Deutschen Union sein würden. Der folgende Text, den Robison ohne Angabe von Datum oder Adressat zitiert, ist sehr bezeichnend: „Die große Stärke unseres Ordens liegt in seiner Verborgenheit. Er darf nirgends unter seinem wirklichen Namen erscheinen, sondern muss sich immer unter einem anderen Namen und einer anderen Aufgabe verstecken. [...] In diesem Zusammenhang ist die Form einer gelehrten oder literarischen Gesellschaft diejenige, die sich am besten für unsere Zwecke eignet; und wenn es die Freimaurerei nicht gäbe, würde man sich dieser Tarnung bedienen; aber sie muss viel mehr sein als ein Schirm, sie kann in unseren Händen eine mächtige Maschine sein. Indem wir Lesegesellschaften gründen und Buchhandlungen abonnieren, sie unter unsere Leitung stellen und sie mit unseren Werken versorgen, können wir das öffentliche Denken nach unserem Willen formen. Auf diese Weise müssen wir versuchen, auf die Militärakademien (dies kann enorme Folgen haben), die Druckereien, die Buchhandlungen, die Rathäuser, kurz, überall dort, wo wir auf die Ausbildung oder die Leitung oder sogar die Richtung des Denkens der Menschen einwirken können, Einfluss zu nehmen. Die Druckerei und der Kupferstich verdienen unser größtes Interesse. Eine literarische Gesellschaft ist die geeignetste Form für die Einführung unseres Ordens in einem Staat, in dem wir noch nicht eingeführt sind (man beachte dies!)". Wenn man sieht, wie die Kulturindustrie und insbesondere der Literaturbetrieb und sein Markt heute funktionieren, ist es offensichtlich, dass alles erfüllt ist: Es ist objektiv bewiesen, dass Fernsehsender, Informationsagenturen und Verlagshäuser, zu denen Zeitungen, Zeitschriften und Bücher gehören, größtenteils in den Händen jüdischer Kapitalisten und ihrer Freunde sind. Es ist unbestreitbar, dass wir lesen, was wir lesen, d.h. was sie uns lesen lassen wollen.

Im Zusammenhang mit der Übernahme von Schlüsselpositionen in verschiedenen Institutionen durch die Illuminaten gibt Robison einen handschriftlichen Brief von Cato (Zwack) wieder, der an einen unbekannten Adressaten gerichtet ist, bei dem es sich durchaus um Spartacus selbst handeln könnte. Darin heißt es, dass sie ein Haus in München gekauft haben und dass der Garten von botanischen Arten bewohnt wird, die dem Haus (einer Lodge) das Aussehen einer Gesellschaft begeisterter Naturforscher verleihen. In diesem Haus wurde das System der Illuminaten etabliert und die Logen Polens wurden aufgenommen. In dem Brief heißt es: „Dank der Tätigkeit unserer Brüder sind die Jesuiten in Ingolstadt von allen ihren Ämtern entbunden worden, und alle Professoren gehören dem Orden an. Fünf von ihnen sind ausgezeichnete und die Studenten werden von uns vorbereitet. [...] Wir waren sehr erfolgreich gegen die Jesuiten und die Dinge sind so weit gekommen, dass ihre Einkünfte, wie die Mission, die goldenen Almosen, die Exerzitien und die Archive der Bekehrungen nun unter der Kontrolle unserer Freunde sind. Alle deutschen Schulen und der Wohltätigkeitsverein werden nun endlich von uns geleitet. Wir haben mehrere tüchtige Mitglieder in den Gerichten und können es uns leisten, ihnen ein Gehalt und andere gute Vorteile zu geben. Kürzlich ist es uns gelungen, einen jungen Geistlichen in die Stiftung von St. Bartholomäus zu vermitteln und damit seine Unterstützer zu gewinnen. Auf diese Weise werden wir in der Lage sein, Bayern mit geeigneten Priestern zu versorgen. Dank eines Briefes von Philo haben wir erfahren, dass wir eines der höchsten Ämter in der Kirche für einen eifrigen Aufklärer gesichert haben, trotz des Widerstandes des Bischofs von Spire, der zufällig ein intoleranter und tyrannischer Priester ist."

Zwei Veröffentlichungen aus dieser Zeit werden von Professor Robison im Zusammenhang mit der Deutschen Union und der Gründung der Lesegesellschaften angeführt. Die erste, *Mehr Notizen als Text oder die Deutsche Union des XXII, eine neue geheime Gesellschaft zum Wohle der Menschheit*, wurde 1789 von dem Buchhändler Goschen in Leipzig veröffentlicht, der sagt, dass der Text durch eine unbekannte Hand zu ihm kam und dass er ihn schnell veröffentlichte, in Anbetracht des Schadens, den diese Gesellschaft, von der er bereits einige Berichte gehört hatte, in der Welt und im Handel verursachen könnte, wenn man sie im Geheimen arbeiten ließe. Ebenfalls 1789 wurde das zweite Buch mit dem deutschen Titel *Nähere Beleuchtung der Deutschen Union* veröffentlicht. Die erste Publikation enthielt Pläne und Briefe nur für vertrauenswürdige oder sichere Mitglieder, deren Druck von den Zweiundzwanzig Vereinigten Brüdern genehmigt worden war. Auf den ersten Seiten wird der Plan der Zweiundzwanzig vorgestellt: „Wir arbeiten vor allem daran, alle guten Schriftsteller für unseren Verein zu gewinnen. Wir glauben, dass dies leicht zu erreichen sein wird, denn sie können offensichtliche Vorteile erlangen. Außerdem beabsichtigen wir, die Postmeister und Postbeamten zu gewinnen, damit sie uns die Korrespondenz erleichtern". Weiter werden die enormen Vorteile dargelegt, die die Menschheit durch die „altruistischen" Ziele der Union erreichen wird: „Jeder wird den fortschreitenden moralischen Einfluss feststellen können, den die Union innerhalb der Nation erlangen wird. Lasst uns sehen, welcher Aberglaube verloren geht und welche Bildung gewonnen wird, wenn 1. in jeder Lesegesellschaft die Bücher von unserer Bruderschaft ausgewählt werden. 2.

wenn wir in jeder Nachbarschaft vertrauenswürdige Personen haben, die darauf bedacht sind, die Ziele der Aufklärung der Menschheit in jedes Haus zu tragen. 3. wenn wir die Stimme des Publikums auf unserer Seite haben und wenn wir in der Lage sind, die fanatischen Schriften, die in den gewöhnlich gelesenen Zeitschriften erscheinen, zu beseitigen oder das Publikum vor ihnen zu warnen; und wenn wir andererseits in der Lage sind, die Werke, die den Verstand der Menschen aufklären, bekannt zu machen und zu empfehlen. 4) Wenn wir allmählich den gesamten Buchhandel in unseren Händen haben werden (denn die guten Schriftsteller werden ihre Werke durch uns auf den Markt bringen), werden wir dafür sorgen, dass die Schriftsteller, die für die Sache des Aberglaubens und der Mäßigung arbeiten, weder Verleger noch Leser haben. Wenn unsere Bruderschaft sich endlich ausbreitet und alle empfindsamen Herzen und guten Menschen sich uns anschließen, werden wir sie in die Lage versetzen, in aller Stille auf Verwalter, Verwalterinnen, Beamte, Gerichtsbeamte, Pfarrer, Beamte, Privatlehrerinnen und -lehrer einzuwirken..."

Es ist erstaunlich, dass tatsächlich große Schriftsteller und begabte Künstler zunächst auf die Illuminaten hereinfielen. Der englische Dichter Percy Bysshe Shelley und seine Frau Mary Shelley wurden, wie wir oben gesehen haben, von der Propaganda geblendet. Glücklicherweise fiel Shelley ein Buch von Barruel in die Hände. Als er die wahre Natur der Verschwörung entdeckte, warnte er seine Freunde, zu denen auch der Dichter und Essayist Leigh Hunt gehörte. Auch der große Johann Wolfgang Göthe, alias Abaris, tappte in die Falle, wie ein führender Illuminist, Leopold Engel, 1906 in *Geschichte des Illuminaten Ordens* aufdeckte. Glücklicherweise war auch er misstrauisch gegenüber der wahren Natur der Sekte. In einem Brief an Bode, alias Amelius, schreibt er: „Glauben Sie mir, unsere moralische Welt ist von unterirdischen Tunneln, Kellern und Abwasserkanälen unterwandert, wie eine große Stadt es gewöhnlich ist, ohne dass jemand die Zusammenhänge ahnt. Es ist mir oder jedem anderen aufgeklärten Menschen verständlich, dass manchmal Rauch durch die Ritzen sickert oder seltsame Stimmen zu hören sind..." Friedrich von Schiller, ein Dichter und Dramatiker, der ebenfalls vom Orden hinters Licht geführt worden war, plante ein Theaterstück, *Demetrius*, zu schreiben, das einige Gräueltaten aufdecken sollte. Weishaupt erfuhr dies von Heinrich Voß, einem „Winkebruder" (die „Winkebrüder" waren gewissermaßen Weishaupts Geheimpolizei), und wollte es um jeden Preis verhindern. Schiller starb nach langer Krankheit am 9. Mai 1805. Hermann Ahlwardt behauptet in seinem Buch *Mehr Licht*, Schiller sei von den Illuminaten ermordet worden.

Das Werk von John Robison und die darin veröffentlichten Texte hätten vielleicht mehr Platz verdient, aber wir müssen weitergehen. Es ist klar, dass die Wölfe im Schafspelz versuchten, das literarische und intellektuelle Schaffen zu überwachen und zu kontrollieren. Sie hatten vor, diejenigen zu ächten, die nicht mit ihren Ideen übereinstimmten, unter dem Vorwand, dass sie Schriften produzierten, die der Menschheit schadeten, die sie als aufgeklärte Philanthropen verbessern wollten. Jeder kann jedoch feststellen, dass in ihren Schriften kein Wort für die Armen, für die Leidenden zu finden ist. Man liest auch nichts über soziale Reformen, die nicht mit dem Streben nach Herrschaft verbunden sind, um die Weltmacht zu erlangen. Das Hauptziel bestand darin, um jeden Preis Reichtum, Macht und Einfluss zu erlangen. Um dies zu erreichen, versuchten sie, das Christentum abzuschaffen und moralische Grundsätze durch einen Libertinismus zu ersetzen, der sich als Humanität und Wohlwollen ausgab. Ein halbes Jahrhundert später erkannten sie, dass sie ihren Diskurs anpassen und verändern mussten, um die Masse der Arbeiter zu gewinnen. Als Weishaupt 1830 starb, war sein Orden wahrscheinlich stärker als je zuvor; aber er sollte seinen Namen ändern und sich in der Öffentlichkeit unter dem Namen Kommunismus präsentieren.

TEIL 3
FRANZÖSISCHE REVOLUTION

Die offizielle Geschichtsschreibung erklärt die Französische Revolution als den unvermeidlichen Zusammenstoß zwischen einer feudalen Struktur und einer sozialen Realität, die im Widerspruch zu ihr stand. Sie lehrt uns, dass die enzyklopädischen Schriftsteller und Philosophen einen ideologischen Sturm entfesselt hatten, der Kirche und Staat herausforderte und die alten moralischen, politischen und wirtschaftlichen Vorstellungen zum Einsturz brachte. Rousseau, der in seinem *Diskurs über die Ungleichheit der sozialen Verhältnisse* seine Verachtung für die Monarchie Ludwigs XV. zum Ausdruck brachte, die Klagen der Armen gegen die Reichen unterstützte und die Privilegierten angriff, proklamierte im *Gesellschaftsvertrag*, anders als Voltaire, der sich mit Verwaltungsreformen beschäftigte, das Recht der Nationen, ihre Regierungen zu ändern. Rousseau wendet sich an die Massen und treibt sie zur politischen Revolution an. Im Jahr 1770 schrieb er: „Wir nähern uns dem Krisenstadium des Jahrhunderts der Revolutionen. Es scheint mir unmöglich, dass die Monarchien in Europa lange Bestand haben werden". Sicherlich haben seine Werke und die anderer Denker die Entwicklung revolutionärer Ideen und republikanischer Theorien beeinflusst, aber sie waren keineswegs ausschlaggebend für die Auslösung von Ereignissen, die im Ausland geplant, organisiert und finanziert wurden. Die Ideen von Rousseau hatten nämlich einen großen Teil des Adels für die Notwendigkeit von Reformen sensibilisiert. König Ludwig XVI., der 1774 im Alter von zwanzig Jahren die Nachfolge seines Großvaters Ludwig XV. angetreten hatte, war als erster von der Notwendigkeit einer Reformpolitik überzeugt.

Auf jeden Fall unterschied sich Frankreich nicht von anderen europäischen Nationen. Zu den allgemeinen Übeln des Jahrhunderts in Europa gehörten: eine schlechte Verwaltung, veraltete und höchst ungerechte Strafgesetze, eine schlechte Organisation des Finanzwesens, Korruption bei der Steuererhebung, Privilegien und Freiheiten des Klerus und des Adels, ungerechte Verteilung und Ausbeutung des Bodens, fehlende individuelle Freiheiten, Vernachlässigung, wenn nicht gar Vernachlässigung des Gesundheitswesens und der Erziehung und Bildung des Volkes. Es lässt sich also nicht leugnen, dass in Frankreich und in allen Ländern tiefgreifende Reformen notwendig waren. Nach Ansicht des sozialistischen Politikers Louis Blanc, Autor einer zwölfbändigen *Geschichte der Französischen Revolution*, hatte jedoch selbst der Sozialist Babeuf alias Gracchus, ein aufgeklärter Mann und Schüler Weishaupts, erklärt, dass Frankreich nicht schlechter dastehe als die Völker der anderen Nationen. Trotz der aufgezeigten Mängel war das Ancien Régime Frankreichs vielleicht das beste auf dem Kontinent. Im Laufe des 18. Jahrhunderts hatte Frankreich seine Exporte verzehnfacht, und die Fortschritte in Industrie und Landwirtschaft waren offensichtlich. In Bezug auf die Verkehrsverbindungen war Frankreich mit einem Netz von mehr als vierzigtausend Kilometern befestigter Straßen die Bewunderung des Kontinents.

In den ersten beiden Jahren der Herrschaft Ludwigs XVI. gingen Minister wie Turgot und Malesherbes entschlossen den Weg der Reformen weiter. Turgot, der, anstatt neue Kredite aufzunehmen, innerhalb von zwanzig Monaten mehr als 100 Millionen an Staatsschulden tilgen konnte, ohne die Steuern zu erhöhen, versuchte, die Corvée abzuschaffen, die ein Missbrauch für die Bauern war, die zur Arbeit für den Adel gezwungen werden konnten. Er plante auch einen Dezentralisierungsplan und wollte ein umfangreiches öffentliches Bildungsprogramm durchführen. Sein Mitarbeiter Malesherbes reformierte das Justizsystem, indem er die Zensur abschaffte, die Folter als gerichtliche Prüfung abschaffte und ein System der Gesundheitsfürsorge in den Gefängnissen einführte. Leider erzwangen die Gegner der beiden Minister 1776 ihren Rücktritt aus der Regierung, und entgegen Turgots Wünschen musste Frankreich, das den Frieden brauchte, um seine Finanzen zu sanieren, den tödlichen Schritt wagen, die aufständischen Kolonien in Amerika zu unterstützen. Necker, ein calvinistischer Schweizer Bankier, wird zum neuen Finanzminister ernannt, und um den Krieg zu finanzieren, erhöht er die Staatsverschuldung in erschreckendem Maße. Um das Vertrauen der Öffentlichkeit zu stärken, veröffentlichte er 1781 zum ersten Mal die Staatshaushalte, die einen Überschuss von zehn Millionen Pfund auswiesen, während sie in Wirklichkeit ein jährliches Defizit von siebzig Millionen enthielten. Necker wurde abgesetzt, obwohl er noch zweimal, 1788 und 1789, zum Finanzminister ernannt wurde. Interessanterweise erfreute sich Necker trotz seines miserablen Managements einer seltsamen Beliebtheit: Die Presse unterstützte sein Handeln, und seine Ernennungen wurden von der Bevölkerung mit Begeisterung aufgenommen. Sein Nachfolger Calonne versinkt immer tiefer in der Schuldenfalle, deren Zinsen 50% der Staatseinnahmen verschlingen. Das Haushaltsdefizit erreichte 126 Millionen, was 20% des Gesamthaushalts entsprach und Frankreich an den Rand des Bankrotts brachte. Calonne versuchte daraufhin eine Steuerreform, die auf Steuergleichheit und der Abschaffung von Privilegien beruhte, die die mächtigsten Sektoren von der Besteuerung befreiten. Folgerichtig scheiterte der Versuch und der Minister, der den Schutz des Monarchen verloren hatte, wanderte im April 1787 nach England aus. Die Taktik der Revolutionäre, die Reformen nicht durchzusetzen, sondern zu verzögern, um die Unzufriedenheit des Volkes zu vergrößern, trug nun Früchte: Die sozialen Unruhen nahmen zu und eine Katastrophe drohte.

Bei der Revolution, die zur Unabhängigkeit Amerikas führte, ging es um die Erlangung des Eigentums durch diejenigen, die an der Entwicklung des Landes gearbeitet hatten und die sich den Grundbesitzern der britischen Krone nicht verpflichtet fühlten. Die Revolution war daher frei von Schreckensherrschaft, von einem von Agenten angeführten Mob oder von den Gräueltaten, die mit der französischen und der bolschewistischen Revolution verbunden waren; obwohl Lord Shelburne versuchte, wie er es später in Frankreich erfolgreich tun sollte, seine Agenten in entscheidenden Positionen unter den amerikanischen Revolutionären zu platzieren. Lord Shelburnes Männer traten in kritischen Momenten auf und präsentierten sich als mutige Patrioten. Eustace Mullins zufolge spielte Lord Shelburne eine wichtige Rolle bei der Manipulation der amerikanischen Streitkräfte während der Revolution, so wie Schweizer Bankiers den französischen Hof dazu brachten, den Finanzier Necker in das Finanzministerium zu berufen, eine Position, die entscheidend zur Auslösung der wirtschaftlichen Depression beitrug. Der berühmteste unter diesen Agenten war Benedict Arnold, ein amerikanischer General, der die Seinen verriet und die Nachkriegsjahre bequem in England verbrachte.

Frankreich und Spanien spielten aus unterschiedlichen Gründen die Karte der Unabhängigkeitsbefürworter. Frankreich schickte bald Hilfe an die Rebellen, die im Dezember 1774 einen Kongress in Philadelphia abhielten und beschlossen, die Steuern abzuschaffen, Gesetze zu erlassen, Papiergeld zu schaffen und George Washington das Kommando über ihre Streitkräfte zu übertragen. Am 4. Juli 1776, mitten im Krieg mit England, proklamierten die Vereinigten Staaten von Amerika ihre Unabhängigkeit. Eine der ersten souveränen Handlungen war die Entsendung von Diplomaten in die großen europäischen Länder. Frankreich empfing sie, nahm sie aber noch nicht offiziell auf. Erst zwei Jahre später, im März 1778, erkannte Paris die Unabhängigkeit Nordamerikas an, nachdem die Aufständischen versprochen hatten, sich niemals der englischen Krone zu unterwerfen. Die Mitteilung dieser Tatsache an Großbritannien kam einer Kriegserklärung gleich. Sofort begannen in Amerika und in Europa Seeschlachten zwischen den Flotten der beiden Länder. Karl III. und sein Minister Floridablanca widersetzten sich zunächst dem Druck der französischen Bourbonen, obwohl der Graf von Aranda, Botschafter in Paris, den Krieg gegen die Engländer befürwortete. In der Hoffnung, Menorca und Gibraltar zurückzuerobern und den Schikanen Londons im Handel mit den Kolonien ein Ende zu setzen, erklärte Spanien schließlich im Juni 1779 Großbritannien den Krieg, nachdem es die Briten beschuldigt hatte, seine Herrschaftsgebiete in Amerika bedroht zu haben. Die Wechselfälle der Konfrontation fallen nicht in den Rahmen dieser Erzählung. Letztlich hinderte das Eingreifen Frankreichs und Spaniens die Briten daran, die Revolution in ihren amerikanischen Kolonien rechtzeitig niederzuschlagen. Als der Frieden von Versailles im September 1783 unterzeichnet wurde, war die amerikanische Unabhängigkeit unumkehrbar.

Benjamin Franklin, einer der Väter der US-Verfassung, selbst ein hochgradiger Freimaurer, sprach in einer der Sitzungen zur Ausarbeitung des Verfassungstextes prophetische Worte über die historische Rolle, die Juden in der Politik der Staaten, die sie aufgenommen haben, gespielt haben. Zweihundert Jahre später haben sie sich voll und ganz erfüllt. Hier sind sie dem Originaldokument entnommen, das im Franklin Institute in Philadelphia aufbewahrt wird:

> „Es gibt eine große Gefahr für die Vereinigten Staaten von Amerika. Diese große Gefahr ist der Jude. Meine Herren, wo immer sich Juden auf der Erde niedergelassen haben, haben sie den moralischen Standard und den Grad der kommerziellen Ehrlichkeit gesenkt, sie haben sich abgesondert und nicht assimiliert, sie haben einen Staat im Staat geschaffen. Und sie haben versucht, diejenigen, die sich ihnen widersetzt haben, wirtschaftlich zu erdrosseln, wie es in Spanien und Portugal der Fall war.

Seit mehr als 1700 Jahren beklagen sie ihr trauriges Schicksal, nämlich aus ihrer Heimat vertrieben worden zu sein, aber meine Herren, wenn die zivilisierte Welt ihnen heute das Land Palästina überlassen würde, würden sie sofort nach zwingenden Gründen suchen, um nicht dorthin zurückzukehren. Warum? Weil sie Vampire sind und nicht unter sich leben können. Sie müssen unter Christen und anderen Menschen leben, die nicht zu ihrer Ethnie gehören.

Wenn sie nicht verfassungsmäßig aus den Vereinigten Staaten ausgeschlossen werden, werden sie in weniger als hundert Jahren so zahlreich in unser Land kommen, dass sie uns beherrschen und zerstören werden. Sie werden unsere Regierungsform ändern, für die wir Amerikaner unser Blut vergossen und Leben, Eigentum und persönliche Freiheit geopfert haben. Wenn die Juden nicht ausgeschlossen werden, werden unsere Kinder in weniger als zweihundert Jahren auf den Feldern arbeiten, um die Juden zu ernähren, während sie im „Counting House" sitzen und sich die Hände reiben. Ich warne Sie, meine Herren, wenn Sie den Juden nicht für immer ausschließen, werden Ihre Kindeskinder Sie noch im Grab verfluchen.

Ihre Ideen sind nicht die der Amerikaner, auch wenn sie seit Generationen unter uns leben. Das Leopard kann seine Flecken nicht wechseln. Die Juden sind eine Gefahr für dieses Land, und wenn man sie hereinlässt, gefährden sie seine Institutionen. Sie müssen durch die Verfassung ausgeschlossen werden"

Später, wenn die Zeit gekommen ist, den verdeckten Staatsstreich zu erklären, der zur Gründung der Federal Reserve im Jahr 1913 führte, wird es Gelegenheit geben, B. Franklins Warnung zu kommentieren.

Die Revolution ist serviert

Eine an Ludwig XVI. gerichtete englische Drohschrift warnte ihn deutlich, dass seine Tage als Monarch gezählt seien, und nahm in gewisser Weise die Rolle vorweg, die England in der kommenden Revolution spielen würde. Nachdem das Pamphlet dem französischen König seine Intervention zugunsten der Amerikaner und gegen Großbritannien vorgeworfen hatte, schloss es mit den Worten: „Welche Gefahr besteht darin, die Elite Ihrer Offiziere mit freiheitsbegeisterten Männern in Verbindung zu bringen? Wie kann es sein, dass sie, nachdem sie ihr Blut für das, was sie Freiheit nennen, vergossen haben, Ihre absoluten Befehle durchsetzen werden? Woher kommt diese Gewissheit, wenn in Amerika die Statue des Königs von Großbritannien zertrümmert wird, wenn sein Name geschmäht und verleumdet wird? England wird für seine feindseligen Pläne gut gerächt werden, wenn eure Regierung nach den in Philadelphia erklärten und in eurer Hauptstadt beklatschten Grundsätzen geprüft, vor Gericht gestellt und verurteilt wird."

Nachdem wir kurz den Hintergrund skizziert haben, können wir nun auf einige der revolutionären Ereignisse eingehen, die innerhalb weniger Jahre die Monarchie und das Ancien Régime stürzen sollten. Am 5. Mai 1789 fand in Versailles die Eröffnung der Generalstände im Salon des Menus statt, der später als Salon des Trois États Généraux bekannt wurde. Der Zwiespalt zwischen dem Thron und dem Dritten Stand wurde sofort deutlich. Am 17. Juni konstituiert sich auf Vorschlag von Sieyès die Mehrheit der Abgeordneten als

Nationalversammlung. Nach tagelangen Auseinandersetzungen zwischen den drei Ständen proklamierte die Nationalversammlung den Grundsatz der Souveränität der Nation gegenüber dem König.

Am 11. Juli 1789 wurde Necker, der am 25. August 1788 zum Generaldirektor der Finanzen ernannt worden war, zum zweiten Mal entlassen; doch fünf Tage später sah sich der König unter dem Druck der Orleanisten gezwungen, ihn wieder mit der Verwaltung der französischen Finanzen zu betrauen. Im Palais Royal des Herzogs von Orleans, dem bereits erwähnten Zentrum der Bewegung, hielt Camille Desmoulins, ein lausiger Anwalt, der stammelte, wenn er sprach, und der am 13. April 1794 auf der Guillotine enden sollte, auf einem Stuhl sitzend und mit einer Pistole in der Hand, am 12. Juli eine Ansprache an das Volk mit diesen Worten: „Bürger, wir dürfen keine Zeit verlieren; die Entlassung von Necker ist der Ruf eines St. Bartholomäus der Patrioten, und noch in dieser Nacht werden die ausländischen Bataillone vom Champ de Mars kommen, um uns die Kehle durchzuschneiden. Wir haben nur noch ein Mittel: zu den Waffen zu greifen!" Das Volk reagierte, indem es die Büsten von Necker und des Herzogs von Orléans beschlagnahmte und sie im Triumph durch die Straßen der Hauptstadt paradierte. Dies war der erste Akt, eine Generalprobe für das, was zwei Tage später geschehen sollte. Die Truppen versuchten, die Menge aufzulösen, und es kam zu Ausschreitungen, die bald von angeheuerten Räubern angefacht wurden, die die Menschen für Plünderer und Terroristen hielten. In Wirklichkeit hatte Necker, der Finanzzauberer jener Jahre und Vater der berühmten Madame de Staël, die er mit dem englischen Premierminister William Pitt zu verheiraten versuchte, trotz seiner guten Presse mit seiner Wirtschaftspolitik die Inflation ausgelöst und war das Instrument schweizerischer und britischer Bankiers, die aus dem sich anbahnenden Debakel satte Gewinne erzielen wollten. Edmund Burke ging sogar so weit, im Unterhaus zu sagen, dass Necker Englands bester Freund auf dem Kontinent sei.

Nach der Proklamation, die ihm die Rolle des konstitutionellen Monarchen zuweisen sollte, versuchte Ludwig XVI. mit Hilfe der Truppen des Duc de Broglie die Versammlung aufzulösen. Das Gerücht über diesen Versuch verstärkte die allgemeine Unruhe, die nach den Ereignissen des 12. Juli in Paris ausgebrochen war, und führte am 14. Juli 1789 zum Aufstand des Bürgertums in der Hauptstadt, der in der berühmten Erstürmung der Bastille gipfelte. Nach offizieller Darstellung befreite das Volk zahlreiche politische Gefangene, die in diesem Gefängnis gefoltert worden waren; in Wirklichkeit waren es jedoch nur sieben Gefangene: zwei Verrückte namens Tabernier und Whyte, der Graf von Solanges, ein Wüstling, der wegen verschiedener Verbrechen verurteilt worden war, und vier Betrüger namens Laroche, Bechade, Pujade und La Corrége, die wegen Fälschung von Wechseln inhaftiert waren. Gustave Bord stellt in seinem Buch *Der Sturm auf die Bastille* fest, dass „eine unsichtbare Hand für die Unruhen bezahlt hat, und zwar großzügig". Die Verteilung von Geld unter den Meuterern, die die Bastille stürmten, wird von zahlreichen zeitgenössischen Autoren weitgehend bestätigt. Die einzige Unstimmigkeit besteht in der Höhe der an die Aufrührer gezahlten Beträge, die sich zwischen sechs und zwölf Francs pro Tag bewegten. Diese Ereignisse ermöglichten die Übertragung der politischen Macht an die Versammlung, die später zur verfassungsgebenden Versammlung wurde. Als der Herzog de la Rochefoucauld-Liancourt dem König am Abend die Erstürmung der Bastille ankündigte, fragte dieser: „Es handelt sich also um eine Revolte? Worauf der Herzog antwortete: „Sire, es ist eine Revolution! Die Revolution war ausgebrochen und hatte sich dank der Arbeit der Geheimbünde wie von Geisterhand gleichzeitig in ganz Frankreich ausgebreitet. Der König erkannte sofort, dass es sinnlos war, Widerstand zu leisten, und dass er nur versuchen konnte, sie zu kontrollieren. Er machte sich zu Fuß und ohne Begleitung auf den Weg zur Versammlung und stellte sich in deren Hände.

Acht Tage nach der Erstürmung der Bastille, am 22. Juli, entfesseln Agenten der Illuminaten-Freimaurerei, unter denen Adrian Dupont als Hauptinitiator der List genannt wird, das, was als „Die große Angst" in die Geschichte eingegangen ist. Gleichzeitig wurden in allen Provinzen Frankreichs, unter Ausnutzung der Hungersnot im Land, Nachrichten verbreitet, die die Bevölkerung alarmierten und sie aufforderten, sich zu bewaffnen: Es wurde berichtet, dass Gruppen von vagabundierenden Banditen Frauen und Kinder vergewaltigten und töteten. Auch die Ankündigung des bevorstehenden Angriffs deutscher und britischer Truppen löste Panik aus. Am selben Tag und fast zur gleichen Zeit verlesen Reiter, die sich als Kuriere des Königs ausgeben, in den Städten ein königliches Edikt, in dem es heißt: „Der König befiehlt, alle Schlösser niederzubrennen. Er möchte nur seine eigenen Schlösser behalten. Das Volk gehorchte dem Befehl, griff zu den Waffen und machte sich an die Zerstörung. Nesta Webster, die diese Verschwörung der Freimaurerei zuschreibt, erinnert daran, dass die Logen, bevor sie aufgeklärt wurden, eine Revolution zugunsten der Bourgeoisie planten und das Volk als ihr Instrument benutzten.

In Caen, dem Geburtsort der berühmten Charlotte Cordey, ereignete sich bereits am 12. August ein Ereignis, das als böses Omen für den Terror angesehen werden kann, der in den kommenden Jahren in Frankreich ausbrechen sollte. Stanley Loomis berichtet darüber in seinem Buch *Paris in the Terror, June 1793-July 1794*. In Caen wurde die Gründung der Versammlung mit der Errichtung einer Holzpyramide auf dem Hauptplatz gefeiert. Ein junger königstreuer Offizier, Henri de Belzunce, der das Ausmaß der Ereignisse nicht begreifen konnte, versuchte, den Feierlichkeiten ein Ende zu setzen, was dazu führte, dass sein Name durch Mundpropaganda verbreitet wurde. Am 11. August stachelte Belzunce einige seiner Soldaten dazu an, ihnen die Medaillen von Necker vom Hals zu reißen. Bald verbreitete sich das Gerücht, Belzunce plane, die Stadt in Brand zu setzen und zu zerstören. Infolge der Unruhen lieferten sich einige von Belzunces Männern ein Feuergefecht mit Männern der Zivilgarde von Caen. Bei Einbruch der Dunkelheit wurde der junge Offizier vor das Rathaus gerufen, und Belzunce, der ebenso dumm wie arrogant gewesen sein muss, verließ in Zivilkleidung die Sicherheit seiner Kaserne und erschien allein. Sobald er von seinen Soldaten getrennt war, wurde er von einem wütenden Mob umringt. Unter Berufung auf „seine eigene Sicherheit" wurde er in der Stadtfestung eingesperrt, wo er die Nacht verbrachte. Als er am nächsten Morgen das Gefängnis verließ, musste er durch eine mit Sensen und Musketen bewaffnete Menschenmenge gehen, die seinen Kopf forderte. Bevor er von der Menge in Stücke gerissen wurde", schreibt Loomis, „beschloss er, sich an Ort und Stelle das Leben zu nehmen, und versuchte, einem seiner Bewacher die Waffe zu entreißen, der ihn schlug und zu Boden warf. Im Nu war die Menge über ihn hergefallen. Er wurde zu Tode geprügelt. Der Mob zerhackte ihn in Stücke. Ein Mann schnitt ihm mit einer Schere die Brust auf und entnahm ihm das noch schlagende Herz. Das abscheuliche Kleidungsstück wurde wie ein Kinderspielzeug durch die Luft geworfen. Eine Frau fing es schließlich auf, spießte es auf einen Stock und verschlang es schreiend und wahnsinnig. Am Rest seines Körpers wurden unaussprechliche Grausamkeiten begangen.

Orléanistische Fraktion strebt nach der Macht

In den ersten drei Jahren sollte der Plan der Aufklärung vereitelt werden und sich seinen Weg durch die Intrigen der politischen Fraktionen bahnen. Die Fraktion der Orleanisten hatte im Frühjahr und Sommer 1789 eine künstliche Getreideknappheit verursacht. Sie spielte auch die Hauptrolle bei der Belagerung der Bastille. Am 5. Oktober desselben Jahres stellte der Marsch auf Versailles schließlich den Herzog von Orléans bloß, der davon überzeugt war, dass seine Zeit gekommen war und der Dynastiewechsel stattfinden würde. Betrachtet man das Ende dieser Figur, so kann kein Zweifel daran bestehen, dass er im wahren Geist des Illuminatenordens behandelt wurde, denn er wurde als bloßes Werkzeug benutzt, getäuscht, ruiniert und hingerichtet. Betrachten wir seine Handlungen in jenen Tagen des Oktobers 1789, die in den Erklärungen des Châtelet festgehalten sind.

Zunächst einmal war das Châtelet in Paris eine der bedeutendsten Gerichtsbarkeiten des Königreichs Frankreich während des Ancien Régime. Heute werden die Archive des Châtelet von vielen Historikern konsultiert, auch wenn es schwierig ist, sich in der Vielzahl der dort aufbewahrten Dokumente zurechtzufinden. Die Verhandlungen in den verschiedenen Kammern des Châtelet waren mündlich, und ihre Zuständigkeit konnte zivil-, straf- oder polizeirechtlich sein. 1789 wurde der Ruf nach seiner Abschaffung laut, da es keine gute Presse hatte. Ein Gesetz vom 24. August 1790 hob seine Zuständigkeit auf und führte zur Schließung des Archivs und zum Abriss des Gebäudes. Am 22. Januar 1791 beschloss die Pariser Stadtverwaltung, das Archiv des Châtelet zu versiegeln. Sechs Monate später wurde ein ehemaliger Beamter der Zivilkammer, Jean Charles Gabé, beauftragt, die Siegel zu entfernen, und die Bearbeitung der Archive konnte beginnen. Die Archive des Châtelet kamen 1847 in den Soubise-Palast und bilden zusammen mit den Archiven des Parlaments und anderer Pariser Gerichtsbarkeiten die so genannte juristische Abteilung des Nationalarchivs.

Die Diskussion über das Vetorecht des Königs führte zu heftigen Auseinandersetzungen in der Versammlung und zu gewaltsamen Zusammenstößen auf der Straße. Im Palais Royal wird mit der Entlassung der royalistischen Abgeordneten gedroht. Außerdem nimmt die Hungersnot immer mehr zu. Marat und Desmoulins forderten in ihren Zeitungen „einen weiteren Exzess der Revolution". In diesem Zusammenhang zog eine Frau durch die Straßen, schlug eine Trommel und bat um Brot. Tausende von Frauen schlossen sich ihr an und auch Männer, die mit Äxten bewaffnet waren. Sie plünderten das Waffendepot der Miliz der Nationalgarde, nahmen Wagen, Gewehre und Kanonen mit und marschierten nach Versailles, wo sich der Hof befand. Dies war eine List der Orleanisten. Aussagen aus dem Châtelet belegen, dass Philippe Égalité in diesen Tagen (5. und 6. Oktober) wiederholt gesehen wurde, und wenn die Menge ihn erkannte, wurde er mit den Rufen „Es lebe Orleans" und „Es lebe unser König Orleans" bejubelt. Dann zog er sich zurück und erschien an anderer Stelle. Am 5. Mai erschien er zum letzten Mal gegen neun Uhr abends und unterhielt sich in einer Ecke mit Männern in Frauenkleidern und anderen in einfacher Kleidung, darunter Mirabeau, Barnave, Duport und mehrere Abgeordnete der Republikanischen Partei. Am nächsten Tag wurde er erneut mit denselben Personen in Frauenkleidern gesehen. Später stand er am oberen Ende einer Treppe und zeigte den Angreifern mit der Hand, wohin sie gehen sollten. Dann lief er einen anderen Weg hinunter und stellte sich neben den Monarchen, der sein Cousin war. Als der König unter Beschimpfungen nach Paris geführt wurde, sah man Louis-Philippe d'Orléans wieder auf dem Balkon hinter einigen Kindern lauern, während die Prozession vorbeimarschierte.

Zwei Bataillone des flämischen Regiments wurden nach Versallles geschickt, um die königliche Familie zu schützen. Dann setzten die Orleanisten als gute Schüler von Weishaupt dessen Anweisungen zum Einsatz von Frauen in die Praxis um[9]. John Robison zitiert die Erklärungen Nummer 177 und Nummer 317 des Châtelet als Quelle für die folgenden Informationen. Etwa dreihundert „Nymphen" aus dem Palais Royal, die vom Abbe Sieyès in Escudos und Goldlouis bezahlt wurden, wurden den beiden Bataillonen entgegengeschickt. Die Soldaten eines der Regimenter informierten ihre Kommandeure über den Versuch, ihre Loyalität durch Bestechung zu brechen. Mademoiselle Théroigne de Mericourt, die derzeitige Favoritin im Palais Royal, war eine der aktivsten unter dem bewaffneten Mob in Paris. Als Amazone

---

[9] Unter den Papieren, die die bayerische Polizei bei Cato (Zwack) beschlagnahmte, wurde ein Projekt für eine Schwesternschaft von Frauen gefunden, das den Plänen der Illuminaten dienen könnte. Der Text lautet wie folgt: „Es wird von großem Nutzen sein und uns Informationen und Geld bringen, und gleichzeitig wird es Wunder tun, um den Geschmack vieler unserer treuesten Mitglieder zu befriedigen, die dem Sex zugetan sind. Es sollte zwei Arten von Schwestern geben, die tugendhaften und die lasterhaften. Sie sollen einander nicht kennen und von Männern geführt werden, ohne dass sie es wissen. Man sollte ihnen geeignete Bücher und andere Dinge geben, um ihre Leidenschaften zu erregen". In einem anderen Dokument wird betont, wie wichtig es ist, Frauen zur Erreichung ihrer Ziele einzusetzen. „Es gibt kein wirksameres Mittel zur Beeinflussung von Männern als Frauen. Sie müssen daher der Hauptgegenstand unserer Studien sein. Wir müssen sie mit Ratschlägen zu ihrer Emanzipation von der Tyrannei der öffentlichen Meinung für uns gewinnen. Es wird ein Trost für ihren versklavten Geist sein, von jeglicher Knechtschaft oder Unterdrückung befreit zu sein. Es wird sie erregen und dazu bringen, mit mehr Enthusiasmus für uns zu arbeiten, ohne dass sie es wissen; denn sie werden nur ihrem eigenen Wunsch nach persönlicher Bewunderung frönen."

verkleidet und mit der ganzen Eleganz der Oper, brachte sie mehr als einen jungen Mann um den Verstand. Der Mob, der sich auf den Weg nach Versailles machte, um beim König um Brot zu betteln, hatte die Taschen voller Münzen. Orleans wurde von zwei Herren mit einem Beutel voller Geld gesehen, der so schwer war, dass er an seine Kleidung geschnallt war. Der Herzog von Orleans selbst gab vor seinem Tod zu, dass er fast 50.000 Pfund für die Bestechung des Regiments der französischen Garde ausgegeben hatte.

Goyas bekanntes Gemälde *Saturn, der seine Kinder verschlingt*, gibt ein perfektes Bild von dem, was in Frankreich geschah, als die Revolution ausbrannte und die Hand der Illuminaten immer deutlicher wurde. Eines der ersten illustren Opfer war Mirabeau. Nur menschliche Widersprüche, Fehlkalkulationen oder Fehleinschätzungen, Selbstüberschätzung oder Selbsttäuschung können die Handlungen dieser Figur erklären, die sich ihr ganzes Leben lang wie ein Verrückter benommen hatte und die schließlich im Widerspruch zu ihren früheren Handlungen versuchte, die Prinzipien der Monarchie zu retten, was ihn das Leben kostete.

Parallel zur Arbeit der verfassungsgebenden Versammlung wurden Klubs gebildet, um die Arbeit der Abgeordneten zu überwachen. In diesen Klubs wurden die ersten Forderungen nach Mirabeaus Kopf laut. Nach Angaben der *Encyclopædia Britannica* gab es im August 1790 bereits einhundertzweiundfünfzig Klubs. Der berühmteste war der Bretonische Club, den Robespierre später dominieren sollte und der damals von Duport, Barnave und den Brüdern Lameth geleitet wurde. Seine Sitzungen fanden im Jakobinerkloster statt, von dem er seinen Namen hat. Die Jakobiner bauten ein Netzwerk auf, das sich über ganz Frankreich erstreckte, und ihr Vermögen belief sich auf dreißig Millionen Pfund. Die Geschichte der Jakobiner ist zweifellos mit der Geschichte der Illuminaten verbunden: Nicht umsonst trug Adam Weishaupt den Titel „Patriarch der Jakobiner". Der erste, der den Kopf von Mirabeau als Verräter an der Revolution forderte, war Marat (Mosessohn), ein Jude sephardischer Herkunft, dessen untrennbarer Komplize ein anderer Jude namens Jacob Pereira war. In einem Artikel forderte Marat das Volk auf, achthundert Galgen zu errichten und Mirabeau zuerst zu hängen.

Unverständlicherweise versuchte Mirabeau, der theoretisch mit dem Herzog von Orléans verbündet war, in der Versammlung, deren Präsident er wurde, mit seinen brillanten rednerischen Fähigkeiten die Abgeordneten zu mäßigen, die den König fast vollständig entmachten wollten. Bald häufen sich die Drohungen in Pamphleten. Eines davon trug den Titel „Mirabeaus großer Verrat" und lautete: „Hüte dich davor, dass das Volk nicht Gold in deinem Schlund destilliert, diesen brennenden Nektar, um den Durst, der dich verschlingt, für immer zu stillen; hüte dich davor, dass das Volk deinen Kopf wie den von Foulon mit dem Mund voller Heu zur Schau stellt". Mirabeau wusste zu viel. Ein öffentlicher Prozess war für die Verschwörer, die ihn in so vielen Fällen benutzt hatten, nicht von Interesse. Der beste Weg, ihn ohne großes Aufsehen aus dem Weg zu räumen, war, einen natürlichen Tod vorzutäuschen, und so entschied man sich für eine Vergiftung. In der Nacht des 26. März 1791 litt er unter starken Schmerzen. Am nächsten Tag nimmt er trotz der Bitten seiner

Freunde zum letzten Mal an der Sitzung der Versammlung teil. Am 28. März begann der Todeskampf. Jeden Tag schickte Ludwig XVI. einen Abgesandten, der sich nach dem Befinden des „Kranken" erkundigte, der um Opium zur Linderung der Schmerzen bat. Schließlich stirbt Mirabeau am 2. April im Alter von einundvierzig Jahren an den schrecklichen Leiden, die das Gift verursacht hatte, und nach einer Nacht voller Qualen. Die offizielle Version, die diesen plötzlichen Tod auf eine plötzliche Krankheit zurückführt, ist nicht glaubwürdig. Pouget de Saint-André enthüllt in seinem äußerst interessanten Werk *Les auteurs cachés de la Révolution Française (Die verborgenen Autoren der Französischen Revolution)*, dass Mirabeau selbst glaubte, vergiftet worden zu sein, und nennt die Namen von sieben Ärzten, die, obwohl sie angewiesen worden waren, die Todesursache auf seine Exzesse zurückzuführen, zu dem Schluss kamen, dass er einem Mineralgift erlegen war.

Der Tod von Mirabeau war ein Weckruf für die königliche Familie, die bereits mit ausländischen Mächten in Kontakt stand. Ludwig XVI. und Marie Antoinette versuchten zu fliehen, wurden aber in Varennes verhaftet. Sie kehrten nach Paris zurück, wo sie seitdem in den Tuilerien eingeschlossen sind. Der Duc d'Orléans, Philippe d'Orléans, ist weiterhin zuversichtlich, dass seine Stunde schlagen könnte, doch die Ereignisse überschlagen sich und seine Chancen schwinden bald. Im September 1791 wurde die Versammlung nach einer Wahl, an der nur 10% der Wähler teilnahmen, von einer verfassungsgebenden in eine gesetzgebende Versammlung umgewandelt. Die gewählten Abgeordneten stammten hauptsächlich aus dem Bürgertum. Brissot und die Girondins bilden die letzte Regierung Ludwigs XVI., deren Anteil an der politischen Macht sich auf die Wahl des Premierministers und ein Vetorecht gegen die Beschlüsse der Versammlung beschränkt. In den oberen Rängen (den Bergen) saßen die Vertreter der Vereine und des einfachen Volkes. Ihre Vertretung war begrenzt und ihre starken Männer (Danton, Marat, Robespierre) standen außerhalb der Versammlung.

Die Emigration, die sich in Koblenz konzentrierte und hauptsächlich aus Adligen und Offizieren bestand, die die Armee verlassen hatten, bildete die royalistische Partei. Gegen sie richtete sich eines der ersten Dekrete der Versammlung, dessen Text die jenseits des Rheins versammelten Franzosen der Verschwörung verdächtigte und sie warnte, dass sie, sollten sie sich am 1. Januar 1792 weiter versammeln, verfolgt und mit dem Tod bestraft würden. Der König machte von seinem Vetorecht Gebrauch und weigerte sich, dieses Dekret zu unterzeichnen. Wenige Tage später genehmigte ein weiteres Dekret, das das Eigentum der Geistlichen und ihr Recht auf Religionsausübung angriff.

Nach dem Tod von Gustav III., der bekanntlich am 16. März 1792 ermordet wurde, als er eine Koalition ausländischer Mächte gegen Frankreich organisierte, drohten mehrere europäische Länder mit einer Intervention. Österreich war das erste Land, das die Feindseligkeiten abbrach, und die Versammlung erklärte am 20. April 1792 den Krieg. Der Einmarsch der Franzosen in Belgien, das unter österreichischer Herrschaft immer unglücklich war, überraschte Europa, doch inmitten von Disziplinlosigkeit und Chaos folgten bald die ersten Niederlagen. Ein Beispiel für die Verwirrung und den

Ungehorsam war die Ermordung von General Dillon, dessen Dragoner-Einheit sich in Unordnung zurückzog, ohne den Feind zu sehen. In Lille töteten die Soldaten ihren General, indem sie Verrat riefen. Nach der Bestürzung, die die Nachricht vom Rückzug der in Belgien einmarschierenden Truppen ausgelöst hatte, wurden die Jakobiner von Tag zu Tag gewalttätiger. Marat, der sich den Ermittlungen der Behörden entzieht, nutzt den Verdacht des Hochverrats aus und fordert von der Armee die Ermordung aller Generäle, die sich im Untergrund der Intrige befinden.

Für den Terror der Republik

In Paris wächst die Unruhe, und während Frankreich Bataillone von Freiwilligen und Nationalgarden mobilisiert, bilden Österreich-Ungarn, Preußen und das Königreich Piemont-Sardinien die erste Koalition. Lafayette, der freimaurerische Befehlshaber der besiegten Nordarmee, der Adam Weishaupt persönlich gekannt hatte und der wie Mirabeau wusste, dass bei den Jakobinern eine verborgene Hand am Werk war, richtete am 18. Juni 1792 einen Brief an die Versammlung, aus dem die folgenden Worte stammen: „Diese Fraktion ist die Ursache aller Unruhen, und ich klage sie offen dafür an! Als eigenständiges Reich organisiert, blindlings von einigen ehrgeizigen Häuptlingen geführt, bildet diese Sekte eine eigene Körperschaft inmitten des französischen Volkes, dessen Befugnisse sie sich von seinen Vertretern und Mandataren angeeignet hat...". Zwei Tage später stürmte ein Mob den Tuilerienpalast, in dem der König residierte, und der König, empört und bedroht, wurde gezwungen, die rote phrygische Mütze aufzusetzen und ein Glas Wein zu trinken. Bürgermeister Petion, der den Aufstand offen befürwortet hatte, gelang es, ihn durch seine Worte zu kanalisieren und den Palast räumen zu lassen. Am 28. wendet sich Lafayette, der naiv glaubt, den Jakobinern das Handwerk legen zu können, an die Versammlung und wiederholt den Inhalt seines vorangegangenen Schreibens: „Ich bitte die Versammlung um die sofortige Bestrafung der Anstifter und die Vernichtung einer Sekte, die in die Souveränität eindringt, die die Bürger tyrannisiert und deren öffentliche Debatten keinen Zweifel an der Abscheulichkeit der von ihren Anführern erdachten Projekte lassen".

Der Herzog von Braunschweig, Großmeister der deutschen Freimaurerei, der an dem entscheidenden Kongress von Wilhelmsbad teilgenommen hatte und dessen geheimer Name unter den Illuminaten Aaron lautete, war Oberbefehlshaber der Armeen der österreichisch-preußischen Koalition, deren Stab mehrheitlich aus Militärfreimaurern bestand. Am 25. Juli 1792 schickt er den Parisern das bekannte Manifest von Koblenz, das von Prince de Condé (Louis Joseph de Bourbon, dem Cousin des Königs) verfasst wurde. Darin wird gedroht, Paris zu stürmen, das Kriegsrecht zu verhängen und ein großes Blutbad anzurichten, falls die königliche Familie in irgendeiner Weise geschädigt würde. Zwei Jahre später sollte Ferdinand von Braunschweig reumütig anprangern, dass die Illuminaten die Freimaurerei infiltriert hätten, um die Revolution in Frankreich herbeizuführen, und dass sie die Ursache für weitere Revolutionen sein würden. Wir bringen nun das Zitat aus seinen Worten, das etwas langatmig, aber sehr wertvoll ist:

„Wir sehen unser Gebäude (die Freimaurerei) zerbröckeln und die Erde mit Ruinen bedecken; wir sehen die Zerstörung, die unsere Hände nicht mehr aufhalten können... Es entstand eine große Sekte, die unter dem Vorwand, für das Wohl und das Glück der Menschen zu sorgen, in der Dunkelheit der Verschwörung arbeitete, um die Menschheit zum Opfer zu machen. Diese Sekte ist allen bekannt. Ihre Brüder sind so gut bekannt wie ihr Name. Sie sind es, die die Grundfesten der Ordnung bis zu ihrem völligen Umsturz untergraben haben. Sie sind es, die die gesamte Menschheit vergiftet und seit mehreren Generationen ins Verderben gestürzt haben. [...] Der Plan, den sie gefasst haben, um alle sozialen Bindungen zu brechen und alle Ordnung zu zerstören, war in all ihren Reden und Taten offensichtlich. Sie rekrutierten Lehrlinge aus jeder Kategorie und jeder Position; sie täuschten die klügsten Männer, indem sie verschiedene Absichten behaupteten. [...] Ihre Häuptlinge haben nichts anderes im Auge als die Throne der Erde, und sie beabsichtigen, die Regierungen der Nationen von der Nachtruhe ihrer Klubs aus zu lenken. Das ist es, was getan wurde und was immer noch getan wird. Wir stellen jedoch fest, dass sich die Fürsten und das Volk nicht bewusst sind, auf welche Weise und mit welchen Mitteln sie dies erreichen. Deshalb sagen wir Ihnen ganz offen: Der Einsatz unseres Ordens hat all die politischen und moralischen Umwälzungen herbeigeführt, mit denen die Welt heute konfrontiert ist. Ihr, die ihr eingeweiht seid, müsst eure Stimmen mit den unseren vereinen, um den Fürsten und dem Volk beizubringen, dass die Sektierer, die Abtrünnigen von der neuen Ordnung, die Urheber der gegenwärtigen Revolution waren und die Urheber der zukünftigen sein werden. [...] Um also Missbrauch und Irrtum im Keim zu ersticken, müssen wir von diesem Augenblick an den ganzen Orden auflösen...".

Das Koblenzer Manifest schien die Franzosen zu entflammen und zu empören, von denen sich viele freiwillig meldeten. Überall im Land finden Masseneinberufungen statt. Unter dem zunehmenden Druck der Jakobiner und des Pöbels der „sans culottes" sieht sich die Versammlung gezwungen, General La Fayette abzusetzen, der ständig die Verschwörung und die Anarchie in Paris anprangert und gleichzeitig fordert, dass der Bürgermeister wegen Kollaboration mit den Aufständischen bei der Erstürmung der Tuilerien vor Gericht gestellt wird. Petion gibt nicht nach, sondern fordert die Absetzung des Königs. Die Jakobiner verlangten die Köpfe der konstitutionellen Abgeordneten und erklärten offen, dass die Versammlung nicht mehr in der Lage sei, die Revolution durchzuführen. In dieser Atmosphäre organisierte Danton, der im Club der Cordeliers zur Entthronung des Königs aufgerufen hatte, die zweite Erstürmung der Tuilerien, einen regelrechten Staatsstreich, der am 10. August 1792 stattfand und zum Sturz Ludwigs XVI. führte.

Die Kommissare der Pariser Sektionen, die perfekt organisiert waren, besetzten das Hôtel de Ville (Rathaus) und die Anführer der Meuterer konstituierten sich sofort als Stadtverwaltung. Der König und seine Familie flüchteten auf Anraten von Roederer und in Erwartung des Gemetzels, das die Kämpfe in den Tuilerien anrichten würden, in die Nationalversammlung, wo sich etwa dreihundert Abgeordnete, fast alle Komplizen oder Unterstützer des

Aufstands, im Sitzungssaal versammelt hatten. Um elf Uhr vormittags war der Triumph vollkommen, und die bewaffneten Massen, die Gefangene und bei der Erstürmung des Palastes erbeutete Kostbarkeiten trugen, wurden zur Versammlung geführt, die schließlich das französische Volk aufforderte, einen Nationalkonvent, d. h. eine Republik, zu bilden. Der König und seine Familie sollten in die Obhut der Bürger übergeben werden. In den frühen Morgenstunden des 11. August wird Danton von Camille Desmoulins und Fabre d'Églantine geweckt. „Du bist ein Minister", riefen sie. Schläfrig und erschöpft von den Anstrengungen des Vortages sah er sie ungläubig an und fragte: „Seid ihr ganz sicher, dass ich zum Minister ernannt worden bin?" Sie erklärten ihm, dass sie für ihn gestimmt hätten und bestätigten, dass sie der neue Justizminister seien. Es bestand kein Zweifel: Danton war der neue Held der Stunde.

Der Nationalkonvent oder die Erste Französische Republik übte vom 20. September 1792 bis zum 26. Oktober 1795 die Exekutivgewalt in Frankreich aus und wurde nach einer Wahl gebildet, an der sich knapp 15% der Wähler beteiligten. Die Versammlung konnte gegen Kandidaten, die als „unpatriotisch" galten, ein Veto einlegen, und die Abgeordneten stimmten immer laut ab. Die vierzig Tage vom 10. August bis zum 20. September waren schrecklich, denn zum Terror im eigenen Land kam noch der Krieg im Ausland hinzu. Während dieser Zeit erklärt die Versammlung, die sich selbst zur ständigen Sitzung erklärt hat, dass sie alle städtischen Handlungen billigt. Der Magistrat behielt die Versammlung nur, um ihr seinen Willen zu diktieren, d.h. um Usurpationen zu legalisieren und, in Dantons Worten, „alle außerordentlichen Maßnahmen zu billigen, die das Volk in den Urversammlungen versammelt". Später, auf dem Höhepunkt seines Einflusses, ging er sogar so weit zu erklären: „Der Terror ist das Gebot der Stunde". Die Pariser Kommune beansprucht die absolute Macht: Sie übernimmt das militärische Kommando über ganz Frankreich und setzt die Unverletzlichkeit der Wohnung und des Eigentums auf unbestimmte Zeit aus. Diese aufständische Kommune war fieberhaft aktiv und erließ täglich etwa hundert Dekrete. Die Verlegung der königlichen Familie in den Temple Tower, die Inhaftierung der Redakteure der royalistischen Zeitungen (allein in Paris wurden elf Zeitungen geschlossen), die Zerstörung der Königsstatuen und die Einrichtung eines „Überwachungsrates" für die Hauptstadt gehörten zu ihren ersten Entscheidungen. An der Spitze des Generalrats standen drei Männer, die sich nicht persönlich kannten: Danton, Robespierre und Marat. Letzterer war nach eigenem Bekunden „durch die Bresche in den Tuilerien in das Ministerium gelangt". Marat, der wegen seiner blutrünstigen Veröffentlichungen und seiner Verleumdungen gegen jedermann mehrfach zu Haftstrafen verurteilt worden war, war aus der Kanalisation aufgetaucht, in der er sich drei Jahre lang versteckt gehalten hatte, und hatte sich die Leitung des Überwachungsausschusses angemaßt.

Marat und Danton, Agenten der Londoner Illuminaten

Der Kryptojude Marat war zweifellos der verkommenste und grausamste der ausländischen Agenten, die in jenen Tagen die Blutorgie in Paris und ganz

Frankreich entfesselten. Marat war mit ziemlicher Sicherheit persönlich mit Lord Shelburne (William Petty) und Jeremy Bentham bekannt, den englischen Drahtziehern, die den revolutionären Prozess in Frankreich von London aus steuerten. In den 1970er Jahren war Marat bereits nach Holland und England gereist, wo er Unterstützung bei den englischen Freimaurern fand. 1772 veröffentlichte er dort ein von den Freimaurern inspiriertes Werk mit dem Titel *An Essay on the Human Soul*. Sein zweites Werk, *Die Ketten der Sklaverei*, sollte 1774 folgen. 1777 kehrte er nach Frankreich zurück, wurde aber wegen seiner aufrührerischen Agitationsarbeit in seiner Zeitung *L'Ami du Peuple* (die subventioniert wurde und in das *Journal de la Republique* umgewandelt wurde, als er an der Macht war) unter Beobachtung gestellt, so dass er gezwungen war, nach England zurückzukehren, wo er bis 1790 blieb.

Da Lord Shelburne und Jeremy Bentham eine herausragende Rolle spielten, ist es angebracht, diese Personen, über die die offizielle Geschichtsschreibung nichts sagt, kurz vorzustellen. Lord Shelburne gehörte zu den englischen Aufklärern, die am Wilhelmsbader Kongress teilnahmen, den er in Begleitung von sieben weiteren Brüdern aus England besuchte. Shelburne, der zwischen 1782 und 1783 für kurze Zeit Premierminister gewesen war, als William Pitt ihm im Amt bis 1801 folgte, war während der Jahre der Revolution in Frankreich Leiter des britischen Geheimdienstes. Laut Eustace Mullins (*The Curse of Canaan*) hatten Lord Shelburne und seine Mitarbeiter die zahlreichen Schulden beglichen, die William Pitt belasteten, der sich im Gegenzug den Manövern und politischen Entscheidungen unterwarf, die Shelburne und Bentham im Verborgenen diktierten.

In seinem 1989 erschienenen Buch *Les hommes de Londres, histoire secrète de la terreur (Die Männer von London, geheime Geschichte des Terrors)* erklärt Olivier Blanc, dass William Petty (Lord Shelburne) durch die Finanzierung von Tausenden von Reaktionären und Jakobinern Chaos in Frankreich verbreitete. Laut waren Marat, Danton und Choderlos de Laclos, persönlicher Sekretär des Herzogs von Orléans, Agenten des Geheimdienstes von Lord Shelburne. Bereits 1789, als Danton praktisch unbekannt war, hatte der französische Botschafter in London, La Luzerne, dem Außenminister, Graf de Montmorin, unmissverständlich mitgeteilt, dass zwei Personen namens Danton und Paré (Dantons Sekretär) Geld von der englischen Regierung erhalten würden. Albert Mathiez (1874-1932), eine Autorität auf dem Gebiet der Französischen Revolution, denunziert Danton 1916 ebenfalls als Agenten im Dienste Englands. In seinem Buch *Danton et l'or anglais (Danton und das englische Gold)* enthüllt der französische Historiker, dass der preußisch-schweizerische Bankier Perrégaux mit der Zahlung der Vergeltung beauftragt worden sein soll. Mathiez zitiert ein offizielles Schreiben des Auswärtigen Amtes, ein Dokument, das zu den in Dantons Haus beschlagnahmten Papieren gehörte und in dem es heißt: „Wir wünschen, dass Sie Ihre Bemühungen fortsetzen und M.C.D. 3.000 Livres, W.T. 12.000 und de M. 1.000 Livres vorstrecken, für die Dienste, die sie uns geleistet haben, indem sie das Feuer entfachten und die Jakobiner zum Wutanfall trieben. [...] Helfen Sie C., die

Kanäle zu entdecken, durch die das Geld mit dem größten Erfolg verteilt werden kann".

Ein Artikel von Jeffrey Steinberg in der *Executive Intelligence Review* vom 15. April 1994 mit dem Titel „The Bestial British Intelligence of Shelburne and Bentham" verdeutlicht das Ausmaß der Aktivitäten der beiden Männer und zeigt ihren Mangel an ethischen Prinzipien auf. Bentham veröffentlichte 1780 *An Introduction to the Principles of Morals and Legislation, ein* Werk, das die Grundsätze des britischen philosophischen Radikalismus begründete und ihn, so Steinberg, „in das Zentrum des damals neu gestalteten britischen Außenministeriums und des britischen Geheimdienstes katapultierte, der von Shelburne konsolidiert wurde, einem Mann, der damals *de facto*, wenn nicht *de jure*, der Doge von Großbritannien war". In Wirklichkeit lagen die Geheimdienstoperationen in den Händen der Ostindien-Kompanie und wurden seitdem vom Secret Intelligence Service (SIS) kontrolliert. Tatsächlich war Lord Shelburne der Mann der anglo-holländischen Oligarchen-Finanziers und führte den Vorsitz im allmächtigen dreiköpfigen Geheimausschuss der Ostindien-Kompanie. Bernard Lazare, ein zionistischer Jude und Freund von Theodor Herzl, nennt in *L'Antisemitisme* die Namen der jüdischen Finanziers, die von England aus die revolutionären Ziele ihrer kontinentalen Kollegen unterstützten: Benjamin Goldsmid, sein Bruder Abraham Goldsmid, Moses Mocatta und Moses Montefiore. Laut Pouget de Saint-André, der sich auf die „Archives Nationales" beruft, waren zwei weitere in Paris tätige jüdische Bankiers, Boyd und Kerr, Geheimagenten im Dienste Englands.

Bentham, der jeden Unterschied zwischen dem Menschen und den niederen Tieren ablehnte und 1785 einen Aufsatz zur Verteidigung der Päderastie verfasst hatte, beeindruckte Shelburne, der ihn finanzierte, ihm eine Wohnung in Bowood einrichtete und ihm Verleger in der Schweiz und in England zur Seite stellte, um die weite Verbreitung seiner Werke in englischer und französischer Sprache sicherzustellen. 1787 veröffentlichte Jeremy Bentham ein sehr bedeutendes Pamphlet mit dem Titel *In Defence of Usury (Zur Verteidigung des Wuchers)*, in dem er Adam Smith, der ebenfalls für Lord Shelburne in der East India Company tätig war, dafür kritisierte, dass er in seinem Werk *The Wealth of Nations (Der Wohlstand der Nationen)* zu kurz gesprungen war und die ungezügelte Diktatur des Geldes nicht absolut befürwortete. Smith erkannte sofort schriftlich an, dass Benthams Werk „das Werk eines überlegenen Mannes" sei.

Jeffrey Steinberg, der in seinem Artikel mit Olivier Blanc und Eustace Mullins übereinstimmt, schreibt: „Shelburne wollte Frankreich als wirtschaftlichen und militärischen Rivalen auf dem Kontinent vernichten. Der jakobinische Terror war von Anfang an eine von der Ostindien-Kompanie und dem britischen Geheimdienst orchestrierte Angelegenheit. Das blutige Massaker an der französischen Wissenschaftselite wurde systematisch von französischer Hand ausgeführt, aber die Führer waren Briten". Sowohl Mullins als auch Steinberg argumentieren, dass die von Necker geförderte Wirtschaftskrise die Voraussetzung für die Provokation von politischem Chaos und Aufruhr war, wozu Shelburne durch die Einrichtung einer radikalen Schriftstellerwerkstatt, einer Art „Denkfabrik", auf seinem Anwesen in Bowood beitrug. Steinberg schreibt: „Die Texte wurden von Bentham vorbereitet, übersetzt und per Diplomatenpost und auf anderen Wegen nach Paris transportiert, wo die Anführer des jakobinischen Terrors, Jean-Paul Marat und Georges Jacques Danton, die grausamen Reden hielten. Dokumente der East India Company, die Zahlungen an diese jakobinischen Führer bestätigen, befinden sich noch immer in den Archiven des Britischen Museums". In *Les auteurs cachés de la Révolution Française (Die verborgenen Autoren der Französischen Revolution)* stellt Pouget de Saint-André fest, dass der Jude Étienne Clavière, Finanzminister vom 10. August 1792 bis zum 13. Juni 1793, ebenfalls ein Londoner Agent war. Pouget de Saint-André erklärt, dass Clavière nach seiner Inhaftierung häufig von dem Bankier Bidermann besucht wurde, einem Glaubensgenossen, der 1792 Schatzmeister des Außenministeriums war.

Am 25. November 1791 hatte Bentham, der im jakobinischen Frankreich mit der Ehrenbürgerschaft ausgezeichnet werden sollte, sogar einen Brief an den Abgeordneten der Versammlung, J. P. Garran, geschrieben, in dem er anbot, nach Paris zu reisen, um die Leitung des französischen Strafvollzugs zu übernehmen. Er schlug vor, Haft- und Sklavenarbeitszentren nach dem Vorbild seines berühmten Panopticons (Vorläufer von Big Brother) zu errichten, in denen sich die Gefangenen dank eines globalen (optischen) Beobachtungssystems jederzeit, selbst bei ihren elementarsten Handlungen, von einem Aufseher überwacht fühlen würden, der von einem mit Spiegeln ausgestatteten Raum aus alles sehen konnte (pan).

Da wir nun wissen, wer und von wo aus der Terror inszeniert wurde, können wir zu Marat zurückkehren, der laut seinem Arzt Dr. Cabanes „an einem widerlichen und sehr schmerzhaften Ekzem litt, das ihn vom Hodensack bis zum Bauchfell befiel und unaufhörlich nässte. Zu seinen Qualen gesellten sich häufig quälende Kopfschmerzen, Fieber und starke Schmerzen in Armen und Beinen". Marat veranschaulicht all diese Exzesse besser als jeder andere. Nachdem er sich mit Unterstützung der Pariser Sektionen an die Spitze des Gesundheitskomitees gesetzt hatte, ordnete er die Verhaftung von fast viertausend Personen an, und das Gemetzel begann.

Die Massaker vom September

Die Massaker waren perfekt geplant, was durch die Dokumente in den Registern der Kommune belegt wird. Diese Aufzeichnungen wurden bei einer anderen Kommune, der von 1871, vernichtet, konnten aber zuvor von einigen Forschern untersucht, kopiert und in Auszügen veröffentlicht werden. Auf diese Weise kam ans Licht, dass die Attentäter für je vierundzwanzig Pfund angeheuert wurden. M. Granier de Cassagnac veröffentlichte eine Liste mit ihren Namen, Adressen und Berufen. Stanley Loomis, in *Paris in the terror, Juni 1973 - Juli 1974*, stellt fest, dass viele von ihnen bereits Ende Juli 1792 in Paris eingetroffen waren und betont, dass die meisten von ihnen keine Franzosen waren. Sie gehorchten einem Anführer polnischer Nationalität namens Lazowski. An dieser Stelle sei daran erinnert, dass Jacob Frank, ein Protegé von

Mayer Amschel Rothschild, 1772 Geld erhalten hatte, um in Brünn paramilitärische Ausbildungslager zu organisieren, wo er sechshundert seiner Anhänger für den Terror ausbildete. Neben der Gruppe ausländischer Terroristen verfügte die Kommune in den Gefängnissen über Dutzende von Männern, die wegen Gewaltverbrechen verurteilt worden waren und wenige Tage vor Beginn der Massaker entlassen wurden. Die Hauptverantwortlichen für die Organisation waren die Männer, die zusammen mit Marat an der Spitze der Junta de Vigilance standen, nämlich Billaud-Varenne, Collot d'Herbois, Danton, Tallien und Panis.

Zu den ersten Opfern gehörten vierundzwanzig Priester, die am 2. September 1792 von einer Gruppe von zweihundert Hitzköpfen erstochen und erschlagen wurden. Im Karmeliterkloster wurden 150 Menschen in einer Blutorgie niedergemetzelt. Die Scharfrichter weigerten sich, Schusswaffen zu benutzen, und töteten ihre Opfer lieber mit Äxten, Schaufeln und Messern. Ein Chronist jener Zeit, Philippe Morice, schreibt, dass sich die Schmerzens- und Angstschreie der Opfer mit den Freuden- und Lustschreien der Verbrecher vermischten. Die Szene erweckt einmal mehr den Verdacht, dass die Terroristen von Jakob Frank unter den Mördern gewesen sein könnten. In die Gefängnisse des Chatelet und der Conciergerie drangen zwei Gruppen von zum Töten ausgebildeten Männern ein, die im ersten Fall zweihundertfünfundzwanzig und im zweiten Fall dreihundertachtundzwanzig Gefangene hinrichteten, angeblich weil sie Volksfeinde waren. Während dieser Tötungen in den Gefängnissen machten die Mörder ihren Opfern freimaurerische Zeichen und begnadigten diejenigen, die zu antworten wussten. Billaud-Varenne, der zwischen den Leichen umherging, rief den Verbrechern zu: „Ihr rettet das Vaterland, setzt euer Werk fort, ihr tapferen Bürger!

Dr. John Moore, ein englischer Reisender, der in Paris lebte, schrieb ein faszinierendes Tagebuch. Für ihn gibt es keinen Zweifel, dass die Massaker von bestimmten Politikern kaltblütig geplant wurden. Das Muster", schreibt er, „wurde ohne Unterbrechung wie ein Gift wiederholt, um die Bevölkerung zu erregen". In Wirklichkeit reagierte die Pariser Bevölkerung blind auf die Aggression, die von Kriminellen und bezahlten Agitatoren aus dem Ausland verübt wurde. Ein Jahr später, kurz bevor er guillotiniert wurde, prangerte Robespierre dies in aller Deutlichkeit an. Sowohl John Moore als auch Stanley Loomis prangerten die Verbrechen an, die im Gefängnis von Bicêtre begangen wurden, wo 170 Insassen aus den untersten Schichten der Gesellschaft inhaftiert waren. Sie wurden ausnahmslos ermordet. Unter den Opfern befanden sich dreiunddreißig Jungen im Alter zwischen zwölf und vierzehn Jahren.

Madame Roland, die Frau des Mannes, der Wochen zuvor Innenminister war, prangerte schriftlich die Grausamkeiten an, die im Salpetrière-Gefängnis begangen wurden, wo Prostituierte und Frauen, die von ihren Ehemännern oder ihren Eltern denunziert wurden, eingesperrt waren. Wenn Sie nur wüssten", schreibt er, „wie schrecklich das war. Die Frauen wurden brutal vergewaltigt, bevor sie von diesen Tigern in Stücke gerissen wurden". Das berühmteste Beispiel, das die Wahrheit der Worte von Madame de Roland beweist, ist der Fall von Marie Louise de Savoie-Carignan, Prinzessin von Lambelle. Diese Aristokratin mittleren Alters hatte in England Zuflucht gesucht, kehrte aber aus

Loyalität zu ihrer Freundin Marie-Antoinette nach Paris zurück, um ihr nahe zu sein. Die Prinzessin wurde im Temple Tower gefangen genommen, wo sie die königliche Familie in Gefangenschaft begleitete, und in das Gefängnis La Force gebracht, wo die durch Alkohol aufgeputschten Verbrecher eine unerhörte Grausamkeit an den Tag legten, die bis zum Kannibalismus reichte. Vor ihrer Ermordung wurde die Prinzessin von Hébert verhört, der von ihr verlangte: „Schwöre, Freiheit und Gleichheit zu lieben, schwöre, den König, die Königin und die Monarchie zu hassen. Heldenhaft sagte die arme Frau: „Den ersten Schwur werde ich leicht ablegen, aber den zweiten kann ich nicht ablegen, weil er nicht in meinem Herzen ist". Jemand im Publikum rief ihr zu, sie solle schwören, wenn sie nicht sterben wolle, aber sie verbarg nur ihr Gesicht in den Händen. Daraufhin sprach Hébert den verhängnisvollen Satz: „Bringt die Dame weg". Zwei Männer zerrten sie auf die Straße, wo ein Haufen Leichen lag, die bereits entkleidet waren. Kurzerhand wurde ihr ein Säbel in den Nacken gerammt und mehrere Spieße in ihren Körper gestoßen. Dann wurde sie nackt ausgezogen und auf der Straße liegen gelassen. Wenig später wurde ihr das Herz herausgerissen, sie wurde in Stücke gerissen und ausgeweidet. Ihre Geschlechtsteile wurden im Triumph als Trophäen zur Schau gestellt. Ihr Kopf wurde vor die Fenster der Zelle der Königin im Tempel getragen und hochgehoben, damit Marie Antoinette ihre enge Freundin auf diese Weise sehen konnte. Der Kommandant der Truppen, die den Tempel bewachten, war übrigens ein Jude namens Rosenthal, der diese makabre Aktion nicht verhindert hat. Der Kopf wurde dann dem Herzog von Orleans präsentiert, der, von den Schreien angelockt, vom Tisch aufstand und ohne mit der Wimper zu zucken die Mörder der Prinzessin, die seine Schwägerin war, von einem Balkon des Palais Royal aus begrüßte.

Während sich diese Schrecken abspielten, gelang es den französischen Armeen, die Lafayette verdrängt hatten, unter dem Kommando von Dumouriez und Kellermann am 30. September 1792, die Preußen und Österreicher in dem entscheidenden Sieg von Valmy zu besiegen. Es gibt viele Zweifel an der Leistung der Preußen, denn als sie die zahlenmäßig unterlegene Armee von Dumuriez hätten vernichten können, gaben sie ihm Zeit, um Verstärkung und Nachschub zu erhalten. Für einige Kritiker war Valny „eine Komödie". Am nächsten Tag rief der Konvent die Republik als alleinige Regierung Frankreichs aus. Herzog Ferdinand von Braunschweig wollte trotz der Niederlage Verhandlungen aufnehmen, aber die Republik weigerte sich, Vorschläge zu hören, bevor die feindlichen Truppen das Gebiet nicht vollständig geräumt hatten. Die französischen Siege wurden weiter nördlich am Rhein bestätigt, wo General Custine ebenfalls in die Offensive gegangen war und die Städte Speyer, Worms und Mainz eingenommen hatte. In den Alpen eroberte der General Montesquieu Savoyen.

Der Konvent bestand aus siebenhundertneunundvierzig Mitgliedern, von denen fünfundsiebzig der verfassungsgebenden Versammlung und vierundsiebzig der gesetzgebenden Versammlung angehörten. Die Gironde bildete die rechte Seite und das Gebirge, das von den Vereinen und der Stadtverwaltung unterstützt wurde, die linke Seite. Zwischen den beiden

Parteien lag die Mitte, die Ebene oder der Obstgarten genannt wurde. Obwohl der König nach den geltenden Gesetzen unantastbar war und nach seiner Absetzung nichts mehr gegen ihn unternommen werden konnte, forderten die Montagnards schon bald einen Prozess. Danton sagte: „Da uns die Völker drohen, sollten wir den Kopf des Königs wie einen Fehdehandschuh auf den Boden werfen. Der Konvent machte sich also zum Richter, obwohl er gleichzeitig der Ankläger war, und lud den König vor sich. Nur Malesherbes wagte es, die gefährliche Verteidigung Ludwigs XVI. zu akzeptieren. Aber, wie bereits erwähnt, war der Tod des Königs auf dem Freimaurerkongress von 1786 in Frankfurt am Main beschlossen worden, und die Zeit für die Hinrichtung war gekommen. Die Jakobiner forderten seinen Tod als Maßnahme zur Rettung des Volkes. Am 17. Januar 1793 begann um 19 Uhr die namentliche Abstimmung. Sie dauerte fünfundzwanzig Stunden und fand unter Drohungen und Beleidigungen in einer Atmosphäre extremer Erregung statt. Die Worte von Camille Desmoulins lauteten: „Ein toter König ist kein geringerer Mensch. Ich stimme für den Tod". Barère drückte sich folgendermaßen aus: „Der Baum der Freiheit kann nicht wachsen, ohne mit dem Blut von Königen getränkt zu werden". Sieyès verurteilte: „Tod ohne Urteil". Die Erwartung war auf dem Höhepunkt, als Philippe d'Orléans, der Herzog von Orléans, das Podium betrat. Alle dachten, dass die Tatsache, dass er ein Verwandter des Königs war, als Entschuldigung dienen würde; aber er sagte ruhig: „Nur aus Pflichtgefühl und in der Überzeugung, dass alle, die die Souveränität des Volkes angegriffen haben oder in Zukunft angreifen werden, den Tod verdienen, stimme ich für den Tod". Schließlich wird mit dreihundertsiebenundachtzig gegen dreihundertdreiunddreißig Stimmen beschlossen, das Urteil innerhalb von vierundzwanzig Stunden zu vollstrecken. Ludwig XVI. bat um drei Tage, „um sich darauf vorzubereiten, vor Gott zu erscheinen", was ihm jedoch verweigert wurde.

Am 21. Januar 1793 guillotinierte Samson, ein jüdischer Freimaurer, der bei den Hinrichtungen als oberster Scharfrichter fungierte und sich damit rühmte, in nur achtunddreißig Minuten einundzwanzig Köpfe abgeschlagen zu haben, den König, dessen letzte Worte mit fester Stimme vor allen Anwesenden lauteten: „Ich sterbe unschuldig an den Verbrechen, derer ich angeklagt bin. Ich vergebe den Verursachern meines Todes und wünsche, dass das Blut, das ihr vergießen wollt, nicht auf Frankreich fallen möge. Ein junger Mann der Nationalgarde hob den blutenden Kopf auf und zeigte ihn dem Volk. Die Marseillaise begann zu singen und einige tanzten im Kreis um das Schafott. Andere fingen das Blut auf, das durch die Balken des Gerüsts sickerte, und einige tranken es. Man muss unweigerlich an die verkommenen Frankisten denken, die bei ihren makabren Ritualen Blut tranken. Wie wir noch sehen werden, waren auch die Mörder von Zar Nikolaus II. Juden, ebenso wie der Henker, der die im schändlichen Nürnberger Prozess verurteilten Naziführer hinrichtete.

Der Terror geht weiter

Nach der Hinrichtung des Königs wurden in Europa erneut Bündnisse gegen Frankreich geschlossen, und der Krieg wurde wieder aufgenommen. Dumouriez, der Held von Valmy, der auf eigene Faust heimlich Verhandlungen mit dem Feind aufgenommen hatte, wurde von Marat und Francisco de Miranda vor dem Konvent als Verräter denunziert. Dieser venezolanische General, der den Illuminaten nahe stand und als Vater der lateinamerikanischen Freimaurerei gilt, war auch ein Agent von Lord Shelburne, der in der französischen Armee schnell aufgestiegen war. Nach und nach entwickelte sich eine Atmosphäre des Misstrauens, die dazu führte, dass die Unverletzlichkeit der Abgeordneten aufgehoben und beschlossen wurde, dass der Konvent gegen jedes seiner Mitglieder vorgehen konnte. Dieses verhängnisvolle Dekret führte dazu, dass sich die Parteien bald gegenseitig zu dezimieren begannen. Die Inhaftierung von Philippe d'Orléans, obwohl er für den Tod des Königs gestimmt hatte, war der erste Akt des internen Krieges. In einer Atmosphäre von Anschuldigungen und Verleumdungen wurde Marat, den die Bevölkerung vergötterte, von einem Abgeordneten der Girondins, Gaudet, denunziert. Den Girondins gelingt es, den Konvent dazu zu bringen, für seine Verhaftung zu stimmen. Das war ein Fehler, denn die Mitglieder des neu geschaffenen Revolutionstribunals, das ihn verurteilen sollte, waren allesamt Agenten der Kommune und sprachen ihn frei. Sofort, am 24. April 1793, wurde Marat mit Lorbeeren gekrönt und unter dem Jubel der Menge in einem Stuhl auf den Schultern von vier Männern durch Paris getragen, die ihn unter einem Regen von Blumen und Bändern, die aus den Fenstern fielen, zum Konvent brachten. Was ein Triumph für die Girondins hätte sein können, sollte sich gegen sie wenden, denn Marat wandte sich daraufhin gegen sie und ließ am 2. Juni neunundzwanzig ihrer Abgeordneten sowie ihre Minister Clavière und Lebrun Tondu verhaften.

Während die feindlichen Armeen an allen Grenzen angreifen, brechen in verschiedenen Teilen des Landes Aufstände aus. Die Lage der Republik, die von Land und Meer umgeben und von internen Revolten zerrissen ist, wird immer verzweifelter. Besonders hervorzuheben ist der furchtbare Aufstand in der Vendée, ein Bürgerkrieg, der zu einem der größten Massaker der zeitgenössischen Geschichte führte. In diesen westfranzösischen Departements, die sich so sehr vom Rest des Landes unterscheiden, ist die Feudalherrschaft patriarchalisch und wohltätig: Die wenig reichen, einfachen und tugendhaften Herren leben mit ihren Vasallen wie Väter und Freunde zusammen; der Klerus ist ungebildet, aber fromm und von einfacher Lebensart. Die Bauern konnten eine Revolution, die ihrer Situation völlig fremd war, nicht verstehen. Eine Masseneinberufung von dreihunderttausend Mann war der Auslöser für einen allgemeinen Aufstand der Bauernschaft, der ihre Herren hinwegfegte. Die Aufständischen organisierten sich südlich der Loire als katholische und königliche Armee, und der Krieg, der zu heftigen Repressionen führen sollte, begann. In der Proklamation des Konvents wird die Absicht der Jakobiner von Anfang an klar zum Ausdruck gebracht: „Es geht darum, die Briganten der Vendée auszurotten, um den Boden der Freiheit von dieser verfluchten Ethnie zu säubern". Das Problem bestand darin, dass es sich bei den „Räubern" um die gesamte Bevölkerung handelte. Die Professoren Reynald Secher und Pierre Chaunu (1986) stimmen darin überein, dass die Jakobiner bei ihren Massakern eine völkermörderische Absicht verfolgten. Michel Ragon sah 1992 in den Massakern ein Programm und prangerte die offiziellen Absichten an, ein ganzes Volk zu vernichten. Immer mehr Historiker betrachten die Vernichtung von mindestens 120.000 Bauern in der Vendée als den „ersten Völkermord der modernen Geschichte". Die Überlebenden wurden in Massen deportiert, die Ernten vernichtet, die Häuser zerstört und die Wälder verbrannt. Diese fruchtbare Region blieb fünfundzwanzig Jahre lang praktisch unbewohnt. Gracchus Babeuf, der erste Vorläufer des modernen Kommunismus, hielt es bereits 1795 für angemessen, das Massaker mit dem Begriff „Populizid" zu bezeichnen.

Die Ermordung Marats war ein unerwartetes Ereignis zu einer Zeit, in der Frankreich in innere und äußere Kriege verwickelt war. Charlotte Corday, eine schöne Girondin, die davon überzeugt war, dass ihre Tat Frankreich retten könnte, schlich sich am 13. Juli 1793 in das Haus des jakobinischen Führers unter dem Vorwand, ihn über die Treffen der Girondinenführer in Caen zu informieren. Marat konnte das Angebot nicht ablehnen und ordnete an, sie in das Zimmer zu lassen, in dem sie wegen der Schmerzen, die sie wegen der Verschlechterung ihrer Haut durch das Ekzem hatte, die meiste Zeit mit ihrem Körper in einer Wanne mit heißem Wasser verbrachte. Marat lud sie ein, sich auf einen Hocker zu setzen und fragte, was er für sie tun könne. Charlotte erzählte ihm, sie käme aus Caen und könne ihm interessante Informationen über den dortigen Aufstand geben. Marat nahm sofort ein Blatt Papier und fragte sie mit seiner Feder nach den Namen der Girondins, die sich in der Stadt aufhielten. Sie zählte sie auf: Gaudet, Barbaroux, Pétion, Buzot? Als sie fertig war, lächelte Marat und sagte: „Ausgezeichnet! In ein paar Tagen werde ich sie alle in Paris guillotinieren lassen". Daraufhin stand Charlotte Corday auf und nahm ein Küchenmesser mit einer sechs Zentimeter langen Klinge aus ihrer Brust, stieß es bis zum Griff in ihre Brust und zog es heraus. Im Laufe des polizeilichen Verhörs wurde sie gefragt, warum sie Marat getötet habe. Sie antwortete: „Weil er derjenige war, der die September-Massaker organisiert hat". Auf die Frage, welche Beweise sie habe, antwortet sie: „Ich kann Ihnen keine Beweise liefern. Das ist die Meinung von ganz Frankreich. Die Zukunft wird eines Tages die Beweise ans Licht bringen". Nach der Hinrichtung am 17. Mai wird die Leiche von Charlotte Corday in ein Krankenhaus gebracht, wo sie obduziert wird und sich herausstellt, dass sie als Jungfrau gestorben ist. Der neoklassizistische Maler Jacques-Louis David verewigte bekanntlich die Ermordung seines Freundes in dem Ölgemälde *Der Tod von Marat*, das im selben Jahr entstand. Bei der von David selbst organisierten und gestalteten Beerdigung wurden große Mengen Weihrauch verbrannt und symbolische Papierpyramiden in einem Akt freimaurerischer Verherrlichung in ganz Paris aufgestellt.

Nach dem Tod Marats wird ein neuer Gesundheitsrat, dem Robespierre, Saint-Just, Collot-d'Herbois, Billaud-Varennes, Saint-André, Couthon und Hérault de Séchelles angehören, bis Juli 1794 als diktatorische Macht in

Frankreich eingesetzt. Zu den sofort ergriffenen Maßnahmen gehörten die blutige Unterdrückung der Vendeaner und der Prozess gegen Marie-Antoinette; aber es stellte sich schließlich auch heraus, dass die britische Regierung Attentäter und Brandstifter bezahlte. Obwohl die Agenten von Lord Shelburne international und sogar französisch waren, wurde die Inhaftierung britischer Untertanen angeordnet. Am 23. August 1793 wurde die Wehrpflicht für alle Franzosen angeordnet, bis die Feinde aus dem Staatsgebiet vertrieben waren. Die Diktatur der Junta verfügte über das gesamte Vermögen und verurteilte alle, die sich weigerten, sich zu bewaffnen oder sich ihrem Diktat zu unterwerfen. Der Konvent, der den Handlungen der Junta den Anschein von Legalität verleihen sollte, sah mit Schrecken zu, wie sich die Verhaftungen seiner eigenen Mitglieder häuften. Der Terror war, wie Danton gesagt hatte, tatsächlich das Gebot der Stunde: Blut floss auf den Schafstühlen und fast hunderttausend „Verdächtige" drängten sich in den Kerkern des Landes.

Eine der bemerkenswertesten Hinrichtungen jener Zeit war die von Marie Antoinette, die am 16. Oktober 1793 enthauptet wurde. Der gegen sie eingeleitete mündliche Prozess wurde vom Bürgermeister von Paris, Jean-Nicolas Pache, unterzeichnet, einem Franzosen schweizerischer Herkunft mit dem Spitznamen „Papa Pache". Laut dem Historiker Paul Thureau Dangin in *Royalistes et Republicains* (1874) weisen Berichte des Innenministeriums später auf ihn als einen der englischen Agenten hin. Die Diskreditierung der Königin in den Augen des französischen Volkes war durch die Kampagne des berühmten Diamantenhalsbandes erreicht worden, die vor der Revolution von London aus von einem Juden namens Ephraïm gegen sie inszeniert worden war. Die ersten Pamphlete wurden dort von einem anderen Juden namens Angelucci veröffentlicht, der sich W. Hatkinson nannte. Fouquier Tinville, der öffentliche Ankläger, wollte sie vor dem Revolutionstribunal als monströse und rücksichtslose Frau darstellen und ließ den Dauphin, der von seinen revolutionären Wächtern manipuliert wurde, gegen sie aussagen. Das arme Kind beschuldigte seine Mutter und seine Tante fälschlicherweise, ihn dazu angestiftet zu haben, vor ihnen zu masturbieren und bestimmte sexuelle Spiele zu treiben. Hébert selbst beschuldigte ihn, seinen Sohn sexuell missbraucht zu haben. Die empörte Marie Antoinette appellierte vergeblich an die im Gerichtssaal anwesenden Mütter, sie zu verteidigen. Einige Tage nach dem Tod der Königin wurden zahlreiche Girondin-Führer angeklagt und unter dem Gesang der Marseillaise auf das Schafott geführt.

Die Hinrichtung des unglücklichen Herzogs von Orléans, Philippe Equality, der zwanzig Jahre lang Großmeister des Großorient von Frankreich war, verdient besondere Erwähnung. Er wusste zweifellos zu viel über die Revolutionsvorbereitungen, und auch er war an der Reihe, unter die Guillotine zu kommen, die von dem Freimaurer Joseph -Ignace Guillotin erfunden wurde. Philippe d'Orléans erklärte seinen Austritt aus dem Großorient von Frankreich mit folgenden Worten: „Ich weiß nicht mehr, wer dem Großorient angehört. Ich bin daher der Meinung, dass die Republik die Existenz von Geheimgesellschaften nicht mehr zulassen sollte. Ich will mit dem Großorient und den Freimaurertreffen nichts zu tun haben". Die Freimaurerlogen hatten ihre

Aufgabe bereits erfüllt, und die Jakobiner hatten begonnen, sie zu schließen. Im Jahr 1794 gibt es nur noch zwölf Logen, die für die Illuminaten noch nützlich sind. Der Herzog von Orléans stirbt völlig desillusioniert am 6. November 1973. Der Jude Benjamin Calmer, ein Agent des Wandels und Bruder des gewalttätigen Isaac Calmer, wurde zum Kommissar für die Liquidation des Vermögens von „Philippe Egalité" ernannt.

In den Provinzen kam es zu Massakern, die von geistig verwirrten Personen verübt wurden, die anscheinend speziell für diesen Zweck rekrutiert worden waren. Mehrere Autoren berichten von einem gewissen Carrier, dem vielleicht berühmtesten dieser Verbrecher. Eustace Mullins schreibt über ihn folgendes:

> „hatte das obsessive Verlangen, kleine Kinder zu quälen und zu töten, ebenso wie sein Gehilfe, der bucklige DuRel, ein mörderischer Wahnsinniger, der sich daran ergötzte, Kinder durch wiederholtes Einstechen in ihre Körper mit angespitzten Stöcken abzuschlachten. Diese beiden Verrückten trieben mehr als fünfhundert junge Bauern beiderlei Geschlechts auf ein Feld außerhalb von Nantes, wo sie sie mit der begeisterten Hilfe von Verrückten wie ihnen zu Tode prügelten. Carrier war berühmt dafür, dass er die berüchtigten Ertränkungen auf der Loire erfunden hatte. Große Flöße mit Opfern wurden auf dem Fluss zu Wasser gelassen, zum Sinken gebracht und die Menschen an Bord ertränkt. Carrier praktizierte auch ein Ritual, das als „republikanische Heirat" bekannt ist. Männer und Frauen wurden nackt ausgezogen, in Paarungsstellung gefesselt und in den Fluss geworfen.

Der Fluss verschlang so viele Opfer, dass es verboten wurde, aus seinem Wasser zu trinken. In Wirklichkeit waren die Henker eine Horde von Banditen, die sich Marats Kompanie nannten und sich mit Vergewaltigung, Raub und Mord vergnügten, auch wenn Mullins das nicht herausgefunden haben dürfte, denn er sagt nichts darüber. Die Bürger von Nantes, die des Föderalismus beschuldigt wurden, und die Vendeaner wurden systematisch ausgelöscht. Die Zahl der Opfer von Carrier und seinen Gefolgsleuten, die in der revolutionären Junta von Nantes würdige Komplizen fanden, belief sich auf etwa fünfzehntausend. Im März 1919 ahmten die jüdisch-bolschewistischen Tschekisten Carrier nach, indem sie Tausende von Streikenden aus der Stadt Astrachan verhafteten und auf Lastkähne verluden, von denen sie mit einem Stein um den Hals in die Wolga geworfen wurden. Vom 12. bis 14. März 1919 wurden zwischen 2.000 und 4.000 Arbeiter ertränkt oder erschossen.

In Arras, Robespierres Heimatstadt, macht Mullins einen weiteren berüchtigten Verbrecher ausfindig, Joseph Lebas, einen Anhänger von Robespierre. Dieser und seine Frau, eine ehemalige Krankenschwester, erlebten eine Art orgiastischen Rausch mit Hinrichtungen auf der Guillotine. Lebas ließ zunächst alle reichen Leute hinrichten, die ihm in die Hände fielen, um sie ihrer Keller und Juwelen zu berauben. Anschließend ließ er sich in einem beschlagnahmten Haus auf dem Stadtplatz nieder. Als er keine reichen Leute mehr finden konnte, nahm er sich einige Arme vor, die er vor seinen Augen und denen seiner Freunde, die ihm von den Balkonen aus amüsiert zusahen, zu Tode prügeln ließ.

In Lyon, einer Stadt, die sich gegen die Jakobiner in Paris erhoben hatte, führten zwei Hebertisten, Collot d'Herbois und Joseph Fouché, die Massaker an. Beide waren Autoren der *Instruction de Lyon*, eines Textes, der in der sozialistischen Geschichtsschreibung kaum bekannt ist und totgeschwiegen wird, und der das erste kommunistische Manifest der Geschichte darstellt. Am 9. Oktober 1793 kapitulierte die Stadt. Der Konvent beschließt die Zerstörung Lyons, aber Couthon, die rechte Hand Robespierres, gibt vor, eine Politik der Mäßigung und Nachsicht zu betreiben, was sich als unmöglich erweist: Der Ausschuss für Volksgesundheit lehnt diese Absichten ab, ordnet die Rückkehr Couthons nach Paris an und Collot und Fouché werden nach Lyon geschickt. Im Winter 1793/94 wurde die zweitgrößte Stadt Frankreichs von einer Hekatombe nach der anderen heimgesucht. Das große Grauen begann am 4. Dezember. Fouché, der als „le mitrailleur de Lyon" (der Maschinengewehrschütze von Lyon) bekannt war, hielt die Guillotine für zu langsam und beschloss, die Gefangenen auf einer Esplanade zu erschießen. Die Leichen der Verwundeten, die verstümmelt oder verstümmelt eingeliefert wurden, wurden mit Säbeln oder Schlägen mit einer Spitzhacke, Hacke oder Axt zugerichtet. Viele blutige Leichen wurden dann in die Rhône geworfen. Bereits im Dezember, als das Gemetzel auf dem Höhepunkt war, erreichten die ersten Berichte über die Grausamkeiten in der Stadt die Hauptstadt: Eine von den Robespieristes einberufene Deputation aus Lyon erschien im Konvent. Collot d'Herbois musste nach Paris zurückkehren, um Erklärungen abzugeben. Am 21. Dezember tritt er als Sieger in den Konvent ein und entschuldigt sich nicht, sondern lässt seine Verbrechen gutheißen. Da der Genosse Collot nicht zurückkehrte und in der Hauptstadt blieb, wo der Kampf zwischen den Hebertisten, Dantonisten und Robespieristen ausbrechen sollte, wurde Fouché das Kommando in Lyon überlassen. Von nun an war er allein verantwortlich für die Gräueltaten, die dort weiterhin begangen wurden.

Jakobinische Fraktionen zerfleischen sich gegenseitig

Schon bald entsteht politischer Hass unter den Mitgliedern des Berges, der somit eine eigene Rechte hat, die von Danton und Desmoulins angeführt wird, und eine Linke, die von Jacques-René Hébert, dem Nachfolger Marats und Herausgeber der radikalen Zeitschrift *Le Père Duchesne*, angeführt wird und die dafür eintritt, den Terror zum Regierungssystem in Frankreich zu machen. Dazwischen befinden sich Robespierre, Couthon und Saint-Just, die angeblich das Zentrum der Partei bilden. Hébert und seine Partei, zu der neben den beiden oben genannten auch der Jude Jacob Pereira, der ehemalige Leutnant von Marat, Chaumette (der aufgeklärte Anaxagoras) und Cloots (der aufgeklärte Anacarsis) gehörten, trieben die Kampagne gegen die Religion auf die Spitze. Die Hebertisten förderten den Abriss von Kirchen, das Einschmelzen von Glocken, Urnen, Monstranzen und Reliquienschreinen, die im Konvent und in den Rathäusern aufgestapelt wurden. Die Skulpturen in den Kirchen wurden verstümmelt. Der Atheismus triumphiert und die Feste der Göttin Vernunft werden eingeführt, der die Basilika Notre-Dame de Paris als Tempel gewidmet wurde. Es ist bezeichnend, dass diejenigen, die zu rationalem Verhalten aufriefen, sich wie Sklaven der gewalttätigsten und verwerflichsten Instinkte verhielten. Chaumette, der zum obersten Pontifex der neuen Religion ernannt wurde, betrat die Kirche am 10. November 1793, um den neuen Kult einzuführen. Alle konstituierten Organe der Republik nahmen auf der prächtig geschmückten Tribüne Platz. Weiß gekleidete Frauen begleiteten die Göttin, eine junge Frau namens Maillard, die barfuß und spärlich mit einer weißen Tunika bekleidet war. In *The World Revolution* weist Nesta Webster darauf hin, dass die Feierlichkeiten zu Ehren der Göttin Vernunft lediglich eine Folge von Weishaupts Lehre waren, dass „die Vernunft das einzige Gesetz des Menschen sein muss". John Robison behauptet, dass mit der Inthronisierung verdorbener Frauen als Göttinnen der von Weishaupt in seinem *Eroterion* oder Fest zu Ehren des Liebesgottes ausgearbeitete Plan in die Tat umgesetzt wurde. Der Abgeordnete der Girondins, Louis Sébastien Mercier, der ein Jahr im Gefängnis verbrachte, bestätigt, dass einige Frauen barbusig in der Kirche tanzten, und fügt hinzu, dass „in der Dunkelheit der Sakristei die Begierden, die den ganzen Tag über erregt worden waren, befriedigt wurden".

Zu Beginn des Jahres 1794 hatte die Partei der Montagnards alle ihre Gegner vernichtet, und die Haifische, aus denen sie sich zusammensetzte, waren bereit, sich gegenseitig in Stücke zu reißen. Robespierre scheint nach so vielen Moratorien und Kapitulationen endlich entschlossen, den Kampf gegen die hebertistische Fraktion aufzunehmen. Fouché, der im Ausschuss für Volksgesundheit den Schutz von Collot genießt, erhält Unterstützung für seine Operationen, aber ein sechster Sinn lässt ihn die Gefahr erkennen: Das Seil in Paris wird zu eng und kann jeden Moment reißen. Langsam begann er seine Haltung zu ändern und stoppte schließlich die kriminelle Repression in Lyon: Am 6. Februar 1794 ordnete er die Einstellung der Morde an, und am 18. Februar erließ er ein Dekret, das die Verhaftungen verbot. Héberts Popularität war in der Tat am Ende und er hatte sich aus Angst feige von der aufgeklärten Chaumette, dem Atheismus und dem Kommunismus losgesagt. Danton, der die Mehrheit des Konvents hinter sich zu haben schien, war empört. Schließlich gelang es Robespierre am 13. März mit Unterstützung des Zentrums und einer Gruppe von Dantonisten, Hébert und am 18. März auch Chaumette zu verhaften. Von da an überstürzen sich die Ereignisse des Tages. Die von Danton, Desmoulins und Robespierre des Staatsstreichs beschuldigten Hébertisten, etwa zwanzig an der Zahl, werden am 24. März auf der Place de la Révolution hingerichtet. Hébert, der so viele Menschen skrupellos auf die Guillotine geschickt hatte, provozierte den Spott der Bevölkerung, die sich darüber amüsierte, dass er lauter schrie als die arme Mme. Du Barry, die im Dezember geköpft worden war. Hébert benahm sich also wie ein Feigling der schlimmsten Sorte und zeigte seine Abscheulichkeit vor allen. Unter den bei Jacob Pereira beschlagnahmten Papieren befanden sich sechsundneunzig Briefe und Hunderte von Texten und Artikeln in englischer Sprache, die den Beweis für das Vorgehen der englischen Regierung gegen Pereira und seine Freunde darstellen sollten. Collot d'Herbois und Joseph Fouché, der sich noch in Lyon aufhielt, waren der Guillotine entkommen.

Vier Tage später beging der Marquis de Condorcet, ein führender Philosoph, Mathematiker, Historiker und Politikwissenschaftler, Selbstmord. Condorcet, der auf der Seite der Girondins stand und gegen die Hinrichtung Ludwigs XVI. gestimmt hatte, wurde des Hochverrats angeklagt und verurteilt. Er floh und hielt sich fünf Monate lang im Haus von Madame Vernet versteckt. Am 25. März versuchte er, Paris zu verlassen, wurde jedoch verhaftet und ins Gefängnis gesteckt. Am 28. März wurde er tot in seiner Zelle aufgefunden, nachdem er Gift zu sich genommen hatte.

Am 5. April wurden Danton, Desmoulins und ihre Anhänger auf die Guillotine geführt. Robespierre und Saint-Just, die sich auf die beiden verlassen hatten, um die Hebertisten loszuwerden, beschuldigten sie unter anderem, geheime Kontakte zu ausländischen Mächten zu unterhalten und in die Veruntreuung der Ostindien-Kompanie verwickelt zu sein, deren Niederlassungen durch ein Dekret von, dem Konvent[10], vorsorglich geschlossen worden waren. In seinem Werk *Paris in the Terror* erwähnt Stanley Loomis unter den Guillotinierten die Gebrüder Frey, Junius und Emmanuel, zwei Neffen von Jacob Frank, die in Paris lebten und als prominente jakobinische Führer auftraten. Es sei daran erinnert, dass Junius Frey 1781 zu den Gründern des Asiatischen Ordens gehörte, der am österreichischen Hof mit dem Titel eines Barons Thomas von Schönfeld florierte. Die Gebrüder Frey, die als gute Frankisten offenbar vom Judentum abtrünnig waren, bewegten sich innerhalb der Ostindien-Kompanie.

François Chabot, der die politische Polizei leitete und mit Leopoldine Frey verheiratet war, wurde ebenfalls auf das Schafott geführt. François Chabot, ein ehemaliger Kapuzinermönch, „der erste Revolutionär Europas", war ein Demagoge, der im Konvent in fadenscheinigen Hosen, Holzschuhen und einem offenen Hemd über der behaarten Brust erschien, obwohl er sich unter bestimmten Umständen wie ein Dandy kleiden konnte. Chabot war Mitglied des allmächtigen Sicherheitsausschusses und hatte die politische Polizei unter seinem Kommando. Der aufgeklärte Frankist Junius Brutus Frey sah in ihm den anmaßenden Dummkopf, der ihm Zugang zu wertvollen Informationen verschaffen konnte. Deshalb bot er ihm seine Schwester Leopoldine zur Ehe an,

---

[10] Am 3. April 1790 verfügte die Nationalversammlung, dass der Handel jenseits des Kaps der Guten Hoffnung für alle Franzosen frei sei, womit die Ostindien-Kompanie ihr Monopol verlor. Die Aktionäre, die am 10. April zu einer Generalversammlung zusammentreten, ernennen jedoch acht Kommissare, die mit der Aufrechterhaltung ihrer Aktivitäten beauftragt werden. Der Konvent beschuldigte die Kompanie, konterrevolutionäre Aktionen zu finanzieren, und verfügte am 26. April 1793 die vorsorgliche Schließung ihrer Niederlassungen. In einem zweiten Dekret wird die Übertragung von Aktien mit einer hohen Steuer belegt. Fabre d'Églantine, Dantons Sekretär in seiner Zeit als Justizminister, nutzte die Gelegenheit, um sich ein lukratives Geschäft zu sichern. Von den Einnahmen der Gesellschaft angelockt, änderte Fabre durch Fälschung von Dokumenten und Unterschriften das Dekret, mit dem die Liquidation der Gesellschaft und die Beschlagnahmung ihres gesamten Vermögens in Höhe von mehr als 28 Millionen Livres angeordnet wurde. Als der Betrug aufgedeckt wurde, prangerten Robespierre und Saint-Just ihn als Verschwörung an und beschuldigten Danton, daran beteiligt zu sein.

die er als sechzehnjährige Jungfrau ausgab, obwohl sie einundzwanzig war. Außerdem bot er ihr eine jährliche Rente von viertausend Franken, Unterkunft und Verpflegung für fünf Jahre und eine Mitgift von zweihunderttausend Franken, die im gleichen Zeitraum zu zahlen war. Eine solche Großzügigkeit zeigt zweifellos, dass dieser „revolutionäre" Freigeist über gute Finanzquellen verfügte und Geld im Überfluss hatte. Chabot selbst war es, der, um seine eigene Haut zu retten, Robespierre alle Einzelheiten des Komplotts mitteilte. Rabbi Antelman bestätigt, dass alle drei nicht nur Frankisten waren, sondern auch aufgeklärte Prinzen, die im Dienste der Ostindien-Kompanie standen.

Nach dem Tod Dantons trat Frankreich in eine kurze Periode seiner Geschichte ein, die als Großer Terror bekannt wurde. Am 8. Mai war Antoine-Laurent de Lavoisier, der als Vater der modernen Chemie gilt, an der Reihe. Der Präsident des Gerichts, das ihn verurteilte, verkündete törichterweise den berühmten Satz: „Die Republik braucht keine Weisen". Zwischen dem 12. Juni und dem 28. Juli wurden in Paris nicht weniger als 1.285 Personen guillotiniert, darunter die Generäle Noailles, Beauharnais und Mouchy, die Dichter André Chenier und Jean Antoine Roucher und sogar ein sechzehnjähriger Junge. Der Tod von André Chenier im Alter von 31 Jahren unterbricht eine literarische Karriere von großem Format, denn die Kritiker sind der Meinung, dass seine Meisterschaft und seine Sensibilität in den Werken, die er der Nachwelt hinterlässt, deutlich werden. Céline hebt Chenier als einen der besten französischen Dichter hervor. Die Verfolgungskampagne gegen begabte Männer war Teil der Pläne der Illuminaten. Weishaupts Lieblingsspruch „Der Zweck heiligt die Mittel", der den Jakobinern in den Mund gelegt wurde, drückte sich so aus: „Tout est permis a quiconque agit dans le sens de la Révolution" (Alles ist erlaubt für jeden, der im Sinne der Revolution handelt).

Joseph Fouché kommt in Paris an

Am 6. April 1794, einen Tag nach Dantons Hinrichtung, traf Joseph Fouché aus Lyon in Paris ein. Diese geheimnisvolle Figur, die die Säuberung, die zur Guillotinierung der Hebertisten führte, überlebt hatte, sollte eine entscheidende Rolle beim Sturz Robespierres spielen. Seine politische Figur ist eines der bestgehüteten Geheimnisse der Geschichte, das zu allerlei Spekulationen Anlass gibt. Zwei Referenzwerke zum Verständnis seines Handelns sind *Joseph Fouché: Das Porträt eines Politikers* von Stefan Zweig und *Fouché* von Louis Madelin. Eine spanische Ausgabe des letzteren ist bei Espasa-Calpe erhältlich. Fouché, der zu den radikalen Hebertisten gehörte und die *Instruction de Lyon* verfasst hatte, was ihn unweigerlich in die Nähe der Illuminaten rückt, blieb in den Jahren des Direktoriums nach der Absetzung von Robespierre im Verborgenen. Im Jahr 1799 taucht er unerwartet wieder auf und wird zum Polizeiminister der Republik ernannt. Nach der Machtergreifung Napoleons wurde er zum Schlüsselmann, den Bonaparte nicht loswerden konnte, so sehr er sich auch auf verschiedene Weise bemühte. Im Jahr 1802 wollte er ihn mit einem Geschenk von 1,2 Millionen Francs von der Bildfläche verschwinden lassen. Fouché ließ sich in Ferrières nieder, einem wunderschönen Anwesen, das

1829 - welch ein Zufall - in den Besitz von James Rothschild überging, der es den Erben abkaufte. Innerhalb weniger Jahre wurde der Mann, der das erste kommunistische Manifest verfasst hatte, zu einem der reichsten Kapitalisten und Grundbesitzer des Landes. Im Jahr 1804 wird er von Napoleon erneut zum Minister ernannt. Bald wird klar, dass die beiden Männer trotz ihres gegenseitigen Misstrauens einander brauchen. Fouché, der vom Kaiser den Titel eines Herzogs von Otranto erhalten hatte, wurde während der Hundert Tage erneut zum Polizeiminister ernannt; von diesem Posten aus verhandelte er schließlich die Wiederherstellung der bourbonischen Monarchie. 1815 bestätigte Ludwig XVIII. ihn an der Spitze des Ministeriums. Stefan Zweig beschrieb ihn als „geborenen Verräter, erbärmlichen Intriganten, reines Reptil, professionellen Transvestiten, niederträchtige Seele, bedauernswerten Unmoralisten". Sein Geheimnis, so der Autor, sei es gewesen, „seine Jacke immer schnell zu wechseln und der Windrichtung zu folgen".

Nachdem wir die Person Fouché vorgestellt haben, wollen wir nun die wenigen Informationen über seine Handlungen und seine Konfrontation mit Robespierre nach seiner Ankunft in Paris nach neunmonatiger Abwesenheit betrachten. Am 7. April erschien Fouché nicht vor dem Ausschuss für Volksgesundheit, um sein Vorgehen in Lyon zu erklären, das nach Meinung einiger Ausschussmitglieder zu gemäßigt war, sondern wandte sich direkt an den Konvent, was einer Herabsetzung der Autorität Robespierres gleichkam. Ein Abgeordneter riet ihm sofort, den Bericht an den Ausschuss für Volksgesundheit weiterzuleiten. Zu Fouchés Fähigkeiten gehörte es, sich zu entschuldigen oder, wenn nötig, Demut vorzutäuschen. In diesem Sinne begibt er sich am nächsten Tag zum Haus des Schreiners Duplay in der Rue St. Honoré, wo Robespierre wohnt. Der Inhalt des Gesprächs zwischen den beiden ist nicht bekannt, aber alles deutet darauf hin, dass Fouché mit der Verachtung behandelt wurde, mit der man die Besiegten behandelt. Zweifellos war Robespierre der Ansicht, dass die Schlacht gegen die Hebertisten bereits gewonnen war, und er schätzte den Mann vor ihm nicht ein.

Am 6. Mai 1794 verkündete Robespierre vor dem Konvent, dass der Ausschuss für Volksgesundheit im Namen des französischen Volkes beschlossen habe, die Existenz Gottes anzuerkennen. In seiner Rede wendet er sich mit den schärfsten Worten an Fouché, die von Stanley Loomis wiedergegeben werden. „Sagen Sie uns", sagte er und starrte Fouché an, „wer hat Sie beauftragt, dem Volk zu verkünden, dass Gott nicht existiert? Welches Recht haben Sie, unschuldigen Menschen das Zepter der Vernunft zu entreißen und es in die Hände des Verbrechens zu geben? Nur ein Schurke, der sich selbst verachtet und in den Augen der anderen schrecklich ist, fühlt, dass die Natur ihm nichts Besseres geben kann als die Vernichtung". Es besteht kein Zweifel, dass diese Worte eine öffentliche Feindschaftserklärung darstellten. Beim Verlassen der Sitzungskammer versuchten die befreundeten Abgeordneten Fouché zu meiden, denn für viele von ihnen war er ein toter Mann.

In den Wochen, die auf die Ankündigung der bevorstehenden Rückkehr Gottes nach Frankreich folgten, verschwand Fouché. Vielleicht dachte Robespierre, dass er sich, wie so viele andere Opfer, die von ihm zum Tode verurteilt worden waren, aus Angst versteckte. Wenn dem so war, hatte er sich geirrt. Fouché begann im Verborgenen zu arbeiten, wo er wahrscheinlich Kontakt zu Collot d'Herbois und den Jakobinern, die Robespierre hassten, aufnahm. Am 6. Juni war er bereit, auf die Anschuldigungen vom 6. Mai zu antworten, da es ihm durch Manöver gelungen war, sich zum Präsidenten des Jakobinerclubs wählen zu lassen. Als er erfährt, dass Fouché sich in kein anderes Heiligtum der Revolution geflüchtet hat, in die „sancta sanctorum" der Altäre, denen er angeblich vorsteht, erkennt Robespierre den Staatsstreich an und stellt fest, dass er ihn unterschätzt hat. Die Bewegung war mehr als eine Herausforderung, sie war eine Bedrohung. Erschrocken über diese Kühnheit beschließt er, zwei nicht minder gewagte Schritte zu unternehmen, bevor er den Jakobinern die Präsidentschaft entreißt: Der erste ist die Feier des Festes des Höchsten Wesens, die am 8. Juni stattfindet. Die zweite war das Gesetz vom 22. Pradeal (10. Juni), das den Verschwörern das Recht auf Verteidigung entzog.

Robespierre ist an der Reihe

Nesta Webster prangert eine Tatsache an, die von den Historikern systematisch ignoriert wird. Unter der Herrschaft von Robespierre teilte der Ausschuss für Volksgesundheit den Monat in drei Dekaden ein. Auf diese Weise verschwanden die Sonntage und alle religiösen Feiertage, was die traurige Lage der Arbeiter, die gezwungen waren, mehr zu arbeiten als zuvor, noch verschlimmerte. Nesta Webster zufolge „war in der Zeit der Monarchie nicht nur der Tag eines religiösen Festes, sondern auch der darauf folgende ein Feiertag, und am Sonntag oder Montag wurde nicht gearbeitet. Indem sie den Sonntag durch die 'Dekaden', d. h. einen Tag von zehn, ersetzten und nur einen halben Feiertag gewährten, fügten die neuen Herren Frankreichs alle zwei Wochen dreieinhalb Arbeitstage hinzu".

Auch Robespierre wurde schließlich guillotiniert, obwohl er nach dem Verschwinden der Männer, die ihn hätten übertrumpfen können, die ganze Macht in Händen zu haben schien. Bevor wir die unerwarteten Ereignisse schildern, die zu seiner Hinrichtung führten, sind einige Fakten über diese rätselhafte Figur von Interesse. Zunächst sei darauf hingewiesen, dass sowohl Graf Tscherep-Spiridowitsch in *Die geheime Weltregierung oder „Die verborgene Hand"* als auch der bereits erwähnte Yüri Lina Louis Joseph Marchand zitieren, um zu enthüllen, dass Robespierre ein Jude aus dem Elsass war, dessen Name Ruban war. Spiridowitsch, der wahrscheinlich am 22. Oktober 1926 ermordet wurde, obwohl sein Tod, wie fast immer in solchen Fällen, offiziell mit Selbstmord erklärt wurde, hat die erste Ausgabe von Marchands Werk (1895) bearbeitet. Juri Lina zitiert das gleiche Werk, das 1998 in San Francisco unter dem Titel *In Napoleons Schatten* neu aufgelegt *wurde*. Das 791 Seiten starke Buch ist die erste englische Ausgabe der vollständigen Memoiren von Louis Joseph Marchand, dem Kammerdiener, Freund und Vollstrecker Napoleons. Der 1876 verstorbene Marchand trat 1811 in den Dienst des Kaisers, der seine Intelligenz und Aufopferungsbereitschaft sofort schätzte und ihn zu seinem Kammerdiener ernannte. Er begleitete ihn ins Exil nach St.

Helena, wo er ihm als Lektor, Kopist und Sekretär diente. Die Zuverlässigkeit der Quelle ist daher sehr hoch, denn es ist davon auszugehen, dass Marchand die Informationen über Robespierres Herkunft von Napoleon selbst erhielt, der verschiedenen Autoren zufolge 1793 in Toulon mit Augustin, Robespierres jüngerem Bruder, eng befreundet war.

Obwohl Kropotkin kategorisch feststellt, dass Maximilien Robespierre, der zweifellos Freimaurer war, einer der von Weishaupt gegründeten Illuminatenlogen angehörte, gibt es Unstimmigkeiten darüber, ob er eingeweiht worden war. Wie dem auch sei, alles deutet darauf hin, dass Robespierre, wie schon Mirabeau vor ihm, glaubte, allein handeln zu können, und die Grenzen, die seinem Handeln durch die okkulte Macht gesetzt waren, nicht richtig erkannte. Graf Cherep-Spiridovitch zitiert ein Buch aus dem Jahr 1851, *Memoires et correspondance de Mallet du Pan pour servir a l'Histoire de la Revolution Française [1794 a 1800]/ Recueillis et mis en ordre par A. Sayous* (*Memoiren und Korrespondenz von Mallet du Pan im Dienste der Geschichte der Französischen Revolution [1794-1800], gesammelt und geordnet von A. Sayons*) und entnimmt daraus diese Worte Robespierres an Amar, ein Mitglied des Ausschusses für Volksgesundheit: „Ich habe das Gefühl, dass wir von einer 'verborgenen Hand' über unseren Willen hinweg getrieben werden. Jeden Tag tut der Ausschuss für Volksgesundheit das, was er am Tag zuvor beschlossen hat, nicht zu tun. Es gibt eine Fraktion, die durch ihr Verhalten alles zunichte macht und deren Leitung wir nicht aufdecken konnten.

Doch die Worte, die Robespierre, der den Höhepunkt seiner Macht erreicht hatte und dem Konvent vorstand, das Leben kosten sollten, waren jene, die er am 26. Juli 1794 in einer mehr als zweistündigen Rede vor dem Plenum hielt. Entschlossen sagte er: „Ich misstraue all diesen Ausländern, deren Gesichter mit Masken des Patriotismus bedeckt sind und die versuchen, republikanischer und energischer zu erscheinen als wir. [...] Sie sind Agenten fremder Mächte, denn ich weiß sehr wohl, dass unsere Feinde nicht unrecht hatten, als sie sagten: 'Unsere Abgesandten müssen den übertriebensten Patriotismus vortäuschen', um in unsere Versammlungen aufgenommen zu werden. Diese Agenten müssen trotz ihrer perfiden Verstellung und der Masken, die sie immer aufsetzen, zerschlagen werden". An einer anderen Stelle der Rede, die voller Anklagen gegen die Ultra-Terroristen war, fügte er hinzu: „Ich wage es nicht, sie zu diesem Zeitpunkt und an diesem Ort zu nennen. Ich kann es mir nicht erlauben, den Schleier zu lüften, der dieses tiefe Geheimnis der Ungerechtigkeit verbirgt. Aber ich kann mit größter Gewissheit sagen, dass unter den Tätern dieses Komplotts die Vertreter eines Systems der Korruption und Verschwendung sind, das mächtigste aller Mittel, die von Ausländern erfunden wurden, um die Republik zu ruinieren. Ich spreche von den unreinen Aposteln des Atheismus und der Unmoral, die ihm zugrunde liegt". Obwohl er keine Namen nannte, machte er eine sehr deutliche Anspielung auf die Gebrüder Frey, insbesondere auf Junius Brutus Frey, den Verwandten von Jacob Frank: „Seit den ersten Tagen der Revolution haben sich in Paris zwei Unholde niedergelassen, deren Kunst der Simulation sie zu perfekten Instrumenten in den Händen der Tyrannen macht, zwei schlaue Bösewichte, die Österreich in unsere

Mitte geworfen hat. Der eine von ihnen hat seinem angeblichen Familiennamen den Namen des Begründers der Freiheit Roms hinzugefügt". Die Anspielung auf „Junius Brutus" ist unübersehbar. Außerdem schien Robespierre zu wissen, dass der Nachname Frey ein falscher Name war. In der gesamten Rede ist die Anspielung auf die Illuminaten, die Kropotkin nach eigenen Angaben kannte und denen er angehörte, deutlich zu erkennen. G. J. Renier, Autor des Werks *Robespierre*, dem die Zitate entnommen sind, kommentiert, dass er ohne diese Rede vielleicht noch hätte triumphieren können.

In den Texten, die versuchen, die letzten Tage von Robespierre zu erklären, herrschen Verwirrung und Ungenauigkeit vor. John Goldworth Algers *Paris in den Jahren 1789 bis 1794* ist unter den konsultierten Werken dasjenige, das die Geschehnisse am ausführlichsten schildert. Vieles von dem, was folgt, ist diesem Werk entnommen. Am 7. Mai gelang es Robespierre, der, wie wir gesehen haben, die atheistischen Tendenzen und die entchristlichenden Parolen der Hebertisten angegriffen hatte, im Konvent ein Dekret über die Existenz des Höchsten Wesens zu verabschieden. Am 8. Juni wurde das bereits erwähnte Fest zu Ehren der Existenz dieses Gottes, der das Universum beeinflusste, gefeiert, das offensichtlich ein Gegengewicht zu dem der Göttin Vernunft der Hebertisten in Notre-Dame de Paris bilden sollte. Als Präsident des Konvents führte Robespierre den Vorsitz der Versammlung. Nach einer langen Rede und dem Drehbuch der Aufführung, deren Bühnenbild wieder einmal von dem Maler David entworfen worden war, ergriff er eine Fackel und zündete ein Bildnis des Atheismus an. Von seinem Platz aus blickte er auf 300.000 Menschen herab und rief „Es lebe die Republik" und „Es lebe Robespierre"!

Zwei Tage später, am 10. Juni 1794, legte Robespierre dem Konvent das erwähnte Gesetz vom 22. Pradeal vor, eine wahre Bombe für alle, die es wagten, sich gegen die Republik zu verschwören, und deren Verhaftung mit dem Tod gleichzusetzen war. Es schien die richtige Antwort für Intriganten wie Fouché zu sein. Mit diesem Werkzeug in der Hand konnte er ihn aus den Reihen der Jakobiner ausschließen und ihn im richtigen Moment vernichten. Mit dieser Absicht erschien er am nächsten Tag im Club, um seinen Feind zu denunzieren. Sein Angriff war so heftig, dass es ihm beinahe gelungen wäre, Fouché noch am selben Abend zu stürzen. Dieser, der den Vorsitz führte, machte von seinem Vorrecht Gebrauch und schloss die Debatte mit der Begründung, es sei bereits spät. Er nutzte die Situation, um sich eilig zurückzuziehen und tauchte nicht wieder auf. Robespierre begibt sich in den Club, um eine Rede zu halten, in der er fordert, Fouché zur nächsten Sitzung vorzuladen, damit er als Anführer einer Verschwörung, die abgebrochen werden muss, verurteilt werden kann. Die Jakobiner applaudieren ihm voller Überzeugung und beschließen einstimmig, Fouché aus dem Club auszuschließen. Fouché, der jeden Moment seine Verhaftung fürchtete und zweifelsohne von Personen geschützt wurde, die dem Zugriff der Polizei Robespierres entgangen waren, konnte sich nicht nur der Verhaftung entziehen, sondern auch seinen letzten Schritt vorbereiten.

Einige Historiker sind der Meinung, dass es in der zweiten Junihälfte zu einem ernsthaften Streit innerhalb des Ausschusses für Volksgesundheit kam. Nach dieser Version soll Robespierre die Köpfe von Tallien, Barras und Fouché gefordert haben, aber seine Kollegen, die seine endgültigen Absichten fürchteten, gingen nicht auf seine Forderung ein. Wütend kehrte Robespierre nicht in den Ausschuss zurück, sondern verschwand von der öffentlichen Bühne und zog sich für sechs Wochen in das Haus der Familie Duplay zurück, in deren älteste Tochter er verliebt war. Nach den Worten von John Goldworth Alger „war diese sechswöchige Abwesenheit beschämend. Sie kündigte zweifellos einen Aufruf zum Konvent oder, wie einige befürchteten, zu den Massen an, und so wurde er am 22. Juli vor den Ausschuss geladen und gezwungen, seine Karten offenzulegen". Einige Wochen zuvor, am 1. Juli, hatte Robespierre im Club der Jakobiner von Verschwörungen gegen ihn gesprochen und gesagt: „Wenn ich gezwungen wäre, auf einen Teil der mir anvertrauten Funktionen zu verzichten, würde ich in meiner Eigenschaft als Volksvertreter bleiben und einen Krieg bis zum Tod gegen Tyrannen und Verschwörer führen.

Am 26. Juli erscheint er schließlich vor dem Konvent und hält die oben erwähnte berühmte Rede, in der er ein Ende des Terrors fordert und die Wiedereinsetzung der Ausschüsse für Volksgesundheit und allgemeine Sicherheit verlangt. Die Aufregung war groß und viele fragten sich, an wen Robespierre dachte. Der Konvent, der von der Eloquenz des Redners bewegt war, stimmte dem Vorschlag zunächst zu, doch einige Mitglieder des Ausschusses reagierten darauf, insbesondere der Finanzier Joseph Cambon, Vadier, Billaud-Varenne und Amar. Cambon warf ihm vor, den Konvent gelähmt zu haben, und Billaud-Varenne verlangte, dass die Rede gedruckt und an die Ausschüsse weitergeleitet werde. Panis forderte ihn auf, mitzuteilen, ob er und Joseph Fouché, der nicht an der Sitzung teilgenommen hatte, auf der Liste der Geächteten stünden. Man beschließt, die Rede zu drucken und an die Abgeordneten zu verteilen, aber Robespierre sagt dem Sekretär, er werde sie ihm am nächsten Tag geben. Der Konvent hebt die Dekrete auf und verweist die Vorschläge an die Ausschüsse zurück. Am Abend geht Robespierre in den Club der Jakobiner und liest dort die Rede vor. Als er geendet hatte, sagte er: „Wenn ich diese Wahrheiten widerrufen soll, soll man mir Schierling anbieten.

Am nächsten Tag, dem 9. Termidor (27. Juli), trat der Konvent um zehn Uhr morgens zusammen. Die Krise lag in der Luft und die Tribünen füllten sich seit fünf Uhr morgens. Laut Pouget de Saint-André wurde das Publikum auf den Tribünen oft sorgfältig rekrutiert und erhielt drei Livres pro Sitzung, obwohl die Chefs zwischen zehn und fünfzig Livres verlangen konnten. Maximilien Robespierre trug denselben dunkelvioletten Mantel, den er sieben Wochen zuvor bei der Feier des Höchsten Wesens getragen hatte. Saint-Just ergreift das Wort, um Robespierres Anträge zu verteidigen, aber heftige Unterbrechungen zeigen, dass sich die Dinge in vierundzwanzig Stunden geändert haben. „Nieder mit dem Tyrannen" und „Das Blut Dantons ertränkt euch" waren die Rufe, die zu hören waren. Die Erschütterung ging so weit, dass Robespierre nicht einmal mehr das Wort ergreifen durfte. Um fünf Uhr nachmittags wurde seine Verhaftung angeordnet, ebenso wie die von Couthon, Saint-Just, Lebas und Augustin Robespierre. Die Sitzung wird daraufhin vertagt, damit die Abgeordneten essen können.

Noch war nicht alles verloren, denn die Verhafteten wurden von Truppen der Kommune aus dem Gefängnis geholt und ins Rathaus gebracht, wo Robespierre von seinen Getreuen umgeben war. Dort, in jenen fieberhaften Stunden, in denen alles entschieden wurde , mag er die Möglichkeit eines Triumphs der Kommune oder eines Prozesses vor einem Gericht, das ihn freisprechen würde, ins Auge gefasst haben; aber die Tage, in denen der Konvent den Plänen der Junta unterworfen war, waren vorbei. Sobald die Nachricht von der Freilassung der Verhafteten eintraf, nahm der Konvent die Debatte um sieben Uhr abends wieder auf und erklärte Robespierre und seine Anhänger für vogelfrei, obwohl die unvorsichtige Unterbrechung der Sitzung seine Position gefährdet hatte. Die Haltung der Nationalgarde sollte entscheidend sein. Das Kommen und Gehen ihrer Bataillonschefs und Delegierten war ein ständiges Auf und Ab. Die Zweifel darüber, wem sie gehorchen sollten, wurden nicht ausgeräumt. Auch in den Sektionen der Hauptstadt gehen die Debatten bis in die Nacht hinein weiter. Neben dem Club der Jakobiner blieben elf weitere der Kommune treu, aber neununddreißig entschieden sich für den Konvent, der auch die Kommune für verboten erklärte. Gegen ein Uhr morgens führt Barras eine Kolonne zum Rathaus, wo sich, kurz gefasst, Folgendes ereignet: Augustin Robespierre stürzte sich aus einem Fenster und wurde schwer verwundet. Lebas erschoss sich selbst und bot Robespierre wahrscheinlich eine zweite Pistole an. Couthon stürzte bei dem Versuch, eine Leiter herunterzuklettern, und verlor das Bewusstsein, als er mit dem Kopf gegen die Wand schlug. Robespierre wurde mit einem durch einen Schuss gebrochenen Kiefer auf dem Boden neben einem Tisch gefunden. Er trug weder eine Krawatte noch Schuhe. Sein Hemd und sein Anzug waren mit Blut befleckt und seine Hose war aufgeknöpft. Goldworth Alger fragt sich. „Hatte er einen Selbstmordversuch unternommen oder hatte Merda ihn erschossen? Wir werden es nie mit Sicherheit wissen. Der Gendarm Merda[11] gab zwei Erklärungen ab, und in der zweiten behauptete er, für die Erschießung verantwortlich zu sein, obwohl es in einem vom Konvent herausgegebenen Kommuniqué hieß: „Robespierre schoss sich selbst in den Mund und wurde gleichzeitig von einem Gendarm erschossen. Der Tyrann fiel blutüberströmt zu Boden, und ein 'sans culotte' näherte sich ihm und sagte kalt die Worte: 'Es gibt ein höheres Wesen'". Es ist möglich, dass Merda gescheitert ist, da Barras und Barère auf dem Selbstmordversuch beharren.

Bevor er nach einer qualvollen Nacht einem Gericht vorgeführt wurde, verband ein Arzt seine Wunde und zog ihm die abgebrochenen Zähne. Sein Mund wurde mit einem Schlüssel offen gehalten. Bereits vor den Richtern bat er wiederholt um Schreibmaterial, was ihm jedoch verweigert wurde. Das Gericht sah es als erwiesen an, dass er ein Geächteter war, und verurteilte ihn ohne weitere Verzögerung oder Verhandlung zum Tode. Zusammen mit ihm wurden Couthon, Saint-Just, sein Bruder Augustin und siebzehn seiner Anhänger am 28.

---

[11] Charles André Merda, 21 Jahre alt, war Gendarm in der Schwadron „Hommes du 14 Juillet". Später wurde er zum Unterleutnant der 5. Er diente Jahre später in den Feldzügen Napoleons und wurde 1806 zum Oberst befördert. Er starb 1812 in Moskau an seinen Verwundungen. Er änderte seinen Namen in Méda. Er hinterließ keine Nachkommen. Sein Enkel Meng nahm den Namen Méda im Jahr 1867 an.

Juli hingerichtet. In den folgenden zwei Tagen ereilte dreiundsiebzig Mitglieder der Kommune das gleiche Schicksal.

Der Tod von Robespierre markiert das Ende einer Ära. Mehr als 25 Jahre lang, von 1789 bis 1815, waren die Franzosen Opfer einer Verschwörung, die von internationalen Bankiers organisiert und von ihren Agenten in Gang gesetzt wurde, von denen Adam Weishaupt, der Gründer der Illuminaten, der auffälligste war. Auf einer Sitzung des französischen Parlaments am 1. Juli 1904 fand die folgende Diskussion statt, die im Sitzungsprotokoll festgehalten ist:

> M. de Rosanbo: „Die Freimaurerei arbeitete still, aber stetig an der Vorbereitung der Revolution.
> M. Junel: Das ist in der Tat etwas, dessen wir uns rühmen!
> M. Alexandre Zevaés: Das ist das größte Lob, das Sie mir aussprechen konnten.
> M. Henri Michel - Das ist der Grund, warum Sie und Ihre Freunde es verabscheuen.
> M. de Rosanbo: Wir sind uns also vollkommen einig, dass die Freimaurerei der Hauptverursacher der Revolution war, und der Beifall, den ich von der Linken erhalte, an den ich nicht gewöhnt bin, beweist, meine Herren, dass Sie mit mir anerkennen, dass sie der Urheber der Französischen Revolution war.
> M. Junel: „Wir erkennen es nicht nur an, wir verkünden es".

Was die freimaurerischen Abgeordneten der Dritten Französischen Republik nicht verkündeten, war, dass nach dem Wilhelmsbader Kongress die europäischen Freimaurerlogen von den Illuminaten unterwandert worden waren.

Auf die Revolution folgten endlose Kriege in Europa, deren Hauptnutznießer dieselbe Gruppe deutscher, englischer und niederländischer Finanziers, meist jüdischer Herkunft, war. Ihr Hauptziel war eine neue Ordnung auf der Grundlage des wirtschaftlichen und politischen Liberalismus. Frankreich verlor seine Vormachtstellung, die es im 18. Jahrhundert innehatte, für immer an Großbritannien; aber eine neue, ungekrönte Dynastie sollte, wie wir weiter unten sehen werden, das ganze 19.

KAPITEL III

DIE ROTHSCHILDS

Auf den vorangegangenen Seiten haben wir bereits auf die zentrale Rolle der Rothschilds bei den oben beschriebenen historischen Ereignissen hingewiesen. Es ist nun an der Zeit, ihnen die Aufmerksamkeit zu schenken, die sie verdienen. Zunächst einmal bedeutet Rothschild auf Deutsch „rotes Schild", obwohl dieser zusammengesetzte Name mit „rote Fahne" übersetzt wurde. Moses Amschel Bauer, der Vater des Gründers der Dynastie, hatte bereits ein rotes Wappen als sein Emblem angenommen (er war auch das Emblem der aschkenasischen jüdischen Revolutionäre in Osteuropa). Der eigentliche Schöpfer der Sage war der Sohn von Moses, Mayer Amschel, der nicht nur das rote Wappen annahm und es über der Tür seines Hauses in der Frankfurter Judengasse anbrachte, wo übrigens auch die Familie von Jacob Schiff, dem Mentor Trotzkis und Hauptfinanzier der bolschewistischen Revolution, wohnte, sondern auch den Namen Bauer in Rothschild änderte. Während der Französischen Revolution wehte die rote Fahne in bestimmten Momenten des revolutionären Extremismus, und seither hat ihre Präsenz auf den Straßen Europas und der Welt stetig zugenommen. Als die jüdischen Bolschewiken sie als Flagge übernahmen, fügten sie Hammer und Sichel hinzu, das Emblem der Makkabäer, der Protagonisten des Aufstands, der 67 v. Chr. in der Gründung des zweiten jüdischen Staates gipfelte.[12]

Seit John Reeves 1887 *mit The Rothschilds: the Financial Rulers of Nations* das erste Nachschlagewerk über diese jüdische Bankiersfamilie veröffentlichte, ist viel über sie geschrieben worden. *The Rothschilds, Portrait of a Dynasty* von Frederic Morton, einem Österreicher jüdischer Abstammung, war eine Zeit lang das am meisten konsultierte Werk. Im Jahr 1928 wurden die beiden Bände von Graf Egon Caesar Corti, *The Rise of the House of Rothschild*, die den Zeitraum bis 1830 abdecken, und *The Reign of the House of Rothschild*, die den Zeitraum von 1830 bis 1871 abdecken, auf Englisch veröffentlicht. 1998 wurde das Buch *The House of Rothschild. Money's Prophets 1798-1848* und 1999 *The House of Rothschild. The World's Banker 1848-1999*, eine maßgebliche Biographie von über tausend Seiten, die in zwei Bänden veröffentlicht wurde. Sie wurde von Niall Ferguson,, einem Freund der Familie,

---

[12] Der romantische Dichter Heinrich Heine, ein enger Freund der Rothschilds, erinnert sich, dass 1827 die Witwe von Mayer Amschel, Guttle, die Fenster des alten Hauses in der Judengasse mit weißen Vorhängen und Kerzen schmückte, um den Tag des Sieges von Judas Makkabäus und seinen Brüdern (Chanukka) zu feiern.

verfasst und hätte das endgültige Werk sein können, wenn sie nicht so wohlwollend und unkritisch gewesen wäre. Nichtsdestotrotz ist es ein faszinierendes Werk und eine unschätzbare, unverzichtbare Informationsquelle, auf die wir in diesem und anderen Kapiteln immer wieder zurückgreifen werden. In jüngerer Zeit, im Jahr 2009, veröffentlichte Michael Collins Piper *The New Babylon, Those Who Reign Supreme*, ein kritisches Werk, das das Imperium dieser Dynastie, der reichsten der Welt, anprangert, die diesem Autor zufolge „die Königsfamilie des internationalen Judentums" ist. Collins Piper stellt sie an die Spitze der internationalen Kräfte, die hinter der Neuen Weltordnung stehen, und zeigt den Einfluss der Rothschilds auf den Lauf der Geschichte, ihre Manipulation der Finanzen, der Industrie und der Politik in fast allen Staaten der Welt sowie ihren verheerenden Einfluss auf die Medien, das Bildungswesen und andere Mittel zur Kontrolle der öffentlichen Meinung seit über zweihundert Jahren auf.

Mayer Amschel Bauer (1744-1812), der Gründer der Dynastie, war zwölf Jahre alt, als sein Vater, Amschel Moses Bauer, starb. Bis dahin hatte er vorrangig *Talmud* studiert, da er von seinem Vater für das Rabbinat bestimmt worden war. Doch schon bald wurde er nach Hannover geschickt, um im Haus von Wolf Jakob Oppenheim, einem angeblichen Partner seines Vaters, die Grundlagen des Geschäftslebens zu erlernen. Oppenheims Großvater, Samuel, war ein Hofjude und Agent des Kaisers von Österreich gewesen, und sein Onkel war ein Agent des Bischofs von Köln. In Hannover sammelte Mayer Amschel die Erfahrung, die er brauchte, um selbst Hofjude zu werden. Dort wurde er Experte für seltene Münzen und Medaillen, ein Geschäftsfeld, in dem die Kunden ausnahmslos adelige Sammler waren. Zurück in Frankfurt kam er 1764 in Kontakt mit dem Kronprinzen von Hessen-Kassel, Wilhelm, an den er Medaillen und alte Münzen verkaufte. Der Finanzberater des Prinzen, Carl F. Buderus, mit dem Mayer gut bekannt war, spielte eine wichtige Rolle in der dann entstandenen Beziehung. In *The Rothschild Dynasty* schreibt John Coleman unter Berufung auf Dokumente des Britischen Museums: „Carl Buderus, der in seinen Ambitionen ebenbürtig und enorm hartnäckig, geduldig und geheimnisvoll war, hatte ein Treffen mit Mayer Amschel, bei dem es zu einer geistigen Verbindung kam, aus der ein Pakt der gegenseitigen Unterstützung hervorging". Mayer Amschel war 1769 Hofjude von Wilhelm von Hessen-Kassel geworden. Im August 1770, im Alter von sechsundzwanzig Jahren, heiratete er Guttle Schnapper, die sechzehnjährige Tochter von Wolf Salomon Schnapper, der seinerseits Hofagent des Fürsten von Sachsen-Meiningen war.

Guttle brachte von 1771 bis 1792 jährlich Kinder zur Welt. Von diesen neunzehn Kindern überlebten zehn. Die fünf, die für diese Geschichte von Interesse sind, sind Amschel (Anselm) Mayer (1773), Salomon Mayer (1774), Nathan Mayer (1777), Carl oder Kalman (1778) und Jakob oder James (1792). Nach der Geburt des ersten Sohnes begann Mayer Amschel in das Bankgeschäft einzusteigen. Schon bald wurde das Bankgeschäft zum Kernstück seiner Aktivitäten und er wurde zu einem der reichsten Juden in Frankfurt. William Guy Carr zufolge gab es 1773 ein Treffen der dreizehn reichsten Frankfurter Familien, die beschlossen, die Weltrevolution zu finanzieren und sie zu nutzen, um den Reichtum und die Ressourcen des Planeten zu übernehmen. Der Geheimbund der Illuminaten wurde, wie im vorangegangenen Kapitel beschrieben, 1776 gegründet, um das große revolutionäre Programm umzusetzen.

Die Französische Revolution und der europäische Krieg boten Mayer Amschel neue Möglichkeiten, sich zu bereichern. Sobald die Feindseligkeiten begannen, sicherte er sich einen Vertrag über die Versorgung der österreichischen Armee mit Getreide und Geld für ihre Operationen im Rheingebiet. 1798 beschloss Mayer Amschel, seinen dritten Sohn, Nathan, nach England zu schicken, eine Entscheidung, die sich als entscheidend erweisen sollte, denn dort wurde, wie wir sehen werden, die Vormachtstellung der Rothschilds in Europa und der Welt begründet. Ebenfalls Ende des 18. Jahrhunderts wurde Seligman Geisenheimer, ein sehr begabter Buchhalter aus Bingen, der zudem polyglott war, zum Verwaltungschef des Hauses Rothschild. Es sei auch daran erinnert, dass Geisenheimer und Salomon Rothschild 1811 prominente Mitglieder der Loge in Frankfurt waren, wo sich nach dem Wilhelmsbader Kongress die Zentrale der aufgeklärten Freimaurerei befand.

Der Schatz des Kurfürsten von Hessen-Kassel

Die Rothschild-Gelehrten sind sich einig, dass der Schatz des Kurfürsten von Hessen-Kassel die Quelle des Familienvermögens ist. Nicht alle interpretieren die Fakten jedoch auf dieselbe Weise. Wilhelm von Hessen-Kassel war fast gleich alt wie Mayer Amschel und beide teilten ein Interesse nicht nur an alten Münzen, sondern an Geld aller Art. Sein Vater, Friedrich II. von Hessen-Kassel, der von 1760 bis 1785 Landgraf war, war 1747 zum Katholizismus konvertiert, was seine protestantischen Verwandten und seinen Schwiegervater, Georg II. von England, sehr verärgert hatte. William wurde seinem Vater weggenommen und nach Dänemark geschickt, wo er in den Grundsätzen des Protestantismus unterrichtet wurde. Dort heiratete er Prinzessin Caroline, die Tochter des dänischen Monarchen Friedrich V. Das Paar residierte bis 1785 in Dänemark, als William die Landgrafschaft und eines der größten Vermögen in Europa zu dieser Zeit erbte. Laut der *Jüdischen Enzyklopädie* war Mayer Amschel „der Hofagent von Wilhelm IX., Landgraf von Hessen-Kassel, der nach dem Tod seines Vaters das größte Privatvermögen in Europa geerbt hatte, das er vor allem durch die Vermietung von Truppen an die britische Regierung zur Bekämpfung der amerikanischen Unabhängigkeitsrevolution erworben hatte". Noch bevor er die Nachfolge seines Vaters antrat, war William bereits in den Handel mit Soldaten involviert und hatte ein Regiment von etwa zweitausend Söldnern verkauft, um für Georg III. gegen die Rebellion in der amerikanischen Kolonie zu kämpfen. Folglich, so schreibt Niall Ferguson, „glichen die Finanzen von Hessen-Kassel eher denen einer großen Bank als denen eines kleinen Staates". Kein Wunder also, dass Mayer Amschel sich von Wilhelm angezogen fühlte.

Die Feindseligkeiten zwischen den französischen Revolutionstruppen und Hessen-Kassel, die Anfang der 1790er Jahre begonnen hatten, gipfelten

1796 in der Bombardierung Frankfurts durch die Klebersche Armee. Die Mauern des aus dem 16. Jahrhundert stammenden Judenviertels wurden zerstört, ebenso wie einige Häuser in der „Judengasse", der Straße, in der Mayer Amschel ein ganzes Gebäude gekauft hatte. Die traditionellen Beziehungen zwischen Hessen-Kassel und London wurden weiter gestärkt, und Wilhelm stellte, wie üblich im Austausch gegen Geld, achttausend Soldaten für den Kampf gegen Frankreich auf das Schlachtfeld. John Coleman gibt an, dass in manchen Jahren zwischen fünfzehntausend und siebzehntausend Hessen von der britischen Regierung angeworben wurden. Im Jahr 1801 akzeptierte der Landgraf die Bedingungen des Friedens von Lunéville, durch den die linke Rheinseite an Frankreich abgetreten wurde. Als 1803, dem Jahr, in dem Wilhelm IX. Kurfürst von Hessen-Kassel und Wilhelm I. wurde, erneut ein Krieg zwischen Frankreich und England ausbrach, war der Kompromiss mit den Briten zu eng, und Wilhelm konnte sich nicht den sechzehn deutschen Staaten anschließen, die im Sommer 1806 den frankophilen Rheinbund bildeten. Als die preußische Armee im Herbst 1806 bei Jena und Auerstadt besiegt wurde, war der Kurfürst der Gnade Napoleons ausgeliefert. Weder die überstürzte Demobilisierung seiner Truppen noch sein verspätetes Ersuchen, dem Rheinbund beizutreten, besänftigten den Zorn Bonapartes, dessen offen erklärtes Ziel es war, „das Haus Hessen-Kassel aus der Regierung zu entfernen und es von der Liste der Mächte in Europa zu streichen".

Es gab keine andere Möglichkeit als die Flucht, und Wilhelm suchte Zuflucht im dänischen Holstein, zunächst auf Schloss Gottorp, wo sein Bruder Gouverneur war, und dann in der Stadt Itzehoe. Am 2. November setzte sich General Lagrange in Kassel als Generalgouverneur ein und erließ zwei Tage später eine Proklamation, in der er den gesamten Besitz des Kurfürsten beschlagnahmte und jedem, der ihn zu verstecken versuchte, mit einem Kriegsgericht drohte.

Dies ist der Beginn der Kontroverse darüber, was wirklich mit dem Schatz des Kurfürsten geschah. Nach einer Version, die zweifellos von den Rothschilds selbst inspiriert wurde, vertraute Wilhelm im kritischen Moment seiner Flucht Mayer Amschel Rothschild, seinem „treuen Hofjuden", eilig die Verwaltung seines gesamten Vermögens an. Im Jahr 1827 erklärte *das Deutsche Allgemeine Lexikon für die gebildeten Stände*, was geschehen war:

> „Die französische Armee rückte gerade in Frankfurt ein, als es Rothschild gelang, den Schatz des Fürsten in einer Ecke des kleinen Gartens seines eigenen Hauses zu vergraben, der an Waren und Geld etwa 40.000 Taler wert war. Er versteckte sich nicht, da er wusste, dass sonst eine hektische Suche eingeleitet und sowohl seine Güter als auch der Schatz des Prinzen entdeckt und geplündert werden würden. Wie die Philister in der Antike stürzten sich die Franzosen auf Rothschild und ließen ihm keinen einzigen Taler von seinem Besitz. In Wirklichkeit wurde er, wie alle anderen Juden und Bürger, in absolute Armut gestürzt, aber der Schatz des Fürsten wurde gerettet".

Ein solcher Altruismus und eine solche Selbstlosigkeit, eine solche Großzügigkeit, sind rührend. Sicherlich sollte damit die außergewöhnliche

Redlichkeit der Familie als Einleger unterstrichen werden, die lieber alles riskiert, als zu versagen und ihren Kunden keine Zinsen zu zahlen.

Die *Jüdische Enzyklopädie* berichtet, dass der Kurfürst 1806 nach Dänemark floh und sein Vermögen Mayer Rothschild überließ, und fügt hinzu: „Der Legende nach wurde dieses Geld in Weinflaschen versteckt und entging so der Verfolgung durch Napoleons Soldaten, als diese in Frankfurt einrückten. 1814 wurde das Geld unversehrt in denselben Flaschen zurückgegeben, nachdem der Kurfürst nach Deutschland zurückgekehrt war". Die *Enzyklopädie* selbst räumt jedoch ein, dass die Realität weniger romantisch war als die Legende und viel mehr mit dem Geschäft zu tun hatte.

In seinem Buch *The Rothschild Money Trust* stellt George Armstrong klar, dass die Realität in der Tat viel weniger romantisch war. Er erklärt, dass Mayer Amschel Rothschild die in seiner Obhut befindlichen Gelder veruntreut oder veruntreut und ausgegeben hat. Anstatt das Geld in Weinflaschen zu stecken, schickte er es nach London, wo sich sein Sohn Nathan bereits niedergelassen hatte und dank ihm sein Wirtschaftsimperium aufbauen konnte. Laut Armstrong ließen sich die Söhne von Mayer Amschel mit diesem Geld in Paris, Wien und Neapel nieder. Nathan selbst erklärte später, dass er keine Zeit zu verlieren hatte, als der Prinz von Hessen-Kassel seinem Vater das Geld übergab, und dass er es unerwartet in London erhielt.

Viele Jahre später, im Jahr 1861, war die Familie Rothschild immer noch bestrebt, ihr Image in Europa aufzupolieren, wo ein Teil der Presse in Zeichnungen, Pamphleten und Schriften voller Kritik war. Zu diesem Zweck beauftragten sie den Maler Moritz Daniel Oppenheim mit zwei Ölgemälden, die ihre Sicht der Dinge wiedergeben sollten. Auf dem ersten Bild, das den Moment darstellt, in dem der Kurfürst von Hessen-Kassel Mayer Amschel Rothschild seinen Schatz anvertraut, berührt Wilhelm die linke Schulter von Mayer Amschel, der sich mit der linken Hand über seinem Herzen respektvoll vor ihm verbeugt. Zwei Diener tragen große Holzkisten aus dem Raum, in dessen Hintergrund Guttle und seine Tochter Henrietta erscheinen. Das zweite Gemälde zeigt den Moment, in dem der Schatz zurückgegeben wird. Mayer Amschel ist bereits verstorben. In der Mitte der Komposition sitzt der Kurfürst in einem Sessel mit einem Taktstock in der linken Hand und deutet mit der rechten Hand auf den ältesten der Brüder, Amschel Mayer, der sich wiederum vor ihm verbeugt und ihm seine Aufwartung macht. Auf der linken Seite des Gemäldes befinden sich hinter Amschel die anderen vier Brüder, von denen einer, James, in die Hocke geht und wertvolle Vasen in eine Kommode stellt. Hinter dem Kurfürsten befindet sich die Figur eines Dieners, der mit zwei großen Kisten in jeder Hand verloren zur rechten Seite des Bildes geht.

In Wirklichkeit war Wilhelms Vermögen weit gestreut. Einige der wichtigsten Wertpapiere, vor allem Anleihen, wurden erfolgreich von Buderus geschmuggelt, der in enger Kumpanei mit Mayer Amschel agierte. Die engen Beziehungen zwischen Rothschild und Buderus von Carlshausen wurden in einer schriftlichen Vereinbarung zwischen den beiden festgehalten. Diesem Dokument zufolge wurde Buderus ein heimlicher Partner der Firma Rothschild. In *The Rise of the House of Rothschild* transkribiert Corti das Dokument:

„Zwischen dem Privatberater Buderus von Carlshausen und dem Geschäftshaus Meyer Amschel in Frankfurt wurde heute folgende vertrauliche Vereinbarung unterzeichnet: Buderus hat dem Bankhaus Meyer Amschel Rothschild das Kapital von 20.000 Gulden (holländischer Gulden) 24 Gulden übergeben hat und versprochen hat, die genannte Firma in allen Geschäftsangelegenheiten nach bestem Vermögen zu beraten und seine Interessen zu fördern, soweit er es für möglich hält, verspricht die Firma Meyer Amschel Rothschild, Buderus eine authentische Abrechnung über die in Bezug auf die oben genannte Kapitalsumme von 20.000 Gulden erzielten Gewinne auszuhändigen und ihm jederzeit Einsicht in alle Bücher zu gewähren, damit er in Bezug auf seine Vorsorge zufrieden sein kann."

Zwischen 1808 und 1809 unternahm Carl Friedrich Buderus von Carlshausen riskante Reisen über die französischen Linien nach Itzehoe, wo sich der Kurfürst seit Ende November 1806 aufhielt. In diesen Jahren wurde der Geheimrat von Wilhelm von Hessen-Kassel auf Befehl Napoleons mehrfach vorübergehend festgenommen. Buderus war zweifellos die Schlüsselfigur, die es Mayer Amschel Rothschild ermöglichte, seine Position gegenüber Wilhelm zunehmend zu festigen. Auf jeden Fall hätten die Franzosen, denen es gelungen war, ein Inventar des kurfürstlichen Silbers in die Hände zu bekommen, die Kontrolle über einen beträchtlichen Teil seines Vermögens erlangen können, wäre da nicht die Bestechung des Generals Lagrange gewesen, der für die bescheidene Summe von 260.000 Francs in das Verschwinden von zweiundvierzig Kisten mit verschiedenen Wertgegenständen einwilligte. Lagrange merkte jedoch bald, dass er um eine für die Umstände unbedeutende Summe bestochen worden war. Es gelang ihm daraufhin, einige der Kisten abzufangen, die er zuvor hatte verschwinden lassen, und er verlangte mehr Geld. Fergusson erklärt, wie im Gegenzug ein zweites Geschäft zustande kam, diesmal über eine beträchtliche Summe. Bestechung und Erpressung waren und sind die bevorzugten Mittel der Rothschilds, wie wir auf den folgenden Seiten sehen werden.

Das Erbe von Mayer Amschel Rothschild

Als Mayer Amschel Rothschild am 19. September 1812 starb, hatte die kurfürstliche Schatzkammer es Nathan ermöglicht, der angesagte Bankier in London zu werden, und auch die anderen Brüder konnten sich in den großen europäischen Hauptstädten etablieren. Der Älteste, Amschel, blieb in Frankfurt; Salomon leitete das Wiener Haus; Nathan,, agierte, wie gesagt, von London aus; Carl ließ sich in Neapel nieder; James sollte die wichtige Hochburg Paris organisieren. Im September 1810 war die Firma „Mayer Amschel Rothschild & Söhne" gegründet worden.

Der „Alte Mann", wie Salomo es nannte, legte vor seinem Tod die Grundprinzipien fest, die seine Kinder und deren Nachkommen unerbittlich zu beachten hatten. Diese Grundsätze wurden mehr als ein Jahrhundert lang strikt eingehalten. Frauen schloss er wiederholt und nachdrücklich aus. Werfen wir einen Blick auf den von Fergusson zitierten Auszug aus dem Testament:

> „Ich verfüge hiermit und wünsche daher, dass meine Töchter und Schwiegersöhne und deren Erben keinen Anteil am Kapital der Firma 'Mayer Amschel & Sons' haben und schon gar nicht, dass sie unter irgendwelchen Umständen einen Anspruch geltend machen können oder dürfen. Die vorgenannte Firma wird ausschließlich meinen Kindern gehören und von ihnen verwaltet werden. Daher haben weder meine Töchter noch ihre Erben irgendeinen Anspruch auf die besagte Firma, und ich könnte niemals einem Sohn verzeihen, der gegen meinen väterlichen Willen zulassen würde, dass sie meine Kinder in ihrem friedlichen Besitz stören".

Zu den wichtigsten Bestimmungen des Testaments gehören die folgenden:

1. Der älteste Sohn des ältesten Sohnes sollte die Führung des Unternehmens übernehmen, es sei denn, die Mehrheit der Familienmitglieder entschied anders. Im 19. Jahrhundert gab es aufgrund von Nathans Überlegenheit einige Ausnahmen von dieser Regel, da nach Nathans Tod die Führung auf James und dann auf Lionel, Nathans Sohn, überging.

2. die Notwendigkeit, Endogamie zu praktizieren, d. h. Ehen zwischen Cousins und sogar Neffen, um das Familienvermögen zu erhalten. Diese Regel wurde vor allem von den Männern eingehalten; die Frauen hielten sich jedoch nicht immer daran, da sie die Möglichkeit vorteilhafter Ehen mit anderen jüdischen Bankiersfamilien in Betracht zogen. Jedenfalls sind achtundfünfzig Eheschließungen zwischen Cousins und Cousinen verzeichnet. Besonders erwähnenswert ist der Fall von James, dem jüngsten der fünf Brüder, der 1824 seine Nichte Betty (1805-86), Tochter seines Bruders Solomon, heiratete, dessen ältester Sohn Anselm (1803-74) 1826 seine Cousine Charlotte (1807-59), Tochter von Nathan, heiratete. Nathans erstgeborener Sohn, Lionel (1808-79), heiratete seinerseits 1836 eine andere Cousine namens Charlotte (1819-84), Tochter von Carl. Nathans dritter Sohn Nathaniel (1812-70) heiratete eine weitere Cousine namens Charlotte (1825-99), die jedoch die Tochter von James war. Eine Tochter von Nathan, Louise (1820-94), heiratete 1842 ihren Cousin Mayer Carl, Carls Erben. Und so weiter bis zu achtundfünfzig Inzest-Ehen. Jede Ehe wurde von detaillierten rechtlichen Vereinbarungen über die Verwaltung des Vermögens der Vertragsparteien begleitet, die verhindern sollten, dass sich die fünf Häuser aufspalteten und Außenstehende Zugriff auf das immense Vermögen der fünf Brüder erhielten.

3. Die Verpflichtung, sich eindeutig als Mitglied der jüdischen Nation zu bekennen. Mayer Amschel Rothschild befürwortete die politischen Reformen, die die Emanzipation der Juden und die Modernisierung des Judentums herbeiführen sollten; aber wie wir im vorigen Kapitel gesehen haben, war dies ein notwendiger politischer Schachzug. Mayer Amschel, wie auch Mosses Mendelssohn, ermahnte insgeheim seine Glaubensgenossen und vor allem seine Söhne, dem talmudischen Glauben treu zu bleiben, demzufolge die Überlegenheit der Juden über die Nichtjuden (Gojim) der Überlegenheit des

Menschen über die Tiere entspricht. In diesem Punkt, wie auch in so vielem anderen, ist der Einfluss des Gründers der Dynastie bis heute tiefgreifend und anhaltend. So stellte Mayer Amschel als Hauslehrer für seine Kinder Michael Hess ein, einen Anhänger und Schüler von Moses Mendelssohn, der, wie wir wissen, der Führer der Illuminaten in Berlin war. Heute gibt es in den Vereinigten Staaten und in Europa zahlreiche Beispiele von Juden, die in ihrem Wohnsitzland volle Staatsbürgerrechte genießen, sich aber in erster Linie als Mitglieder des zionistischen Staates Israel betrachten.

Die Überzeugung von der Überlegenheit der jüdischen Ethnie (jüdischer Supremazismus) war bei Mayer Amschel absolut. Im Jahr 1813 veröffentlichte S. J. Cohen eine Denkschrift mit dem Titel *The Exemplary Life of the Immortal Banker Mr. Meyer Amschel Rothschild, eine* Art autorisierte Biografie. Darin erinnert sich Cohen an eine bezeichnende Anekdote, wonach ein Straßenjunge ihn einmal anschrie: „Jude! Mayer Amschel ging ganz ruhig auf ihn zu und bot ihm Geld an, unter der Bedingung, dass er das Gesagte wiederhole. Der Gassenjunge nahm das Geld und schrie aus Leibeskräften: „Jude, Jude! Mehrere junge Männer kamen hinzu und begannen ebenfalls zu schreien. Rothschild hörte ihnen mit sichtlichem Vergnügen zu und sagte auf Hebräisch: „Gelobt sei der, der seinem Volk Israel die Gesetze gegeben hat.

Von den vielen geschäftlichen Ratschlägen, die er seinen Söhnen gab, schreibt Niall Ferguson, wurde einer, der sich auf den Umgang mit Politikern und nichtjüdischen Persönlichkeiten bezog, häufig von Salomon zitiert: „Unser verstorbener Vater lehrte uns, dass, wenn eine Person in einer hohen Position eine finanzielle Verbindung mit einem Juden eingeht, sie dem Juden gehört" („gehört er dem Juden"). Carl bekräftigte diesen Gedanken 1817: „Das Beste auf dieser Welt ist, im Dienste der Juden zu stehen".

4. Die Verpflichtung, in der Familienvereinigung ständig zusammenzubleiben. Ein Bündel von Pfeilen kann nicht zerbrochen werden, aber ein einzelner Pfeil schon. Niall Fergusson zitiert einen Artikel aus der *Brockhaus Enzyklopädie* von 1827, *in dem* es heißt: „Mayer Amschel verpflichtete die fünf Brüder, ihr gesamtes Geschäft als ununterbrochene Interessengemeinschaft zu führen. Dies war die Regel, die der sterbende Vater seinen Söhnen vermacht hatte. Seit seinem Tod wird jeder Vorschlag, egal woher er kommt, gemeinsam besprochen; jedes Geschäft, und sei es auch noch so unbedeutend, wird nach einem mit vereinten Kräften vereinbarten Plan abgewickelt, und jeder von ihnen hat den gleichen Anteil am Ergebnis".

Die meisten Autoren sind sich einig, dass die Einheit, die Mayer Amschel Rothschild seinen Kindern auferlegt hat, unverbrüchlich ist, und sind sich einig, dass der letzte Wille eines Vaters noch nie so bewusst und gewinnbringend in die Tat umgesetzt wurde. In Bezug auf Inzucht-Ehen, die auch von der Elite der fränkischen Sekte praktiziert werden, weisen mehrere Autoren darauf hin, dass sich unter aschkenasischen Juden eine Krankheit namens Tay-Sachs entwickelt hat, die das Gehirn tödlich schädigt und zum Tod führen kann. Diese Krankheit ist das Erbe jahrhundertelanger Mischehen zwischen Menschen, die das gleiche Blut haben.

Nathan, kommandierender General

„Mein Bruder in London ist der kommandierende General und ich bin sein Feldmarschall. Diese Worte Salomon Rothschilds sind deutlich genug, um zu zeigen, in welchem Maße Nathan von London aus das Familiengeschäft beherrschte. Dank Cromwell, der bekanntlich der Vertreter der Amsterdamer Juden war, hatten sich seit dem 17. Jahrhundert wohlhabende und selbstbewusste jüdische Gemeinden in London gebildet. Dazu gehörten Familien sephardischer Herkunft, wie die Montefiores und die Mocattas, und aschkenasischer Herkunft, wie die des Kaufmanns Levi Barent Cohen. In den späten 1790er Jahren spielten auch Benjamin und Abraham Goldsmid, die mit anderen jüdischen Bankiers die Revolution in Frankreich finanziert hatten, eine wichtige Rolle im Finanzwesen.

Das erste Dokument, das uns über Nathans Anwesenheit in London vorliegt, stammt aus dem Jahr 1800, ein Brief von ihm vom 29. Mai, obwohl bekannt ist, dass er bereits 1798 in der englischen Hauptstadt war. Er ließ sich bald in Manchester nieder, wo er zunächst in der Textilbranche tätig war. Es dauerte jedoch nicht lange, bis er seine Aktivitäten diversifizierte. Im Jahr 1805 ging er eine Partnerschaft mit einem anderen jüdischen Einwanderer aus Frankfurt, Nehm Beer Rindskopf (Sohn eines Mitarbeiters seines Vaters), ein, und die beiden beteiligten sich am Handel mit Perlen, Elfenbein, Schildkrötenpanzern und anderen Waren aus den Kolonien des Kaiserreichs. Wie sein Vater brauchte auch Nathan nur wenig Zeit, um vom Kaufmann zum Bankier aufzusteigen.

Für Nathan, der nach sechs Jahren in England die britische Staatsbürgerschaft annahm, begann sein Ausflug ins Bankgeschäft im Jahr 1806, als er unerwartet Geld vom Kurfürsten erhielt. Im Oktober desselben Jahres heiratete er Hannah Barent Cohen, die Tochter des führenden Londoner Kaufmanns Levi Barent Cohen, der 1812 eine weitere Tochter, Judith, mit Moses Montefiore, einem der Führer der sephardischen Gemeinde, verheiratet hatte. Durch diese Heirat wurde Nathan Partner einer der bedeutendsten Persönlichkeiten der jüdischen Gemeinde Londons. Cohen ermutigte seinen Schwiegersohn, die Palette der Waren, die er auf den Kontinent exportierte, zu erweitern. So stieg Nathan 1807, auf dem Höhepunkt der Kontinentalsperre, in das Schmuggelgeschäft ein. Zu seinen bevorzugten Schmuggelrouten gehörten die baltischen Häfen und die kleine deutsche Insel Helgoland. Natürlich konnten die Sendungen nicht legal versichert werden, so dass das Risiko beträchtlich war, aber die Gewinne waren es auch. Bis 1808 hatte sich Nathan einen guten Ruf als Schmuggler erworben und galt als ein Mann, der dank seiner Kontakte und seiner Weitsicht die Ware immer zustellen konnte. Im Jahr 1809 wurde jedoch eine große Lieferung nach Riga gekapert, und nur durch Bestechung konnte er, wie üblich, freigelassen werden. All diese Episoden waren im Grunde nur Anekdoten für Nathan, der bereits beschlossen hatte, dass seine Haupttätigkeit das Bankgeschäft sein würde. Bereits Anfang 1808 war er Bankier, obwohl er in London erst 1810 als solcher bekannt wurde, als er die Firma „N. M. Rothschild und Söhne" gründete. Kurz gesagt, Nathan nutzte das Geld des Kurfürsten, als wäre es sein eigenes Kapital.

Im Spanischen Unabhängigkeitskrieg oder Halbinselkrieg fand Nathan dank der finanziellen Schwierigkeiten Wellingtons eine der entscheidenden Gelegenheiten seiner Karriere. Wie wir noch sehen werden, waren Kriege vom Amerikanischen Unabhängigkeitskrieg bis heute das beste Geschäft für die Rothschilds. Niall Fergusson räumt in seinem Buch *The House of Rothschild* ein, dass die Historiker nie angemessen erklärt haben, wie ein obskurer jüdischer Kaufmann, der durch Schmuggel reich geworden war, über Nacht zum wichtigsten Geldtransporteur der britischen Regierung für die Schlachtfelder werden konnte. Im Jahr 1812 war der iberische Markt mit britischen Regierungswechseln gesättigt, und Wellington hatte Schwierigkeiten, spanische Kaufleute dazu zu bringen, sie zu akzeptieren. Um den Herzog zu finanzieren, mussten Goldbarren in Form von Goldguineas nach Spanien oder Portugal geschickt werden. Wenn dies nicht gelang, musste Wellington sich bei den örtlichen Bankiers Geld leihen, indem er ihnen Wechsel verkaufte. Die Kontinentalsperre machte die Option von Goldtransporten in großem Umfang außerordentlich riskant. Wenn die zweite Alternative gewählt wurde, verlangten die Bankiers der Halbinsel überhöhte Rabatte für den Ankauf der Wechsel.

Zu dieser Zeit waren die Gebrüder Baring die bevorzugten Bankiers der britischen Regierung, aber die Konkurrenz war groß, und nicht nur Nathan Rothschild versuchte, ihnen nachzueifern, sondern auch die Brüder Benjamin und Abraham Goldsmid sowie Bankiers, die aus Deutschland nach London kamen, wie die Schröders, wetteiferten um das Kriegsfinanzierungsgeschäft und boten der Regierung ihre Dienste an. 1810 starb Francis Baring, und die Leitung des Unternehmens ging auf seinen Sohn Alexander über, zu einer Zeit, als die Stadt eine Krise erlebte, die durch den Bericht des Bullion Committee ausgelöst wurde, der (entgegen dem Rat der Bank of England) eine baldige Wiederaufnahme der Zahlungen in Gold empfahl. Die Aussicht auf eine Periode begrenzten Geldes löste Alarm und Bestürzung aus, da sie zu einem Preisverfall bei Staatsanleihen führte. Die Barings und Goldsmids hatten große Mengen an Anleihen aus dem letzten Kredit an die Regierung. Barings verlor etwa 43.000 Pfund und Abraham Goldsmid beging Selbstmord. Außerdem kam es zur gleichen Zeit zu einem Zusammenbruch des Amsterdamer Marktes, verursacht durch die Annexion der Niederlande durch Napoleon.

Ein weiterer, noch wichtigerer Faktor trug zu Nathans Erscheinen auf der Szene bei. Im Oktober 1811 wurde John Charles Herries zum Finanzminister ernannt. Ferguson glaubt, dass Herries Nathans Buderus war, sein „erster Freund" in einer herausragenden Position. Herries stieg politisch schnell auf, da es ihm 1798 gelungen war, als Angestellter im Finanzministerium zu dienen. Im Jahr 1801 wurde er zum Privatsekretär von Nicholas Vansittart, dem Sekretär des Finanzministeriums, ernannt. Herries war auch Privatsekretär von Spencer Perceval gewesen, als dieser von 1807-09 Finanzminister war. Da er zuvor in Leipzig studiert hatte, ist es wahrscheinlich, dass seine Freundschaft mit den Rothschilds schon damals begann. Als Student hatte er eine Liebesbeziehung zu einer Frau, die später einen Tabakhändler, Baron Limburger, heiratete. Aus dieser Beziehung ging ein uneheliches Kind hervor. Die Limburger behaupteten später, dass es ihrer Empfehlung zu verdanken sei, dass Herris Nathan an der

Finanzierung des Feldzugs von Wellington beteiligt habe. Dies muss in der Tat der Fall gewesen sein, denn sie forderten später von Nathan eine 1%ige Provision zwischen 30.000 und 40.000 Pfund für die von ihm getätigten Geschäfte. Im Juni 1814 zählten die Rothschilds immer noch auf Limburgers Einfluss auf Herris, was darauf hindeutet, schreibt Ferguson, „dass Limburger Herris mit der Existenz seines unehelichen Sohnes erpresste". Die Rothschilds aus der Erpressung herauszuhalten, erscheint natürlich nicht glaubwürdig, aber Ferguson tut „naiv" so. [13]

Aber der eigentliche Grund für Nathans Rolle bei der Finanzierung des Krieges auf der Halbinsel hat natürlich mit der kurfürstlichen Staatskasse zu tun. Vor allem dank des Geldes, das ihm sein Vater aus Frankfurt überwiesen hatte, konnte er Gold im Wert von 800.000 Pfund von der East India Company kaufen. Die Gesellschaft wollte das Gold eigentlich an die Regierung verkaufen, aber der Preis war zu hoch. Während er darauf wartete, dass der Preis sank, kam Nathan daher und kaufte alles auf. Hier ist Nathans eigene kurze Schilderung der Ereignisse: „Als ich mich in London niedergelassen hatte, hatte die East India Company Gold im Wert von 800.000 Pfund zu verkaufen. Ich ging zum Verkauf und kaufte alles. Ich wusste, dass der Herzog von Wellington es brauchte. Ich hatte eine große Menge seiner Scheine mit einem Abschlag gekauft. Die Regierung schickte nach mir und sagte mir, sie brauche es. Als sie sie bekamen, wussten sie nicht, wie sie sie nach Portugal bringen sollten. Ich nahm alles auf und schickte es nach Frankreich, und das war das beste Geschäft, das ich je gemacht habe.

Schauen wir uns diese Fakten etwas genauer an. Die Regierung teilte Nathan Rothschild mit, dass sie das Gold zur Finanzierung von Wellington benötige und es von ihm kaufen müsse, doch als sie dies tat, war der Preis bereits gestiegen. Nathan bot daraufhin seine Dienste an, um die Kontinentalsperre zu umgehen und das Gold nach Portugal zu bringen. Was sie nicht ahnen konnten, war, dass er dies über feindliches Gebiet, d. h. über Frankreich, tun wollte. So machten sich die Rothschilds im März 1811 daran, das Gold auf französisches Territorium zu schmuggeln, was von Napoleon selbst geduldet wurde, denn James Rothschild hatte Bonaparte heimlich darüber informiert, dass sein Bruder plante, das Gold nach Frankreich zu bringen und dass die Briten dagegen waren. Die französische Regierung schluckte den Köder. In Paris tauschten sie das Gold in Banknoten um, und dann brachten die Rothschilds es nach Spanien. Auf diese Weise erleichterte Frankreich die Finanzierung des Krieges gegen sich selbst. Napoleon hatte den Rat seines Finanzministers François Nicholas Mollien

---

[13] Ein ähnlicher Fall von Erpressung ereignete sich bei US-Präsident Woodrow Wilson, der von Benjamin H. Freedman in seinem Buch *The Hidden Tyranny* ausführlich beschrieben wird. Der jüdische Anwalt Samuel Untermayer überraschte Präsident Wilson mit der Ankündigung, dass seine Mandantin, die Frau eines Princeton-Professors, bereit sei, eine hohe Geldsumme zu akzeptieren, um die Beziehung, die sie mit Wilson hatte, als dieser ebenfalls Professor in Princeton war, geheim zu halten. Eines der Ziele der Erpressung war die Ernennung des Talmudisten und Zionisten Louis Dembitz Brandeis zum Mitglied des Obersten Gerichtshofs der USA. Es wird später Gelegenheit geben, die Einzelheiten dieser Geschichte zu erzählen.

angenommen, der argumentierte, dass jede Flucht von Goldbarren aus Großbritannien ein Zeichen wirtschaftlicher Schwäche sei und daher für Frankreich von Vorteil. Mitte Mai 1814 schuldete die britische Regierung Nathan 1.167.000 Pfund, eine Summe, die selbst seinen Bruder Salomon erschreckte.

Schachmatt bei Waterloo

Trotz der vielen guten Züge ging das Spiel weiter, und bald bot sich die Gelegenheit für einen letzten Zug, einen Zug, der es den Rothschilds ermöglichen würde, ein Spiel zu gewinnen, das sie 1806 begonnen hatten und das sie zur mächtigsten Bankiersfamilie in Europa und folglich zu den Führern der internationalen Finanzwelt machen würde..

Die Rothschilds wussten schon immer um die Bedeutung von Insiderinformationen. Sie beschlossen daher, dass es notwendig war, die Kommunikation abzufangen und zu kontrollieren, was sie durch eine Allianz mit dem Haus von Thurn und Taxis[14] erreichten, das ein Monopol auf die Post in Europa hatte. Es gibt eine weit verbreitete Anekdote über das erste Treffen von Mayer Amschel Rothschild mit Prinz Carl Anselm, dem Oberhaupt des Hauses von Thurn und Taxis: Rothschild arbeitete gerade an seinem Schreibtisch, und als der Prinz eintrat, sagte er zu ihm: „Bringen Sie sich einen Stuhl". Nach einigen Sekunden der Verblüffung bemerkte der Besucher: „Ich bin der Fürst von Thurn und Taxis". Mayer Amschel antwortete: „Nun gut, dann bringen Sie zwei Stühle. Spaß beiseite, was zählt, ist, dass es wieder einmal eine Art Bestechung oder geheime Absprache gegeben haben muss. Seit dem Pakt mit den Rothschilds haben die Thurn und Taxis Briefe und Kommuniqués, die für sie von entscheidender Bedeutung waren, in entscheidenden historischen Momenten überwacht und geprüft.

---

[14] Die Familie Thurn a Taxis stammt aus Mailand, wo sie als della Torre bekannt war. Sie erfanden die Idee des Postwesens und führten Ende des 15. Jahrhunderts ein Postsystem in Tirol ein. Jahrhunderts ein Postsystem in Tirol ein. 1516 wurden sie von Kaiser Maximilian I., dem Großvater des späteren Kaisers Karl V., beauftragt, eine Postverbindung zwischen Wien und Brüssel einzurichten. Schon damals erhielt eines ihrer Mitglieder den feierlichen Rang eines Generalpostmeisters. Dies war der Beginn der beeindruckenden Entwicklung des Postwesens von Thurn und Taxis, das sich schließlich auf ganz Europa erstreckte. Der Hauptsitz befand sich in Frankfurt. Da sie sich mit dem normalen Geschäftsbetrieb nicht zufrieden gaben, beschlossen sie, von den Informationen auf den ihnen anvertrauten Briefen zu profitieren. Ende des 18. Jahrhunderts begannen sie, die Korrespondenz zu öffnen und den Inhalt zu notieren, der von Interesse sein könnte. Um ihr Monopol zu behalten, bot das Haus Thurn und Taxis an, die durch die geheime Bearbeitung der Briefe gewonnenen Informationen dem Kaiser zur Verfügung zu stellen. Mayer Amschel erkannte bald, wie wichtig es für einen Bankier oder Kaufmann war, über bestimmte Nachrichten und Informationen im Voraus zu verfügen, insbesondere in Kriegszeiten. Da sich in seiner Heimatstadt das Hauptpostamt befand, setzte er sich kurzerhand mit dem Haus Thurn und Taxis in Verbindung und erzielte eine für beide Seiten zufriedenstellende Vereinbarung.

Auf jeden Fall verfügten die Rothschilds selbst über ein kontinentales Netz von Agenten und Informanten. Sie organisierten einen Spionagedienst, der die wichtigsten europäischen Hauptstädte abdeckte, und setzten auch Brieftauben ein, um sich gegenseitig schnell Nachrichten zu übermitteln, die ihnen bei ihren Aktienspekulationen einen Vorteil verschaffen konnten. Frederic Morton schreibt: „Rothschild-Autos rasten über die Straßen; Rothschild-Boote segelten über den Kanal; Rothschild-Agenten waren flinke Schatten auf den Straßen. Sie brachten Geld, Wertpapiere, Wechsel und Nachrichten. Vor allem Nachrichten, die neuesten und exklusivsten Nachrichten, die an der Börse eifrig verarbeitet wurden".

Es war genau ein Schachzug im Zusammenhang mit dem Umgang mit Informationen über den Ausgang der Schlacht von Waterloo, der es Nathan ermöglichte, die Kontrolle über die Londoner Börse zu übernehmen. Im Jahr 1815 hing die Zukunft Europas vom Ausgang der Schlacht von Waterloo ab. Im Falle eines Sieges Napoleons würde Frankreich die dominierende Macht sein, im Falle eines Sieges Wellingtons würde Großbritannien seinen Einflussbereich ausweiten und das Kräfteverhältnis auf dem Kontinent kontrollieren können. Über den tatsächlichen Ablauf der Ereignisse gibt es mehrere, voneinander abweichende Versionen. Die fantasievollste Version sieht Nathan sogar selbst auf dem Schlachtfeld. In *The Rothschilds: the Financial Rulers of Nations* behauptet John Reeves, dass Nathan auf dem Schlachtfeld erschien und sich in einer Position befand, von der aus er die Szene des Zusammenstoßes zwischen den Armeen sehen konnte. Sein romanhafter Bericht beginnt folgendermaßen: „Die Schlacht begann. Der dichte Rauch des wütenden Kanonendonners hüllte bald das ganze Feld in eine Wolke ein; aber Nathan Mayers angestrengte Augen konnten von Zeit zu Zeit die heftigen Angriffe der französischen Kavallerie sehen, durch die die Sicherheit der englischen Linien mehr als einmal gefährdet war....". Reeves zufolge ritt Nathan Rothschild in der Gewissheit, dass Bonaparte besiegt werden würde, mit seinem Pferd nach Brüssel. Dort besorgte er sich eine Kutsche, die ihn ohne Verzögerung und in voller Fahrt nach Ostende brachte, wo er am Morgen des 19. Juli erschöpft ankam. Trotz der stürmischen See machte er sich daran, den Kanal zu überqueren, doch selbst die Fischer weigerten sich, dies zu versuchen. Obwohl er ihnen fünfhundert, sechshundert, achthundert Francs anbot, wagte es keiner. Erst bei einem Angebot von zweitausend Francs willigte einer ein, unter der Bedingung, dass er das Geld vor dem Auslaufen an seine Frau auszahlen würde. Kaum waren sie in See gestochen, drehte der Wind und die Bedingungen verbesserten sich, was eine Verkürzung der Reise ermöglichte. Am Abend erreichten sie Dover. Ohne einen Moment zu rasten, nahm Nathan schnelle Pferde und setzte seine Reise nach London fort. Am nächsten Tag", so Reeves weiter, „sah man ihn an seine bekannte Säule der Börse gelehnt, offenbar körperlich und geistig gebrochen, als sei er von einem schrecklichen Unglück überwältigt und zerschlagen worden. Seit Tagen herrschte in der Stadt der größte Pessimismus und die größte Niedergeschlagenheit, und als Rothschild gesehen wurde, kam man einhellig zu dem Schluss, dass das Schlimmste eingetreten war....".

Glaubwürdiger ist die Interpretation von Frederic Morton, der erklärt, dass die Stimmung an der Londoner Börse in Erwartung der Nachricht fieberhaft war. Im Falle eines Sieges Napoleons würden die konsolidierten Anleihen der Staatsverschuldung zusammenbrechen, im Falle eines Sieges Wellingtons aber würde der Wert der Anleihen in die Höhe schnellen. In Mortons Version arbeiteten Nathan Rothschilds Männer unermüdlich auf beiden Seiten, um Nachrichten zu sammeln. Andere Agenten leiteten die Nachrichten an einen strategisch günstig gelegenen Posten in der Nähe weiter, wo die Informationen verarbeitet wurden. In der Abenddämmerung des 18. Juni sprang ein Rothschild-Vertreter, der einen geheimen Bericht über die entscheidende Schlacht bei sich trug, in ein vorher verabredetes Boot und überquerte den Kanal. Dieser Vertreter wurde im Morgengrauen in Folkstone von Nathan selbst erwartet,, der nach Prüfung des Berichts zur Börse eilte. Als er dort ankam, stand er wie üblich an seiner gewohnten Säule, die bereits als Rothschild-Säule bekannt war, „ohne das geringste Anzeichen einer Regung, ohne die geringste Veränderung in seinem Gesichtsausdruck, mit steinerner Miene". Ein anderer Autor, Andrew Hitchcock, berichtet in *The History Of The House Of Rothschild*, dass der Rothschild-Agent, der sich einschiffte und den Kanal überquerte, ein gewisser John Rothworth war. Hitchcock, John Coleman und George Armstrong argumentieren, dass die Rothschilds an der Finanzierung beider Armeen beteiligt waren (Nathan an Wellington in England und James an Napoleon in Frankreich). Diesen Autoren zufolge begann damit ihre Politik der Finanzierung von Kriegen auf beiden Seiten.

Was fast alle Autoren übereinstimmend berichten, ist, was geschah, als Nathan seine Kolonne erreichte. Auf ein vorher vereinbartes Signal hin begannen seine Börsenmakler, den Markt mit konsolidierten Staatsanleihen zu überschwemmen, Anleihen im Wert von Hunderttausenden von Pfund wurden auf den Markt geworfen, und der Wert der konsolidierten Anleihen begann zu fallen und sogar zu sinken. Nathan lehnte weiterhin mit ausdruckslosem Gesicht an seiner Säule, ohne die geringste Regung. Er verkaufte und verkaufte weiter. Es dauerte nicht lange, bis sich an der Börse das Gerücht verbreitete, dass Rothschild wusste, dass Wellington bei Waterloo verloren hatte. Die Verkäufe schlugen in Panik um, als die Menschen sich beeilten, ihre Anleihen loszuwerden und sie in Gold oder Silber umzutauschen, in der Hoffnung, wenigstens einen Teil ihres Vermögens zu behalten. Nach mehreren Stunden verzweifelten Handelns hatten sich die konsolidierten Anleihen in ruinöse Anleihen verwandelt. Nathan,, kalt wie immer, lehnte sich an seine Säule und sendete weiterhin subtile Signale aus, die jedoch etwas anders waren, so anders, dass nur hochqualifizierte Agenten die Veränderung erkennen konnten. Auf Anweisung ihres Chefs begannen Dutzende von Rothschild-Agenten, alle Staatsschulden zu lächerlichen Preisen aufzukaufen. Als später die Nachricht vom Ausgang der Schlacht von Waterloo London erreichte, stiegen die konsolidierten Anleihen sofort auf einen noch höheren Wert als den ursprünglichen. Nathan Rothschild hatte sich die Kontrolle über die britische Wirtschaft erkauft und sein ohnehin schon immenses Vermögen über Nacht verzwanzigfacht, wie die enthusiastischsten Autoren behaupten, was sicherlich übertrieben ist.

Niall Ferguson ist einer der Autoren, die den Nutzen von Nathans Operationen an der Börse erheblich herunterspielen und sogar die Bedeutung von Waterloo herunterspielen. Interessanterweise berichtet Ferguson jedoch auch über John Rothworth und schreibt sogar Rothworths eigenen Bericht über „eine anstrengende Reise zu Fuß von Mons nach Genappe, bei der man tagsüber in einer Staubwolke unter einer sengend heißen Sonne lief und nachts auf dem Boden unter der Mündung der Geschütze schlief" ab. Ferguson berichtet auch, dass eine Woche nach dem Tag in der Börse jemand zu Rothworth sagte: „Nathan hat die Informationen, die Sie über den Sieg bei Waterloo hatten, gut genutzt „. Rothworth wagte es daraufhin, Rothschild zu fragen, ob er sich am Kauf von Staatsanleihen beteiligen könne, „wenn dies seiner Meinung nach vorteilhaft sein könnte".

Nathan Rothschilds eigene Worte zeigen deutlich, wie er einige Jahre später seine eigene Macht wahrnahm. Im Jahr 1818 handelte er einen Kredit mit Preußen aus. Der Finanzminister Christian von Rother versuchte, die Bedingungen zu ändern, nachdem das Darlehen unterzeichnet worden war. Niall Ferguson zitiert Nathans Brief an von Rother, der, wie Ferguson selbst zugibt, Nathans Unverschämtheit und Respektlosigkeit gegenüber Preußen und seinem Minister zeigt:

> „Mein liebster Freund, ich habe meine Verpflichtung gegenüber Gott, dem König und dem Finanzminister von Rother erfüllt, mein Geld wurde dir nach Berlin geschickt..... Jetzt ist es an dir, deine Pflicht zu erfüllen, dein Wort zu halten und nicht mit neuen Dingen zu kommen, und alles muss so bleiben, wie es zwischen Männern wie uns vereinbart ist, und das erwarte ich, wie du aus meinen Geldlieferungen sehen kannst. Der Rat dort kann nichts gegen N. M. Rothschild tun, er hat das Geld, die Kraft und die Macht. Die Clique ist nur ohnmächtig, und der König von Preußen, mein Prinz Hardenberg und Minister Rother sollten froh und dankbar sein über den, der ihnen so viel Geld schickt, das Preußens Kredit erhöht.

Im Jahr 1820, als er wusste, dass die Bank of England unter seiner Macht stand, war er sogar noch anmaßender. Hier sind seine prahlerischen Worte, die Ferguson erneut zitiert: „Es ist mir egal, welche Marionette auf den Thron von England gesetzt wird, um das Empire zu regieren. Der Mann, der die Geldversorgung Großbritanniens kontrolliert, kontrolliert das britische Empire, und ich kontrolliere die Geldversorgung Großbritanniens".

Die Rothschilds und Napoleon

Napoleon ist eine der am wenigsten bekannten großen historischen Persönlichkeiten. Über seinen Aufstieg aus der Dunkelheit zum Ruhm ist wenig geschrieben worden. In *The Rothschild Dynasty (Die Rothschild-Dynastie)* argumentiert John Coleman, dass Napoleon, wie Disraeli, Bismarck, Trotzki, Kerenski oder Lloyd George, ursprünglich ein Rothschild-Mann war. Napoleon war extrem arm, als er von dem aufgeklärten Freimaurer Talleyrand bei den Rothschilds eingeführt wurde. Es war Mayer Amschel, der so klug und scharfsinnig war, der das neue Talent entdeckte. Das innere Feuer und die Leidenschaft des Korsen beeindruckten ihn, und er beschloss, ihm Geld für ein anständiges Leben anzubieten. Im Jahr 1796 heiratete Napoleon Josephine de Beauharnais, die einst seine Uniform bezahlt hatte. Josephine, eine kreolische Dame aus Martinique mit einer unersättlichen Libido, war die Geliebte von Vicomte Paul de Barras, einem starken Mann des Direktoriums. Laut John Coleman arrangierte Mayer Amschel Rothschild diese Heirat mit Barras, der damals auf der Suche nach war, „einem Schwert, das er bequem für den konservativen Rückzug der Republik schwingen konnte". Es war Barras, der verschiedenen Quellen zufolge auch Mitglied der Illuminaten war, der Napoleon zum Oberbefehlshaber der italienischen Armee ernannte. Es scheint, dass Josephine, während ihr Mann Krieg gegen die Österreicher und Piemontesen führte, mit Barras und anderen Mitgliedern des Regierungskreises schlief.

Napoleon war der erste europäische Führer, der auf die Idee kam, Jerusalem für die Juden zu erobern und damit die Prophezeiung zu erfüllen. Seltsamerweise sagen die Historiker nichts darüber oder über seine Motive, die nichts anderes gewesen sein können, als sich die Gunst und finanzielle Unterstützung jüdischer Bankiers zu sichern. Indem er ihnen die dreifach heilige Stadt versprach, hielt er an der Idee einer ethnisch reinen Nation fest, wie es Hitler später tat, als er einen Pakt mit den Zionisten schloss (Haavara-Abkommen). Im Jahr 1799, dem Jahr, in dem Napoleon die französische Expedition gegen die Engländer in Ägypten anführte, hieß es im Pariser *Monitor* vom 22. Mai: „Bonaparte hat eine Proklamation veröffentlicht, in der er alle Juden Asiens und Afrikas einlädt, sich im alten Jerusalem unter dem Schutz seiner Flagge niederzulassen". Einige Wochen später fügte ein zweiter Text im *Monitor* hinzu: „Bonaparte hat Syrien nicht nur erobert, um den Juden Jerusalem zu geben. Er hat weitergehende Pläne..."

Fünf Jahre später hatte sich Napoleons Wahrnehmung der Juden und der gegenseitigen Beziehungen grundlegend geändert. Die Kaiserkrönung Napoleons im Jahr 1804 wurde von Mayer Amschel mit Gleichgültigkeit betrachtet; aber für Talmudisten wie die Rothschilds war die Tatsache, dass der Papst eingeladen war, keineswegs willkommen. Im Jahr 1806, nach dem Sieg von Austerlitz, wurden Napoleons Klagen über die Juden und ihren schrecklichen Wucher in einer Sitzung des Staatsrats erörtert. Joseph Pelet de Lozère, eines der Ratsmitglieder, das an den Sitzungen teilnahm, veröffentlichte 1833 in Paris *Opinions de Napoléon sur divers sujets de politique et d'administration recueillies par un membre de son Conseil d'Etat* (*Meinungen Napoleons zu verschiedenen Themen der Politik und Verwaltung, gesammelt von einem Mitglied seines Staatsrats*). Dieses Werk ist von großem Interesse und kann im Internet vollständig gelesen werden. Es enthält die Aufzeichnungen von Pelet de la Lozère. Kapitel XX mit dem Titel „Sur les Juifs" (Über die Juden) enthält die Aufzeichnungen der Sitzung vom 30. April 1806. Hier ist das Zitat von Bonaparte zu finden:

„Die französische Regierung kann nicht gleichgültig gegenüber der Tatsache sein, dass eine entwürdigte, degradierte Nation, die zu allen Gemeinheiten fähig ist, den alleinigen Besitz der beiden schönen Departemente des ehemaligen Elsass hat; die Juden müssen als eine Nation und nicht als eine Sekte betrachtet werden. Sie sind eine Nation innerhalb der Nation. Ich möchte ihnen, wenigstens für eine gewisse Zeit, das Recht nehmen, Hypotheken zu nehmen, denn es ist zu demütigend für die französische Nation, sich der Gnade der erbärmlichsten Nation ausgeliefert zu sehen. Ganze Dörfer sind von den Juden enteignet worden; sie haben den Feudalismus ersetzt, sie sind wahre Krähenschwärme. Man hat gesehen, dass sie nach den Kämpfen in Ulm aus Straßburg gekommen sind, um den Räubern abzukaufen, was sie gestohlen hatten..... Es wäre gefährlich, die Schlüssel von Frankreich, Straßburg und dem Elsass in die Hände einer Bevölkerung von Spionen fallen zu lassen, die sich dem Land nicht verbunden fühlen."

Die Judenfrage war für den Kaiser so wichtig, dass er noch im selben Jahr einen neuen Weg fand, sie zu lösen. Er verlangte von den Juden eine öffentliche Entscheidung zwischen einer eigenen Nation oder der Integration in die Nation, in der sie lebten. Er rief einhundertzwölf Vertreter des Judentums aus Frankreich, Deutschland und Italien zusammen, um eine Reihe von Fragen zu beantworten. Die von den jüdischen Gemeinden ausgewählten Delegierten trafen in Paris ein, um das Dilemma zu lösen. Napoleon wollte einfach wissen, ob sie Teil der von ihm regierten Nation waren oder ob sie sich als Teil einer Nation betrachteten, die über allen Nationen stand. Die Frage war wie ein Pfeil, der auf die Grundsätze der Thora und des Talmuds abzielte, auf denen die Mauer zwischen den Juden und den anderen Menschen, den Nichtjuden, errichtet worden war. Die grundlegenden Fragen waren: Erlaubte das jüdische Recht Mischehen, betrachteten die Juden die Franzosen als Fremde oder als Brüder, betrachteten sie Frankreich als ihr Heimatland, unterschied ihr Recht zwischen jüdischen Schuldnern und christlichen Schuldnern, und machte es Unterschiede zwischen jüdischen Schuldnern und christlichen Schuldnern? Napoleon verlangte die Einberufung des Großen Sanhedrins, damit der Kompromiss, falls er zustande käme, größtmögliche Rechtskraft erlangen würde.

Aus ganz Europa kamen die traditionellen einundsiebzig Mitglieder des Sanhedrin, sechsundvierzig Rabbiner und einundzwanzig Laien, im Februar 1807 nach Paris. Es war ein historischer Moment, denn sie erklärten, dass es keine jüdische Nation mehr gebe, dass die Gesetze des Talmuds nicht mehr gälten, dass sie nicht in geschlossenen Gemeinschaften leben wollten und dass sie im Grunde genommen Franzosen seien und sonst nichts. Es war eine kurzlebige Illusion, denn die Juden, die vor Napoleon kamen, repräsentierten nicht die große Masse der osteuropäischen chasarischen Juden, der aschkenasischen Juden Russlands und Polens, die schließlich die Antwort eines Sanhedrins zunichte machen würden, der sie zu diesem historischen Zeitpunkt nicht repräsentierte. Nicht umsonst waren die Rothschilds Talmudisten aschkenasischer Abstammung und hatten die unangefochtene Führungsrolle inne.

Im Jahr 1809 versuchte ein junger Deutscher namens Friedrich Stapps, laut Bonaparte selbst ein Agent der Illuminaten, ein Attentat auf den Kaiser in

Wien zu verüben. Nach einem Gespräch mit dem jungen Mann erklärte Napoleon: „Das sind die Auswirkungen der deutschen Illuminaten. Die neue Generation wird gelehrt, dass Mord eine Tugend ist. Ich glaube jedoch, dass mehr dahintersteckt, als man auf den ersten Blick sieht". Stapps wurde am 17. Oktober durch ein Erschießungskommando hingerichtet. Im Jahr 1810 ließ sich der Kaiser von Josephine scheiden und heiratete die Erzherzogin Marie-Louise. Dies war der Zeitpunkt, an dem der Riss zwischen Bonaparte und den Rothschilds begann. Von da an begannen diejenigen, die seine Mentoren gewesen waren, ein Bündnis gegen ihn zu finanzieren und arbeiteten unablässig daran, ihn dem Papst zu entfremden. So kam es, dass Napoleon die Juden öffentlich anprangerte. Hier sind drei seiner Ansichten: „Man kann den Charakter der Juden nicht durch Argumente verbessern. Für sie müssen eigene Gesetze geschaffen werden". „Alle ihre Talente sind auf Raubzüge konzentriert. „Sie haben ein Glaubensbekenntnis, das ihre Diebstähle und Untaten segnet.

Als Napoleon seine militärische Invasion in Russland begann, arbeiteten die Rothschilds bereits daran, ihn zu besiegen. William Guy Carr, Autor von *Pawns in the Game*, erklärt, wie Napoleon im Russlandfeldzug sabotiert wurde. Guy Carr, Geheimdienstoffizier in der Königlichen Kanadischen Marine, war mit den Abläufen auf diesen Ebenen bestens vertraut. Dem Autor zufolge war die geheime Strategie, mit der Napoleon besiegt und seine Abdankung erzwungen werden sollte, sehr einfach. Agenten wurden an Schlüsselpositionen in den Versorgungs-, Kommunikations-, Transport- und Geheimdienstabteilungen der französischen Armee eingesetzt. Auf diese Weise wurden Nachschublieferungen sabotiert, Befehle abgefangen, widersprüchliche Nachrichten gesendet, Transporte umgeleitet oder gingen verloren. Der Russlandfeldzug war von solchen Problemen geplagt.

Die Rothschilds bereicherten sich nicht nur an der Niederlage Napoleons bei Waterloo, sondern taten auch alles in ihrer Macht Stehende, um sie herbeizuführen. Sowohl Graf Cherep-Spiridovitch in *The Secret World Government or „The Hidden Hand"* als auch John Coleman in dem bereits erwähnten Werk enthüllen, dass Napoleon von Soult verraten wurde, der Jude war und Befehle von den Rothschilds entgegennahm. Obwohl Napoleon ihn zum Marschall befördert hatte", schreibt Cherep-Spiridovitch, „ihn zum Herzog von Dalmatien machte und ihn mit dem Einkommen eines Millionärs belohnte, zögerte dieser Jude nicht, seinen großzügigen Kaiser zu verraten. Bei Waterloo sollte Soult Genappe einnehmen und halten, eine wichtige Stadt, um die Flanke der kaiserlichen Armee zu schützen. Napoleon beschwerte sich bitterlich über Soult: „Soult, mein Stellvertreter bei Waterloo, hat mir nicht so geholfen, wie er es hätte tun sollen.... Sein Stab war trotz meiner Befehle nicht organisiert. Soult verlor zu leicht den Mut.... Soult war mir nicht von Nutzen, weshalb er während der Schlacht bei Genappe nicht für Ordnung sorgte". Interessanterweise ist Genappe das Dorf, in dem sich John Roothworth, Nathan Rothschilds Agent, aufhielt, wie bereits erwähnt. John Coleman fügt hinzu, dass auch das Verhalten von Marschall Grouchy unverständlich ist, der mit Verstärkung eintreffen sollte, aber vierundzwanzig Stunden zu spät kam, obwohl er das Kanonenfeuer hörte und wusste, dass die Schlacht begonnen hatte. Grouchy wurde 1846 von Georges

Dairnvaell öffentlich beschuldigt, von den Rothschilds bestochen worden zu sein. In *The Rothschild Dynasty* schreibt Coleman über Soult und Waterloo folgendes:

> ... Das ist die Macht der Rothschilds und die Verfälschung der Geschichte. Wäre der gegen ihn begangene Verrat nicht gewesen, hätte Napoleon Blücher und Wellington gründlich besiegt. Soult diente seinen Herren gut; sie gaben ihm einige der höchsten Ämter in Frankreich. Dass er Bismarcks Vater war, wurde zwar vermutet, aber nie bewiesen. Bismarcks Mutter war eine Zeit lang Soults Geliebte, wie Bismarck selbst bestätigte: „Ich war nicht wegen meines Talents oder meiner Fähigkeiten groß, sondern jeder half mir, weil meine Mutter Soults Geliebte war."

Über Soult, der in einem anderen Kapitel wieder auftauchen wird, könnte man viel schreiben. Es sei daran erinnert, dass dieser nach Macht und Reichtum strebende Jude in Spanien ohne Skrupel raubte und plünderte, so viel er konnte. Nachdem er in ganz Europa, insbesondere in Deutschland, Österreich und Italien, gestohlen hatte, handelte er in Sevilla wie ein echter Vizekönig und bereitete den Raub der besten Gemälde von Murillo und den großen sevillanischen Meistern vor, von denen viele seine Sammlungen im Schloss Soultberg bereicherten. Unterstützt wurde Soult von einem Spanier, Alejandro Mª Aguado, einem Potentaten aus Sevilla, der Oberst in seinem Generalstab war und später ein reicher Pariser Bankier wurde. Jahre später verkaufte Aguado eine der schönsten Sammlungen spanischer Gemälde. Während seines Aufenthalts in Sevilla sammelte der Marschall so viele Gemälde an, dass er bis zu zehn Sendungen an seine Frau schicken konnte. Ständig trafen Transporte mit wertvollen Gegenständen bei ihm ein, mit denen dieser Dieb und Verräter die Soultberg- und Villeneuve-Villa, seine Paläste in Paris, füllen konnte. In den politischen Karikaturen, die im Laufe seines Lebens kursierten, wurde er oft umgeben von Gemälden und Kunstgegenständen dargestellt. In einer Karikatur von 1834, „Les honneurs du Pantheon", sieht man ihn zusammen mit anderen Würdenträgern mit dem Nacken in einem Gemälde mit Murillos Signatur hängen.

Mehr als dreißig Jahre lang hat der Napoleonforscher Ben Weider versucht, die Welt wissen zu lassen, dass Bonaparte 1821 auf St. Helena zu Tode vergiftet worden war. Am 2. Juni 2005 schließlich bestätigte Dr. Pascal Kintz, Präsident der Internationalen Vereinigung Forensischer Toxikologen, auf einer Pressekonferenz in Illkirch-Graffenstandem Weiders These und wies nach, dass das Arsen im Kern von Napoleons Haaren gefunden wurde, was auf eine Vergiftung über den Verdauungstrakt hinweist und nicht auf eine externe Kontamination, wie die Zeitschrift *Science & Vie* aus mysteriösen Gründen behauptete. Dr. Kintz enthüllte die Art des verwendeten Giftes: mineralisches Arsen, gemeinhin als Rattengift bekannt.

Die Rothschilds regieren in Europa

Bis zu seinem Tod im Jahr 1836 leitete Nathan den Clan von London aus, wo er nach dem Staatsstreich von Waterloo weiterhin auf die unschätzbare Hilfe von Herris zählen konnte, dank derer seine Nähe zum Finanzminister Nicholas Vansittart wuchs. Unter Bezugnahme auf diese Freundschaft mit Vansittart schrieb Salomon an James: „Nathans Beziehung zu diesem Herrn des Schatzamtes ist wie die von Brüdern.... Unser Neuer Hof macht auf mich den Eindruck, als sei er eine Freimaurerloge. Wer eintritt, wird ein Bono-Maurer". Doch während Nathan Rothschild in der Stadt regierte, flankiert von den Mocattas und Goldsmid, sollten seine vier Brüder bald ihre jeweilige Herrschaft auf dem Kontinent in den verschiedenen europäischen Hauptstädten antreten, von denen aus sie operierten. Professor Werner Sombart schreibt in seinem Buch „Die Juden und der moderne Kapitalismus": „Die Zeit ab 1820 wird zur Ära der Rothschilds, so dass in der Mitte des Jahrhunderts allgemein anerkannt wurde, dass es in Europa nur eine Macht gab, und das waren die Rothschilds".

Sechsundzwanzig Jahre lang, von 1789 bis 1815, war Europa in einer Spirale der Gewalt gefangen. Auf die blutige Revolution in Frankreich folgte eine Reihe von Kriegen, die die Völker des alten Kontinents von Portugal bis Russland erschöpften. So wie sich die Rothschilds durch die von ihnen finanzierten Kriege enorm bereichert hatten, so sollten sie auch von den wirtschaftlichen Folgen des Friedens profitieren. Disraeli würde später in seinem Roman *Coningsby* erklären: „Nach der Erschöpfung eines fünfundzwanzigjährigen Krieges brauchte Europa Kapital, um den Frieden zu schaffen.... Frankreich wollte etwas, Österreich mehr, Preußen ein wenig, Russland ein paar Millionen". Obwohl ihre Konkurrenten zunächst versuchten, sie zurückzuhalten, übernahmen die Rothschilds schließlich alle großen Unternehmen, einschließlich der Eisenbahnen: Der Bau von Eisenbahnen in ganz Europa wurde bald zu einem der besten Geschäfte, und sie monopolisierten es.

Sie hatten eine Reihe von deutschen Begriffen für ihre Konkurrenten, wie „Schurken", „Bösewichte" und „Spitzbuben". Schon vor Waterloo hatten sie viel darüber geredet, wie sie ihren „bösen" Konkurrenten das Handwerk legen könnten, und das taten sie ab 1818 mit den Barings, Labouchère und anderen Bankiers, die sich ihnen widersetzen wollten. James Rothschild strebte danach, in Frankreich das Äquivalent seines Bruders Nathan in Großbritannien zu sein; aber die französische Regierung hatte 1817 mit der angesehenen französischen Bank von Ouvrard und den Gebrüdern Baring in London einen umfangreichen Kredit ausgehandelt. Im folgenden Jahr benötigte die französische Regierung einen weiteren Kredit. Da die 1817 ausgegebenen Anleihen auf dem Pariser Markt und in anderen europäischen Finanzzentren an Wert gewannen, schien es sicher, dass Frankreich weiterhin auf die Dienste derselben Banken angewiesen sein würde. Die Rothschilds setzten ihr umfangreiches Repertoire an Mitteln ein, um die französische Regierung zu beeinflussen, aber ohne Erfolg. Die Franzosen ignorierten jedoch die Gerissenheit und die Fähigkeit der jüdischen Bankiers, mit Geld zu spekulieren und es zu manipulieren, oder setzten sich darüber hinweg. Am 5. November 1818 geschah etwas Unerwartetes: Nach einem Jahr stetiger Aufwertung begann der Wert der französischen Anleihen zu fallen. Von Tag zu Tag wurde der Wertverlust deutlicher. Bald begannen auch andere Staatspapiere an Wert zu verlieren. Am Hof von Ludwig XVIII. wuchs die Spannung. Langsam wurde den Beobachtern klar, dass die Rothschilds etwas damit zu tun hatten. Wieder einmal hatten sie durch heimliche Manipulationen am Aktienmarkt eine Panik ausgelöst. Im Laufe des Oktobers 1818 hatten ihre Agenten mit Hilfe ihrer unbegrenzten Reserven riesige Mengen französischer Staatsanleihen aufgekauft, die von ihren Konkurrenten ausgegeben worden waren, was deren Wert in die Höhe trieb. Am 5. November begannen sie dann, die Märkte mit großen Mengen französischer Schuldverschreibungen zu überschwemmen (Dumping). Auf diese Weise destabilisierten sie alle europäischen Börsen und lösten eine Panik aus. Bald wurden sie vor Ludwig XVIII. gestellt. Auf diese Weise geriet auch Frankreich allmählich unter die Kontrolle der Rothschilds, die Ende 1822 auch die Bankiers der Heiligen Allianz geworden waren: „Die Hohe Schatzkammer der Heiligen Allianz".

Salomon Rothschilds Beziehung zu Metternich, dem Mann, der die österreichische Politik von 1809 bis 1848 bestimmte, verdient besondere Erwähnung. Er war nicht nur sein Bankier, sondern sie verstanden sich auch emotional und intellektuell. Obwohl er aus einer aristokratischen Familie stammte, hatte Fürst Klemens Wenzel Nepomuck Lothar von Metternick kein Geld. Während der Friedensverhandlungen in Paris 1815 ergab sich die Möglichkeit eines ersten Kredits bei den Rothschilds, nämlich bei Carl und Amschel in Frankfurt. Metternich hatte sich als nützlicher Verbündeter der Rothschilds erwiesen: Er versorgte sie in Paris mit politischen Informationen, verhalf ihnen zu Finanzgeschäften in Österreich und sympathisierte mit ihrer Kampagne für die Emanzipation der Juden in Frankfurt. Im Oktober 1821 traf er sich in Begleitung seiner Geliebten, der Prinzessin Dorothy von Lieven, mit Amschel in Frankfurt, um die jüdische Gemeinde der Stadt zu unterstützen. Weniger als ein Jahr später erhielt er ein zweites Darlehen, das sechs Tage vor der Verleihung des Freiherrentitels an die Brüder durch den österreichischen Kaiser Franz I. vereinbart wurde und die Freundschaft zwischen den Brüdern besiegelte. Diese Anleihe besiegelte die Freundschaft zwischen den Rothschilds und Metternich. Im Jahr 1823 versorgte Salomon ihn in Verona mit Liquidität, um seine beträchtlichen persönlichen Ausgaben zu decken. Zwei Jahre später lud James ihn zu einem großzügigen Abendessen in Paris ein. Um diese Zeit begann Metternich, den Rothschild-Postdienst für wichtige Korrespondenz zu nutzen. Von da an tauschten er und Salomon regelmäßig Informationen aus: Metternich informierte ihn über die politischen Absichten Österreichs, und der Bankier versorgte ihn mit Nachrichten, die er von seinen Brüdern in Paris, London, Frankfurt und Neapel erhielt. Die Rothschilds benutzten oft das Wort „Onkel", um sich auf Metternich zu beziehen.

Eines der Opfer der Allianz zwischen Salomon und Metternich war der Bankier David Parish, dessen Wiener Bank „Fries & Co" geopfert wurde. Parish hatte 1820 als Partner Salomons anlässlich des Kredits für eine Lotterie organisiert, die weithin kritisiert und als „schändlicher jüdischer Wucher" bezeichnet wurde. Sechs Jahre später war es Parish selbst, der sich in heftigen Worten gegen die Rothschilds wandte, die ihn und seine Bank aus dem Verkehr gezogen hatten. Bevor er Selbstmord beging, indem er sich in die Donau stürzte, schrieb er vier Briefe: an seinen Bruder John, an den Bankier Geymüller, an Metternich und an Salomon selbst, in denen er die Rothschilds für seinen Untergang verantwortlich machte und versprach, sie öffentlich zu diskreditieren. Metternich", so Parish, „hat mich der Gier einer Familie geopfert, die trotz ihres Reichtums kein Herz hat und sich nur für die Geldkiste interessiert. Parish bedauerte, von Salomon auf die schändlichste Weise betrogen worden zu sein und „mit dem schwärzesten Undank für Dienste bezahlt worden zu sein". In seinem Brief an Metternich beklagte er sich: „Die Rothschilds haben es besser als ich verstanden, Sie in ihre Interessensphäre einzuschließen und sich Ihren besonderen Schutz zu sichern". In seinem Brief an Salomon erklärte er, dass die neue Allianz zwischen ihnen (den Rothschilds) und Metternich ihn ruiniert habe: „Unter dem Schutz des Fürsten Metternich ist es Ihnen gelungen, sich die ausschließliche Kontrolle über eine Vielzahl von Geschäften zu sichern, an denen ich rechtlich und moralisch beteiligt war....". Metternich war also der Schlüsselmann der Rothschilds in Österreich. Kürzlich wurde in Moskau eine Silberschatulle gefunden, die Dokumente enthält, die beweisen, dass Salomon die Bankkonten und die Finanzkorrespondenz Metternichs verwaltete. Die Bedeutung dieser Beziehung beeinflusste eindeutig die österreichische Außenpolitik. Im nächsten Kapitel werden wir sehen, wie Salomon seine enge Beziehung zu dem Fürsten zum Tragen brachte.

Rothschild-Schmeichler waren an der Tagesordnung. Dem Wirtschaftswissenschaftler Friedrich List zufolge waren sie „der Stolz Israels,, vor dem sich Könige und Kaiser demütig verneigten". Das *Niles Weekly Register*, die auflagenstärkste Zeitschrift Amerikas, nannte die Rothschilds 1835 die Ehrfurcht vor dem modernen Bankwesen und erklärte rundheraus, dass sie die christliche Welt beherrschten, da sich keine Regierung ohne ihren Rat bewege. Sie strecken ihre Hand mit gleicher Leichtigkeit aus", sagte er, „von St. Petersburg nach Wien, von Wien nach Paris, von Paris nach London, von London nach Washington. Baron Rothschild, das Oberhaupt des Hauses, ist der wahre König von Judäa, der Fürst der Gefangenschaft, der Messias, der von diesem außergewöhnlichen Volk so lange erwartet wurde. Er hält die Schlüssel zu Frieden und Krieg, zu Segen und Fluch.... Sie sind die Agenten und Berater der Könige Europas und der republikanischen Führer Amerikas. Was können sie sich mehr wünschen?"

Es würde den Rahmen dieses Kapitels sprengen, auf die Art und Weise einzugehen, in der die verschiedenen europäischen Völker durch Schulden versklavt wurden. Die Rothschilds knüpften mit einer Reihe von Schlüsselfiguren der europäischen Politikszene ein Netz von unethischen und finanziell motivierten privaten Beziehungen. So sehr, dass sie bald im Zentrum eines Netzes von Korruption in der Öffentlichkeit standen. Ihr Image , das auch durch zahlreiche Fälle von Bestechung und Erpressung belastet war, verschlechterte sich in den Augen der breiten Öffentlichkeit. In weiten Teilen der Presse, die im ersten Drittel des Jahrhunderts noch nicht vollständig kontrolliert wurde, wuchsen Witze und Karikaturen der Denunziation. Aber was wirklich zählte, war, dass die Rothschilds schon vor 1830 zu einem Koloss geworden waren, dessen Ressourcen, so ihr Biograph Niall Ferguson, so groß geworden waren, dass sie zehnmal größer waren als die ihres nächsten Konkurrenten.

Talmudistische Juden

Im ersten Kapitel dieses Buches wurde bereits die Bedeutung des *Talmuds* für das Judentum erläutert, die noch größer ist als die der *Thora*, und es wurde auf den Hass eingegangen, den seine Texte auf das Christentum ausüben. Es ist daher notwendig, jetzt über die Auswirkungen der Tatsache nachzudenken, dass die mächtigsten Bankiers der Welt Talmudisten sind (nicht nur die Rothschilds sind Talmudisten). Mayer Amschel Rothschild war Rabbiner und wurde nach den Grundsätzen des *Talmuds* erzogen, wonach nur Juden das Recht haben, andere Völker zu beherrschen, da Nicht-Juden dazu geschaffen sind, den Juden zu dienen. Der *Talmud* lehrt, dass es erlaubt ist, Nichtjuden auszuplündern und ihnen gegenüber Heuchelei zu betreiben. Die Folgen der Befolgung dieser Lehren, nicht nur im Bankgeschäft, sondern in allen Bereichen der zwischenmenschlichen Beziehungen, sind offensichtlich katastrophal. August Rohling, Professor an der Universität Prag im späten 19. Jahrhundert und Übersetzer des *Talmuds*, erklärt, dass die Juden in Erwartung der Ankunft des Messias in einem ständigen Kriegszustand mit anderen Völkern leben. Wenn der Sieg kommt, werden alle Völker die jüdische Religion annehmen; den Christen wird dieses Privileg jedoch nicht zuteil, sondern sie werden ausgerottet, da sie dem Teufel angehören. Vor diesem Hintergrund ist es denkbar, dass die Ursprünge des großen Plans der Neuen Weltordnung aus dem *Talmud* stammen und dass die ersehnte Weltregierung nichts anderes ist als die Verwirklichung dessen, was als „jüdische Utopie" bezeichnet wird.

Die jüdische Utopie ist der Titel eines 135-seitigen Buches, das 1932 von dem Zionisten Michael Higger veröffentlicht wurde. Er widmete es der Hebräischen Universität Jerusalem, die laut Higger „das Symbol der jüdischen Utopie" darstellt. Der Text kann als PDF-Datei abgerufen werden. Er gibt einen Überblick über den gesamten Plan der Zionisten zur Weltherrschaft. Robert H. Williams, ein amerikanischer nationalistischer Schriftsteller, der im Zweiten Weltkrieg einen Spionageabwehrdienst für die American Air Force (AAF) organisierte, studierte das Buch und paraphrasierte es in seinem 1957 erschienenen *Werk The Ultimate World Order as pictured in „The Jewish Utopia"*, das auch auf Englisch im Internet verfügbar ist. Williams beschreibt das Buch als das Kompendium von Prophezeiungen, philosophischen Lehren, Plänen und Interpretationen des *Talmuds*, die dem zugrunde liegen, was er „Die letzte Weltordnung" nennt. Higger zitiert die Worte des *Talmuds*, wonach die „Gerechten" die Juden und diejenigen sein werden, die sich mit ihnen verbünden, um ihnen zu dienen, während die „Bösen" diejenigen sein werden, die von den Juden als Gegner ihrer Interessen wahrgenommen werden. Higger weist darauf hin, dass in der jüdischen Utopie „alle Schätze und natürlichen

Ressourcen der Welt in Erfüllung der Prophezeiung Jesajas im Besitz der Gerechten sein werden". Die Anhäufung des gesamten Reichtums der Menschheit ist somit ein integraler Bestandteil der alten jüdischen Agenda zur Errichtung einer Neuen Weltordnung. Einige Autoren behaupten, dass die Rothschilds heute die Hälfte des Reichtums des Planeten besitzen würden.

Mayer Amschel Rothschild erzog daher seine fünf Kinder nach den Grundsätzen des *Talmuds*. Schon zu Zeiten von Moses Amschel Bauer wurden in der Familie Gebete und andere religiöse Rituale eingehalten. Die Religiosität der Rothschilds wurde von Moritz Daniel Oppenheim verewigt. Dieser Maler, von dem auch die oben beschriebenen Gemälde von der Übergabe und Rückgabe des Schatzes des Kurfürsten von Hessen-Kassel stammen, ist auch der Autor eines etwas verstörenden Werks mit dem Titel *Die Familie Rothschild beim Gebet*. Niall Ferguson reproduziert das Gemälde in *The House of Rothschild. Die Propheten des Geldes*. Dargestellt sind zwölf Personen, die bis zum Kopf in die traditionellen weißen Gewänder der Leviten gehüllt sind, die ihren ganzen Körper bedecken. Die geisterhafte Atmosphäre verleiht dem Gemälde eine rätselhafte Aura. Elf von ihnen sitzen um einen Tisch, auf dem sechs Kerzen mit einer Kerze brennen. Fast alle halten Bücher in der Hand und lesen. Die zwölfte Person, die von Kopf bis Fuß in den für den Stamm charakteristischen großen weißen Mantel gehüllt ist, steht mit dem Rücken zur Tür, die in einen anderen Raum führt, in dem ebenfalls Kerzen brennen. Auf seinem Sterbebett las Mayer Amschel seinen Söhnen aus dem *Talmud* vor und erlegte ihnen eine Reihe von Verpflichtungen auf. Es ist also ganz klar, dass die Rothschilds nicht nur geschäftlich, sondern auch religiös talmudisch eingestellt waren. Es ist überliefert, dass der allmächtige Nathan Rothschild im Jahr 1820 Mitglied einer Tora- und *Talmud-Gesellschaft* in London war, die er finanziell unterstützte.

Die Rothschilds in der Literatur. Ihre Schriftsteller: Heine und Disraeli

Bücher und Zeitungen waren im 19. Jahrhundert das Mittel zur Verbreitung von Ideen. Wie wir gesehen haben, bestand eine der Prioritäten der Illuminaten darin, auszuwählen und zu kontrollieren, was gelesen werden sollte und was nicht. Mit Hilfe der von der Deutschen Union gegründeten Lesegesellschaften versuchten sie, diejenigen Schriftsteller zu begünstigen, die ihnen wohlgesonnen waren, und diejenigen zu ruinieren, die sich ihnen widersetzten. Im ersten Drittel des Jahrhunderts steckte das Projekt noch in den Kinderschuhen, und die Dinge waren noch nicht ganz ausgereift, denn nicht konnte alle Kritik zum Schweigen bringen. Ferguson, der die Rothschilds als die Medicis des 19. Jahrhunderts bezeichnet, führt unter ihren Schützlingen mehrere Schriftsteller und auch die Musiker Chopin und Rossini an. Die Rothschilds hatten also Schriftsteller, die sklavisch für ihre „Beschützer" arbeiteten. Metternichs Sekretär Friedrich von Gentz gehörte zu den ersten, die über die Bankiers in schmeichelnden Worten schrieben. Gentz schickte sogar Anweisungen an Zeitungen wie die *Allgemaine Zeitung, in denen er anordnete*, die Rothschilds nicht zu kritisieren.

Einige Schriftsteller prangerten sie jedoch an. Einer der ersten, der es wagte, sie in Form von Romanen zu kritisieren, war Honoré de Balzac, der uns neben seinen literarischen Werken den folgenden Satz hinterlassen hat: „Es gibt zwei Geschichten: die offizielle, betrügerische, die ad usum delphini gelehrt wird, und die wahre, geheime, in der die wahren Ursachen der Ereignisse zu finden sind: eine schändliche Geschichte". In seinem Roman *Das Haus Nucingen* (1837) porträtiert er einen schurkischen deutschen Bankier, der sein Vermögen durch eine Reihe von betrügerischen Konkursen und dadurch gemacht hat, dass er seine Gläubiger zwang, entwertete Papiere als Bezahlung zu akzeptieren. Die Ähnlichkeiten zwischen Nucingen und James Rothschild sind zu offensichtlich, um zufällig zu sein. In einem anderen Werk, *Die Pracht und das Elend der Kurtisanen* (1838-47), kommt Balzac zu dem Schluss, dass jeder zu schnell angehäufte Reichtum das Ergebnis eines legalen Diebstahls ist. Schärfer war die Kritik von Georges Dairnvaell, der in seinem Pamphlet *The Edifying and Curious History of Rothschild I, King of the Jews* (1846) darauf bestand, dass Nathan,, mit der Nachricht von Napoleons Niederlage bei Waterloo eine riesige Summe Geld durch Spekulationen an der Londoner Börse verdient hatte, und ihn außerdem beschuldigte, den französischen General Grouchy bestochen zu haben, um Wellingtons Sieg zu sichern. Ein anderer Schriftsteller und Journalist, Alphonse Toussenel, Autor von *The Jews, Kings of the Age: A History of Financial Feudalism* (1846), prangerte in diesem Werk an, dass Frankreich an die Juden verkauft worden sei und dass die Eisenbahnlinien von Baron Rothschild, dem König von Frankreich, kontrolliert würden. Toussenel vertrat die Ansicht, dass das französische Eisenbahnnetz nicht in den Händen von Spekulationskapitalisten liegen dürfe.

Der jüdische Schriftsteller Ludwig Börne, der wie die Rothschilds in Frankfurt geboren wurde, warf seinen Bankiersfreunden vor, die schlimmsten Feinde der Nationen zu sein, weil sie ihr Geld Autokraten geliehen hätten, die den Liberalismus ablehnten. Die Scheinheiligkeit von Börnes Kritik wurde deutlich, als dieser Verfechter des Liberalismus später pathetisch fragte: „Wäre es nicht ein großer Segen für die Welt, wenn alle Könige abgesetzt würden und die Rothschilds auf ihren Thronen sitzen würden? Der heuchlerische Börne muss gewusst haben, dass es den Rothschilds bei der Kreditvergabe nur um ein Geschäft ging, auch wenn sie dabei nie die Priorität der weltrevolutionären Bewegung vergaßen, die sie über die Illuminaten in Gang gesetzt hatten. Wie immer finanzierten sie beide Seiten, die Monarchien und den Liberalismus, dessen politische Ideologie es ihnen ermöglichen würde, die Revolutionen in Europa auszulösen, gleichzeitig.

Das war Lord Byron klar, der bereits 1823 im zwölften Gesang seines *Don Juan* fragte: „Wer hält die Waage der Welt? Wer herrscht im Parlament über Royalisten oder Liberale? Wer erhebt die hemdsärmeligen Patrioten in Spanien? Wer verursacht in der alten und neuen Welt Schmerz oder Vergnügen? Wer macht aus allen Politikern Scharlatane?". Die Antwort lautete: „Der Jude Rothschild und sein christlicher Kollege Baring". Byron scheint nicht gewusst zu haben, dass die Gebrüder Baring ebenfalls jüdischer Herkunft waren; wichtig an diesen Zeilen ist jedoch, dass Byron klar erkannte, dass Rothschild sowohl

Royalisten als auch Liberale beeinflusste, und dass er die Revolution in Spanien und den Aufstand in seinen lateinamerikanischen Republiken unterstützte. Ein anderer Schriftsteller, William Tackeray, verstand ebenfalls sehr gut, was vor sich ging, und war der Meinung, dass „N. M. Rothschild spielte mit den neuen Königen, wie kleine Mädchen mit ihren Puppen spielen".

Zwei jüdische Namen ragen unter den Rothschilds heraus: Heinrich Heine (1797-1856), der berühmte deutsche Dichter der Romantik, der nach Ansicht von Kritikern einen entscheidenden Einfluss auf unseren G. A. Bécquer hatte, und Benjamin Disraeli (1808-1881), der zwei Amtszeiten als Premierminister von Großbritannien diente, eine Position, in der er eine unterwürfige und entschiedene Politik im Interesse der jüdischen Bankiers verfolgte. Beide verdienen eine gesonderte Betrachtung.

Wenden wir uns dem ersten zu. Heinrich Heine war ein enger Freund von Karl Marx und James Rothschild. Marx sagte über ihn, er sei „der härteste der deutschen Exilanten, der unnachgiebigste und der intelligenteste". Sowohl Heine als auch Börne wurden von Moritz Daniel Oppenheim, dem Maler der Familie Rothschild, porträtiert. Heines Kontakt zu den Rothschilds geht auf seinen lebenslangen Förderer, den wohlhabenden Bankier Salomon Heine, bekannt als der Rothschild von Hamburg, zurück, mit dem er bereits 1816 in Hamburg zusammenarbeitete. Es ist bekannt, dass Heine und sein Vater um diese Zeit die Freimaurerloge *Zur aufgehenden Morgenröte* in Frankfurt besuchten. 1822 lernte er in Polen den Chassidismus kennen, eine Bewegung fundamentalistischer talmudistischer Juden, und war von ihr fasziniert. Heine, der den Karbonarii angehörte, kam am 19. März 1831 im Exil in Paris an und begann eine persönliche Beziehung zu James, dem jüngsten der fünf Rothschild-Brüder, mit dem er nachts Arm in Arm durch die Straßen der Stadt zu schlendern pflegte.

Sehr wichtig und bedeutsam sind Heines Hinweise auf die Rothschilds und den Kommunismus. Die Tiefe seiner Äußerungen lässt darauf schließen, dass er sehr wohl wusste, wovon er sprach. Im März 1841 erklärte er: „Die Rothschilds haben die alte Aristokratie abgelöst und vertreten eine neue materialistische Religion. Das Geld ist der Gott unserer Zeit und Rothschild ist sein Prophet". Über die Führung revolutionärer Bewegungen schrieb er einige sehr erhellende Worte: „Niemand tut mehr für den Fortschritt der Revolution als die Rothschilds selbst... und, obwohl es noch seltsamer erscheinen mag, die Rothschilds, die Bankiers der Könige, diese großartigen Geldverwalter, deren Existenz als gefährdet angesehen werden sollte, wenn das gegenwärtige System der europäischen Staaten zusammenbrechen sollte, haben vor allem das Bewusstsein ihrer revolutionären Mission in ihrem Kopf.

Am beunruhigendsten aber sind seine Vorhersagen über den Kommunismus. Es braucht nicht viel Einsicht, um zu verstehen, dass seine Freundschaft mit Marx und den Rothschilds ihn mit all den Informationen versorgte, die er sechs Jahre vor dem Erscheinen *des Kommunistischen Manifests* in dem Drama *Programm* enthüllte, das normalerweise nicht in Bibliographien aufgeführt wird, das aber im Juli 1842 in einer Hamburger

Zeitschrift mit dem Titel *Französiche Zustände* und zwölf Jahre später in dem Buch *Lutezia* veröffentlicht wurde. Das Zitat ist langatmig, aber lohnenswert:

> „Der Kommunismus, der noch nicht erschienen ist, aber mächtig erscheinen wird und furchtlos und uneigennützig wie das Denken sein wird, wird mit der Diktatur des Proletariats identifiziert werden. Es wird ein furchtbares Duell sein. Wie wird es enden? Das wissen nur die Götter und Göttinnen, deren Zukunft bekannt ist. Nur dies wissen wir: Der Kommunismus, auch wenn heute wenig über ihn gesprochen wird und er auf Strohmatratzen in unbekannten Dachböden liegt, ist der dunkle Held, der in der modernen Tragödie eine große, aber vorübergehende Rolle spielt und nur auf den Befehl wartet, die Szene zu betreten. Deshalb werden wir diesen Schauspieler nie aus den Augen verlieren, und deshalb werden wir auch nie die geheimen Proben aus den Augen verlieren, mit denen er sich auf sein Bühnendebüt vorbereitet. Das ist vielleicht wichtiger als all die Informationen über Wahlkampfthemen, Parteienstreitigkeiten und Kabinettsintrigen.
>
> ... Der Krieg zwischen Frankreich und Deutschland wird nur der erste Akt des großen Dramas sein, nämlich der Prolog. Der zweite Akt ist die europäische, die universale Revolution, das große Duell der Besitzlosen mit der Aristokratie des Eigentums; und dann wird keine Rede mehr von Nation oder Religion sein, es wird nur noch ein Vaterland geben, nämlich die Erde, und nur noch einen Glauben, nämlich das Glück auf Erden. Werden sich die religiösen Doktrinen der Vergangenheit in allen Ländern in verzweifeltem Widerstand erheben, und wird dieser Versuch vielleicht der dritte Akt sein? Wird die alte absolute Tradition wieder auf den Plan treten, aber mit neuen Uniformen, neuen Slogans und neuen Passwörtern? Wie wird dieses Drama enden? Vielleicht wird es nur einen Hirten und eine Herde geben; einen freien Hirten mit einem eisernen Stab und eine geschorene und blökende menschliche Herde in Uniform.
>
> Wilde, grausame Zeiten drohen uns. Und der Prophet, der diese neue Apokalypse schreiben will, wird ganz neue Bestien erfinden müssen, und zwar so schreckliche, dass die alten Symboltiere des Johannes sich im Vergleich zu ihnen als süße kleine Popcorns und Schätzchen entpuppen werden. Die Götter verbergen ihre Gesichter aus Mitleid mit den Menschen und vielleicht auch aus Angst vor ihrem eigenen Schicksal".

Der Text ist nicht zu übersehen. Heinrich Heine, ein vom chassidischen Talmudismus bewegter Jude, Neffe des Bankiers Salomon Heine, enger Freund von James und Nathan Rothschild, den er als „wie auf einem Thron sitzend und wie ein König mit Höflingen um sich redend" beschreibt, enger Freund von Karl Marx, den er in seinem Londoner Exil mit Nathan in Kontakt bringt, ist historisch der erste, der den Begriff „Diktatur des Proletariats" (Proletarienherrschaft) öffentlich verwendet. Seine Informationsquellen liegen auf der Hand, so dass man ihn nicht für einen Propheten halten sollte, sondern für jemanden, der wusste, was die „Götter" für die Menschheit vorbereiteten. Er sagte, das Geld sei der Gott unserer Zeit und Rothschild sein Prophet. Wir wissen also, wer die Götter für ihn waren. Bezeichnend ist auch seine Anspielung auf „die geheimen Prozesse" und die vorübergehende Rolle des Kommunismus, „der nur auf den Befehl wartet, die Szene zu betreten". Im Übrigen sollte alles so kommen, wie Heine es vorausgesagt hatte: zuerst der französisch-preußische Krieg, der in der Pariser „Kommune" endet, wo die Paläste von James

Rothschild von den Revolutionären selbst bewacht und vor Plünderungen bewahrt werden; dann die Revolutionen in Russland, Ungarn, Bayern, China und Spanien und eine Welt, in der die Hälfte der Menschheit einheitlich blöken wird. Eine neue Apokalypse, vor deren Folgen sich sogar die „Götter" fürchten.

Es besteht also kein Zweifel, und wir werden Gelegenheit haben, dies in einem späteren Kapitel nachzuweisen, dass Heines Verbindungen zu den wirklichen kommunistischen Führern so eng und intim waren, dass sie es ihm ermöglichten, von ihrem Plan zu erfahren. Die Gründe, die ihn dazu veranlassten, den Plan im Voraus zu enthüllen, sind vielleicht in der Eigenart seines Charakters zu suchen, einem Mann mit einem übermäßigen Verlangen nach Rampenlicht, das ihn zum Exhibitionismus trieb. Im Staatsarchiv in Wien befindet sich ein Bericht des österreichischen Geheimdienstes über die deutschen Revolutionäre in Paris vom 28. Oktober 1835. Graf Egon Caesar Corti zitiert in *Die Herrschaft des Hauses Rothschild* den Text, der sich auf Heine bezieht, der als „politisches Chamäleon und moralischer Feigling von Natur aus" gilt. Der Bericht fährt mit diesen bitteren Worten fort: „ein Lügner und ein Mann, der seinem besten Freund untreu wäre, wankelmütig wie ein Huhn, ist er völlig unbeständig; bösartig wie eine Schlange, hat er all die Schönheit und den Glanz dieses Wesens und all ihr Gift; ohne jeden edlen oder echten Instinkt, ist er unfähig zu aufrichtigen Gefühlen. Er ist so eitel, dass er gerne eine herausragende Rolle spielen würde, aber er hat seine Rolle schon gespielt, er nimmt sie nicht mehr ernst, aber sein Talent bleibt."

Der andere Fall eines überzeugten Rothschild-Schriftstellers und -Politikers war Disraeli, der 1837 *The Wondrous Tale of Alroy (Die wundersame Geschichte von Alroy)* veröffentlichte, eine Geschichte, deren Protagonist ein Chasar ist, der (wie in Anmerkung 2 des ersten Kapitels erläutert) versucht, Palästina im dreizehnten Jahrhundert zu erobern. Benjamin Disraeli (Lord Beaconsfiled), Sohn von Isaac Disraeli, war zweimal Premierminister Großbritanniens (1867-68 und 1874-80) und war ganz den Interessen der jüdischen Bankiers unterworfen, die ihn an die Spitze gebracht hatten. In *Coningsby* (1844), das in der *Jüdischen Enzyklopädie* als idealisiertes Porträt des Rothschild-Imperiums beschrieben wird, bestätigt Sidonia, eine Figur, die in dem Roman sowohl Nathan Rothschild als auch seinen Sohn Lionel repräsentiert, dass die Welt von Menschen regiert wird, die hinter den Kulissen verborgen sind und nicht in der Öffentlichkeit auftreten. So rühmt sich Sidonia, obwohl sie die Feindschaft ihrer Familie gegenüber den russischen Zaren zugibt, dass sie in St. Petersburg den russischen Finanzminister Graf Cancrin, den Sohn eines litauischen Juden, getroffen hat. Auf seiner Europareise zur Aushandlung von Krediten sind die Gesprächspartner immer Juden in Schlüsselpositionen: in Spanien ist sein Gesprächspartner Mendizabal, der Sohn eines Marranen aus Aragon[15]; in Paris wird er vom Präsidenten des Ministerrats empfangen, der

---

[15] Juan de Dios Álvarez Mendizábals Nachname war eigentlich Méndez, aber um seine Herkunft besser zu verbergen, gab er sich einen baskischen Nachnamen. Die Rothschilds lernten Mendizábal über Vicente Bertrand de Lys kennen, einen Madrider Bankier mit Verbindungen zu der mächtigen jüdischen Familie. Mendizábal arbeitete eng mit den Rothschilds zusammen und sicherte ihnen 1835 ein Darlehen von 2 Millionen Pfund für

ebenfalls Sohn eines Juden ist. Sidonia rühmt sich, dass es ihr gelungen ist, Graf Arnim, einen preußischen Juden, in das preußische Kabinett zu bringen. Auf die Frage, ob der bereits erwähnte Marschall Soult, der Napoleon verriet, Jude war, antwortet sie, dass er es war, ebenso wie andere französische Marschälle, von denen der berühmteste Massena ist, dessen richtiger Name Mannaseh ist. Sidonia erklärt, dass ihr Vater (Nathan) und seine Brüder dank Krediten an europäische Staaten zu Herren der Weltbörse wurden.

Im Jahr 1847 veröffentlichte Disraeli ein neues Werk, *Tancred or the New Crusade*. An einer Stelle des Romans fragt Eva Besso, eine von Charlotte Rothschild, Carls Tochter und Ehefrau von Lionel, Nathans erstgeborenem Sohn, inspirierte Figur,: „Wer ist der reichste Mann in Paris?", worauf Tancred antwortet: „Der Bruder des reichsten Mannes in London, glaube ich". Tancred weist dann darauf hin, dass sie beide derselben Ethnie und demselben Glauben angehören. Diese von Rothschild inspirierten Romanfiguren Disraelis dienen dazu, die finanzielle und politische Macht dieser Elite der talmudischen Juden perfekt zu erklären. Es handelt sich also um Elemente von unbestreitbarem historischem Wert.

Es ist rätselhaft, dass Disraeli, der seine gesamte politische Karriere zweifellos dem Einfluss der Rothschilds verdankte, davor gewarnt haben soll, dass von Juden kontrollierte Geheimgesellschaften hinter der Weltrevolution stünden. Im Jahr 1852, vier Jahre nach den revolutionären Ausbrüchen von 1848 und fünfzehn Jahre bevor er zum ersten Mal Premierminister wurde, äußerte er im Unterhaus diese Worte, die von Douglas Reed in *The Controversy of Zion* zitiert werden: „Der Einfluss der Juden lässt sich beim jüngsten Ausbruch des zerstörerischen Prinzips in Europa nachweisen. Es findet ein Aufstand gegen Tradition und Aristokratie, gegen Religion und Eigentum statt.... Die natürliche Gleichheit der Menschen und die Abschaffung des Eigentums werden von den Geheimgesellschaften verkündet, die provisorische Regierungen bilden, und an ihrer Spitze stehen Männer der jüdischen Ethnie". Und in seiner politischen Biographie *Life of Lord George Bentinck* fügte er hinzu: „Das Volk Gottes arbeitet mit den Atheisten zusammen, die geschicktesten Vermögensanhäufer verbünden sich mit den Kommunisten, die besondere auserwählte Ethnie berührt die Hände des Abschaums und der unteren Klassen Europas, und das alles, weil sie das undankbare Christentum zerstören wollen, das seinen Namen ihnen

---

Portugal. Über Nathan Rothschild spekulierte er mit Schuldverschreibungen und verdiente viel Geld. Im Juni 1835 wurde er zum Finanzminister ernannt, um den Grafen von Toreno zu ersetzen, mit dem sich Nathan Rothschild wegen der verworrenen Aushandlung eines Kredits zerstritten hatte, nachdem er die Rechte zur Ausbeutung der Quecksilberminen von Almadén erhalten hatte. Bei einem Familientreffen beschlossen die Rothschilds, den Zusammenbruch der spanischen Schulden auf den Märkten zu provozieren. Bevor sie die Börse angriffen, warnte Nathan seinen Freund Mendizábal vor den bevorstehenden Ereignissen, damit der neue Finanzminister Zeit hatte, seine Wertpapiere zu veräußern und nicht bankrott zu gehen. Während der Amtszeit von Mendizábal, der in Europa als Agent der Londoner Bankiers galt, stieg die Staatsverschuldung erheblich an. Um Geld zu beschaffen, kündigte er die Aufhebung der religiösen Orden an und verfügte die Enteignung ihres Vermögens, die sogenannte Desamortización de Mendizábal.

verdankt und dessen Tyrannei niemand mehr ertragen kann". Disraeli bestätigt damit unmissverständlich die im vorangegangenen Kapitel aufgestellte These und das, was wir hier geschrieben haben.

Während Heine offenbarte, dass die Rothschilds sich ihrer revolutionären Mission bewusst waren und das Kommen des Kommunismus ankündigten, spielte Disraeli mit präzisen Worten auf ein „zerstörerisches Prinzip" an, das eine neue Ordnung in Europa herbeiführen sollte. Es ist sehr merkwürdig, dass zwei den Rothschilds so nahestehende Männer, Heine und Disraeli, sich nicht in Zurückhaltung übten und keine klare Warnung vor den Ereignissen aussprachen, die zur bolschewistischen Revolution und anschließend zur Teilung der Welt in zwei Blöcke führen sollten.

Schließlich bleibt noch ein Werk eines anonymen Verfassers zu erwähnen, der „Hebräische Talisman", ein 1840, vier Jahre nach Nathans Tod, in London veröffentlichtes Pamphlet. Darin wird Nathans finanzieller Erfolg auf seinen Besitz eines magischen Talismans zurückgeführt. Nathan Rothschilds Macht hatte im europäischen Judentum so hohe Erwartungen geweckt, dass er als der Mann angesehen wurde, der prädestiniert war, das Königreich Juda wiederherzustellen. Bereits 1830 schlug eine amerikanische Zeitung vor, dass der Sultan von Konstantinopel aufgrund finanzieller Schwierigkeiten beschließen könnte, Jerusalem an die Rothschilds zu verkaufen. Auch der französische Sozialist Charles Fourier deutete 1836 in seinem Werk *La fausse industrie* die gleiche Möglichkeit an. Benjamin Disraeli selbst sprach 1851 von der Wiederansiedlung der Juden in Palästina mit Hilfe von Rothschild-Geldern.

Bezeichnenderweise beschuldigte der Autor von *The Hebrew Talisman* Nathan jedoch abschließend, die Vorteile der Assimilierung in England den Härten und Strapazen seiner „heiligen Mission" vorzuziehen. Tatsächlich verkündete der geheimnisvolle Autor beleidigt, dass Nathans plötzlicher Tod als Strafe für seine Entscheidung gekommen sei, für sich selbst einen Adelstitel und ein Gesetz für die soziale Emanzipation der Juden in England anzustreben, anstatt sich weiterhin für die Rückgewinnung Jerusalems einzusetzen.

Nathans Tod

Graf Tscherep-Spiridowitsch formuliert unter Bezugnahme auf Nathans wankelmütige soziale Ansprüche in England eine sehr gewagte These. Ihm zufolge hat Nathan ( ) in seinem Eifer, mehr Reichtum anzuhäufen und in England Titel und Macht zu erlangen, festgestellt, dass sein religiöses Bekenntnis seinen Aufstieg in der Londoner Gesellschaft behindert hat, und war bereit, abtrünnig zu werden. Der ältere Bruder, Anselm, erfuhr angeblich als erster von Nathans Absichten. In Frankfurt, wo im Juni 1836 sechsunddreißig Familienmitglieder zur Hochzeit von Nathans Sohn Lionel und Carls ältester Tochter Charlotte zusammenkamen, wurde beschlossen, den Verrat nicht zu dulden. Laut Graf Tscherep-Spiridowitsch, der sich auf das Testament von Mayer Amschel Rothschild bezieht, wurde Nathan von seinen Brüdern verurteilt. Natürlich gibt es keine Beweise für den Wahrheitsgehalt dieser Theorie, die auf den ersten Blick unplausibel erscheint.

Niall Ferguson, dessen tausendseitiges Werk über die Rothschilds ihn als unausweichliche Quelle nennt, sieht Nathans unerwartete Krankheit und seinen Tod als eine Fallstudie über die Unfähigkeit der behandelnden Ärzte und die Inkompetenz der Medizin des 19. Ferguson schreibt, dass Nathan und seine Frau Hannah Anfang Juni 1836 aus London in Frankfurt eintrafen. Ihm zufolge war die Heirat ihres Sohnes Lionel mit Charlotte nicht der Hauptgrund für das Treffen der fünf Geschwister, sondern der wichtigste Tagesordnungspunkt war die Übernahme der künftigen Beziehungen zwischen ihnen, die seit 1810 nicht mehr grundlegend geändert worden waren, obwohl sie von Zeit zu Zeit überarbeitet worden waren, um die Erben in die Partnerschaft einzubeziehen. Die Grundlagen der Partnerschaft blieben im Wesentlichen die, die von ihrem Vater geschaffen worden waren. Die Verhandlungen zwischen den Brüdern wurden unter strenger Geheimhaltung geführt, und die anderen Familienmitglieder waren davon ausgeschlossen: „Sie sind jetzt versammelt", teilte Lionel seinem Bruder Anthony mit, „das heißt, sie sind zu viert in Papas Zimmer und wir sind ausgeschlossen.

Nathan hielt all diese Sitzungen ab, als er krank war und unter häufigen Schmerzen litt, die von einer Eiterbeule herrührten, wahrscheinlich einem eiternden ischiorektalen Abszess. Die deutschen Ärzte beschlossen, einen Schnitt vorzunehmen und versicherten Nathan, dass er nicht in Gefahr sei. Die Familie beschloss, mit den Hochzeitsvorbereitungen fortzufahren: Am 13. Juni fand der Ball statt und am 15. Juni die Hochzeitsfeier, an der Nathan teilnahm. Während die Braut und der Bräutigam nach Wilhelmsbad fuhren, wo sie einen Tag lang die Flitterwochen genossen, legte sich Nathan zum zweiten Mal unter das Messer der Chirurgen.

Den ganzen Juni über wartete die Familie auf seine Genesung, aber die Verhandlungen über den Partnerschaftsvertrag zwischen den fünf Brüdern wurden verschoben, was James, der nach Paris zurückkehren wollte, verärgerte und Lionel, der seine Brüder mit den Worten ansprach: „Papa geht es besser, aber langsam", ungeduldig machte. Trotz dieser vermeintlichen Verbesserung fuhren die Ärzte fort, die Wunde zu öffnen und zu drainieren. Schließlich, am 24. Juli, erlitt Nathan ein heftiges, lebensbedrohliches Fieber. Ferguson vermutete, dass dies der Beginn einer Septikämie war.

Am nächsten Tag rief er seinen Sohn Lionel zu sich und wies ihn an, seinem Bruder Nathaniel, der in London geblieben war, folgende Anweisungen zu übermitteln, die seine letzten Finanzoperationen darstellten: „Er möchte, dass du weiterhin die englischen Wertpapiere und Schatzwechsel verkaufst, plus weitere 20.000 Pfund der indischen Aktien. Sie sollen auch einen Bericht über die verschiedenen verfügbaren Aktien schicken. Ich weiß nicht, ob ich das falsch verstanden habe, aber ich wollte nicht um Aufklärung bitten. Er sagte auch, dass Sie... die Wertpapiere verkaufen müssen, die die portugiesische Regierung für das Geld, das sie uns schuldet, gegeben hat, egal wie hoch die Differenz von einem oder zwei Prozent ist".

Drei Tage später, am 28. Juli, starb Nathan. Das Interesse an seinem Tod war in Europa außerordentlich groß, denn Nathan Rothschild war der reichste Mann Englands „und daher", so schreibt Ferguson, „war er angesichts der wirtschaftlichen Führung Großbritanniens zu dieser Zeit mit ziemlicher Sicherheit der reichste Mann der Welt. Ferguson räumt ein, dass es sich um einen entscheidenden und äußerst angespannten Moment in der Geschichte der Firma Rothschild handelte, da der Anführer starb, ohne dass ein neuer Partnerschaftsvertrag zwischen den Brüdern unterzeichnet worden wäre. „Er starb", schrieb Salomon an den österreichischen Kanzler Metternich, „im Vollbesitz seiner Kräfte, und zehn Minuten vor seinem Tod sagte er, als er die in unserer Religion üblichen letzten Trostworte empfing: 'Es ist nicht nötig, dass ich so viele Gebete spreche, denn, glauben Sie mir, nach meiner Überzeugung habe ich keine Sünde begangen.'" Fünf Tage nach seinem Tod verließ eine Brieftaube Boulogne und überbrachte die Nachricht in drei Worten nach London: „Il est mort".

Nachdem wir kurz einige der wichtigsten Fakten über den schwindelerregenden Aufstieg der Rothschild-Dynastie an die Macht erzählt haben, werden wir nun mit unserer Arbeit fortfahren und dabei berücksichtigen, dass sie und ihre Agenten hinter den großen Episoden der Zeitgeschichte stehen, die wir hier untersuchen.

KAPITEL IV

DIE ROTHSCHILDS UND DIE DAMASKUS-AFFÄRE

Als Ariel Toaff, der Sohn des Oberrabbiners von Rom, Elio Toaff, im Februar 2007 in Italien das Buch *Pasque di sangue* veröffentlichte, löste es ein großes Medienecho aus. Es war das erste Mal, dass jüdische Kreise den Wahrheitsgehalt der rituellen Verbrechen an christlichen Kindern anerkannten. Die Rabbiner reagierten wütend, und die Söldner der Presse waren schnell dabei, sich zu entrüsten und die Haare zu raufen, zu leugnen, die Dreistigkeit zu kritisieren und Erklärungen zu verlangen. Ariel Toaff wurde beschuldigt, Ahmadinejad die mediale Atombombe geliefert zu haben. Die islamische Anti-Defamation League reichte eine Klage gegen Professor Toaff und den Verlag Il Mulino ein. Nach mehr als einem Monat, in dem er allen Arten von Druck, Angriffen und Disqualifikationen ausgesetzt war, auch von seinem eigenen Vater, sah sich Ariel Toaff, der sogar des Antisemitismus beschuldigt wurde, obwohl er Jude ist, gezwungen, den Verlag zu bitten, den Vertrieb des Buches zu stoppen, und schrieb einen Brief, in dem er sich öffentlich entschuldigte. Er versprach auch, sich der jüdischen Zensur zu unterwerfen, und kündigte außerdem an, dass er alle Gewinne aus dem Verkauf seines Buches, sobald es angemessen gelöscht ist, der Anti-Defamation League des Fanatikers Abe Foxman spenden würde. Zu der Zeit, als er den Skandal auslöste, indem er über hinreichend bewiesene, aber stets verschwiegene Fakten schrieb, war Ariel Toaff als Professor an der jüdischen Universität Bar Ilan in der Nähe von Tel Aviv tätig und galt als Spezialist für das Judentum des Mittelalters.

Israel Shamir, ein in Russland geborener Jude, der zum Christentum konvertiert ist, ein überzeugter Anhänger des palästinensischen Volkes und Autor mehrerer Werke, in denen er den Zionismus anprangert, war einer der wenigen, die es im Februar 2007 wagten, offen zu erklären, dass das, was Ariel Toaff sagt, wahr ist. Shamir prangerte die Kampagne gegen Toaff auf seiner Website *Working towards Peace through Education and Information* an, wo er einen Artikel mit dem Titel „Dr. Toaffs blutiges Pessachfest" veröffentlichte, in dem er die rituellen Verbrechen gegen Christen erläuterte, die von Juden im Laufe der Geschichte immer wieder begangen wurden: Internationale Forscher wie Professor Toaff haben Unterlagen über mehr als 150 bekannte Fälle gefunden und untersucht, die vom 12. bis ins 20.

Ein solches Verbrechen fand am 5. Februar 1840 in Damaskus statt. Ein Kapuzinermönch, Pater Tomaso, wurde im jüdischen Viertel der syrischen Hauptstadt ermordet, und sein gesamtes Blut wurde zur Herstellung von „Matze" verwendet, einem ungesäuerten Brot, das anlässlich des jüdischen Pessachfestes gebacken wird.. Israel Shamir schreibt in dem oben erwähnten Artikel, dass mit Blut hergestellte „Matzen" auf bestimmten Märkten verkauft wurden. Laut Shamir „verkauften jüdische Händler sie mit den entsprechenden rabbinischen Genehmigungsschreiben; das wertvollste Blut war das des 'goy katan', d. h. des nichtjüdischen Kindes". Die Auswirkungen des Mordes an Pater Tomaso erreichten eine europäische und historische Dimension. Die kontinentale Presse, wie 2007 in Italien, berichtete monatelang über den Fall, und die Regierungen Frankreichs, Großbritanniens, Österreichs und der Türkei waren in eine Krise verwickelt, die als „Damaskus-Affäre" in die Geschichte eingegangen ist.

Der Grund, warum dieses Buch ein Kapitel über den Fall enthält, ist die Untersuchung der entscheidenden Rolle, die die Rothschilds bei der Lösung des Falles spielten. Auf diese Weise wird es möglich sein, die Macht zu verstehen, die sie schon damals über die europäische Politik ausübten. In der ersten Hälfte des 19. Jahrhunderts war, wie bereits erwähnt, die Kontrolle der Presse und des Verlagswesens durch die internationalen jüdischen Bankiers, d. h. die Illuminaten, noch nicht so absolut wie heute. Die Juden waren bereits sehr einflussreich, aber noch nicht allmächtig. Wie Shamir in seinem Artikel sagt, „konnten sie die Welt nicht so behandeln, wie sie es 2002 nach dem Massaker von Dschenin taten. Sie konnten nicht mit dem Veto der USA im UN-Sicherheitsrat umgehen". Gerade weil diese Fähigkeit, die Medien zu kontrollieren, noch nicht absolut war, kommt der Untersuchung der Ereignisse von 1840 große Bedeutung zu.

Ursprünge von Purim und Pessach

Bevor auf einige berühmte Fälle dieser rituellen Verbrechen eingegangen wird und die Auswirkungen der Damaskus-Affäre eingehend untersucht werden, ist es sinnvoll, den Leser über den Hintergrund dieser barbarischen jüdischen Tradition aufzuklären. Purim wird im März und manchmal Ende Februar gefeiert. Der Ursprung dieses Festes wird in den zehn Kapiteln des Buches *Esther* erzählt, einem der späteren Bücher, die in die Bibel aufgenommen wurden. Die Geschichte erzählt, wie Xerxes, der in der Bibel Ahasverus genannt wird, eine jüdische Konkubine namens Esther hatte, die die Frau des Königs verdrängte. Haman, der für die einen der Bruder des Königs und für die anderen ein wichtiger Minister war, obwohl er wahrscheinlich nur eine Figur war, die zur Bequemlichkeit der Leviten, der priesterlichen Sekte, die das Alte Testament schrieb, geschaffen wurde, beschwerte sich bei Xerxes darüber, dass die Juden ihre eigenen Gesetze hatten und die Gesetze des Königreichs nicht respektierten, wie es andere Völker taten. *Nach Esthers Version* bat Haman daraufhin um einen Befehl zu ihrer Vernichtung, dem Xerxes zustimmte. Es wurden Briefe an alle Provinzstatthalter geschickt, in denen angeordnet wurde, dass alle Juden an einem Tag getötet werden sollten.

Da schaltete sich Esther ein, die dem König verheimlicht hatte, dass sie Jüdin war. Der König hob nicht nur den Befehl auf, sondern befahl auch, Haman und seine zehn Söhne an dem Galgen aufzuhängen, den er selbst für den Juden Mordechai, Esthers Verwandten und Vormund, errichtet hatte. Damit nicht genug, erteilte der König Mordechai einen Freibrief, um die Statthalter der einhundertsiebenundzwanzig Provinzen des Reiches, das sich von Indien bis Äthiopien erstreckte, anzuweisen. Mordechai ordnete dann ein Massaker an fünfundsiebzigtausend Untertanen des Königs an, Männer, Frauen und Kinder, die als Feinde der Juden galten. Danach ordnete er an, dass das Massaker jährlich gefeiert werden sollte, und so ist es seitdem. In London zum Beispiel stellen jüdische Bäcker Kuchen in Form von menschlichen Ohren her, die an diesem Tag gegessen werden, und nennen sie „Hamans Ohren". In Palästina und in einigen Regionen Russlands finden öffentliche Umzüge statt, an deren Spitze die Figur des Haman getragen, gesteinigt, erstochen und mit Stöcken geschlagen wird. Die Juden von Monastyr (Russland) feierten Purim im Jahr 1764 mit einem lebenden Haman. Es handelte sich um einen Bauern namens Adam-ko, der am nächsten Tag starb. Er war zuvor von dem jüdischen Gastwirt Moscho betrunken gemacht worden. Der Fall wurde vor Gericht gebracht. Die Behörden von Kammetz bewahrten die Dokumente auf, bis die bolschewistischen Juden sie verschwinden ließen.

Haman, Esther und Mordechai sind wahrscheinlich erfundene Figuren, die dem Bedürfnis der levitischen Schreiber entsprungen sind. Historisch gesehen gab es keinen König namens Ahasveros. Wenn es sich bei dem König um Xerxes handelte, dann wäre er der Vater von Artaxerxes, der, wie wir im ersten Kapitel gesehen haben, der König war, der Nehemia nach Jerusalem schickte, wo er von persischen Soldaten bewacht wurde, um die Gesetze der Rassenausgrenzung durchzusetzen. Wenn die ganze Geschichte wahr ist, hätte Artaxerxes die Juden begünstigt, nachdem er fünfundsiebzigtausend Perser in seinem Reich abschlachten ließ. Abgesehen vom biblischen Bericht gibt es keinen einzigen historischen Hinweis auf diese Ereignisse, keinen Text, der als Grundlage dienen könnte. Alles deutet darauf hin, dass es sich um chauvinistische Propaganda handelt. Zu dieser biblischen Geschichte schreibt Martin Luther, von dem es in der *Jüdischen Enzyklopädie*, Band VIII, S. 213, heißt, er habe die Juden mit Ritualmorden in Verbindung gebracht: „Ach, wie lieben sie das *Buch Esther*, das so sehr mit ihrem Blutdurst und ihren Hoffnungen und Wünschen nach rachsüchtigem Hass übereinstimmt. Nie hat die Sonne auf ein blutdürstigeres und rachsüchtigeres Volk geschienen als auf dieses, das sich für das auserwählte Volk hält und danach giert, die Nichtjuden zu ermorden".

Beim Pessachfest, das einen Monat nach Purim gefeiert wird, geht es ebenfalls um die Errettung des jüdischen Volkes und den Völkermord an einem anderen Volk, in diesem Fall den Ägyptern. Es erinnert an den Durchzug des Engels des Vernichters durch die Häuser der Ägypter und an die Schlachtung der Erstgeborenen. Der Engel geht über hoch oder springt über die Häuser der Hebräer, daher leitet sich der Name Pessach von dem hebräischen Wort Phase oder Phazahah ab, was „Durchgang" oder „Sprung" bedeutet. Wie wir im Folgenden anhand einiger prominenter Fälle sehen werden, wurden die meisten rituellen Verbrechen in der Vergangenheit anlässlich dieser Feste begangen.

Einige Hintergrundinformationen zum Verbrechen in Damaskus

Zwischen dem 4. und 5. Jahrhundert bezeichnete der heilige Augustinus die Juden als „servi regis" (Diener des Königs), und sie standen unter dem Schutz der christlichen Monarchen, die sie in der Nähe des königlichen Palastes oder der Kathedrale jeder wichtigen Stadt unterzubringen suchten. Außerdem waren die jüdischen Viertel oft durch Mauern mit mehreren Toren geschützt. Sie hatten also ihre eigene Welt, so wie es Esra und Nehemia angeordnet hatten, als sie nach der Rückkehr aus Babylon die Rassentrennung einführten. Neben ihrem besonderen rechtlichen und zivilen Status hatten sie auch ihre eigenen Friedhöfe, die, wie der *Talmud* vorschreibt, nicht innerhalb der Mauern, sondern außerhalb der bewohnten Grenzen der christlichen Stadt liegen mussten, vorzugsweise in dem Teil, der den jüdischen Vierteln am nächsten lag, die ihre eigenen Einrichtungen hatten: Synagogen, Studienzentren, öffentliche Bäder, ein Krankenhaus für die Gemeinde, Schlachthäuser, Brotbacköfen und in den wichtigsten Vierteln sogar ein eigenes Gefängnis, da die Rabbiner die Rechtsgewalt über ihre Gemeinde hatten und sogar die Todesstrafe verhängen konnten. Um zu verstehen, wie sehr es den Rabbinern um die Aufrechterhaltung der Segregation und den Machterhalt ging, hier ein Zitat aus Israel Schahaks *Jüdische Geschichte, Jüdische Religion*: „Jüdischen Frauen, die mit Nichtjuden zusammenlebten, wurde auf Anordnung der Rabbiner die Nase abgeschnitten, da sie dadurch ihre Schönheit verlieren und ihre nichtjüdischen Liebhaber sie schließlich hassen würden. Juden, die die Frechheit besaßen, einen rabbinischen Richter anzugreifen, wurden die Hände abgeschlagen. Ehebrecher wurden inhaftiert, nachdem sie vom gesamten jüdischen Viertel schikaniert worden waren. Bei religiösen Streitigkeiten wurde denjenigen, die der Ketzerei verdächtigt wurden, die Zunge herausgeschnitten".

Im christlichen Spanien, wo laut Shahak „die Stellung der Juden die höchste war, die je in einem Land vor dem 19. Jahrhundert erreicht wurde", wurden die Juden durch spezifische Gesetze, die in den verschiedenen Königreichen erlassen wurden, besonders geschützt. Ein Beweis dafür sind die Fueros, wie das Fuero de Castrojeriz, das Fuero de León, das Fuero de Nájera. Im Allgemeinen sahen die Verordnungen also die Gleichberechtigung von Christen und Juden vor. Da sie über große Geldsummen verfügten, wurden sie zu Geldverleihern der Monarchen. Manchmal beauftragte die Obrigkeit sie, wie im 11. Jahrhundert in Barcelona, mit der Prägung von Münzen. Ab dem 14. und 15. Jahrhundert waren sie in den christlichen Königreichen verpflichtet, ein Zeichen an ihrer Kleidung zu tragen, das sie von der nichtjüdischen Bevölkerung unterschied, oder es wurde ihnen im Gegenteil verboten, bestimmte Kleidungsstücke zu tragen. Dies ist im Zusammenhang mit der wachsenden Ablehnung zu sehen, die in den christlichen Gesellschaften aufkam.

Wie bereits erwähnt, lehrt der *Talmud*, der für Juden noch wichtiger ist als die *Thora*, alles, was gegen Christen getan werden kann und soll. Im Bereich der talmudischen Lehren ist also die Erklärung zu suchen, warum die Juden christliche Kinder grausam und erbarmungslos für ihr Blut abschlachteten. Der Nichtjude ist nach jüdischem Recht ein Tier und kann als solches geopfert werden. Nur die Opferung eines Juden wäre nach dem talmudischen Gesetz eine Sünde. Kein Wunder also, dass der vielgepriesene Maimonides, ein fanatischer Talmudist, versuchte, Nichtjuden am Lesen des *Talmuds* zu hindern und erklärte: „Wenn ein Ungläubiger den Talmud liest, ist er des Todes würdig".

Anhand von Dokumenten lassen sich mehrere rituelle Verbrechen untersuchen, die im 12. Jahrhundert in Europa begangen wurden, alle zur Osterzeit: 1144 wurde in Norwich (England) ein zwölfjähriger Junge namens William geopfert, der erste bekannte Fall. Weitere Kinder wurden im Laufe des Jahrhunderts in Gloucester, Blois, Pontoise und London geopfert. Im 13. Jahrhundert wurden etwa zwanzig Fälle öffentlich bekannt. Besonders berühmt wurde der Fall in Fulda (Hessen), der sich am Weihnachtstag 1235 ereignete. Zwei Juden überfielen fünf Kinder in einer Mühle, als der Müller und seine Frau bei der Messe waren. Sie nahmen ihnen das Blut ab und sammelten es in mitgebrachten Gefäßen. Dann steckten sie die Mühle in Brand, um die Spuren ihrer bestialischen Grausamkeit zu beseitigen; die Leichen der Kinder aber wurden als Beweismittel, „corpora delicti", vor den in Hagenau weilenden Kaiser Friedrich II. gebracht, der, großzügig bestochen, zur Verblüffung des Volkes die Worte sprach: „si morti sunt, ite, sepelite eos, quia ad aliud non valent", das heißt: „Wenn sie tot sind, geht hin und begrabt sie, denn sie nützen nichts mehr". Natürlich waren die Bürger von Fulda nicht dieser Meinung und nahmen mit Hilfe einiger in der Stadt anwesenden Kreuzritter die „Gerechtigkeit" selbst in die Hand und töteten zweiunddreißig Juden.

In Spanien, genauer gesagt in Saragossa, hatten sich die Juden ein Gesetz gegeben, nach dem jeder, der ein nichtjüdisches Kind entführt und ausliefert, von Zahlungen und Schulden befreit ist. In diesem Zusammenhang wurde am 31. August 1250, zur Zeit Jakobs I. und Arnaldo de Peralta als Bischof von Saragossa, ein siebenjähriger Junge, Domingo del Val, der im Chor der Kathedrale von Saragossa sang und Sohn des Notars Sancho del Val war, von einem Juden namens Albayuceto hinterlistig angelockt, der ihn anderen Glaubensgenossen übergab, um in ihm die Passion Christi zu erneuern. Der Junge wurde mit drei Nägeln an einer Wand gekreuzigt und seine Seite wurde geöffnet. Nachdem sie ihm Kopf und Füße abgetrennt hatten, versteckten sie seinen Leichnam am Ufer des Ebro. Heute wird er von den Kindern des Chors der Stadt als ihr Beschützer und Schutzpatron verehrt.

Im selben 13. Jahrhundert ordnete Alfons X. der Weise (1252-1284) angesichts des Beweises, dass Juden in seinem Königreich christliche Kinder ermordeten, wie mehrere Fälle von Ritualverbrechen gerichtlich bestätigt wurden, an, in Band 24 von *Las Partidas*, dem unter seiner Leitung ausgearbeiteten Strafgesetzbuch, Folgendes zu schreiben: „Da rechtlich festgestellt und bewiesen ist, dass die Juden alljährlich christliche Kinder vor ihrem Pessachfest zur Verspottung und Erniedrigung des Christentums und auch zum Zwecke der Durchführung eines Blutopfers ermorden, ordne ich an, dass jeder Jude, der eines solchen Verbrechens für schuldig befunden wird oder der auch nur zum Zwecke der symbolischen Verspottung des Christentums eine in Wachs nachgebildete Figur kreuzigt, die einen Christen darstellt, mit dem Tode bestraft werden soll."

Jahrhundert sind ein Dutzend rituelle Verbrechen urkundlich belegt; unter den etwa zwanzig bekannten Fällen aus dem 15. Jahrhundert sind jedoch die berühmtesten zu finden, darunter jener, der im Juli 1462 an dem Kind Andreas von Rinn, Märtyrer der katholischen Kirche, Schutzpatron der Kinder und Ungeborenen, Beschützer Tirols und des Hauses Habsburg, begangen wurde. Papst Benedikt XIV. bestätigte nach sorgfältiger persönlicher Prüfung der Aufzeichnungen über das Martyrium am 17. Dezember 1752 seinen Kult. Infolge des Zweiten Vatikanischen Konzils (1962-65) erklärte die Kirche jedoch auf Druck jüdischer Kreise die Seligsprechung für null und nichtig, verbot seinen offiziellen Kult und verleumdete diejenigen, die ihn verehrten, als Antisemiten. Die Reliquien des Tiroler Märtyrerkindes wurden auf dem Hochaltar der Judenstein-Kirche verehrt, die im Auftrag von Kaiser Maximilian I. an der Stelle des Opfersteins errichtet wurde. 1985 verbot der Bischof von Innsbruck gegen den Widerstand der Bevölkerung den Kult um das Kind und entfernte seine Reliquien, die in eine Mauer eingelassen wurden, in der eine Tafel mit folgender Inschrift angebracht war: „Hier ruht das unschuldige Kind Anderl (kurz Andreas), das der Überlieferung nach im Jahre 1462 von Unbekannten ermordet wurde. Sein Tod wurde leider jahrhundertelang einem rituellen Verbrechen von Juden auf der Durchreise zugeschrieben. Diese damals gängige und völlig unbegründete Anschuldigung führte dazu, dass Anderl zu Unrecht als Märtyrer des Glaubens angesehen wurde. Das Kind Anderl ruht hier nicht als Märtyrer der Kirche, sondern als Erinnerung an die vielen Kinder, die bis heute der Gewalt und Lebensverachtung zum Opfer gefallen sind. Wir werden jetzt nicht auf die Einzelheiten des Verbrechens an diesem dreijährigen Jungen eingehen. Was mit seiner Sekte geschah, ist ein eindeutiger Beweis für die Kapitulation und Unterwerfung des Vatikans unter die Macht der Juden in der Welt.

Da dieses Buch in Spanien und auf Spanisch geschrieben ist, kehren wir auf die Iberische Halbinsel zurück, genauer gesagt in die Stadt Sepúlveda (Segovia) im Jahr 1468. Dort nagelten die Juden, wiederum zur Pessachzeit, auf Bitten des Rabbiners Salomon Pecho ein Mädchen an ein Kreuz und stachen es am ganzen Körper, bis es verblutete. Dieses Ereignis ist in der *Historia de la insigne ciudad de Segovia* und in *Synopsis episcoporum Segoviensum* (S. 650) dokumentiert. Auf Anordnung von Bischof Juan Arias de Ávila wurden die Schuldigen nach Segovia gebracht, ein Gerichtsverfahren gegen sie eingeleitet und die Haupttäter zum Tod auf dem Scheiterhaufen verurteilt, einige derjenigen, die an der Folterung des Mädchens beteiligt waren, wurden gehängt und eine Gruppe wurde aus der Stadt vertrieben.

Der berühmteste Fall von Ritualverbrechen im 15. Jahrhundert war der des zweijährigen Simon Gerber, Simon von Trient. Die Ereignisse fanden im Jahr 1475 statt und es gibt umfassende Informationen über alles, was passiert ist. Gravuren, geschnitzte Steine, Holzschnitzereien und ein Gemälde des angesehenen Renaissancemalers Gandolfino d'Asti stellen den grausamen Mord künstlerisch dar. Die Geständnisse der acht Hauptangeklagten, die in Einzelhaft saßen und auch getrennt verhört wurden, stimmen bis ins kleinste Detail überein.

In den ersten Tagen der Karwoche trafen sich die Vertreter der jüdischen Familien von Trient im Haus des angesehensten unter ihnen, Samuel, in dessen

Haus sich auch die Synagoge und die jüdische Schule befanden. Sie beklagten sich darüber, dass die Pessach-Matzen nicht zubereitet werden konnten, weil ihnen das Blut eines christlichen Kindes fehlte. Samuel bot daraufhin hundert Golddukaten für ein Opfer an. Der Jude Tobija ging auf die Straßen, die menschenleer waren, denn es war die Zeit für die Abendmesse am Gründonnerstag. Vor dem Haus seiner Eltern spielte ein achtundzwanzig Monate alter Junge, Simon Gerber. Durch eine List angelockt, wurde er in Samuels Haus gebracht und dort eingeschlossen, bis es völlig dunkel war. Der älteste der Juden, ein alter Mann von achtzig Jahren, Moses „der Ältere", begann das Opfer, indem er dem Jungen mit einer Zange ein Stück Fleisch aus dem rechten Wangenknochen riss. Die anderen Juden folgten diesem Beispiel. Das fließende Blut wurde in einer Zinnschale aufgefangen. Das rechte Bein wurde auf ähnliche Weise verstümmelt. Die übrigen Körperteile wurden mit langen, dicken Nadeln durchstochen, um das gesamte Blut aus dem Kind herauszubekommen. Schließlich wurde er beschnitten. Schließlich hielten die Scharfrichter den kleinen Simon, der noch immer in Krämpfen lag, fest und kreuzigten ihn kopfüber, während die übrigen Juden ihn erneut mit Nadeln und scharfen Instrumenten stachen. Die Mörder schrien: „Das haben wir Jesus angetan, mögen unsere Feinde immer dieses Ende erreichen". Das Kind, das noch schwach atmete, wurde durch Zertrümmern der Schädelknochen getötet. Daraufhin begannen die Anwesenden, ein Loblied auf Jahwe zu singen. Das Blut des Kindes wurde unter den jüdischen Familien verteilt. Das Passahfest konnte nun vorbereitet werden.

Der Leichnam des Kindes wurde am Karfreitag auf dem Altar der Synagoge ausgestellt, wo er von allen Trenter Juden verspottet und geschändet wurde. Nachdem er vorübergehend unter dem Stroh eines Lagerhauses versteckt worden war, wurde er schließlich in einen Graben geworfen, der in der Nähe des Hauses verlief. Um den Verdacht von sich abzulenken, beschlossen die Verbrecher, den Bischof von Trient als erste über den schrecklichen Fund des Kindes zu informieren, das von den Eltern und zahlreichen Einwohnern der Stadt vergeblich gesucht worden war. Die Beweise gegen die Juden häuften sich und sie wurden bald vor Gericht gestellt. Acht von ihnen wurden angeklagt und berichteten ausführlich über den schändlichen Mord. Die Ehefrauen von zwei der Angeklagten gaben zu, dass ähnliche Verbrechen bereits Jahre zuvor begangen worden waren, aber nicht entdeckt worden waren. Während des Prozesses wurden Zeugenaussagen über die Ermordung von vier Kindern in der Diözese Konstanz, zwei weiteren in Endingen, einem in Ravensburg (1430) und einem in Pfullendorf (1461) vorgelegt. Der Prozess, der von den Trienter Behörden mit äußerster Strenge und Akribie geführt wurde, dauerte mehr als drei Jahre. Erst am 7. Juli 1478 wurde in den Dokumenten vermerkt: „causa contra judaeos finita".

Die Gründe für die lange Dauer des Prozesses bedürfen einer Erklärung. Sowohl der oben erwähnte Artikel von Israel Shamir als auch das Buch von Ariel Toaff erklären, was geschah, aber unsere Quelle ist *Der jüdische Ritualmord. Eine historische Untersuchung*", ein 1941 erschienenes Werk von Professor Hellmut Schramm mit einer Fülle von Zitaten und Dokumenten. Im Jahr 2001 übersetzte R. Belser den Text ins Englische und das Buch ist online im PDF-Format verfügbar. Was geschah, war, dass die reichen Juden Italiens Himmel und Erde in Bewegung setzten, um die Gefangenen zu befreien. Zuerst brachten sie Herzog Sigismund von Österreich dazu, den Prozess einige Wochen nach dessen Beginn zu stoppen. Dann wandten sie sich an den Papst, der den Prozess erneut mit der Begründung stoppte, man müsse auf die Ankunft seines Legaten warten. Hinderbach, der mit der Untersuchung beauftragte Bischof von Trient, erhielt einen Brief von Sixtus IV., in dem er ankündigte, dass er das Verfahren gegen die Juden nicht weiterführen solle, da einige Fürsten den Fall insgesamt ablehnten. Schließlich erschien der päpstliche „Kommissar", Bischof Baptista dei Giudici di Ventimiglia, der als „Professor der Theologie" und „vir doctrina ac integritate praeditus", d.h. als Mann von großer Gelehrsamkeit und Integrität, begeistert empfohlen wurde. Vor seiner Ankunft in Trient hielt sich Ventimiglia in Venedig auf, wo er in Begleitung von drei Juden auftrat, die ihren Einfluss am päpstlichen Hof demonstrierten.

Hinderbach, der Bischof von Trient, empfing Ventimiglia und brachte ihn in den Nebengebäuden seines Schlosses unter, wo er bald mit dem von den Juden gesandten Spion, Wolfgang, in Kontakt kam. Nach drei Wochen zog er sich nach Roveredo zurück, um zu verhindern, dass Hinderbach von seinen Kontakten erfuhr, da der Palast zu feucht und für seine Gesundheit ungeeignet war. Am 24. September 1475 teilte Ventimiglia Hinderbach mit, dass „die Anwälte der Juden zu ihm gekommen seien, um ihren Fall zu verteidigen...". Diese Anwälte forderten auch die Prozessunterlagen an. Am 1. Oktober beschwerte sich der Bischof von Trient, dass „die Juden und schlechten Christen, die mit Geld und Geschenken gekauft worden waren, durch Intrigen versuchten, Fürsten und Prälaten für ihre Sache zu gewinnen". Bischof Hinderbach prangerte an, dass von Roveredo aus „versucht wurde, den Dogen von Venedig, Mocenigo, zum Einschreiten zu bewegen, damit die Verhafteten freigelassen werden. Die Juden", so Hinderbach weiter, „haben versucht, alle zu bestechen.

Ein sogenannter Priester, Paul de Noravia, ein jüdischer Spion, verschaffte sich Zugang zum Bischofsschloss und kopierte zwei Monate lang die Prozessunterlagen, deren Herausgabe Hinderbach verweigert hatte. Anschließend gab er sie an die Anwälte der Angeklagten weiter. Bei der Verhandlung gab Paul von Noravia zu, mit den Juden von Novara, Modena, Brescia, Venedig, Basano und Roveredo über die Möglichkeit der Freilassung der Gefangenen verhandelt zu haben. Er gab auch zu, Geld erhalten zu haben, um den Diener des Bischofs von Trient zu bestechen und ihn zu vergiften. Man hatte ihm 400 Dukaten angeboten, wenn der Plan gelänge.

Um den Prozess auf den Kopf zu stellen, wurde auch eine neue Unanständigkeit versucht. Ein Bürger aus Trient namens Anzelin, ein unverdächtiger Mann, der als unbestechlich galt, wurde nach Roveredo gelockt. Dort wurde er verhaftet und im Quartier Ventimiglia eingesperrt, wo er täglich gefoltert wurde, um ihn dazu zu bringen, ein Ehepaar aus Trient (Zanesus Schweizer) des Mordes an dem Kind zu beschuldigen. Später berichtete dieser unglückliche Mann, dass der Legat des Papstes ihn einem „schmerzhaften Verhör" unterzogen habe, um ihn zu einer Aussage zu bewegen, von der er nichts gewusst habe. Als sie schließlich sahen, dass sie nichts aus ihm herausbekommen konnten, wurde er unter der Bedingung freigelassen, dass er über den Vorfall schweigt. Als Ventimiglia die Unwirksamkeit dieses Mittels erkannte, griff er zu einem letzten Mittel: Mit Hilfe falscher Anweisungen des Papstes versuchte er, den Trienter Behörden den Fall zu entreißen, damit der Prozess in ihre Hände gelegt würde. Seine Dreistigkeit ging sogar so weit, dass er dem Bischof von Trient unter Androhung der Exkommunikation verbot, den Prozess gegen die Juden fortzusetzen.

Am Ende war Hinderbach, unterstützt von Deutschen, die unempfindlich gegen Bestechung waren, siegreich. Ende Oktober verfasste er einen Bericht und schickte ihn an die berechtigten Fürsten. Darin hielt er alles über die Verhaftung der Schuldigen, die durchgeführten Ermittlungen und die übereinstimmenden Geständnisse der Angeklagten fest. Er hatte den Mut, auf die vom päpstlichen Legaten eingeleitete Untersuchung hinzuweisen, die er als „corruptam inquisitionem" bezeichnete. Veintimiglia hatte sich sein eigenes Grab geschaufelt; sein Eingreifen war so skandalös gewesen, dass der Papst keine andere Wahl hatte, als ihn seinem Schicksal zu überlassen. Die Bevölkerung begann, gegen ihn zu demonstrieren, indem sie Spottlieder sang, in denen er als Kajaphas und Hohepriester der Juden gebrandmarkt wurde. Zum Missfallen des Papstes wurden Epigramme gegen ihn veröffentlicht und grafische Darstellungen, die ihn verunglimpften. Bereits Ende 1477 wendet sich Bischof Hinderbach in einem eindringlichen Brief an Sixtus IV. und bittet ihn, „dem Skandal ein Ende zu setzen und eine andere Person zu ernennen, die ein Liebhaber der Wahrheit ist".

In der Wiener Hofbibliotek befinden sich die in lateinischer Sprache verfassten Dokumente des Prozesses: sechshundertdreizehn von Johann von Fatis handgeschriebene Folianten. Außerdem besitzt die Vatikanische Buchhandlung den Codex der Jahre 1476-78. Im Altar von St. Peter in Trient wird der Sarkophag des Kindes aufbewahrt, der den Leichnam des „santo bambino" in einer Glasurne enthält, die außergewöhnlich gut erhalten ist. Die offizielle jüdische Version, die seither überliefert wurde, findet sich jedoch in der *Jüdischen Enzyklopädie*. Sie besagt, dass „Simon von Christen getötet wurde, die versuchten, alles Böse in der Welt auf die Juden zu schieben".

Wir können das 15. Jahrhundert nicht verstreichen lassen, ohne auf das berühmteste der in Spanien begangenen Ritualverbrechen hinzuweisen: Es handelt sich um den Fall des Jungen von La Guardia. Lope de Vega, der geniale Schöpfer des Nationaltheaters, schrieb zu seinem Gedenken ein Stück mit dem Titel *El niño inocente de La Guardia (Das unschuldige Kind von La Guardia)*. Im Band centesimoctogesimosexto der Biblioteca de Autores Españoles befindet sich eine Vorstudie von Marcelino Menéndez Pelayo, die uns bei der Betrachtung dieses historischen Ereignisses eine große Hilfe ist. Alle bekannten Nachrichten über das schreckliche Verbrechen können im Band XI des *Boletín de la Real Academia de la Historia* (1887) nachgelesen werden, in dem Pater Fidel Fita zum ersten Mal den *Prozess von Jucé Franco, judío*, quemado en Ávila el 16 de noviembre de 1491 *(Prozess von Jucé Franco, Jude*, verbrannt in Ávila am 16. November 1491) veröffentlichte.

In einer am Freitag, dem 17. September 1490, eingereichten Klage beschuldigte der Junggeselle Alonso de Guevara, Ankläger des Heiligen Offiziums, Jucé Franco, einen Juden aus Tembleque, die Konvertiten Alonso Franco, Lope Franco, García Franco, Juan Franco, Juan de Ocaña und Benito García, Nachbarn von La Guardia, sowie Mosén Abenamias, einen in Zamora lebenden Juden, des ruchlosen Verbrechens, am Karfreitag ein christliches Kind gekreuzigt zu haben. Die Aussage von Jucé Franco, aus der ein Fragment in kastilischem Spanisch der damaligen Zeit folgt, erspart uns ein einziges Wort:

> „Während dieser Zeuge und die vorgenannten.... in der von ihm angegebenen Höhle waren, sah dieser Zeuge, wie die besagten Christen (gemeint sind die Bekehrten) ein christliches Kind mitbrachten, das etwa drei oder vier Jahre alt war; und als dieser Zeuge und alle Vorgenannten in der besagten Höhle anwesend waren, kreuzigten die besagten Christen das besagte Kind an gekreuzten Stöcken; Und dort streckten sie ihm die Arme aus, während es nackt in Leder war und den Kopf hochhielt, und steckten ihm einen Stock in den Mund und ohrfeigten es und schlugen es und peitschten es und bespuckten es und steckten ihm Dornengestrüpp auf den Rücken und auf die Fußsohlen und banden ihm die Arme mit gedrehten Espartoseilen und fügten ihm viele andere Schmähungen zu. Und nachdem er so auf die besagten Stöcke gelegt und gekreuzigt worden war, öffnete der besagte Alonso Franco die Adern an den Armen des besagten Jungen zwei nach zwei und ließ ihn mehr als eine halbe Stunde lang bluten; und dass er das Blut in einer gelben *Altimia* aufnahm, einer von denen, die in Ocaña grob hergestellt werden. E que Johan Franco susodicho, während der besagte Junge so auf den besagten Stöcken lag, schnitt er den besagten Jungen mit einem Messer in die Seite; und dass es ein Messer von einer Spanne eines dieser *Böhmen* war. Und der besagte Lope Franco peitschte ihn, und der besagte Johan de Ocaña legte den Stechginster auf ihn, und der besagte García Franco zog ihm das Herz unter der Wade heraus, und schüttete etwas Salz in das besagte Herz. Und der besagte Benito García gab dem Jungen Ohrfeigen und schlug ihn".

Die Erklärung ist viel länger, aber wir denken, dass das, was hier wiedergegeben ist, ausreicht. Menéndez Pelayo schreibt, dass das Verbrechen von La Guardia „menschlich nicht bezweifelt werden kann", da es gerichtlich „bis in die Spitze" bewiesen ist. Dem angesehenen Polygraphen zufolge war die Empörung, die dieses grausame Verbrechen in Kastilien auslöste, allumfassend und „muss das am 31. März 1492 erlassene Edikt zur Vertreibung der Juden beschleunigt haben". William Thomas Walsh widmet in seinem Werk *Isabella of Spain* (1931) fast dreißig Seiten seiner Untersuchung dieses rituellen Verbrechens und stimmt mit Menéndez Pelayo in seiner Einschätzung überein, dass dieser Mord „einer der wichtigsten, wenn nicht der wichtigste Faktor" für die Vertreibung der Juden aus Spanien war.

Was das Theaterstück betrifft, so ist Menéndez Pelayo der Ansicht, dass Lope de Vega die *Historia de la muerte y glorioso martirio del Sancto Innocente que llaman de La Guardia*, die 1583 in Madrid von dem eleganten Prosaschriftsteller Pater Rodrigo de Yepes veröffentlicht wurde, im Kopf hatte und sich streng daran hielt. Für Menéndez Pelayo muss die Kreuzigung des Kindes auf der Bühne die Stimmung der Zuschauer beeindruckt haben. Er räumt jedoch ein, dass das Werk grob und strukturell unvollkommen ist, was er darauf zurückführt, dass Lope dem Buch von Yepes Schritt für Schritt folgt. Er räumt auch ein, dass Lope de Vega als Angehöriger des Heiligen Hofes nicht umhin kann, das Gefühl des Hasses gegenüber den Juden zu vermitteln.

Wir könnten fortfahren, die skandalösesten Mordfälle aus dem sechzehnten, siebzehnten und achtzehnten Jahrhundert, die an die Öffentlichkeit gelangten, Revue passieren zu lassen, aber das würde uns von unserem Ziel ablenken, nämlich die Rolle der Rothschilds beim berühmtesten Ritualverbrechen des neunzehnten Jahrhunderts sowie die Auswirkungen der Damaskus-Affäre auf die Wiederbelebung des jüdischen Nationalismus, d. h. des Zionismus, zu untersuchen.

Jüdische Herrschaft im 19. Jahrhundert

Diejenigen, die rituelle Verbrechen auf das Mittelalter beschränken wollen, sollten nach einer Erklärung für den deutlichen Anstieg der Zahl der bezeugten Fälle im 19. Es sind etwa fünfzig Morde verzeichnet, die während der Purim- und Pessachfeiern begangen wurden. Wie in Kapitel zwei erörtert, waren Emanzipation und Assimilation in die Gesellschaften, die sie aufnahmen, die Bestrebungen der jüdischen Intellektuellen und ihrer nichtjüdischen Freunde gewesen. Auf diese Weise wurden Gesetze geschaffen, die darauf abzielten, die Diskriminierung oder Ausnahmestellung der jüdischen Bevölkerung in den europäischen Staaten abzuschaffen, die als mittelalterlich und mit der Kirche verbunden angesehen wurde. Durch diese rechtliche Neuordnung erhielten die Juden den Status von Bürgern mit den gleichen Rechten wie andere Staatsangehörige. Auf diese Weise begann in Europa und Amerika eine Ära der jüdischen Vorherrschaft, die von der Rothschild-Dynastie verkörpert wurde. Der Einfluss des Goldes der Rothschilds und die wirtschaftliche und politische Macht, die ihnen damit verliehen wurde, war überall spürbar. Die jüdische Presse begann, die öffentliche Meinung zu diktieren, und immer mehr Juden besetzten Schlüsselpositionen in der Regierung, in der Justiz und an den Universitäten. Wir haben auch schon gesehen, was der Plan der Illuminaten in dieser Hinsicht war und wie sie wirklich an Macht gewannen.

Im 21. Jahrhundert gibt es keine staatliche Souveränität mehr: Multinationale Unternehmen aller Art, Institutionen wie der Internationale Währungsfonds, die Weltbank, die Bank für Internationalen Zahlungsausgleich, die Federal Reserve, die Bank of England, die Europäische Zentralbank, die Welthandelsorganisation usw. üben absolute Macht und Kontrolle über Länder aus. So ist beispielsweise bekannt, dass man in den Vereinigten Staaten nicht Präsident werden kann, wenn man nicht von allmächtigen Lobbys wie dem AIPAC (American Israel Public Affairs Committee), der ADL (Anti-Defamation League) und anderen unterstützt wird. In *The Jewish Century* (2004) argumentiert Yuri Slezkine, dass das 20. Jahrhundert zweifellos in jeder Hinsicht das jüdische Jahrhundert war. Die Grundlagen dieser Macht wurden jedoch im 19. Jahrhundert gelegt. Man kann ohne Übertreibung sagen, dass die Geschicke der Staaten bereits zunehmend von jüdischen Organisationen bestimmt wurden.

Eine Entscheidung der Rothschilds gegen einen Staat, der nicht ihren Vorstellungen entsprach, konnte ihn in den Bankrott treiben.

Es ist daher nicht verwunderlich, dass unter solchen Umständen das Vertrauen in diese immer deutlicher werdende Macht zu dem Glauben führte, man könne ohne Angst vor Strafe handeln. Nur so ist es zu erklären, dass die Zahl der rituellen Verbrechen, die mit unglaublicher Dreistigkeit und scheinbarer Sicherheit begangen wurden, erschreckend zunahm. Die Straflosigkeit wurde zu einer Konstante. Wenn ein Gericht ein Verfahren einleitete, um die Täter zu bestrafen, führte es zu keinem Ergebnis, wenn es nicht im Keim erstickt wurde. Wie wir im Fall des Verbrechens von Damaskus sehen werden, wagten die Regierungen nicht, sich der Plage der Ritualverbrechen zu stellen, weil sie sich den internationalen jüdischen Finanziers ausgeliefert fühlten.

Das Verbrechen von Damaskus

Die ursprünglichen Prozessunterlagen zu diesem Fall wurden im Pariser Außenministerium aufbewahrt, verschwanden aber 1870 spurlos, als der Jude und hochrangige Freimaurer Crémieux, eine Schlüsselfigur in der Geschichte, die wir gleich erzählen werden, Justizminister war. Dennoch befinden sich zwei von Achille Laurent verfasste Bände mit dem Titel *Relation historique des affaires de Syrie despuis 1840 jusqu'en 1842* in der Bibliothèque Nationale de Paris. Der zweite Band enthält die authentischen Gerichtsdokumente. 1843 veröffentlichte die Zeitschrift *L'Univers et l'union catholique* ebenfalls einen Auszug aus den arabischen Texten, der möglicherweise in einer deutschen Übersetzung aus demselben Jahr erhalten geblieben ist. Einige offizielle Dokumente des Prozesses sind auch in einem Werk über das Verbrechen von Damaskus enthalten, das vom syrischen Verteidigungsminister Mustafa Tlass veröffentlicht wurde. Nach Informationen, die am 27. Juni 2002 in der Ausgabe 99 des Newsletters des MEMRI (The Middle East Media Research Institute) veröffentlicht wurden, hat Tlass, einer der Gründerväter des Baath-Regimes in Syrien, 1983 eine erste Auflage veröffentlicht, aber erst in der zweiten Auflage von 1986 wurden Anhänge mit Fotokopien offizieller Dokumente hinzugefügt.

Alles begann am Abend des 15. Februar 1840, dem Purimfest. Pater Tomaso, ein hochgeschätzter Kapuzinermönch, der seit 1807 in Damaskus tätig war, um den Menschen zu helfen (er war als „Doktor der Impfstoffe" bekannt, da er ein Pockenimpfungsprogramm initiiert hatte), begab sich in das jüdische Viertel, um an der Tür der Synagoge einen Hinweis auf eine Wohltätigkeitsauktion anzubringen, die im Haus eines verstorbenen Einwohners stattfinden sollte. Als die Sonne unterging, machte sich sein Diener, Ibrahim Amara, Sorgen über die Verspätung von Pater Tomaso und beschloss, ihn zu suchen. Beide wurden von zahlreichen Zeugen im jüdischen Viertel gesehen, bevor sie verschwanden.

Zwei Tage später tauchte im Friseursalon des Juden Soliman ein Zettel auf, der demjenigen glich, den Pater Tomaso in der Synagoge aufgehängt hatte, was ihn misstrauisch machte. Er wurde gefragt, wie die offizielle Mitteilung zu ihm gelangt sei. Seine Erklärung erschien so unglaublich und erfunden, dass man glauben musste, er wisse etwas über die Angelegenheit. Da es sich bei dem Vermissten um einen Europäer handelte, beschloss Sherif Pascha, der Generalgouverneur des Vizekönigs von Ägypten, Muhammed Ali, in Damaskus, ihn in Gewahrsam zu nehmen, und beauftragte den französischen Konsul in Damaskus, Graf de Ratti-Menton, mit der Leitung der Voruntersuchungen. Dieser Konsul war erst vor drei Monaten in der syrischen Hauptstadt eingetroffen. Gemäß dem französisch-türkischen Vertrag von 1740 hatten die französischen Diplomaten das Recht, katholische Priester im Osmanischen Reich zu schützen. Der Vertrag enthielt auch eine spezielle Klausel, die sich auf den Schutz der Kapuzinerkirchen bezog.

Der Barbier leugnete mehrere Tage lang, irgendetwas zu wissen, aber als man ihm versicherte, dass er nicht bestraft werden würde, und ihm Schutz anbot, schlug er vor, eine Reihe von Glaubensbrüdern aufzusuchen, vor denen er sein Wissen bekennen würde. Die Rabbiner Moses Salonicli und Moses Abu-el-Afieh, die drei Brüder David, Isaac und Aaron Harari, ihr Onkel Joseph Harari und ein Joseph Laniado wurden ihm vorgeführt. Sie alle leugneten, Pater Tomaso gesehen zu haben. Die Gruppenverhöre blieben erfolglos, und es wurde beschlossen, sie in Einzelhaft zu nehmen. Der Friseur wurde erneut verhört, wahrscheinlich ausgepeitscht und dazu gedrängt, die Wahrheit zu gestehen.

Laut Gerichtsprotokoll gab der Friseur in seinem Teilgeständnis an, dass die sieben oben genannten Personen Pater Tomaso zu Davids Haus Harari gebracht hatten. Eine halbe Stunde nach Sonnenuntergang habe Murad-el-Fattal, der Diener von David Harari, ihn aus dem Friseursalon geholt. „Opfere diesen Mann", mit diesen Worten, so der Barbier Soliman, sei ihm befohlen worden, Pater Tomaso zu töten, der sich mit gefesselten Händen im Zimmer befand. Der Friseur sagte, er habe sich geweigert und Aaron Harari habe ihm daraufhin den Zettel gegeben, der ihn über die Versteigerung informierte, um ihn an der Tür des Friseursalons anzubringen. Er fügte hinzu, dass David Harari ihm bei seiner Verhaftung gesagt habe, er solle vorsichtig sein, nichts gestehen und dass er Geld bekommen würde.

Die nächste Person, die verhaftet wurde, war folglich Davids Diener Harari, Murad-el-Fattal, der wichtige Details preisgab. Als er vom Oberhaupt der jüdischen Gemeinde in Damaskus, Raphael Farhi, zur Rede gestellt wurde, zog der Diener seine Aussagen zurück. In Anwesenheit des Gouverneurs Pascha fragte dieser ihn, warum er seine Aussage zurückgezogen habe. Den Unterlagen zufolge gab er folgende Erklärung ab: „Ich wurde in Anwesenheit von Raphael Farhi befragt. Ich hatte Angst und deshalb habe ich meine Aussage zurückgezogen, vor allem wegen des Blicks, den er mir zuwarf. Sherif Pascha reagierte daraufhin wie folgt: „Was, du hast mehr Angst vor Raphael als vor mir? Murad-el-Fattal antwortete: „Ja, ich habe Angst, dass er mich töten wird. Ich fürchte Raphael mehr als seine Exzellenz, denn seine Exzellenz wird mich mit der Peitsche auspeitschen und dann entlassen, während er mich, wenn ich die Wahrheit sage, in der Nachbarschaft töten wird".

Da die Ermittlungen ergaben, dass es sehr wahrscheinlich war, dass der Friseur zum Zeitpunkt der Hinrichtung anwesend war, wurde Soliman erneut verhaftet und einem harten Verhör unterzogen, das wahrscheinlich eine Form von Folter beinhaltete und zu einem detaillierten Geständnis führte, das er in Anwesenheit mehrerer Beamter, eines Arztes und Vertretern des Konsulats ablegte. Alle bestätigten die Aussage durch Unterzeichnung des Protokolls.

Zusammenfassend erzählte der Barbier, dass der Harari, nachdem ihm befohlen wurde, den Kapuziner hinzurichten, was er zunächst ablehnte, ein Messer hervorholte. Er selbst hielt Pater Tomaso über eine große Schüssel auf dem Boden und David Harari schnitt ihm die Kehle durch. Aaron beendete ihn mit einem zweiten Schnitt, und das Blut wurde in der Schüssel aufgefangen, „ohne dass ein Tropfen verloren ging". Die Leiche wurde dann in einen anderen Raum geschleppt, wo sie nackt ausgezogen und die Kleidung verbrannt wurde. Der Diener von David Harari, Murad, erschien sofort und wurde angewiesen, zusammen mit dem Barbier die Leiche schnell zu zerlegen. Die Knochen wurden mit einem Hammer auf dem Boden zertrümmert. Danach steckten sie die Überreste in einen Sack und warfen sie einen nach dem anderen in die Kanalisation in der Nähe des Hauses von Rabbi Abu-el-Afieh. Dann kehrten sie zum Haus von David Harari zurück, wo sie dem Diener sagten, dass sie ihn verheiraten und alle Kosten der Zeremonie übernehmen würden. Sie versprachen dem Barbier Geld, warnten ihn aber auch,, dass sie ihn töten würden, wenn er seine Zunge verlässt. Nach dieser Aussage wurde der Diener Murad verhört, und er bestätigte den Bericht des Barbiers in allen Einzelheiten.

Angesichts der Übereinstimmung der Berichte der beiden Zeugen schlug Oberst Hasez Beik vor, eine sofortige Inspektion von Davids Haus Harari in Anwesenheit des französischen Konsuls, eines hohen Beamten des Konsulats und des Arztes Dr. Massari durchzuführen. In dem Raum, in dem die Leiche zerstückelt worden war, entdeckte man Blutspritzer an den Wänden. An den Stellen, an denen die Knochen zertrümmert worden waren, war der Fußboden stark zerschrammt. Außerdem wurde der Vorschlaghammer gefunden; das Messer fehlte jedoch und konnte nicht gefunden werden.

Daraufhin wurde beschlossen, in den Abwasserkanälen gründlich zu suchen. Die Arbeiter, die in die Kanalisation hinabstiegen, um die Suche durchzuführen, fanden Teile der gebrochenen Knochen mit noch anhaftendem Fleisch, Reste des Schädels, einen Teil des Herzens und Teile der Kapuze von Pater Tomaso. All dies wurde sorgfältig gesammelt und an den Pascha geschickt, damit er und die Ärzte es sich ansehen konnten. Eine Aussage des österreichischen Konsuls Merlato, der die schwarze Kapuze des Vaters sofort erkannte, da er der einzige war, der sie trug. 2. eine Erklärung von vier europäischen Ärzten, Massari, Delgrasso, Raynaldi und Salina, in der sie erkennen, dass es sich um die Überreste eines menschlichen Körpers handelt. 3. die gleiche Erklärung, jedoch von sieben syrischen Ärzten. 4. ein informatives Dokument des Friseurs, der Pater Tomaso bediente.

Als die Überreste des Vaters gefunden wurden, gab es keinen Zweifel mehr. Die sieben Angeklagten wurden erneut ohne jegliche Gewalt verhört. Sie wurden auf die schwerwiegenden Umstände hingewiesen, die sie unweigerlich mit dem Verbrechen in Verbindung brachten, und sie versuchten nicht, irgendetwas zu leugnen. Anschließend wurden die Festgenommenen getrennt voneinander verhört. Einige ihrer Aussagen wurden wortwörtlich zitiert. Isaac Harari sagte: „Wir haben den Vater in das Haus von David Harari, meinem Bruder, gebracht. Es war eine arrangierte Angelegenheit zwischen uns. Wir opferten ihn, um sein Blut zu erhalten, das in eine Flasche gegossen und Rabbi Moses Abu-el-Afieh übergeben wurde, und zwar aus religiösen Gründen, da wir das Blut für die Erfüllung unserer religiösen Pflichten benötigten". Rabbi Moses Abu-el-Afieh antwortete auf eine entsprechende Frage: „Der Oberrabbiner von Damaskus, Jacob Antebi, führte ein Gespräch mit den Brüdern Harari und den übrigen Angeklagten, um eine Flasche mit menschlichem Blut zu erhalten. Die Hararis versprachen, es für den Preis von 12.500 französischen Francs zu liefern. Als ich zum Haus der Hararis ging, wurde mir mitgeteilt, dass sie einen Mann für die Opferung besorgt hatten. Ich ging hinein, und die Tötung war bereits abgeschlossen. Das Blut war gewonnen worden, und man sagte mir, ich solle es Rabbi Jacob Antebi geben. Ich erwiderte, sie sollten es Moses Salonicli überlassen,, aber sie sagten mir, ich sei ein vernünftiger Mann und es sei besser, wenn ich es nähme". Moses Abu-el-Afieh fügte hinzu, dass ein Teil des Blutes, vermischt mit Mehl, nach Bagdad geschickt wurde. David Harari bestätigte seinerseits in einem weiteren Verhör, dass der geistige Urheber des Verbrechens tatsächlich der Oberrabbiner von Damaskus, Jakob Antebi, war, der den sieben Angeklagten in der Synagoge von Damaskus den genauen Plan für die Hinrichtung des Vaters mitgeteilt hatte. Zu diesem Plan bestätigte Isaac Harari in einem weiteren Verhör, dass die Rabbiner Moses Salonicli und Moses Abu-el-Afieh, um den Kapuziner zu fangen, den Vorwand benutzt hatten, ein Kind impfen zu lassen. Letztere hatten Pater Tomaso in das Haus von David Harari eingeladen, und der Mönch hatte die Einladung ohne jeden Verdacht angenommen, da er seit Jahren eine enge und freundschaftliche Beziehung zu den Brüdern hatte.

Rabbi Abu-el-Afieh konvertiert zum Islam

Eine überraschende Episode in diesem Fall war der Übertritt von Rabbi Moses Abu-el-Afieh zum Islam. Dieser Rabbiner in den Vierzigern, der die Wendung der Ereignisse sah und fürchtete, sein Leben zu verlieren, entweder durch das Urteil des Gerichts oder weil seine Glaubensgenossen ihm nicht verzeihen würden, dass er den Oberrabbiner von Damaskus verwickelt hatte, wahrscheinlich um den Schutz des Paschas zu erlangen, konvertierte am 10. Mai zum Islam und nahm den Namen Mohammed Effendi an. Diesen Namen hatte der ketzerische Messias Shabbetay Zeví gewählt, als er 1666 in Konstantinopel zum Islam übertrat, um sein Leben zu retten. Eine der ersten Handlungen des neuen „Gläubigen" bestand darin, einen Bericht an den Generalgouverneur zu schreiben, der wie folgt beginnt: „In Befolgung der Bitte Eurer Exzellenz habe ich die Ehre, Euch über die folgenden Umstände der Ermordung von Pater Tomaso zu informieren. Denn nun weiß ich, dass ich aufgrund meines Glaubens an den allmächtigen Gott und an Muhammed, seinen Propheten, den ich auf diese Weise anflehe und preise, nicht mehr um mein Leben fürchten muss: So bezeuge ich die Wahrheit wie folgt...". Es folgte die gleiche Version der

Ereignisse, die bereits erzählt wurde. In dem Bericht fügte Mohammed Effendi außerdem hinzu, dass er nichts darüber wisse, was mit dem Diener des Kapuziners, Ibrahim Amara, geschehen sei, obwohl er feststellte, dass er das gleiche Schicksal wie Pater Tomaso erlitten habe. In dem Brief sagte er, er habe gehört, wie Isaac seinen Bruder David gefragt habe: „Wie läuft es in diesem Geschäft? Auch er hat seinen Anteil erhalten".

Mohammed Effendi beschuldigte nicht nur Rabbi Antebi, der Drahtzieher des Mordes zu sein, sondern erklärte sich auch bereit, als loyaler Muslim Passagen im *Talmud* zu finden und zu übersetzen, die das verbrecherische Verhalten der Juden erklären könnten. Auf dieses Thema der rabbinischen Texte war Sherif Pascha von den Christen in Damaskus aufmerksam gemacht worden, die besonders beunruhigt waren und in ihren Bibliotheken nach Büchern suchten, aus denen hervorging, dass Menschenopfer im Judentum vorgeschrieben waren. Ein von Lucius Ferraris im 18. Jahrhundert in lateinischer Sprache verfasstes Buch, *Prompta Bibliotecha*, machte auf Passagen im *Talmud* aufmerksam, in denen ein mörderischer Hass auf Christen zum Ausdruck kommt. Laut Jonathan Frankel, Professor an der Hebräischen Universität Jerusalem und Autor von *The Damascus Affair. „Ritualmord, Politik und die Juden im Jahr 1840*, wurden Auszüge aus diesem Buch aus dem 18. Jahrhundert auf Initiative von Ratti-Menton ins Französische und Arabische übersetzt und Kopien in und um Damaskus verteilt.

Mohammed Effendi und der Oberrabbiner von Damaskus wurden Tage später miteinander konfrontiert, um die Auslegung des *Talmuds* zu überprüfen. Am Ende der Diskussion konnte der Pascha nicht umhin, den Abtrünnigen mit einem Blick zu fragen: „Wenn ein Jude eine schädliche Aussage gegen einen anderen Juden oder gegen das jüdische Volk macht, welche Strafe verdient er dann?" Die Antwort lautete: „Er sollte erbarmungslos getötet werden. Der *Talmud* erlaubt ihm nicht, zu leben. Diese Religion ist auf diesem Prinzip aufgebaut; deshalb bin ich zum Islam konvertiert, um sprechen zu können..." Auf die Worte von Mohammed Effendi angesprochen, bestätigte Oberrabbiner Jacob Antebi dies und fügte hinzu: „Wir sollten dafür sorgen, dass die Regierung eine solche Person tötet. Wenn nicht, würden wir ihn bei der geringsten Gelegenheit mit unseren eigenen Händen töten". Nachdem der Generalgouverneur bestätigt hatte, dass Mohammed Effendi die Wahrheit gesagt hatte, deutete er an, dass die Regierung in ihrem Interesse handeln sollte, und fragte erneut, was sie tun würde. Jacob Antebi wiederholte: „Je nach den Umständen würden wir alles tun, um ihn zu töten; jedes Mittel wäre für uns geeignet. Das lehrt unseren Glauben. Mohammed Effendi hatte nur wenig Zeit, um sich - vermeintlich aus sicherer Entfernung - in seine neue Religion zu vertiefen und seine Übersetzungen des *Talmuds* fortzusetzen, denn er starb kurz darauf, wie europäische jüdische Zeitungen berichteten, an den Folgen der Folter, der er ausgesetzt gewesen war.

Der Mord an dem Diener Ibrahim Amara

Was mit dem Diener von Pater Tomaso geschah, wurde von Davids Diener Harari, Murad el-Fattal, berichtet. Im jüdischen Viertel angekommen, fragte Ibrahim Amara die Juden Aaron Stambuli, Mehir Farhi, Aslan Farhi und Isaac Picciotto, die gerade auf die Straße gingen, nach ihrem Herrn. Mehir Farhi deutete auf ihr Haus und erklärte, dass der Vater bei ihnen sei, um ein Kind zu impfen, und dass er, wenn er auf ihn warten wolle, hineingehen könne. Murad-el-Fattal, der als Transmissionsriemen zwischen den beiden Häusern fungierte und auf Anweisung von David Harari von einem zum anderen ging, sagte aus, dass er, als er ein zweites Mal zum Haus von Mehir Farhi ging, das Schloss eingeschaltet hatte. Nachdem er eingetreten war, sagte er, sein Herr habe ihn geschickt, um herauszufinden, ob der Diener verhaftet worden sei. Man sagte ihm, dass sie ihn bereits hätten und fragte ihn, ob er bleiben oder wieder gehen wolle. Er blieb und wurde Zeuge des Verbrechens. Isaac Picciotto und Aaron Stambuli fesselten und knebelten ihn und warfen ihn dann gemeinsam zu Boden. Zusätzlich zu den oben genannten waren Murad Farhi und Joseph Farhi anwesend. Eine Kupferschale wurde unter seinen Kopf gelegt und Murad Farhi stach auf ihn ein. Murad-el-Fattal gestand, dass er selbst und Meir Farhi seinen Kopf hielten, während Aslan Farhi und Isaac Picciotto auf ihm saßen und seine Beine festhielten. Sie hielten ihn fest, bis das Blut aufhörte zu fließen. Aaron Stambuli goss das Blut dann in eine lange weiße Flasche, um es Moses Abu-el-Afieh zu geben. Diese Version wurde später von dem jungen Aslan Farhi bestätigt. Es sei darauf hingewiesen, dass Aslans Vater, Raphael Farhi, eines der angesehensten Mitglieder der jüdischen Gemeinde in Damaskus war.

Nach der Ermordung der beiden Opfer versammelten sich die Teilnehmer im Haus von David Harari, um bis zum Morgengrauen zu trinken und zu reden, so die Aussage desselben Dieners, der die Pfeifen der „vornehmen und wohlhabenden Juden" füllte. Die Massaker wurden eingehend besprochen und Erfahrungen ausgetauscht. Insbesondere wurde der Zeitaufwand erörtert, der für künftige Fälle wertvoll sein könnte.

Sherif Pascha begab sich in Begleitung hoher Offiziere und des Konsuls Ratti-Menton gemäß der gerichtlichen Vorladung in das jüdische Viertel, und alle Fakten konnten an Ort und Stelle überprüft werden. Ein Abflussrohr in der Nachbarschaft wurde geöffnet und die Leber des Opfers, Knochen und ein Gürtel wurden gefunden. Die Ärzte Massari und Raynaldi erklärten, dass die Überreste von einem Menschen stammten. Der einzige der Verhafteten, der die Tatsachen leugnete, war Meir Farhi. Gegenüber dem jungen Aslan Farhi und dem Diener Murad-el-Fattal, die die Geschichte des schrecklichen Verbrechens in allen Einzelheiten wiederholten, begann Farhi zu schreien: „Ihr seid verrückt, ihr habt euren Verstand verloren". Dann versuchte er in einem Anfall von Wut und Ohnmacht, sie anzugreifen. Auf jeden Fall konnte er kein Alibi vorweisen und wurde weiter inhaftiert.

Mehrere der des Mordes an Ibrahim Amara Beschuldigten konnten jedoch fliehen und sich der Verhaftung entziehen, indem sie sich versteckten. Ende April 1840, etwas mehr als zweieinhalb Monate nach den Verbrechen, konnte der Prozess als abgeschlossen betrachtet werden. Sechzehn Juden hatten sich an dem Doppelmord beteiligt, zehn von ihnen wurden zum Tode verurteilt. Die Bevölkerung von Damaskus wartete auf die Hinrichtung der blutrünstigen Männer.

Henker werden zu Opfern

Sobald die Nachricht von den Geschehnissen in Damaskus Europa erreichte, wurde die Maschinerie in Gang gesetzt, um die Verbrecher zu unschuldigen Opfern und diejenigen, die sich um Gerechtigkeit bemühten, zu rücksichtslosen, von Judenhass getriebenen Henkern zu machen. Gegen den französischen Konsul, der isoliert wurde und die Unterstützung seiner europäischen Kollegen verlor, wurde sofort eine Verleumdungs- und Hetzkampagne inszeniert. Alle Konsuln in der Region wurden, wie wir sehen werden, von ihren Regierungen angewiesen, die Aktionen des Grafen de Ratti-Menton nicht mehr zu unterstützen. Das Referenzwerk, um alle Einzelheiten der Verhandlungen und der durchgeführten Manöver zu erfahren, ist das bereits erwähnte Werk von Jonathan Frankel, *The Damascus Affair „Ritual Murder". Die Politik und die Juden im Jahr 1840.* Leider entlastet dieser Professor an der Hebräischen Universität Jerusalem seine Brüder aus Damaskus von dem Verbrechen und tut dies mit der Heuchelei und Chuzpe, die Juden an den Tag legen, wenn sie lügen und es wissen (Chuzpe). Trotzdem ist das Werk gut dokumentiert und aufgrund der Vielzahl der darin wiedergegebenen Texte von großem Wert.

Bereits im Februar desselben Jahres trafen die ersten Briefe in Europa ein, die die europäischen Juden alarmierten. Der reiche holländische Kaufmann aschkenasischer Herkunft, Rabbi Abraham Zevi Hirsch Lehren, der 1817 in Amsterdam die Leitung einer pro-zionistischen Organisation namens „Officers of the Land of Israel" übernommen hatte, war der erste, der sich an die Rothschilds wandte. Am 18. März schrieb er zwei Briefe, einen an den holländischen Außenminister, Baron V. Van Soelen, den zweiten, in französischer Sprache, an James Rothschild. Darin beschreibt er die Lage der Juden in Damaskus. Hier ein Auszug: „Die Juden werden nie frei von Verfolgung sein, bis unser Messias kommt, auf den wir mit Entschlossenheit blicken; aber der gute Gott... hat uns immer bedeutende Männer mit genügend Einfluss gegeben, um ihr Unglück zu lindern. Und in unserer Zeit hat er uns die berühmte Familie Rothschild gegeben, die die Macht hat, ihre verfolgten Brüder zu retten..... Hier ist die Gelegenheit für Sie, sich als Schutzengel der Unterdrückten zu erweisen und für sich selbst die Tore des Paradieses zu öffnen....".

Eine Woche später schrieb der Rabbiner und dramatisierte die Situation: „Das Leben von vielen Tausend unserer Glaubensgenossen ist in Gefahr". Hirsch Lehren bat James Rothschild um eine Antwort. Zufälligerweise befand sich James zu dieser Zeit in London, um der Hochzeit seines Enkels Anthony (1810-1876), Nathans zweitem Sohn,, mit Louise Montefiore (1821-1910), der Enkelin von Moses Montefiore, beizuwohnen. Offenbar wurde daher bis Ende

März in Paris nichts unternommen. Es war Montefiore, der in Begleitung von Isaac Adolphe Crémieux zum wichtigsten Vertreter der Rothschilds bei der Bewältigung der Damaskus-Affäre wurde. Albert Cohn, der Vormund der Kinder der Familie für jüdische Angelegenheiten, wurde beauftragt, mit dem Anwalt Crémieux Kontakt aufzunehmen, um eine Reihe von Artikeln vorzubereiten, die den Berichten in der feindlichen Presse, die die Juden von Damaskus beschuldigten, entgegenwirken sollten. Crémieux war seit Jahren einer der engsten Vertrauten von James Rothschild: Im August 1834 war er mit Lionel, dem Erben von Nathan, nach Madrid gereist, um mit dem spanischen Finanzminister, dem asturischen Grafen von Toreno, über die Ausbeutung der Minen von Almaden zu verhandeln. James betrachtete Toreno damals als „Feind" und versuchte, ihn zu bestechen.

Auch die jüdischen Führer von Konstantinopel baten die Rothschilds um Hilfe: Samuel de N. Trèves, I. Camondo und Salomon Fua schrieben Briefe an die Rothschilds in London, Neapel, Wien und möglicherweise auch an die in Paris und Frankfurt. Die Rothschilds waren im gesamten Nahen Osten gut bekannt, da sie sich in jüdischen Angelegenheiten engagierten und mit Rabbi Hirsch Lehren bei der Unterstützung aschkenasischer Juden in Palästina zusammenarbeiteten. Kurz gesagt, um 1840 hatten die Rothschilds unter den Juden in aller Welt einen mythischen Status erlangt.

Bevor wir fortfahren, ist es notwendig, kurz die hierarchische Struktur und die politische Situation in diesem Gebiet zu erläutern. Die oberste Autorität in Bezug auf die Ereignisse in Damaskus war der Vizekönig von Ägypten, Muhammed Ali (1769-1849), der Syrien seinem Herrschaftsgebiet einverleibt hatte und 1838 seinen Wunsch nach Unabhängigkeit vom osmanischen Sultan, dem damaligen Abdulmecit I., bekundet hatte, um Ägypten in ein erbliches Königreich zu verwandeln. Dies hatte einen türkisch-ägyptischen Krieg ausgelöst, der durch einen Vertrag zwischen den Briten und den Osmanen ausgelöst wurde, den Ägypten nicht akzeptieren wollte. Im Jahr 1839 wurde die türkische Armee bei Nisibis besiegt. Angesichts der wachsenden Macht Ägyptens stellten sich Großbritannien, Russland und Preußen auf die Seite der Osmanen, nur Frankreich unterstützte Ägypten. Die europäischen Konsuln in Alexandria hatten somit die Oberhand über die Konsuln in Damaskus und konnten sich auch direkt mit dem Vizekönig treffen. Der französische Generalkonsul in Alexandria war Adrien-Louis Cochelet, ein erfahrener Diplomat, der im Dienste Napoleons gestanden und Vertretungsposten in Brasilien, Mexiko, Portugal und Moldawien bekleidet hatte. Er war seit 1837 in Ägypten tätig. Der österreichische Generalkonsul bei Muhammed Ali war hingegen Anton Joseph Laurin. Laut Hellmut Schramm war Laurin ein Krypto-Jude, der wie Adam Weishaupt bei den Jesuiten in einem Zentrum in Slowenien ausgebildet worden war. Schließlich ist noch anzumerken, dass die höchste Autorität, der sowohl die Konsuln in Damaskus als auch in Alexandria Bericht erstatteten, die Botschafter waren, die in Konstantinopel residierten.

Am 27. März übermittelte Laurin seinem unmittelbaren Vorgesetzten, Baron von Stürmer, dem österreichischen Botschafter in Konstantinopel, den ersten Bericht von Merlato, der, wie wir gesehen haben, zunächst die Ansichten seines Kollegen Ratti-Menton geteilt hatte. Von Stürmer wies den Bericht zurück und akzeptierte keine religiösen Motive zur Rechtfertigung des Verbrechens. Die Angeklagten", schrieb er, „sind die reichsten und prominentesten Juden in Damaskus". Laurin leitete die Anweisungen an Merlato weiter und forderte ihn auf, die Anschuldigungen von nun an nicht mehr zu akzeptieren. Es ist sehr wahrscheinlich, dass Salomon Rothschild und sein guter Freund Fürst Metternich in Wien bereits einige Gespräche über diese Angelegenheit geführt hatten. Im vorigen Kapitel wurde bereits erwähnt, dass die Rothschilds der österreichischen Regierung enorme Darlehen gewährt hatten und das Geschäft des Baus von Eisenbahnlinien im ganzen Reich in ihren Händen hielten. Salomon Rothschild war der Bankier der führenden aristokratischen Familien, darunter auch derjenigen von Metternich. Melanie Zichy- Farrari, Metternichs dritte Ehefrau, unterhielt enge Beziehungen zu Salomons Schwägerinnen, Betty in Paris und Adelheid in Neapel.

Jonathan Frankel enthüllt, dass Laurin, der zuvor in verschiedenen konsularischen Ämtern im Königreich der beiden Sizilien gedient hatte, eine persönliche Freundschaft mit keinem Geringeren als Carl Rothschild pflegte, mit dem er ein Interesse an antiken Münzen, Schmuck und anderen Gegenständen teilte. Während seines Aufenthalts in Ägypten, wo er als Archäologe bekannt war, hatte er einige Einkäufe für Karl getätigt, der ihn dafür mit neapolitanischen Weinen, Nudeln und anderen Waren belohnte. Für den Fall, dass nicht klar ist, dass er ein Rothschild-Mann war, fügt Frankel hinzu, dass Laurin als Generalkonsul in Alexandria eng mit Rabbi Hirsch Lehren zusammenarbeitete und Konsularbeamte nach Palästina geschickt hatte, um Entschädigungen für die dort ansässigen aschkenasischen Juden zu erwirken.

Der französische Konsul erkannte bald, dass er auf sich allein gestellt war, aber er blieb unbestechlich, auch wenn Bestechungsversuche bis in sein Konsulat vordrangen. Ratti-Menton prangerte an, dass die Juden einem seiner Beamten, Beaudin, 150.000 Piaster angeboten und ihm sogar vorgeschlagen hätten, die Summe zu erhöhen, wenn er seine Brüder von dem rituellen Verbrechen freisprechen könne. Nach diesem gescheiterten Korruptionsversuch versuchten die jüdischen Unterhändler, über ein anderes Konsulat Zugang zum französischen Konsul zu erhalten. Diesmal wurden 500.000 Piaster angeboten. Diese Versuche wurden von der Ausburger *Allgemeinen Zeitung* öffentlich angeprangert, die, obwohl sie dem Druck langsam nachgab, in den ersten Monaten genügend Unabhängigkeit zeigte, um diese Worte zu veröffentlichen:

> „Der Prozess gegen die Juden ist noch nicht abgeschlossen und die Verbrecher sind noch nicht bestraft worden; aber dass Pater Tomaso von den Juden aus religiösen Gründen ermordet wurde, ist eindeutig bewiesen. Eine Durchsicht mehrerer Aktenordner, zu denen wir Zugang hatten, lässt keinen Zweifel zu. Der französische Konsul in Damaskus, Graf de Ratti-Menton, hat die größtmögliche Aktivität bei der Suche nach der Wahrheit gezeigt.... Die Juden dort haben gezeigt, dass sie alle anderen an Fanatismus übertreffen. Da sie früher wegen ihres Reichtums vom Pascha ständig als Geschäftsleute benutzt wurden, besitzen sie großen Einfluss, und die Christen dort sind verängstigt. Obwohl jedes Jahr in Damaskus plötzlich christliche Kinder spurlos verschwanden, obwohl die Juden deswegen immer unter Verdacht standen, wagte es niemand, sie anzuklagen, ja,

niemand wagte es, bei einem begründeten Verdacht einen Prozess anzustrengen, so groß war der Einfluss, den ihr Geld ihnen bei den korrupten türkischen Behörden gab. An Geldangeboten hat es im Übrigen nicht gemangelt. Dem Sekretär des französischen Konsuls wurde eine hohe Summe angeboten, um zu versuchen, die Haltung des Konsuls in dieser Sache zu ändern...".

Bald verbreitete die vom jüdischen Kapital kontrollierte europäische Presse die schrecklichsten Foltergeschichten. Hier eine Auswahl aus dem „offiziellen Bericht", der am 13. Mai von dem anglikanischen Missionar George Wildon Pieritz, einem getarnten Juden, Mitglied der „Londoner Gesellschaft zur Förderung des Christentums unter den Juden", die als erste christliche Organisation das Banner des Judenschutzes hochhielt, herausgegeben und verbreitet wurde. Der Titel des Berichts lautet: *Statement of Mr. G.W. Pieritz, a Jewish Convert*, a Jewish *Convert. Pieritz, ein jüdischer Konvertit und Hilfsmissionar in Jerusalem, in Bezug auf die Verfolgung der Juden in Damaskus: das Ergebnis einer persönlichen Untersuchung vor Ort (Report of Mr. G.W. Pieritz, a Jewish convert, and assistant missionary at Jerusalem, respecting the persecution of the Jews at Damascus: the result of a personal inquiry on the spot. Pieritz, jüdischer Konvertit und Hilfsmissionar in Jerusalem, über die Verfolgung der Juden in Damaskus: das Ergebnis einer persönlichen Untersuchung vor Ort).* Laut Pieritz wurden die „unglücklichen Gefangenen" zusammen mit ihren Kindern in eiskaltes Wasser getaucht und dann langsam geröstet. Ihre Augen wurden mit Maschinen aus den Höhlen gepresst und heiße Eisen in ihre Körper eingeführt. Die „Opfer", die Tag und Nacht gezwickt wurden, mussten drei Tage lang stehen, und brennende Kerzen kitzelten ihre krummen Nasen. Hunderte von jüdischen Kindern seien in Gefängnisse geworfen worden, wo sie wie die Fliegen umkamen, usw. usw.. Hellmut Schrammm enthüllt, dass G. W. Pieritz ein Jude war, der studierte, um Rabbiner zu werden und dann zum Christentum konvertierte. Dieser Rabbiner ging nach Damaskus, wo er am 30. März ankam, „in Anbetracht der christlichen Mission, die ihn verpflichtete, die Menschenrechte an Orten der Despotie zu verteidigen". Dort nimmt er Kontakt mit dem britischen Konsul Nathaniel Werry auf, der ihm anbietet, ihn mit Ratti-Menton und Sherif Pascha bekannt zu machen, was er jedoch ablehnt. Am 6. April verließ Pieritz Damaskus in Richtung Beirut. In einer aufschlussreichen Depesche an seinen Vorgesetzten John Bidwell vom 24. April 1840 bezeichnet Werry Pieritz als jüdischen Konvertiten, der andere Ansichten über die Geschehnisse habe und die Veröffentlichung eines äußerst gewalttätigen Pamphlets gegen Ratti-Menton und Sherif Pascha plane. Dank eines Zitats von Jonatahn Frankel haben wir den Text. Werry, der die offizielle Version teilte, schrieb: „Er teilt mir auf komische Weise seinen Unmut mit, indem er so tut, als sei ich der Berater des französischen Konsuls.... Herr Pieritz ist wütend auf mich, weil es ihm nicht gelungen ist, mich von seinen Ansichten zu überzeugen, obwohl er keine Ahnung von den Beweisen hat und sich nur auf die Informationen seiner Brüder hier verlässt. Er, der nach meiner Überzeugung in seinem Gewissen und in seinem Herzen immer noch ein Jude ist, lehnt jede Information ab und ist entschlossen, die Juden zu entlasten und die christliche und muslimische Bevölkerung zu beschuldigen. Wir werden sehen, was er veröffentlichen wird. Ich denke, der Fall ist im Wesentlichen korrekt.

Auf der Grundlage, dass es sich bei den Verbrechern um unschuldige Opfer handelte, deren selbstbelastende Aussagen durch grausamste Folter erlangt worden waren, wurde die Kampagne entfesselt, um die öffentliche Meinung unter Druck zu setzen und zu verwirren, mit dem letztendlichen Ziel, eine Begnadigung für die in Damaskus inhaftierten Juden zu erreichen. Gleichzeitig wurde das internationale Judentum mobilisiert. In den Synagogen heulten die Rabbiner oder drohten, je nachdem. Die hitzigsten Reden wurden in Marseille, in Smyrna, in München, in Magdeburg, in Leipzig gehalten, wo Rabbiner Isaac Levin Auerbach mit Tränen in den Augen an Zion, an Jerusalem und an die Ehre seiner Religion appellierte. In Wien, im Stephansdom, sagte Dr. Emmanuel Veith, ein jüdischer Konvertit und Domdekan, bekannt für seine brillante Kanzelrede, am Ende seiner Predigt vor Tausenden von gläubigen Christen: „Sie alle wissen, liebe Gemeinde, und wer es vielleicht nicht weiß, der kann es jetzt wissen, dass ich als Jude geboren und zum Christentum übergetreten bin. In meinem Dienst habe ich allen Christen Trost und Hoffnung gegeben. Und deshalb schwöre ich hier im Namen der Dreifaltigkeit, dass die mit teuflischer List verbreitete Lüge, die Juden würden bei der Feier ihres Pessachfestes christliches Blut verwenden, eine böswillige und gotteslästerliche Verleumdung ist, und dass nichts davon im Alten Testament oder in den Schriften des *Talmuds* steht, die ich genau kenne und sorgfältig erforscht habe. Dies ist die Wahrheit. Gott helfe mir.

Am dringlichsten war die Notwendigkeit eines Meinungswandels jedoch in Frankreich. Im Februar erhält Marschall Soult, der Jude, der Napoleon bei Waterloo verraten hatte und damals Außenminister war, Berichte aus Damaskus. Am 1. März wird Soult durch Adolphe Thiers abgelöst, der neben dem Ratsvorsitz auch das Außenressort übernimmt. Er muss sich mit den Folgen der Damaskus-Affäre auseinandersetzen. In Frankreich spielte, wie wir noch sehen werden, Crémieux, der Mann der Rothschilds, eine entscheidende Rolle. Der Text, der den Umschwung herbeiführte, war ein langer achtseitiger Brief, der am 8. April in zwei Pariser Zeitungen, der *Gazette des Tribunaux* und dem *Journal des Débats*, veröffentlicht wurde. Jonathan Frankel behauptet, dass er „eine Sensation auslöste und einen radikalen Wandel in der Behandlung des rituellen Verbrechens in der französischen Presse herbeiführte". Darin begann Crémieux mit einer unbeholfenen Erläuterung des Falles, gefolgt von einem Rosenkranz der Folterungen und endete mit einem Aufruf an die Presse und die Franzosen, die Juden mit Appellen dieser Art zu schützen: „Französische Christen, wir sind eure Mitbürger, eure Freunde, eure Brüder! Ihr habt der Welt ein Beispiel für die reinste und zarteste Toleranz gegeben; seid ein Schutzschild für uns, so wie ihr unsere Beschützer gewesen seid! Vor allem aber möge die französische Presse die heilige Frage der Wahrheit und der Zivilisation mit dem edlen Eifer aufgreifen, den ihr der Ruhm verliehen hat. Es ist eine schöne Rolle, die ihr gut steht und die sie so großmütig spielt!"

Palmerston erhält und instruiert

Der Rolle der Presse wird später noch mehr Aufmerksamkeit gewidmet werden, aber es ist wichtig, zunächst festzustellen, wie die Rothschilds und andere jüdische Bankiers die Regierungen ihrer jeweiligen Länder aufforderten, Druck auf die ägyptischen und türkischen Behörden auszuüben, um die Verbrecher freizubekommen.

Am 21. April trat in London der Repräsentantenrat der britischen Juden zusammen, dem die prominentesten Vertreter der jüdischen Finanzelite in Großbritannien angehörten. Baron Lionel de Rothschild, Sir Moses Montefiore, Isaac und Francis Goldsmid, David Salomons und Louis Cohen nahmen an dieser entscheidenden Sitzung teil. Adolphe Crémieux reiste aus Paris an, um der Sitzung beizuwohnen, und ihm wurde in einer Resolution dafür gedankt, dass er den oben erwähnten Brief „für die Sache der Wahrheit und der Menschlichkeit" geschrieben hatte. Weitere Resolutionen wurden im Hinblick auf die Veröffentlichung angenommen. Darin wird das rituelle Verbrechen als „ein rein mittelalterliches Phänomen, das seit langem verschwunden ist" bezeichnet. Es wurde beschlossen, die Regierungen Englands, Österreichs und Frankreichs aufzufordern, in Konstantinopel und Alexandria zu intervenieren, um den Gräueltaten an den Juden ein Ende zu setzen. Eine Zusammenfassung der Sitzung mit dem Titel *Verfolgung der Juden im Osten* wurde gedruckt. Eine Delegation wird zu einem Treffen mit dem Sekretär des Auswärtigen Amtes, Lord Palmerston, entsandt, und ein Ausschuss wird damit beauftragt, die Beschlüsse des Rates an die Presse weiterzuleiten, die in nicht weniger als einunddreißig Tages- und Wochenzeitungen veröffentlicht werden sollen.

Am 30. April empfing Lord Palmerston Vertreter des Rates. Dessen Präsident Joseph G. Henriques hatte dem Minister zuvor ein Dossier mit Dokumenten aus dem Nahen Osten und den Entschließungen des Rates übergeben. Die Delegation wurde von Lionel Rothschild, Goldsmid, Salomons und Montefiore angeführt. Palmerston war entschlossen, auch mit Gewalt zu intervenieren, wenn die Überzeugungsarbeit fehlschlug: Er wollte Muhammed Ali dazu bringen, die Gebiete Syrien, Libanon und Palästina an den Sultan von Konstantinopel zurückzugeben. Palmerston war entschlossen, sich für die Juden im Nahen Osten einzusetzen, und es fiel ihm nicht schwer, den Mitgliedern der Delegation zu versichern, dass er sowohl Oberst Hodges in Alexandria als auch Lord Ponsonby in Konstantinopel die geeignetsten Depeschen zukommen lassen würde. Er drückte seine „Verwunderung darüber aus, dass der erfundenen Verleumdung so viel Glauben geschenkt wurde" und versprach, dass „die britische Regierung ihren ganzen Einfluss geltend machen werde, um den Gräueltaten ein Ende zu setzen". Dieses Treffen des Rates der britischen Juden mit Palmerston erregte sowohl in England als auch auf dem Kontinent sofortige öffentliche Aufmerksamkeit. Dies stand im Gegensatz zur Situation in Österreich, wo Solomon Rothschilds enge Freundschaft mit Metternich die Verhandlungen in einer streng privaten Sphäre hielt.

Henry John Temple, 3. Viscount Palmerston (1784-1865), bekannt als Lord Palmerston, war von 1807 bis zu seinem Tod in der Regierung tätig. Neben dem Amt des Außenministers, das er seit 1830 innehatte, war er zweimal Premierminister, das erste Mal zwischen 1855 und 1858 und das zweite Mal zwischen 1859 und 1865. Bevor wir auf seine Amtszeit eingehen, ist es interessant zu erfahren, was Monsignore George F. Dillon 1884, neunzehn Jahre nach seinem Tod, in seinem in Edinburgh veröffentlichten Werk *The War of Antichrist with the Church and Christian Civilization* über ihn schrieb. Laut Monsignore Dillon war Palmerston nicht nur Großmeister der Freimaurerei, sondern wurde auch zum Patriarchen der Illuminaten und koordinierte damit Geheimgesellschaften in der ganzen Welt. Dillon behauptet, er sei der Nachfolger von Nubius[16] und bringt ihn mit den Plänen der Atheisten gegen das Christentum in Verbindung. Als Nubius 1837 starb, ließ sich Mazzini, von dem vermutet wird, dass er für sein Ableben verantwortlich war, dauerhaft in London nieder. Vielleicht wurde Palmerston in diesen Jahren ausgewählt, um die Pläne der Illuminaten zu verwirklichen, die die Bildung eines deutschen Reiches in der Mitte Europas durch den Zusammenschluss der deutschen Kleinstaaten und die Vereinigung Italiens vorsahen. London, wo die Juden zwei Logen unterhielten, zu denen Christen keinen Zutritt hatten, wurde so zum Sitz der Revolution. Karl Marx ließ sich 1849 in der Stadt nieder und verließ sie bis zu seinem Tod nicht mehr. 1846, zwei Jahre bevor die Revolutionen von 1848 gleichzeitig in ganz Europa ausbrachen, wurde Palmerston erneut Minister im Außenministerium.

Wenn man weiß, wer Lord Palmerston war und wem er diente, ist es nicht verwunderlich, dass er in der Angelegenheit der Juden im Nahen Osten eine entscheidende Rolle spielte. Am 5. Mai 1840 sandte er zwei Depeschen an Hodges und Ponsonby, in denen er sie deutlich warnte, dass die Interessen der jüdischen Gemeinschaft in der Levante in Gefahr seien, und sie anwies, alles in ihrer Macht Stehende zu tun, um „die schwersten Verfolgungen" zu vermeiden.

---

[16] Nubius war das Pseudonym des Leiters der Haute Vente, einer Geheimgesellschaft, die in der schrecklichen Sekte der Carbonarii ihren ausführenden Arm hatte. Die Carbonari hatten Giuseppe Mazzini, den Nachfolger von Adam Weishaupt, zu ihrem unangefochtenen Anführer, und beide waren somit Teil der Illuminaten. Einer der vertrauenswürdigsten Männer von Nubius war ein Jude namens Piccolo Tigre, der unter dem Deckmantel eines Juweliers und fahrenden Bankiers reiste. Ein 1822 von Piccolo Tigre verfasster Brief mit Anweisungen der Alta Venta an die Carbonari-Logen im Piemont wurde von Monsignore Dillon vollständig transkribiert. Er unterstreicht die Notwendigkeit, Menschen zu entwürdigen und zu verderben, und offenbart einmal mehr die kriminellen Ziele, die bereits von Robison und Abbé Barruel aufgedeckt wurden. Ein weiterer Brief, der von verschiedenen Forschern zitiert wird, ist der von Vindex, einem weiteren Pseudonym, an Nubius gerichtete Brief vom 9. August 1838 in Castellmare. Es handelt sich um ein Dokument, in dem das Ziel der Zerstörung des Katholizismus zum Ausdruck kommt und in dem die absolute Verachtung des menschlichen Lebens durch die Befürwortung von Mord zum Ausdruck kommt. Nach Ansicht des Historikers Jacques Crétineau-Joly könnte das mysteriöse Verschwinden von Nubius damit erklärt werden, dass er durch Vergiftung ermordet wurde. Die Verwendung von Pseudonymen diente, wie bereits erwähnt, den Illuminaten dazu, ihre Identität zu verschleiern. Weishaupt war bekanntlich Spartakus, Baron Knigge war Philo und so weiter. Wer Nubius war, ist nicht geklärt worden. Monsignore Dillon zufolge verbarg sich ein italienischer Adliger hinter Nubius.

Hodges wurde insbesondere gebeten, Muhammed Ali klarzumachen, dass die „ungeheuren Barbareien", die in Damaskus verübt wurden, ein schändliches Bild seiner Regierung widerspiegelten, das die Europäer in Erstaunen versetzte, die nicht erwarten konnten, dass „Gräueltaten wie die, die begangen wurden" unter seiner Herrschaft zugelassen würden. Die Unverfrorenheit der Forderung an Muhammed Ali war unverschämt. Der Text endete mit den Worten: „Die Regierung Seiner Majestät zweifelt nicht daran, dass Muhammed Ali nicht nur unverzüglich die größtmögliche Wiedergutmachung für die unglücklichen Juden leisten wird, sondern auch die Beamten, die ihre Befugnisse so eklatant missbraucht haben, absetzen und bestrafen wird".

Die ersten Depeschen von Nathaniel Werry trafen jedoch kurz darauf auf Palmerstons Schreibtisch ein. Es waren jene, in denen der britische Konsul in Damaskus seine volle Überzeugung von der Schuld der Juden zum Ausdruck brachte, die rituellen Beweggründe des *Talmuds* erläuterte und das Vorgehen von Ratti-Menton und Gouverneur Sheriff Pascha rechtfertigte. Die Empörung des Ministers kann man sich leicht vorstellen. Am 21. Mai beeilte er sich, Werry eine Sendung von Dokumenten zu dem Fall zukommen zu lassen, und warnte ihn in höchstem Tonfall mit folgenden Worten: „Ich muss Ihnen mitteilen, dass ich Ihren Bericht über die Gräueltaten... an den Juden von Damaskus mit großem Erstaunen gelesen habe, und ich habe festgestellt, dass.... entweder zeigt, dass Sie völlig uninformiert darüber sind, was in der Stadt, in der Sie leben, vor sich geht, oder es zeigt, dass es Ihnen völlig an den Prinzipien und Gefühlen mangelt, die einen britischen Offizier auszeichnen sollten". Er wiederholte, dass Mohammed Ali die Juden entschädigen und die verantwortlichen Offiziere entlassen müsse.

Metternich, unter Salomon Rothschild

Wie bereits erwähnt, war es Österreich, das dank der engen Beziehungen zwischen Salomon Rothschild und Metternich als erstes von den Ereignissen in Damaskus erfuhr. Die beiden arbeiteten in perfekter Harmonie zusammen, um den „wehrlosen Juden" zu helfen. Professor Frankel bestätigt, dass „der eine um persönliche Gefälligkeiten bat und der andere sie gewährte, und das alles mit absoluter Diskretion und dem gebotenen Respekt". So besprach Metternich den Fall nicht nur mit Salomon, sondern war auch bereit, alles zu tun, um die Forderungen des Bankiers zu erfüllen.

Zu diesen Forderungen gehörte sicherlich auch die Kontrolle der Presse, wie das Beispiel des *Österreichischen Beobachters* zeigt. Am 11. April 1840 widmete diese Zeitung, die wichtigste im Lande, ihre Titelseite und einige weitere Innenseiten einem reißerischen Bericht über die Ermordung von Pater Tomaso durch die Rabbiner und Ältesten der jüdischen Gemeinde von Damaskus. Die Bestürzung des Fürsten Metternich und seines Freundes Rothschild ist leicht vorstellbar. Ersterer intervenierte sofort und hatte eine fulminante Wirkung. In der Ausgabe vom nächsten Tag, dem 12. April, änderte sich der Umgang mit der Information radikal. Wiederum auf der Titelseite, aber diesmal in knapper Form, wurde berichtet, dass es nach den offiziellen Berichten aus Beirut über den Mord „keinen Beweis dafür gibt, dass das Verbrechen stattgefunden hat; es ist nicht geklärt, wer für das Verschwinden verantwortlich ist... und die Ärzte und Chirurgen haben erklärt, dass die in der Kanalisation des jüdischen Viertels gefundenen Knochen bereits alt sind und außerdem von Tieren stammen". Weiter heißt es, dass die Juden von Damaskus einem Ansturm ausgesetzt seien. Laut Professor Frankel, der über diese Episode berichtet, wurde die plötzliche Änderung der redaktionellen Linie der Zeitung in einigen deutschen Zeitungen ironisch kommentiert, da sie deutlich machte, dass die österreichische Regierung nicht bereit war, Anschuldigungen gegen die Juden zu tolerieren.

Auch die Depeschen, die Metternich am 10. April verschickte, waren zweifellos das Ergebnis von Gesprächen mit Salomon. In seinem Brief an Laurin erinnerte Metternich ihn daran, dass es in Syrien eine Reihe von Juden gab, die österreichischen Schutz genossen, darunter auch der Generalkonsul in Aleppo[17], und forderte ihn auf, Maßnahmen zu ergreifen, um zu verhindern, dass die Angelegenheit sie belastete. Er bat ihn auch, Muhammed Ali zu drängen, „ohne den Lauf der Gerechtigkeit zu stören, die grausamen und dummen Schritte der untergeordneten Offiziere zu kontrollieren". Es folgt eine wichtige Passage aus der von Professor Frankel zitierten Depesche Metternichs an Laurin:

> „Der Vorwurf, dass Christen anlässlich eines angeblich blutigen Osterfestes absichtlich getötet werden, ist von Natur aus absurd, und die Art und Weise, die der Gouverneur von Damaskus gewählt hat, um dieses unnatürliche Verbrechen zu beweisen, ist völlig unangemessen; kein Wunder, dass die wahren Schuldigen noch nicht entdeckt wurden.... Die ägyptischen Behörden sind verpflichtet, für eine schnelle und strenge Justiz zu sorgen. Machtmissbrauch, Verfolgungen und Misshandlungen von Unschuldigen könnten jedoch in Europa bekannt werden und stünden zweifellos in offenem Widerspruch zu dem, was vom Vizekönig erwartet wird.

Diese Worte zeigen, dass Metternich es für eine gute Taktik hielt, Muhammed Ali unter Druck zu setzen und ihm mit dem Verlust seines sorgfältig gepflegten Rufs zu drohen, der ihn in Europa als Vorkämpfer der Zivilisation gegen die Barbarei darstellte. In seinem Antwortschreiben vom 5. Mai brachte Laurin seine Freude darüber zum Ausdruck, dass seine Ansichten in Wien voll und ganz geteilt wurden.

Am 7. Mai erhielt Salomon einen Brief von seinem Bruder James, der ihn von Paris aus aufforderte, Metternich um Hilfe bei der Organisation einer

---

[17] Isaac Picciotto, der des Mordes an dem Diener Ibrahim Amara beschuldigt wurde, gehörte nicht nur zu einer der einflussreichsten Familien in der Region, sondern hatte auch einen Verwandten, seinen Onkel Elias Picciotto, der den Posten des österreichischen Generalkonsuls in Aleppo innehatte. Österreich hatte bereits in jenen Jahren die Angewohnheit, Juden in konsularische Positionen zu berufen. Aus diesem Grund wurde Isaac Picciotto vom Gefängnis des französischen Konsulats in das des österreichischen Konsuls verlegt, von wo aus er zwischen dem 17. und 27. März, immer in Begleitung eines österreichischen Offiziers, vier oder fünf Mal zum Verhör bei Sherif Pascha erschien.

Pressekampagne zu bitten. Da Laurin, der österreichische Diplomat, ihm Briefe geschickt hatte, bat James Rothschild seinen Bruder, bei der österreichischen Regierung die Erlaubnis einzuholen, Auszüge aus diesen Briefen in der französischen Presse zu veröffentlichen. Metternich, der nicht wusste, dass Laurin, der ansonsten mit Carl Rothschild befreundet war, selbst Briefe an James geschickt hatte, war nicht erfreut über die Initiative seines Konsuls in Alexandria und schickte ihm am 27. Mai eine Depesche, in der er nicht nur sein „energisches Vorgehen bei der Verfolgung der Gerechtigkeit" guthieß, sondern auch bedauerte, dass es ihm erlaubt worden war, „mit dem Hause Rothschild in Paris in direkte Korrespondenz zu treten", und ihn daran erinnerte, dass „Streitigkeiten zwischen Konsuln in Damaskus Sache der kaiserlichen Regierung" seien.

Laurin war sichtlich verblüfft über die Rüge, aber er schreckte nicht davor zurück. Die Tatsache, dass Laurin Briefe an James Rothschild geschickt hatte, hatte eine gewisse Logik, denn James war der österreichische Konsul in der französischen Hauptstadt und in gewisser Weise ein österreichischer Agent. Laurin antwortete sofort, dass er an die Rothschilds in Paris geschrieben hatte, weil Isaac Picciotto die Hinrichtung drohte und Cochelet, der französische Generalkonsul in Alexandria, sich geweigert hatte, ihm zu helfen. Um diese Schande zu vermeiden", schrieb er an Metternich, „sah ich mich gezwungen, jemanden um Hilfe zu bitten, der als Mitreligiöser persönlich interessiert war.

James Rothschild scheitert an Thiers

Laurin hatte sehr wohl verstanden, dass nur die französische Regierung eine rasche Lösung in der Damaskus-Affäre herbeiführen konnte. Adolphe Thiers ist, wie bereits erwähnt, Premierminister und steht auch an der Spitze des Außenministeriums. Außerdem war Frankreich das Land, das fünfzig Jahre zuvor die Juden emanzipiert hatte und das nach der Revolution von 1830, die Louis-Philippe d'Orléans, den „Bürgerkönig", auf den Thron hob, den Grundsatz der jüdischen Gleichberechtigung gestärkt hatte. Darüber hinaus unterhielt Thiers obligatorische Beziehungen zu James Rothschild, da er seit seinen ersten Tagen als Premierminister mit der Rothschild-Bank über die Finanzierung der Eisenbahnlinien verhandelte, die Frankreich mit Brüssel und Le Havre verbinden sollten.

Dennoch beugte sich Thiers zunächst nicht den Forderungen und dem Druck. Er behauptete, er brauche mehr Zeit, um die Berichte aus dem Nahen Osten zu prüfen, und gab keine weiteren Erklärungen ab. Auch die regierungsnahe Presse hüllt sich in Schweigen, und die Forderungen von Crémieux werden nicht einmal beantwortet. Am 17. April hatte Thiers auf den ersten Bericht von Ratti-Menton aus Damaskus geantwortet. Diese Depesche war die einzige, die er persönlich an seinen Konsul schickte. Darin schreibt Thiers, der Bericht scheine unter dem Eindruck noch sehr junger Eindrücke verfasst worden zu sein, so dass er sich keine Meinung über „eine so ernste und noch im Dunkeln liegende Angelegenheit" bilden könne. Er teilte dem Konsul mit, dass er ungeduldig auf weitere Berichte warte, die es ihm ermöglichen würden, diese Unklarheit zu beseitigen. Thiers warf Ratti-Menton jedoch nicht vor, dass er die Hinrichtung des Angeklagten befürwortete, sondern lobte seine Entschlossenheit, die seiner Meinung nach „auf Gründen der Weisheit und der Menschlichkeit beruht". In der Depesche wird der Konsul aufgefordert, sich dafür einzusetzen, dass diese unglückliche Angelegenheit nicht zu einem „Vorwand für einen Angriff auf die Juden" ausartet.

Dieser Text, dessen Ton sich stark von dem Palmerstons und Metternichs unterscheidet, zeigt den Weg auf, den Thiers in dieser Angelegenheit einschlagen wollte. Er beabsichtigt, den Fall zu kontrollieren und den Schaden zu begrenzen, ohne jedoch den Grafen von Ratti-Menton zu desavouieren. Was den Vorwurf des Ritualverbrechens anbelangt, so neigt Thiers dazu, den Mord einer Handvoll religiöser Fanatiker zuzuschreiben. Dennoch beschloss er, einen Konsularbeamten nach Damaskus zu schicken, um einen Bericht über den Mord an Pater Tomaso zu verfassen. Die Presse erfuhr bald, dass es sich bei dem Beauftragten um den Grafen de Meloizes handelte, einen sechsundzwanzigjährigen Diplomaten, der in Alexandria als Vizekonsul unter Cochelet diente. Die Protokolle, die de Meloizes über den Fall anfertigen sollte, sollten bestätigen oder in Frage stellen, was Konsul Ratti-Menton getan hatte.

Natürlich erwarteten die Rothschilds nichts von Meloizes' zukünftigem Bericht, wie dieser Brief von James Rothschild an seinen Bruder Solomon, geschrieben am 7. Mai, zeigt:

> „Die von mir unternommenen Schritte haben leider nicht den gewünschten Erfolg gebracht, da das Regime untätig ist. Tatsache ist, dass in Anbetracht des lobenswerten Verhaltens des österreichischen Konsuls, der Konsul von dieser Seite nicht angemessen gerügt wird. Die Angelegenheit ist zu weit weg und findet nicht genügend Beachtung. Alles, was ich in Erfahrung bringen konnte, ist heute im *Moniteur* in wenigen Worten veröffentlicht. Der Vizekonsul in Alexandria wird das Verhalten des Konsuls in Damaskus untersuchen. Dies ist jedoch nur ein Ausweichmanöver, da der Vizekonsul ein Untergebener des Konsuls ist und es nicht zu erwarten ist, dass dieser für sein Verhalten gerügt wird. Unter diesen Umständen bleibt nichts anderes übrig, als ein Element um Hilfe zu bitten, das hier allmächtig ist, nämlich die Presse".

In einem weiteren Schreiben, das in der darauffolgenden Woche versandt wurde, äußerte sich James Rothschild noch pessimistischer. Darin bedauerte er, dass Thiers einer ministeriellen Abendzeitung, dem *Messager*, erlaubt hatte, einen Bericht zu veröffentlichen, wonach der französische Premierminister dem Bankier persönlich gesagt hatte, „dass der Fall auf Wahrheit beruhe, dass es am besten sei, die Angelegenheit zu ignorieren, dass die Juden im Mittelalter fanatisch genug gewesen seien, um christliches Blut für ihr Pessachfest zu verlangen, dass die Juden im Osten immer noch an einem solchen Aberglauben festhielten, usw.". Mit anderen Worten: Was auch immer die Rothschilds sagten oder dachten, Thiers glaubte aufrichtig, dass seine Diplomaten im Nahen Osten ihm die Wahrheit sagten, und er hatte dies James Rothschild mitgeteilt.

Christlicher Junge wird auf Rhodos vermisst

Gerade als die Kampagne zur Diskreditierung des Konsuls Ratti-Menton Gestalt annahm, ereignete sich auf Rhodos ein weiteres angebliches Ritualverbrechen. Die Tatsache, dass die Untersuchung abgebrochen wurde, erlaubt es uns jedoch nicht, wie im Fall von Pater Tomaso kategorisch festzustellen, dass die Täter Juden waren, obwohl die Wahrscheinlichkeit sehr hoch ist, dass sie es waren. Hier sind die bekannten Fakten.

Einige Wochen nach der Ermordung von Pater Tomaso verschwand ein zwölfjähriger griechischer Junge aus der nördlichen Stadt Trianda während des Pessachfestes spurlos. Seine Mutter meldete ihn beim türkischen Gouverneur der Insel, Yusuf Pascha, als vermisst, der Ermittlungen aufnahm. Die Mutter meldete das Verschwinden dem türkischen Gouverneur der Insel, Yusuf Pascha, der daraufhin Ermittlungen einleitete. Zwei Zeugen berichteten, dass sie ihn am Tag seines Verschwindens im Gespräch mit dem Vorsitzenden der jüdischen Gemeinde, Stamboli, gesehen hätten und dass er das Haus des Juden betreten habe. Stamboli wurde den Behörden vorgeführt und erklärte unter Tränen, er wisse nichts. Er versuchte, ein Alibi zu präsentieren, was ihm jedoch nicht gelang. Bei den Ermittlungen stellte sich auch heraus, dass drei jüdische Fremde auf dem Weg nach Trianda gesehen worden waren. Es gelang der Polizei, sie ausfindig zu machen, und sie wurden dem Gouverneur vorgeführt, der sie in Anwesenheit mehrerer ausländischer Konsuln verhörte. Auch sie erklärten, dass sie nichts wüssten. Der Rabbiner von Rhodos, Jacob Israel, erklärte, dass weder die jüdischen Gesetze noch die religiösen Bücher etwas über diese Verbrechen aussagten, derer die Christen sie beschuldigten. „Wir sind zu einem solchen Verbrechen absolut nicht fähig. Wir würden es nicht verdienen, Kinder Gottes zu sein, wenn wir der Regierung durch unser Verhalten auch nur den geringsten Ärger bereiten könnten..." Hier wurde er von einem der Konsuln unterbrochen, der ihm befahl, zu Ende zu sprechen, denn „sie wollten keine scheinbaren Rechtfertigungen oder lange Erklärungen hören, sondern wissen, wo sie das Kind finden können." Auch der Rabbiner versicherte ihm, dass er nichts wisse.

Auf Befehl von Yusuf Pascha riegelte eine Militäreinheit das jüdische Viertel von Rhodos ab, um eine Liste der anwesenden Juden zu erstellen und ihre Häuser zu durchsuchen. Die Maßnahme löste großes Bedauern aus. Mehrere ausländische Konsuln, ein Zivilrichter und Vertreter der islamischen Bevölkerung wurden damit beauftragt, eine Entscheidung zu treffen. Der Gouverneur weigerte sich jedoch, den Kordon aufzuheben, bis das Kind gefunden worden war.

In der Zwischenzeit eilten jüdische Agenten auf der Insel nach London, um über die „Verleumdungen und Grausamkeiten" zu berichten, denen die Juden auf Rhodos ausgesetzt waren. Bald trafen Befehle von Lord Palmerston in Konstantinopel ein, in denen zum „Schutz der bedrängten Juden" aufgerufen wurde. Der Druck auf Yusuf Pascha, die Belagerung des Viertels aufzuheben, zeigte Wirkung, doch der Gouverneur hielt die Verdächtigen in Einzelhaft, und die Verhöre wurden in Anwesenheit mehrerer Konsuln fortgesetzt. Bald traten große Widersprüche auf, die den Verdacht, dass diese Juden in das Verschwinden des Kindes verwickelt waren, nur noch verstärkten.

Der Oberrabbiner von Konstantinopel verhandelte daraufhin mit der türkischen Regierung und erreichte, dass sowohl die Mutter des Kindes als auch die drei griechischen Staatsbürger, die die Anklage erhoben hatten, zusammen mit einer großen Delegation von Juden von der Insel nach Konstantinopel gebracht wurden. Vierzehn Tage nach der Abreise der Gruppe kam ein Befehl aus der türkischen Hauptstadt, der Gouverneur Yusuf Pascha anwies, die Gefangenen freizulassen[18]. Obwohl sowohl die Mutter des vermissten Kindes als auch die drei Kläger ihre Position gegenüber den türkischen Behörden beibehalten hatten, verkündete der Hohe Gerichtshof in Konstantinopel kurz darauf in einer öffentlichen Erklärung die „Unschuld der rhodesischen Juden". Die Juden wurden „von der Anschuldigung der Entführung und des Mordes an einem Kind vollständig freigesprochen, und als Entschädigung hatten sie Anspruch auf eine gewisse Beihilfe.... Diejenigen, die sie unrechtmäßig beschuldigt hatten, sollten eine Entschädigung zahlen...".

Die Mutter des Kindes wurde nach Rhodos zurückgeschickt und hatte nicht einmal die Möglichkeit, weitere Ermittlungen anzustellen. Im Gegensatz zu den Vorgängen in Damaskus konnten die gerichtlichen Ermittlungen in Rhodos abrupt abgebrochen werden, und bis zum 20. Juli waren die mutmaßlichen Schuldigen für das Verschwinden des christlichen Kindes entlastet worden. In der Folge wurde Yusuf Pascha formell degradiert und durch einen den Juden nahestehenden Gouverneur ersetzt. Die Bevölkerung vergaß dies jedoch nicht: Proteste und Unruhen wegen der Aufklärung des Falles waren weit verbreitet, und Juden durften sich nach Angaben des Korrespondenten der Zeitung *Orient* nicht mehr vor die Stadttore wagen.

Thiers widersteht

In Paris, London und Alexandria fanden im Juni und Juli verschiedene Ereignisse statt, die auf die eine oder andere Weise über den Ausgang des Falles entscheiden sollten. In Paris zeigen die Parlamentsdebatten die Bereitschaft von Adolphe Thiers, dem Druck zu widerstehen und die französischen Konsuln in Damaskus und Alexandria zu unterstützen. Am 2. Juni erhebt Benoît Fould, ein prominenter jüdischer Bankier und Mitglied der Abgeordnetenkammer, scharfe Vorwürfe gegen Ratti-Menton. Seine Worte sind es wert, zitiert zu werden:

---

[18] Jonathan Frankel stellt in *The Damascus Affair* fest, dass die Rothschilds seit 1830 mit dem Sultan über die Möglichkeit eines Darlehens in Kontakt standen, ein Projekt, das von Metternich selbst, Lord Ponsonby und George Samuel, einem Enkel von Moses Montefiori, der die Interessen der Bankiers in Konstantinopel vertrat, unterstützt wurde. Das türkische Regime hatte ernsthafte Finanzierungsprobleme und brauchte dringend Geld, aber das Darlehen wurde nicht gewährt, weil die osmanische Regierung nicht die von den Rothschilds geforderten angemessenen Garantien bot. Es wurde sogar gemunkelt, dass die Insel Kreta (damals im Besitz des Vizekönigs Muhammed Ali) bei den Verhandlungen angeboten worden war. Vielleicht hilft dies, die Haltung der türkischen Behörden gegenüber dem Verbrechen auf Rhodos zu verstehen.

„Meine Herren, dies ist eine Frage, die nicht nur die nationale Ehre Frankreichs, sondern die gesamte Menschheit betrifft. Zwei Millionen Menschen befinden sich heute unter dem Joch der Verfolgung.... Der Konsul hatte die Aufgabe, herauszufinden, was mit den Ordensleuten geschehen war.... Aber angesichts eines Mordes beschloss er, nicht eine Einzelperson, nicht eine Familie, sondern eine ganze Nation anzuklagen.... Wir haben es mit einer religiösen Verfolgung unter dem Vorwand zu tun, dass ein Ordensmann verschwunden ist. Der französische Konsul stiftete zur Folter an... obwohl die französische Nation ein Beispiel nicht nur für die Gleichheit vor dem Gesetz, sondern auch für die religiöse Gleichheit darstellt".

Wie man sieht, werden bereits 1840 die Zahlen aufgebläht und von der Verfolgung von Millionen von Menschen gesprochen, während in Wirklichkeit nur eine Gruppe von Kriminellen angeklagt wird. Benoît Fould teilt den Abgeordneten mit, dass alle Konsuln in ihrer Opposition gegen Ratti-Menton einig seien und kritisiert vehement die Entscheidung von Thiers, den jungen Vizekonsul de Meloizes im Namen der Regierung mit der Untersuchung der Angelegenheit zu beauftragen. „Ich denke, man hätte einen hochrangigen Diplomaten entsenden sollen, wenn das Schicksal von zwei Millionen Menschen auf dem Spiel steht", sagte er, wobei er die Zahl von zwei Millionen erneut dramatisierte. Fould konnte der Versuchung nicht widerstehen, das Haus auf die (oben zitierte) Rede des jüdischen Konvertiten und habsburgischen Predigers Johann Emmanuel Veith zu verweisen, der im Wiener Dom bei Christus geschworen hatte, dass die Anschuldigungen gegen die Juden von Damaskus falsch und absurd seien.

In seiner Antwort an den Bankier appellierte Thiers an die Notwendigkeit, die Angelegenheit objektiv zu betrachten, und erklärte den Abgeordneten, er verfüge über geheime Informationen, die er nicht preisgeben wolle. Die Debatte nahm eine ungewollte Schärfe an und Thiers konterte:

„Obwohl ich alle Vernehmungen gelesen habe und daher mit den Dokumenten vertraut bin, würde ich es für verwerflich halten, wenn ich mich an dieser Stelle über die Unschuld oder Schuld des Angeklagten äußern würde. Was auch immer meine Meinung sein mag, es ist meine Pflicht, sie hier nicht zu äußern. Ich möchte nur eines tun... und das ist, die Handlungen eines Diplomaten zu rechtfertigen, der sich so verhalten hat, wie es ein Offizier in Ausübung seiner Pflicht tun sollte... Im Gegensatz zu dem hier geäußerten Wunsch, den Juden des Ostens gegenüber gerecht zu sein, muss es uns erlaubt sein, den französischen Diplomaten, die sich in einer schwierigen Lage befinden, gegenüber gerecht zu sein".

Thiers hatte das letzte Wort in der Debatte und appellierte an den Patriotismus. Er verteidigt den Konsul, indem er die Schikanen beschreibt, denen er von den übrigen europäischen Akteuren ausgesetzt ist. Da er sich bewusst ist, dass die Krise unerwartete Ausmaße annimmt und die Gefahr besteht, dass Frankreich isoliert wird, erhöht er allmählich den Ton seiner Rede. Er bedauerte, dass einige Abgeordnete behaupteten, über den Fall Bescheid zu wissen, ohne über die entsprechenden Informationen zu verfügen, und warf ihnen vor, sich mehr um die Juden in Damaskus zu sorgen als um die französischen Vertreter, die zu Unrecht angegriffen würden. Denjenigen, die im Namen der Juden protestierten, sagte er, er protestiere im Namen eines französischen Agenten, der seine Pflicht „mit Ehre und Loyalität" erfüllt habe. Thiers beendete seine Rede mit den folgenden, an die europäischen Juden gerichteten Bemerkungen:

> „Sie (die Juden) sind in ganz Europa aufgestanden und haben sich dieser Sache mit einem Enthusiasmus gewidmet, der ihnen große Ehre macht. Und, wenn ich das sagen darf, sie sind mächtiger in der Welt, als sie vorgeben zu sein. In diesem Augenblick tragen sie ihre Forderungen in allen Kanzleien Europas vor. Und sie tun dies mit außerordentlichem Nachdruck und mit einer Leidenschaft, die man sich kaum vorstellen kann. Es erfordert Mut, wenn ein Minister seine Agenten verteidigt, die angegriffen werden? Meine Herren, Sie sollten wissen, ich wiederhole, dass die Juden jetzt in allen Kanzleien Druck machen und unser Konsul nur die Unterstützung des französischen Außenministeriums hat".

Angesichts dieser naiven Worte: „Sie sind mächtiger in der Welt, als sie vorgeben zu sein", ist es klar, dass Thiers die Bedeutung der Tatsachen nicht richtig einschätzen konnte und sich der wahren Absichten derjenigen, die die europäischen Länder gegen seine Regierung einsetzten, nicht bewusst war.

Einen Monat später, am 10. Juli, fand die Debatte im Senat statt. Neue Dokumente, die die offizielle Version bestätigen, waren nach Paris geschickt worden, und der Regierungschef hatte seine Unterstützung für das Vorgehen von Ratti-Menton noch verstärkt. Ich muss Ihnen mitteilen", so Thiers, „dass ich nach der Lektüre der mir übermittelten Protokolle nichts finde, was unserem Konsul vorgeworfen werden könnte". Außerdem teilte Thiers den Senatoren mit, dass Cochelet, den er als einen der wertvollsten und angesehensten Diplomaten Frankreichs bezeichnete, den Konsul in Damaskus voll und ganz unterstütze. Thiers hatte gewiss Monate Zeit, seine Position zu ändern, und hätte sich, wie Palmerston und Metternich, über seine Untergebenen im Osten hinwegsetzen können, was er jedoch nicht tat. Er war so sehr davon überzeugt, dass die Juden von Damaskus die Mörder von Pater Tomaso waren, dass er dies James Rothschild und Crémieux ganz offen unter vier Augen erzählte. Crémieux notierte in seinem Tagebuch, dass der Pfarrer ihm ohne Gnade ins Gesicht gesagt hatte: „Sie sind schuldig. Sie wollten das Blut eines Priesters. Sie kennen nicht das Ausmaß des Fanatismus der Juden des Ostens. Dies ist nicht der erste Fall eines solchen Verbrechens".

Während in Großbritannien und Österreich die Presse fast vollständig kontrolliert wurde, behielten in Frankreich die katholischen Publikationen und andere regierungsnahe Blätter ihre Position bei. So bat das *Journal des Débats* nach der Parlamentssitzung vom 2. Juni darum, die endgültigen Ergebnisse der Untersuchung abzuwarten, bevor man sich in die eine oder andere Richtung äußert. Eine katholische, als bonapartistisch bezeichnete Zeitung, *Commerce*, beschuldigte James de Rothschild öffentlich der Einmischung in die französischen diplomatischen Angelegenheiten. *Das Univers* verteidigte Ratti-

Menton und lobte den Mut von Thiers, der ihn trotz der Angriffe der Juden und der europäischen Kanzleien geschützt hatte. Die legitimistische Zeitung *Quotidienne* betonte nach der Parlamentsdebatte, Ratti-Mentons Sache sei „die Sache der Gerechtigkeit, die Sache Frankreichs". Sie griff auch hartnäckige Gerüchte auf, die Juden beschuldigten, versucht zu haben, den französischen Konsul zu bestechen. Die *Quotidienne* griff auch James de Rothschild an und beschuldigte ihn, arrogant zu sein und große Geldsummen zur Unterstützung der Angeklagten auszugeben. Wir müssen Herrn Rothschild warnen", so die Zeitung, „dass er mit seiner unglaublichen Hartnäckigkeit nicht nur seine Glaubensbrüder in Damaskus nicht rechtfertigt, sondern sich selbst und vielleicht auch seine Glaubensbrüder in Frankreich kompromittiert. Seien Sie vorsichtig. Wir wissen nicht, ob er eine gewisse Anzahl hoher Beamter kaufen kann, aber wir sind sicher, dass er die öffentliche Meinung nicht kaufen kann". Eine andere katholische Zeitung, die *Gazette de Languedoc*, druckte am 12. Juni wörtlich die Warnung der *Quotidienne* an James de Rothschild ab.

Auch die *Leipziger Allgemeine Zeitung*, eine protestantische Zeitung, veröffentlichte einen Bericht ihres Pariser Korrespondenten über die Debatte in der Abgeordnetenkammer. Der Artikel berichtete über die Konfrontation zwischen den europäischen Konsuln und meldete, dass es in Frankreich eine Ablehnung von James de Rothschild gegeben habe, der als Anstifter einer jüdischen Liga gegen die Regierung Thiers angesehen wurde. Der Text betonte, dass die französischen Juden trotz ihrer Emanzipation nicht in der Lage seien, ihre ethnischen und religiösen Interessen dem nationalen Interesse ihrer Wahlheimat unterzuordnen, und sich gegen ihre Regierung gestellt hätten, der sie den Krieg erklärt hätten. Der deutsche Zeitungskorrespondent berichtete auch über die Geldsummen, mit denen französische Juden die politischen Positionen verschiedener Zeitungen kauften, und über Versuche, sogar deutsche Korrespondenten in Frankreich zu bestechen, damit sie für ihre Sache schreiben.

Bereits im Juli, genauer gesagt am 4. Juli, wies die *Gazette de Languedoc* nachdrücklich auf die Existenz einer ununterbrochenen Kette von Morden hin, die jüdische Ritualverbrechen vom Mittelalter bis in die Gegenwart verbinden. In dieser Ausgabe ging die französische Zeitung ausführlich auf das Verbrechen von Hagenau ein, das sich im 13. Jahrhundert ereignete und über das wir auf den ersten Seiten dieses Kapitels kurz berichtet haben. Wie Sie sich erinnern werden, wurde der deutsche Kaiser Friedrich II. damals bestochen, und die blutrünstigen Männer kamen ungestraft davon. Für die *Gazette* gab es eine genaue Analogie zum Mord an Pater Tomaso.

Die Mission im Osten

Weitaus günstiger war die Situation in London, wo die jüdische Finanzelite seit der Gründung der Bank of England und der East India Company eine nahezu absolute Macht besaß. Dort wurde eine Mission organisiert, die von Marseille nach Alexandria und Damaskus reiste, um die Freilassung aller an den Morden an dem Kapuzinermönch und seinem Diener beteiligten Personen zu erreichen.

Die Ereignisse lassen sich ab Anfang Juni nachzeichnen, als Adolphe Crémieux an Lionel Rothschild schrieb, um ihm mitzuteilen, dass das, was in der Debatte der Abgeordnetenkammer geschehen war, nicht gerade „wunderbar für unsere armen Juden in Damaskus" sei. Crémieux bestätigte in dem Brief seine sofortige Abreise nach London. Nathaniel Rothschild, Nat, der jüngere Bruder von Lionel, der sich zu dieser Zeit in Paris aufhielt, um vielleicht seine Cousine Charlotte, die älteste Tochter seines Onkels James, zu heiraten, schrieb ebenfalls am 3. Juni an seine Brüder, um Crémieux' Reise anzukündigen. In einem anderen Brief von Nathaniel an Lionel, der am 4. Juni geschrieben wurde, wird die Vorbereitung der Reise in den Osten angekündigt. Darin bittet Nat seinen Bruder, eine große Subskription zu organisieren, um die Kosten für Crémieux' Reise in den Osten zu decken. Er schlägt vor, mit einer Spende von 1000 Pfund zu beginnen und gesteht, dass er neugierig ist, wie viel Isaac Goldsmid beisteuern wird.

Crémieux traf am 8. Juni in London ein und erfuhr bald, dass Sir Moses Montefiore, ein unverbesserlicher Narr mit einem Hang zu Prunksucht und Selbstdarstellung, der zudem mit den Rothschilds verwandt war, als Begleiter für seine Reise nach Alexandria ausgewählt worden war. Die Tatsache, dass Montefiore im Jahr 1839 die Monate Mai und Juni in Palästina verbracht hatte, dürfte bei seiner Wahl eine Rolle gespielt haben. Er kannte also den Vizekönig von Ägypten persönlich,, da er über Alexandria, wo er am 13. Juli Muhammed Ali getroffen hatte, nach Europa zurückgekehrt war. Die Bekanntgabe erfolgte am 15. Juli auf der Versammlung des Rates der britischen Juden. Der Rat beschloss, dass Lionel Rothschild selbst die Beiträge entgegennehmen sollte, und berief zu diesem Zweck eine öffentliche Versammlung in der Großen Synagoge, die als Duke's Place bekannt ist, ein.

Das Treffen in der Großen Synagoge fand am 23. statt und war eine beeindruckende Demonstration der Einheit der Londoner Juden. Den Vorsitz führte Moses Montefiore selbst, der Vorsitzender des Londoner Ausschusses der Deputation der britischen Juden war. Der höchste Vertreter der französischen Juden war Adolphe Crémieux, und die deutschen Juden wurden von Rabbiner Löwe vertreten. Dankesbekundungen wurden zunächst an Oberst Hodges, Konsul Seiner Majestät in Alexandria, an Fürst Metternich, Seine Hoheit, an Merlato, österreichischer Konsul in Damaskus, an Laurin, österreichischer Generalkonsul in Alexandria, und an James Rothschild gerichtet. Die Versammlung beschloss daraufhin, Crémieux und Montefiore im Namen der Israeliten nach Syrien zu entsenden. Premierminister Thiers wurde von einem der Redner beschuldigt, es „vor dem Forum des zivilisierten Europas an Menschlichkeit fehlen zu lassen". Montefiore bestätigte, dass er zusammen mit Crémieux reisen werde, und sagte, sie würden „die Erfordernisse der Menschlichkeit verteidigen, die in ihren verfolgten und bedrängten Brüdern verletzt wurde. Wir gehen", fügte er hinzu, „um Licht in das dunkle Chaos der teuflischen Taten zu bringen, die Verschwörung aufzudecken und die Verschwörer zu beschämen... außerdem wollen wir versuchen, den Regierungen des Ostens fortschrittliche Grundsätze der Gesetzgebung und der Rechtspflege einzuflößen.

Einen Tag zuvor, am 22. Juni, hatte eine Sitzung des Unterhauses stattgefunden, an der auch Lord Palmerston teilnahm. In dieser Sitzung ergriff Sir Robert Peel, der Nathaniel in einem persönlichen Schreiben versichert hatte, er werde „Thiers in seinen Anweisungen an den Osten etwas vorsichtiger machen", das Wort, um auf die missbräuchliche Verfolgung hinzuweisen, der die Juden von Damaskus ausgesetzt waren. Er berichtet von den Berichten über die Grausamkeiten und Folterungen, die Merlato und Pieritz in Umlauf gebracht haben, und ruft zum Eingreifen Englands auf: „Die Juden Englands wie auch die anderer Nationen würden darauf vertrauen, dass das Eingreifen Englands zur Aufdeckung der Wahrheit führen würde". Palmerston entgegnete, dass das Thema, mit dem er das Parlament befasst hatte, seit langem die Aufmerksamkeit der Regierung verdiene, „die keine Zeit verlieren werde, um geeignete Maßnahmen zu ergreifen".

Eine weitere große Versammlung, die in London stattfand, wurde in drei Spalten der Times angekündigt. Die Schlagzeile lautete: „Verfolgung der Juden in Damaskus: Großes Treffen im Herrenhaus". Das Treffen fand am 3. Juli statt, als das Gefolge von Crémieux und Montefiore bereits in Paris war. An dem Treffen nahmen etwa zweihundert bedeutende christliche Persönlichkeiten teil, darunter Bankiers, Kaufleute, Gelehrte und Finanzexperten, die in der Londoner City tätig waren. Der Oberbürgermeister der Stadt London war ebenfalls anwesend. Zweck des Treffens war es, „inbrünstige Anteilnahme an der schrecklichen Unterdrückung der Juden zu zeigen". Obwohl es sich um ein Treffen von Nichtjuden handelte, waren die Rothschilds, die Goldsmids und andere prominente jüdische Finanziers und Geschäftsleute im Saal anwesend.

Diese „Christen", deren Interessen sicherlich mit der wirtschaftlichen Macht der jüdischen Finanzelite verbunden sind, wetteiferten miteinander, wenn es darum ging, die Sache der armen Juden von Damaskus zu verteidigen, deren Leiden, so ein Redner, „dazu dienen wird, die Situation der Juden überall zu verbessern". Der Strom heuchlerischer Reden, der durch die Versammlung floss, wurde mit anhaltendem Beifall begrüßt. Natürlich wurde der Bericht von Reverend Pieritz erneut verlesen. Über Lionel Rothschild wurde gesagt, dass er ein Wohltäter Londons sei und dass sein Name mit der Stadt verbunden sei, solange sie existiere. Ein anglikanischer Geistlicher, B. Noel, sagte in seinem Bestreben, den Angeklagten zu entlasten: „Wäre es nicht logisch, anzunehmen, dass Pater Tomaso von seinem Diener ermordet wurde, der sich mit einem Teil seines Geldes davonmachen wollte? Samuel Capper, ein weiterer Redner, drückte seine Genugtuung darüber aus, dass Männer wie Lord Palmerston und Sir Robert Peel sich für diese große Sache einsetzten, und sagte, dass „England sich noch nie so bereit gezeigt habe, die leidende Menschheit von Grausamkeit, Verfolgung und Folter zu befreien".

Muhammed Ali und die Konsuln in Alexandria

In Alexandria lieferten sich unterdessen der französische Konsul Cochelet und der österreichische Konsul Laurin einen harten Kampf mit Muhammed Ali, der befürchtete, dass die Begnadigung der angeklagten Juden zu einem Aufstand in Syrien führen könnte, und hoffte, dass Frankreich ihm im Falle eines Konflikts mit Konstantinopel und seinen europäischen Verbündeten zu Hilfe kommen würde. Colonel Hodges, der zweimal, am 28. Mai und am 18. Juni, vor dem Vizekönig erschien, um Palmerstons Botschaften zu überbringen, verließ den Palast beide Male ohne Hoffnung, dass der Fall leicht gelöst werden könnte. Bei der zweiten Gelegenheit erklärte Muhammed Ali gegenüber Hodges, dass er keine Entscheidung treffen werde, bevor er nicht den offiziellen Bericht kenne, den der französische Vizekonsul Maxime des Meloizes, der sich in Damaskus aufhielt, vorbereite. Wir wissen, dass weder die Rothschilds noch Palmerston oder Metternich von diesem Bericht etwas Gutes erwarteten.

Um Laurins Kampagne entgegenzuwirken und die in Alexandria lebenden Europäer mit den Protokollen des Prozesses in Damaskus vertraut zu machen, ließ Cochelet ein umfangreiches Dokument veröffentlichen, das von Sibli Ayub auf Arabisch verfasst, von Jean Baptiste Beaudin, dem Dolmetscher des Konsulats, übersetzt und von Ratti-Menton kommentiert wurde. Unter wurden die Aussagen und Konfrontationen der Angeklagten sowie die von den medizinischen Sachverständigen vorgelegten forensischen Beweise detailliert dargestellt. Die Wirkung des Textes war beträchtlich, denn selbst die Konsuln Preußens, von Wagner, und Russlands, Graf Medem, die mit Laurin verbündet waren, informierten ihre Vorgesetzten darüber, dass die Protokolle weithin gelesen wurden und dass die öffentliche Meinung die Juden für schuldig hielt. Hodges schrieb im Juli an Palmerston, um ihm mitzuteilen, dass sogar Graf Medem ihm persönlich mitgeteilt habe, dass er „befürchte, dass es die Juden waren, die Pater Tomaso ermordet haben".

Laurin, der von Merlato gut über die Ereignisse in Damaskus informiert worden war, setzte seinerseits seinen Druck auf Muhammed Ali fort und hatte erreicht, dass der Vizekönig Sherif Pascha anordnete, die Bedingungen für die Inhaftierten wesentlich zu verbessern. In einem Brief vom 15. Juli teilt er Metternich mit, dass der Vizekönig ihm in seiner letzten Unterredung mitgeteilt habe, dass „die Untersuchung die Schuld der Juden bewiesen habe, er aber, um die Gefühle seiner Glaubensgenossen, vor allem in Europa, nicht zu verletzen, bereit sei, die Art ihres Verbrechens zu verschleiern, und daher versuchen werde, persönliche Rache und nicht die Beschaffung von Christenblut als Motiv für den Mord darzustellen". Ein weiteres Verdienst Laurins bei seinen Gesprächen mit Muhammed Ali war seine Zustimmung, dass die europäischen Freunde der Angeklagten zwei Anwälte nach Damaskus schicken durften. Laurin schrieb an seinen Freund Carl Rothschild, und die ausgewählten Männer waren Isaac Loria und ein Herr Ventura, die Mitte Juli bereits in der Stadt waren und versuchten, die Arbeit des französischen Vizekonsuls zu behindern. Da sie feststellten, dass es in der christlichen Gemeinde niemanden gab, der bereit war, für die Inhaftierten auszusagen, bemühten sich diese Anwälte, prominente Muslime ausfindig zu machen, die in dem von ihnen gewünschten Sinne aussagen würden. Bald wurden sie der Bestechungsversuche beschuldigt, und es kam unweigerlich zu einem Zusammenstoß zwischen ihnen und dem französischen Konsulatsteam.

Ende Juli legte Maxime des Meloizes, der von Thiers ernannte Vizekonsul, trotz allen Drucks einen fünfhundertseitigen Bericht vor, der nach

Paris geschickt wurde. Er enthielt die Verhöre, die er mit den Gefangenen geführt hatte, sowie Interviews mit ihren Familien und andere Untersuchungen. Es überrascht nicht, dass die Schlussfolgerung lautete, dass die jüdischen Häftlinge die Mörder von Pater Tomaso waren. Der Kampf im Verborgenen begann jedoch sowohl Sherif Pascha als auch Muhammed Ali selbst zu belasten, der von allen außer Frankreich unter Druck gesetzt wurde, ein neues Verfahren anzuordnen, das, wenn überhaupt, von europäischen Juristen oder vielleicht von den ägyptischen Behörden durchgeführt werden könnte. Als die Reise von Crémieux und Montefiore nach London organisiert wurde, ging man davon aus, dass Muhammed Ali einer Wiederaufnahme des Verfahrens zugestimmt hatte und eine neue Untersuchung zulassen würde. Um Muhammed Ali zweifelsfrei zu verstehen zu geben, dass es neben dem jüdischen Fall noch um andere Dinge ging, unterzeichneten die Türkei, England, Österreich, Preußen und Russland am 15. Juli einen gegen Ägypten gerichteten Vertrag. Ponsoby in Konstantinopel und Hodges in Alexandria erhielten Anfang August Briefe von Lord Palmerston, in denen er die Bedeutung des Vertrages erläuterte.

Crémieux, Montefiore und Muhammed Ali

Vor seiner Abreise aus Marseille hatte Crémieux mehrere Treffen mit Thiers, um eine Art von staatlicher Akkreditierung zu erhalten, die er jedoch nicht bekam. Er brachte nicht einmal ein Empfehlungsschreiben an den französischen Generalkonsul in Ägypten mit. Montefiore hingegen reiste mit der Unterstützung des Außenministeriums und überbrachte Briefe von Palmerston an die britischen Konsuln in Alexandria, Damaskus und Beirut.

Am 4. August kamen Crémieux, Montefiore und die Mitglieder der großen Reisegruppe, die sie begleiteten, in Alexandria an. Sie ließen sich in zwei Hotels nieder, die sie fast ausschließlich bewohnten, während sie auf ihre Abreise nach Damaskus warteten. Am 5. August stellte Colonel Hodges Montefiore, der in Uniform war, Muhammed Ali vor. Crémieux war nicht anwesend, da er sich noch nicht mit Cochelet in Verbindung gesetzt hatte. Montefiore, der eindeutig eine Überprüfung des Falles anstrebte, bat den Vizekönig formell um die Erlaubnis, Zeugen zu befragen und Beweise für die jüdischen Gefangenen zu sammeln. Crémieux stellte das gleiche Ersuchen Tage später. In dem Text, der von Montefiore auf Englisch vorgelesen wurde, war der Anschein von Schmeichelei gegenüber dem Vizekönig deutlich zu erkennen. Hier ein paar kurze Auszüge, die Professor Frankel wiedergegeben hat: „Die Augen ganz Europas sind auf Eure Hoheit gerichtet und.... durch die Erhörung unserer Gebete wird die ganze zivilisierte Welt erfreut sein..... Der große Mann, der bereits einen so ruhmreichen Namen trägt, muss eine große Liebe zur Gerechtigkeit haben. Es kann keine größere Art und Weise geben, dem Genie Eurer Hoheit zu huldigen... als diese Mission, die von den Israeliten in die ganze Welt geschickt wurde, um Gerechtigkeit zu fordern". Muhammed Ali versprach, in ein paar Tagen zu antworten.

Bald wurde deutlich, dass Montefiore und Crémieux miteinander um Kredite konkurrierten. Infolgedessen entwickelten die beiden unterschiedliche

Strategien. Montefiore stützte sich auf Samuel Briggs, einen Briten, der für die Rothschilds in Alexandria das Bankgeschäft leitete und ein großes persönliches Vermögen angehäuft hatte. Briggs war in Syrien gewesen und hatte Sherif Pascha persönlich gebeten, die Ermittlungen wieder aufzunehmen.

Crémieux seinerseits führte angespannte Gespräche mit Cochelet. Der jüdische Führer stellte zwei Forderungen, die nicht verhandelbar waren. Die erste verlangte, dass die ägyptischen Behörden verkünden, dass der Vorwurf des Ritualverbrechens falsch und verleumderisch sei; die zweite, dass die Angeklagten nach Feststellung ihrer Unschuld freigelassen würden. Im Gegenzug sollte auf eine Überprüfung des Falles unter vorerst verzichtet werden. Cochelet, der nun der offiziellen Linie folgte, schien bereit, die erste dieser Bedingungen zu akzeptieren, weigerte sich aber, die zweite in Betracht zu ziehen. Da Crémieux sah, dass er vom Konsul nichts bekommen würde, beschloss er, seine Trümpfe bei Antoine Clot und Gaetani auszuspielen, zwei renommierten Ärzten, die den alternden Muhammed Ali ständig behandelten. Er bat die beiden, ihm zu helfen, ihn zu überzeugen. Jonathan Frankel enthüllt, dass Crémieux vor seiner Abreise aus Ägypten jedem von ihnen zehntausend Francs für ihre Dienste als Fürsprecher der Juden von Damaskus beim Vizekönig zahlte, was darauf hindeutet, dass sie, um es ganz offen zu sagen, bestochen wurden.

Am 16. August landete Rifaat Bey, der Gesandte des osmanischen Sultans, in Alexandria, um Muhammed Ali das am 15. Juli in London von der Türkei und vier europäischen Mächten unterzeichnete Ultimatum zu überreichen, demzufolge er innerhalb von zehn Tagen den größten Teil der Gebiete in Syrien und im Libanon räumen und auf seine Erbansprüche auf Palästina verzichten müsse, wenn er nicht alle seine Besitztümer außer Ägypten verlieren wolle. Der Vizekönig wurde auch gewarnt, dass er und seine Erben sogar Ägypten verlieren würden, wenn er die geforderten Bedingungen nicht innerhalb der Frist akzeptierte. Muhammed Ali lehnte den Vertrag ab und teilte Rifaat Bey mit, dass Frankreich bereit sei, ihm zu Hilfe zu kommen, und mehr als einmal angeboten habe, zu intervenieren. Am selben Tag, dem 16. August, war auch der Gesandte von Thiers, Graf Walewski, in Alexandria eingetroffen und teilte dem französischen Präsidenten zwei Tage später mit, dass der Vizekönig von Ägypten formell um eine diplomatische Intervention Frankreichs, d.h. um „den Schutz und die Vermittlung Frankreichs" gebeten habe.

Am 17. August wurden Montefiore und Crémieux von Muhammed Ali empfangen, der sich dafür entschuldigte, dass er so lange gebraucht hatte, um auf Montefiores Anfrage zu reagieren. Er gab zu, dass er nicht viel darüber nachgedacht hatte, da er mit vielen anderen Dingen beschäftigt war. Brigss, der anwesend war, bat den Vizekönig zu bedenken, dass „die beiden Männer nicht nur Frankreich und England, sondern die gesamte jüdische Bevölkerung der Welt repräsentierten". Muhammed Ali war jedoch unnachgiebig und wollte einer weiteren Untersuchung nicht zustimmen. Er versicherte lediglich, dass die Gefangenen in Damaskus gut behandelt würden.

Als sich herausstellte, dass eine Wiederaufnahme des Verfahrens nicht möglich war, schlug Montefiore vor, Muhammed Ali ein Gesuch vorzulegen und ihn zu bitten, ein Dekret zu unterzeichnen, das die Unschuld der Gefangenen und ihre Freilassung verkündete. Außerdem sollte der Vizekönig verkünden, dass er nicht glaube, dass die Israeliten ein rituelles religiöses Verbrechen begangen hätten. Crémieux war skeptisch, aber das Dokument wurde dennoch am 22. im Palast abgegeben. Muhammed Ali lehnte das Ersuchen rundheraus ab. Am 25. August schrieb Montefiore einen Brief nach London, in dem er die Spannung des Augenblicks angesichts der Möglichkeit eines Kriegsausbruchs nach Ablauf der Zehn-Tage-Frist schilderte. Wir warten hier", so Montefiore, „auf einen Befehl zur Einschiffung. Soweit wir wissen, ist der Vizekönig nicht bereit, nachzugeben. Der englische Admiral (Robert Stopford) ist bereits hier und segelt mit seiner Flotte durch den Hafen, begleitet von österreichischen Kriegsschiffen.... Auf allen Seiten sehen wir Kriegsvorbereitungen...".

Am 26. rief Mohammed Ali den türkischen Gesandten, der von den Generalkonsuln der vier europäischen alliierten Mächte begleitet wurde, zu sich und teilte ihm seine Entscheidung mit, das Ultimatum abzulehnen. Am selben Tag fängt die britische Flotte vor der libanesischen Küste mehrere ägyptische Schiffe ab, die Nachschub für die Armee in Syrien transportieren. Als diese Nachricht Paris erreichte, verbreiteten sich in der Presse Gerüchte über einen europäischen Krieg, und die Börsenkurse stürzten alarmierend ab.

Doch gerade als die Würfel gefallen zu sein schienen, änderte der ägyptische Vizekönig unerwartet seine Haltung. Am 27. August verkündete er in einer langen Sitzung mit seinen Beratern, dass er bereit sei, seine Ansprüche auf Syrien aufzugeben. Am nächsten Tag teilte er Rifaat Bey und den Konsuln der alliierten Mächte mit, dass er die Bedingungen des zweiten Utimatums akzeptiere, das ihm die erbliche Herrschaft über Ägypten garantierte und ihn von den übrigen Gebieten entband. Er behielt sich jedoch das Recht vor, ein „demütiges Bittgesuch" an den Sultan zu richten, in dem er ihn in einem Akt äußerster Großzügigkeit bat, ihm die Kontrolle über Syrien und Kreta zu überlassen, solange er lebe. Muhammed Ali forderte Rifaat Bey auf, sofort nach Konstantinopel aufzubrechen, doch die Konsuln meldeten sich zu Wort und wiesen darauf hin, dass bloße Worte nicht ausreichten und nur die Evakuierung der ägyptischen Armee aus Syrien den Krieg beenden könne.

Cochelet war bestürzt, als er erfuhr, dass Muhammed Ali eine so wichtige Entscheidung ohne vorherige Konsultation getroffen hatte. Er ist so empört, dass er sich zunächst weigert, in den Palast zu kommen, als er darum gebeten wird. In einer Depesche an Thiers vom 30. August bedauerte er das Vorgehen des ägyptischen Vizekönigs, da er der Meinung war, dass Frankreich vor dem Politikwechsel hätte gewarnt werden müssen. Cochelet berichtet, dass er Muhammed Ali, als er ihn aufsuchte, deprimiert und mit schwacher und gebrochener Stimme vorfand. Cochelet zufolge hatte er eine kleine Operation an einem Furunkel hinter sich. „Ich kann mir dieses große Zugeständnis nur als Ergebnis einer Schwächung seiner Moral und der Angst vor einem erbitterten Kampf, in dem er eine Niederlage befürchtet, erklären". Schließlich war es nicht Rifaat Bey, sondern Thiers' Gesandter Walewski, der am 30. August mit der Bitte um einen Vergleich nach Konstantinopel segelte. Zusammen mit der Bitte überbrachte Walewski die Warnung, dass die ägyptische Armee bereit sei, in Anatolien einzumarschieren, falls sein Angebot abgelehnt würde.

Kehren wir nun zum Thema dieses Beitrags zurück, um zu sehen, wie Muhammed Alis Zugeständnisse an die europäischen Judenführer zustande kamen. Dank der Tagebücher von Crémieux und Montefiore, die später von Rabbi Löwe herausgegeben wurden, ist bekannt, dass Adolphe Crémieux und seine Frau Amélie Crémieux am Freitag, dem 28. Mai, um sieben Uhr morgens von Alexandria nach Kairo aufbrachen. Eine Stunde später, als sie gerade einen Kahn besteigen wollten, um den Nil zu überqueren, sahen sie eine Kutsche, die sich mit voller Geschwindigkeit näherte. Darin befanden sich Clot und Gaetani, die Ärzte von Muhammed Ali, die erzählten, dass sie im Morgengrauen eine Eiterbeule aus dem Gesäß des Vizekönigs entfernt hatten, mit dem sie über die Juden von Damaskus gesprochen hatten. Die Ärzte hatten argumentiert, dass die Stimme von sechs Millionen Juden im Namen des Vizekönigs von Ägypten auf dem Höhepunkt der internationalen Krise von entscheidender Bedeutung sein könnte. Während des Gesprächs hatte Muhammed Ali plötzlich verkündet: „Ich werde die Gefangenen freilassen und den Flüchtigen die Rückkehr ermöglichen. Ich werde die entsprechenden Befehle erteilen". Crémieux und sein Gefolge kehrten sofort nach Alexandria zurück.

Jonathan Frankel, Professor an der Hebräischen Universität Jerusalem, ist der Ansicht, dass Muhammed Ali mit dieser Entscheidung die Absicht verfolgte, sich von Frankreich zu distanzieren und so weit wie möglich eine Verständigung mit den anderen europäischen Mächten zu erreichen. Die Konfrontation zwischen den Konsuln in Alexandria hatte gezeigt, dass die Damaskus-Affäre ein entscheidender Faktor im Streit zwischen den Großmächten war. Die Freilassung der Gefangenen war offensichtlich eine Geste gegenüber der anglo-österreichischen Allianz", so Frankel, „deren Schiffe im Hafen von Alexandria verkehrten.

Um zwei Uhr nachmittags desselben Tages, am 28., begab sich Montefiore in den Palast und verschaffte sich Zugang zum Vizekönig, der bestätigte, dass das, was die Ärzte Crémieux gesagt hatten, wahr war. Am Abend kam Crémieux in den Palast, um Muhammed Ali im Namen von „sechs Millionen Juden, die über die ganze Welt verstreut sind", zu danken. Kebler sagte zu Bonaparte: 'Sie sind so groß wie die Welt. Sie, mein Herr, sind in diesem Augenblick so groß wie Napoleon.

Am Samstag, den 29., wurden Kopien der offiziellen Dokumente zugunsten der Gefangenen aus Damaskus und der Flüchtlinge von Mitgliedern der jüdischen Delegation abgeholt. Bald fanden sie in dem Dokument einen Begriff, der ihnen nicht gefiel. Das Dekret enthielt das Wort „Begnadigung", das den Eindruck von Schuld vermittelte. Wiederum war es Crémieux, der den Vizekönig aufsuchte, um ihm zu erklären, dass die jüdische Botschaft sich veranlasst sah, öffentlich zu protestieren, wenn das betreffende Wort nicht ersetzt würde. Die Diskussion zwischen den beiden dauerte mehr als eine Stunde, bis Muhammed Ali zustimmte, das Wort durch den Ausdruck „befreit" zu ersetzen.

Vor ihrer Abreise aus Alexandria unterzeichneten Montefiore und Crémieux gemeinsam ein an den Vizekönig von Ägypten gerichtetes Dankesschreiben, das eigentlich für die europäische Öffentlichkeit bestimmt war, die es in den Zeitungen auf dem Kontinent lesen sollte. In dem Brief heißt es:

> „Seine Hoheit hat der Welt gezeigt, dass er die Verleumdungen, die unsere Feinde auf die jüdische Religion werfen wollten, mit Verachtung zurückweist... aufgrund des abscheulichen Prinzips des Vergießens von menschlichem Blut, um es mit ungesäuertem Brot zu vermischen, eine Anschuldigung, die unsere alte und reine Religion barbarisch und blutrünstig machen würde. Die Tat, die Eure Hoheit vollbracht hat, wird ihren Platz in der Geschichte neben den beiden Dekreten einnehmen, die von Suleiman II. und Amurath (al Murad) unterzeichnet wurden, die die jüdische Religion auf edle Weise von demselben Vorwurf freisprachen... Christliche Fürsten und sogar Päpste haben dasselbe getan".

Freiheit für die Mörder von Pater Tomaso

Am 6. September traf der Befehl zur Freilassung der Mörder von Pater Tomaso und seines Dieners Ibrahim Amara in Damaskus ein. In dem von Muhammed Ali unterzeichneten Erlass heißt es, die Herren Moses Montefiore und Adolphe Crémieux hätten ihm ihre Bitten und Hoffnungen vorgetragen. Der Text lautet wie folgt:

> „Sie wurden von der gesamten Bevölkerung der mosaischen Religion in Europa an Uns gesandt und haben Uns angefleht, die Freilassung ihrer verhafteten Glaubensgenossen zu verfügen und den Frieden derjenigen zu sichern, die infolge der Ermittlungen, die auf das Verschwinden (!) von Pater Tomaso und seinem Diener Ibrahim folgten, geflohen sind. Und da wir es aufgrund der großen Zahl der Bevölkerung nicht für ratsam halten, ihre Bitte abzulehnen, ordnen wir an, dass alle Juden, die inhaftiert sind, freigelassen werden. Was diejenigen angeht, die ihre Häuser verlassen haben, so ordne ich an, dass ihnen die größtmögliche Sicherheit garantiert wird, damit sie zurückkehren können. Jeder von ihnen wird wieder seinem Beruf oder Geschäft nachgehen und wie bisher seine gewohnte Arbeit verrichten können. Ich ordne an, dass sie sich vor jeder Verweigerung (dieses Befehls) völlig sicher fühlen sollen. Dies ist Unser Wille.

Der Graf von Ratti-Menton war fassungslos über die unerwartete Wendung der Ereignisse und brachte seine Verbitterung in einer Reihe von privaten Briefen an seinen Kollegen des Meloizes zum Ausdruck. Es ist schwierig", schrieb er am 6. September, „den Eindruck zu beschreiben, der... auf die christliche und muslimische Bevölkerung gemacht wurde. Den ganzen Tag über sind Christen und viele Muslime zum Konsulat gekommen, um herauszufinden, was der Grund für diese für sie unverständliche Aktion sein könnte". Einige Tage später berichtete er von der großen Feier im jüdischen Viertel, an der „Pater Tomaso und ich als Weicheier teilnahmen". In einem weiteren Brief vom 12. September bedauerte Ratti-Menton, dass Sherif Pascha die Feierlichkeiten nicht hatte verhindern können, bei denen gerufen wurde: „Es lebe Österreich, es lebe Frankreich, es lebe die Osmanen, nieder mit dem Kreuz!"

Jahre später schrieb einer der gelehrtesten Männer über den *Talmud* und die jüdische Welt im Allgemeinen, der ehemalige Rabbiner Simon Drach, der schließlich zum Christentum konvertierte, Folgendes: „Die Mörder von Pater Tomaso, die für ihr Verbrechen verurteilt wurden, sind dennoch dank der Bemühungen von Juden aller Nationen einer Verurteilung entgangen. In diesem Fall spielte das Geld die wichtigste Rolle.... Der Gerechtigkeit ist nicht Genüge getan worden.

Die Wahrheit jedoch steht heute auf dem Epitaph eines bescheidenen Grabes in der Kirche des Heiligen Landes, das sich bis 1866 auf dem Friedhof des Kapuzinerklosters in Damaskus befand. Der in Italienisch und Arabisch verfasste Text lautet: „Qui riposano le ossa del P. Tomaso da Sardegna, Misionario Apostólico Capuchino, assassinato dagli ebrei il giorno 5 di febbraio dell'anno 1840" (Hier liegen die Gebeine von P. Tomaso da Sardegna, apostolischer Kapuzinermissionar, der am 5. Februar 1840 von den Juden getötet wurde).

Nachdem das Verbrechen von Pater Tomaso ungestraft blieb, wurden diese Gebiete des Ostens zum Eldorado für zahlreiche blutrünstige Mörder. Drei Jahre später wurden weitere Ritualverbrechen an mehreren Kindern auf Korfu, ein neuer Mord auf Rhodos und weitere Fälle an sieben verschiedenen Orten gemeldet. In ganz Europa nahm der Anstieg der Verbrechen alarmierende Ausmaße an. Es gibt keine endgültige Liste, aber Forscher haben neunundfünfzig Fälle dokumentiert, die zwischen 1800 und 1933 vor Gericht kamen. Es ist erwiesen, dass zwischen 1840 und 1888 die Zahl der Morde und Anzeigen sprunghaft anstieg. Die Fülle an Büchern, Pamphleten und Artikeln, die dafür und dagegen sprechen, ist beträchtlich. Eines der bekanntesten Verbrechen war das von Tisza-Eszlár (Ungarn) im Jahr 1882. Es gibt einen Roman, *Blutrache in Tiszaeszlar*, von Andrew Handler, und einen Film, *Die Flößer*, der 1990 in Ungarn gedreht wurde.

Jüdische Ritualverbrechen in den Vereinigten Staaten prangert Eustace Mullins in *Mullins New History of the Jews* an, die 1968 vom International Institute of Jewish Studies veröffentlicht wurde. Darin führt er den Tod des Sohnes von Charles Lindbergh, eines zwanzig Monate alten Mädchens, das im März 1932 entführt und ermordet wurde, auf jüdische Kriminelle und rituelle Praktiken zurück. Auch Arnold Leese liefert in *Jüdischer Ritualmord* Einzelheiten über das jüdische Komplott im Zusammenhang mit dem Fall des Sohnes von Colonel Lindbergh. Mullins enthüllt, dass Chicago die amerikanische Stadt ist, in der die meisten Fälle von Ritualverbrechen stattfinden, und behauptet, dass die Stadt eines der Zentren ist, das jüdische Gemeinden in der ganzen Welt mit Blut versorgt. Der Polizeipräsident gab sogar zu, dass in der Stadt jeden Monat dreihundert Kinder verschwinden. Im Oktober 1955 wurden die Brüder John und Anton Schuessler, dreizehn und elf Jahre alt, und ihr Freund Bobby Peterson, vierzehn Jahre alt, in Chicago entführt und ermordet. Im Dezember 1956 ereilte die Schwestern Barbara und Patricia Grimes, ebenfalls in Chicago, das gleiche Schicksal. Es konnte nicht verhindert werden, dass diese Morde an die Öffentlichkeit gelangten. *Die Daily News* veröffentlichte eine Abendausgabe mit der Nachricht, dass Bobby Petersons Körper an denselben Stellen durchbohrt worden war, an denen Christus am Kreuz verwundet worden war. Die Ausgabe wurde sofort vom Kiosk genommen. Obwohl die offizielle Polizeiversion die Todesfälle wie üblich auf Sexualverbrechen zurückführte, wies keine der Leichen Anzeichen einer Vergewaltigung oder eines sexuellen Übergriffs auf. Im Gegenteil, sie hatten alle Strangulationsmale an den Hand- und Fußgelenken und wiesen Schnitt-, Stich- und Einstichverletzungen auf: Die jungen Männer waren langsam verblutet.

Nationalismus und Protozionismus

Obwohl im 18. Jahrhundert, angespornt durch messianische Prophezeiungen, viele Kabbalisten nach Palästina pilgerten, gab es dort zu Beginn des 19. 1812 wurde in Hebron die erste Kolonie aschkenasischer Juden gegründet, die der chassidischen Bewegung angehörten und deren wichtigster Beschützer Rabbi Hirsch Lehren war, der bekanntlich seit 1817 die pro-zionistische Organisation „Officers of the Land of Israel" in Amsterdam leitete. Zehn Jahre vor der durch die Damaskus-Affäre ausgelösten Krise vermutete die amerikanische Wochenzeitung *Niles Wekly Register*, dass der osmanische Sultan den Verkauf Jerusalems an die Rothschilds erwäge, deren Macht und Einfluss es ihnen ermöglichen würde, ihre Nation in Judäa zu vereinen. Laut dieser Publikation war das Gebiet für den Sultan von geringem Wert, „aber in den Händen der Juden, angeführt von Männern wie den Rothschilds, was könnte es nicht in kurzer Zeit werden?" 1836 appellierte Rabbi Zeví Hirsch Kalisher an Amschel Rothschild, ganz Palästina zu kaufen, eine Voraussetzung für die Erlösung des jüdischen Volkes. Sollte dies nicht möglich sein, bat der Rabbiner den Bankier, zumindest die Stadt Jerusalem mit ihrer gesamten Umgebung zu kaufen. 1839 schrieb Kalisher auch an Moses Montefiore, der, wie wir wissen, in diesem Jahr zum ersten Mal nach Palästina reiste. Er bat ihn, Muhammed Ali ein großes Stück Land für einen Zeitraum von fünfzig Jahren zu pachten, um dort Tausende von jüdischen Familien anzusiedeln. Als Montefiore am 13. Juli vom Vizekönig empfangen wurde, präsentierte ihm das jüdische Oberhaupt den ehrgeizigen Plan. Er schlug vor, ein oder zweihundert Dörfer zu pachten, die frei von Steuern und Abgaben sein sollten. Die Pacht sollte jährlich in Alexandria in Geld bezahlt werden. Montefiore schrieb in sein Tagebuch, dass er im Falle der Erteilung der Konzession eine Gesellschaft gründen würde, um das Land zu bebauen und seine Brüder aus ganz Europa zur Rückkehr nach Palästina zu bewegen. Wochen und Monate vergingen, aber es kam keine Antwort aus Ägypten. Im Sommer 1840 jedoch war Montefiores Plan, Juden in großem Umfang nach Palästina zu bringen, öffentlich bekannt geworden, und es wurden Berichte über Industrieprojekte in verschiedenen Teilen Judäas veröffentlicht, in denen nur jüdische Arbeiter beschäftigt werden sollten.

In der Vergangenheit haben Juden die Konversion zu anderen Religionen genutzt, um in diesen für ihre rassischen und religiösen Interessen zu arbeiten. Dies war der Fall bei den Marranos in Spanien, von denen viele wichtige

Positionen innerhalb der Kirche bekleideten. Wir wissen bereits, dass Shabbetay Zeví, der jüdische Messias des 17. Jahrhunderts, kein Problem damit hatte, den Islam anzunehmen, um sein Leben zu retten, und später den Wert seiner Konversion herunterspielte. Auch Jakob Frank konvertierte nacheinander zum Islam und zum Christentum, um, wie er sagte, das Christentum von innen heraus zu zerstören, wie „Soldaten, die eine Stadt stürmen, indem sie durch die Kanalisation gehen". In der Tat wird heute in zahlreichen Werken das systematische Eindringen jüdischer Agenten in die katholische und vatikanische Hierarchie angeprangert. Dazu gehören Viscount Leon de Poncins' *Judaism and the Vatican*, Peirs Comptons *The Broken Cross* und Bill Coopers *Behold a Pale Horse*. Ein kürzlich diskutiertes Beispiel für das, worüber wir geschrieben haben, ist das des Bischofs des Stephansdoms in Wien, Johann Emmanuel Veith, eines jüdischen Konvertiten, der von der Kanzel aus dreist bei Christus schwor, dass die Mörder von Pater Tomaso unschuldig seien. Die Doenmes, das Äquivalent zu den spanischen Marranos in der muslimischen Welt, waren Juden, die zum Islam konvertierten und, obwohl sie sich äußerlich wie Muslime verhielten, ihrer Religion treu blieben. Wir wissen, dass Mustafa Kemal Atatürk und die Jungtürken, die 1923 den islamischen Staat in der Türkei beendeten, Doenmes waren. All dies ist heute von Bedeutung, weil 1809 in London ebenfalls eine christliche Organisation gegründet wurde, die bereits erwähnte „London Society for Promoting Christianity Amongst the Jews", die sich mit großem Eifer für die Rückkehr der Juden nach Palästina einsetzte.

Wenn wir zustimmen, dass der Zionismus eine Bewegung ist, die die Wiedervereinigung eines verstreuten Volkes in einem Gebiet anstrebt, das angeblich von einem Gott versprochen wurde, der es unter allen anderen auserwählt hat, müssen wir bedenken, dass die Londoner Society eine pro-zionistische Organisation war. In ihr wimmelte es von zahlreichen jüdischen Konvertiten zum Christentum, wie dem unaussprechlichen Missionar George Wildon Pieritz, Autor der Broschüre *Statement of Mr. G.W.* Pieritz, a Jewish Convert, a Jewish *Convert. Pieritz, ein jüdischer Konvertit und Hilfsmissionar in Jerusalem, über die Verfolgung der Juden in Damaskus: das Ergebnis einer persönlichen Untersuchung vor Ort.* Das Hauptziel dieser „Christen" bestand darin, ihren neuen Status zu nutzen, um sich für die Sache des jüdischen Nationalismus einzusetzen. Schließlich betrachteten sich die meisten von ihnen als Mitglieder der jüdischen Nation. Zu den führenden Persönlichkeiten der Londoner Gesellschaft gehörte der Theologe Alexander McCaul, der behauptete, die Bekehrung der Juden zum Christentum und ihre Rückkehr nach Palästina seien ein einziges Ziel. In einem Brief an den Vorstand der Gesellschaft von 1839 beschloss er, dass die Missionare in allen Zweigstellen im Mittelmeerraum und in Polen täglich mindestens zwei Stunden dem Studium des *Talmuds* widmen sollten. McCaul war zweifellos der Ansicht, dass es für einen guten Christen am besten sei, das antichristlichste Buch zu lesen, das es gibt, das einen erbitterten Hass auf Christus predigt und einen krankhaften Rachedurst gegen das Christentum hegt.

Eine der prominentesten Persönlichkeiten in der Londoner Society war Lord Ashley, 7. Earl of Shaftesbury, der 1835 zum Vizepräsidenten der Society ernannt worden war. Ashley hatte eine enge Beziehung zum Sekretär des Außenministeriums, Lord Palmerston, da seine Schwiegermutter, Lady Emily Cowper, bis 1839 Palmerstons Geliebte war und dann seine Frau wurde. Dank dieses Einflusses gelang es der Londoner Gesellschaft, die Ernennung eines britischen Vizekonsuls in Jerusalem durchzusetzen. Ashley sorgte dafür, dass der Zuständigkeitsbereich des Vizekonsuls die alten Grenzen des, wie er es nannte, „alten Königreichs Davids und der zwölf Stämme" umfasste. Die Person, die 1838 für dieses Amt ausgewählt wurde, war W. T. Young, der zur gleichen Zeit Mitglied des Generalkomitees der Gesellschaft wurde. Ein Eintrag in Ashleys Tagebuch offenbart das Verhältnis zwischen ihm und Palmerston:

> „Heute Morgen wurde Young verabschiedet, der gerade zum Vizekonsul Seiner Majestät in Jerusalem ernannt wurde.... Was für ein wunderbares Ereignis! Die alte Stadt des Volkes Gottes ist im Begriff, einen Platz unter den Nationen wiederzuerlangen, und England ist das erste der heidnischen Königreiche, das aufhört, sie mit Füßen zu treten..... Gott hat es mir ins Herz gelegt, einen Plan zu seinen Ehren zu entwerfen, hat mir den Einfluss gegeben, um Palmerston zu beeinflussen, und hat den richtigen Mann für die Situation bereitgestellt.

Lord Ashley betrachtete die historische Periode von Cromwell und Karl II. als ein Geschenk der „Vorsehung, die niemals schläft". Für ihn war die Tatsache, dass England den Juden damals Schutz gewährt hatte, der Beginn seines Wohlstands und seiner wirtschaftlichen Vorherrschaft. Dieser zionistische Avantgardist veröffentlichte in der *Times* ein Memorandum, das „im Namen vieler, die auf die Wiedererrichtung Israels hoffen", unterzeichnet war und privat an alle Oberhäupter der protestantischen Staaten Europas und Nordamerikas geschickt wurde. Darin wird die Kirche von Rom als „das große Babylon, das im Begriff ist, in den Abgrund des unergründlichen Verderbens zu stürzen... wenn ihre Zeit gekommen ist (und sie ist sehr nahe!)" bezeichnet. Unter Berufung auf den Geist des persischen Königs Kyrus wurden die protestantischen Regierungen aufgefordert, zu handeln, um dem Volk Israel sein Erbe zurückzugeben. Lord Palmerston selbst überreichte das Dokument an Königin Victoria.

All dieser zionistische Eifer nahm im Laufe des Jahres 1840 und in den folgenden Jahren noch zu. Lady Palmerston selbst kommentierte den Ausbruch des jüdischen Nationalismus als Folge der Damaskus-Affäre mit den Worten: „Die fanatischen und religiösen Elemente... in diesem Land... sind fest entschlossen, Jerusalem und ganz Palästina für die Rückkehr der Juden zu reservieren; das ist ihr einziger Wunsch". Das Hauptargument war, dass die Rückkehr nach Palästina notwendig sei, um eine Wiederholung von Fällen wie der „armen Juden von Damaskus und Rhodos" zu verhindern. Moses Hess widmete ein ganzes Kapitel seines berühmten Buches *Rom und Jerusalem* den Auswirkungen, die die Ritualverbrechen in Damaskus auf ihn hatten. Darin vertrat er die Ansicht, dass die Art und Weise, in der die Juden auch in Europa verfolgt wurden, einen neuen Aufbruch im jüdischen Leben markierte. Dieses Buch von Hess und Hirsch Kalischers *Drishal Zion* (*Die Suche nach Zion*), beide

1862 veröffentlicht, sind die ersten Darstellungen des modernen jüdischen Nationalismus.

Laut Eustace Mullins war Zeví Hirsch Kalisher (1795-1874) 1811 erst sechzehn Jahre alt, als er die Freimaurerloge in Frankfurt, dem Hauptsitz der aufgeklärten Freimaurerei, besuchte. Seine Freundschaft mit Amschel Rothschild geht also auf diese Jahre zurück. Dort traf er auch Salomon Rothschild und Sigismund Geisenheimer, den Verwaltungschef des Hauses Rothschild, die beide an den Sitzungen teilnahmen. In *Drishal Zion* rief dieser aschkenasische Rabbiner zum Wiederaufbau von Eretz Israel auf. Sein Plan sah die Schaffung von Siedlungen vor, die von Sicherheitskräften geschützt werden sollten, wie es derzeit der Fall ist, denn heute ist das Zentrum von Hebron, das für die 130.000 in der Stadt lebenden Palästinenser unzugänglich ist, von etwa 500 Siedlern besetzt, die den Schutz der Armee genießen. Rabbi Kalisher verkündete in seinem Werk, dass der Beginn der Erlösung unter der Schirmherrschaft der Völker der Welt stehen würde und dass die Ansiedlung der Juden in ihrem Land dem Kommen des Messias vorausgehen würde. Die Veröffentlichung dieses Werkes erregte großes Aufsehen in der jüdischen Welt und wurde von Moses Hess zitiert, der einige Monate später *Rom und Jerusalem*, das große Werk des Protozionismus, veröffentlichen sollte.

Meyer Waxman, der 1918 Moses' Werk Hess (1812-1875) ins Englische übersetzte, bezeichnet *Rom und Jerusalem* als ein Buch, das seiner Zeit voraus ist. Hess ist für ihn ein Prophet und hält das Werk für „den Herold des Nationalismus und die Trompete des Zionismus". Wir wollen uns jetzt nicht aufhalten, denn andere Themen erfordern unser Interesse. Wir wollen nur einige der Ideen aufgreifen, die dieser nationalistische Fanatiker in seinem Werk vertritt. Hess, der während der Entstehungsjahre des *Kommunistischen Manifests* mit Marx und Engels befreundet war und sich mit Begeisterung an der revolutionären Bewegung beteiligte, wie wir im nächsten Kapitel sehen werden, sieht eine Hauptrolle für den zukünftigen jüdischen Staat vor. Der zionistische Staat, so sieht er voraus, „wird an der Straße nach Indien und China sitzen und der Vermittler zwischen Asien und Europa sein". Seiner Meinung nach wird „der Zweck der gesamten Schöpfung erst mit der Errichtung des messianischen Reiches und dem Kommen des Messias erfüllt werden". Hess zitiert Jesaja, um zwei Arten von Völkern zu unterscheiden: „diejenigen, die dem ewigen Tod geweiht sind, und Israel,, dessen Schicksal es ist, aufzuerstehen". Nachdem er die französische Revolution genutzt hat, um Gleichheit und Emanzipation zu erreichen, warnt Hess, dass Juden, die sich emanzipiert und integriert haben und „die Existenz einer jüdischen Nationalität leugnen, nicht nur Deserteure im religiösen Sinne sind, sondern Verräter an ihrem Volk, ihrer Ethnie und sogar ihrer Familie..., denn die jüdische Religion ist vor allem Patriotismus". Zum Thema Abtrünnigkeit, das oben erörtert wurde, sagt er: „In Wirklichkeit hat das Judentum als Nationalität eine natürliche Grundlage, die durch den bloßen Übertritt zu einem anderen Glauben oder einer anderen Religion nicht verloren geht. Ein Jude gehört zu seiner Ethnie und damit zum Judentum, auch wenn seine Vorfahren Abtrünnige gewesen sein mögen. Der konvertierte Jude ist immer noch ein Jude...". Hier eine bezeichnende Passage, in der Hess in seinem nationalistischen Delirium glaubte, dass jüdische Bankiers die Schaffung eines zionistischen Superstaates mit Hilfe von Geld durchsetzen könnten: „Welche europäische Macht hätte heute etwas gegen den Plan, dass die Juden, vereint durch einen Kongress, ihr altes Heimatland kaufen sollten? Wer würde Einwände erheben, wenn die Juden der verfallenen alten Türkei ein paar Handvoll Gold zuwerfen und sagen würden: 'Gebt mir meine Heimat zurück und verwendet dieses Geld, um andere Teile eures schwankenden Reiches zu konsolidieren'? Gegen die Verwirklichung eines solchen Plans gäbe es keine Einwände, und man würde Judäa erlauben, seine Grenzen von Suez bis zum Hafen von Smyrna auszudehnen, einschließlich des gesamten Gebiets der westlichen Libanonkette". In einer anderen besonders bemerkenswerten Passage besteht Hess auf dem Anspruch auf die Türkei und erkennt die Rolle der Juden in der französischen Revolution und in der revolutionären Bewegung im Allgemeinen an. An die Adresse des jüdischen Volkes gerichtet, schreibt er: „Die Zeit ist gekommen, dass ihr durch Entschädigung oder auf andere Weise eure alte Heimat von der Türkei zurückfordert, die sie seit Jahren verwüstet hat. Ihr habt ausreichend zur Sache der Zivilisation beigetragen und Europa auf dem Weg des Fortschritts geholfen, Revolutionen zu machen und sie erfolgreich durchzuführen".

Es ist bedauerlich, wie dieser Zionist unterstellt, dass sie aus Menschenfreundlichkeit revolutionäre Prozesse zu ihrem eigenen Nutzen ausgelöst haben, bei denen Millionen von Europäern ihr Leben und ihren Besitz verloren haben. Aber vielleicht noch empörender ist der Zynismus, mit dem er dem Judentum eine Vormachtstellung zuschreibt, und die Verachtung, mit der er sich auf andere Kulturen und Religionen bezieht, zumal er die Verbrechen des Zionismus und den Ruin kennt, den die Gründung Israels für alle Völker des Nahen Ostens bedeutet hat. Noch immer an das jüdische Volk gerichtet, sagt er weiter: „Ihr werdet die moralische Referenz des Ostens werden. Ihr habt das Buch der Bücher geschrieben. Werde also der Erzieher der wilden arabischen Horden und der afrikanischen Völker. Lass die alte Weisheit des Ostens, die Offenbarungen des Zend, die Veden, sowie den moderneren Koran, um deine Bibel gruppiert". Zum Abschluss dieses kurzen Überblicks über *Rom und Jerusalem* wollen wir sehen, wie Moses Hess die Schritte zur Gründung des Staates konzipiert hat. Zunächst sollten die jüdischen Fürsten, d.h. die Rothschilds, Montefiore und andere, eine Gesellschaft für die Kolonisierung Palästinas gründen, deren Programm folgende Aktivitäten umfassen sollte: 1. 2. die Ansiedlung von Juden aus allen Teilen der Welt, insbesondere aus Rußland, Polen und Deutschland, in Palästina, wo sie Kredite erhalten und von der Gesellschaft angestellten Landtechnikern unterstützt werden. 3) Eine Polizei sollte eingerichtet werden, um die Siedler vor möglichen Beduinenangriffen zu schützen und die allgemeine Ordnung aufrechtzuerhalten. 4. unter der Schirmherrschaft der Gesellschaft sollten Schulen für die jüdische Jugend eröffnet werden, in denen alle Wissenschaften und natürlich die nationalistische Ideologie gelehrt werden sollten. Hess präzisierte schließlich, dass dies „keine totale Einwanderung von Juden nach Palästina bedeute, da auch nach der

Gründung des jüdischen Staates die Mehrheit der zu diesem Zeitpunkt im zivilisierten Westen lebenden Juden dort bleiben werde".

Zum Abschluss dieses Abschnitts mag es von Interesse sein, dass, sobald Syrien und Palästina wieder unter der Herrschaft des Sultans von Konstantinopel standen, die Londoner Gesellschaft von Lord Ashley, offensichtlich mit der Zustimmung Palmerstons und der Unterstützung des Erzbischofs von Canterbury, sich beeilte, ein Projekt zum Bau einer anglikanischen Kirche im Heiligen Land vorzulegen, das mit ungewöhnlicher Geschwindigkeit ausgeführt wurde. Die Kirche, die die Londoner Gesellschaft auf dem Berg Zion zu bauen begann, wurde 1841 Sitz eines anglikanischen Bischofs. Das Amt ging an Michael Salomon Alexander, der, wie nicht anders zu erwarten, eine traditionelle jüdische Erziehung genossen hatte, bevor er zum Christentum konvertierte. Kapitän Valmont, der die *Euphrate*, ein französisches Kriegsschiff, das vor der libanesischen Küste operierte, kommandierte, berichtete Cochelet am 9. November desselben Jahres, dass der englische Priester frei über das Versprechen sprach, das Königreich Israel im Heiligen Land wiederherzustellen.

James Rothschild und der Fall von Thiers

Jetzt bleibt nur noch abzuwarten, welche politischen Auswirkungen die Damaskus-Affäre hat, die zum Sturz von Adolphe Thiers führte und eine schwere diplomatische Demütigung für Frankreich darstellte. Niall Ferguson zufolge war die Lösung der Affäre ein persönlicher Triumph für James Rothschild und markierte einen der Höhepunkte der politischen Macht des Bankiers. Ferguson argumentiert, dass die Krise James die ideale Gelegenheit bot, den Premierminister zu untergraben, der nie ein großer Bewunderer gewesen war. Nathaniel Rothschild vertrat auf dem Höhepunkt der Krise die Ansicht, dass eine Entmachtung von Thiers, den er als „den arrogantesten aller Emporkömmlinge" bezeichnete, damals fast unmöglich und „in der Tat gefährlich und unklug" sei. Die Frage war also, inwieweit die Rothschilds in der Lage waren, seinen Sturz zu beschleunigen.

Ausschlaggebend waren die Auswirkungen der Krise auf den Preis der öffentlichen Einnahmen. Am 3. August 1840 kam es zu einem dramatischen Preisverfall bei den Staatsanleihen. Dies war nur der Anfang eines lang anhaltenden Rückgangs, der bis Oktober anhielt und durch die Angst vor den Ereignissen im Osten ausgelöst wurde. Der Schlüssel zur Lage der Rothschilds ist wiederum in einer Bemerkung von Nat zu finden, die von N. Ferguson zitiert wird: „Gott sei Dank, das Haus hatte kaum Miete". Das bedeutet, dass die französischen Rothschilds, die zweifellos über Insider-Informationen aus den Londoner und Wiener Häusern verfügten, sich am 2. August, dem Tag vor dem Zusammenbruch der französischen Staatsanleihen, im Voraus abgesichert und diese veräußert hatten. Thiers verteidigte sich, so gut er konnte, und feuerte am 12. Oktober über die regierungsnahe Zeitung *Constitutionnel* eine Salve auf James Rothschild und seine Manöver ab. Der folgende Text ist dem Werk von Niall Ferguson entnommen:

„Der *Times* zufolge ist Herr de Rothschild ein Finanzier und will keinen Krieg. Nichts könnte leichter zu verstehen sein. Monsieur de Rothschild ist ein österreichischer Untertan und der österreichische Konsul in Paris, und als solcher hat er wenig Interesse an der Ehre und den Interessen Frankreichs. Auch das ist verständlich. Aber was, sagen Sie mir, haben Sie, Herr de Rothschild, der Börsenmann, Herr de Rothschild, der Agent Metternichs, mit unserer Abgeordnetenkammer und unserer Mehrheit zu tun? Mit welchem Recht und mit welcher Befugnis mischt sich der Finanzkönig in unsere Angelegenheiten ein? Ist er der Richter über unsere Ehre, und sollten seine pekuniären Interessen Vorrang vor unserem nationalen Interesse haben? Wir sprechen von finanziellen Interessen, aber überraschenderweise erhebt der jüdische Bankier, wenn man sehr zuverlässigen Berichten Glauben schenken darf, nicht nur finanzielle Forderungen gegen unser Kabinett... Es scheint, dass er auch seine verletzte Eitelkeit befriedigen will. Herr de Rothschild hat seinen Glaubensgenossen die Entlassung unseres Generalkonsuls in Damaskus versprochen, und zwar wegen der Position, die er beim Prozess gegen die Juden in dieser Stadt verteidigt hat. Dank der Hartnäckigkeit des Ratspräsidenten [Thiers] wurde diesen hartnäckigen Forderungen des allmächtigen Bankiers widerstanden, und Herr Ratti-Menton wurde im Amt gehalten. Daher die Verärgerung des allmächtigen Bankiers und der Eifer, mit dem er sich Intrigen widmet, die nichts mit seinem Geschäft zu tun haben.

James Rothschild muss über diesen Angriff wenig beunruhigt gewesen sein. In Wirklichkeit war es nicht mehr als das Recht, sich zu beschweren, denn acht Tage später trat Thiers zurück. Am 29. Oktober 1840 wurde eine neue Regierung gebildet, an deren Spitze erneut einer der treuesten Anhänger der Rothschilds stand, der Verräter von Waterloo, der unermüdliche Marschall Jean-de-Dieu Soult, Herzog von Dalmatien, der das Amt zum dritten Mal übernahm und bis zum 19. September 1847 im Amt bleiben sollte. Nathaniel Rothschild freute sich, dass die Börse größtes Vertrauen in die neue Regierung hatte.

Die Folgen der Krise im Osten zeigten, dass die internationalen Spannungen den Rothschilds zugute kamen. Der Sturz von Thiers führte fast sofort zu neuen Geschäften. Die Regierung Soult beeilt sich, mit dem Haus Rothschild über ein neues Darlehen für den Bau eines Befestigungssystems um Paris zu verhandeln. Im Oktober 1841 wurde ein Darlehen in Höhe von 150 Millionen Francs gewährt, was die unangefochtene Vormachtstellung von James Rothschild im französischen Finanzwesen demonstrierte. Weitere Darlehen wurden 1842 und 1844 gewährt. Die internationalen Spannungen führten auch in den deutschen Staaten zu erhöhten Rüstungsausgaben. „Wenn Frankreich weiter aufrüstet, muss es auch Deutschland tun", argumentierte Amschel Rothschild. Dies bedeutete neue Geschäfte für die Rothschilds.

Es mag den Leser übrigens interessieren, was mit dem unbestechlichen Grafen de Ratti-Menton geschah. Im Sommer 1841 wurde er aufgefordert, sich in Paris zu melden. Obwohl die katholische Gemeinde in Damaskus auf seiner Rückkehr in das Konsulat bestand, kam es nie zu seiner Rückkehr. Die Regierung unter der Leitung des Juden Soult, der eng mit den Interessen der Rothschilds verbunden war, muss der Meinung gewesen sein, dass ein Diplomat, der so wenig Mitgefühl für die armen, unschuldigen Juden gezeigt hatte, einen besonderen Posten verdiente: 1842 wurde Ratti-Menton zum Konsul in Kanton ernannt.

KAPITEL V

„UNSERE GUTEN FREIMAURER, MIT VERBUNDENEN AUGEN"

Seit die Illuminaten in die Freimaurerei eingedrungen sind, um sie sich zunutze zu machen, und im Verborgenen als Geheimbund im Geheimbund fungierten, spielen die Freimaurer in aller Welt die Rolle, die ihnen von den Leitern der MRM (World Revolutionary Movement) zugewiesen wurde. Erinnern wir uns an die Worte von Rabbi Antelman: „Als die Illuminaten und die Frankisten die Freimaurer infiltrierten, bedeutete das nicht, dass sie irgendwelche Gefühle der Liebe für die Freimaurerei hegten. Im Gegenteil, sie hassten sie und wollten nur ihre Tarnung als Mittel zur Verbreitung ihrer revolutionären Doktrin und als Ort, an dem sie sich treffen konnten, ohne Verdacht zu erregen".

Im Laufe des 19. Jahrhunderts wurde die Kontrolle der Freimaurerei so unumkehrbar, dass 1861 der unbeschreibliche Adolphe Isaac Crémieux, Freimaurer im 33. Grad und Großmeister des Großorient von Frankreich, 1860 Gründer der Universellen Israelitischen Allianz, auf Seite 651 des *Israelitischen Archivs*, dem Organ der Allianz, folgendes verkündete: „Anstelle der Päpste und Cäsaren wird ein neues Reich, ein neues Jerusalem, entstehen. Und unsere guten Freimaurer helfen den Juden mit verbundenen Augen bei dem 'großen Werk' des Baus des neuen salomonischen Tempels, dem neuen cäsarisch-päpstlichen Königreich der Kabbalisten!" Diese Worte von Crémieux schienen uns ideal für die Überschrift dieses Kapitels, in dem wir sehen werden, wie die guten Freimaurer mit verbundenen Augen in den verschiedenen historischen Episoden des Jahrhunderts auf Befehl der okkulten Macht, die sie instrumentalisierte, handelten.

Im Prinzip sollte die Freimaurerei laut ihren Statuten eine geheime Vereinigung mit philanthropischen, humanitären und fortschrittlichen Zielen sein, deren Ziel es war, die christliche Zivilisation in eine Welt auf der Grundlage des rationalistischen Atheismus zu verwandeln. Von den Ideen der bayerischen Aufklärung durchdrungen, setzten sich die Freimaurer zusammen mit den Juden unermüdlich für den Triumph der Weltrevolution ein. Es ist bekannt, dass in den verschiedenen Ländern die Mehrheit der hochrangigen Freimaurer Juden sind. Am 3. August 1866 veröffentlichte der Rabbiner Isaac M. Wise in der von ihm in den Vereinigten Staaten herausgegebenen Zeitung *The Israelite* die folgenden Worte: „Die Freimaurerei ist eine jüdische Institution, deren Geschichte, Grade, Kosten und Erklärungen von Anfang bis Ende jüdisch sind".

Albert Pike, unermüdlicher Gelehrter der Kabbala und des Okkulten, Freimaurer 33. Grades, Weltführer der Freimaurerei, der sich selbst zum Priester Luzifers erklärte, eine unausweichliche Figur, der wir in diesem Kapitel gesonderte Aufmerksamkeit widmen werden, schreibt in *Moral und Dogma*, seinem bahnbrechenden Werk, folgendes: „Alle wirklich dogmatischen Religionen gehen von der Kabbala aus und führen zu ihr zurück. Alles, was in den religiösen Träumen von Erleuchteten wie Jacob Böhme, Swedenborg, St. Martin und ähnlichen wissenschaftlich und großartig ist, wurde der Kabbala entlehnt. Alle freimaurerischen Vereinigungen verdanken ihr ihre Geheimnisse und Symbole".

Diejenigen, die die jüdische Kontrolle der Freimaurerei in Frage stellen wollen, argumentieren, dass es ursprünglich keine Juden unter den Freimaurern gab und dass sie erst im späten 18. Das mag zwar relativ wahr sein, aber es ist unbestreitbar, dass die Freimaurerei ab dem 19. Jahrhundert zu einer Form des kabbalistischen Judentums wurde, das sich an mehr oder weniger ausgewählte Nichtjuden richtete. Wir haben gesehen, dass es einen sehr gut ausgearbeiteten Plan zugunsten des Judentums gab. Wir haben auch gesehen, wie die Aufnahme von Juden in die Logen zustande kam, und die Bedeutung des Wilhelmsbader Kongresses, auf dem die Ideen der Judenemanzipation triumphierten. Es spielt also keine Rolle, ob am Anfang Juden in den Logen waren oder nicht. Wir wissen, wie sie sich durchgesetzt haben, und in diesem Kapitel werden wir weiterhin die Ergebnisse aufzeigen, an denen es keinen Zweifel geben kann: Die guten Freimaurer von Crémieux waren die Speerspitze der weltrevolutionären Bewegung, die von den Rothschilds und anderen jüdischen Bankiers finanziert wurde. Die Fakten und Behauptungen über die Kontrolle des internationalen Judentums in der Freimaurerei sind offensichtlich.

Kabbala, die mystische Ketzerei des Schabbetismus und des Frankismus

Die Kabbala ist ein Teil des *Talmuds*, der jedoch spezialisierter, mystischer, okkulter und geheimer Natur ist. Die kabbalistische Tradition stammt nicht nur aus jüdischen Quellen, sondern aus einer Vielzahl bereits bestehender esoterischer Traditionen: indo-iranische, assyrische, ägyptische, persische, babylonische und kanaanäische. Für die Kabbalisten ist die ganze Welt ein „corpus symbolicum", also auch die Kabbala, der alle freimaurerischen Vereinigungen ihre Geheimnisse und Symbole verdanken. An dieser Stelle ist es notwendig, unser historisches Studium zu unterbrechen, um die Kabbala in knapper Form zu kommentieren, um ihre Bedeutung in den Geheimgesellschaften, in der Freimaurerei und in der jüdischen neomessianischen Bewegung zu verstehen, die von vielen orthodoxen Rabbinern als häretisch angesehen wird, ihren Ursprung in Shabbetay Zeví hat und von den Frankisten und den Illuminaten fortgeführt wurde. Gershom Scholem, dessen Werke zu diesem Thema unentbehrlich sind, gibt in *The Great Trends in Jewish Mysticism* einen Überblick über die Kabbala von ihren Ursprüngen bis zum Chassidismus des 19. Jahrhunderts, den er als letzteres

Stadium bezeichnet, da es schon vorher eine chassidische Bewegung im mittelalterlichen Deutschland gab. Wir wenden uns also an ihn, um einen Einblick in das Verständnis der Kabbala durch Albert Pike, der Luzifer zu Gott erklärte, und andere Satanisten wie Jacob Frank zu erhalten. Es wurde bereits im zweiten Kapitel erwähnt, dass die Frankisten, deren Perversion und Doppelzüngigkeit keine Grenzen kannten, glaubten, dass durch Sünden und Verstöße gegen die *Tora* die kosmische Erlösung (ticun) erreicht werden könne.

Vor ihrer Kristallisation in der mittelalterlichen Kabbala umspannte die jüdische Mystik einen Zeitraum von etwa tausend Jahren vom ersten Jahrhundert v. Chr. bis zum zehnten Jahrhundert n. Chr., den Scholem als „Merkabah-Mystik" bezeichnet und mit dem jüdischen Gnostizismus in Verbindung bringt. Die bemerkenswertesten Dokumente dieser Bewegung wurden im 5. und 6. Aus dem Studium der spanischen Mystiker, des heiligen Johannes vom Kreuz und der heiligen Teresa, wissen wir, dass die höchste Ekstase der mystischen Erfahrung in der Vision Gottes und der Vereinigung der Seele mit dem Geliebten bestand. In der jüdischen Mystik jener Jahrhunderte bestand dieses höchste Delirium oder die Verzückung jedoch in der Vision des Wagens als Thron Gottes (der Merkaba). Die Seher kannten die Heerscharen der himmlischen Engel und sahen die große Majestät, seinen Thron und Palast. „Die älteste jüdische Mystik ist die Mystik des Throns. Es ist nicht die vertiefte Betrachtung des wahren Wesens Gottes", schreibt G. Scholem, „sondern die Wahrnehmung seiner Erscheinung auf dem Thron, wie sie von Hesekiel beschrieben wird, sowie das Wissen um die Geheimnisse der himmlischen Thronwelt". Die Sphäre des Throns - die Merkaba - hat ihre „Wohnungen" und ihre „Paläste". Es scheint sogar üblich gewesen zu sein, dem Seher Schreiber oder Stenographen zur Seite zu stellen, die seine ekstatische Beschreibung des Throns und seiner Insassen niederschrieben. Nicht selten artete die Mystik der Merkaba in pure und einfache Magie aus.

Im zweiten Jahrhundert gab es bereits eine Strömung häretischer jüdischer Mystiker, die mit dem rabbinischen Judentum brachen. Die Ideen dieser Schule oder Gruppe vermischten sich mit denen des Gnostizismus. Im zweiten Jahrhundert war die Grenze zwischen jüdischen Gnostikern und christlichen Gnostikern sehr dünn. Die meisten Gelehrten des frühen Christentums schließen sich heute der These des deutschen Gelehrten Walter Bauer (*Orthodoxy and Heresy in Ancient Christianity*) an, dass das Christentum in Alexandria ursprünglich gnostischen Charakter hatte. Er leitet dies aus der Tatsache ab, dass die ersten Christen, von denen bekannt ist, dass sie zur Zeit Hadrians in dieser Stadt Christen waren, gnostische Lehrer waren. Die gnostischen Christen wurden auch von der orthodoxen Strömung als Ketzer betrachtet. So lebten in Alexandria, der Hauptstadt der jüdischen Diaspora, Gruppen von jüdischen und christlichen Gnostikern zusammen und tauschten Ideen aus.

In *The Pluriformity of Early Christianity (Die Pluralität des frühen Christentums)* widmet Gerard P. Luttikhuizen ein Kapitel der Erklärung der zentralen Idee über den Ursprung des Bösen, die von den gnostischen Christen des zweiten Jahrhunderts vertreten wurde. Sie glaubten, dass die materielle

Realität nicht von der übergeordneten Gottheit, dem „Deus absconditus",
geschaffen wurde, sondern von einer Gottheit zweiter Ordnung, dem
Schöpfergott oder demiurge, den sie als Widersacher (das Wort „Satan" ist
hebräischen Ursprungs und bedeutet Widersacher) des übergeordneten Gottes
und als Feind der Menschheit betrachteten. Es ist unangebracht, mehr Zeit als
unbedingt nötig auf die Entwicklung dieses Themas zu verwenden. Wir werden
daher nur sagen, dass alle Konzepte im *Apokryphon des Johannes*, der „Bibel
der Gnostiker", einem Buch, das in der Mitte des 2. Jahrhunderts verfasst und
1945 unter den Dokumenten von Nag Hammadi entdeckt wurde, entwickelt
wurden. Das Manuskript war bereits im 4. Jahrhundert verschwunden, da die
Theologen und Führer der proto-orthodoxen Kirche es als häretisches Buch
betrachteten. Der erste Teil der Schrift befasst sich mit dem übergeordneten Gott,
seinen Gedanken oder Eigenschaften, die „Äonen" genannt werden und als rein
abstrakte göttliche Wesen konzipiert sind, und endet mit den tragischen
Ereignissen, die die erste dämonische Gestalt hervorbrachten, die sich als
Schöpfer der materiellen Welt erweist. Der zweite Teil ist der Erschaffung des
Menschen und der Geschichte der ersten Generationen gewidmet. In der
Apokryphe des Johannes, schreibt Luttikhuizen, „werden die drei Ebenen der
Wirklichkeit beschrieben, nämlich die reine, geistige Welt des vollkommenen
Gottes, die mittlere Astralebene der planetarischen Mächte und der materielle
Bereich der sublunaren Welt. Diese drei Ebenen seien auch im Menschen
vorhanden: Der Geist des Menschen (das „Pneuma") stehe in Beziehung zur
Göttlichkeit, die Seele zur astralen und planetarischen Welt und der Körper zur
Materialität der sublunaren Welt.

Gershom Scholem, der sich auf die Strömung der jüdischen Mystiker
bezieht, die von den rabbinischen Lehren abweichen, warnt vor der Gefahr, die
dualistische Sichtweise der christlichen Gnostiker einzuführen, für die der Gott
Israels, der Gott des Alten Testaments, nicht der wahre, reine, geistige und
höhere Gott wäre, sondern der Demiurg, der für die Erscheinung einer
materiellen und unvollkommenen Welt verantwortlich ist. Viele Gelehrte, die
sich mit dieser Frage beschäftigt haben, sind sogar der Ansicht, dass die
mythologische Gnosis der *Apokryphen des Johannes* in einem jüdischen Kontext
entstanden ist. Die Disqualifizierung des biblischen Gottes durch die jüdischen
Gnostiker habe ihren Ursprung in der Enttäuschung und Frustration, so diese
Gelehrten. Scholem räumt auch ein, dass bestimmte jüdische gnostische
Gruppen, die der religiösen Gemeinschaft des rabbinischen Judentums treu
bleiben wollten, diese Ideen am Leben erhielten. Er räumt auch ein, dass
Spekulationen über die Äonen und andere Fachbegriffe des Gnostizismus Teil
des lexikalischen Gepäcks der frühen Kabbalisten wurden, da sie im ältesten
kabbalistischen Text, „dem obskuren und rätselhaften Buch *Bahir*", das im 12.
Jahrhundert in der Provence veröffentlicht wurde und selbst auf einem älteren
Buch östlichen Ursprungs, *Raza rabba* (*Das große Geheimnis*), basiert, erhalten
sind.

In Anlehnung an Scholem werden wir sehr schematisch die wichtigsten
Meilensteine in der Geschichte des Kabbalismus skizzieren, bis wir unmittelbar
zu Shabbettay Zeví und Jacob Frank kommen, denn es geht uns darum, eine

Verbindung zur Irrlehre des Shabbetaismus und von dort aus zur Elite der internationalen jüdischen Bankiers herzustellen, die, wie wir bereits wissen, Frankisten und Illuminaten benutzten, um die weltrevolutionäre Bewegung umzusetzen.

Der erste berühmte Kabbalist war der 1240 in Saragossa geborene Abraham ben Shemuel Abulafia, der seine Schule der praktischen Mystik als „Prophetische Kabbala" bezeichnete. Er lebte im Untergrund und seine ekstatische Erfahrung bestand aus einer Meditationstechnik, die nur wenigen Auserwählten vorbehalten war. Die Kabbalisten, die diesem Mystiker folgten, beschlossen, seine Schriften nicht zu veröffentlichen, da seine mystische Offenbarung mit der Offenbarung vom Berg Sinai und damit mit der rabbinischen Orthodoxie in Konflikt stand. Scholem enthüllt, dass er „im Jahr 1280, inspiriert von seiner eigenen Mission, eine riskante und unerklärliche Aufgabe übernahm: Er ging nach Rom, um vor dem Papst zu erscheinen und mit ihm im Namen aller Juden zu argumentieren. Es scheint, dass er zu dieser Zeit messianische Ideen hegte. Das Gespräch fand nie statt: Während Abulafia bereits in Rom war, starb Nikolaus III. plötzlich. Die zentrale Idee seiner mystischen Theorie bestand darin, die Knoten zu lösen", die die Seele binden, und die Barrieren zu überwinden, die sie vom kosmischen Lebensstrom trennen. Er entwickelte auch eine Theorie der mystischen Kontemplation der Buchstaben und ihrer Konfigurationen als Bestandteile des Gottesnamens und legte eine Disziplin dar, die er „Wissenschaft der Buchstabenkombination" („Hojmat ha-tseruf") nannte. Die Mystik der Zahlen und der numerische Wert der Wörter - „guematria" - waren von größter Bedeutung. Die Numerologie wurde ein wesentliches Element der Kabbalisten. „Die Lehre der Kombinationen von Abulafia", so Scholem, „wurde von späteren Generationen nicht nur als Schlüssel zu den Geheimnissen des Göttlichen, sondern auch als Einweihung in die Ausübung magischer Kräfte angesehen."

Das größte Buch der kabbalistischen Literatur ist zweifellos das „Sefer ha-Zohar" oder *Buch der Pracht*, das nach 1275 irgendwo in Kastilien geschrieben wurde. Scholem ist der Ansicht, dass „sein Platz in der Geschichte der Kabbala an der Tatsache gemessen werden kann, dass es das einzige Buch der nachmuddhistischen rabbinischen Literatur ist, das zu einem kanonischen Text wurde, und dass es mehrere Jahrhunderte lang auf der gleichen Stufe wie die Bibel und der Talmud stand". Die Urheberschaft des Zohar wurde schließlich dem spanischen Kabbalisten Moshe de Leon zugeschrieben. Eine Reihe von Ideen im *Buch der Herrlichkeit* verdanken ihre Entwicklung der gnostischen Schule. Es taucht das Konzept der „linken Emanation" auf, d.h. - wir zitieren Scholem - „eine geordnete Hierarchie der Kräfte des Bösen, des Reiches Satans, das wie das Reich des Lichts in zehn Sphären oder Stufen organisiert ist. Der Zohar stimmt mit den talmudischen Lehren überein, indem er die Seelen von Nicht-Juden oder Nichtjuden als aus dem Reich der Dämonen stammend betrachtet. Die zehn „heiligen" Sefirot (Sphären oder Regionen) haben ihr Gegenstück in den zehn „unreinen" Sefirot. Letztere unterscheiden sich von den ersteren dadurch, dass jede einen sehr persönlichen Charakter hat. Jede hat einen eigenen Namen, während die göttlichen „Sefirot" nur abstrakte Qualitäten wie

Weisheit, Intelligenz und Gnade darstellen. Der Zohar spielt auf den „Deus absconditus" als „En-sof", das „Unendliche", an. Er besitzt keine Eigenschaften oder Attribute. In dem Maße jedoch, in dem dieser verborgene Gott im Universum handelt, besitzt er auch Attribute, die bestimmte Aspekte der göttlichen Natur darstellen. Es gibt zehn grundlegende Eigenschaften Gottes, die gleichzeitig zehn Stufen darstellen, durch die das göttliche Leben kommt und geht. Der verborgene Gott - „En-sof" - offenbart sich den Kabbalisten unter zehn verschiedenen Aspekten, die ihrerseits eine unendliche Vielfalt von Schattierungen und Graden umfassen. Jede Stufe hat ihren eigenen symbolischen Namen. In der Summe ergibt sich ein sehr komplexes symbolisches Gefüge, das die Kabbalisten bei der Auslegung der Bibel anwenden. Das „Sefer ha-Zohar" ist ein sehr schwieriger Text, der von Yitshak Luria eingehend erforscht wurde, der monatelang über einen Vers meditieren konnte, bis er dessen verborgene Bedeutung fand.

Der dritte unentschuldbare Kabbalist ist Yitshak Luria, der 1534 in Jerusalem geboren wurde, wohin sein Vater, ein aschkenasischer Jude aus Mitteleuropa, nach der Heirat mit einer sephardischen Frau ausgewandert war. Safed, eine kleine Stadt im oberen Galiläa, war zum Zentrum einer neuen kabbalistischen Bewegung geworden, und von dort aus verbreiteten sich Lurias eigentümliche Lehren und die neue Kabbala. In Safed traf er mit Moshe ben Ya'acob Cordovero zusammen, den Scholem für den wichtigsten Theoretiker der jüdischen Mystik hält. Cordovero beschäftigte sich mit dem inneren Konflikt zwischen theistischen und pantheistischen Tendenzen in der mystischen Theologie der Kabbala, der bereits im Zohar zum Ausdruck kam. Seine Gedanken zu diesem Thema sind in der folgenden Formel zusammengefasst: „Gott ist alle Wirklichkeit, aber nicht alle Wirklichkeit ist Gott".

Luria, der 1572 im Alter von 38 Jahren starb, besaß keine literarischen Fähigkeiten und hinterließ kein schriftliches Vermächtnis. Scholem sagt über ihn, dass „er ein Visionär war, der nicht zwischen organischem und anorganischem Leben unterschied, sondern darauf bestand, dass die Seelen überall vorhanden sind und dass es möglich ist, mit ihnen zu kommunizieren". Drei wichtige theosophische Ideen, die größtenteils an die gnostischen Mythen der Antike erinnern, stechen in seinem System hervor, das seinen Schülern bekannt gemacht wurde. Die erste ist die Theorie des „tsimtsum", laut Scholem „eines der erstaunlichsten und weitreichendsten Konzepte, die jemals in der Geschichte der Kabbala formuliert wurden", was ursprünglich „Konzentration" oder „Kontraktion" bedeutet, in der kabbalistischen Sprache aber besser mit „Rückzug" oder „Entzug" übersetzt wird. Kurz gesagt, es bedeutet, dass die Existenz des Universums durch einen Prozess der Kontraktion Gottes ermöglicht wird. Um den erklärenden Text von Professor Scholem zu zitieren: „Nach Luria war Gott gezwungen, Platz für die Welt zu schaffen, indem er gleichsam einen Bereich seiner selbst, seiner Innerlichkeit, aufgab, eine Art mystischen Urraum, aus dem er sich zurückzog, um im Akt der Schöpfung und Offenbarung in die Welt zurückzukehren. Der erste Akt des „En-sof", des unendlichen Seins, ist also kein Schritt nach außen, sondern ein Schritt nach innen, eine Bewegung des

Rückzugs, des Rückzugs in sich selbst, des Rückzugs in sich selbst. Statt Emanation haben wir das Gegenteil: Kontraktion".

Die Gnostiker glaubten, dass es dem Demiurgen, der die Welt geschaffen hatte, nicht gelungen war, das göttliche Licht im Menschen vollständig zu verdecken. Luria sprach auch von einer Spur oder einem Rest des göttlichen Lichts - „reshimu" -, der in dem ursprünglichen Raum, der durch das „tsimtsum" geschaffen wurde, auch nach dem Rückzug des „En-sof" verblieb. Luria benutzte das Gleichnis vom Öl- oder Weinrest, der in einer Flasche verbleibt, deren Inhalt geleert wurde. In dem Werk, das wir besprochen haben, erkennt Professor Scholem an, dass diese Idee des „Reshimu" viele Elemente mit dem gnostischen System des Basilides gemeinsam hat, das um das Jahr 125 blühte. Basilides spricht von der Beziehung des Sohnes zum Heiligen Geist oder Pneuma und sagt, dass, wenn das Pneuma leer wurde und sich vom Sohn trennte, der Sohn das Aroma behielt, das alles in der oberen und unteren Welt durchdringt, einschließlich amorpher Materie und unserer eigenen Existenz. Basilides verwendet auch das Gleichnis einer Schale, in der der zarte Duft einer höchst wohlriechenden Salbe verbleibt, auch wenn die Schale sorgfältig geleert wurde.

Die beiden anderen grundlegenden Ideen von Luria sind die Lehre von „shebirat hakelim" oder „Zerbrechen der Gefäße" und die von „tikkun", was so viel bedeutet wie „Verbesserung" oder „Wiedergutmachung". Wir werden uns nur auf Letzteres konzentrieren, da die Schabbatianer und Frankisten, wie wir im zweiten Kapitel gesehen haben, dieses Konzept zur Rechtfertigung der Erlösung durch die Sünde einsetzten. „Die Mysterien des 'ticun' bilden - nach Scholems Meinung - eines der Hauptthemen von Lurias theosophischem System und stellen die größte Errungenschaft dar, die das anthropomorphe Denken in der Geschichte der jüdischen Mystik je erreicht hat". Im Prozess des „ticun" würden die verstreuten Lichter Gottes wieder an ihren rechtmäßigen Platz integriert. Dabei handelt es sich eindeutig um rein geistige Prozesse, die wiederum den Mythen der Gnosis ähneln. Der Konflikt, den der Gnostizismus aufwirft, ist in dieser Lehre Lurias latent vorhanden, und bei dem Versuch, ihn zu erklären, stellt Professor Scholem eine Frage, die auf den Dualismus der Gnostiker anspielt: „Ist der 'En-sof' der persönliche Gott, der Gott Israels, oder ist der 'En-sof' der 'Deus absconditus', die unpersönliche Substanz? Für Luria ist das Kommen des Messias nur die Vollendung des laufenden Prozesses der Wiederherstellung, des „ticun". Das wahre Wesen der Erlösung", sagt Scholem an einer sehr bedeutsamen Stelle, „ist mystisch, und ihre historischen und nationalen Aspekte sind nur sekundäre Symptome, die ein sichtbares Symbol ihrer Vollendung darstellen. Die Erlösung Israels schließt die Erlösung aller Dinge ab, denn bedeutet Erlösung nicht, dass alles an seinem rechtmäßigen Platz ist, dass der Makel der Erbsünde getilgt ist? Die „Welt des ticun" ist also die Welt des messianischen Handelns. Das Kommen des Messias bedeutet, dass diese Welt des 'ticun' ihre endgültige Form erhalten hat". Die lurianische Kabbala wurde im 17. Jahrhundert zur mystischen Theologie des Judentums. In ihren populärsten Aspekten lehrte sie eine Lehre des Judentums, die auf ihr messianisches Pathos nicht verzichtete. Die Lehre vom 'ticun'", so Scholem,

„erhob jeden Juden in einer bis dahin unerhörten Weise zum Protagonisten des großen Prozesses der Wiederherstellung. Es scheint, dass Luria selbst glaubte, das Ende sei nahe und die Hoffnung nährte, dass das Jahr 1575 das Jahr der Erlösung sein würde". Leider verkündete auch Luria im Einklang mit dem Zohar und den talmudischen Lehren die absolute Überlegenheit der jüdischen Seele über die der Nicht-Juden.

Eine kurze biographische Skizze von Shabbettay Zeví wurde bereits in Anmerkung 6 des zweiten Kapitels gegeben. Da wir nun zur mystischen Irrlehre des Schabbetaismus gekommen sind, verweisen wir den Leser auf eine erneute Lektüre des ersten Kapitels und werden nun Raum für die Erläuterung ihrer Lehre verwenden, jedoch nicht ohne darauf hinzuweisen, dass Professor Scholem feststellt, dass Schabbetay, der keine erwähnenswerten Schriften oder Phrasen hinterlassen hat, ein körperlich kranker Mann mit einem manisch-depressiven Charakter war. Scholem ist der Ansicht, dass er ohne seinen Propheten Nathan von Gaza (1644-1680) nie zu etwas gekommen wäre. Nathan von Gaza, der in einigen Texten zugibt, dass die Versuchungen, denen Schabbetay in seinen depressiven Zuständen ausgesetzt war, dämonischer und erotischer Natur waren, erklärte in einem Brief aus dem Jahr 1667, der kürzlich in einem schabbetaischen Notizbuch entdeckt wurde, das in der Bibliothek der Columbia University in New York aufbewahrt wird, woher er wusste, dass Schabbetay der Messias war. Hier ein Auszug aus dem Text:

> „...Im selben Jahr, nachdem meine Kräfte durch Visionen von Engeln und gesegneten Seelen angeregt worden waren, unternahm ich in der Woche nach dem Purimfest ein langes Fasten. Nachdem ich mich in einem völlig isolierten Raum in Reinheit und Heiligkeit eingeschlossen und das Morgengebet unter vielen Tränen beendet hatte, erschien mir der Geist, meine Haare standen mir zu Berge, meine Knie zitterten, und ich sah die Merkaba. Ich hatte den ganzen Tag und die ganze Nacht Visionen von Gott, und wahre Prophetie wurde mir wie jedem anderen Propheten zuteil, als die Stimme zu mir sprach und mit diesen Worten begann: „So spricht der Herr!', und mein Herz erkannte mit absoluter Klarheit, an wen meine Prophezeiung gerichtet war (nämlich an Schabbetay Zeví), und bis zu jenem Tag hatte ich nie eine so wichtige Vision gehabt, aber sie blieb in meinem Herzen verborgen, bis der Erlöser selbst sich mir in Gaza offenbarte und sich als Messias verkündete; erst dann erlaubte mir der Engel zu offenbaren, was ich gesehen hatte."

Es bleibt nun zu klären, wie Shabbetay Zeví sich in Gaza zum Messias verkündete. Ein gewisser Shemuel Gandor schrieb einen Brief an Shabbetay, der sich in Ägypten aufhielt, in dem er ihm von einem Erleuchteten erzählte, der in Gaza allen die geheime Wurzel seiner Seele und den besonderen „tikkun", den sie brauchte, offenbarte. Schabbetay reiste daraufhin nach Gaza, um Nathan aufzusuchen, um ein „Tikkun" und Frieden für seine Seele zu finden. Auf diese Weise überzeugte Nathan ( ), der offenbar in einer anderen Halluzination die Gestalt von Schabbetay Zeví gesehen hatte, ihn, nachdem er mehrere Wochen lang gemeinsam durch die heiligen Stätten Palästinas gewandert war, sich selbst als Messias zu verkünden. Man könnte lachen, wenn die Folgen nicht so tragisch wären, wie wir noch sehen werden.

Der Philologe, Historiker und Theologe Gershom Scholem, der als die weltweit führende Autorität auf dem Gebiet der jüdischen Mystik gilt, paraphrasiert ausführlich Texte von Nathan von Gaza und Schabbetaisten wie Abraham Miguel Cardozo, dem Hauptpropagandisten der Schule. Laut Scholem bediente sich Nathan von Gaza in seinem Bestreben, eine Entschuldigung für den Geisteszustand von Schabbetay Zeví zu geben, des sehr alten gnostischen Mythos der Ophiten oder Naassenes über das Schicksal der Seele des Erlösers, obwohl er ihn aus kabbalistischen Ideen konstruierte, da dieser Mythos bereits in den Lehren des Zohar und Luria zu finden war. Es ist die mystische Symbolik der Schlange. Wir geben die beunruhigende Paraphrase von Professor Scholem wörtlich wieder:

„Nach dem Bruch der Gefäße, als einige Funken des göttlichen Lichts, das das 'En-sof' ausstrahlt, um Formen und Gestalten im Urraum zu erschaffen, in den Abgrund fielen, fiel auch die Seele des Messias, die Teil dieses ursprünglichen göttlichen Lichts war, in den Abgrund. Seit dem Beginn der Schöpfung verweilte diese Seele in den Tiefen des großen Abgrunds, gefangen im Gefängnis ihres „chelipot", dem Reich der Finsternis. In den Tiefen des Abgrunds wohnen zusammen mit dieser absolut heiligen Seele die „Schlangen", die sie quälen und zu verführen versuchen. Diese „Schlangen" empfangen die „heilige Schlange", die der Messias ist, denn hat nicht das hebräische Wort Schlange - „Nachasch" - den gleichen Zahlenwert wie das Wort „Maschiach" - Messias? Nur in dem Maße, in dem der Prozess des 'ticun' der ganzen Welt zur Trennung von Gut und Böse in der Tiefe des Urraumes führt, wird die Seele des Messias von ihren Fesseln befreit werden."

Die Tatsache, dass Schabbetay Zeví öffentlich seinem jüdischen Glauben abschwor und vor dem Sultan und seinem Hof abtrünnig wurde, hätte seinem Heiligenschein ein Ende setzen müssen; doch das tat es nicht. Erneut kam Nathan von Gaza zur Rettung des von ihm geschaffenen Messias und erklärte, dass Schabbetai mit dieser Tat alle Juden, die an ihn glaubten, gerettet habe. Von diesem Moment an begann ein Konflikt mit den Dogmen des rabbinischen Judentums, der sich über Jahrhunderte hinziehen sollte. Professor Scholem, für den der Schabbetaismus die erste ernsthafte Revolte im Judentum seit dem Mittelalter darstellt, ist der Ansicht, dass der lurianische Kabbalismus bis zum Abfall Schabbetays den spirituellen Charakter der Erlösung stärker betonte als ihre historischen und politischen Aspekte, denn, wie Scholem erklärt, „er stellte die Erneuerung des inneren Lebens weit über die Erneuerung der Nation als politische Einheit. Zugleich brachte er die Überzeugung zum Ausdruck, dass die erstere die wesentliche Voraussetzung für die letztere sei. Der moralische Fortschritt sollte die Befreiung des Volkes aus seinem Exil bewirken". Doch die religiöse Bewegung, die sich als Folge des Abfalls des neuen Messias entwickelte, so Scholem weiter, „trieb einen Keil zwischen die beiden Sphären des Erlösungsdramas: die innere Sphäre der Seele und die Sphäre der Geschichte. Innere und äußere Erfahrung, die inneren und äußeren Aspekte von 'Gehulah', Erlösung und Heil, wurden plötzlich und dramatisch gespalten." Große Gruppen von Schabbethitern, die nach dem Vorbild ihres Messias den Marranismus als Weg zur Erlösung sahen, organisierten zweimal

Massenabtrünnige. 1683 bildete sich in Saloniki die Sekte der doenmé: So nannten die Türken die abtrünnigen Juden, die offenbar zum Islam übergetreten waren (wir verweisen auf die Anmerkung 7 im zweiten Kapitel).

Die mystische Ketzerei des Schabbatismus trug maßgeblich zur Schaffung der moralischen und intellektuellen Atmosphäre bei, die den Reformbewegungen im späten 18. und frühen 19. 1776, im selben Jahr, in dem die Illuminaten gegründet wurden, gründete Moses Mendelsshon, einer der Führer der Sekte von Adam Weishaupt, die Haskala. 1807 war Israel Jacobson die treibende Kraft hinter der Reformbewegung. Die Zahl der Rabbiner, von denen viele sehr einflussreich waren, die der neuen sektiererischen Mystik anhingen, nahm allmählich zu. Professor Scholem zufolge „findet man in keinem Buch der jüdischen Geschichte einen Hinweis auf diese äußerst wichtige Beziehung zwischen den mystischen Häretikern und den rationalistischen und reformatorischen Bewegungen". Im Laufe des 18. Jahrhunderts etablierte sich die Sekte in vielen deutschen Städten, vor allem aber in Böhmen und Mähren, wo die einflussreichsten Juden sowie Rabbiner, Fabrikanten und Kaufleute zu ihren heimlichen Anhängern zählten. Entscheidend für die Verbreitung des Schabbetismus war das Aufkommen des Frankismus, der Sekte der Anhänger von Jacob Frank.

Das Aufkommen der Frankistenbewegung, der zweiten Phase des Schabbetaismus, in der er sich als Doktrin festigte, war zweifellos von außerordentlicher Bedeutung für die moralische Glaubwürdigkeit des Judentums. Für viele Marranen konnten die Apostasie von Schabbetay Zeví und Jacob Frank als religiöse Verherrlichung der von ihnen begangenen Tat angesehen werden. Scholem warnt: „Die Lehre, dass der Messias aufgrund der Natur seiner Mission in die unvermeidliche Tragödie des Glaubensabfalls hineingezogen werden könnte, war ideal, um dem gequälten Gewissen der Marranos ein emotionales Ventil zu bieten". Die neue messianische Freiheit untergräbt die alte Ordnung und widerspricht den traditionellen Werten. Abraham Perez, ein Schüler Nathans in Saloniki, erklärte in einem 1668 verfassten Traktat bereits offen, dass diejenigen, die in der neuen Welt der rabbinischen Tradition, d. h. dem realen und existierenden Judentum im „Galut" (Exil), treu blieben, als Sünder zu betrachten seien. Das vollständige Zitat eines Absatzes von Professor Scholem wird helfen, das Ausmaß des Umsturzes zu verstehen:

> „Die Folgen dieser religiösen Vorstellungen waren absolut nihilistisch, insbesondere die Konzeption eines freiwilligen Marranismus unter dem Motto: Wir alle müssen in das Reich des Bösen hinabsteigen, um es von innen heraus zu überwinden. Unter verschiedenen theoretischen Ansätzen predigten die Apostel des Nihilismus die Lehre von der Existenz von Sphären, in denen es nicht mehr möglich ist, den Prozess des „ticun" durch fromme Handlungen zu vollziehen; das Böse muss mit dem Bösen bekämpft werden. Das führt uns allmählich zu einer Position, die, wie die Geschichte der Religion zeigt, mit tragischer Notwendigkeit in jeder Krise des religiösen Geistes auftritt. Ich beziehe mich auf die unheilvolle und zugleich faszinierende Lehre von der Heiligkeit der Sünde. Diese Lehre spiegelt in bemerkenswerter Weise die Verbindung zweier sehr unterschiedlicher Elemente wider: die Welt des moralischen Verfalls und eine

andere, primitivere, die Region der Seele, in der lange schlummernde Kräfte zu einer plötzlichen Auferstehung fähig sind. Dass beide Elemente an dem religiösen Nihilismus des Schabbetismus beteiligt waren, der sich im 18. Jahrhundert als so gefährlich für das kostbarste Gut des Judentums, seine moralische Substanz, erwies, findet keinen besseren Beweis als die tragische Geschichte seiner letzten Phase: der fränkischen Bewegung."

Jacob Frank (1726-1791) wurde in Korolowka, im östlichen Teil der polnischen Provinz Galizien, geboren. Der Sohn eines Rabbiners und Anhängers von Shabbetay Zeví wurde in Smyrna von einem bestimmten Rabbiner namens Issakhar in die Geheimnisse der Kabbala eingeweiht. Bei einer Gelegenheit fragte Frank seinen Lehrer, warum Schabbetay Zeví sterben musste. Issakhar antwortete: „Schabbetay Zeví kam, um alles zu genießen, auch die Bitterkeit des Todes." Dann fragte er weiter: „Warum hat er dann nicht die Süße der Macht genossen?". Auf den Rat dieses Kabbalisten hin reiste Frank nach Saloniki, wo er 1753 ankam. Dort machte er sich mit den Lehren der Doenmes vertraut und beschloss, sich selbst zum Messias zu verkünden. Er ging in die Hauptsynagoge der Stadt und verkündete, dass er die Reinkarnation von Shabbetay Zeví sei. Frank, der eine Frau namens Hanna geheiratet hatte, behauptete, er habe eine Vision gehabt, in der Schabbetay Zeví ihn gebeten habe, sein Werk fortzusetzen; aber die Juden von Thessaloniki folgten seiner Geschichte nicht und beschimpften ihn. Daraufhin habe er eine neue Vision gehabt und beschlossen, nach Polen zurückzukehren, allerdings allein, denn er ließ seine Frau in Nicopol (Bulgarien) zurück, wo seine Tochter Eva, die später seine Nachfolgerin an der Spitze der Sekte werden sollte, geboren wurde. In seiner Heimatstadt Korolowka wurde sein Heiligenschein mit der Verkündigung der Lehre von der Erlösung durch die Sünde geschmiedet, einer neuen materialistischen und hedonistischen Religion, die das Ende des traditionellen rabbinischen Gesetzes anstrebte. Charakteristisch für die Sekte waren die sexuellen Vergnügungen: Verheiratete Frauen gaben sich beispielsweise in Anwesenheit ihrer Ehemänner mit anderen Männern allen möglichen Exzessen hin; inzestuöse Beziehungen waren gang und gäbe; eine Frau namens Hanna, die Tochter eines Rabbiners, eine Art fränkische Priesterin, rezitierte ganze Passagen aus dem *Zohar*, während sie sich dem Rausch des Koitus hingab. Im Jahr 1756 wurden die Frankisten von den orthodoxen Rabbinern exkommuniziert und versuchten, in die Türkei zu gelangen, wurden aber abgewiesen, wahrscheinlich auf Druck der Rabbiner selbst. Frank, der die türkische Staatsangehörigkeit besaß, gelang die Einreise, und als er dort angekommen war, wurden er und eine Gruppe von Anhängern nach dem Vorbild von Shabbety Zeví zu Muslimen. Jahre später rechtfertigte er sein Verhalten vor dem Gericht der Warschauer Inquisition mit der Begründung, dass er den Schein wahren müsse. Die neuen Anhänger Mohammeds erhielten vom Sultan ein sicheres Geleit und kehrten nach Polen zurück, wo sie unter dem Schutz des polnischen Königs beschlossen, zum Katholizismus zu konvertieren.

1759 wurden in Lemberg, der Hauptstadt Ostgaliziens, zwölfhundert Juden, Anhänger des finsteren Propheten Jacob Frank, in der katholischen Kathedrale massenhaft getauft. Dies geschah drei Jahre, nachdem die Synode der polnischen jüdischen Gemeinde den Frankisten den Bannstrahl auferlegt hatte.[19] Erinnern wir uns daran, dass Jacob Frank selbst in der Warschauer Kathedrale getauft wurde und dass sein Taufpate König August III. war (über diese Fakten wurde bereits im Abschnitt „Frankisten und Illuminaten" im zweiten Kapitel berichtet).) Die Mitglieder beider Gruppen nannten sich weiterhin „maaminin", ein gängiger Begriff, mit dem die Schabbetaisten sich selbst bezeichneten, d. h. sie glaubten an die Mission von Schabbetay Zeví. Offensichtlich waren diese Konversionen nur äußerlicher Natur.

Obwohl nihilistische Lehren in der Regel nicht öffentlich verkündet werden, und wenn sie aufgeschrieben werden, dann mit vielen Vorbehalten, ist das Evangelium, das Jakob Frank seinen Jüngern verkündete, in den *Worten des Herrn* enthalten, einem Werk mit mehr als zweitausend dogmatischen Sprüchen. Dieses laut Scholem „einzigartige Dokument" wurde aufgrund des Enthusiasmus und der Hingabe seiner Anhänger bewahrt, die ihren Lehrer als „Inkarnation Gottes" betrachteten. Die fanatischsten Jünger gaben sich unbeschreiblichen Ritualen hin, in denen sie die ultimative moralische Degradierung der menschlichen Persönlichkeit anstrebten: „Derjenige, der sich in die extremsten Tiefen stürzt, wird am ehesten das Licht sehen". Nach dem *Talmud* wird „der Sohn Davids nur in ein Zeitalter kommen, das entweder völlig schuldig oder völlig unschuldig ist". Aus diesem Epigramm formulierten die schabbetischen Frankisten eine Maxime: „Da wir nicht alle Heilige sein können, lasst uns alle Sünder sein."

Abschließend werden wir noch einmal Professor Scholem das Wort erteilen, um anhand seiner Schlussfolgerungen zu verstehen, welche Lösung die Schabbatisten für das Geheimnis Gottes vorgeschlagen haben. Es war eine neue Form des gnostischen Dualismus zwischen dem verborgenen Gott und dem Gott, der die Welt erschaffen hat:

---

[19] Um sich an den orthodoxen Rabbinern, die sie verfolgten, zu rächen, wagte es Jakob Frank sogar, katholische Priester zu denunzieren, dass Juden rituelle Verbrechen an christlichen Kindern begingen und ihr Blut zur Feier des Purimfestes verwendeten. Gershom Scholem selbst zitiert in seinem Werk *Le messianisme juif* den Historiker Meir Balaban, der wiederum von einem Gespräch berichtet, das 1759 in Lemberg zwischen Rabbi Chaim Rappaport und dem Frankisten Eliezer Jezierzany stattfand, der zu Ersterem sagte: „Chaim, wir haben dir Blut für Blut gegeben. Du hast so getan, als würdest du das Vergießen unseres Blutes legalisieren, und jetzt hast du Blut für Blut bekommen". Judah David Eisenstein, Otzar Yisroel, in einer Enzyklopädie (*hebräischer Verlag*), die im Rahmen der *Jüdischen Enzyklopädie* in Hebräisch geschrieben wurde, enthüllte 1917 einen Fall, der das Ausmaß des Hasses zwischen den orthodoxen Rabbinern und den Frankisten perfekt illustriert. Otzar Yisroel berichtet, dass sich die Frankisten in dem kleinen „Schtetl" (jüdische Kleinstadt auf Jiddisch) Villovich am Rabbiner der Stadt rächten, indem sie eine seiner Frauen als dessen Frau verkleideten und ausgaben. Die Verkleidung war so perfekt, dass sie den Mut hatte, vor einen katholischen Priester zu treten und ihren Mann zu beschuldigen, ein christliches Kind für das jüdische Pessachfest geopfert zu haben. Laut Jisroel hatte der Vorfall schlimme Folgen, denn der Rabbi und mehrere Mitglieder seiner Gemeinde wurden vor Gericht gestellt und zum Tode verurteilt.

„Die Schabbetisten unterscheiden zwischen dem verborgenen Gott, den sie als 'Erste Ursache' bezeichnen, und dem offenbarten Gott, der der 'Gott Israels' ist. Die Existenz einer ersten Ursache ist ihrer Ansicht nach für jedes vernunftbegabte Wesen selbstverständlich, und ihr Wissen bildet einen wesentlichen Teil unseres Bewusstseins. Kein Lebewesen, das zur Anwendung von Intelligenz fähig ist, kann die Notwendigkeit einer ersten Ursache für die Existenz nicht erkennen. Aber das Wissen, das wir durch unsere Vernunft erhalten, hat keine religiöse Bedeutung. Die Religion hat mit der ersten Ursache überhaupt nichts zu tun; ihr Wesen liegt in der Offenbarung von etwas, das der Verstand allein nicht begreifen kann. Die erste Ursache hat nichts mit der Welt oder der Schöpfung zu tun; sie übt weder Vorsehung noch Vergeltung aus. Es ist der Gott der Philosophen, der Gott des Aristoteles, den laut Cardozo sogar Nimrod selbst, Pharao und die Heiden anbeteten. Der Gott der Religion hingegen ist der Gott des Sinai. Die Thora, der dokumentarische Beweis der Offenbarung, sagt nichts über die verborgene Wurzel allen Seins aus, von der wir nichts wissen, außer dass sie existiert, und die nie jemandem irgendwo offenbart wird. Die Offenbarung allein hat das Recht, von jenem „Gott Israels" (Elohé Israel) zu sprechen, der der Schöpfer von allem ist, der aber gleichzeitig selbst die erste Wirkung der ersten Ursache ist, und tut dies auch. Während die alten Gnostiker den Gott Israels verachteten, verachteten die Schabbatianer den unbekannten Gott. Ihnen zufolge besteht der Fehler Israels im Exil darin, die erste Ursache mit der ersten Wirkung, den Gott der Vernunft mit dem Gott der Offenbarung verwechselt zu haben.

Aus dieser Passage Scholems geht hervor, dass der Gott Israels für die schabbetischen und fränkischen Sektierer nicht die „Erste Ursache", der „Deus absconditus" war, sondern der von den Gnostikern angedeutete Demiurg, der Widersacher („Satan") des höheren Gottes, der Feind der Menschheit, der die Welt erschaffen hätte. Zu Beginn des 19. Jahrhunderts pilgerten die im Geiste der Sekte erzogenen Kinder fränkischer Familien aus Prag weiterhin nach Offenbach, wo sich Jacob Frank nach seinem Bündnis mit Weishaupt 1786 im Schloss des Herzogs von Isenburg, eines Freimaurers, der dem Illuminatenorden angehörte, niedergelassen hatte. Dort lebte er bis zu seinem Tod im Jahr 1791.

Von der Aufklärung zum Kommunismus

Das Bündnis der Illuminaten und der Frankisten, die Rolle, die sie in der Französischen Revolution spielten, ihre Nutzung der Freimaurerei sowie die Instrumentalisierung dieser Sekten durch eine Elite jüdischer Bankiers wurde im zweiten Kapitel ausreichend dargelegt. Es ist nun an der Zeit, die dargelegten Ideen aufzugreifen und zu vertiefen, um zu zeigen, wie dieselben treibenden Kräfte der weltrevolutionären Bewegung den Kommunismus in Gang gesetzt haben.

Zunächst ist zu bedenken, dass die fränkische Elite, die wie die Rothschilds Inzucht und Mischehen praktizierte, im 19. Jahrhundert perfekt organisiert war. Zu ihr gehörten mächtige jüdische Bankiers wie Isaac Daniel von Itzig, dessen Familie Preußen mit Silber für die Münzprägung versorgte. Dieser Berliner Magnat war ein prominenter Anführer des Asiatischen Ordens, der von schabbetischen Vorstellungen geprägt war und fränkische Riten praktizierte. David Friedländer, sein Schwiegersohn, war ebenfalls ein fränkischer Bruder in der Loge. Beide hatten der Haskala-Bewegung angehört, Moses Mendelssohns entscheidendem Reformkreis[20], und beide waren Mitbegründer der Jüdischen Freien Schule in Berlin, die 1796 ihren Namen in „Orientalische Druckerei" änderte und über eine eigene einflussreiche Presse verfügte, die es ihr ermöglichte, zu einem wirksamen Instrument der kulturellen Reform im Dienste der Illuminaten zu werden. Moses Dobruschka selbst, ein Cousin von Jakob Frank und einer der Gründer des Ordens, heiratete Elke Joss, die Enkelin und Adoptivtochter seines Onkels, des fränkischen Bankiers Joachim von Popper, der, bevor er diesen adeligen Namen annahm, Jaim Breznitz hieß. Eine seiner Schwestern, Franceska Dobruschka, war mit den Hönigs verwandt. Israel Hönig gelang es, ein Tabakmonopol in Österreich zu erlangen. Sein Geschäftspartner, Aaron Moses, hatte zehn Kinder, die alle 1796 getauft wurden. Ein anderer mächtiger Frankist, Bernhard Gabriel Eskeles, hatte die Tochter des Rabbiners Samson Wertheimer geheiratet, der zu Beginn des 18. Jahrhunderts als einer der reichsten Juden Europas galt. Ihr Sohn Bernhard von Eskeles, dessen Geburt seine Mutter das Leben kostete, war ein Bankier und Hofjude in Wien. Er heiratete Cecilia Itzig, die Tochter des allgegenwärtigen Daniel Itzig. Bernhard von Eskeles ging mit einem anderen fränkischen Bankier, seinem Schwager Nathan Arnstein, eine Partnerschaft ein. So entstand das Bankhaus Arnstein und Eskeles, das auf dem Wiener Kongress eine wichtige Rolle spielte. Wir könnten die Glieder einer endlosen Kette verfolgen, aber das scheint ausreichend.

In *Le messianisme juif* berichtet Professor Scholem, dass die Frankisten um 1820 wie die Illuminaten in den Untergrund gingen und ihre Aktivitäten in den Freimaurerorganisationen verborgen hielten. Scholem zufolge zogen ihre Abgesandten von Stadt zu Stadt und von Haus zu Haus, um zu versuchen, alle geheimen Schriften zu sammeln, um sie zu kontrollieren. Man sollte jedoch nicht denken, dass ihre intellektuelle und wirtschaftliche Position geschwächt wurde, denn genau das Gegenteil war der Fall. Das Zentrum ihrer Tätigkeit verlagerte sich von Frankfurt-Offenbach nach Prag und später nach Warschau. Heute sind

---

[20] Der orthodoxe Rabbiner Marvin S. Antelman verweist im zweiten Band von *To Eliminate the Opiate* auf ein wenig bekanntes Dokument in hebräischer Sprache, einen Brief an Christoph Friedrich Nicolai, einen berühmten freimaurerischen Buchhändler, der den Illuminaten angehörte, der sich in der Schiff-Sammlung (dem Bankier, der die Bolschewiki finanzierte) der New York Public Library befand. Darin wird der Führer der Illuminaten, Moses Mendelssohn, als Hohepriester des reformistischen gnostischen Rabbinats aufgeführt. In diesem Dokument wird die Ordinationslinie der Hohepriester des neuen neomessianischen Glaubens aufgezeichnet, die wie folgt aussieht: Shabbetay Zevi (1626-1676), Nathan von Gaza (1643-1680), Solomon Ayllon (1655-1728), Nechemiah Chiyon (1655-1729), Judah Leib Prossnitz (1670-1730), Jonathan Eibeschutz (1690- 1764) und Moses Mendelssohn (1729-1786). Orthodoxe Rabbiner wie Antelman betrachten diese Reformpriester als Vertreter eines neoplatonischen Gnostizismus, der den traditionellen jüdischen Klerus zerstören will. David Philippson berichtet in *The Reform Movement in Judaism* von einer Versammlung in Berlin im Jahr 1845, bei der die Reformrabbiner, die die Autorität der Orthodoxen an sich gerissen hatten, der Gemeinde den Segen erteilten.

sie Teil der internationalen Gruppe, die sich um den Kult des „Allsehenden Auges" organisiert. Das hindert sie nicht daran, in den Vereinigten Staaten eine dominante Rolle zu spielen, zum Beispiel in der Anti-Defamation League, dem American Jewish Congress und den jüdischen Anwaltsvereinigungen.

Wir sind nun in der Lage zu verstehen, dass aus dem Schabbetismus, der kabbalistischen Bewegung, die die traditionellen Vorstellungen des orthodoxen Judentums revolutionierte, eine Elite wohlhabender Juden, an deren Spitze die Rothschild-Dynastie stand, im Laufe des 18. Jahrhunderts erkannte, dass es zur Erlangung der totalen Kontrolle über die Länder und Gesellschaften, in die sie eingedrungen waren, notwendig war, neben der traditionell durch Wucher ausgeübten wirtschaftlichen Herrschaft auch die ideologische, politische, soziale und kulturelle Kontrolle zu erlangen. Dazu war es notwendig, aus dem Ghetto auszubrechen, das die Rabbiner sich selbst auferlegt hatten, seit die Leviten Mischehen bei Todesstrafe verboten und sich hinter den Mauern Jerusalems eingeschlossen hatten. Jacob Frank hatte seinen Jüngern erklärt, dass die Taufe der Anfang vom Ende der Kirche sein würde, dass der Abfall vom Glauben notwendig sei, um den Feind von innen zu vernichten, und dass der wahre jüdische Glaube geheim gehalten werden müsse. Infolgedessen entstanden verschiedene Bewegungen und Organisationen, die vorgeblich die Ideen der Emanzipation, der Reform, der Assimilation und der sozialen Integration propagierten. Gleichzeitig beschloss man, mit Hilfe von Männern wie Jacob Frank und Adam Weishaupt (andere sollten folgen) subversive Sekten zu gründen, die sich der Freimaurerei bedienen und sie zur Durchsetzung der weltrevolutionären Bewegung nutzen sollten.

Der Bayerische Illuminatenorden kam in die Vereinigten Staaten, als die Revolution, die zur Unabhängigkeit des Landes führte, bereits im Gange war, und hatte keinen nennenswerten Einfluss auf sie. Noch bevor die dreizehn Kolonien die Republik gründeten und die Verfassung verabschiedet wurde, waren jedoch bereits fünfzehn Illuminatenlogen in dem jungen Land tätig. Die Columbia-Loge wurde 1785 in New York gegründet, und Clinton Roosevelt war einer ihrer prominentesten Anführer. 1786 wurde die Virginia-Loge gegründet, deren Führer Thomas Jefferson war, ein glühender Illuminat, der, als der Orden in Bayern entdeckt wurde, Weishaupt verteidigte und ihn einen „begeisterten Philanthropen" nannte. Als Weishaupt 1830 starb, waren die Grundlagen des Kommunismus in Europa, wie wir sehen werden, bereits gut etabliert und schlugen auch in Amerika Wurzeln.

1829 hielt die in Schottland geborene Frances („Fanny") Wright in der Tammany Hall, einer Freimaurerloge in Virginia, eine Reihe von Vorträgen, die von den amerikanischen Illuminaten organisiert wurden und in denen sie das gesamte Programm von Weishaupt vertrat. Die Anwesenden wurden darüber informiert, dass die Illuminaten beabsichtigten, Nihilisten, atheistische Gruppen und andere subversive Organisationen in einer Organisation mit kommunistischen Absichten zu vereinen, deren Stärke genutzt werden sollte, um künftige Revolutionen zu schüren. Um Mittel für das neue Unternehmen zu beschaffen, wurde ein Ausschuss eingesetzt, dem Charles Dana, Horace Greeley und Clinton Roosevelt, der Vorfahre des späteren Franklin Delano Roosevelt, angehörten. 1836 von der Demokratischen Partei nominiert und durch den Erfolg ermutigt, veröffentlichte Clinton Roosevelt 1841, zwölf Jahre nach der berühmten Tammany-Hall-Sitzung und sieben Jahre vor Karl Marx, in New York *The Science of Government, Founded on Natural Law, ein* Buch, das die Lehren Weishaupts plagiierte und erneut das kommunistische Programm der Illuminaten vorschlug.

Dr. Emanuel M. Josephson, ein amerikanischer Physiker und Historiker jüdischer Herkunft, hält in *Roosevelts Kommunistischem Manifest* (1955) Adam Weishaupt für den Vater des Kommunismus, da die Vorschläge von Clinton Roosevelt und die von Marx sieben Jahre später nichts anderes tun, als die Ideen von Weishaupt zu reproduzieren. Im Fall von Roosevelt ist die Doktrin leicht an das amerikanische Szenario angepasst. Weishaupt forderte die Abschaffung aller Künste, Wissenschaften und Religionen und schlug vor, sie durch die einzig wahre, auf dem „Naturrecht" basierende Wissenschaft zu ersetzen. Zu den Vorschlägen von Clinton Roosevelt, der sich als Verteidiger der Arbeiterklasse aufspielte, gehörte die Zerstörung der Verfassung, die er mit einem „sinkenden Schiff" verglich, um eine Diktatur zu errichten, die er „neue Gesellschaftsordnung" nannte. Weishaupt hatte angeordnet, dass die Oberen des Ordens als die vollkommensten und intelligentesten Männer angesehen werden sollten und dass man nicht an ihrer Unfehlbarkeit zweifeln dürfe. Clinton Roosevelt schlug sich selbst als einen dieser Unfehlbaren vor und erklärte seine Verachtung für Gott: „Es gibt keinen Gott der Gerechtigkeit, der die Dinge auf der Erde richtig ordnet; wenn es einen Gott gäbe, wäre er ein rachsüchtiges und böses Wesen, das uns aus dem Unglück heraus geschaffen hat".

Karl Marx und Moses Hess, fränkisch-shabbetische Juden

Universitäten, Institute und Bildungseinrichtungen im Allgemeinen stellen Karl Marx als einen der bedeutendsten Intellektuellen des 19. Jahrhunderts dar. Die Studenten, die nicht erkennen können, dass der Marxismus eine angesehene Ideologie ist, die nichts Angesehenes an sich hat, akzeptieren hilflos die Doktrinen der internationalen Linken, die Marx weiterhin als unantastbaren Heiligen betrachtet. Lassen Sie uns nun einige wenig bekannte Informationen über diesen „guten Maurer" des 31. Grades, Frankist und Aufklärer, im Dienste der internationalen Bankiers, die ihn schützten, liefern. Im zweiten Band von *To Eliminate the Opiate* deckt Rabbi Antelman unbekannte Aspekte von Marx auf, die sehr bedeutsam sind. Wie seine Kollegen aus dem 18. und 19. Jahrhundert prangert auch dieser orthodoxe Rabbiner die schabbetisch-frankistisch-aufklärerische Verschwörung als Ketzerei an, die das Judentum unterwandert hat.

Der Vater von Karl Marx (1818-1883), Heinrich, war der Sohn des Oberrabbiners von Trier, Meir Levi, dessen Schwiegervater, Moses Lwow, selbst Oberrabbiner derselben Stadt gewesen war. Es war also der Vater, Heinrich Levi, der über Nacht seinen Nachnamen in Marx änderte. Nach dem Tod seines Großvaters wurde der Vater von Karl Marx von schabbetischen Gruppen verführt oder besser bestochen, die seine Ernennung zum Richter förderten, ihn um der Sache willen zum Christentum bekehrten und ihn - in den Worten von Rabbi Antelman - „in den satanischen schabbetischen Illuminismus einweihten". So wurde Karl Marx, dessen Christentum nur die Folge eines sozialen Manövers war, in den Dienst der Verschwörung gestellt. Das gilt auch für seine Schwester Louise, die Jan Carel Juta heiratete. Das Paar zog nach Südafrika, wo Jan Carel großen Einfluss auf die Richter in Kapstadt hatte. Ihr Sohn Harry Herbert Juta diente der Verschwörung als Generalstaatsanwalt von Premierminister Cecil J. Rhodes, dem großen Gold- und Diamantenmagnaten, der in seinem dritten Testament alles an Lord Rothschild, Natty de Rothschild, vererbte. Rhodes und Rothschild waren die treibenden Kräfte hinter dem fabianischen Sozialismus und der als „Round Table" bekannten Geheimgesellschaft. Die Tochter von Harry Herbert Juta heiratete Sir Courtney Forbes, der als britischer Sekretär für Mexiko und Spanien und später als Botschafter in Peru den Interessen der englischen aufgeklärten Internationalisten diente.[21]

Marx erhielt bei seiner Geburt den Namen Moses Mordechai Levi. Im Alter von sechs Jahren wurde er getauft und erhielt den Namen Karl Heinrich. Er besuchte eine Jesuitenschule, die in eine weltliche Schule umgewandelt worden war, gleichzeitig aber auch eine talmudische Schule. Schon die Jugendgedichte von Karl Marx sind beunruhigend: Sie sind voll von Drohungen, Hass und Gewalt, was zeigt, dass er den Grundsätzen der fränkischen Sekte treu blieb, deren Mitglieder sich bekanntlich als Christen ausgaben, aber innerlich Juden blieben. In *Oulanem*, einer wenig bekannten Tragödie in Versen, die Marx 1839 schrieb, sind der Satanismus und die fränkische Idee der Erlösung durch die Sünde sehr deutlich. In diesem Stück sind sich alle Figuren ihrer Erniedrigung, ihrer eigenen Verdorbenheit bewusst, die sie mit voller Überzeugung zur Schau stellen und sogar feiern.

Im Jahr 1841, im Alter von 23 Jahren, traf er seinen Mentor Moritz Moses Hess, dessen Werk *Rom und Jerusalem,* wie im vorigen Kapitel beschrieben, als Vorläufer des Zionismus gilt. Professor Nachum Glatzer behauptet, dass Hess das intellektuelle Potenzial des jungen Marx erkannte und ihn in die Doktrin des Kommunismus einführte. Wie Marx war auch Moses Hess ein Frankist-Shabbetaist. Seine Zugehörigkeit zu dieser Sekte geht auf seinen Urgroßvater David T. Hess zurück, der zum Oberrabbiner von Mannheim befördert wurde, sobald die Schabbetaisten dank ihrer wirtschaftlichen Macht in der Stadt Fuß fassten. Rabbiner Antelman zufolge wurde der Aufstieg der schabbetisch-französischen Verbindung in ganz Europa durch die Zugehörigkeit wohlhabender Anhänger erleichtert, unter denen er „einige Rothschilds" erwähnt. Gerade Moses Hess selbst erklärte, dass der brutale Kampf zur Durchsetzung der sozialistischen Macht unter dem roten Banner der Familie

[21] Rabbi Antelmans Quelle für diese Daten ist das Buch *The Unbroken Chain: Biographical Sketches and Genealogy of Illustrious Jewish Families from the 15th-20th Century,* geschrieben von Neil Rosenstein und 1976 in New York veröffentlicht. Das Buch wurde neu aufgelegt, aber die erste Ausgabe ist immer noch erhältlich. Wir zitieren es in der Bibliographie für Leser, die daran interessiert sind, diese Linie weiter zu verfolgen.

Rothschild geführt werden sollte. Zweifellos mag es unglaublich erscheinen, dass Heß, der die Abschaffung des Privateigentums proklamierte, an die reichste Familie der Welt appellierte, die Revolution des Proletariats anzuführen, aber so ist es: die Fakten sind unbestreitbar. Dieser zionistische Führer wusste genau wie Heine, Marx selbst, Trotzki und so viele andere, dass der Kampf des Proletariats in Wirklichkeit die Instrumentalisierung dieser sozialen Klasse durch die Führer des MRM zur Durchsetzung ihres Programms der Weltherrschaft war. In seinem *Roten Katechismus für das deutsche Volk* schreibt Moses Hess: „Die rote Fahne symbolisiert die permanente Revolution bis zum vollständigen Sieg der Arbeiterklasse in allen zivilisierten Ländern.... Die sozialistische Revolution ist meine Religion..... Seit Anbeginn der Geschichte haben wir Juden den Glauben an eine messianische Weltepoche propagiert". Für Hess war die soziale Revolution so etwas wie ein Endgericht, das ihnen „den Sabbat der Geschichte" bringen sollte. In *Rom und Jerusalem* (1862), in dem er direkt an die Rothschilds appellierte, Palästina zu kaufen, änderten sich die Prioritäten von Hess grundlegend: „Der Rassenkampf ist die Hauptsache, der Klassenkampf ist zweitrangig". Dies ist der unmissverständliche Ausdruck des neuen Messianismus: Das Ziel der Juden muss die Errichtung des messianischen Staates in Palästina sein, „um die Menschheit auf die Offenbarung des göttlichen Wesens vorzubereiten". Moses Hess hatte 1841 die *Rheinische Zeitung* gegründet und ein Jahr später Marx zu ihrem Herausgeber gemacht.

Marx, Heine und Hess in Paris

Bevor wir uns der Entstehung des Kommunistischen Manifests und den Revolutionen von 1848 zuwenden, gehen wir einige Jahre zurück, um den Spuren von Marx in Paris zu folgen. 1819 hatte ein Cousin von Moses Hess, der fränkische Rabbiner Leopold Zunz, dessen jüdischer Name Yom-Tob Lippman war, in Zusammenarbeit mit anderen deutschen Juden, die rabbinischen Familien angehörten, den „Verein für Kultur und Wissenschaft der Juden" gegründet. Unter der Schirmherrschaft des Vereins und von Leopold Zunz selbst herausgegeben, erschien 1823 die Zeitschrift *„Zeitschrifft für die Wissenschaft des Judentums"* ([22]). Gershom Scholem in *Le messianisme juif* verortet Leopold

---

[22] Flavien Brenier, aus dessen Texten in der *Revue de Paris* von 1928, unterzeichnet unter dem Pseudonym Salluste, einige der Informationen stammen, berichtet in einem Artikel, der geschrieben wurde, um eine Antwort von Rabbi Liber zu widerlegen, dass die Union für die Kultur und Wissenschaft der Juden 1824 ihre Auflösung bekannt gab. Der erwähnte Rabbiner führt dies auf Finanzierungsprobleme zurück, ein Grund, der angesichts der finanziellen Unterstützung der Reformbewegung absurd erscheint. Flavien Brenier weist auf den wahren Grund hin, nämlich die Gefahr der Verfolgung durch die preußische Polizei, die, alarmiert durch die Propaganda, den auf die „Zivilisierung der Juden" gerichteten Lehren misstrauisch gegenüberstand und die Gefahren der „Reform des Judentums" voraussah. Preußen beschloss daher, die Vereinigung für die Kultur und Wissenschaft der Juden genau zu beobachten. Flavien Brenier oder Salluste bezweifeln, dass sie sich auflösen würde, und erinnern daran, dass jeder, der sich mit Geheimgesellschaften befasst, weiß, dass die erste Maßnahme einer Vereinigung von

Zunz im Jahr 1835 in Prag, wo er als Prediger für die Schabbetaist-Frankisten der Stadt tätig war. Als er von den orthodoxen Rabbinern zum Rücktritt gezwungen wurde, nahm ein anderer Kommunist und Frankistenführer namens Michael J. Sachs seinen Platz ein und erfüllte dieselbe Aufgabe. Leopold Zunz gründete später in Berlin eine Schule, die „Hochschule für die Wissenschaft des Judentums", an der prominente Führer der Bewegung, wie Rabbiner Abraham Geiger, der James Rothschild sehr nahe stand, unterrichteten. Das Programm der Zunz'schen Vereinigung war zum Teil eine Fortsetzung des Werks von Moses Mendelssohn, aber gleichzeitig umriss es bereits das Programm der zukünftigen Universal Israelite Alliance, die 1861 von unserem alten Bekannten Adolphe Crémieux gegründet werden sollte. Die Hauptidee der Führer der Union für die Kultur und Wissenschaft der Juden war die Verkündigung eines neuen Messianismus, nämlich der häretischen Sekte des Schabbetismus: Die Rabbiner hatten sich geirrt, als sie einen menschlichen Messias erwarteten, sie hatten die alten rabbinischen Texte missverstanden. Es war das jüdische Volk selbst, und nicht eines seiner Kinder, das im Bewusstsein seiner ethnischen Überlegenheit die Welt erobern und unter das Joch der auserwählten Ethnie bringen sollte.

Obwohl er 1825 zum Christentum konvertierte, gehörte der romantische Dichter Heinrich Heine zu den Führern und begeisterten Anhängern der Union. Erinnern wir uns daran, dass Heine so viel über die Pläne der MRM-Direktoren wusste, dass er sechs Jahre im Voraus ankündigen konnte, dass der Kommunismus nach einigen Proben auf den Befehl wartete, die Bühne zu betreten. Er kündigte auch an, dass es eines Tages eine Weltregierung geben werde: „Es wird nur ein Vaterland geben, nämlich die Erde"; und er war der erste, der den Ausdruck „Diktatur des Proletariats" verwendete. Es ist klar, dass seine Informationen von einer hochrangigen Quelle in der Verschwörung stammten. Wenn wir uns daran erinnern, dass seine Freundschaft mit James Rothschild so eng war, dass sie sogar Arm in Arm spazieren gingen, kann diese Quelle niemand anderes sein als die Familie Rothschild selbst. Es ist also nicht verwunderlich, dass dieser „romantische" Dichter, ein Salonrevolutionär, den James Rothschild bereicherte, indem er ihn bei seinen Investitionen an der Börse beriet, dies zu sagen hatte:

> „Niemand fördert die Revolution mehr als die Rothschilds selbst... und, obwohl es noch seltsamer erscheinen mag, haben diese Rothschilds, die Bankiers der Könige, diese großartigen Geldbesitzer, deren Existenz durch den Zusammenbruch des europäischen Staatensystems am stärksten gefährdet sein könnte, dennoch ein vollkommenes Bewusstsein ihrer revolutionären Mission im Kopf. Ich sehe in Rothschild", fährt er fort, „einen der größten Revolutionäre, die die moderne Demokratie je hervorgebracht hat. Rothschild... indem er das System der Staatsanleihen zur höchsten Macht erhob und damit Eigentum und Einkommen mobilisierte und gleichzeitig das Geld mit den alten Privilegien des

---

Verschwörern, die sich verfolgt fühlt, darin besteht, zu verkünden, dass sie nicht mehr existiert. Die Tatsache, dass sich ihre Führer weiterhin trafen und dass die Ausrichtung ihrer politischen Aktivitäten unter anderen Vereinsformen fortgesetzt wurde, gibt ihm Recht.

Bodens ausstattete, zerstörte er die Vorherrschaft des Bodens. So schuf er eine neue Aristokratie."

Als er sich weigerte, die von den Berliner Behörden beabsichtigte Zensur der *Rheinischen Zeitung* wegen der von der Zeitung geförderten Massenagitation zu akzeptieren, wurde Karl Marx ausgebürgert und landete 1844 in Paris. Dort wartete Heinrich Heine auf ihn, der, zwanzig Jahre älter als er, sofort erkannte, was er von dem jungen Marx gewinnen konnte, und ihn mit Arnold Ruge in Verbindung brachte, einem deutschen Flüchtling, der 1840 eine wichtige Zeitschrift, die *Annales Franco-Germanes*, gegründet hatte, zu deren Mitarbeitern auch Bakunin gehörte, der unter dem Pseudonym Jules Elysard unterzeichnete. Dieser Arnold Ruge war der Leiter des „Jungen Deutschland", einer 1834 von Giuseppe Mazzini gegründeten Sektion des „Jungen Europa", in der die wichtigsten Vertreter des Karbonarismus und der Freimaurerei zusammenkamen. Vier Jahre nach dem Tod von Adam Weishaupt wurde Mazzini, der italienische Revolutionsführer, über den wir später noch schreiben werden, von den Illuminaten zum Leiter des revolutionären Programms ernannt, eine Position, die er bis zu seinem Tod im Jahr 1872 innehatte. Es ist bezeichnend, dass Heine, ein Dozent der Union für Kultur und Wissenschaft der Juden, diese Vereinigung als „Junges Palästina"[23] bezeichnete.

Die jungen Revolutionäre, die Heine Ruge vorstellte, Exilanten aus Deutschland, die in Paris ankamen und für die Revolution schreiben wollten, waren allesamt Juden und Söhne oder nahe Verwandte von Rabbinern. Unter ihnen befand sich auch Friedrich Engels, der jünger als Marx war und ebenfalls aus einer Rabbinerfamilie in Barmen stammte; und Ferdinand Lassalle, Enkel eines Breslauer Rabbiners, ein hochmütiger, frecher, adrett gekleideter junger Mann, von dem Heine schrieb, er sei „einer dieser zähen Gladiatoren, die grimmig zum höchsten Kampf marschieren". Arnold Ruge merkte bald, dass seine Publikation aus dem Ruder lief, da sie Ideen vertrat, die er nicht teilte. Der Redaktionsausschuss der Zeitschrift und der Korrespondenzausschuss mit den geheimen Sektionen in Deutschland waren mit jungen Juden besetzt, die sich mit Marx solidarisierten. Ruge verliert somit die Kontrolle über die Zeitschrift an Marx und sein Team junger Intellektueller, weshalb er sich entschließt, zurückzutreten und Frankreich zu verlassen. Marx gelang es auch, Ruge als Leiter der geheimen Komitees des Jungen Deutschland abzulösen, ohne dass diese Ablösung öffentlich bekannt wurde.

Die Anwesenheit von Moses Hess in Paris im Jahr 1844 zusammen mit Marx, Heine und Engels wird von verschiedenen Autoren erwähnt. Jüri Lina stellt in *Unter dem Zeichen des Skorpions* fest, dass Hess Verbindungen zu den Illuminaten hatte und dass er es war, der Marx und Engels in die Freimaurerei einführte: beide waren Freimaurer des 31. Rabbi Antelman und Jüri Lina stimmen darin überein, dass es Hess war, der Marx mit den Männern hinter dem

---

[23] Die nationalistische oder zionistische Konnotation ist offensichtlich: Nicht umsonst waren Moses Hess und Heine eng befreundet. Andererseits ist die politische Bedeutung klar, denn alle revolutionären Komitees, die sich in Europa bildeten, hießen so: das „Junge Italien", die „Junge Schweiz" oder später die „Jungtürken".

„Bund", d.h. den Illuminaten, verband. Antelman argumentiert, dass die Verbindung zwischen Schabbatismus, Illuminismus und Kommunismus am besten durch Moses Hess verstanden werden kann: „Sein Leben ist der Hauptschlüssel zum Aufschließen und Verstehen des Ausmaßes der Illuminaten-Kommunisten-Verschwörung". Die Werke, die Antelman verwendet und auf die er sich für seine starken Behauptungen stützt, sind die von E. Silberner (1910-1985) und Theodore Zlocisti (1873-1943). Letzterer, ein Pionier unter den Zionisten in Deutschland, ließ sich nach dem Ersten Weltkrieg in Palästina nieder und veröffentlichte 1921 in deutscher Sprache die umfassendste Studie über Heß, *Moses Heß, der Vorkämpfer des Sozialismus und Zionismus* ([24]).

Der Bund der Gerechten und das *Kommunistische Manifest*

Am 5. Juli 1843 fand in der sozialistischen Loge in Brüssel eine Sitzung statt. Dort legte der Freimaurerführer Joseph Marie Ragon den Entwurf für den revolutionären Aktionsplan zur Prüfung vor, der später im Kommunistischen Manifest verankert werden sollte. Der Vorschlag wurde der höchsten freimaurerischen Autorität des Landes, dem Obersten Rat von Belgien, übermittelt, der das anarchistische Programm von Ragon einstimmig annahm, das „der freimaurerischen Lehre über die soziale Frage entspricht, die die mit dem Großorient vereinigte Welt mit allen erdenklichen Mitteln zu verwirklichen suchen sollte". Am 17. November 1845 traten Marx und Engels dieser Loge in Brüssel bei, der Stadt, in der sie nach ihrer Ausweisung aus Frankreich lebten, die trotz Heines Versuchen, sie zu verhindern, auf Verlangen der preußischen Regierung zustande gekommen war, die Marx seit der Schließung der *Rheinischen Gazette* genau beobachtet hatte. 1847 wurden Marx und Engels Mitglieder des „Bundes der Gerechten", eines geheimen Zweigs der Illuminaten, in dem kurioserweise der Jude Jacob Venedey, den wir bei der Untersuchung der *Protokolle der Weisen von Zion* wiedersehen werden, eine wichtige Rolle spielte.

Zum Zeitpunkt des Todes von Weishaupt war der Kommunismus bereits gut vorbereitet. Die okkulten Vordenker, die ihn errichten wollten, hatten 1836 zur Gründung des „Bund" in Paris geführt, der von revolutionären sozialistischen Juden geleitet wurde. Als am 12. Mai 1939 die „Societé de

---

[24] Auch Jüri Lina zitiert dieses Werk. Darüber hinaus hat Zlocisti die Korrespondenz von Hess zusammengestellt, die zu seinen Lebzeiten nicht veröffentlicht wurde, aber 1947 von G. Kressel in hebräischer Sprache unter dem Titel *Moshe Hess Ub'nai Doro* (*Moses Hess and His Contemporaries)* herausgegeben wurde. Edmund Silberner, gebürtiger Pole und Professor an renommierten europäischen und amerikanischen Universitäten, veröffentlichte mehrere Bücher über Hess, während er in Israel lebte. Das wertvollste davon ist das 1955 auf Hebräisch erschienene Buch mit dem Titel *El socialismo en Europa occidental y el problema judío, 1800-1918 (Der Sozialismus in Westeuropa und das jüdische Problem, 1800-1918)*. Im Jahr 1966 brachte er auch eine umfangreiche Biographie von fast siebenhundert Seiten, *Moses Hess: Geschichte seines Lebens*, auf Deutsch in Druck. Einige dieser Werke sind nun in englischer Sprache für den interessierten Leser verfügbar.

Saisons", eine geheime Organisation unter der Leitung des sozialistischen Freimaurers Louis Auguste Blanqui[25], zu einem Staatsstreich aufrief, um die Macht in Frankreich zu übernehmen, schloss sich der Bund der Gerechten unter der Leitung von Joseph Moll und Karl Christian Schapper, zwei jüdischen Freimaurern, diesem Versuch an. Es wurde sogar eine provisorische Regierung gebildet und militärische Befehlshaber wurden angeworben, um die Kämpfe zu führen, aber der Plan scheiterte. Der Schwerpunkt der Organisation verlagerte sich daraufhin von Paris nach London, dem Mekka, in das Verschwörer aller Art schon immer gepilgert waren und wo sie Zuflucht fanden. Dorthin flüchteten auch die Mitglieder des Bundes der Gerechten. In London wurde dieser deutsche Geheimbund nach und nach international. Kein Wunder also, dass in der englischen Hauptstadt schließlich der Text erschien, der die Arbeiter zur Errichtung der so genannten Diktatur des Proletariats aufrief. Der Bund der Gerechten, hinter dem die prominentesten Illuminaten Deutschlands stehen, breitet sich bald auch in Belgien, Polen und anderen Ländern des Kontinents aus. Karl Marx wurde von dieser Organisation beauftragt, das Kommunistische Manifest zu verfassen.

Paul H. Koch stellt in *Illuminati* kategorisch fest, dass die Schecks, mit denen Marx für die Erstellung seiner berühmten, im Namen der Liga verfassten Werke belohnt wurde, von den Rothschilds bezahlt wurden, und weist darauf hin, dass die Originaldokumente, die dies belegen, in den Dokumentensammlungen des Britischen Museums aufbewahrt werden. Es war wiederum Moses Hess, der im November 1847 vorschlug, den Bund der Gerechten in eine kommunistische Partei umzuwandeln. Noch vor Ende des Jahres reorganisieren Marx und Engels den Bund, der zum Bund der Kommunisten wird. Am 21. Februar 1848 wurde schließlich das *Kommunistische Manifest* in London veröffentlicht. Obwohl es den Texten von Adam Weishaupt und Clinton Roosevelt im Grunde nichts Neues hinzufügte, sollte der Text als eines der einflussreichsten politischen Dokumente der Geschichte angesehen werden. Das Proletariat, die am stärksten benachteiligte Klasse der Gesellschaft, sollte von nun an von den Vertretern der „Geldaristokratie", dem Finanzkapital, dazu benutzt werden, den Landadel und die industrielle Bourgeoisie ihres Reichtums zu berauben, um die internationale Macht an sich zu reißen und schließlich eine neue Weltordnung durchzusetzen.

Als die dreizehn Bankiersfamilien beschlossen, den Plan zur Übernahme der Kontrolle über alle Länder mit Hilfe der MRM umzusetzen, gingen sie von

---

[25] Louis Auguste Blanqui hatte zuvor in Zusammenarbeit mit den Carbonari eine andere Organisation gegründet, die „Familien", in der jede Familie aus zwölf Mitgliedern bestand. Im Jahr 1836 wurde er entdeckt, aber er brauchte weniger als ein Jahr, um die „Gesellschaft der Jahreszeiten" zu gründen. Paul H. Koch erklärt in seinem Buch *Illuminati - Die Geheimnisse der von der katholischen Kirche am meisten gefürchteten Sekte*, wie sie funktionierte. Die Grundeinheit war die Woche, die aus sechs Mitgliedern bestand und von einem Siebten geleitet wurde. Die Siebtel von vier Wochen trafen sich und bildeten einen Monat. Drei Monate hatten eine Station als Leiter und Organisator. Vier Stationen unterstanden einem revolutionären Leiter, der laut Koch von den Illuminaten ernannt wurde.

einer grundlegenden Prämisse aus: Der Zweck heiligt die Mittel. Im *Kommunistischen Manifest* heißt es eindeutig, dass zur Eroberung der Welt Gewalt angewendet werden muss: „Wir können unsere Ziele nur erreichen, indem wir die bestehende Ordnung durch Gewalt stürzen". Gleichzeitig mit dem Ausdruck „Diktatur des Proletariats" wurde an die Freiheit appelliert, um den Klassenkampf zu rechtfertigen und das Eigentum zu beschlagnahmen. In der Propaganda wurden die Arbeiter aufgefordert, zur Erreichung ihrer Ziele nicht vor dem Bürgerkrieg zurückzuschrecken. Das Zitat aus einem Text von Lenin verdeutlicht dies. In einem Brief vom 17. Oktober 1914 an Alexander Schljapnikow schrieb Lenin: „Das kleinere Übel in der unmittelbaren Sphäre wäre die Niederlage des Zarismus im Krieg [...] Das ganze Wesen unserer Arbeit besteht darin, uns auf die Umwandlung des Krieges in einen Bürgerkrieg zu richten." Vier Jahre später, 1918, betont Trotzki in den *Protokollen der Vierten Sitzung des Zentralen Exekutivkomitees* denselben Gedanken: „Unsere Partei ist für den Bürgerkrieg. Der Bürgerkrieg ist der Kampf ums Brot..... Es lebe der Bürgerkrieg!

Marx war lediglich ein Spielball derer, die hinter den Kulissen ein Programm entwarfen, das nicht ihm gehörte. Zwanzig Jahre lang nach der Veröffentlichung des Textes tauchte sein Name nicht einmal im Zusammenhang mit dem *Kommunistischen Manifest* auf. Wenn etwas in Weishaupts Plänen fehlte, dann war es das Fehlen eines Instruments, das in der Lage war, die Umsetzung seiner Pläne zur Weltherrschaft und zur Zerstörung der traditionellen Strukturen der Gesellschaft zu beschleunigen: Familie, Eigentum, Erbschaft, Vaterland, Religion. Theoretisch war sein Plan zur Meinungssteuerung und zur Verbreitung neuer Ideen über die Presse und die Buchverlage gut durchdacht und wurde nach und nach mit großem Erfolg umgesetzt. Was jedoch noch fehlte, war die ultimative Idee, die die Massen sowohl täuschen als auch verwirren sollte: der Kommunismus und die Diktatur des Proletariats. Ein Brief des Rabbiners Baruch Levy an Karl Marx aus dem Jahr 1848 räumt alle Zweifel aus. Der Text wurde von der *Revue de Paris* am 1. Juni 1928 veröffentlicht, ebenso wie von dem niederländischen Historiker Herman de Vries de Heekelingen in der französischen Ausgabe seines Werkes *Israël. Son passé. Son avenir (Israel. Seine Vergangenheit. Seine Zukunft)*, und auch von dem schwedischen Professor Einar Alberg in verschiedenen Publikationen, lautet wie folgt:

> „Das jüdische Volk wird kollektiv sein Messias sein. Ihre Herrschaft über das Universum wird durch die Vereinigung der anderen menschlichen Ethnien, die Abschaffung der Grenzen und Monarchien, die die Bollwerke des Partikularismus sind, und die Errichtung einer universellen Republik, die den Juden überall die Bürgerrechte zuerkennt, erlangt werden. In dieser neuen Organisation der Menschheit werden die Kinder Israels, die jetzt in alle Winkel der Erde verstreut sind, alle derselben Ethnie und desselben traditionellen Hintergrunds angehören, ohne jedoch eine eigene Nationalität zu bilden, überall ohne Widerstand die herrschende Klasse werden; vor allem, wenn es ihnen gelingt, die Arbeitermassen unter ihre ausschließliche Kontrolle zu bringen. Die Regierungen der konstituierenden Nationen der künftigen Weltrepublik werden dank des Sieges des Proletariats mühelos in die Hände der Israeliten fallen. Das Privateigentum kann dann von den Herrschern der jüdischen Ethnie abgeschafft

werden, die überall die öffentlichen Gelder verwalten werden. So wird sich die Verheißung des Talmuds erfüllen, wonach die Juden, wenn die Zeit des Messias kommt, das Eigentum aller Völker der Erde besitzen werden.

Die Revolutionen von 1848

Die Eile und der Eifer, mit denen die Revolutionen trotz der geringen Erfolgsaussichten entfesselt wurden, sind unverständlich. Nur versteckte Interessen können die Dringlichkeit derjenigen erklären, die die Versuche starteten, als die Bedingungen noch nicht reif waren und das Scheitern absehbar war. Es ist unvernünftig zu glauben, dass diejenigen, die sich als Experten für politische und wirtschaftliche Soziologie ausgaben, sich in ihrer Voraussicht so sehr getäuscht haben. Vielleicht liegt die Erklärung darin, dass es am Ende wenig zählte, die Massen der manipulierten Arbeiter als Kanonenfutter zu benutzen und zu opfern. Die Revolutionen waren von vornherein zum Scheitern verurteilt, und vielleicht war das, was wirklich beabsichtigt war, eine Generalprobe für die Zukunft. Wenn wir beispielsweise 1848 mit 1917 vergleichen, sehen wir, wie es den Bolschewiki, abgesehen von der Tatsache, dass sie von internationalen jüdischen Bankiers finanziert wurden, gelang, die Revolution in Russland durchzusetzen, weil es dort keine gefestigte Mittelschicht, keine etablierte Bourgeoisie gab. Dort konnten sie die Bauernschaft benutzen und betrügen, wie wir zu gegebener Zeit sehen werden, um zusammen mit den Arbeitern der großen Städte eine völkermörderische Revolution durchzuführen, die gleichzeitig den größten Raub der Geschichte, eine beispiellose Ausplünderung des Privateigentums darstellt. Aber im Frankreich und Europa von 1848 war dies unmöglich und es ist unwahrscheinlich, dass man es nicht wusste. Die französische Bauernschaft zum Beispiel, von Natur aus konservativ und fest an ihrem Eigentum hängend, wollte nichts von einem Gemeinschaftseigentum an dem von ihnen bewirtschafteten Land hören und schloss sich 1848 nicht dem städtischen Proletariat an. Daher wurde er von Marx mit äußerster Verachtung behandelt. Das Kleinbürgertum, das als Volk gilt, wenn es sich mit dem Proletariat verbündet, ist Gegenstand harter Vorwürfe, wenn es an seinen bescheidenen Läden und Gewerben festhält. Die einschränkende Verwendung des Wortes „Volk" ist gerade auf das Scheitern dieser Revolution zurückzuführen. Von da an betrachteten Sozialisten und Kommunisten nur noch das Industrieproletariat als Volk.

1844 schrieb Benjamin Disraeli: „Es gibt keinen vulgäreren Irrtum, als zu glauben, dass Revolutionen aus wirtschaftlichen Gründen entstehen. Sie kommen zweifellos sehr häufig, um eine Katastrophe herbeizuführen". Die offizielle Geschichtsschreibung rechtfertigt die Revolutionen von 1848 jedoch mit dem Argument, dass sie auf die wirtschaftlichen und sozialen Umstände zurückzuführen seien. Marxistische Historiker reproduzieren häufig die Thesen und Analysen von Marx und Engels, die auf internationale Ursachen verweisen. In dem Aufsatz *Die Klassenkämpfe in Frankreich (1848 bis 1850)* stellt Marx fest, dass „zwei weltwirtschaftliche Ereignisse den Ausbruch der allgemeinen Unzufriedenheit beschleunigten und die Unruhe zur Revolte reifen ließen". Das erste war die Kartoffelfäule und die Missernten der Jahre 1845 und 1846. Die zweite war die allgemeine Krise des Handels und der Industrie in England, „die zum Konkurs der großen Kolonialwarenhändler in London führte, dicht gefolgt von den Konkursen der Landwirtschaftsbanken und den Schließungen von Fabriken in den Industriegebieten Englands. Die Auswirkungen dieser Krise auf dem Kontinent waren noch nicht abgeklungen", fügt er hinzu, „als die Februarrevolte ausbrach. Marx gibt in dem oben genannten Werk seine ironische Sicht der Ereignisse in Frankreich wieder und bringt seine grenzenlose Verachtung für alles zum Ausdruck, was sich der Diktatur der Arbeiterklasse entgegenstellt. Seine Interpretation der Ereignisse hilft jedoch zu verstehen, warum es damals unmöglich war, die Trikolore gegen die rote Fahne auszutauschen, wie es angeblich beabsichtigt war.

Die Gründe, die von der marxistischen Geschichtsschreibung angeführt werden, um den spontanen Ausbruch der Arbeiter auf den Straßen der verschiedenen europäischen Städte zu erklären, sind nicht glaubwürdig. Die offiziellen Historiker erklären nicht, wie die Arbeiter sich darauf einigen konnten, in ganz Europa gleichzeitig und koordiniert zu handeln. Die Antwort lautet, dass die Revolution 1848 erneut ausbrach, weil sie von den Freimaurergesellschaften organisiert wurde, deren sozialistische und kommunistische Führer die Führung übernahmen. Allein in Paris gab es etwa sechshundert Geheimbünde. Um den Ausbruch in geeigneter Weise vorzubereiten, wurden zuvor, wie 1789 und 1917, immer wieder Taktiken wiederholt, eine Missernte im Jahr 1846 wurde genutzt, um eine Hungersnot zu organisieren. Jüri Lina nennt in seinem Buch *Im Zeichen des Skorpions* den Namen eines jüdischen Händlers namens Ephrasi, der als Agent von James Rothschild die Getreidevorräte massenhaft aufkaufte. In den folgenden Jahren verdreifachten sich die Preise und die Lebensmittel wurden in den Geschäften knapp. Die Menschen hungerten. Darüber hinaus wuchs in Europa das Unbehagen über die Lohnanpassung und den Mangel an Arbeit. In Frankreich wurde zudem die Korruption in den Ministerien angeprangert und eine Wahlreform mit allgemeinem Wahlrecht gefordert. Die Bourgeoisie, zu deren Führern viele Freimaurer gehören, steht den Forderungen der Arbeiter mit Sympathie gegenüber, obwohl sie sich zu einer konservativen Klasse entwickelt; aber es ist ihre Revolution von 1789, und es ist klar, dass sie ein halbes Jahrhundert später kein zweites Mal durchgeführt werden kann, vor allem, wenn sie hinter der roten Fahne aufmarschieren will, um das Programm des *Kommunistischen Manifests* umzusetzen. Es war also die neue soziale Klasse, das Proletariat, an der Reihe, die von den professionellen Agitatoren und Scharlatanen vorbereitet worden war.

Wie schon 1789 fand im Mai 1847 in Straßburg ein großer Freimaurerkongress statt. Die internationale Organisation der Freimaurerei sollte erneut zum Einsatz kommen. In den Logen schmiedeten die „guten Freimaurer" die Pläne, die die Revolutionen auslösen sollten. An dem Kongress im Elsass nehmen wichtige jüdische Führer teil, die als Agenten der Illuminaten eine führende Rolle spielen. Einige der zukünftigen Minister der provisorischen Regierung, die im Februar 1848 in Frankreich gebildet wurde, waren anwesend, darunter Adolphe Isaac Crémieux, bekanntlich James Rothschilds engster Vertrauter, ein Freimaurer 33. Grades und Großmeister des Schottischen Ritus, der Justizminister war; der Bankier Michel Goudchaux, ein weiterer Jude und enger Freund von James Rothschild, der Finanzminister war. Weitere prominente französische Freimaurer, die an der Revolution beteiligt und in Straßburg anwesend waren, waren Simon und Louis Blanc, Léon Gambetta, ein Jude, der ein Adoptivsohn von Crémieux war, Alphonse Lamartine, der später Außenminister werden sollte, Alexandre Ledru-Rollin und Marc Caussidière, der im Februar 1848 Polizeipräfekt in Paris war.

Die Königreiche des künftigen Italiens wurden als Auslöser für die Konfliktwelle ausgewählt. Am 12. Januar 1848 fand die erste revolutionäre Bewegung in Sizilien statt, das die Unabhängigkeit anstrebte. Interessanterweise genoss die sizilianische Bevölkerung außergewöhnliche und in Europa einzigartige Privilegien, da die Steuern sehr niedrig waren und es keine Wehrpflicht gab. In den Reisebüchern der Abenteurer jener Zeit heißt es, dass Leben, Eigentum und die Straßen von Palermo und Sizilien im Allgemeinen so sicher waren wie die nordeuropäischer Städte. Am 8. Februar war das Piemont an der Reihe. In der Toskana begann der Aufstand am 17. Februar. Zwei Illuminaten, Giuseppe Mazzini und Adriano Lemmi, waren die Koordinatoren. Ein weiterer Freimaurer, Giuseppe Garibaldi, ein Großmeister, der später weltberühmt werden sollte, war ebenfalls an der Planung der italienischen Revolutionen beteiligt. Wir werden uns nun Mazzini und Lemmi zuwenden, deren Rolle in der Freimaurerei und in der revolutionären Bewegung eine gesonderte Erwähnung verdient.

Es ist nicht möglich, auf alle Szenarien einzugehen, aber wir werden uns so kurz wie möglich mit Frankreich befassen, denn dort hatten Marx, Engels, Hess, Heine und andere deutsche Exiljuden Paris zu einem der Zentren der Verschwörung gemacht. Die Revolution vom Juli 1830 hatte die Bourgeoisie an die Macht gebracht, verkörpert durch den neuen König Louis-Philippe d'Orléans. Doch in Wirklichkeit waren es, wie Marx selbst einräumte, die Bankiers, die Geldaristokratie, die die Zeit bis 1848 beherrschten, verkörpert in James Rothschild, in dem Heinrich Heine „einen der größten Revolutionäre, die die moderne Demokratie hervorgebracht hat" sah. Erinnern wir uns an die Worte des Dichterfreundes und Schützlings von James: „Niemand treibt die Revolution mehr voran als die Rothschilds selbst, die Bankiers der Könige, diese großartigen Besitzer des Geldes."

In *Die Klassenkämpfe in Frankreich* kann sich Marx natürlich nicht mit der Frechheit seines Freundes Heine ausdrücken, aber er versteht, dass er den Schein und den Anstand wahren muss, und das tut er auch. Er erklärt sehr gut, wie die Macht des Geldes, des Bankwesens, der Börse für die gesamte Gesellschaft schädlich ist, er spielt auf die „Könige der Börse" an, aber zu keinem Zeitpunkt wagt er es, mit dem Finger auf die Juden zu zeigen, geschweige denn den Mann zu kritisieren, der in aller Munde war: James Rothschild. Er erwähnt ihn nur ein einziges Mal in einem kurzen, einleitenden und die Situation beschreibenden Textfragment: „Das industrielle Bürgertum sah seine Interessen in Gefahr, das Kleinbürgertum war moralisch entrüstet, die

Volksvorstellung war in Aufruhr. Paris wurde mit Verleumdungen überschwemmt: 'die Dynastie der Rothschilds', 'die Wucherer, die Könige des Zeitalters' usw., in denen die Herrschaft der Finanzaristokratie mehr oder weniger einfallsreich angeprangert und verteufelt wurde". Nur ein einziges Mal erwähnt er Crémieux, den Justizminister der provisorischen Regierung, und zwar mit größtem Respekt: Während er links und rechts wertschätzende oder abwertende Epitheta verteilt, nennt er ihn „Herr Crémieux".

Es dauerte nur zwei Tage in Paris, um die Regierung Guizot zu stürzen und den Rücktritt von Louis-Philippe d'Orléans zu erwirken. Nach den ersten Anzeichen für das, was kommen würde, ersetzte der König Guizot durch Barrot und verhängte den Belagerungszustand. Am 23. Februar werden auf den Straßen Barrikaden errichtet. Der Aufstand breitet sich schnell aus und die Nationalgarde stellt sich auf die Seite der Aufständischen. Ein Zusammenstoß auf dem Boulevard de las Capuchinas, wo Arbeiter, die hinter der roten Fahne marschierten, mit den Truppen zusammenstießen, diente als Auslöser, um den anfänglichen Triumph der Revolutionäre zu beschleunigen: Jemand feuerte ein Gewehr ab und die Soldaten antworteten mit einer Salve, die Dutzende von toten und verwundeten Arbeitern auf der Straße hinterließ. In der Nacht vom 23. auf den 24. Februar erteilten die Geheimbünde Anweisungen für den nächsten Tag.

Karl Marx war in Paris: Es war ihm gelungen, von England aus nach Frankreich einzureisen, und er beteiligte sich an der Organisation der Revolte im Hauptquartier der Aufständischen. Pierre-Joseph Proudhon und Louis Blanc gehörten ebenfalls zu den Anführern. Im Morgengrauen herrschte Chaos in der Stadt, die Waffenkammern wurden gestürmt und Gruppen von wütenden Aufständischen eröffneten das Feuer auf die Fenster der Tuilerien. Einige der städtischen Wachen wurden getötet, und am Vormittag leisteten die Truppen keinen Widerstand mehr. Um 13.00 Uhr verließ die königliche Familie das Land und die Republik wurde ausgerufen. Die provisorische Regierung, die bald darauf gebildet wurde, umfasste die verschiedenen Parteien, die sich nach der Abdankung des Königs als Sieger sahen. Die Verteilung der Macht unter denjenigen, die die Julimonarchie gestürzt hatten, zeigte die Vielfalt der Interessen. Die bürgerlichen Parteien waren in der Mehrheit und nur zwei Vertreter des Proletariats wurden Mitglieder der provisorischen Regierung: Louis Blanc und der Arbeiter Albert. Marx würde später sagen, dass der Kampf der Arbeiter dazu gedient habe, die bürgerliche Republik zu besiegen.

Unglaublicherweise besuchte James Rothschild, wie Niall Ferguson in *The House of Rothschilds Money's Prophets 1798-1848* enthüllt, am selben 24. Juni den neu ernannten Finanzminister, der kein anderer war als sein Freund, der Bankier Michel Goudchaux, um das neue Regime zu bitten, die Zinsen für fällige griechische Schuldverschreibungen zu übernehmen, die vom vorherigen Regime garantiert worden waren und die er normalerweise gezahlt hätte. Sarkastisch fügt Ferguson hinzu: „Es gab ein quid pro quo. Am nächsten Tag wurde bekannt gegeben, dass Rothschild eine ostentative Spende von 50.000 Francs machen würde, um die Kosten für die bei den Straßenkämpfen Verwundeten zu decken, und dass er beabsichtigte, 'einer so guten und ehrlichen Revolution seine Mitarbeit anzubieten'."

Kurz nach der Bildung der Regierung marschierten dreihundert Freimaurer mit den Fahnen der verschiedenen repräsentativen Riten der französischen Freimaurerei zum Hotel de Ville. Dort bieten sie der provisorischen Regierung der Republik ihre Fahnen an und verkünden laut die Rolle, die sie in der glorreichen Revolution gespielt haben. Lamartine sprach die folgenden Worte, die mit Begeisterung aufgenommen wurden: „Aus den Tiefen eurer Logen sind die Ideen hervorgegangen, die zuerst im Dunkeln, dann im Düsteren und jetzt am hellen Tag die Grundlage der Revolutionen von 1789, 1830 und 1848 bildeten". Vierzehn Tage später erschien eine neue Delegation des Großorient, mit ihren Juwelen und freimaurerischen Tüchern geschmückt, erneut im Hotel de Ville. Sie wurden von Großmeister Adolphe Isaac Crémieux empfangen, der sich in einer Rede an sie wandte, die mit den folgenden Worten endete: „Die Republik existiert in der Freimaurerei. Wenn die Republik das tut, was die Freimaurer getan haben, wird sie das leuchtende Versprechen der Vereinigung mit allen Menschen in allen Teilen der Welt und auf allen Seiten unseres Dreiecks einlösen".

Es wurde jedoch bald klar, dass die Vereinigung von Ungleichen nicht so einfach sein würde. Louis Auguste Blanqui, der Sozialistenführer und Freimaurer, der nach dem versuchten Staatsstreich von 1839 inhaftiert worden war, war 1848 bereits wieder frei. Am 17. März führte Blanqui eine Demonstration an, auf der die Verschiebung der Wahlen zur Nationalversammlung und zur Nationalgarde gefordert wurde, deren Chefs gewählt wurden. Einen Monat später, am 16. April, ging der Kampf zwischen den Fraktionen weiter. Was an diesem Tag geschah, variiert je nach Quelle. Für Marx war es eine Falle der Bourgeoisie für das Proletariat; für nicht-marxistische Autoren war es ein Fehler der sozialistischen Führer, die die Absicht hatten, die provisorische Regierung durch die Arbeiter zu stürzen und eine kommunistische Regierung auszurufen. Letztlich kam es zu einem Bruch zwischen den Arbeitern und den Soldaten, aus deren Reihen sich in Paris die Rufe „Nieder mit den Kommunisten, nieder mit Blanqui, nieder mit Louis Blanc" verbreiteten.

Das allgemeine Wahlrecht zeigte, dass die Franzosen die sozialistischen und kommunistischen Revolutionäre nicht unterstützten. Die bürgerlichen Parteien dominieren die verfassungsgebende Versammlung, die am 4. Mai zusammentritt. Marx kommentiert die neue Situation: „Es ist nicht die Republik, die das Pariser Proletariat der provisorischen Regierung aufgezwungen hat; es ist nicht die Republik mit sozialen Einrichtungen; es ist nicht der Traum derer, die auf den Barrikaden gekämpft haben". Am 15. Mai gehen die Unruhen weiter und ein Mob stürmt die Versammlung. Louis Blanc selbst versucht, die Situation unter Kontrolle zu bringen, und erklärt der Menge vom Tisch aus, dass „das Volk seine eigene Souveränität verletzt hat". Daraufhin ertönt der Ruf „Wir wollen Blanqui", der auf den Schultern der Arbeiter seinen Auftritt hat. Blanqui fordert, dass Frankreich Europa den Krieg erklärt, um Polen zu befreien, dessen Aufstand am 5. Mai von preußischen Truppen niedergeschlagen worden war. Ein anderer Revolutionär, Huber, rief, dass die Versammlung „im Namen des Volkes aufgelöst wurde".

Nachdem die Ordnung wiederhergestellt war, wurde nach den Wahlen eine neue Regierung gebildet, deren erste Maßnahmen die endgültige Krise auslösten. Vom 22. bis 25. Juni werden erneut Barrikaden errichtet. Den Anstiftern gelingt es, dass der Aufstand von einer Menge verfolgt wird, die nicht nur gewöhnliche Kriminelle, sondern auch das Pariser Proletariat, Teile des Kleinbürgertums und sogar unzufriedene Legitimisten umfasst. Am 26. lassen die von den Generälen Cavaignac und Lamoricière befehligten Truppen in den Straßen die Leichen von mehr als zehntausend Menschen zurück, die als Bauernopfer in der Strategie der verborgenen Gestalten, die mit ihnen das seltsame Spiel von 1848 gespielt hatten, geopfert wurden. Einige sozialistische Führer wurden verhaftet und die Zahl der Verhaftungen belief sich auf fünfundzwanzigtausend. Die Geheimgesellschaften werden streng verfolgt und sogar die Pressefreiheit wird unterdrückt. Die Revolution endete so in einer vollständigen Niederlage.

Zu denjenigen, die ihr Gesicht nicht zeigten und in den Räten intrigierten, gehörte Karl Marx, der laut Salluste (Flavien Brenier) in *Les origines secrètes du bolchevisme Henri Heine et Karl Marx* an der Pariser Revolution teilnahm und im Zuge der Repression verhaftet wurde. Karl Marx", schreibt Salluste, „sollte erschossen oder zumindest deportiert werden. Heinrich Heine mischt sich ein und erklärt, dass er für seine Unschuld bürgt, und erreicht, dass er aus dem Kriegsgericht geworfen wird: wer hätte an der Aufrichtigkeit des sanften Dichters gezweifelt? Karl Marx wurde lediglich im Departement Morbihan interniert. Einige Wochen später flieht er mit falschen Papieren nach England. Brenier fragt sich, durch welche Organisation Marx mit den Verschwörern in Verbindung stand, wer ihn mit falschen Dokumenten versorgte, um die Grenzen zu überschreiten, wenn er fliehen musste, und wie er seine Raubzüge auf dem Kontinent vorbereitete. Seine Antwort lautet, dass er sich einer Organisation von Carbonari bediente, die er selbst leitete. Die Carbonari, die in ganz Europa illegal waren, arbeiteten in kleinen Gruppen, die unter großer Geheimhaltung rekrutiert wurden: „Sie existierten nebeneinander", erklärt Salluste, „und sie ignorierten ihn. Sie kontaktierten die Organisation nur über ein Mitglied, den Gruppenleiter, der von oben ernannt und nicht von seinen Mitgliedern gewählt wurde. Ein Oberstes Komitee hielt über Verbindungsoffiziere Kontakt zu den Gruppenleitern. Keine Propaganda von außen, die die Aufmerksamkeit der Polizei auf sich ziehen könnte. Das unmittelbare Ziel, das den Mitgliedern vorgeschlagen wurde, konnte ein Anschlag auf einen namhaften Feind der Revolution sein, so dass Attentate häufig vorkamen".

Bereits im Juli 1848 reiste Lionel Rothschild von London zu seinem Onkel James. Als er in Paris ankam, fand er ihn zusammen mit Goudchaux, der in der aus den Mai-Wahlen hervorgegangenen Regierung noch immer Finanzminister war und mit dem er über die Umwandlung der 3% Zinsen auf die Anleihen von 1847 in 5% Zinsen verhandelte, wodurch „ein Verlust von 25 Millionen Francs", so Ferguson in seinem Buch, „in einen Gewinn von 11 Millionen Francs verwandelt wurde. Die Tatsache, dass Goudchaux ein Jude war, nährte nur den extremen Verdacht einer Verschwörung zur Unterstützung Rothschilds". Wir wissen nicht, ob Marx auf dieselbe Operation anspielt, die

Ferguson in *Die Klassenkämpfe in Frankreich* aufdeckt, wenn er schreibt: „Um den Verdacht zu zerstreuen, dass sie nicht willens oder in der Lage sei, die von der Monarchie hinterlassenen Verpflichtungen zu erfüllen, um den Glauben an die bürgerliche Moral und an die Zahlungsfähigkeit der Republik zu wecken, griff die Regierung zu einem ebenso unwürdigen wie törichten Bluff: Sie zahlte den Gläubigern des Staates vor der gesetzlichen Fälligkeit Zinsen in Höhe von 5%, 4,5% und 4%". Wie dem auch sei, es ist klar, dass der Finanzminister einer der Männer war, die von James Rothschild in die Regierung geholt wurden. Goudchaux war es auch, der die ursprünglich von der provisorischen Regierung geplante Verstaatlichung der Eisenbahnen, eines der großen Geschäfte der Rothschilds in Europa, zu Grabe trug.

Es gibt einen sehr wichtigen Text, der an James Rothschild gerichtet ist und im August veröffentlicht wurde. Es handelt sich um einen Leitartikel in der radikalen Zeitung „*Tocsin des Travailleurs*" (*Alarmglocke der Arbeiter*), der angeblich als Aufforderung an den Bankier gedacht war, seine finanzielle Macht in den Dienst der Republik zu stellen. Der Inhalt legt den Verdacht nahe, dass es vielleicht, wie 2008 in der durch den Konkurs von Lehman Brothers ausgelösten Krise, darum ging, sich von Konkurrenten zu trennen, deren Konkurs zu provozieren, um die Macht weiter zu monopolisieren und zu konzentrieren. Hier ist der Text:

> „Sie sind ein Wunder, mein Herr. Trotz Ihrer gesetzlichen Mehrheit ist Louis Philippe gestürzt, Guizot ist verschwunden, die Methoden der konstitutionellen und parlamentarischen Monarchie sind auf der Strecke geblieben; Sie aber bleiben unbeweglich!... Wo sind Arago und Lamartine? Sie sind am Ende, aber Sie haben überlebt. Die Fürsten des Bankwesens sind in Liquidation gegangen und ihre Büros sind geschlossen. Die großen Chefs der Industrie und der Eisenbahngesellschaften sind ins Wanken geraten. Aktionäre, Kaufleute, Fabrikanten und Bankiers sind massenhaft ruiniert worden, große und kleine Leute sind gleichermaßen überwältigt; Sie allein bleiben inmitten all dieser Ruinen unberührt. Obwohl Ihr Haus die erste Gewalt der Erschütterung in Paris zu spüren bekam, obwohl die Auswirkungen der Revolution Sie von Neapel bis Wien und Berlin verfolgten, bleiben Sie von einer Bewegung, die ganz Europa erfasst hat, unberührt. Der Reichtum verschwindet, der Ruhm wird gedemütigt und die Herrschaft gebrochen, aber der Jude, der Monarch unserer Zeit, ist auf seinem Thron geblieben, aber das ist noch nicht alles. Du hättest aus diesem Land fliehen können, in dem, in biblischer Sprache, die Berge wie Lämmer hüpften. Du bleibst und verkündest, dass deine Macht unabhängig von den alten Dynastien ist, und du streckst den jungen Republiken kühn die Hand entgegen. Unerschrocken hältst du zu Frankreich.... Sie sind mehr als ein Staatsmann, Sie sind das Symbol des Kredits. Ist es nicht an der Zeit, dass die Bank, das mächtige Instrument des Bürgertums, dazu beiträgt, das Schicksal des Volkes zu erfüllen? Ohne Minister zu werden, sind Sie einfach der größte Geschäftsmann unserer Zeit. Ihr Werk mag umfangreicher sein, Ihr Ruhm - und Ruhm ist Ihnen nicht gleichgültig - mag noch ruhmreicher sein. Nachdem Sie die Krone des Geldes erlangt haben, werden Sie Ihre Apotheose erreichen. Spricht Sie das nicht an? Seien Sie überzeugt, dass es lobenswert wäre, wenn die Französische Republik Ihnen eines Tages einen Platz im Pantheon anbieten würde!"

Gott sei Dank war es eine Zeitung der radikalen Linken!

Es ist nicht nötig, auf andere „spontane Revolutionen" einzugehen. Wir fügen nur hinzu, dass am ersten März der Aufstand in Baden stattfand. Der Bankier Ludwig Bamberger (1823-1899), Jude und Freimaurer, Herausgeber der *Mainzer Zeitung*, war der Vorkämpfer des Aufstands in Deutschland. Als die Ordnung wiederhergestellt war, wurde er zum Tode verurteilt, konnte jedoch mit anderen Umstürzlern in die Schweiz fliehen und gelangte später nach London. Jahre später war der revolutionäre Bankier bereits Direktor der Bank Bischoffheim & Goldschmidt, und 1870 gehörte er zu den Gründern der Reichsbank. Weitere deutsche Freimaurer, die die Revolte anführten, waren der Jude Johann Jacoby, der an der Spitze der Aktionen in Berlin stand, Joseph Fickler, Friedrich Franz Karl Hecker, Robert Blum und Georg Herwegh (1817-1875). Letzterer hatte zwischen 1849 und 1850 eine leidenschaftliche Affäre mit Natalie Herzen, der Frau von Alexander Herzen, der wir den folgenden Abschnitt widmen werden. [26]

Auch in Heildelberg und Prag organisierten die Logen Konspirationen. Am 13. März war Wien an der Reihe. Dort waren Adolf Fischhof und Joseph Goldmark, zwei jüdische Ärzte, die sich mit der rationalistischen Haskala-Bewegung von Moses Mendelssohn identifizierten, die für die Emanzipation der Juden und ihre „Assimilation" in die europäischen Gesellschaften eintrat, die Hauptinitiatoren des Aufstands. Zwei Tage später begann die Revolution in Ungarn, die wiederum von zwei Freimaurern jüdischer Herkunft organisiert wurde: Mahmud Pascha führte die Meuterei in Budapest an und Lájos Kossuth agierte in den Provinzen. Wie bei den beiden vorangegangenen Aufständen bewegten sie sich innerhalb der Haskala. Am 14. März rief Mazzini eine Republik im Kirchenstaat aus. Am 18. März, dem fünfhundertvierunddreißigsten Jahrestag des Todes des Großmeisters der Templer, Jacques de Molay, der 1314 auf dem Scheiterhaufen verbrannt worden war, brachen zur gleichen Zeit in Mailand, Stockholm und Berlin Aufstände aus. Die Unruhen in Stockholm gehörten zu den gewalttätigsten, die die Stadt seit Menschengedenken erlebt hat. Der estnische Autor Jüri Lina beruft sich auf das Buch von Bunny Ragnerstam, *Arbetare i rörelse* (*Arbeiter in Aktion*), als Quelle

---

[26] Der deutsche Dichter und Revolutionär Georg Herwegh, auf den Heinrich Heine mit Zustimmung seiner Frau Emma ein Gedicht geschrieben hat, hatte eine intensive und gequälte Beziehung zu Natalie Herzen, einer Schülerin von George Sand und Ehefrau des russischen Revolutionärs Alexander Herzen. Die Herzens und die Herweghs waren befreundet. Nach der Niederlage von Herweghs Revolutionsbataillon in Baden-Baden traf Herwegh in Paris ein, und die beiden Paare schmiedeten Pläne für ein Leben in einer Vierer-Kommune. Herzen fand ein Haus in Nizza und die beiden Familien zogen Mitte der 1850er Jahre dorthin. Herzen wusste nicht, dass seine Frau sechs Monate lang mit Herwegh Ehebruch begangen hatte. Als er 1851 von dem Betrug erfuhr, war er wütend, aber war nicht ein zentraler Punkt der Revolutionäre der Bruch mit traditionellen Werten, einschließlich Familie, Erbe und Religion? Die Affäre wurde in europäischen sozialistischen Kreisen zu einem Skandal, und der Deutsche Arnold Ruge schrieb sogar das Drama *Die neue Welt, das* auf diesen Ereignissen beruht. „Ich gehöre der Revolution an, der Mazzini und seine Jünger angehören", schrieb Herzen an seinen anarchistischen Freund Proudhon, um seine „bürgerliche Haltung" zu rechtfertigen.

für seine Informationen. Darin wird erklärt, dass der 1847 gegründete Kommunistische Verein in Stockholm die Aufstände in Verbindung mit dem Kommunistischen Bund organisierte. Die führende Figur war der jüdische Schriftsteller Christoffer Kahnberg, der die Proklamationen verfasste, die überall in der Stadt erschienen. In Venedig wurde der jüdische Rechtsanwalt Daniele Manin, ein Nachkomme der alten Medina-Familie, der im Januar verhaftet und eingesperrt worden war, von Mazzinis Revolutionären befreit und im August 1848 zum Präsidenten der Republik ernannt, ein Amt, das er ein Jahr lang innehatte. Die venezianische Regierung bestand fast ausschließlich aus Freimaurern, darunter die Juden Leon Pincherle, der Landwirtschaftsminister war, und Isaac Pesaro Maurogonato, Handelsminister. Es folgten München, Dresden, Böhmen.... In den folgenden Monaten kam es in halb Europa zu einer zweiten Welle von Aufständen. Den Geschichtsbüchern zufolge geschah dies alles spontan.

James Rothschild und Alexander Herzen

Bevor wir uns endgültig aus dem Jahr 1848 verabschieden, ist es interessant, die Freundschaft zwischen James Rothschild und dem russischen Revolutionär Alexander Herzen zu erwähnen, einem der Väter des russischen Sozialismus und Autor des Satzes „Land und Freiheit", denn diese Beziehung ist der beste Beweis für die Beteiligung der Rothschilds an den revolutionären Bewegungen in Russland und für ihre Führung des MRM. Herzen, 1812 in Moskau geboren, war der uneheliche Sohn eines russischen Aristokraten und einer zum Protestantismus konvertierten Deutsch-Jüdin, Luise Hagg, die einen entscheidenden Einfluss auf ihn hatte. Herzen war also Jude, denn bei den Juden bestimmt die Mutter und nicht der Vater die Rassezugehörigkeit. Im Alter von zwanzig Jahren war er bereits Agitator an der Moskauer Universität, wofür er verhaftet und zu einer mehrmonatigen Gefängnisstrafe verurteilt wurde. Trotzdem arbeitete er 1839 in St. Petersburg als Sekretär des Grafen Stróganov, eines Generals, der Adjutant des Kaisers war, und wurde später Regentschaftsrat in Nowgorod, ein Amt, das er aufgab, um in Moskau zu leben, wo er 1841 unter dem Pseudonym „Iskander" (arabische Übersetzung von Alexander) heimlich revolutionäre Werke mit subversivem Charakter drucken ließ.

Wieder ist es Marvin S. Antelman, der uns im zweiten Band von *To Eliminate the Opiate* auf die Spur bringt. „Projekt Iskander", schreibt der Rabbiner, „ist der Name, den die Illuminaten dem Umsturz Russlands gegeben haben. Der Name symbolisiert ihren Umsturz für ein ultimatives Ziel: die Weltregierung. Iskander ist die arabische Bezeichnung für Alexander den Großen. Im Koran steht geschrieben, dass Iskander die wilden Stämme von Gog und Magog hinter eisernen Mauern einschloss (daher der Begriff Eiserner Vorhang)." Alexander Herzen war der Ideologe und einer der Anführer der „Narodnicks", einer intellektuellen und radikalen Klasse revolutionärer Sozialisten, die die Bauernschaft zum Sturz der zaristischen Monarchie nutzen wollten. Sie gelten als die Intelligenzia, die die Brücke zwischen dem marxistischen Kommunismus und den Bolschewiki schlug. Daraus folgt, dass

Alexander Herzen ein Agent der Illuminaten war, ein Mann, der wie Heinrich Heine wusste, was die Zukunft bringen würde. Seine Beziehungen zu den Rothschilds, zu Marx, Proudhom, Bakunin und anderen Revolutionären bestärken diese Einschätzung.

Nach dem Tod seines Vaters im Jahr 1846 erbte er ein beträchtliches Vermögen und reiste ins Ausland, ohne jemals nach Russland zurückzukehren. Berlin war die erste Anlaufstelle für die Verschwörer. Dort lernte er Leopold Zunz kennen, der, wie wir gesehen haben, eine sehr einflussreiche Rolle in der jüdischen Intelligenz spielte. Zunz machte ihn zu einem potenziellen Kommunisten, und sie hatten wahrscheinlich Gelegenheit, gemeinsam über die Lehre des Neomessianismus nachzudenken. 1847 traf Herzen in Paris ein, von wo aus er für einen kurzen Aufenthalt nach Italien weiterreiste. Im Mai 1848, als die Revolution auf ihrem Höhepunkt war, kehrte er in die französische Hauptstadt zurück. Er nimmt an der Seite von Marx und Proudhon an den Junitagen teil, die er mit 24.000 Francs finanziell unterstützt, um die Herausgabe seiner Zeitung *Voix du People* (*Stimme des Volkes*) aufrechtzuerhalten, für die er wütende Artikel schreibt.

Der Kontakt zu den Rothschilds bestand bereits 1847, also vor seiner Italienreise, denn Niall Ferguson berichtet, dass sie ihm während seines Aufenthalts in Italien mit kleinen Bankgeschäften behilflich waren und ihm bei der Anlage von etwa 10.000 Rubel halfen, als er begann, seine russischen Immobilien zu verkaufen. Herzen selbst erklärt, dass er James Rothschild um den Umtausch von Anleihen bei einer Moskauer Sparkasse bat und auf seinen Rat hin amerikanische und französische Aktien sowie ein Haus in der Amsterdamer Straße in der Nähe des Hotels Havre kaufte. James Rothschilds Verstrickung mit dem russischen Revolutionär erreichte ihren Höhepunkt, als die Moskauer Regierung versuchte, Herzen daran zu hindern, noch mehr Geld außer Landes zu bringen, indem sie das Anwesen seiner Mutter in Komostra verpfändete. James akzeptierte im Voraus eine von Herzen unterzeichnete Rechnung über den Wert der zu verpfändenden Immobilie. Als sich die russischen Behörden weigerten, die Hypothek zu genehmigen, war James Rothschild bereit, gegen die Bank vorzugehen, und verlangte vom Finanzminister eine Erklärung. Der russische Botschafter, Graf Kiselev, schaltete sich ein und warnte den Bankier, dass er seinem neuen Kunden nicht trauen könne. James schrieb daraufhin einen harschen Brief an Gasser, seinen Agenten in St. Petersburg, und drohte der russischen Regierung mit rechtlichen Schritten und dem Einsatz der Presse. In seiner Autobiographie *„Meine Vergangenheit und meine Gedanken"* bestätigt Herzen die Übersendung des Briefes:

> „Als ich eine halbe Stunde später die Treppe des Winterpalastes des Finanzministeriums in der Rue Lafitte (er meint Rothschilds Palast) hinaufstieg, kam der Rivale von Nikolaus (er meint den Zaren) herunter.... Seine Majestät lächelte sanft und streckte majestätisch seine erhabene Hand aus und sagte: „Der Brief ist unterzeichnet und abgeschickt worden. Ihr werdet sehen, wie sie ihre Meinung ändern werden. Ich werde sie lehren, mit mir zu spielen...... Ich war geneigt, niederzuknien und einen Treueschwur zusammen mit meiner

Dankbarkeit zu leisten, aber ich sagte nur: „Wenn Sie sich dessen ganz sicher sind, lassen Sie mich ein Konto eröffnen, und sei es auch nur für die Hälfte des Gesamtbetrages". Seine Majestät der Kaiser antwortete: 'Mit Vergnügen' und ging in Richtung der Rue Lafitte. Ich verbeugte mich."

Sechs Wochen später wurde das Geld ausgezahlt. Zweifellos muss Botschafter Kiselev Rothschild in einem Versuch, ihn davon abzubringen, über Alexander Herzens revolutionären Hintergrund informiert haben. Man kann also nicht die unschuldige Vorstellung hegen, dass James Rothschild den wahren Charakter des russischen Aristokraten nicht kannte. Er kannte sehr wohl die Gründe, warum er bereit war, die Karte seines Glaubensbruders zu spielen. Herzen rühmt sich, seither eine unschlagbare Beziehung zu dem Bankier unterhalten zu haben. Ich war für ihn", schrieb er später, „das Schlachtfeld, auf dem er Nikolaus I. besiegt hatte". 1850 wies das Regime von Louis Napoleon den Revolutionsfreund Rothschild aus Frankreich aus, aber James kümmerte sich weiterhin um seine Investitionen in Amerika und andere Anleihen[27]. Die Bilanz des Rothschild-Hauses in Paris aus dem Jahr 1851 zeigt, dass er 50.000 Francs schuldete. Herzen ließ sich, wo sonst, in London nieder und nahm dort den Kontakt zu Marx und anderen französischen und deutschen Flüchtlingen wieder auf. Herzen kam in der britischen Hauptstadt an, natürlich mit den entsprechenden Empfehlungen an das Rothschild-Haus in London, wo Lionel Rothschild das Kommando über sein Konto übernahm.

Ein weiterer Beleg für Alexander Herzens Beziehung zu den Schabbatianern und der von den Illuminaten in Gang gesetzten revolutionären Bewegung findet sich in einem Brief, den er am 3. März 1850 an Moses Hess schrieb und der in *To Eliminate the Opiate* abgedruckt ist, das aus dem oben erwähnten Buch von Theodore Zlocisti, *Moses Hess and His Contemporaries*, stammt. Darin bittet er Hess, ihm eine Kopie eines Pamphlets zu geben, das er an Georg Herwegh, den revolutionären Dichter, geschrieben hatte, der damals ohne sein Wissen eine Affäre mit seiner Frau Natalie hatte. Herzen fragt Hess, ob er nach London zu reisen gedenke, bittet ihn um seine Adresse und schlägt ihm vor, seinen Brief an die Gebrüder Rothschild in Paris zu adressieren. Er gesteht Hess, dass er nicht einmal an Geld denkt und bietet ihm finanzielle Hilfe an, falls er sie braucht. In diesem Dokument wird auch noch einmal bestätigt, dass London die Stadt der Zuflucht war. Als Gegenleistung für die Aufrechterhaltung der Immunität auf ihrem Territorium erlaubte die britische Regierung Flüchtlingen aus ganz Europa, sich in England frei zu bewegen.

In London traf Herzen erneut mit Marx zusammen. In ihren Gesprächen wird schnell klar, dass sie nicht die gleiche Meinung darüber haben, welche Nation zuerst erobert werden soll. Marx hatte immer noch Frankreich im Sinn

---

[27] Es gibt eine aktuelle Arbeit von Derek Offord, die im „Academic Electronic Journal in Slavic Studies" der Universität Toronto mit dem Titel *Alexander Herzen and James Rothschild* veröffentlicht wurde. Darin wird ausführlich und detailliert dargelegt, mit welchen Geldbeträgen die französischen Rothschilds handelten. Die Studie gibt einen Einblick in die verschiedenen Länder, in denen zu Herzen's Gunsten Investitionen in Anleihen und Renten getätigt wurden.

und wollte die Freimaurerei nutzen, um die Revolution in ganz Europa zu verbreiten; aber Herzen glaubte nicht, dass Frankreich der richtige Boden für eine soziale Revolution sei. Er glaubte auch nicht, dass Deutschland dafür geeignet sei. Beide Länder waren seiner Meinung nach zu konservativ und sogar feudal. Russland hingegen schien ihm der ideale Ausgangspunkt für die Bewegung zu sein, die die Welt erschüttern und umgestalten sollte, da es die rückständigste Bauernschaft Europas aufwies. Herzen gründete daher 1851 in London eine revolutionäre Druckerei in russischer Sprache, in der er zwei Zeitschriften, den *North Star* und die *Russische Stimme, sowie* zahlreiche subversive Pamphlete veröffentlichte. Diese Zeitschriften wurden nach Russland geschmuggelt und dort verbreitet. Ein Text mit dem Titel *A Socialist Evening,* der kurz vor der Gründung der Internationalen Arbeiterassoziation in einer Wiener Zeitung veröffentlicht und am 23. Juni 1871 in der *Gazette de France* abgedruckt wurde, gibt einen Einblick in Alexander Herzens Leben in London. Er schildert die Atmosphäre eines Treffens von Revolutionären in dem eleganten Landhaus, das er im Londoner Vorort Putney besaß. Neben den Bediensteten wird das mit orientalischen Wandteppichen bedeckte und mit exotischen Blumen geschmückte Foyer beschrieben, von dem aus eine ebenfalls mit Wandteppichen verzierte Marmortreppe in den ersten Stock führte. Dort führte ein „Maître d'" mit weißen Handschuhen und weißer Krawatte die Gäste in einen Salon voller Damen und Herren, darunter Louis Blanc, Ledru Rollin, Edgar Quinet und Karl Marx, der beschrieben wird, wie er Bier trinkt und heftig mit einer Gruppe von Deutschen streitet, denen er versichert, dass die revolutionäre Lawine von London aus über Frankreich rollen wird.

Giuseppe Mazzini, Albert Pike und Adriano Lemmi

Zahlreiche Quellen stimmen darin überein, dass Giuseppe Mazzini (1805-1872), der italienische Revolutionsführer, der als großer Patriot und „Apostel der italienischen Einheit" in die Geschichte eingegangen ist, vom Bayerischen Orden der Erleuchteten zum Leiter des revolutionären Programms gewählt wurde, ein Amt, das er bis zu seinem Tod innehatte. Des Griffin, Paul H. Koch, William Guy und andere schlagen das Jahr 1834 als Datum seiner Ernennung vor. Mazzini, der während seines Studiums an der Universität von Genua den 33. Grad der italienischen Freimaurerei erreicht haben soll, war laut Jüri Lina ebenfalls Jude, was jedoch von keinem anderen Autor bestätigt wird. Sein Name wird immer wieder mit allen revolutionären Ereignissen in Verbindung gebracht, und seine Zusammenarbeit mit Albert Pike, dessen Briefwechsel von verschiedenen Forschern zitiert wird, ist eine unausweichliche Episode.

Mazzini ermutigte die italienischen Freimaurer, sich der Organisation der Carbonari anzuschließen, einer Gesellschaft, die auf dem Lande in Italien und Frankreich sehr beliebt war. Wie die klassische Freimaurerei in den Zünften der Baumeister entstand, so entstand die Carbonari oder Waldmaurerei in den Wäldern des Juras unter den Arbeitern, die Holzkohle aus dem Fällen von Bäumen herstellten. Ursprünglich bestanden die Logen der Carbonarii aus zehn

Mitgliedern, die zunächst die Jurawälder genannt wurden und später zu den Sales wurden. Ihre Riten und Zeremonien fanden in den Wäldern statt. Das Gelöbnis der Verschwiegenheit über die Bruderschaft wurde mit einem gegen die Brust gehaltenen Dolch abgelegt und die Eide wurden mit einer geballten und erhobenen Faust geschworen. Zu Beginn des 19. Jahrhunderts wurden die Carbonari von Freimaurern und Illuminaten infiltriert, bis sie zu einer von den Illuminaten kontrollierten Organisation wurden. Im Jahr 1815 beschloss Adam Weishaupt, die Organisation wiederzubeleben und zu reorganisieren, da er erkannte, dass er diesen Geheimbund nutzen konnte, um diejenigen zu ermorden, die sich dem Internationalismus widersetzten. Bereits in den Jahren des Terrors in Frankreich hatten die Illuminaten auf die in Brünn ausgebildeten Terroristen von Jacob Frank zurückgegriffen. Das Große Geheime Konsistorium trat 1820 zusammen, und als Ergebnis dieses Treffens wurden die Carbonari Teil des Großen Orients. Seitdem haben ihre Mitglieder die meisten politischen Attentate verübt. Die Mafia ist eigentlich einer ihrer Ableger. Einigen Autoren zufolge ist das Wort Mafia ein Akronym für Mazzini Autorizza Furti Incendi Avvelenamenti (Mazzini genehmigt Raubüberfälle, Brände und Vergiftungen). Mazzini wurde 1827 in den Karbonarismus und die Freimaurerei des Großen Orients eingeweiht.

Die zentrale Loge der Cabonari war die Alta Venta, mit deren Anführer, der das Pseudonym Nubius verwendete, Mazzini in Konflikt geriet. Infolge der Konfrontation gelang es Mazzini angeblich, ihn 1837 zu vergiften und so die Macht und Kontrolle über die Alta Venta an sich zu reißen (siehe Anmerkung 16 im vorigen Kapitel). Von da an zog Mazzini nach London, wo er sich niederließ und endgültig die Führung der revolutionären Bewegung übernahm. Dort nahm er direkten Kontakt zu Lord Palmerston auf, der, wie wir wissen, Großmeister des Schottischen Ritus der Freimaurerei und Patriarch der Illuminaten war. Nachdem er 1840 eine Schlüsselrolle in der Strategie der Rothschilds in der Damaskus-Affäre gespielt hatte, ging Palmerston 1841 in die Opposition; zwischen 1846 und 1851 war er jedoch erneut Außenminister. Von diesem Posten aus unterstützte er schamlos die Revolten von 1848 auf dem Kontinent. In der Tat werden alle nationalen Bewegungen des Jungen Europa vom britischen Geheimdienst koordiniert. Es ist verständlich, dass alle revolutionären Freimaurer im nebligen Londoner Exil landeten.

Die Einigung Italiens war für die Illuminaten von Interesse, und so wurden die Carbonari zu einem Instrument für die Schaffung einer föderalen Republik, für die eine dreieckige Flagge mit dem Siegel der Illuminaten vorgesehen war. 1832 hatte Mazzini eine politische Gruppe gegründet, die er Junges Italien nannte, und 1834 gründete er auch die Junge Schweiz, wo er im Exil lebte. Es wurde bereits erwähnt, dass Mazzini in ganz Europa nachgeahmt wurde. Mit Unterstützung der Diplomatie Lord Palmerstons und des britischen Geheimdienstes (SIS) wurden revolutionäre Komitees nach dem Vorbild des Jungen Italiens gegründet. Dies führte zum Zusammenschluss dieser Komitees in Bern unter dem Namen Junges Europa. Nach dem Scheitern der Revolutionen von 1848 suchte Mazzini, der London verlassen hatte, um an den Aufständen teilzunehmen, Zuflucht in der englischen Hauptstadt. Dort traf er viele der

Flüchtlinge, die an den verschiedenen Verschwörungen beteiligt waren: den Ungarn Lájos Kossuth, Ledru-Rollin, Herzen und natürlich Karl Marx, mit dem Mazzini zeitweise eng verbunden war. Mazzini selbst stellte fest, dass Marx' „Herz mehr für den Menschenhass als für die Liebe brannte".

Neben Mazzini tritt eine zweite Figur, Albert Pike, auf. Die Beziehung zwischen den beiden ist bemerkenswert. Major Guy Carr erklärt in seinem posthum veröffentlichten Werk *Satan, Prince of this World*, dass Mazzini auf Anweisung von Weishaupt vor dessen Tod nach Amerika reiste, um die Illuminatenverschwörung zu synchronisieren. Die Gründung von Young America im Jahr 1845 wird oft Mazzini zugeschrieben, aber es ist sicher, dass der Verfasser des Manifests Edwin de Leon war, ein Mitglied einer portugiesischen Sklavenhändlerfamilie aus Marrano, das der jüdischen Freimaurerloge B'nai B'rith angehörte. De Leon handelte auf Anweisung von August Belmont, einem in Preußen geborenen Juden, der der höchste Vertreter der Rothschilds in den Vereinigten Staaten war. Weitere Informationen über B'nai B'rith, Edwin de Leon und August Belmont finden Sie weiter unten. In *Four Reich of the Rich* geht Des Griffin auch davon aus, dass Albert Pike und Mazzini Kontakt aufnahmen, um die europäischen Freimaurer mit den amerikanischen Freimaurern zu koordinieren. Wann genau die Beziehung hergestellt wurde, ist nicht bekannt. Edith Starr Miller, Lady Queenborough, über deren plötzlichen Tod in Paris im Alter von 45 Jahren es ernsthafte Mordverdächtigungen gibt, berichtet in *Occult Theocracy* (1933) von einem gewissen Kontakt, der einige Jahre vor 1870, vielleicht 1866, stattgefunden haben soll. Dieses klassische Werk ist online im PDF-Format verfügbar.

Vor der amerikanischen Unabhängigkeit gab es in den Vereinigten Staaten fünfzehn Illuminaten-Logen, doch zwischen 1830 und 1840 geriet die Freimaurerei durch die Ermordung von Captain William Morgan in Verruf und hörte fast auf zu existieren. Dieser Kapitän hatte einen hohen Grad erreicht und genoss eine gewisse Autorität in der Freimaurerei, aber nachdem er in seiner New Yorker Loge, der Loge 433 in Batavia, einige der Geheimnisse der Illuminaten entdeckt hatte, beschloss er, überzulaufen. Da er sich nicht damit zufrieden gab, sich von der Verschwörung abzuwenden, hielt er es für seine Pflicht, andere Freimaurer und die Öffentlichkeit über die verborgenen Ziele der Sekte zu informieren, die in die Freimaurerei eingedrungen war. Er reiste durch das ganze Land und besuchte zahlreiche Logen. Im Jahr 1826 schloss er einen Vertrag mit einem Verleger, Colonel David C. Miller, und veröffentlichte *Freemasonry Exposed*. In einem 1958 von William J. Whalen veröffentlichten Werk, *Christianity and American Freemasonry*, wird das Geschehen anhand von Zahlen erläutert. Wenn Whalens Zahlen korrekt sind, gab es in den Vereinigten Staaten etwa fünfzigtausend Freimaurer, und nach der Veröffentlichung von Kapitän Morgans Buch verließen etwa fünfundvierzigtausend die Freimaurerei. Fast zweitausend Logen schlossen ihre Türen, und die übrigen stellten ihre Aktivitäten ein. Allein im Staat New York gab es dreißigtausend Freimaurer, und nach der Veröffentlichung des Buches sank die Zahl auf dreihundert.

Richard Howard, ein aufgeklärter Engländer, wurde nach Amerika geschickt, um Morgan als Verräter hinzurichten. Als er gewarnt wurde, dass er getötet werden sollte, versuchte William Morgan zu fliehen und machte sich auf den Weg nach Kanada, aber Howard und seine Schergen erwischten ihn an der Grenze und töteten ihn in der Nähe der Niagarafälle. Seine Leiche wurde einen Monat nach seinem Tod im Wasser eines Sees gefunden, in den man ihn gefesselt und mit großen Steinen beladen geworfen hatte. In *Pawns in the Game (Bauern im Spiel)* fügt Major Guy hinzu, dass er bei seinen Nachforschungen erfahren habe, dass ein gewisser Avery Allyn in New York City eine kurze eidesstattliche Erklärung abgegeben habe, in der er behauptete, Richard Howards Bericht bei einem Treffen der Tempelritter in der St. Johns'Hall in New York gehört zu haben, in dem er erklärte, wie er Morgan „hingerichtet" habe. Allyn erzählte auch, wie Howards Rücktransport nach England arrangiert worden war. Richard Carlile gibt in seinem *Handbuch der Freimaurerei* eine sehr detaillierte Version der Ereignisse, die in einigen Punkten von der hier wiedergegebenen abweicht, aber das Wesentliche nicht verändert.

William Morgan bezahlte mit seinem Leben, weil er es gewagt hatte, die geheimen Rituale der Illuminaten und der satanistischen Freimaurer zu beschreiben, aber sein Opfer zahlte sich aus, und schon bald bildete sich eine Anti-Freimaurer-Partei, die einige Jahre lang von einem Kongressabgeordneten aus Pennsylvania, Thaddeus Stevens, angeführt wurde. 1832 prangerte Stevens in seiner Ansprache an die Delegierten des nationalen Kongresses der Anti-Freimaurer-Partei an, dass die Freimaurer durch Intrigen die wichtigsten politischen Ämter der Nation besetzt hätten, und bezeichnete die Freimaurerei als „eine kriminelle Institution, die zur Geheimhaltung verpflichtet ist und den Fortbestand der Regierung der Republik gefährdet." Dieser Kongressabgeordnete versuchte, die Freimaurerei zu unterdrücken und wollte den Satanismus des Ordens untersuchen. Es gelang ihm sogar, in Pennsylvania einen freimaurerfeindlichen Gouverneur wählen zu lassen. Bald jedoch wurde die Anti-Freimaurer-Partei infiltriert, und Stevens' anfänglicher Elan ließ allmählich nach, bis er den Kampf aufgab. Es besteht die Möglichkeit, dass er erpresst wurde, denn 1824 wurde er verdächtigt, ein schwarzes Dienstmädchen in Gettysburg, das er geschwängert hatte, getötet zu haben, was in der Presse nie thematisiert wurde. Fast dreißig Jahre später konkurrierte Thaddeus Stevens in der Republikanischen Partei mit Abraham Lincoln und vertrat eine provokative und aggressive Politik gegenüber den Südstaaten, d. h. er drängte auf einen Bürgerkrieg.

Bald sollte das Feuer des Lagerfeuers mit neuer Energie brennen. Der Jude Moses Holbrook war in der ersten Hälfte des 19. Jahrhunderts Großkomtur des Obersten Rates von Charleston, einer der beiden organischen Abteilungen des Alten und Angenommenen Schottischen Ritus in den Vereinigten Staaten. Er und sein Privatsekretär, der Dichter Henry Wadsworth Longfellow, zwei bekennende Satanisten, übernahmen die kabbalistischen Riten der satanischen Initiation, die in Europa von der Freimaurerei des Großen Orients in Frankreich und Italien übernommen worden waren, deren Meister Crémieux und Mazzini waren.

Es muss um 1830 am Harward College oder bereits 1833 in Arkansas gewesen sein, wo er seinen Wohnsitz in Little Rock hatte, dass Albert Pike mit

Freimaurern in Kontakt kam, die Mitglieder der Illuminaten waren, Männer, die Verbindungen zu Moses Holbrook, Clinton Roosevelt, Charles Dana, Horace Greeley hatten. Im Jahr 1837 war er bereits eng mit Gallatin Mackey befreundet, der Sekretär des Obersten Rates von Charleston war und Longfellow gekannt hatte. In *Satan Prince of this World* stellt Major Guy Carr Folgendes fest: „Es gibt Beweise dafür, dass das Haus mit dreizehn Zimmern, das Pike in Little Rock besaß, nach 1840 als geheimes Hauptquartier derjenigen genutzt wurde, die die Synagoge des Satans bildeten, und dass in seinen Mauern Okkultismus praktiziert und satanische Rituale auf der Grundlage der Kabbala durchgeführt wurden, so wie es Moses Mendelssohn tat, als er vor 1784 in Frankfurt Einweihungen für hohe Grade der Weishaupt'schen Illuminaten durchführte"[28]. Zu diesen Little-Rock-Ritualen gehörte die Feier der Schwarzen Messe, bei der der Amtsträger Satan und eine junge Priesterin Eva symbolisiert. Die Verführung und Besessenheit Evas findet vor den Augen der Gläubigen statt. Im zweiten Teil der Zeremonie wird der Sieg Christi über Satan verewigt. Pike schlug Moses Holbrook vor, „die Zeremonie zu überarbeiten und zu modernisieren, damit sie nicht so talmudisch erscheint". Holbrook starb 1844, und Pike vollendete die Reform anschließend selbst. Die neue Zeremonie wurde „Adonaicidal Mass" genannt. Adonai ist der Name, den die Freimaurer dem christlichen Gott geben. Es ist bekannt, dass Albert Pike eine sehr berühmte Statue von Baphomet (Satan) besaß, die ein jüdischer Freimaurer namens Isaac Long 1801 nach Charleston gebracht hatte, einer Stadt, die genau auf dem 33.

Nach Holbrooks Tod wurde Albert Pike 1859 neuer Großkomtur des Obersten Rates von Charleston und etablierte sich allmählich als das wahre Oberhaupt des Schottischen Ritus. Pike (1809-1891) ist, wie Mazzini in Italien, als Patriot in die amerikanische Geschichte eingegangen. Ihm zu Ehren wurde in Washington eine Statue errichtet. Pike diente während des Bürgerkriegs als General auf Seiten der Konföderation, deren Regierung ihn beauftragte, Verhandlungen mit den wilden Stämmen aufzunehmen, um eine Armee von Indianerkriegern aufzustellen. Er wurde zum Gouverneur des Indianerterritoriums ernannt und brachte Comanchen, Osagen, Cherokee Chickasaws, Creeks, Chocaws und Miamis dazu, unter seinem Kommando zu kämpfen. Das Vorgehen von Pikes Indianerarmee war von Schrecken geprägt, denn sie verstümmelten die feindlichen Soldaten auf dem Schlachtfeld auf grausame Art und Weise. Der Präsident der Konföderation, Jefferson Davis, sah sich mit Protesten und Anschuldigungen konfrontiert und beschloss, die Indianertruppen von General Pike aufzulösen. Nach dem Ende des Bürgerkriegs wurde er wegen seiner Verantwortung für die begangenen Gräueltaten vor Gericht gestellt und verurteilt. Nach der Ermordung von Abraham Lincoln zeigte der freimaurerische Druck auf Präsident Andrew Johnson, der selbst Freimaurer war, sofortige Wirkung, und Pike wurde am 22. April 1866 begnadigt. Am nächsten Tag besuchte er Präsident Johnson, der innerhalb der Freimaurerei

---

[28] Als Albert Pike aus dem Haus in Little Rock auszog, wurde es von John Gould Fletcher übernommen, der sich ebenfalls mit Okkultismus und Spiritismus beschäftigte. Gould Fletcher gewann den Pulitzer-Preis für Poesie. Eines seiner Gedichte trägt den Titel *The Ghosts of an Old House*.

seiner Autorität unterstellt war. Im Weißen Haus selbst trafen sich die Mitglieder des Obersten Rates von Charleston, dessen Großkomtur Pike war, in ihren feierlichen Gewändern.

Die Gründung des Ku-Klux-Klans steht im Lebenslauf von Albert Pike ganz oben. Im Frühjahr 1867, acht Monate nach der Ermordung Lincolns, hielt Pike, der, wie weiter unten gezeigt wird, einer der treibenden Kräfte des Bürgerkriegs gewesen war, im Maxwel House Hotel in Nashville ein Treffen mit einer Gruppe konföderierter Generäle ab, um den Orden der Ritter des Ku-Klux-Klan zu gründen, der ein Projekt des Schottischen Ritus war. Es wird angenommen, dass er selbst die militärischen Regeln und Rituale, ihre Zeichen und Passwörter entworfen hat. Bei einem späteren Treffen, das ebenfalls in Nashville stattfand, wurde General Nathan Bedford Forrest zum Imperial Wizard des Klans gewählt und Pike erhielt den Titel Grand Dragon of the Realm. Der größte Teil der Finanzierung wurde von der jüdischen Loge B'nai B'rith bereitgestellt, über die wir im nächsten Abschnitt berichten werden.

Während in den Vereinigten Staaten der blutige Bürgerkrieg tobte, manövrierte Mazzini in Europa in der St. Martins Hall, wo am 28. September 1864 die Erste Internationale gegründet wurde. Sein Sekretär, ein polnischer Jude namens Wolf, war sein Vertreter im Internationalen Komitee, das die Statuten vorbereiten sollte, die im folgenden Jahr in Belgien auf einem internationalen Kongress verabschiedet werden sollten. Auf der ersten Sitzung dieses Komitees brachte Wolf die Statuten von Mazzinis Arbeiterverein vor und schlug sie als Grundlage für die neue Vereinigung vor. Karl Marx, der sich bewusst zurückhielt und sich mit dem Amt des Sekretärs für die Korrespondenz mit Deutschland begnügte, brachte das Komitee dazu, diesen Vorschlag abzulehnen. Ein Jahr später, 1865, starb Lord Palmerston, der seit dem 12. Juni 1959 Premierminister Großbritanniens und Großmeister des Schottischen Ritus sowie Patriarch der Illuminaten war. Wahrscheinlich war es zu diesem Zeitpunkt, nach Palmerstons Tod, dass Mazzini das Projekt eines Obersten Ritus konzipierte.

Am 22. Januar 1870 schrieb Mazzini an Pike einen Brief, in dem er vorschlug, dass die internationalen Föderationen mit ihren Systemen, ihren Zentralbehörden und ihrer Organisation fortbestehen sollten, dann aber hinzufügte: „Wir müssen einen Superritus schaffen, der unbekannt bleiben wird, in den wir jene Freimaurer hohen Grades einführen werden, die wir auswählen werden.... Mit Hilfe dieses obersten Ritus werden wir die Freimaurerei regieren, die das größte Zentrum der internationalen Macht werden wird, das mächtigste, weil ihre Richtung unbekannt sein wird". Mazzini träumte von der internationalen Kontrolle durch die Freimaurerei. Die absolute Kontrolle durch die Freimaurer war eines der Ziele von Adam Weishaupt in Wilhelmsbad gewesen. Am 20. September 1870, dem Tag, an dem die von dem Freimaurergeneral Raffaele Cadorna befehligten Truppen in Rom einmarschierten und der König von Piemont, Viktor Emanuel, König von Italien wurde, einigten sich Albert Pike und Giuseppe Mazzini auf die Gründung des Neuen und Reformierten Palladium-Ritus. Anschließend teilten sie ihre Befugnisse auf: Pike wurde als Souveräner Pontifex der universellen

Freimaurerei die höchste dogmatische Autorität. Mazzini, der die höchste Autorität von Pike implizit anerkannte, behielt die Exekutivgewalt als Leiter der politischen Aktion. Albert Pike bekleidete dann gleichzeitig die Ämter des Großmeisters des Zentralen Direktoriums in Washington, des Großkomturs des Obersten Rates von Charleston und des Souveränen Papstes der Weltfreimaurerei und wurde damit auch zum sichtbaren Führer der Illuminaten.

Charleston wurde so zum Hauptquartier oder zur heiligen Stadt des Palladianismus. Der Neue und Reformierte Palladianische Ritus ist ein luziferischer Ritus, der lehrt, dass die Gottheit dual ist. Der Unterschied besteht darin, dass Luzifer der Gott des Lichts und der Güte ist, während Adonai, die Gottheit der Christen, der Gott der Finsternis und des Bösen ist. In der Tat wurde der zu Beginn des Kapitels erläuterte Dualismus der Gnostiker wieder aufgegriffen. Für die christlichen Gnostiker war der verborgene Gott der Schöpfer des Universums, während diese Welt das Werk des Demiurgen, des Satans, war, den sie mit dem Gott Israels oder der Bibel identifizierten. Der Palladismus, der von gnostischen und kabbalistischen Lehren beeinflusst wurde, kehrte die Begriffe etwas um. Die schabbetischen und fränkischen Kabbalisten bestanden nämlich darauf, dass zwischen der ersten Ursache und dem Gott Israels unterschieden werden müsse. Ersterer wäre der Gott der rationalen Philosophie und letzterer der Gott der Religion. Einmal mehr wenden wir uns an die unbestrittene Autorität von Gershom Scholem, der in *Le messianisme juif* versucht, die mystische Häresie des Schabbetaismus zu erklären und bestätigt, dass die schabbetaistischen und frankistischen Sektierer glaubten, dass „das jüdische Volk fälschlicherweise die unpersönliche Erste Ursache mit dem persönlichen Gott der Bibel identifiziert hatte, was eine geistige Katastrophe war, für die Saadia Gaon, Maimonides und die anderen Philosophen verantwortlich waren. Es ist - fügt Scholem hinzu - ein typisch gnostisches Schema, aber in umgekehrter Richtung: der gute Gott ist nicht der „Deus absconditus". Dies ist der Gott der Philosophen und kann nicht Gegenstand eines Kultes sein. Der gute Gott ist der Gott Israels,, der die Welt erschaffen und Israel die Tora gegeben hat". Scholem, für den Jacob Frank „eine erschreckende und wahrhaft satanische Figur" ist, sieht in diesen Lehren „den radikalen Zusammenbruch des traditionellen jüdischen Universums".

Pike veröffentlichte 1871 seine berühmte *Schrift Morals and Dogma of the Ancient and Accepted Scottish Rite of Freemansonry*. Darin gibt er bereitwillig zu, dass die blauen Grade - die ersten drei: Lehrling, Geselle und Meister - dazu gedacht sind, den Neuling in der Freimaurerei durch falsche Interpretationen in die Irre zu führen. „Die Freimaurerei", sagt Pike, „wie alle Religionen, alle Mysterien, die Hermetik und die Alchemie, verbirgt Geheimnisse vor allen außer den weisen Eingeweihten oder Auserwählten und verwendet falsche Erklärungen und Interpretationen ihrer Symbole, um diejenigen zu täuschen, die es verdienen, getäuscht zu werden, und um die Wahrheit, die Licht genannt wird, vor ihnen zu verbergen und sie von ihr zu trennen."

Mazzini, der die letzten zehn Jahre seines Lebens in London in einer Wohnung in der Fulham Road verbracht hatte, starb am 11. März 1872. William

Guy zitiert einen nach seinem Tod gefundenen Text, der an einen Arzt namens Breidenstine gerichtet war, mit dem er enge Beziehungen pflegte: „Wir bilden eine Vereinigung von Brüdern in allen Teilen der Welt. Wir wollen alle Joche zerbrechen. Aber es gibt noch ein Joch, das man nicht sieht, das man kaum spürt, das aber auf uns lastet. Woher kommt es? Wo ist es? Niemand weiß es, oder zumindest sagt es niemand. Diese Gesellschaft ist selbst für uns, die Veteranen der Geheimgesellschaften, ein Geheimnis". Diese Worte legen die Vermutung nahe, dass Mazzini wusste, dass sie in Wirklichkeit von okkulten Kräften benutzt wurden, die sich ihnen entzogen.

Eines der wertvollsten Werke mit Informationen aus erster Hand über die Fakten, die wir hier erörtert haben, ist *Souvenirs d'un trenta-troisième: Adriano Lemmi, chef suprème des franc-maçons*, von Domenico Margiotta, einem Freimaurer des 33. Grades, der sich vom satanischen Weg abwandte, den Albert Pike und Mazzini eingeschlagen hatten. Dieses Buch erklärt, wie die Freimaurer des schottischen Ritus 33. Grades sorgfältig für die Aufnahme in den palladianischen Ritus ausgewählt wurden. Diejenigen, die Mitglieder wurden, konnten andere anwerben, daher die internationalen Verzweigungen. Dieser Höchste Ritus war in Dreiecken organisiert: den Palladianischen Räten. Pike organisierte einen Aufsichtsrat in Rom, der bis zu seinem Tod von Mazzini und danach von seinem Nachfolger Adriano Lemmi geleitet wurde, einen weiteren in Berlin, den er Oberstes Dogmatisches Direktorium nannte, und den dritten in Charleston.

Am 14. Juli 1889 wandte sich Albert Pike meisterhaft an die dreiundzwanzig Obersten Räte der Weltfreimaurerei, um das Dogma des Palladianischen Ritus zu erläutern. Grades sagen wir, dass ihr den Brüdern des 32., 31. und 30. Grades wiederholen sollt, dass die freimaurerische Religion für uns alle, die wir in die höheren Grade eingeweiht sind, in der Reinheit der luziferischen Lehre erhalten bleiben soll [...] Ja, Luzifer ist Gott, und leider ist auch Adonai Gott. Nach dem ewigen Gesetz gibt es kein Licht ohne Schatten, keine Schönheit ohne Hässlichkeit, kein Weiß ohne Schwarz". Im weiteren Verlauf wird deutlich, dass Pike die Gnostiker kennt und auch ein erfahrener Kabbalist ist, denn in seiner Lehre sind einige der oben besprochenen grundlegenden Konzepte von Yitshak Luria erkennbar, nämlich das des „tsimtsum", was „Rückzug" oder „Kontraktion" bedeutet. Hier eine Passage: „Das Universum wird von zwei Kräften ausbalanciert, die das Gleichgewicht aufrechterhalten: der Anziehungskraft und der Kraft der Kontraktion. Diese beiden Kräfte gibt es in der Physik, in der Philosophie und in der Religion. Und die wissenschaftliche Realität des göttlichen Dualismus wird durch das Phänomen der Polarität und durch das universelle Gesetz der Sympathie und Antipathie bewiesen. Daher haben die intelligenten Jünger Zarathustras und nach ihnen die Gnostiker, die Manichäer und die Templer das System zweier göttlicher Prinzipien, die ewig miteinander kämpfen, anerkannt."

Einer der komplexesten Punkte des Palladismus ist der Unterschied zwischen Satan und Luzifer, den nur Pike verstehen muss. In den Anweisungen für die Souveränen Instrukteure sagt Pike zu diesem Thema: „Die Lehre des Satanismus ist eine Häresie; und die reine und wahre philosophische Lehre ist der Glaube an Luzifer, der Adonai gleich ist; aber Luzifer, Gott des Lichts und Gott des Guten, kämpft für die Menschheit gegen Adonai, den Gott der Finsternis und des Bösen. Adriano Lemmi selbst, den Pike als Nachfolger Mazzinis akzeptierte, ohne der Heilige seiner Verehrung zu sein, schien den Unterschied zwischen Satan und Luzifer auch nicht sehr gut zu verstehen. Lemmi hatte seinen Bruder, den Freimaurer Giosuè Carducci, gebeten, eine Hymne an Satan zu verfassen. Das Ergebnis war die *Hymne an den Satan* (1865), die auf Lemmis Anweisung bei Banketten des Palladianischen Ritus gesungen wurde, was Pike missfallen haben muss.

Was die absolute Kontrolle von Albert Pike über die universelle Freimaurerei angeht, so muss man sagen, dass es Ausnahmen gab. Im Jahr 1874 unterzeichnete er ein Abkommen mit Armand Levi, der die jüdische Loge B'nai B'rith in Amerika, Deutschland und England vertrat. Im Rahmen dieses Paktes ermächtigte Pike Levi die Loge, die jüdischen Freimaurer in diesen Ländern in einer geheimen Föderation, dem Souveränen Patriarchalischen Rat, zu organisieren. Das internationale Hauptquartier wurde in einem Gebäude in der Straße Valentinskamp in Hamburg eingerichtet. Das Oberhaupt dieses Geheimbundes verdiente jährlich Hunderttausende von Dollar an Beiträgen. Im nächsten Abschnitt werden wir auf die Bedeutung dieser ausschließlich jüdischen Loge eingehen.

Die dritte Figur ist Adriano Lemmi (1822-1906). Als Sohn katholischer Eltern lernte er 1845 in Konstantinopel einen polnischen Rabbiner kennen, der ihn überzeugte, zum Judentum zu konvertieren, und ihn den *Talmud* lehrte. Ein anderer Rabbiner, Abraham Maggioro, führte ihn in die Geheimnisse der Kabbala ein und weihte ihn in Magie und Okkultismus ein. Es war ein englischer Freimaurer, der ihn 1848 für die Freimaurerei warb. 1849 lernte er den ungarischen Revolutionär Lájos Kossuth kennen, der sich nach Konstantinopel geflüchtet hatte. Kossuth und Lemmi wurden Freunde und reisten 1851 gemeinsam in die Vereinigten Staaten, doch noch im selben Jahr kehrte Lemmi nach Europa zurück, um sich Mazzinis Jungem Italien anzuschließen, den er in London traf. Von da an schloss sich Lemmi den Carbonari an und beteiligte sich an den von Mazzini angeordneten politischen Attentaten der Sekte in Italien.

Die Freimaurerei war ein Instrument von Lord Palmerston und den Rothschilds, um den Krimkrieg (1853-1856) zu provozieren, von dem die Rothschilds durch die Verschuldung der am Konflikt beteiligten Staaten stark profitierten. Das Haus Rothschild unterstützte die kriegführenden Länder: Sie übernahmen die britische Kriegsanleihe in Höhe von 16 Millionen Pfund und beteiligten sich in großem Umfang an dem großen Darlehen von 75 Millionen Franken. Sie beteiligten sich auch an der Gewährung eines von Frankreich und England garantierten Darlehens an die Türkei. Darüber hinaus verloren die Anleger in England wegen des Krieges das Vertrauen in Staatsanleihen, und die Rothschilds konnten diese billig aufkaufen. Abgesehen davon, dass sie aus einem katastrophalen Krieg, der Europa verarmte und zur Konsolidierung des Liberalismus beitrug, ein Geschäft machten, zielten die Rothschilds einmal mehr darauf ab, das Russland des Zaren zu schwächen, das dazu beigetragen hatte, die Aufstände von 1848 niederzuschlagen. Fast eine Million Menschen - Zivilisten

(750.000) und Kämpfer - verloren ihr Leben. Mazzini und Kossuth setzten sich dafür ein, den Ausbruch des Konflikts zu fördern. Lemmi erhielt dank seiner Kontakte zu den beiden Aufträge für italienische Krankenwagen, die er von Genua aus auf die Krim schickte, und nutzte diese Aufträge, um sich zu bereichern, da er nicht nur einen Teil des Geldes einsteckte, sondern auch mit gefälschten Schecks bezahlte und dann nach Malta floh. Dies war sein erster großer Raubüberfall", schreibt Lady Queenborough in *Occult Theocracy*, „aber die Flucht hinderte einen Schweizer Richter nicht daran, ihn und seine beiden Komplizen wegen Nichterscheinens und Nichtbezahlens zu verurteilen.

Im Januar 1855 trafen sich Mazzini und Felix Pyat, Vorsitzender einer als Revolutionäre Kommunisten bekannten Gruppe, in London, um die Ermordung von Herzog Karl III. von Parma zu planen. Mazzini schickte einen Pass für Lemmi nach Malta, der auf den Namen Lewis Broom lautete. Lemmi verließ die Insel sofort und reiste nach Parma. Dort arrangierte er für den 25. März ein geheimes Treffen in Castel-Guelfo, bei dem Antonio Carra für das Attentat ausgewählt wurde. Zwei Tage später wurde Karl III. auf einem Spaziergang durch die Straßen von Parma erstochen. Dem Täter gelang die Flucht. Die Umstände dieses Ereignisses sind bekannt, da Lemmi selbst mit seiner Rolle prahlte. Mazzini, der unverblümt erklärte: „Wir streben danach, zu korrumpieren, um zu regieren", war sehr stolz auf Lemmi, den er einen „kleinen Juden" nannte, denn er sei zehn Männer wert. So sehr, dass Lemmi am 12. Juni mit einem neuen Pass auf den Namen Ulrick Putsch in Rom war. Dort scheiterte er diesmal mit einem Attentat auf Kardinal Antonelli, den Staatssekretär und die rechte Hand von Pius IX, der 1853 ebenfalls zum Ziel eines Attentats geworden war. Die Aufzählung der Attentate und Komplotte, in die diese ruchlose und schändliche Figur verwickelt war, fast immer auf Befehl von Mazzini und Kossuth, ließe sich fortsetzen, aber wir denken, dass das Gesagte ausreicht, um dem Leser eine Vorstellung von diesem Satanisten zu vermitteln.

Zum Zeitpunkt von Mazzinis Tod im Jahr 1872 hatte Lemmi ein Vermögen angehäuft und besaß umfangreiche Ländereien und andere Besitztümer. Als Freimaurer 33. Grades und Leiter des Aufsichtsrates des Palladianischen Ritus in Rom versuchte er, die Logen des Großorientes in Italien zu kontrollieren, wie es Mazzini getan hatte, aber die Rivalität um die Vorherrschaft des Schottischen Ritus war stark. Lemmi wusste, dass sein geheimer Titel als Oberhaupt des Palladismus ihm eine gewisse Vormachtstellung verschaffte, und er beschloss, sich in Charleston an den Souveränen Pontifex zu wenden. Er erklärte Albert Pike die Gefahr, die in der italienischen Freimaurerei aufgrund von Uneinigkeit bestand. Insbesondere verwies er auf die Opposition von Timothy Riboli, Großmeister des Italienischen Rates in Turin. Schließlich entschied sich Pike dafür, Riboli aufzukaufen und bot ihm eine Entschädigung von 30.000 Franken an, die er akzeptierte. Das Geld wurde aus der Zentralkasse des Ordens entnommen. Im Obersten Verwaltungsdirektorium in Berlin wurde die Zahlung dieses Betrags in der Bilanz von 1887 als außerordentliche Ausgabe mit folgendem Wortlaut vermerkt, der von Lady Queenborough zitiert wird: „Unterdrückung des Obersten Rates von Italien mit Sitz in Turin. Außerordentliche Entschädigung, die der F.-. T. R. auf Vorschlag von F.-. A. L. und genehmigt durch das geheime Komitee vom 28. Februar, 30.000 Franken."

Am 21. November 1888 schrieb Adriano Lemmi, der unter anderem von der Zerstörung der Kirche und der Entchristlichung Italiens besessen war, erneut an Pike: „Helfen Sie uns in unserem Kampf gegen den Vatikan, denn Ihre Autorität ist die oberste. Mit Ihrer Ermutigung werden sich alle Logen Europas und Amerikas unserer Sache anschließen". In diesen Jahren hat dieser Verbrecher mit Hilfe von Betrug und anderen illegalen Mitteln die Kontrolle über das Tabakmonopol in Italien erlangt. Die Affäre erreichte das Parlament, aber die eingeschüchterten Abgeordneten stimmten für die Sekte, um den Skandal zu vertuschen. Obwohl mehrere Parlamentarier und eine Zeitung versuchten, die Straffreiheit zu verhindern, geriet die Affäre schließlich in Vergessenheit.

Nach dem Tod von Albert Pike im Jahr 1891 versuchte Lemmi, die oberste freimaurerische Macht zu erlangen, deren internationale Organisation aus siebenundsiebzig dreieckigen Provinzen bestand. Zu diesem Zweck stützte er sich auf das Exekutivdirektorium in Rom, wo seine Agenten, die praktisch alle Juden waren, daran arbeiteten, ihm die Unterstützung der mächtigen jüdischen Logen zu sichern, die in der Föderation des Souveränen Patriarchalischen Rates von Hamburg zusammengeschlossen waren. *Occult Theocracy* hält an der These fest, dass die jüdischen Logen Lemmi tatsächlich unterstützt haben. Was tatsächlich geschah", sagt Lady Queenborough, „war ein Komplott des Souveränen Patriarchalischen Rates gegen das Oberste Dogmatische Direktorium von Charleston. Am Ende gewann Hamburg und die geheime jüdische Kontrolle über die mächtige Maschine der internationalen Freimaurerei war gesichert." Lemmi, der von Mazzini die Leitung der Politischen Aktion geerbt hatte, versuchte daraufhin, das Oberste Dogmatische Direktorium von Charleston nach Rom zu verlegen, unter dem Vorwand, dass es den Vatikan besser bekämpfen könne. Nach hartem Kampf und mit Hilfe dubioser Manöver wird die Verlegung schließlich erreicht. Adriano Lemmi starb im Jahr 1896.

B'nai B'rith und die Universal Israelite Alliance

Der unabhängige Orden B'nai B'rith (Söhne des Bundes) wurde im Oktober 1843 in New York von einer Gruppe von zwölf jüdischen Freimaurern deutscher Herkunft gegründet: Isaac Rosenburg, Reuben Rodacher, Henry Jones, William Renau, Isaac Dittenhöfer, Jonas Hecht, Valentine Koon, Hirsh Heineman, Henry Kling, Michael Schwab, Samuel Schäfer und Henry Anspacher, aber dahinter steckte wieder einmal der allgegenwärtige Lord Palmerston, der als Großmeister des Schottischen Ritus mehrere Sekten ins Leben rief. Edward E. Grusd in seinem Buch *B'nai B'rith. Die Geschichte des Bundes* macht deutlich, dass der wahre Drahtzieher hinter dem rasanten Wachstum des Ordens Baruch Rothschild war, der mit Mayer Amschel Rothschild verwandt war, dem Gründer der Dynastie im 18. Baruch Rothschild wurde kurz nach der Gründung des Ordens in die Vereinigten Staaten geschickt, um die Mitglieder von B'nai B'rith zu säubern, da seiner Meinung nach „nicht alle Mitglieder ausreichend gebildet und die geistigen Fähigkeiten zu unterschiedlich waren". Mit anderen Worten: Nicht jeder Jude konnte dem Orden angehören, denn es war eine Loge nur für Juden.

1885 eröffnete Julius Bien, Präsident des Ordens in New York, die erste deutsche Großloge des I.O.B.B. (International Order of B'nai B'rith). Die Vormachtstellung des B'nai B'rith in der jüdischen Welt ist so groß, dass der Zionismus und die im Oktober 1928 gegründete Jewish World Agency von seinen internationalen Leitlinien abhängen. Als die bolschewistische Revolution ausbrach, hieß der Großmeister von B'nai B'rith für Russland Sliozberg. Er war einer der internationalen jüdischen Führer, die Alexander Kerenski berieten, dessen richtiger Name Aaron Kirbiz war, ein Freimaurer des Schottischen Ritus im 32. Wie in einem späteren Kapitel erläutert wird, übergab dieser menschewistische Führer auf Anweisung von B'nai B'rith schließlich die Macht an die Bolschewiki und ging in ein goldenes Exil.

Heute ist B'nai B'rith, dessen Muttersekte der Schottische Ritus der Freimaurerei ist, die größte jüdische Organisation der Welt. Sie ist der größte Freimaurerorden und kontrolliert und lenkt zweifellos die internationale Freimaurerei bei der Verfolgung ihrer Ziele. Nach Angaben der *Encyclopaedia Judaica* zählte sie Ende des letzten Jahrhunderts mehr als eine halbe Million männliche Mitglieder in mehr als 1.700 Logen in 43 Ländern. Die Frauenlogen von B'nai B'rith zählten sechshundert, mit über zweihunderttausend weiblichen Mitgliedern. Von diesen Logen befinden sich siebzig in Europa. Laut Aron Monus in seinem 1995 in Wien erschienenen Buch *Verschwörung: das Reich von Nietzsche* besteht das Hauptziel des Ordens darin, die Macht der Juden über den Rest der Menschheit zu sichern. Sein Budget betrug Ende der 1960er Jahre rund 13 Millionen Dollar. Der Geheimdienst von B'nai B'rith ist die ADL (Anti-Defamation League), die im Oktober 1913 gegründet wurde. Einer der Arme der ADL ist die JDL (Jewish Defense League), eine 1968 von Rabbi Mehir Kahane gegründete zionistische Terrororganisation. Das FBI (Federal Bureau of Investigation) hat sie bereits mehrfach als kriminelle terroristische Vereinigung bezeichnet.

Offenbar gelang es B'nai B'rith noch vor dem Tod von General Franco, der den Großmeister Label Katz empfing, sich in Spanien zu etablieren. Der Sitz des Ordens wurde in Madrid, Barcelona, Ceuta, Melilla und Las Palmas eingerichtet; es war jedoch ausdrücklich verboten, die Gründung gemischter jüdischer und christlicher Logen zu fördern. König Juan Carlos I. empfing 1979 auch David Blumberg, den neuen Großmeister des Ordens. Das Oberhaupt von B'nai B'rith in Spanien war bis zu seinem Tod der Geschäftsmann Max Mazin, ein Vorstandsmitglied des CEOE.

Der Orden B'nai B'rith ist das ausführende Organ der Universal Israelite Alliance, einer jüdischen Freimaurer-Großloge, die 1860 von Adolphe Crémieux, Rabbi Elie-Aristide Astruc, Isidor Cahen, Jules Carvallo, Narcisse Leven und anderen gegründet wurde. Das Motto dieser Organisation lautet „Alle Israeliten sind Kameraden". Zwei bekannte Persönlichkeiten gehörten zu den Initiatoren der Allianz, Rabbi Hirsch Kalisher und Moses Hess, Autoren der wichtigsten Werke des Protozionismus. Das Hauptziel dieser Organisation mit ihrer eindeutig zionistischen Ideologie war politisch, denn die Universal Israelite Alliance sollte eine Art repräsentative Regierung für alle Juden sein. Nach dem Tod von James Rothschild im Jahr 1868 spendeten seine Söhne jährlich rund 500.000 Franken an die Allianz. Sechzig Jahre nach ihrer Gründung, am 6. September 1920, druckte die Londoner Tageszeitung *The Morning Post* das an alle Juden der Welt gerichtete Manifest ab, in dem die Ziele der Allianz offen dargelegt wurden. Schauen wir uns die wichtigsten Begriffe an:

> „Die Union, die wir anstreben, wird keine französische, englische, irische oder deutsche Union sein, sondern eine jüdische Union, eine universelle Union! Andere Völker und Ethnien sind in Nationalitäten unterteilt. Alle wichtigen Religionen sind in der Welt durch Nationen vertreten, d.h. sie werden von Regierungen verkörpert, die sich besonders für sie interessieren und offiziell befugt sind, sie zu vertreten und in ihrem Namen zu sprechen. Nur unserem Glauben allein fehlt dieser wichtige Vorteil; er wird weder von einem Staat noch von einer Gesellschaft vertreten, noch nimmt er ein klar definiertes Gebiet ein.... Unter keinen Umständen wird sich ein Jude mit einem Christen oder einem Moslem anfreunden; nicht bevor die Zeit kommt, in der das Judentum, die einzig wahre Religion, über die ganze Welt strahlen wird. Verbreitet unter anderen Völkern, wollen wir in erster Linie Juden sein und unwandelbar bleiben. Unsere Nationalität ist die Religion unserer Väter, und wir erkennen keine andere Nationalität an. Wir leben in fremden Ländern und können uns nicht mit den Ambitionen von Ländern befassen, die uns völlig fremd sind..... Das jüdische Lehramt muss die ganze Erde umarmen! Obwohl ihr über die ganze Erde verstreut seid, müsst ihr euch immer als Angehörige einer auserwählten Ethnie betrachten, ganz gleich, wohin ihr geht. Wenn ihr anerkennt, dass der Glaube eurer Vorfahren euer einziger Patriotismus ist, wenn ihr dies anerkennt, dann bildet ihr unabhängig von den Nationalitäten, die ihr angenommen habt, immer und überall eine Nation. Wenn ihr davon überzeugt seid, oh Juden des Universums, dann kommt, antwortet auf unseren Ruf und gebt eure Zustimmung..... Unsere Sache ist groß und heilig und ihr Erfolg ist garantiert.... Der Katholizismus, unser ewiger Feind, liegt mit einer tödlichen Wunde am Kopf im Staub. Das Netz, das wir Juden über den Globus auswerfen, wird täglich breiter und größer..... Die Zeit ist nahe, in der Jerusalem zum Haus des Gebets für alle Nationen und alle Völker wird und das Banner der jüdischen Gottheit in den entferntesten Ländern entrollt und gehisst wird.... Lasst uns unter allen Umständen von uns selbst Gebrauch machen. Unsere Macht ist immens. Lernen Sie, diese Macht für unsere Sache zu nutzen... Wovor habt ihr Angst? Der Tag ist nicht mehr weit entfernt, an dem alle Reichtümer und Schätze der Welt den Kindern Israels gehören werden."

Dieses ausführliche Zitat ist glasklar und von großem Wert, denn es zeigt, dass die Juden nie wirklich daran dachten, die von ihnen so sehr geforderte Emanzipation zu nutzen, nie daran dachten, das Ghetto zu verlassen, um sich in die Gesellschaften zu integrieren, die sie aufnahmen, um mit anderen Menschen zu leben und sich zu assimilieren. Die Akzeptanz der Nationalität der Länder, in denen sie lebten, war nur scheinbar. Die Gleichberechtigung, die sie einforderten, sollte genutzt werden, um in der ganzen Welt Macht zu erlangen und sich für die Sache des nationalen Judentums einzusetzen. Das Zitat macht deutlich, dass die Juden schon 1860 bereit waren, die jüdische Utopie zu verwirklichen, d.h. ihren Willen, alle Nationen zu beherrschen, ihre Feinde zu vernichten, sich als auserwählte Ethnie durchzusetzen und alle Macht in der Welt zu monopolisieren.

Das gleiche Gewicht, das Albert Pike in den Vereinigten Staaten und Giuseppe Mazzini in Italien hatten, hatte Adolphe Isaac Crémieux in Frankreich. Crémieux, Großmeister des Ordens des Ritus von Memphis-Mizrain und Großmeister des Großorient von Frankreich, war in zwei Perioden Präsident des Zentralkomitees der Allianz: zwischen 1863 und 1867 und dann zwischen 1868 und 1880. Vicomte Léon de Poncins betrachtete die Universelle Israelitische Allianz als eine Art freimaurerischen Senat mit internationalem Einfluss, da ihr alle Organisationen der Martinisten, Frankisten und zionistischen Freimaurer unterstellt waren. *Das Israelitische Archiv*, das Organ des Bundes, veröffentlichte im März 1864 die Erklärung eines seiner Mitglieder, Levy Bing, der die Einrichtung eines internationalen jüdischen Gerichtshofs forderte. Sicherlich hatte er etwas Ähnliches im Sinn wie den heutigen Internationalen Gerichtshof in Den Haag, diese Parodie eines Gerichts, das wegen seiner Parteilichkeit völlig diskreditiert ist, da es nur diejenigen verurteilt, die sich den Weltmächten widersetzen. In seinem Werk *Freimaurerei und Judentum - Geheime Mächte hinter der Revolution* (1929) gibt Léon de Poncins den Text von Bing wieder: „Ist es nicht natürlich, notwendig und viel wichtiger, bald ein anderes Gericht zu sehen, ein oberstes Gericht, das mit der Befugnis ausgestattet ist, über die großen öffentlichen Streitigkeiten, die Streitigkeiten zwischen den Nationen, zu urteilen und ein endgültiges Urteil zu fällen, und dessen Wort das Gesetz sein würde? Und dieses Wort ist das Wort Gottes, gesprochen von seinen weisen Kindern, den Hebräern, vor dem sich alle Völker mit Ehrfurcht verneigen sollen."

Crémieux gab 1870 ein Beispiel für universelle Gerechtigkeit, als er als Präsident des Zentralkomitees der Universal Israelite Alliance dieses Amt mit dem des französischen Justizministers verband. Am 24. Oktober 1870 unterzeichnete er ein Dekret, das den Juden in Algerien die französische Einbürgerung gewährte, den Muslimen jedoch verwehrte. Außerdem übertrug das Dekret den algerischen Juden die Verantwortung für die Gemeinderäte und den Generalrat, d. h. die Macht. Logischerweise trug die Justiz von Minister Crémieux dazu bei, die Beziehungen zwischen den beiden Gemeinschaften ernsthaft zu verschlechtern. Während des algerischen Unabhängigkeitskrieges hatte das Dekret katastrophale Auswirkungen, und nach Beendigung des Konflikts wanderten die meisten algerischen Juden in die Metropole aus.

B'nai B'rith und die Freimaurerei, die Instrumente Englands und das jüdische Bankwesen im amerikanischen Bürgerkrieg

Die weit verbreitete These, dass es im amerikanischen Bürgerkrieg im Wesentlichen um die Beendigung der Sklaverei ging, ist heute diskreditiert. Es ist absurd zu glauben, dass ein Krieg, der mehr als zwei Millionen Tote und Verwundete forderte, aus demokratischen und moralischen Gründen geführt wurde. Eine ganz andere Sache ist es, den Vorwand der Abschaffung der Sklaverei als Vorwand zu benutzen, um sie zu entfesseln. Es gibt ein Werk des amerikanischen revisionistischen Historikers David L. Hoggan, *The Myth of the 'New History': Technics and Tactics of the New Mythologists of American History*, das die Thesen der mehr oder weniger offiziellen Geschichtsschreibung zu den Ursachen des Krieges überprüft. Keiner von ihnen geht auf die Rolle der Freimaurerei ein, die ein Instrument im Dienste Lord Palmerstons und des internationalen jüdischen Bankwesens war, dessen Interesse die Teilung des Landes in zwei Staaten war. Paul Goldstein, Autor von *B'nai B'rith, British Weapon Against America*, einem erhellenden Essay, der im Dezember 1978 in der Monatszeitschrift *The Campaigner* veröffentlicht wurde, und Eustace Mullins, ein verfluchter Intellektueller, der 32 Jahre lang vom FBI überwacht und aus politischen Gründen aus dem „Stab" der Library of Congress ausgeschlossen wurde,[29] behaupten jedoch, dass die Freimaurerei ein entscheidendes Element in der vorgefertigten Agitation war, die schließlich den Krieg provozierte. Bevor wir uns auf diese Quellen stützen, werden wir in jedem Fall die Ansätze einiger Historiker, die wir für zutreffend halten, in aller Kürze aus Hoggans Werk entnehmen.

Die größte Katastrophe für eine Nation ist zweifelsohne der Bürgerkrieg. Die erste bedenkenswerte These ist daher die von Allan Nevins, der in seinem Buch *Ordeal of the Union* argumentiert, dass der Amerikanische Bürgerkrieg „kein unaufhaltsamer Konflikt war, sondern ein unnötiger Krieg". Eine weitere allgemein akzeptierte Überlegung ist, dass die Vereinigten Staaten trotz des bedeutenden industriellen Fortschritts nach der Beseitigung der merkantilistischen Kontrolle Großbritanniens ein überwiegend agrarisches Land blieben. Viele Historiker argumentieren, dass der Bürgerkrieg einer zweiten industriellen Revolution gleichkam. Genau diese Problematik eines industrialisierten Nordens und eines landwirtschaftlich geprägten Südens war der Auslöser für die als Nullifikationskrise bekannte Krise von 1832, die nach Ansicht von Richard Hofstadter maßgeblich zum Ausbruch des Krieges beitrug. In einem sensationellen Artikel, der 1938 in der *American Historical Review* veröffentlicht wurde, vertrat Hofstadter die Ansicht, dass die von der Bundesregierung eingeführten hohen Zölle, die nur den Nordstaaten zugute kamen, die Südstaaten verärgerten und eine der Hauptursachen für den Krieg waren. Kurz gesagt, geschah Folgendes: Die Industrie des Nordens brauchte Schutz vor der europäischen Konkurrenz. Ziel war es, den Süden zu einem

---

[29] Im Jahr 1955 brachte Guido Roeder in Oberammergau, Deutschland, eine Ausgabe von *The Federal Reserve Conspiracy* von Eustace Mullins heraus. Das Buch wurde beschlagnahmt und die gesamte Auflage von 10.000 Exemplaren auf Befehl von Dr. Otto John, Direktor des westdeutschen Geheimdienstes, der Tage später in die DDR überlief, verbrannt. Die Verbrennung des Buches wurde am 21. April 1961 von Richter Israel Katz vom Bayerischen Obersten Landesgericht bestätigt. Die US-Regierung weigerte sich zu intervenieren, weil der amerikanische Hochkommissar in Deutschland, James B. Conant (Präsident der Universität Bayern), als erster interveniert hatte. Conant (Präsident der Harvard-Universität von 1933 bis 1953) hatte die ursprüngliche Anordnung zur Verbrennung des Buches genehmigt.

„gefangenen" Markt zu machen, auf dem der Norden seine Produkte absetzen konnte. Zu diesem Zweck wurden die europäischen Einfuhren stark besteuert. Diese Zölle verteuerten zum Beispiel britische Textilien und kamen den Bekleidungsherstellern in den Nordstaaten zugute. Gleichzeitig verringerte sich dadurch die britische Nachfrage nach Rohbaumwolle, der Hauptstütze der Wirtschaft der Südstaaten. Im Jahr 1832 hob der Staat South Carolina den Schutzzoll auf und erklärte das Bundesgesetz für verfassungswidrig.

Andere Historiker argumentieren, dass der Süden die Sklaverei in weniger als zehn Jahren abgeschafft hätte, da er 1861 praktisch bankrott war: Die Abschaffung des Sklavenhandels und seine Verankerung im Völkerrecht, der hohe Preis der Schwarzen und der geringe Gewinn aus ihrer Nutzung machten ihre Aufrechterhaltung unrentabel. Der Historiker James G. Randall verweist auf Stephen Douglas von der Demokratischen Partei als den Politiker, der am meisten daran interessiert war, einen Bürgerkrieg zu vermeiden. Seine Debatten mit dem Republikaner Lincoln waren in den späten 1950er Jahren landesweit bekannt geworden, und Douglas hatte ihn in seinem Senatorenwahlkampf besiegt. Randall ist der Ansicht, dass nur Douglas die politische Formel für eine Versöhnung hatte, die einen Bürgerkrieg hätte verhindern können. Als alles darauf hindeutete, dass er der Kandidat der Demokratischen Partei für die Wahl 1860 sein würde, kam es in Charleston zum Fiasko: Auf dem Nationalkonvent der Demokraten verweigerte der damalige Vizepräsident John C. Breckinridge Stephen Douglas die geforderte Loyalität und verhinderte so die Einheit der Partei. Am 6. November 1860 erhielt Lincoln 1.865.908 Stimmen, Douglas 1.380.202 und Breckindridge 848.019. Daraus folgt, dass die Stimmenspaltung unter den Demokraten den Sieg des Friedenskandidaten verhinderte.

Nachdem wir diese Fakten dargelegt haben, können wir nun einige Umstände aufzeigen, die von der offiziellen Geschichtsschreibung übersehen werden. Beginnen wir mit dieser Figur, John C. Breckindrige. Das erste, was über ihn zu sagen ist, ist, dass der freimaurerische Vizepräsident des freimaurerischen Präsidenten James Buchanan war, der im Januar 1857 Präsident geworden war. Buchanan hatte für das Amt des Generalstaatsanwalts den Freimaurer Edwin M. Stanton aus Pennsylvania und für das Amt des Finanzministers Howell Cobb, einen weiteren Freimaurer aus Georgia, ernannt, der im März 1860 von Albert Pike in den 33. Für das Amt des Kriegsministers wählte Präsident Buchanan John B. Floyd, ebenfalls ein Freimaurer, und zwar aus der St. John's Lodge in Richmond, Virginia. Zwei Wochen vor den Präsidentschaftswahlen von 1860 stimmte Floyd heimlich zu, dem Gouverneur von South Carolina, William Gist, zehntausend Gewehre der Bundesregierung zu schicken. Nachdem Lincoln bereits gewählt worden war, vollendete Floyd seinen Verrat am 20. Dezember, indem er die Verschiffung von einhundertdreizehn schweren und zweiunddreißig kleineren Gewehren aus dem Arsenal in Allegheny (Pittsburgh) zu den unvollendeten Forts auf Ship Island (Mississippi) und Galveston (Texas) anordnete, wo sie von den Sezessionisten eingesetzt werden konnten. Doch kommen wir zurück zu Breckindrige, dem demokratischen Kandidaten der Kriegsbefürworter. Breckindrige war kein gewöhnlicher Freimaurer: Er gehörte den Rittern des Goldenen Kreises an, einem Orden der B'nai B'rith, und am 28. März 1860 erhielt er von Albert Pike den 33. Grad des Schottischen Ritus. Als der Krieg begann, ernannte ihn der freimaurerische Präsident der Konföderierten, Jefferson Davis, zu seinem Kriegsminister.

Was die Sklaverei betrifft, so müssen wir zunächst erklären, dass sich die große Tragödie der Sklaven, die unmenschliche Behandlung und der große Verlust an Menschenleben in dem ereignete, was die Historiker die „Mittlere Passage" nennen, d. h. der transatlantische Transport der Schwarzen. Akademische Studien beziffern die Zahl der Opfer der Grausamkeit der Sklavenhändler, die die ersten Herren der Afrikaner waren, auf sieben bis zehn Millionen. Die offizielle Geschichtsschreibung, die von den jüdischen Propagandisten der Hollywood-Filmindustrie unterstützt und verstärkt wird, sagt nichts über die wirklichen Schuldigen an diesen Todesfällen, die wieder einmal den europäischen und amerikanischen Christen zugeschrieben werden. In Wirklichkeit waren die wahren Täter des Völkermordes hauptsächlich Juden, da sie seit der Zeit des Römischen Reiches den Sklavenhandel kontrollierten.

Renommierte Historiker jüdischer Herkunft erkennen an, dass der Sklavenhandel und der Sklavenhandel zweitausend Jahre lang von Juden dominiert wurde. Marc Lee Raphael beispielsweise erkennt in *Jews and Judaism in the United States: A Documentary History* (1983) die vorherrschende Rolle jüdischer Kaufleute im Sklavenhandel an. Tatsächlich", schreibt er, „dominierten in jeder amerikanischen, französischen, britischen oder holländischen Kolonie oft jüdische Kaufleute. Zu den prominenten Namen gehören Isaac da Costa aus Charleston, David Franks aus Philadelphia, Aaron Lopez aus Neewport und der bereits erwähnte Edwin de Leon, dessen Familie portugiesischer Marranos seit dem frühen sechzehnten Jahrhundert am Sklavenhandel beteiligt war. Jahrhundert in den Sklavenhandel verwickelt war. Diese Familie ließ sich schließlich in Charleston nieder und war während des Bürgerkriegs Verräter im Dienste von B'nai B'rith und britischen Interessen. Edwin de Leon, der Verfasser des Pamphlets Young America, das unter anderem die Zusammenarbeit mit Young Europe propagierte, das vom britischen Geheimdienst gefördert wurde, gehörte einer Kommission an, die von Judah Benjamin, einem der Leiter von B'nai B'rith, nach London geschickt wurde, um sich mit Lord Palmerston zu treffen. Zu den Mitgliedern dieser Kommission, deren Ziel es war, Gelder für die Konföderation zu beschaffen, gehörte George Sanders, ein Mann aus August Belmont und ehemaliger Angestellter der Bank of England. Mitglieder dieser Familien, wie Isaac da Costa und Mendes Lopez, gehörten zu einer Gruppe von Kaufleuten, die als „ausgewählte Juden" in den Netzen des Geheimdienstes B'nai B'rith tätig waren. Historiker haben Dokumente gefunden, die zeigen, dass diese Familien den Sklavenhandel fast vollständig kontrollierten: Die Tatsache, dass an jüdischen Feiertagen keine Auktionen stattfanden, ist ein weiterer Beweis dafür. Ein anderer jüdischer Autor, Arnold Wizniter, räumt in seinem Buch *Os judeus no Brasil colonial* ein, dass „die jüdischen Käufer, die auf den Auktionen auftauchten, aufgrund der fehlenden Konkurrenz in der Lage waren, Sklaven zu niedrigen Preisen zu kaufen. Auch die *Jüdische Enzyklopädie* räumt ein, dass im alten Rom „der Sklavenhandel die Haupteinnahmequelle der Juden darstellte. Wenn wir uns daran erinnern, dass der *Talmud* lehrt, dass die Seele von Nicht-Juden mit der Seele von Tieren gleichzusetzen ist, ist es verständlich, dass die jüdische Religion die Sklaverei gutheißt, solange der Sklave kein anderer Jude ist.

In Wirklichkeit war das Schlimmste für Schwarzafrikaner vorbei, sobald sie in Amerika gelandet waren. Das heißt nicht, dass sie nicht gelegentlich gedemütigt und misshandelt wurden, aber im Großen und Ganzen war ihr Leben relativ akzeptabel. Ein Korrespondent des *Morning Herald* in London, Samuel Phillips Day, schrieb:

> „Am Sonntag, dem 8. Juni 1861, ging ich in Asheville, Kentucky, mit einigen Freunden spazieren. Sie können sich vorstellen, wie überrascht ich war, als ich die gesamte Negerbevölkerung durch die Straßen schlendern sah, einige von ihnen in Kutschen! Sie waren so fröhlich und elegant gekleidet und sahen so glücklich und zufrieden aus, dass ich ausrufen musste: „Das sind doch sicher keine Sklaven!" Die Antwort war: „Natürlich sind sie das." Einige der Frauen trugen Spitzenschals und goldene Uhren und sahen (abgesehen von der Farbe) aus wie Londoner Herzoginnen auf dem Weg zum Ball. Auch die Männer waren gut gekleidet. Ich dachte einen Moment lang über den Zustand der britischen Arbeiter und der Londoner Näherinnen nach.... Der Kontrast war zu erschütternd, als dass man sich darüber beklagen könnte.... Wie ein Blitz schoss es mir durch den Kopf, dass die Sklaverei doch nicht so verwerflich war und dass sie eine gute und eine schlechte Seite hatte."

Wie dem auch sei, die Kampagne der Abolitionisten gegen die Sklaverei wurde genutzt, um die Stimmung aufzuheizen und den Sezessionskrieg zwischen dem Norden und dem Süden vorzubereiten. Im Jahr 1851 erschien *Onkel Toms Hütte*, einer der wichtigsten Bestseller des 19. Dieses Werk von Harriet Beecher Stowe, das erste dieser bis dahin unbekannten Autorin, war Gegenstand einer beispiellosen und unaufhörlichen Werbekampagne. Es sei daran erinnert, dass Weishaupt es für unerlässlich hielt, die Gedanken der Menschen durch Bücher und Veröffentlichungen im Allgemeinen in seinem Sinne zu beeinflussen. Zu diesem Zweck gründete der Aufklärer bald die „Deutsche Union", die Schriftsteller, Verleger und Buchhändler zusammenbringen sollte, um ihnen zu dienen. Es scheint klar, dass *Onkel Toms Hütte* das Werk war, das ausgewählt wurde, um einen Meinungszustand zu schaffen. Auch heute noch wird in den Vereinigten Staaten ein Schwarzer, der eine aufgrund seiner Rasse unangemessene Bemerkung macht, als „Onkel Tom" bezeichnet.

Abolitionisten, Sezessionisten, die Young-America-Bewegung und Freimaurerorganisationen wie die Ritter des Goldenen Kreises, die von der Loge B'nai B'rith überwacht und geleitet wurden und mit dem britischen Geheimdienst (SIS) zusammenarbeiteten, waren die Instrumente zur Vorbereitung des Bürgerkriegs. Um die aus Europa in die Vereinigten Staaten einwandernden Juden zu lenken und zu indoktrinieren, organisierte B'nai B'rith ein Netz von Vereinen mit der Bezeichnung „Hebrew Benevolent and Hebrew Orphan Aid Societies". Zu diesem Zweck bediente er sich der Finanzmittel der

Seligmans[30], der Bankiers von Baltimore und New York sowie der bereits erwähnten Oligarchie der Sklavenhändlerfamilien, die auch zur Niederländischen Westindien-Kompanie gehörten, deren Haupthandelsgeschäft der Handel mit Sklaven und Gold war. Die erste dieser „philanthropischen" Gesellschaften wurde 1784 in Charleston von Mendes Lopez gegründet. Mit diesen Organisationen waren die unvermeidlichen hebräischen Literaturgesellschaften verbunden. Judah Benjamin, eine Schlüsselfigur, da er wahrscheinlich den Auftrag zur Ermordung von Präsident Lincoln gab, wurde 1827 in der Charleston Society für die Sache geworben. Um eine genaue Vorstellung davon zu bekommen, wer hinter diesen Gesellschaften steckte, deren eigentlicher Zweck darin bestand, politische und religiöse Führer unter den amerikanischen Juden auszuwählen und zu indoktrinieren, genügt es festzustellen, dass 1801 der Große Rat der Fürsten von Jerusalem des Obersten Rates der Ritter Kommandeure des Hauses des Salomonischen Tempels des Alten und Angenommenen Ordens des Schottischen Ritus der Freimaurerei den Kaufleuten von Charleston und South Carolina - Isaac da Costa - eine offizielle Charta erteilte, Isaac da Costa, Israel de Lieben, Isaac Held, Moses Levi, John Mitchell und Frederick Dalacho - Mitglieder der Niederländischen Westindien-Kompanie - eine offizielle Charta dafür, dass sie in Amerika den Grundstein für die Hebrew Aid and Benevolent Societies gelegt hatten.

Das junge Amerika spielte auch eine aktive Rolle in der Abolitionistenbewegung. Einer ihrer Anführer, William Lloyd Garrison, der später die Einleitung zur maßgeblichen Biografie Mazzinis schreiben sollte, agierte als Brandstifter auf den Seiten seiner radikalen Zeitung *The Liberator*, die in den Südstaaten verbreitet wurde. Garrison gehörte auch zu den Gründern der Amerikanischen Anti-Sklaverei-Gesellschaft. Im Rahmen der Strategie der Sklavereibewegung unternahm er mehrere Reisen nach London und hielt Vorträge bei Mazzini. Einer von Garrisons Exzessen war die öffentliche Verbrennung einer Kopie der Verfassung, die seiner Meinung nach „ein Pakt mit Tod und Hölle" war. Genau wie die russischen Revolutionäre, wie wir zu gegebener Zeit sehen werden, arbeiteten die Abolitionisten daran, die schrittweise friedliche Emanzipation der Sklaven zu verhindern, die von den Plantagenbesitzern mehrheitlich gebilligt worden war. Millionen von Dollar wurden investiert, um Aufstände zu fördern und Ereignisse herbeizuführen.

Einer der berühmtesten Versuche, einen Aufstand zu provozieren, war der von John Brown. Laut Wikipedia und den üblichen kurzsichtigen, vermeintlich linken und progressiven Autoren war Brown ein Verteidiger der Freiheit, ein Märtyrer, ein Held. In Wirklichkeit war er ein gemeingefährlicher Irrer, ein Terrorist, der von einer Gruppe finanziert wurde, die als „The Secret Six" in die Geschichte eingegangen ist. Nur wenige Quellen erwähnen, dass

---

[30] Die Seligmans sind eine ursprünglich aus Deutschland stammende jüdische Bankiersfamilie, die, wie Nathan Rothschild, als er nach England kam, ursprünglich im Textilgeschäft tätig war. In Partnerschaft mit den Rothschilds stiegen sie ins Bankgeschäft ein und platzierten 1857 Anleihen an der Frankfurter Börse auf dem US-Markt. Bereits 1879 übernahmen die Seligmans und die Rothschilds die gesamte Emission von US-Staatsanleihen in Höhe von 150.000.000 Dollar.

Brown mit verschiedenen Geheimgesellschaften wie den Oddfelows, den Sons of Temperance in Verbindung stand und dass er der Hudson's Masonic Lodge No. 68 und Young America angehörte. Am 24. Mai 1856 begann Brown eine Reihe von Massakern an Sklavenhaltern, die innerhalb eines halben Jahres fast 200 Tote forderten. Da der gewünschte Aufstand nicht zustande kam, planten die Secret Six eine größere Aktion: die Erstürmung des Arsenals von Harper's Ferry in Virginia, um die Schwarzen zu bewaffnen und einen Aufstand zu provozieren. Der Angriff fand am 16. Oktober 1859 statt, scheiterte jedoch. Brown wurde am 2. Dezember gehängt. Ralph Waldo Emerson, der ideologische Führer von Brown und der Transzendentalismus-Bewegung, erhob ihn zu den Altären: „Er hat den Galgen so glorreich gemacht wie das Kreuz". Es gibt keinen Platz, um John Browns Paten vorzustellen. Der reichste der „Geheimen Sechs" war Gerrit Smith, Sohn eines Mitarbeiters von John Jacob Astor von der Ostindien-Kompanie (die mit dem Opiumhandel und dem britischen Geheimdienst verbunden war). Seine Mutter war eine Livingston, verwandt mit zwei Freimaurerführern, Edward (Großmeister) und Robert Livingston. Smith war mit einer Million Acres Land einer der größten Landbesitzer im Staat New York. Gerrit Smith hatte John Brown Land geschenkt und fast acht Millionen Dollar, eine für die damalige Zeit enorme Summe, für die Finanzierung ausgegeben. Man muss schon sehr naiv sein, um all die Unruhen, die dem Bürgerkrieg vorausgingen, mit Idealismus zu betrachten.

Samuel Morse, der Erfinder des Telegrafen und des nach ihm benannten Codes, war auch ein Offizier der Spionageabwehr. Ein Text von ihm mit dem Titel *The Present Attempt to Dissolve the American Union, a British Aristocratic Plot (Der gegenwärtige Versuch, die amerikanische Union aufzulösen, ein Komplott der britischen Aristokratie)* macht deutlich, was vor sich ging: „Wenn wir die Haltung Englands gegenüber den Vereinigten Staaten betrachten", schreibt Morse, „sehen wir, dass es zwei Parteien gibt, die uns als Nation nicht freundlich gesinnt sind: die eine, die der Baumwollinteressen, auf der südlichen Seite, und die andere, die der abolitionistischen Cliquen, auf der nördlichen Seite. So balanciert England geschickt zwischen diesen beiden Parteien..... Es kann die eine, die andere oder beide unterstützen, um eine Versöhnung zu verhindern, wie es Englands politischen Zwecken - der dauerhaften Spaltung Amerikas - am besten dient." Mit dieser 1860 verfassten Erklärung fasste Samuel Morse seine Erkenntnisse über das riesige britische Spionagenetz zusammen, das in seinem Land operierte und dessen Zentrum und Schlüsselinstrument B'nai B'rith war. In demselben Text zitierte Morse für seine Leser die Worte des 7. Earl of Shaftesbury, Lord Ashley (ein glühender Zionist, den wir im vorigen Kapitel vorgestellt haben). Gegenüber Dr. Cheever, einem der Leiter des Komplotts in London, erklärte Shaftesbury: „Wie alle englischen Staatsmänner wünsche ich mir aufrichtig die Auflösung der amerikanischen Union". Morse schreibt in seiner spöttischen Erwiderung: „Wahre Worte, Sir, Sie haben mit großer Genauigkeit und Kürze das Treiben der britischen aristokratischen Mentalität über viele Jahre hinweg verkörpert."

Acht Jahre vor dem Krieg, im Juni 1853, luden die Leiter der Verschwörung, Lord Palmerston, der Earl of Shaftesbury und Lord Russell,

Belmont[31], Sanders und Buchanan zu einer Reihe von Treffen mit Mazzini, Garibaldi und Orsini von Young Italy, Kossuth von Young Hungary, Herzen von Young Russia und anderen, die Young Europe bildeten, nach London ein. Als Speerspitze für die Zerschlagung der Union wurde 1854 in Cincinnati, Ohio, der Geheimorden der „Ritter des Goldenen Kreises" gegründet, der sofort die operativen Strukturen von Young America übernahm. Burgen wurden in Ohio, Indiana, Illinois, entlang des Mississippi und am Golf von Mexiko eröffnet. Der Freimaurer John Quitman eröffnete eine Burg der Ritter des Goldenen Kreises in Mississippi; Albert Pike tat dasselbe in New Orleans. Zu den Rekruten gehörte auch der Freimaurergeneral P. T. Beauregard, der Schwager von John Slidell, einem Anführer der Sezessionisten in Louisiana und engen Mitarbeiter von Judah Benjamin. Beauregard wird deshalb erwähnt, weil ihm der Beginn des Bürgerkriegs mit dem Überraschungsangriff auf Fort Sumter im Jahr 1861 zugeschrieben wird. Was von den Rittern des Goldenen Kreises nach dem Bürgerkrieg noch zu retten war, wurde von Albert Pike in den KKK integriert. Es besteht kaum ein Zweifel daran, dass die Anführer der Ritter die Meister des Schottischen Ritus der Freimaurerei und des Unabhängigen Ordens B'nai B'rith waren, und zwar: Benjamin Peixoto, Präsident von B'nai B'rith; Albert Pike, Souveräner Pontifex der universellen Freimaurerei, Anbeter Luzifers und Schöpfer des Palladianischen Ritus; August Belmont, persönlicher Agent der Rothschilds in den Vereinigten Staaten; Judah Benjamin, der eng mit Belmont zusammenarbeitete und Staatssekretär in der konföderierten Regierung war, wodurch er die Kontrolle über den konföderierten Spionagedienst übernahm.

---

[31] August Belmont, dessen jüdischer Nachname Schönberg war, trat im Alter von fünfzehn Jahren als Lehrling in das Haus Rothschild in Frankfurt ein. Er lernte und machte so schnell Fortschritte, dass man 1837 beschloss, ihn nach New York zu schicken, wo er sich unter dem Namen August Belmont & Company in der Wall Street 78 niederließ. Seine politische Karriere machte ihn bald zu einem der führenden Vertreter der Demokratischen Partei. Im Jahr 1848, dem Jahr der Revolutionen in Europa und auch des Mexikanisch-Amerikanischen Krieges, gehörte Belmont zu den Bankiers, die den Krieg finanzierten. Die Rothschilds hatten auch einen anderen Mann in Mexiko, Lionel Davidson, der mehrere Jahre lang das Quecksilber erhielt, das die Rothschilds ihm aus den Minen von Almaden schickten, um mexikanisches Silber zu raffinieren. Bevor er Ende des Jahres von James Rothschilds ältestem Sohn Alphonse besucht wurde, der nach New York geschickt wurde, um seinen Agenten zu treffen, verschiffte Belmont große Mengen Silber an das Londoner Haus. Alphonse sah aus erster Hand, wie sehr August Belmont zu einem unentbehrlichen Mann geworden war, dessen gesellschaftliche Stellung und politischer Einfluss ihn zu einem wertvollen Agenten machten, der über alle Ressourcen verfügte. 1849 gab Belmont seine Verlobung mit Caroline Perry bekannt, der Tochter von Kommodore Matthew Galbraith Perry, einer der besten Familien Amerikas. Belmont war für die Geschäfte an der Atlantikküste des Landes zuständig, während an der Pazifikküste Benjamin Davidson als Agent fungierte, der nach der Nachricht, dass in Kalifornien Gold gefunden worden war, dorthin geschickt wurde. Ein weiterer Agent namens May reiste sofort nach San Francisco, um ihn zu unterstützen. Laut James Rothschild war May „ein netter Kerl, ein cleverer Jude aus Frankfurt". Nach dem Bürgerkrieg stand Belmont weiterhin im Rampenlicht. So verhandelte er 1877 mit dem Finanzminister John Sherman über ein Darlehen von 50.000.000 Dollar in Goldmünzen, das die Einführung des Goldstandards im Jahr 1879 ermöglichte.

Dem Ausbruch des Krieges ging eine Reihe von Kettenabspaltungen voraus, die unmittelbar nach der Wahl von Abraham Lincoln stattfanden, bevor dieser im Amt vereidigt wurde. Am 20. Dezember 1860 trat der Staat South Carolina, in dem sich der Hauptsitz der südlichen Jurisdiktion der Freimaurer befand, als erster von der Union ab. Der Mann, der für die Sezession verantwortlich war, war John A. Quitman, ein gebürtiger New Yorker, der lange zuvor in diesen Staat gezogen war und durch Heirat mit einer wohlhabenden Südstaatenfamilie verwandt war. Quitman wurde beauftragt, in Mississippi eine Organisation des Schottischen Ritus zu gründen. Eine Bostoner Freimaurerzeitschrift berichtete am 1. Februar 1848, dass Bruder John Quitman, damals General in der US-Armee, als Souveräner Großer Generalinspektor des 33. Quitman war einer der prominentesten Anführer der Sezessionsbewegung. Am 22. Dezember verließ als nächster Staat Florida die Union, eine Abspaltung unter der Führung von David Levy Yulee, einem Mitglied der Hayward-Loge Nr. 7. Der Staat Alabama sezessionierte am 24. Dezember. Am 2. Januar 1861 wurde die Sezession Georgias ebenfalls von zwei Freimaurern geleitet: Howell Cobb, Finanzminister unter dem damaligen Präsidenten Buchanan, und Robert Toombs, der der erste Außenminister der Konföderation wurde. Nach dem Krieg erhielten beide den 33. Ehrentitel. Am 7. Januar war Louisiana an der Reihe, natürlich angeführt von zwei Freimaurern, John Slidell, ebenfalls aus New York, und Pierre Soule. Beide erhielten am Ende des Krieges ebenfalls den 33. Am 1. Februar trennte sich Texas von der Union. Gouverneur Sam Houston, obwohl selbst Freimaurer, war gegen die Sezession, konnte sie aber unter dem Druck tausender Paramilitärs des Goldenen Kreises nicht verhindern. Houston bestand darauf, dass der Akt illegal war, und weigerte sich am 16. März, der Konföderation die Treue zu schwören.

Am 12. April 1861 schließlich erhielt der Freimaurergeneral Pierre T. Beauregard, ein Ritter des Goldenen Kreises, wie bereits erwähnt, den Befehl, Fort Sumter in South Carolina anzugreifen, eine der wenigen Festungen in Bundeshand auf konföderiertem Gebiet, die sich am 14. April ergab. Eustace Mullins kritisiert das Vorgehen von Präsident Abraham Lincoln scharf und vermutet, dass er diesen Vorfall als Auslöser für den Krieg nutzte. Mullins zufolge befürwortete Außenminister William Seward die friedliche Übergabe des Forts an den Staat South Carolina und führte sogar nicht genehmigte Treffen mit den Konföderierten durch. Präsident Lincoln war jedoch nicht zu einem Kompromiss bereit und reagierte mit der Mobilisierung von 75.000 Freiwilligen für 90 Tage, doch der Krieg sollte vier Jahre dauern.

Eine der von anglophilen Historikern am meisten übersehenen, wenn nicht gar unterschätzten historischen Tatsachen ist die Rolle, die Russland für die territoriale Integrität der Vereinigten Staaten spielte. Im Folgenden soll kurz erläutert werden, wie das Bündnis zwischen Zar Alexander II. und Präsident Lincoln eine britische und französische Intervention im Bürgerkrieg verhinderte. Der große Architekt des Bündnisses war der amerikanische Botschafter in St. Petersburg, Cassius Clay, der wie Samuel Morse davon überzeugt war, dass die Zerstückelung der Vereinigten Staaten der Eckpfeiler der neuen Weltordnung auf der Grundlage des Wirtschaftsliberalismus und des Rothschild-

Monetarismus war, die die Geldaristokratie über Großbritannien und Frankreich durchsetzen wollte. Die Zerschlagung des Russischen Reiches war zweifellos eines der Hauptziele der Weltrevolutionären Bewegung und der Rothschilds, aber 1861 blieb Russland ein mächtiger Feind. Um die Union zu spalten und die Balkanisierung des Landes zu fördern, sind Lord Palmerston, Premierminister, und Lord Russell, Minister des Auswärtigen Amtes, bereit, den Konföderierten zu helfen; aber auch, um Russlands Interventionsmöglichkeiten zu schwächen, fördern sie sechs Wochen nach Ausbruch des amerikanischen Bürgerkriegs einen Aufstand in Polen.

Bereits 1812, während des zweiten Unabhängigkeitskrieges, den die Amerikaner als solchen bezeichnen, wandte sich Alexander I. an Großbritannien und forderte es auf, so bald wie möglich einen ehrenvollen Frieden mit den Vereinigten Staaten zu schließen und seine Ansprüche auf territoriale Expansion aufzugeben. Fast ein halbes Jahrhundert später war Russland bereit, mehr als ein Lippenbekenntnis abzulegen, um die Teilung der Vereinigten Staaten zu verhindern. Alexander II. und sein Außenminister, Fürst Gortschakow, trieben ein ehrgeiziges Programm zum Bau der Eisenbahn voran, die bis 1857 vom Staat gebaut und betrieben worden war. Ein amerikanisches Team unter der Leitung von Major Whistler überwachte die Arbeiten an der Strecke St. Petersburg-Moskau. Es gab auch Pläne zur Verstaatlichung des Kreditwesens. Ein weiterer Schritt, der in der offiziellen Geschichtsschreibung in der Regel nicht erwähnt wird, ist die Emanzipation der Leibeigenen: Durch ein kaiserliches Dekret vom 19. Februar 1861 werden rund 23 Millionen Menschen befreit. Viele Bauern waren jedoch unzufrieden mit dieser Maßnahme, obwohl sie ihnen unter anderem die Möglichkeit geben sollte, Grundbesitzer zu werden. In diesem Zusammenhang ernannte Präsident Lincoln Cassius Clay zum Botschafter in Russland.

Cassius Clay brachte viele Exemplare der *Principles of Political Economy* von Henry Charles Carey (1793-1879) mit nach Russland, einer Abhandlung, die das amerikanische Wirtschaftsdenken in den kommenden Jahren dominieren sollte, und verschenkte sie an Alexander II, Gortschakow, Fürst Dolgoruky, den Marineminister, Großherzog Konstantin und zahlreiche hohe Beamte und Industrielle. Im Gegensatz zu den Ideen der Physiokraten Adam Smith und David Ricardo zogen es Russland und die Vereinigten Staaten vor, die Ideen dieses angesehenen amerikanischen Wirtschaftswissenschaftlers für die Entwicklung ihrer Volkswirtschaften anzuwenden. Er lehnte auch die Ideen von Thomas Malthus ab, da er davon überzeugt war, dass das Wachstum der Produktion die Bevölkerung anwachsen lassen würde. Henry Carey war der Ansicht, dass England den Freihandel dazu nutzen wollte, schwächere Länder zu reinen Materialproduzenten für britische Fabriken zu machen. Daher plädierte er dafür, dass junge Länder wie sein Land protektionistische Maßnahmen ergreifen sollten, die erst dann abgeschafft werden könnten, wenn ihre eigene Industrie in der Lage sei, unter gleichen Bedingungen zu konkurrieren. Er befürwortete auch die Abschaffung des Goldstandards und schlug vor, Geld auszugeben, um die Bevölkerung in Zeiten wirtschaftlicher Kontraktion zu versorgen. Constantin George erklärt in einem Artikel mit dem Titel *The U.S.-*

Russian Entente that Saved the Union, der im Juli 1978 in der Zeitschrift *The Campaigner* veröffentlicht wurde, dass Cassius Clay die Grundsätze der politischen Ökonomie von Henry Carey sehr aktiv verbreitete. Der Botschafter hielt Vorträge in den großen Städten Russlands, „die von Industriechefs, Kaufleuten und Regierungsbeamten mit tosendem Beifall begrüßt wurden." Clays Reden über die Notwendigkeit der Industrialisierung und die politischen Ideen von Carey wurden in der russischen Presse breit aufgegriffen.

Am 25. Juli 1861 drückte sich Clay in einem Brief an Lincoln, der in dem oben erwähnten Artikel wiedergegeben ist, folgendermaßen aus: „Ich habe mit einem Blick erkannt, wie die Stimmung in England ist. Sie bedeuteten unseren Ruin. Sie sind eifersüchtig auf unsere Macht. Sie kümmern sich weder um den Norden noch um den Süden. Sie hassen beide. Und später informierte Cassius Clay den Präsidenten über die Haltung Russlands gegenüber einem möglichen anglo-französischen Eingreifen in den Krieg: „Alle russischen Zeitungen sind auf unserer Seite. In Russland haben wir einen Freund. Die Zeit wird kommen, in der es ein mächtiger Freund für uns sein wird. Die Entscheidung für die Emanzipation der Leibeigenen ist der Beginn einer neuen Ära der Stärke. Russland verfügt über unermessliche, fruchtbare und unerschlossene Ländereien mit Eisen und anderen Mineralien." Die russischen Behörden verlangten nur eine Garantie, eine Gewissheit, bevor sie sich vollständig engagieren würden. Sie wollten die Gewissheit, dass Lincoln im Kampf um den Erhalt der Union bis zum Ende standhaft bleiben würde. In einem der ersten Gespräche, die Clay mit Alexander II. führte, fragte der Zar den Botschafter, wie Lincoln sich im Falle einer britischen Intervention verhalten würde. In dem erwähnten Artikel in *The Campaigner* gibt Constantin George unter Berufung auf die „Diplomatische Korrespondenz der Vereinigten Staaten in den Archiven des Außenministeriums" einen Brief von Clay an Präsident Lincoln wieder, in dem die Zusage des Botschafters Clay in seiner Antwort auf die Frage des Zaren erscheint: „Ich habe dem Kaiser gesagt, dass es für uns keine Rolle spielt, was England tut, dass seine Einmischung uns nur näher zusammenbringen würde". In einem weiteren Brief an Cassius Clay bat Präsident Lincoln diesen: „Bitte übermitteln Sie dem Kaiser unsere Dankbarkeit und versichern Sie ihm, dass die ganze Nation diese neue Manifestation der Freundschaft zu schätzen weiß. Von allen Mitteilungen, die wir von europäischen Regierungen erhalten haben, ist die Ihre die loyalste". Lincoln bat daraufhin Clay, die russischen Behörden um die Erlaubnis zu bitten, den Brief von Außenminister Gortschakow, der das russische Hilfsangebot enthielt, so weit wie möglich bekannt zu machen. Die Erlaubnis wurde erteilt.

Britische Agenten der Fünften Kolonne, die Lincolns Regierung infiltrierten, drängten bald auf die Ablösung Clays. Im Frühjahr 1862 überredete William Seward, der Monate zuvor die Abtretung von Fort Sumter an die Konföderation befürwortet hatte, um angeblich einen Krieg zu vermeiden, den Präsidenten zu einer doppelten Änderung: Zum einen wurde Kriegsminister Simon Cameron durch Mason Edwin Stanton ersetzt, eine unglückliche Wahl Lincolns, denn Stanton sollte einer der Verräter sein, die in seine spätere Ermordung verwickelt waren; zum anderen wurde Cameron für den Posten des

Botschafters in St. Petersburg vorgeschlagen. Cassius Clay, verbittert und enttäuscht über dieses Manöver, bat Lincoln, seinen Neffen, der mit ihm als Assistent zusammenarbeitete, als seinen Nachfolger zuzulassen; doch trotz der Proteste erschien Cameron im Juni 1862 in St. Petersburg. Auch in Russland nutzten britische Agenten die Abwesenheit Clays, um die Politik Gortschakows zu untergraben. Dennoch kämpfte Clay hartnäckig gegen die schmutzigen Tricks, die seine gesamte Arbeit sabotierten und die, wie er behauptete, darauf abzielten, die Kommunikation mit der russischen Regierung in der kritischsten Phase des Krieges abzubrechen. Unmittelbar nach seiner Ankunft in Washington legte er dem Präsidenten einen Bericht über die Lage in Europa vor, in dem er warnte: „Die Regierungen in ganz Europa sind bereit, sich in die amerikanischen Angelegenheiten einzumischen und die Unabhängigkeit der Konföderierten Staaten anzuerkennen". Seward und Clay lieferten sich einen erbitterten Kampf, aber Clay setzte sich schließlich durch und erhielt im Frühjahr 1863 seinen Botschafterposten in St. Petersburg zurück.

In den Monaten von Clays Abwesenheit ließ die Unterstützung Alexanders II. nicht nach, obwohl es im Herbst 1862 zu einem kritischen Moment kam, als Großbritannien und Frankreich um ein Haar zugunsten der Konföderation interveniert hätten. Der Druck beider Länder auf Russland, seine Position aufzugeben, erreichte extreme Ausmaße. Ein Beweis dafür, dass der Zeitpunkt äußerst heikel war, ist das persönliche Schreiben von Präsident Lincoln an Minister Gortschakow, das dem Zaren zugestellt werden sollte. Der Text des Antwortschreibens, das der Außenminister auf Anweisung Alexanders II. verfasst hat, wird von Constantin George in *The Campaigner* wiedergegeben. Der Brief ist den Dokumenten entnommen, die 1930 von dem Historiker Benjamin Platt Thomas unter dem Titel *Russian-American Relations 1815-1867* veröffentlicht wurden. Ein Auszug ist hier zu Ihrer Information wiedergegeben:

> „Sie wissen, dass die Regierung der Vereinigten Staaten nur wenige Freunde unter den Mächten hat. England freut sich über das, was mit ihnen geschieht. Es sehnt sich und betet für ihren Sturz. Frankreich ist weniger aktiv in seiner Feindseligkeit; seine Interessen würden durch das Ergebnis weniger beeinträchtigt werden; aber es ist nicht abgeneigt, es zu sehen. Sie ist keine Freundin von ihm. Ihre Lage wird von Stunde zu Stunde schlechter. Die Chancen, die Union zu erhalten, werden immer verzweifelter. Kann man nichts tun, um diesen schrecklichen Krieg zu beenden? Die Hoffnungen auf eine Wiedervereinigung schwinden, und ich möchte Ihre Regierung darauf hinweisen, dass eine Sezession, die, wie ich befürchte, eintreten könnte, von Russland als eines der größten Unglücke betrachtet werden wird. Nur Rußland hat von Anfang an auf Ihrer Seite gestanden und wird dies auch weiterhin tun. Wir sind sehr, sehr besorgt, dass einige Maßnahmen ergriffen werden - die zu gegebener Zeit ausgeübt werden müssten -, die die Spaltung, die jetzt unvermeidlich erscheint, verhindern könnten. Auf eine Spaltung wird eine weitere folgen, ihr werdet in Stücke zersplittert werden."

Im Oktober 1862 bot sich Louis Napoleon als Vermittler an und schlug einen sechsmonatigen Waffenstillstand vor, der gegebenenfalls verlängert werden konnte. Unter anderem sollte Lincoln den Krieg beenden und die

Seeblockade der Konföderation aufheben. Die Idee stammte wahrscheinlich aus England, denn einen Monat zuvor hatte Lord Palmerston seinem Außenminister John Russell vorgeschlagen, der Unionsregierung ein Vermittlungsangebot zu machen. Die Antwort von Lord Russell zeigt deutlich die wahren Absichten hinter dem Waffenstillstandsvorschlag: „Ich stimme mit Ihnen überein", sagte er, „dass die Zeit gekommen ist, der Regierung der Vereinigten Staaten eine Vermittlung anzubieten, um die Unabhängigkeit der Konföderation anzuerkennen. Darüber hinaus stimme ich Ihnen zu, dass wir, sollte die Vermittlung scheitern, unsererseits die Südstaaten als unabhängigen Staat anerkennen sollten."[32] Eine solche Anerkennung wäre eindeutig eine Kriegserklärung gewesen. Die Briten befanden sich also in einer entscheidenden Debatte über ihr Eingreifen. Zweifel an der Position Russlands wurden durch den Eingang eines Telegramms des britischen Botschafters Lord Napier aus St. Petersburg zerstreut, in dem dieser mitteilte, dass Russland den französischen Vorschlag ablehne. Zar Alexander II. stellte seinen Standpunkt persönlich mit folgenden Worten klar: „Ich werde die Anerkennung der Unabhängigkeit der Konföderierten Staaten durch Großbritannien und Frankreich als 'casus belli' betrachten, und um den Regierungen Frankreichs und Großbritanniens zu verstehen zu geben, dass es sich nicht um eine bloße Drohung handelt, werde ich eine Pazifikflotte nach San Francisco und eine Atlantikflotte nach New York entsenden".

Am 13. Juli 1863 brach in New York einer der wildesten Krawalle seit Menschengedenken aus. Die Unruhen waren durch eine intensive Pressekampagne vorbereitet worden; die eigentlichen Organisatoren der Unruhen waren jedoch die „Ritter des Goldenen Kreises", d. h. die Freimaurer. Ihr prominentester Anführer war Jacob Thompson. Einen Monat zuvor, am 10. Juni, hatte in Springfield ein Treffen stattgefunden, bei dem ein revolutionärer Plan ausgearbeitet worden war. Es wurde beschlossen, dass New York die Führung übernehmen sollte und andere Staaten folgen und die Unabhängigkeit erlangen sollten. Fünfzigtausend Menschen gingen in New York auf die Straße, um gegen die Ankündigung Lincolns zu protestieren, mehr Truppen für den Krieg einzuberufen. Der Aufstand wurde vom Bürgermeister selbst, Ferdinand Wood, angeheizt, der einem korrupten Stadtrat vorstand und so weit gegangen war, die Unabhängigkeit der Stadt vom Land vorzuschlagen. Wood peitschte die Massen zur Raserei auf. Die Unruhen waren äußerst gewalttätig. Fünf Tage lang kam es zu Morden, Lynchmorden, Plünderungen und Brandstiftungen, und die Stadt wurde dem Erdboden gleichgemacht. Der Hass der Massen konzentrierte sich auf die Schwarzen, die als Arbeiter in den Häfen, Tavernen und anderen Einrichtungen der Stadt beschäftigt waren. Sogar ein Heim für farbige Waisenkinder wurde ausgeraubt und niedergebrannt. Als es den Truppen am 17. Juli gelang, der Gewalt Einhalt zu gebieten, hatten bereits mehr als 100 Menschen ihr Leben verloren. In den folgenden Wochen kam es zu einem Exodus der Schwarzen, der die Bevölkerung New Yorks stark reduzierte.

---

[32] Das Zitat stammt aus einem umfangreichen sechsbändigen Werk, *Abraham Lincoln: A History* (New York, Century, 1890), das eine der vielen dokumentarischen Quellen ist, die Constantine George in seinem interessanten dreißigseitigen Aufsatz vorstellt.

Ebenfalls Mitte Juli desselben Jahres, während die beiden russischen Flotten bereits auf beiden Weltmeeren unterwegs waren, wurde der von Großbritannien inszenierte Aufstand in Polen niedergeschlagen. Zwei Monate zuvor, im Mai, hatte der französische Außenminister Édouard Drouyn de Lhuys Lincoln scheinheilig aufgefordert, sich dem Ultimatum anzuschließen, das Österreich, Frankreich und Großbritannien an Russland zugunsten der polnischen Unabhängigkeit gestellt hatten. Trotz der Tatsache, dass ihre Strategien gescheitert waren, drohten Großbritannien und Frankreich Russland in der „polnischen Frage" erneut. Auch im Sommer 1863 überlegten Palmerston und Russell noch, ob sie gegen die Union intervenieren sollten. In diesem Zusammenhang trafen am 24. September die beiden russischen Flotten gleichzeitig in den Vereinigten Staaten ein. Die sie befehligenden Admirale, Lessovsky im Atlantik und Popov im Pazifik, hatten versiegelte Befehle, die nur unter bestimmten Umständen geöffnet werden durften. In den versiegelten Umschlägen stand, dass die Flotten im Falle eines Eingreifens der europäischen Mächte in den Krieg dem Kommando von Präsident Lincoln unterstellt werden sollten.

Die Ankunft der Schiffe war Anlass für eine Reihe von Begrüßungsveranstaltungen, darunter eine Parade russischer Matrosen auf dem Broadway am 17. Oktober, die von einer Ehrengarde der US-Armee eskortiert und von den Menschenmengen auf beiden Seiten der Avenues bejubelt und beklatscht wurden. Da es an der Pazifikküste keine amerikanischen Seestreitkräfte gab, wurde die russische Flotte zur Kriegsflotte der Union, obwohl sie nur im Falle eines Eingreifens einer dritten Macht tätig werden konnte. Die russischen Flotten blieben sieben Monate lang, bis April 1864, in amerikanischen Gewässern. Erst dann, als die Gefahr eines Krieges mit den europäischen Mächten vorüber war, wurden sie zurückbeordert.

Eine unausweichliche Frage ist die nach der Finanzierung des Krieges. Um sich ein genaues Bild von der Situation zu machen, sollte man bedenken, dass die Rothschilds im 19. Jahrhundert allmächtig wurden, da sie die Hälfte des Weltvermögens besaßen. Als ihre Vorherrschaft wuchs, zogen sie es jedoch vor, sich im Hintergrund zu verstecken. Infolgedessen erscheint ihr Name nur auf einem kleinen Teil der von ihnen kontrollierten Unternehmen und Kreditinstitute. Im Jahr 1861 begann auch der Wirtschaftskrieg, denn als Lincoln Geld brauchte, um die Kosten des Konflikts zu decken, boten internationale Kreditgeber, hinter denen die Rothschilds standen, Darlehen zu unannehmbaren Zinssätzen von 24% und 36% an. Es gibt nur eine Erklärung für die Forderung nach so hohen Zinssätzen: Die europäischen Finanzmächte hatten auf die Teilung des Landes gewettet. Lincoln lehnte das Angebot ab und wandte sich an einen alten Freund, Colonel Dick Taylor, um eine Lösung zu finden. Taylor riet ihm, den Kongress ein Gesetz verabschieden zu lassen, das die Ausgabe von Schatzanweisungen erlaubte, die zur Bezahlung von Soldaten und zur Deckung anderer Ausgaben verwendet werden konnten. Auf die Frage von Lincoln, ob das Volk die Banknoten akzeptieren würde, antwortete Taylor: „Das Volk, oder wer auch immer es sein mag, wird keine Wahl haben, wenn Sie ihnen einen legalen Wert geben. Sie werden die volle Anerkennung der Regierung haben und so gut wie Geld sein".

Die Banknoten des Schatzamtes waren auf der Rückseite mit grüner Tinte bedruckt und wurden daher als „Greenbacks" bezeichnet. Lincoln druckte diese Schatzanweisungen im Wert von 449.338.902 $, zinsloses Geld, das legal zur Begleichung aller öffentlichen und privaten Schulden verwendet werden konnte. Mit ihnen bezahlte er Soldaten und Zivilangestellte und kaufte Kriegsgüter. 1865 schrieb die Londoner *Times* in einem Leitartikel: „Wenn sich diese üble Finanzpolitik, die ihren Ursprung in Amerika hat, durchsetzt und bestätigt wird, dann wird diese Regierung beginnen, ihre eigene Währung ohne Kosten zu drucken. Sie wird alle ihre Schulden abbezahlen und keine mehr haben. Sie wird über alles Geld verfügen, das sie braucht, um ihre Geschäfte weiterzuführen. Sie wird zu einem Wohlstand gelangen, wie es ihn in der Geschichte der Welt noch nie gegeben hat. Diese Regierung muss zerstört werden, oder sie wird alle Monarchien der Welt zerstören." In diesen Worten liegt nur ein grundlegender Fehler: Was zerstört würde, wäre die Macht der wucherischen Bankiers, die alle Völker und Regierungen der Welt mit Schulden versklaven. Auch Hitler hat sich dem internationalen Bankwesen mit einem System wie dem von Lincoln entgegengestellt. Auch im nationalsozialistischen Deutschland wurden Staatsanleihen ausgegeben, die frei von der Sklaverei der Zinsen waren und das Land aus dem Ruin führten, wie wir im Kapitel über den Zweiten Weltkrieg sehen werden.

Die Ideen von Henry Carey, dem großen amerikanischen Wirtschaftswissenschaftler, der die Abschaffung des Goldstandards und die Ausgabe von Geld zur Unterstützung der Bevölkerung in bestimmten Situationen vorschlug, wurden mit den Greenbacks in gewissem Maße umgesetzt. Wenn man bedenkt, dass die Steuerzahler keine hohen Zinsen mehr zahlen mussten, dass öffentliche Unternehmen ohne Wucher finanziert werden konnten, dass die Stabilität des Staates gewährleistet war und dass die Finanzpolitik im Dienste der Verwaltung stand, wird deutlich, dass das Geld nicht mehr der Herr war, sondern im Dienste des Volkes und der Nation stand. Nachdem er festgestellt hatte, dass das von Colonel Taylor entwickelte System funktionierte, ging Lincoln so weit, die dauerhafte Einführung dieser Notmaßnahme in Betracht zu ziehen, und erklärte: „Wir haben dem Volk dieser Republik den größten Segen gegeben, den es je hatte - sein eigenes Papiergeld, um seine Schulden zu bezahlen".

Obwohl sich der Krieg dem Ende zuneigte, wurden die B'nai B'rith-Logen in den Südstaaten weiterhin als Zufluchtsorte und Zentren für die von Judah Benjamin geleiteten Spionageoperationen genutzt. So hatte General Ulysses Grant bereits am 17. Dezember 1862 einen Befehl zur Verhaftung aller Juden von Tennessee bis Mississippi wegen Spionage erlassen. Simon Wolf war der Verteidiger zahlreicher B'nai B'rith-Offiziere und anderer Juden, die angeklagt und vor Gericht gestellt wurden; Grant ordnete jedoch an, auch Wolf als Spion zu verhaften. Wolfs Freilassung wurde durch Lincolns Kriegsminister, den Verräter Edwin Stanton, erwirkt. Ein paar Jahre später wurde Wolf Präsident von B'nai B'rith. Zu den Spionen, die unter der Leitung von Judah Benjamin die

Nordstaaten infiltrierten, gehörte auch John Wilkes Booth, der Freimaurer, der für das Attentat auf den Präsidenten ausgewählt wurde.

Am 4. März 1865 wurde Lincoln für seine zweite Amtszeit als Präsident der Vereinigten Staaten inauguriert. Die Wiederwahl war eine relative Überraschung, da die internationalen Bankiers seit der Einführung der Greenbacks gegen ihn gearbeitet hatten. In einem Rundschreiben („Hazzard Circular") der von Lionel Rothschild kontrollierten Bank of England aus dem Jahr 1862, das von Senator Pettigrew gedruckt wurde, hieß es eindeutig, dass Schatzanweisungen für bestimmte Zahlungen oder bei internationalen Transaktionen nicht akzeptiert werden sollten:

> „Die Sklaverei wird wahrscheinlich durch die Kriegsmacht abgeschafft werden. Darin stimmen ich (Rothchild?) und meine europäischen Freunde überein, denn die Sklaverei ist der Besitz der Arbeit und bringt die Sorge um die Arbeiter mit sich, während der europäische Plan, angeführt von England, darin besteht, dass das Kapital die Arbeit durch die Kontrolle der Löhne kontrollieren wird. Dies kann durch die Kontrolle des Geldes geschehen. Die enormen Kriegsschulden, die die Kapitalisten zu tragen haben, müssen als Mittel zur Kontrolle der Geldmenge eingesetzt werden. Um dies zu erreichen, müssen die Anleihen eine Bankbasis haben. Wir erwarten nun, dass der Finanzminister dem Kongress diese Empfehlungen unterbreitet. Der „Greenback", wie er genannt wird, sollte nicht mehr als Geld in Umlauf gebracht werden dürfen, weil wir ihn nicht kontrollieren können. Aber wir können die Anleihen kontrollieren und über sie die Bankemissionen.

Auf diese Weise gelang es den Bankiers, den Kongress 1862 dazu zu bringen, eine Ausnahmeklausel zu beschließen, nach der Greenbacks nicht zur Zahlung von Steuern, Zöllen oder Importabgaben verwendet werden durften. Bereits 1863 gelang es den Bankiers, den Kongress zur Aufhebung des Greenbacks Act zu bewegen, der durch den National Banking Act ersetzt wurde, der auf Initiative von Salomon Chase, einem Vertreter der Rothschilds, der bis 1864 Finanzminister war, in den Kongress eingebracht wurde. Im Rahmen des Gesetzes handelten private Banken mit zinstragendem Geld. Nach der Verabschiedung des Gesetzes wurden die Greenbacks aus dem Verkehr gezogen, sobald sie im Finanzministerium eintrafen. Lincoln erklärte damals: „Ich habe zwei große Feinde, die Armee des Südens vor mir und die Bankiers in meinem Rücken. Von diesen beiden sind die Bankiers mein schlimmster Feind". Der Präsident war gezwungen, sich das Vetorecht bis nach dem Krieg, der am 9. April 1865 endete, vorzubehalten. Es ist unwahrscheinlich, dass Lincoln in der Lage gewesen wäre, den Bankern die Stirn zu bieten, wenn er nicht ermordet worden wäre. Auf jeden Fall waren seine Diagnose und seine Prognosen sehr pessimistisch. Vor seiner Wiederwahl hatte er erklärt: „Die Geldmacht ist in Friedenszeiten ein Parasit für die Nation und verschwört sich in Kriegszeiten gegen sie..... Ich sehe in naher Zukunft eine Krise herannahen, die mich beunruhigt und mich um die Zukunft der Nation zittern lässt: Die Konzerne sind inthronisiert worden, eine Ära der Korruption in hohen Positionen wird folgen. Die Macht des Geldes wird versuchen, ihre Herrschaft zu verlängern... bis der Reichtum von wenigen Händen angehäuft und die Republik zerstört ist."

Am 14. April, wenige Tage nach Kriegsende, schoss der Schauspieler John Wilkes Booth, ein jüdischer Freimaurer, der den Rittern des Goldenen Kreises angehörte, Präsident Lincoln in den Rücken, als dieser einer Vorstellung im Ford's Theatre in Washington beiwohnte. Anschließend sprang er aus der Loge auf die Bühne und rief, bevor er floh: „So sterben Tyrannen. Der Süden ist gerächt worden. Die wirklichen Anführer der Verschwörung, wie Judah Benjamin, der den Befehl zur Hinrichtung gegeben hätte, blieben unbestraft, denn es wurden nur die Schurken des Tages hingerichtet. Die Beteiligung des bereits erwähnten Edwin Stanton ist allgemein anerkannt. Dieser Verräter nahm Lincoln aus der persönlichen Obhut, als er ins Theater ging, und nach dem Attentat verteilte er Fotos des Bruders des Attentäters an die Presse, was John Wilkes Booth Zeit verschaffte, dem Stanton selbst zur Flucht verholfen hatte, indem er einen Weg aus Washington freimachte. Darüber hinaus verbot Stanton General Grant, der an der Veranstaltung teilnehmen sollte, den Präsidenten zu begleiten.

Dennoch wurde eine Polizeiaktion eingeleitet, um die mutmaßlich an der Verschwörung beteiligten Personen zu fassen. Albert Pike, der ebenfalls der Morde beschuldigt wurde, als er seine indianische Truppe befehligte, suchte eine Zeit lang Zuflucht im britisch beherrschten Kanada, wo er Jacob Thompson traf, einen Anführer der Ritter, der in den Städten des Nordens Aufstände und Unruhen gegen Schwarze provoziert hatte. Pike durfte in die Vereinigten Staaten zurückkehren, wo er verhaftet wurde. Wir wissen bereits, dass er vom freimaurerischen Präsidenten Andrew Johnson sofort begnadigt wurde. Judah Benjamin, der seinen Hauptstützpunkt für Spionagedienste in Montreal, Kanada, eingerichtet hatte, floh nach England. Dort traf er andere Exil-Freimaurer wie Robert Toombs, einen Freimaurer des 33. Grades, und James Bulloch, einen Agenten, der als August Belmonts Verbindungsmann nach England fungiert hatte und der wichtigste Waffenhändler für die Konföderation gewesen war. John Slidell blieb dauerhaft in Frankreich. John Surrat, ein Geheimagent der Konföderation, dessen Mutter verhaftet und wegen Beihilfe zur Ermordung Lincolns gehängt wurde, reiste nach Italien. Surrat wurde entdeckt und musste zum Prozess zurückkehren, wurde aber freigesprochen, obwohl er öffentlich zugab, dass er mit Booth die Entführung Lincolns vor dem Attentat geplant hatte.

Nach dem Bürgerkrieg setzte der Rothschild-Agent August Belmont (Schönberg) seine Führung im jüdischen Finanzwesen zwischen London und New York durch. Joseph Seligman wurde Teil des Bankenkonsortiums der Rothschilds und J. P. Morgan. Im April 1866 verabschiedete der Kongress den Contraction Act, der es dem Finanzministerium ermöglichte, Greenbacks aus dem Verkehr zu ziehen. Die nächsten Schritte zielten darauf ab, den Goldstandard einzuführen, ein Metall, das hauptsächlich den Rothschilds gehörte. Sie waren es, die von der Londoner City aus täglich den Goldpreis festlegten. Um ihr Ziel zu erreichen, schufen sie Instabilität und Panik, indem sie die Kreditvergabe einschränkten und eine Depression provozierten (eine Taktik, die sie immer wieder anwenden). Über die Presse, die sich stets in ihren Händen befand, verbreiteten sie den Glauben, dass das Fehlen des Goldstandards die Ursache für die Notlage sei. Gleichzeitig nutzten sie das Gesetz der

Kontraktion, um die Geldmenge im Umlauf zu verringern, die innerhalb von zehn Jahren um 70% zurückging. 1872 schickte die Bank of England Ernest Seyd in die Vereinigten Staaten, der sich daran machte, Kongressabgeordnete zu bestechen, damit sie seinen Plan zur Demonetisierung des Silbers unterstützten. Seyd entwarf persönlich den Gesetzesentwurf, der zum „Coinage Act" wurde, der die Prägung von Silbermünzen einstellte. Ernest Seyd selbst erklärte: „Ich reiste im Winter 1872-73 nach Amerika, um, wenn möglich, die Verabschiedung eines Gesetzes zur Abschaffung des Silbers zu erreichen. Es lag im Interesse derer, die ich vertrat - die Gouverneure der Bank von England -, dass dies erreicht wurde. Im Jahr 1873 wurden nur noch Goldmünzen geprägt."

Mit der Dominanz und dem Einfluss britischer Agenten im Weißen Haus ging die Entente mit Russland, die es Lincoln ermöglicht hatte, eine britische und französische Intervention zu verhindern, vorhersehbar zurück. Ein Jahr nach der Ermordung Lincolns, am 16. April 1866, schoss eine Person in St. Petersburg auf den Zaren. Einem Mann gelang es, die Waffe des Terroristen wegzuschlagen, und Alexander II. wurde gerettet. Kurz darauf traf Cassius Clay den Zaren und beglückwünschte ihn, „so kurz nach der Ermordung von Lincoln" dem Tod entronnen zu sein. Der Zar antwortete: „Ich vertraue darauf, dass unsere gegenseitigen Katastrophen mit Hilfe der Vorsehung unsere freundschaftlichen Beziehungen stärken und dauerhaft machen werden". Mächtige Feinde hatten ein Interesse daran, dass der Wunsch Alexanders II. nicht erfüllt wurde. In den folgenden Jahren wurden vier weitere Attentatsversuche auf den Zaren unternommen. Am 13. März 1881 schließlich, dem Tag, an dem Alexander II. die Verfassung unterzeichnete, die weitreichende Reformen für das russische Volk vorsah, gelang es einem Kommando, das unter dem Befehl der jüdischen Revolutionärin und Narodnik Vera Nikolajewna Figner stand, Alexander II. zu töten. Figner, die 1879 am Kongress für Land und Freiheit (Zemlia i Volia), der von Alexander Herzen gegründeten Narodnik-Organisation, teilgenommen hatte, war Mitglied des Exekutivkomitees der „Narodnaja Volia" (Volkswille). Figner war auch Leiterin des militärischen Flügels, bei dessen Organisation sie eine führende Rolle gespielt hatte. Bereits 1880 hatte Vera Figner versucht, den Zaren in Odessa zu töten. Dies gelang schließlich einem aus drei Terroristen bestehenden Kommando der Narodnaja Wolja. Figner, die nach dem Attentat als einziges Mitglied des Exekutivkomitees der Narodnaja Wolja in Russland blieb, wurde erst 1883 gefasst. Sergej Degajew, ein eingeschleuster Polizeispitzel, denunzierte sie. Sie wurde zum Tode verurteilt, aber das Urteil wurde in lebenslange Haft in Sibirien umgewandelt. Dr. Joseph Kastein, ein bekannter jüdischer Historiker, schrieb, dass die jüdische Beteiligung an dem Mord „natürlich" war.

Daraus lässt sich schließen, dass der amerikanische Bürgerkrieg nicht, wie behauptet, zur Abschaffung der Sklaverei ausbrach, sondern von bestimmten europäischen Finanzmächten, den Rothschilds und ihren Verbündeten, vorbereitet wurde, die, gestützt auf Frankreich und Großbritannien, dessen Premierminister Lord Palmerston Großmeister des Schottischen Ritus der Freimaurerei und Patriarch der Illuminaten war, beabsichtigten, die Vereinigten Staaten in zwei Föderationen, zwei

Einflusszonen, aufzuteilen. Einige Autoren verweisen auf ein angebliches Gespräch im Jahr 1857 zwischen Benjamin Disraeli, Lionel Rothschild und James Rothschild, die in London anlässlich der Hochzeit von Lionels Tochter Leonora mit seinem Cousin Alphonse, dem erstgeborenen Sohn von James, zusammenkamen. Disraeli schlug Berichten zufolge inoffiziell vor, dass nach dem Bruch die englischen Rothschilds im Norden und die französischen im Süden dominieren könnten: „Divide et impera". Die jüdische Loge B'nai B'rith und die „guten Freimaurer", von denen einige Verräter waren und Schlüsselpositionen in der einen oder anderen Regierung innehatten, fungierten als entscheidende Elemente im Dienste der Verschwörung. Von den Logen aus wurden völlig ungestraft alle möglichen Strategien in Gang gesetzt, darunter natürlich auch terroristische Aktivitäten, die darauf abzielten, die Gemüter zu erhitzen und schließlich einen Krieg zu provozieren.

Bismarck, der französisch-preußische Krieg und die Rothschilds

Die sechs Jahre der Revolution sind vielleicht die malerischste Periode der spanischen Zeitgeschichte. Sie hatte von allem etwas. Sie begann mit der Revolution, bekannt als die Glorreiche Revolution, die von einer Handvoll militärischer und politischer Freimaurer angeführt wurde. Es folgte die provisorische Regierung mit der Regentschaft von Serrano, der ein Freimaurer war. Die Zeit war geprägt von der verzweifelten Suche nach einem König für Spanien und der Verabschiedung der Verfassung von 1869. Schließlich kam Amadeo I. von Savoyen, ein hochrangiger Freimaurer, der es in zwei Jahren mit drei Präsidenten, sechs Kabinetten und einem Attentat zu tun hatte. Er trat zurück. Dann kam die erste föderale Republik, die in elf Monaten vier Präsidenten hatte. Dann kam der Staatsstreich von Pavia. Die Geschichte des Sechsjahreszeitraums setzte sich mit der Einheitsrepublik bis Dezember 1874 fort, als die Diktatur von Martinez Campos gestürzt wurde und die Bourbonen zurückkehrten. All dies wurde von drei Bürgerkriegen begleitet: dem dritten Karlistenkrieg, dem Aufstand der Kantone und dem Krieg in Kuba. Mal sehen, wer am meisten gibt.

Das Angebot des spanischen Throns an verschiedene Kandidaten wurde zu einem europäischen Thema und war der Vorwand, der die Lunte für den französisch-preußischen Krieg entzündete. Der erste Kandidat war der Herzog von Montpansier, Schwager von Isabella II., der davon überzeugt war, dass er der neue König von Spanien werden würde; Napoleon III. war jedoch dagegen, er hatte praktisch sein Veto eingelegt, und General Prim teilte ihm dies mit. Antoine d'Orléans, Herzog von Montpansier, war der Sohn von Louis-Philippe d'Orléans. Der zweite Kandidat war Prinz Leopold von Hohenzollern-Sigmaringen. Seine Kandidatur wurde angeblich von Otto von Bismarck selbst an Eusebio Salazar y Marredo herangetragen, der in einem Artikel in einer deutschen Zeitung die Kandidatur von Leopold vorschlug, der perfekt Spanisch sprach und mit einer Tochter des Königs von Portugal verheiratet war. Salazar bot sich als Vermittler an, und Prim akzeptierte unter der Bedingung, dass alles mit äußerster Vorsicht geschehen würde. Salazar teilte Prim bald mit, dass Prinz

Leopold zustimmen würde, wenn sein Vater, Prinz Karl Anton, und der König von Preußen ihr Einverständnis geben würden. Der preußische König, Wilhelm I., zögerte am meisten, aber Eugene Salazar wurde von Bismarck selbst bei seinen Bemühungen unterstützt, den König zu überzeugen. Es fand ein Briefwechsel zwischen Prim und Bismarck statt, der von Lothar Bucher vermittelt wurde. Alles geschah mit der gebotenen Diskretion, und in Paris wurde nichts vermutet.

Sehen wir uns nun an, wie sich die Dinge von spanischer Seite aus entwickelten. Am 26. Juni 1870 begibt sich Salazar nach Madrid, um den Regierungspräsidenten zu treffen. Leider war Prim, ein Freimaurer hohen Grades, dessen Logenname Washington war,, an diesem Tag nicht in der Hauptstadt: Er war in Begleitung von Milans del Bosch in Daimiel auf Entenjagd. Salazar beschloss daraufhin, sich mit dem Innenminister Práxedes Mateo Sagasta zu treffen, einem weiteren Freimaurer des 33. Grades und Großmeister des Großorient von Spanien. Nachdem er Salazar angehört hatte, brachte Minister Sagasta ihn zum Präsidenten der Cortes, Manuel Ruiz Zorrilla, der ebenfalls Freimaurer und Großmeister des Großorientes von Spanien war. „Prinz Leopold, König von Spanien, und Sie sagen, die Vorbereitungen seien so weit fortgeschritten?", fragte Ruiz Zorrilla erstaunt. Der nächste Schritt war eine Demonstration der äußersten Dummheit dieses Politikers, der eigentlich Staatssinn haben sollte und den Wert der Diskretion in einer Angelegenheit verstand, die ganz Europa betraf: Ruiz Zorrilla hatte keine bessere Idee, als einem befreundeten Journalisten, José Ignacio Escobar, Redakteur von *La Época*, davon zu erzählen, der natürlich keine Zeit hatte, die Nachricht zu veröffentlichen, die sich sofort in ganz Europa verbreitete.

Der empörte General Prim berief eine Regierungssitzung ein und berichtete schließlich von seinen geheimen Geschäften in Preußen. Der Botschafter in Paris, Olózaga, wurde telegrafisch aufgefordert, mit dem französischen Kaiser zu sprechen. In der Überzeugung, dass es kein Zurück mehr gab, schickte Prim gleichzeitig Konteradmiral Polo de Bernabé nach Preußen, um Prinz Leopold die Absicht der spanischen Regierung zu übermitteln, seine Kandidatur in den Cortes zu unterstützen. Von diesem Moment an begann der Krieg in den europäischen Kanzleien. Napoleon III. schickte einen Agenten zum Freimaurergeneral Francisco Serrano, der die Regentschaft innehatte, und forderte ihn auf, Prim zu desavouieren, was dieser auch akzeptierte. Serrano beauftragte sofort seinen Neffen, den Oberst des Generalstabs José López Domínguez, nach Preußen zu reisen und zu versuchen, Prinz Leopold von der Annahme der spanischen Krone abzubringen. Im Gegenzug schickte der Botschafter in Paris, Olózaga, den rumänischen Diplomaten Stratz, einen persönlichen Freund, der bei den Preußen hohes Ansehen genoss, an den preußischen Hof.

Aus französischer und preußischer Sicht hatte das Thema andere Konnotationen. Zunächst ist zu erwähnen, dass das Eindringen der französischen Wirtschaft und des französischen Kapitals in Spanien in den 1960er Jahren erheblich war. Eine Gruppe von Banken, die sich in der „Banque de Paris" zusammengeschlossen hatte, war zu einer unvorhergesehenen Konkurrenz für die Rothschilds geworden, und Spanien war eine der Etappen dieses Kampfes. Die Banque de Paris hatte sich bei der spanischen Regierung für eine groß angelegte Kreditaktion beworben. Außerdem war Adrian Delahante, ein Direktor der Pariser Bank, der im Verwaltungsrat der Eisenbahnlinie Madrid-Zaragoza-Alicante saß, an den Gewinnen aus der Ausbeutung der Quecksilberminen von Almaden und den Kupferminen von Rio Tinto interessiert. Es ist daher nicht verwunderlich, dass die französische Regierung nicht bereit war, die Kandidatur eines preußischen Prinzen für den spanischen Thron zu akzeptieren, insbesondere wenn sie, wie wir gesehen haben, von Bismarck selbst gefördert wurde.

Bismarcks eigentliches Ziel bei der Unterstützung von Fürst Leopold war es, eine Reaktion Frankreichs zu provozieren, die den Krieg auslösen würde, der es ihm ermöglichen würde, Preußen und die süddeutschen Staaten zu vereinen. Die größte Schwierigkeit bestand darin, Leopolds Vater, Karl Anton, und König Wilhelm I. zu überzeugen, sich gegen Frankreich zu stellen. Leopold hatte das Angebot am 22. April 1870 zunächst abgelehnt, aber Bismarck hatte so lange im Verborgenen agiert, bis er seine Meinung änderte. In diesem Zusammenhang kam durch die Indiskretion von Ruiz Zorrilla die ganze Sache ans Licht und die Ereignisse überstürzten sich. Der französische Botschafter in Berlin, Benedetti, verlangte auf Anweisung seines Außenministers, des Herzogs von Gramont, dass der König von Preußen die Kandidatur des Prinzen Leopold für die spanische Krone ablehne und sich schriftlich verpflichte, sie nicht mehr zu stellen. Leopold von Hohenzollern-Sigmaringen weigerte sich angesichts der Schande, die die Richtigstellung für seine Person bedeutet hätte, zu widerrufen. Es scheint, dass sein Vater daraufhin zu ihm sagte: „Du bist ein Verrückter, du bist ein Verrückter! Dein Thron steht nicht in Madrid, sondern im Irrenhaus...". Auf diese Weise von seinem eigenen Vater unter Druck gesetzt und von König Wilhelm I. aufgefordert, trat der Fürst erneut zurück.

Am 12. Juni erklärte Karl Anton, dass sein Sohn nicht kandidieren werde, und der König von Preußen erkannte gegenüber Benedetti an, dass dies „eine gute Nachricht ist, die uns alle vor Schwierigkeiten bewahrt". Am selben Tag versicherte der König dem Botschafter Benedetti, dass er persönlich den Rücktritt Leopolds „in demselben Sinne und in demselben Maße, wie er seine Zustimmung gegeben hat", d.h. „vollständig und vorbehaltlos", billige. Bismarck war aus dem Spiel und alles schien geklärt, als er am 13. Juli 1870 das berühmte Telegramm aus Ems erhielt, das den wesentlichen Punkt des Treffens zwischen Botschafter Benedetti und Wilhelm I. enthielt, wonach der König von Preußen versichern sollte, dass er „in Zukunft niemals seine Zustimmung zu einer Hohenzollern-Kandidatur geben werde." In der von Bismarck für die Presse umgeschriebenen Fassung des Telegramms wurde berichtet, dass der König von einer solch eindeutigen Aussage nicht ausgehen könne; er deutete aber auch an, dass die Forderung für ihn beleidigend gewesen sei. Bismarck versuchte also, Gramont zu beleidigen und das von ihm selbst gefälschte Telegramm zu nutzen, um eine antifranzösische Propagandakampagne im In- und Ausland zu entfesseln.

Eine Woche zuvor, am 6. Juli, hatte die französische Regierung inmitten der diplomatischen Verhandlungen unvorsichtigerweise eine von Außenminister Alfred Agénor, Herzog von Gramont, verfasste und im Parlament verlesene aufrührerische Erklärung angenommen, in der sie in heftiger Sprache ein absolutes Veto des Königs gegen die Kandidatur der Hohenzollern forderte und mit einer Kriegserklärung drohte, falls Leopold sie annehmen sollte. Es war klar, dass nach dem Gespräch zwischen König Wilhelm und Botschafter Benedetti am 12. Dezember die Kandidatur Leopolds zurückgezogen worden war. Es gab keinen Grund, auf einer solchen inhaltlichen und konkreten Erklärung zu bestehen, wie sie im Emser Telegramm gefordert wurde. Natürlich wussten Gramont und alle, die mit den vielen Schnörkeln der diplomatischen Sprache vertraut waren, dass dies eine unnötige, unbedachte Provokation war, ebenso wie ein Brief, in dem der König von Preußen aufgefordert wurde, sich bei Napoleon zu entschuldigen. Anstatt sich nach den versöhnlichen Worten Wilhelms I. an den französischen Botschafter erleichtert zurückzulehnen, nutzte der Herzog von Gramont das Ems-Telegramm als „casus belli", und am 14. Juli erfolgte die Mobilmachung. Am 15. Juli 1870 erklärte Frankreich Preußen den Krieg.

Bevor ich fortfahre, möchte ich Ihnen in einigen Zeilen diese Figur näher bringen. Antoine Alfred Agénor, Herzog von Gramont, wurde zwei Monate vor Ausbruch des Krieges, am 15. Mai, zum Außenminister ernannt. Seine Freundschaft mit den Pariser Rothschilds ist allgemein bekannt. James Rothschild, der letzte der fünf überlebenden Söhne von Mayer Amschel, war 1868 gestorben. Der Chef des Pariser Hauses war seither Alphonse, der nach Bekanntwerden der Ernennung erklärte: „Wir werden über die Ernennung in jeder Hinsicht erfreut sein, denn es ist notwendig, an der Spitze dieses Ministeriums einen Mann mit Erfahrung zu haben, der intelligent genug ist, nicht vorzugeben, sich durch brillantes Genie Ruhm zu verschaffen". Nun, wir wissen nicht, ob man das Vorantreiben eines Krieges als Genie bezeichnen kann oder nicht, aber wir wissen von Niall Ferguson, dass der Sohn des Herzogs von Agénor später, im Jahr 1878, mit den Rothschilds verwandt wurde, indem er Margaretha Rothschild heiratete, die Tochter von Mayer Carl Rothschild, dem Chef des Hauses in Deutschland. Kurioserweise sollte sich die Geschichte neunundsechzig Jahre später, im Jahr 1939, wiederholen, als der Mann, der am meisten zum Ausbruch des Zweiten Weltkriegs beigetragen hatte, Lord Halifax, Minister des Auswärtigen Amts, seinen Erbensohn mit einer Enkelin der britischen Rothschilds verheiratete.

Mit oder ohne das Emser Telegramm, mit oder ohne die spanische Thronfolgefrage wäre es wahrscheinlich zu einer Auseinandersetzung zwischen Frankreich und Deutschland gekommen; Tatsache ist jedoch, dass die spanische Thronkandidatur von beiden Seiten als Grund für einen Krieg benutzt wurde. Auf der anderen Seite war die Tatsache, dass Frankreich die Feindseligkeiten begann, entscheidend, da sie die Nichteinmischung Großbritanniens bestimmte. Die ersten Zusammenstöße fanden am 4. August statt, und die ersten französischen Niederlagen bei Wörth und Forbach folgten am 6. August. Zwischen dem 14. und 18. August folgten die Schlachten von Borny, Rézonville und Gravelotte. Infolge dieser Niederlagen zieht sich Marschall Bazaine bis nach

Metz zurück, wo er blockiert wird. Angesichts dieser Ereignisse übernahmen Napoleon III. und Marschall Mac-Mahon das Kommando über die französische Armee in Chalons. Zwischen dem 1. und 2. September fand die Schlacht von Sedan statt, die den Ausgang des Krieges entschied. Angesichts des Ausmaßes des Gemetzels befahl Napoleon III., die weiße Fahne zu hissen und sich mit der gesamten Armee dem preußischen General Helmuth von Moltke zu ergeben. Es heißt, dass die Krupp-Geschütze, die mit Hinterladern, die französischen dagegen mit Vorderladern geladen waren, entscheidend für den preußischen Sieg waren. Das mag sein, aber zwei Jahre zuvor war dies in Spanien nicht der Fall: Am 28. September 1868, in der berühmten Schlacht an der Brücke von Alcolea, verfügten die Regierungstruppen des Marquis von Novaliches über moderne Krupp-Geschütze und wurden dennoch von den Rebellen unter dem Kommando des Herzogs de la Torre besiegt.

Sobald die Nachricht von der Katastrophe von Sedan und der Gefangennahme des Kaisers Paris erreicht, nimmt die Erregung zu. Am 4. September gehen Tausende von Menschen auf die Straße, und bald ertönen Rufe wie „Es lebe die Republik, es lebe Preußen! Der Militärgouverneur von Paris, General Trochu, blieb untätig, und Gambetta sollte ihn später belohnen, indem er ihn zum Chef der provisorischen Regierung ernannte. Die Menge bewegt sich zum Parlament, wo Gambetta das Podium betritt und den Untergang des Kaiserreichs und den Beginn der Dritten Republik verkündet. Schließlich zogen die Demonstranten zum Rathaus, dem Ort der revolutionären Tradition, wo die Pariser Abgeordneten nach dem Gesang der Marseillaise den Staatsstreich inszenierten und erneut die Dritte Republik ausriefen. Zwischen Jubel und Johlen schlug der Freimaurer Jules Ferry vor: „Die Abgeordneten von Paris an die Regierung! In der Tat war die Liste bereits in der Nacht zuvor erstellt worden. Unter diesen Vätern des Vaterlandes, die die Märsche angeführt und die Regierung der nationalen Verteidigung gebildet hatten, überwogen wie üblich die republikanischen Freimaurer. Wir werden nur die prominentesten Brüder erwähnen: der unermüdliche Adolphe Crémieux, Großmeister des schottischen Ritus, der das Rampenlicht an seinen Adoptivsohn, einen korrupten Juden und Freimaurer namens Leon Gambetta, abtritt, der Innen- und Kriegsminister wird; Emmanuel Arago, der 1878 das Amt des Großredners des Obersten Rates Frankreichs erhält; Jules Favre, ein Freimaurer, der neben dem Vizepräsidentenamt auch das Ressort der auswärtigen Angelegenheiten übernimmt; Jules Simon, Minister für das öffentliche Unterrichtswesen, der die Beamten seines Departements aufforderte, bis zur Ausrufung der Republik in Berlin zu kämpfen; Eugène Pelletan, der 1864 in der Loge „l'Avenir" in die Freimaurerei eintrat, wo er den Grad eines Ehrwürdigen erlangte, bevor er in den Rat des Großorient von Frankreich eintrat.

Während die republikanischen Führer in Paris eilig die Verteidigung des Landes organisierten, näherten sich Bismarck und seine Armee der Hauptstadt. Auf ihrem Weg erreichten sie Ferrières, wo der Eiserne Kanzler sein Hauptquartier aufschlug. Es sei daran erinnert, dass das Schloss von Ferrières ursprünglich Joseph Fouché gehörte und 1829 von James Rothschild gekauft worden war. Bezeichnenderweise war Ferrières, ein 3.000 Hektar großes

Anwesen mit Feldern und Wäldern, der Ort, den Bismarck auswählte, um sich mit seinem Generalstab für die Dauer der Belagerung von Paris niederzulassen. Außerdem fanden in Ferrières die komplizierten Finanzverhandlungen zwischen Frankreich und Preußen statt, deren Bankiers allesamt Juden waren, und aus denen die Rothschilds als Gewinner hervorgingen. Sollte man, wie Niall Ferguson vorschlägt, denken, dass dies nur Ironie ist?

Die ersten, die am 14. September in Ferrières eintrafen, waren die Generäle von Eupling und Gordon. Am 19. September traf der König von Preußen, Wilhelm I., in Begleitung von Bismarck, Generalstabschef Moltke, Kriegsminister Roon und etwa dreitausend Generälen und Armeechefs ein. Niall Ferguson berichtet über die Ankunft mit folgenden Worten: „Zumindest für einige dieser ungebetenen Gäste war Ferrières eine Offenbarung. Mit seinem verträumten Äußeren und seinem exotischen Inneren wirkte es wie 'ein Märchen, prächtig', obwohl es die Schöpfung eines Juden war - des 'Jüdenkönigs', wie Roon es nannte und seine Bewunderung mit Verachtung mischte. Die Initialen JR - James Rothschild -, die Wände und Decken schmückten, wurden mit schadenfrohem Humor als 'Judeorum Rex' übersetzt." Bismarck selbst schrieb am 21. September an seine Frau: „Ich sitze hier unter einem Bild des alten Rothschild und seiner Familie... Unterhändler aller Art klammern sich an den Frack meines Jacketts wie Juden an einen Markthändler." Als er Tage später gefragt wurde, ob er bereit sei, mit einem republikanischen Regime über Friedensbedingungen zu verhandeln, antwortete Bismarck sarkastisch, dass er „nicht nur die Republik, sondern, wenn nötig, auch die Gambetta-Dynastie... eigentlich jede Dynastie, sei es Bleichröder oder Rothschild, anerkennen würde." Das ging so weit, dass Bismarck Gerson Bleichröder später den Adelstitel verlieh und ihn zum ersten jüdischen Adligen in Preußen machte. Sein Vater, Samuel Bleichröder, hatte die Bank 1803 gegründet und fungierte als Tochtergesellschaft des Hauses Rothschild in Berlin, so eng war ihre Beziehung. In *The Reign of the House of Rothschild* schreibt Egon Caesar Corti, dass Gerson Bleichröder schon lange davon träumte, gemeinsam mit den Rothschilds eine große preußische Bank zu gründen und schließlich mit ihnen die Rothschild-Gruppe ins Leben rief.

Wenig bekannt ist, dass die Mutter von Otto von Bismnarck, Luise Wilhelmine Mencken, jüdischer Herkunft war. John Coleman behauptet in seinem Buch *Die Rothschild-Dynastie*, dass er selbst ihre Herkunft herausgefunden hat. Laut Coleman war Haim Solomon, einer der Finanziers von General George Washington, dem er sein gesamtes Vermögen schenkte, damit er die Revolution beginnen konnte, ein Vorfahre von Bismarcks Mutter. Coleman zitiert eine Zeitung, *The Jewish Tribune of New York*, die am 9. Januar 1925 in einem Artikel bestätigte, dass Luise Mencken eine Nachfahrin von Haim Solomon war. In ähnlicher Weise stellt John Reeves in *The Rothschilds: the Financials Rulers of Nations* fest, dass Bismarck halbjüdisch war, und deutet an, dass er ein den Rothschilds nahestehender Mann war. Benjamin Disraelis Roman *Coningsby* und *Lord Beaconsfields Briefe* stellen fest, dass die Rothschilds bereits als junger Mann in seinen frühen Zwanzigern auf Bismarck aufmerksam geworden waren und dass er 1844 unter ihrem Einfluss stand. Wenn Letzteres zutrifft, wäre Bismarck ein kooptierter Politiker gewesen.

Wie dem auch sei, Otto von Bismarcks persönlicher Ruhm, als der Staatsmann in die Geschichte einzugehen, der alle Teile des Zweiten Deutschen Reiches zusammengefügt hat, ist persönlich und nicht übertragbar. Nach seinem Sieg über Frankreich erreichte er 1871 nicht nur die Vereinigung Preußens mit den süddeutschen Staaten, sondern annektierte auch Elsass-Lothringen, die beiden ehemaligen Provinzen, die mehr als zwei Jahrhunderte lang die deutsche Sprache und die deutschen Sitten bewahrt hatten. Durch diese beabsichtigte Annexion verzögerte sich die Unterzeichnung des Waffenstillstands bis zum 28. Februar 1871, da die französischen Republikaner nicht bereit waren, Gebiete abzutreten. Doch Mayer Carl Rothschild informierte seinen Onkel Lionel und seine Cousins in London bereits am 15. August über die Stimmung an der Frankfurter Börse, als die ersten französischen Niederlagen eintraten: „Ich wage zu behaupten, dass Frankreich seine beiden alten deutschen Provinzen und einen beträchtlichen Teil seiner Flotte verlieren und außerdem viel Geld bezahlen wird".

Die republikanische Regierung war der Meinung, dass ein mäßigendes Eingreifen Großbritanniens jede Gebietsabtretung verhindern würde. Folglich erklärt Jules Favre, kaum dass der Regierungs- und Verteidigungsrat gebildet wurde, dass man nicht bereit sei, auch nur einen Zentimeter des Territoriums abzutreten. Am 17. September legt der britische Botschafter in Frankreich, Lord Lyons, nach einem persönlichen Gespräch mit dem Eisernen Kanzler Gustave Rothschild, dem Bruder von Alphonse, die deutsche Position dar: Bismarck habe ihm im Voraus gesagt, dass er kein Geld brauche und nur Metz und Straßburg wolle. Lyon warnte Gustave, dass er im Falle einer Ablehnung seiner Bitte die Verbindungen abbrechen und in Paris einmarschieren würde. Einen Tag später, am 18. September, fand das erste Treffen zwischen dem französischen Außenminister und Bismarck statt. Favre bot Bismarck fünf Milliarden Francs an, wenn Frankreich die umstrittenen Gebiete behalten würde; doch der „alte B" (wie die Rothschilds Bismarck zu nennen pflegten) blieb hart: „Über Geld werden wir später sprechen, zuerst wollen wir die deutsche Grenze festlegen und sichern".

Es war Jules Favre selbst, der zur Bewaffnung der Nationalgarde aufrief. Gambetta ordnet an, dass zweihundertdreiundachtzig Bataillone hauptsächlich aus der Arbeiterklasse rekrutiert werden sollen, die unter einer sehr hohen Arbeitslosigkeit leidet. Ende September verfügt Paris bereits über eine proletarische Armee, die zu einem Viertel aus Kommunisten und Anarchisten besteht, die bei der Internationale registriert sind. Da die Garde ihre Anführer wählt, sind viele der gewählten Kommandanten Revolutionäre. Am 14. Oktober schickt Favre, der Solidaritätsbekundungen von spanischen Republikanern erhalten hat, in einem verzweifelten Versuch, Hilfe aus einem europäischen Land zu erhalten, Emile Keratry nach Madrid. Keratry, Polizeipräfekt in Paris, verließ die Hauptstadt mit einem Ballon, da es keine andere Möglichkeit gab, die von den Deutschen am 19. September verhängte Belagerung zu umgehen. Am 19. Oktober 1870 wurde er von Prim im Buenavista-Palast empfangen. Als erstes versuchte der Franzose, General Prim davon zu überzeugen, sich zum Präsidenten der Republik zu ernennen. Im Gegenzug für eine Armee von 80.000 Mann, die innerhalb von zehn Tagen in den Feldzug ziehen kann und von Frankreich unterhalten wird, bietet Keratry 50 Millionen Francs und die Schiffe an, die Spanien zur Niederschlagung des kubanischen Aufstands benötigt. Prim lehnte das Angebot nicht nur ab, sondern sagte ihm: „Solange ich lebe, wird es in Spanien keine Republik geben".

Wenn man bedenkt, dass es das Hauptziel der Freimaurerei ist, den Monarchien und der Macht der Kirche ein Ende zu setzen, kann man die Haltung von Prim nicht verstehen, der in seiner Loge übrigens Washington genannt wurde. Es ist klar, dass die Ideen der Illuminaten keinen Einfluss auf diesen katalanischen General hatten, der zwei Monate später ermordet wurde. Keratry verließ die Versammlung wütend und bereit, Repressalien gegen Spanien zu ergreifen. Die Befehle, die er dem Unterpräfekten der Polizei in Bayonne und dem Generalkommissar erteilte, die jenseits der Grenze auf ihn warteten, sind im Tagebuch von Don Carlos festgehalten. Beiden befahl er mit lauter Stimme: „Offizieller und vollständiger Schutz für die Carlisten, weitreichende Befugnisse für sie, Politik zu machen, Leute, Waffen und Bataillone zu sammeln. Sollte sich Don Carlos an die Grenze begeben, so soll ihm jede Rücksichtnahme und alle seinem hohen Rang gebührenden Ehren zuteil werden".

Angesichts der Absicht der republikanischen Regierung, trotz der Belagerung von Paris auszuharren, beschloss König Wilhelm I. am 5. Oktober, Ferrières zu verlassen und nach Preußen zurückzukehren. Vor seiner Abreise hatte er persönlich angeordnet, dass die französischen Rothschild-Güter nicht durchsucht und weder die Weine in den Kellern noch die Wildvögel angerührt werden durften. Bergman, der für das Gut zuständig war, bestätigt, dass der König vor seiner Abreise 2.000 Francs für das Dienstpersonal übergab. Außerdem verlangte er eine schriftliche Erklärung, dass zum Zeitpunkt seiner Abreise nichts im Palast fehlte, und überließ fünfundsiebzig Männern den Schutz der Räumlichkeiten. Lediglich Decken und Matratzen wurden für die Verwundeten beschlagnahmt, die sich in den nahe gelegenen Krankenhäusern erholten.

Die Niederlage, die die freimaurerischen Republikaner, die nach dem Staatsstreich vom 4. September die Macht in Paris übernommen hatten, ignorieren wollten, wurde immer deutlicher. Die Hoffnungen auf einen Gegenangriff zerschlugen sich schließlich, als Bazaine am 27. Oktober mit einem Heer von 113.000 Soldaten in Metz kapitulierte, wo er seit dem 19. August belagert worden war. Angesichts des unwiderruflichen Sieges wurde Wilhelm I. am 18. Januar 1871 im Spiegelsaal von Versailles zum Kaiser proklamiert. Zehn Tage später erwirkte Jules Favre, ebenfalls in Versailles, von Bismarck einen dreiwöchigen Waffenstillstand, damit eine Nationalversammlung gewählt werden konnte, die den Frieden aushandelte. Zu den von Kanzler Bismarck auferlegten Bedingungen gehörte die Entwaffnung der Pariser Garnison mit Ausnahme von zwölftausend Soldaten zur Aufrechterhaltung der Ordnung und zwanzigtausend städtischen Wachen. Jules Favre flehte Bismarck an, die 190 000 Mann der Nationalgarde nicht zu entwaffnen, und der „alte B", dessen Geheimdienst notwendigerweise über die Vorbereitungen informiert war, stimmte zu.

Am 8. Februar 1871 fanden in Frankreich Parlamentswahlen statt, bei denen die Republikaner eine klare Niederlage erlitten. In einer Versammlung mit 675 Abgeordneten erhielten die Radikalen Republikaner 38 Sitze und die Moderaten Republikaner 112, während die Orleanisten 214 Sitze und die Legitimisten 182 Sitze errangen. Die Liberalen errangen 72 Sitze und die Bonapartisten 20. Wie schon 1848 zeigen die Ergebnisse einmal mehr den Konservatismus der französischen Gesellschaft, der immer wieder von denjenigen ignoriert wird, die sich mit Gewalt durchsetzen wollen. Dies zeigte sich in der Pariser Kommune, die einen neuen Bürgerkrieg auslöste, der sich fast ausschließlich auf die Hauptstadt beschränkte und bei dem etwa dreißigtausend Franzosen ihr Leben verloren. Die neue Versammlung wählt Adolphe Thiers zum Regierungschef. Thiers vertagte nicht nur die Diskussion über die endgültige Staatsform, da die Monarchisten das Parlament dominierten, sondern führte auch die Verhandlungen mit Deutschland bis 1873. Einer der ersten Beschlüsse der in Bordeaux tagenden Versammlung war die Abschaffung der Gehälter der Nationalgarde, mit Ausnahme der Bedürftigen. Man hoffte, dass dies ihre Zahl verringern würde, aber nur einige tausend Arbeiter kehrten in ihre Werkstätten zurück. Die revolutionären Elemente blieben in ihren Bataillonen, mit oder ohne Bezahlung. Wenn es die Absicht war, die Gardisten ohne Bezahlung zu belassen, ist die Bitte Favres an Bismarck, sie nicht zu entwaffnen, wenn nicht verdächtig, so doch ziemlich unverständlich.

Bevor wir uns den Ereignissen zuwenden, die sich in den zwei Monaten der Kommune in Paris abspielten, sollten wir uns einige finanzielle Fakten vor Augen führen. Zunächst ist festzustellen, dass das Haus Rothschild, das über Niederlassungen in den wichtigsten europäischen Hauptstädten verfügt, gestärkt aus der Krise hervorgegangen ist. Die Banken auf beiden Seiten, die in Schwierigkeiten gerieten, waren diejenigen, denen es an Liquidität mangelte. Während der französische Markt zusammenbrach und der deutsche Markt sich erholte, blieb die Londoner Börse unversehrt. Mayer Carl Rothschild, der das Frankfurter Haus leitete und natürlich von Wilhelm I. zu seiner Kaiserproklamation in Versailles eingeladen wurde, ließ sich die Gelegenheit nicht entgehen, das Beste aus dem Krieg zu machen. Um die Kapazität seines Managements zu stärken, bat Mayer Carl seinen Cousin Lionel von London, mit dessen Schwester Louise, seiner Cousine, er verheiratet war, ihm beträchtliche Geldsummen zu überweisen, die dazu dienten, zu demonstrieren, in welchem Maße die Frankfurter Rothschilds der deutschen Regierung nützlich sein konnten. Die Regierung von Napoleon III. hielt es für ratsam, dass die Banque de France die Konvertibilität in Gold aussetzte, um Kapitalabflüsse zu verhindern. Mit Beginn des Konflikts begann das französische Kapital nach England zu fließen. Bereits am 4. August, dem Tag der ersten Scharmützel an der Front, zeigten die französischen Rothschilds, dass sie nicht bereit waren, ein Risiko einzugehen, als sie versuchten, zwei Millionen Francs in Silber nach Belgien zu bringen, um sie gegen Gold einzutauschen. Die Polizei beschlagnahmte das Geld in der Überzeugung, dass es illegal geschmuggelt worden war. Diese Information stammt von Niall Ferguson in *The House of Rothschild. The World's Banker 1849-1999*. Ferguson zufolge wurde die Lieferung im Auftrag der Regierung durchgeführt; diese Behauptung erscheint jedoch nicht glaubwürdig, denn wäre die Operation legal gewesen, hätte die Polizei gewarnt werden müssen. Am 12. August setzte die Bank den Goldumtausch faktisch aus, woraufhin ein Moratorium für Wechsel folgte. Alphonse Rothschild selbst schreibt in einem Brief, dass ein hochrangiger Offizier die Bank gebeten habe, einen Teil ihrer Wertpapiere zur Verwahrung an das Londoner Hauptquartier zu schicken, und fügt hinzu: „Ein solcher Vorschlag seinerseits hat, wie Sie sich vorstellen können, unser Misstrauen erregt, und wir haben vor, seinem Beispiel zu folgen". Nach diesen Worten ist es noch schwieriger zu glauben, dass die Lieferung von zwei Millionen Francs in Silber nach Belgien im Auftrag der Regierung erfolgte.

Die Verhandlungen über die Zahlung der Entschädigung begannen, sobald Thiers mit den Vollmachten ausgestattet war. Alphonse, der Thiers mit dem Euphemismus „unser Freund" anredet, weiß, dass die Beziehungen zwischen Thiers und seinem Vater nicht gut waren. Wie wir wissen, hatte James 1840 seinen Sturz erzwungen, als sie wegen Thiers' Haltung in der Damaskus-Affäre aneinandergerieten. Alphonse bemerkte einmal, dass er „der kleine Präsident einer großen Republik" war. Doch der Pragmatismus setzte sich durch, denn Thiers erkannte, dass die politische Situation den finanziellen Fragen untergeordnet war. Nach dem Wahlergebnis reiste Alphonse am 21. Februar 1871 nach London, um in New Court mit seinem Cousin Lionel, der nach dem Tod von James zum unangefochtenen Familienoberhaupt geworden war, eine Strategie zu entwickeln. Damals beschlossen sie, dass sich die Finanzgeschäfte um das Londoner Haus drehen sollten. Am 22. wurde Alphonse von Thiers gebeten, nach Frankreich zurückzukehren. In Versailles hatten die Verhandlungen begonnen, und Bismarck hatte zunächst eine Entschädigung von 6 Milliarden Francs gefordert, eine Summe, die von den französischen Unterhändlern als exorbitant bezeichnet worden war. Darüber hinaus wurde ein Zahlungsverfahren angestrebt, an dem die deutschen Bankiers Bleichröder und Henckel beteiligt sein sollten. Favre drückt es so aus: „Sie wollten mit unseren Millionen eine kolossale Operation durchführen". Am 25. Mai erscheint Alphonse in Versailles als Vertreter der Rothschilds aus London und Paris. Am nächsten Tag einigten sich Thiers und Favre auf die Summe von 5 Milliarden Goldfranken, die Frankreich zu 5% Zinsen an Deutschland zahlen würde; aber es wurde auch vereinbart, dass die Rothschilds, insbesondere das Haus in London, und nicht die deutschen Bankiers, die Finanzoperationen der Entschädigung kontrollieren und verwalten sollten. Einmal mehr zeigte sich, dass Kriege und Revolutionen in Europa Verluste und sogar den Ruin bestimmter Bankinstitute zur Folge hatten, wobei die Rothschilds, abgesehen davon, dass sie von ihnen profitierten, der Schlüssel zur Gewährleistung der internationalen Stabilität zu sein schienen. Der Chef des Crédit Lyonnais, Mazerat, beklagte, dass die französischen Aktienbanken praktisch verdrängt worden seien. Das Zitat stammt von Ferguson:

„Bei allen seit dem Krieg abgeschlossenen Verträgen haben das Haus Rothschild und unter seiner Ägide die Gruppe der Großbanken eine fast ausschließliche Rolle gespielt.... Es waren die Rothschilds und ihre Freunde, die mit Unterstützung der Bank von Frankreich 200 Millionen Francs vorschossen, die die Stadt Paris benötigte, um ihren (von Bismarck geforderten) Kriegsbeitrag zu leisten. Es war dieselbe Gruppe, die das 2-Milliarden-Darlehen reservierte, und nur aus Gefälligkeit durften die Kreditinstitute in letzter Minute eine läppische 20-Millionen-Provision erhalten, die das Rothschild-Konsortium auch für sich selbst gesichert hatte.... Jetzt wird das nächste Darlehen für die Stadt Paris zu den gleichen Bedingungen angekündigt...".

Die Pariser Kommune, Marx und Bakunin

Der französisch-preußische Krieg zeigte, dass es den internationalistischen Ideologen, den Agenten der Bankiers, die den MRM finanzierten, nicht gelungen war, den Patriotismus in den Arbeitern zu beseitigen. Die deutschen Arbeiter standen an der Seite ihrer Landsleute und blickten mit Stolz auf die Siege Bismarcks. Aber selbst Marx und Engels glaubten nicht an eine brüderliche Vereinigung der Proletarier verschiedener Länder. Während die französischen Arbeiter 1870 an die Deutschen appellierten, zeigt die Korrespondenz zwischen Max und Engels (*Der Briefwechsel zwischen Marx und Engels*), dass Marx selbst sich den Sieg der Preußen wünschte. „Die Franzosen", schrieb er am 20. Juli 1870, „brauchen Prügel. Wenn die Preußen siegen, wird die Zentralisierung der Staatsgewalt der Zentralisierung der deutschen Arbeiter nützlich sein. Außerdem wird das deutsche Übergewicht den Schwerpunkt der Arbeiterbewegung von Frankreich nach Deutschland verlagern; und es genügt, die Arbeiterbewegung in den beiden Ländern zu vergleichen, um zu verstehen,... dass der deutsche Arbeiter dem französischen überlegen ist, ob man nun die theoretische Ordnung oder die Organisation betrachtet. Das Übergewicht des deutschen Proletariats über das französische auf dem Welttheater wird zugleich das Übergewicht unserer Theorie über die von Proudhon sein". Diese Worte zeigen, dass Marx nicht an das glaubte, was er predigte. Der französische Zweig der Internationale in London denunziert ihn sogar als einen Agenten Bismarcks. Am 3. August schrieb Marx erneut an Engels und teilte ihm mit, dass er beschuldigt werde, 10.000 Pfund von Bismarck erhalten zu haben. Ob wahr oder nicht, es ist unbestreitbar, dass Marx und Engels den deutschen Siegen applaudierten und im Namen des Generalrats der Internationale versuchten, das französische Proletariat davon zu überzeugen, nicht gegen die Invasoren zu kämpfen. Für viele Internationalisten war ihre Haltung beschämend. Ganz anders die Haltung von Bakunin, der sich in Locarno aufhält und sich Geld leiht, um dem Ruf der revolutionären Sozialisten in Lyon zu folgen. Marx blieb als Flüchtling in London und war, überrascht von der Geschwindigkeit der französischen militärischen Niederlage, nicht in der Lage zu reagieren. Während sich die Blanquisten und die in Paris lebenden Republikaner in einer Nacht organisierten, wurde Marx zunächst von den Ereignissen überwältigt.

Dennoch hatte er innerhalb eines halben Jahres Zeit, eine Strategie auszuarbeiten, und war in der Lage, die notwendigen Mechanismen für die Kontaktaufnahme mit seinen Anhängern in Paris durch Verbindungsleute zu schaffen. Kaum war in Versailles eine grundsätzliche Einigung erzielt worden, begannen die Ereignisse, die zur berühmten Pariser Kommune führten, einer der revolutionären Episoden, die von der kommunistischen und sozialistischen Linken am meisten mythologisiert wurden. Es handelte sich um eine neue revolutionäre Probe, bei der die Wahlergebnisse ignoriert wurden und versucht wurde, eine politische Option durchzusetzen, die kaum eine Vertretung erhalten hatte. Unter dem Vorwand, dass die Preußen in die Stadt einmarschieren würden, befiehlt der Wachsamkeitsausschuss am 1. März den Nationalgarden, in die Artillerieparks einzudringen. Zweihundertsiebenundsiebzig Kanonen wurden abtransportiert und auf den Hügel des Montmartre gebracht. Die in Bordeaux tagende Nationalversammlung hatte soeben die Bedingungen für einen katastrophalen Frieden ratifiziert. Am 6. März trat das Comité de Surveillance in den Pariser Räumlichkeiten der Internationale zusammen und gab unter dem Vorwand, dass die von den Royalisten dominierte Nationalversammlung von Bordeaux die Absicht habe, die Republik zu stürzen, eine Proklamation heraus, in der ein republikanischer Verband der Nationalgarde angekündigt wurde, und übernahm vorläufig alle Befugnisse. Daher auch die Bezeichnung Föderation für die kommunistischen Aufständischen. Die Zusammensetzung des Zentralkomitees wird von Mitgliedern der Internationale dominiert. Am 11. März fordert ein Manifest dieses Zentralkomitees die Nationalgardisten auf, „für die Rettung der Republik vereint zu bleiben, sich jedem Versuch der Entwaffnung zu widersetzen, sich der Übergabe der Waffen zu widersetzen, sich der Gewalt zu widersetzen".

In Bordeaux beschließt die Nationalversammlung angesichts der Ereignisse in Paris, ihre Sitzungen in Versailles abzuhalten. Thiers versuchte daraufhin, die Nationalgarde zu entwaffnen und die Geschütze von Montmatre zurückzuerobern, doch das Ergebnis war die Verhaftung von Clément-Thomas, dem alten General der Nationalgarde, und General Lecomte. Am 18. März 1871 wurden beide nach einem Scheinprozess an einem Zaun in der Rue des Rossiers erschossen. Sie waren die ersten Opfer des Brudermordes, der noch folgen sollte. Am Pariser Rathaus wird die Trikolore eingeholt und die rote Fahne der Rothschilds, die Fahne der sozialen Revolution, gehisst. Der Militärgouverneur von Paris, Joseph Vinoy, und General Ducrot befürworten die sofortige Herstellung der Ordnung durch einen Gewaltstreich, bevor die Revolutionäre die Verteidigung organisieren können; aber Thiers, der hofft, durch Verhandlungen ein Blutvergießen zu vermeiden, ordnet die Evakuierung der Hauptstadt an: alle loyalistischen Truppen und Beamten werden in Versailles konzentriert. Eine Kommunalwahl, die am 26. März in den Pariser Rathäusern unter dem Druck der Bajonette abgehalten wird, verleiht der kommunalen Regierung, in deren Generalrat Marx ein Dutzend seiner Vertreter in der Internationale stellt, eine angebliche Legitimität.

Die marxistische Geschichtsschreibung hat das Internet erobert und es ist schwierig, eine kritische Version der Revolutionäre zu finden, die als Patrioten,

Märtyrer und Verfechter der Freiheit dargestellt werden. Marx, der das französische Proletariat aufgefordert hatte, nicht gegen die Invasoren zu kämpfen, rief im März sarkastisch zum Bürgerkrieg auf und wollte nun, ja, dass die Arbeiter gegen ihre Landsleute, die Klassenfeinde, kämpfen. Betrachtet man zum Beispiel das Massaker auf der Place de Vendôme, so ist der Unterschied je nach Lesart abgrundtief. Für nicht-marxistische Historiker wurde eine Demonstration von unbewaffneten Nationalgardisten und Zivilisten, darunter Frauen und Kinder, die gegen die Unordnung hinter der Trikolore marschierten, mit einer Salve beschossen, die etwa dreißig Tote forderte. Max schreibt: „... unter dem feigen Deckmantel einer friedlichen Demonstration setzten sich diese Banden, die heimlich mit den Waffen von Schlägern ausgerüstet waren, in Marschordnung, schlugen und entwaffneten die Patrouillen der Nationalgarde, die sie auf ihrem Weg trafen, und versuchten, als sie den Place Vendôme erreichten, unter den Rufen 'Nieder mit dem Zentralkomitee! Nieder mit den Mördern! Es lebe die Nationalversammlung!' den Kordon der Wachposten zu durchbrechen und das Hauptquartier der Nationalgarde zu überrumpeln." Das Ergebnis der Wahlen war offensichtlich nicht von Bedeutung. Marx hatte nur Worte der Verachtung für diejenigen übrig, die sich seiner angeblichen Diktatur des Proletariats widersetzten. Prinz Kropotkin schreibt, dass Max seinen Agenten über den Generalrat der Internationale Befehle erteilte und vorgab, den Aufstand von London aus zu leiten, wo er die Berichte erhielt, die er sich täglich schicken ließ.

Es war jedoch absurd, die Ereignisse vom Ausland aus steuern zu wollen, wenn die Anarchisten um Bakunin und andere aufgeklärte Freimaurer vor Ort in direktem Kontakt mit dem Tagesgeschehen standen. So wird am 26. April eine Freimaurerkommission, die die Kommune beglückwünscht, mit dem von Cloots (Anacarsis) geprägten Schlachtruf „Es lebe die Weltrepublik" begrüßt. Einer der Redner der Freimaurerdelegation, Bruder Thirifocque, erklärt, dass „die Kommune die größte Revolution ist, die die Welt je gesehen hat, dass sie ein neuer Tempel Salomons ist, den die Freimaurer verteidigen müssen". Am 1. Mai schuf die Kommune in Anlehnung an die Revolution von 1789 einen Ausschuss für Volksgesundheit und wollte den alten Revolutionskalender übernehmen. Louis Énault schreibt in *Paris brulé par la Comunne*, dass etwa fünfzigtausend Ausländer und siebzehntausend aus dem Gefängnis entlassene Kriminelle an den Veranstaltungen teilnahmen. Wie schon 1792-93 wurden Kirchen geschändet, Bilder und Gemälde zerschlagen, Reliquien und gottesdienstliche Geräte gestohlen. Wie üblich wurden die Kanzeln als Tribünen für Gotteslästerungen genutzt. Als die Sache verloren schien, kam es in der so genannten Blutigen Woche zu Plünderungen, Morden und Brandstiftungen, die kontinuierlich und systematisch durchgeführt wurden. Am 27. Mai wurde ein allgemeines Massaker an Gefangenen, darunter sechsundsechzig Gendarmen, verübt. Einige Tage zuvor, am 24. Mai, waren bereits der Erzbischof von Paris, Mgr. Georges Darboy, und vier weitere Priester im Gefängnis von Roquette erschossen worden. Vor seinem Tod warf der Erzbischof seinen Mördern vor, das Wort Freiheit zu benutzen: „Sprecht nicht das Wort Freiheit aus, das nur denen gehört, die für die Freiheit und für den Glauben sterben". Der ältere Pfarrer der

Madeleine und Abbé Deguerry wurden ebenfalls kaltblütig ermordet. Die wichtigsten Gebäude der Hauptstadt wurden niedergebrannt: der Tuilerienpalast, der Justizpalast, der Palast der Ehrenlegion, das Finanzministerium, das Rathaus, etwa zwanzig Paläste sowie zahlreiche Häuser in der Rue Royal, der Rue Bac und der Rue de Lille. Auch das Amt für Sozialhilfe und die Getreidespeicher, in denen Öl, Getreide und Wein gelagert wurden, wurden niedergebrannt.

Doch trotz dieses Sturms blieben die prächtigen Häuser der Pariser Rothschilds inmitten von mehr als sechshundert Barrikaden, die über die ganze Stadt verteilt waren, wie durch ein Wunder unversehrt. Die Villa in der Rue Saint-Florentin zum Beispiel wurde Tag und Nacht von einer Wache bewacht, die alle Habgierigen verjagen sollte. Die Patrouillen wurden zwei Monate lang fortgesetzt, bis die Barrikade zwei Schritte vor dem Gebäude von den Versailler Truppen niedergerissen wurde. Es ist sehr bezeichnend, dass der von den Kommunisten angeordnete Schutz des Eigentums der jüdischen Bankiers nie untersagt wurde. Keiner der französischen Rothschilds-Besitztümer erlitt auch nur den geringsten Schaden, schon gar nicht Ferrières, wo die Eindringlinge ein Jahr lang blieben. Als im August 1871 die letzten preußischen Soldaten - vielleicht sollte man besser von preußischen Gästen sprechen - das Anwesen verließen, besuchte Lionels Bruder Anthony Ferrières, um zu sehen, was die Preußen getan hatten. In einem Brief von Anthony heißt es: „Es gibt nicht den geringsten Schaden, weder am Haus noch am Park noch an den Bäumen, im Park gibt es genauso viele Fasane wie vorher, in den Gärten ist nichts kaputtgegangen.... Ich finde es wunderbar, dass nichts gestohlen wurde". Sein Cousin Gustavus, Jakobs zweiter Sohn, bestätigte bei seinem Besuch des Schlosses Tage später dasselbe: „Das Anwesen ist in einem so guten Zustand, wie man es nur erwarten konnte."

Wie die Pariser Revolutionäre ließ auch Marx die Rothschilds stets unangetastet. Marx spricht von Großfinanziers, von Geldverleihern, von Aktienspekulationen; aber kein Wort über die jüdischen Bankiers als Hauptfinanziers, geschweige denn eine direkte Kritik an den Rothschilds als den größten Kapitalisten aller Zeiten. Die Unehrlichkeit von Marx ist offensichtlich. Man darf nicht vergessen, dass er ein fränkischer Jude war und, wie Jacob Frank vorgeschrieben hatte, Lüge und Unwahrheit zu den Grundregeln des Verhaltens gehörten. Im Gegensatz dazu bezeichnet Werner Sombart in *Die Juden und der moderne Kapitalismus* die Rothschilds als die führenden Kredithaie der Welt, als die Könige der Eisenbahnen. Sombart sieht die Rothschilds ab 1820 in Europa die absolute Macht ausüben.

Am 10. Mai 1871 unterzeichnete die französische Regierung den Vertrag von Frankfurt, der den Deutsch-Französischen Krieg beendete. Es wurde vereinbart, dass die Provinzen Elsass-Lothringen aufgrund des Kriegsrechts und der mehrheitlich deutschen Bevölkerung Teil des Deutschen Reichs werden sollten. Im Gegenzug wurden 100.000 Kriegsgefangene freigelassen, die zur Niederschlagung der Pariser Kommune beitrugen, die blutig niedergeschlagen wurde. Sie wurde blutig niedergeschlagen. Am Ende gab es fast dreißigtausend Tote, darunter zahlreiche revolutionäre Gardisten, von denen einige auf Befehl einiger hoher Offiziere an Ort und Stelle erschossen wurden. Nach Ansicht der

Befürworter einer gnadenlosen Unterdrückung wurde jedoch zu viel Milde walten gelassen, denn von den zweihundertsiebzig vom Kriegsgericht zum Tode Verurteilten wurden nur sechsundzwanzig hingerichtet. Dennoch erließ die neue französische Republik am 14. März 1872 ein Gesetz, das Strafen für die Mitglieder der Internationale vorsah, was viele ins Exil und die übliche Zuflucht in London und der Schweiz zwang.

Eine der schwerwiegendsten Folgen für die Internationale nach der Niederlage der Kommune war die Konfrontation und der endgültige Bruch zwischen Bakunin und Marx. Marx beeilte sich, wie schon nach der Revolution von 1848 mit *Die Klassenkämpfe in Frankreich*, in London ein Manifest des Generalrats der Internationalen Arbeiterassoziation mit dem Titel *Der Bürgerkrieg in Frankreich* zu veröffentlichen. Dieses Pamphlet erscheint im Juni 1871. Damit will er das Ansehen zurückgewinnen, das er durch seine Äußerungen zugunsten der Deutschen in den Augen der Arbeiter verloren hatte. Er konnte jedoch nicht verhindern, dass seine Autorität in Frage gestellt wurde: Der Aufstand gegen die marxistische Autokratie der Internationale, „die marxistische Synagoge", wie Bakunin sie nannte, begann sofort. Viele haben seine erklärten Sympathien für die Deutschen nicht vergessen. In der Schweiz führte Bakunin, der 1869 den Kommunismus verabscheute, weil er ihn für eine „Verweigerung der Freiheit" hielt, eine organisierte Offensive an.

Um den Gegensatz zwischen Marx und Bakunin besser zu verstehen, ist es sinnvoll, zunächst einen kurzen Überblick über den Anführer des Anarchismus zu geben, bevor wir fortfahren. Michail Bakunin (1814-1876) wurde in Russland in eine Familie von Landbesitzern geboren. Auf Wunsch seines Vaters besuchte er die Militärakademie, brach diese jedoch 1836 ab, als er Offizier der kaiserlichen Garde war. In einem Geständnis an Zar Nikolaus I. sagte er ihm: „Ich habe mich verliebt, ich habe mich verstrickt, ich habe mich verirrt". Im Jahr 1840 ging er ins Ausland, um an der Universität von Berlin zu studieren. Im Alter von 27 Jahren beschloss er, sich den Carbonari-Zentren anzuschließen, wo er sich bemühte, die Lehren von Mazzini und dem Jungen Europa in die Praxis umzusetzen. 1842 ließ er sich in Dresden, einem der wichtigsten Zentren des Jungen Deutschland, nieder und schloss sich dieser Organisation an. Dort lernte er Arnold Ruge kennen, der ihm anbot, an den *Deutsch-Französischen Annalen* mitzuarbeiten, für die Bakunin, wie bereits erwähnt, unter dem Pseudonym Jules Elysard schrieb. Die sächsische Polizei begann, seine Aktivitäten zu überwachen, und Bakunin floh 1843 nach Paris, wo er unter den russischen und polnischen Emigranten als der aktivste Vertreter des Karbonarismus auffiel. Er hatte keine Paten wie Karl Marx, und im Gegensatz zu Alexander Herzen, der dank James Rothschild sein Vermögen aus Russland herausholen konnte, konnte Bakunin nicht auf Geld aus seinem Land zählen, da die russische Regierung, die seine sofortige Rückkehr anordnete, ihm die 1841 erteilte Erlaubnis, ins Ausland zu reisen, entzogen hatte. Um seinen Lebensunterhalt zu bestreiten, schreibt Bakunin für die *Réforme*, eine linksextreme Zeitung, die von dem Freimaurer Ferdinad Flocon, einem der Führer des französischen Karbonnarismus, gegründet wurde. In dieser Zeit lernte er Karl Marx kennen, der wie er Mitglied der Redaktion der *deutsch-*

französischen Annales war. Von Anfang an herrschte keine Herzlichkeit zwischen ihnen, ganz im Gegenteil. Anfang 1848 drohte Marx ihm sogar, falls er sich weiterhin gegen seine Politik stellen würde. Im März 1848 nahm er an den revolutionären Ereignissen in Prag teil. 1850 wurde er in Dresden verhaftet und im Mai zum Tode verurteilt, der jedoch in eine lebenslange Haftstrafe umgewandelt wurde. Von Österreich wegen seiner Beteiligung an den Prager Aufständen zurückgerufen, wurde er ausgeliefert. Im Mai 1851 wurde Bakunin vor ein Kriegsgericht gestellt und erneut zum Tode verurteilt. Ein erneuter Appell, diesmal von der russischen Regierung, bewahrte ihn vor der Hinrichtung. Zurück in St. Petersburg wurde er vor Gericht gestellt und im September 1851 zum dritten Mal zum Tode verurteilt. Da die Todesstrafe in Russland offiziell abgeschafft war und Hinrichtungen sehr selten waren, wandelte der Zar das Urteil in Zwangsarbeit um. Er verbrachte zehn Jahre in Sibirien, bis es Alezander Herzen gelang, seine Flucht aus London zu organisieren. Auf diese Weise kam Bakunin 1862 nach England. Zu dieser Zeit arbeitete Marx in der englischen Hauptstadt daran, die Grundlagen der Internationale zu schaffen.

Obwohl ihre Beziehungen, wie bereits erwähnt, unfreundlich oder unfreundlich waren, konnte Marx Bakunin nicht daran hindern, der Internationale beizutreten. Bald jedoch versuchte er, ihn loszuwerden. Marx verbreitete das Gerücht, Bakunin sei ein Agent der zaristischen Polizei, an die er Informationen über die internationale revolutionäre Bewegung weitergab. Bakunin entdeckte die Quelle des Aufruhrs um ihn herum und stellte fest, dass es deutsche Juden waren, die der Internationale angehörten und Anhänger von Marx waren, die ihn angriffen. Im Jahr 1869 schrieb er eine Studie über die deutschen Juden, *Polemik gegen die Juden,* die in Band V der *Gesammelten Werke* zu finden ist. Darin räumt er zwar ein, dass er sich „enormen Gefahren ausgesetzt hat", sagt aber: „Die Sekte der Juden, die viel mächtiger ist als die der Jesuiten, Katholiken und Protestanten, stellt heute eine echte Macht in Europa dar. Sie regiert despotisch im Handel, in den Banken und hat sich drei Viertel der deutschen Publizistik und einen sehr beträchtlichen Teil der Publizistik anderer Nationen einverleibt, und wehe dem, der die Ungeschicklichkeit begeht, ihnen zu missfallen!" Bakunin wusste, dass jüdische Bankiers Marx finanzierten, weshalb er behauptete, dass er und seine Genossen „einen Fuß in der Bank und einen Fuß in der sozialistischen Bewegung" hätten.

Nach dem französisch-preußischen Krieg und dem Scheitern der Kommune führte Bakunin die Bewegung der Unzufriedenen gegen Marx an, der an seine germanophilen Äußerungen erinnert wurde, während er ihn für die Führung des Aufstands verantwortlich machte und ein Ende seiner persönlichen Macht forderte. In einem Manifest, das an alle nationalen Zweigstellen der Assoziation gerichtet war, schlugen sie vor, dass die Internationale eine Föderation autonomer Gruppen sein sollte, die ihre Doktrin frei festlegen würden, anstatt sie aus den Händen eines unfehlbaren Propheten zu erhalten. Marx erkannte, dass die Assoziation aus dem Ruder laufen könnte und ersetzte den für 1871 geplanten Kongress durch eine einfache Konferenz, die vom 13. bis 23. September in London abgehalten wurde. September in London stattfand.

Anstatt die Position von Marx zu schwächen, stärkt diese Konferenz die Befugnisse des von ihm kontrollierten Generalrats, der von nun an über Aufnahme und Ausschluss aus der Internationale entscheiden kann. Gegen diese Resolution protestieren der spanische Delegierte Anselmo Lorenzo und andere energisch.

Nur zwei Monate später organisiert Bakunin eine Protestkonferenz in Sonvillier (Schweiz), aus der die jurassische Föderation der Internationale hervorgeht. Darüber hinaus werden alle nationalen Sektionen aufgefordert, sich anzuschließen. Die positiven Antworten kamen sofort. Die erste wurde von Kropotkin aus Russland geschickt. Es folgten die Sektionen Spaniens, Belgiens und Hollands, die sich alle anschlossen. Auch die französische und die italienische Sektion nahmen die Thesen Bakunins mehrheitlich an. Nur die englisch- und deutschsprachigen Länder blieben Karl Marx treu, der, erzürnt, nicht zögerte, mit infamen Verfahren zum Gegenangriff überzugehen. Sein Schwiegersohn Paul Lafargue veröffentlichte, nachdem sein Versuch gescheitert war, eine neue spanische Sektion zu organisieren, um die abtrünnige zu ersetzen, eine Liste mit den Namen der spanischen Führer der Internationale und übergab sie der Polizei. Dasselbe geschieht in Frankreich, wo ein Delegierter von Marx, Dentraygues, der nicht in der Lage ist, die Sektionen des Midi zur Orthodoxie zurückzubringen, sie bei der Polizei von Thiers denunziert. Am 14. Dezember 1872 erkennt Engels, dass die Partei in Frankreich, Belgien, Spanien und Italien verloren ist. Im September 1873 versammelten sich auf einem Kongress in Genf Delegierte von sieben Verbänden aus Spanien, Italien, Frankreich, dem Jura, Holland, England und Belgien, die dem Aufruf Bakunins folgten.

Wenn man die Folgen des französisch-preußischen Krieges betrachtet und seine politischen und sozialen Auswirkungen analysiert, wird deutlich, dass die Macht der Rothschilds wieder einmal in jeder Hinsicht entscheidend war. John Atkinson Hobson stellt in *Imperialism: A Study* die Frage: „Kann irgendjemand ernsthaft annehmen, dass ein großer Krieg von irgendeinem europäischen Staat geführt werden kann, oder dass irgendein großer Kredit an einen Staat gezeichnet werden kann, wenn das Haus Rothschild und seine Verbindungen dagegen sind?" Derselbe Autor antwortet auf diese Frage mit einer kühnen und äußerst kritischen Aussage: „Es gibt keinen Krieg, keine Revolution, keinen anarchistischen Mord und keinen anderen sozialen Aufruhr, der diesen Männern nicht einen Gewinn einbringt; sie sind Harpyien, die ihren Gewinn aus jeder plötzlichen Störung des öffentlichen Kredits ziehen."

KAPITEL VI

DIE PROTOKOLLE DER WEISEN VON ZION, DER MASTERPLAN DER WELTREGIERUNG

„Wir werden die Universitäten umgestalten und sie nach unseren Plänen neu organisieren. Die Präsidenten der Universitäten und ihre Professoren werden mit Hilfe von geheimen und gut durchdachten Aktionsprogrammen speziell vorbereitet". Dieses Fragment der *Protokolle* erinnert uns einmal mehr an die Bedeutung, die der Bildung bereits in der Aufklärung für die Gestaltung des Denkens des Einzelnen und der Gesellschaft zukam. Die Kontrolle der Bildung und der Bildungseinrichtungen, der Buchverlage und der Presse ist im Programm der Illuminaten ebenso eine Obsession wie in den *Protokollen*. Trotz der fast absoluten Beherrschung der Ideen durch die Medien und die Bücher im Allgemeinen kann man jedoch sagen, dass die Versuche, das Dokument, das als die *Protokolle der Weisen von Zion* in die Geschichte eingegangen ist, zu diskreditieren, teilweise gescheitert sind. In diesem Kapitel wird nicht nur die Geschichte dieses Textes nachgezeichnet, der den gegenwärtigen Zustand der Welt und der Menschheit genau widerspiegelt, sondern es werden auch Beiträge von Forschern vorgestellt, die sich mit den *Protokollen* befasst haben, darunter Peter Myers, ein australischer Professor, der mit lobenswerter Hartnäckigkeit versucht hat, ihre Echtheit nachzuweisen und die wiederholten Argumente derjenigen zu widerlegen, die behauptet haben, sie seien Fälschungen.

In Wirklichkeit handelt es sich bei den *Protokollen* um nichts anderes als die Konkretisierung eines Plans, der seit Adam Weishaupt in Texten und Erklärungen verschiedener talmudistischer und zionistischer oder protozionistischer Führer im 19. Der Gedanke, dass der Zweck die Mittel heiligt, ist zum Beispiel sowohl für die Aufklärung als auch für die *Protokolle* grundlegend. Weishaupt schrieb. „Weiht euch der Kunst des Fälschens, um euch zu verbergen und zu verkleiden, wenn ihr andere beobachtet.... Das Wohl des Ordens rechtfertigt Verleumdung, Vergiftung, Mord, Meineid, Verrat, Rebellion, mit einem Wort, alles, was das Vorurteil der Menschen als Verbrechen ansieht". In den *Protokollen* drückt er sich ähnlich aus: „Wer die Herrschaft anstrebt, muss sich der List und der Heuchelei bedienen. Wir dürfen vor Bestechung, Betrug und Niedertracht nicht zurückschrecken, wenn sie uns zum Triumph unserer Sache verhelfen. Der Zweck heiligt die Mittel. Bei der Ausarbeitung unserer Pläne müssen wir nicht so sehr auf das Gute und Moralische achten, sondern auf das, was nützlich und notwendig ist.

Wir haben gesehen, dass Rabbi Baruch Levy an Marx schrieb, dass „die Kinder Israels.... überall, ohne Widerstand, die herrschende Klasse sein werden..." Adolphe Crémieux betonte im Gründungsmanifest der Universal Israelite Alliance, das an alle Juden der Welt gerichtet war, denselben Gedanken: „Der Tag ist nicht mehr fern, an dem alle Reichtümer und Schätze der Welt den Kindern Israels gehören werden." Im 18. Jahrhundert hatte Weishaupt es mit diesen Worten ausgedrückt: „Es ist notwendig, ein universelles Herrschaftssystem zu errichten, eine Regierungsform, die die ganze Welt umfassen wird." Folglich verweist der Text der *Protokolle* einmal mehr auf das unumstößliche Ziel einer Weltregierung. In verkleinerter Form könnte die Europäische Union (in der die Länder ihre Souveränität verloren haben und Bußgeldern oder Sanktionen sowie der erdrückenden Spekulation der Märkte unterworfen sind, in der das internationale jüdische Bankwesen eine allmächtige Macht ausübt) ein Beispiel für das sein, was auf globaler Ebene angestrebt wird: „An die Stelle der gegenwärtigen Regierungen werden wir ein Ungeheuer setzen, das man die Verwaltung der Superregierung nennen wird. Seine Macht wird sich wie eine riesige Zange überall ausbreiten, und es wird über eine solche Organisation verfügen, dass es fast unmöglich sein wird, seine Herrschaft nicht über alle Nationen auszudehnen." Die Kontinuität der gleichen Gedankengänge ist offensichtlich. Mit dem Erscheinen der *Protokolle der Weisen von Zion* wurde der Plan einer Weltregierung, die von den Juden und ihren Gefolgsleuten ausgeübt wird, für die Nachwelt ungeschminkt niedergelegt. Die massenhafte Verbreitung des Textes zu Beginn des 20. Jahrhunderts war so beunruhigend und verstörend, dass die bolschewistischen Führer, die fast alle Juden waren, nach der Machtergreifung in Russland jeden zum Tode verurteilten, der ein Exemplar der *Protokolle* in seinem Haus hatte. Alexander Kerenski hatte zuvor die Durchsuchung von Buchhandlungen in Moskau und St. Petersburg angeordnet, um alle gefundenen Exemplare zu beschlagnahmen.

Biarritz, der seltsame Roman des Spions Hermann Goedsche

Bevor wir uns mit den *Protokollen* befassen, sollte ein Text erwähnt werden, der ihnen vorausging und der Gegenstand verschiedener Kontroversen war. Umberto Eco hat im Jahr 2010 sogar einen Roman zu diesem Thema veröffentlicht. Die Rede ist von *Biarritz* (1868), einem Roman von fast zweitausend Seiten, der in vier Bänden unter dem Pseudonym Sir John Retcliffe veröffentlicht wurde und hinter dem sich Hermann Goedsche verbarg. Der 1878 verstorbene Goedsche arbeitete als Spion für die preußische Geheimpolizei, die ihn gelegentlich mit der Verfolgung und Überwachung politischer Persönlichkeiten beauftragte. Unter dem Pseudonym Retcliffe veröffentlichte er zahlreiche erzählende Werke historischen Inhalts, in denen er mit großem Geschick und Talent Fakten und Fiktion verband. Seine in deutscher Sprache verfassten Werke sind nicht ins Englische übersetzt worden, und nur ein Teil von ihnen kann auf Englisch gelesen werden. Derzeit sind die vier Bände von *Biarritz* noch auf Deutsch erhältlich. In einem der Kapitel des Romans, „Der jüdische Friedhof in Prag und der Rat der Repräsentanten der zwölf Stämme

Israels"[33], finden wir den Text, der uns interessiert, da er eine Zusammenfassung der *Protokolle der Weisen von Zion* ist.

Retcliffe berichtet von einem Treffen auf dem jüdischen Friedhof in Prag, bei dem Rabbi Reichhorn, der als „Leiter des Treffens" bezeichnet wird, den Teilnehmern das Wort erteilt, die nacheinander prophetische Reden über dem Grab von Simeon ben-Judah, dem großen Lehrer der Kabbala, halten. Diese Versammlung, die „Kabbalistischer Sanhedrin"[34] genannt wird und an der dreizehn Personen in den rituellen weißen Gewändern der Leviten teilnehmen, findet nur einmal pro Jahrhundert statt, wie der Rabbiner selbst zu Beginn seiner Rede bestätigt: „Alle hundert Jahre sind wir, die Weisen Israels, gewohnt, zusammenzukommen, um unsere Fortschritte auf dem Weg zur Weltherrschaft, die Jehova uns versprochen hat, und unsere Eroberungen über unseren Feind, das Christentum, zu überprüfen". In der Rede wird auf den vorangegangenen Sanhedrin angespielt und auf die seither erzielten Erfolge zurückgeblickt: „In diesem Jahr, vereint am Grab unseres ehrwürdigen Simeon ben-Judah, können wir mit Stolz feststellen, dass das vergangene Jahrhundert uns unserem Ziel sehr nahe gebracht hat und dass dieses Ziel sehr bald erreicht sein wird". Anschließend ergriff jeder der Anwesenden, die aus Amsterdam, Toledo, Worms, Budapest, Krakau, London, New York, Prag, Rom, Lissabon, Paris und Konstantinopel kamen, das Wort. Auf dem Prager Friedhof befindet sich neben dem Grab von Simeon ben-Judah auch das Grab von Rabbi Judah Löw, einem anderen berühmten Kabbalisten, der im 16. Jahrhundert den „Golem" schuf, das berühmte Monster, das immer wieder in Literatur und Film dargestellt wird. Beide Gräber sind heute Objekte der Verehrung durch jüdische Touristen, was

---

[33] Im Jahr 2010 veröffentlichte Umberto Eco *mit Der Friedhof in Prag* einen weiteren seiner Bestseller-Romane. Darin arbeitet der Autor, der immer mehr einem jener Intellektuellen ähnelt, die Weishaupt für seine Sache gewinnen wollte, daran, die *Protokolle* zu diskreditieren. In dem Buch verschwören sich alle, um die Juden zu diffamieren. Der französische Geheimdienst, die Russen, der Vatikan, die Jesuiten, die Freimaurer wetteifern um die politische Macht und versuchen alle, die Juden zu beschuldigen, die natürlich die einzigen sind, denen nichts vorgeworfen wird und die sich gegen niemanden verschworen haben. Echo behandelt sie, als ob sie Heilige wären. Wenn nun einer von ihnen es wagt, seine jüdischen Mitbürger zu kritisieren, sind sie Juden, die sich selbst hassen, weil sie Juden sind (der gleiche Vorwurf, den die Zionisten gegen diejenigen erheben, die es wagen, ihre Verbrechen anzuprangern). In Wirklichkeit zeigt dieser Professor mit diesem Roman seinen Staubwedel und diskreditiert sich selbst.

[34] Die Sitzungen des Sanhedrins sind nur den höchsten jüdischen Führern der Welt bekannt. Man geht davon aus, dass sie seit 1491 alle neunzig Jahre stattgefunden haben. Die Berechnung berücksichtigt den mystischen Wert der Zahlen („guematria"). Sie folgt einer mathematischen Beziehung und Chronologie, die die Summe der Zahlen jedes Jahres der Feier des Sanhedrins mit der kabbalistischen Zahl „6" übereinstimmt, die ihnen heilig ist. Nach diesen Berechnungen wäre das Jahr des Treffens 1581 gewesen, denn 1+5+8+1=15 und 5+1= 6. Das dritte Treffen hätte 1671 stattgefunden. Das vierte im Jahr 1761. Wenn diese Logik zutrifft, schrieb Retcliffe über den fünften Sanhedrin, der 1851 stattfand. Der sechste hätte 1941 stattgefunden, und im Jahr 2031 sollte der siebte abgehalten werden, denn 2+0+3+1=6.

der Tatsache zu verdanken ist, dass die Nazis trotz gegenteiliger Propaganda die jüdischen Friedhöfe in den besetzten Ländern respektierten.

Ob das in *Biarritz* beschriebene Treffen auf dem Prager Friedhof tatsächlich stattgefunden hat, ist sicherlich fraglich, und die Tatsache, dass es in einem Roman berichtet wird, lässt vermuten, dass der Autor sich dieses Tricks bedient haben könnte, um sein Wissen zu offenbaren. Die Tatsache, dass es in einem Roman berichtet wird, lässt vermuten, dass der Autor sich dieses Tricks bedient haben könnte, um sein Wissen preiszugeben, aber es ist nicht zu leugnen, dass Hermann Goedsche, alias John Retcliffe, 1868 durch die Reden der Teilnehmer des Treffens auf dem Prager Friedhof überraschend eine Reihe von Ereignissen ankündigte, die dann in die Tat umgesetzt wurden. Es ist anzunehmen, dass dieser preußische Spion über die Aktivitäten der jüdischen Organisationen und ihre Beziehungen zur Freimaurerei sehr gut informiert war. Goedsche verfügte wahrscheinlich über die Texte, die Crémieux bei der Gründung des Allgemeinen Israelitischen Bundes verkündet hatte, in denen er den Zionismus ankündigte und die Absichten der jüdischen Weltherrschaft unverhohlen verkündete. Möglicherweise kannte Goedsche auch die *Dialoge in den Infernos zwischen Machiavelli und Montesquieu*, einen 1864 von Maurice Joly veröffentlichten Text, der, wie wir weiter unten noch sehen werden, als Quelle für die *Protokolle* angeführt wird. Ein weiterer Text, den der Spion Goedsche gekannt haben könnte, ist eine berühmte Rede eines Rabbiners der Synagoge von Simferopol, ein Dokument, das unter dem Titel *A Rabbi's Discourse on the Goyim* bekannt ist und Mitte des 19. Jahrhunderts unter den jüdischen Führern Russlands im Umlauf war. Jahre später, genauer gesagt im Jahr 1900, wurde die Rede des Rabbiners von Simferopol in Form einer Denunziation durch den österreichischen Abgeordneten Wenzel Brenowsky unter dem Titel *Die jüdischen Krallen* veröffentlicht. Auf jeden Fall ist der Text von John Retcliffe real, er existiert in *Biarritz*. Im Folgenden finden Sie einige der Ideen, die Retcliffe den Rabbinern auf dem Prager Friedhof vor fast anderthalb Jahrhunderten in den Mund gelegt hat:

> 1. „Versuchen wir, die Zirkulation des Goldes durch Papiergeld zu ersetzen; unsere Kassen werden das Gold horten und wir werden den Wert des Papiers regulieren, was uns zu Herren in allen Positionen machen wird." 2) „Schon jetzt sind die wichtigsten Banken, die Wechselstuben der ganzen Welt, die Kredite der Regierungen in unserer Hand." 3. „Die andere große Macht ist die Presse. Indem sie bestimmte Ideen endlos wiederholt, gelingt es der Presse schließlich, sie als Realität durchzusetzen. Das Theater erweist uns einen ähnlichen Dienst. Überall auf der Welt gehorchen Presse und Theater unseren Befehlen". 4) „Indem wir unaufhörlich die Demokratie preisen, werden wir die Christen in politische Parteien spalten, die Einheit der Nationen zerstören und überall Zwietracht säen. In ihrer Ohnmacht werden sie sich vor dem Gesetz unserer Bank beugen." 5. 5. „Wir werden die Christen in Kriege zwingen, indem wir ihren Stolz und ihre Dummheit ausnutzen. Sie werden sich gegenseitig abschlachten und den Weg für unser Volk freimachen." 6. 6. „Wir haben viele Redner unter uns, die fähig sind, die Massen zu begeistern und zu überzeugen. Wir werden sie unter das Volk streuen, um Veränderungen zu verkünden, die das Glück des Menschengeschlechts sichern werden. Durch Geld und Schmeicheleien werden

wir das Proletariat für uns gewinnen, das selbst den christlichen Kapitalismus vernichten wird. Wir werden den Arbeitern Löhne versprechen, von denen sie nie zu träumen gewagt haben, aber gleichzeitig werden wir die Preise für das Notwendige erhöhen, so dass unsere Gewinne noch größer sein werden." 7) „Auf diese Weise werden wir Revolutionen vorbereiten, die die Christen selbst durchführen werden und deren Früchte wir ernten werden." 8. „Durch unseren Spott und unsere Angriffe werden wir ihre Priester lächerlich und abscheulich machen, und ihre Religion ebenso abscheulich und lächerlich wie ihre Geistlichen. Wir werden die Herren über ihre Seelen sein..." 9. 9. „Vor allem aber werden wir die Bildung monopolisieren. Auf diese Weise werden wir Ideen verbreiten, die nicht nützlich sind, und die Gehirne der Kinder so formen, wie es uns passt." 10. „Lasst uns die Heirat unserer Männer mit christlichen Frauen nicht verhindern, denn dann werden wir in die reserviertesten Kreise eintreten. Wenn unsere Töchter 'Nichtjuden' heiraten, wird das für uns nicht weniger nützlich sein, denn die Kinder jüdischer Mütter sind unsere..."

Die *Protokolle* kommen nach Russland und werden weltweit veröffentlicht

Eines der am häufigsten zitierten Bücher über die Geschichte der *Protokolle* und ihre Verbindung zum Zionismus ist *Waters Flowing Eastward* von Leslie Fry, dem Pseudonym von Paquita Louise de Shishmareff, einer amerikanischen Staatsbürgerin, die 1906 in St. Petersburg einen kaiserlich-russischen Marineoffizier namens Fjodor Iwanowitsch Shishmareff heiratete, einen Aristokraten, der während der Revolution von den Bolschewiki ermordet wurde. Paquita de Shishmareff folgte den Anweisungen ihres Mannes und verließ das Land rechtzeitig mit ihren beiden Kindern und dem Familienvermögen. Leslie Fry erklärt in ihrem Buch, dass die Person, die den Text nach Russland brachte, Justine Glinka war, die Tochter eines Generals, der für den russischen Geheimdienst arbeitete. Diese junge Frau stellte in Paris den Kontakt zu dem Juden Joseph Schorst, alias Schapiro, her, der Mitglied der Freimaurerloge Mizraim war, einer jüdischen Loge, deren komplizierte Riten auf den Mysterien von Memphis und Eleusis beruhten.

Im späten 19. Jahrhundert war der Einsatz von Frauen als Agenten vielleicht noch nicht so verbreitet wie heute: Heute sind sie in den Geheimdiensten alltäglich. Der Mossad setzte beispielsweise eine Agentin ein, um Mordechai Vanunu zu entführen, einen jüdischen Nukleartechniker marokkanischer Herkunft, der 1986 gegenüber der britischen Zeitung *The Sunday Times* enthüllte, dass Israel über ein Atomprogramm verfügt[35]. Es ist

---

[35] Eine Mossad-Agentin, Cheryl Bentov, Codename „Cindy", gab sich als amerikanische Touristin aus und lockte Vanunu mit ihren Reizen. Nachdem sie am 30. September 1986 in London Sex mit ihm hatte, überredete sie ihn, gemeinsam nach Rom zu reisen, wo sie ihren Europa-Urlaub fortsetzen wollte. In der italienischen Hauptstadt angekommen, fuhr Cindy ihr Opfer in ein Hotel. Dort gab sie ihm ein Schlafmittel und er wurde vom Mossad entführt. Vanunu wurde auf ein Schiff gebracht, das nach Israel fuhr ( ), wo er heimlich vor Gericht gestellt und wegen Hochverrats und Spionage zu 18 Jahren Gefängnis verurteilt wurde. Im Jahr 2004 versuchte er nach Verbüßung seiner Strafe, Israel zu

unmöglich, mit Sicherheit zu wissen, mit welchen Mitteln Justine Glinka Schorst dazu brachte, ihr anzubieten, eine Kopie der *Protokolle* aus der Loge zu holen. Leslie Fry berichtet, dass er ihn mit zweieinhalbtausend Francs bestochen hat, damals ein Vermögen, das ihm aus St. Petersburg geschickt wurde. Joseph Schorst erkannte bald, dass sein Leben wegen seines Verrats in Gefahr war, und floh nach Ägypten, wo er laut französischen Polizeiberichten schließlich ermordet wurde.

Justine Glinka schickte eine französische Kopie des Dokuments an General Orgevsky in St. Petersburg und fügte eine russische Übersetzung bei. Orgevsky, der Sekretär von General Tscherevin, übergab beide Texte an seinen Vorgesetzten, den Innenminister. Anstatt das Dokument an den Zaren zu schicken, beschloss er jedoch, es zu den Akten zu legen. Laut Leslie Fry hatte Tscherevin „Verpflichtungen gegenüber reichen Juden". 1896 starb Tscherevin und wollte, dass Zar Nikolaus II. eine Kopie seiner Memoiren erhält, die die *Protokolle* enthielten. In der Zwischenzeit erschienen in Paris einige Bücher über das Leben am russischen Hof, die Nikolaus II. missfielen. Sie wurden unter dem Pseudonym des Grafen Vassilii veröffentlicht, hinter dem sich eine andere Frau, Juliette Adams, verbarg; sie wurden jedoch böswillig Justine Glinka zugeschrieben, die nach ihrer Rückkehr nach Russland in Ungnade fiel und auf ihr Gut in Orel verbannt wurde. Dort übergab die junge Frau eine Kopie der *Protokolle* an Alexis Suchotin, Marschall des Adels in diesem Bezirk, der das Dokument zwei seiner Freunde, Stepanow und Nilus, zeigte. Ersterer ließ es 1897 drucken, und im selben Jahr wurde es privat in Umlauf gebracht. In einer eidesstattlichen Erklärung erklärt Philip Petrovich Stepanov seine Entscheidung, den Text zu drucken, wie folgt:

> „1895 gab mir mein Nachbar im Bezirk Toula, Marschall a.D. Alexis Suchotin, ein handgeschriebenes Exemplar der *Protokolle der Weisen von Zion*. Er erzählte mir, dass eine befreundete Dame, deren Namen er nicht nannte, sie in Paris im Haus eines befreundeten Juden gefunden hatte. Bevor sie Paris verließ, habe sie sie heimlich übersetzt und ein Exemplar nach Russland gebracht und Sukhotin gegeben. Ich hatte die Übersetzung zunächst mit einer Vervielfältigung versehen, aber da sie schwer zu lesen war, beschloss ich, sie zu drucken, ohne das Datum, den Ort oder den Namen des Druckers zu nennen. Dabei half mir Arcadii Ippolitovich Kelepovskii, der zu dieser Zeit Haushaltsvorstand des Großfürsten Sergius war und das Dokument an den Drucker weitergab. Das war im Jahr 1897. Sergej Nilus fügte diese Protokolle in sein Werk ein und fügte seinen eigenen Kommentar hinzu."

Professor Sergei Nilus veröffentlichte 1902 *Die Herrschaft Satans auf Erden. Notizen eines orthodoxen Gläubigen*, in dem er Auszüge aus dem von Justine Glinka erworbenen Dokument zitierte. 1903 veröffentlichte Pawel

---

verlassen, was ihm jedoch nicht gestattet wurde. Noch heute wird er dort zwangsweise festgehalten und kann sich nicht frei bewegen. Am 5. Februar 2004 erklärte Shabtai Shavit, ehemaliger Leiter des Mossad, gegenüber Reuters, dass 1986 die Möglichkeit, Vanunu zu töten, in Betracht gezogen, aber verworfen wurde, da „Juden sich nicht so gegenüber anderen Juden verhalten". Joseph Schorst hatte jedoch nicht so viel Glück.

Chruschtschewan, Herausgeber der Zeitung *Znamya* (*Das Banner*), Passagen und Zitate aus dem Dokument in seiner Zeitung. Chruschtschewan erlitt einen Mordanschlag und beschloss daraufhin, sich zu seinem Schutz zu bewaffnen, und stellte sogar einen persönlichen Koch ein, um jeden Vergiftungsversuch zu verhindern. 1905 veröffentlichte Sergej Nilus den vollständigen Text der *Protokolle* in Tsárkoye-Seló unter dem Titel *Der Große im Kleinen in* Tsárkoye-Seló. Ein Freund von Nilus, George Butmi, ein Leutnant der kaiserlichen Garde, hatte den Text 1901 ebenfalls veröffentlicht und ihn angeblich außer Landes gebracht. Ein Exemplar wurde im Britischen Museum unter dem Eingangsstempel vom 10. August 1906, Nummer 3926, d. 17, hinterlegt. Es handelt sich um eine in schwarzes Leder gebundene Ausgabe des Antichrist, die 417 Seiten umfasst und in deren Anhang XII die 24 Protokolle erscheinen. Bereits 1907 veröffentlichte G. Butmi seine vierte Ausgabe der *Protokolle* in russischer Sprache in St. Petersburg. Im Januar 1917 hatte Nilus seine zweite Auflage vorbereitet, doch bevor er sie veröffentlichen konnte, fand die Märzrevolution statt, und Kerenski, d.h. der jüdische Freimaurer Aaron Kirbiz, ordnete die Vernichtung der Auflage an.

1924 wurde Professor Nilus von der Kiewer Tscheka verhaftet, inhaftiert und gefoltert. Obwohl er für einige Monate freigelassen wurde, wurde er ein zweites Mal verhaftet und zur Moskauer Tscheka gebracht, die ihn erneut inhaftierte. Im Jahr 1926 wurde er in Wladimir, einem Bezirk hundert Kilometer östlich der russischen Hauptstadt, eingesperrt. Er starb dort im Jahr 1929. Einige Exemplare seiner zweiten Auflage wurden gerettet und in andere Länder verschickt, wo Auflagen veröffentlicht wurden. In Deutschland veröffentlichte Gottfried zur Beek, ein Pseudonym von Ludwig Müller von Hausen, den Text im Jahr 1919. In England wurde 1920 eine Übersetzung von Victor E. Marsden von einer Gesellschaft namens *The Britons* veröffentlicht. In Frankreich veröffentlichte Monsignore Jouin, ein Prälat Seiner Heiligkeit und Experte für freimaurerisch-jüdische Angelegenheiten, die *Protokolle* in der *Revue Internationale des Societés Secrètes*. Urbain Gohier tat dasselbe in *La Vieille France*. In den Vereinigten Staaten wurden die Protokolle, ebenfalls 1920, 1921 in Boston von Small, Maynard & Co. veröffentlicht. Im Jahr 1921 wurden sie von Beckwith Co. in New York veröffentlicht. Spätere Ausgaben erschienen auf Italienisch, Arabisch und Japanisch.

Die Anti-Defamation League of B'nai B'rith war schnell dabei, denunziatorische Schriften in den Vereinigten Staaten zu verbreiten. Eines ihrer Mitglieder, Louis Marshall, „überredete" George Haven Putnam vom New Yorker Verlag Putman & Son persönlich, von der Veröffentlichung der Protokolle abzusehen. Putnam hatte eine Reihe von achtzehn Artikeln des Journalisten Howell Arthur Gwynne, Herausgeber der *Morning Post* in London, mit dem Titel *The Cause of World Unrest* in Buchform vervielfältigt und auf dem Umschlag für die bevorstehende Ausgabe der *Protokolle der Weisen von Zion* geworben. Am 13 Oktober 1920 schrieb Louis Marshall einen Brief an G. H. Putnam, in dem er seinen Wunsch nach einer Neuauflage der Protokolle der Weisen von Zion äußerte. Putnam drückte darin seine Empörung über die Veröffentlichung von Gwynnes Artikeln aus und bezeichnete den Text der

Protokolle als das Werk einer Verschwörerbande: „Die geringste Kenntnis der Geschichte", so sagte er, „und die elementarsten analytischen Fähigkeiten oder auch nur die geringste Vorstellung davon, was der Jude in der Geschichte ist und war, würden genügen, um dieses Buch und die falschen *Protokolle*, auf denen es beruht, als die furchtbarsten Verleumdungen der Geschichte mit Füßen zu treten." Marshall appellierte an den Patriotismus und forderte Putnam auf, von der Veröffentlichung Abstand zu nehmen. In seinem Antwortschreiben vom 15. Oktober widersprach der Verleger Herrn Marshall, wies darauf hin, dass sein Verlag Bücher aller Richtungen veröffentliche, und erinnerte ihn daran, dass „es unmöglich wäre, das Geschäft der Veröffentlichung von Meinungsbüchern zu betreiben, unabhängig davon, ob sich die Ideen auf Themen der Gegenwart oder auf Angelegenheiten der Vergangenheit beziehen, wenn der Verleger die Ansichten des einen oder anderen Autors übernehmen würde." Der Brief endete mit einer Anspielung auf die Redefreiheit und mit dem Angebot, die Dienste des Verlegers für jede Erwiderung in Anspruch zu nehmen, die er zu verfassen wünscht, sei es aus seiner eigenen Feder oder von einer anderen Persönlichkeit seiner Wahl. Am 29. Oktober schrieb Louis Marshall erneut, um die „Theorien" des Verlegers zurückzuweisen. In einem sehr harschen und kompromisslosen Schreiben verwies er auf die vielen Verleger, die sich vernünftigerweise geweigert hatten, die *Protokolle* zu veröffentlichen, und warnte ihn, dass er sich im Falle einer zukünftigen Vervielfältigung keineswegs auf sein Unternehmen verlassen müsse. Am 1. November schrieb Putnam an Marshall und teilte ihm mit, dass er die Veröffentlichung des Buches aufgeben würde. Putnam räumte gegenüber einem der an der Ausgabe Interessierten schriftlich ein, dass er so stark unter Druck geraten sei, dass er nicht nur die Veröffentlichung der *Protokolle* habe aufgeben müssen, sondern auch gezwungen gewesen sei, unverkaufte Exemplare von *World Unrest* zurückzuziehen. Die Drohungen, die er erhielt, schlossen offenbar den Bankrott ein. In der Tat gerieten die Verleger, die nicht nachgaben und das Dokument veröffentlichten, innerhalb von ein oder zwei Jahren in finanzielle Schwierigkeiten.

Henry Ford im Wettstreit: *The Dearborn Independent*

1920 war das Jahr, das den Beginn einer historisch beispiellosen Offensive zur Diskreditierung eines Dokuments und zur Verhinderung seiner Veröffentlichung markierte: Es wurden keine Mühen gescheut, um dieses Ziel zu erreichen. Der Druck auf die Verleger begann bereits Früchte zu tragen und die ADL schüchterte die Inserenten mit ihren Denunziationen ein, als sich in den Vereinigten Staaten eine der berühmtesten Episoden im Kampf gegen das internationale Judentum ereignete. Der Protagonist war Henry Ford. Diesmal war es kein Publizist, der sich leicht einschüchtern ließ, sondern der berühmte Automobilmagnat, ein Traditionalist und konservativer Patriot, der den Mut hatte, ihnen die Stirn zu bieten. Allen Widrigkeiten zum Trotz wagte es Ford, den Text der *Protokolle* auf den Seiten seiner Wochenzeitung *The Dearborn Independent* massiv zu verbreiten. Das war eine unerwartete Überraschung für diejenigen, die die vollständige Kontrolle über die Presse anstrebten. Fords persönlicher Sekretär, Ernest G. Liebold, kaufte die Wochenzeitung im Jahr 1918. Am 11. Januar 1919 erschien die erste Ausgabe unter der Redaktion von Henry Ford, der beschloss, ab März 1920 *die Protokolle der Weisen von Zion* zu veröffentlichen. Die Zeitung, deren Titel *Chronist der vernachlässigten Wahrheit* lautete, erreichte 1925 eine Auflage von fast 800.000 Exemplaren und überlebte trotz aller Angriffe bis Dezember 1927. Heuchlerische Anschuldigungen gegen Fords Haltung wie „Verfolgungen ohne christlichen Geist", „Angriff auf die geistige Verschmelzung der Ethnien" und andere derartige Slogans gingen der Behauptung des „Antisemitismus" durch die ADL und den jüdischen Anwalt Aaron Sapiro aus San Francisco voraus. Die Anti-Defamation League organisierte eine Koalition jüdischer Organisationen, die in der Detroiter Presse immer wieder gegen Ford zu Felde zogen. Woodrow Wilson selbst, ein Präsident, der völlig von einer Gruppe jüdischer Agenten beherrscht wurde, die den Eintritt Amerikas in den Weltkrieg erzwungen hatten, schloss sich vor seinem Ausscheiden aus dem Amt den Anschuldigungen des Antisemitismus an. Es wurde auch ein Boykott gegen Fords Produkte organisiert, und unter dem Druck aller, einschließlich seiner eigenen Familie, war er gezwungen, die Zeitung im Dezember 1927 zu schließen.

Ford, der die Gruppe von Juden um W. Wilson anprangerte und sie mit den Finanziers in Verbindung brachte, die den Krieg angezettelt hatten, schrieb nicht persönlich für seine Zeitung, sondern in seinem Auftrag William J. Cameron, ein bekannter Journalist, der als Herausgeber von *The Dearborn Independent* angestellt *war*. Cameron war es, der Henry Ford 1920 mit Paquita de Shismareff in Kontakt brachte, die nach einem kurzen Aufenthalt in England und Kanada gerade in den Vereinigten Staaten angekommen war. Sie selbst übergab dem Industriellen ein Exemplar der *Protokolle*, das sie aus St. Petersburg mitgebracht hatte. Andere Quellen behaupten jedoch, dass es Boris Brasol, der Autor von *The World at the Crossroads*, war, der Ford die *Protokolle* in englischer Übersetzung übergab. So oder so hatte Ford Informationen aus erster Hand über die Verbrechen, die in Russland von den jüdisch-bolschewistischen Machthabern begangen wurden, die von amerikanischen und europäischen jüdischen Bankiers finanziert wurden. Das in der Zeitung veröffentlichte Material wurde 1920 in einem von Henry Ford selbst unterzeichneten Buch mit dem Titel *The International Jew* gesammelt, das umgehend in andere Sprachen, darunter Spanisch, übersetzt wurde. Theodor Fritsch übersetzte es ins Deutsche, und es wurde in Deutschland, wo man die Ansichten des brillanten Industriellen voll und ganz teilte, so häufig gelesen, dass es bis 1922 zweiundzwanzig Ausgaben von Fritschs Übersetzung gab.

Henry Ford, „ein Selfmademan", ein harter Arbeiter mit eisernem Willen, hatte 1903 die Ford Motor Company gegründet, die 1908 in der Lage war, fünfundzwanzig Einheiten des berühmten Modells T pro Tag zu produzieren. 1913 hatte er das Fließband in Gang gesetzt und war in der Lage, ein Auto in dreiundneunzig Minuten zu produzieren. 1913 hatte er das Fließband in Betrieb genommen und schaffte es, ein Auto in dreiundneunzig Minuten zu produzieren. Das Fließband verlangte von den Arbeitern ein maschinenähnliches Verhalten, das anstrengend war. Ford, der sich der erforderlichen Anstrengung bewusst war, stellte tausend Männer für hundert Arbeitsplätze ein und verdoppelte die Löhne seiner Angestellten, wodurch der Fünf-Dollar-Tag eingeführt wurde, was in der Öffentlichkeit auf Zustimmung stieß. Henry Ford erkannte bald, dass seine Feinde ihm die Kontrolle über das Unternehmen entreißen konnten, indem sie Aktien aufkauften. Also kaufte er 1919 die Aktien aller Aktionäre zu einem sehr hohen Preis. Er, seine Frau und sein Sohn Edsel wurden so zu alleinigen Eigentümern und konnten mit der Ford Motor Company machen, was sie wollten. Das gefiel seinen Gegnern natürlich nicht und sie verglichen ihn mit einem Diktator. Damals errichtete er den größten Industriekomplex der Welt, die „Rouge Plant", die bis zu 100.000 Arbeiter beschäftigte und über ein Krankenhaus, eine Feuerwehr, eine eigene Polizei und etwa 5.000 Wartungsmitarbeiter verfügte. In der „Rouge" befand sich auch *der Dearborn Independent*. Henry Ford wurde zum Mann der Stunde, und so beschloss die Zeitung *New York World* im Februar 1921, ihn zu interviewen. Der Reporter fragte ihn unweigerlich nach seiner Kampagne zur Bekanntmachung *der Protokolle*, woraufhin er antwortete: „Der einzige Kommentar, den ich dazu abgeben werde, ist, dass sie ganz und gar zu dem passen, was vor sich geht". Mit anderen Worten, was in den *Protokollen* steht, war 1921 fast vollständig wahr. Kann jemand, der den Text gelesen hat, leugnen, dass die Welt heute so ist, wie sie in dem Dokument vom Ende des 19.

Das Automobil als Fortbewegungsmittel für jedermann war die Idee, die Ford verfolgte. Deshalb wollte er gute, robuste und langlebige Autos bauen, die sich den schlammigen Straßen der damaligen Zeit anpassen konnten. Luxus und Prunk gehörten nicht zu seinem ursprünglichen Konzept. Um den Kauf seiner Autos zu erleichtern, führte er ein Franchisesystem ein, das es ihm ermöglichte, in jeder Stadt der Vereinigten Staaten und in den großen Städten der Welt einen Händler zu haben. Die Konkurrenz von General Motors, das bald in die Hände von Finanzinstituten fiel, da seine Gründer im Gegensatz zu Ford bald die Kontrolle über ihr Unternehmen verloren, machte das berühmte Modell T jedoch obsolet. Der Markt begnügte sich nicht mit der Nützlichkeit, mit Autos, die für die Mehrheit erschwinglich waren, sondern verlangte nach Stil und Luxus. Also ließ die Ford Motor Company das alte Modell A, das erste Auto von 1903, wieder aufleben und baute es erfolgreich um. Edsel Ford war für die dekorativen Aspekte zuständig und Henry Ford überwachte weiterhin alles, was die Mechanik betraf. Auf die von Spekulanten verursachte Krise von 1929 reagierte Ford mit einer Lohnerhöhung für seine Arbeiter und einer Preissenkung für seine Autos.

Bei den Präsidentschaftswahlen 1932 unterstützte Ford den Republikaner Herbert Hoover, einen Kandidaten, den er für „einen Mann mit Herz, einen ehrlichen, hart arbeitenden Mann, der seit drei Jahren dem Feind gegenübersteht und die Taktik der Mächte der Zerstörung kennt" hielt. Obwohl er gezwungen war, seine Denunziationskampagne 1927 aufzugeben, nahm Henry Ford weiterhin die internationalen jüdischen Finanziers ins Visier, deren Kandidat, Franklin Delano Roosevelt, die Wahl gewann. Ein weiteres Ziel Henry Fords war es, die Gewerkschaften aus der Ford Motor Company herauszuhalten. Doch im Mai 1937 begannen die Gewerkschaftsführer Richard Frankenstein und

Walter Reuther eine Offensive, die 1941 in einem Streik gipfelte. Ford, der von seiner Frau Clara zum Nachgeben aufgefordert wurde, verlor schließlich den Kampf. Trotz dieses jahrelangen Kampfes gegen die Gewerkschaften zollten sieben Millionen Arbeiter im ganzen Land Henry Ford ihren Respekt, als er 1947 an einem Schlaganfall starb.

Über die Urheberschaft der *Protokolle*

Über den oder die möglichen Verfasser der *Protokolle der Weisen von Zion* ist viel geschrieben worden. Wir beginnen mit einem Überblick über das, was Leslie Fry in *Waters Flowing Eastward* schreibt. Sie ist der Meinung, dass alles, was in den vierundzwanzig Protokollen steht, auf die eine oder andere Weise bereits von Gelehrten, Philosophen oder Staatsmännern gesagt worden ist. Was für sie wirklich wichtig ist, ist der außerordentliche Scharfsinn, mit dem die praktische Umsetzung des Plans an die bestehenden Verhältnisse angepasst wurde. Leslie Fry glaubt, im letzten Absatz des Protokolls Nummer dreizehn die Ankündigung der Revolution in Russland zu erkennen: „Um zu zeigen, dass wir alle nichtjüdischen Regierungen in Europa versklavt haben, werden wir unsere Macht demonstrieren, indem wir eine von ihnen einer Herrschaft des Terrors, der Gewalt und des Verbrechens unterwerfen." Wenn man bedenkt, was ab 1917 in Russland geschah, und bedenkt, dass diese Worte etwa zwanzig Jahre zuvor geschrieben wurden, kann man zwei Dinge denken: Entweder war der Autor ein Visionär oder er hatte Insider-Informationen über das, was die weltrevolutionäre Bewegung vorhatte.

L. Fry vertritt die These, dass der Autor des Textes Asher Ginsberg war, dessen Name als Schriftsteller Ahad-Ha'am war. Ginsberg wurde 1856 in Skvira, Provinz Kiew, geboren und stammte aus einer chassidischen Familie. Er erhielt eine rabbinische Ausbildung und heiratete die Tochter eines bekannten Rabbiners namens Menachem Mendel. Im Jahr 1878 lebte Ginsberg in Odessa. Zwischen 1882 und 1884 besuchte er Berlin, Breslau und Wien, wo er Charles Netter, einen der Gründer der Universal Israelite Alliance, kennenlernte, der ihn in die Organisation einführte. In diesen Jahren führten Leon Pinsker und Moses Lilienblum die Bewegung „Hoeveve Zion" (Liebhaber Zions) an, die sich in den 1980er Jahren für eine Rückkehr nach Palästina einsetzte. Das Programm der Bewegung war in der Broschüre *Self-Emancipation (Selbst-Emanzipation)* enthalten, die Pinsker am 1. Januar 1882 anonym auf Deutsch veröffentlichte: „Wir werden keine von anderen gewährte Emanzipation akzeptieren; wir werden uns selbst emanzipieren", hieß es dort arrogant. 1884 kehrte Ginsberg, der auch einen jüdischen Staat in Palästina forderte, nach Odessa zurück und gründete 1889 eine geheime Organisation, „B'nai Moshe „ (Söhne Moses), deren Treffen in seinem Haus in der Yamskaya-Straße stattfanden. Die bekanntesten Mitglieder der Gruppe waren Ben Avigdor, Jacob Einsenstaat, Louis Epstein und Zalman Epstein. Leslie Fry behauptet, dass Ginsberg, der in der Stadt als „König der Juden" bezeichnet wurde, diesen Glaubensgenossen die *Protokolle* vorlas, woraus sie schließt, dass sie zwischen 1880 und 1890 geschrieben worden sein müssen. Auch der russische Oberst Prinzeff sagte in Riga unter Eid aus, dass er die *Protokolle* gesehen habe und dass sie unter den Juden von Odessa zirkulierten.

Die Behauptungen von Leslie Fry über die Lektüre des Dokuments in Odessa wurden auch von William Cameron, dem Sekretär von Henry Ford, bestätigt. Er behauptete, der Jude Herman Bernstein, Detroiter Redakteur der Free Press, habe ihm gegenüber zugegeben, dass er die hebräischsprachigen *Protokolle* in Odessa persönlich gelesen habe. Die ADL beschuldigte Cameron, gelogen zu haben, und er schlug vor, die Angelegenheit vor Gericht zu klären, aber B'nai B'rith nahm die Herausforderung nicht an. Wenn alle diese Aussagen wahr sind, würde dies beweisen, dass der Text in der Stadt Odessa bei Treffen prominenter Juden in Umlauf gebracht wurde. Auf dem ersten zionistischen Kongress, der 1897 in Basel stattfand, war der Text der *Protokolle* Teil der Kongressdokumente. Leslie Fry schreibt Ginsberg eine herausragende Führungsrolle innerhalb der zionistischen Bewegung zu, da ihrer Meinung nach die Größen des Zionismus - Chaim Weizmann, Nahum Sokolov, Jabotinsky und andere - zunächst Schüler von Asher Ginsberg gewesen wären, der in einer seiner Schriften sagte: „Selbst wenn es uns gelingen sollte, einen jüdischen Staat in Palästina zu errichten, wie kann uns diese Errungenschaft zufrieden stellen? Haben wir wirklich jahrhundertelang so viel gelitten, um uns mit der Gründung eines kleinen Staates zufrieden zu geben? Es scheint klar zu sein, dass, wenn Ginsberg die Weltherrschaft anstrebte, Palästina offensichtlich ein geringeres Ziel wäre.

Der Eintritt Amerikas in den Krieg von 1914-18, die britische Besetzung Palästinas und die berühmte *Balfour-Erklärung* von 1917 waren offensichtliche Errungenschaften der zionistischen Agenten in den Jahren der Feuersbrunst. Bereits 1903 hatte Max Nordau, Mitbegründer der Zionistischen Weltorganisation zusammen mit Theodor Herzl, erklärt, dass die zionistischen Ambitionen auf Palästina durch den kommenden Weltkrieg erreicht werden würden. In den *Protokollen* heißt es, dass der „allgemeine Krieg" die Antwort auf jeden Versuch sein würde, sich dem Plan zu widersetzen. Nicht umsonst waren die bolschewistischen Revolutionsführer jüdisch, und fast keiner von ihnen war Russe. Diese jüdischen Kommunisten hatten die Veröffentlichung der *Protokolle* in Russland im Keim erstickt und die Todesstrafe auf diejenigen verhängt, die Kopien der herausgegebenen Bücher besaßen. Die bei der Machtergreifung angewandten Taktiken waren in vielerlei Hinsicht mit den in den *Protokollen* empfohlenen identisch. Dies führte nach dem Krieg zu einem Wiederaufleben des Interesses an der Verbreitung und dem Studium des in den Protokollen dargelegten Plans zur Weltherrschaft.

Zwischen 1919 und 1921 wurde der Kampf um die Beeinflussung der öffentlichen Meinung vor allem in England und den Vereinigten Staaten geführt. Howell Arthur Gwynne, seit 1911 Redakteur von *The Morning Post*, veröffentlichte 1920 in der Zeitung achtzehn Artikel über die *Protokolle*, die später, wie bereits erwähnt, die Grundlage für das Buch *The Cause of World Unrest* bildeten. Im selben Jahr veröffentlichte Victor E. Marsden, Korrespondent derselben Zeitung in Russland während der Revolutionsjahre, seine Übersetzung des Textes in „The Britons Publishing Society". Die

Tatsache, dass Marsden, der mit einer Russin verheiratet war und von den Menschewiki verhaftet und inhaftiert wurde, die russische Sprache gut beherrschte, macht diese Ausgabe zu einer der meist zitierten. Zu diesen Veröffentlichungen kommen noch die bereits erwähnten amerikanischen hinzu. Nichts könnte dem Geist der *Protokolle* mehr widersprechen als diese fortgesetzte Verbreitung des Dokuments, denn in den Protokollen heißt es über die Kontrolle der Information: „Nicht eine einzige Bekanntmachung wird ohne unsere Kontrolle an die Öffentlichkeit gelangen. Schon jetzt erreichen wir dies, da alle Nachrichten von einigen wenigen Agenturen empfangen werden, in deren Büros sie aus der ganzen Welt konzentriert werden. Diese Agenturen werden vollständig uns gehören und nur das veröffentlichen, was wir ihnen schicken. Dies, was heute Realität ist, war zu der fraglichen Zeit noch nicht vollständig erreicht: Zeitungen wie *The Times*, *The Morning Post*, *The Spectator*, *The Dearborn Independent* waren noch nicht unter der absoluten Macht der Verschwörer, obwohl sie nicht im Begriff waren, es zu werden.

Auf den Kampf um die Kontrolle der *Times* wird weiter unten eingegangen, da sie die Zeitung war, mit der die Kampagne gestartet wurde, die die Abfassung der *Protokolle* der zaristischen Geheimpolizei, der „Ojrana", zuschrieb. Noch am 8. Mai 1921 veröffentlichte *die Times*, die damals angesehenste Zeitung der Welt, die Lord Northcliffe (Alfred Harmsworth) gehörte, diese Worte: „Was bedeuten diese Protokolle? Sind sie echt? Sind solche Pläne wirklich von einer Gruppe von Verbrechern ausgearbeitet worden und werden sie ausgeführt? Sind sie eine Fälschung? Wie aber ist dann diese prophetische Gabe zu erklären, die all dies voraussieht? Haben wir all die Jahre gekämpft, um die Weltmacht Deutschland zu vernichten, um uns nun einem weitaus gefährlicheren Feind gegenüber zu sehen? Haben wir uns unter großen Anstrengungen vor der 'pax Germanica' gerettet, um dann der 'pax Judaica' zum Opfer zu fallen...? Wenn die *Protokolle* von den Weisen von Zion geschrieben wurden, dann ist alles, was gegen die Juden versucht und getan wurde, gerechtfertigt, notwendig und dringend." Einige Monate später begann sich die redaktionelle Linie der Zeitung zu ändern.

Am 16., 17. und 18. August desselben Jahres veröffentlichte *die Times* eine Reihe von Artikeln mit dem Titel „The Truth about the Protocols" (Die Wahrheit über die Protokolle), in denen kategorisch behauptet wurde, dass die *Protokolle* nichts anderes als ein plumper Betrug eines Plagiators seien, der ein Buch mit dem Titel *„Dialogue in Hell between Machiavelli and Montesquieu"* (zuerst 1864 in Genf und dann 1865 in Brüssel veröffentlicht) von Maurice Joly paraphrasiert habe. Die Zeitung veröffentlichte in parallelen Spalten Passagen aus beiden Büchern und zog Vergleiche zwischen den Texten. *Die Times*, die sich von der jüdischen Presse distanzierte, rühmte sich ihrer Unparteilichkeit und behauptete, sie habe den Betrug in Wahrheit aufgedeckt. Schließlich verkündete sie, dass unwiderlegbare Beweise erbracht worden seien, und rief dazu auf, die „Legende" der Protokolle bald und für immer zu beenden.

Dass in jenen Augusttagen ein Kampf um die Kontrolle der Zeitung tobte, beweist ein weiterer Artikel, der ebenfalls am 17. August 1921 veröffentlicht wurde und in dem darauf bestanden wird, dass die Ereignisse in Russland in den

Protokollen angekündigt worden waren. Hier ein Auszug: „Diese Dokumente erregten vor der Revolution von 1917 in Russland nur wenig Aufmerksamkeit. Der erstaunliche Zusammenbruch eines großen Staates durch den Ansturm der Bolschewiken und die Anwesenheit unzähliger Juden unter ihnen hat viele Menschen veranlasst, nach vernünftigen Erklärungen für die Katastrophe zu suchen. Die Protokolle lieferten diese Erklärung, zumal die Taktik der Bolschewiki in vielerlei Hinsicht identisch mit den Empfehlungen der Protokolle war."

Am erstaunlichsten ist jedoch die Geschichte, die *die Times* erfunden hat, um zu erklären, wie sie die Fälschung entdeckt hat. In einem Bericht hieß es, dass ein Korrespondent der Zeitung in Konstantinopel, Philip Graves, zufällig einen Russen traf, der als Herr X bezeichnet wurde, eine geheimnisvolle Person, die dem Vertreter der Zeitung den Text von Joly gab, der zur Entdeckung des Plagiats geführt hatte. Dieser Herr X hatte das Exemplar des *Höllendialogs zwischen Machiavelli und Montesquieu* direkt von einem Offizier der „Ojrana", der russischen Geheimpolizei, erhalten. Der Korrespondent fügte in seiner Chronik hinzu, dass die Fälschung zu dem Zweck angefertigt worden sei, das konservative russische Gericht gegen die Juden zu beeinflussen. Insbesondere sollte damit versucht werden, die „eingebildete jüdische Gefahr" plausibel zu machen. Die Veröffentlichung wird von den Juden mit Begeisterung aufgenommen: Am 18. Juli 1921, zeitgleich mit dem dritten Teil des Berichts, veröffentlicht der Zionistenführer Israel Zangwill in derselben Zeitung einen Dankesbrief, der mit folgenden Worten beginnt: „Herr, Ihr Korrespondent in Konstantinopel hat der ganzen Welt einen Dienst erwiesen, indem er die Quelle der Protokolle identifiziert hat...".

Leslie Fry beklagt in *Waters Flowing Eastward*, dass *die Times*, anstatt den Titel des damals anonym erschienenen Buches von Joly korrekt zu zitieren, auf die *Genfer Dialoge* anspielte, um das betreffende Buch zu bezeichnen. Der Schriftsteller ironisierte die mangelnde Strenge und Seriosität der englischen Zeitung und wies auf die Existenz eines zweiten Werks hin, *Machiavelli, Montesquieu und Rousseau*, geschrieben von Jacob Venedey und 1850 in Berlin vom Verleger Franz Dunnicker veröffentlicht. Dieses Buch war die Quelle, aus der Maurice Joly seinen *Dialog in der Hölle zwischen Machiavelli und Montesquieu* abgeleitet hatte. Daraus folgt, und es ist allgemein anerkannt, dass der oder die Verfasser der *Protokolle der Weisen von Zion* bei der Abfassung des Dokuments auf frühere, bereits vorhandene Texte zurückgegriffen haben.

Sehen wir uns nun an, wer Maurice Joly und Jacob Venedey wirklich waren. Beginnen wir mit Letzterem. Vielleicht erinnert sich der Leser, dass Jacob Venedey bereits im vorherigen Kapitel erwähnt wurde. Insbesondere spielte er eine führende Rolle im „Bund der Gerechten", dem geheimen Zweig der Illuminaten, der Karl Marx beauftragte, das *Kommunistische Manifest* zu schreiben. Venedey war Jude. Im Mai 1805 in Köln geboren, wurde er wegen seiner revolutionären Aktivitäten aus Deutschland ausgewiesen und ließ sich 1833 in Paris nieder. Die französische Polizei überwachte ihn, aber dank seiner Freundschaft mit Crémieux und Arago wurde er nicht aus Frankreich ausgewiesen. Venedey war ein persönlicher Freund von Marx und arbeitete mit ihm in Brüssel zusammen, wo Moses Hess 1847 die Umwandlung des Bundes der Gerechten in den Bund der kommunistischen Arbeiter vorschlug. Nach der Revolution von 1848 in Paris ging er nach Deutschland, wo er Mitglied des Revolutionskomitees war. Jacob Venedey war Mitglied der Freimaurerei und gehörte auch den Carbonarii an. Später gehörte er zu den Gründern der Universellen Israelitischen Allianz, deren Gründungsmanifest den Katholizismus als ewigen Feind betrachtete und verkündete, dass die Juden, „eine auserwählte Ethnie, deren Sache groß und heilig sei..., ein Netz über die ganze Welt auswerfen".

Was Maurice Joly betrifft, so enthüllt Gottfried zur Beek im Vorwort zu seiner Ausgabe der *Protokolle*, dass er ein Jude ist, dessen Name Moses Joel war, als er beschnitten wurde. 1935 wurde in einem Londoner Club ein Porträt von Maurice Joly in Freimaureruniform aufbewahrt. Im Berner Prozess, auf den weiter unten eingegangen wird, wurde die jüdische Herkunft des Verfassers der *Höllendialoge zwischen Machiavelli und Montesquieu* bestätigt; es wurde jedoch klargestellt, dass sein jüdischer Name Joseph Levy war und dass der Name Joly aus vier Buchstaben seines Namens zusammengesetzt worden war. Diese Klarstellung erregte im Gerichtssaal, in dem der Prozess stattfand, großes Aufsehen. Wenn man bedenkt, wie leicht es für manche Juden war, ihren Namen zu ändern, wie wir bei den Frankisten gesehen haben, sollten diese Verschleierungen der Identität nicht mehr überraschen. Unabhängig davon, ob es sich um Joel, Levy oder Joly handelte, ist es interessant zu wissen, dass diese Person stark von Adolphe Isaac Crémieux beeinflusst wurde, was bedeutet, dass er ebenfalls in den Kreis der Universal Israelite Alliance einzuordnen ist. Sein Hass auf Kaiser Napoleon III., der von Crémieux selbst geschürt wurde, veranlasste ihn, die *Dialoge* anonym zu veröffentlichen. Joly erklärte sich zunächst zum Sozialisten und wurde später zum Kommunisten. 1865 wurde er verhaftet und verbrachte unter dem Vorwurf der Aufstachelung zum Hass und zur Verachtung der Regierung zwei Jahre im Gefängnis. Nach seiner Entlassung aus dem Gefängnis gründete er mit Hilfe von Crémieux, Jules Favre, Arago und anderen die Zeitung *Le Palais*. Im Jahr 1878 beging er Selbstmord. An seiner Beerdigung nahmen Crémieux und sein Adoptivsohn, der berühmte Léon Gambetta, teil, der eine Grabrede hielt.

Die Schlussfolgerungen scheinen klar zu sein. Alle Texte, die laut *The Times* als Quellen für die *Protokolle der Weisen von Zion* dienten, wurden von jüdischen Revolutionären verfasst, die sich auch im Umfeld von Karl Marx und dem Kommunismus bewegten, sowie im Umfeld von Adolphe Crémieux und der Universal Israelite Alliance, einer jüdischen Organisation, die erklärt hatte, dass sie „alle Reichtümer und Schätze der Welt als Eigentum der Kinder Israels" anstrebe. Auch Rabbi Baruch Levy hatte in seinem Brief an Marx geschrieben, dass die Zeit kommen würde, in der „die Verheißung des Talmuds, wonach die Juden, wenn die Zeit des Messias kommt, den Besitz aller Völker der Erde besitzen werden", in Erfüllung gehen würde. Es ist allgemein anerkannt, dass sich viele Passagen der *Protokolle* in den *Höllendialogen zwischen Machiavelli und Montesquieu* wiederfinden. Es ist also davon auszugehen, dass der Verfasser der *Protokolle* sich auf die Texte eines Juden, Joly, gestützt oder diese teilweise plagiiert hat, der wiederum von einem anderen Juden, Venedey, plagiiert hat. Mit anderen Worten: Der jüdische Verfasser des Dokuments hat sich Texte zunutze gemacht, die zuvor von anderen Juden verfasst worden waren und in denen dieselben Ideen zum Ausdruck kamen.

Auch Lord Northcliffe steht auf: Kontrolle der *Times*

Am 27. August 1921, zehn Tage nachdem *die Times* versucht hatte, die Affäre um *die Protokolle* zu den Akten zu legen, veröffentlichte eine andere „unkontrollierte" Zeitung, *der Spectator*, einen Artikel von Lord Sydenham, damals eine angesehene Autorität, der erneut eine Untersuchung forderte. Für Sydenham war das auffälligste Merkmal des Papiers eine seltsame Art von Wissen, die es ermöglicht hatte, eine Reihe von Prophezeiungen zu machen und zu erfüllen. Dies war eine der letzten Gelegenheiten, bei denen große Zeitungen gegen die allmächtigen zionistischen Juden Stellung bezogen: Der Eigentümer der *Times*, Lord Northcliffe, wurde mit der Begründung ins Abseits gestellt, er sei verrückt geworden. *Die Morning Post* sah sich einer Kampagne von Vorwürfen und Verleumdungen ausgesetzt, die den Eigentümer veranlasste, die Zeitung zu verkaufen. Henry Ford sah sich bekanntlich 1927 gezwungen, sich öffentlich zu entschuldigen und die Veröffentlichung von *The Dearborn Independent* einzustellen.

Douglas Reed, Autor des Buches *The Controversy of Zion*, ist eine Quelle aus erster Hand darüber, wie Lord Northcliffe abgesetzt wurde. Im Jahr 1922 arbeitete Douglas Reed für die berühmte englische Zeitung und war Lord Northcliffes Sekretär. Wir werden daher von nun an seiner Version der Ereignisse folgen. Alfred Charles William Harmsworth, Lord Northcliffe (Dublin 1865 - London 1922) war als „Napoleon der Presse" bekannt, da er nicht nur der Haupteigentümer der *Times* (ab 1908) war, *sondern* auch Eigentümer *der Daily Mail*, die um die Jahrhundertwende eine Auflage von einer Million Exemplaren hatte, der Sonntagszeitung *The Observer*, des *Daily Mirror* und anderer kleinerer Zeitungen. Northcliffe hat einmal eine Definition von Nachrichten gegeben, die in informationswissenschaftlichen Fakultäten gelehrt werden sollte: „Nachrichten sind das, was jemand irgendwo zu unterdrücken versucht, der Rest ist nur Propaganda". Genau das geschah mit den Nachrichten, die Robert Wilton, Korrespondent *der Times* in Russland, nach der Revolution an die Zeitung schickte: Jemand unterdrückte sie[36]. Northcliffe, obwohl ein

---

[36] Carrol Quigley, der Autor des berühmten Buches „*Tragedy and Hope*", gibt in seinem Buch „*The Anglo-American Establishment*" (*Das angloamerikanische Establishment*) weitere Einblicke in das, was hinter den Kulissen geschah, um die berühmte Zeitung zu kontrollieren. Quigley enthüllt, dass die Milner-Gruppe, zu der die Astors gehörten, die Zeitung seit 1912 kontrollierte. Alfred Milner und Cecil Rhodes hatten bereits den Round Table gegründet, der im 20. Jahrhundert zum einflussreichsten Geheimbund werden sollte. Drei Organisationen, die aus dem Runden Tisch hervorgegangen sind, bilden heute die wichtigsten Macht- und Entscheidungszentren: das RIIA (Royal Institute of International Affairs), das 1919 in London gegründet wurde, der CFR (Council of Foreign Relations), der 1921 in New York gegründet wurde, und das IPR (Institute of Pacific

mächtiger Zeitungsmagnat, war ein integrer Mann, der gegen die Geschehnisse in Russland Stellung bezogen hatte und im Mai 1920 einen Artikel über die *Protokolle* in der *Times* abdrucken ließ, in dem er eine unparteiische Untersuchung forderte: „Sollen wir die ganze Sache ohne Untersuchung abtun und zulassen, dass ein Buch wie dieses unkontrolliert erscheint?"

Im Januar 1922 reiste Lord Northcliffe in Begleitung des Journalisten J. M. N. Jeffries nach Palästina, der später mit *„Palestine: The Reality"* ein mittlerweile klassisches Buch über diese Zeit veröffentlichte. Lord Northcliffe, der in Begleitung des Herausgebers *des Manchester Guardian* reiste, verschaffte sich ein genaues Bild von der Lage vor Ort und schrieb im Gegensatz zu anderen Zeitungen unabhängig von dort eine Reihe von Artikeln: „Meiner Meinung nach haben wir, ohne ausreichend darüber nachzudenken, Palästina als Heimat für die Juden gesichert, obwohl siebenhunderttausend muslimische Araber hier leben und das Land besitzen..... Die Juden schienen den Eindruck zu haben, dass ganz England sich der Sache des Zionismus verschrieben hat, ja enthusiastisch ist; und ich sagte ihnen, dass dies nicht so ist, und dass sie sich davor hüten sollten, unser Volk für die heimliche Einfuhr von Waffen zum Kampf gegen die siebenhunderttausend Araber zu verpflichten..... Es wird Ärger geben in Palästina... die Leute hier trauen sich nicht, den Juden die Wahrheit zu sagen. Sie haben ein wenig von mir bekommen."

Entweder war Lord Northcliffe ein Mann mit sehr starken Prinzipien oder er hatte keine Ahnung, mit wem er es zu tun hatte. Seine Zeitungen, die Millionen von Menschen erreichten, zu nutzen, um die Wahrheit über die Palästina-Affäre zu sagen und eine Untersuchung über den Ursprung der *Protokolle* zu fordern, war eine Herausforderung. Mit seiner Haltung wurde er zu einem gefährlichen Mann, zu einem Gegner skrupelloser Verschwörer, für die der Zweck die Mittel heiligt. Die Person, die auserwählt wurde, um Lord Northcliffe von der *Times* zu entfernen, war Henry Wickham Steed, der 1919 von Lord Northcliffe selbst, der zwar Hauptaktionär, aber nicht alleiniger Eigentümer der Zeitung war, zum Leiter der internationalen Abteilung und Herausgeber der Zeitung ernannt worden war. Während alle Zeitungen, die ihm gehörten, seine Artikel über Palästina veröffentlichten, weigerte sich *die Times*, dies zu tun. Wickham Steed weigerte sich, Palästina zu besuchen, als Lord Northcliffe ihn darum bat, und er wollte auch nicht gegen zionistische Interessen schreiben, obwohl er ein Telegramm des Mehrheitseigentümers erhalten hatte, in dem er um einen redaktionellen Artikel bat, der die Haltung von Lord Balfour, dem Minister des Außenministeriums, gegenüber dem Zionismus anprangerte.[37]

Relations), das 1925 gegründet wurde. Obwohl sie nicht Eigentümer *der Times* war, hatte die Milner-Gruppe von 1912 bis 1919 einen entscheidenden Einfluss auf die Zeitung. Nur in den drei Jahren, in denen Lord Northcliffe von 1919 bis 1922 versuchte, die Kontrolle über die Zeitung zu erlangen, konnte die Milner-Gruppe laut Quigley ihre Dominanz über die Londoner Zeitung nicht ausüben.

[37] Wie Douglas Reed in *The Controversy of Zion (Der Streit um Zion)* hervorhebt, wird all dies in der *offiziellen Geschichte der Times* (1952) „mit überraschender Offenheit" wiedergegeben.

Am 26. Februar 1922 verließ Lord Northcliffe Palästina aus Verärgerung über die Weigerung von Wickham Steed, seine Anweisungen zu befolgen. Am 2. März 1922 übte er auf einer Konferenz im Verlagshaus heftige Kritik an der Weigerung des Verlegers. Lord Northcliffe verlangte den Rücktritt von Wickham Steed und konnte nicht verstehen, wie dieser nach einer öffentlichen Rüge in seinem Amt bleiben konnte. Anstatt zu kündigen, beschloss der umstrittene Herausgeber, einen Anwalt zu konsultieren, um herauszufinden, unter welchen Umständen eine Entlassung als unrechtmäßig angesehen werden könnte. Zu diesem Zweck konsultierte er am 7. März Lord Northcliffes eigenen Rechtsberater, der Wickham Steed plötzlich mitteilte, dass Lord Northcliffe „abnormal" und „geschäftsunfähig" sei und dass er, seinem Aussehen nach zu urteilen, „wahrscheinlich nicht mehr lange leben würde". Sein Rat an den Herausgeber lautete, dass er seinen Posten behalten sollte. Wickham Steed reiste einige Tage später nach Pau in Frankreich, um Lord Northcliffe zu besuchen. Der Herausgeber entschied am 31. März, dass Northcliffe in der Tat „anormal" sei und informierte einen der Redakteure der *Times*, dass „er verrückt werde". Mit anderen Worten, es war der Redakteur, den Lord Northcliffe ersetzen wollte, der ihm seine Geisteskrankheit unterstellte.

Am 3. Mai 1922, so berichtet Douglas Reed, nahm Lord Northcliffe an einem Abschiedsessen für den Herausgeber einer seiner Zeitungen teil und „war in bester Form". Einige Tage später, am 11. Mai, hielt er vor der Empire Press Union „eine ausgezeichnete und wirkungsvolle Rede", und „viele Leute, die ihn für 'abnormal' gehalten hatten, glaubten, sie hätten sich geirrt". Einige Tage später wies er den Chefredakteur *der Times* per Telegramm an, den Rücktritt von Wickham Steed zu veranlassen. Der leitende Redakteur sah in den erhaltenen Anweisungen nichts „Abnormales" und hatte „nicht die geringste Sorge um Northcliffes Gesundheit". Ein anderer Direktor, der ihn ebenfalls am 24. Mai sah, „hielt Lord Northcliffes Leben für genauso gefährdet wie sein eigenes" und stellte „nichts Ungewöhnliches in Northcliffes Benehmen und Aussehen" fest.

Am 8. Juni 1922 bat Lord Northcliffe Wickham Steed aus Boulogne, ihn in Paris zu treffen. Sie trafen sich am 11. Juni und Northcliffe kündigte dem Herausgeber an, dass er persönlich die Redaktion der Times übernehmen würde. Am nächsten Tag, dem 12. Juni, fuhren sie gemeinsam mit dem Zug nach Evian-les-Bains. Irgendwo auf der Strecke brachte Wickham Steed heimlich einen Arzt in den Zug. Bei der Ankunft in der Schweiz wurde „ein brillanter französischer Neurologe" (Anonymus) hinzugezogen, der am Nachmittag bescheinigte, dass Lord Northcliffe geisteskrank sei. Wickham Steed kabelte sofort die Anweisung an die Zeitung, alles, was von Lord Northcliffe geschickt wurde, zu ignorieren und nicht zu veröffentlichen. Am 13. Juni reiste Wickham Steed ab und wurde nie wieder gesehen. Am 18. Juni kehrte Lord Northcliffe nach London zurück, wurde aber jeglicher Kontrolle entzogen und sogar daran gehindert, mit seinen Unternehmen zu kommunizieren. Seine Telefone bei der „*Times*" wurden abgeschaltet. Der Manager postierte sogar Polizisten vor der Tür, um ihn am Zugang zu den Büros der Zeitung zu hindern. Am 14. August 1922 starb Lord Northcliffe, vermutlich an einer eitrigen Endokarditis. In seinem Testament hatte er verfügt, dass jeder seiner sechstausend Angestellten drei Monatsgehälter erhalten sollte. Einem pathetischen Wikipedia-Bericht zufolge starb Lord Northcliffe im Alter von 57 Jahren in London an Erschöpfung.

In *The Controversy of Zion* berichtet Douglas Reed, dass der Bericht, den wir in Auszügen wiedergegeben haben, 1952, dreißig Jahre nach Lord Northcliffes Tod, ans Licht kam und dass er ihn aus einer offiziellen Publikation wie der *Official History* of *The Times* übernommen hat. Der Meister des Journalismus fügt hinzu, dass niemand, außer einem kleinen Kreis enger Mitarbeiter, die geringste Ahnung davon hatte, was 1922 geschehen war. Reed ist der Ansicht, dass es in der Geschichte keinen Präzedenzfall dafür gibt, dass Informationen über die Verschleppung und das Verschwinden eines so reichen und mächtigen Mannes unter so mysteriösen Umständen verschwiegen wurden. Reeds Aussage ist besonders wertvoll, da er bei der Zeitung arbeitete und Lord Northcliffe ihn in den ersten Junitagen aus Boulogne anrief, als er die Entlassung von Wickham Steed vorbereitete. Reed sagt, dass die Einstellung und das Verhalten, das er bei Northcliffe beobachtete, dem entsprachen, was ihm von seinen Mitarbeitern gesagt worden war; er fügt jedoch hinzu: „Lord Northcliffe war überzeugt, dass sein Leben in Gefahr war, und sagte dies auch mehrmals; insbesondere sagte er, dass er vergiftet worden sei". Reed, der sechzehn Jahre lang bei der Zeitung blieb, sagt, dass er nach seiner Rückkehr nach London mit Northcliffes Bruder Lord Rothermere und George Sutton, einem leitenden Mitarbeiter, sprach, die beide seine Meinung hören wollten.

Es bleibt nur noch zu klären, wer die *Times* übernommen hat. Am 22. Juli 1922 meldete die Osloer *Zeitung National Tidscrift*, dass ein gewisser jüdischer Bankier die *Times* of London gekauft habe. Heute weiß man, dass die Zeitung nach dem Tod von Lord Northcliffe im Jahr 1922 von den Astors gekauft wurde. Fritz Springmeier liefert in seinem Werk *Bloodlines of the Illuminati* eine Fülle von Informationen über diese Familie jüdischer Abstammung, deren Ursprünge im Verborgenen geblieben sind. John Jacob Astor (1763-1848), der erste bekannte Astor, wurde in Waldorf, Deutschland, geboren. 1784 kam er in die Vereinigten Staaten, wo er Meister der Niederländischen Loge Nummer 8 in New York war. Präsident Jefferson, ein Illuminat, der Weishaupt für einen Wohltäter der Menschheit hielt, und Gallatin Mackey, der illuminierte satanistische Freimaurer, der Sekretär des Obersten Rates von Charleston war, waren seine Verbindungen. Dr. John Coleman enthüllt in seinem Buch „*Das Komitee der 300*", dass er ein enormes Vermögen im chinesischen Opiumhandel machte, was es ihm ermöglichte, große Grundstücke in Manhattan zu erwerben. Seitdem, so Coleman, befinden sich die Immobilien in Manhattan in den Händen von Mitgliedern des Komitees der 300. John Jacob Astor gehörte zu einem Komitee, das die Familien ausgewählter Amerikaner auswählte, die am lukrativen Opiumgeschäft teilnehmen durften. Coleman bringt ihn auch mit der East India Company und folglich mit dem britischen Geheimdienst in Verbindung. Es sei daran erinnert, dass der britische Nachrichtendienst, wie in Kapitel zwei erwähnt, in den Händen der Ostindien-Kompanie lag, bis Lord Shelburne, der dem Geheimausschuss der Ostindien-Kompanie vorstand und der Mann der anglo-holländischen Oligarchen-Finanziers war, den SIS (Secret Intelligence Service) organisierte. Astor wurde Bankier und übernahm einen großen Teil der Aktien der von Alexander Hamilton gegründeten Bank of the United States. Springmeier zufolge ist die Neigung zur Geheimhaltung charakteristisch für die Astors, eine Familie, die sich im Umfeld der Warburgs und Morgans bewegt, den jüdischen Bankiers, die den Ursprung des US-Notenbankkartells bilden. Wir könnten noch weiter fortfahren, aber wir denken, dass dies für den Leser ausreicht, um zu verstehen, wer die Verschwörer waren, gegen die Lord Northcliffe den Mut hatte, aufzustehen. *Die Times* wurde von John Jacob Astor V. gekauft.

Die Berner Prozesse

Das Bestreben, die *Protokolle* zu begraben und ihr Vergessen zu fördern, veranlasste das internationale Judentum 1933, Silvio Schnell, den Schweizer Herausgeber des Textes, Georg Haller, den Herausgeber der nationalsozialistischen Zeitung *Eidgenossen*, Juris Johann Konrad Mayer, den Rechtsberater der Zeitung, Walter Äbersold, ein Mitglied der Nationalen Front, und Theodor Fischer anzuzeigen. Die Klage wurde von zwei Organisationen der Schweizerischen Israelitischen Gemeinde, dem Schweizerischen Israelitischen Gemeindebund, vertreten durch Dr. Matti, und der Israelitischen Kultusgemeinde Bern, vertreten durch Georges Brunschvig, eingereicht, die beide die Untersagung der Veröffentlichung des Dokuments beantragten. Die Anwälte der Angeklagten waren Ursprung und Ruef. Die wahren Absichten des Prozesses wurden durch den Oberrabbiner von Stockholm, Marcus Ehrenpreis, einen der Zeugen der Anklage, verdeutlicht, der sich sogar erlaubte, während des Prozesses zu weinen. Laut Ehrenpreis, der Sekretär des von Theodor Herzl geleiteten Komitees in Basel war, war dies kein Prozess gegen Schnell und seine Kollegen, sondern der Prozess aller Israeliten der Welt gegen alle ihre Verleumder. Sechzehn Millionen Israeliten", sagte er, „schauen auf Bern". Die Vorverhandlung begann am 16. November 1933, aber der Prozess verzögerte sich um fast ein Jahr, da die Angeklagten versuchten, den Richter abzulehnen, der in erster Instanz Walter Meyer war, ein Schweizer marxistischer Richter, der sein Urteil im Mai 1935 verkündete. Die Verteidigung der Angeklagten legte Berufung bei einem höheren Gericht ein, und am 1. November 1937 erging ein zweites Urteil.

Ein Kommentar zu den Ereignissen vermittelt dem Leser eine Vorstellung davon, wie sich der Prozess vor dem erstinstanzlichen Gericht abspielte. Silvio Schnell war Nationalsozialist und hatte bei einer Versammlung von Schweizer Nationalisten Exemplare der deutschen Ausgabe der *Protokolle* verteilt. Die Staatsanwaltschaft stützte sich auf einen Artikel des Gesetzes des Kantons Bern, in dem von „sittenwidrigem Schrifttum" und „Aufwiegelung durch die Presse" die Rede ist. Die Tatsache, dass die Angeklagten Mitglieder der Nationalen Front, einer nationalsozialistischen Partei der Schweiz, waren, machte die Nazis zu einer interessierten Partei in dem Prozess, der nach einer Verschiebung im Jahr 1933 am 29. Oktober 1934 begann. Richter Walter Meyer ließ eine große Anzahl von Zeugen zur Unterstützung der Kläger zu, während er für die Angeklagten nur einen einzigen Zeugen, Dr. Zander, zuließ.

Die Kläger beschlossen, zunächst einen vermeintlich angesehenen Zeugen aufzurufen, keinen geringeren als Chaim Weizmann, einen Anhänger von Asher Ginsburg, einem der Großen des Zionismus, dem Architekten der *Balfour-Erklärung*, der 1948 Israels erster Präsident werden sollte. Weizmann, der natürlich bestritt, dass sie die Weltherrschaft anstrebten, erklärte: „Diese Protokolle entstammen sicherlich einer kranken Fantasie... etwas von einem anderen Planeten." Armand Alexander du Chayla, der als nächster aussagte, war kein geschönter Zeuge mehr. Die Anwälte der Anklage übergaben dem Richter Artikel über die *Protokolle*, die Du Chayla 1921, am 12. und 13. Mai sowie am 1., 2. und 3. Juni, in der Zeitung *Dernières Nouvelles* veröffentlicht hatte. Du Chayla, der sich als russisch-orthodoxer Christ mit französischer Staatsbürgerschaft ausgab, sagte, er sei 1909 in Russland gewesen und habe Sergej Nilus getroffen, den er als Paranoiker bezeichnete, dessen Gedanken sich um das Kommen des Antichristen drehten. Du Chayla erklärte, dass Nilus ihm die *Protokolle* in französischer Sprache zu lesen gegeben habe. Er fügte hinzu, dass er sich daran erinnere, dass das Manuskript auf der ersten Seite einen schwachen blauen Tintenfleck aufweise und dass Nilus ihm gesagt habe, es sei das Original.

Dieser blaue Tintenklecks zwingt uns dazu, eine Figur vorzustellen, die wir eigentlich vermeiden wollten, da sie keine Glaubwürdigkeit verdient. Es handelt sich um Prinzessin Radziwill, eine Abenteurerin, die um die Jahrhundertwende versuchte, den Milliardär Cecil Rhodes in Südafrika zur Strecke zu bringen. Catherine Radziwill machte ihm einen Heiratsantrag, doch Rhodes lehnte ab, woraufhin sie sich rächte, indem sie ihn des Kreditbetrugs beschuldigte. Diese intrigante Frau wurde am 11. März 1921 von Isaac Landman in der *amerikanischen hebräischen* Zeitung in New York interviewt. Sie hatte sich von Prinz Wilhelm Radziwill getrennt und 1914 einen Ingenieur namens Kolb geheiratet, von dem sie sich kurz darauf ebenfalls trennte. Zum Zeitpunkt des Interviews trug sie bereits den Nachnamen Dunvin, den Nachnamen ihres dritten Ehemanns. Radziwill/Kolb/Dunvin gaben an, dass die Protokolle nach dem japanischen Krieg (1904-1905) verfasst wurden. Sie sagte, dass sie 1905 in Paris lebte, als sie eines Tages von einem gewissen Golowinsky, einem Geheimpolizisten, der sie kannte, aufgesucht wurde, der ihr offenbarte, dass der Leiter der russischen Auslandspolizei, Pjotr Ratschowski, sie beauftragt hatte, ein falsches jüdisches Verschwörungsprotokoll zu schreiben. Radziwill sagte, Golowinsky habe ihm ein Manuskript gezeigt, das kürzlich von ihm und einem abtrünnigen Juden namens Manassewitsch Manuilow verfasst worden war und auf der ersten Seite einen großen blauen Tintenfleck aufwies. Du Chayla behauptete in seiner Aussage vor dem Berner Gericht, er habe genau das gleiche Originalmanuskript 1909 im Haus von Nilus gesehen. Diese anekdotischen, erfundenen Details, Erfindungen von Wahnvorstellungen, sind nichts als Unwahrheiten, Scherzartikel, mit denen versucht wird, den Leichtgläubigen diese unmöglichen Kuriositäten vorzugaukeln. Lesly Fry berichtet, dass Prinzessin Catherine Radziwill sich später selbst widerspricht, denn sie selbst sagt, ob aus Ablenkung oder unbewusst, dass General Cherevin ihr bei seinem Tod 1896 seine Memoiren übergab, in denen die *Protokolle* enthalten waren.

Andererseits ist der Ruf von Radziwill, der Tochter eines Juden, der in Monaco ein Wettbüro betrieb, wie in Bern bekannt wurde, schwärzer als Schuhcreme. Wir könnten noch seitenlang über die Lügen, Urkundenfälschungen und anderen Betrügereien berichten, die den Lebenslauf dieses zwanghaften Lügners und Betrügers zieren.

Der Richter fragte den Zeugen, ob er glaube, dass Nilus die *Protokolle* für echt halte, worauf Alexander du Chayla antwortete: „Ich hatte den Eindruck, dass Nilus selbst an der Echtheit der *Protokolle* zweifelte". Dieser Zeuge meinte dann, der Text sei in Russland verbreitet worden, um den Zaren zu einer reaktionären, antijüdischen Haltung zu bewegen. Die nächste Frage des Richters lautete, ob Nilus die Protokolle selbst gefälscht habe. Die Antwort lautete, dass dies unmöglich sei, denn Nilus sei ein ehrlicher Mann, der zwar nicht für seine geistige Gesundheit garantieren könne, aber von der Idee besessen sei, dass die Freimaurer und die Juden unter einer Decke steckten, um Russland und die christliche Welt zu zerstören. Schließlich sagte dieser Zeuge aus, Nilus habe darauf bestanden, dass er die *Protokolle* indirekt von dem Polizisten Ratchkovsky erhalten habe, der eine hohe Position in der offiziellen Hierarchie innehatte.

Die nächsten Zeugen waren Sergei Svatikov und Vladimir Burtsev, die dafür verantwortlich waren, dass das Gericht die Geschichte über Prinzessin Catherina Radziwill schluckte. Dem Anwalt der Angeklagten, Ruef, gelang es, Folgendes zu beweisen: 1. Catherina Radziwill hatte nie einen Wohnsitz in Paris. 2. Burtsev hatte den Fehler gemacht, zu behaupten, dass Ratchovsky in den Jahren 1904-1905 nie in der französischen Hauptstadt war. 3. die berühmte Prinzessin Radziwill war die Tochter eines Juden namens Blanc. Diese Verteidigungsleistungen wurden der Öffentlichkeit von der Zeitung „*Die Front*" in einem am 4. Mai 1935 veröffentlichten Bericht vorgestellt.

Waters Flowing Eastward berichtet über weitere Artikel von Alexander du Chayla, die er bei der Verhandlung wahrscheinlich nicht erwähnen wollte. Einer erschien am 14. Mai 1921 in der *Tribune Juive* in Paris, ein anderer am 13. Juni in der heftig kommunistischen *New York Call*. Keines dieser beiden Medien scheint für einen vermeintlich orthodoxen Christen angemessen. Tatsächlich erwähnt Nilus Alexander du Chayla in einem seiner Bücher und sagt, er habe ihn für einen Anhänger der russisch-orthodoxen Kirche gehalten. Leslie Fry gibt einen Text von Tatiana Fermor vom 9. Juni 1921 in Paris wieder. Diese Frau kannte die Person, die sie als Graf du Chayla bezeichnet, persönlich. Sie traf ihn in einem Kloster in der Nähe von Moguileff, wo sie ihre Sommerferien verbrachte, und wurde ihm vom Abt, Archimandrit Arsene, vorgestellt. Du Chayla erzählte ihr, dass er Russisch und die orthodoxe Religion studierte, der er sich nach eigenen Angaben verschrieben hatte. Tatiana Fermor zufolge versuchte er, einen noch größeren orthodoxen Eifer an den Tag zu legen als der Patriarch selbst, was ihn sogar dazu veranlasste, zwei wunderschöne Engelsskulpturen aus der Renaissance aus der Klosterkapelle zu entfernen, weil er sie für zu katholisch hielt. Fermor berichtet, dass Graf du Chayla ihm gegenüber seinen Hass auf die Juden zum Ausdruck brachte und so weit ging zu sagen, dass „ein gutes Pogrom in Russland nötig sei". Du Chayla empfahl

Tatiana Fermor, die Bücher von Drumont, dem Autor des Buches *Jüdisches Frankreich,* zu lesen, um zu verstehen, in welchem Ausmaß die Juden Frankreich erobert hatten. Kurzum, Fermor erklärt, dass die kirchliche Karriere dieses Zeugen für die Kläger in Bern kometenhaft verlief, was es ihm ermöglichte, sich mit Bischöfen anzufreunden, die für ihre strenge Orthodoxie bekannt waren, und den berühmten Salon der Gräfin Ignatieff zu besuchen. Sein gesellschaftlicher Aufstieg führte dazu, dass er sich in der Politik engagierte, bis hin zur Unterstützung des Grafen Bobrinsky, dem Führer der panslawistischen Partei. Er führte sogar gewalttätige Rassenkampagnen gegen Polen und Finnen. Bei Ausbruch des Krieges war Alexander du Chayla Student an der Theologischen Akademie in Petrograd und wurde zum Leiter eines von Bischof Pitirim organisierten Feldlazaretts ernannt. Tatiana Fermors Bericht schließt mit den Worten: „Ich habe ihn dann aus den Augen verloren, bis ich nach der Revolution hörte, dass er als Agent provocateur die Kosaken gegen die Weiße Armee aufhetzte. 1919 wurde du Chayla vor ein Kriegsgericht gestellt und wegen aufrührerischer Aktivitäten zugunsten der Sowjets verurteilt. Das Urteil wurde in den Zeitungen der Krim veröffentlicht". Mit anderen Worten: Alexander du Chaila, einer der Hauptzeugen im Berner Prozess, war ein eingeschleuster Agent der Kommunisten, einer von vielen, die vor der Revolution in Russland tätig waren.

Im November 1934 war die Reihe der Zeugen für die Kläger zu Ende, da nur einer für die Verteidigung zugelassen worden war. Der Richter hatte beschlossen, Sachverständige zu benennen, die vier Fragen prüfen sollten: Sind die *Protokolle der Weisen von Zion* eine Fälschung, sind sie ein Plagiat, und wenn ja, was ist ihre Quelle? Wenn ja, was ist ihre Quelle, und fallen die *Protokolle* unter den Begriff „Schundliteratur"? Arthur Baumbarten war der Sachverständige der Kläger. Carl Alber Loosli, angeblich neutral, fungierte als Sachverständiger des Gerichts. Oberst Ulrich Fleischhauer war der Sachverständige der Beklagten. Die Tatsache, dass dieser Sachverständige keine Zeit hatte, sein Gutachten zu erstellen, zwang die Verteidigung, eine Vertagung des Prozesses zu beantragen. Der Richter gewährte einen Aufschub von sechs Monaten und setzte die Wiederaufnahme des Prozesses auf den 29. April 1935 fest.

Die Anwälte der Beklagten reichten Klagen gegen die Zeugen ein, die jedoch am 4. Januar 1935 abgewiesen wurden. Am 17. März wurde eine neue Klage gegen einige Zeugen eingereicht. Am 26. April 1935 meldete die *Jewish Daily Post*, dass der für den 29. April angesetzte Prozessbeginn verschoben worden sei, da Silvio Schnell, einer der Angeklagten, zehn Zeugen wegen Falschaussage verklagt habe. Die Nachricht von der Verschiebung erwies sich als falsch und der Prozess begann am vorgesehenen Datum, aber die Ankündigung veranlasste Personen, die geplant hatten, nach Bern zu reisen, um dem Prozess beizuwohnen, ihre Reise zu verschieben. Der Gerichtssaal war mit jüdischen Sympathisanten aus ganz Europa gefüllt, und der Anwalt der Angeklagten hatte den Richter um 30 Eintrittskarten gebeten, damit seine Anhänger den Prozess besuchen konnten. Am 28. April hatte dieselbe Zeitung das Urteil bereits im Voraus gefällt: „Dass das Buch eine dreiste Fälschung ist, versteht sich von selbst. Es geht nicht darum, die Behauptungen zu beweisen oder zu widerlegen. Die Sache ist erledigt. Jetzt kommt es darauf an, dass diese Widerlegung so weit wie möglich publik gemacht wird..... Das Urteil sollte weithin bekannt gemacht werden."

Unmittelbar nach der Wiederaufnahme des Prozesses bestanden die Angeklagten darauf, gegen die Zeugen, die unwahre Aussagen gemacht hatten, gerichtlich vorzugehen. Der Richter teilte mit, dass die Strafanzeigen gegen die Zeugen mangels Grundlage abgewiesen worden seien, machte aber eine Ausnahme: Der Zeuge Wladimir Burtsew, ein russischer Journalist, sollte strafrechtlich verfolgt werden, weil er vor Gericht behauptet hatte, General Globitchoff habe ihm gesagt, die *Protokolle* seien eine Fälschung, was sich als Lüge erwies, da der General selbst, der noch lebte, vehement bestritt, die ihm von Burtsew zugeschriebenen Aussagen gemacht zu haben. Diese Information erschien in der Zeitschrift *Die Front*, wurde aber in keinem anderen Medium erwähnt.

Als das Gericht seine Sitzungen wieder aufnahm, kamen geheime Dokumente ans Licht, die die sowjetische Regierung dem Sachverständigen Loosli zur Verfügung gestellt hatte. Natürlich bat der Sachverständige der Angeklagten, Fleischhauer, um die Erlaubnis, diese Dokumente einzusehen; er durfte jedoch nur einen Blick darauf werfen. Dieser Blick genügte ihm, um zu erkennen, dass einige der Dokumente gefälscht sein könnten, was ihn zu der Annahme veranlasste, dass sie falsche oder fehlerhafte Informationen enthalten könnten. Fleischhauer bestand darauf, dass er die Dokumente in Ruhe prüfen wolle, aber das Gericht antwortete ihm, dass es ihm dies nur gestatten würde, wenn er sein Ehrenwort gebe, dass er den Inhalt nicht preisgeben würde, was er ablehnte. Die Anwälte der Kläger versuchten, die These aufzustellen, dass Fleischhauer ein ungeeigneter Sachverständiger sei, weil er ein bekannter Antisemit sei und eine vorgefasste Meinung über den Fall habe. Aus dieser Anschuldigung folgt, dass nur sie vorgefasste Meinungen haben können. Leider war eine der vorgefassten Meinungen, die Fleischhauer vor dem Gericht äußerte, die Ansicht, dass die einzige Lösung für das jüdische Problem die Beendigung ihrer Zerstreuung und die Erlangung eines eigenen Staates sei. Tatsächlich hatten Hitler und die deutschen Zionistenführer bereits am 25. August 1933 das Haavara-Abkommen unterzeichnet, ein Kollaborationsabkommen, bei dem etwa 100.000 deutsche Juden freiwillig mit ihrem gesamten Besitz nach Palästina ausreisten. Wir werden auf diesen schändlichen Pakt in einem späteren Kapitel zurückkommen.

Der Sachverständige des Klägers, Arthur Baumgarten, behauptete zunächst, die *Protokolle* seien eine historische Erfindung, und stellte die abgedroschene These auf, sie seien gefälscht und plagiiert worden, um den Zaren gegen die Juden aufzubringen. Er stellte fest, dass die Protokolle zwischen 1890 und 1900 verfasst wurden. Er verglich sogar einige Absätze mit dem Text von Joly und erwähnte auch die Möglichkeit, dass Goedsches Buch verwendet wurde. Er erklärte mit Nachdruck, dass sie sich völlig gegen den Geist des Judentums richteten. Er bestritt natürlich, dass sich Juden jemals verschworen hätten. Er leugnete auch, dass Juden etwas mit der bolschewistischen Revolution zu tun hatten. Unbeirrt und mit unermesslichem Zynismus leugnete er auch, dass es irgendeine Verbindung zwischen der Freimaurerei und den Juden gibt: „Die Juden haben nichts mit den Freimaurern zu tun und sie beherrschen nicht die Welt". Baumgarten gab seiner Überzeugung Ausdruck, dass die *Protokolle* zweifellos zum Misstrauen und zum Schrecken der arischen Völker gegenüber den Juden beigetragen hätten. Diese letzte Behauptung ist offensichtlich zutreffend. „Wenn die Protokolle authentisch wären", sagte er, „und es eine jüdische Weltverschwörung gäbe, dann müsste man akzeptieren, dass die ganze Geschichte nur eine Farce ist und die Historiker dumme Opfer, weil hinter den Kulissen die bärtigen Weisen von Zion die Fäden von Kaisern, Königen, Generälen, Päpsten, Dichtern und Philosophen ziehen." Dies sind seine Worte.

Fleischhauer antwortete zum Entsetzen der Kläger und ihrer Sympathisanten mit einem Vortrag, der fünf Tage dauerte: Er sprach dreiundzwanzig Stunden lang. Zu den Argumenten, die für die Echtheit der *Protokolle* sprechen, zählt er, dass der Text die Polizei als mit der Freimaurerei verbunden darstellt, was nicht gesagt worden wäre, wenn das Dokument als politische Waffe zur Beeinflussung des Zaren erstellt worden wäre. Er legte Beweise für die wahre Identität von Maurice Joly vor, einem jüdischen Freimaurer, dessen richtiger Name Joseph Levy war. Er ging hart mit dem Zeugen Alexander du Chayla ins Gericht und entlarvte einige der Lügen und Ungenauigkeiten der Zeugen der Beschwerdeführer. Er verbrachte einige Zeit damit, diejenigen zu identifizieren, die gegen die *Protokolle* geschrieben hatten. Er spielte auf die Enthüllungen von Leslie Fry über Asher Ginsberg an. Natürlich ließ er einige der Leugnungen Baumgartens nicht unbeantwortet: Er erläuterte die jüdischen Verflechtungen mit der Freimaurerei und beschrieb die freimaurerischen Zeremonien als aus kabbalistischen Ritualen hervorgegangen. Er zeigte die tiefe Verbindung des Judentums mit der revolutionären Bewegung und dem Bolschewismus auf. Er beschuldigte die Juden, hinter der Französischen Revolution zu stehen und vor allem die Revolution in Russland vorbereitet zu haben. Er denunziert sogar Sir Philip Sassoon, ein Mitglied der berühmten, mit den Rothschilds verwandten Bankiersfamilie, als Opiumhändler. Die Intervention Fleischhauers, der beim Verlassen des Gerichtsgebäudes beleidigt und versucht wurde, angegriffen zu werden, hatte eine enorme Wirkung auf die nichtjüdische Presse in ganz Europa. Am 9. Mai nahm der Richter laut Protokoll Bezug auf die Angriffe auf Fleischhauer und entschuldigte sich bei ihm für die grobe Verletzung der Schweizer Gastfreundschaft.

Als letzter Sachverständiger sprach Loosli[38], der Mann vor Gericht, der seine Rede mit der Ankündigung begann, dass der Hammer-Verlag in

---

[38] Eine Tatsache, die von diesem neutralen Sachverständigen durchgeführt wurde, wird dem Leser helfen, das Ausmaß der Unterwürfigkeit von Loosli zu verstehen. Da bewiesen war, dass die angebliche Fälschung der *Protokolle* nicht 1905 in Paris stattgefunden haben konnte, fälschte dieser Sachverständige in seinem Bestreben, das Radziwill-Gutachten glaubwürdig zu machen und einen Zeugen zu unterstützen, der gelogen hatte, in seinem schriftlichen Gutachten im Oktober 1934 das Datum des Jahres 1905 und wandelte es in 1895 um. Als Fleischhauer ihn sieben Monate später öffentlich vor Gericht anprangerte und daran erinnerte, dass Prinzessin Radziwill gesagt hatte, ihr angebliches Treffen in

Deutschland eine neue Ausgabe der *Protokolle* vorbereite und Fleischhauers Bericht als Einleitung verwenden werde. In seinem Versuch, Fleischhauer zu widerlegen, der behauptet hatte, der Jude und Freimaurer Kerenski habe die *Protokolle* aus den russischen Buchhandlungen entfernt, ging Loosli so weit, zu leugnen, dass Kerenski ein Jude war, und brachte ihn mit einer Priesterfamilie in Verbindung. In seinem Versuch, eine Behauptung Fleischhauers zu widerlegen, bestritt er auch, dass die Freimaurerei und die jüdische Loge B'nai B'rith etwas gemeinsam hätten. Eine der Überraschungen seiner Rede war die Ausstellung eines Taufscheins von Maurice Joly aus dem Jahr 1829. Es ist nicht klar, was er damit beweisen wollte: Es wurde bereits festgestellt, dass Schabbatisten und Frankisten nicht aufhörten, sich als Juden zu fühlen, weil sie zum Islam konvertierten oder sich taufen ließen. Zum Gutachten des Sachverständigen der Angeklagten sagte er, es sei „nichts anderes als ein antisemitisches Propagandapamphlet, das niemals vor einem Gericht hätte zugelassen werden dürfen". Loosli startete daraufhin einen wütenden Angriff auf den Nationalsozialismus und Deutschland. „Wenn es eine Weltverschwörung gibt, dann wird sie von den deutschen Nationalsozialisten angeführt", sagte er, „und sie bedroht uns alle." Die nationalistische Zeitung „*Die Front*" zeigte sich am 8. Mai erstaunt, dass ein vermeintlich neutraler Experte derart heftige Angriffe gegen Deutschland richtete, und fragte: „Kann diese Haltung mit Unparteilichkeit vereinbar sein?"

In seinem letzten Redebeitrag stellte Ruef, einer der Verteidiger, die Frage, wie die Angeklagten des Verkaufs einer Fälschung für schuldig befunden werden konnten, wenn sie doch gerade versuchten, die Echtheit des Textes nachzuweisen. Ruef wies darauf hin, dass der Richter keine drei Sachverständigen bestellt hätte, wenn die Fälschung vor dem Prozess bewiesen worden wäre. Auf die Intervention dieses Anwalts hin berichtete *Die Front* am 14. Mai 1935, dass Ruef sich erneut darüber beschwert habe, dass Zeugen der Verteidigung nicht akzeptiert worden seien und dass Zeugen, die falsch ausgesagt hätten, nicht belangt worden seien. In diesem Zusammenhang ist anzumerken, dass Burtsev, der einzige Erklärende, der wegen Lüge angeklagt werden sollte, wegen eines Formfehlers freigesprochen wurde, da das Protokoll der Erklärungen nicht wie vorgeschrieben unterzeichnet worden war.

Schließlich wurde ein Urteil gefällt. Da die Kläger keine Beweise für eine Fälschung vorgelegt hatten, wurde dieser grundlegende Punkt vom Richter nicht erwähnt, der dennoch zu ihren Gunsten entschied, da die Beklagten nicht bewiesen hatten, dass die *Protokolle* echt waren. Nach der Logik dieses Urteils könnte man meinen, dass alle Schriften, deren Autor nicht identifiziert oder ausfindig gemacht werden kann, wie beispielsweise viele Texte des Pentateuch, Fälschungen sind. Diese Argumentation widerspricht dem allgemein anerkannten Grundsatz der Geschichtskritik, wonach ein entdecktes Dokument so lange als authentisch zu betrachten ist, bis seine Fälschung bewiesen ist. Wenn das Ziel darin bestand, die Echtheit und nicht die Fälschung festzustellen,

---

Paris habe nach dem Russisch-Japanischen Krieg stattgefunden, versuchte Loosli, dies als Tippfehler auszugeben. Der vermeintlich unparteiische Richter Meyer liess sich davon nicht beirren.

ist es im Übrigen unverständlich, warum mehr als fünfunddreißig Zeugen der Verteidigung nicht erschienen sind. Was die Angeklagten betrifft, so wurde der 23-jährige Silvio Schnell zu einer Geldstrafe von 20 Franken und Theordor Fischer zu einer Geldstrafe von 50 Franken verurteilt. Außer in Deutschland wurde der jüdische Sieg von der Presse in der ganzen Welt triumphierend verkündet, einer Presse, die sie, wie sie während des Prozesses erklärt hatten, nicht kontrollierten. Ein Mitglied des jüdischen Informationsbüros sagte, dass in einem politischen Prozess das Echo alles und das Urteil nichts sei.

Es wurde Berufung beim Berner Appellationsgericht eingelegt, das am 1. November 1937 das Urteil des Richters Walter Meyer verwarf. Abschließend einige Passagen aus dem Urteil dieses hohen Gerichts (die Zitate in Anführungszeichen stammen aus dem deutschen Text des Prozesses, der von M. de Vries de Heekelingen veröffentlicht wurde). Das Berufungsgericht war der Ansicht, dass die Berichte über bestimmte Zeugenaussagen entgegen den gesetzlichen Vorschriften von privaten Informanten der jüdischen Kläger verfasst wurden: „Das Verfahren, wie es vom Gericht der ersten Instanz durchgeführt wurde, entsprach nicht der üblichen Praxis und dem Gesetz.... Die Art und Weise, in der die Berichte erstellt wurden, widersprach den verbindlichen Vorschriften des Gesetzes". Das Berufungsgericht stellte fest, dass die Zeugenaussagen den Beklagten nicht vorgelesen und nicht wie vorgeschrieben unterschrieben worden waren; es stellte auch fest, dass die Zeugen der Verteidigung nicht aufgerufen worden waren und dass der Richter von den Klägern Übersetzungen von Dokumenten aus Russland akzeptiert hatte, deren Echtheit nicht ausreichend überprüft worden war. Ein sehr interessanter Punkt betrifft die Ernennung der Sachverständigen, insbesondere die des dritten Sachverständigen, C.A. Loosli, dessen Wahl vom Berufungsgericht stark kritisiert wurde. Dieses Gericht beklagte „die mangelnde Unparteilichkeit von Loosli, der bereits 1937, etwas mehr als ein Jahr nach dem ersten Prozess, „ein Pamphlet mit dem Titel *Die Schlimmen Juden*" veröffentlicht hatte, in dem er die *Protokolle* als bösartige Erfindung bezeichnete und sie in rein polemischer und unwissenschaftlicher Weise verächtlich abqualifizierte".

Der Jewish Chronicle vom 5. November 1937 schrieb, das Berufungsgericht habe erklärt, die *Protokolle* seien eine Fälschung und sollten als Schundliteratur betrachtet werden. Weiter hieß es, das Gericht sei zu dem Schluss gekommen, dass die Falschheit der *Protokolle* bewiesen sei. Das Gericht hat die Angeklagten freigesprochen und den jüdischen Organisationen die Kosten des Verfahrens auferlegt. Was den literarischen Wert des Textes anbelangt, so stellte das Gericht fest, dass es sich in der Tat um „schlampige Literatur und Müll in ästhetischer und literarischer Hinsicht" handelte, dem man nur zustimmen kann. Zu der Frage, wer der Verfasser dieses literarischen Schunds war, und zur Frage der Echtheit des Dokuments erklärte sich das Berufungsgericht für unzuständig.

Peter Myers bekräftigt die Echtheit der *Protokolle*

Wir möchten diese Seiten nicht abschließen, ohne kurz auf den australischen Professor Peter Myers hinzuweisen, einen Gelehrten mit großem historischen Wissen. Myers debattiert seit zwanzig Jahren öffentlich im Internet mit jedem, der seine Argumente für die Echtheit der *Protokolle der Weisen von Zion* anzweifeln möchte, über deren Echtheit. Er behauptet, dass es sich um ein echtes Dokument handelt, und hat seither Hunderte von Seiten geschrieben, um die wichtigsten Autoren zu widerlegen, die Werke veröffentlicht haben, in denen sie als Fälschungen bezeichnet werden. Mit seiner Argumentation stellt er die Thesen von drei bekannten Zionisten, Israel Zangwill (1864-1926), Herman Bernstein (1876-1935) und Norman Cohn (1915-2007), in Frage. Letzterer veröffentlichte 1970 *Warrant For Genocide*, in dem er behauptet, dass es ohne die *Protokolle* kein Auschwitz gegeben hätte, d. h. er macht das Buch für den angeblichen Völkermord in dem berühmten polnischen Arbeitslager verantwortlich. Cohn schrieb auch die Einleitung zur 1971 erschienenen Ausgabe von Hermann Bernsteins *The Truth about „The Protocols of Zion": A Complete Exposure (Die Wahrheit über die Protokolle von Zion: Eine vollständige Enthüllung)*, einem Buch, das erstmals 1935 veröffentlicht wurde. Als Reaktion auf Cohns Buch veröffentlichte Professor Myer 1994 seinen Text *Hiding Behind Auschwitz*, ein Dokument, das zweimal aktualisiert wurde, im April 2001 und im März 2004, und in dem er die Auffassung vertritt, dass das 20. Jahrhundert ohne die Existenz der *Protokolle* nicht verstanden werden kann.

Norman Cohn enthüllt in seinem Buch, dass Kaiserin Alexandra einige Monate vor ihrer Ermordung in Jekaterinburg ein Exemplar der Nilus-Ausgabe der *Protokolle* von einer Freundin, Zinaida Sergeyevna Tolstaya, erhielt. Eine Woche nach der Ermordung wurden die zerstückelten und eingeäscherten Überreste der russischen Zarenfamilie auf dem Grund eines Minenschachts entdeckt. Bei der Untersuchung wurden drei Bücher gefunden, die die Kaiserin zu ihrem traurigen Ende mitgenommen hatte: die russische Bibel, *Krieg und Frieden* und *Der Große im Kleinen*, die Nilus-Ausgabe. Die logische Frage, die Myers Cohn stellt, lautet: „Wenn die *Protokolle* eine Fälschung der Geheimpolizei des Zaren waren, warum sollte die Zarin dann ein Exemplar in ihrem Zimmer aufbewahrt haben, eines der drei Bücher, die sie bis zu ihrem Tod bei sich trug? Wenn es eine Fälschung war, hatte es keinen Wert für sie".

Auch Herman Bernstein beharrt auf ähnlichen Informationen. Bernstein schreibt, dass Nikolaus II. selbst sehr an den *Protokollen* interessiert war, und fügt hinzu, dass er bei seinen Nachforschungen ein Exemplar von Butmis Ausgabe von 1906 in der Privatbibliothek des Zaren entdeckte, die Jahre zuvor von der Library of Congress in Washington erworben worden war. Cohn, der sich auf die Aussage von Wladimir Burtsev im Berner Prozess stützt, schreibt in *Warrant For Genocide*, Innenminister Stolypin habe den Zaren davon überzeugt, dass die *Protokolle* eine Fälschung seien. Myers warnt scharfsinnig: „Wenn der Zar von der Fälschung überzeugt war, warum hatte er dann eine Kopie der *Protokolle*, Kopie eines wertlosen Dokuments, das von seiner eigenen Polizei gefälscht worden war? Ergibt das irgendeinen Sinn?"

Die Tatsache, dass die *Protokolle* Passagen enthalten, die denen in Maurice Jolys *Höllendialogen zwischen Montesquieu und Machiavelli* ähneln, beweist nach Ansicht von Myers nicht unbedingt, dass sie falsch sind. In einem Papier vom September 2002, das 2012 aktualisiert wurde, zeigt Professor Myers, dass er sich intensiv mit dem Vergleich der beiden Bücher beschäftigt hat. Jolys Buch, das während der Regierungszeit des französischen Kaisers Napoleon III. geschrieben wurde und gegen ihn gerichtet ist, stellt Napoleon III. als Machiavellisten dar, als Betrüger, der die Menschen hinters Licht führt; in den *Protokollen* hingegen sind die Machiavellisten die Revolutionäre, die Verwirrung und Chaos stiften und eine totalitäre Kontrolle und eine Schreckensherrschaft anstreben. Seiner Meinung nach spielt das Wort „Hölle" auf den Geist der Welt an, und das Buch präsentiert eine Diskussion zwischen den Geistern von Machiavelli und Montesquieu. Myers stellt fest, dass die Analogien in den *Dialogen* 16,45% der *Protokolle* ausmachen, was zwar ein erheblicher Prozentsatz, aber nur ein Sechstel des Gesamtwerks ist. Er weist jedoch darauf hin, dass es selbst in den vermeintlich identischen Fragmenten erhebliche Bedeutungsunterschiede gibt. Myers wirft Norman Cohn vor, die ähnlichen Abschnitte zwischen dem Buch von Joly und dem von Jacob Venedey, *Machiavelli, Montesquieu und Rousseau* nicht untersucht zu haben, da die Passagen in den *Protokollen,* die er als Abschriften oder Plagiate aus den *Dialogen* anführt, gleichzeitig Plagiate aus dem 1850 veröffentlichten Buch von Venedey sind, dem jüdischen Freimaurer und Mitglied der Liga der Gerechten, der mit Karl Marx zusammenarbeitete. Außerdem fällt Myers auf, dass Cohn in seinem Werk vor allem die ausführliche Darstellung des Weltfinanzsystems in den *Protokollen* auslässt, ein Thema, über das in den *Dialogen* nur sehr wenig gesagt wird.

In einer weiteren, ebenfalls im September 2002 veröffentlichten und im Juli 2008 überarbeiteten Abhandlung befasst sich Peter Myers mit der Frage der Weltregierung, die in den *Protokollen* eine zentrale Rolle spielt. Seine Studie konzentriert sich auf die Versuche, diese auf der Friedenskonferenz von Versailles 1919 zu errichten, auf der Juden in mehreren Delegationen, insbesondere in der US-Delegation, die Mehrheit stellten. Die Vorschläge für eine Weltregierung wurden unter dem Deckmantel von Slogans wie „Einigung der Menschheit", „Verhinderung künftiger Kriege" und ähnlichem präsentiert. Jacob Schiff (1847-1920), der führende Bankier, der die Revolution in Russland finanzierte, und Bernard Baruch (1870-1965), den Henry Ford als „Prokonsul von Juda in Amerika" bezeichnete, waren die wichtigsten Verfechter dieser Idee. Auf der Versailler Konferenz war Bernard Baruch der persönliche Berater von Präsident Wilson in Wirtschaftsfragen. Jacob Schiff[39] bemühte sich um die Anerkennung der Bolschewiki, die immer noch versuchten, ihre Revolution in Europa zu verbreiten und die Macht in Russland zu konsolidieren, wo sie eine verbrecherische Unterdrückung ausübten, und um die Entsendung einer

---

[39] In dem Buch *Jacob H. Schiff: His Life and Letters* (1928) präsentiert Cyrus Adler Texte aus Jacob Schiffs Briefen, in denen er seine Besessenheit vom Sturz der russischen Zarenregierung bekennt. Der Bankier gibt zu, dass er Japan zu politischen Zwecken Geld geliehen hat, um 1904-1905 Krieg zu führen.

Delegation nach Paris. Es sollte nicht vergessen werden, dass Ungarn Ende März bereits bolschewistisch war und Österreich, die Tschechoslowakei, Polen und Deutschland in Gefahr waren. Die Tatsache, dass ein jüdischer Bankier und Zionist der ultimative Verfechter des totalitären Kommunismus war, ist ein klarer Beweis für den Charakter der Weltverschwörung. Hätte Schiff mit seinen Forderungen Erfolg gehabt, wäre die Errichtung der Weltregierung wahrscheinlich eher möglich gewesen. Ein weiterer wichtiger Agent, der sich für eine totalitäre Weltregierung und die sofortige Anerkennung der Kommunisten einsetzte, war Colonel Edward Mandell House, das Alter Ego von Woodrow Wilson. Diese drei Personen werden im nächsten Kapitel im Mittelpunkt stehen.

In dem zitierten Dokument kommentiert Myers ein 1924 in New York veröffentlichtes Werk von Herman Bernstein, *Celebrities of Our Time: Interviews*, das Colonel Mandell House, dem Verteidiger der Weltregierung, gewidmet ist. Darin spricht Bernstein mit verschiedenen führenden Persönlichkeiten der damaligen Zeit: Alexander Kerenski, Leo Trotzki, Robert Cecil, Walter Rathenau, Chaim Weizmann. Letzterer erklärt in dem Interview, wie er sich gegenüber der britischen Regierung in Bezug auf deren Anspruch auf Palästina geäußert hat. Das Zitat zeigt, wie mächtig sich die Zionisten wussten: „Die Juden werden Palästina bekommen, ob Sie es wollen oder nicht. Es gibt keine Macht auf Erden, die die Juden daran hindern kann, Palästina zu bekommen. Ihr, meine Herren, könnt es ihnen leicht machen oder schwer machen, aber ihr könnt sie nicht aufhalten".

Der dritte Zionist, dem Peter Myers seine Aufmerksamkeit im Zusammenhang mit den *Protokollen* und dem darin zum Ausdruck kommenden Streben nach Vorherrschaft widmet, ist Israel Zangwill, ein fabianischer Sozialist und Anhänger der Weltregierung, dessen Argumente von Herman Bernstein aufgegriffen wurden. In a 1911 article entitled *The Problem of the Jewish Race* Zangwill expressed himself in these terms: „Where the soul of the Jewish race is best seen is in the Bible, steeped from the first page of the Old Testament to the last page of the New with the aspiration for a just social order and the unification of mankind, of which the Jewish race will be the means and the missionary". Zangwill, der den Völkerbund als auf jüdische Inspiration zurückgehend darstellte, war ein glühender Zionist, der versuchte, diejenigen lächerlich zu machen, die die Verschwörung anprangerten. Professor Myers bespricht *Israel Zangwills Reden, Artikel und Briefe* (London 1937), in denen er Lord Rothschild, dem Empfänger der *Balfour-Erklärung*, Baron Edmond de Rothschild für seine Hilfe und Investitionen in Palästina und Jacob Schiff für seine Rolle bei der Finanzierung der bolschewistischen Revolution, die „aller Wahrscheinlichkeit nach sechs Millionen Juden die Freiheit brachte", seine Anerkennung zollt. In einem Text von 1921, *Die Stimme Jerusalems*, besteht Zangwill auf dem zionistischen Staat für das „besondere Volk"; aber gleichzeitig, während er die Echtheit *der Protokolle* leugnet, wiederholt er, sich auf biblische Texte stützend, seine Bestrebungen für eine Weltregierung, die er gewürzt und getarnt mit einem süßlichen, heuchlerischen Philanthropismus durch die folgenden Syntagmen präsentiert: „Universelle Bruderschaft".

„Unsichtbarer König". „Völkerbund mit dem Ziel der Welteinheit". „Die Mission Israels". „Einigung der Menschheit". Professor Myers warnt, dass diejenigen, die die jüdische Führung in der bolschewistischen Revolution leugnen, auch die Echtheit *der Protokolle* leugnen. Israel Zangwill ist einer von ihnen: er vertuscht, dass die bolschewistischen Führer Juden waren; doch gleichzeitig behauptet er, die Revolution habe sechs Millionen Juden die Freiheit gebracht, und bringt seine Überzeugung zum Ausdruck, dass „die Vereinigten Staaten von Russland dem Weltfrieden eher entsprechen würden als ein Gewimmel von widerstreitenden Nationalitäten."

David Ben Gurion, Premierminister von Israel, erklärte einmal: „Wen kümmert es, was die Gojim sagen, wichtig ist, was die Juden tun". Dieser Satz findet sich fast genau in den *Protokollen*. Zwei Minister der Regierung Scharon, Uri Landau und Ivet Lieberman, forderten, dass für jedes jüdische Opfer tausend palästinensische Nichtjuden getötet werden sollten. In den *Protokollen* heißt es: „Jedes jüdische Opfer ist in den Augen Gottes tausend Nichtjuden wert". Warum wiederholen die zionistischen Führer, was ihrer Meinung nach von zwei Polizisten geschrieben wurde? Kurz gesagt, Peter Myers hält die jüdische Behauptung, die *Protokolle* seien von zwei Mitgliedern der russischen Geheimpolizei geschrieben worden, für absurd, denn das gesamte prophetische Programm, das in dem Dokument vorgestellt wird, ist heute Realität. Mit anderen Worten: Wie konnten zwei Polizisten einen Text verfassen, der eine völlige Veränderung der Welt ankündigt, die Zerstörung zweier Reiche, die Anhäufung von Gold in den Händen jüdischer Bankiers, die absolute Unterwerfung der Nationen durch Kredite, die Kontrolle des Geschichtsunterrichts und der Bildungsinhalte im Allgemeinen, die vollständige Beherrschung der Medien?

Zu den 24 Protokollen

In den *Protokollen* heißt es: „Die Verwalter, die wir aus dem Volk auswählen werden, und zwar ausschließlich auf der Grundlage ihrer Fähigkeit, gehorsam zu dienen, werden keine in der Regierungskunst qualifizierten Personen sein und daher leicht zu Spielfiguren in unserem Spiel in den Händen von Männern mit Wissen und Talent werden, die ihre Berater sein werden, Spezialisten, die von Kindesbeinen an gezüchtet und erzogen werden, um die Angelegenheiten der ganzen Welt zu lenken." Douglas Reed bittet seine Leser zu beurteilen, ob dies nicht genau das ist, was laufend geschieht. Wenn wir, wie Reed es beabsichtigt, die Geschehnisse in Europa und der Welt beurteilen, sehen wir, wie kooptierte Politiker, theoretisch „demokratisch" gewählte Bauern, lediglich Befehle ausführen, mit dem Rücken zum Volk, das sie gewählt hat, regieren und den Anweisungen einer unsichtbaren Macht folgen. Auf der anderen Seite ist die unterwürfige Haltung der „Herrscher" der Welt gegenüber dem Zionismus offenkundig, der nicht nur seit der Gründung seines Usurpator-Staates ungestraft alle möglichen Verbrechen begeht, sondern auch einen Krieg nach dem anderen im Nahen Osten anzettelt.

Da es den Rahmen dieser Arbeit sprengen würde, ausführlich auf dieses Kapitel einzugehen, sollen abschließend einige interessante Fragmente zitiert und kurz kommentiert werden. Das erste *Protokoll* besteht auf einer „unbesiegbaren Macht, denn sie ist unsichtbar und wird es so lange bleiben, bis sie einen Grad von Macht erlangt hat, den keine Kraft und keine List untergraben kann". Diese unsichtbare Macht wurde mehrfach von einflussreichen Juden, die sie kannten, bestätigt. Benjamin Disraeli legt in seinem Roman *Coningsby* der Sidonia, einer Figur, die Lionel Rothschild repräsentiert, einen viel zitierten Satz in den Mund: „Die Welt wird von Personen regiert, die sich sehr von denen unterscheiden, die sich diejenigen vorstellen, die nicht hinter den Kulissen stehen". Dieses Zitat ist zwar aufschlussreich, aber noch aufschlussreicher ist in dieser Hinsicht das von Walter Rathenau, einem deutschen Geschäftsmann jüdischer Herkunft, der Außenminister der Weimarer Republik war. Rathenau fühlte sich selbst als Deutscher und verunglimpfte Juden, die sich nicht integrieren wollten. Konkret bezeichnete er sie als „eine Bande von extravagant gekleideten Ausländern, die eine Bande bilden". Am 24. Juni 1922 wurde Rathenau, über den wir zu gegebener Zeit mehr schreiben werden, ermordet. Jahre zuvor, am 24. Dezember 1912, hatte er in der *Wiener Freien Presse* den Mut gehabt, die unsichtbare Macht anzuprangern: „Dreihundert Männer, von denen jeder die anderen kennt, lenken die Geschicke Europas, und sie wählen ihre Nachfolger aus ihrer Mitte." Diese Macht wird heute als „die Märkte" oder „die Spekulanten" bezeichnet, die die Länder versklaven, weil es keine nationalen Banken gibt und die Staaten der unsichtbaren Macht ausgeliefert sind, um sich zu finanzieren.

„Wenn wir unseren großen Staatsstreich gemacht haben, werden wir den Völkern sagen: Es geht euch sehr schlecht, ihr seid alle erschöpft vom Leiden. Wir werden die Ursache all eurer Qualen abschaffen, nämlich die Nationalitäten, die Grenzen und die Vielfalt der Währungen". Nach jedem der Weltkriege wurde der Versuch einer Weltregierung unternommen. Es wurde bereits erwähnt, wer die jüdischen Führer waren, die dies in Versailles forderten. Nach dem Zweiten Weltkrieg, als die Welt in zwei Blöcke geteilt war, die beide von einer verborgenen oder unsichtbaren Macht kontrolliert wurden, wurde, wie weiter unten gezeigt wird, versucht, Stalin dazu zu bringen, eine Weltregierung zu akzeptieren, die auf dem Monopol der nuklearen Gewalt beruht. Heute wird die Globalisierung von den Massen angenommen: Die Idee einer globalen Welt ist bereits in die Köpfe der Menschen eingedrungen. Alles deutet darauf hin, dass nach einem neuen Weltkrieg, wenn die Völker „vom Leiden erschöpft" sind, ein dritter Versuch einer Weltregierung unternommen werden wird, die Grenzen, Nationen und Währungen abschafft.

Ein Auszug aus den *Protokollen* über die Kreditaufnahme von Staaten im Ausland veranschaulicht die derzeitige Situation in Griechenland, Portugal, Irland, Spanien, Italien und anderen Ländern der Europäischen Union und der Welt: „Ein ausländischer Kredit ist die Ausgabe von Anleihen oder Schuldverschreibungen durch eine Regierung mit der Verpflichtung, bestimmte Zinsen auf das ihr geliehene Kapital zu zahlen. Wenn die Anleihe mit fünf Prozent verzinst wird, hat der Staat am Ende von zwanzig Jahren nutzlos Zinsen in Höhe des doppelten Satzes gezahlt.... Unter dem System der allgemeinen Besteuerung werden die Regierungen von den unglücklichen Steuerzahlern ihre letzten Groschen abziehen, um den ausländischen Kapitalisten, von denen sie das Geld geliehen haben, Zinsen zu zahlen, anstatt im Lande die Summen zu erhalten, die sie brauchen, ohne Zinsen zu zahlen, die wie ein ewiger Tribut sind..... Um die Zinsen zu bezahlen, sind sie gezwungen, neue Kredite aufzunehmen, die die Hauptschuld erhöhen, anstatt sie zu tilgen. Wenn der Kredit erschöpft ist, sehen sie sich gezwungen, neue Steuern zu erheben, nicht um den Kredit zu tilgen, sondern um die Zinsen dafür zu zahlen...''. Genau das geschieht in Europa, wo die Länder keine Souveränität haben und die Ausgabe von Geld aufgegeben haben, weil sie keine staatlichen Banken haben. Sowohl in der Vergangenheit, im Fall des nationalsozialistischen Deutschlands, als auch in der Gegenwart, im Fall des Iraks und Libyens, wurden Nationen, die souverän handeln wollten, um sich von dem Wucher zu befreien, der immer von den jüdischen Geldverleihern auferlegt wurde, im Namen von Freiheit und Demokratie zerstört.

„Literatur und Journalismus sind zwei der wichtigsten Faktoren für die Bildung; deshalb wird unsere Regierung Eigentümerin der meisten Zeitungen werden; was die anderen angeht, werden wir sie durch Subventionen kaufen. Auf diese Weise werden wir enormen Einfluss gewinnen. Da aber die Öffentlichkeit nichts davon ahnen darf, werden unsere Zeitungen die entgegengesetztesten Meinungen vertreten, was uns das Vertrauen sichert und unsere Gegner anlockt; und dank dieser List werden wir in der Lage sein, die Listen unserer Feinde zu erstellen.'' Die Erzeugung von Dissens oder vorgefertigter und kontrollierter Kritik ist eine grundlegende Idee, die eine der besten Strategien zur Täuschung der Naiven darstellt. Diese Funktion, die ursprünglich in den *Protokollen* für die Literatur und den Journalismus gedacht war, wird heute auch durch andere Medien ausgeübt, die in ihrer Kritik kompromisslos zu sein scheinen. Beispiele dafür sind als unabhängig ausgegebene Nichtregierungsorganisationen wie „Human Rights Watch'', die von dem jüdischen Tycoon George Soros finanziert wird, oder die angesehene Amnesty International, die von zionistischen Juden unterwandert ist und von Vertretern des US-Außenministeriums geleitet wird. Auch Theatergruppen, Intellektuelle, Komödianten und renommierte Schauspieler tragen - manchmal unbewusst - zu dieser Strategie des Dissenses bei, die von den Machthabern im Verborgenen betrieben wird.

In einem Brief an Thériot definiert Voltaire in wenigen Worten eine der von den *Weisen* bei der Abfassung der *Protokolle* ideologisch am meisten geschätzten Methoden: „Man muss lügen wie der Teufel! Nicht ängstlich, nicht für eine Weile, sondern furchtlos und immer''. In diesem Sinne ist die Verfälschung der Geschichte eine der größten Errungenschaften unter den erklärten Zielen. Die meisten in den Schulen verwendeten Geschichtsbücher lügen oder sind ungenau. In Europa, wo Politiker und Presse Lippenbekenntnisse zur Meinungsfreiheit ablegen, werden revisionistische Historiker und Forscher wegen Gedankenverbrechen inhaftiert. Die Verfolgung - manchmal bis hin zum Mord - derjenigen, die nach der Wahrheit suchen und die Geschichtsfälschungen anprangern, ist ein eindeutiger Beweis dafür, welche Bedeutung der

Verschleierung der Wahrheit und der Realität beigemessen wird. Der Text der *Protokolle* ist in dieser Hinsicht sehr klar: „Wir werden das Studium der Klassiker und der alten Geschichte - die mehr schlechte als gute Beispiele enthält - durch das Studium der Probleme der gegenwärtigen Stunde und der Zukunft ersetzen. Wir werden aus dem Gedächtnis der Menschheit alle Tatsachen der vergangenen Jahrhunderte auslöschen, deren Erinnerung für uns ungünstig ist; wir werden nur diejenigen bestehen lassen, in denen die Fehler der Regierungen der Gojim offenbart werden. An die Spitze unseres Erziehungsprogramms werden wir das Studium des praktischen Lebens, der obligatorischen sozialen Ordnung stellen.... Dieses Programm wird nach einem besonderen Plan für jeden Beruf ausgearbeitet werden und darf niemals in ein System der allgemeinen Unterweisung ausarten. Diese Frage ist von allergrößter Bedeutung". Auch hier sind diese Ideen die harte Realität. In jeder Bildungseinrichtung der Welt wird den Juden beigebracht, dass sie die ewigen Opfer der Geschichte sind. Jeder, der dem nicht zustimmt, ist ein Antisemit. Seit 1789 sind Revolutionen und ihre Verbrechen die Folge der Zersetzung des vorherigen Regimes. Was den Lehr- und Lernprozess betrifft, so gibt es keine gelehrten und gebildeten Menschen mehr: Das Wissen ist so abgeschottet worden, dass die Ausbildung der Studenten auf das „Studium des praktischen Lebens" ausgerichtet ist. Eine „Allgemeinbildung", die den Menschen befähigen würde, die Realität zu hinterfragen, muss unmöglich gemacht werden. Kurzum, es geht darum, die Freiheit des Denkens zu zerstören: „Wenn man weiß, dass die Menschen durch Ideen und Theorien geleitet werden, und dass sie ihnen durch die Lehre eingeimpft werden.... Wir werden es verstehen, die letzten Reste der Unabhängigkeit des menschlichen Denkens, das wir seit Jahrhunderten in eine für uns günstige Richtung lenken, zu unserem Vorteil zu nutzen".

Diese Übung, das Fragment zu zitieren und seine Übereinstimmung zu überprüfen, könnte mit den vierundzwanzig *Protokollen* durchgeführt werden, aber dies ist keine monographische Arbeit. Der Wunsch, die wichtigsten Kapitel der Zeitgeschichte weiter zu behandeln, hält uns davon ab, noch länger zu warten. Der interessierte Leser kann die *Protokolle der Weisen von Zion* lesen und wird feststellen, dass ein Text, der über hundert Jahre alt ist, die Welt, in der wir leben, genau wiedergibt. Da wir nun mit dem Studium des Ersten Weltkriegs und der bolschewistischen Revolution beginnen, lassen Sie uns mit diesem letzten Zitat schließen: „Wir werden uns als die Befreier der Arbeiter präsentieren und ihnen vorschlagen, sich unseren sozialistischen, anarchistischen und kommunistischen Armeen anzuschließen - die wir unter dem Vorwand unseres angeblichen Prinzips der brüderlichen Solidarität immer unterstützen werden -, denn diese Armeen stellen unsere soziale Freimaurerei dar.... Wir haben ein großes Interesse daran, unsere Arbeiter hungrig und schwach zu sehen, denn die Entbehrung versklavt sie unserem Willen, und in ihrer Schwäche werden sie weder Kraft noch Energie finden, um uns zu widerstehen..... Wir manövrieren die Massen und benutzen ihre Hände, um diejenigen zu zerquetschen, die uns behindern".

KAPITEL VII

DER ZIONISMUS UND DER ERSTE WELTKRIEG

BANKIERS UND REVOLUTIONEN (2)

TEIL 1
JÜDISCHE BANKER UND IHRE AGENTEN ERREICHEN IHRE ZIELE

Zu Beginn des 20. Jahrhunderts erreichte eine Großoffensive der internationalen jüdischen Bankiers unter Führung der Rothschilds zwei zentrale Ziele ihrer globalen Strategie: die Kontrolle über die Minen Südafrikas und die Vorherrschaft über die boomende US-Wirtschaft. Dies war nur der Auftakt zu einer großen Operation, die auf eine weltweite Superregierung abzielte. Kurz darauf, zwischen 1914 und 1945, erlebte die Menschheit eine Ära von Blut und Feuer in einem bis dahin unbekannten Ausmaß. Die Verbrechen, die in diesen einunddreißig Jahren begangen wurden, sind in der Geschichte beispiellos. In diesem und dem nächsten Kapitel, das der Vorbereitung des Zweiten Weltkriegs gewidmet sein wird, werden die wahren Schuldigen des Völkermords an den Völkern Europas und der ganzen Welt entlarvt. Mit anderen Worten, es werden die finsteren Gestalten vorgestellt, die im Rahmen des in diesem Werk angeprangerten Projekts der Weltherrschaft skrupellos hinter den Kulissen agierten, um die beiden Kriege zu provozieren und die Diktatur des Kommunismus mit Hilfe des Terrors in der halben Welt zu errichten.

Dem Ausbruch des Ersten Weltkriegs gingen zwei sehr bedeutsame Ereignisse voraus, die beide in den Vereinigten Staaten stattfanden: der Einzug des Freimaurers Thomas Woodrow Wilson in das Weiße Haus und die Gründung des Federal Reserve Kartells. Bevor wir jedoch auf diese Ereignisse eingehen, ist eine kurze Vorbemerkung unumgänglich, um zu schildern, wie zu Beginn des 20. Jahrhunderts die internationalen jüdischen Bankiers, namentlich die Rothschilds und die Oppenheims, mit Hilfe der militärischen Macht des britischen Empire die Kontrolle über die größten bekannten Gold- und Diamantenreserven erlangten, die in den südafrikanischen Goldfeldern entdeckt worden waren.

Die Buren, Cecil Rhodes, Nathaniel Rothschild und die Tafelrunde

Als die Briten Transvaal 1877 an das Vereinigte Königreich angliederten, akzeptierten die niederländischen Bauern, die Buren, auch Afrikaner genannt, dies nicht und begannen aus Protest einen Aufstand. Dies führte zum ersten Krieg, der am 16. Dezember 1880 begann und mit einem am 23. März 1881 unterzeichneten Friedensvertrag endete, der den Buren die Selbstverwaltung von Transvaal zusprach. 1887 entdeckten Goldsucher am Witwatersrand, einem 100 Kilometer langen Gebirgszug südlich von Pretoria, die größte Goldmine der Welt. Transvaal-Präsident Paul Kruger kündigte prophetisch an, dass dieser Fund ein Blutbad anrichten würde. 1895 unternahm Cecil Rhodes einen bewaffneten Überfall, den so genannten Jameson Raid, um die Kontrolle über das Gebiet und die Minen zu erlangen, doch der Coup scheiterte. Zu diesem Zeitpunkt begannen die Planungen für eine militärische Intervention, die vom Gouverneur der britischen Kolonie Kap[40], Sir Alfred Milner, und den Minenbesitzern Alfred Beit, Barney Barnato und Lionel Philips gefordert wurde. Am 12. Oktober 1899 wurde der Krieg erklärt. Milner, Rhodes und Co. gingen davon aus, dass es sich um einen militärischen Spaziergang handeln würde, doch der Krieg dauerte bis zum 31. Mai 1902. Die Briten, die 450.000 Mann mobilisierten, um gegen rund 80.000 Buren anzutreten, verloren bald ihr Phlegma und zeigten der Welt ihr wahres Gesicht. Im Jahr 1901 verfolgten sie eine Politik der verbrannten Erde, konfiszierten Vieh, vergifteten Brunnen, verbrannten Farmen und Ernten und vertrieben etwa 154.000 Männer, Frauen und Kinder, die in dreiunddreißig riesigen Konzentrationslagern interniert wurden, wo Hunger und Krankheiten als Massenvernichtungswaffen eingesetzt wurden, um den Feind zu unterwerfen. Eine ähnliche Anzahl von Schwarzafrikanern wurde ebenfalls interniert. Einem Nachkriegsbericht zufolge starben in den berüchtigten Lagern etwa 22.000 afrikanische Kinder unter sechzehn Jahren, zu denen noch einmal so viele einheimische Kinder hinzukamen. Nach dieser sehr kurzen Zusammenfassung der Fakten wollen wir uns, um herauszufinden, was hinter den Kulissen geschah, nun Quellen zuwenden, deren Informationsfülle parallel zur kanonischen Version der Geschichte verläuft.

Mehr als einmal werden wir uns in diesen Zeilen an Dr. Carroll Quigley wenden, Professor für Geschichte an der Georgetown University, der auch in Princeton und Harward lehrte. Quigley, ein Insider, der sich seiner Zugehörigkeit

---

[40] Im Jahr 1805 besetzten die Briten Kapstadt, das sich in der Hand niederländischer Siedler, der Buren, befand. Zehn Jahre später wurde das Gebiet auf dem Wiener Kongress an die Briten übergeben. Von da an lebten die Buren unter englischer Verwaltung, doch als immer mehr englische Siedler kamen, waren sie gezwungen, ins Landesinnere auszuwandern. Zehntausend Familien machten sich 1837 auf den „großen Treck" (Auswanderung). Die Wanderer überquerten die Flüsse Vaal und Orange und gründeten die Republiken Transvaal und Orange, deren Existenz zwischen 1852 und 1854 von den Briten anerkannt wurde. Schon bald stellte sich heraus, dass das neue Land über enorme Diamanten- und Goldvorkommen verfügte, so dass Großbritannien 1877 die Souveränität über Transvaal ausrief.

zur Machtelite rühmte, beschloss, ein Buch über die geheime Struktur der Weltmacht zu schreiben, als er das Gefühl hatte, dass die Verschwörung nun enträtselt werden könnte, da ihr Triumph unumkehrbar war. So veröffentlichte er 1966 *Tragedy and Hope*, ein Werk von mehr als 1.300 Seiten, das von fast allen Gelehrten der unsagbaren okkulten Geschichte immer wieder als Quelle zitiert wird. Quigley betrachtet John Ruskins Ankunft an der Universität Oxford im Jahr 1870 als Professor für Schöne Künste als ein Erdbeben, da er in seiner ersten Vorlesung die Grundlage für ein Projekt der globalen Herrschaft zum Wohle der Menschheit durch das britische Empire skizzierte, dessen Elite die Kontrolle über die Produktions- und Vertriebsmittel übernehmen sollte, um die Massen der Welt zu beherrschen. Ruskins Biograf Kenneth Clark sagt in *Ruskin Today*, dass das Nachttischbuch, das Ruskin jeden Tag las (und das auch für Weishaupt, Marx, Engels, Proudhon und Saint-Simon eine wichtige Quelle war), Platons *Republik* war. Bekanntlich wollte Platon eine herrschende Elite, die von einer mächtigen Armee an der Macht gehalten wird, und eine Gesellschaft, die sich ihrer Autorität unterordnet. Er befürwortete die Anwendung von Gewalt, die notwendig war, um jede bestehende Macht oder soziale Struktur zu beseitigen, damit die neuen Herrscher ihr Projekt ungehindert umsetzen konnten. In der *Republik*, wie auch im Kommunismus, war die Abschaffung von Ehe und Familie vorgesehen. Die Frauen sollten allen Männern gehören und umgekehrt. Die aus dieser Promiskuität hervorgegangenen Kinder sollten, sobald sie entwöhnt waren, in die Obhut des Staates übergeben werden. Platon wollte die Gleichheit von Männern und Frauen, sowohl im Krieg als auch bei der Arbeit. Die Fortpflanzung sollte selektiv sein und von der Regierung kontrolliert werden. John Ruskin, ein Freimaurer, dessen Ideen rein aufklärerisch waren und der seinem Biographen zufolge zwar den Kommunismus, nicht aber den Nationalsozialismus gutgeheißen hätte, war der ideologische Mentor von Cecil Rhodes (1853-1902), der dieser Antrittsrede beiwohnte und den Text bis zu seinem Tod bewahrte.

Cecil Rhodes wurde in Oxford in die Freimaurerei eingeführt und erlangte am 17. April 1877 den Grad eines Meisters. Anschließend trat er der Loge Nr. 30 des Schottischen Ritus von Oxford bei, die sich Prince Rose Cross nannte. Rhodes war in Südafrika mit Alfred Beit, einem jüdischen Freimaurer deutscher Herkunft, und Barney Barnato, einem anderen in London geborenen Juden portugiesischer Herkunft, dessen richtiger Name Barnet Isaacs war, verbunden. Barnato war 1873 nach Südafrika gekommen und hatte ein enormes Vermögen mit Diamanten und Gold angehäuft. Es ist bekannt, dass Rhodes ein Vertreter der Rothschilds in London wurde. Die Ursprünge der Beziehung zwischen Nathaniel Rothschild, Natty, und Cecil Rhodes gehen auf das Jahr 1882 zurück, als der Bankier Albert Gansl nach Kimberley, dem wichtigsten Zentrum der Diamantenförderung, schickte, um sich ein Bild aus erster Hand zu machen. Innerhalb weniger Monate gab Gansl einen Bericht an Nathaniel heraus, in dem er feststellte, dass eine Vielzahl von kleinen Unternehmen, etwa hundert an der Zahl, im Bergbau konkurrierten und sich gegenseitig ruinierten. Daher wurden in London bald Pläne zu deren Zusammenschluss geschmiedet. So wurde Cecil Rhodes von Lord Rothschild auserwählt, die Pläne zu verwirklichen, die 1888 zur Gründung der De Beers Consolidated Mines Ltd. führten, durch die die Rothschilds und die Oppenheimers heute 90% des weltweiten Diamantenmarktes kontrollieren.

Was die Goldminen am Witwatersrand betrifft, so überfiel Cecil Rhodes das Gebiet des Matebelé-Königs Lobengula, um von Norden her in den Transvaal einzudringen, dessen Grenze der Limpopo-Fluss bildet. Durch eine Täuschung brachte er Lobengula dazu, einen Vertrag zu unterzeichnen, der Großbritannien ein großes Gebiet zusprach, auf dem Rhodes die Kolonie Rhodesien (heute die Republiken Simbabwe und Sambia) gründete. Im Januar 1888 schrieb er einen langen Brief an Natty und bat ihn um seine Unterstützung. Er teilte ihm mit, dass er von König Lobengula eine Konzession zur Erschließung der „unbegrenzten Goldvorkommen" auf der anderen Seite des Limpopo-Flusses erhalten hatte. Er war so überzeugt, dass er die Unterstützung von Lord Rothschild hatte, in dessen Londoner Hauptquartier er sein Bankkonto unterhielt, dass er im Juni 1888 sein Testament änderte und Nathaniel Rothschild zum Treuhänder seines gesamten Vermögens ernannte, mit Ausnahme von 2.000 Aktien der Firma De Beers, die er seinen Brüdern und Schwestern hinterließ. Niall Ferguson enthüllt, dass Rhodes in einem Brief, der dem Testament beigefügt war, Natty mitteilte, dass dieses Geld für die Gründung einer Gesellschaft der Auserwählten zum Wohle des Reiches" verwendet werden solle. Dies ist eine Anspielung auf die „Tafelrunde". Offensichtlich sah Cecil Rhodes in Nathaniel Rothschild den Mann, der in der Lage war, seine Vision eines globalen britischen Imperiums zu verwirklichen. Ende desselben Jahres wiederholte Rhodes seine Bitte um die Unterstützung Lord Rothschilds in einem neuen Brief, in dem er erklärte, dass, sobald die Gebiete des Königs der Matebelé unter Kontrolle seien, der Rest einfach sei, denn es handele sich um „ein einfaches System von Dörfern mit einem eigenen Häuptling in jedem und unabhängig voneinander".

Rhodes wurde zwischen 1890 und 1896 Premierminister des Kaplandes und beeinflusste die politischen Parteien mit Geld, da sein immenses persönliches Vermögen laut C. Quigley „jährliche Einnahmen von mindestens einer Million Pfund Sterling" hatte. Dann drängte er von der Macht aus auf die Kolonisierung Rhodesiens, wo ab 1890 englische Siedler („uitlanders") einzutreffen begannen. Als Nächstes versuchte er, die Buren, deren Anführer Paul Kruger war, zu einer Versöhnung zu bewegen, um ein größeres Südafrika unter britischer Kolonialherrschaft zu schaffen, was ihm jedoch nicht gelang. Cecil Rhodes war entschlossen, einen Expansions- und Einkreisungsplan zu verfolgen, der mit der Existenz der beiden Burenrepubliken unvereinbar war. Das Ergebnis war das bereits erwähnte Fiasko des Jameson Raid im Dezember 1895, das zum Rücktritt von Rhodes als Premierminister führte.

Das Projekt eines größeren Südafrikas wurde von den Rothschilds natürlich begrüßt. Um seine Expansion in das Matebelé-Gebiet zu beginnen, gründete Rhodes die neue Central Search Association, die durch Rhodes' Zusammenschluss mit der Bechuanaland Exploration Company, die von Lord Gifford und George Cawston sowie der portugiesischen Regierung gegründet worden war, entstand. Natty wurde bald Mehrheitsaktionär, und als das

Unternehmen 1890 in die United Concessions Company umgewandelt wurde, erhöhte Lord Rothschild seinen Anteil. Bereits 1889 war Nathaniel Rothschild Gründungsaktionär der British South Africa Company, die ebenfalls von Cecil Rhodes gegründet worden war. In einem Brief vom Januar 1992, der von Niall Ferguson in *The House of Rothschild. The World's Banker 1844-1999* zitiert wird, drückt Natty das Engagement von „New Cort" (den Londoner Rothschilds) gegenüber Rhodes folgendermaßen aus: „Unser erster und wichtigster Wunsch in Bezug auf die Dinge in Südafrika ist, dass Sie an der Spitze der Angelegenheiten in dieser Kolonie bleiben und dass Sie in der Lage sein werden, die große imperiale Politik fortzuführen, die Ihr Lebenstraum war. Ich denke, Sie werden uns Recht geben, wenn Sie zugeben, dass wir Sie bei der Durchführung dieser Politik immer loyal unterstützt haben, und Sie können sicher sein, dass wir dies auch weiterhin tun werden."

Um ihren Agenten zu unterstützen, versuchten die Rothschilds, die portugiesische Regierung zur Abtretung der Delagoa-Bucht, des wichtigsten Hafens an der Küste Mosambiks, zu bewegen, der der strategische Schlüssel für die Zukunft Transvaals war. Während der Verhandlungen schlug Natty vor, diesen Teil der mosambikanischen Küste zu kaufen, aber die Portugiesen widerstanden dem Druck. Rhodes versuchte, auf eigene Faust mit dem Gesandten der portugiesischen Regierung, Luiz de Soveral, zu verhandeln, aber Soveral wiederholte, dass es nichts zu tun gäbe. In seinem Expansionswahn bedauerte Rhodes in einem Brief von 1893, dass Natty keine aggressivere Haltung eingenommen und sie sogar gefordert hatte: „Ich dachte, Sie würden Ihr Bestes tun, da Sie seit mehreren Jahren zu Recht davon ausgehen, dass Delagoa der Schlüssel zu unserer Position in Südafrika ist..... Ich fürchte, wir werden Delagoa Bay kaufen. Wir wollen sie und wir sind bereit, dafür zu zahlen". Obwohl er von der Macht des Rothschild-Geldes überzeugt war, konnte Rhodes nicht akzeptieren, dass Portugal nicht die Absicht hatte zu verkaufen.

Die Ankunft eines weiteren Schützlings von Lord Rothschild, Alfred Milner, als Hochkommissar der Regierung in Südafrika im Jahr 1897 war ein Schlüsselfaktor für die Entscheidung zum Krieg. Die in den Konzentrationslagern begangenen Gräueltaten wurden von dieser finsteren Persönlichkeit geleitet, die als Kriegsverbrecher in die Geschichte eingehen sollte. Milner schlug 1898 vor, die Kontrolle über die Burenrepubliken durch einen Krieg zu erlangen. Lord Rothschild unterhielt enge Beziehungen zu Milner und beglückwünschte ihn in einem Schreiben herzlich „zur festen Etablierung der Herrschaft Seiner Majestät in Südafrika". Die ersten Niederlagen des britischen Expeditionskorps ließen jedoch nicht lange auf sich warten, und der vermeintliche militärische Ritt kostete schließlich 22.000 britischen Soldaten das Leben. Antiimperialistische Schriftsteller, deren prominentester Vertreter John Atkinson Hobson war, prangerten öffentlich an, dass der Krieg im Interesse bestimmter Finanziers geführt wurde, die die Gold- und Diamantenfelder begehrten. Besorgt über diese Kritik schrieb Natty an Rhodes und warnte ihn: „Seien Sie vorsichtig in Ihren Äußerungen über den Krieg und in Ihrem Umgang mit den Militärbehörden. Die Spannungen in diesem Land sind jetzt sehr hoch. Auf beiden Seiten des Parlaments besteht die Tendenz, die Kapitalisten und die an den Minen Südafrikas Beteiligten für alles verantwortlich zu machen, was vor sich geht. Es wäre sehr bedauerlich, Öl ins Feuer zu gießen...".

Über die Tafelrunde sagt Carroll Quigley in einem oft zitierten Absatz Folgendes:

> „Es gibt, und das schon seit einer Generation, ein anglophiles Netzwerk, das die radikale Rechte an kommunistische Aktionen glauben lässt. In der Tat ist dieses Netzwerk, das wir als die Round-Table-Gruppen identifizieren könnten, nicht abgeneigt, mit Kommunisten oder anderen Gruppen zusammenzuarbeiten, und sie tun dies auch häufig. Ich weiß über die Tätigkeit dieses Netzes Bescheid, weil ich es seit zwanzig Jahren studiere und Anfang der 60er Jahre zwei Jahre lang Einblick in seine geheimen Unterlagen und Aufzeichnungen nehmen konnte. Ich habe keine Abneigung gegen dieses Netz oder die meisten seiner Ziele, und ich habe einen großen Teil meines Lebens in seiner Nähe und in der Nähe vieler seiner Instrumente verbracht. Ich habe sowohl in der Vergangenheit als auch in jüngster Zeit einige ihrer Verfahren beanstandet. Aber im Allgemeinen besteht meine größte Meinungsverschiedenheit darin, dass sie im Verborgenen bleiben will. Ich denke, ihre Rolle in der Geschichte ist bedeutend genug, um bekannt zu sein.

Cecil Rhodes verfasste sieben Testamente. Das letzte Testament begründet die Rhodes-Stipendien für ein Studium in Oxford, zu deren Begünstigten Henry Kissinger, Bill Clinton, General Wesley Clark und andere gehören. Das bekannteste der sieben Testamente ist das so genannte Testament der Geheimgesellschaft. Im Jahr 1891 gründeten Rhodes selbst und sein engster Mitarbeiter William T. Stead den Tafelberg. Am 24. Juli 1902, vier Monate nach Rhodes' Tod, stellten mehrere Mitglieder seines Gefolges die „Pilgrims Society" vor. Schließlich gründete Alfred Milner, Rhodes' Nachfolger und ebenfalls Freimaurer im 33. Grad, der den Titel Großmeister der Vereinigten Großloge von England innehatte, 1909 den Runden Tisch, zu dessen Mitgliedern Lord Rothschild, Lord Balfour, Lord Esher, Sir Harry Johnston und andere ausgewählte englische Freimaurer des Schottischen Ritus zählten. Lord Alfred Milner, dessen Rolle bei der Finanzierung der bolschewistischen Revolution später erörtert wird, wurde nach dem Ableben von Cecil Rhodes zum Mann der Rothschilds. Laut Dr. John Coleman besteht der Runde Tisch, das allumfassende Instrument des Komitees der 300, heute aus einem Labyrinth von Unternehmen, Institutionen, Banken, elitären Bildungseinrichtungen und verschiedenen anderen Vereinigungen, deren Zweck es ist, die Steuer- und Währungspolitik in den Ländern zu kontrollieren, in denen sie tätig sind. Der Runde Tisch hat ein Netz von globalistischen Gremien hervorgebracht, die heute auf internationaler Ebene Macht ausüben: Royal Institute of International Affairs (RIIA), Council of Foreign Relations (CFR), Bildelberg-Gruppe, Welthandelsorganisation (WTO), Trilaterale Kommission, Weltwirtschaftsforum (Davos-Gruppe), Tavistock Institute of Human Relations und andere.

Zum Abschluss dieser einleitenden Präambel des Kapitels bleibt nur noch hinzuzufügen, dass mehr als hundert Jahre nach den südafrikanischen Gold- und Diamantenkriegen die Rothschilds die Herren des Goldmarktes sind und daher den Preis nach ihren Interessen manipulieren können. In einem Büro von N. M.

Rothschild & Sons in der Londoner City wird der Goldpreis auf den Weltmärkten täglich festgelegt. Andererseits beherrscht die Familie Oppenheimer den internationalen Diamantenmarkt. Das derzeitige Oberhaupt der Familie ist Nicholas Oppenheimer, der im Jahr 2000 die Nachfolge seines Vaters, Sir Harry Oppenheimer, antrat und Büros in Südafrika unterhält.

Woodrow Wilson und seine Entourage von zionistischen Verschwörern

„Einige der renommiertesten Männer Amerikas auf dem Gebiet des Handels und der Industrie haben Angst vor jemandem, sie haben Angst vor etwas. Sie wissen, dass es irgendwo eine Macht gibt, die so organisiert, so unmerklich, so wachsam, so verwoben und so überzeugend ist, dass sie besser leise sprechen sollten, wenn sie sie verurteilen". Diese Worte von Präsident Woodrow Wilson über die Existenz einer verborgenen Macht entschuldigen keineswegs seine mehrfachen Kapitulationen, sondern dienen nur dazu, ihn weiter zu diskreditieren, denn er hat sich immer wieder unterworfen, wohl wissend, dass er sich in den Händen von Vertretern dieser organisierten Macht befand, und wissend, wer, warum und wie sie sie einsetzte.

Nach dem zunächst gescheiterten Versuch der internationalen jüdischen Bankiers, in den Vereinigten Staaten eine Zentralbank, das Federal Reserve System, zu errichten, wählten die zionistischen Verschwörer den Demokraten Woodrow Wilson für die Präsidentschaft aus, da Präsident William Howard Taft und die Republikaner sich dem Gesetzentwurf widersetzt hatten, der im Senat von Nelson Aldrich, einem Mann von J. P. Morgan, eingebracht worden war, dessen Tochter Abby mit John D. Rockefeller verheiratet war. Da Taft sehr beliebt war und es unmöglich schien, dass er die Wahl verlieren würde, wurde der alte Plan angewandt, die Stimmen der Republikaner zu spalten. Zu diesem Zweck meldete sich Teddy Roosevelt, der bereits von 1901 bis 1909 republikanischer Präsident gewesen war, freiwillig, um seine eigene Partei zu sabotieren und an der Spitze der neu gegründeten Progressiven Partei gegen Taft zu kandidieren. Noch vor der Wahl hatten die Befürworter der Zentralbank eine Operation gestartet, um in der Öffentlichkeit ein günstiges Klima für die Idee der Federal Reserve zu schaffen. Zwei J. P. Morgan-Agenten, Frank Munsey und George Perkins, stellten das Geld zur Verfügung und leiteten Roosevelts Wahlkampfaktion. Wilsons wichtigste Geldgeber waren die Rockefellers, von denen einer, Cleveland H. Dodge von der National City Bank, die Gelder leitete und die Kampagne kontrollierte. Andere jüdische Finanziers, die Wilson mit Geld unterstützten, waren Jacob Schiff, Henry Morgenthau und Bernard Baruch. Letzterer, der 50.000 Dollar beisteuerte, sollte während des kommenden Krieges zur Schlüsselfigur werden und war in der Folge Berater aller Präsidenten bis hin zu Eisenhower. Die Tatsache, dass Morgan Roosevelts Wahlkampf unterstützte, hinderte ihn nicht daran, auch Geld für Wilsons Kandidatur beizusteuern. Die Idee war, Roosevelt so viel Unterstützung zukommen zu lassen, dass die gespaltenen republikanischen Stimmen es dem demokratischen Kandidaten ermöglichen würden, beide zu schlagen. Die Strategie ging auf und Wilson wurde zum 28. Präsidenten der Vereinigten Staaten gewählt.

Um sicherzustellen, dass Präsident Wilson die richtigen Berater hatte, umgaben ihn die Bankiers, die ihn an die Macht brachten, mit ihren eigenen Agenten, von denen der berühmteste Colonel Edward Mandell House war (er hat nie in der Armee gedient, und die Position, die er innehatte, war nur ehrenamtlich). Mandell House war der Sohn eines wohlhabenden britischen Pflanzers, der während des Bürgerkriegs die Interessen der Rothschilds beim Kauf von Baumwolle in den Südstaaten vertreten hatte. Der Nachname Mandell war nicht väterlicherseits, sondern wurde Edward von seinem Vater zu Ehren eines jüdischen Kaufmanns aus Houston gegeben, der ein enger Freund der Familie war. Dieser Mann, von dem Woodrow Wilson sagte, er sei „mein anderes Ich", wurde der virtuelle Präsident, da der reale Präsident eine Marionette in seinen Händen war. House war der Hauptbefürworter des Zentralbankprojekts und der Einkommenssteuer. Professor Charles Seymour, Herausgeber von *The Intimate Papers of Colonel House* (1926), behauptet, dass Mandell House, der in seinen Tagebüchern seine Leidenschaft für die geheime Machtausübung bekennt, der „unsichtbare Schutzengel" des Federal Reserve Act war. Er war der Vermittler zwischen dem Weißen Haus und den Finanzleuten. Sein ständiger Kontakt mit Paul Warburg, dem Hauptarchitekten des Gesetzes, während des gesamten Jahres 1913 ist von House selbst in seinen privaten Unterlagen perfekt dokumentiert. Sein Biograph, George Sylvester Viereck, stellt fest, dass „die Schiffs, die Warburgs, die Rockefellers, die Morgans und die Kahns Vertrauen in House hatten".

In dem Jahr, in dem Woodrow Wilson, der insgeheim von den Verschwörern ausgewählt worden war, zum Präsidenten gewählt wurde, erschien ein Roman von Mandell House, der zwischen Dezember 1911 und Januar 1912 Zeit fand, das *Philip Dru: Administrator* in sechs Wochen zu schreiben, das anonym veröffentlicht wurde. Es ist ein freches, verwirrendes Werk, in dem der einflussreichste Präsidentenberater der amerikanischen Geschichte, das Alter Ego des Präsidenten des kapitalistischen Landes schlechthin, beschreibt, wie man den „Sozialismus, wie ihn Karl Marx erträumt hatte", einführen kann. Der Held, Philip Dru, ein junger, von Karl Marx beeinflusster West Point-Absolvent, wird per Akklamation zum Führer einer Massenbewegung gewählt. House beschreibt Dru als eine messianische Figur, die in Washington ankommt und nach der totalitären Machtergreifung beginnt, die Gesellschaft umzugestalten. Er erlässt ein Dekret, wonach jeder Versuch, die verfassungsmäßige Ordnung wiederherzustellen, als aufrührerisch gilt und mit dem Tod bestraft wird. Nachdem er sich selbst zum „Verwalter der Republik" ernannt hat, besteht seine (und Präsident Wilsons) größte Errungenschaft in der Einführung „einer gestaffelten Einkommenssteuer, die überhaupt kein Einkommen ausschließt". Auch Marx forderte im *Kommunistischen Manifest* „eine starke progressive Einkommenssteuer". Ebenso wird in den *Protokollen* „eine progressive Steuer auf das Eigentum" gefordert. Professor Seymur weist darauf hin, dass es sich bei der Ideologie von House/Wilson/Dru um eine „Sozialdemokratie im Stile von Louis Blanc und den Revolutionären von 1848", also um einen revolutionären Marxismus, handelt. Das ungewöhnliche Wort „Verwalter" ist eine klare Anspielung auf die *Protokolle*, in denen von „Verwaltern, die wir wählen werden" die Rede ist. Die Handlung des Romans erstreckt sich über einen Zeitraum von 1920 bis 1935. Der Untertitel lautet „*Eine Geschichte von morgen, 1920-1935*".

Das Kapitel XIV mit dem Titel „The Making of a President" verdient einen kurzen Kommentar, da es die Geschehnisse um Wilson getreu wiedergibt und den Roman somit zu einem historischen Dokument macht. In diesem Kapitel bereitet sich ein Senator namens Selwyn darauf vor, die Nation mit eiserner Faust zu führen, ohne dass dies bekannt wird. Es scheint klar, dass Selwyn eine Abschrift von Mandell House ist. So sehr, dass der Autor der Versuchung nicht widerstehen konnte, einen Hinweis auf seine Identität zu geben, und Selwyn den Mann, den er zu seinem Marionetten-Präsidenten auserkoren hat, zu einem Abendessen in Mandell House einlädt. Der Roman beschreibt „einen bösen Plan", der mit John Thor, „dem Hohepriester der Finanzen", ausgeheckt wurde, wonach eine „kompakte Organisation", die „die schändlichste Art der Täuschung in Bezug auf ihre wahren Absichten und Meinungen" anwendet, „ihre Kreatur für die Präsidentschaft auswählen" soll. Selwyn wählt schließlich einen Rockland aus, „der kürzlich zum Gouverneur eines Staates im Mittleren Westen gewählt wurde" (Wilson), der nach der Wahl, trunken von der Macht und dem Lob der Speichellecker, ein- oder zweimal auf eigene Faust handelt, ohne Selwyn vorher zu konsultieren. Nachdem er bitterlich gewarnt wurde, unternahm er fortan „keine weiteren Versuche der Unabhängigkeit". Diese Passage des Romans deckt sich mit dem privaten Tagebuch von House, in dem er sich an seine Beziehung zu Wilson während des Wahlkampfs erinnert. Darin wird berichtet, dass House die Reden des Kandidaten überprüfte und ihm befahl, keine weiteren Ratschläge zu befolgen. Wilson räumte die Indiskretionen ein und versprach, „in Zukunft nie wieder unabhängig zu handeln". In Kapitel XV, das den Titel „Die jubelnden Verschwörer" trägt, wird Selwyn vorgestellt, der Thor über Rocklands Versuch informiert, aus seiner Knechtschaft zu entkommen: „Als er ihm erzählte, wie Rockland einen Befreiungsversuch unternommen hatte und wie er ihn, beschämt über seine Niederlage, zurückgeführt hatte, lachten sie fröhlich".

Woodrow Wilson hatte Princeton, wo er seit 1902 Kanzler war, verlassen, um Gouverneur von New Jersey zu werden. Der zionistische Rabbi Stephen Wise bewies 1910 vor einer Gruppe von Wählern eine erstaunliche Voraussicht: „Am Dienstag", so Wise, „wird Woodrow Wilson zum Gouverneur Ihres Staates gewählt werden. Er wird seine Amtszeit als Gouverneur nicht vollenden. Im November 1912 wird er zum Präsidenten der Vereinigten Staaten gewählt. Er wird ein zweites Mal als Präsident vereidigt werden." Weitere Nachforschungen ergaben, dass die Quelle des geheimnisvollen Wissens von Rabbi Wise Oberst House war. Jahre später bezeichnete Stephen Wise in seiner Autobiographie *Challenging Years* Mandell House als „inoffiziellen Außenminister". Es besteht kaum ein Zweifel daran, dass Wilson in Princeton im Geheimen beobachtet wurde, aber 1910 hatten weder Stephen Wise noch Edward Mandell House, der Wilson am 24. November 1911 vorgestellt wurde, ihn persönlich getroffen. Auf jeden Fall hielt Wilson bereits im Dezember 1911 auf der Wahlkampftour eine Rede über die Rechte der Juden, die bestätigt, dass er auf bequeme Weise zum Gehorsam gegenüber dem Zionismus indoktriniert worden war. „Ich bin nicht hier", sagte er, „um unsere Sympathie mit unseren jüdischen Mitbürgern auszudrücken, sondern um unser Gefühl der Identität mit ihnen zum Ausdruck zu bringen. Es geht nicht um ihre Sache, sondern um die Sache Amerikas". Bevor Wilson sein Amt als Präsident antrat, erstellte Mandell House in Zusammenarbeit mit Bernard Baruch, einer weiteren Schlüsselfigur der Verschwörung, eine Liste der künftigen Minister.

In seinem Buch *The International Jew* widmet Henry Ford ein Kapitel Bernard Baruch, den er als „Judas Prokonsul in Amerika" bezeichnet. Ford behauptet, dass Baruch bereits 1915 wusste, dass die Vereinigten Staaten zwei Jahre später in den Weltkrieg eintreten würden. Im Jahr 1915, als die Neutralität des Landes der öffentlichen Meinung heilig war, wurde eine Beratende Kommission eingesetzt, deren Vorsitz Bernard Baruch schließlich übernahm. 1915 schlug Baruch Wilson die Einrichtung eines Nationalen Verteidigungsausschusses und eines Ausschusses für die Kriegsindustrie vor. Paradoxerweise war Wilsons wichtigstes Versprechen im Wahlkampf 1916, das Land aus dem Krieg herauszuhalten. Jahre später fragte der Abgeordnete Jefferis in einer Kontrollsitzung des Repräsentantenhauses, welche Befugnisse Baruch in diesen Gremien gehabt habe. Seine Antwort lautete: „Ich habe die Verantwortung übernommen, und ich war es, der letztendlich entschied, was die Armee und die Marine erhalten sollten; was an die Eisenbahn oder an die Alliierten gegeben werden sollte; ob Lokomotiven an General Allenby in Palästina gegeben oder in Russland oder Frankreich eingesetzt werden sollten." Baruch gab an, dass fünfunddreißig Industriezweige unter seiner Kontrolle standen: „Kurz gesagt, ich entschied. Kraft meines Amtes gehörte ich allen Gremien an, und es war meine Aufgabe, sie zu kontrollieren." Mit anderen Worten, während des Krieges lag die Entscheidung über die Industrien, über die Rohstoffe und ihre Preise, über Käufe und Verkäufe, über die Bewegung des Kapitals... in den Händen dieser Persönlichkeit.

Im ersten Kapitel dieses Buches wurde Benjamin H. Freedman vorgestellt, ein jüdischer Milliardär, der bei der Versailler Konferenz anwesend war und 1945 vom Judentum zum Christentum übertrat. Wir wenden uns erneut an ihn, um aus erster Hand einen Bericht über eine Episode zu erhalten, die zeigt, wie sehr die Verschwörer Präsident Wilson in ihrer Gewalt hatten. In *The Hidden Tyranny (Die verborgene Tyrannei)* erklärt Freedman, dass der Präsident nach seiner ersten Wahl im Jahr 1912 im Weißen Haus von Samuel Untermayer besucht wurde, einem prominenten jüdischen Anwalt aus New York, der die Kampagne, die Wilson zum Präsidenten machte, großzügig unterstützt hatte. Untermayer sollte später für seine berühmte Rede in die Geschichte eingehen, die am 7. August 1933 in voller Länge in der *New York Times* veröffentlicht wurde und in der er alle Juden der Welt zum „heiligen Krieg" gegen Deutschland und zu einem „internationalen Boykott deutscher Waren" aufrief. Der Grund für den Besuch hätte nicht unangenehmer sein können. Untermayer war von einer Frau beauftragt worden, die Wilson beschuldigte, ein Ehegelübde gebrochen zu haben. Der Anwalt teilte dem Präsidenten mit, dass seine Mandantin bereit sei, 40.000 Dollar zu akzeptieren, um die Klage fallen zu lassen. Untermayers Mandantin war die ehemalige Frau eines Professors der Princeton University, eines Kollegen von Woodrow Wilson während seiner Zeit als Professor und Kanzler an der Princeton University. Der Anwalt zeigte ein Paket mit Briefen von Wilson, der nach Prüfung der Briefe deren Urheberschaft anerkannte, in denen die unerlaubte Beziehung eindeutig nachgewiesen war. Während Wilsons Jahren als Gouverneur von New Jersey hatte sich seine ehemalige Geliebte scheiden lassen und ein zweites Mal geheiratet.

Wilson schätzte sich glücklich, dass seine frühere Liebe sich an Samuel Untermayer gewandt hatte, denn wenn er einen republikanischen Anwalt konsultiert hätte, wäre die Situation für ihn noch peinlicher gewesen. Daraufhin teilte der Präsident dem Anwalt mit, dass er das Geld nicht habe. Untermayer schlug ihm vor, die Angelegenheit gründlich zu überdenken, und versprach, wiederzukommen, um sie zu besprechen. Nach einigen Tagen wiederholte Präsident Wilson, dass er auf die Erpressung nicht eingehen könne, weil er nicht über eine so hohe Summe verfüge. Daraufhin bot der Anwalt Untermayer eine Lösung des Problems an: Er würde den von der ehemaligen Geliebten geforderten Betrag aus seiner eigenen Tasche zahlen, unter einer Bedingung: Wilson musste versprechen, dass er bei der ersten freien Stelle am Obersten Gerichtshof der USA die von ihm empfohlene Person ernennen würde. Samuel Untermayer verfügte über ein enormes persönliches Vermögen, da die New Yorker Anwaltskanzlei, deren Seniorpartner er war, zu den größten des Landes gehörte. Der Präsident nahm das großzügige Angebot bereitwillig an und dankte Untermayer für sein Engagement.

Bald kam der Tag, an dem ein neues Mitglied des Obersten Gerichtshofs ernannt werden musste, und Untermayer schlug Louis Dembitz Brandeis, einen zionistischen Juden und Talmudisten, für die freie Stelle vor. Nie zuvor hatte es ein Talmudist in die höchste richterliche Institution des Landes geschafft. Benjamin Freedman merkt an, dass „Richter Brandeis 1914 der prominenteste und politisch einflussreichste Zionist in Amerika wurde. Brandeis befand sich in einer einzigartigen Position, um talmudischen Juden innerhalb und außerhalb Amerikas zu dienen". Die Fakten bewiesen bald, dass diese Einschätzung zutraf, denn Präsident Wilson und Richter Brandeis wurden ungewöhnlich enge Freunde. Der Richter, dem natürlich nicht verborgen blieb, dass er das Amt durch seinen Freund Untermayer erhalten hatte, hörte sogar Wilsons eigenen Bericht über die Umstände seiner Ernennung.

Sowohl Gershom Scholem als auch Rabbi Antelman geben Auskunft über die frankistischen Vorfahren von Louis D. Brandeis. Der Großvater von Richter Brandeis, genannt Dembitz, und der Bruder seines Großvaters, Gottlieb Wehle, waren zunächst Schabbetaisten und später Frankisten. Auch die Frau von Richter Brandeis stammte aus einer Frankistenfamilie: Sie war die Enkelin von Gottlieb Wehle. Wir wissen bereits, dass die Frankisten unter sich heirateten. Auf jeden Fall war der Frankismus bei Louis Brandeis zum radikalen Zionismus geworden. 1907 erklärte Jacob Schiff, der Bankier, der die kommunistische Revolution in Russland finanzierte, dass „man nicht gleichzeitig ein echter

Amerikaner und ein ehrlicher Unterstützer des Zionismus sein kann." Brandeis seinerseits argumentierte, dass „um gute Amerikaner zu sein, wir bessere Juden sein müssen, und um bessere Juden zu sein, müssen wir Zionisten werden."

Die Gründung des Federal Reserve System

Die Geschichte der Gründung der Federal Reserve ist wohlbekannt, aber vielleicht ist der breiten Öffentlichkeit nicht bekannt, dass Eustace Mullins, der Autor, den wir in diesem Buch zitieren, als Erster Nachforschungen anstellte. Es gibt heute viele Werke über die Fed, aber das erste Buch zu diesem Thema erschien 1952 dank zweier Schüler von Ezra Pound, John Kasper und David Horton, die mit ihrem eigenen Geld die Veröffentlichung von *Mullins on the Federal Reserve* finanzierten, das später als *The Secrets of the Federal Reserve* veröffentlicht wurde. Mullins selbst sagt im Vorwort, dass es Ezra Pound, ein politischer Gefangener in einem Krankenhaus für Geisteskranke, war, der das Werk in Auftrag gab und leitete. Pound, der vielleicht bedeutendste amerikanische Dichter des 20. Jahrhunderts, prangerte öffentlich über die Mikrofone von Radio Rom an, dass internationale jüdische Bankiers den Zweiten Weltkrieg angezettelt hätten. Vielleicht gibt es später die Gelegenheit, seine Geschichte zu vertiefen. Für den Moment genügt es zu wissen, dass Pound, der von den Behörden des Hochverrats und des Antisemitismus beschuldigt wurde, ohne Gerichtsverfahren in eine psychiatrische Klinik eingewiesen wurde. Eustace Mullins, auch Autor von *This Difficult Individual, Ezra Pound*, besuchte ihn während seiner dreizehn Jahre im St. Elizabeth's Hospital regelmäßig. Mullins erklärt, dass Pound ihn eines Tages im Jahr 1949 fragte, ob er jemals vom Federal Reserve System gehört habe. Als er dies verneinte, fragte ihn der Dichter, ob er in der Library of Congress recherchieren könne, und bot ihm zehn Dollar pro Woche für einige Wochen an, um seine Arbeit zu beginnen. Die ersten Nachforschungen ergaben, dass Ezra Pounds Vermutungen über die Existenz eines geheimen Plans zutreffend waren. Daraus ergab sich der Auftrag: „Sie müssen daran wie an einer Detektivgeschichte arbeiten". Mullins erzählt im Vorwort, wie die Arbeit ablief: „Ich recherchierte vier Stunden am Tag in der Library of Congress und ging am Nachmittag ins St. Elizabeth's Hospital. Pound und ich gingen die Notizen vom Vortag durch. Ich aß mit George Stimpson in der Scholl's Cafeteria zu Abend und er beaufsichtigte mein Material. Ich kehrte in mein Zimmer zurück, um die korrigierten Notizen abzutippen. Stimpson und Pound machten viele Vorschläge, um mich in einem Bereich zu führen, in dem ich noch keine Erfahrung hatte."

Was in Deutschland geschah, als Eustace Mullins' Werk, das von Guido Röder unter dem Titel *The Federal Reserve Conspiracy* veröffentlicht wurde, 1955 erschien, wurde in Anmerkung 29 des fünften Kapitels besprochen. Wie wir uns erinnern werden, beschlagnahmte und verbrannte Otto John ( ), ein kommunistischer Spion, der in Westdeutschland den Posten des Geheimdienstdirektors innehatte, bevor er nach Ostdeutschland ging, die zehntausend Exemplare der Ausgabe des Buches, in dem die internationalen Bankiers angeprangert wurden. Wir haben bereits gesehen, wie Edward Mandell

House, Agent der Banker, die das Federal Reserve System und den Transmissionsriemen zwischen ihnen und Präsident Wilson geschaffen haben, das Buch *Philip Dru: Administrator* schrieb, in dem er den „Sozialismus, wie er von Karl Marx erträumt wurde", anstrebte. Die Paradoxien sind überwundene Gegensätze; es ist jedoch äußerst schwierig, diese Paradoxien zu verstehen, d.h. wie kann man gleichzeitig ein Anhänger des Kommunismus und ein Anhänger des Kapitalismus sein? Auf den folgenden Seiten werden wir dieser Frage weiter nachgehen.

Die Geschichte der Gründung der Federal Reserve beginnt in der Nacht des 22. November 1910 auf dem Bahnhof von Hoboken in New Jersey, wo eine Gruppe von Reportern sah, wie eine Reihe von Finanziers einen Zug mit einem versiegelten Waggon mit gepanzerten Fensterläden bestiegen, der zu einem unbekannten Ziel abfuhr. Senator Nelson Aldrich, ein Insider, der den Vorsitz der 1908 nach der Panik von 1907[41] gegründeten National Monetary Commission innehatte, führte das Gefolge an, zu dem neben seiner Sekretärin auch Frank Vanderlip, der Präsident von Rockefellers National City Bank of New York, und Henry P. Davison, ein Partner und persönlicher Gesandter von J. P. Morgan, dem ranghöchsten Mitglied der National Monetary Commission, gehörten. P. Morgan, der der wichtigste amerikanische Vertreter der englischen Rothschilds war; Charles D. Norton, Präsident der von Morgan dominierten First National Bank of New York; Benjamin Strong, bekannt als J. P. Morgans Leutnant; Paul Warburg, Kuhns Partner, Loeb; und A. Piat Andrew, stellvertretender Finanzminister. Erst später stellte sich heraus, dass es sich bei dem Ziel um die tausend Meilen südlich in Georgia gelegene Jekyll Island handelte, die einer exklusiven Gruppe von Millionären gehörte, die sie als Winterquartier gekauft hatten. Die Geheimhaltung des Treffens war offensichtlich, denn Jekylls übliche Dienerschaft war durch andere ersetzt worden, die für diesen Anlass aus Europa angereist waren. Außerdem hatten die Mitglieder des Treffens beschlossen, sich nur mit Vornamen anzusprechen und auf die Verwendung von Nachnamen zu verzichten.

Diese Gruppe, in der die mächtigsten Männer der Welt vertreten waren, hielt sich neun Tage lang im Club auf Jekyll Island auf. Ihr Ziel war es, ein Gesetz aufzuklären, das die privaten Banken schützen sollte, die planten, die Währungsausgabe der Nation zu übernehmen. Erinnern wir uns noch einmal an

---

[41] Die Panik von 1907 war, wie alle Paniken, eine provozierte Panik, die entstand, weil die großen Reservebanken in New York sich weigerten, ihren Depositenbanken im Rest des Landes Geld zur Verfügung zu stellen, die zur gleichen Zeit Liquidität benötigten, um ihre Einleger auszuzahlen. John Pierpont Morgan war einer der am stärksten an der Operation beteiligten Bankiers, da er den Konkurs seines Konkurrenten Knickerbocker Trust Co. verursachte, der mehr als 200 Banken in den Ruin trieb. Die Krise, die einige Monate zuvor von Morgan selbst in einem Vortrag vor der New Yorker Handelskammer angekündigt worden war, in dem er die Schaffung einer Zentralbank forderte, war auf einen Mangel an umlaufendem Geld und eine unzureichende Methode zur Erhöhung des Geldangebots zurückzuführen. Es gab daher eine weit verbreitete Forderung nach einer Änderung des Systems, damit eine ausreichende Geldmenge zur Verfügung steht, um den Bedarf des Handels zu decken. Der Kongress setzte daraufhin einen Ausschuss ein, der als Währungskommission bezeichnet wurde.

den berühmten Satz von Mayer Amschel Rothschild: „Gebt mir die Kontrolle über die Währung einer Nation und es ist mir egal, wer ihre Gesetze macht". Wenn dieses Gesetz verabschiedet werden könnte, läge das Recht, unbegrenzt Geld zu drucken, sein Angebot und seinen Preis zu kontrollieren und es gegen Zinsen zu verleihen, sogar an die Regierung selbst, in den Händen des Federal-Reserve-Kartells (2013 betrug die US-Staatsverschuldung 16 Billionen Dollar, wovon 40% an die Fed zu zahlende Zinsen sind). Der technisch versierte Mann, der eigentliche Vordenker hinter dem Plan, diese Zentralbank zu gründen, war Paul Warburg, der aus Frankfurt am Main stammte, der Heimatstadt des Gründers der Rothschild-Dynastie. Die Warburgs begannen bereits 1814, für die Rothschilds in Hamburg zu arbeiten; aber erst ab 1830 wurden enge Geschäfte und Beziehungen zwischen ihnen auf regelmäßiger Basis etabliert.

Paul Warburg war 1902 mit seinem Bruder Felix in die Vereinigten Staaten gekommen, während sein Bruder Max, der 1917 Trotzkis Finanzier werden sollte, in Deutschland geblieben war. Paul heiratete Nina Loeb, Tochter von Salomon Loeb von Kuhn, Loeb & Co. Felix heiratete Frieda Schiff, Tochter von Jacob Schiff, der ebenfalls Trotzki im Besonderen und die Bolschewiki im Allgemeinen finanzierte. Im 18. Jahrhundert hatten sich die Schiffs und die Rothschilds das berühmte Haus „Judengasse" in Frankfurt geteilt. Es wird vermutet, dass Schiff mit dem Geld der Rothschilds die Firma Loeb von Kuhn gekauft hat. Seit 1907 hatte Paul Warburg einen Teil seiner Zeit damit verbracht, über die Notwendigkeit einer Bankenreform zu schreiben und Vorträge zu halten. Nelson Aldrich hatte mit ihm zusammengearbeitet. Es war Aldrich, der mit dem Argument, dass die Öffentlichkeit seinen Namen bereits mit der Währungsreform verband, darauf bestand, dass sein Name mit dem Gesetz in Verbindung gebracht werden sollte. So entstanden auf der Tagung auf Jekyll Island der Bericht der Währungskommission und das Aldrich-Gesetz. Die Verknüpfung dieses Namens mit der Rechtsnorm war jedoch kontraproduktiv, da seine Schirmherrschaft zu eng mit Morgan und den Interessen der internationalen Bankiers verbunden war. Warburg wollte jede Anspielung auf „Zentralbank" vermeiden und hatte vorgeschlagen, das Gesetz „Federal Reserve System" zu nennen, der Name, der sich schließlich durchsetzen sollte, als der Aldrich Act scheiterte.

Sobald die Teilnehmer an Jekylls Arbeit nach New York zurückgekehrt waren, wurde im Frühjahr 1911 eine nationale Propagandakampagne zugunsten des „Aldrich-Plans" gestartet. An den Universitäten von Princeton, Harvard und Chicago, letztere von John D. Rockefeller mit Millionen von Dollar ausgestattet, wurde die Strategie entwickelt, aus der die „National Citizens' League for the Promotion of a Sound Banking System" hervorging. Der Aldrich-Plan wurde dem Kongress als Ergebnis einer dreijährigen Arbeit und Studie der Nationalen Währungskommission vorgelegt; trotz Propagandakampagnen und Unterstützung durch die Presse stieß er jedoch auf starken Widerstand, angeführt von William Jennings Bryan und Charles Lindbergh senior, dem Vater des berühmten Fliegers, der den Atlantik in einem Non-Stop-Flug von New York nach Paris allein überquerte. Darüber hinaus war Präsident William Howard Taft nicht bereit, das Aldrich-Gesetz zu unterzeichnen. Am 15. Dezember 1911 prangerte der Kongressabgeordnete Charles Lindbergh den Aldrich-Plan als „Wall Street's plan, simply a scheme in the interests of the Trust" an. Auch im Senat prangerte Robert M. LaFollete öffentlich an, dass ein fünfzigköpfiger „Trust" die Vereinigten Staaten kontrolliere.

Der Kongress versuchte, die Stimmung in der Bevölkerung gegen das Aldrich-Gesetz zu beschwichtigen, indem er einen Ausschuss einrichtete, der die Kontrolle von Geld und Kredit untersuchen sollte. Der Pujo-Ausschuss unter der Leitung des Kongressabgeordneten Arsene Pujo wurde 1912 gebildet. Die Anhörungen dauerten fünf Monate und erbrachten sechstausend Seiten und vier Bände von Erklärungen der Bankiers, die vor dem Ausschuss auftraten; aber nichts Klares kam bei diesen Sitzungen heraus, da die Finanziers nur darauf bestanden, dass sie immer im öffentlichen Interesse handelten. Samuel Untermayer wurde zum Sonderberater des Pujo-Ausschusses ernannt, und seine Arbeit war eher hinderlich als hilfreich. Als Jacob Schiff als Zeuge auftrat, ließ Untermayer ihn reden und reden, ohne die Geschäfte von Kuhn, Loeb & Co. zu klären, die Senator Robert L. Owen als Vertreter der europäischen Rothschilds in den Vereinigten Staaten identifiziert hatte. Vor der provozierten Panik von 1907 hatte Jacob Schiff vor der New Yorker Handelskammer folgende Erklärung abgegeben: „Wenn wir keine Zentralbank haben, die die Kreditfonds ausreichend überwacht, wird dieses Land die schwerste und tiefste Krise seiner Geschichte erleben". Eustace Mullins ist der Ansicht, dass das Pujo-Komitee am Ende eine Farce war.

Schließlich wurde das Aldrich-Gesetz unter dem Namen Federal Reserve Act vorgelegt, der von Paul Warburg bei den Treffen auf Jekyll Island vorgeschlagen worden war. Mit der oben beschriebenen Strategie wurden im November 1912 schließlich die Wahlen abgehalten, die die Situation entschärfen sollten. Mit Wilson im Amt wurde der Prozess von Mandell House geleitet, der sich das ganze Jahr 1913 über schamlos als Agent von Paul Warburg aufführte. In *Mullins on the Federal Reserve*, das aus den privaten Unterlagen von House stammt, werden die Treffen zwischen den Bankern und ihrem Mann im Weißen Haus datiert. Hier sind einige der Berichte des „Colonels" über seine Gespräche mit den Bankern:

> „13. März 1913. Warburg und ich hatten eine private Diskussion über die Geldreform.
> 27. März 1913. Mr. J. P. Morgan Jr. und Mr. Denny von seiner Firma kamen pünktlich um fünf Uhr. McAdoo kam fast zehn Minuten später. Morgan hatte bereits einen Geldplan vorbereitet. Ich schlug vor, ihn mit der Schreibmaschine abzutippen, damit er nicht vorgefertigt aussieht, und er schickte ihn heute an Wilson.
> 23. Juli 1913. Ich habe versucht, Major Quincey (aus Boston) die Dummheit der östlichen Bankiers zu zeigen, die eine gegensätzliche Haltung zum Geldprojekt einnehmen....
> 13. Oktober 1913. Paul Warburg war heute mein erster Besucher. Er kam, um das Geldprojekt zu besprechen...
> 17. November 1913. Paul Warburg rief wegen seiner Reise nach Washington an. Dann kamen er und Herr Jacob Schiff für ein paar Minuten. Warburg trug die

Hauptlast des Gesprächs. Er hatte einen neuen Vorschlag bezüglich der Gruppierung der Banken... in Verbindung mit dem Federal Reserve Board".

So kam der Dezember 1913 heran. *Die New York Times*, deren Eigentümer, Adolph Simon Ochs, ein zionistischer Jude deutscher Abstammung war, pries in einem Leitartikel die Vorzüge des neuen Systems an: „New York wird auf einer festeren Grundlage des finanziellen Wachstums stehen und wir werden es bald als das Geldzentrum der Welt sehen". Am Montag, dem 22. Dezember, kündigte dieselbe Zeitung schließlich die baldige Verabschiedung des Geldgesetzes an und verwies auf die „beispiellose Geschwindigkeit", mit der beide Kammern zugestimmt hatten. Aus Gründen der parlamentarischen Höflichkeit war es Tradition, in der Weihnachtswoche nicht über wichtige Gesetzesvorlagen abzustimmen, doch wurde mit diesem Brauch gebrochen, um den Federal Reserve Act am 22. Dezember zu verabschieden. Zu diesem Zweck trat der parlamentarische Konferenzausschuss zwischen 1.30 und 4.30 Uhr morgens zusammen, während die Abgeordneten noch schliefen, und der Gesetzentwurf wurde am folgenden Tag verabschiedet, obwohl viele Kongressmitglieder bereits in den Weihnachtsurlaub gefahren waren und die verbliebenen kaum Zeit hatten, ihn zu studieren und sich über seinen Inhalt zu informieren.

Die New York Times widmete der kritischen Rede des Kongressabgeordneten Lindbergh nur einen Satz. Eustace Mullins bietet ein bezeichnendes Zitat aus seiner Rede im Kongress: „Dieses Gesetz schafft den gigantischsten Trust im Lande. Wenn der Präsident dieses Gesetz unterzeichnet, wird die unsichtbare Regierung durch die Geldmacht legalisiert. Die Menschen werden es vielleicht nicht sofort merken, aber der Tag der Abrechnung ist nur noch ein paar Jahre entfernt. Die Trusts werden bald erkennen, dass sie selbst für ihr eigenes Wohl zu weit gegangen sind. Die Menschen müssen eine Unabhängigkeitserklärung abgeben, um sich von der Geldmacht zu befreien. Das können sie tun, indem sie die Kontrolle über den Kongress übernehmen. Die Wall Street könnte uns nicht betrügen, wenn ihr Senatoren und Abgeordneten den Kongress nicht zur Farce macht...". Der Leiter der Strategie zur Verabschiedung des Gesetzes zur Weihnachtszeit war wieder einmal Paul Warburg, der in einem Büro im Kapitolgebäude ständig Kongressabgeordnete und Senatoren empfing, um ihnen Anweisungen zu geben. Das Ergebnis der Abstimmung im Kongress war 298 Stimmen für das Gesetz und 60 Stimmen dagegen. Im Senat stimmten 43 Senatoren für und 25 gegen das Gesetz. Am 23. Dezember 1913 unterzeichnete Wilson den Federal Reserve Act. Am 24. Dezember schrieb Jacob Schiff, der prominenteste Vertreter des Rothschild-Bankensyndikats, an Edward Mandell House: „Mein lieber Colonel House: Ich möchte mich bei Ihnen für die ruhige, aber zweifellos effektive Arbeit bedanken, die Sie im Interesse der Geldgesetzgebung geleistet haben, und Ihnen zu der Maßnahme gratulieren. Mit meinen guten Wünschen, Ihr treuer Jacob Schiff".

In Artikel 1, Abschnitt 8, Absatz 5 der US-Verfassung wird dem Kongress ausdrücklich die „Befugnis übertragen, Geld zu prägen und seinen Wert zu regulieren". Der Federal Reserve Act war ein direkter Angriff auf die Souveränität des Kongresses, d.h. des amerikanischen Volkes. Im Jahr 1935 entschied der Oberste Gerichtshof der USA, dass der Kongress seine Befugnisse nicht verfassungsmäßig an eine andere Gruppe oder ein anderes Gremium delegieren kann. Die Kongressabgeordneten haben daher mit der Verabschiedung des Federal Reserve Act gegen die Verfassung verstoßen, auf deren Wahrung sie geschworen hatten. Dr. Quigley erklärt in *Tragedy and Hope (Tragödie und Hoffnung)* perfekt das Ausmaß der von den internationalen jüdischen Bankern und ihren Agenten durchgeführten Operation. Ihm zufolge beabsichtigten sie, die Macht Großbritanniens und der Vereinigten Staaten zu nutzen, um die meisten Länder dazu zu zwingen, „durch Zentralbanken zu operieren, die frei von politischer Kontrolle sind, wobei alle Angelegenheiten, die das internationale Finanzwesen betreffen, von diesen Zentralbanken ohne jegliche Einmischung der Regierungen vereinbart werden." Caroll Quigley argumentiert, dass man die wahren Dimensionen des ganzen Plans erst dann richtig begreift, wenn man sich vor Augen führt, dass das weitreichende Ziel dieser Bankendynastien darin bestand, „... nichts Geringeres als ein Weltfinanzsystem in privater Hand zu schaffen, das in der Lage ist, das politische System eines jeden Landes und die Wirtschaft der ganzen Welt zu beherrschen. Dieses System sollte von den Zentralbanken der Welt kontrolliert werden, die durch geheime Vereinbarungen, die bei privaten Treffen und Konferenzen getroffen wurden, gemeinsam handeln sollten. Die Spitze des Systems sollte die Bank für Internationalen Zahlungsausgleich in Basel, Schweiz, sein, eine private Bank, die den Zentralbanken der Welt gehört und von ihnen kontrolliert wird, die gleichzeitig private Unternehmen sind". Über diese Bank für Internationalen Zahlungsausgleich (BIZ) könnte ein langer Bericht geschrieben werden. Ihre Existenz ist den meisten Sterblichen unbekannt. Sie wurde 1930 gegründet und ist eine hermetische und unantastbare Einrichtung, die keiner politischen Macht untersteht. Die BIZ steht an der Spitze der Macht: Sie ist die Zentralbank der ihr angeschlossenen Zentralbanken.

Bei einem Auftritt vor dem Banking and Money Committee im Jahr 1913 erklärte Paul Warbug, dass eines der Ziele des Federal Reserve Act die „Mobilisierung von Krediten" sei. Der Weltkrieg begann sieben Monate nach der Verabschiedung des Gesetzes, und die erste Aufgabe des Federal Reserve Systems bestand darin, ihn zu finanzieren. Die europäischen Länder, die in den Konflikt verwickelt waren, hatten am Ende 14 Billionen Dollar Schulden bei den Zentralbanken. Es wird geschätzt, dass die internationale Finanzelite an dem Krieg 208 Billionen Dollar verdient hat. Henry Ford stellt in *The International Jew* fest, dass 73 Prozent der neuen Millionäre in New York, die infolge des Krieges auftauchten, Juden waren, was nicht überrascht, wenn man bedenkt, dass es Bernard Baruch war, der das Leben oder den Tod von Industrien und die Kontrolle über die „Prioritäten" im Kapitalverkehr in seinen Händen hielt.

Fünfzig Jahre später, am 4. Juni 1963, erließ Kennedy die Präsidialverfügung EO 11110, die dem Präsidenten die Befugnis zur Ausgabe von Geld gab. Er wies daraufhin das US-Finanzministerium an, Banknoten im Wert von 4 Milliarden Dollar zu drucken, um die Banknoten der Federal Reserve zu ersetzen. Damit wollte er sich die Macht zurückholen, die dem Kongress unrechtmäßig entzogen worden war. Er beabsichtigte, die von der Federal

Reserve ausgegebenen Dollar schrittweise durch die neue Währung zu ersetzen. Wenige Monate nach Inkrafttreten des Plans wurde Präsident Kennedy in Dallas ermordet. Sobald Lyndon B. Johnson sein Amt antrat, wurde Kennedys präsidiale Anordnung zurückgenommen und die alte Macht des Kartells wiederhergestellt. Das Attentat war zweifellos eine sehr ernste Warnung für jeden anderen Präsidenten, der in Zukunft einen solchen Plan in Erwägung ziehen könnte.

TEIL 2
DER ZIONISMUS UND DER ERSTE WELTKRIEG

In den vier Jahren des Ersten Weltkriegs kam es in Europa zu einem noch nie dagewesenen Blutbad, gefolgt von einem Jahrzehnt des Chaos, des Elends und der Unterdrückung. Mit den Habsburgern, den Romanows und den Hohenzollern verschwanden drei mächtige christliche Dynastien Europas in Folge des Krieges auf einen Schlag. Dies war zwar wichtig und bedeutsam für die Zukunft Europas, doch der Triumph der bolschewistischen Revolution war ein noch bedeutsameres Ereignis. Der Sturz Russlands in die Hände von Agenten der internationalen jüdischen Bankiers und die Machtübernahme einer verbrecherischen und totalitären Ideologie mit Duldung der Vereinigten Staaten und Großbritanniens sollte die Menschheit das ganze 20. Dies war das spektakuläre Ergebnis, das die Illuminaten seit Adam Weishaupts Verschwörung gegen alle Religionen und Regierungen Europas herbeigesehnt hatten. Dann war da noch die jungtürkische Revolution, aus der nach der Auflösung des Osmanischen Reiches die moderne Türkei hervorging. Kemal Atatürk und die Jungtürken waren nicht nur Freimaurer, sondern auch „Doenmes", d. h. Krypto-Juden, die angeblich zum Islam konvertiert waren, obwohl sie ihre jüdische Religion weiterhin ausübten. Sie waren verantwortlich für den Völkermord an 1,5 Millionen armenisch-orthodoxen Christen in den Jahren 1915-16. All diese Ereignisse machen den Ersten Weltkrieg zu einer der entscheidendsten Episoden der Geschichte. Er brachte den Kommunismus und den Zionismus hervor, zwei furchterregende Köpfe desselben Ungeheuers, das sich im 19. Jahrhundert geduldig entwickelt hatte.

Nachdem die Jungtürken Sultan Abdul Hamid II. von der Macht verdrängt hatten, wurde die Atmosphäre in Europa zunehmend vergiftet. Auf den italienisch-türkischen Krieg, der 1911 in Libyen begann, folgten zwischen 1912 und 1913 Kriege auf dem Balkan: Im ersten kämpfte das Osmanische Reich gegen eine Balkanliga, die aus Montenegro, Bulgarien, Griechenland und Serbien bestand; im zweiten bekämpften sich die Koalitionspartner gegenseitig. Russland und Österreich-Ungarn, deren Interessen sich überschnitten, blieben außen vor, aber es war klar, dass diejenigen, die eine Explosion provozieren wollten, das günstigste Szenario in der Region hatten. Außerdem hatte ein deutscher Ingenieur, Wilhelm von Pressel, 1872 das Projekt des „Orient-Expresses" entworfen, das den Briten missfiel, weil es ihre alte imperiale Linie gefährdete: Gibraltar, Malta, Port Said, Suez, Aden, Ceylon, Hongkong. Wenn Deutschland oder eine andere Nation mit östlichen Ländern Handel treiben oder auch nur mit ihren Schiffen ins Mittelmeer ein- oder auslaufen wollte, brauchte sie die Erlaubnis der Briten, die dank ihrer Kontrolle über den Suezkanal und die Festung Gibraltar das Mare Nostrum schließen konnten. Deutschland hatte 1888 die Erlaubnis der Türken erhalten und beabsichtigte, Berlin und Bagdad durch eine Eisenbahnlinie mit dem Persischen Golf zu verbinden, wo ein Hafen gebaut werden sollte, der die Deutschen mit dem Indischen Ozean verbinden würde.

Vor diesem Hintergrund bereiteten Journalisten und Pamphleteure in ganz Europa im Dienste der Finanzkonzerne die öffentliche Meinung auf den kommenden Krieg vor. Die mächtige *Neue Freie Presse,* die von den Rothschilds, den Erzfeinden der Zaren, kontrolliert wird, hetzt Deutsche und Österreich-Ungarn gegen Russland auf, das beschuldigt wird, für die Kriege auf der Balkanhalbinsel verantwortlich zu sein. Auf der anderen Seite schürten die jüdischen Organisationen Poale Zion und der Bund mit ihrer Propaganda den Zarenhass in Südrussland und Polen. Um das Bild zu vervollständigen, sei daran erinnert, dass der Leiter der deutschen Spionage während des Krieges der Jude Max Warburg war, der Bruder von Paul Warburg, und dass der deutsche Bundeskanzler zwischen 1909 und 1917 Theobald von Bethmann-Hollweg war, ein weiterer Jude mit Verbindungen zu den Rothschilds aus Frankfurt am Main, der Stadt, in der schon immer antirussische Stimmungen entstanden waren. Bethmann-Hollweg war nicht in der Lage oder nicht willens, sich den deutsch-jüdischen Finanziers entgegenzustellen, die das russische Reich zerstückeln wollten. Bismarck, der die Integrität des russischen Reiches für Deutschlands Wohlstand für unverzichtbar hielt, war in dieser Hinsicht ganz anders eingestellt. Öffentlich hatte er es so ausgedrückt: „Die Aufrechterhaltung der monarchischen Regierungen in St. Petersburg ist für uns Deutsche eine Notwendigkeit, die mit der Aufrechterhaltung unseres eigenen Regimes zusammenfällt. Wenn die Monarchien nicht begreifen, dass es notwendig ist, im Interesse der politischen und sozialen Ordnung zusammenzuhalten, so fürchte ich, dass die internationalen revolutionären und sozialen Probleme, denen man sich stellen muss, sehr gefährlich sein werden...." Bismarck war sich der Tiefe der revolutionären Bewegung durchaus bewusst, weshalb er sogar für die Notwendigkeit eines „Dreikaiserbundes" plädiert hatte.

Wenn wir uns überlegen, wer die Hauptnutznießer der Katastrophe waren, müssen wir zustimmen, dass es wieder einmal die üblichen Bankiers und Geldverleiher waren, die beide Seiten finanzierten. Dieselben Bankiers verübten mit Hilfe der Judenbolschewiken einen beispiellosen Raubzug in Russland, die größte Ausplünderung der Geschichte. Auf den folgenden Seiten werden wir Daten und Argumente für diese These anführen, ohne dabei die ideologischen Aspekte zu vernachlässigen, die zur Manipulation, Verwaltung und gnadenlosen Ausnutzung der großen Massen eingesetzt wurden, die den Interessen verborgener Persönlichkeiten geopfert wurden.

Die Freimaurer und das Attentat von Sarajevo

Als Erzherzog Franz Ferdinand von Österreich, Erbe der österreichisch-ungarischen Monarchie, und seine Frau am 28. Juni 1914 in Sarajewo ermordet wurden, wussten diejenigen, die dieses Verbrechen unterstützten, dass sie den Auslöser für den Ersten Weltkrieg geschaffen hatten. Am 15. September 1912 gab Monsignore Jouin, Herausgeber der *Revue Internationale des Sociétés Secrètes,* zwei Jahre im Voraus bekannt, dass die Freimaurer den Erzherzog zum Tode verurteilt hatten. Monsignore Jouin prophezeite, dass vielleicht eines Tages die folgenden Worte eines hochrangigen Schweizer Freimaurers über den österreichischen Thronfolger geklärt werden würden: „Er ist ein außergewöhnlicher Mann; es ist schade, dass er verurteilt ist, er wird sterben, bevor er auf den Thron kommt". Graf Ottokar von Czernin, österreichisch-ungarischer Außenminister von 1916-1918, enthüllt in seinem Werk *Im Welt Kriege*, dass der Erzherzog selbst wusste, dass er sterben würde: „Der Erzherzog wusste sehr wohl, dass die Gefahr eines Angriffs unmittelbar bevorstand. Ein Jahr vor dem Krieg gestand er mir, dass die Freimaurerei seinen Tod beschlossen hatte. Er nannte mir auch die Stadt, in der ein solcher Beschluss gefasst worden war, und nannte die Namen mehrerer ungarischer und österreichischer Politiker, die wahrscheinlich davon wussten".

Man kann sagen, dass das Schicksal des Erzherzogs in ganz Europa bekannt war. Alles deutet darauf hin, dass die Verbrecher von Verschwörern benutzt wurden, die den Krieg um jeden Preis wollten. In *„Im Zeichen des Skorpions"* zitiert der Este Jüri Lina Juri Begunow, dessen Werke nicht übersetzt worden sind. Dieser russische Autor enthüllt, dass Trotzki im Frühjahr 1914 als Mitglied der Großloge von Frankreich nach Wien reiste, um sich mit einem Freimaurerbruder namens V. Gacinovic zu treffen und Pläne für das Attentat auf Franz Ferdinand von Österreich zu besprechen. Laut Begunow wussten Radek und Sinowjew, zwei weitere jüdische Kommunistenführer und Freimaurer, von den Plänen, die ausgeheckt wurden. Ein weiterer Hinweis auf die Ermordung des Erzherzogs kam am 11. Juli 1914 mit dem Erscheinen eines Dokuments in *John Bull*, einer Zeitung im Besitz von Horatio Bottomley, einem britischen Finanzier, Politiker und Journalisten, der 1888 die *Financial Times* gegründet hatte. Bottomley veröffentlichte in seiner Zeitung einen Text, den er vom serbischen Konsulat in London erhalten hatte und der auf den 14. April 1914 datiert war. Das Dokument war in Ladino, der von sephardischen Juden gesprochenen Sprache, verfasst. Es bot 2.000 Pfund für die „Beseitigung" des Erzherzogs. Professor Robert William Seton-Watson bezieht sich in seinem Buch *German, Slav, and Magyar: A Study in the Origins of the Great War* auf diesen in *John Bull* veröffentlichten Text und stellt für den Laien klar, dass Ladino ein von den Juden in Saloniki gesprochener Dialekt des Spanischen war. Seton-Watson fügt hinzu, dass der Mann, der versuchte, das Dokument an verschiedene Londoner Zeitungen zu verkaufen, bis es schließlich von Horatio Bottomley akzeptiert wurde, ein Jude war, der mit dem Komitee für Union und Fortschritt in Verbindung stand, das von den jüdischen Logen in Saloniki abhing, die unter der Kontrolle des Grand Orient von Italien standen, der wiederum vom Grand Orient von Frankreich abhing. Es gibt Aufzeichnungen über eine Überweisung von 700.000 Francs von Paris nach Rom durch den Grand Orient von der Universal Israelite Alliance. Mit diesem Geld könnte das Attentat von Sarajevo finanziert worden sein.

Die Fakten sind wohlbekannt. Der Erzherzog traf zu einem offiziellen Besuch in Sarajevo ein, einer Stadt in Bosnien-Herzegowina nahe der serbischen Grenze. Er und seine Frau saßen auf dem Rücksitz eines Autos. Vor ihnen saß General Potiorek, während Graf Harrach neben dem Fahrer saß. Der Wagen fuhr langsam in Richtung Rathaus. Cabrinovic, Princip und Grabez, die drei entschlossensten Fanatiker unter den acht mit Bomben und Pistolen bewaffneten

Attentätern, mischen sich unter die Bevölkerung. Auf der Cumurja-Brücke warf Cabrinovic eine Bombe, die das Auto traf und auf dem Boden explodierte. Die Insassen des Wagens hinter ihm und mehrere Personen wurden verletzt. Das Auto des Erzherzogs hielt an, um nach den Verletzten zu sehen, aber das Programm wurde nicht unterbrochen und die Autokolonne setzte ihren Weg zum Rathaus fort. Nach dem Empfang begab sich das Paar ins Krankenhaus, um die Verwundeten zu besuchen. Während der Fahrt stellte sich Graf Harrach zum Schutz seiner Hoheit auf die Stufe an der linken Seite des Fahrzeugs. An der Ecke Franz-Joseph-Straße hielt der Wagen direkt vor einem der Attentäter, dem jungen Juden Gavrilo Princip, der mit einer automatischen Pistole aus nächster Nähe auf den Erzherzog schoss, bis das Magazin leer war. Erzherzogin Sophie, die ihn schützen wollte, griff instinktiv ein und fiel schwer verletzt auf die Schultern ihres Mannes. Graf Harrach hörte Franz Ferdinand zärtlich sagen: „Sophie, Sophie, stirb nicht, lebe um unserer Kinder willen". Der Erzherzog saß weiter in den Armen seiner Frau, während ein wenig Blut auf seinen Lippen erschien. „Es ist nichts, es ist nichts", sagte er mehrmals mit schwacher Stimme zu Graf Harrach, bevor er bewusstlos wurde. Man erreichte den Gouverneurspalast und trug beide Leichen in ein Bett im ersten Stock, aber die eilig herbeigeeilten Ärzte fanden sie bereits tot vor. Die Tragödie hatte gerade erst begonnen: In den kommenden Jahren würden Millionen von Menschen durch diese ersten Schüsse ebenfalls einen gewaltsamen Tod unter Kugeln sterben.

In *Freimaurerei und Judentum. Die geheimen Mächte der Revolution* gibt Vicomte Léon de Poncins Auszüge aus dem Verhör wieder, dem die Verbrecher während des Prozesses im Oktober desselben Jahres unterzogen wurden. Der Prozess gegen die Mitglieder der „Schwarzen Hand", wie der Geheimbund genannt wurde, blieb aufgrund der Kriegswirren und des eigennützigen Schweigens der Presse unbemerkt. Einer der Attentäter, Cabrinovic, erklärte vor den Richtern des Militärgerichts lässig, dass „in der Freimaurerei das Töten erlaubt ist". Cabrinovic spielte in seiner Erklärung auf einen Freimaurerführer namens Casimirovic an, der kam und ging, der angeblich der Mann war, der mit der angeblichen Führung, die das Attentat koordinierte, in Kontakt stand, der Kurier, der die Befehle an diejenigen weitergab, die sich freiwillig gemeldet hatten, um das Attentat auszuführen. Cabrinovic bezog sich auch auf einen gewissen Ciganovic, der ihm erzählt hatte, dass die Freimaurer vor zwei Jahren - und dies bestätigt die Aussage von Monsignore Jouin voll und ganz - den österreichischen Thronfolger zum Tode verurteilt hatten, dass sie aber keine Leute gefunden hatten, die bereit waren, das Urteil auszuführen. Es gibt eine interessante Tatsache in der Aussage, die uns vermuten lässt, dass Casimirovic in Kontakt mit jüdischen Führern stand und dass er selbst einer sein könnte. Cabrinovic erzählte dem Richter, dass er, als Ciganovic ihm die Maschinenpistole und die Munition übergab, bemerkt hatte, dass Casimirovic aus Budapest stammte, wo er mit bestimmten Kreisen in Kontakt stand. Es ist bekannt, dass in jenen Jahren neunzig Prozent der ungarischen Freimaurer Juden waren. Die Gründungsdokumente der Großen Symbolischen Loge von Budapest aus dem Jahr 1905 tragen das Kalenderdatum der jüdischen Ära, d.h. das Jahr

5885. Die Passwörter und der Text der von den Logenmitgliedern abgelegten Eide wurden in hebräischer Sprache verfasst. Auch die Namen der Mitglieder dieser Loge belegen den jüdischen Ursprung der ungarischen Freimaurer. [42]

Eine andere von Léon de Poncins wiedergegebene Passage enthält einen kurzen Dialog zwischen dem Präsidenten des Tribunals und dem jungen Gavrilo Princip, dem Täter der Schießerei. Das Zitat ermöglicht es dem Leser, den Ton des Verhörs zu verstehen.

> „Der Präsident: Haben Sie mit Ciganovic über die Freimaurerei gesprochen?
> Princip (frech): Warum fragen Sie das?
> Der Präsident - ich frage, weil ich wissen muss, ob Sie mit ihm darüber gesprochen haben oder nicht?
> Princip: Ja, Ciganovic hat mir gesagt, dass er Freimaurer ist.
> Wann hat der Präsident Ihnen das gesagt?
> Fürstentum: Das sagte er mir, als ich ihn nach den Mitteln zur Durchführung des Attentats fragte. Er fügte hinzu, dass er mit einer bestimmten Person sprechen würde und dass diese die notwendigen Mittel erhalten würde. Bei einer anderen Gelegenheit erzählte er mir, dass der Thronfolger in einer Freimaurerloge zum Tode verurteilt worden sei.
> Der Präsident: Und Sie sind auch ein Freimaurer?
> Prinzip: Warum diese Frage? Ich werde nicht antworten (nach einem kurzen Schweigen) Nein. (nach einem kurzen Schweigen) Nein.
> Der Präsident: Ist Cabrinovic ein Freimaurer?
> Princip: Ich weiß es nicht. Vielleicht ist er es. Er hat mir einmal gesagt, dass er in eine Loge eintreten will".

Drei der zum Tode verurteilten Angeklagten wurden am 2. Februar 1915 gehängt. Princip, Cabrinovic und Grabez, die noch keine zwanzig Jahre alt waren, wurden zu zwanzig Jahren Gefängnis verurteilt. Die beiden letztgenannten starben im Gefängnis.

Verantwortlichkeiten für den Ausbruch des Krieges, ein Werk der Freimaurerei

Dieser Absatz wäre überflüssig ohne Artikel 231 des Versailler Vertrags, der Deutschland zwang zuzugeben, dass es allein für den Krieg verantwortlich

---

[42] Nach dem Ende des Regimes von Bela Kuhn in Ungarn, das als „Roter Terror" bekannt ist, verbieten die Behörden die Freimaurerei. 1921 veröffentlichte Mgr. Jouin das fünfbändige Werk *Le péril judéo-maçonnique*, das die in den Budapester Logen gefundenen Geheimpapiere enthält. Der Band über die Freimaurerei in Ungarn ist in drei Teile gegliedert. Der erste Teil mit dem Titel *Die Verbrechen der Freimaurerei*, verfasst von Adorjan Barcsay, enthält eine große Anzahl von Dokumenten der 1920 aufgelösten Logen. Der zweite Teil, verfasst von Joseph Palatinus, trägt den Titel *Die Geheimnisse der Provinzialloge*. Er erklärt, wie das geheime freimaurerische Zerstörungswerk in Ungarn zur Oktoberrevolution 1918 und zum Kommunismus 1919 führte. Der dritte Teil enthält eine Liste der Mitglieder der ungarischen Freimaurerlogen, aus der hervorgeht, dass neunzig Prozent der ungarischen Freimaurer Juden waren.

war. In diesem Artikel heißt es genau: „Die alliierten und assoziierten Regierungen bekräftigen, dass Deutschland und seine Verbündeten die Verantwortung für die Verursachung aller Verluste und Schäden tragen, die die alliierten und assoziierten Regierungen und ihre Bürger infolge des Krieges erlitten haben, der ihnen von Deutschland und seinen Verbündeten aufgezwungen wurde". Am 16. Juni 1919 wird der Artikel durch einen Zusatz ergänzt, in dem die Verantwortung Deutschlands, das beschuldigt wird, den Krieg geplant und begonnen zu haben, erneut betont wird. Darin heißt es, dass Deutschland und „sein Volk" für die Taten seiner Regierung verantwortlich seien. Der angeblichen Kriegsschuld wurde damit eine moralische Verurteilung und Demütigung eines ganzen Volkes hinzugefügt. Diese Note war ein Ultimatum, das Deutschland zwang, den Vertrag vom 28. Juni 1919 zu unterzeichnen, der Deutschland nicht nur die alleinige Verantwortung aufbürdete, sondern auch Abrüstung und die Zahlung verheerender Reparationen vorschrieb. Diejenigen, die dem deutschen Volk die Schuld gaben, teilten offensichtlich nicht die Maxime von Sir Patrick Hastings, für den „Krieg eine Schöpfung von Individuen, nicht von Nationen" ist.

Deutschland beeilte sich 1919, ein Weißbuch mit offiziellen Dokumenten zu veröffentlichen. Auch die anderen Länder brachten ihre eigenen Dokumente in sogenannten Farbbüchern heraus. Die österreichische Regierung veröffentlichte das rote Buch, die Franzosen das gelbe Buch, die Engländer das blaue Buch und die Bolschewiki das orangefarbene Buch. Die Historiker konnten damit beginnen, die Dokumente zu überprüfen und die Fakten und Haltungen der kriegführenden Länder zu erforschen. Zu dieser Zeit entstand in den Vereinigten Staaten eine Schule revisionistischer Historiker, die die Version der Sieger des Krieges in Frage stellten. Ihr Hauptvertreter war Professor Harry Elmer Barnes. Im Folgenden werden wir uns mit verschiedenen Werken befassen, die von Vertretern des Revisionismus veröffentlicht wurden, um dem Leser Daten und Informationen an die Hand zu geben, die es ihm ermöglichen, sich ein Bild davon zu machen, wer für den Ausbruch des Ersten Weltkriegs verantwortlich war.

Einer der ersten Texte war *New Light on the Origins of the World War*, die drei berühmten, von allen Revisionisten zitierten Artikel, die 1921 von Professor Sidney B. Fay in der *American International Review* veröffentlicht wurden. Dieser Forscher, dessen Argumente großen Einfluss hatten, wies die Schuld Deutschlands zurück, die die Sieger der Welt auferlegt hatten. 1924 erhielt der Geschichtsrevisionismus mit der Veröffentlichung von *Current History* von Harry Elmer Barnes, der von da an an der Spitze der revisionistischen Bewegung stand, einen neuen Impuls. In seinem 1928 erschienenen Buch *In Quest of Truth and Justice*, das inzwischen zu einem Klassiker geworden ist, verwies Professor Barnes auf eine angebliche Rolle des serbischen Geheimdienstes bei der Verschwörung. Seine Anschuldigung wurde durch die aufsehenerregenden Enthüllungen von Stanoje Stanojevic in dem 1923 erschienenen Buch *Die Ermordung des Erzherzogs Franz Ferdinand* gestützt, in dem Dragutin Dimitrievich, ein Oberst des Geheimdienstes, und Milan Tsiganovitch, einer seiner Untergebenen, in das Komplott verwickelt wurden.

Dimitrievich wurde 1918 in Saloniki ermordet, was darauf hindeutet, dass er zu viel wusste. Harry E. Barnes zitiert auch *The Blood of the Slavs (Das Blut der Slawen), ein* zehn Jahre nach dem Verbrechen veröffentlichtes Werk von Ljuba Jovanovitch, Sprecher des serbischen Parlaments und Bildungsminister im Jahr 1914. Laut Jovanovitch wurde die serbische Regierung drei Wochen vor dem Attentat von Premierminister Nikola Pashitch über das Komplott informiert. Trotzdem wurde nichts unternommen, um die Terroristen zu stoppen, und Österreich wurde nicht ausreichend gewarnt. Mit anderen Worten: Der „casus belli" hätte von der serbischen Regierung vermieden werden können. Ohne Kriegsgrund hätten die Kriegstreiber natürlich einen anderen Auslöser erfinden müssen.

Für Leser, die nur auf Spanisch lesen, gibt es ein interessantes Werk, das 1955 von Espasa-Calpe veröffentlicht wurde, *Odio incondicional. Culpabilidad de guerra alemana y el futuro de Europa (Unconditional Hatred: German War Guilt and the Future of Europe)*, verfasst vom englischen Captain Russell Grenfell. Dieser Militär teilt die These von Professor Barnes, dass Serbien, Frankreich und Russland am ehesten in der Lage waren, den Krieg auszulösen, da alle drei Länder territoriale Ansprüche erhoben: Frankreich sehnte sich seit 1871 nach einer Revanche, die es ihm erlauben würde, Elsass und Lothringen zurückzuerobern; Russland strebte nach der Kontrolle der Meerengen am Schwarzen Meer. Serbien wollte sein Gebiet in Bosnien erweitern. Grenfell nennt zwei Namen als Hauptverantwortliche für die Katastrophe: Sazonow, den russischen Außenminister, und Poincaré, der 1912 das Amt des Premierministers mit dem des Außenministers verbunden hatte und seit Januar 1913 Präsident der Republik war. Poincaré hatte sich verpflichtet, Russland unter allen Umständen zu unterstützen, unabhängig davon, ob es angegriffen wurde oder nicht. Diese Haltung wäre ein unumstößlicher Beweis dafür, dass Poincaré und die Kriegsbefürworter in Paris die Möglichkeit sahen, Elsass-Lothringen durch einen revanchistischen Krieg zurückzuerobern, da sie davon überzeugt waren, dass Frankreich und Russland die Mittelmächte besiegen würden. Grenfell teilt die am Krieg beteiligten Länder in zwei Gruppen ein: diejenigen, die Gewinne erzielen wollten, und diejenigen, die das, was sie hatten, bewahren wollten. Zur ersten Gruppe zählt er Serbien, Frankreich und Russland, zur zweiten Deutschland, Österreich-Ungarn und Großbritannien.

Nachdem wir diese Argumente dargelegt haben, wollen wir nun einen chronologischen Blick auf die wichtigsten Ereignisse des Juli 1914 werfen. Am 5. und 6. Juli bot Deutschland Österreich-Ungarn angeblich einen „Blankoscheck" an, falls es etwas gegen Serbien unternehmen würde. Der österreichische Botschafter in Berlin, László Szögyény, schickte ein Telegramm an seinen Außenminister Leopold Berchtold, in dem er ihm mitteilte, dass Kaiser Wilhelm II. am 5. und Bundeskanzler Bethmann-Hollweg am 6. Juli bedingungslose Hilfe zugesagt hätten. Zu diesem Punkt weist Professor Fay in den oben zitierten berühmten Artikeln darauf hin, dass Deutschland am 26. Juli seinen Blankoscheck stornierte und mit Großbritannien zusammenarbeitete, um Österreich in Schach zu halten und eine allgemeine Mitverbrennung zu vermeiden.

Am 7. Juli berief die österreichisch-ungarische Regierung einen Ministerrat ein, um zu entscheiden, ob sie militärisch gegen Serbien vorgehen oder sich für die Diplomatie entscheiden sollte. Minister Berchtold, der sich der deutschen Unterstützung sicher war, sprach sich für die erste Option aus. Der ungarische Ministerpräsident, Graf Stephan Theiß, war dagegen. Schließlich einigte man sich darauf, Serbien eine Reihe unannehmbarer Forderungen zu stellen, die einen Krieg zwischen Österreich und Serbien rechtfertigen würden. Sechzehn Tage vergingen, bevor diese Forderungen Serbien vorgelegt wurden. Am 13. Juli trafen in Wien Telegramme aus Sarajewo ein. Friedrich von Wiesner, der Ermittler, den die Regierung in die Stadt geschickt hatte, glaubte, dass es Beweise für eine serbische Beteiligung an der Ermordung gab, hatte aber keine Beweise dafür, dass die serbische Regierung involviert war oder sein könnte.

Am 15. Juli reisten Präsident Raymond Poincaré und René Viviani, der gleichzeitig Regierungschef und Außenminister war, nach Russland. Sie treffen am 20. Juli in St. Petersburg ein und führen drei Tage lang Gespräche mit dem russischen Außenminister Sergej Sasow, der verschiedenen Quellen zufolge ein Freimaurer ist. Obwohl es keine offiziellen Dokumente über diese Konsultationen gibt, wird angenommen, dass Frankreich Russland auch einen Blankoscheck angeboten hat, wenn es Serbien gegen Österreich-Ungarn unterstützt. Sowohl Maurice Paléologue, ein weiterer Freimaurer, der als französischer Botschafter in Russland tätig war, als auch Alexander Izvolski, der russische Botschafter in Frankreich, der in St. Petersburg anwesend war, sollen sich für die Solidarität ihrer jeweiligen Länder mit Serbien ausgesprochen haben. Der österreichisch-ungarische Botschafter in Russland, Graf Szapáry, der ebenfalls Freimaurer war, wurde von Poincaré und Sazov über die Unterstützung ihrer Länder für Serbien informiert. Wenn es stimmt, dass der Krieg eine Schöpfung von Individuen und nicht von Nationen ist, wie Sir Patrick Hastings sagte, dann wäre Poincaré eine der Personen, die am stärksten für den Krieg gearbeitet haben, und verschiedene Dokumente bestätigen dies. In den Memoiren von Botschafter Paléologue wird zugegeben, dass Poincaré während seines Aufenthalts in St. Petersburg das kriegsbefürwortende Lager aktiv ermutigt und gestärkt hat. Auch Baron Schilling vom russischen Außenministerium verweist in seinem Tagebuch auf die großspurigen Reden von Poincaré, die, wie Paléologue den Russen mitteilte, als verbindliche diplomatische Dokumente zu verstehen seien. Eine weitere interessante Information stammt aus den *britischen War Origins Papers*, in denen festgehalten ist, dass Poincaré am 22. ein Veto gegen einen Vorschlag des Außenministers Sir Edward Grey für direkte Gespräche zwischen Wien und St. Petersburg einlegte. Alfred Fabre-Luce, der bekannte französische Schriftsteller und Journalist, schrieb, dass es nach Poincarés Besuch in St. Petersburg kaum noch Chancen gab, einen Krieg zu vermeiden.

Am 23. Juli um 18 Uhr, als Poincaré Russland bereits verlassen hatte, wurde das zweitägige Ultimatum, das sich in Wien langsam zusammengebraut hatte, durch den österreichischen Diplomaten Baron Giesl an die serbische Regierung übermittelt. Darin wurde eine Antwort bis 18 Uhr am Abend des 25.

gefordert. Im Laufe des Vormittags des 24. wurde der Wortlaut des Ultimatums den anderen europäischen Mächten bekannt. Es gab Versuche, die Frist zu verlängern und Vermittlungsangebote, aber auch russische Unterstützungserklärungen für Serbien. Augenzeugen berichten, dass Zazov, als er von dem Ultimatum erfuhr, wütend wurde und die sofortige Mobilisierung Russlands forderte.

Am Abend des 25. Juli machte Serbien unter dem Einfluss Russlands mobil. Noch vor Ablauf der Frist geht eine Antwort ein, in der die wesentlichen Punkte des Ultimatums abgelehnt werden. Österreich verhärtet seine Position. Frankreich und Großbritannien ergreifen einige militärische Vorsichtsmaßnahmen, unternehmen aber nichts, um Russland einzudämmen. Am Nachmittag bestätigte Zazov dem britischen Botschafter in St. Petersburg, dem hohen Freimaurer George Buchanan, dass man bereit sei, „alle Risiken eines Krieges auf sich zu nehmen", da Frankreich sich „vorbehaltlos auf die Seite Russlands gestellt" habe. Der französische Botschafter Paléologue vermerkt in seinem Tagebuch, dass er sich an diesem Tag zum Warschauer Bahnhof begibt, um Izvolski zu verabschieden, der nach Gesprächen mit Poincaré zu seinem Posten in Paris zurückkehrt. Die beiden tauschen eilige Eindrücke aus und sind sich in einem wesentlichen Punkt einig: „Diesmal ist es Krieg. Es bleibt noch eine beunruhigende Tatsache hinzuzufügen: Am 25. desselben Tages teilte der britische Außenminister Sir Edward Grey den Russen mit, dass das österreichische Ultimatum an Serbien eine russische Mobilisierung rechtfertigen würde, und fügte hinzu, dass Deutschland nicht mobilisieren würde, wenn Russland allein gegen Österreich mobilisieren würde.

Am 27. begann Österreich mit der Mobilisierung gegen Serbien, und Deutschland erkannte, dass die von Russland eingenommene Position zu einem europäischen Krieg führen würde. Es ändert seinen politischen Standpunkt und fordert Wien vergeblich auf, mit Serbien zu verhandeln. Der russische Botschafter in Paris, Izvolski, betonte erneut, dass der Krieg unvermeidlich sei. Eine weitere Überraschung kam an diesem Tag aus Großbritannien. Außenminister Grey teilte St. Petersburg mit, dass die fortgesetzte Konzentration der britischen Flotte als offensichtliches Zeichen für eine Intervention zu werten sei, was, wie auch immer man es betrachten mag, eine Ermutigung zu militärischen Aktionen darstellte. Professor Barnes stellt mit Nachdruck fest, dass Zazov das Gefühl hatte, er könne auf Großbritannien zählen.

Am 28. erklärte Österreich Serbien den Krieg. Kaiser Wilhelm II. schlug vor, die Österreicher in Belgrad zu stoppen, und Kanzler Bethmann-Hollweg bat Edward Grey um Unterstützung, der zustimmte, dass der Krieg begrenzt und nicht ausgeweitet werden sollte. In Russland führte Zazov erneut einen unkontrollierten Wutanfall herbei, der sich erst nach dem Beschluss zur allgemeinen Mobilisierung, der vom Zaren unterzeichnet werden musste, wieder legte. Zazov selbst gab zu, dass er nach Bekanntwerden der österreichischen Kriegserklärung nur noch an die Vorbereitung des Krieges dachte. Nikolaus II. und Wilhelm II. tauschten persönliche Telegramme aus, die bestätigten, dass die Ereignisse zu einem europäischen Konflikt führen würden. Die britische

Position wird an diesem Tag in einem langen privaten Brief von Arthur Nicolson, Unterstaatssekretär für auswärtige Angelegenheiten, an Botschafter Buchanan bekannt gegeben. Der Brief ist in den *British Papers* enthalten. Er offenbart die übliche Doppelzüngigkeit der britischen Politik, denn Nicolson kündigt seinem Kollegen die britische Intervention an.

Am 29. unterzeichnete Nikolaus II. den Befehl zur Generalmobilmachung, doch am Abend wurde aufgrund einer Bitte Wilhelms II. ein Gegenbefehl erlassen. Stattdessen wurde eine Teilmobilisierung von 1.100.000 Mann beschlossen, die jedoch nie durchgeführt wurde. Ab dem 29. wurden pazifistische Antikriegsdemonstrationen in Frankreich streng verboten. Poincaré weigert sich jedoch, die Mobilisierung vor Deutschland anzuordnen, um zu vermeiden, dass Frankreich als treibende Kraft des Krieges dargestellt wird. Am Abend des 30. September wird Nikolaus II. schließlich dazu überredet, die allgemeine Mobilmachung in Russland anzuordnen. Aus einigen Worten des Zaren geht hervor, dass er sich bewusst war, dass damit ein allgemeiner Konflikt unvermeidlich war: „Denken Sie daran", sagte er zu Sazov, „es geht darum, Tausende und Abertausende in den Tod zu schicken.

Am Morgen des 31. wird in Berlin bekannt, dass die Generalmobilmachung in Russland im Gange ist. Am Mittag verkündet die Regierung die „Kriegsgefahr", die eine Vorstufe zur Mobilmachung ist, und am Nachmittag richtet sie Ultimaten an Russland und Frankreich. Sie fordert Russland auf, die Mobilisierung auszusetzen, und Frankreich, im Falle eines deutsch-russischen Krieges neutral zu bleiben. Am selben Tag wird Jean Jaurés, ein Sozialist, der innerhalb seiner Partei den Pazifismus vertritt, in Paris ermordet. Mit dem Tod dieses einflussreichen Politikers verschwindet der Widerstand der französischen Linken gegen den Krieg.

Von diesem Zeitpunkt an überschlugen sich die Ereignisse förmlich. Am 1. August erklärt Deutschland Russland den Krieg, ohne eine Antwort auf sein Ultimatum erhalten zu haben. Paris und Berlin ordnen die Mobilisierung ihrer Armeen an: Frankreich tat dies um halb vier Uhr nachmittags, Deutschland eineinhalb Stunden später. Am 2. August bittet Deutschland um die wohlwollende Neutralität Belgiens und besetzt am Abend Luxemburg, um die Eisenbahnlinien zu sichern. Am 3. August antwortet Frankreich auf das Ultimatum mit Ausflüchten, und Belgien lehnt die deutsche Forderung ab. Deutschland beginnt mit dem Einmarsch in Belgien. Am 4. August stellt Großbritannien ein Ultimatum an Deutschland, um die Invasion in Belgien zu stoppen. Berlin weigerte sich und London erklärte Deutschland den Krieg. Der lokale Krieg zwischen Österreich-Ungarn und Serbien hatte sich zu einem europäischen Krieg ausgeweitet, der zu einem Weltkrieg werden sollte.

In seinem Buch *Auf der Suche nach Wahrheit und Gerechtigkeit* weist Harry Elmer Barnes auf die Existenz geheimer Vereinbarungen zwischen Frankreich und Großbritannien hin, die Sir Edward Grey im Unterhaus häufig geleugnet hatte. Er ist der Ansicht, dass sowohl Deutschland als auch Österreich mit der britischen Neutralität rechneten. Sie seien zu Recht davon ausgegangen, dass Frankreich und Russland ohne die Garantie der Unterstützung Londons nicht in den Krieg ziehen würden. Professor Barnes erinnert uns daran, dass man nicht vergessen sollte, dass es in der britischen Politik mächtige versteckte Kräfte gab, die die Kriegspartei unterstützten. Hätte England Russland unter Druck gesetzt, so wie Deutschland Österreich unter Druck gesetzt hat, oder hätte es die Neutralität erklärt, wäre es seiner Meinung nach kaum zu einem Konflikt in Europa gekommen. Zu den prominenten Stimmen, die am 1. August zur britischen Neutralität aufriefen, gehörte der Leitartikler der London *Daily News*, A. G. Gardiner, der in einem Leitartikel mit dem Titel „Why England Must Not Fight" (Warum England nicht kämpfen darf) davor warnte, dass Europa das größte Unglück der Geschichte bevorstehe. „In diesem Augenblick", schrieb Gardiner, „wird unser Schicksal von Händen besiegelt, die wir nicht kennen, von Motiven, die unseren Interessen fremd sind, von Einflüssen, die wir sicher zurückweisen würden, wenn wir sie kennen würden." Was die kriegstreiberische Propaganda bestimmter Zeitungen betrifft, so fragte Gardiner: „Wer bereitet den Weg für diese ungeheure Katastrophe?" Wir haben bereits im vorangegangenen Kapitel gesehen, wer die Kontrolle der Presse als ein grundlegendes Ziel ansah.

Die Tatsache, dass wir festgestellt haben, dass Zazov, Buchanan, Paléologue und vielleicht auch Izvolski Freimaurer waren, lädt zu einem Kommentar ein. Wie wir weiter unten sehen werden, waren alle Mitglieder der provisorischen Regierung, die nach dem Staatsstreich vom Februar 1917, der den Zaren zur Abdankung zwang, gebildet wurde, Freimaurer. Es handelte sich um eine Übergangsexekutive, die die Macht sofort an die jüdischen Bolschewiki übergab, deren wichtigste Führer - Lenin, Trotzki, Plechanow, Radek, Sinowjew, Bucharin, Kamenew usw. - ebenfalls Freimaurer waren. Bis Dezember 1906, als M. M. Kovalevsky die Loge *North Star* unter der Jurisdiktion des Grand Orient de France eröffnete, gab es in Russland keine Freimaurerlogen; 1915 waren jedoch bereits ein halbes Hundert Logen in Betrieb, die vom Obersten Rat Russlands beaufsichtigt wurden, dessen drei Sekretäre Nekrassow, Tereschtschenko und der Jude Kerenski, ein Agent von B'nai B'rith, waren.

Die Leiter des russischen Obersten Rates trafen sich nicht weniger als zweimal im Monat in St. Petersburg und Moskau. Wie Andrei Priahin in einem auf der Website der Großloge von British Columbia und Yukon veröffentlichten Artikel schreibt, gehörten der britische Botschafter Buchanan und der Franzose Paléologue zu den Teilnehmern an diesen Sitzungen des Obersten Rates, die in Privathäusern stattfanden. Außerdem bestätigt Jüri Lina in seinem Buch *Architects of Deception* (2004), das als PDF-Datei erhältlich ist, dass Buchanan 1915 häufig vom russischen Außenminister Zazov, Alexander Goutchkov, dem Führer der Oktubristen, und Michail Rodzyanko, dem Präsidenten der Duma, besucht wurde. Alle waren Freimaurer und schmiedeten Pläne zum Sturz des Zaren. Laut Lina traf sich der britische Botschafter Buchanan im Januar 1917 in St. Petersburg mit einer großen Anzahl von Freimaurern, darunter General Nikolai Ruzky, um den Staatsstreich vorzubereiten, der am 22. Februar stattfinden sollte, aber erst am 23. Februar durchgeführt wurde. Kürzlich wurde bekannt, dass das Datum um einen Tag verschoben wurde, um mit dem jüdischen Purimfest zusammenzufallen. Am 24. März 1917 veröffentlichte die jüdische Zeitung *Jevreyskaya Nedelya* (*Jüdische Woche*) einen Artikel über die

Februarrevolution mit dem bezeichnenden Titel: „It Happened on Purim Day".
Und es gibt noch mehr Überraschungen: In *Trnov Venac Rusije - Tajna Istorija
Masontsva* (*Die russische Dornenkrone: Die geheime Geschichte der
Freimaurerei*), einem 1996 in Moskau erschienenen Buch von Jüri Lina, von
dem es keine englische Übersetzung gibt, enthüllt der russische Autor Oleg
Platonov, dass Ende Februar 1917 eine Delegation lokaler Zionisten Botschafter
Buchanan besuchte, um ihm für seinen Beitrag zur Zerstörung der Monarchie in
Russland zu danken. Wie sich später zeigen wird, finanzierten Buchanan und der
berüchtigte Alfred Milner auch die Bolschewiki.

Die ersten Jahre des Krieges

1899 schätzte Ivan Bloch, ein polnischer Schriftsteller und Bankier, die
Kosten eines Krieges zwischen den großen Kontinentalmächten auf 4 Millionen
Pfund pro Tag. Bloch war der Überzeugung, dass diese Kosten und die ständig
wachsende Zerstörungskraft der Rüstungsindustrie einen Krieg in vollem
Umfang praktisch „unmöglich" machten. Damit lag er offensichtlich falsch. Er
war jedoch nicht John Atkinson Hobson, der, wie wir uns erinnern, mit absoluter
Sicherheit behauptet hatte, dass „ein großer Krieg von keinem europäischen
Staat geführt werden könne, wenn das Haus Rothschild und seine Verbindungen
dagegen seien". Dieser Gedanke stammt nicht von Hobson, denn er wurde
bereits von Guttle Rothschild, der Frau von Mayer Amschel, geäußert, als sie
einmal erklärte: „Es wird keinen Krieg geben, meine Söhne werden das Geld
nicht aufbringen." Disraeli drückte es nach der polnischen Krise von 1863 anders
aus: „Der Frieden ist nicht von Politikern, sondern von Kapitalisten bewahrt
worden." In jüngerer Zeit zitierte der französische Präsident Chirac einen
Rothschild, der gesagt haben soll: „Es wird keinen Krieg geben, weil die
Rothschilds ihn nicht wollen." Im Jahr 1914 wollten sie ihn natürlich doch, und
das Kreditgeschäft begann sofort: Großbritannien stimmte prompt einem
Darlehen in Höhe von 1,7 Millionen Pfund an Frankreich durch die Rothschilds
zu. Niall Ferguson zufolge lieh sich Frankreich während des Krieges 610
Millionen Pfund von britischen Banken, zu denen noch weitere 738 Millionen
Pfund von US-Notenbanken hinzukamen. Großbritannien selbst lieh sich 936
Millionen Pfund von der Federal Reserve. Wie Ferguson bestätigt: „Wie sich
bald herausstellte, lag der Schlüssel zur Finanzierung des Krieges zu sehr hohen
Zinssätzen nicht in London oder Paris, sondern in New York".

Wenn wir den Kriegsschauplatz betrachten, müssen wir zunächst
feststellen, dass einer der Vorteile Deutschlands sein Mobilisierungssystem war,
das viel effizienter und schneller war als das seiner Gegner. Um diesen Vorteil
auszunutzen, musste es sofort zuschlagen, und das tat es auch. Sein Plan sah vor,
Frankreich so schnell wie möglich zu besiegen und sich danach mit Russland zu
befassen. Der deutsche Generalstab, der davon ausging, dass die russische
Mobilisierung nur langsam vonstatten gehen würde und dass Österreich-Ungarn
die Russen mit 37 Divisionen angreifen würde, beschloss, seine Ostgrenzen mit
nur 13 Divisionen zu verteidigen, während er 83 gegen Frankreich entsandte.
Poincaré seinerseits war zuversichtlich, dass die französische Armee dieses Mal

Berlin erreichen würde. Innerhalb weniger Tage war der französische Plan zunichte gemacht: Am 24. August drangen fast 1,5 Millionen deutsche Soldaten in Frankreich ein, und am 2. September hatten sie die Marne erreicht und waren siebzig Kilometer von Paris entfernt.

Frankreich wurde von Großherzog Nikolaus gerettet, der, ohne das Ende der russischen Truppenkonzentration abzuwarten und gegen nationale Interessen, eine sofortige Offensive gegen Ostpreußen anordnete. Dies zwang den deutschen Generalstab, zwei Korps seiner Armee und eine Kavalleriedivision aus Frankreich abzuziehen und an die Ostfront zu verlegen. Der französische General Cherfils schreibt in seinem Werk *La Guerre de la Délivrance* über Großherzog Nicolas: „Er verstand die Operationen als eine Intervention zur Entlastung, Ablenkung und Entlastung der französischen Front. Als Generalissimus war er eher ein Verbündeter als ein Russe. Er opferte die Interessen Russlands für die Interessen Frankreichs. Er verfolgte eine wahrhaft antinationale Strategie". Es war eine Offensive, die schwere Verluste und einen tragischen Ausgang für Russland brachte, aber das Opfer rettete Paris. Marschall Foch selbst sagte später: „Wenn Frankreich nicht von der europäischen Landkarte getilgt wurde, verdanken wir das vor allem Russland".

Während Hunderttausende von Männern auf den Schlachtfeldern ihr Leben verloren, wussten die Verschwörer, die auf den Krieg gewartet hatten, dass der Zeitpunkt gekommen war, an dem die politische Situation für die Verwirklichung ihrer Ziele günstig sein würde. Die Strategie für die Übergabe Palästinas an den internationalen Zionismus wurde daher in den Büros der Verschwörer weiter ausgearbeitet. Eine der aktivsten Figuren war Chaim Weizmann, der Führer der zionistischen Bewegung, der 1910 die britische Staatsbürgerschaft erhalten hatte. Weizmann besuchte 1914 den Herausgeber des *Manchester Guardian*, Charles Prestwich Scott, der sich darüber freute, dass der Besucher „ein Jude war, der Russland hasste". Wie wir gesehen haben, rettete Russland zu dieser Zeit mit seiner Offensive im Osten die Franzosen und Briten. Scott schlug Weizmann ein gemeinsames Frühstück mit Schatzkanzler Lloyd George vor. Das Treffen fand Anfang Dezember statt, und eine vierte Person, Herbert Samuel, ein jüdischer Führer, der von 1920-25 als Hochkommissar des britischen Mandats für Palästina fungieren sollte, saß mit am Tisch. Über Lloyd George schrieb Weizmann, er habe ihn als „außerordentlich leichtfertig" in Bezug auf den Krieg in Europa empfunden, aber als „ermutigend und dem Zionismus gegenüber positiv eingestellt". Lloyd George schlug ein Gespräch mit Lord Balfour vor.

Das Treffen fand am 14. Dezember 1914 statt. Balfour fragte Weizmann beiläufig, ob er etwas Konkretes für ihn tun könne. Zu dieser Zeit befand sich das zionistische Hauptquartier noch in Berlin, und obwohl immer deutlicher wurde, dass Großbritannien unterstützt wurde, waren viele Zionisten überzeugt, dass Deutschland den Krieg gewinnen würde. Die Antwort lautete: „Nicht solange die Kanonen donnern, wenn die militärische Lage klarer wird, komme ich wieder". Bei diesem Treffen sagte Lord Balfour unaufgefordert zu ihm: „Wenn die Kanonen aufhören zu schießen, können Sie vielleicht Ihr Jerusalem bekommen". Die britischen Zionisten zweifelten jedenfalls nicht daran, dass sie über England die Usurpation Palästinas erreichen würden. Am 28. Januar 1915 schrieb Premierminister Asquith in sein Tagebuch: „Ich habe soeben von Herbert Samuel ein Memorandum mit dem Titel 'Die Zukunft Palästinas' erhalten... Er meint, wir sollten drei oder vier Millionen europäische Juden in dieses Gebiet verpflanzen." Asquith, der kein Zionist war, gestand in seinem Tagebuch, dass er diese Ansichten überhaupt nicht teilte.

Anfang 1915 bereiteten die Deutschen eine weitere Großoffensive an der französisch-britischen Front vor, doch der Vormarsch der russischen Truppen in den Karpaten zwang den deutschen Generalstab erneut, seine Pläne zu überdenken. Nach einer Sitzung in Lille wird beschlossen, die besten Truppen an die Ostfront zu verlegen, wo die Zahl der deutschen Divisionen von vierzig auf siebenundsiebzig erhöht wird. General Cherfils verweist auf diesen Moment des Krieges mit weiteren Worten der Dankbarkeit: „... die russischen Armeen haben uns vor einer Katastrophe bewahrt. Ihre kühne Offensive in den Karpaten, mitten im Winter, hat Österreich in Angst und Schrecken versetzt..... Dank ihr hat Großherzog Nikolaus uns gerettet, indem er sich geopfert hat. Wir können nie genug Worte der Dankbarkeit für unsere heldenhaften russischen Verbündeten finden". Von diesem Zeitpunkt an wurde der Krieg an der Westfront zu einem Stellungskrieg, der es den Franzosen und Briten ermöglichte, ihre Streitkräfte und Rüstungen aufzustocken, während im Osten Hunderttausende von Deutschen ihr Leben verloren. Darüber hinaus fand am 26. April 1915 in London eine Konferenz statt, auf der Italien beschloss, sich im Gegenzug für wichtige territoriale Zugeständnisse am Krieg zu beteiligen. Der geheime Londoner Vertrag wurde zwei Jahre später, am 28. Februar 1917, von der bolschewistischen Zeitung *Iswestija enthüllt*.

Aber nicht nur auf den Schlachtfeldern wird der Krieg geführt, auch auf den Meeren, insbesondere im Atlantik, finden andere Operationen statt: Wirtschaftsblockaden. Deutschland blockiert Russland, aber gleichzeitig leidet es unter der von Großbritannien verhängten Blockade. Es ist schwer zu verstehen, wie Russland als Verbündeter der führenden Seemacht der Welt unter der Blockade seiner Exporte leiden konnte, die vor dem Krieg über die Straße des Bosporus abgewickelt worden waren. Der Grund dafür war der Verlust des anglo-russischen Einflusses in der Türkei. Anstatt die Bemühungen seines Verbündeten zu unterstützen, seine Position in der Meerenge zu halten, hatte Großbritannien sie unverständlicherweise behindert. David Louis Hoggan macht in *The Myth of the New History* deutlich, dass „Bündnisse zwischen Nationen nicht immer echte Freundschaft bedeuten, und Großbritannien war in der Zeit, als die beiden Nationen Verbündete waren, Russland gegenüber eher feindlich als freundlich eingestellt". Im Gegensatz dazu haben sich die Vereinigten Staaten, ohne in den Krieg eingetreten zu sein, gegenüber Frankreich und vor allem gegenüber England wie die besten Verbündeten verhalten: Ohne die Lieferung von Waren aller Art im Wert von Hunderten von Millionen Dollar in den ersten Jahren des Konflikts hätten die Franzosen und Engländer den von Deutschland 1916 angebotenen Frieden akzeptieren müssen. Die Tatsache, dass die Deutschen über die belgische Schwerindustrie und die französische Industrie im Raum Lille verfügten, hatte Frankreich wichtige Ressourcen entzogen, und England allein konnte diese Defizite nicht ausgleichen.

America Goes to War (1938), ein inzwischen klassisches Werk von Charles Callan Tansill, erklärt ausführlich alles über die Wirtschaftsblockade und den U-Boot-Krieg im Atlantik. 1909 wurde die Londoner Erklärung verabschiedet, die das internationale Seerecht kodifizieren und Fragen der Neutralität regeln sollte. Als die Feindseligkeiten 1914 begannen, war die Erklärung noch nicht ratifiziert worden, aber in den Vereinigten Staaten ging man davon aus, dass die kriegführenden Länder sie in ihren Beziehungen zu den neutralen Ländern anerkennen würden. Kaum hatte der Krieg am 20. August 1914 begonnen, ergriff die britische Regierung Blockademaßnahmen, die den amerikanischen Handel mit Europa beeinträchtigten, was den amerikanischen Außenminister William Jennings Bryan dazu veranlasste, am 26. September eine Protestnote zu verfassen. Colonel Mandell House erhob sofort Einwände bei Präsident Wilson. Der Agent der Verschwörer erklärte, die Note Bryans, in der die Rechte der Vereinigten Staaten mit Nachdruck verteidigt werden sollten, sei „äußerst undiplomatisch". Am 24. Oktober wird der Sekretär des Außenministeriums, Sir Edward Grey, darüber informiert, dass die Vereinigten Staaten ihren „Vorschlag, die Londoner Erklärung als vorläufigen Kodex für die Seekriegsführung anzunehmen, der von den Kriegsparteien und den Neutralen während des gegenwärtigen Krieges befolgt werden soll", zurückziehen.

Dieses Zugeständnis wurde bald in Anspruch genommen, und am 2. November 1914 erklärte Großbritannien, dass „die Nordsee von nun an als militärisches Gebiet oder Kriegsgebiet" zu betrachten sei. Dies bedeutete, dass Großbritannien sich das Recht gab, den Umfang des Außenhandels durch die Nordsee zu bestimmen. Als Reaktion auf diese Maßnahme verkündete Deutschland am 4. Februar 1915, dass es ein U-Boot-Kriegsgebiet um die britischen Inseln einrichten würde. Diese Zone wurde am 22. Februar durch einen Befehl des Kaisers eingerichtet. Bis dahin war der U-Boot-Krieg im Völkerrecht nicht erwähnt worden. Tatsächlich griffen britische Marine-U-Boote während des Krieges den deutschen und neutralen Handel in der Ostsee an, so dass die Vereinigten Staaten freiwillig darauf verzichteten, Handelsschiffe in das Ostseegebiet zu schicken. Im Falle der von Deutschland auferlegten Zone taten sie dies jedoch nicht. Mit anderen Worten: Die Amerikaner waren bereit, britische Verstöße zu akzeptieren, nicht aber deutsche. Am 20. Februar schickte Außenminister Bryan jedoch gleichlautende Protestnoten an Großbritannien und Deutschland, in denen er gegen die Verstöße protestierte. Die Deutschen antworteten, dass sie gerne aufhören würden, wenn die Briten die Blockade aufheben würden, mit der sie ausgehungert werden sollten. Natürlich weigerten sich die Briten, ihre beste Waffe aufzugeben.

Der erste Zwischenfall, der angesichts der Zahl der Opfer sehr schwerwiegend war, folgte bald. *Die Lusitania*, ein Hilfskreuzer der britischen Marine, der als Passagier- und Frachtschiff eingesetzt wurde, wurde am 7. Mai 1915 durch einen deutschen Torpedo vor der irischen Küste versenkt. Das Schiff sank in achtzehn Minuten und zwölfhundert Menschen verloren ihr Leben, von den einhundertsiebenundneunzig amerikanischen Staatsbürgern an Bord starben einhundertachtundzwanzig. Zusätzlich zu den Passagieren hatte die *Lusitania* eine Ladung von sechs Millionen Pfund Munition, viertausendzweihundert Kisten mit Metallpatronen und zwölfhundert Kisten mit Schrapnellen an Bord, was das Schiff zu einer schwimmenden Bombe machte. Die Regierung Wilson hatte sich geweigert, diese Tatsache zu akzeptieren, obwohl Vertreter der deutschen Regierung in den Vereinigten Staaten, die von der Ladung *der Lusitania* wussten, vor dem Auslaufen des Schiffes mehrere Mitteilungen in allen New Yorker Zeitungen veröffentlicht hatten. Sie prangerten an, dass sich Munition an Bord befand, erinnerten daran, dass sich Deutschland und Großbritannien im Krieg befanden, und warnten Bürger anderer Nationalitäten „sehr ernsthaft" davor, den Atlantik an Bord der *Lusitania* zu überqueren, da sie Gefahr liefen, von ihren U-Booten angegriffen zu werden. Am selben Tag, dem 1. Mai, wurden die Warnungen während der Einschiffung mündlich an die Passagiere wiederholt.

Colonel Mandell House und Winston Churchill, damals Erster Lord der Admiralität, waren überzeugt, dass die Vereinigten Staaten in den Krieg gegen Deutschland eintreten würden, wenn die Deutschen ein Schiff mit Amerikanern an Bord versenken würden. 1955 enthüllte Emrys Hughes in *Winston Churchill: British Bulldog* diese Information: „Noch unverständlicher sind die folgenden Fakten. Als die *Lusitania* aus New York auslief, war der übliche Kapitän plötzlich durch Kapitän William Thomas Turner (von Churchill nach der Katastrophe ausgezeichnet) ersetzt worden. Als das Schiff die Gefahrenzone erreichte, ignorierte er die strikten Fahrbefehle. Turner hatte in New York die Anweisung erhalten, das extrem gefährliche Gebiet, in dem das Schiff gesunken war, zu meiden, die Geschwindigkeit in der Gefahrenzone zu erhöhen und die Gewässer im Zickzack zu durchfahren, um die Gefahr eines Torpedotreffers zu verringern. Alle diese Befehle wurden missachtet. Die *Lusitania* verringerte sogar ihre Geschwindigkeit, als sie sich der irischen Küste näherte, und Churchill ordnete den Rückzug des Militärschiffs *Juno* an, das sie begleitete.

Nach dem Untergang *der Lusitania* wurde das Land von einer Flut von Propaganda überschwemmt. Die empörte amerikanische Presse sprach von einem unschuldigen Passagierschiff, das von den verräterischen U-Booten des Kaisers brutal torpediert worden war, und die Deutschen wurden als blutrünstige Monster dargestellt. Die Kampagne zur Provokation eines Eingreifens der USA in den europäischen Krieg begann daraufhin. Gleichzeitig verlor Außenminister Bryan, der versucht hatte, Wilsons Unterstützung für ein Verbot von Reisen amerikanischer Bürger auf Schiffen wie der *Lusitania* zu gewinnen, das Vertrauen in den Präsidenten. Am 8. Juni 1915 trat William Jennings Bryan aus Protest gegen die Widersprüche in der Außenpolitik von Woodrow Wilson zurück. Der Außenminister konnte nicht akzeptieren, dass Deutschland gewissenhaft Rechenschaft ablegt, während die britischen Verstöße gegen das internationale Seerecht toleriert, gerechtfertigt und geduldet wurden. Nach seinem Ausscheiden aus dem Amt engagierte sich Bryan in der Bewegung „Keep Us Out of War" (Haltet uns aus dem Krieg heraus) und führte eine Kampagne gegen die internationalen Bankiers, die planten, das amerikanische Volk an einem goldenen Kreuz zu kreuzigen.

Das Jahr 1916 begann mit einer Militärkonferenz zur Planung der militärischen Operationen der Entente. Es wurde beschlossen, dass die Russen Mitte Juni und die Westalliierten vierzehn Tage später eine Offensive beginnen sollten, aber der deutsche Generalstab ging wieder einmal vor und die Schlacht von Verdun, eine der schrecklichsten des Krieges, begann im Februar und zwang alle verfügbaren französischen Kräfte in die Schlacht. Die Schlacht dauerte zehn Monate und forderte 300.000 Tote und eine halbe Million Verwundete. Auch die Österreicher griffen die Italiener gleich zu Beginn des Frühlings an und brachten sie in eine kritische Lage, die Venedig bedrohte. Im Mai griff Russland die Österreicher an der polnisch-galizischen Front an und zwang sie, Divisionen von der italienischen Front abzuziehen. Trotz der ernsten wirtschaftlichen Lage im eigenen Land war Russland sogar in der Lage, die geplante Offensive im Sommer desselben Jahres zu starten. General Brusiloff führte einen brillanten Feldzug, bei dem er eine halbe Million österreichisch-deutsche Gefangene machte und Galizien praktisch zurückeroberte. Die Unfähigkeit der russischen Verbündeten an der Westfront und der Bedarf an Langstreckenwaffen, die sie nur von Frankreich und England erhalten konnten, machten es den Russen jedoch unmöglich, größere Erfolge zu erzielen.

Gerade um die Kapazitäten der russischen Armeen zu verbessern, schickte der britische Premierminister Herbert Henry Asquith im Juni 1916 Lord Kitchener nach St. Petersburg, der öffentlich die Unfähigkeit Großbritanniens beklagt hatte, versprochene Waffen und Munition nach Russland zu liefern. Der Kreis der englischen Politiker und Geschäftsleute, die mit dem Zionismus in Verbindung standen, hatte sich mit dem Fortschreiten des Krieges erweitert, aber weder Kitchener noch Asquith gehörten zu diesem Kreis. Wenn es in England einen angesehenen Militär gab, der über immense Autorität und große Popularität verfügte, dann war es Lord Kitchener. Es war Kitchener selbst, der Asquith die Mission nach Russland vorschlug, deren Hauptziele darin bestanden, den Rüstungsbedarf des Verbündeten zu decken, bei der Reorganisation des Landes zu helfen und enge Beziehungen im Geiste aufrichtiger Freundschaft zwischen den beiden Reichen herzustellen. Boris Brasol fügt in *The World at the Cross Roads* (1921) hinzu: „Man ging davon aus, dass Lord Kitchener der zweideutigen Politik des britischen Botschafters in Russland, Sir George Buchanan, ein endgültiges Ende setzen würde. Es war offensichtlich unehrlich von Seiten der britischen Regierung, sich in Angelegenheiten der russischen Innenpolitik einzumischen und Partei zu ergreifen. Ungeachtet der Sympathien einiger britischer Führer war es unentschuldbar, radikale Elemente in der Duma zu unterstützen (wie es Buchanan tat), um die Politik der russischen Einheit zu behindern." In St. Petersburg wurde daher die Ankunft Lord Kitcheners mit Spannung erwartet, und man glaubte, dass nach seinem Gespräch mit dem Zaren die Intrigen Buchanans, des zwielichtigen Freimaurer-Botschafters, der für die Verschwörer arbeitete, lahmgelegt würden und die Regierung die moralische Unterstützung erhalten würde, die sie so dringend benötigte. Zum Unglück für Russland verschwand Lord Kitchener auf mysteriöse Weise. Verschiedene Autoren glauben, dass er der Mann war, der Russland hätte stützen können. Sowohl für die Weltrevolution als auch für die Bestrebungen des Zionismus war Lord Kitchener ein gewaltiges Hindernis.

Lord Kitchener starb am 5. Juni 1916, kurz nachdem er Scapa Flow an Bord des Kreuzers H. M. S. Hampshire verlassen hatte, der vor der schottischen Küste sank. Eine Reihe von Umständen lässt vermuten, dass er einfach getötet wurde. Seltsamerweise entschied sich Lloyd George, der 1915 zum Rüstungsminister ernannt worden war und mit Lord Kitchener an Bord gehen sollte, im letzten Moment, an Land zu bleiben. Nach diesem „Unfall" wurde Lloyd George zum Kriegsminister ernannt. Eine weitere überraschende Entwicklung war die Genehmigung für die Eskorte der H. M. S. Hampshire, zum Stützpunkt zurückzukehren, weil der Kreuzer angeblich bei rauer See seine Geschwindigkeit nicht halten konnte. Die britische Regierung gab bekannt, das Schiff sei gesunken, weil es von einem deutschen U-Boot torpediert oder von einer Mine getroffen worden sei.

Kommandant W. Guy Carr, der Autor, der in diesem Buch mehrfach zitiert wird, beharrt darauf, dass dies eine Lüge ist. Guy Carr, ein Marineexperte, der während des Ersten Weltkriegs als U-Boot-Navigationsoffizier und während des Zweiten Weltkriegs als Marine-Kontrolloffizier diente, führte eine gründliche persönliche Untersuchung durch und veröffentlichte 1932 ein Buch über seine Erkenntnisse, *Hell's Angels of the Deep*. Kommandant Carr sieht es als erwiesen an, dass die H. M. S. Hampshire entweder durch Sabotage oder durch einen Fehler des Navigationsoffiziers gesunken ist, obwohl es ihm schwerfällt zu glauben, dass ein Profi mit nachgewiesenen Fähigkeiten und Erfahrungen eine so schwerwiegende Fehleinschätzung vornehmen konnte. Ich glaube", sagt er, „dass ein Saboteur wahrscheinlich die Magnete des Steuerkompasses manipuliert hat. Kreiselkompasse gehörten damals nicht zur Standardausrüstung, und selbst Schiffe, die sie besaßen, fanden die Sperry-Modelle (eine Art Kreiselkompass) unzuverlässig, wie ich aus eigener Erfahrung weiß." Dass die offizielle Version eine Lüge war, wurde von General Ludendorff, dem Chef des deutschen Generalstabs, bestätigt, der die Umstände des Verlusts der H.M.S.S. Hampshire und Lord Kitchener untersuchte. „Keine Aktion deutscher Marineeinheiten, weder U-Boote noch Minenleger", so Ludendorff, „hatte etwas mit dem Untergang des Schiffes zu tun." Douglas Reed war 1916 ein junger Soldat und berichtet: „Ich erinnere mich, dass die Soldaten an der Westfront, als sie die Nachricht hörten, sich fühlten, als hätten sie eine große Schlacht verloren. Ihre Intuition war wahrer, als sie es sich hätten vorstellen können."

Am 29. Dezember 1916 findet eine wichtige Konferenz statt, an der alle Stabschefs der russischen Armeen teilnehmen. Um der Überlegenheit der deutschen Artillerie zu begegnen, wurde beschlossen, neue Artilleriebrigaden zu bilden, insbesondere die schwere Artillerie, die bis Mai nächsten Jahres an der Front sein sollte. Die russischen Generäle bereiteten eine Offensive mit einer kolossalen Streitmacht von sieben Millionen Mann vor, die mit einer gleichzeitigen Offensive an der Westfront abgeschlossen werden sollte. Die russischen Generäle rechneten nicht damit, dass die von Menschewiki und Bolschewiki gesäte Saat der künftigen Revolution schließlich aufgehen könnte:

Zum ersten Mal seit Kriegsbeginn waren im Frühjahr 1916 revolutionäre Flugblätter an der Front erschienen. Die Zarin wurde im Zusammenhang mit dem unheilvollen Einfluss Rasputins verleumdet, der Zar wurde der Schwäche bezichtigt, den Soldaten wurde gesagt, dass die Adligen, während sie kämpften, ihre Abwesenheit ausnutzten, um ihr Land zu erobern. Nach und nach wurde die Propaganda aggressiver: Ständig wurden pazifistische Parolen verbreitet, die Soldaten wurden aufgefordert, ihren Offizieren nicht zu gehorchen, und es wurde ihnen gesagt, dass ihr wahrer Feind die kaiserliche Regierung sei, die vom Adel und der Bourgeoisie unterstützt werde.

Der Zionismus unterstützt definitiv Großbritannien und verrät Deutschland

Zu Beginn des Krieges gab der amerikanische Finanzier Roger Bacon zu, dass nicht mehr als fünfzigtausend Amerikaner in den Vereinigten Staaten für einen Kriegseintritt auf Seiten Frankreichs und Englands gegen Deutschland waren. Im Jahr 1916 waren vierundfünfzig Prozent der Amerikaner germanischer Abstammung. Als die Unabhängigkeit ausgerufen wurde, verhinderte eine einzige Stimme, dass Deutsch als Amtssprache der Republik anerkannt wurde. In den ersten 100 Jahren war Deutsch die einzige Sprache, die in einigen Teilen des Landes zu hören war. In einer im selben Jahr durchgeführten Umfrage wurden die Amerikaner gefragt: „Wenn wir in den Krieg ziehen müssten, würden Sie sich auf die Seite Deutschlands oder Englands stellen?" Eine überwältigende Mehrheit antwortete, dass sie lieber Deutschland unterstützen würden. In Anbetracht der Tatsache, dass die Briten die größten Feinde der Unabhängigkeit des Landes gewesen waren, war dies völlig logisch. Auch unter den talmudischen Juden gab es viele Befürworter Deutschlands. Das Emanzipationsedikt von 1822 hatte den deutschen Juden die Bürgerrechte garantiert. Deutschland war das einzige Land in Europa gewesen, das die Beschränkungen aufgehoben hatte. Eine weitere Tatsache, die es zu berücksichtigen galt, war die fortgesetzte Zusammenarbeit Wilhelms II. mit der Zionistischen Weltorganisation. Der Kaiser hatte persönlich ein Treffen zwischen Theodor Herzl, dem Visionär, der 1896 den „Judenstaat" veröffentlicht hatte, und dem osmanischen Sultan arrangiert. Bleichröder & Company, jüdische Talmudisten aus Berlin, waren seit Generationen die Privatbankiers der kaiserlichen Familie. Die Warburgs aus Hamburg, die ebenfalls Talmudisten waren, arbeiteten mit der deutschen Regierung zusammen, und Max Warburg kontrollierte die Geheimdienste. Der zionistischen Bewegung waren diese Umstände nicht unbekannt, weshalb sie im ersten Kriegsjahr sogar in Erwägung zog, Deutschland zur Erreichung ihrer Ziele einzusetzen. Erst als die Entscheidung für Großbritannien feststand, wurden die Karten auf den Tisch gelegt und das zionistische Hauptquartier von Berlin nach London verlegt, obwohl in New York das Provisorische Zionistische Notstandskomitee unter der Leitung von Richter L. D. Brandeis gegründet wurde.

Der Verrat der Zionistischen Weltorganisation an Deutschland wurde Ende 1916 vollendet. Zuvor hatte es bei den französischen Truppen Meutereien gegeben, die Petain rigoros unterdrückt hatte, und die Italiener waren von den Österreich-Ungarn dezimiert worden. Im weiteren Verlauf des Jahres 1916 geriet Großbritannien aufgrund der deutschen U-Boot-Kampagne in Versorgungsschwierigkeiten. Im Herbst erreichten die U-Boot-Operationen ihren Höhepunkt und die Lebensmittel- und Munitionsvorräte gingen zur Neige, was Großbritannien in eine verzweifelte Lage brachte. In Italien meuterte die französische Armee, deren Truppen bei Venedig erneut besiegt worden waren, und verhandelte über einen Separatfrieden. Generell haben die kriegführenden Länder ernsthafte Probleme, und das Leid der europäischen Bevölkerung nimmt zu. Die Fronten sind festgefahren und eine militärische Lösung ist nicht in Sicht. Deutschland hatte Großbritannien mehrere Vorschläge zur Beendigung des Krieges unterbreitet, und der letzte, der im Oktober 1916 vorgelegt wurde, wurde vom britischen Kriegskabinett ernsthaft geprüft. Zu diesem Zeitpunkt bot eine zionistische Delegation unter Leitung von Chaim Weizmann und Nathan Sokolov den Briten ein geheimes „Gentlemen's Agreement" an. Die Zionisten versprachen, dass sie durch ihren Einfluss die Vereinigten Staaten an der Seite Großbritanniens und Frankreichs in den Krieg einbringen würden. Der Preis, den Großbritannien dafür zu zahlen hatte, war die Besetzung Palästinas und die Erlaubnis für die Juden, dort den Staat Israel zu gründen. Obwohl Deutschland am 12. Dezember einen neuen formellen Friedensvorschlag unterbreitete, kam es erst Ende 1916 zu einer Einigung. Dies erforderte die Entlassung von Premierminister H. H. Asquith, der durch David Lloyd George ersetzt wurde, und die Einsetzung von Arthur James Balfour, Lord Balfour, an der Spitze des Außenministeriums, der mit der berühmten *Balfour-Erklärung* in die Geschichte eingehen sollte.

Das Haupthindernis für das Abkommen war Premierminister Asquith. Die Zionisten mussten ihn aus dem Weg räumen, um kooptierte Politiker einsetzen zu können, die für eine Aufgabe, die nur von der Macht aus erledigt werden konnte, notwendig waren. Gerade als das Gemetzel zu Ende gehen und der Frieden erreicht werden sollte, informierte die Presse die Massen, dass Premierminister Asquith unfähig war, den Krieg zu gewinnen. Im November 1916 riet Lloyd George, der seit dem Tod von Lord Kitchener Kriegsminister war, Asquith, ihm den Vorsitz des Kriegskabinetts zu überlassen. Beide waren Liberale, gehörten aber einer Koalitionsregierung an. Lloyd George unterbreitete Asquith diesen Vorschlag, nachdem er sich die Unterstützung der konservativen Regierungschefs gesichert hatte, so dass es sich praktisch um ein Ultimatum handelte. Lloyd George forderte auch, dass der konservative Lord Balfour als Erster Lord der Admiralität abgesetzt werden sollte. Asquith, der liberale Premierminister, weigerte sich empört, den Vorsitz des Kriegskabinetts abzugeben und Lord Balfour zu entlassen. Der nächste Schritt in dieser Strategie wurde von Balfour selbst unternommen, der Premierminister Asquith unerwartet seinen Rücktritt anbot. Dieser schickte ihm umgehend eine Kopie seines eigenen Schreibens, in dem er sich geweigert hatte, ihn zu entlassen. Obwohl sich Lord Balfour mit einer schweren Erkältung von der Bühne zurückgezogen hatte, fand er die Kraft, ein weiteres Schreiben zu verfassen, in dem er auf seinem Rücktritt bestand, wie es Lloyd George gefordert hatte. Das nächste taktische Manöver war der Rücktritt von Lloyd George selbst. Premierminister Asquith war nun auf sich allein gestellt. Am 6. Dezember gaben die Parteiführer nach einer Sitzung bekannt, dass sie bereit seien, eine Regierung unter der Leitung von Lord Balfour zu unterstützen. Lord Balfour lehnte das Angebot ab, bot aber gerne an, sich an einer von Lloyd George geführten Regierung zu beteiligen. Am 7. Dezember trat David Lloyd George sein Amt als Premierminister an und Arthur James Balfour wurde zum Ministersekretär des Außenministeriums ernannt. Damit wurden die beiden Männer, die sich zwei Jahre zuvor mit Weizmann getroffen und ihm ihre Unterstützung für den Zionismus zugesagt hatten, zu den wichtigsten Persönlichkeiten in der britischen Regierung.

Die erste Entscheidung von Lloyd George wurde noch vor seiner Bestätigung im Amt getroffen. Es war von großer Bedeutung, die vielen amerikanischen jüdischen Talmudisten über die Existenz des Geheimpakts zu informieren, denen es nicht leicht fiel zu glauben, dass Großbritannien etwas versprochen hatte, was es nicht hatte (Palästina), als Ausgleich dafür, dass es Amerika in den Krieg gezogen hatte. Um alle Zweifel zu zerstreuen, schickte Lloyd George am 5. Dezember, dem Tag, an dem Asquith zurücktrat, Josiah Wedgewood, einen renommierten Parlamentarier, nach New York, der Dokumente mitbrachte, die das Londoner Abkommen bestätigten. Wedgewood traf am 23. Dezember in New York ein und wurde auf dem Dock von Colonel Edward Mandell House empfangen, dem Agenten, der seit 1912 als Berater von Präsident Wilson fungierte. Während seines Aufenthalts in der Stadt wohnte Josiah Wedgewood in der Wohnung von Mandell House in der 54th Street. Colonel House hatte bereits die Treffen arrangiert, die Wedgewood abhalten sollte, um den Geheimpakt zu erklären. Benjamin Freedman, der Mandell House persönlich kannte, erklärt in *The Hidden Tyranny (Die verborgene Tyrannei)*, dass Wedgewood am Sonntagnachmittag, dem 25. Dezember, im alten Savoy Hotel an der Ecke 59th Street und Fifth Avenue in New York vor einundfünfzig jüdischen Talmudisten sprach, um ihnen bestimmte Beweise vorzulegen, die alle ihre Zweifel ausräumen sollten. Im Namen von Premierminister Lloyd George sicherte Josiah Wedgwood ihnen das Versprechen zu, Palästina nach der Niederlage Deutschlands als Entschädigung für den Eintritt der Vereinigten Staaten in den Krieg dem internationalen Zionismus zu überlassen.

Zur gleichen Zeit wurde in London eine zweite weitreichende Entscheidung getroffen: Lloyd George erklärte sich bereit, so bald wie möglich einen Feldzug in Palästina zu starten, um das Gebiet den Türken zu entreißen. Dies war eine eindeutige Gefahr, da die Sicherheit an der Westfront auf dem Spiel stand. Derjenige, der es wagte, das Thema anzusprechen, war Sir William Robertson, ein Militär vom Schlage eines Lord Kitchener, ein General, der die Unterstützung von Premierminister Asquith erhalten hatte, als er im September 1916 bereits Ärger mit dem Kriegsminister hatte. Lloyd George hatte daraufhin versucht, Robertson loszuwerden, indem er ihn nach Russland schickte, um die Russen zu maximalem Einsatz aufzufordern; doch er hatte sich geweigert. In Texten an Sir Douglas Haig schrieb Robertson, dass Lloyd Georges Versuch, ihn nach Russland zu versetzen, ein „Kitchener-Ausweichmanöver" gewesen sei - eine Ausrede, um „zum Platzhirsch zu werden", damit er „seinen bösen Willen durchsetzen" könne. Sir William Robertson lehnte die Entsendung von Truppen nach Palästina mit der Begründung ab, dass dieser Vorschlag gefährlich sei und den Sieg im Krieg gefährden könnte.

Unmittelbar nach der Bildung des neuen Kriegskabinetts wird der Generalstab gebeten, die Möglichkeit einer Ausweitung der Operationen auf Palästina zu prüfen. Man kommt zu dem Schluss, dass ein Feldzug drei zusätzliche Divisionen erfordern würde, die nur von der Westfront abgezogen werden könnten. Der Bericht des Militärs griff die These von Sir William Robertson auf und warnte davor, dass das Projekt problematisch sei und auch die Erwartungen an einen Erfolg in Frankreich ernsthaft beeinträchtige. Diese Schlussfolgerungen waren für die Minister, die Palästina sofort besetzen wollten, enttäuschend. Im Februar 1917 forderte das Kriegskabinett die Stabschefs auf, die Möglichkeit einer Herbstkampagne in Palästina in Betracht zu ziehen. In der Zwischenzeit wurden zahlreiche Zionisten in die Regierung aufgenommen, und neue „Verwalter" erhielten Schlüsselpositionen im Verteidigungsministerium. Den talmudischen Juden wurden geheime Codes und Kabelverbindungen zur Verfügung gestellt, damit sie ihren Glaubensbrüdern in aller Welt das geheime Abkommen mitteilen konnten, das sie mit der britischen Regierung geschlossen hatten. General Smuts, ein Militär in Südafrika, den die Zionisten als ihren wertvollsten Freund betrachteten, wurde nach England beordert. Als er am 17. März in London eintraf, wurde er dank einer erfolgreichen Pressekampagne begeistert empfangen. Premierminister Lloyd George stellte ihn dem Kriegskabinett als „einen der brillantesten Generäle des Krieges" vor. Tatsächlich hatte General Smuts einen kleinen Kolonialfeldzug in Südafrika geführt. Am 17. April legte dieser General Empfehlungen vor, in denen er bedauerte, dass die britischen Streitkräfte in Frankreich engagiert waren, aber einen Feldzug in Palästina befürwortete. Zu diesem Zeitpunkt hatte in Russland der Staatsstreich vom Februar stattgefunden, und Deutschland konnte damit beginnen, Truppen an die Westfront zu verlegen.

Das Kriegskabinett wies den militärischen Befehlshaber in Ägypten, General Murray, an, in Richtung Jerusalem anzugreifen. Murray behauptete, dass seine Kräfte nicht ausreichten, und wurde entlassen. Das Kommando wurde daraufhin General Smuts angeboten, der vorsichtig war und, bevor er das Risiko einging, ein Gespräch mit Sir William Robertson führte. Robertson machte ihn auf die enormen Möglichkeiten eines militärischen Scheiterns aufmerksam, und Smuts nahm das Angebot von Lloyd George schließlich nicht an. Das war zweifellos eine große Enttäuschung, aber das Bekenntnis zum Zionismus zwang zur Besetzung Palästinas, und im September 1917 beschloss Lloyd George, dass „die für einen großen Feldzug in Palästina erforderlichen Truppen im Winter 1917-18 von der Westfront abgezogen werden könnten und nach Abschluss ihrer Arbeit in Palästina rechtzeitig zum Beginn des Frühjahrsfeldzugs wieder in Frankreich sein würden".

Kurz gesagt, nach der frustrierenden Antwort von Smuts stimmte einer von Robertsons unterstellten Generälen, Sir Henry Wilson, schließlich Lloyd

Georges Ansatz zu und meinte sogar, dass der vermeintliche deutsche Angriff vielleicht nie stattfinden würde. Dann unternahm General Edmund Allenby, Oberbefehlshaber der ägyptischen Expeditionsstreitkräfte, einen Vorstoß nach Palästina und stellte fest, dass der türkische Widerstand geringer war als erwartet. Mit der Gewissheit, dass die Eroberung Jerusalems nur noch eine Frage der Zeit war, kam am 2. November 1917 die *Balfour-Erklärung*, ein Dokument, das von einem Juden verfasst wurde, der seine Herkunft verheimlichte, Leopold Amery, Unterstaatssekretär im Kriegskabinett. Lord Balfour richtete es an Sir Walter Lionel Rothschild, den Präsidenten der jüdischen Gemeinden in Großbritannien. Die *Balfour-Erklärung* sollte aufgrund ihrer weitreichenden und dauerhaften Auswirkungen zu einem der wichtigsten Texte der Geschichte werden. Sie verpflichtete Großbritannien gegenüber der ganzen Welt, alles in seiner Macht Stehende zu tun, um die Gründung eines jüdischen Staates in Palästina Wirklichkeit werden zu lassen. Wir werden in einem anderen Kapitel Gelegenheit haben, den Text der Erklärung zu untersuchen. Elf Tage später, am 13. November, errang Allenby einen entscheidenden Sieg gegen den deutschen General Erich von Falkenhayn, der die osmanischen Streitkräfte befehligte. Am 9. Dezember 1917 zogen Allenbys Truppen in Jerusalem ein, doch ein großer Teil Palästinas musste erst noch erobert werden. Ein Beweis dafür, dass die britischen Soldaten wussten, dass sie diesen Krieg für den Zionismus führten, ist das Lied, das sie sangen und in dessen Refrain es hieß: „Und sie gaben die Heilige Stadt dem Zionistischen Komitee".

Am 7. März 1918 wird ein „entscheidender Feldzug" zur Eroberung des gesamten palästinensischen Territoriums befohlen. General Smuts wird mit genauen Anweisungen für General Allenby nach Jerusalem entsandt. Am 21. März findet der lang erwartete Angriff an der westeuropäischen Front statt. Die Deutschen wussten, dass sie eine Offensive starten mussten, die ihnen den endgültigen Sieg bringen würde, bevor mehr Männer und Material aus den Vereinigten Staaten die Front erreichen konnten. Der „entscheidende Feldzug" in Palästina wurde sofort unterbrochen, und so viele Truppen wie möglich wurden an die französische Front zurückbeordert. Die britische Armee erlitt eine der größten Niederlagen ihrer Geschichte: 175.000 Soldaten wurden gefangen genommen. Die Briten bezeichnen diese Schlacht als „The Great March Retreat". Obwohl die deutsche Offensive den größten territorialen Vorstoß seit 1914 bedeutete, wurden die Deutschen am 15. Juli in der Nähe der Marne in der so genannten Zweiten Marneschlacht gestoppt. Mit dem unaufhaltsamen Eingreifen des amerikanischen Kolosses schwand jede Chance auf einen deutschen Sieg.

Die Zionisten tragen ihren Teil bei: Wilson erklärt Deutschland den Krieg

Schon lange vor dem geheimen Londoner Abkommen war den Intriganten hinter den Kulissen klar, dass der Eintritt der Vereinigten Staaten in den Krieg gefördert werden sollte. Der Untergang der *Lusitania* im Mai 1915 war zu diesem Zweck provoziert worden. Einer derjenigen, die in dieser Hinsicht am aktivsten waren, war Colonel House. Er war es auch, der den Slogan für Wilsons Wahlkampf 1916 entwarf: „Er hat uns aus dem Krieg herausgehalten". Ein Slogan, der suggerierte, dass es der Wille des Präsidenten war, seine Mitbürger aus dem Krieg herauszuhalten. Selbst Rabbi Stephen Wise, der in *Challenging Years* (1949) einräumte, dass House „das offizielle Bindeglied zwischen der zionistischen Bewegung und der Wilson-Administration" war, predigte während des Wahlkampfs gegen den Krieg, obwohl er ihn genauso sehr herbeisehnte wie jeder andere. Zu allem Überfluss war Richter Brandeis, der sein Leben dem Zionismus verschrieben hatte, der Berater des Präsidenten in der Judenfrage. Das Netz zionistischer Absprachen, in das Präsident Wilson nun verstrickt war, erstreckte sich, wie wir sehen können, über beide Seiten des Atlantiks, und beide Regierungen waren darin verstrickt. Noch bevor Wilson im Februar 1917 vereidigt wurde, teilte ihm Rabbi Wise mit, dass er seine Meinung geändert habe und „überzeugt sei, dass die Zeit gekommen sei, in der das amerikanische Volk verstehen müsse, dass es unser Schicksal sei, am Kampf teilzunehmen". Am 12. Februar 1917 schrieb Mandell House in sein Tagebuch: „Wir bewegen uns so schnell auf den Krieg zu, wie ich gehofft hatte".

Neben dem Untergang *der Lusitania* wurde ein weiterer Untergang, der der *Sussex*, als Vorwand genutzt, um den Kongress um eine Kriegserklärung zu bitten. *Die Sussex*, ein Dampfer, der den Ärmelkanal durchquerte, wurde am 24. März 1916 von einem deutschen U-Boot torpediert, das sie fälschlicherweise für ein Minenlegerschiff hielt. Obwohl fünfzig Menschen, darunter keine Amerikaner, bei diesem Vorfall ihr Leben verloren, sank das Schiff nicht und wurde in den Hafen von Boulogne geschleppt. Interessanterweise waren unter den Opfern auch Enrique Granados, der berühmte spanische Komponist und Pianist, und seine Frau, die ertranken. Präsident Wilson informierte den Kongress darüber, dass die Fähre von einem deutschen U-Boot versenkt worden war und dass die nordamerikanischen Bürger an Bord ums Leben gekommen waren. Die Gefahr eines Krieges zwischen Deutschland und den Vereinigten Staaten nahm daraufhin erheblich zu, so dass Kaiser Wilhelm II. in einem verzweifelten Versuch, den Konflikt abzuwenden, am 4. Mai 1916 eine Zusage machte, die als Sussex Pledge in die Geschichte einging. Präsident Wilson beauftragte seinen Botschafter James W. Gerard, dem Kaiser mitzuteilen, dass sich der amerikanische Präsident im Falle seiner Wahl im November 1916 im Gegenzug für einen Kompromissfrieden einsetzen würde, wenn Deutschland auf den U-Boot-Krieg verzichtete. Mit anderen Worten: Die Deutschen sollten auf Vergeltungsmaßnahmen gegen die britische Blockade verzichten, in der Hoffnung, dass Wilson ihnen helfen würde, einen Kompromissfrieden zu erreichen, den sie Anfang des Jahres vorgeschlagen hatten. Das Sussex-Versprechen war also ein Abkommen, in dem sich Deutschland bereit erklärte, seine Politik des uneingeschränkten U-Boot-Kriegs zu ändern und die Versenkung von nichtmilitärischen Schiffen einzustellen. Handelsschiffe sollten nur dann kontrolliert und versenkt werden, wenn sie Schmuggelware transportierten, und auch nur dann, wenn das Leben von Passagieren und Besatzung gesichert war.

Im Dezember 1916 war klar, dass Wilson seinen Teil der Abmachung nicht einhalten würde, da die verschiedenen Friedensangebote Deutschlands unbeantwortet blieben. Daher beschließen die Deutschen nach einer Konferenz am 8. Februar 1917, den U-Boot-Krieg am 11. Februar wieder aufzunehmen. Reichskanzler Bethmann-Hollweg zeigte sich überzeugt, dass die Vereinigten Staaten einen Vorwand haben würden, um in den Krieg einzutreten; Hindenburg glaubte jedoch naiverweise, dass er Großbritannien dazu zwingen könnte, den Frieden zu akzeptieren, bevor die Amerikaner in Europa gegen die erschöpften deutschen Truppen intervenierten. Am 27. März fragte Präsident Wilson bei Mandell House an, „ob er den Kongress um eine Kriegserklärung bitten oder ob er sagen solle, dass ein Kriegszustand bestehe". Die Erklärung des Kriegszustands war nur der erste Schritt. Am 2. April 1917 sprach Woodrow Wilson in einer gemeinsamen Sitzung vor beiden Häusern, und im Anschluss an die Stellungnahme von Louis D. Brandeis, den Richter Samuel Untermayer an die Spitze des Obersten Gerichtshofs gestellt hatte, spielte der Präsident auf den Untergang der *Sussex* als Grund für die Kriegserklärung an. „Die Welt muss für die Demokratie sicher gemacht werden" war einer von Wilsons bekanntesten Sätzen an diesem Tag. Senator Norris entgegnete am 4. Mai, der Krieg sei ein „Krieg auf Befehl von Gold". Senator LaFollete sagte etwas, das niemand leugnen konnte: „Deutschland war geduldig mit uns". Senator Warren Harding, der Woodrow Wilson als Präsident ablösen sollte, prangerte die Parole „Krieg für die Demokratie" an. In einer seiner beunruhigendsten Reden drohte Präsident Wilson implizit damit, die deutsche Regierung durch revolutionäre Maßnahmen zu stürzen und dem Bolschewismus in Mitteleuropa Tür und Tor zu öffnen. Am 6. April erklärte der Kongress auf Ersuchen von Präsident Wilson Deutschland den Krieg. Die Zionisten erfüllten damit das Versprechen des geheimen Londoner Abkommens.

Eine Propagandakampagne, die von James T. Shotwell, dessen Mentoren Fabian-Sozialisten waren, und George Creel, einem Sozialisten, der sich als skrupelloser Propagandist erwies, konzipiert wurde, wurde sofort in Gang gesetzt. Wilson wählte ihn aus, um die amerikanische Kriegspropaganda zu leiten, die noch im selben April begann. Die beiden arbeiteten im Krieg der Ideen zusammen, um das amerikanische Denken zu manipulieren. Am 14. April 1917 übernahm Creel den Vorsitz des Ausschusses für öffentliche Information. Schon bald sah er sich mit Männern wie Robert Lansing, Mark Sullivan und anderen konfrontiert, die über die rücksichtslose Unehrlichkeit von Creels Methoden entsetzt waren. Creel behauptete, dass er durch größere und bessere Lügen lediglich versuche, die amerikanische Öffentlichkeit von den Auswirkungen der deutschen Propaganda zu „befreien".

Der Bericht über den erstaunlichen Unfug, den Creels Propaganda anrichtete, findet sich in *Opponents of War, 1917-1919*, veröffentlicht 1957 von H. C. Peterson und G. C. Fite. Diese Autoren betonen, dass die öffentliche Meinung in Amerika bis zum letzten Moment gegen den Krieg war. William Jennings Bryan, der Außenminister, der zurückgetreten war, weil er mit Wilsons Außenpolitik nicht einverstanden war, führte unter großem Beifall der Öffentlichkeit eine Kampagne gegen den Krieg. Die Propagandakampagne erreichte ihren Höhepunkt im Jahr 1918. Diese Autoren prangern das an, was sie als „Amerikas Schreckensherrschaft" bezeichnen, denn es gab Verhaftungswellen, Verbrennungen deutscher Bücher, Schläge und zahlreiche Morde. Eine weit verbreitete Praxis war es, diejenigen zu teeren und zu federn, die gegen den Krieg protestierten. Elihu Root, ein Anwalt aus der Wall Street, der 1912 den Friedensnobelpreis erhalten hatte, bestand darauf, dass alle Kriegsgegner hingerichtet werden sollten. Diese Idee der rücksichtslosen Beseitigung von Gegnern war eine Konstante während der weiteren Jahre des jüdisch-bolschewistischen Terrors. Ein amerikanischer Schutzbund wurde organisiert, um Gegner zum Schweigen zu bringen. Es war üblich, Ausländer zu zwingen, die amerikanische Flagge zu küssen. Im Laufe des Jahres 1918 organisiert Creel eine Armee von einhundertfünfzigtausend „Vier-Minuten-Männern", die so genannt werden, weil sie überall auftauchen und innerhalb von Minuten ihre Hassbotschaft verbreiten.

In einem anderen 1939 veröffentlichten Werk, *Words that Won the War: The Story of the Committee on Public Information*, stellen die Autoren James R. Mock und Cedric Larson George Creel als Amerikas ersten Propagandaminister vor. In diesem Werk werden mehrere antideutsche Propagandafilme analysiert, insbesondere *The Kaiser: the Beast of Berlin, in dem* gezeigt wird, wie deutsche Soldaten ein Kind aus den Armen seiner Mutter reißen und es gewaltsam zu Boden werfen, während sie die Frau gnadenlos auslachen. Der Kaiser wird als avant-la-lettre Hitler dargestellt. Wenn in Charles Chaplins Film Hitler mit dem Ball der Welt spielt, nimmt hier ein King-Kong-ähnlicher Kaiser den Ball der Welt in die Hand und drückt ihn zusammen. Creel und seine Gruppe nahmen die Lügen vorweg, die sich im Zweiten Weltkrieg gegen Deutschland wiederholen würden: Sie behaupteten sogar, Beweise dafür zu haben, dass Deutschland die Vereinigten Staaten in eine Kolonie verwandeln und Nicht-Deutsche in ein Reservat im Süden New Mexicos deportieren wollte.

Das Landman-Dokument

Ein zionistischer Jude namens Samuel Landman, der 1912 Ehrensekretär des Zionistischen Rates des Vereinigten Königreichs und zwischen 1913 und 1914 Herausgeber der *Zeitschrift The Zionist* war, veröffentlichte im März 1936 unter der Schirmherrschaft der Zionistischen Organisation ein Werk mit dem Titel *Great Britain, The Jews and Palestine*, das die von uns geschilderten Tatsachen voll und ganz bestätigt. Es handelt sich um ein jüdisches Dokument und hat daher die Bedeutung eines offiziellen Textes. Léon de Poncins hat ein bedeutendes Fragment in seinem Werk *Staatsgeheimnisse* wiedergegeben. Wegen seiner Bedeutung widmen wir diesen Abschnitt dem Zitat des Dokuments, das dem oben genannten Werk entnommen ist:

> „Da die Balfour-Deklaration ihren Ursprung im Kriegsministerium hatte, im Außenministerium vollendet wurde und im Kolonialministerium umgesetzt wird, und da einige der dafür Verantwortlichen diese Welt verlassen haben oder nach ihrer Wanderung von einem Ministerium zum anderen in den Ruhestand getreten

sind, gibt es notwendigerweise einige Verwirrung oder Missverständnisse über ihre Daseinsberechtigung und die Bedeutung der hauptsächlich beteiligten Parteien. Es scheint daher an der Zeit, die Umstände, die Vorgeschichte und die Ereignisse, die schließlich zum britischen Mandat für Palästina führten, kurz zusammenzufassen.

Die Zahl derer, die die Geburt der Balfour-Erklärung miterlebt haben, ist gering. Deshalb ist es wichtig, die Verdienste eines Mannes angemessen zu würdigen, der vor allem dank seiner Bescheidenheit bisher im Schatten geblieben ist. Seine Verdienste sollten jedoch einen angemessenen Platz in der ersten Reihe neben jenen weitsichtigen Engländern einnehmen, deren Verdienste weithin bekannt sind, zu denen der verstorbene Sir Mark Sykes, der Hon. W. Ormsby Gore, Hon. Sir Ronald Graham, General Sir George Macdonagh und Mr. G. H. Fitzmaurice. In den ersten Kriegsjahren bemühten sich die zionistischen Führer, Dr. Weizmann und Herr Sokolov, insbesondere durch den verstorbenen Herrn C. P. Scott vom *Manchester Guardian* und Sir Herbert Samuel, das Kabinett dazu zu bringen, die Sache des Zionismus zu unterstützen.

Diese Bemühungen waren jedoch erfolglos. Tatsächlich hat Sir Herbert Samuel öffentlich erklärt, dass er nicht an der Einleitung der Verhandlungen beteiligt war, die zur Balfour-Erklärung führten (*England und Palästina*, ein Vortrag von Sir Herbert Samuel, veröffentlicht von der Jewish Historical Society, Februar 1936). Der eigentliche Initiator der Verhandlungen war James A. Malcoln, und im Folgenden wird kurz auf die Umstände eingegangen, unter denen die Verhandlungen stattfanden.

In den kritischen Tagen des Jahres 1916 und der bevorstehenden Abspaltung von Russland waren die Juden insgesamt gegen das zaristische Regime und hofften, dass Deutschland ihnen im Falle eines Sieges unter bestimmten Umständen Palästina überlassen würde. Es waren mehrere Versuche unternommen worden, Amerika durch den Einfluss der mächtigen jüdischen Meinung auf der Seite der Alliierten in den Krieg zu ziehen, und sie waren gescheitert. James A. Malcolm, der bereits vor dem Krieg von den deutschen Bemühungen wusste, sich durch zionistische Juden eine Position in Palästina zu sichern, und von den gescheiterten anglo-französischen Bemühungen in Washington und New York; und der wusste, dass Woodrow Wilson aus guten und ausreichenden Gründen dem Rat eines prominenten Zionisten (Richter Brandeis vom Obersten Gerichtshof der Vereinigten Staaten) immer die größtmögliche Bedeutung beimaß; und der eine enge Beziehung zu Mr. Greenberg, dem Herausgeber des Jewish Chronicle, und eine enge Beziehung zu Mr. Wilson hatte. Greenberg, Herausgeber des *Jewish Chronicle* (London); und da er wusste, dass mehrere wichtige zionistische Führer wegen der unmittelbar bevorstehenden Ereignisse vom Kontinent nach London gekommen waren; und da er die Tiefe und Stärke der jüdischen nationalen Bestrebungen schätzte und verstand, ergriff er spontan die Initiative und überzeugte zunächst Sir Mark Sykes, Unterstaatssekretär im Kriegsministerium, und dann M. Georges Picot von der Botschaft der Vereinigten Staaten. Georges Picot von der französischen Botschaft in London und M. Gout vom französischen Außenministerium (Ostsektion) waren der Meinung, dass der beste und vielleicht einzige Weg (der sich als richtig erwies), um den amerikanischen Präsidenten zum Kriegseintritt zu bewegen, darin bestand, sich die Zusammenarbeit mit den zionistischen Juden zu sichern, indem man ihnen Palästina versprach, und auf diese Weise die bis dahin ungeahnten und mächtigen Kräfte der zionistischen Juden in Amerika und in der ganzen Welt auf der Grundlage eines Quid-pro-quo-Arrangements zugunsten der Alliierten zu gewinnen und zu mobilisieren. Die Balfour-Erklärung von 1917, die öffentliche Bestätigung des geheimen

Gentlemen's Agreement von 1916, wurde also, wie man sehen wird, nachdem die Zionisten ihren Teil getan und enorm dazu beigetragen hatten, Amerika einzubeziehen, notwendigerweise mit dem vorherigen Wissen, der Zustimmung und/oder dem Einverständnis der Araber und der britischen, amerikanischen, französischen und anderen alliierten Regierungen gemacht und war nicht nur eine freiwillige, altruistische und romantische Geste Großbritanniens, wie manche aus entschuldbarer Unwissenheit annehmen oder aus unverzeihlicher Böswilligkeit interpretieren oder falsch auslegen wollen.

Sir Mark Sykes war Unterstaatssekretär im Kriegskabinett, der sich speziell mit Angelegenheiten des Nahen Ostens befasste, und obwohl er damals kaum mit der zionistischen Bewegung vertraut war und nichts von der Existenz ihrer Führer wusste, besaß er das Talent, auf die von Herrn Malcolm vorweggenommenen Überlegungen und auf die Stärke und Bedeutung dieser Bewegung des Judentums einzugehen, obwohl viele jüdische Millionäre im internationalen oder halbassimilierten Europa und Amerika entweder offen oder stillschweigend gegen die zionistische Bewegung waren oder sich zaghaft gleichgültig verhielten. Die Herren Picot und Gout waren ebenso aufgeschlossen.

Ein interessanter Bericht über die in London und Paris geführten Verhandlungen und die anschließenden Entwicklungen ist bereits in der jüdischen Presse erschienen und braucht hier nicht im Detail wiederholt zu werden, es sei nur daran erinnert, dass unmittelbar nach dem Gentlemen's Agreement zwischen dem vom Kriegskabinett bevollmächtigten Sir Mark Sykes und den zionistischen Führern letztere vom Kriegsministerium, dem Außenministerium und den britischen Botschaften, Gesandtschaften usw. Erleichterungen erhielten, um ihren Freunden und Organisationen in Amerika und anderswo die guten Nachrichten zu telegrafieren und mitzuteilen, und die Veränderung der offiziellen und öffentlichen Meinung, wie sie sich in der amerikanischen Presse widerspiegelte, zugunsten des Anschlusses an die alliierten Streitkräfte in Amerika und anderswo, Die Möglichkeiten, ihren Freunden und Organisationen in Amerika und anderswo die guten Nachrichten telegrafisch mitzuteilen, und der Wandel der offiziellen und öffentlichen Meinung, der sich in der amerikanischen Presse widerspiegelte, zugunsten des Kriegsbeitritts zu den Alliierten war ebenso erfreulich wie überraschend schnell.

Die Balfour-Erklärung war nach den Worten von Professor H. M. V. Temperley ein endgültiges Abkommen zwischen der britischen Regierung und dem Judentum (*Geschichte der Pariser Friedenskonferenz*, Bd. 6, S. 173). Der Hauptverdienst der Juden (damals vertreten durch die Führer der zionistischen Organisation) war ihre Hilfe bei der Überzeugung von Präsident Wilson, den Alliierten zu helfen. Darüber hinaus sorgte die Balfour-Erklärung, die damals von Lord Robert Cecil offiziell als „Judäa für die Juden" im gleichen Sinne wie „Arabien für die Araber" interpretiert wurde, weltweit für Aufregung. Das erste Sykes-Picot-Abkommen von 1916, nach dem Nordpalästina abgetrennt und in Syrien (französisches Gebiet) eingegliedert werden sollte, wurde später auf Betreiben der zionistischen Führer (durch den französisch-britischen Vertrag vom Dezember 1920) geändert, so dass der jüdische Nationalstaat ganz Palästina umfassen sollte, gemäß der Zusage, die sie zuvor für ihre Dienste von der britischen, der alliierten und der amerikanischen Regierung erhalten hatten, und um der Balfour-Erklärung, deren Inhalt allen Alliierten und kriegführenden Partnern, einschließlich der Araber, vor ihrer Veröffentlichung bekannt war, volle Wirkung zu verleihen.

In Deutschland wurde der Wert des alliierten Paktes allem Anschein nach gebührend und sorgfältig zur Kenntnis genommen. In seinem Buch *Through*

Thirty Years (Durch dreißig Jahre) sagt Wickham Steed in einem Kapitel, in dem er die Bedeutung der zionistischen Unterstützung in Amerika und anderswo für die Sache der Alliierten bewertet, dass General Ludendorff nach dem Krieg gesagt hätte: „Die Balfour-Erklärung war das Klügste, was die Alliierten in propagandistischer Hinsicht getan haben, und ich wünschte, ich hätte zuerst daran gedacht". (Bd. 2, S. 392). Dies sagte Ludendorff übrigens kurz nach dem Krieg zu Sir Alfred Mond (später Lord Melchett). Die Tatsache, dass es die jüdische Intervention war, die die Vereinigten Staaten auf der Seite der Alliierten in den Krieg brachte, hat seither die deutschen Gemüter erregt und wesentlich dazu beigetragen, dass der Antisemitismus im Programm der Nazis einen hohen Stellenwert einnimmt".
(S. Landman: *Großbritannien, die Juden und Palästina*, S. 3-6)

Die internationale Presse und die offizielle Geschichtsschreibung schweigen über dieses wichtige Dokument, das so gut wie unbekannt geblieben ist. Der Text lässt keinen Zweifel an der Rolle, die die Juden selbst für den Ausgang des Ersten Weltkriegs für sich beanspruchen. Man kann die Entwicklung des 20. Jahrhunderts mit seinen zwei Weltkriegen, von denen der 1939 folgende der zweite Teil derselben universellen Tragödie war, nicht verstehen, ohne eine angemessene Bewertung dessen, was die Gründung des Staates Israel gekostet hat. Was das Landman-Dokument anbelangt, so ist zu bedenken, dass es im März 1936 in einem für Großbritannien ungünstigen Kontext veröffentlicht wurde. Die Lage in Palästina war explosiv, und die Briten gingen so weit, die illegale Einwanderung internationaler Juden aufgrund von Zweifeln in London zu stoppen. Dies war in der Tat eine Warnung: „Ihr vergesst", heißt es an anderer Stelle, „dass ihr uns Palästina nicht unaufgefordert geschenkt habt (Balfour-Erklärung). Es wurde uns als Ergebnis eines geheimen Paktes gegeben, der zwischen uns geschlossen wurde. Wir haben unseren Teil dazu beigetragen, Amerika in diesem Krieg auf Ihre Seite zu ziehen, und haben dies gewissenhaft getan. Wir bitten Sie, Ihrerseits Ihre Verpflichtungen zu erfüllen. Sie sind sich unserer Macht in den Vereinigten Staaten bewusst, hüten Sie sich, die Feindseligkeit Israels auf sich zu ziehen. Andernfalls werden Sie mit ernsten internationalen Schwierigkeiten konfrontiert werden."

Eine solche Unverfrorenheit scheint unfassbar. Nur aus der festen Überzeugung der Unumkehrbarkeit der eigenen Macht heraus kann ein solch kompromittierendes und rücksichtsloses Dokument veröffentlicht werden, mit Paragraphen, die eindeutig das britische Empire selbst bedrohen, unter dessen Protektorat die Zionisten in Palästina Schutz fanden.

Lord Milner und seine Mission in Russland

Nachdem wir uns mit den Ereignissen in England und den Vereinigten Staaten befasst haben, bleibt nun zu untersuchen, wie die Katastrophe in Russland vorbereitet wurde. Zu diesem Zweck kehren wir in den Sommer 1916 zurück, denn zu diesem Zeitpunkt trifft ein geheimes Dossier von einem Agenten in New York in Russland ein. Der Bericht, dessen Existenz von verschiedenen Quellen bestätigt wurde, berichtete von einer Versammlung der Russischen

Revolutionären Partei Amerikas, die am 14. Februar in der East Side von New York stattfand und an der zweiundsechzig Delegierte teilnahmen, von denen fünfzig Revolutionsveteranen waren, die Russland nach der Revolution von 1905 verlassen hatten. Es wurde festgestellt, dass ein hoher Prozentsatz der Delegierten jüdisch war. In einem Auszug aus dem Bericht, der von Boris Brasol in *The World at the Cross Roads* wiedergegeben wurde, schreibt der Agent: „..... Die Diskussionen auf dem ersten Treffen waren ganz der Suche nach Mitteln und Wegen gewidmet, um eine große Revolution in Russland zu starten, da der günstigste Zeitpunkt nahte. Es hieß, man habe geheime Berichte aus Russland erhalten, in denen die Lage als sehr günstig beschrieben wurde, denn alle Vorbereitungen für einen sofortigen Ausbruch stünden bereit. Das einzige Problem sei die Finanzierung, aber als dieses Thema zur Sprache kam, versicherten einige Mitglieder der Versammlung, dass dies kein Grund zur Besorgnis sein sollte, da reichliche Mittel, wenn nötig, von Personen bereitgestellt würden, die mit der Befreiungsbewegung des russischen Volkes sympathisierten. Der Name von Jacob Schiff wurde wiederholt erwähnt".

Tatsächlich waren der russischen Regierung seit der Revolution von 1905 Berichte über die Quelle der Finanzierung der revolutionären Bewegung zugegangen. Die Großzügigkeit, die Russland während des Krieges gegenüber seinen Verbündeten an den Tag legte und die von französischen Offizieren mehrfach bestätigt wurde, war sicherlich darauf ausgerichtet, in Großbritannien und Frankreich eine solide Unterstützung zu finden. Die Ereignisse zeigten jedoch, dass die Haltung Großbritanniens gegenüber seinem russischen Verbündeten nicht untreuer hätte sein können, da sein Botschafter Buchanan auf den Sturz des Zaren hinarbeitete. Nach dem rätselhaften Ableben Lord Kitcheners und dem Amtsantritt von Lloyd George als Premierminister wurde die Lage noch schlimmer. Die russischen Truppen waren jedoch reorganisiert worden, und die Generäle des Generalstabs, die von den Fähigkeiten der Armee überzeugt waren, bereiteten sich gründlich auf die mit den Alliierten geplante Frühjahrsoffensive vor.

Kurz vor dem Staatsstreich im Februar/März 1917 entsandte die Londoner Regierung Lord Milner als Hochkommissar nach St. Petersburg. Milner, ein Freimaurer 33. Grades, ein Agent der Rothschilds, die den Burenkrieg ausgelöst hatten, und ein Gründungsmitglied der Tafelrunde, war ein führender Vertreter der Verschwörer. Weit davon entfernt, sich unterstützt zu fühlen, war man in Russland der Überzeugung, dass der Hochkommissar, anstatt Solidarität und Unterstützung zu zeigen, anstatt die schädlichen Aktivitäten des freimaurerischen Botschafters einzudämmen, die Unterstützung der Regierung Lloyd George für Buchanans destabilisierende Politik übermittelt hatte. Auch die Mission von Alfred Milner in Russland, die sich nicht einmal für den Rüstungsbedarf der russischen Armee interessierte, erweckte in London Misstrauen, wie eine Interpellation im Unterhaus zeigte. Der Minister des Außenministeriums, Lord Balfour, antwortet dem Abgeordneten Dillon, dass „Lord Milner während seines jüngsten Besuchs in Russland nicht versucht hat, sich direkt oder indirekt in die inneren Angelegenheiten Russlands einzumischen".

Zurück in London erstellte Lord Milner, der Monate später zu einem der Finanziers der bolschewistischen Revolution werden sollte, einen Bericht über den Rüstungsbedarf Russlands, der dem britischen Schatzamt als Vorwand diente, die Zuweisungen für Waffenlieferungen an Russland zu kürzen. Die Admiralität weigerte sich ihrerseits häufig, Schiffe mit ausreichender Tonnage für den Transport von schweren Rüstungsgütern und anderem Kriegsmaterial bereitzustellen. Kurzum, die Regierung Lloyd George trug zur Verschärfung der internen Spannungen bei und wandte sich endgültig von ihrem russischen Verbündeten ab: Statt mit ihm zu kooperieren, boykottierte sie es. Laut Prinzessin Olga Paley in *Souvenirs de Russie 1916-1919* erklärte Premierminister Lloyd George, als er die Nachricht vom Staatsstreich zur Absetzung des Zaren erhielt: „Eines der Ziele des Krieges ist erreicht worden". Für Leser, die diese Quelle für unzuverlässig halten, sei auf die Worte des britischen Botschafters verwiesen, die am 21. März 1917 in *Russkoie Slovo* veröffentlicht wurden. Wenige Tage nach dem Sturz des Zaren erklärte Buchanan vor Journalisten ganz offen: „Das autokratische und reaktionäre Regime hat uns nie mit Sympathie erfüllt. Deshalb wird die Ankunft der Provisorischen Regierung in ganz Großbritannien enthusiastisch begrüßt". Die Fakten gaben denjenigen Recht, die zu Beginn des Krieges gewarnt hatten, dass die Briten bis zum letzten Tropfen russischen Blutes kämpfen würden.

TEIL 3
BANKIERS UND REVOLUTIONEN (2)
DIE BOLSCHEWISTISCH-JÜDISCHE REVOLUTION

Die Vorstellung, dass die Geschichte eine ständige Verschwörung gegen die Wahrheit ist, gilt insbesondere für Russland, ein Land, das im 19. Jahrhundert unter der erklärten Feindschaft der Rothschilds litt. Diese Feindschaft war in Wirklichkeit eine verdeckte Kriegserklärung gegen das Land, das auf dem Wiener Kongress 1815 die Heilige Allianz angeführt hatte. Die Heilige Allianz stellte die christliche Tradition und die christlichen Werte über den Säkularismus und den Fortschritt, den der Liberalismus angeblich mit sich brachte, eine politische, wirtschaftliche und soziale Ideologie, die die internationalen Bankiers den Nationen im 19.

Wir haben bereits gesehen, dass Alexander Herzen, der Revolutionär, der von London aus gegen Russland plante, den Schutz und die Freundschaft von James Rothschild genoss. Vor der Revolution verbreiteten die von Russlands Feinden kontrollierten Zeitungen in Europa und Amerika jahrzehntelang die Vorstellung, dass die russische Regierung eine Unterdrückungsmaschine sei. Der Presse zufolge waren die Zaren Ungeheuer, die ihr Volk in Sklaverei halten wollten. Seitdem wird die Vorstellung von einem fortschrittsfeindlichen, reaktionären, autokratischen und autoritären Regime von den Propagandisten der Revolution und den liberalen Demokratien bis zum Überdruss wiederholt. Als ob die Kommunisten dem russischen Volk Freiheit, Demokratie und Wohlstand gebracht hätten, wird heute noch in den akademischen Zentren der ganzen Welt gelehrt, dass die Zaren die schlimmsten Despoten Europas waren und die kommunistische Revolution daher gerechtfertigt war. Das ist genau die gleiche Strategie, die nach der Französischen Revolution angewandt wurde.

So werden die sozialen Umwälzungen durch die Weltrevolution, die von der bayerischen Aufklärung mit der Finanzierung von Mayer Amschel Rothschild und anderen Bankiers ins Leben gerufen wurde, stets wohlwollend und nachsichtig betrachtet, da sie als eine Verbesserung gegenüber dem Vorangegangenen angesehen werden. Bevor wir einige der wichtigsten Ereignisse der Revolution schildern, werden wir den Leser mit einigen Realitäten des zaristischen Russlands vertraut machen, die die Lügenverschwörung zu ignorieren vorgibt. Arsene de Goulévitch, dessen Werk *Tsarisme et Révolution* eine unserer Quellen ist, sagt zu Recht, dass „die Geschichte eines Volkes im Allgemeinen von seinen Freunden erzählt wird, die Geschichte Russlands aber vor allem von seinen Feinden geschrieben wurde".

Wenn wir heute auf Russland blicken, können wir feststellen, dass nach mehr als siebzig Jahren atheistischen Kommunismus, der das Christentum in Russland auszurotten versuchte, nach einer langen Zeit, in der Generationen ohne jegliche religiöse Unterweisung erzogen wurden, ein großer Teil des russischen Volkes zu seiner weltlichen christlichen Tradition zurückgekehrt ist. Heute nimmt die Kirche wieder eine wichtige Rolle in der russischen Gesellschaft ein. Diese überraschende Tatsache lässt sich durch die traditionelle

Rolle der orthodoxen Kirche in Russland erklären, die ein Symbol des Patriotismus ist und mit der Nation und dem Staat verwechselt wird. Dies hinderte die Zaren jedoch nicht daran, ihren muslimischen Untertanen die gleichen Rechte zu gewähren wie den Christen. Während des Weltkriegs wurden die russischen Armeekorps von muslimischen Generälen befehligt.

Was die Juden betrifft, so sei daran erinnert, dass im 19. Jahrhundert die Hälfte der jüdischen Weltbevölkerung in Russland lebte. Diese russischen Juden waren keine Semiten, sie waren aschkenasische Nachfahren der Chasaren. Talmudistische Rabbiner erzogen sie in den Ghettos zu einem unbändigen Hass auf das Christentum, machten sie unassimilierbar und betrieben Inzucht. Diese Bevölkerung war verschiedenen Beschränkungen unterworfen, darunter der Verpflichtung, sich in einem großen Gebiet an der Grenze zu Mitteleuropa niederzulassen, das dem heutigen Litauen, Weißrussland, Polen, Moldawien und der Ukraine entspricht. In dieser riesigen Wohnzone dominierten die Juden im 19. Jahrhundert das Wirtschaftsleben. Jüdische Banken mit Sitz in Warschau, Wilna und Odessa gehörten zu den wichtigsten kommerziellen Kreditinstituten des Russischen Reiches.

A. L. Patkin erklärt in *The Origins of the Russian-Jewish Labour Movement* (1947), dass 1856 Baron Joseph Günzburg und eine Delegation jüdischer Persönlichkeiten Alexander II. ein Memorandum überreichten, in dem sie ihn demütig baten, „die Spreu vom Weizen zu trennen", d. h. zwischen den unteren Klassen und den würdigeren und gebildeten Juden zu unterscheiden, um für letztere einige Privilegien zu erwirken. Dank der Duldsamkeit des Zaren tauchte zwischen 1860 und 1870 die erste Generation russisch-jüdischer Intellektueller, deren Muttersprache Jiddisch war, in das russische Kulturleben ein. Die meisten von ihnen hatten keine Skrupel, das orthodoxe Christentum anzunehmen, um leichter Zugang zu wichtigen Positionen und Universitätskarrieren zu erhalten. Diese Juden bekamen Zugang zu hohen Positionen in der zaristischen Bürokratie und wurden als Richter, Anwälte und Professoren tätig. Einige schafften es sogar bis in den Senat. Patkin schreibt, dass jüdische Kapitalisten in die russische Industrieentwicklung eintraten und bald wichtige Positionen mit großem Einfluss erlangten. Die Nichtzulassung von Juden zum Staatsdienst betraf diese Elite also nicht. So durften viele qualifizierte Juden außerhalb des Siedlungsgebiets leben, das 1791 von Katharina der Großen geschaffen worden war. Juden konnten jedoch an den Dumawahlen teilnehmen und waren auch wählbar. Schauen wir uns also einige der Realitäten im zaristischen Russland nach Sektoren an.

Soziale und politische Organisation des zaristischen Russlands

Zunächst ist festzustellen, dass vor der Revolution die Presse-, Versammlungs- und Vereinigungsfreiheit in Russland in noch größerem Umfang als in einigen westlichen Ländern bestand. Die Vorstellung, dass die Verwaltung des Kaiserreichs korrupt und parasitär war, stimmt überhaupt nicht. Die Zahl der Beamten war in Russland viel geringer als in den meisten anderen Ländern: 1906 gab es nur knapp dreihundertfünfzigtausend Beamte, während beispielsweise in Frankreich eine halbe Million Menschen im Staatshaushalt registriert waren. Diese Zahlen für den öffentlichen Dienst sind besonders aussagekräftig, wenn man das spektakuläre Bevölkerungswachstum bedenkt, das Russland im Laufe des 19. Jahrhunderts erlebte: von 36 Millionen Einwohnern im Jahr 1800 auf 135 Millionen im Jahr 1900. Dieser Trend setzte sich auch im 20. Jahrhundert fort, als die Bevölkerung 1914 etwa 175 Millionen erreichte.

In den Provinzen oder Departements war es nach dem kaiserlichen Dekret vom 19. Februar 1861, mit dem etwa 23 Millionen Bauern befreit wurden, die von Alexander II, dem „befreienden Zaren", wie ihn das russische Volk nannte, emanzipiert worden waren, notwendig, eine Reihe lokaler Institutionen zu schaffen, die allen Bevölkerungsschichten eigen waren. Im Jahr 1864 nutzte die kaiserliche Regierung diese notwendige Neuorganisation, um die Funktionen und die Rolle der lokalen Verwaltung zu erweitern, und schuf Bezirksregierungen, die „zemstvos", deren Befugnisse sie zu kleinen Selbstverwaltungen machten. Ihre Befugnisse erstreckten sich auf alle Angelegenheiten des öffentlichen Unterrichts, der Fürsorge, der Versorgung, des Straßenbaus und der Instandhaltung, der Sozialhygiene und der Seuchenbekämpfung, der Gefängnisinspektion usw. All dies erforderte erhebliche Ausgaben. All dies erforderte erhebliche Ausgaben, weshalb die „zemstvos" befugt waren, von der Bevölkerung lokale Steuern zu erheben. Zu den Ergebnissen ihrer Tätigkeit gehörte eine kostenlose medizinische Versorgung. Arsene de Goulévitch beruft sich auf die Meinung französischer Wissenschaftler, um stolz darauf hinzuweisen, dass die „zemstvos" unter dem kaiserlichen Regime „eine grandiose Organisation der Sozialmedizin hatten, wie es sie nirgendwo sonst gab". Einer der Initiatoren dieser medizinischen Organisation war Dr. Fréderic Erismann, ein Professor an der Moskauer Universität mit Schweizer Staatsbürgerschaft. De Goulévitch schreibt in *Tsarisme et Révolution*, dass er Professor Erismann 1897 in Zürich besuchte, wo er an einem Kongress über den Schutz der Arbeiter teilnahm. Er bescheinigte ihm, dass „die von den Zemstvos gegründete medizinische Organisation der größte Erfolg der damaligen Zeit auf dem Gebiet der sozialen Medizin war, da sie eine kostenlose, für alle offene medizinische Versorgung bot und einen zutiefst erzieherischen Charakter hatte".

Zeitgleich mit der Verwaltungsreform von 1864 wurde das Land mit einem neuen Justizapparat ausgestattet, der perfekt funktionierte. Die Justiz war zügig, gerecht und für alle zugänglich. Die Richter waren unabsetzbar und unabhängig. Das in vielen Ländern als revolutionär geltende System zur Wahl der Richter erlaubte es, dass die Friedensrichter von den Bezirksversammlungen oder den städtischen „dumas" (Stadträten) ernannt wurden. Gegen das Urteil eines Friedensrichters konnte Berufung bei der örtlichen Versammlung der Friedensrichter eingelegt werden. Das russische Strafgesetzbuch enthielt nicht die Todesstrafe, was es von allen europäischen Ländern unterschied. Wenn die Todesstrafe in Russland angewandt wurde, dann nur in Ausnahmefällen durch Kriegsgerichte oder außerordentliche Gerichte. Die Abschaffung der körperlichen Züchtigung in Russland erfolgte sogar noch vor der Justizreform von 1864. Die Kommunisten töteten an einem einzigen Tag mehr Menschen als die zaristische Justiz im gesamten 19. Stéphane Courtois liefert in seinem Buch *The Crimes of Communism* konkrete Zahlen dazu. Laut Courtois wurden zwischen 1825 und 1905 in Russland einhunderteinundneunzig Menschen zum Tode verurteilt. Courtois, der das Justizsystem des Zaren als „wahre Gerechtigkeit" bezeichnet, schreibt: „Gefangene und Verurteilte kamen in den Genuss einer Gefängnisordnung, und das Regime der Inhaftierung oder sogar Deportation war relativ mild. Die Deportierten konnten zu ihren Familien gehen, lesen und schreiben, wie sie wollten, jagen, fischen und in ihrer Freizeit ihre Leidensgenossen treffen. Sowohl Lenin als auch Stalin konnten sich persönlich von der Richtigkeit dieser Worte überzeugen.

Die Bildung war ein vorrangiges Anliegen von Nikolaus II. Die Grundschulbildung war für alle gleich und kostenlos. Ein Projekt aus dem Jahr 1862 zielte darauf ab, in Russland eine allgemeine Schulpflicht einzuführen, doch musste es damals mangels ausreichender Mittel für seine Umsetzung aufgegeben werden. Nikolaus II. griff die Idee seines Großvaters auf und führte ab 1908 einen neuen Plan für die allgemeine Schulpflicht in seinem Reich ein, ein noch nie dagewesenes Projekt für die Bildung der breiten Masse des Volkes. Es wurde eine Volkszählung angeordnet, um den Bedarf zu ermitteln, und es wurde festgestellt, dass dreizehneinhalb Millionen Kinder im schulpflichtigen Alter waren, so dass zweihundertfünfzigtausend Schulen benötigt wurden. Da es bereits siebzigtausend Grundschulen gab, wurden hundertachtzigtausend weitere Schulen benötigt. Bis zum Jahr 1914 wurden in Russland jährlich zehntausend Schulen eröffnet. Hätten der Krieg und die Revolution den Prozess nicht unterbrochen, wäre die Grundschulpflicht in zehn Jahren verwirklicht gewesen. Dennoch zeigte eine von den Kommunisten 1920 durchgeführte Erhebung, dass 86% der Kinder zwischen zwölf und sechzehn Jahren lesen und schreiben konnten. Was die Entwicklung der Frauenbildung anbelangt, so war Russland im 19. Jahrhundert das fortschrittlichste Land in Europa, was die Zahl der schulpflichtigen Frauen anging.

Landwirtschaft vor und nach der Revolution

Die Nutzung und anschließende Zerstörung der Bauernschaft durch die Sowjets ist einer der wichtigsten Punkte der Ereignisse in Russland. Die revolutionäre Propaganda verbreitete die Vorstellung, dass die Armut der „Mujik" (Bauern) darauf zurückzuführen sei, dass der Großteil des Ackerlandes den Großgrundbesitzern gehörte. Im Folgenden werden die wichtigsten Daten von Boris Brasol in *Die Bilanz des Sowjetismus* und von Arsene de Goulévitch, die im Wesentlichen übereinstimmen, kurz zusammengefasst. Die Studie dieser Autoren stützt sich auf das Land des europäischen Russlands, da das gesamte kultivierte Land in Sibirien den Bauern gehörte. Laut einer landwirtschaftlichen Erhebung von 1916 gehörte von den 71.709.693 Dekiatinen (die russische Dekiatine entspricht etwas mehr als einem Hektar), die in jenem Jahr im europäischen Russland ausgesät wurden, nur ein Zehntel den kapitalistischen

Grundbesitzern, der Rest war in kleine Parzellen aufgeteilt und im Besitz der Bauern.

Um die Übertragung von Grund und Boden von den Großgrundbesitzern auf die Bauern zu verstehen, muss man mit dem Jahr 1861 beginnen, in dem Alexander II, der befreiende Zar, etwa 23 Millionen Menschen emanzipierte. Es sei daran erinnert, dass die Vereinigten Staaten unter dem Vorwand, die Sklaverei abzuschaffen, in einen Bürgerkrieg verwickelt wurden, während Russland die Bauern friedlich befreite. Im Jahr 1861 betrug die den Bauern in den vierundvierzig Gouvernements des europäischen Russlands zugewiesene Landfläche 113,7 Millionen Deziatins, 1916 besaßen die Kleinbauern bereits 188 Millionen Deziatins. Diese äußerst rasche Entwicklung, die zu einer vollständigen Demokratisierung des Bodeneigentums in Russland führte, wurde durch die von den zaristischen Regierungen ergriffenen Maßnahmen zur Sicherung des Wohlergehens der Bauernschaft bestimmt. Im Rahmen des Emanzipationsgesetzes von 1861 wurde den ehemaligen Leibeigenen die persönliche Freiheit gewährt und die Grundherren wurden zugunsten der Bauernschaft von 35 Millionen Dekaten enteignet, was etwa einem Drittel des gesamten Grundbesitzes und mehr als der Hälfte des Ackerlandes entsprach, das sie besaßen, was rechtlich gesehen eine Enteignung darstellte. Der Staat seinerseits trennte sich von 80 Millionen Dekaten, die ihm gehörten und von Bauern bewirtschaftet wurden, die nicht der Leibeigenschaft unterlagen, sondern an die Kronländereien gebunden waren. Auch diese wurden befreit. Die Bauern wurden emanzipiert und mit ausreichend Land für ihren Lebensunterhalt ausgestattet.

Da zwischen 1861 und 1916 neue Zehntel des Ackerlandes im europäischen Russland in die Hände der Bauern übergingen, gründete der Staat 1882 die „Bauernbank", um die Demokratisierung des Bodens zu unterstützen und zu fördern. Diese Institution sollte Kleinbauern in zunehmendem Maße den Zugang zu Land erleichtern. Ihre Haupttätigkeit bestand darin, Pachtland aufzukaufen und es zu äußerst günstigen Bedingungen an die Bauern weiterzuverkaufen. Die Darlehen, die er mit den Bauern vereinbarte, beliefen sich oft auf neunzig Prozent des Kaufpreises. Ihre Laufzeit betrug fast ausnahmslos fünfzig Jahre. Die von der Bank einbehaltenen Zinsen waren so niedrig, dass ihre Geschäfte mehrmals zu Defiziten führten, die von der Staatskasse gedeckt wurden. Zwei Zahlen sollen die Entwicklung der von der Bauernbank gewährten Darlehen verdeutlichen. Im Jahr 1901 gewährte sie Kredite in Höhe von 222.001.000 Goldrubel. Im Jahr 1912 waren es 1.167.994.000. Der dänische Wirtschaftswissenschaftler Wieth Knudsen bezeichnete diese Bank als „das größte Immobilienkreditinstitut im ganzen Universum". De Goulévitch bemerkt ironisch, dass „man auch sagen könnte, dass sie die sozialste, wenn nicht sogar die sozialistischste Bank der Welt war".

Darüber hinaus verteilte die Regierung das gesamte Ackerland in Sibirien an die Bauern. Russlands Marsch zum Pazifik begann im späten 16. Jahrhundert, wurde aber unter Nikolaus II. beschleunigt und ausgeweitet. Im Jahr 1831 organisierte die Regierung eine organisierte Auswanderung, doch trotz staatlicher Ermutigung ging die Kolonisierung Sibiriens nur sehr langsam voran.

Zur Zeit der Befreiung der Leibeigenen betrug die russische Bevölkerung in Sibirien nicht mehr als drei Millionen. Mit dem Bau der Transsibirischen Eisenbahn, der 1891 begann, nahm die Kolonisierung rasch zu. Das Komitee der Transsibirischen Eisenbahn unterstützte die Auswanderung in besonderem Maße und organisierte Gesundheitszentren und Kantinen für die Verteilung von Lebensmitteln an die Auswanderer. Im Jahr 1906 wurde der Bau der Eisenbahnlinie abgeschlossen, und ab 1907 machten sich jährlich zwischen 400.000 und 600.000 Menschen auf den Weg nach Sibirien. Die staatlichen Beihilfen für die Siedler stiegen von fünf Millionen Rubel im Jahr 1906 auf elf Millionen Rubel im Jahr 1907 und erreichten einen Durchschnitt von dreißig Millionen Rubel pro Jahr. Die Siedler wurden von der Regierung kostenlos befördert und erhielten Subventionen zwischen 100 und 400 Rubel pro Familie. Jede Familie erhielt im Durchschnitt eine Parzelle von vierzig Dezitonnen Land.

Später werden wir uns mit Stolypin befassen, einem Staatsmann von großem Format, der, wie üblich, einem Attentat zum Opfer fiel. Seine Reformen brachten einen enormen Aufschwung in der Landwirtschaft. In den zehn Jahren vor dem Krieg vervierfachte sich die Produktion von Landmaschinen, und auch die Importe nahmen zu. Die Zahl der landwirtschaftlichen Genossenschaften stieg von 447 im Jahr 1902 auf 4.685 Ende 1913. Der Anstieg der landwirtschaftlichen Genossenschaften war beispiellos: 1902 gab es 2.000, zehn Jahre später waren es 22.000 Genossenschaften. All dies führte dazu, dass Russland der größte Getreideproduzent und -exporteur der Welt wurde. Wir ersparen Ihnen die Statistiken, die den Anstieg der jährlichen Produktions- und Exportzahlen für Roggen, Weizen, Gerste, Hafer und andere Getreidearten aufzeigen. Abgesehen von Getreide stand das vorrevolutionäre Russland bei der Erzeugung von Kartoffeln und Futterpflanzen an erster Stelle in der Welt. Es war auch der drittgrößte Tabakerzeuger der Welt. Auch Gemüse und verschiedene Früchte wurden in Hülle und Fülle produziert. Trotz der Propaganda der Revolutionäre, um die Bauernschaft für sich zu gewinnen, waren die Bauern nie daran interessiert, gegen den Zaren vorzugehen, und weigerten sich, gegen ihn zu rebellieren, weil sie ihn nicht für ein Instrument der Unterdrückung hielten.

Wir können diesen Abschnitt nicht beenden, ohne daran zu erinnern, dass Hungersnöte ein ständiges Merkmal der kommunistischen Ära waren und ohne eines der größten Verbrechen gegen die Menschlichkeit anzuprangern, an das sich niemand erinnert, weil es nicht berührt. Im Gegensatz zur Rücksichtnahme der Zaren auf die Bauern stehen die Grausamkeit und die völlige Missachtung ihres Lebens durch die Sowjets. Nach dem Sturz des Zarentums herrschte eine ständige Hungersnot, denn der Bolschewismus hatte die Bauernschaft bekanntlich völlig ruiniert. Die grausame Kollektivierung, die 1929-30 durchgeführt wurde, war der Gnadenstoß für die russische Agrarwirtschaft. Bereits 1921 führte die katastrophale Agrarpolitik des kommunistischen Regimes zu einer Hungersnot in der Wolgaregion der Südukraine, der so genannten „Kornkammer Europas", und auf der Krim, die nach einigen Quellen zwischen vier und fünf Millionen Opfer forderte. Doch das Schlimmste für die Ukrainer kam 1930, als das Land der ukrainischen Bauern und ihr gesamtes Hab und Gut vom Staat beschlagnahmt wurde: die „Deskulakisierung". Die Bauern wurden gezwungen, in Kolchosen einzutreten, und diejenigen, die sich dagegen wehrten, wurden verhaftet und deportiert. Während die westlichen Märkte mit ukrainischem Weizen beliefert wurden, der von den Erzeugern konfisziert worden war, wurden die Bauern für den Mangel an Brot und die strenge Rationierung in den Städten verantwortlich gemacht.

Ein bis dahin unbekannter Völkermord durch Verhungern, „Holodomor", ukrainisch für „zu Tode hungern", fand dann vor den Augen einer teilnahmslosen Welt statt. Die Idee, „die Kulaken als Klasse zu liquidieren" (Bauern, die Land besaßen und Arbeiter anstellten), stammte von dem Juden Lazar Kaganowitsch, der nicht nur Kommunist, sondern auch Zionist und Mitglied von „Poale Zion" war, einer Organisation, in der Tausende von Bolschewiken aktiv waren. Sein Assistent bei der Organisation der Hungersnot war Jam Jakowlew, ebenfalls ein Jude, der eigentlich Epstein hieß. Der NKWD beschlagnahmte sämtliches Getreide, Kartoffeln, Rüben, Kohl, der gesalzen gelagert wurde, und alle Lebensmittel. Im Winter 1932/33 gingen die Vorräte in der Ukraine zur Neige. Es wurde ein riesiger Kordon errichtet, und niemand durfte das Land verlassen. Bürgerwehren verbieten den hungernden Bauern den Zutritt zu den Städten: Sie werden daran gehindert, die Züge zu besteigen, und viele sterben in den Bahnhöfen oder auf den Gleisen. Die Felder wurden vom NKWD bewacht, und diejenigen, die versuchten, auf den Feldern zu arbeiten, wurden erschossen. Die Agenten erhielten 200 Gramm Brot für jede Leiche, die sie ablieferten. Zahlreiche Sterbende wurden lebendig begraben: „Die Erde bewegte sich", sagten Augenzeugen der Beerdigungen später aus. Im Frühjahr 1933 starben täglich bis zu 25.000 Menschen, so dass es nicht verwunderlich ist, dass die Straßen der Städte mit Leichen übersät waren. Zwischen sechs und sieben Millionen Menschen wurden durch Verhungern vernichtet. Nach langem Schweigen erkannten das ukrainische Parlament und neunzehn Regierungen anderer Länder im März 2008 schließlich an, dass es sich bei dem Vorgehen der sowjetischen Regierung um einen geplanten Völkermord handelte. Am 23. Oktober desselben Jahres nahm das Europäische Parlament eine Entschließung an, in der es den Holodomor" als Verbrechen gegen die Menschlichkeit bezeichnete. Im Juni 2009 veröffentlichte der ukrainische Sicherheitsdienst eine Liste mit den Namen sowjetischer Beamter, von denen die meisten Juden waren und die im Zusammenhang mit dem Holodomor denunziert wurden. Der ukrainische Rechtsanwalt Aleksander Feldman, Vorsitzender des Ukrainischen Jüdischen Komitees, bezeichnete die Veröffentlichung des Falls als Farce, da alle Organisatoren der großen Hungersnot tot seien. Im nächsten Kapitel wird es Gelegenheit geben, auf diesen weitgehend unbekannten Völkermord einzugehen.

Industrie vor der Revolution

Die Rolle des Staates als Förderer der industriellen Entwicklung in Russland war von großer Bedeutung. Auch hier muss man anerkennen, dass sowohl Alexander III. als auch Nikolaus II. ein großes Interesse an den

Bedingungen der Arbeiter zeigten, eine Sorge, die von den meisten russischen Industriellen geteilt wurde, auch wenn sie nicht in das Bild von rücksichtslosen Monstern passt. Alexander III. erließ eine Reihe von Arbeitergesetzen und setzte das Korps der Arbeitsinspektoren ein, das die Fabriken überwachen, die Interessen der Arbeiter verteidigen und ihre Ausbeutung durch die Unternehmer verhindern sollte. Kaiser Nikolaus II. führte seinerseits eine neue Arbeitsgesetzgebung ein, die als eine der fortschrittlichsten der damaligen Zeit angesehen werden kann. Dies wurde von W. H. Taft, dem Präsidenten der Vereinigten Staaten, in einer öffentlichen Ansprache im Jahr 1912 gewürdigt: „Ihr Kaiser hat ein perfekteres Arbeitsrecht geschaffen als jedes andere, dessen sich die demokratischen Länder rühmen können".

Das Zarenreich war der weltweit führende Platinproduzent, und vor der Revolution kamen 95% des Platins aus Russland. Es war auch der weltweit führende Produzent von Mangan, einem Mineral, das für die Stahlherstellung benötigt wird. Vor dem Krieg produzierte Russland 56% des Mangans der Welt. Die Erdölförderung, obwohl eine neue Erfindung, entwickelte sich so weit, dass Russland bis 1897 zum weltweit führenden Erdölproduzenten wurde. Im Jahr 1905 kam es jedoch infolge der Aufstandsbewegung, die Russland erschütterte, zu einer schweren Krise der Produktion. In Baku zündeten Revolutionäre die Ölquellen an, verübten zahlreiche Sabotageakte und es gelang ihnen, einen Bürgerkrieg zwischen Tataren und Armeniern zu provozieren. Drei Fünftel der Ölfelder wurden zerstört und die gesamte Produktion wurde eingestellt. Darüber hinaus wurden die Arbeiten an den nicht betroffenen Anlagen vorübergehend eingestellt. Von 1906 bis zur Revolution konnte die Produktion dank der Entdeckung neuer Felder in Baku und Grosny wieder aufgenommen werden. Im Jahr 1913 wurde östlich der Kaukasusstadt die äußerst ergiebige Lagerstätte Nowo-Grozny entdeckt, die am Vorabend der Revolution zur Ausbeutung bereit war. Zwölf Jahre nach der Revolution war die russische Erdölindustrie nicht in der Lage, ihr Potenzial auszuschöpfen, und ihre Produktion blieb hinter dem zwölften Platz zurück. Unter den Edelmetallen war auch Gold reichlich vorhanden, und das Zarenreich stand weltweit an vierter Stelle, nach Transvaal, den Vereinigten Staaten und Australien. Zu Beginn des 20. Jahrhunderts entwickelte sich auch der Silberbergbau sehr schnell. Zum Abschluss dieses kurzen Überblicks über die Bodenschätze sei noch erwähnt, dass Russland bei der Kupfer- und Asphaltproduktion den fünften Platz einnahm. Auch der Steinkohlebergbau entwickelte sich mit dem Ausbau des Eisenbahnnetzes im gesamten Reich ab der zweiten Hälfte des 19. Jahrhunderts enorm.

Von allen russischen Industrien war die Textilindustrie sowohl die älteste als auch die wichtigste. Die Webereien beschäftigten fast eine Million Arbeiter und unterstützten, gefördert von der Regierung, eine ganze Reihe von Einrichtungen wie Schulen, Krankenstationen, Krankenhäuser, Kindergärten, Arbeiterwohnungen, Bibliotheken, Pflegeheime usw. Diese Unternehmen wurden in Wirklichkeit zu kleinen Städten. Es ist anzumerken, dass fast das gesamte Kapital in dieser Industrie aus Russland kam. Innerhalb der Textilindustrie stand die Baumwollindustrie an erster Stelle, so dass Russland bei der Beschaffung von Rohbaumwolle nach den Vereinigten Staaten und

Großbritannien den dritten Platz einnahm. Die Wollindustrie war die zweitwichtigste, konnte aber den Bedarf des heimischen Marktes nicht decken. Russland war 1913 zum weltweit führenden Erzeuger von Flachs geworden, und seine Flachsindustrie entwickelte sich rasch, verbrauchte jedoch nur 20% der gesamten im Lande erzeugten Menge, die vor dem Krieg 80% der weltweiten Flachsernte ausmachte. Das zaristische Russland lieferte vier Fünftel des in Europa verwendeten Flachses. Seide, Hanf und Jute vervollständigten die Liste der wichtigsten in der Textilindustrie verwendeten Materialien.

Verkehr im zaristischen Russland

Die erste Eisenbahnlinie in Russland wurde 1837 von russischen Ingenieuren eröffnet. Bis 1857 wurden die Eisenbahnen vom Staat gebaut und betrieben, aber ab diesem Zeitpunkt bis 1881 wurden sie von privaten Unternehmen betrieben, deren Gründung vom Staat finanziell unterstützt wurde. In *Das jüdische Jahrhundert, einer* Apologetik, die, wie in den *Protokollen* angekündigt, die absolute Vorherrschaft der Juden in allen Bereichen der modernen Welt aufzeigt, enthüllt Juri Slezkine, dass eine Handvoll jüdischer Bankiers mit Sitz in Russland durch das Eisenbahngeschäft ein immenses Vermögen anhäufte. Diese Bankiers profitierten nicht nur von den großzügigen Haushaltsmitteln des Kriegsministeriums, sondern wurden auch von den jüdischen Finanziers unterstützt, die das Eisenbahngeschäft in Europa monopolisierten, allen voran der Rothschild-Clan, aber auch die Familien Pereira, Bleichröder und Gomperz. Diese Konsortien jüdischer Finanziers und Bauherren bauten u. a. die Strecken Warschau-Wien, Moskau-Smolensk und Moskau-Brest. Die Brüder Polyakov: Samuel, Yakov und Lazar waren einer der einflussreichsten jüdischen Finanzclans. Samuel Poljakow baute, finanzierte und verwaltete eine Reihe privater Netze und wurde zum „König der Eisenbahnen". Aus diesem Grund gehörten 93% des russischen Eisenbahnnetzes diesen Unternehmen, die miteinander konkurrierten.

Angesichts der chaotischen Tarifsituation im Lande erklärte sich der Staat bereit, für einen Zeitraum von zehn Jahren keine weiteren Konzessionen zu vergeben. Er baute jedoch nicht nur die meisten neuen Strecken, sondern rettete auch die privaten Unternehmen. So wurden 1889 die Tarife vereinheitlicht und 1890 gehörten 29% des Netzes dem Staat. Von 1891 bis 1901 wurde die Rettungspolitik fortgesetzt, und der Bau neuer Strecken blieb in staatlicher Hand. Infolgedessen waren 1901 nur noch 30,4% des Netzes im Besitz privater Unternehmen, wobei es sich hauptsächlich um europäische Strecken handelte, da der Staat vor allem das asiatische Eisenbahnnetz übernommen hatte. Es sei daran erinnert, dass die Transsibirische Eisenbahnlinie, die am 19. Mai 1891 begonnen und am 1. Januar 1906 fertig gestellt wurde, einen Geschwindigkeitsrekord aufstellte und die längste der Welt ist. Sie überquert 28 Flüsse, führt über fünf große Brücken und durch 40 Tunnels.

Zu bedenken ist auch, dass Russland weder Lokomotiven noch Waggons importierte, denn in den Industriezentren gab es gut organisierte und gut ausgerüstete Maschinenbauunternehmen, die den gesamten Bedarf des russischen Netzes problemlos decken und sogar exportieren konnten. Die Betriebsquote der russischen Eisenbahnen war die niedrigste der Welt, und ihre Züge gehörten zu den komfortabelsten der Welt. Arsene de Goulévitch stellt kategorisch fest, dass „Russland in qualitativer Hinsicht auf dem Gebiet der Eisenbahnindustrie allen anderen Ländern überlegen war". Was die Unfallrate anbelangt, gehörte Russland zu den Ländern, in denen es nur wenige Eisenbahnunfälle gab, doch mit dem Einzug der Sowjets wurden alle diesbezüglichen Rekorde gebrochen. Das *Wall Street Journal* vom 15. Juni 1926 berichtete über den chaotischen Zustand der russischen Eisenbahnen, eine Situation, die sich weiter verschlechterte. In einem Bericht der sowjetischen Presse wurde selbst eingeräumt, dass die Unfälle um 50% zugenommen hatten. Die Ursache für das Chaos und die Misswirtschaft war vielleicht das Massaker der Kommunisten an den russischen Ingenieuren. Die Hälfte derer, die überlebten, floh ins Ausland.

Was die Binnenschifffahrt betrifft, so kann man nur sagen, dass Russland Ende des 19. Jahrhunderts die größte Flotte der Welt besaß. Die Folgen des Vorgehens der sowjetischen Behörden waren noch verheerender als beim Eisenbahnnetz. Zahlreiche Lastkähne wurden zerstört, um das Heizungssystem zu speisen, und innerhalb weniger Jahre wurden zwei Drittel der Flussflotte entschädigungslos vernichtet.

Finanzen im zaristischen Russland

Die Feindschaft der Rothschilds gegenüber den Zaren war nicht nur auf ihre Position zur Verteidigung des Christentums zurückzuführen, sondern auch auf ihre Unfähigkeit, ihre finanzielle Kontrolle über das russische Reich auszuüben. Erst 1862 gelang es ihnen zum ersten Mal seit vierzig Jahren, Alexander II. zur Unterzeichnung eines bedeutenden Darlehens mit ihnen zu bewegen. James Rothschild hatte bei zahlreichen Gelegenheiten versucht, seine Position in St. Petersburg zu sichern, war aber gescheitert. Kurz vor seinem Tod im Jahr 1868 scheiterte er zum letzten Mal, als er erfolglos versuchte, ein großes Geschäft mit dem russischen Finanzminister Michael von Reutern auszuhandeln, der ihm lediglich eine Beteiligung an der Privatisierung der Eisenbahnlinie von Moskau nach Odessa anbot. Den Rothschilds, die das Eisenbahngeschäft in ganz Europa übernommen hatten, gelang es nicht, den russischen Markt für Eisenbahnanleihen zu kontrollieren.

Die Beziehungen verschlechterten sich nach der Ermordung Alexanders II. im Jahr 1881. Sein Nachfolger Alexander III. war nach dem Nachweis der Verwicklung jüdischer Revolutionäre in das Attentat davon überzeugt, dass ihre „verderbliche Tätigkeit" bekämpft werden müsse, und erließ eine Reihe von Gesetzen, die ihnen neue Beschränkungen auferlegten. Die Rothschilds erklärten sich „bestürzt" und begannen zu erörtern, welche praktischen Maßnahmen „für unsere unglücklichen Mitreligiösen" ergriffen werden könnten. In einem Brief an seine Londoner Cousins verwies Alphonse de Rothschild, der Erbe von Jakobus, auf die Intoleranz Alexanders III. und verglich ihn mit Ludwig XIV. und Philipp II. von Spanien. In Wahrheit versuchten die Rothschilds mit allen

Mitteln, in Russland Fuß zu fassen. Die Ankunft von Sergej Witte im Finanzministerium im Jahr 1892 machte die Dinge für sie etwas einfacher. Der deutsche Botschafter in Paris, Graf Münster, kommentierte die Aufnahme von Kreditverhandlungen mit dem Haus Paris wie folgt: „.... Dass die Gattin des neuen Finanzministers, Witte, die mir von den russischen Damen hier als eine sehr kluge und sehr intrigante Jüdin beschrieben wurde, eine große Hilfe beim Zustandekommen von Vereinbarungen mit jüdischen Bankiers ist, scheint mir recht wahrscheinlich." Die privaten Anspielungen der Rothschilds auf die jüdische Herkunft von Wittes Frau verleihen dieser Interpretation Glaubwürdigkeit, so N. Ferguson. Es ist derselbe Autor, der enthüllt, dass die Rothschilds, die 1891 eine Annäherung mit Baron Gunzberg[43], einem Juden, der die Lena-Goldminen in Russland besaß, eingeleitet hatten, Wittes Ankündigung, Russland auf den Goldstandard zu bringen, begrüßten, da dies mit ihren weltweiten Goldmineninteressen zusammenfiel. Die Familie Gunzberg hatte ihr Vermögen im Wodkageschäft gemacht und war dann in das Bankwesen und den Bergbau eingestiegen.

Im 19. Jahrhundert brauchte der russische Staat kaum Kredite aufzunehmen, weil er sich bemühte, seine außerordentlichen Ausgaben aus seinen ordentlichen Einnahmen zu bestreiten, was einer der Gründe dafür war, dass er kein Rothschild-Geld benötigte. Einige Autoren argumentieren, dass der russische Staat, wenn er vor allem in der zweiten Hälfte des 19. Jahrhunderts mehr Kredite aufgenommen hätte, vielleicht in der Lage gewesen wäre, seinen enormen natürlichen Reichtum schneller zur Geltung zu bringen. Tatsache ist, dass die kaiserliche Regierung in fast anderthalb Jahrhunderten, von 1769, als Katharina die Große den ersten Kredit abschloss, bis 1914, insgesamt 15 Milliarden Rubel im In- und Ausland aufgenommen hat, von denen 40% im gleichen Zeitraum zurückgezahlt wurden. Im Jahr 1914 belief sich die Staatsverschuldung also auf 8,825 Milliarden Rubel. Ein großer Teil dieser Schulden befand sich in Russland, da von 398 Millionen Rubel Zinsen nur 172 Millionen Rubel ins Ausland gezahlt worden waren. Wie bereits erwähnt, gehörten zu den wichtigsten Ausgaben, die den Staat ab der zweiten Hälfte des 19. Jahrhunderts zur Aufnahme von Krediten zwangen, die Vorschüsse, die den Bauern nach der Abschaffung der Leibeigenschaft gewährt wurden, damit sie das von den Grundbesitzern enteignete Land zurückkaufen konnten. An zweiter Stelle standen die Ausgaben für den Bau und die Rettung der Eisenbahnen. An dritter Stelle standen die Kosten des Krieges gegen Japan im Jahr 1905, der Russland von außen aufgezwungen wurde, wie wir weiter unten sehen werden.

---

[43] Ein Brief des amerikanischen Botschafters Francis aus St. Petersburg an den Außenminister, veröffentlicht von Antony C. Sutton in Wall Street and the Bolshevik Revolution, macht deutlich, dass es in Russland mächtige Juden gab, die die kommunistischen Ansichten nicht teilten. Sutton macht in *Wall Street and the Bolshevik Revolution* deutlich, dass es in Russland einflussreiche Juden gab, die die kommunistischen Ansichten nicht teilten. Zu ihnen gehörten der Baron Alexander Gunzsberg und die Bankiers Boris Kamenka und Henry Sliosberg, die eine liberale Republik in Russland, aber keine bolschewistische Diktatur wollten.

Im Jahr 1903, zwei Jahre vor dem Russisch-Japanischen Krieg, waren die russischen Finanzen in einer ausgezeichneten Lage, da die Differenz zwischen den Einnahmen (2.032 Millionen Rubel) und den Ausgaben (1.883 Millionen Rubel) einen positiven Saldo von 149 Millionen Rubel ergeben hatte, der zusammen mit dem Saldo der vorangegangenen Jahre dem Schatzamt einen Überschuss von 331 Millionen Rubel bescherte. De Goulévitch gibt Vergleichszahlen für 1908 über die Pro-Kopf-Verschuldung in den verschiedenen europäischen Ländern an: in Frankreich betrug sie 288 Rubel, in Italien 189, in den Niederlanden 178, in Belgien 172, in Großbritannien 169,5, in Deutschland 135,5, in Russland nur 58,7 Rubel pro Kopf der Bevölkerung. De Goulévitch fügt hinzu, dass man bedenken muss, dass die Eisenbahnen in Frankreich und Großbritannien privaten Unternehmen gehörten. Zieht man von der russischen Verschuldung die Mittel ab, die für den Bau und die Rettung der russischen Eisenbahnen bestimmt waren, so würde sich die Pro-Kopf-Verschuldung um ein Drittel verringern. Diese Verschuldung ist also im Vergleich zu den europäischen Ländern unbedeutend.

Eine weitere Quelle des Reichtums, die von den internationalen jüdischen Bankiers begehrt wurde, war das russische Gold. Von allen staatlichen Banken verfügte das zaristische Russland über die größten Goldreserven der Welt. Eine weitere interessante wirtschaftliche Tatsache, die zeigt, dass sich das russische Finanzwesen in guter Verfassung befand, ist die Zahl der Sparkassen, die von etwa 4.500 im Jahr 1900 auf etwa 8.500 im Jahr 1914 anstieg. Die Zahl der Inhaber von Sparbüchern, bei denen es sich hauptsächlich um Arbeiter, Genossenschaftsmitglieder und Kleingewerbetreibende handelte, stieg von dreieinhalb Millionen auf neuneinhalb Millionen. In fünfzehn Jahren stiegen die Gesamteinlagen in diesen Sparanstalten von 680 Millionen Rubel auf 2.236 Millionen Rubel. Was die Steuerbelastung der europäischen Bürger anbelangt, so lagen die Russen 1912 an letzter Stelle unter den führenden europäischen Staaten.

Wir schließen diese kurze Zusammenfassung der Realität des Zarenreichs mit dem Hinweis, dass Russland fünfzehn Jahre nach der Revolution einer in der Geschichte beispiellosen Verwüstung ausgesetzt war und dass die russischen Volksmassen entsetzlichem Elend und schlimmster Sklaverei ausgesetzt waren.

Die Revolution von 1905

Seit 1776, als die jüdischen Bankiers beschlossen, die Illuminaten zu finanzieren, befand sich die Weltrevolutionäre Bewegung in der Endphase, und zu Beginn des 20. Jahrhunderts wurde der große Umsturz vorbereitet, der seit Jahrzehnten mühsam geplant worden war. Trotz der Divergenzen und Widersprüche, die zwischen den führenden Vertretern des MRM auftraten, war endlich die Zeit gekommen, die von Heine so lange im Voraus angekündigte kommunistische Diktatur des Proletariats in die Praxis umzusetzen. Während sich die Erste Internationale nach dem Deutsch-Französischen Krieg zwischen den Anhängern von Marx und denen von Bakunin spaltete, gab es in der Zweiten Internationale (1889-1916), die sich aus der Arbeiterpartei und der

Sozialistischen Partei zusammensetzte, von Anfang an ideologische Meinungsverschiedenheiten zwischen den Internationalisten und denjenigen, die sich an den Interessen des Nationalstaates orientierten. Die Säuberungen Stalins waren, wie wir noch sehen werden, das jüngste Beispiel für den Zusammenprall dieser beiden Tendenzen. Es war die Zweite Internationale, auch Sozialdemokratische Internationale genannt, die den 1. Mai, den Tag, an dem Adam Weishaupt den Bayerischen Orden der Erleuchteten gründete, zum Internationalen Tag der Arbeit erklärte.

Die Entstehung der Russischen Sozialdemokratischen Partei wurde entscheidend vom Allgemeinen Jüdischen Arbeiterbund Russlands und Polens, dem „Bund", beeinflusst, einer 1897 gegründeten Organisation, deren Zentralkomitee über ein offizielles Organ, die „Arbeiterstimme", verfügte. Der erste Kongress der Sozialdemokratischen Partei Russlands, an dem nur neun Delegierte teilnahmen, fand am 1. März 1898 in Minsk statt. Auf ihm wird das *Manifest der Sozialdemokratischen Arbeiterpartei Russlands* verabschiedet, in dem die Leitlinien für das Handeln, einschließlich des Sturzes des Zaren, festgelegt werden. Im Dezember 1900 erschien in Leipzig die erste Ausgabe von *Iskra* (*Der Funke*), einer Zeitung, in der sich einige russische Sozialdemokraten zusammenfanden, die seit 1900 im Ausland lebten, die so genannte „Iskrovtsi", darunter Lenin, Martov (Zederbaum) Plekhanov und Starovier (Potrésov). Lenins jüdische Frau Krupskaja fungierte als Sekretärin der Redaktion. Der jüdische Multimillionär und Freimaurer Alexander Parvus (eigentlich Israel Helphand) aus Odessa steuerte nicht nur einige Artikel bei, sondern unterstützte Lenin auch finanziell bei der Herausgabe der Zeitschrift, die nach Russland geschmuggelt wurde. Ein weiterer Finanzier *der Iskra* war Sawwa Morosow, ein reicher Industrieller jüdischer Herkunft, der mit seinem Vermögen auch den Aufstand der Flotte während des Russisch-Japanischen Krieges unterstützte. Zu den jüdischen Mitarbeitern der Zeitung gehörten Trotzki, Axelrod und Rosa Luxemburg.

1902 veröffentlicht Lenin eine Broschüre mit dem Titel „*Was ist zu tun?*", *in* der er sich für die uneingeschränkte Anwendung aller Mittel zur Unterdrückung der Bourgeoisie und der Regierung ausspricht. Ab 1903 wird den Arbeitern zusätzlich zu den zahlreichen Streiks die Notwendigkeit eines bewaffneten Kampfes eingeschärft, für den die Armee benötigt wird. Die Propaganda unter den Militärs hatte bereits begonnen, und seit Dezember 1902 existierte eine Liga revolutionärer Offiziere. Im Juni 1903 wird in Brüssel ein allgemeiner Parteikongress einberufen, der im August aufgrund eines Verbots der belgischen Regierung nach London verlegt wird. Von den sechzig anwesenden Delegierten sind nur vier Arbeiter oder waren Arbeiter gewesen. Die meisten waren jüdische Intellektuelle, von denen dreizehn zur Redaktion der *Iskra* gehörten. Neben diesen „Iskristen" waren auch die Gruppen vertreten, die 1898 die Partei gegründet hatten: der jüdische „Bund", die georgischen Sozialdemokraten und die polnischen Sozialdemokraten von Rosa Luxemburg. Die von Plechanow gehaltene Rede lässt keinen Zweifel am antidemokratischen und totalitären Charakter der Ideen der russischen Sozialdemokraten. Seine Worte erinnern an die der Jakobiner: „Tout est permis a quiconque agit dans le sens de la Révolution" (Alles ist erlaubt für diejenigen, die im Sinne der Revolution handeln), d.h. „der Zweck heiligt die Mittel", wie Adam Weishaupt erklärte. Lesen wir einen Auszug aus dem Text von Plechanow:

> „Der Triumph der Revolution, das ist das oberste Gesetz! Wenn es also für den Triumph der Revolution notwendig wäre, dieses oder jenes demokratische Prinzip zu beseitigen, wäre es ein Verbrechen, dies nicht zu tun. Es ist möglich, dass wir es für notwendig halten, uns gegen das allgemeine Wahlrecht auszusprechen. Das revolutionäre Proletariat wird natürlich in der Lage sein, die politischen Rechte der Bourgeoisie nach dem Prinzip „salus revolutionis suprema lex" zu beschränken. Das gleiche Prinzip muss uns in der Frage der Dauer der Parlamente leiten. Wenn zum Beispiel das Volk in einem Anfall von revolutionärem Enthusiasmus ein gutes Parlament gewählt hat, sollten wir uns dafür einsetzen, dass es Bestand hat; wenn aber die Wahlen im Gegenteil schlecht für uns waren, sollte es unsere Aufgabe sein, es aufzulösen, nicht nach zwei Jahren, sondern in zwei Wochen".

Auf dem Londoner Kongress kam es zu einer angeblichen Spaltung der Partei infolge von Meinungsverschiedenheiten zwischen Lenin und Martow über die Zusammensetzung des Zentralkomitees. Martow und zwanzig weitere Delegierte wurden in der Minderheit („menchistvo") belassen, daher der Name Menschewiki (Minderheit). Lenin führte also die Mehrheit („bolchinstvo"), d. h. die Bolschewiki (Mehrheit). Beide waren sich jedoch einig, dass der Russisch-Japanische Krieg zum Sturz des zaristischen Regimes genutzt werden musste. Die berühmte bolschewistische Revolution war ein von langer Hand geplantes Werk, das drei Akte erforderte, von denen der erste im Jahr 1905 stattfand.

Es ist eine von verschiedenen Quellen anerkannte Tatsache, dass der Illuminat Jacob Schiff, einer der prominentesten Finanziers des Rothschild-Bankensyndikats, den Krieg finanzierte, der es Japan ermöglichte, das russische Reich zu besiegen, und der als Auslöser für den ersten Versuch diente, die Romanows zu stürzen. Während das Geld ungehindert an die Japaner floss, schlossen die europäischen Banken, die in den Händen der üblichen jüdischen Finanziers lagen, die Kreditvergabe an Russland. Nach Angaben der *Encyclopaedia Judaica* belief sich der Kredit von Schiff auf 200 Millionen Dollar. Die jüdischen Bankiers wollten Russland nicht nur durch den Krieg schwächen, sondern es auch wirtschaftlich ersticken. Gleichzeitig führten sie durch ihre Kontrolle über die internationale Presse eine unerbittliche Kampagne, in der sie den Zaren für alle Probleme des russischen Volkes verantwortlich machten. 1905 wurde Jacob Schiff vom Mikado (Kaiser von Japan) in Anerkennung seiner entscheidenden Rolle bei der Finanzierung des Krieges gegen Russland, der im Februar 1904 begann und am 5. September 1905 mit dem Vertrag von Portsmouth endete, mit einer Medaille, dem Zweiten Orden des Schatzamtes von Japan, ausgezeichnet. Bei der Unterzeichnung des Vertrags war unter anderem Jacob Schiff anwesend, der dem Grafen Witte, dessen Frau die Jüdin Matilda Chotimskaja war, eine Reihe von Forderungen in Bezug auf die russischen Juden überreichte.

Der Krieg war in der Nacht des 8. Februar 1904 ausgebrochen, als die Japaner überraschend und ohne Kriegserklärung die in Port Arthur ankernden russischen Schiffe torpedierten. Der Fall dieses Hafens in die Hände der Japaner am 2. Januar 1905 war das Signal für den Beginn der Provokationen der Revolutionäre, die den Befehlen von Trotzki und Parvus folgten. Im Laufe des Jahres 1905, als das Land in einen aufgezwungenen Krieg verwickelt wird, werden in Russland vierzehntausend Streiks von jüdischen Agitatoren organisiert, die die Niederlage ausnutzen wollen. Die erste Aktion, die von Parvus und einem anderen jüdischen Genossen, Pjotr (Pinhas) Rutenberg, organisiert wurde, fand am 22. Januar („Blutsonntag") statt. Igor Bunich in *Zoloto Partii* (*Das Gold der Partei*) (1992), eine von J. Lina eifrig zitierte Quelle, enthüllt, dass diese beiden Freimaurer, als sich eine von Papst Gapon angeführte Demonstration in Richtung Winterpalast bewegte und bessere Löhne forderte, mehreren Terroristen befahlen, von Bäumen aus auf die Wachen zu schießen, um sie zu provozieren. Georgi Gapon war in Wirklichkeit ein Agent der Ojrana (zaristische Polizei) und wurde schließlich von Pinhas Rutenberg[44] getötet. Nach dem Zerfall der UdSSR wurden Arbeiten von Forschern veröffentlicht, die Zugang zu geheimen Dokumenten der Kommunistischen Partei hatten, und die Wahrheit über die Geschehnisse kam ans Licht. Die Propaganda der Revolutionären Sozialisten gab die Zahl der Opfer des „Blutsonntags" mit Tausenden an, doch in Wirklichkeit waren es etwa einhundertfünfzig Tote und zweihundert Verwundete. Bestürzt über die Nachricht gewährte der Zar eine Beihilfe für das Kollektiv der Familien mit Toten und Verwundeten und empfing eine revolutionäre Delegation in brüderlicher Gesinnung.

Diese provozierte Episode war der Beginn von Aktionen, die auf den Sturz des zaristischen Regimes abzielten. Am 17. Februar verübten zwei jüdische Terroristen, Iwan Kaljaljow und Roza Brilliant, die Geliebte Sawinkows, ein Attentat auf den Gouverneur von Moskau, Großfürst Sergej Romanow, den Onkel von Zar Nikolaus II. Einige Tage nach dem Attentat besuchte die Witwe des Großfürsten, Großherzogin Elisabeth Fjodorowna, Kalijew im Gefängnis: Sie versuchte, ihn zur Reue zu bewegen, um seine Seele zu retten, doch der Terrorist weigerte sich. In der Zwischenzeit begannen die Sozialdemokraten, ihre Strategien zu entwickeln, um die wachsende Unzufriedenheit auszunutzen. Mitten im Krieg bereiteten Bolschewiki und Menschewiki gleichzeitige Aufstände auf allen Schiffen der Schwarzmeerflotte

---

[44] Die undurchsichtige Beziehung des Papstes Gapon zu Pjotr (Pinhas) Rutenberg wird in einigen Zeilen eines Wikipedia-Artikels erläutert, wonach Rutenberg an der Demonstration teilnahm und Gapon das Leben rettete. Die beiden flohen gemeinsam aus Russland und marschierten nach Paris, wo sie russische Emigranten trafen, darunter Plechanow, Lenin und Kropotkin. Noch vor Ende 1905 kehrten sie nach Russland zurück, wo Gapon zugab, dass er Kontakte zur Polizei unterhielt, und sich daran machte, Rutenberg mit der Begründung anzuwerben, dass die doppelte Loyalität auch der Sache der Arbeiter diene. Rutenberg informierte Jewno Asef und Boris Sawinkow, die Führer der Sozialdemokraten, die die Hinrichtung des Papstes forderten. Am 26. März 1906 wurde Gapon erhängt in einem Haus in der Nähe von St. Petersburg aufgefunden, wo er sich mit drei revolutionären Sozialisten und Rutenberg selbst getroffen hatte. Die Partei der Sozialistischen Revolutionäre leugnete die Verantwortung für den Mord und behauptete, Rutenberg selbst habe Gapon aus persönlichen Gründen getötet.

vor, die im Juli 1905, während der Manöver der russischen Flotte, stattfinden sollten. Der verfrühte Aufstand der Besatzung des Panzerkreuzers Potemkin am 14. Juni führte zur Aufdeckung des verräterischen Plans, der letztlich scheiterte.[45]

Als Nikolaus II. am 6. August 1905 unter dem Einfluss des Grafen Witte und anderer liberaler Kreise ein Manifest zur Einberufung der Duma veröffentlichte, kündigten die Bolschewiki an, dass sie diese boykottieren würden. Die Menschewiki beschlossen jedoch, an der Duma teilzunehmen, mit der Absicht, sie zu einer revolutionären Kammer zu machen. Die Sozialdemokraten *der Iskra* organisierten am 19. September 1905 den Streik der Moskauer Drucker, der sofort einen deutlich revolutionären Charakter annahm. Am 7. Oktober brach der Eisenbahnstreik aus, der das Signal für den Beginn eines Generalstreiks in ganz Russland war. Auf den Straßen wird mit roten Fahnen und Transparenten für die Republik demonstriert. Am 13. Oktober tritt in St. Petersburg der erste „Arbeiterdelegierten-Sowjet" nach dem von der *Iskra* in ihrer 101sten Ausgabe beschriebenen Modell zusammen. Sein erster Vorsitzender ist der Jude Peter Chrustaljew, der sich als Georgi Nosar ausgibt. Seine engsten Mitarbeiter waren Parvus und Trotzki (Bronstein). Nachdem Nosar im November verhaftet worden war, wurde er rasch durch Trotzki ersetzt, der damals Menschewik war. Dieser Sowjet trat wie ein Parlament zusammen und wählte ein Exekutivkomitee, das die *Izvestia* (Nachrichten) *des Sowjets der Arbeiterdeputierten* herausgab. Juri Lina nennt die Namen einiger Delegierter des Sowjets: Grever, Edilken, Goldberg, Simanowski, Feif, Matzelew und Bruser, die vorgaben, die russische Arbeiterklasse zu vertreten, in Wirklichkeit aber, so der estnische Autor, weder Bauern noch Arbeiter waren, sondern jüdische Verschwörer und Freimaurer.

Am 17. Oktober, dem Tag, an dem das kaiserliche Dekret erschien, das Russland zu einer konstitutionellen Monarchie machen sollte, gründeten die liberalen Freimaurer Alexander Guchkow, Michail Rodzyanko und andere Brüder die Oktubistenpartei, die die monarchische Ordnung unter einer demokratischen Verfassung aufrechterhalten sollte. In der Zwischenzeit kamen Lenin, der in Genf lebte, Vera Zasulich und andere Revolutionäre nach Russland. Dieser St. Petersburger Sowjet bereitete den Aufstand offen vor: durch Veröffentlichungen, Tausende von Proklamationen und die Lieferung von Waffen an die Arbeiter. Die drei jüdischen Agenten, die den Aufstand anführten,

---

[45] Nicht alle Russen akzeptierten resigniert den Verrat und die terroristischen Aktivitäten der Juden, von denen viele von verschiedenen zionistischen und sozialistischen Organisationen und Parteien wie der Zionistischen Sozialistischen Arbeiterpartei, der Kahal (jüdische Gemeindeverwaltung), dem Bund und Poalei Zion inszeniert wurden, wobei die letztgenannte Partei Tausende von Terroristen für den Kampf zum Sturz des Zaren bereitstellte. Zwischen dem 18. und 20. Oktober kam es in Russland zu gewalttätigen Pogromen, deren Schlachtruf „Lasst uns die Juden ausrotten" lautete. Zahlreiche jüdische Geschäfte, in denen überhöhte Preise verlangt wurden, wurden überfallen und in Brand gesteckt, wobei fast 800 Menschen getötet wurden. Einem deutlich übertriebenen offiziellen Bericht der sowjetischen Zionisten zufolge wurden zwischen 1905 und 1907 viertausend Juden bei den antijüdischen Pogromen getötet.

waren Leon Deutsch, Alexander Parvus und Leon Trotzki. Am 2. Dezember riefen sie das Volk dazu auf, keine Steuern zu zahlen, ihre Einlagen von den Sparkassen abzuziehen und sich für den endgültigen Angriff auf die Errichtung einer sozialen und demokratischen Republik zu bewaffnen. Die Regierung ordnete daraufhin die Verhaftung von 49 Mitgliedern des St. Petersburger Sowjets an, darunter Parvus und Trotzki. Beide wurden zur Verbannung nach Sibirien verurteilt. Ersterem gelang die Flucht, bevor er sein Ziel erreichte, und Trotzki gelang dies im Februar 1907.

Zur gleichen Zeit wurde in Moskau ein weiterer Sowjet von Arbeiterdelegierten gebildet, der, nachdem er von den Ereignissen in St. Petersburg erfahren hatte, beschloss, zum bewaffneten Aufstand überzugehen. Gewehre, Revolver und Bomben wurden an die Arbeiter in zahlreichen Bezirken der Stadt verteilt, und am 8. Dezember begann der Aufstand. Nach traditionellem Muster wurden Barrikaden errichtet und es wurde versucht, strategische Orte zu besetzen: Bahnhöfe, Telegrafen und andere sensible Gebäude. Angesichts der Entwicklung der Ereignisse befahl die Regierung den Truppen ein energisches Vorgehen, und die Revolution wurde innerhalb weniger Tage niedergeschlagen. Die Niederlage der Moskauer Aufständischen entschied über das Schicksal des Staatsstreichs von 1905. Als Rosa Luxemburg Ende Dezember in Russland eintraf, um an den Ereignissen teilzunehmen, war der Aufstand bereits beendet. Die Sozialdemokratische Partei wird diese Lektion nicht vergessen. Zahlreiche bolschewistische und menschewistische Führer, die davon überzeugt waren, dass die gewählte Methode die richtige war, flohen ins Ausland und widmeten ihre besondere Aufmerksamkeit der Bildung von Zellen zur Vorbereitung des nächsten Versuchs. Lenin selbst erklärte in einer nach dem bolschewistischen Sieg veröffentlichten Schrift, dass ohne den Aufstand von 1905 der Triumph von 1917 nicht möglich gewesen wäre.

1906 hielten die russischen Sozialdemokraten einen Kongress in Stockholm ab, auf dem sie ihre Aufmerksamkeit auf die Entwicklung einer Propaganda für die Bauern richteten, die davon überzeugt werden sollten, dass sich ihre Lebensbedingungen durch die Konfiszierung von Land sofort verbessern würden. Durch dieses Interesse an der Agrarfrage näherten sich die Sozialdemokraten der Sozialistischen Revolutionspartei an, deren Doktrin sich derjenigen der alten „Narodniks" von Alexander Herzen annäherte. Auf Betreiben Lenins entstehen in Russland zahlreiche terroristische Organisationen, deren Mörder keinen Unterschied zwischen den Opfern machen, da sie sowohl hochrangige Beamte als auch die einfachsten Vertreter der Verwaltung ermorden können. Arsene de Goulévitch gibt eine Übersicht über die Zahl der Opfer in Russland vom Beginn des Aufstandes 1905 bis 1908. Ihm zufolge verloren bis Anfang 1906 12.000 Menschen ihr Leben durch die Kugeln und Bomben der Revolutionäre. Die in den folgenden drei Jahren im Kaiserreich verübten Terrorakte ergeben diese Zahlen: 4.742 Anschläge im Jahr 1906 forderten das Leben von 738 Beamten und 640 Privatpersonen. Darüber hinaus wurden 948 Beamte und 777 Privatpersonen verwundet. Im Laufe des Jahres 1907 gab es 12.102 Anschläge, bei denen 1.231 Beamte getötet und 1.284 verletzt wurden. Die Zahl der von Terroristen getöteten und verletzten

Privatpersonen belief sich auf 1.768 und 1.768 auf 1.734 Verletzte. Die Zahl der im Jahr 1908 verübten Anschläge betrug 9.424. Weitere 1.349 Privatpersonen wurden getötet und 1.348 verletzt. Erst ab 1909 ging die Zahl der terroristischen Anschläge infolge des harten Durchgreifens von Stolypin zurück.

Neben der Finanzierung durch den Bankier Jacob Schiff fanden die Bolschewiki zwischen 1905 und 1910 auch andere Mittel zur Geldbeschaffung, darunter organisierte Gruppen von Banditen. Ein ehemaliger russischer Sozialdemokrat, M. G. Alexinskij, der Mitglied der bolschewistischen Fraktion war, erklärt, dass diese Fraktion von einem Zentralkomitee geleitet wurde, in dem es ein weiteres kleines Komitee gab, dessen Existenz nicht nur der zaristischen Polizei, sondern auch den Parteimitgliedern selbst unbekannt war. Diesem geheimen Komitee gehörten Lenin, der Jude Leonid Krasin (Goldgelb), ein Börsenmakler, der unter dem Namen „Genosse Nikitich" arbeitete, und eine dritte Person an, die sich vor allem mit dem Finanzwesen befasste und von Alexinsky nicht genannt wird, die er „X" nennt. In *Wall Street and the Bolshevik Revolution* stellt Anthony Sutton eine Verbindung zwischen Krasin und dem jüdischen Bankier Olof Aschberg her, mit dem er in Verbindung stand, und bestätigt, dass er seine bolschewistische Mitgliedschaft bis zur Oktoberrevolution geheim hielt. Laut Sutton gab sich Genosse Nikitich als Direktor von Siemens-Schukert in St. Petersburg aus, bis er 1917 als bolschewistischer Führer auftrat.

Diese „kleine Dreifaltigkeit" organisierte bewaffnete Raubüberfälle. Am 27. Oktober 1905 hielten vier Juden im Zentrum von St. Petersburg, am Eingang der Kasaner Kathedrale, einen Wagen des Schatzamtes an und stahlen 270.000 Dollar. Sie wurden verhaftet, konnten aber die Kasse einer Frau übergeben, die sofort spurlos verschwand. Am 8. November raubte eine andere Gruppe jüdischer Revolutionäre einen Wagen des Finanzministeriums in der Nähe von Ragow in Polen aus und verschwand mit 850.000 Dollar. Neben dem Ausräumen von Post- und Bahnhofskassen betrafen die berüchtigtsten Raubüberfälle Filialen von Banken, die nicht von ihren jüdischen Freunden an der Wall Street kontrolliert wurden. Die berühmtesten waren der Überfall auf die Staatsbank in Helsinki im Jahr 1906 und der auf die Filiale der Staatsbank in Tiflis im Jahr 1907, wo 340.000 Rubel gestohlen wurden. Die Protagonisten waren Maksim Litvinov, ein weiterer Jude, der in den 1930er Jahren Außenminister der UdSSR werden sollte, und Stalin selbst, der den Raub plante. Bei der Explosion der Dynamitbombe, die für den Raubüberfall verwendet wurde, kamen etwa 30 Menschen ums Leben. Die improvisierten Sprengsätze, die bei den Raubüberfällen verwendet wurden, wurden in einem von Leonid Krasin, einem versierten Ingenieur, entworfenen Labor hergestellt. Als Krasin 1920 als Handelskommissar nach London reiste, weigerte sich Lord Curzon, Staatssekretär im Außenministerium, ihn zu empfangen und ihm die Hand zu geben. Er willigte erst nach einer Schelte von Lloyd George ein, der ihn mit den Worten „Curzon! Curzon! Seien Sie ein Gentleman!

In *The World at the Cross Roads* gibt Boris Brasol einen Geheimbericht wieder, den der russische Außenminister Graf Lamsdorf am 3. Januar 1906 Kaiser Nikolaus II. vorlegte. Dieser Bericht, dessen vollständiger Wortlaut auch vom *American Hebrew and Jewish Messenger* in seiner Ausgabe vom 13. Juli 1918 veröffentlicht wurde, zeigt, dass der russische Geheimdienst fast sofort wusste, dass die Revolution von 1905 im Ausland inszeniert worden war. Da die in dem Dokument enthaltenen Informationen von Bedeutung sind, folgt ein längeres Zitat:

„Die Ereignisse, die sich im Laufe des Jahres 1905 in Russland abgespielt haben und die Anfang Oktober letzten Jahres ihren Höhepunkt erreichten,... haben eindeutig internationalen Charakter. Die entscheidenden Anhaltspunkte, die diese Schlussfolgerung rechtfertigen, ergeben sich aus dem Umstand, dass die Revolutionäre im Besitz großer Mengen von Waffen sind, die aus dem Ausland eingeführt werden, und über sehr beträchtliche finanzielle Mittel verfügen, denn es besteht kein Zweifel, dass die Führer der Revolution für die Bewegung gegen unsere Regierung, die die Organisation von Streiks aller Art einschließt, bereits große Geldsummen ausgegeben haben. Es muss jedoch anerkannt werden, dass diese Unterstützung der revolutionären Bewegung durch die Lieferung von Waffen und Geld aus dem Ausland kaum den ausländischen Regierungen zugeschrieben werden kann, und es muss gefolgert werden, dass es internationale kapitalistische Organisationen sind, die an der Unterstützung unserer revolutionären Bewegung interessiert sind. Man muss sich vor Augen halten, dass die russische revolutionäre Bewegung den offensichtlichen Charakter einer Bewegung der heterogenen Nationalitäten Russlands hat, die sich einer nach dem anderen, Armenier und Georgier, Letten und Esten, Finnen, Polen und andere, gegen die imperiale Regierung erheben..... Nimmt man noch hinzu, dass, wie zweifelsfrei bewiesen ist, ein ganz erheblicher Teil dieser Bewegungen von Juden getragen wird, die einzeln, als Rädelsführer in verschiedenen Organisationen und in ihrem eigenen jüdischen Bund in den westlichen Provinzen immer als das kämpferischste Element der Revolution aufgetreten sind, so kann man mit Recht behaupten, dass die oben erwähnte ausländische Unterstützung für die russische revolutionäre Bewegung aus jüdisch-kapitalistischen Kreisen stammt. In diesem Zusammenhang dürfen die folgenden faktischen Zufälle nicht außer Acht gelassen werden, die zu weiteren Schlussfolgerungen führen, nämlich dass die revolutionäre Bewegung nicht nur unterstützt, sondern auch zu einem großen Teil vom Ausland aus gelenkt wird. Zum einen brach der Streik mit besonderer Heftigkeit aus und breitete sich in ganz Russland aus, und zwar nicht vor und nicht nach dem Oktober, d.h. genau zu dem Zeitpunkt, als unsere Regierung versuchte, einen wichtigen ausländischen Kredit ohne Beteiligung der Rothschilds zu erhalten, und gerade noch rechtzeitig, um die Verwirklichung dieser Finanzoperation zu verhindern. Die Panik, die unter den Käufern und Besitzern russischer Anleihen ausgelöst wurde, brachte den jüdischen Bankiers und Kapitalisten, die offen und in weiser Voraussicht auf den Fall der russischen Anleihen spekulierten, zusätzliche Vorteile..... Darüber hinaus bestätigen einige sehr signifikante Fakten, die sogar in der Presse erwähnt werden, die offensichtliche Verbindung der russischen revolutionären Bewegung mit ausländischen jüdischen Organisationen. So kann zum Beispiel die oben erwähnte Einfuhr von Waffen, die nach Angaben unserer Agenten von Europa aus über England erfolgte, richtig eingeschätzt werden, wenn man bedenkt, dass bereits im Juni 1905 in England ein spezielles anglo-jüdisches Komitee von Kapitalisten offen gegründet wurde, um Geld für die Bewaffnung gewalttätiger Gruppen russischer Juden zu sammeln, und dass der berühmte antirussische jüdische Publizist Lucien Wolf der Vorsitzende dieses Komitees war.

Andererseits wurde in England ein weiteres Komitee jüdischer Kapitalisten unter der Leitung von Lord Rothschild gebildet, das in England, Frankreich und Deutschland beträchtliche Spenden für den angeblichen Zweck sammelte, den unter Pogromen leidenden russischen Juden zu helfen. Und schließlich sammelten die Juden in Amerika Geld, um den Opfern von Pogromen zu helfen und die jüdische Jugend zu bewaffnen."

Nach Angaben des London *Jewish Chronicle* belief sich der Beitrag des internationalen Judentums zur russischen revolutionären Bewegung im Jahr 1905 auf 874.341 £. Amerikas eigener Botschafter in Russland während des Russisch-Japanischen Krieges, George von Lengerke Meyer, berichtete in einem Brief vom 30. Dezember 1905 an seinen Außenminister Elihu Root, dass „die Juden zweifellos den Verstand und die Energie der Revolution in ganz Russland gespeist haben". Verschiedene jüdische Quellen behaupteten stolz, die Revolution sei ihr Werk gewesen. *The Maccabean* of London beispielsweise veröffentlichte im November 1905 einen Artikel mit dem Titel *A Jewish Revolution*, in dem verkündet wurde, dass die Juden die eigentlichen Revolutionäre im Reich seien. In einem weiteren Artikel des Journalisten und Schriftstellers William Eleroy Curtis, der am 14. Dezember 1906 in der *National Geographic Society* veröffentlicht wurde, wurde nicht nur der „Bund" als erste revolutionäre Organisation bezeichnet, sondern auch die fortlaufenden Morde durch jüdische Terroristen angeprangert: „Wo immer eine grausame Tat begangen wird, wird sie immer von einem Juden ausgeführt, und es gibt kaum ein Individuum dieser Ethnie, das dem Reich gegenüber loyal ist.... Wo immer Sie von einem Mord oder einer Bombenexplosion lesen, werden Sie in den Zeitungsberichten lesen, dass der Täter ein Jude war." In diesem Artikel mit dem Titel „Die Rache der Juden" enthüllt Eleroy Curtis die Namen verschiedener Personen dieser Ethnie, die an der Spitze der revolutionären Aktivitäten stehen. So organisierte beispielsweise ein Jude namens Krustaleff einen Streik der Gefängnisbeamten vom Gefängnis aus, wo er nur drei Wochen verbrachte. Ein anderer Jude namens Maxim war der Organisator der Revolution in den baltischen Provinzen. Ein polnischer Jude namens Gerschunin wird als geschickter Terroristenführer identifiziert, der 1902 hinter der Ermordung von Innenminister Dmitri Spjagin stand. Gerschunin, der 1904 zum Tode verurteilt wurde, wurde vom Zaren begnadigt und seine Strafe in lebenslange Haft in Silberminen an der mongolischen Grenze umgewandelt. Der Terrorist entkam und hielt sich 1906 in San Francisco auf. Gerschunins rechte Hand, Jewno Azef, der Sohn eines jüdischen Schneiders, war an zahlreichen Attentaten beteiligt, unter anderem an dem auf Innenminister Wjatscheslaw Plevhe, der am 28. Juni 1904 ermordet wurde.

Die Revolution von 1905 führte zu einer Wiederbelebung der Freimaurerei in Russland, deren Folgen innerhalb weniger Jahre von entscheidender Bedeutung waren. Am 17. Oktober 1905 verkündete Zar Nikolaus II. eine Reihe von verfassungsmäßigen Freiheiten, die es den „guten Freimaurern" ermöglichen sollten, nach und nach auf der Bildfläche zu erscheinen. Bis 1906 gab es in Russland keine Freimaurerlogen, wohl aber in Polen und Litauen. Im Dezember 1906 eröffnete M. M. Kovalevsky die

Nordsternloge in St. Petersburg. An der Eröffnungsfeier nahm W. Maklakow teil, ein Vertreter der Konstitutionellen Demokratischen Partei, einer liberal ausgerichteten Organisation, deren Mitglieder „Kadetten" (Abkürzung des Namens der K-D-Partei auf Russisch) genannt wurden und die links von den Oktubristen stand. Der *Nordstern*, der der Jurisdiktion des Grand Orient de France unterstellt war, war die erste ständige Freimaurerloge in Russland und die erste Loge der Kadetten. Die Geschichte der russischen Freimaurerei im 20. Jahrhundert hatte in Paris Ende des 19. Jahrhunderts begonnen, als mehrere Logen des Schottischen Ritus russische Emigranten aufnahmen. Der bereits erwähnte Maksim Kovalevsky, der Mitglied der Pariser Loge *Les Vrais Amis Fideles* war und 1887 in Paris die Loge *Cosmos* Nr. 288 gründete, gilt als Gründungsvater der russischen Freimaurerei. Am 14. November 1901 eröffnete Kovalevsky in der französischen Hauptstadt die „Ecole de Hautes Etudes", die unter der Schirmherrschaft und Anleitung der Loge *Cosmos* zwischen 1901 und 1906 zu einem Zentrum für die Aufnahme und Betreuung russischer Emigranten wurde. In diesen Jahren wurde die Loge *Mount Sinai* Nr. 6 gegründet, die sich ebenfalls aus Russen zusammensetzte und den schottischen Ritus praktizierte.

Von 1907 bis 1909 standen die Freimaurerlogen in Russland unter französischer Gerichtsbarkeit, aber 1910 wurden sie unabhängig und unterstanden nicht mehr dem Großorient von Frankreich. Die Aufzeichnung von Verhandlungen oder Sitzungen war verboten und Befehle wurden mündlich erteilt. Alle Logen standen unter der strengen Aufsicht des 1913 gegründeten Obersten Rates der Völker Russlands. Es wurde bereits erwähnt, dass dieser Oberste Rat Nekrassow, Kerenski und Tereschtschenko als Sekretäre hatte. Letzterer, den die Rothschilds in London für einen „Judenfreund" hielten, sollte 1917 der zukünftige Finanzminister der Provisorischen Regierung werden. 1915 betrug die Zahl der Logen, die dem Obersten Rat Russlands unterstanden, etwa fünfzig. Die Loge *North Star* hielt jedoch an ihrem Loyalitätseid gegenüber dem Grand Orient de France und seinem Obersten Rat fest. Inspiriert von ihren französischen Brüdern bemühten sich die russischen Freimaurer, in den höheren Rängen des Staates Fuß zu fassen, insbesondere in diplomatischen und militärischen Kreisen. Schon bald erlangten sie eine bedeutende Präsenz im Staatsrat und über die Oktubristen und Kadetten auch in der Duma (Parlament). Ihr Hauptziel war eindeutig die Umwandlung der monarchischen Regierung in eine liberale Republik. Zur Zeit der Februarrevolution 1917 war ganz Russland mit einem Netz von Freimaurerlogen überzogen. Kropotkin, der Vater der russischen anarchistischen Bewegung, erklärte, dass die revolutionäre Bewegung ihre Beziehung zur Freimaurerei als gut und nützlich ansah, was nichts Neues ist: Hess, Marx, Lenin, Trotzki und viele andere jüdische Führer waren Freimaurer. Adolphe Crémieux hatte bereits in den *israelitischen Archiven* verkündet, dass „gute Freimaurer, mit verbundenen Augen, den Juden im Großen Werk helfen".

Stolypin und die Bodenreform

Pjotr Stolypin war ein herausragender Staatsmann, genau die Art von Staatsmann, die Russland brauchte, um die internationale Verschwörung zu entschärfen, die seine Feinde jahrzehntelang ausgeheckt hatten. Absolut überzeugt von den Ergebnissen seiner Politik sagte er 1908 zu einem französischen Journalisten: „Geben Sie mir zehn Jahre Frieden und schöpferische Arbeit und Sie werden unser Land nicht wiedererkennen". Leider hatte er nur halb so viel Zeit, wie er wollte, um eine Agrarreform durchzuführen, die den jüdisch-bolschewistischen Agenten, die unermüdlich daran arbeiteten, eine Revolution zu provozieren, keine Argumente geliefert hätte. Im September 1911 ermordete ein jüdischer Terrorist namens Dimitri (Mordechai) Bogrow den Ministerpräsidenten Stolypin in Kiew.

Nach der Emanzipation der Leibeigenen durch Alexander II. wurde zunächst ein neues System eingeführt, das als Kommune (auf Russisch „mir") bezeichnet wurde. Diese Gemeinden waren bäuerliche Gemeinschaften, deren Land gemeinschaftlich besessen und bewirtschaftet wurde. Jede Bauernfamilie erhielt ein Stück Land, das sie entsprechend ihrer Größe bewirtschaften konnte. Die Familien zahlten einen Anteil an den „mir" und behielten den Rest als Gewinn. Die Angelegenheiten der Gemeinde wurden von den Bauern selbst verwaltet, die von einem von den Familienoberhäuptern gewählten Bürgermeister kontrolliert wurden. Der „mir" war gegenüber der Regierung für die Zahlung der Steuern verantwortlich. Im Prinzip hatten sie es also nicht gewagt, das System der Leibeigenschaft durch das des individuellen Eigentums zu ersetzen. Ohne dies zu beabsichtigen, wurde der Grundstein für den künftigen Kommunismus gelegt, denn es war nicht vorgesehen, dass intelligente und unternehmungslustige Bauern in der Lage sein würden, einen unternehmerischen Instinkt zu entwickeln. Wie vorauszusehen war, nutzten die Revolutionäre die durch den Russisch-Japanischen Krieg ausgelösten Unruhen, um revolutionäre Zellen in die Gemeinden einzuschleusen. Die russischen Niederlagen in den japanischen Gewässern waren das Signal für die Aufstände im ganzen Land. Wie schon 1789 ist es den Bauern vorbehalten, die Herrschaftsgebiete in Brand zu setzen. Die Wolgaprovinzen werden dem Erdboden gleichgemacht und das russische Land gerät in Aufruhr.

Im Jahr 1902 wurde Stolypin zum Gouverneur der weißrussischen Provinz Grodno ernannt, wo er ein Programm wirtschaftlicher und sozialer Reformen einleitete. Im Februar 1903 betraute ihn der Zar mit der Regierung der Provinz Saratow, wo er mit Bauernaufständen konfrontiert wurde, die die Ländereien der Grundbesitzer in Brand setzten. Alexandra Stolypin, die Tochter des verstorbenen Staatsmannes, erzählt in *L'homme du dernier tsar. Stolypin* erzählt, wie ihr Vater, sobald die Ordnung wiederhergestellt war, durch die noch schwelenden Gebiete reisen wollte, um zu versuchen, die Lage zu beruhigen und die Forderungen der Bauern persönlich zu erfüllen. Immer wieder begegnete er Menschen guten Willens, Bauern, die ihm gegenüber den Wunsch äußerten, „das blaue Papier mit dem kaiserlichen Wappen" zu erhalten, d.h. eine Eigentumsurkunde, die ihnen ein kleines Stück Land für sich und ihre Familien gewährte, ein Stück Land, das sie mit ganzer Seele lieben und bebauen konnten. Stolypin verstand, dass der Mehrheitsklasse der russischen Bauern ein neuer Horizont aufgezeigt werden musste.

Stolypin, auf den elf Mal ein Anschlag verübt wurde, erhielt eines Tages in seinem Haus in Saratow einen grausamen Brief des Revolutionskomitees, in dem sein jüngster Sohn, damals noch ein Baby, zum Tode durch Vergiftung verurteilt wurde. Das Ereignis versetzte die ganze Familie in Angst und Schrecken und erzwang strenge Lebensmittelkontrollen. 1905 wurde Stolypin Innenminister und ging hart gegen die Terroristen vor, die das Land plagten. Es wurde bereits erwähnt, dass in den drei Revolutionsjahren fast 12.000 Menschen getötet wurden. Zu diesen Maßnahmen gehörte auch die Verhängung des Kriegsrechts über diejenigen, die einen Mord begangen hatten. Etwa sechshundert Terroristen wurden zum Tode verurteilt und 1906 hingerichtet. Weitere 2 300 Terroristen wurden zwischen 1907 und 2008 vor Gericht gestellt und zum Tode verurteilt. Etwa 35 000 Revolutionäre verließen daraufhin das Land, und die Situation war mehr oder weniger unter Kontrolle, so dass sich Russland schließlich erholen konnte. Seit 1906 hatte Nikolaus II. sein ganzes Vertrauen in Stolypin gesetzt und ihn zum Premierminister ernannt. Nach seiner Ernennung wurde sein Haus in St. Petersburg Ziel eines schrecklichen Bombenanschlags, bei dem dreiunddreißig Menschen getötet und zweiunddreißig weitere verletzt wurden. Zwei als Polizisten verkleidete Terroristen zündeten eine Bombe in dem Raum, in dem die Gäste auf ihren Empfang warteten. Unter den Verletzten befanden sich sein dreijähriger Sohn Arkadi, der am Kopf verwundet wurde, und Natalia, die älteste Tochter im Alter von vierzehn Jahren, die für immer zum Krüppel wurde.

Bei der Betrachtung der Daten historischer Ereignisse ist zu berücksichtigen, dass im zaristischen Russland bis 1918 der julianische Kalender galt, der dreizehn Tage hinter dem gregorianischen Kalender zurücklag. Eine der ersten Maßnahmen im Zusammenhang mit der Bodenreform, die von der Regierung in einem Erlass („ukase") vom 3./16. November 1905 beschlossen wurde, war die Abschaffung der Zahlungsrückstände, die den Bauern für den Erwerb von Land, das sie 1861 erhalten hatten, zustanden, was eine Verringerung der Staatskasse um etwa 80 Millionen Rubel bedeutete. Diese Ländereien waren somit von allen Schulden befreit, und dem Auszug der Bauern aus der Gemeinde stand nichts mehr im Wege. Das Agrarreformdekret Stolypins vom 9./22. November 1906 gab jedem Familienoberhaupt, das Mitglied einer Gemeinde war, das Recht, das von ihm bearbeitete Land in Privateigentum zu nehmen. Außerdem erhielt er das Recht, von der Gemeinde zu verlangen, dass diese Ländereien, bei denen es sich oft um kleine Parzellen in verschiedenen Lagen handelte, gegen eine einzige gleichwertige Parzelle getauscht werden. Auf diese Weise sollte die schrittweise Abschaffung des „mir" oder der Kommune erreicht werden. Dieser historische Erlass wurde am 14. und 27. Juni 1910 von der Duma als Gesetz verabschiedet.

Damit der Leser versteht, warum es fast vier Jahre dauerte, bis das Dekret zum Gesetz wurde, wollen wir kurz den Ablauf des parlamentarischen Verfahrens darstellen. Nach dem kaiserlichen Dekret, das Russland im Oktober

1905 zu einer konstitutionellen Monarchie machte, verkündete der Zar 1906 die russische Verfassung. Die Duma war das Unterhaus des Parlaments und der Staatsrat das Oberhaus. Die Verfassung gab dem Zaren die Befugnis, die Duma aufzulösen und Neuwahlen auszurufen. Bei den Wahlen zur ersten Duma erhielt die Konstitutionelle Demokratische Partei (Kadetten) mit 179 Sitzen die meisten Stimmen. Acht Parteien waren vertreten, darunter die menschewistischen Sozialdemokraten, die nur 18 Abgeordnete erhielten. Von Anfang an waren die Spannungen zwischen der Regierung und dem Parlament offensichtlich, da die meisten Sitze von Personen besetzt waren, die das Regime unterwandert hatten und das Parlament als Mittel zur Fortsetzung des Aufstandes betrachteten. Ihr Hauptinteresse bestand nicht darin, Gesetze zu erlassen oder einen Haushalt zu verabschieden, der es dem Land ermöglichen würde, sich vom Krieg zu erholen, sondern darin, ständig Fragen zu stellen. Angesichts der Absichten der Parteien und der Ohnmacht seiner Kollaborateure löste Nikolaus II. das Parlament im Juni 1906, zehn Wochen nach seiner Konstituierung, auf. Die meisten Abgeordneten kamen in Wyborg (Finnland) zusammen und gaben eine Erklärung ab, in der sie das Land aufforderten, keine Steuern zu zahlen, den Militärdienst zu verweigern und den Behörden nicht zu gehorchen. In diesem Zusammenhang schenkte der Zar Stolypin, der daraufhin Ministerpräsident wurde, sein Vertrauen. Stolypin rief nicht nur Neuwahlen aus, sondern führte auch seine Landreform durch.

Im März 1907 wurde die Zweite Duma gebildet, in der die Revolutionäre ankündigten, dass sie sich nicht an den Debatten beteiligen und die Regierung mit der „Beredsamkeit des Schweigens" bekämpfen würden. Es stellte sich jedoch bald heraus, dass es die Abgeordneten dieser Parteien waren, die das meiste sagten. Als Stolypin dem Plenum das vom Ministerrat ausgearbeitete Reformprogramm vorstellte, kam es zu heftigen Auseinandersetzungen zwischen den Parteien, bei denen Schreie und Drohungen das Parlament überfluteten. In seiner zweiten Rede betonte Stolypin, dass die Regierung eine Grundlage für eine Zusammenarbeit mit dem Parlament finden wolle, und rief alle auf, die Sprache des Hasses und der Wut aufzugeben. Die Regierung", so Stolypin, „muss sich zwischen zwei Möglichkeiten entscheiden: Entweder sie tritt beiseite und überlässt den Weg der Revolution, wobei sie vergisst, dass die Macht die Hüterin der Kultur und der Integrität des russischen Volkes sein muss, oder sie handelt mit Kraft und Weisheit und hält das ihr Anvertraute aufrecht. Wenn die Regierung die zweite Lösung wählt, wird sie sich fatalerweise selbst anklagen. Die Revolution kann nicht unterdrückt werden, ohne manchmal privaten Interessen Schaden zuzufügen". Stolypin warnte, dass seine Regierung mit aller Kraft auf diejenigen reagieren werde, die versuchen, die Tätigkeit der Regierung zu lähmen und sie zu diskreditieren.

Am 10. und 23. Mai 1907 legte Stolypin der Duma seine Agrarreform vor, um das Dekret vom 9. und 22. November 1906 in Kraft zu setzen. Er analysiert das Agrarprogramm der Opposition, das die reine Verstaatlichung des gesamten Bodens und dessen Verteilung an die Bauern vorsieht. Der Premierminister erläuterte die moralischen und wirtschaftlichen Folgen und nannte Zahlen, die den Vorschlag als undurchführbar erscheinen ließen, doch im

Parlament, das sich gegen Stolypins Agrarreform aussprach, fehlte der Wille zur Einsicht. Parallel zu den Debatten entdeckte die Polizei, dass sozialdemokratische (menschewistische) Abgeordnete in der Duma geheime Treffen mit in St. Petersburg stationierten Soldaten abhielten, die mit den Aufständen in Cronstadt und Sveaborg zusammenfielen. Gleichzeitig strömt die Revolution nach Polen und in den Kaukasus zurück. Am 1./14. Juni verkündete der Premierminister auf der Tribüne, dass fünfundfünfzig sozialdemokratische Abgeordnete wegen Verschwörung gegen den Zaren und die Regierung angeklagt seien. Stolypin forderte das Parlament auf, den Angeklagten die parlamentarische Immunität zu entziehen, damit die gerichtlichen Ermittlungen eingeleitet werden könnten, da er sonst nicht für die Sicherheit des Staates einstehen könne. Die Duma lehnte den Antrag ab, und am 3./16. Juni 1907 wurde das Zweite Parlament durch ein kaiserliches Dekret aufgelöst. Unter den im Auflösungsdekret enthaltenen Beschwerden und Vorwürfen war zu lesen: „Die Duma war nicht bereit, die von der Regierung vorgelegten Gesetzentwürfe zu prüfen. Sie hat die Debatten stets verschoben oder abgelehnt. Sie hat sogar Gesetze missbilligt, die das Lob des Verbrechens und der Revolte unter den Truppen bestraften. Die absichtliche Langsamkeit bei der Prüfung des Haushalts hat zu einem Ungleichgewicht in der Staatskasse geführt, deren Aufgabe es ist, auf die Bedürfnisse des Landes zu reagieren. Das Dekret spielte dann auf den Missbrauch des Interpellationsrechts und schließlich auf die Verschwörung innerhalb des Parlaments selbst an.

In der Zwischenzeit entwickelte sich die Bodenreform mit großer Intensität und veränderte die Lebensbedingungen von Millionen russischer Landwirte. Es wurde eine Reihe von Maßnahmen ergriffen, um die Grundbesitzer dazu zu bewegen, ihren Besitz an den Staat zu verkaufen. Eine eigens von der Regierung eingerichtete Agentur, die Agrarbank, kaufte zu niedrigen Preisen das Land auf, das die Grundbesitzer an sie abtreten wollten, und fügte noch Land hinzu, das der Krone gehörte. Die Mitglieder der Gemeinden konnten diese verlassen und ein Stück Land auf Kredit kaufen. Um unternehmungslustigen Landwirten die Gründung eines privaten Landguts zu erleichtern, sah das Gesetz vor, dass sie nur die Beträge an die Bank zahlen mussten, über die sie verfügten, während das Schatzamt die Differenz ausglich. Die Ergebnisse der Bodenreform waren phänomenal und läuteten für Russland eine neue Ära ein. Zu Beginn des Weltenbrandes befand sich Russland inmitten einer agrarischen Transformation: Im Januar 1915 überstieg die Zahl der Haushaltsvorstände, die die „mir" verlassen hatten und zu individuellen Landbesitzern geworden waren, drei Millionen. Ein Jahr später hatten trotz des Krieges mehr als fünfeinhalb Millionen Landwirte die Gemeinden verlassen, von denen sich in einigen Fällen alle Mitglieder dafür entschieden hatten, Grundbesitzer zu werden. Die Landbevölkerung unterstützte Stolypins Reform vorbehaltlos.

Die Neuordnung des Eigentums war ein gigantisches Unterfangen, für das zwölftausend Geometer herangezogen wurden und das den Fiskus mehr als hundert Millionen Rubel kostete. Um die einzelnen Grundstücke zu ordnen, mussten Teilungspläne erstellt und individuelle Bescheinigungen ausgestellt werden. Kurzum, es musste eine Reihe von Maßnahmen durchgeführt werden, die ohne die Initiative und die finanziellen Anstrengungen des Staates unmöglich gewesen wären. Die Reichsregierung erleichterte nicht nur die Umwandlung des kollektiven bäuerlichen Eigentums in Einzeleigentum, sondern gewährte den Bauern auch materielle Hilfen, um den Ertrag ihres Bodens zu steigern. Die Ausgaben der Staatsverwaltung und der lokalen Verwaltungen („zemstvos") für diesen Zweck waren bis 1906 unbedeutend gewesen; 1913 erreichten sie jedoch 25 Millionen Rubel vom Staat, zu denen weitere 12 Millionen Rubel von den zemstvos hinzukamen. Etwa 5.000 staatliche Agronomen waren damit beschäftigt, den Kleinbauern bei der Verbesserung ihrer Anbaumethoden zu helfen. Im Jahr 1900 waren es nur noch einige hundert Agronomen. Die Zahl der Landwirtschaftsschulen stieg von etwa neuntausend im Jahr 1907 auf achtzehntausend im Jahr 1913. Am Vorabend des Krieges besuchten mehr als dreihunderttausend Bauern Kurse in landwirtschaftlicher Praxis.

Im November 1907, nach Neuwahlen, wurde die dritte Duma gebildet. In seiner Rede, in der er sein Regierungsprogramm vorstellte, kündigte Stolypin an, dass die Regierung nach der Niederschlagung der Aufstände die Absicht habe, dem Volk zu dienen und es in die Lage zu versetzen, von den wichtigen Reformen zu profitieren, die für das Volk durchgeführt wurden. Hier ein kurzes Zitat aus seinen Worten: „Dem Volk Initiative und Unabhängigkeit zu geben, es mit lokalen Institutionen auszustatten, ihm einen Teil der Aufgaben und der Verantwortung der Regierung zu übertragen, den Teil, den es auf seinen Schultern tragen kann, um endlich eine mächtige landwirtschaftliche Klasse zu schaffen, die in ständigem Kontakt mit den Behörden des Landes stehen wird: das ist das Ziel unserer Bemühungen". Schließlich billigt dieses dritte Parlament mehrheitlich Stolypins Agrarreform: Am 14. und 27. Juni 1910 wird das Dekret vom 22. November 1906 schließlich zum Gesetz.

Stolypin verfolgte mit seinen Reformen zwei Ziele: zum einen die Steigerung der landwirtschaftlichen Produktion und die Ankurbelung des Wirtschaftslebens im Allgemeinen, zum anderen die Schaffung eines bäuerlichen Kleinbürgertums (Kulaken), das als solide Grundlage für die soziale Strukturierung des Landes dienen sollte. Unser Hauptziel", so sagte er einem französischen Journalisten, „ist die Stärkung des Bauernvolkes. In ihnen liegt die ganze Kraft des Landes. Wenn die Wurzeln des Landes gesund und robust sind, glauben Sie mir, werden die Worte der russischen Regierung eine neue Kraft in Europa und in der Welt haben." Die revolutionären Komitees erkannten in ihren Entschließungen, dass die Fortsetzung der Agrarreform einen schweren Rückschlag für die Revolution bedeutete, die sie noch vorbereiteten, da sie ohne ihre wichtigste Propagandawaffe dastanden, deren Parole lautete: „Nehmt das Land". Lenin und Co. wussten, dass die russischen Bauern zu den schlimmsten Feinden der Sowjets werden konnten, was sie auch tatsächlich taten.

Im Sommer 1910 unternahm Stolypin in Begleitung des Landwirtschaftsministers eine Reise nach Westsibirien und in die Wolgaprovinzen. Die beiden legten Hunderte von Kilometern in Kutschen zurück, um die Möglichkeiten der Kolonisierung des asiatischen Russlands zu untersuchen. In dreihundert Jahren russischer Herrschaft hatte Sibirien kaum viereinhalb Millionen Einwohner erreicht, doch zwischen 1895 und 1910 hatten sich dort mehr als drei Millionen neue Einwanderer niedergelassen, davon eine Million zwischen 1907 und 1909. Nach seiner Rückkehr legte Stolypin einen Bericht vor, in dem er seine Ansichten über die rationelle Ausbeutung Sibiriens darlegte. Seine erste Schlussfolgerung lautete, dass das Land an die Ureinwohner und die Siedler verteilt werden sollte, aber nicht zur Ausbeutung, wie es bis dahin der Fall war, sondern als Eigentum. Seiner Ansicht nach würde nur das Eigentumsrecht der ländlichen Wirtschaft Stabilität verleihen und eine rationelle Verteilung des Bodens ermöglichen. Auch hier wurde dem sozialen Aspekt besondere Aufmerksamkeit gewidmet, und der Premierminister schlug in seinem Bericht die Einrichtung von Landwirtschaftsschulen vor, die die notwendigen Fachleute zur Unterstützung und Anleitung der Siedler ausbilden könnten.

Stolypin war nicht in der Lage, die Ergebnisse seiner Arbeit zu sehen. Sein Tod wurde zu einem vorrangigen Ziel für die Revolutionäre, und es gelang ihnen bald, ein Attentat auf ihn zu verüben. Am 1. und 14. September 1911 hielten sich der Kaiser, der Hof und hohe Würdenträger des Landes in Kiew auf, wo verschiedene Veranstaltungen zur Feier des 50-jährigen Jubiläums der Befreiung der Leibeigenen geplant waren. Jahrestag der Befreiung der Leibeigenen gefeiert werden sollten. Ein Denkmal für den befreienden Zaren Alexander II. wurde enthüllt, und zu den Feierlichkeiten gehörte auch die Aufführung der Oper „*Das Märchen vom Zaren Saltan*" von Rimskij Korsakow, die auf einem gleichnamigen Gedicht von Puschkin basiert. Berichte der Geheimpolizei deuteten auf die Möglichkeit hin, dass sich ein gefährlicher Terrorist aus dem Ausland in der Stadt aufhalten könnte. Die falschen Informationen stammten von einem jungen Polizisten namens Bogrow, der einige Jahre zuvor in den Geheimdienst eingeschleust worden war. Die Polizeichefs maßen den Enthüllungen dieses neuen Agenten unerklärlicherweise große Bedeutung und Glaubwürdigkeit bei und erlaubten ihm, das Theater zu betreten, obwohl sie wussten, dass er einen Revolver bei sich trug.

Alexandra Stolypin, deren Geschichte folgt, erzählt, dass ihr Vater am Morgen gefragt habe, ob der vielbeschworene Terrorist endlich verhaftet worden sei. Zurück im Theater verfolgte der Premierminister die Vorstellung von der ersten Reihe des Parkett aus. Die Oper war in vier Akte unterteilt, so dass zwischen dem zweiten und dritten Akt viele Zuschauer das Theater verließen. Auch die Loge der kaiserlichen Familie war menschenleer. Stolypin lehnte an der Balustrade, die das Orchester vom Saal trennte, und unterhielt sich mit Leuten, die kamen, um ihn zu begrüßen. Niemand beachtete einen jungen Mann, der sich aus dem Gang der Sitzplätze näherte. Der vermeintliche Polizist Dimitri Bogrow, in Wirklichkeit ein jüdischer Terrorist, der dem „Bund" angehörte, gab zwei Schüsse ab, von denen einer den Ministerpräsidenten tödlich in der Brust traf, der, als er sah, dass seine weiße Weste blutverschmiert war, Hut und Handschuhe auf der Brüstung liegen ließ, bevor er in seinem Sessel zusammenbrach. Nikolaus II. stürzte in die Loge, und Stolypin, der vielleicht um sein Leben fürchtete, winkte ihn weg, aber der Zar blieb wie versteinert und stumm. Dann gelang es Stolypin, der mit der linken Hand seine verwundete rechte Hand hielt, sich selbst zu heiligen, und bevor er den Verstand verlor, sagte er mit schwacher, aber fester Stimme zu den Umstehenden: „Der Kaiser soll wissen, dass ich gerne für ihn und für Russland sterbe".

Der Attentäter versuchte, den Raum zu verlassen, um die anfängliche Betäubung auszunutzen, aber ein Beamter konnte ihm den Weg versperren. Sofort stürzten sich mehrere wütende Menschen auf ihn. Aus einer Kiste sprang jemand direkt auf Bogrov zu und stieß ihn zu Boden. Ein kaltblütiger Beamter konnte den Lynchmord verhindern, indem er ihn in einen Raum schob. Der Polizeichef, der zum Zeitpunkt des Angriffs abwesend war, kam mit versteinerter Miene herein und sah den jungen Mann mit blutverschmiertem Gesicht und zerrissener Kleidung an. Als er ihn an den Schultern packte und wütend schüttelte, rief er: „Das ist Bogrow, der uns verraten hat, dieser Schurke!" Während des Prozesses konnte nicht geklärt werden, wer das Verbrechen an dem jüdischen Fanatiker in Auftrag gegeben hatte, aber der Historiker O. Solowjew stellt fest, dass Dmitri (Mordechai) Bogrow ein enger Mitarbeiter Kerenskis war, der nach dem Mord sofort floh. Der Terrorist wurde von einem außerordentlichen Gericht zum Tode verurteilt und wie am Tag des Attentats im Frack gehängt.

Pjotr Stolypin kämpfte vier Tage lang zwischen Leben und Tod. Seiner Tochter zufolge rang er in seinem Delirium noch darum, über Staatsangelegenheiten zu sprechen, während ein Sekretär versuchte, seine letzten verständlichen Worte zu notieren. Er sprach über die Bodenreform und vor allem über die an das Reich angrenzenden Länder, eines der Probleme, die er nach den Kiewer Feierlichkeiten in Angriff nehmen wollte. Am 5./18. September verstarb er. „Ich möchte an dem Ort begraben werden, an dem ich getötet worden bin". Diese Worte in Stolypins Testament, das einige Jahre vor dem Attentat verfasst wurde, zeugen von der Statur, dem Adel und dem Dienstwillen eines Mannes, der in dem tragischen Gefühl des Lebens Ermutigung fand[46]. Wenige Tage vor dem Attentat hatte Stolypin den Zaren bei einem Besuch in Lavra, dem ehrwürdigsten orthodoxen Kloster in Kiew, begleitet. Dort hatte er dem Zaren gegenüber geäußert: „Es muss schön sein, hier den ewigen Schlaf zu schlafen". Auf Beschluss des Zaren wurde Stolypin wenige Tage nach seinem Tod in Lawra beigesetzt. Ein Jahr später wurde in Kiew ein Denkmal für Stolypin enthüllt. Auf der einen Seite des Steins war eingraviert: „Russland für Stolypin". Auf einer anderen waren die letzten Worte einer der bewegendsten Reden des Ministerpräsidenten vor dem zweiten

---

[46] In *L'homme du dernier Tsar* gibt Alexandra Stolypin weitere Worte ihres Vaters wieder, die seinen tiefen christlichen Glauben zeigen, trotz des tragischen Lebensgefühls, auf das wir im Text angespielt haben. Sie verdienen es, bekannt zu werden: „Jeden Morgen, wenn ich aufwache, spreche ich meine Gebete. Ich betrachte den beginnenden Tag, als wäre er der letzte meines Lebens, und ich bereite mich darauf vor, meine Pflicht zu erfüllen, wobei mein Blick bereits auf die Ewigkeit gerichtet ist. Bei Einbruch der Dunkelheit danke ich Gott, dass er mir noch einen Tag geschenkt hat. Ich gehe so vor, weil ich glaube, dass das Ende meines Lebens nahe ist, mit dem ich für meine Ideen bezahlen muss. Manchmal spüre ich deutlich, dass der Tag naht, an dem mein Mörder endlich sein Ziel erreichen wird".

Parlament eingraviert, das seine Bodenreform ablehnte: „Sie wollen große Umwälzungen; wir, wir wollen Großrussland".

Viele von Stolypins Reformen wurden nach seinem Tod umgesetzt. Im Jahr 1912 trat ein Arbeitsschutzgesetz für Arbeiter in Kraft, das eine Entschädigung für Arbeiter bei Krankheit oder Unfall vorsah. Diese Entschädigung bestand aus zwei Dritteln oder sogar drei Vierteln des üblichen Lohns. Das neue Arbeitsgesetzbuch für Arbeiter sah auch die Legalisierung von Streiks wirtschaftlicher Natur vor. Der Ausbau des öffentlichen Schulwesens war eine weitere positive Folge der von dem beeindruckendsten Politiker des kaiserlichen Russlands konzipierten Politik. Um diese Sozialpolitik zu entwickeln, plante Stolypin, durch höhere Alkohol- und Immobiliensteuern Geld für die Staatskasse zu beschaffen. Ein weiterer Vorschlag, der dem Zaren unterbreitet wurde, war die Einrichtung einer höheren Schule für Beamte. Schließlich sind noch die Gesetze über religiöse Toleranz und Gewissensfreiheit zu erwähnen, mit denen die Beschränkungen für Gläubige, die sich nicht zum orthodoxen Christentum bekannten, aufgehoben wurden.

Dennoch hielt der Hass der jüdischen Revolutionäre auf Stolypin acht Jahre nach seiner Ermordung in Kiew in einem solchen Ausmaß an, dass er sogar das Leben einer anderen seiner Töchter, Olga, forderte, die 1919 feige und kaltblütig in aller Öffentlichkeit ermordet wurde. Die Geschichte wird in dem Buch von Alexandra Stolypin erzählt. Wenige Tage vor ihrem Tod erklärte Olga selbst auf dem Sterbebett, wie sie die Schusswunden erhalten hatte, die ihr Leben beendeten. In einer der qualvollen Nächte, die ihrem Lebensende vorausgingen, erzählte Olga Stolypin ihrer Schwester Alexandra, dass nach ihrer Verhaftung durch eine Gruppe von Bolschewiken ein Jude in Uniform auf sie zukam und sagte: „Ich bin ein Jude:

- „Übergebt mir die Frau, Kameraden. Ihr wisst, dass ich mit Stolypin noch eine Rechnung offen habe."

- „Nimm es", sagte der andere, „aber vergiss nicht, dass das Regiment in einer Stunde aufbricht."

- Oh, ich bin in kürzerer Zeit fertig", sagte der Soldat und lachte.

Wiedergegebener Dialog zwischen den Bolschewiken. Der Ich-Erzähler berichtet weiter: „Er nahm sein Gewehr und lud es. Ich suchte überall nach Hilfe, aber alle wichen meinem Blick aus. Der Jude setzte den Lauf seines Gewehrs auf meine Brust und schoss. Ich spürte einen starken Ruck, der mich zu Fall brachte. Mit einem Stiefeltritt rollte mich der Mann in eine Ecke des Raumes. Ich bewegte mich nicht und tat so, als wäre ich tot. Aber er kam wieder auf mich zu und schoss ein zweites Mal. Ich verlor das Bewusstsein.

Alexandra Stolypin, deren besonderes Epos einige Zeilen verdienen würde, verbrachte die Nacht wach am Bett ihrer sterbenden Schwester, die, nachdem sie ihre schreckliche Erzählung beendet hatte, die Augen schloss und vor Rührung und Erschöpfung in Ohnmacht fiel. Einige Tage später starb sie.

Februar/März 1917: der zweite revolutionäre Akt und der Staatsstreich

Als der russische Generalstab überzeugt war, den Krieg gewinnen zu können, und sich sieben Millionen Soldaten auf die mit Frankreich und England vereinbarte Frühjahrsoffensive vorbereiteten, kam es im Februar/März 1917 zur Revolution, die auch als „Kerenski-Revolution" bekannt ist und den Staatsstreich auslöste, der die Abdankung des Zaren erzwang und eine Regierung von Freimaurern unter Fürst Lwow an die Macht brachte. In seinen Memoiren berichtet Pawel Miljukow, dass am 13. August 1915 in der Wohnung von Pawel Rjabuschinskij eine Sitzung stattfand, bei der eine vorläufige Liste der künftigen provisorischen Regierung aufgestellt wurde, auf der nur der jüdische Rechtsanwalt Kerenski fehlte. Erst kürzlich bestätigte Andrei Priahin in dem bereits erwähnten Artikel auf der Website der Großloge von British Columbia und Yukon die Informationen und bestätigte, dass sich die Freimaurer 1916 auf die Liste der Minister der Regierung geeinigt hatten, die nach dem Sturz des Zaren die Macht übernehmen sollte. Diesem Freimaurer zufolge wurde die Vereinbarung in der Wohnung von Jekaterina Kuskowa getroffen, aber die Liste wurde im selben Jahr in der Wohnung des Fürsten Lwow und in der Suite des Hotels „Frantsija" in St. Petersburg leicht abgeändert. Priahin bestätigt, dass alle Mitglieder der Provisorischen Regierung, die im März 1917 die Macht in Russland übernahm, Freimaurerbrüder waren. So auch, obwohl Priahin dies nicht zugibt, Pawel Miljukow, dessen Verbindung zur Freimaurerei und zu Jacob Schiff selbst außer Zweifel steht.

Andrei Priahin schreibt, dass Alexander Kerenski (1881-1970) „speziell für seine künftige Position ausgebildet wurde". Er fügt hinzu, dass es einigen Mitgliedern des Obersten Rates gelang, an der bolschewistischen Regierung mitzuwirken, und stellt fest, dass Tereschtschenko (vorübergehend) und Nekrassow (dauerhaft) in den Handelsorganisationen der UdSSR mitarbeiteten. All dies wird auch von Boris Nikolajewski in *The Russian Freemasons and the Russian Revolution* (1990) bestätigt, einem Werk, das in Moskau in russischer Sprache veröffentlicht wurde und von J. Lina als Quelle zitiert wird. Es besteht also kein Zweifel, dass die „guten Freimaurer" an der Verschwörung beteiligt waren, die den Kommunismus nach Russland brachte. Erinnern wir uns daran, dass unter den Freimaurern, die nicht aufhörten, für den Sturz des Zaren zu arbeiten, Woodrow Wilson war, der, wie wir wissen, durch das internationale jüdische Bankwesen, den Zionismus und die Freimaurerei zum Präsidenten der Vereinigten Staaten aufstieg. Es wurde bereits erwähnt, dass der Beginn der Revolution am 23. Februar/8. März zeitlich mit Purim zusammenfiel, dem jährlichen jüdischen Feiertag, an dem laut Altem Testament die Ausrottung von fünfundsiebzigtausend Persern gefeiert wird.

Neben der defätistischen Propaganda der jüdischen Bolschewiki, die ständig die Massen gegen den Krieg aufhetzten und den Zaren und seine Generäle beschuldigten, das gesamte russische Volk ausrotten zu wollen, lautete die Losung der Freimaurer „Für die Demokratie, gegen den Zarismus! Es liegt auf der Hand, dass die gewalttätigen und illoyalen Reden der liberalen

Freimaurer im Parlament, wie die des bereits erwähnten Miljukow Ende 1916, eine große Hilfe waren und von den revolutionären Parteien perfekt ausgenutzt wurden, die die Schwierigkeiten bei der Versorgung von St. Petersburg ausnutzten, um die Agitation im Februar zu verstärken. Schwierigkeiten im Transportsystem aufgrund von Schneestürmen führten zu Engpässen in der Stadt, und in einigen Bezirken bildeten sich Schlangen vor den Bäckereien. Gleichzeitig mussten viele Fabriken in der Stadt aufgrund von Materialmangel schließen. Beide Faktoren zusammengenommen und in geeigneter Weise ausgenutzt, waren von großer Bedeutung. St. Petersburg, die Stadt mit der größten jüdischen Bevölkerung des Landes außerhalb der Siedlungsgebiete, war während der Kriegsjahre das Hauptzentrum der Rüstungsproduktion in Russland gewesen und hatte folglich die größte Industriebevölkerung des Landes. Mit der Schließung der Fabriken begannen die untätigen Arbeiter in großer Zahl auf den Straßen der Hauptstadt zu erscheinen, die zunehmend überfüllt waren. Am 21. Februar und am 6. März ließ die Regierung, um den Problemen zuvorzukommen, Kosakeneinheiten in die Stadt einrücken. Die Atmosphäre wurde immer angespannter, und viele Ladenbesitzer begannen, Schaufenster und Fensterbänke zu vernageln. In den Fabriken, die noch in Betrieb waren, wurden die Arbeiter zum Streik aufgefordert. Der Zar war nicht in der Stadt, da er sich mit den Truppen an der Front befand.

Am 23. Februar/8. März legten etwa neunzigtausend Arbeiter unter Berufung auf Versorgungsschwierigkeiten die Arbeit nieder und es wurde ein Generalstreik ausgerufen, der am nächsten Tag in Kraft trat. Zusätzlich zum Purimfest wurde der internationale Feiertag des Frauenproletariats begangen, und eine Menge Frauen gingen auf die Straße, um gegen die Brotknappheit zu protestieren. Altgediente Agitatoren der Revolution von 1905 übernahmen die Organisation von Demonstrationen in den Arbeitervierteln, marschierten hinter roten Fahnen und sangen manchmal die Marseillaise. An der Ecke der Newski-Straße und des Katharinenkanals zerstreute die berittene Polizei mit Hilfe der Kosaken die Menge, ohne dass es zu Verlusten kam; aber am nächsten Tag, in den frühen Morgenstunden, war derselbe Teil der Hauptstadt von einer noch wütenderen Menge bevölkert, die sich bis zum St.-Nikolaus-Bahnhof erstreckte. Die Wagen konnten sich nicht bewegen. Die Kosaken-Kavallerie erhielt den Befehl, die Demonstrationen auf der Newski-Straße aufzulösen, und griff die Massen wiederholt an. Einige Menschen wurden von Pferden zertrampelt. Die Kosaken setzten jedoch nur die flachen Teile ihrer Säbel ein und machten keinen Gebrauch von ihren Schusswaffen, was die Menge noch mehr ermutigte. In den Außenbezirken kam es zu Zusammenstößen zwischen den Arbeitern und der Polizei. Eine Bombe wurde auf ein Kommando der Gendarmerie geworfen und mehrere Polizisten wurden getötet. Dreihunderttausend Menschen waren an den Streiks und Demonstrationen beteiligt, eine Zahl, die sehr hoch erscheinen mag, aber in Wirklichkeit kann man sagen, dass die organisierten Aufstände von Anfang bis Ende mit erstaunlich wenigen Menschen ihr Ziel erreichten, wenn man bedenkt, dass das Russische Reich damals einhundertachtzig Millionen Einwohner hatte.

Am 25. Februar/10. März wurde ein Ausschuss von Arbeiterdelegierten gebildet, der die alleinige Führung der Bewegung übernahm. Laut Arsene de Goulévitch war der Hauptorganisator der Sozialdemokrat Juri Steklow (Nakhamkis), ein Freimaurer 32. Grades und Schwiegersohn Kerenskis, der in Wirklichkeit ein Agent Deutschlands war, der zu Beginn der Feindseligkeiten bequem bezahlt worden war. De Goulévitch weist darauf hin, dass diese Figur sich aus taktischen Gründen als Internationalist ausgab, der den Menschewiki nahe stand, sich später aber offen auf die Seite der Bolschewiki stellte. Nachdem der Rat der Arbeiterdelegierten eingesetzt worden war, stellten fast alle Fabriken die Produktion ein. In den Bäckereien waren die Versorgungsschwierigkeiten jedoch bereits behoben und die Versorgung hatte sich nach dem Erhalt zusätzlicher Brotrationen wieder normalisiert. Am Nachmittag versammelten sich große Menschenmengen um den Bahnhof St. Nikolaus. In *Behind Communism* gibt Frank L. Briton den Bericht des amerikanischen Fotografen Donald Thompson wieder, der Augenzeuge der Ereignisse war:

> „Gegen zwei Uhr kam ein reich in Pelze gekleideter Mann in einem Schlitten auf den Platz und befahl dem Kutscher, durch die Menge zu fahren, die zu diesem Zeitpunkt bereits sehr aufgeregt war, obwohl sie bereit zu sein schien, ihm Platz zu machen. Der Mann war ungeduldig und vielleicht kalt und begann zu argumentieren. Alle Russen haben das Bedürfnis, zu argumentieren. Nun, er schätzte die Menge falsch ein, und er schätzte auch die Situation in St. Petersburg falsch ein. Ich war hundertfünfzig Meter vom Tatort entfernt. Er wurde aus dem Schlitten gezogen und verprügelt. Er flüchtete in eine Straßenbahnstation, wo er von den Arbeitern verfolgt wurde. Einer von ihnen nahm eine kleine Eisenstange und hackte ihm den Kopf ab. Das schien die Massen auf den Geschmack des Blutes zu bringen. Ich wurde sofort mit der Menge mitgerissen, die die Newski-Straße hinunterstürmte und begann, Schaufenster einzuschlagen und allgemeine Unruhe zu stiften. Viele der Männer trugen rote Fahnen und Stöcke. Die meisten Geschäfte in der Newski-Straße sind durch schwere Eisenfensterläden geschützt. Diejenigen ohne wurden eingeschlagen. Zu dieser Zeit beobachtete ich, wie in den Seitenstraßen Krankenwagen ein- und ausfuhren, in denen meist drei oder vier Personen lagen."

Unruhen machten sich breit. Der entscheidende Moment kam, als der gut bewaffnete und organisierte Mob wütend auf die verschiedenen Polizeikasernen zuging, deren Beamte sich in einem letzten verzweifelten Versuch, Widerstand zu leisten, in den Gebäuden verbarrikadierten. Fast alle wurden massakriert und ihre Leichen durch die Straßen geschleift. Die wenigen Polizisten, die sich in der Hoffnung, ihr Leben zu retten, ergaben, wurden getötet. Anschließend wurden die Gefängnisse geleert. Unter den entlassenen Häftlingen befanden sich die schlimmsten Verbrecher. Die Polizeiarchive wurden verbrannt. Die Kontrolle über St. Petersburg ging so in die Hände der wütenden Massen über, und in der Stadt brach das Chaos aus. Das Leben eines jeden gut gekleideten Menschen war in Gefahr, wenn er es wagte, sich in der Öffentlichkeit zu zeigen. Man kann sagen, dass am 26. Februar/11. März die Militärregierung von St. Petersburg unter General Sergej Chabalow die Kontrolle verloren hatte. Aus den Vororten strömten die Arbeiter massenhaft in das Stadtzentrum. Die Massaker an

Polizisten, die sich den bewaffneten Einheiten noch widersetzten, gingen weiter, und man kann sagen, dass die Polizeikräfte praktisch ausgelöscht waren. Die Unruhen, die durch die frei herumlaufenden Kriminellen noch verstärkt wurden, nahmen zu.

Alexander Netchvolodow, General der kaiserlichen Armee und Autor mehrerer Werke, gibt in *L'empereur Nicolas II et les juifs* das Zeugnis eines Soldaten wieder, der an dem Staatsstreich beteiligt war. Dieser Soldat, ein einfacher Bursche, der vor seinem Eintritt in den Militärdienst als Zimmermann arbeitete, kehrte nach einem Monat Urlaub zu seinem Kommando an der Front zurück, wo er in Anwesenheit der Offiziere dem General erklärte, dass am 26. Februar eine Gruppe junger Männer, vielleicht Studenten, in den Straßen und Bahnhöfen von Rostow Soldaten rekrutierte, um sie nach Petrograd zu bringen, damit sie „für die Pressefreiheit und für die Freiheit kämpfen, damit jeder ein Bürger wird und alle seine Rechte hat". Auf die Frage, ob sie Geld erhalten hätten, antwortete er: „Gewiss, Herr General, auf dem Bahnhof von Rostow hat man uns fünfzig Rubel gegeben, und in Petrograd, bei der Staatsduma, hat man uns noch fünfzig Rubel mehr gegeben." Nach diesem Bericht kamen sie am 28. Februar vor Einbruch der Dunkelheit auf dem Petersburger Bahnhof an, wo Alexandr Guchkov, einer der Freimaurer der Verschwörung und Verteidigungsminister im ersten Kabinett der Provisorischen Regierung, auf sie wartete. Nach einer Ansprache gab Guchkov den Befehl, ihnen Waffen auszuhändigen, die in Lastwagen zum Bahnhof gebracht worden waren. Ich bekam ein Gewehr", erklärte der Soldat, „das ich auf dem Rückweg zurückgeben musste, aber diejenigen, die Revolver erhielten, durften sie behalten. Es waren schöne, große Revolver." Auf die Frage, wo sie die Nacht verbracht hätten, sagte er, die erste Nacht habe er in einer Kaserne verbracht und die folgenden Nächte wahllos mit seinen Kameraden in Privathäusern, aber sie seien überall gut aufgenommen worden und hätten gut gegessen. Auf die Frage, ob er habe kämpfen müssen, antwortete er, dass er keine Gelegenheit dazu gehabt habe, obwohl er zugab, dass einige in der Stadt auf Polizisten geschossen hätten. Der Soldat sagte, dass in der Duma, wo die neue Regierung gebildet werden sollte, viele Menschen anwesend waren und jeder eine Rede halten konnte, da Rede- und Pressefreiheit herrschte. Schließlich wurde er gefragt, warum er an die Front zurückgekehrt sei. Der Mann wies darauf hin, dass diejenigen, die nicht aus Petrograd stammten, dort nichts mehr zu tun hätten, da ihnen das Geld ausgegangen sei.

Anstatt sich mit der Regierung zu solidarisieren und anzuprangern, dass Tausende von Polizisten von organisierten und gut bewaffneten Revolutionären getötet wurden, gelang es den die Revolution unterstützenden Duma-Elementen, folgende katastrophale Nachricht an den Zaren zu schicken, der mit dem Zug auf dem Weg nach St. Petersburg war: „Die Lage ist ernst. Die Regierung ist gelähmt. Die Situation im Verkehrswesen, bei der Versorgung mit Lebensmitteln und Treibstoff hat einen Punkt der völligen Desorganisation erreicht. Unter der Polizei wächst die Unzufriedenheit. Unkontrollierte Schüsse fallen auf den Straßen. Verschiedene Truppenteile beschießen sich gegenseitig. Es muss sofort einer Person das Vertrauen geschenkt werden, die mit der

Bildung einer neuen Regierung den Rückhalt des Landes hat." Leider war die Reaktion des Zaren unangemessen und entsprach nicht der Realität der Situation. Es ist sicher, dass er nicht einmal eine Vorstellung davon hatte, was wirklich vor sich ging. In einer unangemessenen Entscheidung ordnete Nikolaus II. die Auflösung des Parlaments an, das bei einer Abstimmung mehrheitlich dem Zaren gegenüber loyal gewesen wäre.

Es ist jedoch zu bedenken, dass diese Duma, die vierte, 1912 gewählt und ihre fünfjährige Amtszeit bis nach den Osterferien verlängert worden war. Am 27. Februar/12. März trat die Duma, die bereits vom Kaiser aufgelöst worden war, zu einer inoffiziellen Sitzung zusammen, um die Lage zu prüfen. Die meisten Parlamentarier waren ratlos, und es waren die einflussreichen Freimaurer-Abgeordneten, die die Kontrolle übernahmen. Miljukow selbst, der Führer der Kadetten, schrieb später: „Der Erfolg oder Misserfolg der revolutionären Bewegung hing von der Teilnahme oder Enthaltung der Duma ab". Die Beweise sind eindeutig: Die Rolle der Duma war für die Anführer des Aufstandes entscheidend. Der Präsident der Duma, der Freimaurer Michail Rodzyanko von der Oktubrist-Partei, richtete eine neue Botschaft an den Zaren: „Die Situation verschlimmert sich. Es müssen sofort wichtige Maßnahmen ergriffen werden. Morgen wird es zu spät sein. Die letzte Stunde hat geschlagen und das Schicksal des Vaterlandes und der Dynastie wird entschieden". Es bleibt offen, ob der Kaiser diesen Text jemals gelesen hat, denn er blieb unbeantwortet.

Am selben Tag wurden die beiden Regierungsorgane gebildet, die Russland acht Monate lang bis zur Oktoberrevolution regieren sollten. Während die Duma sich beeilt, ein provisorisches Komitee zu bilden, das aus zwölf Mitgliedern besteht und von Fürst Lwow geleitet wird, organisiert sich der Rat der Arbeiter- und Soldatendelegierten endgültig und bildet den St. Petersburger Sowjet, der von den Menschewiki und Bolschewiki der Sozialdemokratischen Arbeiterpartei Russlands dominiert und von der Sozialistischen Revolutionspartei unterstützt wird. Sein Vorsitzender war zunächst Tscheidse, der Führer der Sozialdemokraten in der Duma, und sein stellvertretender Vorsitzender der Bolschewik Skobelew, aber der wichtigste Mann war der berühmte Kerenski, der der Provisorischen Regierung angehörte und die Schlüsselrolle des Vermittlers zwischen diesen beiden aus der Revolution hervorgegangenen Organen spielte.

Die Gruppe der Freimaurer, die das Provisorische Komitee gegründet hatte, wurde bald zur Provisorischen Regierung, die mit der Erlaubnis und Duldung des Petersburger Sowjets regierte, der die Rolle eines wachsamen Wächters über die Handlungen der Regierung spielte und nach und nach die Macht an die bolschewistische Fraktion abgab, die Monate später im dritten und letzten Akt der Revolution die Führung übernehmen sollte. Wie im ersten Akt von 1905 setzt sich der Sowjet zunächst aus den Führern der in den Fabriken arbeitenden Zellen zusammen, doch diesmal nehmen auch die Delegierten der Soldaten an ihm teil. An den ersten Sitzungen nahmen einhundertfünfzig Mitglieder teil, aber an den folgenden Tagen stieg die Zahl auf tausend Delegierte an. Schon am Tag seiner Gründung, dem 27. Februar/12. März, gab der Sowjet sein Organ *Izvestia* heraus, das bereits 1905 in Betrieb war. In der ersten Ausgabe erschien als Beilage ein eindeutig bolschewistisches und internationalistisches ideologisches Manifest. Hier ein bedeutender Absatz: „Die dringendste Arbeit der Provisorischen Regierung besteht darin, sich direkt mit dem Proletariat der kriegführenden Länder für den revolutionären Kampf der Völker aller Länder gegen ihre Unterdrücker und Ausbeuter, die imperialistischen Regierungen und ihre kapitalistischen Cliquen, und für die sofortige Beendigung des von ihnen den versklavten Völkern aufgezwungenen blutigen Gemetzels zu vereinbaren". Diese Worte sind Sarkasmus, wenn man bedenkt, dass die Bankiers, die sich durch den Weltkrieg bereichert haben, dieselben Bankiers sind, die die Revolution in Russland finanziert haben, und dass der russisch-japanische Krieg von Jacob Schiff, demselben jüdischen Bankier, der Trotzki finanziert hat, bezahlt und Russland aufgezwungen wurde.

Auch die Briten spielten eine wichtige Rolle, insbesondere Lord Milner, der die Revolution mit mehr als 21 Millionen Rubel finanzierte, und der freimaurerische Botschafter Buchanan, ein unermüdlicher Verschwörer aus der Botschaft. In St. Petersburg wimmelte es von britischen Agenten, die in Privathäusern untergebracht waren, Geld an die Soldaten verteilten und sie zur Meuterei anstifteten. Am frühen Morgen desselben Tages, dem 27. Februar - 12. März, erschoss ein Unteroffizier des Wolynski-Regiments einen Kommandeur, woraufhin ein Aufstand der Soldaten begann, die ihre Offiziere töteten. Die Ermordung von Armeeoffizieren war eine Konstante. Bis elf Uhr morgens hatten sich elf Regimenter dem Aufstand angeschlossen, und in allen wurden schreckliche Verbrechen begangen. Laut Jüri Lina wurden allein in Kronstadt sechzig Soldaten getötet, darunter Admiral von Wiren, dem beide Arme abgehackt wurden und der bei lebendigem Leib durch die Straßen geschleift wurde, bis die Revolutionäre sich seiner erbarmten und ihn töteten. Lina berichtet unter Berufung auf den Dokumentarfilm *Das verlorene Russland* von Stasnislaw Goworuchin, dass in Wyborg Offiziere von einer Brücke auf Felsen geworfen und andernorts bajonettiert oder zu Tode geprügelt wurden. Am selben Morgen um halb zwölf Uhr kapitulierte die Garnison der Peter- und Paul-Festung in St. Petersburg und schloss sich der Revolution an. Zwei Tage später, am 1./14. März, erließ der St. Petersburger Sowjet den „Prikaz" Nr. 1 (Befehl), der die Vernichtung jeglicher Disziplin in der Armee bedeutete. Die Revolution hatte gesiegt, und von nun an wurden die Anweisungen des Sowjets von der Provisorischen Regierung fraglos akzeptiert. Am 3. und 16. März dankt Zar Nikolaus II. ab, dessen Zug St. Petersburg nie erreicht.

Sobald er von den Ereignissen in St. Petersburg erfuhr, sandte er eine telegrafische Depesche an General Chabalow, in der er ihn aufforderte, den Unruhen in der Hauptstadt ein Ende zu setzen, die „in dieser schmerzlichen Kriegszeit unzulässig" seien. Der General wiederum teilte dem Kaiser telegrafisch mit, dass er nicht in der Lage sei, die Ordnung in der Stadt aufrechtzuerhalten. Nach Bekanntwerden des Militäraufstandes vom 27.12. erteilte Nikolaus II. dem Ministerpräsidenten Nikolai Golitzyn diktatorische Vollmachten, der jedoch verhaftet wurde, bevor er sie ausüben konnte. Gleichzeitig befahl er General Iwanow, mit einem Bataillon von Rittern des St.-Georgs-Kreuzes einen Zug nach St. Petersburg zu nehmen, wo er General

Chabalow ablösen und die militärische Führung der Stadt übernehmen sollte. Gleichzeitig wurden drei weitere Bataillone, die in Erwartung einer deutschen Invasion in Finnland stationiert waren, nach St. Petersburg entsandt und dem neuen Militärgouverneur der Hauptstadt unterstellt. Doch die Revolutionäre hatten den Staatsstreich gut vorbereitet, und das Eisenbahnpersonal war geschickt infiltriert worden. Das Eisenbahnnetz in der Nähe der Hauptstadt befand sich seit dem 27. Februar in den Händen der Aufständischen, und der Eisenbahnzugang zur Stadt war unter ihrer Kontrolle. Außerdem wurden im Norden, in der Nähe der finnischen Grenze, die Gleise sofort demontiert, so dass die Truppen von dort aus nicht weiterreisen konnten. General Iwanow gelang es erst am 1./14. März, in die Nähe von St. Petersburg vorzudringen. Zu diesem Zeitpunkt schien die Situation unumkehrbar, und der Zar selbst befahl ihm, nichts zu unternehmen. Tatsächlich hatte Nikolaus II. selbst am 27.12. beschlossen, sich nach Zarskoje Seló, der Residenz der kaiserlichen Familie in St. Petersburg, zu begeben, wo er jedoch nie ankam, da sein Zug auf Anordnung der neuen Herren des Eisenbahnnetzes aufgehalten wurde.

Das Provisorische Komitee wendet sich daraufhin an den Generalstabschef Michail Alexejew und teilt ihm mit, dass sich die Revolution, die St. Petersburg, Cronstadt und die baltische Flotte beherrscht, im ganzen Land ausbreitet und dass der Widerstand gegen die revolutionäre Bewegung nur zu einem Bürgerkrieg führen würde, der im Krieg mit einem äußeren Feind fatal wäre. Die „guten Freimaurer" fügten hinzu, dass sich die Bewegung in erster Linie gegen Nikolaus II. richte, der im Interesse des Landes und der Dynastie selbst abdanken müsse. General Alexejew, der kurz darauf seine Fehleinschätzung bitter bereute, ließ sich von diesen Argumenten überzeugen und übermittelte den verschiedenen Militärchefs ähnliche Informationen wie die, die ihm aus der Hauptstadt mitgeteilt worden waren. Schließlich setzte sich der Gedanke durch, dass die einzig mögliche Lösung zur Rettung Russlands und der Dynastie die Abdankung sei, und Alexejew bat seine Kollegen, ein entsprechendes Gesuch an den Zaren zu richten. Nikolaus II., der überzeugt war, dass seine Generäle aus Patriotismus und Liebe zur Monarchie handelten, und der versuchte, den vorhergesagten Bürgerkrieg zu vermeiden, dankte am 2. und 15. März in seinem eigenen Namen und im Namen seines an Hämophilie leidenden Sohnes zugunsten seines Bruders, des Großfürsten Michael, ab.

Letzterer befand sich in der Hauptstadt und wurde von den Freimaurern des Provisorischen Komitees gewarnt, dass sie nicht in der Lage seien, für sein Leben zu bürgen. Schließlich weigerte sich Großfürst Michael auf besonderes Drängen Kerenskis, den Thron anzunehmen, und übergab die Macht an das Komitee, wobei sein Rücktritt so lange gültig war, bis die Konstituierende Versammlung über die Regierungsform entschieden hatte. General Alexejew hatte nur wenig Zeit, das wahre Ausmaß der Ereignisse zu begreifen, und am 3. März gestand er: „Ich werde mir nie verzeihen, dass ich an die Aufrichtigkeit gewisser Leute geglaubt, ihren Rat angenommen und das Telegramm über die Abdankung des Zaren an die Chefs der Streitkräfte geschickt habe". Nikolaus II. schrieb eine Abschiedsbotschaft an die Armee, die jedoch nie beim Militär ankam, da sie von der Provisorischen Regierung abgefangen wurde, die ihre

Veröffentlichung verbot, da sie befürchtete, dass sie eine patriotische Bewegung auslösen könnte.

Die Unterstützung des Zionismus für die Februar-/Märzrevolution wurde bisher ignoriert, war aber sehr bedeutend. Die Petrograder Zionistische Versammlung gab schon bald eine Resolution heraus, in der es hieß: „Das russische Judentum ist aufgerufen, die Provisorische Regierung auf jede erdenkliche Weise zu unterstützen, für eine enthusiastische Arbeit, für eine nationale Organisation und Konsolidierung zugunsten des Gedeihens des jüdischen nationalen Lebens in Russland und für die nationale und politische Wiederbelebung der jüdischen Nation in Palästina". George Kennan[47] berichtet über eine Kundgebung, die am 23. März 1917 in der Carnegie Hall stattfand, wo sich Tausende von Marxisten, Sozialisten und Anarchisten versammelten, um die Abdankung von Nikolaus II. zu feiern. Dort wurde öffentlich berichtet, dass durch die Gesellschaft der Freunde der Russischen Freiheit, die von Jacob Schiff finanziert wurde, das revolutionäre Evangelium unter den russischen Offizieren und Soldaten, die während des Krieges 1904-1905 in japanischen Gefangenenlagern festgehalten wurden, verbreitet worden war. Am nächsten Tag, dem 24. März, veröffentlichte *die New York Times* ein Telegramm von Jacob Schiff an die Anwesenden, in dem er bedauerte, nicht an der Veranstaltung teilnehmen zu können, und den Februarputsch und den Rücktritt des Zaren als das Ereignis bezeichnete, „auf das sie gewartet und für das sie lange Jahre gekämpft hatten".

Im April 1917 wurde die russische zionistische Bewegung durch eine öffentliche Erklärung von Jacob Schiff, der sich entschlossen hatte, den Zionisten vorbehaltlos beizutreten, nachhaltig gestärkt. In der Erklärung heißt es, dass Schiff „aus Furcht vor jüdischer Assimilation infolge der bürgerlichen Gleichstellung der Juden in Russland glaubt, dass Palästina das Zentrum für die Verbreitung der Ideale der jüdischen Kultur in der ganzen Welt werden könnte". In diesen Worten offenbart sich die ganze Verlogenheit und Heuchelei der Finanziers der Revolution. Mit anderen Worten: Während sie gleiche Rechte forderten, fürchteten sie die rassische Assimilierung. Anfang Mai veranstalteten die Zionisten eine große Kundgebung vor der Petrograder Börse, bei der wiederholt die zionistische Hymne gespielt wurde. Ende Mai fand im Petrograder Konservatorium eine gesamtrussische zionistische Konferenz statt, auf der die wichtigsten zionistischen Ziele umrissen wurden: kulturelle Wiederbelebung der jüdischen Nation, verstärkte Auswanderung nach Palästina und Mobilisierung jüdischen Kapitals zur Finanzierung jüdischer Siedler.

---

[47] George F. Kennan, ein Informationsoffizier im US-Außenministerium, der als Experte für kommunistische Fragen galt und den Posten des Geschäftsträgers in Moskau innehatte, sandte 1946 das berühmte „lange Telegramm" an das Außenministerium. In diesem 8.000 Wörter umfassenden Telegramm, das mit Mr. X unterzeichnet war, kam er zu dem Schluss, dass das Hauptelement der US-Politik gegenüber der Sowjetunion „geduldige und fortgesetzte, wachsame Zurückhaltung" gegenüber den expansionistischen Tendenzen des russischen Kommunismus sein sollte. Das „lange Telegramm" wurde 1947 von der angesehenen Zeitschrift *Foreign Affairs* veröffentlicht.

Die Tatsache, dass die Revolution vom Februar/März 1917 auch als „Kerenski-Revolution" bezeichnet wird, weist auf die entscheidende Rolle hin, die diese Figur spielte. Kerenskis Mutter war eine Jüdin mit dem Nachnamen Adler (Nadeschda), die zweimal verheiratet war. Ihr erster Ehemann war ein Jude mit dem Nachnamen Kürbis. Sie heiratete erneut Fyodor Kerensky, einen Lehrer, der den kleinen Aaron Kürbis adoptierte. In *Wall Street and the Bolshevik Revolution (Wall Street und die bolschewistische Revolution)* zitiert Anthony C. Sutton den Freimaurer Richard Crane, Berater des US-Außenministers Robert Lansing, als einen der Männer an, die Kerenski von den Vereinigten Staaten aus unterstützten. Kerenski hatte anfangs auch Unterstützung von dem jüdischen Bankier Grigori Berenson erhalten, der sich 1930 als überzeugter Zionist outete. Der österreichische Politiker und Wissenschaftler Karl Steinhauser enthüllt in *EG - Die Super-UdSSR von Morgen*, dass der britische Botschafter in St. Petersburg, der Freimaurer George Buchanan, der Kontakt zwischen Kerenski und London, Paris und Washington war, was einmal mehr die miserable und verräterische Rolle des britischen Botschafters gegenüber einem verbündeten Land bestätigt. Am 21. März erklärte Buchanan gegenüber Journalisten der *„Russkoie Slovo"*: „Das autokratische und reaktionäre Regime hat uns nie mit Sympathie erfüllt.... Deshalb wird die Ankunft der Provisorischen Regierung in ganz Großbritannien enthusiastisch begrüßt.[48]

Wie wir wissen, enthüllte der Freimaurer Andrej Priahin, dass Kerenski „speziell für sein künftiges Amt ausgebildet worden war". Alexander Kerenski (Aaron Kürbis) war nicht nur stellvertretender Vorsitzender des St. Petersburger Sowjets, sondern bekleidete auch drei Ämter in der Provisorischen Regierung, eines wichtiger als das andere: zunächst das des Justizministers, von dem aus er Trotzki und Lenin einlud, nach Russland zurückzukehren, und von dem aus er Pjotr (Pinhas) Rutenberg, den jüdischen, freimaurerischen und zionistischen Terroristen, der mit Alexander Parvus den „Blutsonntag" organisiert hatte, zum Polizeichef ernannte. Rutenberg war einer der Gründer der jüdischen Legion, die während des Krieges an der Seite der Briten kämpfte. Das zweite Amt, das Kerenski innehatte, war das des Kriegsministers, ein Amt, das er als Nachfolger von Guchkov innehatte. Nach dem Rücktritt von Fürst Lemberg am 7. und 20. Juli wurde er schließlich zum Premierminister ernannt, ein Amt, das er auch

---

[48] In einer Rede vor der Anglo-Russischen Gesellschaft, die von derselben Zeitung *Russkoie Slovo* am 12. April 1917 auszugsweise wiedergegeben wurde, besteht Botschafter Buchanan darauf, seine Doppelzüngigkeit öffentlich zu bekunden. Das letzte Mal", so sagte er, „hatte ich die Ehre, zu den Mitgliedern der Anglo-Russischen Gesellschaft zu sprechen, und zwar genau am Vorabend der Sitzung der Duma, auf der mein verehrter Freund Miljukow seine berühmte Rede hielt, mit der er den ersten Nagel in den Sarg des alten Regimes schlug. Ich sagte damals, dass wir nicht nur siegreich enden müssen, sondern dass der Endsieg über den Feind im eigenen Lager errungen werden muss. Heute kann ich das russische Volk dazu beglückwünschen, dass es sich eines solchen Feindes so schnell entledigt hat. Es gehört schon eine gehörige Portion Zynismus dazu, vom „Feind im eigenen Lager" zu sprechen, wenn man sich von der Botschaft aus gegen ein Land verschworen hat, das sich im Krieg als treuer Freund und Verbündeter verhalten hat.

noch innehatte, als er die Macht schließlich an die Bolschewiki abgab. Laut dem Historiker Sergej Jemeljanow war Kerenski, der sich in den drei Jahren vor dem Staatsstreich ausschließlich der Verteidigung der revolutionären Terroristen widmete, Freimaurer im 33.

Alle Mitglieder der Provisorischen Regierung waren Freimaurer. Zu den prominentesten, abgesehen von Kerenski selbst, gehörten Nikolai Nekrassow, Minister für Kommunikation, Pawel Miljukow, Außenminister und Führer der Kadetten, und Michail Tereschtschenko, Finanzminister. Letzterer war ein junger, in der Ukraine geborener Millionär, der Geld in die revolutionäre Bewegung investierte. Seine guten Beziehungen zu den Rothschilds von „New Court" (London) werden von Niall Ferguson kommentiert, der schreibt, Tereschtschenko habe sich als guter Freund der Juden erwiesen. Seine Ernennung zum Finanzminister wurde von den Rothschilds weithin gefeiert, die ihren Optimismus bald als gerechtfertigt ansahen. Der neue Minister hatte keine Zeit, nach London zu schreiben, um den Rothschilds anzubieten, einen Kredit von einer Million Rubel zu übernehmen, den die Kerenski-Regierung ausgegeben hatte, um Russland im Krieg zu halten.

Außenminister Miljukow erhielt am 19. März ein Telegramm des Bankiers Jacob Schiff, der sich nun als Freund Russlands ausgab und es folgendermaßen formulierte: „Erlauben Sie mir, als unversöhnlicher Feind der tyrannischen Autokratie, die unsere Glaubensgenossen erbarmungslos verfolgte, durch Sie das russische Volk zu der Aktion zu beglückwünschen, die Sie soeben so glänzend vollbracht haben, und Ihren Genossen in der neuen Regierung und Ihnen selbst vollen Erfolg bei der großen Aufgabe zu wünschen, die Sie so patriotisch übernommen haben." In seiner Antwort solidarisierte sich Miljukow mit dem jüdischen Bankier, der Japan gegen sein Land aufgebracht hatte, und wiederholte nicht nur alte freimaurerische und illuministische Ideen, sondern wandte sich an ihn, als ob er die Vereinigten Staaten vertreten würde: „Wir sind mit Ihnen vereint im gemeinsamen Hass und in der Antipathie gegen das alte Regime, das jetzt gestürzt ist, lassen Sie mich mit Ihnen ebenso vereint sein für die Verwirklichung neuer Ideen der Gleichheit, der Freiheit und der Eintracht unter den Völkern, die sich am universellen Kampf gegen das finstere Mittelalter, den Militarismus und die autokratische Macht, die von göttlichem Recht ausgeht, beteiligen. Bitte nehmen Sie unseren Dank für Ihre Glückwünsche an, die es uns ermöglichen, die durch einen segensreichen Staatsstreich herbeigeführte Veränderung in den gegenseitigen Beziehungen zwischen unseren beiden Ländern festzustellen".

In *No One Dares Call It a Conspiracy (Niemand wagt es, es eine Verschwörung zu nennen)* bezieht sich Gary Allen auf das Dokument Nr. 861.00/5339 aus dem Archiv des Außenministeriums, das die Pläne verschiedener jüdischer Führer zum Sturz des Zaren aufzeichnet. Unter den Namen, die darin auftauchen, sind wieder einmal Jacob Schiff, so einflussreich in der Freimaurerorganisation B'nai B'rith, und seine Kollegen Felix Warburg, Otto Kahn, Isaac Seligman, Mortimer Schiff und andere. Allesamt jüdische Bankiers. Auch die *Encyclopedia of Jewish Knowledge* bestätigt in ihrem Artikel „Schiff" (New York, 1938), dass Alexander Kerensky, der Mann, der speziell für seine Mission ausgebildet worden war, eine Million Dollar von Jacob Schiff erhielt.

Bereits im April erließ Kerenskis Provisorische Regierung einen telegrafischen Befehl zur Freilassung aller der Spionage verdächtigen Juden, die ins Exil gegangen waren, ohne individuelle Untersuchung. Einige von ihnen hielten sich in den besetzten Gebieten auf, doch andere konnten sicher zurückkehren. Viele Deportierte baten um die Erlaubnis, in den Städten des europäischen Teils Russlands leben zu dürfen. Sofort kam es zu einem Zustrom von Juden nach Petrograd, wo ihre Zahl 1917 auf 50.000 anstieg, und nach Moskau, wo sie 60.000 erreichte. Zahlreiche jüdische Emigranten aus New York kehrten nach Russland zurück. Auch viele, die in Großbritannien lebten, erklärten sich zur Rückkehr bereit, um den Kampf für das neue soziale und demokratische Russland aufzunehmen. Allein aus London erklärten sich etwa 10.000 bereit, zu reisen. Die Provisorische Regierung beschloss zunächst, den Kaiser und die kaiserliche Familie in Zarskoje Selo zu belassen, doch im August beschloss der unsägliche Kerenski, sie alle nach Tobolsk in Sibirien zu verlegen. Nach dem Sturz von Nikolaus II. verzichtete die freimaurerische Regierung auf die Nationalhymne *Gott schütze den Zaren*, die zufälligerweise von Fürst Lemberg komponiert und von dem Dichter Wassili Schukowski geschrieben worden war. Stattdessen wurde eine der Freimaurerei und dem Judentum wohlgefällige Hymne mit dem Titel *Der glorreiche Herr in Zion* eingeführt.

Leo Trotzki (Leiba Bronstein)

Nach Marx und Lenin steht Trotzki an dritter Stelle im Heiligenkalender der Weltlinken. Trotzki ist als Mythos in die Geschichte eingegangen, dessen Popularität und Prestige ungebrochen sind. Die Propaganda hat ihn stets als eine gigantische Persönlichkeit dargestellt. Die Medien, Enzyklopädien und Bücher im Allgemeinen betrachten ihn weiterhin als fortschrittlichen und revolutionären Intellektuellen, der sein Leben dem Kampf für die Sache des Proletariats gewidmet hat. Von nun an werden wir sehen, dass die Wahrheit ganz anders aussieht: Trotzki war ein Agent des internationalen Bankwesens, ein skrupelloser Zyniker, der die Tochter eines Bankiers heiratete, der den großen jüdischen Bankiersfamilien nahestand.

Leiba Bronstein war der Name, den man ihm gab, als er am 25. Oktober 1879 in Yanova, einem Dorf in der Provinz Khertson, Ukraine, geboren wurde. Sein Vater, David Bronstein, war ein wohlhabender Gutsbesitzer, dem praktisch das gesamte Land des Dorfes gehörte. Im Alter von sieben Jahren besuchte er eine jüdische Schule, in der auf Hebräisch unterrichtet wurde, und begann mit dem Studium des *Talmuds*. Mit siebzehn Jahren machte ihn ein tschechischer Jude, Franz Schwigowsky, mit einem Geheimbund bekannt, dem Arbeiterbund, dessen Mitglieder 1898 verhaftet wurden. Der junge Bronstein, der bereits 1897 der Freimaurerei beigetreten war, verbrachte zwei Jahre in einem Gefängnis in Odessa, wo er sich dem Studium der Geschichte der Geheimgesellschaften und der Vertiefung der Freimaurerei widmete. In der Einweihung in den 33. Grad heißt es: „Die Freimaurerei ist nicht mehr und nicht weniger als eine Revolution in Aktion, eine ständige Verschwörung." Von Odessa wurde er nach Sibirien verbannt, von wo er 1902 nach Wien floh. Dort lernte er Victor Adler kennen, einen jüdischen Revolutionär und Freimaurer, der die *Arbeiter Zeitung* herausgab. Kurz darauf ging er nach London, wo er, was wir nicht wissen, mit einem anderen hochrangigen jüdischen Freimaurer und aufgeklärten Freimaurer namens Israel Helphand in Kontakt kam, der sich allerdings Alexander Parvus nannte. Parvus war es, der Leiba Bronstein Ende 1902 in Leon Trotsky verwandelte. Trotzki kehrte, wie bereits erwähnt, 1905 in Begleitung von Alexander Parvus nach Russland zurück, um die Revolution zu organisieren. Neben der Organisation und dem Vorsitz des „Arbeiterdelegierten-Sowjets" gab Trotzki zusammen mit Parvus die Zeitung *Nachalo* (*Das Prinzip*) heraus. Igor Bunich, Autor des Buches *Zoloto Partii* (*Das Gold der Partei*) (St. Petersburg, 1992), behauptet, dass Parvus der Hauptorganisator der Revolution von 1905 war und dass er von den Japanern 2 Millionen Pfund erhielt, um die Machtergreifung in Russland zu planen.

Jüri Lina stellt in *„Im Zeichen des Skorpions"* fest, dass Trotzki mit Hilfe von Alexander Parvus zu dem Schluss kam, dass der Zweck der Freimaurerei darin bestand, Nationalstaaten und Kulturen zu beseitigen, um die jüdische Weltherrschaft zu errichten. Trotzki, schreibt Lina, „wurde so zu einem überzeugten Internationalisten, der von Parvus gelehrt wurde, dass das jüdische Volk sein eigener kollektiver Messias sei, dass es durch die Vermischung der Ethnien und die Beseitigung der nationalen Grenzen die Herrschaft über andere Völker erlangen würde und dass eine internationale Republik geschaffen werden sollte, in der die Juden das führende Element sein würden, da niemand sonst in der Lage wäre, die Massen zu verstehen und zu kontrollieren." Es war Parvus, der Trotzki die Idee der „permanenten Revolution" einflößte.

Der Schriftsteller Maxim Gorki, dessen Agent Parvus in Europa war, beschwerte sich, dass Parvus ihm hundertdreißigtausend Goldmark gestohlen habe, und nannte ihn einen Geizhals und Betrüger. Alexander Parvus, geboren 1867, war etwa zwölf Jahre älter als Trotzki. Er hatte mehrere Jahre lang in verschiedenen Banken in Deutschland und der Schweiz gearbeitet und war auch ein geschickter Publizist. Parvus kannte die russische Geschichte und war überzeugt, dass das Land wehrlos wäre und leicht in die Flammen der Revolution gestürzt werden könnte, wenn der Adel und die Intelligenz beseitigt würden. Parvus und Trotzki führten, wie bereits erwähnt, die Revolution von 1905 an und wurden beide zur Verbannung in Sibirien verurteilt. Trotzki gelang es erst im Februar 1907 zu fliehen, aber Parvus tat dies sofort und machte sich auf den Weg nach Konstantinopel, wo er als Berater der Jungtürken (jüdische Konvertiten zum Islam, wie wir wissen) tätig war. In dieser Zeit knüpfte er Kontakte zu deutschen Diplomaten, die ihm später von großem Nutzen sein sollten, und schaffte es, durch seine Tätigkeit als Vermittler im deutsch-türkischen Handel eine Menge Geld anzuhäufen. Doch erst während des Balkankrieges (1912-13) machte er ein Vermögen, das ihn zum Multimillionär werden ließ. Seine Handelsgeschäfte umfassten eine breite Palette von Waren. Allein sein Kohlegeschäft brachte ihm fast 30 Millionen dänische Kronen in Gold ein. Dieser Illuminaten-Agent war eine Zeit lang auch Mitarbeiter von Rosa

Luxemburg, mit der er auf zahlreichen Fotos zu sehen ist. Als führender Epigone von Adam Weishaupt, unanständig und zynisch, aber gleichzeitig teuflisch gerissen und intelligent, predigte Israel Helphand, alias Parvus, die permanente Revolution, die dem Privateigentum ein Ende setzen sollte, und führte einen märchenhaften Lebensstil, bei dem auch orgiastische Partys nicht fehlten. Um eine Vorstellung von seinem Reichtum zu bekommen, genügt es zu sagen, dass er bei seinem Tod im Jahr 1924 unter anderem drei Häuser in Kopenhagen, ein Schloss in der Schweiz und einen Palast mit 32 Zimmern auf einer Insel im Berliner Wannsee besaß, der heute als Museum für die Öffentlichkeit zugänglich ist.

Nach seiner Flucht aus Sibirien gelang es Trotzki, nach Wien zurückzukehren, wo er sich mit dem Zionistenführer Chaim Weizmann getroffen haben soll. Sowohl Trotzki als auch Lenin erhielten von Parvus finanzielle Unterstützung und wurden sogar eingeladen, für kurze Zeit bei ihm in München zu wohnen. In dieser Münchner Wohnung von Parvus lernten sich Lenin und Rosa Luxemburg kennen. Nachdem er 1912 auf Vermittlung von Parvus als Kriegsberichterstatter auf dem Balkan tätig gewesen war, lebte Trotzki in Frankreich, wo er mit seinem Glaubensbruder Julius Martov (Julius Zederbaum) die russischsprachige Zeitung *Nashe Slovo* gründete. Wie bereits erwähnt, behauptet der Autor Juri Begunow, dass sich Trotzki im Frühjahr 1914 im Auftrag der Großloge von Frankreich in Wien aufhielt, wo er sich mit dem Freimaurerbruder V. Gacinovic zum Zwecke eines Treffens mit ihm traf. Gacinovic, um den Angriff auf den Thronfolger von Österreich-Ungarn zu koordinieren.

Nach seiner Teilnahme an der Zimmerwalder Konferenz im September 1915 wurde Trotzki von der französischen Polizei überwacht und in Paris wegen seiner aufrührerischen Artikel verhaftet. Die gallischen Behörden stellten die Veröffentlichung der Zeitung ein und Trotzki wurde nach Spanien deportiert. In *Wall Street and the Bolshevik Revolution* schreibt Anthony Sutton, dass er „freundlicherweise zur spanischen Grenze eskortiert" wurde. Einige Tage später wurde der Internationalist von der Polizei in Madrid verhaftet und in einer „erstklassigen Zelle" untergebracht, die eineinhalb Peseten pro Tag kostete. Es scheint klar zu sein, dass „Befehle" für seine Freilassung vorlagen, da er nach Cádiz gebracht wurde, vielleicht mit dem Ziel, ihn einzuschiffen. Wenn ja, wurde diese erste Option noch einmal überdacht und schließlich der Hafen von Barcelona gewählt, wo Trotzki mit seiner Familie und einer Gruppe von Kollaborateuren wieder zusammengeführt wurde und an Bord des Transatlantikschiffs *Montserrat* nach New York segelte.

Am 13. Januar 1917 landete Trotzkis Gruppe, zu der auch Moses Uritsky, Grigori Chudnovsky und andere seiner jüdischen Mitarbeiter gehörten, die später eine wichtige Rolle in der Oktoberrevolution spielen sollten, in New York. Trotzki nahm schon früh Kontakt mit der B'nai B'rith-Loge auf, deren Mitglied er wurde. Er erreichte zweifellos einen hohen Grad innerhalb des Misraim-Memphis-Ritus, da er der Shriners-Loge angehörte, die nur Freimaurern den Zutritt gestattet, die den 32. Franklin Delano Roosevelt, Alexander Kerenski und Bela Kun, um bedeutende Beispiele zu nennen, gehörten zu den ausgewählten

Mitgliedern dieser Loge. In seiner Autobiographie *Mein Leben* behauptet Trotzki, dass sein einziger Beruf in New York der eines sozialistischen Revolutionärs war, d.h. er lebte von seinen Artikeln in *Novy Mir*, der New Yorker Zeitung der russischen Sozialisten, die von zwei jüdischen Genossen, Weinstein und Brailovsky, gegründet worden war. Zwei weitere Juden, Nikolai Bucharin (Dolgolevsky) und V. Volodarsky (Moses Goldstein) arbeiteten in der Redaktion. Trotzki gibt zu, 1916 und 1917 lediglich 310 Dollar erhalten zu haben, Geld, das er, wie er sagt, „unter fünf nach Russland zurückkehrenden Emigranten verteilt hat". Es ist jedoch bekannt, dass der verarmte revolutionäre Kommunistenführer in einer Limousine mit Chauffeur durch New York fuhr, die ihm wahrscheinlich von einem seiner Bankiersfreunde zur Verfügung gestellt wurde. Außerdem hatte er mit den 310 Dollar im Voraus drei Monatsmieten für eine ausgezeichnete Wohnung bezahlt, in der er mit seiner Frau Natalia Sedova und den beiden Söhnen Leon und Sergei[49] lebte.

Natalia Sedova war die Tochter eines jüdischen Bankiers namens Givotvosky. Der erste Hinweis auf die Tatsache, dass Trotzki mit der Tochter eines Bankiers verheiratet war, findet sich in dem Werk *L'empereur Nicolas II et les juifs* (1924). Darin zitiert Alexander Netchvolodow ein Dokument, das viel später von Anthony Sutton in den Decimal Files des State Department (861.00/5339) ausfindig gemacht wurde, das auf den 13. November 1918 datiert ist und den Titel *Bolschewismus und Judentum* trägt. Bei dem Text handelt es sich um einen Bericht, in dem behauptet wird, dass das internationale jüdische Bankwesen hinter den revolutionären Ereignissen in Russland steckt, und in dem die führenden Köpfe des Bankhauses Kuhn, Loeb und Co. als Beteiligte genannt werden: Jacob Schiff, Felix Warburg, Otto Kahn, Mortimer Schiff, Jerome H. Hanauer. Zwei weitere Namen von jüdischen Bankiers werden hinzugefügt: Guggenheim und Max Breitung. Im zweiten Punkt heißt es: „Der Jude Max Warburg finanzierte auch Trotzki und Co., die ebenfalls vom westfälisch-römischen Syndikat finanziert wurden, sowie von einem anderen Juden, Olof Aschberg, von der Nya Banken in Stockholm, und auch von Givotovsky, einem Juden, dessen Tochter mit Trotzki verheiratet ist. Auf diese Weise wurden Beziehungen zwischen jüdischen Milliardären und proletarischen Juden hergestellt."

Anthony Sutton kommentiert Trotzkis Verwandtschaft mit dem jüdischen Bankier und bezieht sich auf Abram Givatovzo mit folgenden Worten: „Ein weiterer bolschewistischer Bankier in Stockholm war Abram Givatovzo, Schwager von Trotzki und Lew Kamenjew. Ein Bericht des Außenministeriums bestätigt, dass Givatovzo zwar vorgab, sehr antibolschewistisch zu sein, in Wirklichkeit aber über Kuriere große Geldsummen von den Bolschewiki zur Finanzierung revolutionärer Operationen erhalten hatte. Givatovzo war Teil eines Syndikats, zu dem auch Denisov von der ehemaligen Bank von Sibirien, Kamenka von der Don Azov Bank und Davidov von der Bank für Außenhandel

---

[49] 1902 hatte Trotzki in Paris Natalia Sedowa, seine zweite Frau, kennengelernt, die einige Jahre jünger war als seine rechtmäßige Ehefrau Sokolowskaja, was jedoch völlig ignoriert wurde. In seiner Autobiografie widmet Trotzki der Affäre kaum eine Zeile. Allerdings gebar Sokolowskaja dem Kommunistenführer zwei Töchter, die er vernachlässigte.

gehörten. Dieses Syndikat verkaufte Aktien der ehemaligen Bank von Sibirien an die britische Regierung." Wir sehen also, dass die inzüchtigen Praktiken der Frankisten von Jacob Frank unter den jüdischen Revolutionären immer noch in voller Kraft waren. Es ist offensichtlich, dass die Propaganda in Trotzkis Fall, wie in so vielen anderen, versucht hat, seine Ehe mit einer Bankierstochter geheim zu halten, was für den Heiligenschein des Mythos in den Augen der Arbeiterklasse völlig unbequem ist.

Die wahre Identität der Sedowa, die bei der Revolution von 1905 an der Seite Trotzkis stand, wird auch von zwei anderen Autoren enthüllt: dem Spanier Mauricio Carlavilla und dem Esten Jüri Lina. Letzterer schreibt: „Natalia Sedovaya-Trotskaya war in Wirklichkeit die Tochter des zionistischen Bankiers Ivan Givotovsky (Abram Givatovzo), der die Machtergreifung der Bolschewiki zunächst in Russland und dann in Stockholm über die Nya Banken (eine schwedische Bank, die von der jüdischen Familie Aschberg geleitet wurde) mitfinanzierte. Dies war ein weiterer Grund, warum der Freimaurer Leo Trotzki stets die internationalen Interessen reicher Juden schützte. Iwan Giwotwoski hatte enge Verbindungen zu den Warburgs und den Schiffs". Mauricio Carlavilla[50] legt Christian Rakovsky in *Sinfonía en rojo mayor* folgende Worte

---

[50] Zu Mauricio Carlavilla und *Sinfonía en rojo mayor* ist eine Klarstellung notwendig, die zwangsläufig etwas langatmig ausfallen wird, wofür wir uns im Voraus entschuldigen. Julián Mauricio Carlavilla (1896-1982), Polizist, Schriftsteller und Verleger, bewies in seinen Werken eine profunde Kenntnis des Kommunismus. Als Polizist führte er Infiltrationsarbeiten durch, und es ist wahrscheinlich, dass er während seiner gesamten Polizeikarriere Informationen von ausländischen Geheimdiensten erhielt. Er ist nach wie vor nahezu unbekannt, aber seine unermüdliche Arbeit als Schriftsteller und Publizist verdient Anerkennung. Carlavilla veröffentlichte seine Werke zunächst unter dem Pseudonym Maurico Karl, obwohl er in seltenen Fällen auch das Pseudonym Julien d'Arleville benutzte. Seine Werke sollten fortan zu Informationsquellen werden, insbesondere jene, die sich mit verschiedenen Aspekten des Zweiten Weltkriegs befassen. Wir erwähnen hier vorab *Pearl Harbour, Roosevelts Verrat* (1954) und vor allem seine Ausgabe von *Sidney Warburg* in spanischer Sprache, ein sehr wertvolles und wenig bekanntes Buch, das 1933 in Holland unter dem Titel *De Geldbronnen wan het Nationaal Socialisme* veröffentlicht wurde *und* dessen Übersetzung in Spanien 1955 bei NOS unter dem Titel *El dinero de Hitler (Hitlers Geld)* erschien. Mauricio Carlavilla veröffentlichte seine eigenen Bücher und andere, die er für interessant hielt, im Verlag NOS, den er selbst gegründet hatte und der in seinem Haus untergebracht war.
Zu *Sinfonía en rojo mayor* ist zunächst zu sagen, dass es sich um ein viel zitiertes Werk im Internet handelt. Das Werk hat die Form eines Memoirenromans von Dr. José Landowski, dessen Hauptfiguren meist historische Persönlichkeiten sind. Da man nicht weiß, wer Mauricio Carlavilla war, nehmen diejenigen, die das Werk erwähnen, die Autorenschaft des Erzählers, Dr. Landowski, eines Arztes im Dienste des N.K.V.D., an und geben dem Werk einen dokumentarischen Wert, den es nicht wirklich besitzt. Meiner Meinung nach ist Landowski eine Schöpfung von Carlavilla. Der Text, der immer wieder im Internet zitiert wird, ist das angebliche Verhör des trotzkistischen Führers Christian G. Rakovski, einer der Hauptangeklagten im Prozess der Einundzwanzig, wo er zu zwanzig Jahren Gefängnis verurteilt wurde, obwohl er schließlich 1941 zusammen mit Maria Spiridonova und Olga Kameneva, Kamenews Frau und Trotzkis Schwester, in Anwesenheit von Dr. Landowsky am 26. Januar 1938 erschossen wurde. Bei dem

in den Mund: „Sedova ist die Tochter von Givotovsky, die mit den Warburg-Bankern, Partnern und Verwandten von Jacob Schiff, verbunden ist, einer Gruppe, die Japan finanzierte und über Trotzki gleichzeitig die Revolution von 1905 finanzierte. Dies ist der Grund, warum Trotzki auf einen Schlag an die Spitze der revolutionären Leiter aufstieg. Und da haben Sie den Schlüssel zu seiner wahren Persönlichkeit.

Sobald die Nachricht vom Staatsstreich und dem Sturz des Zaren die Vereinigten Staaten erreichte, wurden eilig Vorbereitungen getroffen, um Trotzki nach Russland zu schicken, um den dritten und letzten Akt in der Tragödie des russischen Volkes zu leiten. Edward Mandell House, der kommunistische und zionistische Illuminat, forderte Präsident Wilson, die Marionette in den Händen der Verschwörer, auf, die Ausstellung eines amerikanischen Passes für den Revolutionär anzuordnen. Dem Pass waren eine russische Einreiseerlaubnis und ein britisches Reisevisum beigefügt. In *Woodrow Wilson: Disciple of Revolution* (1938) schreibt Jennings C. Wise, dass „Historiker niemals vergessen dürfen, dass Wilson es Trotzki ermöglichte, mit einem amerikanischen Pass nach Russland einzureisen." Am 27. März 1917 gingen Trotzki, seine Familie und zweihundertfünfundsiebzig andere, darunter Wall-Street-Broker, amerikanisch-jüdische Kommunisten und internationale

---

Vernehmer handelt es sich um den stalinistischen Agenten Gabriel G. Kusmin, dem Rakowski Informationen von großem historischen und politischen Wert offenbart.

Die Erklärung, wie und warum die Verwirrung entstanden ist, ist einfach. Damit der Leser Carlavillas literarisches Spiel besser versteht, gebe ich im Folgenden die WARNUNG zu Beginn des Buches wieder: „Dies ist die schmerzhafte Übersetzung einiger Notizbücher, die bei der Leiche von Dr. Landowsky auf einer Insel vor Leningrad von dem spanischen Freiwilligen A. I. gefunden wurden. Er brachte sie uns. I. Er brachte sie an uns. Ihre Rekonstruktion war langsam, mühsam, angesichts des Zustands der Manuskripte. Es dauerte Jahre. Noch länger haben wir gezögert, sie zu veröffentlichen. Seine Enthüllungen über das Ende waren so wunderbar und unglaublich, dass wir uns nie entschlossen hätten, diese Erinnerungen zu veröffentlichen, wenn die tatsächlichen Personen und Fakten ihnen nicht volle Authentizität verliehen hätten. Bevor diese Memoiren das Licht der Welt erblickten, haben wir uns auf einen Prozess und eine Kontroverse vorbereitet. Wir verbürgen uns persönlich für die absolute Wahrheit der kapitalen Fakten. Wir werden sehen, ob jemand in der Lage ist, sie mit Beweisen oder Argumenten zu widerlegen. Der Übersetzer, Mauricio Carlavilla". Mit anderen Worten: Der Text, der in einigen Ausgaben mehr als sechshundert Seiten umfasst, ist die Memoiren eines Arztes, der sie nach seinem Tod in handgeschriebenen Notizbüchern mit sich führte. Eine aufmerksame Lektüre von *Sinfonía en rojo mayor* zeigt, dass es sich in Wirklichkeit um ein von Carlavilla selbst verfasstes und nicht übersetztes Werk handelt, in dem er neben seiner eigenen Gelehrsamkeit und Einschätzung der geschilderten Ereignisse auch sein exklusives Wissen unter Beweis stellt. Carlavilla nutzt eine romanhafte Handlung, um alles, was er über die Vorgänge in der UdSSR vor dem Zweiten Weltkrieg weiß - und das ist eine ganze Menge - zu enthüllen. Mit anderen Worten, und wir kehren zu dem Zitat aus dem Text zurück, hatte Carlavilla lange vor J. Lina und A. Sutton Informationen darüber, wer Natalia Sedova, Trotzkis zweite Frau, war, und er gibt sie durch C. Rakowsky preis, der während eines sehr langen Verhörs in Anwesenheit von José Landowski, dem vermeintlichen Ich-Erzähler von *Sinfonía en rojo mayor*, alle Informationen preisgibt, die Carlavilla weiß und preisgeben will.

Terroristen, an Bord der *Kristianiafjord*. Am 3. April legte das Schiff in Halifax, Neuschottland, an, und die kanadische Grenzpolizei befahl Trotzki, seiner Frau und seinen beiden Kindern sowie fünf weiteren angeblichen russischen Sozialisten, Nikita Muchin, Leiba Fishelev, Konstantin Romanenko, Grigori Chusnovsky und Gerson Melichansky, von Bord zu gehen. Alle wurden verhaftet, da sie als deutsche Agenten galten. In den kanadischen Archiven wird Trotzki als deutscher Kriegsgefangener geführt. Zwei seiner engsten Vertrauten, Wolodarski (Goldstein) und Uritski, blieben an Bord. Wenige Tage vor der Verhaftung, am 29. März, hatten die Kanadier ein Telegramm aus London erhalten, in dem stand, dass Leiba Bronstein, der im Besitz von 10.000 Dollar war, und seine Genossen nach Russland reisen würden, um eine Revolution gegen die Regierung anzuzetteln. Der kanadische Geheimdienst war überzeugt, dass Trotzki, der besser Deutsch als Russisch sprach, ein Agent war, der im Auftrag der deutschen Regierung handelte.

Das Missverständnis dauerte etwa zwei Wochen, und in dieser Zeit wurde allerlei Druck ausgeübt, um Trotzki freizubekommen. Trotz der Tatsache, dass Russland Frieden mit den Mittelmächten schließen würde, wenn die Bolschewiki die Provisorische Regierung absetzen würden, die „angeblich" gegen die britischen Interessen gerichtet war, intervenierten Lord Melchett und Sir. Herbert Samuel, Mitglieder der Großloge von England, die von zionistischen Juden geleitet wird, bei der Regierung Lloyd George interveniert. Zur gleichen Zeit erhielt die britische Botschaft in Washington ein Ersuchen des Außenministeriums, die kanadischen Behörden nicht nur anzuweisen, den Gefangenen freizulassen, sondern ihm auch in jeder erforderlichen Weise zu helfen. In der Folge gab der allgegenwärtige Bernard Baruch auf Fragen eines US-Senatsausschusses zu, dass er dafür verantwortlich war, dass Trotzki zweimal freigelassen wurde. Der Druck bewirkte schließlich den Gegenbefehl. Die kanadischen Behörden wurden angewiesen, die Presse darüber zu informieren, dass Trotzki ein amerikanischer Staatsbürger war, der mit einem Reisepass reiste, und dass seine Freilassung vom Außenministerium in Washington beantragt worden war. So konnten Leo Trotzki und seine Partei ihre Reise fortsetzen, und am 4. Mai 1917 trafen sie über Schweden und Finnland in Petrograd ein, um die Revolution anzuführen. Tausende extremistischer jiddischsprachiger Juden unter ihnen versammelten sich in der Hauptstadt. Zu diesem Zustrom von Revolutionären, die Russland während der Stolypin-Jahre verlassen hatten, kommt noch der Zustrom von Zehntausenden von Gefangenen aus Sibirien, die von der Provisorischen Regierung freigelassen worden waren.

Lenin

Bis vor kurzem hieß es, dass Lenin, der eigentlich Wladimir Iljitsch Uljanow hieß, der einzige Nicht-Jude unter den fünfundzwanzig Männern war, die die Führung Russlands übernahmen. Es wurde auch angenommen, dass er am 22. April 1870 in Simbirsk geboren wurde. Beides wird heute bestritten und ist mit Sicherheit falsch. Seit dem Fall des Kommunismus wurden verschiedene Forschungsarbeiten über Lenin durchgeführt, deren Ergebnisse von Jüri Lina in

Unter dem Zeichen des Skorpions vorgestellt werden. Im Folgenden eine sehr kurze Zusammenfassung.

Was seine Geburt betrifft, so ist bekannt, dass sowohl Lenin als auch Stalin die Daten geändert haben und dass die offiziellen Biografien beider zu Propagandazwecken manipuliert wurden. Es liegt nicht in unserem Interesse, jetzt auf diese Frage einzugehen, und wir ziehen es vor, Informationen über ihre Herkunft zu liefern. Es scheint, dass ihre Großeltern beide in Anstalten für Geisteskranke landeten. Lenins Vater, Ilja Uljanow, ein Kalmücke, war Schulinspektor, und seine Mutter, Maria, deren Mädchenname Blank war, stammte aus einer adligen Familie und war die Tochter eines wohlhabenden Gutsbesitzers. Maria Blanks Vater, Israel, wurde 1802 in Starokonstantinowo in der Provinz Wolnja geboren. Israel Blank und sein Bruder Abel wollten an der Medizinischen Akademie in St. Petersburg studieren und ließen sich, um zugelassen zu werden, in der russisch-orthodoxen Kirche taufen. Israel nahm den Namen Alexander und Abel den Namen Dimitri an. Beide schlossen ihr Studium 1824 ab. Alexander wurde Militärarzt und leistete Pionierarbeit bei der Erforschung des Kurwesens in Russland.

Die Schriftstellerin Marietta Shanginyan entdeckte 1930 die jüdischen Wurzeln Lenins, konnte aber nicht enthüllen, was als Staatsgeheimnis galt. Erst 1990 war es möglich, diese Information zu veröffentlichen. Bis dahin war die Familie Blank als „Deutsche" dargestellt worden. Marias Großvater mütterlicherseits Blank, der Notar Johan-Gottlieb Grosschopf, stammte aus einer deutschen Kaufmannsfamilie. Maria Blanks Großeltern väterlicherseits waren jüdisch, so dass Maria Blank, die Jiddisch, Deutsch und Schwedisch sprach, zumindest halbjüdisch war, da nur ihr Vater jüdisch war. Einige Forscher vermuten jedoch, dass die Familie Grosschopf jüdisch war. In diesem Fall wäre Lenin jüdisch, denn soweit wir wissen, betrachten Juden jeden, der von einer jüdischen Mutter geboren wurde, als jüdisch. Eine weitere neue Enthüllung in Russland betrifft Lenins Großvater väterlicherseits, Nikolai Uljanow, der vier Kinder mit seiner eigenen Tochter Alexandra Uljanowa hatte, die sich gegenüber den Behörden als Anna Smirnowa ausgab. Lenins Vater, Ilja, war das vierte Kind, das geboren wurde, als Nikolai Uljanow bereits siebenundsechzig Jahre alt war. Ilja Uljanow heiratete die Jüdin Maria Blank, und in der Familie wurde Deutsch gesprochen, eine Sprache, die Lenin besser beherrschte als Russisch. Um den Mythos zu stärken, behauptete die sowjetische Propaganda, seine Eltern hätten Lenin bewusst zum Messias erzogen, der das Proletariat führen würde. In einer Umfrage von 1989 hielten siebzig Prozent der Befragten Lenin für die größte Persönlichkeit der Geschichte.

Yuri Slezkine bestätigt in *The Jewish Century* (2004), dass Lenin Jude war. Slezkine schreibt, dass es Lenins Schwester Anna war, die es 1924 Kamenew erzählte, der sagte: „Ich hatte es immer vermutet". Bucharin soll daraufhin gesagt haben: „Und was kümmert uns Ihre Meinung? Slezkine fügt hinzu: „Was sie tun wollten, oder besser gesagt, was die Partei durch das Lenin-Institut tun wollte, war zu beschließen, dass diese Information 'nicht veröffentlicht werden sollte' und zu verordnen, dass sie 'geheim gehalten' werden sollte." 1932 forderte Anna Ilinitchna Stalin auf, die Entscheidung zu überdenken, da die Entdeckung ein entscheidender wissenschaftlicher Beweis für „die außergewöhnlichen Fähigkeiten des semitischen Stammes" sei. Der Autorin zufolge befahl Stalin ihr, „absolutes Schweigen zu bewahren".

Was seine Beziehungen zur Freimaurerei anbelangt, so war Lenin bereits 1890 Freimaurer. Laut Karl Steinhauser gehörte er der Loge *Art et Travail* in der Schweiz und in Frankreich *an.* Oleg Platonow behauptet, Lenin sei Freimaurer im 31. Grad gewesen (Großkomtur-Inquisitor-Inspektor). Nicht nur Trotzki und Lenin waren Freimaurer: Verschiedene Freimaurerwissenschaftler, die sich mit B'nai B'rith befasst haben, stellen fest, dass Lenin, Sinowjew, Radek und Sverdlov dieser jüdischen Loge angehörten. Sowohl Lenin als auch Trotzki nahmen 1910 an der Internationalen Freimaurerkonferenz in Kopenhagen teil. Ein überraschender Text über die Beziehung des Kommunismus zur Freimaurerei und zu den Illuminaten stammt von Winston Churchill, der, bevor er sich selbst endgültig in die Reihen der Verschwörung einreihte, in einem Artikel mit dem Titel „Zionismus und Kommunismus", der am 8. Februar 1920 im *Londoner Illustrated Sunday Herald* veröffentlicht wurde, bestätigte, dass sowohl Lenin als auch Trotzki dem Kreis der Freimaurer und Illuminaten angehörten. Churchill schrieb: „Von den Tagen des 'Spartacus' Weishaupt über die von Karl Marx bis hin zu denen von Trotzki (Russland), Bela Kun (Ungarn), Rosa Luxemburg (Deutschland) und Emma Goldstein (Vereinigte Staaten) hat diese weltweite Verschwörung zum Umsturz der Zivilisation und zum Wiederaufbau einer Gesellschaft, die auf zurückhaltender Entwicklung, gieriger Bosheit und unmöglicher Gleichheit beruht, stetig zugenommen". Churchill erkannte in diesem langen Artikel von 1920 an, dass die Gruppe, die hinter Spartacus-Weishaupt stand, alle subversiven Bewegungen des 19. Jahrhunderts angetrieben hatte. Churchill stellte fest, dass Zionismus und Kommunismus um die Seele des jüdischen Volkes konkurrierten, und äußerte sich besorgt über die Rolle der Juden in der bolschewistischen Revolution und die Existenz einer internationalen jüdischen Verschwörung.

Oleg Agranyants, ein für die KGB-Operationen in Nordafrika zuständiger Geheimdienstler, arbeitete unter diplomatischer Tarnung in der tunesischen Botschaft, bis er im Mai 1986 in die Vereinigten Staaten überlief. Ihm verdanken wir verblüffende Enthüllungen über verschiedene „heilige Kühe" des russischen Kommunismus, die in einem Werk erscheinen, dessen Titel ins Englische mit *¿Qué hay que hacer? oder the most important work of our time - Deleninisation of our society* (London, 1989) übersetzt wird. Von besonderem Interesse ist hier eine Information, die den Ursprung des Namens Lenin klärt. Agranyants erklärt, dass Lenin, entgegen der landläufigen Meinung, Stalin vertraute. Lenins jüdische Frau, Nadeschda Krupskaja, hatte jedoch vor und nach dem Tod ihres Mannes mehrere Auseinandersetzungen mit Stalin: Krupskaja wollte Trotzki als Lenins Nachfolger und geriet mit Stalin aneinander, der drohte, öffentlich zu enthüllen, dass Lenins wirkliche Frau Stassowa hieß. Agranyants zufolge hat Elena Stasowa, eine Bolschewikin jüdischer Herkunft, die 93 Jahre alt wurde, wiederholt behauptet, Lenin habe ihren Namen, Lena, als Pseudonym benutzt. Die Enzyklopädie *Russipedia* bestätigt die Informationen von Agranyants in einem Artikel, in dem sie ein Telefongespräch zwischen

Stalin und Krupskaja vom 23. Dezember 1922 wiedergibt, als Lenins Gesundheitszustand bereits sehr schlecht war. In diesem Gespräch wird sie von Stalin schwer beleidigt. Nadeschda Krupskaja, die das Recht auf Vergewaltigung verteidigte, wusste von den Beziehungen ihres Mannes zu anderen Frauen und sogar zu anderen Männern, da Lenin bisexuell war.

Kürzlich sind Briefe ans Licht gekommen, aus denen hervorgeht, dass sie in Grigori Sinowjew (Gerson Radomylsky) verliebt war. Jüri Lina zitiert zwei Auszüge aus ihrer Korrespondenz, deren Quelle das Buch „Hitlerismus ist schrecklich, aber Zionismus ist schlimmer" ist, das 1999 in Moskau von Vladislav Shumsky veröffentlicht wurde. Am 1. Juli 1917 schrieb Lenin an Sinowjew: „Grigori! Die Umstände haben mich gezwungen, Petrograd sofort zu verlassen.... Die Genossen haben einen Ort vorgeschlagen. Es ist so langweilig, allein zu sein. Komm und bleib bei mir, und wir werden schöne Tage zusammen verbringen, weit weg von allem..." In einem anderen Brief wendet sich Sinowjew mit folgenden Worten an Lenin: „Lieber Wowa, du hast mir nicht geantwortet. Du hast wahrscheinlich deinen Gershel (Grigori) vergessen. Ich habe ein schönes Versteck für uns vorbereitet... es ist ein wunderbares Haus, in dem wir gut leben werden und nichts unsere Liebe stören wird. Reise so schnell wie möglich hierher. Ich warte auf dich, meine kleine Blume. Dein Gershel." Lenins Homosexualität war ein Geheimnis, das bis in die späten 1990er Jahre geheim gehalten wurde.

Am 4. April 1917 teilte Lenin, der nach dem gescheiterten Staatsstreich von 1905 in der Schweiz ins Exil gegangen war, der deutschen Regierung mit, dass er bereit sei, nach Russland zurückzukehren. Die Reise, die von Reichskanzler Theobald von Bethmann-Hollweg ohne Wissen von Kaiser Wilhelm II. genehmigt wurde, der davon erfuhr, als Lenin bereits in St. Petersburg war, war theoretisch Teil eines Plans, Russland aus dem Krieg herauszuholen und einen Friedensvertrag zu unterzeichnen, um später Handelsvorteile zu erlangen. Dazu ist es jedoch notwendig, einige relevante Fakten zu berücksichtigen und die Agenten vorzustellen, die Lenins Reisen und Finanzierung koordinierten.

An der Spitze der deutschen Spionagedienste stand zunächst der jüdische Bankier Max Warburg, dessen Bruder Paul der Drahtzieher bei der Gründung des Federal-Reserve-Kartells gewesen war und diesem aus den Vereinigten Staaten große Geldsummen zur Deckung der Kosten des Krieges mit Frankreich überwiesen hatte. Für Max Warburg arbeitete Alexander Parvus, Trotzkis Mentor, mit dem er den ersten Akt der Revolution von 1905 organisiert und geleitet hatte. Parvus, ein skrupelloser Illuminat im Stil von Adam Weishaupt, arbeitete nicht nur für die Verschwörung, sondern wurde 1905 auch von den Japanern bezahlt. Er war es, der Lenin, Rosa Luxemburg und Trotzki in München miteinander in Kontakt gebracht hatte. Eng verbunden mit Parvus bei der Operation, Lenin nach Russland zu überführen, war Jacob Fürstenberg, ein polnischer Jude, dessen richtiger Name Ganetsky war. Er arbeitete mit einem anderen bolschewistischen Juden polnischer Herkunft zusammen, Karl Radek (Karol Sobelsohn), später einer der Führer der Bayerischen Sowjetrepublik. Als Agent der Komintern erschien Radek in einer sowjetischen Uniform auf dem

Gründungskongress der Kommunistischen Partei Deutschlands. Jakob Ganetzki, der seit 1896 den Bolschewiki angehörte und als Vermittler zwischen Lenin und den Deutschen fungierte, war laut Wikipedia „einer der Finanzzauberer, die die geheime Finanzierung organisierten, die die Bolschewiki rettete." Nach dem Triumph der Revolution fungierte Ganetzki als einer der Leiter des sowjetischen Geschäftsbankwesens und war, bevor er von Stalin hingerichtet wurde, Direktor des Revolutionsmuseums der UdSSR.

Bleibt uns noch, den dritten Mann vorzustellen, Graf Brockdorff-Rantzau, die Person, die von Parvus benutzt wurde, um den deutschen Geheimdienst zu infiltrieren. Anthony Sutton erwähnt in *Wall Street and the Bolshevik Revolution* einen Brief vom 14. August 1915, in dem Brockdorff-Rantzau den Unterstaatssekretär über ein Gespräch mit Parvus informiert und ihm dringend empfiehlt, ihn einzusetzen, da er ihn für „einen außerordentlich wichtigen Mann hält, dessen ungewöhnliche Fähigkeiten wir meiner Meinung nach während des Krieges nutzen müssen". Derselbe Text enthält jedoch einen sehr bedeutsamen Vorbehalt: „Es mag riskant sein, die Kräfte hinter Helphand nutzen zu wollen, aber es wäre sicherlich ein Eingeständnis unserer eigenen Schwäche, wenn wir seine Dienste ablehnten oder befürchteten, dass wir nicht in der Lage wären, sie zu lenken." Dieser unberechenbare Charakter, der naiv vorgab, eine Verschwörung zu kontrollieren, die seit mehr als hundert Jahren im Gange war, diente 1917 als deutscher Botschafter in Kopenhagen. Nach der Niederlage Deutschlands wurde er zum Außenminister der Weimarer Republik ernannt und vertrat sein Land im März 1919 als Leiter der deutschen Delegation auf der Versailler Konferenz. Im Jahr 1922 wurde er zum Botschafter in Moskau ernannt.

Die Reise Lenins nach Russland wurde von Reichskanzler Bethmann-Hollweg gebilligt, der aus einer jüdischen Bankiersfamilie in Frankfurt am Main stammte, wo ein Park nach dem Gründer der Dynastie, Simon Moritz von Bethmann, benannt ist. Reichskanzler Bethmann-Hollweg hatte die Unterstützung des Reichstages verloren und war entlassen worden; bevor er Georg Michaelis übergab, gab er jedoch grünes Licht für die Operation, die von Staatssekretär Arthur Zimmermann koordiniert wurde. Wenn man bedenkt, dass die Infiltration der Armee, die Agitation und der Defätismus, Techniken, die in Russland von den Revolutionären angewandt wurden, ein Jahr später in Deutschland eingesetzt wurden, wo dieselben Männer der Lenin-Operation halfen, den Kommunismus in Bayern zu etablieren, kann man die Fehleinschätzung der Deutschen verstehen, die die Ereignisse kontrollieren wollten. General Max Hoffman schrieb später Folgendes. „Wir haben die Gefahr für die Menschheit, die von dieser Reise der Bolschewiken nach Russland ausging, nicht gekannt und nicht vorausgesehen".

Am 9. April verließ der Zug mit den zweiunddreißig Revolutionären, von denen die meisten jüdische Extremisten waren, Bern. Zu Lenins wichtigsten Begleitern gehörten Sinowjew und seine Frau Slata Radomylskaja, Moses Charitonow, der spätere Chef der Petrograder Miliz, Grigorij Sokolnikow (Brillant), Redakteur der *Prawda* und späterer Kommissar für Bankangelegenheiten, David Rosenblum, Alexander Abramowitsch und

Nadeschda Krupskaja, die von Inessa Armand, Lenins einwilligender Geliebten, begleitet wurde. Vor ihrer Ankunft in Stockholm traf die Gruppe Ganetsky in Trelleborg. Als die Gruppe in Malmö eintraf, informierte Botschafter Brockdorf-Rantzau sofort Berlin. Vor zehn Uhr am Morgen des 13. April 1917 fuhr der Zug Lenins in den Stockholmer Bahnhof ein. Auf dem Bahnsteig wartete der Bürgermeister der Stadt, der Sozialist Carl Lindhagen. Auch der Freimaurer Hjalmar Branting, Führer der schwedischen Sozialdemokraten, half den Bolschewiki, einen Stützpunkt in Schweden einzurichten, um terroristische Aktionen in Russland vorzubereiten.

Der polnische Freimaurer Karl Rádek (Sobelsohn) war im Zug, fuhr aber nicht weiter nach St. Petersburg, sondern blieb in der schwedischen Hauptstadt, um seinem Freund Ganetzki zu helfen, der über die Nya Banken deutsches Geld an die Petrograder Bolschewiki leitete, die 1912 in Stockholm von dem jüdischen Bankier und Freimaurer Olof Aschberg (Obadiah Asch) gegründet wurde, der von der deutschen Presse als „Bankier der Weltrevolution" bezeichnet wurde. Olaf Aschberg war Teil des Rothschild-Bankennetzwerks. Im Jahr 1918 änderte Aschberg den Namen der Nya Banken in Svensk Economiebolaget, deren Londoner Vertreter die British Bank of North Commerce war, deren Vorsitz Earl Grey, ein ehemaliger Mitarbeiter von Cecil Rhodes, innehatte. Zum gleichen Kreis wie Aschberg, der mit der Nya Banken verbunden war, gehörte die Guaranty Trust Company of New York, die von J. P. Morgan kontrolliert wurde. Als die Sowjets 1922 ihre erste internationale Bank, die Ruskombank (Bank für Außenhandel), gründeten, wurde sie von Olof Aschberg geleitet. Der Leiter der Auslandsabteilung der Ruskombank war Max May, ebenfalls ein Mann von Morgan Guaranty Trust.

Lenin verbrachte acht Stunden im Hotel Regina, wo er Hans Steinwachs, Vertreter des deutschen Außenministeriums und Leiter der deutschen Spionage in Skandinavien, traf. Um 18.30 Uhr desselben Tages, des 13. April, setzte er seine Reise nach Haparanda fort. Die Fahrkarten für die Fahrt nach Stockholm wurden von der deutschen Regierung bezahlt, aber von da an wurden die Kosten der Reise von der Provisorischen Regierung getragen, da Alexander Kerenski, der Justizminister, Lenin und Trotzki direkt eingeladen hatte. Am Abend des 16. April 1917, zehn Tage nach der Kriegserklärung Amerikas an Deutschland und achtzehn Tage vor der Ankunft Trotzkis, erreichten Lenin und seine Begleiter schließlich um 23.10 Uhr Petrograd. Der Vorsitzende des Sowjets, der menschewistische Freimaurer Tschidse, erwartet sie mit Blumen und hält eine Begrüßungsrede. Lenin kletterte auf ein Fahrzeug und hielt ebenfalls eine bewegende Rede, bevor er in den wartenden Panzerwagen stieg. Später wurde er im Winterpalast vom Arbeitsminister, dem menschewistischen Freimaurer Michail Skobelew, empfangen. Im Mai traf eine neue Gruppe von 200 Revolutionären aus der Schweiz ein, angeführt von den Menschewiken Martow (Zederbaum) und Pavel Axelrod. Alle Akteure kamen zwischen April und Mai in Russland an, um den dritten und letzten Akt der Revolution durchzuführen.

Kerenski, Premierminister: Der Countdown beginnt

Als Lenin ankam, dominierten die Menschewiki und die revolutionären Sozialisten, die so genannten SR, den St. Petersburger Sowjet, während die Bolschewiki in der Minderheit waren. Sowohl der Vorsitzende Tschidse als auch die stellvertretenden Vorsitzenden Kerenski und Skobelew waren Menschewiki und befürworteten zunächst die Fortsetzung des Krieges. Doch mit der Ankunft Lenins wuchsen die Spaltungen innerhalb dieser Fraktion der Sozialdemokraten. Die Führung der Menschewiki war rein jüdisch, und im Grunde handelte es sich um einen Familienstreit innerhalb des gemeinsamen Hauses der Sozialdemokratischen Partei. In den Monaten April, Mai und Juni riefen die Bolschewiki zur Zerstörung der Provisorischen Regierung auf, die Lenin in seinen Reden als ein Instrument der Bourgeoisie betrachtete, das gestürzt werden müsse. Die provisorische Regierung hatte jedoch versprochen, Wahlen für eine verfassungsgebende Versammlung einzuberufen, die eine Verfassung für Russland ausarbeiten sollte. Am 3. Juni 1917 beriefen die Sowjets den Ersten Allrussischen Sowjetkongress ein, der in St. Petersburg stattfand. Nach der Februar-/Märzrevolution hatten die marxistischen Parteien Hunderte von lokalen Sowjets in Russland organisiert, und der Zweck der Einberufung bestand darin, die Kräfte der Revolution zu vereinen. Der Kongress zeigte, dass die Menschewiki und die Sozialrevolutionäre tatsächlich in der Mehrheit waren und eine Versammlung mit Hunderten von Delegierten, von denen nur vierzig Bolschewiki waren, dominierten. Bevor der Kongress aufgelöst wurde, einigte man sich auf einen Termin für ein zweites Treffen. Ursprünglich war der 20. Oktober als Termin vorgesehen, doch dann wurde das Datum auf den 25. Oktober (7. November im gregorianischen Kalender) geändert, der „zufällig" mit dem Datum der Revolution zusammenfiel.

Mit frischem Geld verbreiteten Trotzki, der zu den Bolschewiki überlief, und Lenin Publikationen und Flugblätter aller Art. Bereits im Mai stieg die Auflage *der Prawda* von dreitausend auf dreihunderttausend Exemplare und wurde kostenlos verteilt. Obwohl sowohl Lenin als auch Trotzki den Bürgerkrieg, einen gnadenlosen Klassenkrieg, in dem die politischen Gegner vernichtet werden sollten, herbeisehnten, lautete die Losung der Bolschewiki „Frieden, Brot, Land, alle Macht den Sowjets". Die Propaganda begann unter den Fabrikarbeitern und in den Kasernen bei St. Petersburg zu wirken. Im Juli hatten die Bolschewiki die Unterstützung der radikalsten Elemente in der Stadt gewonnen, und der Aufruhr wuchs. Auch die Rückkehr der Exilanten, zumeist Bolschewiki, stärkte ihre Position. All diese Unruhen veranlassten Tausende von Arbeitern und Soldaten, am 3. und 16. Juli auf die Straße zu gehen, ermutigt von Führern niedrigerer Ränge, die die Macht ergreifen wollten. Trotzki selbst hielt die Rotgardisten vor dem Tauridenpalast zurück und forderte sie auf, nach Hause zu gehen und sich zu beruhigen. Am 4./17. Juli, zeitgleich mit einer deutschen Offensive, spitzte sich die Lage zu, und es kam zu einem außerplanmäßigen Aufstand tausender Arbeiter und Soldaten, der die Regierung von Fürst Lemberg in die Bredouille brachte und sie zum Rücktritt zwang. Diese Tage sind als „Julitage" in die russische Geschichte eingegangen.

Einige Freimaurer der Regierung, die nicht wussten, was auf dem Spiel stand, nahmen, als sie von der Existenz von Dokumenten erfuhren, die die Bolschewiki belasteten, ihre Augenbinden ab und begannen, die Realität zu sehen. Juli besuchte der französische Militärattaché Pierre Laurent Oberst Boris Nikitin, den damaligen Leiter des russischen Geheimdienstes, und übergab ihm Kopien von 29 Telegrammen von Lenin, Ganezki, Sinowjew und anderen sowie drei Briefe von Lenin, die die bolschewistische Fraktion entlarvten. Diese Informationen wurden sofort von regierungsnahen Patrioten an sympathisierende Zeitungen weitergegeben. Gerüchte über die bevorstehende Veröffentlichung wichtiger Informationen über Lenin, Trotzki und Sinowjew verbreiteten sich in der Stadt. Stalin rief Tschidse an und überredete ihn, die Zeitungen anzurufen und die Veröffentlichung sensibler Dokumente zu verbieten. Die Provisorische Regierung hätte die Angelegenheit am liebsten begraben, aber eine kleine Zeitung, *Schiwoje Slowo* (*Das lebendige Wort*), ignorierte das Verbot und veröffentlichte am 5./18. Juli einen Artikel SR Grigori Alexinskij und Wassili Pankratow über die deutsche Finanzierung von Lenins Partei. Der Artikel enthielt Auszüge, aus denen hervorging, dass Lenin über einen Herrn Svenson, der an der deutschen Botschaft in Stockholm arbeitete, 315.000 Mark erhalten hatte. Lenin hatte Geld und Anweisungen von vertrauenswürdigen Personen wie Jacob Fürstenberg und Alexander Parvus erhalten. Der veröffentlichte Artikel enthielt den Namen von Eugenia Sumenson (Dora Simmons), die zum ersten Mal in diesem Bericht auftaucht. Diese Frau jüdischer Herkunft arbeitete in Petrograd in einem pharmazeutischen Unternehmen, *Fabian Klingsland*, das von Kozlovsky, einem Agenten von Parvus, der dem Exekutivkomitee des Petrograder Sowjets angehörte, geleitet wurde. Das Geld wurde von dieser Firma entgegengenommen, die es wusch, bevor es in den Banken deponiert wurde, von denen es Sumenson, ein Verwandter von Ganetsky, abhob. Es folgt ein Auszug aus dem Artikel, der in *Wall Street and the Bolshevik Revolution abgedruckt ist:*

> „Nach den soeben erhaltenen Informationen waren diese Vertrauenspersonen in Stockholm: der Bolschewik Jacob Fürstenberg, besser bekannt unter dem Namen Ganetsky, und Parvus (Dr. Helphand); in Petrograd: der bolschewistische Rechtsanwalt M. U. Kozlovsky, ein Verwandter von Ganetsky, Sumenson, der mit Ganetsky und anderen spekulierte. Kozlovsky war der Hauptempfänger des deutschen Geldes, das von Berlin über die „Disconto-Gesellschaft" nach Stockholm „via Bank" und von dort zur Bank von Sibirien in Petrograd überwiesen wurde, wo dieses Konto jetzt einen Saldo von etwa 2.000.000 Rubel aufweist. Die Militärzensur hat einen ununterbrochenen Austausch von Telegrammen politischer und finanzieller Art zwischen deutschen Agenten und bolschewistischen Führern aufgedeckt".

Was die Briefe Lenins anbelangt, so erfuhr die Provisorische Regierung, dass Lenin am 12. und 25. April an Ganetzki und Radek, die sich noch in Stockholm aufhielten, geschrieben hatte, um den Erhalt des Geldes zu bestätigen. In einem zweiten Schreiben an Ganetsky vom 21. April/4. Mai wurde ein weiterer Geldeingang bestätigt. Aus dem Briefwechsel mit Ganetski erfuhr man außerdem, dass ein Agent der Provisorischen Regierung selbst in

Stockholm den Bolschewiki geholfen hatte, das Geld in einem Postsack zu schmuggeln. Ganetzki, der mit wichtigen Dokumenten nach Petrograd unterwegs war, erfuhr von dem Skandal, brach die Reise ab und kehrte nach Stockholm zurück. Jüri Lina fügt in *„Im Zeichen des Skorpions"* hinzu, dass sein Vertreter, der polnische Jude Salomon Chakowicz, mit seinem Gepäck in Haparanda blieb und dass der französische Militärattaché Pierre Laurent einen Agenten in die Stadt schickte, um zu versuchen, es zu stehlen. Ob er Erfolg hatte, ist nicht bekannt. Was Parvus betrifft, so beeilte er sich, Kopenhagen zu verlassen und in die Schweiz zurückzukehren.

Unmittelbar nach der Veröffentlichung des Artikels wurde Justizminister Pavel Pereverzev zum Sündenbock für die Weitergabe der Dokumente an die Presse gemacht und zum Rücktritt gezwungen. Es wurde behauptet, dass eine Untersuchung erforderlich sei, um den angeblichen Verrat der Bolschewiki zu überprüfen. Am 6./19. Juli hatte sich die Aufregung auf den Straßen gelegt, und Lenin veröffentlichte einen Artikel, in dem er die Anschuldigungen zurückwies und sie als eine „verfaulte Erfindung der Bourgeoisie" bezeichnete. In Lenins offizieller Biografie werden diese Anschuldigungen als Verleumdung von agents provocateurs bezeichnet. Trotzki seinerseits behauptete, das Geld stamme aus Sammlungen der Arbeiter. Zwei Monate später erhielt ein gewisser Raphael Scholan (Schaumann) in Haparanda ein Telegramm von Jacob Fürstenberg, datiert auf den 21. September in Stockholm, aus dem hervorgeht, wer die angeblichen „Arbeiter" waren, die Trotzki Geld gaben. In *The World at the Cross Roads* gibt Boris Brasol das Dokument[51] wieder, das auch in anderen Werken zitiert wird. Sein vollständiger Text lautet: „Lieber Genosse: Die Filiale des Bankhauses M. Warburg hat gemäß dem Telegramm des Vorsitzenden des Westfälisch-Rheinischen Syndikats ein Konto für das Projekt des Genossen Trotzki eröffnet. Der Bankjurist (Agent) hat Waffen gekauft und für deren Transport und Lieferung nach Luleo und Varde gesorgt. Auf den Namen der Filiale von Essen & Sohn in Luleo, Empfänger, und eine Person, die befugt ist, das von Genosse Trotzki bestellte Geld entgegenzunehmen. J. Fürstenberg."

Angesichts der Beweise kam die Staatsanwaltschaft nicht umhin, eine Untersuchung einzuleiten, die ergab, dass sich 180.000 Rubel auf dem Konto von Eugenia Sumenson befanden und dass weitere 750.000 Rubel über einen Zeitraum von sechs Monaten von Nya Banken überwiesen worden waren. Lenin wurde wegen Hochverrats und Spionage angeklagt. Am 7. und 20. Juli ordnete die Provisorische Regierung die Verhaftung von Lenin, Sinowjew und dem *Prawda-Redakteur* Lew Kamenjew (Rosenfeld) an. Sowohl bürgerliche als auch revolutionär-sozialistische (SR) Zeitungen forderten, Lenin vor Gericht zu stellen. Kerenski, der Kriegsminister war, bot nach einem Besuch an der Front am 8. und 21. Juli an, das Amt des Ministerpräsidenten einer Regierung zur „Rettung der Revolution" zu übernehmen. Kerenski beabsichtigte, den Konflikt „mit friedlichen Mitteln" zu lösen. Der neue Ministerpräsident, der als hervorragender Redner galt, machte sich sofort an die Aufgabe, Begeisterung für

---

[51] Die Quelle von Boris Brasol sind die National Archives, insbesondere das Committee on Public Information in Washington D.C., aus dem das Dokument vom 27. Oktober 1918 stammt.

die neue Offensive gegen die Deutschen zu wecken, ein weiteres Offensiv-Massaker, das die Strategie der Bolschewiki nur begünstigte. Obwohl der Erfolg zunächst mäßig war, nahm er in den folgenden Monaten stetig ab, was unvermeidlich war, da die Moral und Disziplin der russischen Truppen von innen heraus untergraben worden war.

Lenin verließ St. Petersburg am Abend des 22. Juli. Niemand versuchte, ihn zu verhaften, und nach einer ruhigen Tour durch mehrere russische und finnische Städte landete er einen Monat später in Helsinki. Auch Sinowjew beschloss, unterzutauchen. Am 13. und 26. Juli forderte der St. Petersburger Sowjet selbst, Lenin und Sinowjew vor Gericht zu stellen. Eine Gruppe von Genossen vertrat die Auffassung, dass Lenin unschuldig sei und von den Ermittlungen nichts zu befürchten habe. Lenin teilte diese Ansicht offensichtlich nicht. Unter dem Druck der feindseligen Presse wurden schließlich die wichtigsten Bolschewiki-Führer, die sich noch in der Stadt aufhielten, verhaftet: Leo Trotzki, Anatoli Lunakarski, Aleksandra Kollontai, Lew Kamenew, Eugenia Sumenson und einige andere, die beschuldigt wurden, Kontakte zu Alexander Parvus zu unterhalten, der als deutscher Agent galt. Die Ermittlungen ergaben Tausende von Seiten, die archiviert wurden, ohne dass etwas gegen die Verhafteten unternommen wurde. Erst nach der Wende wurden die gesamten Unterlagen zugänglich gemacht.

Zwei Monate vor der bolschewistischen Machtergreifung wurde am 26. Juli/8. August der Sechste Kongress der Russischen Sozialdemokratischen Arbeiterpartei eröffnet. Seit dem letzten Kongress, der 1907 in London stattfand, waren zehn Jahre vergangen. Da die wichtigsten Parteiführer untergetaucht oder inhaftiert waren, wurde der Kongress von Mitgliedern der zweiten Reihe organisiert, von denen Swerdlow einer der prominentesten war. Swerdlow, Olminski, Lomow, Jurjew und Stalin hatten den Vorsitz inne. In Wirklichkeit war der Kongress eine bolschewistische Angelegenheit, denn die menschewistische Fraktion hatte praktisch aufgehört zu existieren. Er kann daher als Kongress der bolschewistischen Partei bezeichnet werden, die ein Jahr später in Kommunistische Partei umbenannt werden sollte. Das wichtigste Ereignis war die Wahl des 26-köpfigen Zentralkomitees, das zwei Monate später die Oktoberrevolution anführte. Trotzki schreibt in seinem Buch *Stalin*, dass „wegen der Halblegalität der Partei die Namen der in geheimer Wahl gewählten Personen auf dem Kongress nicht bekannt gegeben wurden, mit Ausnahme der vier, die die meisten Stimmen erhalten hatten". Lenin erhielt 133 Stimmen, Sinowjew 132, Kamenew 131 und Trotzki 131. Wenn man die obigen Ausführungen über Lenins Mutter akzeptiert, waren alle vier Parteiführer Juden und mit Frauen derselben Ethnie verheiratet. Während des Kongresses war V. Volodarsky (Moses Markovich Goldstein), einer der Trotzkisten, der mit der *Kristianiafjord* aus New York angereist war, führte eine Gruppe von Delegierten an, die Lenin vor Gericht stellen wollten. Dies ist vielleicht von Bedeutung und wird später erörtert, da Volodarsky im Juni 1918 ermordet wurde.

Kerenski ließ nicht lange auf sich warten und begann mit der Freilassung der verhafteten bolschewistischen Führer. Der erste, der im August aus dem Gefängnis entlassen wurde, war Kamenew, doch schon bald waren sie alle wieder auf der Straße. Trotzki wurde am 4./17. September freigelassen, und noch im selben Monat wurde der Moskauer Sowjet unter bolschewistische Kontrolle gestellt. Am 23. September/6. Oktober wurde Trotzki zum Vorsitzenden des St. Petersburger Sowjets gewählt und löste damit den Menschewiken Tschidse ab. Von diesem Zeitpunkt an kontrollierten die Bolschewiki auch den St. Petersburger Sowjet, der am 12. und 25. Oktober beschloss, die gesamte militärische Macht an ein Militärisches Revolutionskomitee unter der Leitung von Trotzki zu übertragen.

Bevor wir uns der Machtergreifung zuwenden, muss der Aufstand von General Lawr Kornilow erwähnt werden, der nach dem Scheitern der Julioffensive zum Oberbefehlshaber der russischen Armee ernannt worden war. Kornilow, einer der freimaurerischen Generäle, die die Revolution, die die Monarchie gestürzt hatte, blind unterstützt hatten, war mit der persönlichen Verhaftung des Zaren beauftragt worden. Schließlich hatte er die zwielichtigen Manöver der Provisorischen Regierung satt und machte sich daran, Kerenski zu stürzen, der immer noch inhaftierte Bolschewiken freiließ. Am 19. August/1. September befahl er seinen Kosaken, die Hauptstadt anzugreifen. Am 25. August/7. September stürmten die Truppen von General Krymov nach St. Petersburg mit dem Befehl, alle Sowjets und Verräter zu hängen. Am 26. August/8. September gab Kornilow eine Proklamation heraus, in der er die Provisorische Regierung beschuldigte, den Staat und die Armee zu untergraben, und so die Macht zurückeroberte. Kerenski appellierte an die Bolschewiki, die alle aus dem Amt entlassen und als die besten Verteidiger der Demokratie dargestellt wurden. Um die Konterrevolution zu bekämpfen, wurde von den Bolschewiki und den SR ein Zentralkomitee gegründet. Tausende von Matrosen aus Kronstadt wurden nach Petrograd beordert, die Rotgardisten erhielten die in den Julitagen konfiszierten Waffen zurück, die Eisenbahner wurden zur Sabotage der Gleise aufgerufen, und die Arbeiter wurden mobilisiert. Die Sowjets begannen, Tausende von Offizieren zu verhaften, die verdächtigt wurden, mit Kornilow zu sympathisieren, aber auch viele Zivilisten. Insgesamt wurden etwa siebentausend Menschen verhaftet. General Krimow wurde zu Verhandlungen mit Kerenski eingeladen, und nach dem Gespräch erschoss er sich und setzte seinem Leben ein Ende. Kurzum, am 30. August/12. September war der Aufstand niedergeschlagen. Die Bolschewiki konnten, wie bereits erwähnt, die durch den Aufstand entstandene Situation ausnutzen und die Kontrolle über die Sowjets in den großen Städten übernehmen.

... und Kerenski übergibt die Macht an die Bolschewiki.

Aus dem oben transkribierten Telegramm von Jacob Fürstenberg geht hervor, dass das Bankhaus Max Warburg Ende September auf Trotzkis Bitte hin Waffen und Geld zur Verfügung gestellt hatte. Dies ist ein klarer Beweis dafür, dass sich die Vorbereitungen für die Machtergreifung beschleunigten. Verschiedene Autoren stimmen darin überein, dass nach Informationen in den Archiven des Außenministeriums der amerikanische Botschafter, David Francis, über die Pläne der Bolschewiki gut informiert war und Präsident Wilson anderthalb Monate im Voraus wusste, dass die Bolschewiki im Oktober/November die Macht übernehmen würden. Das gewählte Datum fiel genau mit Trotzkis Geburtstag zusammen, dem 7. November im gregorianischen Kalender. Sowohl Wilson als auch Lloyd George wussten, dass der Triumph der Revolution in Russland es Deutschland ermöglichen würde, den Weltkrieg zu verlängern; aber sie taten nicht nur nichts, um den Sturz Russlands in die Hände des internationalen Kommunismus zu verhindern, sondern sie brachten ihn sogar herbei. Ein Beweis dafür, dass auch die britische Regierung wusste, was kommen würde, ist die Tatsache, dass sie anderthalb Monate vor der Revolution allen Bürgern riet, das Land zu verlassen.

Lenin kehrte Anfang Oktober nach St. Petersburg zurück und lebte nach Angaben von Margarita Fofanowa bis zur Machtergreifung in seiner Wohnung. Die Regierung Kerenski wusste von dieser Tatsache, unternahm aber nichts. Obwohl der Plan der Bolschewiki ein offenes Geheimnis war und sogar in der Presse veröffentlicht wurde, lehnte Kerenski den Vorschlag ab, St. Petersburg mit Truppen zu verstärken. Die Propaganda-These, dass die Revolution spontan war, ist Unsinn. Das Militärrevolutionäre Komitee, dem der St. Petersburger Sowjet am 12. und 25. Oktober offiziell die Macht übertrug, hatte bereits seit einigen Tagen im Geheimen unter Trotzkis Befehl gearbeitet. Am 22. Oktober/4. November organisierte das Komitee eine große Demonstration zur Vorbereitung der bevorstehenden Machtergreifung. Am nächsten Tag erklärte sich die Festung Peter und Paul zu Gunsten der Bolschewiki. Am 24. Oktober/6. November, dem Tag vor der Machtübergabe, inszenierte Kerenski seine letzte Farce: Er ordnete die Verhaftung des Militärrevolutionären Komitees an, verbot alle bolschewistischen Publikationen und ordnete neue Truppen an, um die Garnison von St. Petersburg zu ersetzen. Diese Maßnahmen wurden natürlich nie ergriffen.

Was Lenin in den Tagen vor dem Putsch tat, bleibt ein Rätsel. Es wurde bestätigt, dass er sich nicht im Smolny-Institut aufhielt, dem Sitz des Militärrevolutionären Komitees, von dem aus Trotzki alles organisierte. Wie im Juni „zufällig" geplant, tagte der Zweite Russische Sowjetkongress am 25. Oktober/7. November im selben Smolny-Institut, von dem aus das Militärrevolutionäre Komitee seine Operationen leitete. Dort wurde um 10.40 Uhr verkündet, dass die Provisorische Regierung gestürzt wurde und die Macht an die Sowjets übergegangen war. Der Sowjetkongress nahm daraufhin den Antrag auf Bildung einer neuen Regierung an: den Rat der Volkskommissare („Sovnarkom" Soviet narodnij kommissarov). Der Vorschlag wurde mit 390 von 650 möglichen Stimmen angenommen. Die gebildete Regierung bestand ausschließlich aus Bolschewiken, und der Führer der Menschewiki, Martow (Zederbaum), verließ den Kongress zusammen mit anderen Mitgliedern der Fraktion. Der Rat wurde somit die offizielle Regierung Russlands. Alle achtzehn Mitglieder dieses Rates der Kommissare, dessen Vorsitz Lenin innehatte, waren Juden oder mit Juden verheiratet. Lenin selbst betrachtete ihn als provisorische Regierung, da die von den Freimaurer-Kabinetten so oft verschobenen, lang erwarteten Wahlen zur Konstituierenden Versammlung bereits angesetzt waren. In der Tat fanden sie zwischen dem 25.12. und dem 27.14. November statt.

Was die mythische Eroberung des Winterpalastes betrifft, der am Morgen des 25. Oktober/7. November von fünftausend Matrosen gestürmt worden sein soll, stellt Sergei P. Melgunow fest, dass es sich nur um einige hundert Revolutionäre und fünfzig Rotgardisten handelte, die in aller Stille in den Palast eindrangen, der in Wirklichkeit nie gestürmt wurde, weil dies nicht mehr notwendig war. Die Erstürmung des Winterpalastes fand statt, nachdem der Sturz der Provisorischen Regierung bereits auf dem Sowjetkongress angekündigt worden war. Trotzki hatte noch Stunden zuvor erklärt, dass „die Regierungsgewalt beim Militärrevolutionären Komitee liegt". Bevor einige hundert Hafen- und Putilowa-Fabrikarbeiter, die dorthin geführt worden waren, und die Rotgardisten in den Palast einziehen sollten, befahl Trotzki, 35 Kanonenschüsse von der Festung Peter und Paul abzugeben. Natürlich trafen sie nicht das vermeintliche Ziel, den Winterpalast. Sicherlich sollten sie die Dramatik und den epischen Charakter der Revolution verstärken, damit in den Geschichtsbüchern, die sie selbst schreiben sollten, nichts fehlte. In *Die bolschewistische Machtergreifung* stellt Melgunow fest, dass sich die ersten Rotgardisten gegen 16.30 Uhr um den Palast versammelten, dass aber der Chef der Garde, Wladimir Newski, den Befehl erhielt, zu warten. Melgunow zufolge wurden die Wachmannschaften vor dem Palast abgezogen, und nur zwei Kompanien des Frauenbataillons blieben zurück. Einige Quellen behaupten, dass einige dieser Frauen vergewaltigt wurden, obwohl die offizielle Version einräumt, dass sie keinen Widerstand leisteten und einfach entwaffnet und freigelassen wurden. Der Erzählung zufolge, die die „glorreiche Einnahme des Winterpalastes" wie ein Epos erscheinen lassen will, stellten die Bolschewiki der Provisorischen Regierung ein Ultimatum, das diese nicht beantwortete; in Wahrheit existierte die Regierung aber schon seit Tagen nicht mehr, da sie de facto freiwillig die Macht des Militärrevolutionären Komitees von Trotzki anerkannt hatte.

E. M. Halliday schreibt in *Russia in Revolution*, dass Kerenski, Sekretär des Grand Orient in Russland, Mitreligionist und Freimaurerbruder von Lenin und Trotzki, am Morgen des 25. Oktober/7. November St. Petersburg verlassen hatte. Die amerikanische Botschaft stellt ihm ein Auto mit amerikanischer Flagge zur Verfügung. Mit falschen Papieren und Geld bewaffnet, eskortieren ihn die Bolschewiki nach Murmansk, einem von den Briten besetzten Marinestützpunkt. Dort wurde er als „weißer" Flüchtling aufgenommen und segelte auf einem italienischen Schiff nach England. Es ist klar, dass alles im Voraus geplant worden war. Nachdem er in Berlin und Paris ein ruhiges Leben geführt hatte, zog er Jahre später in die Vereinigten Staaten, wo er 1970 in New York starb. Die offizielle Version behauptet jedoch, er habe sich als Frau verkleidet und sei nach Gachino geflohen. In seinen Memoiren behauptet Kerenski, den Trotzki für einen Abenteurer hielt, er habe versucht, den Widerstand in dieser Stadt zu organisieren. Die anderen Mitglieder der Provisorischen Regierung, von denen sich einige im Palast aufhielten, wurden von Antonow-Owsejenko, einem Genossen Trotzkis, verhaftet. Die Verhaftung erfolgte genau um 2.10 Uhr am 26. Oktober/8. November, als die Rotgardisten die Tür des Raumes öffneten, in dem die Minister versammelt waren, und verkündeten: „Meine Herren, Ihre Zeit ist abgelaufen!

John Reed, der berühmte amerikanische Kommunist, zu dessen Heiligenschein die Hollywood-Propagandafabrik mit dem Film *Reds* (1981) beigetragen hat, schrieb *Ten Days That Shook the World, ein* Werk, das 1919 vom Verlag der Kommunistischen Partei der USA[52] veröffentlicht wurde. Darin berichtet Reed, der zufällig dabei war, wie die Rotgardisten ein halbes Dutzend Zivilisten eskortierten, darunter Rutenberg, „der wortlos auf den Boden starrte", und Tereschtschenko, „der sich schnell umsah". Laut Reed wurden sie zur Festung von Peter und Paul gebracht. Es handelte sich in Wirklichkeit um eine Parade, wie man umgangssprachlich sagt, um den Schein zu wahren. Alle Inhaftierten wurden innerhalb weniger Monate freigelassen, und Rutenberg kollaborierte mit den Bolschewiki, bevor er Russland nach dem versuchten Attentat auf Lenin verließ. Es wurde bereits berichtet, dass Kerenski als Justizminister Pjotr (Pinhas) Rutenberg zum Chef der Polizei ernannte. Es ist nicht vorstellbar, dass Lenin und Trotzki gegen diesen Freimaurerbruder hätten vorgehen können, der 1905 zusammen mit Parvus und Trotzki selbst als Terrorist agierte. Rutenberg war nicht nur einer der Gründer der Jüdischen Legion, sondern gründete mit anderen auch den „American Jewish Congress". Dieser Zionist erhielt von den Briten die Exklusivkonzession für die Erzeugung und Verteilung von Strom in Palästina und gründete die heutige Israel Electric Corporation. Er war auch an der Gründung der *Haganah* beteiligt, der Keimzelle der künftigen zionistischen Armee. Er war auch Vorsitzender des Jüdischen Nationalrats. Ein weiterer hochrangiger Freimaurer, der mit den Bolschewiki kollaborierte, war Nikolai Nekrassow, ehemaliger Minister für Kommunikation, der bis 1920 in der Zentralen Genossenschaftsunion arbeitete. Tereschtschenko, der Rothschild-freundliche Finanzminister, wurde ebenfalls entlassen und starb erst viel später, 1956, in Monaco.

Ein weiterer Zeuge, der 1919 im Exil lebende und im Alter von 98 Jahren in Madrid verstorbene Armeeoffizier Michail Maslenninkow, bestätigt die Tatsache, dass niemand den Winterpalast verteidigte, der von einer zwei Meter hohen Sandsackmauer umgeben war, die nicht das gesamte Gebäude bedeckte. Maslenninkov erzählt, wie er, von Neugierde getrieben, an einem der Eingänge des Palastes ankam und, nachdem er von einem Kadetten, der Wache hielt, begrüßt worden war, leise eintrat und in den ersten Stock hinaufging, wo etwa hundert Bolschewiken von einem Ort zum anderen gingen. Vor der Tür eines Raumes, in dem das Ministerkabinett tagte, stand ein Soldat Wache. Nach Angaben dieses Offiziers, der einen Trenchcoat ohne Rangabzeichen trug, brach eine Gruppe von etwa dreißig Soldaten unter dem Kommando eines Leutnants durch. Nachdem sie den Raum betreten hatten, schloss sich die Tür hinter ihnen. In dem Bericht heißt es weiter: „Einige Minuten später öffnete sich die Tür erneut, und die Minister der Regierung erschienen auf der Schwelle und zogen

---

[52] John Reed, berichtet Anthony Sutton, Mitglied des Exekutivkomitees der Dritten Internationale, wurde von Eugene Boissevain, einem New Yorker Bankier, unterstützt. Er wurde von der Zeitschrift *Metropolitan* von Harry Payne Whitney eingestellt, der damals Direktor der Guaranty Trust Company von J. P. Morgan war.

eilig ihre Mäntel an... Am nächsten Tag erfuhr ich, dass sie verhaftet und in die Festung Peter und Paul gebracht worden waren". Kurz darauf ertönten laut diesem Zeugen zwei Schüsse vom Kreuzer *Aurora*, der die Newa hinaufgefahren war und in der Nähe des Palastes ankerte, wo er für Touristen, die die Stadt besuchen, liegen bleibt, um das Schiff zu sehen, das an der „glorreichen Oktoberrevolution" teilgenommen hatte. Vom Platz aus waren Rufe vom Balkon im ersten Stock zu hören: „Haltet sie auf, sie werden uns töten! Sagt ihnen, der Palast ist in unserer Hand!"

Achtzehn Tage nach dem Staatsstreich, zwischen dem 25.12. und dem 27.14. November, fanden die von der Provisorischen Regierung mühsam vorbereiteten und von Kerenski immer wieder verschobenen Wahlen zur Konstituierenden Versammlung statt. Wenig bekannt ist, dass achtzig Prozent der Juden Russlands für die zionistischen Parteien stimmten, die eine einheitliche Kandidatenliste aufgestellt hatten. Lenin schrieb, dass mehr als eine halbe Million Juden für die jüdischen Nationalisten stimmten. Die Balfour-Erklärung, die Wochen zuvor veröffentlicht worden war, hatte zweifellos den Aufstieg der zionistischen Parteien gefördert. Die Bolschewiki mischten sich nicht ein, die Ergebnisse fielen gegen sie aus und sie blieben in der Minderheit. Die Sozialistischen Revolutionäre, die SR, hatten mehr als doppelt so viele Sitze wie die Bolschewiki. Die Einberufung der Versammlung lag in den Händen einer eigens dafür eingerichteten Kommission. Die Bolschewiki verhafteten die Mitglieder dieses Gremiums, das durch ein Kommissariat für die Konstituierende Versammlung ersetzt wurde, dem der Jude Uritsky, einer der New Yorker Trotzkisten, vorstand. Auf diese Weise verschafften sie sich die Möglichkeit, ihre Autorität auszuüben. Bald darauf begannen die Verhaftungen von SR in Moskau. In Petrograd erklärte Lenin, die Versammlung sei weniger demokratisch als die Sowjets, und es wurde das Kriegsrecht ausgerufen.

Als die Versammlung schließlich am 5./18. Januar 1918 zusammentrat, übernahm der nicht gewählte Jude Swerdlow die Leitung der Verhandlungen. Draußen fand mit Unterstützung der Bourgeoisie und der Beamten eine massive friedliche Demonstration zur Unterstützung der Versammlung statt, die von den bolschewistischen Truppen mit Schüssen aufgelöst wurde. Im Inneren füllten sich die Tribünen mit Soldaten und Matrosen, die die regierungskritischen Redner mit Zwischenrufen und Buhrufen bedachten, ganz nach dem Vorbild der Jakobiner, die die Agitatoren bezahlten, die in ihrem Auftrag handelten. Zehn Stunden später herrschte im Tauridenpalast Verwirrung. Die Bolschewiki beendeten die Sitzung und verließen den Saal. Kurz darauf drangen die Truppen ein, vertrieben die Parlamentarier und verschlossen die Türen des Gebäudes. Damit endete die Konstituierende Versammlung und die Hoffnung auf eine Verfassung und eine repräsentative Regierung in Russland. Im März 1918 beschloss die Sowjetregierung, nach Moskau umzuziehen, das damit zur neuen Hauptstadt wurde, und nahm den Gregorianischen Kalender an. Am 8. März wurde aus der Sozialdemokratischen Partei Russlands die Kommunistische Partei. In der Zwischenzeit hatten sich die Feinde des neuen Regimes „organisiert", um zu versuchen, Widerstand zu leisten. Angesichts dieser Gefahr gab Trotzki, nachdem er Russland in Brest-Litowsk vertreten hatte, seinen

Posten als Auslandskommissar an einen anderen Juden, Georgi Tschicherin (Ornatski), ab und wurde im März Kriegskommissar, eine Position, die es ihm ermöglichte, das Kommando über alle militärischen Ressourcen zu übernehmen und die Rote Armee zu organisieren,, die 1921 schließlich den Bürgerkrieg gewinnen sollte.

Die Verschwörer benutzen das Rote Kreuz

Dieser Abschnitt stützt sich hauptsächlich auf das fünfte und sechste Kapitel von *Wall Street and the Bolshevik Revolution,* in denen Anthony Sutton bestätigt, dass die Wall Street, insbesondere die repräsentativsten Banken des Federal-Reserve-Kartells, das Rote Kreuz als Fassade für eine Mission zur Unterstützung der Bolschewiki benutzten, die sie finanzierten. Der Mann, der für diese Aufgabe ausgewählt wurde, William Boyce Thompson, war ein hochrangiger Vertreter von Morgan, Rockefeller und Guggenheim, den jüdischen Bankiers, die das große Geschäft anstrebten, die am meisten den enormen Reichtum Russlands begehrten, auf den sie durch ihre jüdisch-bolschewistischen Agenten zugreifen wollten.

Bereits 1910 hatte J. P. Morgan eine Reihe von Geldspenden an das Amerikanische Rote Kreuz geleistet, die ihn zu einem der führenden „Philanthropen" dieser Organisation machten. Während des Großen Krieges stützte sich das Amerikanische Rote Kreuz in hohem Maße auf Morgans Guaranty Trust. John Foster Dulles räumt ein, dass das Rote Kreuz, das den Anforderungen des Krieges nicht gewachsen war, in den Händen dieser Bankiers landete: „Sie betrachteten das Amerikanische Rote Kreuz als einen virtuellen Arm der Regierung und dachten daran, eine unkalkulierbare Spende für den Sieg im Krieg zu leisten. Damit verhöhnten sie das Motto des Roten Kreuzes: Neutralität und Menschlichkeit". Als Gegenleistung für die Aufstockung der Mittel warben diese Bankiers um den Kriegsrat des Roten Kreuzes, zu dessen Vorsitzendem Henry P. Davison, ein Partner von J. P. Morgan, ernannt wurde. Die Liste der Rotkreuz-Treuhänder umfasste nach und nach Namen, die in Banken und Unternehmen von Guggenheim, Morgan und Rockefeller tätig waren.

Die Frage einer Rotkreuz-Mission in Russland wurde auf einer Sitzung des wiederhergestellten Kriegsrats unter dem Vorsitz des bereits erwähnten Davison am 29. Mai 1917 im Gebäude des Roten Kreuzes in Washington D. C. aufgeworfen. Alexander Legge von der International Harvester Company, einer Rockefeller-Firma für Landmaschinen, und Henry Davison selbst wurden beauftragt, die Idee zu untersuchen. Auf einer späteren Sitzung wurde bekannt gegeben, dass William Boyce Thompson, Leiter der Federal Reserve Bank of New York, bereits angeboten hatte, alle Kosten für die Kommission zu übernehmen. Die Annahme des Angebots ist in einem Telegramm festgehalten: „Ihre Bereitschaft, die Kosten für die Kommission nach Russland zu übernehmen, wird sehr geschätzt und ist aus unserer Sicht sehr wichtig". Die Mission des Amerikanischen Roten Kreuzes, bestehend aus fünfzehn Geschäftsleuten und Juristen, sieben Ärzten und sieben Krankenschwestern und

Pflegern, traf Ende Juli 1917 in Russland ein. Bereits im August verließen die sieben Ärzte, nachdem sie sich über Thompsons politische Aktivitäten empört hatten, die Mission und kehrten in die Vereinigten Staaten zurück.

Im August desselben Jahres aß William B. Thompson in der amerikanischen Botschaft in Petrograd mit Kerenski, Tereschtschenko und Botschafter Francis zu Mittag. Nach dem Essen zeigte Thompson seinen russischen Gästen ein Telegramm, das er an das New Yorker Büro von J. P. Morgan geschickt hatte und in dem er um eine Überweisung von 425.000 Rubel für eine persönliche Zeichnung des russischen Freiheitskredits bat, die an eine Filiale der National City Bank von Rockefeller geschickt wurde. Darüber hinaus gab das Rote Kreuz Kerenski laut Aufzeichnungen der amerikanischen Botschaft 10.000 Rubel für die Unterstützung der politischen Flüchtlinge. In der Hilfe für die Bolschewiki zeigt sich die große historische und politische Bedeutung der Mission des Amerikanischen Roten Kreuzes in Russland. Thompson steuerte persönlich eine Million Dollar für die bolschewistische Sache bei; aber abgesehen von den finanziellen Beiträgen ist es interessant, die politische Bedeutung der Reise der getarnten Wall-Street-Delegation zu kennen, die sofort die Dienste von drei russischen Dolmetschern in Anspruch nahm, von denen einer, Boris Reinstein, später Lenins Sekretär und Leiter des „Büros für internationale revolutionäre Propaganda" war, das vom „Pressebüro" von Karl Radek abhing.

William B. Thompson verließ Russland Anfang Dezember 1917 und hinterließ als seinen Nachfolger an der Spitze der „Rotkreuz-Mission" Oberst Raymond Robins, der mit den Bolschewiken die Umsetzung eines von Thompson vorgeschlagenen Plans zur Verbreitung kommunistischer Propaganda in ganz Europa organisierte. Französische Dokumente bestätigen, dass Oberst Robins „in der Lage war, eine subversive Mission russischer Bolschewiken nach Deutschland zu schicken, um dort eine Revolution auszulösen". Der Gesamtplan umfasste den Abwurf von Propaganda aus Flugzeugen und den Schmuggel bolschewistischer Literatur durch Deutschland. Kurz nach der bolschewistischen Machtergreifung erhielt Robins ein Telegramm im Namen von Präsident Wilson, in dem es hieß: „Der Präsident wünscht die Aufrechterhaltung einer direkten Kommunikation von Vertretern der Vereinigten Staaten mit der bolschewistischen Regierung." Ein weiteres Telegramm schickte Robins Tage später an den Vorsitzenden des Kriegsrates des Roten Kreuzes, Henry Davison, mit der Bitte: „Bitte übermitteln Sie dem Präsidenten die Notwendigkeit unserer Beziehungen zur bolschewistischen Regierung."

Bevor er Russland verließ, hatte Thompson Vorbereitungen getroffen, um die bolschewistische Revolution in Europa und zu Hause zu verkaufen. Von Petrograd aus schickte er ein Telegramm an Thomas W. Lamont, einen Mitarbeiter von J. P. Morgan, der sich mit Colonel Edward Mandell House in Paris aufhielt. Er bat ihn, nach London zu reisen, um dort seine Aktionen zu koordinieren. Thompsons Ideen über die Notwendigkeit einer Ausweitung der Revolution wurden Monate später über die *Washington Post* an die amerikanische Öffentlichkeit weitergegeben. Am 2. Februar 1918 berichtete die Post:

> „William B. Thompson, der sich von Juli bis Dezember letzten Jahres in Petrograd aufhielt, hat den Bolschewiki eine persönliche Spende von 1.000.000 Dollar für die Verbreitung ihrer Doktrin in Deutschland und Österreich zukommen lassen. Herr Thompson hatte als Leiter der amerikanischen Rot-Kreuz-Mission, deren Kosten er persönlich getragen hat, Gelegenheit, die Lage in Russland zu studieren. Er ist der Meinung, dass die Bolschewiki die größte Kraft gegen den Pro-Germanismus in Russland darstellen und dass ihre Propaganda die militaristischen Regime der Reiche unterminiert hat. Herr Thompson verachtet die amerikanische Kritik an den Bolschewiki. Er glaubt, dass sie missverstanden worden sind, und hat den finanziellen Beitrag für die Sache geleistet in der Überzeugung, dass es Geld ist, das für die Zukunft Russlands und für die Sache der Alliierten ausgegeben wird."

In der Biografie *The Magnate: William B. Thompson and His time (1869-1930)* gibt Hermann Hagedorn das am 8. Dezember 1917 in Petrograd eingegangene Telegramm von J. P. Morgan an William B. Thompson wieder, in dem es heißt: „New York Y757/5 24W5 Nil - Your second cable received. Wir haben an die National City Bank wie angeordnet eine Million Dollar gezahlt - Morgan". An dieser Stelle sei angemerkt, dass die Petrograder Filiale der National City Bank die einzige ausländische Bank war, die von dem Verstaatlichungsdekret der Bolschewiki ausgenommen wurde.

William B. Thompson verließ Petrograd im Dezember 1917, um über London in die Vereinigten Staaten zurückzukehren, wo er am 10. Dezember in Begleitung von Thomas Lamont, einem Partner der Firma J. P. Morgan, der später als Vertreter des Finanzministeriums an der Friedenskonferenz teilnahm und Mitglied des CFR (Council of Foreign Relations), eines aus dem Runden Tisch hervorgegangenen globalistischen Gremiums, war, Lloyd George besuchte. Thompson und Lamont versuchten, den britischen Premierminister davon zu überzeugen, dass das bolschewistische Regime auf Dauer Bestand haben würde und dass die britische Politik aufhören sollte, antibolschewistisch zu sein, die neuen Realitäten akzeptieren und Lenin und Trotzki unterstützen sollte. Lloyd George verstand den Rat von Thompson und Lamont sehr gut. Sein Außenminister hatte gerade die *Balfour-Erklärung* abgegeben, und nach einem Jahr als Premierminister wusste er sehr genau, wer hinter den internationalen Ereignissen stand. Außerdem war er kein freier Mann: Er war denen verpflichtet, die ihn ins Amt gebracht hatten, und deren Mann im Schatten war Lord Milner, der Rothschild-Agent, der 1909 den Runden Tisch gegründet hatte. Alfred Milner war damals Mitglied des Kriegskabinetts und Direktor der Londoner Joint Stock Bank (heute Midland Bank), von wo aus er die Waffengeschäfte von Basil Zaharoff, einem in Griechenland geborenen Juden, der der Hauptlieferant der bolschewistischen Seite war, deckte. Milner hatte 1910 ein fabelhaftes Angebot abgelehnt, die Stelle von J. P. Morgan junior zu besetzen, der mit seinem Vater nach New York zurückkehrte, und damit einer der drei Partner der Morgan Bank in London zu werden. Der neue Partner war schließlich E. C. Grenfell, und die Londoner Niederlassung wurde zu Morgan Grenfell &

Company. Lord Milner zog es vor, Direktor einer Gruppe von öffentlichen Banken zu werden, vor allem der Joint Stock Bank.

Die Figur des Basil Zaharoff verdient zumindest ein paar Absätze. Zaharoff, von seinen Vertrauten Zedzed genannt, war ein Schurke der schlimmsten Sorte. Sein Leben bleibt geheimnisumwittert, da er es selbst in die Hand nahm, stapelweise vertrauliche Papiere zu verbrennen. Er verbrannte auch ein über ein halbes Jahrhundert lang geführtes Tagebuch, das wahrscheinlich die berüchtigtsten Episoden seiner skandalösen Karriere enthielt. Geboren in Anatolien, vielleicht 1849, war er der Sohn eines griechischen Händlers, der Rosenessenz importierte. Seine Familie zog nach Odessa, wo er seinen Namen russifizierte. Ihm wird die Erfindung des „Zaharoff-Systems" zugeschrieben, das darin bestand, Waffen an alle Parteien zu verkaufen, die an Konflikten beteiligt waren, die er mit angezettelt hatte. Als Waffenhändler für Vickers, Großbritanniens größtes Rüstungsunternehmen, machte er ein Vermögen, weshalb er auch als „Händler des Todes" bekannt war. Kürzlich freigegebene Dokumente aus dem Jahr 1917 zeigen, dass er geheime Verhandlungen mit Griechenland führte, um sich den Alliierten anzuschließen, und auch mit den Türken, um die Deutschen zu verraten. Der Höhepunkt dieser Episode war seine missglückte Reise in die Schweiz, bewaffnet mit zehn Millionen Pfund in Gold und mit der Genehmigung von Lloyd George, um die Türkei aus dem Krieg herauszukaufen und das zu gründen, was der Staat Israel werden sollte. Diese Intrigen scheiterten kläglich, da er von der Grenzpolizei aufgehalten wurde. Dennoch schrieb Zaharoff an die britische Regierung und bat um „Schokolade für Zedzed". Mit anderen Worten, er muss Lloyd George erpresst haben, der ihn widerwillig für das Großkreuz des Ritters empfahl und ihm erlaubte, „Sir Basil" zu werden. Eustace Mullins schreibt in New History of the Jews, dass die Juden nicht nur Lloyd George mit Bestechungsgeldern kontrollierten, sondern dass Zaharoff eine seiner früheren Ehefrauen schickte, um eine Affäre mit ihm zu haben. Mullins erwähnt unter Zaharoffs Agenten in England einen ungarischen Juden namens Trebitsch-Lincoln (wir werden im nächsten Kapitel mehr über ihn erfahren), der Priester in der anglikanischen Kirche wurde und Mitglied des Parlaments war, während er für Zaharoff arbeitete. Es wird geschätzt, dass der Händler des Todes allein durch seine Geschäfte während des Ersten Weltkriegs ein Vermögen von 1,2 Milliarden Dollar angehäuft hat.

Im Jahr 1963 zeigte ein Buch von Donald McCormick, The Mask of Merlin. A Critical Study of David Lloyd George, dass Lloyd George tief in den Sumpf der internationalen Intrigen um Waffenverkäufe verstrickt war und von dem internationalen Waffenhändler Sir Basil Zaharoff kompromittiert wurde. McCormick bestätigt, dass Zaharoff hinter den Kulissen enorme Macht ausübte und von den alliierten Führern konsultiert wurde. Er behauptet, dass Woodrow Wilson, Lloyd George und Georges Clemenceau mehr als einmal in Paris im Haus des Juden Zaharoff zusammenkamen, den sie „vor der Planung eines Angriffs konsultieren mussten". Der britische Geheimdienst entdeckte Dokumente, die „Diener der Krone als Geheimagenten von Sir Basil Zaharoff mit dem Wissen von Lloyd George" belasteten. Zaharoff stand 1917 seinen bolschewistischen Glaubensbrüdern nahe und hatte in London und Paris für sie interveniert. Außerdem setzte er all seine Ressourcen als Händler ein, um zu verhindern, dass Waffen an die Antibolschewiki gelangten.

Die „geheimen Papiere" des britischen Kriegsministeriums enthalten den Bericht von Lloyd George über sein Gespräch mit Thompson und Lamont. Wegen seines Interesses bieten wir eine Transkription eines wichtigen Abschnitts des von Anthony Sutton in seinem oben genannten Buch veröffentlichten Auszugs an:

> „Der Premierminister berichtete über ein Gespräch, das er mit Herrn Thompson - einem amerikanischen Reisenden und einem Mann mit beträchtlichen Mitteln - geführt hatte, der gerade aus Russland zurückgekehrt war und der ihm einen etwas anderen Eindruck von den Angelegenheiten in diesem Land vermittelt hatte, als allgemein angenommen wurde. Er hatte ihm einen etwas anderen Eindruck von den dortigen Verhältnissen vermittelt. Der Kern seiner Ausführungen war, dass die Revolution von Dauer sei, dass die Alliierten der Revolution nicht genügend Sympathie entgegengebracht hätten und dass die Herren Trotzki und Lenin keine Agenten Deutschlands seien, wobei letzterer ein recht angesehener Professor sei. Herr Thompson fügte hinzu, dass seiner Meinung nach die Alliierten eine aktive Propaganda in Russland durch eine Art Alliierten Rat betreiben sollten, der sich aus speziell für diesen Zweck ausgewählten Männern zusammensetzt; außerdem sei er angesichts des Charakters der faktischen russischen Regierung der Ansicht, dass die verschiedenen alliierten Regierungen in Petrograd insgesamt nicht angemessen vertreten seien. Nach Thompsons Ansicht müssen die Alliierten erkennen, dass die russische Armee und das russische Volk aus dem Krieg ausgeschieden sind und dass die Alliierten zwischen einem freundlichen Russland und einem feindlichen Neutralen wählen müssen."

Thompson stellte damit klar, dass Trotzki und Lenin keine Agenten Deutschlands waren, was auf der Hand liegt, da sie Agenten des MRM waren, der seit der Gründung des Bayerischen Ordens der Illuminaten von den internationalen jüdischen Bankiers, d. h. von Herrn Thompsons direkten Vorgesetzten, organisiert und finanziert wurde. Es ist eine ganz andere Sache, dass sie Deutschland dienten, bis ihre Zeit ein Jahr später kam. Die Weltrevolutionäre Bewegung beabsichtigte, die in Russland gewonnene Plattform zu nutzen, um die kommunistische Revolution in die ganze Welt zu exportieren, damit die Verschwörer hinter ihr mehr und besser stehen konnten. Es ist verständlich, dass Thompson persönlich eine Million Dollar für die Verbreitung des Kommunismus in Österreich und Deutschland beisteuerte, denn das Endziel der MRM war die Errichtung einer weltweiten Sowjetrepublik, die auf der Diktatur des Proletariats basieren sollte. Sinowjew selbst schrieb in einem Artikel, der im November 1919 in der *Prawda* veröffentlicht wurde: „Unsere Dritte Internationale stellt jetzt schon einen der großen Faktoren der europäischen Geschichte dar. Und in einem Jahr, in zwei Jahren wird die Kommunistische Internationale die ganze Welt beherrschen".

Nachdem das Kriegskabinett den Bericht von Lloyd George gehört hatte, akzeptierte es William B. Thompsons Annäherung an die Bolschewiki. Lord Milner schickte sofort seinen Agenten R. H. Bruce Lockhart, der vor kurzem britischer Konsul in Moskau gewesen war, nach Russland mit der Anweisung, informell mit den Sowjets zusammenzuarbeiten. Maksim Litvinov (Meyer Hennokh Wallakh), der jüdische Freimaurer, der 1907 mit Stalin die Staatsbank von Tiflis ausgeraubt hatte, diente inoffiziell als Vertreter der Bolschewiki in Großbritannien. Dieser zum Diplomaten gewordene Räuber schrieb für Bruce Lockhart ein Empfehlungsschreiben an Trotzki, in dem er den britischen Agenten als „einen durch und durch ehrlichen Mann, der unsere Position versteht und mit uns sympathisiert" bezeichnete. In den Dokumenten des Kriegskabinetts findet sich ein Schreiben vom 24. April 1918, in dem Lockharts Zusammenarbeit mit den Bolschewiki angeprangert wird. General Jan Smuts berichtet von einem Gespräch mit General Nieffel, dem Leiter der gerade aus Russland zurückgekehrten französischen Militärmission, der Trotzki als „einen vollendeten Schurken" bezeichnet, „der vielleicht nicht pro-deutsch ist, aber er ist absolut pro-trotzkistisch und pro-revolutionär und man kann ihm in keiner Weise trauen. Sein Einfluss zeigt sich in der Art und Weise, wie er Lockhart, Robins und Sadoul, den französischen Vertreter, beherrscht hat. Er (Nieffel) rät zu großer Vorsicht bei Verhandlungen mit Trotzki, der, wie er zugibt, der einzige wirklich fähige Mann in Russland ist."

Als William B. Thompson im Januar 1918 in die Vereinigten Staaten zurückkehrte, begab er sich auf eine Tournee, um öffentlich zur Anerkennung der Sowjets aufzurufen, was für viele eine Überraschung gewesen sein muss, wenn man bedenkt, dass der Propagandist der Leiter der Federal Reserve Bank of New York war. Am 23. Januar erhielt Thompson ein Telegramm von Raymond Robins, in dem es hieß: „Die sowjetische Regierung ist stärker denn je. Ihre Autorität und Macht hat sich nach der Auflösung der Konstituierenden Versammlung stark gefestigt". Robins betonte, es sei sehr wichtig, dass die Anerkennung bald erfolge. Unter den Verschwörern um Wodroow Wilson war derjenige, der am meisten auf diese Anerkennung der bolschewistischen Regierung drängte, natürlich Colonel Edward Mandell House, der engste Berater des Präsidenten, der Autor von *Philip Dru: Administrator*, einem politischen Fantasy-Roman, der in den Vereinigten Staaten spielt und in Russland gerade Wirklichkeit geworden war.

Trosky und Lenin, die in Brest-Litowsk aneinandergeraten

Im vorigen Abschnitt haben wir gesehen, dass die Strategie der internationalen Bankiers, die die Judenbolschewiken unterstützten, darin bestand, die Revolution so schnell wie möglich nach Österreich und Deutschland zu exportieren. Wenn sie Erfolg hatten, wie sie es beabsichtigten, konnte die Verschwörung alle ihre Ziele auf einmal erreichen. Zunächst hatten sie die Ausgabe und Kontrolle des Geldes in den Vereinigten Staaten durch das Federal Reserve System erlangt. Dann, im November 1917, hatten sie zwei lang ersehnte Ziele erreicht: die *Balfour-Erklärung*, die ihnen das Recht gab, den Palästinensern das „gelobte Land" zu rauben, und schließlich den Sturz der verhassten christlichen Monarchie der Romanows, die ihnen nicht gestatten wollten, sich die begehrten Ressourcen des riesigen russischen Reiches anzueignen. Nun ging es darum, Europa und dann der ganzen Welt das totalitäre

System aufzuzwingen, das Heinrich Heine fünfundsiebzig Jahre zuvor prophetisch angekündigt hatte: „Es wird nur ein Vaterland geben, nämlich die Erde". Es ist klar, dass die jüdischen Bankiers danach strebten, die Diktatur des Proletariats, in Wirklichkeit die Diktatur über das Proletariat, auszuweiten, die es ihnen erlauben würde, den gesamten Reichtum des Planeten in Besitz zu nehmen. In diesem Sinne war der in der weißrussischen Stadt Brest-Litowsk unterzeichnete Frieden ein schwerer Rückschlag für die Ziele der Internationalisten, heute Globalisten.

Kerenskis Juli-Offensive hatte in einer Katastrophe geendet, nicht zuletzt wegen der massenhaften Desertion von Soldaten, denen die Revolutionäre Frieden versprochen hatten, ohne dass Russland Gebiete abtreten oder Kriegsentschädigungen zahlen musste. Jeder wusste, dass dies idyllische Bedingungen waren, die weit von der Realität entfernt waren; aber als die Bolschewiki an die Macht kamen, begannen, wie versprochen, sofort Verhandlungen, um das Land aus dem Krieg herauszuholen. Trotzki, der Kommissar für Auswärtige Angelegenheiten der bolschewistischen Regierung, war der wichtigste Vertreter Russlands. Die Kontakte zur Unterzeichnung eines Waffenstillstands begannen am 1. Dezember, und der Waffenstillstand wurde am 16. Dezember unterzeichnet. Die Kriegsoperationen wurden an der gesamten Ostfront von Litauen bis Transkaukasien eingestellt.

In Moskau kam es dann zu ernsthaften Meinungsverschiedenheiten zwischen den „Genossen". Diese Meinungsverschiedenheiten sollten, wie wir noch sehen werden, zu heftigen Auseinandersetzungen führen, die fünfunddreißig Jahre lang, bis zur Ermordung Stalins und der Hinrichtung Berias 1953, andauerten. Das Attentat auf Lenin, die Ermordung Trotzkis und die stalinistischen Säuberungen sind die bekanntesten Episoden des Kampfes, der in Brest-Litowsk begann. Trotzki selbst und sein Kollege bei der Zeitung *Novy Mir* in New York, Nikolai Bucharin (Dolgolevsky), der von Stalin während der Großen Säuberung hingerichtet werden sollte, führten den Teil der Partei an, der versuchte, durch die Verhandlungen Zeit zu gewinnen, bis die Rote Armee gut organisiert war. Was den Freimaurer Bucharin betrifft, von dem es eine Zeit lang hieß, er sei kein Jude, so sei darauf hingewiesen, dass die *Jüdische Chronik* vom 9. Oktober 1953 behauptet, er sei ein Jude. Die Rede Bucharins und Trotzkis bestand darin, dass der Aufstand der Arbeiter der Mittelmächte nur eine Frage von kurzer Dauer sei. Sie waren der Meinung, dass Frieden mit einem kapitalistischen Staat unvereinbar sei. Sowohl er als auch Trotzki lehnten jeden Vertrag ab und führten das kriegsbefürwortende Lager an. Lenin hingegen erkannte zwar an, dass die Arbeiterrevolution in Deutschland unmittelbar bevorstand, war aber nicht für die Fortsetzung des Krieges, sondern für die Konsolidierung der Revolution in Russland. Lenin vertrat die Ansicht, dass, wenn im übrigen Europa schließlich sozialistische Revolutionen ausbrächen, die Möglichkeit bestünde, den an die Deutschen abgetretenen Boden zurückzugewinnen. In jedem Fall waren sich alle einig, dass die Verhandlungen so lange wie möglich hinausgezögert werden sollten.

Die Gespräche begannen am 22. Dezember 1917 in Brest-Litowsk. Trotzki hat als Gesprächspartner Richard von Kühlman, Außenminister, und

Max Hoffmann, Kommandeur der Ostfront, als Vertreter Deutschlands. Der höchste österreichisch-ungarische Vertreter war der tschechische Graf Ottokar Czernin, Außenminister. Das Türkische Reich wurde durch den Gan-Wisir Mehemet Talat vertreten. Trotzki versuchte, Zeit zu gewinnen und war in seiner Strategie darauf vorbereitet, das deutsche Ultimatum abzuwarten, das er abzulehnen gedachte. Die Trotzkisten waren davon überzeugt, dass die Weigerung Russlands, den Vertrag zu unterzeichnen, die Weigerung der deutschen Soldaten und Arbeiter, weiter zu kämpfen, provozieren und so die Revolution auf den ganzen Kontinent ausweiten würde. Der Wall-Street-Vertreter W.B. Thompson, der diese Ansicht teilt, hatte gerade eine Million Dollar gespendet, um die Propaganda so weit wie möglich zu intensivieren.

Am 10. Februar 1918 wächst der Druck der Mittelmächte und Trotzki zieht sich vom Verhandlungstisch zurück, nachdem er die von ihm geforderten Bedingungen abgelehnt hat. In Moskau entbrennt ein erbitterter Kampf zwischen Befürwortern und Gegnern des Friedens, der so weit geht, dass sogar der Versuch unternommen wird, Lenin zu stürzen. Die Internationalisten waren eine einflussreiche und mächtige Gruppe innerhalb der Partei. All jene, die während der Großen Säuberung von Stalin verfolgt und liquidiert wurden: Rakowski, Kamenew, Sinowjew, Radek, Bucharin usw. teilten mit Trotzki die Theorie, dass der Sozialismus in einem Land, der Nationalkommunismus, „opportunistisch" sei. Bereits im Februar 1918 sprechen sie sich gegen einen Frieden aus, den sie als Fehler und Verrat an der internationalen Revolution betrachten. Ihre eigentliche Absicht war es, auf der künftigen Friedenskonferenz an der Seite der Sieger zu sitzen, mit einer Roten Armee, die von ihren Bankpartnern finanziert und gestärkt wurde, während Deutschland und Österreich unterworfen und in den Händen ihrer Mitreligiösen waren. Unter diesen Umständen wäre die Landkarte der Nachkriegszeit natürlich die einer Europäischen Union der Sowjetrepubliken gewesen, d. h. ein rotes Europa ohne unabhängige Nationen. Dies war das von den Verschwörern, die den internationalen Kommunismus finanzierten, angestrebte Szenario.

„Weder Krieg noch Frieden" lautete die überraschende Aussage Trotzkis, die er in seinem Eifer, die Gespräche zu verzögern, aus dem Hut zauberte. Natürlich waren die Deutschen nicht bereit, weitere Zweideutigkeiten zu akzeptieren, und nach Trotzkis Unhöflichkeit kam das erwartete Ultimatum: Die Deutschen teilten mit, dass der Waffenstillstand am 17. Februar enden würde, was bedeutete, dass die Feindseligkeiten am 18. wieder aufgenommen würden. Lenin bestand auf der Unterzeichnung, Trotzki auf der Verweigerung. Über ihre Strategie schrieb Trotzki 1925 sarkastisch: „Wir begannen die Friedensverhandlungen in der Hoffnung, dass sich die Arbeiterparteien in Deutschland und Österreich-Ungarn sowie in den Ländern der Triple Entente erheben würden. Aus diesem Grund waren wir gezwungen, die Verhandlungen so lange wie möglich hinauszuzögern, damit der europäische Arbeiter Zeit hatte, das Hauptziel der sowjetischen Revolution und insbesondere ihre Friedenspolitik zu verstehen."

Der deutsche Vormarsch kam plötzlich und überraschte die russischen Soldaten, die sich sicher waren, dass der Krieg zu Ende sei, nicht. Das Zentrale

Exekutivkomitee trat in St. Petersburg zusammen, und Lenin, unterstützt von Stalin und anderen russischen Sozialisten, setzte sich durch. Am 24. Februar nahm das ZK nach einer erbitterten Debatte die deutschen Bedingungen mit 112 zu 86 Stimmen an. Es gab jedoch 25 Enthaltungen, darunter eine strategische Enthaltung von Trotzki, der sich während der Diskussion in sein Zimmer zurückgezogen hatte. Ohne die Trotzkisten, die auf der Fortsetzung des Krieges bestanden, überzeugt zu haben, wurde ein Telegramm an die Deutschen gesandt, in dem sie deren Friedensbedingungen akzeptierten. Die Antwort Deutschlands verzögerte sich um drei Tage. Als die Deutschen schließlich erfuhren, dass die trotzkistische Fraktion anderer Meinung war und den Krieg fortsetzen wollte, akzeptierten sie die Einstellung der Feindseligkeiten, ohne jedoch ihre Truppen abzuziehen, die beträchtliche Fortschritte gemacht hatten und bis auf zweihundert Kilometer an Petrograd herangekommen waren.

Der Vertrag wurde am 3. März 1918 unterzeichnet, in dem Russland die Ukraine, Polen, Litauen, Estland und Lettland an die Mittelmächte abtrat. Finnland hatte am 6. Dezember 1917 seine Unabhängigkeit erklärt und konnte sie mit deutscher Hilfe festigen. Bessarabien wurde an Rumänien abgetreten. Ardahan, Kars und Batumi wurden an das Osmanische Reich abgetreten. Der zweite Artikel des Vertrages lautete: „Die Unterzeichnermächte stellen die Propaganda gegen die andere Seite ein". Die Ratifizierung fand am 15. März in Berlin statt. Drei Tage zuvor hatte ein Kongress aller Sowjets in Moskau den Vertrag gebilligt. Präsident Wilson richtete in seinem üblichen heuchlerischen Altruismus eine Botschaft an den Sowjetkongress, in der er sich angeblich mit dem russischen Volk solidarisch zeigte. Darin bezeichnete er den sowjetischen Totalitarismus als „Kampf für die Freiheit". Im letzten Auszug wird deutlich, wie sehr er sich unter dem Druck seiner Clique von jüdischen Sozialisten und Zionisten beeilte, die kommunistische Diktatur anzuerkennen: „Während die amerikanische Regierung jetzt leider nicht in der Lage ist, die direkte und wirksame Hilfe zu leisten, die sie sich wünschen würde, möchte ich dem russischen Volk durch den Kongress versichern, dass sie jede Gelegenheit nutzen wird, um seine Souveränität und Unabhängigkeit in seinen eigenen Angelegenheiten und die volle Wiederherstellung seiner großen Rolle im europäischen Leben und in der modernen Welt zu sichern. Das Herz des amerikanischen Volkes ist mit dem russischen Volk, das danach strebt, sich für immer von der autokratischen Herrschaft zu befreien und Herr über sein eigenes Leben zu werden."

Der Kongress erhielt auch ein Telegramm des Präsidenten der American Federation of Labor, des Juden Samuel Gompers, in dem er die Sowjets bat, ihm mitzuteilen, wie sie ihnen helfen könnten. Der Text endete mit den Worten, dass sie „auf Ihre Vorschläge warten", also Ihre Anweisungen lesen sollten. In den Vereinigten Staaten führten die Juden eine lautstarke Kampagne, um Wilson zu drängen, Trotzki und Lenin anzuerkennen und vorzuschlagen, dass er der Weltführer der Internationale werden sollte. Rabbiner Judas Magnes, von 1906 bis 1922 Präsident der New Yorker „Kahal", erklärte auf einer Konferenz im April 1918, Präsident Wilson beabsichtige, eine Friedenskonferenz einzuberufen, auf der er „einen sofortigen Frieden auf der von den Bolschewiken in Russland geschaffenen einfachen Grundlage" fordern werde.

Nach der Unterzeichnung des Vertrags kündigten die Bolschewiki die Bildung eines neuen Obersten Kriegsrats an, zu dessen Vorsitzenden Trotzki ernannt wurde. Trotzki nahm nicht am Sowjetkongress teil, da er sich noch in St. Petersburg (Petrograd) aufhielt. Der Vertrag von Brest-Litowsk wurde acht Monate später infolge der deutschen Niederlage endgültig annulliert, da er von den Alliierten im Waffenstillstand von Compiègne, der am 11. November 1918 unterzeichnet wurde, nicht anerkannt wurde.

Talmudistische Juden ermorden die kaiserliche Familie

Die kaltblütige Ermordung der russischen Zarenfamilie war ein verabscheuungswürdiges Gemetzel, ein Verbrechen, das von Juden verübt wurde, die der Nachwelt am Ort des Attentats verschiedene Texte hinterließen, in denen sie stolz auf ihre talmudische Rache hinwiesen. Der Korrespondent *der Times*, Robert Wilton, war 1920 der erste, der die Ereignisse in einem historischen Buch, *The Last Days of the Romanovs*, anprangerte, durch das die Welt im Detail erfuhr, wie es dazu gekommen war. Bevor wir diesen brutalen Akt untersuchen, wollen wir Wilton vorstellen, einen weiteren Meisterjournalisten, der wie Douglas Reed bei der Londoner Zeitung zu der Zeit arbeitete, als Lord Northcliffe, der Eigentümer der Zeitung, der darauf bestand, *die Protokolle der Weisen von Zion* zu veröffentlichen, aus dem Verkehr gezogen wurde. Wilton, der in Russland ausgebildet worden war, das Land gut kannte und fließend Russisch sprach, war ein außergewöhnlicher Zeuge der Ereignisse vom Frühjahr 1917 bis zu seiner Ausreise aus Russland im Jahr 1920. Er verstand die wahre Natur der Ereignisse und wollte die Tatsache anprangern, dass ein despotisches jüdisches Regime die Macht in Russland ergriffen hatte; aber es war ihm nicht erlaubt, seine Leser über bestimmte Dinge zu informieren.

Im Laufe des Jahres 1918 gingen in den Kanzleien in London und Paris verschiedene Berichte ein, in denen heimlich vor genau dem gewarnt wurde, wovor Robert Wilton in seinen journalistischen Arbeiten und Theaterstücken öffentlich warnen wollte. So findet sich beispielsweise in der *Sammlung der* britischen Regierung ein Bericht *über den Bolschewismus*, den der niederländische Botschafter in St. Peretsburg, Willem Jacob Oudendijk, an Lord Balfour schickte und in dem es heißt: „Der Bolschewismus wird von Juden organisiert und geleitet, die keine Nationalität haben und deren einziges Ziel darin besteht, die bestehende Ordnung für ihre eigenen Zwecke zu zerstören". Auch der amerikanische Botschafter, David R. Francis, berichtete ähnlich: „Die bolschewistischen Führer hier, von denen die meisten Juden und neunzig Prozent zurückgekehrte Exilanten sind, kümmern sich wenig um Russland oder irgendein anderes Land, denn sie sind Internationalisten und wollen eine Weltrevolution in Gang setzen." Bertrand Russell, ein fabianischer Sozialist, bestätigte dies in einem privaten Brief, der in *The Autobiography of Bertrand Russell* (London 1975) gesammelt wurde. Der fragliche Brief, datiert auf den 25.

Juni 1920 in Stockholm, ist an Lady Ottoline Morell gerichtet. Die Worte von B. Russell sind nicht zu überhören:

> „Mein liebster O.
> ... Die Tage in Russland waren für mich unendlich schmerzhaft, abgesehen davon, dass sie zu den interessantesten Dingen gehörten, die ich je gemacht habe. Der Bolschewismus ist eine geschlossene, tyrannische Bürokratie mit einem Spionagesystem, das noch ausgeklügelter und schrecklicher ist als das des Zaren, und einer ebenso unverschämten und gefühllosen Aristokratie, die aus amerikanisierten Juden besteht. Von Freiheit ist keine Spur mehr, weder im Denken, noch im Reden, noch im Handeln. Ich wurde unterdrückt und von der Last der Maschine erdrückt, als ob ich einen bleiernen Mantel trüge. Dennoch glaube ich, dass es die richtige Regierung für Russland zu dieser Zeit ist."

Der letzte Satz disqualifiziert natürlich den Autor und diskreditiert die 1883 gegründete Fabian Society, deren Emblem beredterweise ein Wolf im Schafspelz ist. Wie kann man behaupten, dass eine tyrannische, von ausländischen Juden auferlegte Bürokratie, die auf Unterdrückung und Terror beruht, für Russland richtig ist?[53] Dieser englische Philosoph, der dem russischen Volk so viel Gutes wünschte, bezeichnet Lenin in seinen Memoiren als den schlimmsten Menschen, dem er je begegnet sei, und beschreibt ihn, wie er über die Bauern, die er gehängt hatte, sprach und dabei lachte, als hätte er einen Witz erzählt.

Im Gegensatz zu Russell hatte Robert Wilton keinen Zweifel daran, dass das, was in Russland geschah, für die Russen und für die ganze Welt schlecht war, und er versuchte, es aufzudecken. Es war nicht leicht für ihn, denn die Verschwörer, die sich der Marionettenregierungen der Vereinigten Staaten und Großbritanniens bedienten, wollten nicht, dass die Öffentlichkeit die Wahrheit erfuhr. Wiltons Kollege Reed stellt fest, dass in der *offiziellen Geschichte der Times, die* 1952 veröffentlicht wurde, Lob für Robert Wiltons journalistische Arbeit zu lesen ist, die bis 1917 hoch angesehen war. Plötzlich ändert sich ab diesem Datum der Tonfall bei der Bewertung der Arbeit des Petersburger Korrespondenten, und es heißt über ihn, dass er „das Vertrauen der Zeitung nicht

---

[53] Die Fabian Society, zu deren frühen Namen so heilige Kühe wie Bertrand Russell, H. G. Wells, Leonard und Virginia Wolf, George Bernard Shaw, William Morris und Annie Besant, Nachfolgerin von Helena Blavatsky in der Leitung der Theosophischen Gesellschaft, gehören, hatte John Ruskin als ihren geistigen Führer. Die Fabians sind, wie ihr Emblem zeigt, Wölfe, die sich unter dem Schafspelz der Arbeiterbewegung und humanitärer Slogans verstecken. Die Fabian Society, die mit dem Runden Tisch verbunden ist, ist eine Einrichtung, die in das Komitee der 300 integriert ist, d.h. sie ist Teil der Strukturen der globalistischen Verschwörung. Im Jahr 1895 veröffentlichte die Fabian Society ein Manifest, in dem sie sich für eine Zentralregierung aussprach. Die Fabian Socialists erscheinen der Welt als eine Gruppe unabhängiger Intellektueller, aber in Wirklichkeit sind sie scheinheilige Marionetten, deren Fäden hinter den Kulissen gezogen werden. Sidney Webb nannte die Sowjetunion „eine reife Demokratie". Der Dramatiker Bernard Shaw betrachtete in Übereinstimmung mit Bertrand Russell den jüdisch-bolschewistischen Terror, der Millionen unschuldiger Menschen auslöschte, als „notwendiges Übel".

verdient". Auf den Seiten der *Official History* beklagte sich der Journalist über die Zensur und Unterdrückung seiner Berichte. Von diesem Zeitpunkt an begann *die Times*, Artikel über Russland zu veröffentlichen, die von Leuten geschrieben wurden, die das Land kaum kannten. Die Leitartikel der Zeitung verärgerten Wilton, der sein Vertrauen endgültig verlor. Ein paar Zeilen erklären, warum er es verlor: „Es war unglücklich für Wilton, dass sich in zionistischen Kreisen und sogar im Außenministerium die Idee verbreitete, dass seine Berichterstattung ihn als Antisemiten auswies".

Was in „zionistischen Kreisen" als Antisemitismus angesehen wurde, war in Wirklichkeit die Integrität eines ehrlichen Journalisten, dessen Wahrheitsliebe verhinderte, dass der Welt eine weitere Lüge verkauft wurde, nämlich die Lüge, dass die Romanows ihre Tage in der schützenden Obhut der Bolschewiki beendet hätten. In der englischen und amerikanischen Ausgabe von *The Last Days of the Romanovs* wurden die Listen mit der Anzahl der Mitglieder der verschiedenen revolutionären Organe unterdrückt. In der französischen Ausgabe wurde diese Information jedoch nicht zensiert, wonach das Zentralkomitee der bolschewistischen Partei (ab März 1918 Kommunistische Partei) aus zehn Juden und zwei Nichtjuden bestand. Das Zentralkomitee des Exekutivkomitees (Geheimpolizei) bestand aus zweiundvierzig Juden und neunzehn Russen. Der Rat der Volkskommissare setzte sich aus siebzehn Juden und fünf anderen Personen zusammen. Die Tscheka wurde fast vollständig von Juden kontrolliert. Offizielle Informationen, die 1919 von den Bolschewiki selbst veröffentlicht wurden, geben zu, dass von den fünfhundertsechsundfünfzig hohen Staatskommandanten vierhundertachtundfünfzig Juden und einhundertacht Nichtjuden waren. Diese Zahlen stammen aus dem Jahr 1920. Seitdem ist bekannt geworden, dass hinter vielen Namen, die als russisch galten, ein Jude steckte. Außerdem waren die wenigen nichtjüdischen Führer oft mit jüdischen Frauen verheiratet.

Nachdem wir den Autor vorgestellt haben, kommen wir zu den Fakten. Der erste, der den am 16. Juli 1918 begangenen Mord untersuchte, war M. Namëtkine, ein Untersuchungsrichter aus Jekaterinburg. Er nahm seine Arbeit Ende Juli, kurz nach dem Massaker, auf, wurde aber wegen offensichtlicher Unfähigkeit am 8. August entlassen und durch M. Sergueiev ersetzt. Dieser Richter führte sechs Monate lang eine zögerliche Untersuchung durch, wobei er blindlings die von den Bolschewiken verbreiteten Lügen akzeptierte, die behaupteten, den Zaren als Verräter hingerichtet zu haben, und verschiedene Geschichten verbreiteten, die die Söhne an die eine oder andere Stelle stellten. Ihre Vorgehensweise und Nachlässigkeit machten die Untersuchung des Falles zu einer makabren Komödie. Schließlich übertrug Admiral Koltschak, der im November 1918 von der antibolschewistischen Regierung in Omsk zum Obersten Herrscher Russlands ernannt wurde, die Ermittlungen an Nilolai Sokolow. Dank der Aussagen von Zeugen, die mit der königlichen Familie zusammenlebten, und der Verhöre einiger Angeklagter und Regicides konnten die Ereignisse seit der Verhaftung Nikolaus' II. und seiner Familie durch Kornilow nach dem Staatsstreich vom Februar/März 1917 rekonstruiert werden. Unter diesen Aussagen ist die von Oberst Kobylinsky hervorzuheben, in dessen

Gewahrsam sich die kaiserliche Familie vom 3. März 1917 bis zum 26. April 1918 befand. Zwei weitere interessante Aussagen sind die von Pierre André Gilliard, französischer Lehrer der Töchter des Zaren und stellvertretender Präzeptor des Zarewitschs Alexis, und Sidney Gibbes, englischer Lehrer und Präzeptor des Zarewitschs.

Am 13. August 1917 wurde die kaiserliche Familie, die immer noch in Zarkoje Selo festgehalten wurde, auf Befehl Kerenskis nach Tobolsk in Sibirien verlegt. Robert Wilton berichtet, dass der deutsche Botschafter, Graf Mirbach, während seines Aufenthalts in Tobolsk Verhandlungen mit Sverdlov (Yankel-Aaron Salomon), einem Freimaurer, der Mitglied der B'nai B'rith und Lenins rechte Hand war, aufnahm. Wilton geht davon aus, dass die Deutschen beabsichtigten, Nikolaus II. nach Moskau zu bringen, um den Vertrag von Brest-Litowsk zu unterzeichnen. Sollte dies zutreffen, deutet dies darauf hin, dass die Deutschen nicht sicher waren, dass die Bolschewiki dauerhaft an der Macht bleiben würden. Wiltons Annahme stützt sich wiederum auf eine andere Annahme, nämlich die des Zaren selbst, der laut Zeugenaussagen sagte: „Ich werde nach Moskau geführt, damit ich einen Vertrag vom Typ Brest-Litowsk akzeptiere. Lieber würde ich mir die rechte Hand abhacken lassen". Die Zarin ihrerseits fügte in Anspielung auf die ohne ihre Zustimmung erfolgte Abdankung des Zaren hinzu: „Man versucht, ihn von mir zu trennen, um ihn dazu zu bringen, ein schändliches Geschäft zu unterzeichnen." Es liegt auf der Hand, dass diesen Annahmen kein historischer Wert beigemessen werden kann. In Anbetracht der Tatsache, dass Kaiserin Alexandra eine Cousine ersten Grades von Wilhelm II. war, ist es auch denkbar, dass der Kaiser andere Beweggründe hatte. Als Verbindungsmann für diese streng geheime Mission wurde ein ehemaliger russischer Marineoffizier, Wassili Jakowlew, ausgewählt, der am 23. April 1918 mitten in der Nacht unerwartet in Tobolsk eintraf. Laut Oberst Kobylinski wurde die Befolgung seiner Befehle mit dem Tode bestraft, aber niemand wusste, warum er nach Tobolsk gekommen war.

Am nächsten Tag hatte Jakowlew eine Konfrontation mit dem Delegierten des Ural-Sowjets in der Stadt, einem Juden namens Zaslawski, der einen Schwindel vermutete und versuchte, die Soldaten zur Meuterei gegen ihn anzustacheln. Zaslavski begab sich sofort nach Jekaterinburg, wo er die Nachricht verbreitete, dass die Romanows beabsichtigten, nach Japan zu fliehen. Laut Zeugenaussagen sagte Jakowlew, er habe vom Zentralkomitee den Befehl erhalten, die gesamte Familie mitzunehmen, doch als er feststellte, dass der dreizehnjährige Zarewitsch Alexis, ein Bluter, krank war, wollte er Nikolaus II. mitnehmen. Zarin Alexandra bestand jedoch darauf, ihren Mann zu begleiten, und stimmte zu, ihren Sohn in der Obhut von Tatjana, ihrer Lieblingstochter, zu lassen. Laut der Aussage von Professor Gilliard vor Richter Sokolov machte Jakowlew auf den Zaren „einen guten Eindruck" und gestand, dass er ihn „für einen ehrlichen, respektablen Mann hielt". Gilliard erklärte auch, dass niemand wusste, wohin der Kaiser gebracht werden sollte: „Seine Majestät fragte Jakowlew, aber Jakowlews Antworten brachten keine Klarheit. Kobylinski sagte uns, er habe ihm zunächst mitgeteilt, dass das Ziel Moskau sei, und dann gesagt, er wisse nicht, wohin der Kaiser gebracht werden solle. Diese Worte bestätigen den Eindruck, dass Jakowlews Auftrag für alle ein Rätsel war.

Sie verließen Tobolsk am 26. April in Bauernwagen. Die dritte Tochter des Paares, Maria, begleitete ihre Eltern. Mit von der Partie waren auch Dr. Botkin, der Hofarzt, Fürst Dolgoruky, der Diener Chemodurov, das Dienstmädchen Anna Demidova, der Kammerdiener Alexei Trupp und das Kind Leonid Sednev, der Spielgefährte des Zarewitschs. Sie brauchten zwei Tage, um die dreihundert Kilometer südwestlich gelegene Stadt Tjumen zu erreichen. Dort wartete ein Sonderzug auf sie, mit dem Jakowlew nach Westen fuhr und die Zwischenstationen ausließ, doch auf halbem Weg nach Jekaterinburg erfuhr er, dass der Zug auf Befehl des Ural-Sowjets angehalten werden sollte. Er wendete den Zug sofort, um nach Ufa weiterzufahren, aber der Zug wurde von sowjetischen Truppen aus Omsk angehalten. Jakowlew ließ die Lokomotive abkoppeln und fuhr allein nach Omsk, um mit Swerdlow zu sprechen. Dann erhielt er den Befehl, nach Jekaterinburg zu fahren. Vier Tage und Nächte lang ließ Jakowlew niemanden mit dem Zaren sprechen, er nahm das Gespräch in die Hand und erzählte Nikolaus II. wahrscheinlich die wahren Gründe für seine Mission. Später, zurück in Moskau, erklärte Jakowlew, die roten Juden hätten ihn zum Gespött gemacht, und er ging zu Koltschaks Armee über. Diese Tatsache wurde Richter Sokolow bekannt, der sofort einen vertrauenswürdigen Offizier losschickte, um ihn zu suchen, aber Jakowlew war spurlos verschwunden und konnte nie eine Aussage machen.

In Jekaterinburg war die königliche Familie im Ipatiev-Haus untergebracht, das von den Sowjets beschlagnahmt worden war. Die Gefangenen wurden von den Juden Golochtchekin und Diskovski in das Haus geführt, wo sie rücksichtslos durchsucht wurden. Isaiah Golochtchekin leitete den regionalen Sowjet und war für die Organisation aller Einzelheiten des Massakers verantwortlich. Er war ein verkommener Sadist, der sich gerne detaillierte Berichte über die Folterungen an den Opfern der Sonderkommission anhörte. Fürst Dolgoruki, der das gesamte Geld bei sich hatte, wurde auf Befehl von Golochtchekin inhaftiert und starb später als Opfer seiner Loyalität zum Zaren. Am 23. Mai wurden die Mitglieder der königlichen Familie, die sich noch in Tobolsk befanden, nach Jekaterinburg verlegt. Ein anderer Jude namens Vilensky war für die sowjetische Küche zuständig, die die Gefangenen und ihre Bewacher verpflegte.

Robert Wilton zufolge war der einzige Nicht-Jude unter den Führern des Sowjets Beloborodow, ein junger Arbeiter, der von seinen Fabrikgenossen zum Vorsitzenden des regionalen Sowjets in Jekaterinburg gewählt worden war. Jüri Lina berichtigt Wilton jedoch und behauptet, dass Beloborodow, dessen richtiger Name Jankel Weisbart war, ebenfalls Jude und ein guter Freund Trotzkis war. Genauer gesagt, war er der Sohn von Isidor Weisbart, einem Pelzhändler. Die ersten Wächter der Romanows waren tatsächlich Russen. Anfangs behandelten sie die Familie von Nikolaus II. sehr rücksichtslos, doch im Laufe der Tage wurden sie immer milder. Anatole Jakimow, einer der Kerkermeister, der in die Hände der Weißen Armee fiel, deutete gegenüber Richter Sokolow an, dass das Mitleid, die Sanftmut und die Einfachheit der

Gefangenen eine Annäherung bewirkten. Laut Jakimow nahmen die obszönen Lieder, die Brutalität der Behandlung und die Umgangsformen ab, bis sie ganz aufhörten.

Nur zwei Wochen vor der Ermordung erschien der Henker im Haus von Ipatiev. Am 4. Juli löste Jankel Jurowski, der neue Kommandeur, den Russen Avdejew ab, der wegen Raubes inhaftiert worden war. Jankel Jurowski, der Anführer der Attentäter, Sohn und Enkel von Juden, war ein brutaler und herrschsüchtiger Mann, der selbst von seinen Verwandten gefürchtet wurde. Nach mehreren Auseinandersetzungen mit der Polizei ging er nach Deutschland ins Exil, wo er ein Verhältnis mit einer deutschen Frau hatte, die sich aus religiösen Gründen weigerte, ihn zu heiraten. Daraufhin beschloss er, sich in Berlin in der lutherischen Kirche taufen zu lassen. Deutsch und Jiddisch sprechend, kehrte Jurowski zwölf Monate vor dem Krieg gut mit Geld ausgestattet nach Jekaterinburg zurück. Seit Beginn der Revolution hatte er die Stadt verlassen, doch nach dem bolschewistischen Staatsstreich tauchte er wieder auf und wurde sofort Kommissar im regionalen Sowjet. Unter dem neuen Kommandeur änderte sich alles. Die russischen Wachen wurden für die äußere Bewachung eingesetzt, und an ihrer Stelle kamen zehn „Letten" ins Haus, die von der Tscheka kamen, wo sie als Folterer und Henker arbeiteten. Unter ihnen befanden sich mehrere Juden: die in hebräischer Sprache verfassten Inschriften am Tatort verraten ihre wahre Nationalität. Die Russen nannten die in der Roten Armee eingesetzten Söldner im Allgemeinen Letten, weil sie die Mehrheit bildeten. Diese „Letten" waren in Wirklichkeit Juden ungarischer und deutscher Herkunft, sprachen kein Russisch und verständigten sich mit Jurowski auf Jiddisch oder Deutsch.

Am Montag, dem 15. Juli, wurde der Junge Leonid Sednew bei den russischen Wachen im Popow-Haus auf der anderen Straßenseite untergebracht. Am selben Tag brachten Golochtchekin und Beloborodov Jurowski mit dem Auto zu dem Ort, der für das Verschwinden der Leichen ausgewählt worden war. Um fünf Uhr nachmittags kehrten sie zurück und begannen, das Verbrechen vorzubereiten. Von allen russischen Wachleuten hatte man nur Paul Medwedew, dem einzigen im Haus verbliebenen Russen, vertraut. Medwedew, der eine Verurteilung wegen Vergewaltigung eines jungen Mädchens in seinem Strafregister hatte, wurde schließlich verhaftet. Seine Aussagen sind von großem Wert, nicht nur wegen seiner Verwicklung in das Attentat, über das er Details preisgab, die nie bekannt geworden wären, sondern auch, weil er von Anfang an Teil der Wache war und wusste, was vor sich ging.

Da es in diesen Breitengraden im Sommer sehr spät dunkel wird, wurde erst am 16. um zwei Uhr morgens mit den Arbeiten begonnen. Jurowski betrat die Räume, weckte die Mitglieder der kaiserlichen Familie und befahl ihnen, sich anzuziehen und das Haus zu verlassen. Sie säuberten sich eilig, folgten Yurovsky die Treppe zum Hof hinunter und betraten das Erdgeschoss. Der Zar trug seinen Sohn in den Armen. Hinter der Familie folgten Dr. Botkin und die Diener Haritonov, Trupp und Demidova. Der Raum, der für die Tötung ausgewählt wurde, war ein Keller mit nur einem Fenster, in den die Opfer furchtlos hinabstiegen, da sie dachten, sie würden auf eine Reise gehen.

Anastasia, die jüngste der Töchter Nikolaus' II., hatte ihren kleinen Jemmy, einen Spaniel, bei sich. Der Zar bat um Stühle, da Alexis nicht stehen konnte, und der Bitte wurde stattgegeben. Alle warteten auf das Signal zum Aufbruch. Bevor sie ausstiegen, hörten sie das Geräusch eines Motors vor der Tür. Es war der Vier-Tonnen-Fiat-LKW, auf dem die Leichen transportiert werden sollten. Dann betraten die Henker den Raum. Nach Yurovski kamen drei Russen, Medvedev und zwei andere, Ermakov und Vaganov, die im Lastwagen mitfahren sollten, um bei der Beseitigung der Leichen zu helfen, Yurovskis Assistent, ein unbekannter Mann namens G. Nikulin, der der Tscheka angehörte, und sieben „Letten". In diesem Moment verstanden die Opfer, aber niemand rührte sich oder sagte etwas. Jurowski ging auf den Zaren zu und sagte kalt: „Ihre Verwandten wollten Sie retten, aber sie hatten keine Gelegenheit dazu. Jetzt werden wir Sie gleich töten." Der Zar war schockiert und hatte kaum Zeit zu murmeln: „Was? Was?". Zwölf Revolver feuerten fast gleichzeitig. Die Salven folgten nacheinander. Der Zar, die Zarin und die drei ältesten Töchter, Olga, Tatjana und Maria, waren auf der Stelle tot. Der Zarewitsch lag im Sterben, und die jüngste Tochter, Anastasia, lebte noch. Yurovsky schoss mehrere Male auf Alexis. Die Henker töteten die junge Anastasia, die sich schreiend wehrte, mit Bajonettschüssen. Haritonow und Demidowa wurden getrennt voneinander getötet. Jurowskis Worte, die letzten, die der Zar hörte, über den Versuch der Verwandten von Nikolaus II., sein Leben zu retten, sind besonders bemerkenswert, da sie darauf hindeuten, dass Jakowlews Mission mit diesem Ziel in Zusammenhang stehen könnte. Es ist erstaunlich, dass Jurowski, der nichts zu erklären hatte, diese Worte in Anwesenheit der anderen Personen im Keller äußerte.

Nach der Tötung wurden die Leichen auf den Lastwagen geladen, und Yurovsky, Ermakov und Vaganov verließen noch vor Sonnenaufgang die Stadt. Medwedew wurde mit der Reinigung des Hauses beauftragt. Das Ziel waren die Eisenminen des Werks Werch-Issetsk, deren Schächte längst aufgegeben worden waren. Das Gelände befand sich fünfzehn Kilometer nördlich von Jekaterinburg, in der Nähe der Stadt Koptiaki. Im Laufe des 17., 18. und 19. Jahrhunderts wurden etwa einhundertvierzig Liter Benzin und weitere einhundertsiebzig Liter Schwefelsäure zum Standort transportiert. Bevor die Leichen in den Brunnen geworfen wurden, wurden sie zerstückelt und verbrannt. Die festesten Teile wurden der Säure ausgesetzt. Während dieser Zeit wurde das Haus der Ipatievs bewacht, damit die Bewohner der Stadt keinen Verdacht schöpften. 1979 verkündeten sowjetische Archäologen der Welt, dass sie die Überreste der kaiserlichen Familie gefunden hätten, die in der Nähe des Koptiaki begraben waren. Allerdings fehlten die Überreste von Maria und Alexis, wie sie sagten. Dies würde Wiltons Version in Frage stellen, dass sie in einen Brunnen geworfen worden waren.

Am 20. Juli verkündete der Jekaterinburger Sowjet die Hinrichtung von Nikolaus „dem Blutrünstigen". Den Vorsitz des Sowjets führt Beloborodow, der als Russe den Bergleuten, die sich gegen die jüdische Macht stellen, als Schutzschild dient, in Wirklichkeit aber von den Juden Golochtchekin, Wolkow, Syromolotow und Safarow, einem weiteren Trotzki nahestehenden Genossen, geleitet wird. Golochtchekin informierte die Bevölkerung durch Reden und Plakate, in denen es hieß, dass Banden von Tschechoslowaken die Stadt bedrohten und dass „der gekrönte Henker den Prozess gegen das Volk hätte vermeiden können". Gleichzeitig verbreitete die Regierung die Nachricht im Ausland über den Rundfunk. Der offizielle Text, der von den Zeitungen veröffentlicht wurde, lautet wie folgt:

> Auf der ersten Sitzung (20. oder 21. Juli) des Zentralen Exekutivkomitees, das vom Fünften Sowjetkongress gewählt wurde, wurde ein Kommuniqué des Uraler Regionalsowjets über die Hinrichtung von Zar Nikolaus Romanow verlesen: „In letzter Zeit wurde die Hauptstadt des Urals durch die Offensive von Banden der Tschechoslowaken ernsthaft bedroht. Zu dieser Zeit wurde ein Komplott von Konterrevolutionären aufgedeckt, die den Tyrannen mit Gewalt aus den Händen der Sowjetbehörde reißen wollten. Angesichts dieser Situation beschloss das Präsidium des Uraler Regionalsowjets, Zar Nikolaus Romanow zu erschießen. Der Beschluss wurde am 16. Juli vollstreckt. Romanovs Frau und Kinder wurden an einen sicheren Ort gebracht. Dokumente, die sich auf das aufgedeckte Komplott bezogen, wurden per Sonderkurier nach Moskau gesandt. Ursprünglich war geplant, den Zaren vor ein Tribunal zu stellen, um ihn wegen seiner Verbrechen gegen das Volk vor Gericht zu stellen, aber die oben genannten Umstände erzwangen die Einstellung des Plans".
> Die Präsidentschaft des E.C.C., die die Umstände untersucht hat, die den Ural-Regionalsowjet zur Hinrichtung von Nicholas Romanov führten, kommt zu dem Schluss, dass:
> Der E.C.C., in der Person seines Vorsitzenden, betrachtet die Resolution des Uraler Regionalsowjets als ordnungsgemäß. Das E.C.C. verfügt über wichtige Dokumente im Zusammenhang mit der Romanow-Affäre: das Tagebuch, das er bis zum letzten Tag seines Lebens geschrieben hat, das Tagebuch seiner Frau und seiner Töchter, seine Korrespondenz, einschließlich der Briefe von Grigori Rasputin an Romanow und seine Familie. Alle diese Dokumente werden ausgewählt und unverzüglich veröffentlicht".

Offiziell wurde ein Untersuchungsausschuss zum Tod des Zaren eingesetzt, der aus zehn Personen bestand und von Swerdlow selbst geleitet wurde. Mit anderen Worten: Derjenige, der das Verbrechen angeordnet hatte, war der Leiter der Untersuchung. Sieben der Mitglieder dieses Ausschusses waren Juden: Sverdlov, Sosnovski, Teodorovitch, Smidovitch, Rosenholtz, Rosine und Vladimirski (Hirshfeldt). Hinzu kamen zwei Russen, Maximov und Mitrovanov, und ein Armenier namens Avanessov.

An den Wänden des Zimmers, in dem die Romanows und ihre engsten Bediensteten ermordet wurden, wurden zwei Schriftstücke gefunden. Der kryptischste oder geheimnisvollste Text ist eine kabbalistische Inschrift aus drei Buchstaben und einem Bindestrich. Bei den Buchstaben handelt es sich um ein „L", das in drei verschiedenen Sprachen geschrieben ist: Hebräisch, Samaritanisch und Griechisch. Um die Bedeutung der Botschaft zu entschlüsseln, sind Kenntnisse der Kabbala erforderlich, die den Buchstaben einen numerischen Wert zuordnet (Gematria). Leslie Fry (Paquita de Shishmareff) liefert in *Waters Flowing Eastwards* eine detaillierte Studie der Inschrift. In ihrem zweiseitigen Kommentar zur Interpretation der Bedeutung der

Buchstaben zitiert Leslie Fry Literatur über die Auslegung von Dogmen und Ritualen der hohen Magie, okkulte Philosophie, Tarot und die Geschichte der Magie. Fry kommt zu dem Schluss, dass in dem Text ein passives Prinzip erkennbar ist, das darauf hindeutet, dass diejenigen, die den Zaren töteten, dies nicht aus freiem Willen taten, sondern im Gehorsam gegenüber einer höheren Ordnung. Er fügt hinzu, dass die Person, die die Inschrift anbrachte, in den Geheimnissen des alten jüdischen Kabbalismus, die in der Kabbala und im *Talmud* enthalten sind, bewandert war. Indem er die Tat im Gehorsam gegenüber einer höheren Ordnung ausführte, vollzog er ein Ritual der schwarzen Magie. Dies ist nach Ansicht des Autors der Grund, warum er seine Tat mit einer verschlüsselten Botschaft gedachte. Leslie Fry bietet zwei mögliche Übersetzungen des Textes an: „Hier wurde dem König zur Strafe für seine Verbrechen ins Herz gestochen" oder „Hier wurde der König geopfert, um die Zerstörung seines Reiches herbeizuführen". In der Ausgabe 169 der Wilnaer Zeitung „*Konsomolskaja Prawda"* von 1989 wird die Botschaft wie folgt entschlüsselt: „Der Zar wurde hier auf Befehl der Geheimdienste geopfert, um den Staat zu zerstören. Dies wird allen Völkern verkündet.

Der zweite Text ist ein Couplet in deutscher Sprache des Dichters Heinrich Heine, dem Propheten des Kommunismus, dem Freund von James Rothschild, Moses Hess und Karl Marx. Der Satz „Religion ist das Opium des Volkes" wird im Allgemeinen Marx zugeschrieben, aber in Wirklichkeit stammt er von Heine. Der Inhalt des Distichons spielt auf die Erfüllung des jüdischen Gesetzes an, d.h. auf die jüdische Rache im Sinne der Leviten. Der Autor erlaubt sich eine Redewendung, ein Kalauer, indem er den Namen Belsazar[54] in Belshazzar ändert. Die englische Übersetzung der Verse würde lauten: „**Belsazar** wurde in derselben Nacht / von seinen eigenen Dienern hingerichtet".

Im Jahr 1924 wurde die Stadt Jekaterinburg in Swerdlowsk umbenannt. Damit sollte dieser Jude, der dem Zentralen Exekutivkomitee vorstand und von dem aus er die Ermordung der Romanows angeordnet haben soll, für immer berühmt werden. Heute weiß man, dass der übergeordnete Befehl von ganz oben kam, aus New York, von Jacob Schiff, um genau zu sein. Wieder einmal ist es Jüri Lina, der es wagt, diese historische Tatsache, die absichtlich verschwiegen wurde, zu enthüllen. Dies ist vielleicht die heikelste Information in „*Im Zeichen des Skorpions"*. Am 20. Juli 2011 transkribierte Henry Makow, ein kanadischer Schriftsteller jüdischer Herkunft, der den Zionismus und die Illuminaten-Banker unmissverständlich anprangert, auf seiner Website „henrymakow.com" das fragliche Fragment (S. 276-277). Makow ist der Meinung, dass das Buch und der Autor wegen dieser äußerst gefährlichen Informationen unterdrückt werden und dass die wenigen Exemplare, die in Nordamerika und England noch

---

[54] Belsazar oder Balthasar war ein babylonischer Fürst, der nach dem *Buch Daniel* die Gefäße aus dem Tempel in Jerusalem, die als Beute nach Babylon gebracht worden waren, als Tafelservice für seine Höflinge verwendete. Diese Schändung veranlasste eine unsichtbare Hand, Buchstaben an die Wand zu schreiben, die kein weiser Mann am Hof entziffern konnte. Nur der Prophet Daniel verstand die Botschaft und verkündete, dass der Hochmut des Königs mit dem Tod Belsazars und dem Untergang seines Reiches bestraft werden würde.

erhältlich sind, zu horrenden Preisen auf Amazon verkauft werden. Laut Lina wurde die Rolle von Jacob Schiff bei der Ermordung der kaiserlichen Familie in Russland erst ab 1990 aufgeklärt, obwohl die Fakten bereits 1939 *in der Exilzeitung Tsarky Vestnik* enthüllt worden *waren*.

Der estnische Autor behauptet, dass Lenin nur sehr wenig mit dem Attentat zu tun hatte. Er erklärt, dass seine überstürzte Abreise aus Jekaterinburg angesichts des Herannahens der „Weißen" der Grund dafür war, dass Telegrafenstreifen nicht vernichtet wurden, die von Richter Sokolow beschlagnahmt wurden, der sie in die Hände bekam, ohne die Telegramme entziffern zu können. Erst 1922 entzifferte eine Gruppe von Experten in Paris die Streifen und Sokolov entdeckte, dass sie äußerst aufschlussreich waren, da sie sich auf die Ermordung des Zaren und seiner Familie bezogen. Darin heißt es, dass der Vorsitzende des E.C.C., Jakow Swerdlow, eine Nachricht an Jakow Jurowski schickte, dass er, nachdem er Jakob Schiff über das Herannahen der Weißen Armee informiert hatte, den Befehl erhalten hatte, den Zaren und seine gesamte Familie zu liquidieren. Diese Befehle wurden Sverdlov von der amerikanischen Vertretung in der Stadt Wologda übermittelt. In diese Stadt, die auf halbem Weg zwischen Moskau und Archangel liegt, hatten sich alle europäischen Vertretungen zurückgezogen. Swerdlow wies Jurowski an, den Befehl auszuführen, aber am nächsten Tag wollte Jurowski wissen, ob die gesamte Familie oder nur der Zar getötet werden sollte. Sverdlov bestätigte den Befehl, alle zu eliminieren, und übertrug ihm die Verantwortung für die Ausführung des Befehls. Jüri Lina weist die Behauptung des jüdischen Historikers Edward Radzinsky zurück, wonach Lenin die Ermordung angeordnet habe. Es gibt kein einziges Dokument, das diese These stützt. Im November 1924 erzählte Sokolov[55] einem engen Freund, dass sein Verleger

---

[55] Im März 1920 versuchten der Richter Nicolas Sokolov und Pierre Gilliard, der französische Lehrer der Töchter des Zaren, in Charbin (im Fernen Osten Russlands), die in schweren Koffern verpackten Ermittlungsakten zur Ermordung der Romanows außer Landes zu bringen. Gillard selbst berichtete über dieses Abenteuer in *Le tragique destin de Nicolas II et de sa famille* (1922). Sie wollten den Zug des französischen Generals Maurice Janin erreichen, der nicht weit von den Bahnsteigen entfernt geparkt war, aber im und um den Bahnhof wimmelte es von bolschewistischen Spionen. Gillard berichtet weiter: „Plötzlich sahen wir, wie einige Personen aus dem Schatten auftauchten, und sie kamen auf uns zu und riefen: 'Wohin geht ihr? Was habt ihr in diesen Koffern?' Als wir weitergingen, ohne zu antworten, zeigten sie die Absicht, uns aufzuhalten, und befahlen uns, die Koffer zu öffnen. Glücklicherweise war die zurückzulegende Strecke nicht sehr lang und wir rannten los. In wenigen Augenblicken erreichten wir den Wagen des Generals, dessen Wachen uns entgegenkamen. Endlich waren alle Ermittlungsunterlagen in Sicherheit". Richter Sokolov bezieht sich auf die gleiche Situation und beschreibt sie als „eine der schwierigsten". Sokolov macht deutlich, dass er, um die Dokumente um jeden Preis zu retten, im Februar 1920 an den britischen Botschafter in Peking, Herrn Lampson, geschrieben und ihn um Hilfe bei der Weiterleitung der Dokumente nach Europa gebeten hatte. Die Antwort der britischen Regierung war negativ, und der britische Konsul in Kharbin, Herr Sley, war dafür verantwortlich, dies dem Richter mitzuteilen. Sokolovs Bericht endet wie folgt: „Am selben Tag sollte ich in Begleitung von General Diterichs den französischen General Janin treffen. Er erwiderte, dass er die

Angst hatte, diese Fakten zu veröffentlichen und sie unterdrücken wollte. Der Richter soll diesem Freund daraufhin die Originalstreifen und die entzifferten Übersetzungen gezeigt haben. Sokolov, der zweiundvierzig Jahre alt war, starb einen Monat später plötzlich. Er sollte nach New York reisen, um im Namen von Henry Ford auszusagen, gegen den Kuhn Loeb & Co, die Bank von Jacob Schiff, eine Klage wegen der Veröffentlichung des Buches *The International Jew* eingereicht hatte. Das Buch von Richter Sokolov, *Die Ermordung der Zarenfamilie,* wurde 1925 in Berlin ohne die fraglichen Informationen veröffentlicht.

Der Wille, die christliche Romanow-Dynastie zu vernichten, zeigte den Hass derjenigen, die dies anordneten. Zwischen Juni 1918 und Januar 1919 forderte die talmudische Rache der bolschewistischen Juden das Leben von achtzehn Mitgliedern der kaiserlichen Familie. Wir beschränken uns auf die Ermordung von Michail Romanow, da der Zar 1917 an ihn abgedankt hatte. Am 12. Juni, einen Monat vor dem Massaker von Jekaterinburg, wurde der jüngere Bruder von Nikolaus II. zusammen mit seinem Sekretär Brian Johnson von einer Verbrecherbande unter dem Befehl des Juden Markov ermordet. Die Attentäter tauchten in dem Hotel in Perm auf, in dem sich die beiden aufhielten. Unter dem Vorwand, sie an einen sicheren Ort bringen zu wollen, brachten sie sie aus der Stadt und töteten sie in einem Waldgebiet. Die Leichen wurden nie gefunden, da sie verbrannt wurden. Viele Jahre lang trug einer der Mörder die Uhr des Engländers Johnson als Souvenir mit sich.

Trotzki und das versuchte Attentat auf Lenin

1918 war in jeder Hinsicht ein bedeutsames Jahr. In diesem zweideutigen und ungewissen Jahr wurden unter anderem der Verlauf der Revolution und die Zukunft Russlands und Deutschlands entschieden. Nach der Unterzeichnung des Vertrags von Brest-Litowsk kam es zu einem internen Kampf zwischen Trotzkisten und Leninisten, der von der offiziellen Geschichtsschreibung verdrängt wurde. Im Sommer 1918 gab es neben dem Massaker an der kaiserlichen Familie eine Reihe von politischen Attentaten, die nie angemessen erklärt oder verstanden wurden. Zwischen dem 20. Juni, dem Tag der Ermordung von W. Wolodarskij (Moses Goldstein), und dem 30. August, dem Tag, an dem ein Versuch unternommen wurde, Lenin zu beseitigen, fand in Russland ein hinterhältiger Kampf um die Macht statt, den wir im Folgenden zu verstehen versuchen werden. Das versuchte Attentat auf Lenin, über das ein bis heute nicht verklungener Nebelschleier gebreitet wurde, ist eine der dunkelsten

---

Mission, die wir ihm anvertrauten, als eine Ehrenschuld gegenüber einem treuen Verbündeten betrachte. Dank General Janin konnten die Dokumente gerettet und in Sicherheit gebracht werden". General Janin selbst schrieb später ein Buch, *Meine Mission in Sibirien,* in dem er erklärt, dass Sley, der englische Konsul in Charbin, „ein Jude war, von dem es hieß, seine Frau sei mit Trotzki verwandt". Richter Sokolov fertigte aus Sicherheitsgründen mehrere Kopien des Ermittlungsdossiers an. Robert Wilton behauptet, dass er eine davon besaß.

Episoden der bolschewistischen Revolution. Gegen falsche Versionen, die die Wahrheit verschleiern wollen, und gegen blindes parteiisches Denken stellen wir in diesem Abschnitt die These auf, dass es Trotzki war, der im Verborgenen manövrierte und einige und andere benutzte, um Lenin zu töten, um die absolute Führung zu ergreifen. Wir werden diese Interpretation mit Fakten und Argumenten untermauern, deren Logik der Leser selbst beurteilen kann.

In diesem Stadium unserer Arbeit halten wir es für erwiesen, dass Trotzki ein Agent des internationalen jüdischen Bankwesens war. Im Alter von nur fünfundzwanzig Jahren hatte er sich neben Parvus als die wichtigste Figur der Revolution von 1905 etabliert, die während des russisch-japanischen Krieges entstanden war und von der Bank Kuhn Loeb und Co. von Jacob Schiff finanziert worden war. Schon damals war Trotzki mit den großen Finanziers verwandt, denn er heiratete Natalia Sedova, die Tochter des Bankiers Givotovsky, der mit den Warburgs und Jacob Schiff in Verbindung stand. Als Trotzki 1917 mit seinen jüdischen Revolutionären aus New York in Russland eintraf, brachte er Geld und mächtige internationale Hilfe mit. Lenin, der seine Theorie der „permanenten Revolution" immer verachtet hatte, stand ihm kritisch gegenüber, aber Nadeschda Krupskaja, seine jüdische Frau, wusste sehr wohl, was Trotzki meinte, und trug dazu bei, dass Lenin ihn trotz ihrer schlechten Beziehungen akzeptierte.

Lenin hatte 1911 in Bezug auf den parteiinternen Kampf auf Trotzki als einen Meister im Gebrauch „klangvoller, aber leerer Phrasen" angespielt und seinen ständigen Seitenwechsel beklagt. Er bezeichnete ihn damals als „einen Schurken, der die Partei herabsetzte und sich selbst überhöhte". Lenin hatte sich bei verschiedenen Gelegenheiten über Trotzkis „Ausweichmanöver" beklagt und bedauert, dass es nie möglich war, zu wissen, wo er stand. In einem Text von 1914 über das Selbstbestimmungsrecht der Völker erklärte er: „Trotzki hat nie eine feste Meinung zu irgendeiner wichtigen Frage des Marxismus gehabt." Noch im Februar 1917 rief er in einem Brief an Aleksandra Kollontái aus: „Was für ein Schurke dieser Trotzki ist!" So sehr es Lenin auch schmerzte, dessen Unnachgiebigkeit bei vielen Gelegenheiten ein Hindernis war, so war es doch Trotzki, der die Fähigkeit besaß, den gesamten revolutionären linken Flügel, der die revolutionären Sozialisten und die Anarchisten einschloss, um die Bolschewiki zu scharen. Im Grunde genommen war der ehemalige Bund der jüdischen Proletarier Trotzkis eigentliche Partei. Die große Mehrheit der Führer der revolutionären Parteien kam aus dem Bund, der sie alle infiltriert hatte.

Die Tatsache, dass es Präsident Wilson selbst war, der Trotzki mit einem Pass ausstattete, damit er zum Zwecke der Revolution nach Russland reisen konnte, spricht Bände über die Unterstützung, die er in den Vereinigten Staaten hatte. Auch die Briten wussten, dass sie sich an ihn wenden mussten und nicht an Lenin, der angeblich mit den deutschen Geheimdiensten in Verbindung stand. Kaum hatte das britische Kriegskabinett die Nachricht von William B. Thompson, dem Mann von der Wall Street, über die Unumkehrbarkeit der Revolution in Russland erhalten, schickte Alfred Milner, die Speerspitze der internationalen Verschwörung in Großbritannien, Robert Hamilton Bruce Lockhart an Trotzkis Seite. Dieser Agent ist wegen seiner angeblichen

Beteiligung an dem Attentat auf Lenin in die Geschichte eingegangen. Ein Komplott, das als „The Lockhart Plot" bekannt ist. Das Problem ist, dass die kommunistischen Quellen, die von dem ganzen Schlamassel berichten, behaupten, dass die Absicht darin bestand, die Revolution zu zerstören und nicht nur Lenin. Mit anderen Worten, ein Agent von Lord Milner, einem der Magnaten, die den Sturz des Zaren herbeigeführt und die Bolschewiki finanziert hatten, wollte Monate später die Revolution liquidieren und die ganze Arbeit, die geleistet worden war, zunichte machen. Es ist leicht zu verstehen, dass die Interpretation, die diese Quellen bieten, keinen Sinn ergibt. Natürlich hat die britische Regierung stets jede Verwicklung in den Versuch, Lenin zu ermorden, abgestritten; aber mehr als neunzig Jahre später sind Dokumente, die Aufschluss über die Geschehnisse geben könnten, immer noch als Staatsgeheimnis eingestuft.

Eine Schlüsselfigur des Komplotts war der berühmte Spion Sidney Reilly, ein Agent im Dienste der Verschwörung, der im Mai 1918 Kontakt mit Lockhart aufnahm. Vermutlich war Reilly, der als bester Spion des britischen Geheimdienstes galt, der Mann, hinter dem sich Trotzki selbst verbarg, um so die gesamte Aufmerksamkeit und Verantwortung für das Attentat auf Lenin auf England zu lenken. 1932 schrieb Robert Bruce Lockhart seine eigene Version der Ereignisse in *Memoirs of a British Agent*, in der er logischerweise nichts sagt, was ihn, sein Land oder Trotzki in das Komplott verwickeln könnte. Gerade wegen ihrer scheinbaren Harmlosigkeit wurde diese Interpretation in den Medien weit verbreitet, und die Propaganda war schnell dabei, das Buch als „das größte menschliche Dokument des Jahrhunderts" zu bezeichnen. Hollywood, insbesondere Warner Brothers, verfilmte Lockharts Memoiren 1934. Lockharts diplomatische Karriere wurde jedoch durch diese Affäre beeinträchtigt, und auf Anraten von Lord Milner verließ er das Außenministerium.

Auch sein Sohn Robin veröffentlichte 1967 das Buch *Reilly Ace of Spies*, in dem er über die Beziehung seines Vaters zu dem Spion erzählt, was er will. Robin Bruce Lockhart liefert jedoch unwissentlich sehr wichtige und wertvolle Informationen von größter Wichtigkeit: Zwei Tage vor Ausbruch des Krieges verließ Sidney Reilly vorübergehend seinen Job beim SIS (Secret Intelligence Service), weil er „ein sehr attraktives Angebot von den Gebrüdern Givotovsky erhielt, die die Russisch-Asiatische Bank kontrollierten". Mit anderen Worten: Sidney Reilly arbeitete mehr als zwei Jahre lang für die Givotovskys, die Bankiers, die mit Trotzki verwandt waren, der mit der Tochter eines dieser Brüder, Natalia Sedova, verheiratet war. Die Givotovskys schickten ihn als Bankvertreter zunächst nach Japan und dann in die Vereinigten Staaten, nach New York, wo er bis Ende 1916 lebte. *Reillys Spionage-Ass* wurde auch zu einer Fernsehserie. Ian Fleming ließ sich von Sidney Reilly zu dem berühmten James Bond inspirieren. Das wahre Leben dieses Spions übertrifft die Fiktion bei weitem. Seine zahlreichen Identitäten haben Ermittler und Geheimdienste verwirrt. Laut Captain Mansfield Cumming, einem seiner Vorgesetzten, war Reilly „ein Mann von unbezwingbarem Mut, ein Genie als Agent, aber ein unheimlicher Mensch, dem ich nie volles Vertrauen schenken konnte". In Wirklichkeit war er ein jüdischer Bastard namens Solomon (Shlomo)

Rosenblum, der uneheliche Sohn einer Frau namens Polina. Sein Vater war Dr. Mikhail Abramovich Rosenblum. Er wurde am 24. März 1873 in Cherson (Ukraine) geboren, obwohl einige Quellen seine Geburt in Odessa verorten.

Robert Hamilton Bruce Lockhart, dessen Vater möglicherweise jüdischer Abstammung war (er selbst schreibt, dass er seine erste Prügelstrafe von seinem Vater erhielt, weil er am Sabbat ein Kricketspiel spielte), rühmt sich in seinen *Memoiren eines britischen Agenten* dennoch des schottischen Blutes seiner Mutter. Sein erster Kontakt mit Alfred Milner fand nach dem Staatsstreich vom Februar/März statt, als Milner im Auftrag der Londoner Regierung in St. Petersburg eintraf und die Hoffnung auf britische Hilfe für den russischen Verbündeten schändlich zunichte machte. Lockhart, damals britischer Konsul in Moskau, wurde vom Botschafter vorgeladen und reiste nach St. Petersburg. Milner hatte wahrscheinlich von George Buchanan, seinem Freimaurerbruder, gute Berichte des Konsuls erhalten, der unverhohlen lügt, wenn er schreibt, der britische Botschafter habe nichts mit dem Sturz des Zaren zu tun. Lockhart hat nur Worte der Dankbarkeit für Buchanan übrig, den er als Beispiel für Ehrlichkeit, Aufrichtigkeit etc. etc. betrachtet. Der Kontakt zwischen Lord Milner und dem jungen Lockhart fand in der Botschaft statt, wo sie nach dem Mittagessen „ein langes Gespräch" führten, das am Abend fortgesetzt wurde: „Ich dinierte allein mit ihm in seinen Zimmern im Hotel Europa". Eine Woche später reiste Alfred Milner nach Moskau, wo Lockhart für ihn ein Gespräch mit Fürst Lemberg arrangiert hatte, einem weiteren Freimaurerbruder, der Milner bestätigte, dass „wenn sich die Haltung des Kaisers nicht ändere, es innerhalb von drei Wochen zu einer Revolution kommen würde." So war es dann auch. Sechs Monate später, im September 1917, hatte Bruce Lockhart eine Affäre mit einer Jüdin. Nach eigenen Angaben veranlasste dies Botschafter Buchanan, dem Konsul zu raten, nach London zurückzukehren.

Am 19. Dezember 1917 dinierten Alfred Milner und Bruce Lockhart gemeinsam in London im Haus von Sir Arthur Steel-Maitland. Am nächsten Tag wird Lockhart aus der Downing Street gerufen, wo Lord Curzon bekannt gibt, dass das Kriegskabinett beschlossen hat, mit den Bolschewiken Kontakt aufzunehmen. Am 21. Dezember stellte Lord Milner seinen Agenten dem Premierminister Lloyd George vor. Die Vorbereitungen für die Reise begannen sofort. Lockhart sollte in Bergen (Norwegen) mit demselben Kreuzfahrtschiff an Bord gehen, mit dem Botschafter Buchanan nach London zurückkehrte. Der Plan sah vor, dass die Briten Maksim Litvinov, dem inoffiziellen Botschafter der Bolschewiki in London, die gleichen Privilegien gewähren würden, die die Bolschewiki Lockhart zugestanden hatten. Das Treffen zwischen Litvínov (Meyer Hennokh Moisevitch Wallack-Finkelstein) und Lockhart kam durch einen anderen Juden zustande, Theodore Rothstein, einen Trotzkisten, der als Übersetzer im Kriegsministerium arbeitete. Trotzki hatte Rothstein zunächst als halboffiziellen Vertreter der Bolschewiki in Großbritannien betrachtet, aber Radek bemerkte, dass seine Position im Ministerium für sie von größerem Nutzen sein könnte. Rothstein, so schreibt Lockhart, erklärte, dass „Trotzkis Bestreben nicht ein separater Frieden, sondern ein allgemeiner Frieden war. Er wies darauf hin, dass er, wenn er Lloyd George wäre, Trotzkis Angebot einer

Konferenz ohne Bedingungen annehmen würde, da England der Hauptnutznießer wäre." Litwinow und Rothstein auf bolschewistischer Seite sowie Lockhart und Rex Leeper auf britischer Seite trafen sich Anfang Januar 1918 zum Mittagessen. Es wurde vereinbart, dass sowohl Litwinow als auch Lockhart vorerst ohne offizielle Anerkennung bestimmte diplomatische Privilegien genießen würden, darunter die Verwendung von Codes und das Recht auf diplomatische Post. Bei dieser Gelegenheit schrieb Litwinow für Lockhart das oben erwähnte Vorstellungsschreiben an Trotzki.

Fünf Tage vor der Reise hielt Lockhart tägliche Treffen mit Lord Milner ab. In seinen *Memoiren eines britischen Agenten* liefert Lockhart äußerst relevante Informationen über diese Gespräche für diejenigen, die wissen, wie man sie liest. Sehen wir uns einige von ihnen an. Er schreibt zum Beispiel, dass Milner bei einem anderen Abendessen allein seine Verbitterung über die Politik des Außenministeriums zum Ausdruck brachte und Lord Balfour als „harmlosen alten Herrn" bezeichnete. Alfred Milner gestand Lockhart, dass er gerne für sechs Monate an der Spitze des Außenministeriums stehen würde. Es wäre von großem Interesse gewesen, zu erfahren, ob er ihm gesagt hat, warum. Milner gehörte wie Mandell House und Jacob Schiff zu der Lobby, die die sofortige Anerkennung der bolschewistischen Regierung forderte. Trotzkis Idee, einen separaten Frieden mit Deutschland abzulehnen, wurde von Lord Milner und auch von Lloyd George geteilt. Milner wollte mehr: die Kommunisten sollten in Versailles an der Seite der Sieger des Krieges sitzen, was die Anerkennung von Lenins Regierung voraussetzte. Lockhart räumt ein, und das ist äußerst bezeichnend, dass er alles in seiner Macht Stehende tun musste, um „einer möglichen separaten Friedensverhandlung einen Strich durch die Rechnung zu machen und den bolschewistischen Widerstand gegen die deutschen Forderungen so weit wie möglich zu stärken". Über das Denken von Alfred Milner schreibt er mit absoluter Unverfrorenheit: „Er glaubte an einen hoch organisierten Staat, in dessen Dienst Tüchtigkeit und harte Arbeit wichtiger waren als Titel oder Geld. Er hatte wenig Respekt vor dem dekadenten Aristokraten und keinen vor dem Finanzier, der sein Geld durch Marktmanipulationen gemacht hatte." In seiner sklavischen Verehrung hebt Bruce Lockhart Lord Milners „edles Denken und erhabenen Idealismus" hervor. Was er natürlich nicht erwähnt, ist, dass er ein Freimaurer 33. Grades war, ein Agent der Rothschilds, der Hauptarchitekt des Burenkrieges, der Gründer des Runden Tisches und der Direktor der Londoner Joint Stock Bank, die von Basil Zaharoffs Waffenhandel profitierte. Lord Milner ermächtigte Lockhart, im Falle von Schwierigkeiten direkt an ihn zu telegrafieren.

In Russland nimmt Bruce Lockhart Kontakt zu Oberst Raymond Robins auf, seinem amerikanischen Amtskollegen, der nach dem Weggang von William B. Thompson die Leitung der amerikanischen Rotkreuz-Mission übernommen hatte, und zu Hauptmann Jacques Sadoul, einem französischen Sozialisten jüdischer Herkunft, einem ehemaligen Freund Trotzkis, der schließlich zu den Bolschewiki überlief. Ihre Missionen waren ähnlich. Robins war der Vermittler zwischen der Regierung Wilson und den Bolschewiki. Dies führte dazu, dass sie vier Monate lang täglich zusammen waren. Anthony Sutton zitiert in *Wall Street and the Bolshevik Revolution* einen Vortrag über bolschewistische Propaganda, der 1919 bei einer Anhörung vor einem Unterausschuss des Senats gehalten wurde. Er zitiert diese Worte von Robins an Lockhart:

> „Sie werden hören, dass ich ein Vertreter der Wall Street bin, dass ich in den Diensten von William B. Thompson stehe, um das Altai-Kupfer für ihn zu beschaffen, dass ich bereits 500.000 Hektar Wald in Russland erworben habe, dass ich bereits Anteile an der Transsibirischen Eisenbahn erworben habe, dass mir ein Monopol auf russisches Platin gewährt wurde, dass dies meine Arbeit für die Sowjets erklärt.... Sie werden all diese Dinge hören. Nun, ich glaube nicht, dass dies wahr ist, Herr Kommissar, aber nehmen wir an, dass es so ist. Nehmen wir an, dass ich hier bin, um Russland für die Wall Street und für amerikanische Geschäftsleute zu erobern. Nehmen wir an, Sie sind ein britischer Wolf und ich bin ein amerikanischer Wolf, und wenn dieser Krieg vorbei ist, werden wir uns gegenseitig für den russischen Markt auffressen. Lassen Sie uns dies ganz offen tun. Aber lassen Sie uns gleichzeitig akzeptieren, dass wir ziemlich schlaue Wölfe sind und dass wir wissen, dass der deutsche Wolf uns beide auffressen wird, wenn wir jetzt nicht zusammen jagen, und dann lassen Sie uns an die Arbeit gehen."

Robins und Lockhart nahmen viele gemeinsame Mahlzeiten ein. Lockharts Redseligkeit ist in seinen *Memoiren* festgehalten, und er erinnert sich an ein Gespräch nach dem Essen, in dem Robins die alliierten Politiker verunglimpfte, die sich gegen die Anerkennung der Kommunisten aussprachen, und die lächerliche Theorie derjenigen widerlegte, die behaupteten, sie würden für die Deutschen arbeiten. Anschließend lobte er Trotzki, von dem er sagte: „Er war ein großartiger Hurensohn, aber der wichtigste Jude nach Christus".

Nach der Unterzeichnung des Vertrags von Brest-Litowsk evakuierte die Regierung wegen der Nähe der deutschen Truppen Petrograd[56] und ließ sich in Moskau nieder, wo die formelle Ratifizierung des Vertrags stattfinden sollte. Trotzki weigerte sich, daran teilzunehmen, und blieb eine weitere Woche in der Hauptstadt. Er schlug Lockhart vor zu bleiben und bot ihm an, ihn auf seiner späteren Reise nach Moskau in seinem Zug mitzunehmen, wo er persönlich eine komfortable Unterkunft für ihn arrangierte. Der britische Agent, dem Trotzki sein privates Telefon überließ, schreibt, dass sie sich in jenen Tagen täglich sahen. Während dieser letzten Woche in Petrograd trat Moura Budberg in das Leben von Bruce Lockhart. Diese Frau, die als die Mata-Hari Russlands bekannt war, hatte später intime Beziehungen zu Gorki und dem fabianischen Sozialisten H. G. Wells, dem Autor von *The War of the Worlds*. Es ist wahrscheinlich, dass Moura bereits im Alter von 26 Jahren eine KGB-Agentin war: Ihre Biografin Nina Berberova vermutet, dass sie eine Geliebte des lettischen Tschekisten Jakow Peters gewesen sein könnte. Wenn dem so ist, ist es unwahrscheinlich, dass Lockhart dies jemals vermutet hat.

Am 24. April traf der neue deutsche Botschafter Graf Mirbach, der vor dem Krieg Botschaftsrat an der deutschen Botschaft in St. Petersburg gewesen

---

[56] St. Petersburg wurde in Petrograd umbenannt, weil der Zar den Namen als zu deutsch empfand. Er beschloss daher, ihn zu ändern. Später, nach Lenins Tod im Jahr 1924, wurde die Stadt in Leningrad umbenannt.

war, in Moskau ein. Am 26. Mai überreichte er sein Beglaubigungsschreiben im Kreml, wurde aber nicht von Lenin, sondern von Swerdlow, dem Vorsitzenden des Zentralen Exekutivkomitees, empfangen. Während der monatelangen Verhandlungen von Brest-Litowsk war die Chance auf eine Verständigung zwischen den Bolschewiki und den Alliierten vertan worden, und Anfang Mai hatte Lenins Friedenspolitik an Boden gewonnen. Trotzki, der neue Kriegskommissar, sprach jedoch weiterhin davon, dass der Krieg unvermeidlich sei, und versuchte sicherzustellen, dass die Alliierten sich nicht in die inneren Angelegenheiten Russlands einmischten, es sei denn, sie taten dies als Verbündete gegen Deutschland, wie es Robins, Mandell House und andere Agenten, die auf Präsident Wilson Einfluss nahmen, beabsichtigten. In diesem Zusammenhang schlug Trotzki London über Bruce Lockhart vor, ihnen bei der Reorganisation der russischen Flotten zu helfen, und bot sogar an, einen Engländer mit der Leitung der Eisenbahnen zu betrauen. Lockhart, der die Unstimmigkeiten zwischen dem Außenministerium und dem Kriegskabinett bedauert, erhält keine Antwort. Die Zweideutigkeit der britischen und amerikanischen Entscheidungen und Aktionen würde eine Fallstudie erfordern, da sie die Folge ernsthafter interner Divergenzen war.

Am 7. Mai trat Sidney Reilly auf. Die von Lockhart geschilderte Inszenierung ist fast unglaublich. Der Agent schreibt, dass Reilly ohne sein Wissen im Kreml eintraf und darum bat, Lenin zu treffen. Auf die Frage nach seiner Legitimation erklärte er, er sei von Lloyd George persönlich geschickt worden, um Informationen aus erster Hand über die Ansprüche und Ideale der Bolschewiki zu erhalten. Lockhart schreibt, er habe verstanden, dass die Regierung mit seinen Berichten unzufrieden war und einen anderen Agenten eingesetzt hatte. Reilly traf offensichtlich nicht Lenin, sondern Bonch-Brouevitch, einen persönlichen Freund des sowjetischen Führers. Lockhart klärt die Angelegenheit, indem er sagt, dass er Ernest Boyce, den neuen Leiter des Nachrichtendienstes in Petrograd, um eine Erklärung bat und ihm gesagt wurde, dass es sich um einen neuen Agenten handelte, der gerade aus England angekommen war. Lockhart zeigt sich empört und bewundert gleichzeitig die Kühnheit von Reilly, der am nächsten Tag bei ihm auftaucht, um sich zu erklären.

Ab Juni verschärfte sich der interne Kampf unter den Bolschewiki mit einer Reihe von Attentaten, die unterschiedlich interpretiert wurden. Die gebräuchlichsten schreiben die Verantwortung den revolutionären Sozialisten zu. Das erste dieser Attentate fand am 20. Juni statt, als Wladimir Wolodarwski (Moses Goldstein), Kommissar für Presse und Propaganda, auf der Straße drei Schüsse abbekam, von denen einer ihn ins Herz traf und ihn sofort tötete. Moses Salomonowitsch Uritski (Boretski), Chef der Petrograder Tscheka, übernahm die Untersuchung des Anschlags, wurde aber, wie wir noch sehen werden, zwei Monate später, am 30. August, ebenfalls eliminiert. Wolodarwski und Uritski waren zwei der vertrauenswürdigsten Männer Trotzkis: Sie gehörten zu der Gruppe, die mit ihm aus New York an Bord der *Kristianiafjord* gekommen war. Uritsky, der als „Schlächter von Petrograd" bekannt war, hatte ihn 1905 begleitet und bereits den Krasnojarsker Sowjet geleitet. Er war auch mit Trotzki an Bord der *Montserrat* von Barcelona nach New York gereist. Wolodarwski wurde auf dem Rückweg von einem Treffen in der Obuchow-Fabrik ermordet. Der Wagen, in dem er unterwegs war, blieb ohne Benzin in einer Petrograder Straße stehen. Wolodarwski stieg mit drei Genossen aus und machte sich zu Fuß auf den Weg zum nahe gelegenen sowjetischen Bezirk. In diesem Moment erschien der Terrorist und schoss dreimal auf ihn. Bevor er floh, warf er eine Bombe, um einer Verfolgung zu entgehen. Die Tatsache, dass der Wagen genau dort anhielt, wo der Attentäter mit Pistole und Bombe wartete, erregte Uritskys Verdacht, und er schloss daraus, dass das Verbrechen in der Moskauer Tscheka mit Billigung von Lenin und Felix Dserschinski organisiert worden war. Am nächsten Tag beschuldigte Lenin den rechten Flügel der revolutionären Sozialisten, hinter dem terroristischen Anschlag zu stecken.

Am 21. Juni, dem Tag nach der Ermordung Wolodarwskis, wurde Admiral Alexej Schtschastny, der im Kreml inhaftierte Befehlshaber der Baltischen Flotte, erschossen. Der Admiral hatte sich geweigert, den Befehl zur Übergabe von etwa 200 Schiffen an die Deutschen in Helsinki auszuführen, und die Flotte unter Missachtung der Befehle nach Kronstadt verlegt. Die Briten hatten die Bolschewiki aufgefordert, die Flotte nicht zu übergeben, sondern sie zu zerstören. Trotzki ordnete daraufhin an, die Schiffe so zu sprengen, dass sie so wenig Schaden wie möglich nahmen. Dies hätte die Briten in die Lage versetzt, sie im Falle einer Verständigung für die Kommunisten zu reparieren, wie es Trotzki wünschte, der, wie oben erwähnt, Lockhart vorschlug, dass England ihnen helfen sollte, die russischen Flotten in Betrieb zu nehmen. Am 28. Mai wird Schtschastny in den Kreml vorgeladen und von Trotzki gefragt, ob er unter dem Sowjetregime dienen wolle oder nicht. Die Antwort muss ihm nicht gefallen haben, und der Admiral wurde inhaftiert. Am 20. Juni, nur zwei Stunden nach der Bekanntgabe der Anklage wegen Hochverrats, fand ein absurder Prozess statt, bei dem nur die Schwester des russischen Matrosen anwesend sein durfte. Trotzki, der einzige Zeuge, trug die offizielle Anschuldigung vor. Das Todesurteil wurde am nächsten Tag vollstreckt.

Nur zwei Wochen später, am 6. Juli 1918, wurde Wilhelm von Mirbach, der deutsche Botschafter, der erst seit etwas mehr als zwei Monaten im Amt war, ermordet. Dies war der Auslöser für den versuchten Staatsstreich, der den revolutionären Sozialisten unter der Führung von Maria Spiridonova zugeschrieben wurde. Seit dem Eintritt der Vereinigten Staaten in den Konflikt landeten täglich zehntausend amerikanische Soldaten in Europa, was einen beschleunigten Ausgang des Krieges absehbar machte. In einem weiteren Versuch, den Vertrag von Brest-Litowsk abzubrechen und den Kampf gegen Deutschland wieder aufzunehmen, was es dem kommunistischen Russland ermöglicht hätte, sich in Versailles auf die Seite der Sieger zu stellen, befahl Trotzki Jakow Blumkin, Graf Mirbach zu töten. Die finnische Kommunistin Aino Kuusinen bestätigt in ihren Memoiren, dass Blumkin der Mörder des Botschafters war. Wie üblich wurde das Verbrechen den revolutionären Sozialisten in die Schuhe geschoben, doch in Wirklichkeit wurden sie von Trotzki benutzt.

Erinnern wir uns daran, dass Trotzki im Oktober 1917 den extremsten Teil der SR um die Bolschewiki geschart hatte, was bedeutete, dass er das Druckmittel und den Einfluss hatte, sie nach seinem Gutdünken zu steuern. Blumkin hatte seine Karriere als Rabbiner in einer Synagoge in Odessa begonnen und wie viele jüdische Extremisten nach der Machtübernahme durch die Bolschewiki um eine Stelle in der Tscheka gebeten. Als er Mirbach ermordete, war er Mitglied der Sozialrevolutionären Partei, aber während des Bürgerkriegs arbeitete er bereits als Trotzkis Militärsekretär. Im Vorwort zum ersten Band der *Militärischen Schriften*, die zwischen März 1918 und Februar 1923 entstanden, sagt Trotzki: „Wie es das Schicksal will, ist Genosse Blumkin, ein ehemaliger linker SR, der im Juli 1918 sein Leben im Kampf gegen uns riskierte und jetzt Mitglied unserer Partei ist, mein Mitarbeiter bei der Vorbereitung dieses Bandes, von dem ein Teil unseren offenen Kampf mit der Partei der linken SR widerspiegelt. Die Revolution ist ein Meister darin, jeden in seine Schranken zu weisen und, wenn nötig, seinen Platz einzunehmen. Alles, was in der Partei der linken Sozialrevolutionäre am kraftvollsten und konsequentesten war, findet sich heute in unseren Reihen." Wir sind der Meinung, dass die Anspielung darauf, dass er „sein Leben im Kampf gegen uns riskiert", Teil der unverhohlenen Strategie ist, sich von Blumkin zu distanzieren, um seine Verwicklung in das Mirbacher Bombenattentat und den Putschversuch der Sozialrevolutionäre weiterhin zu verschleiern. Ein weiteres Verbrechen, das im Bericht des Genossen Blumkin erwähnt wird, ist das des Dichters Sergej Jessenin, der 1912 im Alter von siebzehn Jahren die berühmte Tänzerin Isadora Duncan[57] geheiratet hatte.

Bruce Lockhart, Lord Milners Agent bei Trotzki, stellt in seinen *Memoiren eines britischen Agenten* die revolutionären Sozialisten als die alleinigen Urheber der Ermordung des Grafen Mirbach heraus; in seinem Bericht

---

[57] Sergej Jessenin, der als Russlands bedeutendster Dichter des 20. Jahrhunderts gilt, beging offiziell Selbstmord. Jahrhunderts gilt, beging offiziell Selbstmord. In *Unter dem Zeichen des Skorpions* kommentiert Jüri Lina, dass er dies mit einer klaffenden Wunde am Kopf, durch die sein Gehirn herauskam, kaum getan haben kann. Der Grund für seine Ermordung war ein Gedicht, *Land der Verbrecher*, in dem er einen jüdischen Tyrannen, Leibman Tschekistow, beschrieb, der eine Abschrift von Trotzki selbst war. Jessenin glaubte zunächst an die Revolution, erkannte aber bald, was vor sich ging. In dem Gedicht, das er seinen Freunden vorlas, beschrieb er, wie amerikanische Finanziers mit Hilfe von politischen Gangstern die Macht in Russland übernommen hatten. Trotzki, der von dem Gedicht erfuhr, konnte ein solches Vergehen nicht verzeihen und befahl Blumkin, seinem Vollstreckungsorgan, den Dichter zu beseitigen. Ein Freund Jessenins, Alexej Ganin, wurde am 25. März 1925 verhaftet und auf der Grundlage der Artikel 172 und 176 des Strafgesetzbuchs des kommunistischen Russlands, die Antisemitismus mit der Todesstrafe bedrohten, hingerichtet. Nach Angaben der Geheimpolizei hatten die Dichter Oreschin, Klytschkow, Ganin und Jessenin Ende 1923 in einer Bar öffentlich verkündet, dass in Russland nur Juden die Macht hätten. In der Nacht des 28. Dezember 1925 drangen Jakow Blumkin und einer seiner Schergen, Wolf Erlich, in das Zimmer des Hotels *Angleterre* in Petrograd ein. Der Dichter leistete tapferen Widerstand, doch die Mörder schlugen ihm heftig auf den Kopf und erhängten ihn anschließend.

räumt er jedoch ein, dass diese revolutionären Sozialisten ebenso wie die trotzkistische Fraktion gegen den Frieden von Brest-Litowsk waren, den sie nie akzeptiert hatten. Mit einer erstaunlichen „Naivität" schreibt Lockhart: „Die linkssozialistischen Revolutionäre begannen, phantastische Pläne zum Sturz der bolschewistischen Regierung vorzubereiten, um ihren Krieg mit Deutschland wieder aufzunehmen". Nur sehr uninformierte Leser können schlucken, dass Mitglieder des Linken Sektors der SR im Alleingang versuchen würden, die Macht in Russland in einer Zeit höchster Komplexität zu ergreifen. Es ist viel logischer anzunehmen, dass Trotzki versuchte, auf diesem politischen und ideologischen Zusammentreffen aufzubauen, und dass er es nutzen wollte, um die Kontrolle über die Partei und die Regierung zu erlangen. Viele Mitglieder des jüdischen Bundes waren zu den revolutionären Sozialisten durchgedrungen, und durch diese Verbindungen hatte Trotzki sie 1917 davon überzeugt, die Bolschewiki zu unterstützen, die sie mit verschiedenen Posten in verschiedenen Kommissariaten entschädigten.

Der Zusammenstoß fand auf dem Fünften Sowjetkongress statt, der am 4. Juli, zwei Tage vor Mirbachs Ermordung, seine Sitzungen eröffnete. Auf jeden Fall scheint uns klar zu sein, dass es nicht darum ging, „die bolschewistische Regierung zu stürzen", wie Lockhart schreibt, sondern die leninistische Sektion der Partei, die eine Aktionslinie in der internationalen Politik durchgesetzt hatte, die weder von den Trotzkisten noch von den linken SR geteilt wurde. Der Kongress fand im Moskauer Opernhaus statt. Etwa einhundertfünfzig Mitglieder des C.C.E., fast alle von ihnen Juden, leiteten die Sitzungen. Zu Swerdlows Rechten saßen die revolutionären Sozialisten: Tscherepanow, die Juden Kamkow und Karelin, und am anderen Ende saß Maria Spiridonowa, die 1906 durch die Ermordung des Generalinspektors der Polizei, Luschenowski, berühmt geworden war, dem sie auf dem Bahnsteig des Bahnhofs von Borisogliebsk ins Gesicht geschossen hatte und anschließend versuchte, sich selbst zu töten, was ihr jedoch nicht gelang. Am 5. Juli ergriff Maria Spirodonowa das Wort und griff Lenin mit äußerster Schärfe an. „Ich beschuldige Sie", sagte sie, „die Bauern zu verraten, sie für Ihre eigenen Zwecke zu benutzen und ihre Interessen nicht zu beachten". Zu seinen Anhängern gewandt, rief er: „In Lenins Philosophie seid ihr nur Mist." Es folgte eine Drohung. Spiridonowa warnte Lenin, dass er, sollte er die Bauern weiterhin demütigen und unterdrücken, „dieselbe Pistole und dieselbe Bombe" in der Hand halten würde, die er bei einer anderen Gelegenheit benutzt hatte. Bei ihren letzten Worten brach ein Beifallssturm aus, aber sie wurde sofort von einem bolschewistischen Delegierten aus dem Saal zurechtgewiesen. Es gab einen großen Aufruhr, und stämmige Bauern erhoben sich und schüttelten ihre Fäuste gegen die Bolschewiki.

Lenin, der eine irritierende Überlegenheit an den Tag legt, ergreift schließlich das Wort und antwortet ruhig auf die Anschuldigungen. Unter Bezugnahme auf die Beschimpfungen über seine Unterwürfigkeit gegenüber den Deutschen und den Wunsch der Sozialrevolutionäre, den Krieg fortzusetzen, beschuldigt er sie ihrerseits, die Politik der imperialistischen Alliierten zu betreiben, und verteidigt den Vertrag von Brest-Litowsk. Als nächster ergriff der

Sozialrevolutionär Kamkow das Wort, der an Mirbach und die deutsche Delegation, die am Kongress teilnahm, gerichtet, brüllte: „Die Diktatur des Proletariats hat sich in die Diktatur von Mirbach verwandelt. Trotz all unserer Warnungen bleibt die Politik Lenins dieselbe, und wir sind keine unabhängige Macht geworden, sondern die Lakaien der deutschen Imperialisten, die die Dreistigkeit besitzen, sich sogar in diesem Theater zu zeigen." Sofort erhoben sich die revolutionären Sozialisten und riefen mit der Faust in Richtung der deutschen Loge: „Nieder mit Mirbach, raus mit den deutschen Schlächtern, raus mit dem Henkersgalgen von Brest." Eilig läutete Swerdlow die Glocke und schloss die Sitzung.

Am Samstag, dem 6. Mai, um viertel vor drei kamen Jakow Blumkin und ein weiterer Genosse mit dem Auto bei der deutschen Botschaft an, die von bolschewistischen Truppen bewacht wurde. Dank spezieller Ausweise, die von Alexandrowitsch, dem stellvertretenden Vorsitzenden der Tscheka, der Blumkin selbst angehörte, unterzeichnet waren, konnten sie problemlos einreisen. Trotzkis Gefolgsmann teilte dem Botschaftsrat Kurt Riezler mit, dass er Mirbach persönlich aufsuchen müsse, da die Tscheka ein Komplott der Alliierten zur Ermordung des Botschafters aufgedeckt habe. In Anbetracht von Blumkins Referenzen und des Ernstes der Lage stellte Riezler ihn dem Grafen Mirbach vor. Als der Botschafter ihn fragte, wie die Attentäter vorgehen wollten, zog der Terrorist eine Browning-Pistole aus seiner Tasche und antwortete: „Hier entlang". Blumkin leerte daraufhin das Magazin in den Körper des Diplomaten. Anschließend sprang er aus einem Fenster und warf vor seiner Flucht eine Handgranate, um den Tod des Botschafters sicherzustellen.

Zur gleichen Zeit sammelten die revolutionären Sozialisten Truppen in der Pokrowsky-Kaserne. Dmitri Popow, ein weiterer Tscheka-Agent, hatte eine Einheit von zweitausend Mann mitgebracht. Hinzu kamen einige hundert Matrosen der Schwarzmeerflotte und unzufriedene Soldaten aus anderen Regimentern. In der ersten Stunde sah es so aus, als könnte der Staatsstreich gelingen: Sie verhafteten Dserschinski, den Lenin 1917 mit der Gründung der Tscheka oder Geheimpolizei, deren Leiter er war, beauftragt hatte, und eroberten das Telegrafenamt, konnten es aber nicht dazu nutzen, Telegramme ins ganze Land zu schicken, die den Erfolg des Staatsstreichs ankündigten. Als sie versuchten, sich dem Opernhaus zu nähern, um Lenin und seine Männer zu überraschen, mussten sie feststellen, dass die Regierungstruppen das Gebäude bereits umstellt hatten. Als sie sahen, dass der Versuch gescheitert war, eilten die Aufständischen zurück in ihre Kasernen. Trotzki, so Lockhart, hatte zwei lettische Regimenter aus den Vorstädten herbeigerufen und die Panzerwagen bereitstehen. Zu welchem Zweck? Höchstwahrscheinlich wollte er die weitere Entwicklung abwarten.

Bruce Lockhart selbst, der seit vier Uhr vor Ort war, gibt seine eigene Version dessen wieder, was in der Zwischenzeit im Opernhaus vor sich ging. Der Nachmittag war schwül und die Atmosphäre im Theater glich einem türkischen Bad", berichtet er. Das Parkett war voll mit Delegierten, aber auf der Tribüne waren viele der Plätze der bolschewistischen Führer leer. Um fünf Uhr nachmittags waren die meisten Mitglieder des Zentralen Exekutivkomitees bereits verschwunden. Auch in der Loge, die den Vertretern der Mittelmächte zugewiesen war, befand sich niemand. Maria Spiridonowa blieb ruhig im Theater. Lockhart, der sich in seiner Loge befand, erklärt in seinen *Memoiren* kurz und bündig, dass um sechs Uhr abends Sidney Reilly eintraf und verkündete, dass es in den Straßen Kämpfe gegeben habe und das Theater von Truppen umstellt sei, die die Ausgänge geschlossen hätten. Etwas war schief gelaufen. Reilly und ein französischer Agent holten mehrere Dokumente aus seinen Taschen, zerrissen sie in sehr kleine Stücke und stopften sie in die Sitzpolster. „Die kompromittierendsten Dokumente", schreibt Lockhart, „wurden verschluckt". Um sieben Uhr abends rettete Radek sie und erklärte, dass die Sozialrevolutionäre den deutschen Botschafter in der Absicht ermordet hätten, die Deutschen zur Wiederaufnahme des Krieges zu provozieren. Nach dem Bericht des britischen Agenten sagte Radek, die Ermordung des Grafen Mirbach sei das Signal für einen Aufstand der Sozialrevolutionäre gewesen, die, unterstützt von bolschewistischen Dissidenten, geplant hätten, die Parteiführung während des Kongresses zu verhaften. Mit anderen Worten: Ein Putschversuch war gescheitert, und die linken SR, die benutzt worden waren, waren die Sündenböcke. Einige Tage später versuchte ein General der Roten Armee, Murawjew, seine Truppen von der Wolga nach Moskau zu verlegen, aber das Scheitern des Putsches wurde bekannt und seine eigenen Soldaten verhafteten ihn. Dieser General erschoss sich schließlich im Beisein des Simbirsker Sowjets. Spiridonowa und Tscherepanow wurden verhaftet und im Kreml inhaftiert.

Eine weitere Provokation wurde den Deutschen gemacht. Am 30. Juli wird Feldmarschall Hermann von Eichhorn, einer der beiden Befehlshaber der deutschen Besatzungstruppen in der Ukraine, in Kiew ermordet, um die Deutschen zur Wiederaufnahme des Krieges zu bewegen. Der neue deutsche Botschafter, Karl Helfferich, der kürzlich in Moskau eingetroffen war, um Graf Mirbach zu ersetzen, beschloss, Russland zu verlassen und nach Berlin zurückzukehren. Dserschinski, Lenins Mann an der Spitze der Tscheka, reagierte auf diesen Angriff mit einer Welle brutalen Terrors: Ohne Gerichtsverfahren ließ er mehr als tausend Menschen in Petrograd und ebenso viele in Moskau erschießen. Deutschland tappte trotz der Morde an Mirbach und Eichhorn nicht in die Falle und fand einen Weg, mit dem bolschewistischen Russland zu koexistieren.

Am 30. August erreicht der Kampf unter den Tschekisten seinen Höhepunkt. Am Morgen wurde Moses Uritsky ermordet, der Lenin und Dserschinski der Verwicklung in das Wolodarski-Attentat verdächtigte. Es war Besuchstag im Kommissariat für Innere Angelegenheiten, und im Foyer warteten die Leute. Ein junger Mann mit Lederjacke war mit dem Fahrrad gekommen und hatte unverständlicherweise das Gebäude betreten, ohne durchsucht zu werden. An der Außentür sitzend, wartete er auf die Ankunft von Uritsky, dem Vorsitzenden der Tscheka. Der „Schlächter von Petrograd", ein blutrünstiger Trotzkist, der fünftausend Offiziere ermordet hatte, traf um zehn Uhr morgens in seinem Petrograder Büro ein und begab sich zum Aufzug. Sofort trat der junge Mann in der Lederjacke an ihn heran und schoss ihm mehrere Male in den Kopf und in den Körper. Der Mörder rannte dann auf die Straße, stieg auf sein Fahrrad und floh so schnell er konnte. Als die Autos seiner Verfolger ihn einholten, ließ er sein Fahrrad stehen und betrat den Sitz der britischen Vertretung. Kurz darauf kam er in einem langen Mantel wieder heraus. Als er die draußen wartenden Rotgardisten sah, schoss er auf sie, wurde aber bald darauf gefangen genommen. Nach dieser offiziellen Version handelte es sich bei dem Terroristen um Leonid Kannegisser, einen 22-jährigen jüdischen Sozialrevolutionär und Studenten der Petrograder Universität (Nina Berberova in *Histoire de la baronne Boudberg* verrät, dass Kannegisser Gedichte über seinen Helden Kerenski schrieb, den er auf einem weißen Pferd darstellte).

Die meisten Ermittler halten die offizielle Version des Attentats für ein „Lügenmärchen". Es ist weder glaubhaft, dass ein bewaffneter Mann das Gebäude betreten konnte, ohne von den Wachen durchsucht zu werden, noch dass er sich dem Tscheka-Vorsitzenden ungehindert nähern konnte, noch dass es ihm gelang, das Gebäude zu verlassen und auf einem Fahrrad zu entkommen, ohne von den Wachen am Tor aufgehalten zu werden. Unbekannte konnten mit Uritsky nicht einmal telefonieren. Die Vermutung liegt nahe, dass die zentrale Organisation der Geheimpolizei mit Lenin und Dserschinski an der Spitze hinter der Ermordung Uritskis, der Mitglied des C.C.E. war, stand. Kannegisser, der zugab, das Verbrechen begangen zu haben, erklärte, er habe allein gehandelt. Die revolutionären Sozialisten leugneten seine Parteizugehörigkeit und wiesen jede Verbindung zu ihm zurück. Wäre Kannegisser wirklich ein revolutionärer Sozialist gewesen, hätte ein Prozess als Propaganda für das Regime gedient. Allerdings wurden weder der Revolver noch die verwendete Munition analysiert, noch wurde Kannegisser, der illegal getötet wurde, vor Gericht gestellt. Das Motiv für die Ermordung Uritskys wurde also nie bekannt.

Der Krieg, der innerhalb der Tscheka tobte, hatte am 30. August eine zweite Episode, die wahrscheinlich mit der ersten zusammenhing und die den Verlauf der Revolution hätte verändern können. Nach zehn Uhr an diesem Abend feuerte eine jüdische Terroristin, in diesem Fall eine Frau, Fanny Kaplan, auch bekannt als Dora Kaplan, obwohl sie bis zu ihrem sechzehnten Lebensjahr den jüdischen Namen Feiga Roydman trug, drei Schüsse auf Lenin ab. Hätte sie ihr Ziel erreicht, wäre dieser Anschlag zweifellos der letzte gewesen. Wie üblich wurden die SR herausgegriffen. Aber die entscheidende Frage ist nun die, die Cicero unter diesen Umständen stellte: „Cui Bono? Mit anderen Worten: Für wen ist es gut, für wen ist es von Nutzen? Seneca gibt eine überzeugende Antwort auf den mahnenden Satz seines Vorgängers: „Cui prodest scelus, is fecit", d. h. derjenige, der vom Verbrechen profitiert, ist sein Urheber. Es steht außer Frage, dass Trotzki, laut Raymond Robins „der wichtigste Jude nach Christus", der Agent des internationalen jüdischen Bankwesens, der in Washington und London wichtige Unterstützer hatte, die Macht in Russland ergriffen hätte, wenn Lenin gestorben wäre. Auf Biegen und Brechen hätte Trotzki, dem die Rote Armee, die er selbst mit der Finanzierung durch die Warburgs und Co. aufbaute, gehorchte, seine Kandidatur als Nachfolger durchgesetzt. Stalin verhinderte dies 1924, aber 1918 gab es keinen anderen Führer, der genügend Prestige besaß, um Lenin zu ersetzen.

Die Tatsachen sind, wie immer, wenn man die Wahrheit verbergen will, in einem Gewirr von Lügen, Verzerrungen und widersprüchlichen Versionen verborgen geblieben, die es unmöglich machen, mit Sicherheit zu wissen, was passiert ist. Die offizielle Version besagt, dass Lenin nach Beendigung einer Kundgebung in der Moskauer Michelson-Fabrik auf den Hof gegangen war und in der Nähe seines Autos mit den Arbeitern sprach. In der Dunkelheit der Nacht ertönten drei Schüsse, und Lenin stürzte mit zwei Kugeln im Körper zu Boden: eine durchschlug die linke Lunge oberhalb des Herzens, die andere steckte im Hals, ganz in der Nähe der Wirbelsäule. Die dritte durchschlug seinen Mantel und verwundete eine Krankenschwester im Krankenhaus von Petropawlowsk leicht. Lenins jüdischer Chauffeur Stepan Gil, der im Fahrzeug saß, sagte aus, dass eine Frau mit einer Pistole drei Schritte von Lenin entfernt stand und dass die Frau, als er aus dem Auto stieg, ihm die Pistole vor die Füße warf und in der Menge verschwand. Der Verwundete wurde sofort in den Wagen gelegt und zum Kreml gebracht. Lenin befürchtete offenbar eine groß angelegte Verschwörung und weigerte sich, sein Quartier zu verlassen, um ärztliche Hilfe in Anspruch zu nehmen. Da es den Ärzten nicht gelang, die Kugeln zu entfernen, brachten sie ihn in ein Krankenhaus. Obwohl er sein Leben rettete, war sein Gesundheitszustand nie wieder gut, und der Angriff spielte wahrscheinlich eine Rolle bei den nachfolgenden Schlaganfällen, die ihn das Leben kosteten. Tatsächlich häuften sich die Schlaganfälle ab Mai 1922. Am 7. März 1923 verlor er durch den vorletzten Schlaganfall für immer seine Fähigkeit zu sprechen. Die Ärzte beschlossen, ihn am 23. April zu operieren, um eine Kugel zu entfernen, die seit dem Attentat von 1918 drei Millimeter tief in der Halsschlagader steckte, da sie der Meinung waren, dass sie eine der Ursachen für den gefährlichen Zustand seines Blutkreislaufs sein könnte.

Die Person, die Dora Kaplan festnahm, war S. Batulin, stellvertretender Kommandeur der 5. Infanteriedivision in Moskau, der an der Veranstaltung teilgenommen hatte und die Frau verfolgte. Nach dieser Version sah Batulin eine fremde Frau mit einer Aktentasche und einem Regenschirm unter einem Baum und fragte sie, was sie dort tue. Die Antwort lautete: „Warum wollen Sie das wissen? Der stellvertretende Kommissar durchsuchte daraufhin ihre Taschen, nahm ihr die Aktentasche und den Schirm ab und befahl ihr, ihm zu folgen. Auf dem Weg dorthin fragte Batulin sie, warum sie Lenin erschossen habe. Wieder antwortete Dora Kaplan: „Warum wollen Sie das wissen? Der Kommissar fragte sie direkt: „Sind Sie es, die auf Lenin geschossen hat? Sie bejahte diese Frage. Die Untersuchung wurde von dem lettischen Juden Jakow Peters geleitet, der nicht nur stellvertretender Vorsitzender der Tscheka, sondern auch Vorsitzender des Revolutionstribunals war. Peters sollte 1942 von Stalin hingerichtet werden. Fanny Kaplan erklärte angeblich, dass das Attentat eine persönliche Aktion war. In der aufgezeichneten Erklärung heißt es: „Mein Name ist Fanny Kaplan. Heute habe ich Lenin erschossen. Ich habe es mit meinen eigenen Mitteln getan. Ich werde nicht sagen, wer mir die Waffe besorgt hat. Ich werde keine Einzelheiten nennen. Ich habe den Entschluss, Lenin zu töten, schon vor langer Zeit gefasst. Ich halte ihn für einen Verräter an der Revolution." Kaplan wurde, wie Kannegisser, ohne Gerichtsverfahren hingerichtet. 1958 erklärte Pavel Malkov,

Kommandant des Kremls im Jahr 1918, dass er den Terroristen am 3. September persönlich getötet habe.

Die Lücken in der offiziellen Version sind unerklärlich. Es ist nicht logisch, dass Dora Kaplan in der einen Hand eine Aktentasche und einen Regenschirm trug, während sie mit der anderen Hand schoss. Es erscheint auch nicht glaubwürdig, dass die Arbeiter, die neben Lenin standen, ihm die Flucht ermöglichten. Warum warf Fanny Kaplan neben der Waffe nicht auch die Aktentasche und den Regenschirm? Wo waren Lenins Leibwächter? Der Fahrer Stepan Gil schrieb in seinen Memoiren, dass Lenin keine Leibwächter hatte. Im Lenin-Museum in Moskau sind der Mantel und die Jacke ausgestellt, die Lenin am Tag des Attentats trug. Alle Schüsse wurden von hinten abgefeuert. Obwohl in der offiziellen Version von drei Schüssen die Rede ist, sind die Kleidungsstücke mit vier Löchern markiert, von denen zwei rot sind, um anzuzeigen, welche Schüsse seinen Körper durchdrangen.

Um halb vier Uhr morgens am 31. August schlug Bruce Lockhart die Augen auf und sah den Lauf eines Revolvers auf sich gerichtet. Zehn Männer hatten sein Zimmer betreten. Als er nach einer Erklärung für den Überfall fragte, forderte Mankov, der Anführer der Gruppe, ihn auf, keine Fragen zu stellen und sich sofort anzuziehen. Moura Budberg, der mit dem britischen Agenten zusammenlebte, wurde ebenfalls verhaftet. In der Lubjanka Nr. 11, dem Hauptquartier der Moskauer Tscheka, erschien Lockhart vor Jakow Peters, der ihn höflich darauf hinwies, dass es sich um eine sehr ernste Angelegenheit handele. Der Brite erinnerte ihn daran, dass er sich auf Einladung der sowjetischen Regierung in Moskau befand und ihm diplomatische Privilegien versprochen worden waren. Er legte förmlich Protest ein und bat darum, mit dem für auswärtige Angelegenheiten zuständigen Kommissar Chicherin zu sprechen. Peters ignorierte seine Worte und fragte: „Kennen Sie eine Frau namens Kaplan? Lockhart gab sich gelassen und wies ihn darauf hin, dass er kein Recht habe, ihn zu befragen. Die nächste Frage lautete: „Wo ist Reilly?" Nachdem er ihm geraten hatte, dass es besser sei, die Wahrheit zu sagen, ließ er ihn mit einem seiner Männer, Captain Hicks, zusammenkommen, der ebenfalls auf der Lubianka festgenommen worden war. Moura, Lockhart und Hicks lebten zusammen in einer Wohnung. Den Briten wurde klar, dass sie offensichtlich in das Attentat auf Lenin verwickelt waren.

Lockhart erklärt weiter, wie er ein peinliches Notizbuch in einer Tasche seines Mantels losgeworden ist: „Plötzlich fühlte ich in der Innentasche meines Mantels ein Notizbuch, das in verschlüsselter Form eine Erklärung über das Geld enthielt, das ich ausgegeben hatte. Die Tscheka-Agenten hatten meine Wohnung durchsucht. Wahrscheinlich haben sie damals danach gesucht, aber sie hatten nicht daran gedacht, die Kleidung zu durchsuchen, die wir bei unserer Verhaftung angezogen hatten. Das Notizbuch war für niemanden außer mir verständlich, aber es enthielt Zahlen, und wenn es den Bolschewiken in die Hände fiel, würden sie einen Weg finden, sie auf kompromittierende Weise zu interpretieren." Er überlegt, wie er das Büchlein loswerden kann und bittet die vier Wachen um Erlaubnis, auf die Toilette gehen zu dürfen. Zwei von ihnen begleiteten ihn, und als er die Toilettentür schließen wollte, schüttelten sie

verneinend den Kopf und stellten sich vor ihn und befahlen: „Lass sie offen."
Die unhygienischen Bedingungen des Ortes kamen dem britischen Agenten
zugute: Es gab kein Papier und die Wände waren mit Exkrementen bespritzt:
„So ruhig ich konnte, nahm ich das Notizbuch, riss die fraglichen Seiten heraus,
benutzte sie den Umständen entsprechend und spülte die Toilette. Es
funktionierte. Und ich war gerettet. Um sechs Uhr morgens brachten die
Tschekisten Fanny Kaplan in den Raum, in dem Lockhart und Hicks waren. Sie
wollten natürlich herausfinden, ob die Frau in irgendeiner Weise reagierte, die
zeigen würde, dass sie die Häftlinge kannte. Kaplan ging zum Fenster und
stützte, ohne sich zu bewegen und ohne etwas zu sagen, ihr Kinn auf ihre Hand
und starrte in das Licht der Morgendämmerung. Lockhart bestätigt, dass Fanny
Kaplan ohne Gerichtsverfahren hingerichtet wurde, bevor sie herausfinden
konnte, ob ihr Versuch erfolgreich gewesen war. Um neun Uhr morgens kam
Peters selbst herein, um zu verkünden, dass Chicherin die Freilassung der beiden
angeordnet hatte.

Die Maßnahme war nur von kurzer Dauer. Am 3. September berichten
die Zeitungen über die Entdeckung einer „sensationellen Verschwörung zum
Sturz der Sowjetregierung". Sie schreiben das Komplott den Alliierten zu, denen
vorgeworfen wird, die Revolution niederschlagen und den Zarismus
wiederherstellen zu wollen, wobei ein britischer Diplomat als Hauptverdächtiger
genannt wird. Unter der Überschrift „Imperialistisches Komplott der Alliierten
gegen Sowjetrussland" veröffentlichte *die Iswestija* die Geschichte mit diesen
Worten:

„Ein von britischen und französischen Diplomaten organisiertes Komplott wurde
am 2. September aufgedeckt. Angeführt wurde es vom Leiter der britischen
Mission Lockhart, dem französischen Generalkonsul Lavergne und anderen. Ziel
dieses Komplotts, das von bestochenen Einheiten der sowjetischen Armee
unterstützt wurde, war die Verhaftung des Rates der Volkskommissare und die
Ausrufung einer Militärdiktatur in Moskau. Die gesamte streng geheime
Organisation, die sich falscher Dokumente und der Korruption bediente, wurde
aufgedeckt.
Insbesondere wurden Dokumente entdeckt, aus denen hervorging, dass im Falle
eines erfolgreichen Staatsstreichs eine falsche geheime Korrespondenz der
russischen Regierung mit der deutschen Regierung veröffentlicht werden sollte,
und dass falsche Verträge fabriziert werden sollten, um eine Atmosphäre zu
schaffen, die der Wiederaufnahme des Krieges gegen Deutschland förderlich
wäre. Die Verschwörer handelten unter dem Deckmantel der diplomatischen
Immunität und auf der Grundlage von Bescheinigungen, die vom Leiter der
britischen Mission in Moskau, Herrn Lockhart, unterzeichnet waren und von
denen die Allrussische Tscheka heute zahlreiche Kopien besitzt. Es ist bewiesen,
dass in den letzten zehn Tagen 1.200.000 Rubel durch die Hände eines von
Lockharts Agenten, des britischen Geheimdienstoffiziers Reilly, zum Zwecke der
Korruption gegangen sind. Das Komplott wurde dank der Entschlossenheit der
Befehlshaber der Einheiten aufgedeckt, an die die Verschwörer ihre
Bestechungsangebote gerichtet hatten.
Ein Engländer wurde verhaftet, als er sich bei den Verschwörern versteckte.
Nachdem er zur Tscheka gebracht worden war, erklärte er, sein Name sei
Lockhart, der diplomatische Vertreter Großbritanniens. Nach Überprüfung seiner

Identität wurde der Gefangene Lockhart unverzüglich freigelassen. Die Ermittlungen werden mit Nachdruck fortgesetzt.

Am 4. September erhielt Yakov Peters den Befehl, Bruce Lockhart zum zweiten Mal zu verhaften, und er blieb einen Monat lang im Gefängnis. Am 8. September wurde er von der Lubjanka in den Kreml verlegt, wo sich seine Haftbedingungen deutlich verbesserten. Grund dafür war eine unmittelbare Vergeltungsmaßnahme der britischen Regierung: Maksim Litvinov, Lockharts Amtskollege, der inoffizielle Vertreter der Bolschewiki in London, wurde verhaftet und ins Gefängnis gesteckt. Sofort wurden Verhandlungen über einen Gefangenenaustausch aufgenommen. Schon bald durfte Moura zu Besuch kommen, manchmal in Begleitung von Yakov Peters selbst, der Waren wie Bücher, Kaffee, Kleidung, Tabak und Schinken mitbrachte. Diese „Luxusgüter" verbesserten ihr tägliches Leben. Moura Budberg hatte ihren Geliebten folgendermaßen beschrieben: „Intelligent genug, aber nicht intelligent genug; stark genug, aber nicht stark genug; schwach genug, aber nicht schwach genug". Am 2. Oktober 1918 verließ Lockhart Moskau mit dem Zug und kam am Donnerstagabend, dem 3. Oktober, an der finnischen Grenze an. Dort wartete er drei Tage lang auf dem Bahnhof von Bieloostrov, bis die Bestätigung kam, dass Litvinov in Bergen angekommen war. Sidney Reilly (in Russland war immer von der „Reilly-Verschwörung" die Rede) wurde hingegen nie verhaftet, und Monate später wurden die beiden in London wieder zusammengeführt.

Lockharts Verschwörung, „The Lockhart Plot", deren Dokumente geheim bleiben, wurde in dem Sinne interpretiert, wie es die Schlagzeilen der sowjetischen Presse ausdrücken, d.h. im Sinne einer vom Regime ausgehenden Propaganda. Stalin wusste jedoch, dass Lockhart und Reilly benutzt worden waren und dass sich Trotzki hinter ihnen verbarg. Bekanntlich trat Stalin die Nachfolge Lenins zum Nachteil Trotzkis an. Nach Lenins Tod am 21. Januar 1924 sollte Trotzki der unangefochtene Führer der UdSSR werden, und er verfügte über die gesamte dafür erforderliche Macht. Wie weiter unten erläutert wird, versuchte Lenins Frau Nadehzda Krupskaja mit allen Mitteln zu verhindern, dass Stalin die Macht von der trotzkistischen Fraktion übernahm. Zu diesem Zeitpunkt brach der Bruderkampf innerhalb der Partei erneut aus.

Im Jahr 1938 fand der Prozess der Einundzwanzig statt, einer der berühmten Moskauer Prozesse, die die Säuberung des Trotzkismus markierten. Wir werden den gesamten sechsten Teil des nächsten Kapitels seiner Untersuchung widmen. Zum Abschluss dieser Seiten über den Machtkampf zwischen Trotzkisten und Leninisten sei vorweggenommen, dass Nikolai Bucharin im Prozess von 1938 beschuldigt wurde, der Führer des trotzkistischen Blocks zu sein, sich nach der Unterzeichnung des Vertrags von Brest-Litowsk zum Attentat auf Lenin verschworen und das Attentat vom August organisiert zu haben. Eine weitere Trotzkistin, Varvara Nikolaevna Yakovleva, sagte gegen ihn aus. Bucharin wurde auch wegen anderer Morde, einschließlich des Mordes an Gorki, angeklagt, verurteilt und hingerichtet. Während des Prozesses behaupteten fünf Zeugen, dass Bucharin wiederholt Ideen und Pläne zur Verhaftung Lenins und zu dessen physischer Vernichtung vorgebracht habe. Der Staatsanwalt bedauerte, dass Bucharin nicht einmal versucht hatte, die

Anschuldigungen der Zeugen zu widerlegen. In seinem Schlussplädoyer vor dem Gericht, das ihn verurteilte, bestritt Bucharin, dass er es versäumt habe, Argumente gegen die Anschuldigungen vorzubringen, und räumte vor den Richtern ein, dass die Trotzkisten „die verbrecherischsten Methoden des Kampfes" angewandt hätten. Den Vorwurf, er habe sich zum Mord an Lenin verschworen, wies er zurück. Er gab jedoch zu: „Meine konterrevolutionären Komplizen und ich an ihrer Spitze haben versucht, Lenins Sache zu ermorden, die von Stalin mit großem Erfolg verfolgt wird. Die Logik dieses Kampfes führte uns Schritt für Schritt in den dunkelsten Sumpf." Bucharin, der versuchte, sein Leben zu retten, wies wiederholt auf Trotzki als die „Hauptantriebskraft" hinter „hochentwickelten Methoden der Spionage und des Terrorismus" hin.

TEIL 4

DIE REVOLUTION BREITET SICH IN DEUTSCHLAND UND UNGARN AUS NACH DEUTSCHLAND UND UNGARN

Nach der Unterzeichnung des Vertrags von Brest-Litowsk strebte Deutschland einen entscheidenden Sieg an der Westfront an, der ihm den Endsieg im Krieg bringen sollte. Großbritannien führte aufgrund seines Engagements für den Zionismus und entgegen der Meinung einiger seiner angesehensten Generäle einen Feldzug in Palästina durch, der die Stabilität der französischen Front gefährdete. Am 21. März 1918 beginnen die Deutschen den möglicherweise entscheidenden Frühjahrsfeldzug. Die Briten zahlen einen hohen Preis für ihren Leichtsinn und nehmen 175.000 Soldaten gefangen. Angesichts des Ernstes der Lage wurden die Truppen aus Palästina dringend nach Europa verlegt. Am 15. Juli kommt es zu einer folgenschweren Schlacht, der Zweiten Marneschlacht, an der bereits 85.000 amerikanische Soldaten beteiligt sind. Den Deutschen gelang es, die Marne bei Dormans zu überqueren und sich bis auf etwas mehr als 100 Kilometer an Paris anzunähern. Am 17. Mai gelang es französischen, britischen, amerikanischen und italienischen Truppen, den Vormarsch zu stoppen. Am 20. befahl General Erich Ludendorff den Rückzug, und am 3. August standen die Deutschen an der Stelle, an der die Frühjahrsoffensive begonnen hatte, zwischen den Flüssen Aisne und Vesle.

Während Zehntausende von Soldaten an der Front ihr Leben verloren, wurden die in Russland angewandten defätistischen Taktiken in Deutschland wiederholt: Streiks, die die Truppen ohne Nachschub ließen (im Januar 1918 streikten eine halbe Million Arbeiter, vor allem in den Rüstungsbetrieben); Kampagnen in der jüdischen Presse, derselben Presse, die 1914 den Krieg enthusiastisch bejubelt hatte; Propaganda in den Kasernen, wo die Saat des Defätismus gesät wurde, die Ungehorsamkeit förderte und die Moral untergrub. Und wie in Russland waren auch hier fast alle kommunistischen Führer, die die Revolution in Deutschland und Ungarn anführten, Juden. Wie bereits erwähnt, wurde die bolschewistische Propaganda in Deutschland von William B. Thompson und Raymond Robins finanziert und organisiert. Als Trotzki das Kommissariat für auswärtige Angelegenheiten übernahm, richtete er eine Presseabteilung ein, die von dem polnischen Juden Karl Rádek (Tobias Sobelsohn) geleitet wurde und der die Abteilung für internationale revolutionäre Propaganda unterstand, die von einem anderen Juden, Boris Reinstein, geleitet wurde. Über diese Abteilung wurde die deutschsprachige Zeitung *„Die Fackel"*, die täglich in einer Auflage von einer halben Million Exemplaren erschien, an den Fronten verteilt. Drei Agenten der Propagandaabteilung, Robert Minor, Philip Price und der bereits erwähnte Jacques Sadoul, werden im Auftrag des Zentralen Exekutivkomitees nach Deutschland geschickt. Französische, britische und amerikanische Nachrichtendienste entdecken ihre Aktivitäten, und Scotland Yard berichtet, dass Price und Minor auch Flugblätter für britische und amerikanische Truppen verfasst haben.

Im Herbst war klar, dass Deutschland den Krieg nicht gewinnen konnte, aber auch die Alliierten schienen nicht in der Lage zu sein, dies zu tun. Die Ostfront war immer noch nicht aktiv und es gab keine ausländischen Truppen auf deutschem Boden. Das war zu keiner Zeit der Fall gewesen. Als der Waffenstillstand am 11. November unterzeichnet wurde, waren die deutschen Truppen auf französischem und belgischem Boden gut verschanzt. Berlin war 1.400 Kilometer von der Front entfernt, und das Militär hielt sich in der Lage, das Land gegen eine hypothetische alliierte Invasion zu verteidigen. Der Kaiser hatte, wie schon 1916, erneut angeboten, einen Frieden zu für alle Seiten annehmbaren Bedingungen auszuhandeln. Doch Verrat und Propaganda unterminieren die Heimatfront. Marxistische Gewerkschaften und sozialistische Politiker, die mit zionistischen Pressemagnaten verbündet waren, taten alles, um die Bevölkerung zu demoralisieren und das Land zu destabilisieren. Wilhelm II. wurde zur Abdankung gezwungen, obwohl auf deutschem Boden kein einziger Schuss abgefeuert worden war.

Die chronologische Abfolge der Ereignisse wird dem Leser helfen, eine Reihe von historischen Ereignissen, die sich in einem schwindelerregenden Tempo abspielten, richtig einzuordnen. Der erste Name, der fällt, ist der von General Ludendorff. Er war es, der Marschall Hindenburg von der Notwendigkeit eines Waffenstillstands zur Rettung des Heeres, das nicht wirklich besiegt worden war, überzeugte. Ludendorff, den Hitler 1927, dem Jahr, in dem der General das Werk *„Vernichtung der Freimaurerei durch Enthüllung ihrer Geheimnisse"* veröffentlichte, als Freimaurer beschuldigte, einigte sich mit Außenminister von Hintze auf eine Verfassungsreform und einen Plan für eine parlamentarische Mehrheit, die die Regierung bei der Forderung nach einem Waffenstillstand unterstützen sollte. Hindenburg trifft sich mit dem Kaiser, der diesen Vorschlag am 29. September 1918 annimmt. Am 3. Oktober wurde Prinz Maximilian von Baden als Nachfolger von Georg Hertling zum Reichskanzler und Ministerpräsidenten von Preußen ernannt und blieb bis zum 9. November im Amt. Der Prinz von Baden bildete eine Regierung, an der die wichtigsten deutschen Parteien, darunter auch die Sozialisten, beteiligt waren. Zwei Tage nach seiner Ernennung, am 5. Oktober, wandte sich der neue Kanzler in der naiven Annahme, er könne sich bei der Vermittlung eines akzeptablen Friedens auf Präsident Wilson verlassen, an den Reichstag und forderte ihn auf, jeden demokratischen Vorschlag aus dem Weißen Haus anzunehmen. Unter Bezugnahme auf die Friedensbestrebungen der Reichsregierung verwies er auf die berühmten vierzehn Punkte, die Wilson am 8. Januar 1918 in seiner Rede vor dem US-Kongress formuliert hatte, insbesondere auf das Selbstbestimmungsrecht der Völker, und schlug die Einrichtung von Vertretungsorganen in den baltischen Provinzen und in Polen vor. Fürst Maximilian bat Woodrow Wilson um Vermittlung, um mit den alliierten Nationen einen Frieden auszuhandeln. Die Antwort war die Forderung nach einer bedingungslosen Kapitulation. Dennoch gelang es Maximilian von Baden am 28. Oktober, eine Verfassungsreform zu verabschieden, die eine vollständige Demokratie einführte.

Als die Militärs von der Forderung nach bedingungsloser Kapitulation erfuhren, reagierten sie verärgert. Am 26. Oktober bittet Ludendorff den Prinzen von Baden, die Verhandlungen abzubrechen. Da er dies nicht tat, trat er zurück. Zwei Tage zuvor, am Abend des 24. Oktober, um zehn Uhr, hatte Hindenburg den folgenden Befehl für seine Soldaten an der Front unterzeichnet:

> „Zur Information der Truppen:
> Wilson erklärt in seiner Antwort, dass er bereit sei, seinen Verbündeten vorzuschlagen, Verhandlungen über einen Waffenstillstand aufzunehmen, dass aber der Waffenstillstand Deutschland so wehrlos machen müsse, dass es nicht wieder zu den Waffen greifen könne. Er wird nur dann mit Deutschland über einen Frieden verhandeln, wenn Deutschland allen Forderungen der amerikanischen Verbündeten in Bezug auf die innere Verfassung Deutschlands zustimmt; andernfalls gibt es keine andere Möglichkeit als die bedingungslose Kapitulation. Die Antwort Wilsons ist eine Forderung nach bedingungsloser Kapitulation. Sie ist daher für uns Soldaten unannehmbar. Sie beweist, dass unser Feind unsere Vernichtung wünscht..... Sie beweist außerdem, dass unsere Feinde die Phrase „Frieden und Gerechtigkeit" nur benutzen, um uns zu täuschen und unseren Widerstand zu brechen. Wilsons Antwort kann für uns Soldaten nichts anderes bedeuten als die Aufforderung, unseren Widerstand mit aller Kraft fortzusetzen. Wenn unsere Feinde wissen, dass kein Opfer die Durchbrechung der deutschen Front erreichen wird, dann werden sie zu einem Frieden bereit sein, der die Zukunft unseres Landes für die Mehrheit unseres Volkes sichern wird."

Aufstand der Seeleute in Kiel

Nur die Royal Navy war der Imperial Navy, der zweitgrößten Flotte der Welt, zahlenmäßig überlegen, obwohl sie mangels verbündeter Häfen nicht ihr volles Potenzial entfaltet hatte. Nur U-Boote hatten die britische Blockade der Nordsee umgangen. Vor der südamerikanischen Küste war es zur Schlacht um die Falklandinseln gekommen, aber die einzige große Seeschlacht war die Schlacht von Jütland 1916 gewesen, in der die Briten die schwersten Verluste erlitten. Als Wilson die bedingungslose Kapitulation forderte, verfügte Deutschland immer noch über die stärkste Armee der Welt, und der Generalstab wollte mit einer Marineoffensive gegen britische Häfen zeigen, dass er die Forderung des amerikanischen Präsidenten entschieden ablehnte. Diese Entscheidung lieferte den idealen Vorwand, um den Aufstand der Seeleute gegen ihre Offiziere zu starten. Die Revolutionsführer hatten bereits viel Erfahrung gesammelt: Auf dem Höhepunkt des Krieges gegen Japan im Jahr 1905 bereiteten Menschewiki und Bolschewiki gleichzeitig Aufstände auf allen Schiffen der Schwarzmeerflotte vor. Sie scheiterten an der Ungeduld der Matrosen der Potemkin. Der Aufstand der Seeleute ermöglichte es den Revolutionären jedoch 1917, die Kontrolle über den Stützpunkt Cronstadt und die Ostseeflotte zu übernehmen. Während des Krieges hatte sich in den großen deutschen Marinestützpunkten sozialistische und anarchistische Propaganda verbreitet, die die in Russland angewandten Methoden wiederholte, und die von revolutionären Ideen durchdrungenen Matrosen wussten, dass ihre russischen

Kollegen zum Triumph der Revolution beigetragen hatten. Auch sie strebten danach, dies zu sein.

Alles begann in Wilhelmshaven, dem Hauptquartier der deutschen Flotte, wo die Schiffe für den Angriff zusammengestellt wurden. Am 29. Oktober widersetzten sich die Besatzungen der Schiffe „Thüringen" und „Helgoland" dem Befehl, in See zu stechen. In der Nacht vom 29. auf den 30. Oktober kam der perfekt organisierte Aufstand ins Rollen. Nachdem die Seeleute ihre Offiziere verhaftet hatten, kaperten sie mehrere Schiffe. Die Meuterei griff auf die Matrosen an Land über, die sich weigerten, an Bord der auszulaufenden Flottenverbände zu gehen. Der Aufstand konnte zwar kurzzeitig niedergeschlagen werden, aber das Oberkommando war gezwungen, den Angriff zu verschieben. Zur gleichen Zeit kam es zu einer Meuterei innerhalb der Einheiten des dritten Geschwaders, das sich bereits auf See befand. Diese Synchronisierung der Aktionen lässt den Schluss zu, dass alles im Voraus geplant war. Etwa tausend Männer wurden verhaftet und sollten von Bord gehen, um vor ein Kriegsgericht gestellt zu werden. Am 1. November erging der Befehl, nach Kiel zurückzukehren, wo eine mit den Verhafteten solidarische Delegation ihre Freilassung verlangte, was abgelehnt wurde. Am 2. November erarbeiteten Versammlungen von Werftarbeitern und Seeleuten im Gewerkschaftshaus den Plan für das weitere Vorgehen. Das Oberkommando der „Kaiserlichen Marine", das von der Situation überrascht und überfordert war, konnte nicht reagieren, und innerhalb weniger Stunden hatte sich der Aufstand auf die gesamte Nordseeflotte ausgeweitet. Am 3. November verließen die Seeleute und Arbeiter die Versammlungen und hielten gemeinsame Kundgebungen ab. Alle Quellen geben Marineleutnant Steinhäuser die Verantwortung für das Anzünden der Zündschnur der darauf folgenden Explosion. Er soll den Befehl gegeben haben, das Feuer auf die Demonstranten zu eröffnen, wobei neun von ihnen ums Leben kamen. Ein Marineoffizier schoss und tötete den Offizier. Dies löste einen allgemeinen Aufstand aus, der sich am 4. November in Form eines Rates (Sowjet) von Soldaten und Arbeitern formierte. Die Offiziere wurden entwaffnet und der Rat übernahm die Kontrolle über den Marinestützpunkt und die Stadt Kiel. Die Schiffe wurden besetzt, auf den meisten von ihnen wurden rote Flaggen gehisst, und die meuternden Gefangenen, die sich noch auf den Schiffen befanden, wurden freigelassen. Am Nachmittag schlossen sich die Heeressoldaten, die zur Niederschlagung der Rebellion entsandt worden waren, dem Aufstand an. Vierzigtausend aufständische Matrosen, Soldaten und Arbeiter, die die Abdankung Kaiser Wilhelms II. forderten, waren nun Herr der Lage.

Am Abend kam der SPD-Abgeordnete Gustav Noske im Auftrag der Regierung von Maximilian Baden in die Stadt. Noske unterbreitete eine Reihe von Vorschlägen, die den Arbeiter- und Soldatenrat zufrieden gestellt haben müssen, denn er wurde zum Gouverneur der Stadt ernannt. Die Ereignisse in Kiel hatten sich inzwischen wie ein Lauffeuer im ganzen Land verbreitet, und in Berlin, Bayern und im Ruhrgebiet fanden Demonstrationen gegen das kaiserliche Regime und die Fortführung des Krieges statt. Die Ereignisse überstürzten sich. Die Sozialisten fordern die Abdankung von Wilhelm II.

Am 6. November gelingt es Prinz Maximilian von Baden nicht, den Kaiser zur Abdankung seines Enkels zu bewegen, um die Monarchie zu retten. Am Abend des 7. November patrouillierten Lastwagen mit roten Fahnen durch die Stadt München, und am 8. November rief ein Sowjet von Arbeiter- und Bauernsoldaten unter der Führung des Juden Kurt Eisner die Bayerische Republik aus. Am 9. November verkündete Kanzler Maximilian von Baden im Alleingang die Abdankung des Kaisers und Kronprinzen. Danach trat er, von den Sozialisten überzeugt, zurück und übergab das Amt des Kanzlers an den sozialdemokratischen Führer Friedrich Ebert. Am selben Tag proklamierte Philipp Scheidemann vom Reichstag aus die spätere Weimarer Republik. Zwei Stunden später rief ein anderer Jude, Karl Liebknecht, vom Balkon der Kaiserpfalz aus eine zweite Republik aus: die Freie und Sozialistische Republik Deutschland. Wilhelm II. akzeptierte die Abdankung, nachdem General Wilhelm Gröner Ludendorff abgelöst hatte, dessen Plan in den Augen des Kaisers das Debakel verursacht hatte. Gröner teilte dem Kaiser mit, dass die Armee den Befehlen Hindengurgs gehorchen würde, der, verlegen, dem Kaiser zur Abdankung riet. Am 10. November überquerte Wilhelm II. mit dem Zug die Grenze und ging nach Holland ins Exil. Die Novemberrevolution hatte ihr erstes Ziel erreicht: den Sturz der Monarchie. Am 11. November wurde ein anderer Jude, der Sozialist Paul Hirsch, Ministerpräsident von Preußen.

Von der Demobilisierung bis zum spartakistischen Aufstand

Was in Russland jahrelang vorbereitet worden war, sollte in Deutschland in wenigen Wochen vollzogen werden, wo es übrigens keinen Kerenski gab, der bereit gewesen wäre, den Kommunisten die Macht zu überlassen, als diese sie forderten. Die deutschen Sozialdemokraten stimmten mit den Kommunisten darin überein, dass die Monarchie abgeschafft werden müsse, aber als wichtigste Partei der deutschen Gesellschaft konnte sie sich nicht von heute auf morgen den revolutionären Kräften ergeben. Bei den Wahlen von 1912 hatte die SPD 35% der Sitze im Reichstag errungen, und es lag in ihrer Verantwortung, den Prozess hin zu einer demokratischen Republik zu leiten. Im April 1917 kam es jedoch zu einer internen Spaltung: Der linke Flügel der Partei spaltete sich ab und gründete die Unabhängige Sozialdemokratische Partei Deutschlands (USPD), auch bekannt als Unabhängige Sozialisten. Diese akzeptierten wie die Menschewiki sowohl den Parlamentarismus als auch die revolutionären Räte, die ihn überwachen sollten.

Weiter links von der USPD stand der Spartakusbund, gegründet von Rosa Luxemburg und Karl Liebknecht. Der Name „Spartakusbund" bezieht sich immer auf den Anführer der Sklaven, die sich gegen Rom auflehnten, aber Spartakus war auch der geheime Name hinter Adam Weishaupt, dem Gründer der bayerischen Aufklärung, der Sekte, die alle Monarchien und Religionen abschaffen wollte. Diese beiden jüdischen Marxisten hatten beschlossen, die USPD zu verlassen und eine revolutionäre Partei zu gründen, die dem Beispiel der bolschewistischen Revolution folgen und die Diktatur des Proletariats errichten wollte. Am 30. Dezember 1918 trat der Bund der Komintern

(Kommunistische Internationale) bei und wurde zur Kommunistischen Partei Deutschlands (KPD). Auf dem Gründungskongress der KPD trat Karl Radek als Agent der Komintern auf und trug eine sowjetische Uniform. Das erste Zentralkomitee wurde von jüdischen Führern geleitet. Zu den prominentesten gehörten neben Rosa Luxemburg Leo Jogiches, ihr enger Mitarbeiter (sie waren ein Liebespaar), August Thalheimer und Paul Levi. Letzterer erklärte in seiner Rede, dass „der Weg des Proletariats zum Sieg nur über den Leichnam der Nationalversammlung führen könne". Ein weiterer Beweis für die jüdische Kontrolle über die Kommunistische Partei Deutschlands ist die Tatsache, dass fast alle Sekretäre der Führung - Bertha Braunthal, Mathilde Jacob, Rosa Leviné, Rosi Wolfstein, Kathe Pohl (Lydia Rabinovich) - Juden waren.

Während Wilhelm II. Deutschland verlässt, beschließen die Sozialdemokraten am selben Tag, dem 10. November, sich auf die Unabhängigen Sozialisten zu stützen, um eine provisorische Regierung zu bilden, die sich „Rat der Volksbeauftragten" nennt und aus sechs Mitgliedern, drei Sozialdemokraten und drei Unabhängigen Sozialisten, besteht. Am 11. November, kaum drei Wochen nach dem Befehl Hindenburgs, der seine Soldaten zum Widerstand aufrief, akzeptiert die Regierung den Waffenstillstand von Compiègne auf der Grundlage der Vierzehn Punkte Wilsons. Am 12. November wird ein von der SPD kontrollierter provisorischer Exekutivrat eingesetzt, der als Bindeglied zwischen der provisorischen Regierung und den Volksräten fungiert. Am 13. November richtet die Regierung unter Missachtung der Forderung nach einer bedingungslosen Kapitulation eine diplomatische Note an den amerikanischen Präsidenten, in der sie jedoch ihr Vertrauen in Wilsons Demarche bei den anderen Alliierten zur Wahrung der deutschen Interessen zum Ausdruck bringt. Der Text schloss wie folgt: „Das deutsche Volk wendet sich daher in dieser schicksalhaften Stunde erneut an den Präsidenten mit der Bitte, seinen Einfluss bei den alliierten Mächten geltend zu machen, um diese schrecklichen Zustände zu mildern."

Am 15. November schließt die Provisorische Regierung einen Pakt mit den Gewerkschaften, und die Arbeiter erhalten folgende Garantien: Achtstundentag ohne Lohnkürzung, Verzicht der Arbeitgeber auf Maßnahmen gegen die Gewerkschaften, Regelung der Arbeit durch Tarifverträge. Nach dem Vorbild der gesamtrussischen Rätekongresse wird vom 16. bis 20. Dezember in Berlin ein gesamtdeutscher Rätekongress einberufen. Der Kongress wird von etwa fünfhundert Delegierten besucht, von denen nur zehn Spartakisten sind, die die Entlassung von General Hindenburg und die Auflösung der Armee fordern, um eine Garde zu schaffen, deren Offiziere von ihren Männern gewählt werden. Der Kongress unterstützte jedoch die Thesen der Sozialdemokraten, die allgemeine Wahlen für eine verfassungsgebende Nationalversammlung forderten, was die Auflösung des Rätekongresses bedeutete, der daraufhin aufgelöst wurde.

Die „schrecklichen Bedingungen" waren Matthias Erzberger vorgelegt worden, der die deutsche Delegation leitete, die am 11. November in einem Eisenbahnwaggon den Waffenstillstand von Compiègne unterzeichnete. Deutschland musste sich aus Frankreich, Belgien, Luxemburg und Elsass-

Lothringen zurückziehen, die Truppen von der Ostfront abziehen, den Vertrag von Brest-Litowsk aufkündigen, fast das gesamte Kriegsmaterial abliefern: Flugzeuge, Kanonen, Maschinengewehre, Mörser, Lokomotiven, Eisenbahnwaggons sowie die Internierung der deutschen Flotte, was ihre Verlegung nach Scapa Flow zur Folge hatte. Monate später befahl Admiral Ludwig von Reuter seinen Offizieren auf dem britischen Stützpunkt, die Schiffe zu versenken, um zu verhindern, dass sie von den Briten eingenommen werden. Es sei darauf hingewiesen, dass der Waffenstillstand nicht die bedingungslose Kapitulation Deutschlands bedeutete, sondern die sofortige Einstellung der Feindseligkeiten auf beiden Seiten und den Rückzug der Truppen auf die Vorkriegsgrenzen als Vorstufe zu Verhandlungen über einen Friedensvertrag. Während des Abzugs der deutschen Truppen ordnete die Provisorische Regierung unter dem Druck der Unabhängigen Sozialisten und der Spartakisten unverständlicherweise die allgemeine Demobilisierung der Streitkräfte an.

Am 11. November verfügte Deutschland noch über eine starke Militärmaschinerie, einen Monat später hatte es nichts mehr. Das wehrlose und niedergeschlagene Deutschland konnte nicht mehr über die vierzehn Punkte von Wilson verhandeln, sondern musste demütigende Bedingungen akzeptieren, die einem besiegten Staat angemessen waren und im Vertrag von Versailles verankert wurden, der, wie Lord Curzon erklärte, „kein Friedensvertrag, sondern ein Abbruch der Feindseligkeiten" war. Vor dem Krieg war Deutschland die führende Industriemacht in Europa und das Land, das am meisten in die wissenschaftliche Forschung investierte, weshalb die deutsche Wissenschaft in der Welt an erster Stelle stand und Deutsch die Wissenschaftssprache schlechthin war. Viele Deutsche konnten nicht verstehen, wie Deutschland, dessen wirtschaftliches, industrielles und wissenschaftliches Potenzial noch intakt war, mit einer Armee, deren Truppen noch immer Teile des feindlichen Territoriums besetzten und die Russland besiegt hatte, über Nacht plötzlich in den Ämtern kapitulieren konnte. Daher die nationalsozialistische These, Deutschland sei nicht auf dem Schlachtfeld besiegt worden, sondern von jüdisch geführten kommunistischen Verrätern in den Rücken gefallen.

Die Verbindung der deutsch-jüdischen Revolutionäre mit den Judenbolschewiken war eine Tatsache, die niemand zu verbergen suchte. Adolf Abramowitsch Joffe, der jüdische Botschafter der Sowjetregierung in Berlin, ein überzeugter Trotzkist, der zusammen mit Kamenew und Radek der bolschewistischen Delegation in Brest-Litowsk angehörte, ist vom Triumph der Revolution fest überzeugt. Am 2. November 1918 hatte Joffe, nachdem er vom Aufstand der Seeleute in Kiel erfahren hatte, Karl Liebknecht angekündigt, dass innerhalb einer Woche die rote Fahne auf dem Berliner Schloss wehen würde. Im Dezember 1918 erinnerte Joffe Hugo Hasse, den jüdischen Führer der „unabhängigen" Sozialisten der USPD, öffentlich daran, dass er seine finanzielle Hilfe erhalten hatte. In derselben Erklärung enthüllte er, dass er Dr. Oskar Kohn, einem anderen SPD-Juden, der nicht nur Parlamentsabgeordneter war, sondern am 11. November 1918 zum Unterstaatssekretär im Justizministerium ernannt worden war, zehn Millionen Rubel zur Verfügung gestellt hatte. Joffe wird mit den Worten zitiert, er habe „Herrn Kohn das Recht garantiert, im Interesse der deutschen Revolution über sie zu verfügen". Mit absoluter Unverfrorenheit gab Oskar Kohn zu, dass er am Abend des 5. November tatsächlich diese Summe erhalten und die finanzielle Hilfe „gerne angenommen" habe. Natürlich muss Oskar Kohn, der Rechtsberater der russischen Botschaft in Berlin war, der Ansicht gewesen sein, dass die Annahme des Postens des Unterstaatssekretärs für Justiz mit der Entgegennahme ausländischer Finanzmittel für die Revolution durchaus vereinbar war. Nachdem festgestellt worden war, dass die Botschaft die Spartakisten in großem Umfang mit Waffen, Propagandamaterial und Geld versorgte, wurden Joffe und die sowjetische Delegation am 6. November wegen der Planung eines kommunistischen Aufstandes des Landes verwiesen. Joffe selbst gab später zu, dass die sowjetische Botschaft in Berlin „das Hauptquartier des Generalstabs der deutschen Revolution" gewesen sei. Nach Joffes Ausweisung wurde Karl Rádek (Tobias Sobelsohn), Leiter der von Trotzki gegründeten Internationalen Propagandaabteilung, nach Deutschland geschickt. Unter Rádeks Leitung erreichte die kommunistische Propaganda in München ihren Höhepunkt.

Desorganisation und Chaos in der Armee waren die unmittelbare Folge des unvorstellbaren Demobilisierungsbefehls. Während die Soldaten aus zum Teil zweitausend Kilometern Entfernung so gut wie möglich nach Hause zurückkehren, wird die Lage in Berlin immer angespannter. Am 23. Dezember besetzte die in Kiel neu aufgestellte Volksmarinedivision die Reichskanzlei und hielt Bundeskanzler Ebert in seinem Büro fest, bis die Lage unter Kontrolle gebracht werden konnte. Dies war nur ein Vorgeschmack auf das, was noch kommen sollte. Nach dem Beschluss, die Macht an eine Konstituierende Versammlung zu übertragen, wurde der 19. Januar 1919 als Wahltermin festgelegt. Der Spartakusbund, die heutige KPD, erkannte, dass er bei den Wahlen keine Chance hatte, bat darum, nicht an den Wahlen teilzunehmen und versuchte, die Macht durch einen Staatsstreich an sich zu reißen. Die Unabhängigen Sozialisten, deren Führer der bereits erwähnte Hugo Hasse war, zogen nach dem Scharmützel vom 23. Dezember in der Überzeugung, dass der Triumph des Kommunismus unmittelbar bevorstand, ihre drei Kommissare aus der provisorischen Regierung zurück, die somit ausschließlich in den Händen der SPD lag.

Am 4. Januar 1919 entlässt Reichskanzler Ebert nach dem Ausscheiden der drei Unabhängigen Sozialistischen Kommissare aus der Regierung Emil Eichhorn als Leiter der Polizeidirektion, den er seit dem 9. November 1918 innehatte. Eichhorn, der im April 1917 zu den Linken gehörte, die die USPD gegründet hatten, und seit August 1918 Berliner Direktor der ROSTA (Sowjetische Nachrichtenagentur) war, akzeptierte Eberts Entscheidung nicht und behauptete, er sei von den Berliner Arbeitern ernannt worden und nur diese könnten ihn entlassen. Angeblich geschützt durch bewaffnete Arbeiter, die das Gebäude besetzten, blieb er auf seinem Posten. Neben Eichhorn hatten vier jüdische Sozialisten, Kurt Eisner (Kamonowsky), Karl Kautsky, Rudolf Hilferding und Paul Levi, die Gruppe angeführt, die zur Spaltung der SPD führte. Letzterer, Levi, der bereits der Kommunistischen Partei beigetreten war, organisierte die Proteste gegen die Entlassung Eichhorns: Neben dem Druck von

Flugblättern gegen die Regierung wurde eine Demonstration organisiert, an der unabhängige Sozialisten, die Kommunistische Partei und auch sozialdemokratische Aktivisten teilnahmen. Die Forderungen lauten: Aufhebung der Entlassung Eichhorns, Entwaffnung der konterrevolutionären Kräfte und Bewaffnung des Proletariats.

Am 5. Januar besetzt die Volksmarinedivision auf Befehl der Kommunisten und der radikalsten Sozialisten den Sitz der sozialdemokratischen Zeitung *Vörwarts*, deren Meinungen den Kommunisten nicht gefallen. In dieser Zeitung war beispielsweise zu lesen, dass „ein gewisser Levi und die großmäulige Rosa Luxemburg, die noch nie in einer Bank oder in einer Werkstatt neben einem Schraubstock gestanden haben, im Begriff sind, alles zu ruinieren, wovon unsere Väter geträumt haben". Nach der Befreiung von der Besetzung durch eine Razzia bezeichnete *Vorwärts* am 12. Januar 1919 Luxemburg, Trotzki und Radek, die er mit ihren jüdischen Namen Bronstein und Sobelsohn zitierte, als „Asiaten und Mongolen Russlands".

Der Generalstreik, der Berlin am 6. Januar 1919 lahmlegte, sollte der letzte Schlag gegen die Regierung von Friedrich Ebert sein. Kommunisten und unabhängige Sozialisten verwandeln den Streik in einen bewaffneten Aufstand. In den Straßen der Hauptstadt entbrannte eine Schlacht, und die Revolutionäre übernahmen die Kontrolle über das Stadtzentrum. Den Sozialdemokraten gelang es nicht, sich mit den Kommunisten zu einigen, und Karl Liebknecht rief die Arbeiter auf, zu den Waffen zu greifen, um die Regierung zu stürzen. Die verhängnisvolle Demobilisierung der Streitkräfte war von den Spartakisten gefordert worden, deren Zellen innerhalb der Provisorischen Regierung geschickt auf dieses Ziel hingearbeitet hatten. Berlin und Deutschland waren dem Aufstand schutzlos ausgeliefert. Angesichts des Ernstes der Lage beschließt der Verteidigungsminister Gustav Noske, auf die verbliebenen Reste der Armee zurückzugreifen, nämlich auf die loyale Potsdamer Garnison und die Freikorps, antirepublikanische Organisationen, die sich aus ehemaligen Soldaten zusammensetzen. Rosa Luxemburg und Karl Liebknecht riefen die Soldaten der Sowjets oder Räte auf, sich mit ihren Waffen den Arbeitern anzuschließen. Die darauf folgenden Kämpfe in den Städten wurden als „blutige Woche" bekannt. Schließlich schlugen die Freikorps nach fünftägigen Kämpfen den kommunistischen Aufstand nieder und eroberten Berlin zurück.

Der Bürgerkrieg zog sich jedoch mancherorts über mehrere Monate hin, da er sich auf Bremen, das Saarland, Bayern, Hamburg, Magdeburg und Sachsen ausgebreitet hatte. Der Versuch, die Diktatur des Proletariats in Deutschland zu errichten, forderte Tausende von Todesopfern, darunter Karl Liebknecht und Rosa Luxemburg, die ermordet wurden. Rosa Leviné, die mit zwei jüdischen Kommunistenführern, Eugen Leviné, dem damaligen Herausgeber des *Roten Vorwärts*, und Ernst Meyer, verheiratet war, befand sich zu dieser Zeit im Krankenhaus. Wie sie später schrieb, wurde in einer Sonderausgabe die Ermordung der KPD-Führer bekannt gegeben, und die Nachricht wurde mit Jubel aufgenommen: „Alle schrien und tanzten vor Freude". Die beiden im Hotel Eden verhafteten Kommunistenführer wurden nicht vor Gericht gestellt, sondern in der Nacht des 15. Januar 1919 praktisch auf der Stelle hingerichtet. Der leblose Körper von Rosa Luxemburg wurde von einer Brücke in einen Kanal geworfen. Am 31. Mai wurde sie an einer Schleuse gefunden und nach ihrer Identifizierung am 13. Juni begraben.

Nach dem Tod Rosa Luxemburgs wurde ihr unzertrennlicher Leo Jogiches, dessen nom de guerre Tyscha lautete, de facto neuer Parteivorsitzender, bis er Anfang März verhaftet und inhaftiert wurde und am 10. März 1919 von der preußischen Polizei im Gefängnis Moabit ermordet wurde. Paul Levi, der Sohn jüdischer Bankiers, wurde daraufhin zum Nachfolger der ermordeten Führer an der Spitze der KPD gewählt. Levi machte die KPD zu einer Massenpartei, gewann viele sozialdemokratische Arbeiter für die Sache und gewann einen großen Teil der USPD für den Beitritt zu den Kommunisten. August Thalheimer, Sohn eines jüdischen Fabrikanten aus Würtenberg und Vertrauter Radeks, wurde als Nachfolger Rosa Luxemburgs Chefredakteur *der Roten Fahne* und damit neuer Ideologe der Kommunistischen Partei Deutschlands. Jogiches wurde von seinem Stellvertreter Leo Flieg abgelöst, der aus einer Berliner jüdischen Familie stammte und als organisierender Sekretär des Zentralkomitees fungierte. Flieg war auch Verbindungsmann zwischen dem Geheimdienst der Komintern (OMS) und verwaltete die Gelder, die in Dollar aus Moskau nach Deutschland flossen. In *Antisemitismus, Bolschewismus und Judentum* erklärt Johannes Rogalla von Bieberstein, dass die Millionen von „Genosse Thomas „ verteilt wurden, einem weiteren Juden, dem Trotzki, Radek und Bucharin vertrauten und der in Wirklichkeit Jacob Reich hieß, obwohl er auch den Nachnamen Rubinstein verwendete. Dieses Geld wurde für die Bildung einer Roten Armee verwendet, die in Proletarischen Jahrhunderten organisiert war und die in naher Zukunft die Macht in Deutschland übernehmen sollte. Für seine Kontakte nach Russland standen „Genosse Thomas" zwei gecharterte Flugzeuge zur Verfügung.

Trotz alledem fanden die Wahlen mit einer Wahlbeteiligung von 82,8 Prozent statt. Die Sozialdemokraten der SPD erhielten 37,9% der Stimmen und 165 Sitze. Die zweite Partei war die katholische Zentrumspartei (ZP), die 19,7% der Stimmen und 91 Sitze erhielt. Die DDP („Deutsche Demokratische Partei"), eine linke Partei, erhielt 18,6% der Stimmen und 75 Sitze. Die viertstärkste politische Kraft war die DVNP („Deutsche Nationalen Volkspartei"), eine konservative, antirepublikanische und gesamtdeutsche Partei, die 10,3% der Stimmen und 44 Sitze erhielt. Erst an fünfter Stelle folgen die unabhängigen Sozialisten der USPD, die im Gegensatz zu den Kommunisten der KPD an den Wahlen teilnahmen und nur 7,8% der Stimmen erhielten, was 33 Sitze bedeutete. Die rechtsliberale DVP (Deutsche Volkspartei) von Gustav Stresemann schließlich erhielt 4,4% und 19 Sitze. Die Sozialdemokratische Partei schloss einen Pakt mit den Parteien der Mitte und bildete die so genannte Weimarer Koalition. Friedrich Ebert wurde zum Staatspräsidenten gewählt und Scheidemann zum Regierungschef ernannt.

Angesichts der geringen Repräsentativität der unabhängigen Sozialisten ist es lächerlich, dass die Führer der Kommunistischen Partei sich legitimiert sehen, die manipulierten Massen, die mit ihnen mitgespielt haben, zu benutzen, um einen Staatsstreich zu inszenieren und Deutschland ihre Diktatur des

Proletariats aufzuerlegen. Wie sich in Russland zeigte, wo die Bolschewiki das Parlament mit Waffengewalt auflösten, spielte die Demokratie für sie ohnehin keine Rolle. In seinen berühmten *Aprilthesen* hatte Lenin unverblümt seine Verachtung für die parlamentarische Republik und den demokratischen Prozess zum Ausdruck gebracht. Es ging vielmehr darum, den Klassenfeind auszurotten. „Wer den Klassenkrieg akzeptiert", schrieb er 1916, „muss auch den Bürgerkrieg akzeptieren, der in jeder Klassengesellschaft die natürliche Fortsetzung, Entwicklung und Verschärfung des Klassenkrieges darstellt."

Die Bayerische Sowjetrepublik

Im Jahr 1918, als der Krieg in Frankreich noch tobte, organisierte Kurt Eisner (Salomon Kuchinsky), ein hochrangiger Freimaurer, der sich in polnischen und deutschen Logen „Von Israelovitch" nannte, Streiks in Munitionsfabriken und förderte die Agitation, wofür er inhaftiert wurde. Eisner besuchte *das Café Stefanie,* wo er und Gustav Landauer, Ernst Toller, Erich Mühsam und Edgar Jaffé, allesamt jüdische Schriftsteller oder Intellektuelle, ihre revolutionäre Strategie vorbereiteten. Diese finsteren Gestalten sahen in ihren Ausführungen das russische System der Sowjets aus Soldaten und Arbeitern als Vorbild an. Am 7. November 1918 rief Kurt Esiner vor einer Volksversammlung auf der Theresienwiese in München auf einem Lastwagen sitzend den Freistaat Bayern aus. Am selben Tag trat der letzte bayerische König, Ludwig III., vom Thron zurück. Der selbsternannte Eisner, der bereits bayerischer Ministerpräsident geworden war, wollte eine Außenpolitik betreiben, die der des Auswärtigen Amtes entgegengesetzt war, und wandte sich am 10. November an alle Nationen, was einem Verrat an seinem Land gleichkam. Zu den ersten Entscheidungen Eisners gehörte die Ernennung seines Privatsekretärs, den er dem Juden Felix Fechenbach übertrug.

In der Nacht vom 6. auf den 7. Dezember befahl Erich Mühsam, einer von Eisners Mitarbeitern, revolutionären Soldaten, fünf bürgerliche Zeitungen zu besetzen und sie für sozialisiert zu erklären. Wenige Tage später, am 12. Dezember, lehnt der neue bayerische Ministerpräsident in einer Rede jede andere Macht als die der Räte der Soldaten und Arbeiter ab. Trotz all dieser diktatorischen Auftritte zeigen die Landtagswahlen am 12. Januar 1919, dass die Machtergreifenden in der Minderheit sind und nur 2,5 Prozent der Stimmen erhalten. Die Karriere von Kurt Eisner endete abrupt am 21. Januar, als er von Anton Graf Arco auf Valley erschossen wurde. Rogalla von Bieberstein weist in *Antisemitismus, Bolschewismus und Judentum* auf die Möglichkeit hin, dass der junge Graf mit der konterrevolutionären, antisemitischen Thule-Gesellschaft in Verbindung stand. Nach Ansicht dieser Autorin ist es möglich, dass die Gesellschaft ihn nicht als Mitglied aufnahm, weil seine Mutter aus der jüdischen Bankiersfamilie Oppenheim stammte. Aufgrund dieser Ablehnung hätte Anton Graf seine patriotische Gesinnung durch eine entschlossene Tat demonstrieren wollen.

Die Absetzung von Eisner radikalisierte die Situation. Der aus den Wahlen hervorgegangene bayerische Landtag wird von den Räten oder Sowjets völlig an den Rand gedrängt. Am 7. April rief der jüdische Schriftsteller Ernst Toller, ein weiterer Gast des *Cafe Stefanie*, eine Räterepublik oder Sowjetrepublik nach dem Vorbild von Lenins Russland und Bela Kuns Ungarn aus. Neben Toller, der Vorsitzender des Zentralrats der Sowjets und Kommandeur der Roten Armee war,, waren die Anarchisten Gustav Landauer und Erich Mühsam führend. Die Komintern entsendet über die Kommunistische Partei Deutschlands (KPD) sofort Eugen Leviné (Nissen Berg), Tobias Axelrod und Max Levien, drei jüdische Revolutionäre russischer Herkunft, um die Lage neu zu ordnen und zu konsolidieren. Der dritte, Levien, war ein persönlicher Freund von Trotzki und Lenin. Diese Kommissare der Komintern ergreifen schnell die Macht, und am 13. April wird die von Toller ausgerufene Republik in Bayerische Sowjetrepublik umbenannt. Die neue Sowjetrepublik verfügt über eine eigene Rote Armee und ein Revolutionsgericht und bricht alle Verbindungen zur Weimarer Republik ab. Leviné wird Vorsitzender des Rates der Volkskommissare. In seiner Rede verkündet er: „Heute hat Bayern endgültig die Diktatur des Proletariats errichtet. Es lebe die Weltrevolution!

Die neue Diktatur verärgerte die Bevölkerung, die sah, wie eine Gruppe jüdischer Führer, von denen einige nicht einmal Deutsche waren, die Macht ergriffen hatte. Natürlich wurde der Hass auf die Juden, die als Ursache für alles gesehen wurden, geschürt, und auf den Straßen und Plätzen der Stadt kam es zu gewalttätigen Auseinandersetzungen. Das oben erwähnte Werk von Johannes Rogalla von Bieberstein ist eine wertvolle Quelle für Informationen über wenig bekannte Ereignisse in München. Eines dieser Ereignisse fand am 18. April statt, als eine Gruppe von Rotgardisten, bewaffnet mit Gewehren, Pistolen und Granaten, die Wohnung des Apostolischen Nuntius Giovanni Pacelli, des späteren Papstes Pius XII, stürmte und ihm eine Pistole an die Brust setzte. Nach seiner Verhaftung wurde er in die Wohnung von Max Levien gebracht, der als oberster Anführer die Stadt München praktisch beherrschte. Der Nuntius beschrieb Leviens Hauptquartier später in einem Bericht an den Vatikan als „russisch und jüdisch". Giovanni Pacelli spricht von einer „Bande von Frauen von zweifelhaftem Aussehen, jüdisch, wie alle von ihnen, von aufreizendem Verhalten". An der Spitze dieser „Sekretärinnen" stand die Lebensgefährtin von Levien, eine junge geschiedene Jüdin.

Die Berliner Regierung beschloss schließlich zu intervenieren, und zwischen dem 30. April und dem 8. Mai 1919 wurde die Sowjetrepublik gestürzt. Dreißigtausend Soldaten des Heeres und der Freikorps werden nach München entsandt, um die revolutionäre Minderheit zu unterdrücken und die Legalität wiederherzustellen. Im Verlauf der Operationen wurden etwa sechshundert Menschen getötet. Zu den Morden der Rotgardisten gehörte die Erschießung von sieben Mitgliedern der *Thule-Gesellschaft*, deren Büros überfallen wurden. Unter ihnen befanden sich vier Aristokraten. Einer von ihnen war interessanterweise Gustav von Thurn und Taxis, ein anderer, Gräfin Heila von Westarp, eine schöne junge Frau, die als Sekretärin der Gesellschaft fungierte. Diese Adligen wurden als Geiseln genommen und zusammen mit anderen im *Luitpold-Gymnasium* hingerichtet, das als Kaserne des vierten Kommandos der Münchner Roten Armee diente, dessen Kommandant Rudolf Egelhofer war. Um die Einnahme des Gebäudes zu verhindern, ordnete der Kommandant die Inhaftierung von zweiundzwanzig Gefangenen an und rächte sich, indem er zehn von ihnen grundlos ermordete, da sie unschuldige Bürger waren.

Die Freikorps verübten ihrerseits ebenfalls blutige Racheakte, von denen der Mord an Gustav Landauer, der als Erziehungskommissar tätig gewesen war, am meisten Aufsehen erregte. Im Hof des Gefängnisses Stadelheim, in das er verschleppt worden war, schoss ein Unteroffizier, ermutigt durch die Soldaten, die seine Hinrichtung forderten, Landauer in den Kopf. Da Landauer trotz der schweren Wunde noch lebte, wurde ihm am Boden liegend ein weiterer Schuss in den Rücken versetzt. Martin Buber bezeichnete Gustav Landauer auf einer zionistischen Konferenz als „unseren heimlichen Fahrer". Eugen Leviné, der als „Eindringling in Bayern" galt, kam unter der sozialdemokratischen Hoffman-Regierung tatsächlich vor ein Kriegsgericht. Er wurde wegen Hochverrats zum Tode verurteilt und am 5. Juni 1919 hingerichtet. Ernst Toller und Erich Mühsam hingegen wurden zu fünfzehn Jahren Gefängnis verurteilt, kamen aber bereits 1924 dank einer Amnestie für politische Gefangene frei, die von der Weimarer Republik erlassen wurde, deren Verfassung im Übrigen am 11. November 1919 auf der Grundlage eines Entwurfs des Juden Hugo Preuss verabschiedet worden war. Max Levien gelang die Flucht nach Wien, wo er verhaftet wurde. Die deutschen Behörden verlangten seine Auslieferung, die jedoch nicht gewährt wurde, und 1920 wurde Levien freigelassen.

Bela Kun's Ungarn

Die Zerschlagung der österreichisch-ungarischen Monarchie begann, sobald die Erkenntnis eintrat, dass der Krieg verloren worden war. Am 28. Oktober 1918 fand in Budapest eine Demonstration für die Unabhängigkeit statt, und wenige Tage später wurde die Ungarische Volksrepublik gegründet. Sie sollte nur vier Monate dauern, denn am 21. März 1919 wurde sie in die Ungarische Sowjetrepublik umgewandelt, die wiederum nur etwas mehr als vier Monate, genau einhundertdreiunddreißig Tage, bis zum 4. August dauerte. In dieser Zeit wurden Soldaten, Priester, Großgrundbesitzer, Kaufleute und Fachleute aus allen Bereichen ungestraft ermordet. Der Terror war in Ungarn weit verbreitet, wo Zehntausende von Menschen, „Volksfeinde", unter dem Regime von Bela Kun ihr Leben verloren.

Bela Kun (Aaron Kohn), geboren 1866 in einer ungarischen Provinz, war der Sohn von Mov Kohn und Rosalie Goldenberg. Seinen jüdischen Namen trug er bis 1909, dann änderte er ihn in Kun, um ihn ungarisch zu machen. Als Freimaurermeister einer Loge in Decebren war er auch Mitglied von B'nai B'rith und der elitären Shriner-Loge, für deren Aufnahme der 32. Grad erforderlich war. 1916 geriet er in russische Gefangenschaft, wurde aber im Februar 1917 von seinem Freimaurerbruder Kerensky freigelassen, mit dem er natürlich gute Freundschaft schloss. 1918 arbeitete er bereits in Petrograd für die Bolschewiki, die ihm die Leitung einer Propagandaschule in Moskau übertrugen, von der aus er die in Russland inhaftierten ungarischen Sodalen missionieren sollte. Er lernte Lenin und Radek persönlich kennen, mit denen er die Gründung der HCP

(Ungarische Kommunistische Partei) aushandelte, die am 4. November 1918 in Budapest gegründet wurde. Es dauerte nicht lange, bis Bela Kun zum Führer einer Volksfront wurde.

José-Oriol Cuffi Canadell schildert in *La sombra de Bela Kun* auf Spanisch die wichtigsten Ereignisse zwischen 1918 und 1919. Wir werden uns auf die kommunistische Revolution, das von Bela Kun und der jüdischen Clique, die im März 1919 die Macht ergriff, errichtete Terrorregime konzentrieren, aber zunächst werden wir in einigen Zeilen die Ermordung des Grafen István Tisza, eines Befürworters der Union mit Österreich, kommentieren, da seine Beseitigung ein klares Zeichen für das war, was kommen sollte. Nach seiner letzten Rede im Parlament am 17. Oktober 1918 wurde sein Tod in einer geheimen Sitzung des oppositionellen Nationalrats beschlossen. Cuffi Canadell nennt die Namen der an der Ermordung beteiligten Personen und erklärt, wie es dazu kam.

Die Ereignisse begannen am 31. Oktober 1918. In den frühen Morgenstunden führte der jüdische Journalist Nathan Kraus, genannt Göndor, eine große Gruppe von Angreifern an, denen es gelang, die Hauptkaserne der Hauptstadt zu erobern. Dies war das Signal, das den Stein ins Rollen brachte, denn es führte zum sofortigen Sturz von Ministerpräsident Sándor Wekerle und veranlasste Graf Károlyi, den ungarischen Kerenski, der die Opposition anführte, dazu, die Führung zu übernehmen. Am Abend desselben Tages ereignete sich der zweite Akt der Tragödie. Zwei Mitglieder des oppositionellen Nationalrats, Hauptmann Cszerniak und die jüdischen Journalisten Kéry und Fenyes, hatten den Verbrechern, die den Auftrag zur Ermordung des Grafen Theiß annehmen, 100.000 Kronen angeboten. Ein Soldat namens Dobo, der Matrose Horvath Santa, Leutnant Hüttner und zwei weitere Juden, Gärtner und Joseph Pogány, der spätere Unterrichtsminister, stürmten nachts mit Gewehren bewaffnet das Haus von Tisza. Drei Männer drangen in die Räume des Grafen ein und erschossen ihn vor den entsetzten Augen seiner Frau und seiner Nichte, der Gräfin Almassy, mit drei Schüssen. István Tisza war von 1913 bis 1916 Ministerpräsident gewesen.

Die Taktik der Machtergreifung in Ungarn war die übliche. Am 16. November wird in Budapest die Republik ausgerufen und Károlyi wird Ministerpräsident. Von diesem Zeitpunkt an begann der Prozess der Bildung der Sowjets, gefolgt von der Einberufung eines Sowjetkongresses zur Vorbereitung der kommunistischen Revolution. Anfang 1919, bereits im Hinblick auf die Machtergreifung, kamen etwa 300 professionelle Agitatoren und Geheimagenten aus Russland, um die Revolutionäre zu verstärken. Mehrere jüdische Quellen geben zu, dass die ungarischen Kommunisten über „unerschöpfliche finanzielle Mittel" aus Russland verfügten. Dank dieser Hilfe konnte die *Vörös Ujság* (*Rote Zeitung*) gegründet werden. Wie in München versuchten die Kommunisten auch in Budapest, die bürgerlichen und sozialistischen Zeitungen zu übernehmen, um die Meinung zu kontrollieren. Der Polizei gelang es, dies zu verhindern, aber bei der Razzia in der sozialdemokratischen Zeitung *Nepzava* (*Stimme des Volkes*) wurden acht Menschen, darunter auch Polizisten, getötet und etwa hundert verletzt. Bela Kun und seine Mitarbeiter wurden verhaftet und ins Gefängnis gesteckt, obwohl zwei jüdische Minister, Sigismund Kunfi, der eigentlich Kunstädter hieß, und William Böhm, beide Sozialisten, dagegen protestierten. In der Zwischenzeit stürzte der anhaltende Zustrom von Gefangenen, die von den Bolschewiken freigelassen worden waren, um das Evangelium des Kommunismus zu verbreiten, das Land in einen Zustand extremer Unruhen.

Ministerpräsident Mihály Károlyi, der neue Kerenski, gab Bela Kun jede Gelegenheit, die Vereinigung der sozialistischen und kommunistischen Parteien mit Kunfi und Böhm zu schmieden, die am 21. März stattfand und zum Rücktritt der Regierung des Grafen Károlyi führte, der angeblich von den Ereignissen überwältigt war. Bela Kun wurde sofort freigelassen, und die Ungarische Sowjetrepublik wurde proklamiert. Bela Kun, der bereits Regierungschef und unangefochtener Führer der neuen Republik war, sah sich als der Mann, der dazu berufen war, die Weltrevolution in Europa zu verbreiten. In der Tat erklärte er sich zum obersten Vertreter Lenins in Mittel- und Westeuropa. Zu seinen Prioritäten gehörte die sofortige Ausbreitung der Revolution in der Slowakei und in Österreich, um die „Weltdiktatur des Proletariats" zu fördern. Die ungarische Rote Armee begann daher mit der Verbreitung des Kommunismus in der Slowakei, die im Frühjahr besetzt wurde. Am 16. Juni 1919 wurde die kurzlebige Slowakische Sowjetrepublik ausgerufen, die bald darauf ausgeplündert und von den vorrückenden Tschechen und Rumänen gestürzt wurde.

Auf dem ersten Treffen der kommunistischen Kommissare in Ungarn werden die Gerichtshöfe abgeschafft und revolutionäre Gerichte eingerichtet, deren Richter vom Volk gewählt werden sollen. Stéphan Courtois und Jean-Louis Panné schreiben in *The Black Book of Communism*, dass Bela Kun ab dem 22. März in ständigem telegrafischen Kontakt mit Lenin stand. Diese Autoren geben die Zahl von zweihundertachtzig ausgetauschten Nachrichten an. Lenin begrüßte Bela Kun als Oberhaupt des Weltproletariats und riet ihm, die Sozialdemokraten und Kleinbürger zu erschießen. Eine der ersten Maßnahmen war die massenhafte Freilassung von Gefangenen, die wegen Eigentumsdelikten verurteilt worden waren. In einer Rede vor den ungarischen Arbeitern am 27. März rechtfertigt Bela Kun den Einsatz des Terrors mit folgenden Worten: „Die Diktatur des Proletariats erfordert die Ausübung unerbittlicher, schneller und entschlossener Gewalt, um dem Widerstand der Ausbeuter, der Kapitalisten, der Großgrundbesitzer und ihrer Handlanger ein Ende zu setzen. Wer das nicht begriffen hat, ist kein Revolutionär."

Wie in Russland, Berlin und Bayern waren auch in Sowjetungarn die meisten der führenden Köpfe Juden. Die Regierung bestand aus einem fünfköpfigen Gremium, von denen vier jüdisch waren: Bela Kun, Bela Vago, einer der Richter des Revolutionsgerichts, Sigmund Kunfi, der für die kroatischen Angelegenheiten zuständig war, und Joseph Pogany, der Kommissar für Bildung. Der Kommissar für Handel, Mátyás Rákosi (Matthias Roth), war ebenfalls Jude. Rákosi war wie Bela Kun während des Krieges gefangen genommen, in Russland indoktriniert worden und nach Ungarn zurückgekehrt. Eugen Varga, ein weiterer Jude, war Kommissar für wirtschaftliche Angelegenheiten. Die Abteilung für politische Ermittlungen wurde von einem buckligen Juden, Otto Korvin-Klein, geleitet, einem rachsüchtigen Kerl, der für Tausende von Toten verantwortlich war und sich einen Spaß daraus machte, seinen Opfern während der Verhöre ein Lineal in den Hals zu schieben. Jüri Lina zitiert A. Melskys *Bela Kun und die bolschewistische Revolution in Ungarn*, um die Verbrechen eines anderen jüdischen Kommissars, Isidor Bergfeld, anzuprangern, der zugab, sechzig Ungarn bei lebendigem Leib verbrannt zu haben, und sich damit brüstete, weitere hundert mit bloßen Händen getötet zu haben.

Abgesehen von der jüdischen Führung des Kommissariats stellen die Amerikaner Stanley Rothman und Robert Lichter in *Roots of radicalism* fest, dass von zweihundert Spitzenbeamten einhunderteinundsechzig Juden waren. Im Jahr 1919 bezeichnete *die* Londoner *Times* das Regime von Bela Kun als „jüdische Mafia". Blutrünstige Kriminelle herrschten vor. Bela Vago erklärte das Wesen des Regimes so: „Nichts wird ohne Blut erreicht. Ohne Blut gibt es keinen Terror, und ohne Terror gibt es keine Diktatur." Bela Kun selbst bekräftigte diese Ideen: „Wir müssen die Revolution mit dem Blut der ausbeutenden Bourgeois beflügeln." Ein weiteres Beispiel für die Grausamkeit dieser finsteren jüdischen Kommunisten ist der Bildungsminister Joseph Pogany, dem der Tod von etwa einhundertfünfzig Menschen, zumeist Lehrern und Professoren, zugeschrieben wird, die er bei seinen Inspektionsreisen im Bildungswesen beseitigte. Für das Amt des Kulturkommissars ernannte Bela Kun einen jüdischen Intellektuellen, den Sohn des Direktors der Rothschild-Bank, den mythologisierten Georg Lukacs, den viele zu den wichtigsten marxistischen Intellektuellen des 20. Jahrhunderts zählen. Lukacs war auch politischer Kommissar der 5. Division und ließ acht Personen von einem Kriegstribunal erschießen. Er trug eine Lederuniform und wurde von manchen als der „Robespierre von Budapest" bezeichnet.

Die „Demokratisierung" der Armee begann im Mai mit einer sehr einfachen Formel: Offiziere wurden erschossen und durch Agenten aus Moskau ersetzt. Der rücksichtslose und brutale Krieg gegen die christliche Kultur war eines der wesentlichen Merkmale der Politik von Bela Kun. Dem Buch *Visegrader Straße* zufolge lautete die Argumentation im Budapester Sowjethaus wie folgt: „Wir Kommunisten sind wie Judas. Unser blutiges Werk ist es, Christus zu kreuzigen. Aber dieses sündige Werk ist gleichzeitig unsere Berufung." Die Religion wurde lächerlich gemacht und Priester wurden auf der Straße ermordet. Im sozioökonomischen Bereich stürzten die Maßnahmen das Land bald in ein allgemeines Chaos. Schon bald wurden Unternehmen mit mehr als zwanzig Beschäftigten enteignet, aber auch solche mit zehn oder gar fünf oder sechs Beschäftigten wurden bald enteignet. Viele Privathäuser wurden beschlagnahmt und zu Staatseigentum erklärt. Private Badezimmer wurden verstaatlicht und am Samstagabend öffentlich zugänglich gemacht - eine Maßnahme, die dem sozialen und moralischen Klima der ungarischen Gesellschaft nur schaden konnte. Banken, die nicht von dem internationalen jüdischen Kartell kontrolliert wurden, wurden verstaatlicht. Bankguthaben wurden beschlagnahmt und mehr als 1 Million Pfund in ausländischer Währung außer Landes gebracht, um sie für Propagandazwecke zu verwenden. Die Jagd auf „Nichtjuden", die Reichtum besaßen, war unaufhörlich. Riesige Mengen an Gold wurden von Ungarn aus an jüdische Banken im Ausland geschickt. Die Forderung, die Ressourcen der Industrie und der Landwirtschaft zu vergesellschaften, löste eine Hungersnot in den Städten und den Zorn der Bauernschaft aus.

Der Terror des Agrarkommissars, des Juden Tibor Szamuely, der wie so viele andere während des Krieges gefangen genommen und in Russland von Bela Kun und den kommunistischen Führern ausgebildet worden war, verdient besondere Erwähnung. Szamuely, der zusammen mit Rosa Luxemburg und Karl Liebknecht an der Gründung der Kommunistischen Partei Deutschlands teilgenommen hatte, war einer der prominentesten Führer der ungarischen Sowjetrepublik, wo er verschiedene Ämter bekleidete, zuletzt das des Militärkommissars. Als Kommissar für Landwirtschaft wurde er zu einem der größten Verbrecher des Regimes. Um die Bauern zu terrorisieren, die sich seinem Diktat der Kollektivierung nicht unterwarfen, reiste er in einem rot lackierten Zug, der zu einer mobilen Tscheka wurde. Nachdem seine Schergen die Opfer gefoltert hatten, warfen sie sie auf der Fahrt durch Dörfer und Städte aus den Fenstern. Zum Tode verurteilte Bauern zwang er, vor den Augen ihrer Verwandten ihr eigenes Grab zu schaufeln, in das sie dann mit einem Strick um den Hals springen mussten. Szamuely verbündete sich mit József Czerny, dem Anführer eines Terrorkommandos, das als „Lenins Jungs" in die Geschichte eingegangen ist. Arthur Koestler, der Autor von *„Der dreizehnte Stamm"*, schätzt die Zahl der Opfer von Czerny und seinen Schergen auf etwa fünfhundert, andere Autoren gehen jedoch von einer weitaus höheren Zahl aus.

In Szeged wird eine provisorische Regierung aus echten Ungarn gebildet. Die alliierten Länder, die nicht in der Lage waren, wie in Russland gegen den verbrecherischen Totalitarismus des kommunistischen Regimes vorzugehen, akzeptieren zumindest die Intervention Rumäniens. Am 31. Juli gab Bela Kun ein Manifest heraus, in dem er die Unterstützung der Arbeiter der ganzen Welt forderte. Am 1. August, als die Stadt im Chaos versinkt und er 50.000 Pfund nach Basel überwiesen hat, verlässt er Budapest mit seinen obersten Leutnants in Richtung Wien. Bevor er floh, erklärte er, dass er sich gewünscht hätte, dass die Proletarier auf den Barrikaden ihr Leben geben, um die Sache der Revolution zu verteidigen. Seine letzten öffentlichen Worte lauteten: „Sollen wir selbst auf die Barrikaden gehen, ohne dass uns die Massen den Rücken stärken? Mit Glück hätten wir uns geopfert, aber würde dieses Opfer der Sache der internationalen proletarischen Revolution nützen? Am 6. August 1919 setzten die rumänischen Truppen die ungarischen Kommunisten endgültig ab. Kun wurde in Österreich verhaftet, aber der jüdische Freimaurer Friedrich Adler, dessen Vater Victor Adler ein guter Freund Trotzkis gewesen war, sorgte für seine Freilassung. Friedrich Adler war 1916 wegen der Ermordung des österreichischen Ministerpräsidenten Graf Karl von Stürghk zum Tode verurteilt worden, aber seine Strafe wurde in 18 Jahre Gefängnis umgewandelt. Dank der Revolution, die auch in Österreich ausgebrochen war, wurde er 1918 freigelassen und übernahm die Führung der Kommunistischen Partei Österreichs.

Bela Kun kehrte 1920 nach Russland zurück und wurde zum Politkommissar der Roten Armee an der Südfront ernannt, wo er mit zwei anderen Juden zusammenarbeitete, Roza Zemljatschka (Rozalia Zalkind), bekannt als die „Furie des kommunistischen Terrors", und Boris Feldman. Alle drei führten den Roten Terror in einer Krim-Tschechei an, wo sie zu skrupellosen Massenmördern wurden. Zemljatschka und Kun, der seine weiblichen Opfer häufig vergewaltigte, waren wie füreinander geschaffen. Neben ihrem Sadismus und ihrer Grausamkeit beim Töten waren sie auch gierig und ließen keine Gelegenheit aus, um sich zu bereichern. In Sewastopol ermordeten sie in der ersten Novemberwoche 1920 mehr als achttausend Menschen, während sie sich große Mengen an Gold aneigneten. Offiziellen Angaben zufolge wurden auf der Krim fünfzigtausend „Volksfeinde" hingerichtet, obwohl einige Quellen die Zahl auf 120.000 beziffern. Bela Kun wurde 1921 nach Deutschland geschickt, wo er einen Putschversuch anführte, wie im nächsten Kapitel erläutert wird. Bevor er von Stalin unter dem Vorwurf des Trotzkismus inhaftiert wurde, reiste Kun 1936 nach Barcelona, um die politische Atmosphäre zu erkunden und Agitation zu betreiben.

Der jüdische Charakter der ungarischen Sowjetrepublik war ebenso offensichtlich wie der des bolschewistischen Russlands; doch während im Falle Russlands versucht wurde und wird, die Realität zu vertuschen und zu verfälschen, sind sich im Falle Ungarns alle einig, dass Ungarn „eine Regierung der Juden", „eine jüdische Republik" oder, wie Nathaniel Katzburg es vorzieht, „zu einem großen Teil ein jüdisches Unternehmen" war. Sicherlich wurde es von den Ungarn als solches wahrgenommen. So kam es nach dem Zusammenbruch der jüdischen Herrschaft vorhersehbar zu einer gewalttätigen Reaktion, die einige Autoren als „weißen Terror" bezeichnet haben. Die jüdische Gemeinde in Pest selbst versuchte, dem Hass und den Repressalien der ungarischen Bevölkerung zu entgehen, indem sie diejenigen ausschloss, die auf die eine oder andere Weise mit dem Regime von Bela Kun in Verbindung gestanden hatten. Einigen Quellen zufolge verloren zwischen zwei- und dreitausend jüdische Bürger durch die zahlreichen Racheakte ihr Leben.

ANDERE BÜCHER

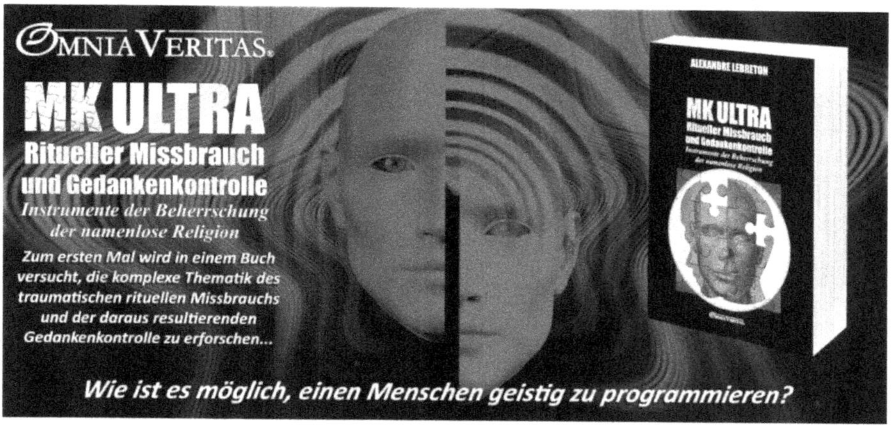

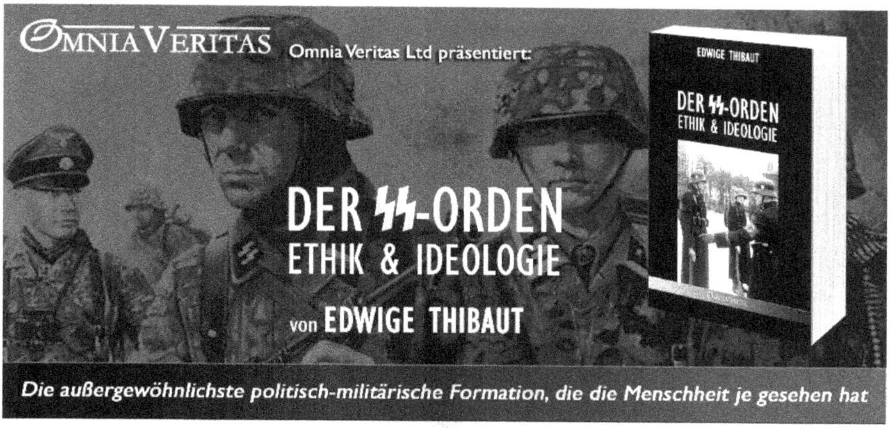

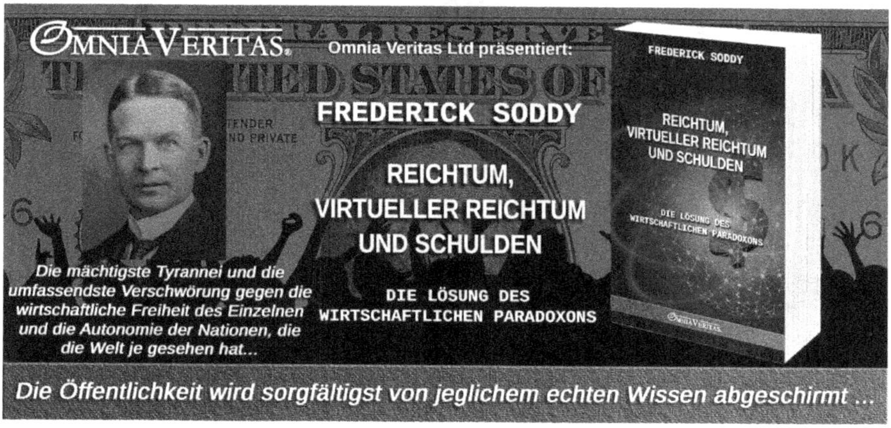

OMNIA VERITAS LTD PRÄSENTIERT:

DIE ENTEIGNETE MEHRHEIT

DAS TRAGISCHE UND DEMÜTIGENDE SCHICKSAL DER AMERIKANISCHEN MEHRHEIT

LICHTTRÄGER DER FINSTERNIS

Dieses Buch ist ein Versuch, durch dokumentarische Beweise zu zeigen, dass die gegenwärtigen Weltverhältnisse unter dem Einfluss von mystischen und geheimen Gesellschaften stehen, durch die das Unsichtbare Zentrum versucht, die Nationen und die Welt zu lenken und zu beherrschen.

DIE SPUR DER SCHLANGE

Ein Versuch, die Verehrung der alten Schlange, des schöpferischen Prinzips, des Gottes aller Eingeweihten der Gnostiker und Kabbalisten, die von den hellenisierten Juden in Alexandria ausging, nachzuzeichnen.